The Thomas Guide® 2003

California

road atlas

CONTENTS

intro
B-C	Using Your Road Atlas
D-E	PageFinder™ Map
F	Legend
N	General Information
P-Q	National & State Park Information
R-S	Distance Map & Mileage Chart

maps
148	Highway Maps
216	Metro Maps
297	Detail Maps

index
G-M	Cities & Communities Index
376	List of Abbreviations
377	Street Index
425	Points of Interest Index

RAND MCNALLY

Copyright ©2003 by Thomas Bros. Maps®. Design, maps, index and text of this publication are copyrighted. It is unlawful to copy or reproduce any part thereof for personal use or resale. Our maps are published to provide accurate street information and to assist in relating demographics and cultural features to street geography. However, this product is being sold on an "as-is" basis and we assume no liability for damages arising from errors or omissions. The publisher assumes no legal responsibility for the appreciation or depreciation of any premises, commercial or otherwise, by reason of their inclusion or exclusion from this publication. PageFinder™ Map U.S. Patent No. 5,419,586
Canadian Patent No. 2,116,425
Patente Mexicana No. 188186
© 2003 by Rand McNally & Company.
All rights reserved. Rand McNally is a registered trademark of Rand McNally & Company.
Made in U.S.A. All rights reserved.

using your road atlas

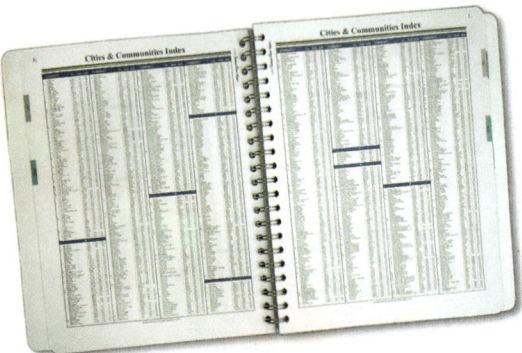

city listings

- The Cities and Communities Index on page G includes all communities large or small. County, page number, and grid location for each are listed.
- Find the community you're looking for in the list, then turn to the page number indicated.

index

- Street listings are separate from points of interest.
- In the street listings, read across for city, state, page number, and grid reference.
- Points of interest include campgrounds, wineries, ski areas, and more.
- The grid reference, a letter-number combination such as D6, tells where on the map to find a listing.

STREET City State	Page-Grid
DAVENPORT CREEK RD	
SAN LUIS OBISPO CO CA	271-D6
DAVID AV	
MONTEREY CO CA	337-E4
PACIFIC GROVE CA	337-D5

FEATURE NAME City State	Page-Grid
1000 STEPS CO BCH	
PACIFIC COAST HWY, LAGUNA BEACH CA	365-G10
ALISO BEACH	
S COAST HWY, LAGUNA BEACH CA	365-F9
ANCHOR MARINA	
1970 TAYLOR RD, CONTRA COSTA CO CA	174-C2

working with the maps

- The grid is created by combining letters running along the top of the map with numbers running along the side.
- To use a grid reference, follow the numbered row until it crosses the lettered column.
- To find an adjacent map, turn to the map number indicated on map edges.
- The Legend on page F explains symbols and colors.

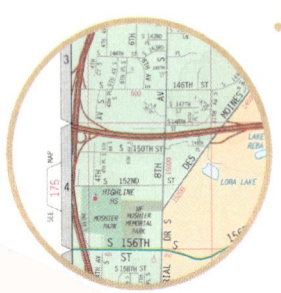

street sign image © PhotoDisc, In

USING FOUR TYPES OF MAPS

PageFinder™ map

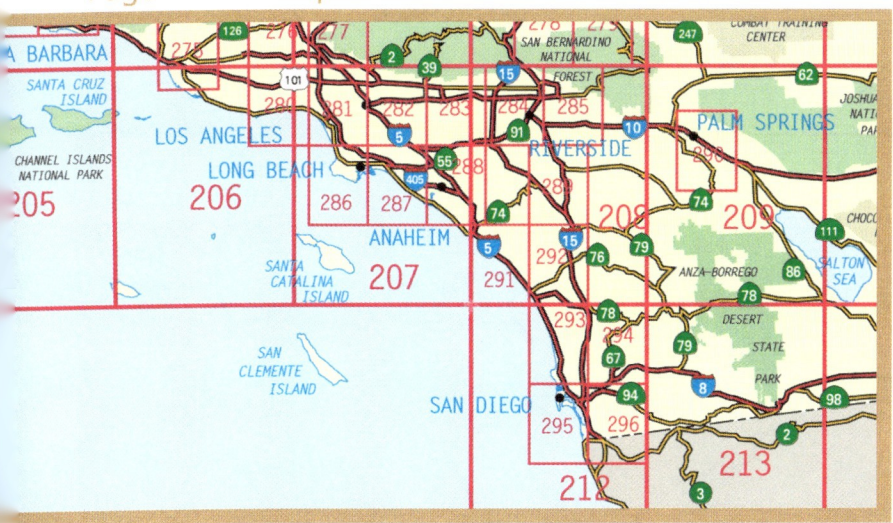

You will find red boxes on many different types of maps in this atlas. Each box indicates an area covered in greater detail on a subsequent page. If your area of interest falls within one of these boxes, turn to the indicated page to view in greater detail.

PageFinder™ map
- The PageFinder™ map provides an overview of the entire area covered in this atlas.
- Use the PageFinder™ map to guide you to the page(s) showing your general area of interest.

highway maps
- Highway maps offer a general view of your area of interest.
- Use Highway maps for long distance planning and navigation.

metro maps
- Metro maps offer greater detail than Highway maps and cover major cities and areas of special interest.
- Use Metro maps for navigation within cities and for locating points of interest.

detail maps
- Detail maps offer street detail as well as multiple points of interest.
- Use Detail maps for local planning and navigation and for locating many points of interest.

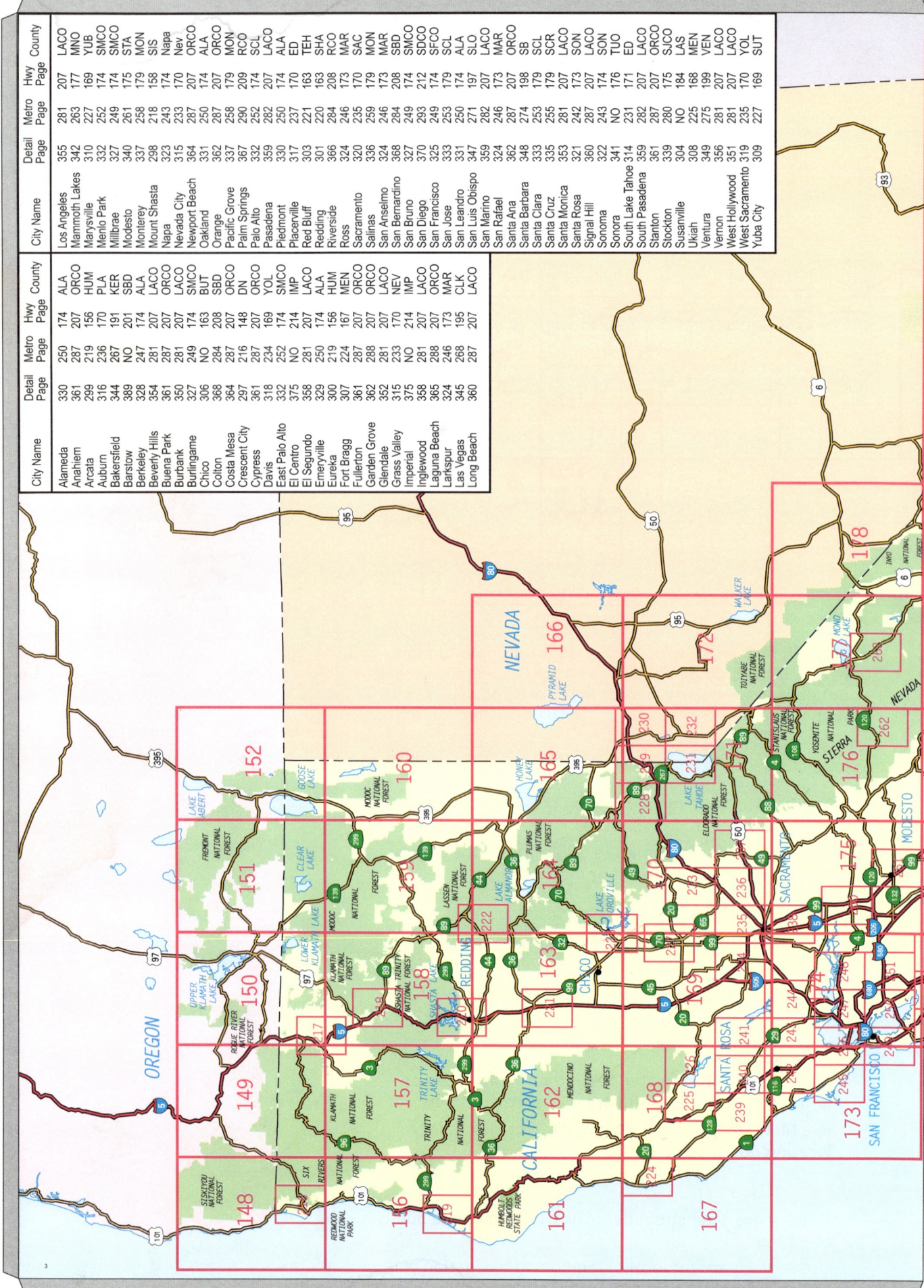

map legend symbols

Freeway	Rapid Transit, Underground	Public Elementary School	
Interchange/Ramp	Ferry	Public High School	
Highway	City Boundary	Private Elementary School	
Scenic Route	County Boundary	Private High School	
Primary Road	State Boundary	Shopping Center	
Secondary Road	International Boundary	Fire Station	
Minor Road	Military Base, Indian Resv.	Library	
Restricted Road	River, Creek, Shoreline	Mission	
Alley	Interstate	Winery	
Unclassified Road	Interstate (Business)	Campground	
Tunnel	U.S. Highway	Hospital	
Toll Road	County Highway	Mountain	
High Occupancy Veh. Lane	State Highways	Ski Area	
Stacked Multiple Roadways	Trans Canada Highway	Hotel/Motel	
Proposed Road	California Scenic Highway	Airport	
Proposed Freeway	Carpool Lane	Rest Area	
Freeway Under Construction	Street List Marker	Scenic Viewpoint	
One-Way Road	Exit Number	Boat Launch	
Two-Way Road	Street Name Continuation	Gate, Locks, Barricades	
Trail, Walkway	Street Name Change	Lighthouse	
Stairs	Station (Train, Bus)	Dry Lake, Beach	
Railroad	Building (see List of Abbr. page)	Dam	
Rapid Transit	Building Footprint	Intermittent Lake, Marsh	

Cities & Communities Index

A

	COMMUNITY	CO.	PAGE	GRID
	Aberdeen	INY	183	A2
	Academy	FRCO	182	A2
	Acampo	SJCO	175	A1
	Actis	KER	200	B1
	Acton	LACO	200	B3
	Adams	LAK	240	C1
	Adel	LAK	152	B2
	Adelaida	SLO	189	B3
❖	ADELANTO	SBD	278	A1
	Adin	MOD	159	B2
	Aerial Acres	KER	200	C1
	Aetna Springs	NAPA	241	B5
	Afton	GLE	169	B1
	Agate Bay	PLA	231	B1
	Agness	CUR	148	C1
	Agoura	LACO	280	B2
❖	AGOURA HILLS	LACO	280	A2
	Agua Caliente	SDCO	209	A3
	Agua Caliente	SON	322	C2
	Agua Caliente Hot Spgs	SDCO	213	B1
	Agua Dulce	LACO	277	C2
	Aguanga	RCO	208	C3
	Ahwahnee	MAD	181	C1
	Ainsworth Corner	SIS	151	A3
	Air Force Village West	RCO	284	D7
	Akers	SJCO	339	F1
	Alameda	KER	267	C7
❖	ALAMEDA	ALA	330	B9
--	ALAMEDA COUNTY	ALA		
	Alamo	CC	247	D7
	Alamorio	IMP	214	B1
	Alamo Square	SFCO	326	B6
❖	ALBANY	ALA	247	A6
	Alberhill	RCO	208	A2
	Albion	MEN	224	B6
	Alder Creek	SAC	236	A6
	Aldercroft Heights	SCL	253	C7
	Alderpoint	HUM	161	C2
	Alder Springs	FRCO	182	A2
	Alder Springs	GLE	162	C3
	Algoma	KLAM	150	C2
❖	ALHAMBRA	LACO	282	B3
	Aliso Viejo	ORCO	288	C6
	Alleghany	SIE	170	C1
	Allendale	SOL	244	D2
	Allensworth	TUL	191	A2
	Almanor	PLU	164	A2
	Alpaugh	TUL	191	A2
	Alpine	SDCO	213	A1
--	ALPINE COUNTY	ALP		
	Alpine Hills	SMCO	252	D2
	Alpine Meadows	PLA	171	A2
	Alpine Peaks	PLA	171	A2
	Alpine Village	TUL	191	C1
	Alta	PLA	170	C2
	Altadena	LACO	282	A1
	Alta Hill	NEV	315	A7
	Alta Loma	SBD	283	D2
	Altamont	ALA	174	C3
	Altamont	KLAM	150	C2
	Alta Sierra	KER	192	A2
	Altaville	CAL	175	C2
	Alta Vista	INY	183	A1
	Al Tahoe	ED	314	B4
	Alto	MAR	246	B6
	Alton	HUM	161	B1
❖	ALTURAS	MOD	160	A1
	Alum Rock	SCL	334	F3
	Alviso	SCL	253	C1
❖	AMADOR CITY	AMA	175	B1
--	AMADOR COUNTY	AMA		
	Amargosa Valley	NYE	185	A3
	Ambler	TUL	266	C3
	Amboy	SBD	203	A7
❖	AMERICAN CANYON	NAPA	244	A7
	American House	PLU	164	B3
❖	ANAHEIM	ORCO	361	C7
	Anaheim Hills	ORCO	288	B1
	Anchor Bay	MEN	167	C3
❖	ANDERSON	SHA	163	A1
	Anderson Springs	LAK	240	C2
	Andrade	IMP	215	A1
❖	ANGELS CAMP	CAL	175	C2
	Angelus Oaks	SBD	285	D2
	Angwin	NAPA	241	C7
	Annapolis	SON	168	A3
	Antelope	SAC	235	C4
	Antelope Acres	LACO	200	A2
❖	ANTIOCH	CC	248	C5
	Anza	RCO	209	A2
	Anza Vista	SFCO	326	A5
	Applegate	PLA	233	D6
	Applegate	JSKN	149	B2
❖	APPLE VALLEY	SBD	278	C2
	Aptos	SCR	256	B3
	Arbuckle	COL	169	B2
❖	ARCADIA	LACO	282	C2
❖	ARCATA	HUM	299	E6
	Arden	CLK	268	B7
	Arden	SAC	235	C7
	Arden Oaks	SAC	235	C6
	Angoila	TUL	191	A2
	Anthem	CLK	268	D7
	Arena	MCO	180	C1
	Argus	SBD	193	A2
	Arlington Heights	RCO	284	C6
	Arlington	RCO	284	B6
	Arlynda Corners	HUM	219	A7
	Armona	KIN	190	C1
	Arnold	CAL	176	A1
	Aromas	MON	257	A5
	Arrowbear Lake	SBD	279	A7
	Arrowhead Springs	SBD	285	A1
	Arrowhd Suburbn Farms	SBD	284	D2
❖	ARROYO GRANDE	SLO	272	B1
	Arsel	KER	200	B2
❖	ARTESIA	LACO	287	B1
	Artois	GLE	163	B3
❖	ARVIN	KER	199	C1
	Ashford Junction	INY	193	C2
❖	ASHLAND	JKSN	149	C2
	Ashland	ALA	250	C3
	Aspen Valley	TUO	262	B2
	Aspendell	INY	182	C1
	Asti	SON	239	D3
❖	ATASCADERO	SLO	271	C1
	Athens	LACO	281	D7
❖	ATHERTON	SMCO	252	D1
	Atolia	SBD	193	A3
❖	ATWATER	MCO	180	C1
	Atwater Village	LACO	352	F5
	Atwood	ORCO	283	A7
❖	AUBURN	PLA	316	C7
	Avocado Heights	LACO	282	C4
❖	AVALON	LACO	207	A3
❖	AVENAL	KIN	190	B1
	Avery	CAL	176	A1
	Avila Beach	SLO	271	B7
	Avon	CC	247	D4
❖	AZUSA	LACO	283	A2

B

	COMMUNITY	CO.	PAGE	GRID
	Babbitt	MIN	172	C3
	Badger	TUL	265	A4
	Baker	SBD	194	B3
	Baker	KER	200	C1
❖	BAKERSFIELD	KER	344	B4
	Balboa	ORCO	364	E9
	Balboa Island	ORCO	364	E8
	Balch Camp	FRCO	182	B2
	Baldwin Hills	LACO	281	C5
❖	BALDWIN PARK	LACO	282	D3
	Baldy Mesa	SBD	201	A3
	Ballarat	INY	193	B1
	Ballard	SB	273	B3
	Ballena	SDCO	213	A1
	Ballico	MCO	175	C3
	Bangor	BUT	170	A1
	Bankhead Springs	SDCO	213	B2
	Banner	SDCO	213	A1
❖	BANNING	RCO	208	C1
	Bard	IMP	215	B1
	Bardsdale	VEN	199	B3
	Barona Mesa	SDCO	294	D3
	Barrett Junction	SDCO	213	A2
	Barrio Logan	SDCO	374	A7
	Barstow	FRCO	181	B2
❖	BARSTOW	SBD	369	D5
	Bartle	SIS	158	C2
	Bartlett	INY	183	B3
	Bartlett Springs	LAK	226	C2
	Barton	AMA	175	C1
	Barton Flats	SBD	208	C1
	Basalt	MIN	178	A2
	Bassett	LACO	282	C4
	Bassetts	SIE	164	C3
	Bass Lake	MAD	181	C1
	Baxter	PLA	170	C2
	Bay Farm Island	ALA	250	A2
	Bay Park	SDCO	371	G5
	Bay Point	CC	248	A4
	Bayshore	SMCO	249	D3
	Bayside	HUM	299	D10
	Bear Creek	MCO	181	A1
	Bear Harbor	MEN	161	B2
	Bear Valley	ALP	176	B1
	Bear Valley	MPA	176	B3
	Bear Valley	SDCO	208	C3
	Bear Valley Springs	KER	199	C1
	Beatty	KLAM	151	A1
	Beatty	NYE	184	C2
	Beatty Junction	INY	184	C3
❖	BEAUMONT	RCO	285	D6
	Beckwourth	PLU	165	A3
	Bee Rock	SLO	189	B2
	Bel Aire	MAR	246	C6
	Bel Air Estates	LACO	353	F2
	Belden	PLU	164	A2
❖	BELL	LACO	282	A5
	Bell Canyon	VEN	280	C1
	Bella Vista	KER	192	A2
	Bella Vista	SHA	220	D5
	Belleview	HUM	161	B1
❖	BELLFLOWER	LACO	282	B7
❖	BELL GARDENS	LACO	282	A5
	Bellota	SJCO	175	B2
	Belltown	RCO	284	C4
	Bell Springs	MEN	162	A2
	Bell Station	SCL	180	A2
	Bel Marin Keys	MAR	246	B2
❖	BELMONT	SMCO	250	A7
❖	BELVEDERE	MAR	246	C7
	Belvedere Gardens	MAR	246	C6
	Benbow	HUM	161	C2
	Bend	TEH	221	C1
❖	BENICIA	SOL	247	C2
	Benito Juarez	BAJA	214	C2
	Ben Lomond	SCR	255	C1
	Benton	MNO	178	A2
	Benton Hot Springs	MNO	178	A2
	Berenda	MAD	181	B2
❖	BERKELEY	ALA	328	A3
	Berkeley Camp	SON	168	B3
	Berkeley Rec Camp	TUO	176	B3
	Bermuda Dunes	RCO	290	D5
	Berry Creek	BUT	223	D4
	Berryessa Highlands	NAPA	244	A1
	Berryessa Pines	NAPA	169	A3
	Berryessa	SCL	253	D2
	Berteleda	DN	216	C5
	Bertsch Terrace	DN	297	F8
	Bethany	SJCO	174	C3
	Bethel Island	CC	174	C2
	Betteravia	SB	272	B5
	Beverly Glen	LACO	281	B3
❖	BEVERLY HILLS	LACO	354	B4
	Bieber	LAS	159	B2
	Big Bar	AMA	175	C1
	Big Bar	TRI	157	B3
	Big Bear City	SBD	279	D6
❖	BIG BEAR LAKE	SBD	279	C7
	Big Bend	PLA	228	A7
	Big Bend	SHA	158	C2
	Big Bend	SON	243	B6
	Big Canyon	WSH	165	C2
	Big Creek	FRCO	182	A1
❖	BIGGS	BUT	227	A1
	Big Lagoon Park	HUM	156	B2
	Big Meadow	CAL	176	B1
	Big Mountain Ridge	LACO	200	B3
	Big Oak Flat	TUO	176	A2
	Big Pine	INY	183	A1
	Big Pines	LACO	200	C3
	Big Rock	LACO	280	C4
	Big River	SBD	204	B3
	Big Springs	SIS	217	D6
	Big Sur	MON	188	B1
	Bijou	ED	314	C4
	Binghamton	SOL	174	C1
	Biola	FRCO	181	B2
	Birch Hill	SDCO	208	C3
	Birchville	NEV	170	B1
	Birds Landing	SOL	248	B2
❖	BISHOP	INY	183	A1
	Bitney Corner	NEV	233	B1
	Bitterwater	SBT	180	B3
	Blackhawk	CC	251	B1
	Black Point	MAR	246	C2
	Blackwells Corner	KER	190	B3
	Blair Junction	ESM	178	C2
	Blairsden	PLU	164	C3
	Blocksburg	HUM	161	C1
	Bloomfield	SON	242	A5
	Bloomington	SBD	284	C3
	Blossom	TEH	163	A2
	Blossom Valley	SDCO	294	D6
	Blue Diamond	CLK	195	A1
	Blue Jay	SBD	278	C7
❖	BLUE LAKE	HUM	219	D2
	Bly	KLAM	151	B2
❖	BLYTHE	RCO	211	A2
	Boca	NEV	229	B5
	Bodega	SON	173	B1
	Bodega Bay	SON	173	B1
	Bodfish	KER	192	A3
	Bodie	MNO	177	B1
	Bohemian Grove	SON	173	B1
	Bolinas	MAR	245	D6
	Bolsa Knolls	MON	259	B1
	Bombay Beach	IMP	210	A3
❖	BONANZA	KLAM	151	A2
	Bonanza Springs	LAK	240	D1
	Bonds Corner	IMP	214	B2
	Bonita	SDCO	296	A3
	Bonnefoy	AMA	175	C1
	Bonny Doon	SCR	255	B2
	Bonsall	SDCO	292	B5
	Boonville	MEN	168	A2
	Bootjack	MPA	176	B3
	Boron	KER	200	C1
	Borosolvay	SBD	193	A2
	Borrego Springs	SDCO	209	B3
	Borrego Wells	SDCO	213	C1
	Bostonia	SDCO	294	B7
❖	BOULDER CITY	CLK	269	C7
	Boulder Creek	SCR	253	A7
	Boulder Oaks	SDCO	213	B2
	Boulevard	SDCO	213	B2
	Bouquet Canyon	LACO	277	A3
	Bouse	LPAZ	211	C1
	Bowles	FRCO	264	C7
	Bowman	PLA	233	C7
	Boyes Hot Springs	SON	322	C3
	Boyle Heights	LACO	356	E5
❖	BRADBURY	LACO	282	D2
	Bradley	MON	189	C2
	Brandywine	SJCO	260	C1
	Branscomb	MEN	161	C3
❖	BRAWLEY	IMP	214	A1
	Braymill	KLAM	150	C1
❖	BREA	ORCO	283	A6
	Brenda	LPAZ	211	C2
	Brentwood	LACO	353	A5
❖	BRENTWOOD	CC	248	D6
	Bretz Mill	FRCO	182	A2
	Briceburg	MPA	176	B3
	Briceland	HUM	161	C2
	Bridge Haven	SON	173	B1
	Bridge House	SAC	175	B1
	Bridgeport	MPA	181	B1
	Bridgeport	MNO	177	A1
	Bridgeport	NEV	170	A1
	Bridgeview	JOS	149	A2
	Bridgeville	HUM	161	C1
❖	BRISBANE	SMCO	249	D3
	Brite Valley	KER	200	A1
	Brockmans Corner	INY	183	A1
	Brockway	PLA	231	C1
	Brookdale	SCR	255	C1
❖	BROOKINGS	CUR	148	B2
	Brookfield Village	ALA	331	E4
	Brooks	YOL	169	B3
	Brownsboro	JSKN	149	C1
	Browns Flat	TUO	341	C2
	Browns Valley	YUB	170	A1
	Brownsville	YUB	170	A1
	Bruceville	SAC	238	C5
	Brush Creek	BUT	164	A3
	Bryn Mawr	SBD	285	A4
	Buckeye	ED	170	C2
	Buckeye	SHA	220	B5
	Buckhorn	AMA	175	C1
	Buckhorn	VEN	276	A4
	Buckingham Park	LAK	226	B5
	Buckman Springs	SDCO	213	A1
	Buck Meadows	MPA	176	B2
	Bucks Bar	ED	237	C5
	Bucks Lake	PLU	164	B3
❖	BUELLTON	SB	273	A3
	Buena	SDCO	292	C7
❖	BUENA PARK	ORCO	361	B5
	Buena Vista	AMA	175	B1
	Buhach	MCO	180	C1
❖	BULLHEAD CITY	MOH	270	C2
	Bummerville	CAL	176	A1
	Bunkerville	CLK	187	B2
	Buntingville	LAS	165	A1
❖	BURBANK	LACO	350	E9
	Burdell	MAR	246	B1
❖	BURLINGAME	SMCO	327	F10
	Burney	SHA	158	C3
	Burnt Ranch	TRI	157	A3
	Burrel	FRCO	181	B3
	Burson	CAL	175	B1
	Butte City	GLE	169	B1
--	BUTTE COUNTY	BUT		
❖	BUTTE FALLS	JSKN	150	A1
	Butte Meadows	BUT	164	A2
	Buttonwillow	KER	191	A3
	Byron	CC	174	C2

C

	COMMUNITY	CO.	PAGE	GRID
	Cabazon	RCO	208	C1
	Cabbage Patch	CAL	176	B1
	Cactus Springs	CLK	185	C3
	Cadenasso	YOL	169	B3
	Cadiz	SBD	203	A2
	Cadwell	SON	242	B4
	Cairns Corner	TUL	191	B1
	Cahuilla	RCO	208	C2
	Cajon Junction	SBD	201	A3
❖	CALABASAS	LACO	280	B1
	Calabasas Highlands	LACO	280	C3
	Calabasas Park	LACO	280	C2
--	CALAVERAS COUNTY	CAL		
	Calaveritas	CAL	175	C1
❖	CALEXICO	IMP	214	B2
	Calico Ghost Town	SBD	201	C1
	Caliente	KER	199	C1
❖	CALIFORNIA CITY	KER	200	C1
	California Hot Springs	TUL	191	C2
	California Valley	SLO	190	B3
❖	CALIMESA	RCO	285	C5
❖	CALIPATRIA	IMP	210	B3
❖	CALISTOGA	NAPA	241	A6
	Callahan	SIS	157	C2
	Calneva	LAS	165	B2
	Cal Nev Ari	CLK	195	C3
	Calpella	MEN	168	B1
	Calpine	SIE	165	A3
	Calwa	FRCO	264	C5
❖	CAMARILLO	VEN	275	D5
	Cambria	SLO	189	B3
	Camden	FRCO	181	C3
	Cameron Corners	SDCO	213	A2
	Cameron Park	ED	236	D5
	Camino	ED	237	D4
❖	CAMPBELL	SCL	253	C4
	Camp Conifer	TUL	182	C3
	Camp Connell	CAL	176	A1
	Camp Klamath	DN	156	B1
	Camp Meeker	SON	173	B1
	Camp Nelson	TUL	191	C1
	Camp Pendleton	SDCO	291	D3
	Campo	SDCO	213	B2
	Campo Seco	CAL	175	C1
	Camp Richardson	ED	231	B7
	Camp Sabrina	INY	182	C1
	Camp Sacramento	ED	171	B3
	Camp Sierra	FRCO	182	A1
	Camptonville	YUB	170	B1
	Camp Wishon	TUL	191	C1
	Canby	MOD	159	C1
	Canoga Park	LACO	280	C1
	Cantil	KER	192	B3
	Cantua Creek	FRCO	181	A3
	Canyon City	SDCO	213	A2
	Canyon Country	LACO	277	B3
	Canyon Dam	PLU	164	B2
❖	CANYON LAKE	RCO	289	B3
	Canyon Springs	RCO	284	D6
	Capay	YOL	169	B3
	Capetown	HUM	161	A1
	Capistrano Beach	ORCO	291	A1
❖	CAPITOLA	SCR	256	A3
	Carbondale	AMA	175	B1
	Cardiff-By-The-Sea	SDCO	293	A3
	Carl Inn	TUO	262	A2
	Carlotta	HUM	161	B1
❖	CARLSBAD	SDCO	292	B7
❖	CARMEL-BY-THE-SEA	MON	338	C3
	Carmel Highlands	MON	258	B6
	Carmel Valley	MON	258	C5
	Carmel Valley	SDCO	293	C4
	Carmel Valley Village	MON	259	A6
	Carmet	SON	173	B1
	Carmichael	SAC	235	D6
	Carnelian Bay	PLA	231	A1
	Carpenterville	CUR	148	B2
❖	CARPINTERIA	SB	199	A3
	Carquinez Heights	SOL	247	B3
❖	CARSON	LACO	286	D1
❖	CARSON CITY	CRSN	313	E5
--	CARSON CITY COUNTY	CRSN		
	Carson Hill	CAL	176	A2
	Cartago	INY	192	B1
	Caruthers	FRCO	181	C3
	Casa Blanca	RCO	284	C6
	Casa Diablo Hot Spgs	MNO	263	D6
	Cascade Gorge	JSKN	150	A1
	Casitas Springs	VEN	275	A3
	Casmalia	SB	272	B7
	Caspar	MEN	224	B3
	Cassel	SHA	159	A3
	Castaic	LACO	276	C2
	Castella	SHA	218	B7
	Castellammare	LACO	280	D4
	Castle Crag	SHA	218	B7
	Castle Rock Springs	LAK	240	C3
	Castro Valley	ALA	250	D3
	Castroville	MON	258	D1
❖	CATHEDRAL CITY	RCO	290	B3
	Catheys Valley	MPA	181	B1
❖	CAVE JUNCTION	JOS	149	A2
	Cayton	SHA	158	C2
	Cayucos	SLO	189	B3
	Cazadero	SON	239	B7
	Cecilville	SIS	157	B2
	Cedar Brook	FRCO	265	A3
	Cedar Crest	FRCO	182	A1
	Cedar Crest	NEV	233	D2
	Cedar Flat	PLA	231	B2
	Cedar Glen	SBD	278	D6
	Cedar Grove	ED	237	D4
	Cedar Grove	FRCO	182	C2
	Cedarpines Park	SBD	278	B6
	Cedar Ridge	NEV	233	D2
	Cedar Ridge	TUO	176	A2
	Cedar Valley	MAD	181	C1
	Cedarville	MOD	160	A1
	Centerville	ALA	251	A6
	Centerville	FRCO	182	A2
	Centerville	SHA	220	A7
❖	CENTRAL POINT	JSKN	149	C2
	Central Valley	SHA	220	B4
	Centre City	SDCO	373	E3
	Century City	LACO	354	C8
❖	CERES	STA	261	B5
❖	CERRITOS	LACO	287	B1
	Chaffee	KER	200	B1
	Chalfant	MNO	178	A3
	Chalk Hill Valley	SON	240	C7
	Challenge	YUB	170	B1
	Chambers Lodge	PLA	231	A4
	Chamisa Gap	LAK	226	C6
	Chaney Ranch	FRCO	180	C3
	Charter Oak	LACO	283	A3
	Chatsworth	LACO	276	D7
	Chawanakee	FRCO	182	A1
	Chemeketa Park	SCL	253	B7
	Cherokee	BUT	223	C4
	Cherokee	NEV	170	B1
	Cherry Valley	RCO	208	C1
	Chester	PLU	164	A1
	Cheviot Hills	LACO	281	B4
	Chicago Park	NEV	233	D3
❖	CHICO	BUT	306	G6
	Chilcoot	PLU	165	B3
❖	CHILOQUIN	KLAM	150	C1
	China Lake NWC	KER	192	C2
	Chinatown	LACO	356	B3
	Chinatown	SFCO	326	E4
	Chinese Camp	TUO	176	A2
❖	CHINO	SBD	283	C4
❖	CHINO HILLS	SBD	283	C5
	Chinquapin Junction	MPA	262	B6
	Chiquita Lake	ED	170	C2
	Chiriaco Summit	RCO	210	A2
	Chittenden	SCR	257	A5
	Chloride	MOH	196	B3
	Chloride City	INY	184	C2
	Choctaw Valley	KER	191	C3
	Cholame	SLO	190	A2
	Chollas Creek	SDCO	374	F2

❖ INDICATES INCORPORATED CITY

Cities & Communities Index

COMMUNITY	CO.	PAGE	GRID
Chollas View	SDCO	374	F4
❖ CHOWCHILLA	MAD	181	A2
Chrisman	VEN	275	A4
Chrome	GLE	163	A3
Chualar	MON	259	C4
❖ CHULA VISTA	SDCO	295	D4
Cibola	LPAZ	211	A3
Cienega Springs	LPAZ	204	B3
Cima	SBD	195	A3
Cinco	KER	200	B1
Circle Oaks	NAPA	244	A3
Cisco	PLA	170	C1
❖ CITRUS HEIGHTS	SAC	236	A5
❖ CITY OF COMMERCE	LACO	282	A5
❖ CITY OF INDUSTRY	LACO	282	D4
City Ranch	LACO	200	B3
City Terrace	LACO	282	A4
Clairemont	SDCO	293	C7
Clam Beach	HUM	156	B2
Claremont	ALA	328	E8
❖ CLAREMONT	LACO	283	C2
Clarendon Heights	SFCO	325	G8
-- CLARK COUNTY	CLK		
Clarksburg	YOL	238	A3
Clarksville	ED	236	C6
Clay	SAC	175	B1
❖ CLAYTON	CC	248	B5
Clear Creek	SIS	149	A3
Clear Creek	LAS	164	B1
❖ CLEARLAKE	LAK	226	C6
Clearlake Highlands	LAK	226	C6
Clearlake Oaks	LAK	226	C5
Clearlake Park	LAK	226	C6
Clements	SJCO	175	B1
Cleone	MEN	224	B1
Cliff House	TUO	176	B2
Clinton	AMA	175	C1
Clio	PLU	164	C3
Clipper Gap	PLA	233	D6
Clipper Mills	BUT	170	B1
Cloverdale	SHA	163	A1
❖ CLOVERDALE	SON	239	C2
❖ CLOVIS	FRCO	264	D3
Clyde	CC	247	D4
❖ COACHELLA	RCO	209	C2
Coaldale	ESM	178	C2
❖ COALINGA	FRCO	190	A1
Coarsegold	MAD	181	C1
Cobb	LAK	240	C2
Cobbs	HUM	162	A1
Codora	GLE	169	B1
Coffee Creek	TRI	157	C2
Cohasset	BUT	163	C2
Cold Springs	TUO	176	B1
Coles Station	ED	170	C3
❖ COLFAX	PLA	233	D4
College City	COL	169	B2
Collegeville	SJCO	260	D5
Collierville	SJCO	238	D7
Collinsville	SOL	248	B3
❖ COLMA	SMCO	249	C3
Coloma	ED	237	A3
Colonia	VEN	275	B6
❖ COLTON	SBD	368	A8
Columbia	TUO	176	A2
❖ COLUSA	COL	169	B1
-- COLUSA COUNTY	COL		
Combs Camp	SDCO	209	A3
Comptche	MEN	224	D5
❖ COMPTON	LACO	281	D7
❖ CONCORD	CC	247	D5
Conejo	FRCO	181	C3
Confidence	TUO	176	B2
Constantia	LAS	165	B2
-- CONTRA COSTA CO.	CC		
Consumnes	SAC	175	B1
Cooks Station	AMA	171	A3
Cool	ED	236	D1
Coolidge Spring	IMP	209	C3
Copco	SIS	150	A3
Copperopolis	CAL	175	C2
❖ CORCORAN	KIN	190	C1
Cordelia	SOL	244	B7
Cornell	LACO	280	A3
❖ CORNING	TEH	221	C7
❖ CORONA	RCO	284	A7
Corona Del Mar	ORCO	364	G9
❖ CORONADO	SDCO	373	B7
Corona Heights	SFCO	326	A8
Coronado Cays	SDCO	295	D4
Coronita	RCO	283	D7
Corral De Tierra	MON	258	D4
Corralitos	SCR	256	C3
❖ CORTE MADERA	MAR	246	B6
Coso Junction	INY	192	B1
❖ COSTA MESA	ORCO	364	C4
Cosumnes	SAC	175	B1
❖ COTATI	SON	242	C4
Coto De Caza	ORCO	208	A2
Cottage Springs	CAL	176	A1
Cotton Center	TUL	191	B1
Cottonwood	SHA	163	A1
Cottonwood	SDCO	296	C1
Coulterville	MPA	176	A3
Cottonwood Spring	RCO	209	C2
Country Club Park	LACO	281	C4
Courtland	SAC	238	A5
Covelo	MEN	162	A3
❖ COVINA	LACO	283	A3
Covington Mill	TRI	157	C3
Cowan Heights	ORCO	288	B2
Cow Hollow	SFCO	326	B3
Coyote	SCL	254	B6
Coyote Wells	IMP	213	C2
Cozzens Corner	SON	239	D4
Crafton	SBD	285	C3
Cragmont	ALA	328	B3
Canebrake	SDCO	213	B1
Cranmore	SUT	169	C2
Crannell	HUM	156	B2
Creekside	SBD	284	A4
Crenshaw	LACO	281	C5
❖ CRESCENT CITY	DN	297	B9
Crescent Mills	PLU	164	B2
Cressey	MCO	180	C1
Crest	SDCO	294	C7
Crestline	SBD	278	B7
Crestmore	SBD	284	C4
Creston	SLO	189	C3
Crestview	MNO	263	C4
Crockett	CC	247	B3
Cromberg	PLU	164	C3
Cross Roads	LPAZ	204	B3
Crown Point	SDCO	371	D5
Crows Landing	STA	180	B1
Crystal Bay	WSH	231	C1
Cucamonga	SBD	284	A3
❖ CUDAHY	LACO	282	A6
Cuesta By The Sea	SLO	271	A4
Cuidad Morelos	BAJA	215	A2
Cuidad Victoria	BAJA	215	A2
❖ CULVER CITY	LACO	281	B5
Cummings	MEN	161	C3
Cummings Valley	KER	199	C1
Cunningham	SON	242	B4
❖ CUPERTINO	SCL	253	B4
-- CURRY COUNTY	CUR		
Curry Village	MPA	262	D4
Cutler	TUL	182	A3
Cutten	HUM	300	E7
Cuyama	SB	198	C2
Cuyamaca	SDCO	213	A1
❖ CYPRESS	ORCO	361	A10
D			
Daggett	SBD	201	C2
Dairy	KLAM	151	A2
Dairyville	TEH	221	D3
Dales	TEH	163	B1
❖ DALY CITY	SMCO	249	B3
Dana	SHA	159	A2
❖ DANA POINT	ORCO	207	C3
❖ DANVILLE	CC	250	D1
Dardanelle	TUO	176	C1
Darlingtonia	DN	216	D4
Darrah	MPA	176	C3
Darwin	INY	193	A1
Date City	IMP	214	B1
Daulton	MAD	181	B1
Davenport	SCR	255	B3
Davenport Landing	SCR	255	A2
❖ DAVIS	YOL	318	G2
Davis Creek	MOD	152	A3
Davis Dam	MOH	270	C1
Day	MOD	159	A2
Dayton	BUT	163	B3
Death Valley Junction	INY	194	A1
De Bon	SIS	218	A2
Deep Spring	INY	183	B1
Deer Crossing	FRCO	182	B3
Deer Park	NAPA	241	B7
Dehesa	SDCO	294	C7
Dehlinger	KLAM	150	C2
Del Aire	LACO	358	F10
❖ DELANO	KER	191	A2
Del Cerro	SDCO	294	A7
Del Dios	SDCO	293	D2
Delevan	COL	169	B1
Delft Colony	TUL	182	A3
Delhi	MCO	180	C1
Delleker	PLU	165	A3
Del Loma	TRI	157	A3
❖ DEL MAR	SDCO	293	B4
-- DEL NORTE COUNTY	DN		
Del Paso Heights	SAC	235	C6
Del Rey	FRCO	181	C3
❖ DEL REY OAKS	MON	258	C4
Del Rio Woods	SON	240	B6
Del Rosa	SBD	285	A2
Del Sur	LACO	200	A2
Delta	SHA	158	A3
De Luz	SDCO	292	A2
Del Valle	LACO	276	C4
Democrat Hot Springs	KER	191	C3
Denair	STA	261	D6
Denny	TRI	157	A3
Denverton	SOL	174	B1
Derby Acres	KER	198	C1
De Sabla	BUT	163	C3
Descanso	SDCO	213	A1
Descanso Junction	SDCO	213	A1
Desert Beach	RCO	209	C2
Desert Center	RCO	210	B2
Desert Haven	RCO	290	B3
❖ DESERT HOT SPGS	RCO	290	B1
Desert Knolls	SBD	278	B1
Desert Lake	KER	200	C1
Desert Shores	IMP	209	C3
Devils Den	KER	190	B2
Devonshire	SMCO	250	A7
Devore	SBD	278	A7
Diablo	CC	248	A7
❖ DIAMOND BAR	LACO	283	B5
Diamond Springs	ED	317	E10
Di Giorgio	KER	199	C1
Dillon Beach	MAR	173	B1
Dimond	ALA	250	B1
Dinkey Creek	FRCO	182	B2
Dinsmore	HUM	162	A1
❖ DINUBA	TUL	182	A3
Discovery Bay	CC	174	C2
Dixieland	IMP	214	A1
❖ DIXON	SOL	174	C1
Dobbins	YUB	170	B1
Dogtown	CAL	175	C2
Dogtown	MPA	176	B3
Dogtown	SJCO	175	B1
Dome	YUM	215	B1
Dominguez	LACO	287	A1
Dorrington	CAL	176	A1
❖ DORRIS	SIS	150	C3
❖ DOS PALOS	MCO	180	C2
Dos Palos Y	MCO	180	C2
Dos Rios	MEN	162	A3
Double Check	WSH	165	C2
Dougherty	ALA	251	B3
Douglas City	TRI	157	B3
-- DOUGLAS COUNTY	DGL		
Douglas Flat	CAL	176	A2
Dove Canyon	ORCO	208	A2
❖ DOWNEY	LACO	282	B6
Downieville	SIE	170	C1
Doyle	LAS	165	B2
Doyles Corner	SHA	159	A3
Dozier	SOL	174	C1
Drakes Beach	MAR	245	B3
Drytown	AMA	175	C1
❖ DUARTE	LACO	282	D2
❖ DUBLIN	ALA	251	B3
Duboce Triangle	SFCO	326	B7
Ducor	TUL	191	B2
Dulzura	SDCO	213	A2
Dunlap	FRCO	182	B2
Dunlap	MEN	168	A1
Dunmovin	INY	192	B1
Dunneville	SBT	257	C4
Dunnigan	YOL	169	B2
❖ DUNSMUIR	SIS	218	C5
Durham	BUT	163	C3
Dustin Acres	KER	199	A1
Dutch Flat	PLA	170	C2
Dyer	ESM	178	B3
E			
Eagle Mountain	RCO	210	A1
Eagle Rock	LACO	282	A2
❖ EAGLE POINT	JSKN	149	C1
Eagles Nest	SDCO	209	A3
Eagleville	MOD	160	B2
Earlimart	TUL	191	A2
Earp	SBD	204	B3
East Bakersfield	KER	344	F4
East Blythe	RCO	211	A2
East Elliott	SDCO	294	A6
East Hemet	RCO	208	C2
East Guernewood	SON	168	B3
East Highlands	SBD	285	B2
East Lake	ORCO	283	B7
Eastlake	SDCO	296	B3
Eastlake Greens	SDCO	296	B3
East Los Angeles	LACO	282	A4
East Menlo	SMCO	250	B7
East Nicolaus	SUT	169	C2
Easton	FRCO	264	B6
East Orosi	TUL	182	A3
❖ EAST PALO ALTO	SMCO	332	D1
East Quincy	PLU	164	B2
East San Jose	SCL	334	F1
Echo Dell	SDCO	213	A1
Echo Lake	ED	171	B3
Echo Park	LACO	355	G2
Eden Gardens	SDCO	293	B3
Eden Hot Springs	RCO	285	C7
Edgemont	RCO	285	A6
Edgewood	SIS	218	A1
Edgewood	PLA	316	C2
Edison	KER	191	C3
Edna	SLO	271	D7
Edwards	KER	200	C1
Eel Rock	HUM	161	C1
Ehrenberg	LPAZ	211	B2
El Bonita	SON	168	B3
❖ EL CAJON	SDCO	294	C7
El Camino Village	LACO	281	C7
El Cariso	RCO	208	A2
❖ EL CENTRO	IMP	375	D7
El Cerrito	RCO	208	A2
❖ EL CERRITO	CC	247	A5
Elders Corners	PLA	233	B7
Elderwood	TUL	182	B3
El Dorado	ED	237	B5
-- EL DORADO COUNTY	ED		
El Dorado Hills	ED	236	C5
El Nido	MCO	181	A1
Eldridge	SON	243	A4
Electra	AMA	175	C1
El Granada	SMCO	249	C7
Elizabeth Lake	LACO	200	A2
Elk	MEN	167	C2
Elk Creek	GLE	163	A3
❖ ELK GROVE	SAC	238	C3
Elk River	HUM	219	B4
Elk Valley	DN	148	C3
Ellwood	SB	274	A7
El Macero	YOL	169	C3
Elmhurst	ALA	331	G3
Elmo	KER	191	A2
Elmira	SOL	174	B1
El Modena	ORCO	288	B2
❖ EL MONTE	LACO	282	C3
Elmore	IMP	210	A3
Elm View	FRCO	181	C3
El Nido	MCO	286	C1
El Nido	LACO	280	B4
El Pinal	SJCO	339	E4
El Portal	MPA	262	A5
El Porto	LACO	281	B7
El Porvenir	FRCO	181	A3
El Rio	VEN	275	B6
❖ EL SEGUNDO	LACO	358	C10
El Sereno	LACO	282	A3
El Sobrante	CC	247	A4
El Toro	ORCO	288	C5
El Verano	SON	322	A6
Elverta	SAC	235	B4
Emerald Bay	ED	231	A7
Emerald Bay	ORCO	288	B7
❖ EMERYVILLE	ALA	329	F1
Emigrant Gap	PLA	170	C1
Empire	WSH	166	A1
Empire	STA	261	C4
❖ ENCINITAS	SDCO	293	A2
Encino	LACO	281	A2
Engineer Springs	SDCO	213	A2
Enterprise	SHA	302	C9
Enterprise	CLK	268	B6
Enterprise	AMA	170	C3
❖ ESCALON	SJCO	261	B1
Erwin Lake	SBD	201	C3
❖ ESCONDIDO	SDCO	292	D7
-- ESMERALDA COUNTY	ESM		
Esparto	YOL	169	B3
Essex	SBD	203	B2
Estrella	SLO	189	C2
Etiwanda	SBD	284	A2
❖ ETNA	SIS	157	C1
Ettawa Springs	LAK	240	D1
Ettersburg	HUM	161	B2
Eucalyptus Hills	SDCO	294	B5
Eugene	STA	175	C2
❖ EUREKA	HUM	300	C5
Eureka Valley/Dolores Hts	SFCO	326	B8
Evelyn	INY	194	A1
Evergreen	SCL	254	A4
❖ EXETER	TUL	266	D3
F			
Fairbanks Country Club	SDCO	293	C4
Fairbanks Ranch	SDCO	293	C3
❖ FAIRFAX	MAR	246	A4
❖ FAIRFIELD	SOL	244	C5
Fairhaven	HUM	219	B3
Fairmead	MAD	181	B2
Fairmont	LACO	200	A2
Fair Oaks	SAC	236	A6
Fair Play	ED	237	D7
Fairview	TUL	192	A2
Falcon Heights	KLAM	150	C2
Fales Hot Springs	MNO	177	A1
Fallbrook	SDCO	292	B3
Fallen Leaf	ED	171	B2
Falling Springs	LACO	200	C3
Fallon	MAR	242	A5
Fall River Mills	SHA	159	A2
Famoso	KER	191	A3
Faria Beach	VEN	199	A3
❖ FARMERSVILLE	TUL	266	D3
Farmington	SJCO	175	B2
Fawnskin	SBD	279	C6
Feather Falls	BUT	164	A3
Feather River Inn	PLU	164	C3
Felicity	IMP	215	A1
Felix	CAL	175	C2
Fellows	KER	199	A1
Felton	SCR	255	C2
Fern	SHA	158	B3
Fernbridge	HUM	219	A7
Fernbrook	SDCO	294	C4
❖ FERNDALE	HUM	219	A7
Fernley	LYN	166	A3
Fernside	ALA	330	D10
Fernwood	LACO	280	D3
Fetters Hot Springs	SON	243	A5
Fiddletown	AMA	175	C1
Fieldbrook	HUM	156	B2
Fields Landing	HUM	219	B4
Fig Garden	FRCO	264	A3
❖ FILLMORE	VEN	199	C3
Financial District	SFCO	326	F4
Fine Gold	MAD	181	C1
Finley	LAK	225	D5
❖ FIREBAUGH	FRCO	181	A2
Fish Camp	MPA	176	C3
Fish Springs	INY	183	A1
Five Corners	LAK	152	A2
Five Corners	SJCO	260	D7
Five Points	KRN	200	A1
Five Points	FRCO	181	B3
Fleta	KER	200	B1
Fletcher Hills	SDCO	294	B7
Flinn Springs	SDCO	294	D6
Florence	LACO	281	D5
Florin	SAC	238	C2
Floriston	NEV	229	B5
Flournoy	TEH	163	A2
Flowing Wells	RCO	209	C2
❖ FOLSOM	SAC	236	B5
❖ FONTANA	SBD	284	B2
Foothill Farms	SAC	235	D5
Foothill Ranch	ORCO	288	D4
Forbestown	BUT	170	A1
Ford City	KER	199	A1
Fords Corner	ED	237	A1
Forest	SIE	170	C1
Foresta	MPA	262	B5
Foresthill	PLA	170	C2
Forest Falls	SBD	208	C1
Forest Glen	TRI	162	A1
Forest Home	AMA	175	B1
Forest Knolls	MAR	245	D4
Forest Knolls	SFCO	325	F9
Forest Lake	LAK	240	C2
Forest Park	ALA	328	G10
Forest Park	SCR	253	A7
Forest Ranch	BUT	163	C3
Forest Springs	NEV	233	C3
Forestville	SON	242	A1
Forks Of Salmon	SIS	157	A2
Forrest Park	LACO	277	B3
Fort Bidwell	MOD	152	B3
❖ FORT BRAGG	MEN	307	D6
Fort Dick	DN	216	B3
Fort Irwin	SBD	193	C3
❖ FORT JONES	SIS	157	C1
Fort Klamath	KLAM	150	B1
Fort Klamath Junction	KLAM	150	C1
Fort Ord Village	MON	258	C3
Fort Ross	SON	168	A3
Fort Seward	HUM	161	C2
❖ FORTUNA	HUM	219	B7
Foster	SDCO	294	B5
❖ FOSTER CITY	SMCO	250	A5
Foster Park	VEN	275	A3
Fountain Springs	TUL	191	B2
❖ FOUNTAIN VALLEY	ORCO	287	D4
Four Corners	JSKN	149	C1
Four Corners	SJCO	238	B7
Four Corners	SHA	158	C2
Four Points	LACO	200	B3
Fouts Springs	COL	168	C1
❖ FOWLER	FRCO	264	D6
Fox Hills	LACO	358	D2
Franklin	SAC	238	B4
Frazier Park	KER	199	B2
Fredalba	SBD	285	B1
Fredericksburg	ALP	171	C3
Freds Place	ED	171	A3
Freedom	SCR	256	C4
Freeman	KER	192	C3
Freeport	SAC	238	B2
Freestone	SON	242	A3
❖ FREMONT	ALA	250	C6
Fremont Valley	KER	200	B1
French Camp	SJCO	260	B6
French Corral	NEV	170	B1
French Gulch	SHA	157	C3
Fresh Pond	ED	170	C3
Freshwater	HUM	219	C4
❖ FRESNO	FRCO	343	B4
-- FRESNO COUNTY	FRCO		
Friant	FRCO	181	C2
Frogtown	CAL	176	A2
Fruitridge	SAC	320	B10
Fruitvale	ALA	330	F8
Fruitvale	KER	267	B4
Fruto	GLE	163	A3
Fuller Acres	KER	267	D6
❖ FULLERTON	ORCO	361	E2
Fulton	SON	242	B1
Furnace Creek Ranch	INY	184	C3
G			
Gadsden	YUMA	215	A2
Garfield	KER	192	A3
Galice	JOS	149	A1
Gallinas	MAR	246	B4
❖ GALT	SAC	238	D6
Ganns	CAL	176	B1
Garberville	HUM	161	C2
❖ GARDENA	LACO	281	C7
Garden Farms	SOL	271	D2
❖ GARDEN GROVE	ORCO	362	C7
Gardenland	SBD	209	A2
Garden Valley	ED	237	A2
Gardnerville	DGL	232	B7
Garey	SB	198	A2
Garfield	KER	192	A3
Garnet	RCO	290	A2
Garvanza	LACO	282	A2
Gasquet	DN	216	D3
Gaviota	SB	273	A6
Gazelle	SIS	158	A1
Genesee	PLU	164	C2
Genoa	DGL	232	A6

❖ INDICATES INCORPORATED CITY

CRA

INTRO

Cities & Communities Index

	COMMUNITY	CO.	PAGE	GRID
	Georgetown	ED	237	B1
	Gerber	TEH	221	D5
	Gem	KLAM	150	C2
	Geyser Resort	SON	240	B2
	Geyserville	SON	240	A4
	Giant Forest	TUL	265	D5
	Gibsonville	SIE	164	B3
	Gilman Hot Springs	RCO	208	C2
❖	GILROY	SCL	257	A3
	Glacier Lodge	INY	183	A1
	Glade	TEH	303	B3
	Glamis	IMP	214	C1
	Glannvale	SAC	238	B5
	Glassell Park	LACO	281	D3
	Glen Avon	RCO	284	B5
	Glenbrook	DGL	231	D4
	Glenburn	SHA	159	A2
	Glencoe	CAL	175	C1
❖	GLENDALE	LACO	352	F3
	Glendale	CLK	187	A2
❖	GLENDORA	LACO	283	A2
	Glen Ellen	SON	243	A4
	Glen Ivy Hot Springs	RCO	208	A2
	Glenhaven	LAK	226	B5
	Glenn	GLE	169	B1
--	GLENN COUNTY	GLE		
	Glenville	KER	191	C2
	Glen Oaks	SDCO	294	D6
	Glen Valley	RCO	284	D7
	Glenview	LAK	226	B7
	Glenview	LACO	280	D3
	Glenview	SDCO	294	C6
	Goffs	SBD	203	C1
	Golden Gate Heights	SFCO	325	E8
	Gold Flat	NEV	315	F5
❖	GOLD HILL	JSKN	149	B1
	Golden Hill	RCO	374	A4
	Golden Hills	KER	200	A1
	Golden Shores	MOH	204	B2
	Golden Valley	WSH	230	A1
	Gold Hill	ED	237	A3
	Gold River	SAC	236	A6
	Gold Run	PLA	170	C2
	Gold Springs	TUO	176	A2
	Goleta	SB	274	B7
❖	GONZALES	MON	259	D6
	Gonzalez Ortega	BAJA	214	B2
	Good Hope	RCO	289	A2
	Goodsprings	CLK	195	A2
	Goodyears Bar	SIE	170	B1
	Gorda	MON	189	A2
	Gordons Well	IMP	214	C1
	Gorman	LACO	199	C2
	Goshen	TUL	266	A2
	Gottville	SIS	149	C3
	Government Flat	TEH	162	B3
	Graeagle	PLU	164	C3
	Granada Hills	LACO	277	A7
❖	GRAND TERRACE	SBD	284	D4
	Grangeville	KIN	190	C1
	Granite Bay	PLA	236	B4
❖	GRANTS PASS	JOS	149	B1
	Graniteville	NEV	170	C1
	Grant Hill	RCO	374	A5
	Grapevine	KER	199	B2
	Grasshopper Junction	MOH	196	B3
❖	GRASS VALLEY	NEV	315	D6
	Graton	SON	242	A2
	Gravesboro	FRCO	182	A2
	Grayson	STA	175	A3
	Grays Well	IMP	215	A2
	Greeley Hill	MPA	176	B3
	Green Acres	RCO	289	D2
	Greenacres	KER	267	B4
	Greenbrae	MAR	324	D10
	Greenfield	KER	267	C6
❖	GREENFIELD	MON	189	A1
	Greenhaven	SAC	238	A1
	Green Point	MAR	246	B2
	Green Valley	LACO	200	A2
	Green Valley Estates	SOL	244	B6
	Green Valley Falls	SDCO	213	A1
	Green Valley Lake	SBD	279	A7
	Greenview	SIS	157	C1
	Greenville	PLU	164	B2
	Greenwood	ED	237	A1
	Grenada	SIS	217	C5
❖	GRIDLEY	BUT	227	A2
	Grimes	COL	169	B2
	Grizzly Flat	ED	170	C3
	Grossmont	SDCO	294	B7
	Groveland	TUO	176	A2
❖	GROVER BEACH	SLO	272	A1
	Grovers Hot Springs	ALP	171	B3
❖	GUADALUPE	SB	272	A4
	Gualala	MEN	167	C3
	Guasti	SBD	284	A4
	Guatay	SDCO	213	A1
	Guerneville	SON	168	B3
	Guernewood Park	SON	168	B3
	Guinda	YOL	169	B3
❖	GUSTINE	MCO	180	B1
	H			
	Hacienda Heights	LACO	282	C5
	Haight-Ashbury	SFCO	325	G7
❖	HALF MOON BAY	SMCO	252	A1
	Hallelujah Junction	LAS	165	B3
	Hallwood	YUB	227	D5
	Hamburg	SIS	149	B3
	Hamilton Branch	PLU	164	B2
	Hamilton City	GLE	163	B3
	Hammond	TUL	182	C3
	Hammonton	YUB	170	A2
	Ham's Station	AMA	171	A3
	Hancock Park	LACO	281	C3
❖	HANFORD	KIN	190	C1
	Happy Camp	SIS	149	A3
	Harbeck-Fruitdale	JOS	149	B1
	Harbin Springs	LAK	240	D2
	Harbison Canyon	SDCO	294	D7
	Harbor	CUR	148	B2
	Harbor City	LACO	286	C2
	Harbor Gateway	LACO	286	C1
	Harden Flat	TUO	176	B2
	Hardwick	KIN	181	C3
	Harmony	SLO	189	B3
	Harmony Grove	SDCO	293	D1
	Harriman Lodge	KLAM	150	B1
	Harris	HUM	161	C2
	Harrison Park	SDCO	213	A1
	Hart Park	KER	267	D3
	Haskell Creek	SIE	164	C3
	Hat Creek	SHA	159	A3
	Hatfield	SIS	151	A3
	Hathaway Pines	CAL	176	A1

	COMMUNITY	CO.	PAGE	GRID
	Havilah	KER	192	A3
❖	HAWAIIAN GARDENS	LACO	287	B1
	Hawkinsville	SIS	217	A3
❖	HAWTHORNE	LACO	281	C7
❖	HAWTHORNE	MIN	172	C3
	Hayes Valley	SFCO	326	B7
	Hayfork	TRI	162	B1
❖	HAYWARD	ALA	250	D4
	Hayward	MPA	176	A3
	Hazel Creek	SHA	158	A2
	Healdsburg	LAK	226	C6
❖	HEALDSBURG	SON	240	A6
	Heather Glen	PLA	233	D5
	Heber	IMP	214	B2
	Helena	TRI	157	B3
	Helendale	SBD	201	B2
	Hells Gate	INY	184	B2
	Helm	FRCO	181	B3
❖	HEMET	RCO	208	C2
❖	HENDERSON	CLK	268	D7
	Henderson Village	SJCO	260	B1
	Henley	KLAM	150	C2
	Henley	SIS	150	A3
	Henleyville	TEH	221	A6
	Herald	SAC	175	A1
❖	HERCULES	CC	247	B4
	Hermit Valley	ALP	171	B3
❖	HERMOSILLO	BAJA	215	A2
❖	HERMOSA BEACH	LACO	286	B1
	Hernandez	SBT	189	C1
	Herlong	LAS	165	B2
	Herndon	FRCO	264	A2
❖	HESPERIA	SBD	278	B3
	Hessel	SON	242	B4
	Hickman	STA	175	C3
	Hidden Glen	SDCO	213	A2
❖	HIDDEN HILLS	LACO	280	C2
	Hidden Meadows	SDCO	292	D6
	Hidden Valley	PLA	236	B3
	Hidden Valley Lake	LAK	241	A2
	Higgins Corner	NEV	233	B5
	Highgrove	RCO	284	D4
❖	HIGHLAND	SBD	285	B2
	Highland Park	LACO	282	A3
	Highlands Harbor	LAK	226	D7
	Hights Corner	KER	267	A3
	Highway City	FRCO	264	A3
	Hillcrest	SDCO	372	D9
	Hillcrest	SHA	158	C3
	Hills Flat	NEV	315	C6
	Hill Haven	MAR	246	C6
❖	HILLSBOROUGH	SMCO	249	D6
	Hilmar	MCO	180	B1
	Hilt	SIS	150	A3
	Hilton Creek	MNO	177	C3
	Hinkley	SBD	201	B1
	Hiouchi	DN	216	C4
	Hoaglin	TRI	162	A2
	Hobart Mills	NEV	229	A5
	Hobergs	LAK	240	C1
	Hodson	CAL	175	C2
	Holland	JOS	149	A2
❖	HOLLISTER	SBT	257	D6
	Hollow Tree	MEN	161	C3
	Hollydale	SON	242	A1
	Hollydale	LACO	282	A6
	Hollywood	LACO	351	E8
	Hollywood-By-The-Sea	VEN	275	A7
	Hollywood Hills	LACO	351	F6
	Hollywood Riviera	LACO	286	B2
	Holmes	HUM	161	C1
	Holts	SJCO	260	A5
❖	HOLTVILLE	IMP	214	B1
	Holy City	SCL	253	C7
	Home Gardens	RCO	284	B7
	Homeland	RCO	289	D3
	Homestead Valley	MAR	246	B6
	Homewood	PLA	231	A4
	Honcut	BUT	227	D2
	Honeydew	HUM	161	B1
	Hood	SAC	238	B4
	Hoopa	HUM	156	C2
	Hopeton	MCO	175	C3
	Hope Ranch	SB	274	C7
	Hope Vly Forest Camp	ALP	171	B3
	Hopland	MEN	225	A6
	Hoppaw	DN	156	B1
	Hornbrook	SIS	150	A3
	Hornitos	MPA	176	A3
	Horse Creek	SIS	149	B3
	Hosley	KLAM	150	C2
	Hot Springs	KLAM	151	A2
	Hough Springs	LAK	226	D2
	Howard Springs	LAK	240	D1
	Howland Flat	SIE	164	B3
	Huasna	SLO	272	D1
	Hugo	JOS	149	A1
❖	HUGHSON	STA	261	C4
	Hulburd Grove	SDCO	213	A1
	Hullville	LAK	168	B1
--	HUMBOLDT COUNTY	HUM		
	Hume	FRCO	265	B1
	Humphreys Station	FRCO	182	A2
	Hunter Creek	CUR	148	B1
❖	HUNTINGTON BEACH	ORCO	287	C3
	Huntington Lake	FRCO	182	A1
❖	HUNTINGTON PARK	LACO	281	D5
	Hurleton	BUT	223	D7
❖	HURON	FRCO	190	B1
	Hyampom	TRI	157	A3
❖	HYDESVILLE	HUM	161	B1
	Hyde Park	LACO	281	C5
	I			
	Idyllwild	RCO	209	A2
	Idylwild	SCL	253	C6
	Ignacio	MAR	246	B3
	Igo	SHA	163	A1
	Illinois Valley	JOS	149	A2
❖	IMPERIAL	IMP	375	A1
❖	IMPERIAL BEACH	SDCO	295	D5
--	IMPERIAL COUNTY	IMP		
	Imperial Gables	IMP	210	C3
	Incline	MPA	262	A5
	Incline Village	WSH	231	C1
	Independence	CAL	176	A1
	Independence	INY	183	B2
	Indian Falls	PLU	164	B2
	Indianola	HUM	219	C3
	Indian Springs	CLK	185	C3
	Indian Springs	SDCO	296	C2
❖	INDIAN WELLS	RCO	290	D6
❖	INDIO	RCO	209	B2
	Indio Hills	RCO	209	B2
❖	INGLEWOOD	LACO	358	G4
	Ingot	SHA	158	B3

	COMMUNITY	CO.	PAGE	GRID
	Inskip	BUT	164	A2
	Inverness	MAR	245	B2
	Inverness Park	MAR	245	B3
	Inwood	SHA	163	B1
--	INYO COUNTY	INY		
	Inyokern	KER	192	C3
❖	IONE	AMA	175	B1
	Iowa Hill	PLA	170	B2
❖	IRVINE	ORCO	288	B5
	Irving's Crest	SDCO	294	C4
	Irvington	ALA	251	A6
	Irwin	MCO	180	B1
❖	IRWINDALE	LACO	282	D3
	Isla Vista	SB	274	A7
❖	ISLETON	SAC	174	C1
	Ivanhoe	TUL	266	D1
	Ivanpah	SBD	195	B3
	J			
❖	JACKSON	AMA	175	C1
--	JACKSON COUNTY	JKSN		
	Jackson Gate	AMA	175	C1
	Jacumba	SDCO	213	B2
❖	JACKSONVILLE	JSKN	149	B2
	Jamacha	SDCO	296	C1
	Jamesburg	MON	179	C3
	Jamestown	TUO	176	A2
	Jamul	SDCO	296	C2
	Janesville	LAS	165	A1
	Jarbo Gap	BUT	223	C2
	Jean	CLK	195	B2
	Jefferson Park	LACO	281	C4
	Jenner	SON	173	B1
	Jenny Lind	CAL	175	B2
	Jesmond Dene	SDCO	292	D7
	Jimtown	SON	240	B5
	Johannesburg	KER	192	C3
	Johnsondale	TUL	192	A2
	Johnson Park	SHA	158	C3
	Johnsons	HUM	156	C1
	Johnston Corner	SCR	256	D4
	Johnstonville	LAS	164	C2
	Johnstown	SDCO	294	C6
	Johnsville	PLU	164	C3
	Jolon	MON	189	A2
	Jonesville	BUT	164	A2
	Jordan Hts/Laurel Hts	SFCO	325	G5
--	JOSEPHINE COUNTY	JOS		
	Joshua Hills	LACO	200	B3
	Joshua Tree	SBD	209	B1
	Julian	SDCO	213	A1
	Junction City	TRI	157	B3
	June Lake	MNO	263	B4
	June Lake Junction	MNO	263	B3
	Juniper Hills	LACO	200	C3
	Juniper Flats	RCO	289	D1
	K			
	Kagel Canyon	LACO	277	C6
	Kane Spring	IMP	210	A3
	Karnak	SUT	234	D3
	Kaweah	TUL	182	B3
	Kayandee	KER	344	G9
	Kearney Park	FRCO	264	A5
	Kearny Mesa	SDCO	293	D7
	Kearsarge	INY	183	B2
	Kecks Corner	KER	190	B2
	Keddie	PLU	164	B2
	Keeler	INY	183	C3
	Keenbrook	SBD	201	A3
	Keene	KER	200	A1
	Kellogg	SON	240	D6
	Kelsey	ED	237	B3
	Kelseyville	LAK	226	A6
	Kelso	SBD	203	A1
	Keno	KLAM	150	C2
	Kensington	CC	247	A6
	Kensington	SDCO	295	D1
	Kentfield	MAR	324	C9
	Kentucky Meadows	TUL	192	B2
	Kentwood In The Pines	SDCO	213	A1
	Kenwood	SON	243	A3
	Keough Hot Springs	INY	183	A1
	Kerby	JOS	149	A2
	Kerckoff Powerhouse	FRCO	182	A2
❖	KERMAN	FRCO	181	B3
	Kern City	KER	267	B5
--	KERN COUNTY	KER		
	Kernell	KER	191	A2
	Kernvale	KER	192	A3
	Kernville	KER	192	A2
	Keswick	SHA	220	A5
	Kettleman City	SJCO	260	C1
	Kettleman City	KIN	190	B1
	Keyes	STA	261	C5
	Kilkare	ALA	251	A5
❖	KING CITY	MON	189	A1
	King Cole	KLAM	150	B2
❖	KINGMAN	MOH	196	C3
	Kings Beach	PLA	231	B1
❖	KINGSBURG	FRCO	181	C3
	Kingsbury	DGL	231	D7
--	KINGS COUNTY	KIN		
	Kings Mountain	SMCO	252	C1
	Kingston	SBD	195	A2
	Kingsville	ED	237	A5
	Kingvale	NEV	228	A6
	Kinsley	MPA	176	B3
	Kirkville	SUT	169	C2
	Kirkwood	ALP	171	B3
	Kirkwood	TEH	163	B3
	Kit Carson	AMA	171	B3
	Klamath	DN	156	B1
--	KLAMATH COUNTY	KLAM		
	Klamath Agency	KLAM	150	C1
	Klamath Agency Junction	KLAM	150	C1
❖	KLAMATH FALLS	KLAM	150	C2
	Klamath Glen	DN	156	C1
	Klamath Junction	JSKN	150	A2
	Klamath River	SIS	149	C3
	Klau	SLO	189	B3
	Kneeland	HUM	219	D4
	Knightsen	CC	174	C2
	Knights Ferry	STA	175	C2
	Knights Landing	YOL	234	C3
	Knob	SHA	162	B1
	Knowles	MAD	181	B1
	Knowles Corner	SON	242	B4
	Knoxville	NAPA	241	D2
	Kono Tayee	LAK	226	B4
	Korbel	HUM	156	C3
	Korbel	SON	168	B3
	Koreatown	LACO	355	A4
	Kramer	SBD	201	A1
	Kyburz	ED	171	A3

	COMMUNITY	CO.	PAGE	GRID
	L			
	La Barr Meadows	NEV	233	C2
❖	LA CANADA FLINTRIDGE	LACO	282	A1
	La Conchita	VEN	199	A3
	La Costa	SDCO	293	B1
	La Crescenta	LACO	277	D7
	Ladera	SMCO	252	D2
	Ladera	ORCO	288	D6
	Ladera Heights	LACO	358	E3
❖	LAFAYETTE	CC	247	C6
	La Grange	STA	176	A3
❖	LAGUNA BEACH	ORCO	365	C3
	Laguna Creek	SAC	238	C3
❖	LAGUNA HILLS	ORCO	288	C6
❖	LAGUNA NIGUEL	ORCO	288	C7
	Laguna West	SAC	238	B3
❖	LAGUNA WOODS	ORCO	288	C5
	Lagunitas	MAR	245	D4
❖	LA HABRA	ORCO	282	D6
❖	LA HABRA HEIGHTS	LACO	282	D6
	La Honda	SMCO	252	C3
	La Honda Park	CAL	176	A2
	Lairds Corner	TUL	191	A1
	La Jolla	SDCO	370	B7
	La Jolla Amago	SDCO	208	C3
	La Jolla Ranch	FRCO	180	C3
	La Jolla Shores	SDCO	370	D4
	Lake	KLAM	150	C1
	Lake	SFCO	325	E5
	Lake Alpine	ALP	176	B1
	Lake Arrowhead	SBD	278	D7
	Lake Berryessa Estates	NAPA	241	C4
	Lake City	MOD	160	B1
	Lake City	NEV	170	B1
--	LAKE COUNTY (CA)	LAK		
--	LAKE COUNTY (OR)	LAKE		
	Lakecreek	JSKN	150	A1
❖	LAKE ELSINORE	RCO	289	A4
❖	LAKE FOREST	ORCO	288	D4
	Lake Forest	PLA	231	A2
❖	LAKE HAVASU CITY	MOH	204	B2
	Lakehead	SHA	158	A3
	Lake Henshaw	SDCO	209	A3
	Lake Hills Estates	ED	236	C4
	Lake Hughes	LACO	200	A2
	Lake Isabella	KER	192	A3
	Lakeland Village	RCO	289	A5
	Lake Los Angeles	LACO	200	C2
	Lake Mary	MNO	342	C10
	Lake Of The Woods	KER	199	B2
❖	LAKEPORT	LAK	225	D5
	Lake Riverside	RCO	208	C3
	Lake Sherwood	VEN	206	C1
	Lake Shore	SFCO	249	B3
	Lakeshore	FRCO	182	B1
	Lakeshore	SHA	158	A3
	Lakeside	SDCO	294	C6
❖	LAKEVIEW	LAK	152	A2
	Lakeview	RCO	289	D1
	Lakeview	KER	199	B1
	Lakeview	LACO	200	B3
	Lakeview	SDCO	294	C6
	Lake View Terrace	LACO	277	B6
	Lakeville	SON	243	A7
	Lake Williams	SBD	201	C3
❖	LAKEWOOD	LACO	287	B1
	La Loma	STA	340	G5
❖	LA MESA	SDCO	296	A1
❖	LA MIRADA	LACO	282	C7
	La Moine	SHA	158	A2
	Lamont	KER	267	D6
	Lanare	FRCO	181	B3
❖	LANCASTER	LACO	200	B2
	Landers	SBD	202	B3
	Lang	LACO	277	B4
	Langell Valley	KLAM	151	B3
❖	LA PALMA	ORCO	287	C1
--	LA PAZ COUNTY	LPAZ		
	La Porte	PLU	164	B3
	La Presa	SDCO	296	B2
❖	LA PUENTE	LACO	282	D4
❖	LA QUINTA	RCO	290	D7
❖	LARKSPUR	MAR	324	D10
	Las Cruces	SB	273	A5
	La Selva Beach	SCR	256	B4
	Las Flores	TEH	221	C4
	Las Flores	ORCO	288	D6
	La Sierra	RCO	284	B7
	La Sierra Heights	RCO	284	B6
	Las Lomas	SON	239	B4
--	LASSEN COUNTY	LAS		
❖	LAS VEGAS	CLK	345	B4
❖	LATHROP	SJCO	260	A7
	Laton	FRCO	181	C3
	Latrobe	ED	236	D7
	Laughlin	MEN	168	B1
	Laughlin	CLK	270	B2
❖	LA VERNE	LACO	283	B3
	La Vina	MAD	181	B2
❖	LAWNDALE	LACO	281	C7
	Laws	INY	183	A1
	Laytonville	MEN	162	A3
	Lebec	KER	199	C2
	Le Grand	MCO	181	A1
	Leesville	COL	169	A2
	Lee Vining	MNO	177	B2
	Leggett	MEN	161	C3
	Leiand	JOS	149	A1
	Leimert Park	LACO	281	C5
	Leisure Town	SOL	244	D4
	Leisure Village	VEN	206	B1
	Leisure World	ORCO	287	B3
	Leisure World	ORCO	288	C5
	Leland	JOS	149	A1
	Leliter	KER	192	C2
	Lemoncove	TUL	182	B3
❖	LEMON GROVE	SDCO	296	A2
	Lemon Heights	ORCO	288	B3
	Lemon Valley	WSH	165	C3
❖	LEMOORE	KIN	190	C1
	Lenwood	SBD	201	B2
	Lennox	LACO	281	C6
	Leona Valley	LACO	200	A2
	Leucadia	SDCO	293	A2
	Lewiston	TRI	157	C3
	Liberty Farms	SOL	174	C1
	Lido Isle	ORCO	364	B7
	Likely	MOD	160	A2
	Lincoln	JKSN	150	A2
❖	LINCOLN	PLA	235	D1
	Lincoln Heights	LACO	356	E2
	Lincoln Village	SJCO	260	B3
	Linda	YUB	310	B9
	Linda Mar	SMCO	249	B5
	Linda Vista	SDCO	372	D4

❖ INDICATES INCORPORATED CITY

CRA

INTRO

K

Cities & Communities Index

COMMUNITY	CO.	PAGE	GRID
Lindcove	TUL	191	B1
Linden	SJCO	175	B2
❖ LINDSAY	TUL	191	B1
Lingard	MCO	181	A1
Litchfield	LAS	165	A1
Littlefield	MOH	187	C2
Little Lake	INY	192	B2
Little Norway	ED	171	B3
Little River	MEN	224	B5
Littlerock	LACO	200	C3
Little Shasta	SIS	217	D4
Little Valley	LAS	159	B3
❖ LIVE OAK	SUT	227	B3
Live Oak	SCR	256	A3
Live Oak Park	SDCO	292	C3
Live Oak Springs	SDCO	213	B2
❖ LIVERMORE	ALA	251	C4
❖ LIVINGSTON	MCO	180	C1
Llano	LACO	200	C3
Lobert Junction	KLAM	150	C1
Loch Lomond	LAK	240	C1
Locke	SAC	238	B6
Lockeford	SJCO	175	B1
Lockwood	MON	189	B2
Lockwood Valley	VEN	199	B2
Lodge Pole	TUL	265	D5
❖ LODI	SJCO	260	B1
Lodoga	COL	169	A1
Logandale	CLK	187	A2
Logan Heights	SDCO	374	A5
Log Cabin	YUB	170	B1
Log Spring	TEH	162	C3
Lokern	KER	190	C3
Loleta	HUM	219	A6
❖ LOMA LINDA	SBD	285	A4
Loma Mar	SMCO	252	C5
Loma Park	KER	267	D4
Loma Portal	SDCO	371	G10
Loma Rica	YUB	170	A1
Lomas Santa Fe	SDCO	293	B3
❖ LOMITA	LACO	286	C2
Lomo	BUT	163	C2
Lompico	SCR	255	D1
❖ LOMPOC	SB	197	C2
Lone Mountain	CLK	268	A3
Lone Mountain	SFCO	325	G6
Lone Pine	INY	183	B3
Long Barn	TUO	176	B2
❖ LONG BEACH	LACO	360	C3
Longvale	MEN	162	A3
Longview	LACO	200	C3
Lookout	MOD	159	B2
❖ LOOMIS	PLA	236	A2
Loomis Corners	SHA	302	G5
Loraine	KER	192	A3
Lorella	KLAM	151	A2
❖ LOS ALAMITOS	ORCO	287	C2
Los Alamos	SB	198	A2
Los Altos	LACO	287	B2
❖ LOS ALTOS	SCL	253	A2
❖ LOS ALTOS HILLS	SCL	252	D2
❖ LOS ANGELES	LACO	355	C5
-- LOS ANGELES COUNTY	LACO		
❖ LOS BANOS	MCO	180	B2
❖ LOS GATOS	SCL	253	C5
Los Feliz	LACO	352	C7
Los Nietos	LACO	282	C6
Los Molinos	TEH	221	D5
Los Olivos	SB	273	B2
Los Osos	SLO	271	A4
Los Ranchitos	MAR	324	C4
Los Serranos	SBD	283	C5
Lost Hills	KER	190	C3
Los Trancos Woods	SMCO	252	D3
Lotus	ED	237	A3
Lovelock	BUT	163	C3
Lower Lake	LAK	226	C7
❖ LOYALTON	SIE	165	A3
Lucerne	LAK	226	B3
Lucerne Valley	SBD	279	B3
Lucia	MON	188	C1
Ludlow	SBD	202	B2
Lumber Yard	ED	171	A3
Lundy	MNO	177	A2
❖ LYNWOOD	LACO	282	A6
-- LYON COUNTY	LYON		
Lyonsville	TEH	163	C1
Lytle Creek	SBD	201	A3
Lytton	SON	240	A5

M

COMMUNITY	CO.	PAGE	GRID
Macdoel	SIS	150	B3
Madeline	LAS	160	A2
❖ MADERA	MAD	181	B2
-- MADERA COUNTY	MAD		
Madison	YOL	169	B3
Mad River	TRI	162	A1
Madrone	SCL	254	B7
Magalia	BUT	223	B1
Magunden	KER	267	D4
Malaga	FRCO	264	C5
❖ MALIBU	LACO	280	C4
Malibu Bowl	LACO	280	B4
Malibu Lake	LACO	280	B3
Malibu Park	LACO	280	A4
❖ MALIN	KLAM	151	B3
❖ MAMMOTH LAKES	MNO	342	F3
Manchester	MEN	167	C2
❖ MANHATTAN BEACH	LACO	281	B7
Mankas Corner	SOL	244	B6
Manila	HUM	219	B2
❖ MANTECA	SJCO	260	C7
Manton	TEH	163	C1
Manzanita	MAR	246	B6
Manzanita	SDCO	213	B2
Maple Creek	HUM	156	C3
❖ MARICOPA	KER	199	A1
❖ MARINA	MON	258	D2
Marina	SFCO	326	B3
Marina Del Rey	LACO	357	G7
Marin City	MAR	246	B7
-- MARIN COUNTY	MAR		
Marin Village	MAR	246	B2
Marinwood	MAR	246	B3
Mariposa	MPA	176	B3
-- MARIPOSA COUNTY	MPA		
Mariposa Pines	MPA	262	A7
Markleeville	ALP	171	C3
Mark West	SON	242	C1
Mark West Springs	SON	240	C7
Marshall	MAR	245	B1
Marshall Station	FRCO	181	C2
Martell	AMA	175	C1
❖ MARTINEZ	CC	247	C5
Martinez	TUO	176	A2
Martins Ferry	HUM	156	C2

COMMUNITY	CO.	PAGE	GRID
Mar Vista	LACO	281	B5
❖ MARYSVILLE	YUB	310	A3
Mason	LYN	172	A2
Masonic	MNO	177	B1
Massack	PLU	164	C3
Mather	TUO	262	A1
Maxwell	COL	169	B1
Mayfair	KER	267	D5
Mayfair	LACO	287	B1
❖ MAYWOOD	LACO	282	A5
McArthur	SHA	159	A2
McCann	HUM	161	C1
McCauley	MPA	262	A4
McCloud	SIS	218	D5
❖ MCFARLAND	KER	191	A2
McKee Bridge	JSKN	149	B2
Mckinleyville	HUM	156	B2
McKittrick	KER	198	C1
McLeod	JSKN	149	C1
McMullin	FRCO	181	B3
Mead Valley	RCO	289	A1
Meadow Lakes	FRCO	182	A1
Meadow Valley	PLU	164	B3
Meadow Vista	PLA	233	D6
Mecca	RCO	209	C2
❖ MEDFORD	JSKN	149	C2
Meeks Bay	ED	231	A5
Meiners Oaks	VEN	275	A1
Meloland	IMP	214	B1
Memorial	SDCO	374	B6
Mendocino	MEN	224	B4
-- MENDOCINO COUNTY	MEN		
❖ MENDOTA	FRCO	181	A2
Menifee	RCO	289	C4
Menlo Oaks	SMCO	332	B1
❖ MENLO PARK	SMCO	332	A3
Mentone	SBD	285	C3
❖ MERCED	MCO	180	C1
-- MERCED COUNTY	MCO		
Merced Falls	MCO	176	A3
Mercy Hot Springs	FRCO	180	B3
Meridian	SUT	169	B2
Meridian	KER	199	B1
Merlin	JOS	149	A1
❖ MERRILL	KLAM	150	C3
Mesa Camp	MNO	177	C3
Mesa Grande	SDCO	208	C3
Mesa Verde	RCO	211	A2
❖ MESQUITE	CLK	187	B2
Mesquite Spring	INY	184	A2
Mettler	KER	199	B1
❖ MEXICALI	BAJA	214	B2
Meyers	ED	171	B3
Michigan Bluff	PLA	170	C2
Mid-city	LACO	281	C4
Middle River	SJCO	174	C2
Middletown	LAK	240	D3
Middletown	SDCO	373	E1
Midland	KLAM	150	C2
Midland	RCO	211	A1
Midpines	MPA	176	B3
Midtown Terrace	SFCO	325	G10
Midway	AMA	371	E9
Midway	JSKN	149	C1
Midway	ALA	174	C3
Midway	SHA	163	B1
Midway City	ORCO	287	D3
Midway Well	IMP	214	C1
Milford	LAS	165	A2
❖ MILLBRAE	SMCO	327	B8
Mill City	MNO	342	C6
Mill Creek	TEH	164	A1
Mill Plain	HUM	219	C3
Mills Corner	MAD	181	C2
Mills	SAC	235	D7
Mills Orchards	COL	169	A1
❖ MILL VALLEY	MAR	246	B5
Millville	SHA	220	D7
❖ MILPITAS	SCL	253	D2
Milton	CAL	175	C2
Mina	MIN	178	B1
Minden	DBL	232	B7
Minnelusa	SBD	279	C6
Mineral	TEH	163	C1
-- MINERAL COUNTY	MIN		
Mineral King	TUL	182	C3
Minkler	FRCO	182	A3
Minnesota	SHA	220	A5
Mint Canyon	LACO	277	A3
Minter Village	KER	267	A2
Minturn	MAD	181	A1
Mirabel Park	SON	242	A1
Miracle Hot Springs	KER	192	A3
Miraleste	LACO	286	C3
Mira Loma	RCO	284	A5
Miramar	SMCO	249	C7
Miramar	SDCO	293	D5
Mira Mesa	SDCO	293	D5
Miramonte	FRCO	182	B3
Mira Monte	VEN	275	A2
Miranda	HUM	161	C1
Mira Vista	LAK	240	C3
Mission Bay Park	SDCO	371	D6
Mission Beach	SDCO	371	A6
Mission District	SFCO	326	D9
Mission Dolores	SFCO	326	C8
Mission Hills	LACO	277	A6
Mission Hills	SB	198	A2
Mission Hills	SDCO	372	C8
Mission San Jose	ALA	251	A7
Mission Valley	SDCO	372	G5
❖ MISSION VIEJO	ORCO	288	D5
Mitchell Mill	CAL	176	A1
Mi-wuk Village	TUO	176	B2
Moapa	CLK	187	A2
Moccasin	TUO	176	A2
❖ MODESTO	STA	340	C4
Modjeska	ORCO	288	D4
-- MODOC COUNTY	MOD		
-- MOHAVE COUNTY	MOH		
Mohawk	PLU	164	C3
Mojave	KER	200	B1
Mokelumne Hill	CAL	175	C1
Monarch Beach	ORCO	207	C3
Moneta	LACO	281	C7
Monmouth	FRCO	181	C3
Mono City	MNO	177	B2
-- MONO COUNTY	MNO		
Modoc Point	KLAM	150	C1
Mono Hot Springs	FRCO	182	B1
Mono Lake	MNO	177	B2
Monolith	KER	200	A1
Mono Village	MNO	177	A2
Mono Vista	TUO	176	A2
❖ MONROVIA	LACO	282	C2
Monson	TUL	182	A3
❖ MONTAGUE	SIS	217	C3

COMMUNITY	CO.	PAGE	GRID
Montalvo	VEN	275	B5
Montara	SMCO	249	B6
Monta Vista	SCR	253	B4
❖ MONTCLAIR	SBD	283	C3
❖ MONTEBELLO	LACO	282	B4
Montecito	SB	274	D7
Montecito Heights	LACO	282	A3
Monte Nido	LACO	280	C4
❖ MONTEREY	MON	337	E7
-- MONTEREY COUNTY	MON		
Monterey Hills	LACO	282	A3
❖ MONTEREY PARK	LACO	282	B4
Monte Rio	SON	173	B1
Montesano	SON	168	B3
❖ MONTE SERENO	SCL	253	B5
Montezuma	SOL	248	B1
Montgomery Creek	SHA	158	B3
Montrose	LACO	281	D1
Moonridge	SBD	279	C7
Moonstone	HUM	156	B2
❖ MOORPARK	VEN	276	A6
Moorpark Home Acres	VEN	199	B3
Morada	SJCO	260	C2
❖ MORAGA	CC	250	C1
Morena Village	SDCO	213	A2
Moreno	SDCO	294	C5
❖ MORENO VALLEY	RCO	285	A5
Moretti	SDCO	209	A3
❖ MORGAN HILL	SCL	254	C7
Morgan Town	LPAZ	211	B2
Mormon Bar	MPA	176	B3
Morningside Park	LACO	281	C6
Morongo Valley	SBD	209	A1
❖ MORRO BAY	SLO	271	A3
Moss Beach	SMCO	249	B6
Moss Landing	MON	256	C7
Mountain Center	RCO	209	A2
Mountain Gate	SHA	220	C4
Mountain Home Village	SBD	285	D2
Mountain House	ALA	174	C3
Mountain Pass	SBD	195	A3
Mountain Ranch	CAL	175	C1
Mountain Rest	FRCO	182	A2
Mountain Springs	CLK	195	A1
❖ MOUNTAIN VIEW	SCL	253	A2
Mountain View	SDCO	374	D5
Mount Aukum	ED	170	C3
Mount Baldy	SBD	201	A3
Mount Bullion	MPA	176	B3
Mount Charleston	CLK	195	A1
Mount Hebron	SIS	150	B3
Mount Helix	SDCO	296	B1
Mount Hermon	SCR	255	D2
Mount Hope	SDCO	374	D4
Mount Laguna	SDCO	213	B1
Mount Olympus	LACO	351	A6
❖ MOUNT SHASTA	SIS	298	C1
Mount Signal	IMP	214	A2
Mount View	JSKN	150	A2
Mount Washington	LACO	282	A3
Mugginsville	SIS	157	B1
Muir Beach	MAR	246	B7
Mulford Gardens	ALA	331	F8
Murphys Ranch	CAL	176	A2
❖ MURRIETA	RCO	289	C5
Murrieta Hot Springs	RCO	289	C6
Muscoy	SBD	284	C2
Myers Flat	HUM	161	C1

N

COMMUNITY	CO.	PAGE	GRID
Nairn	MCO	181	A1
Nanceville	TUL	191	B1
❖ NAPA	NAPA	323	D5
-- NAPA COUNTY	NAPA		
Naples	LACO	287	B3
Naples	SB	273	D7
Nashville	ED	237	A7
❖ NATIONAL CITY	SDCO	295	D3
Natoma	SAC	236	B6
Navarro	MEN	167	C2
Navelencia	FRCO	182	A3
❖ NEEDLES	SBD	204	A2
Neenach	LACO	199	C2
Nelson	BUT	169	C1
Nelson	CLK	195	C2
Nesika Beach	CUR	148	A1
Nestor	SDCO	296	A5
❖ NEVADA CITY	NEV	315	E3
-- NEVADA COUNTY	NEV		
❖ NEWARK	ALA	250	D6
New Auberry	FRCO	182	A1
Newberry Springs	SBD	202	A2
Newbury Park	VEN	206	B1
Newcastle	PLA	236	B1
New Cuyama	SB	198	C2
Newell	MOD	151	A3
New England Mills	PLA	233	D5
Newhall	LACO	277	A4
New Hope Landing	SJCO	238	B7
New Idaho	LAK	152	A2
New Idria	SBT	180	C3
❖ NEWMAN	STA	180	B1
New Pine Creek	MOD	152	A3
❖ NEWPORT BEACH	ORCO	364	E5
Newport Center	ORCO	364	G6
Newtown	SHA	220	B5
Newtown	NEV	233	B2
Newtown	ED	237	D5
Newville	GLE	163	A3
New Washoe City	WSH	230	A7
Nicasio	MAR	245	D3
Nicasio Redwoods	MAR	245	D3
Nice	LAK	226	A3
Nicholls Warm Springs	RCO	211	A2
Nichols	CC	248	A3
Nicolaus	SUT	235	A1
Niland	IMP	210	B3
Nimbus	SAC	236	A6
Nipinnawassee	MAD	181	C1
Nipomo	SLO	272	C3
Nipton	SBD	195	B3
Nixon	WSH	166	A3
Nob Hill	SFCO	326	E4
Noe Valley	SFCO	326	B9
❖ NORCO	RCO	284	A6
Nord	BUT	163	B3
Norden	NEV	228	B6
Norman	GLE	169	B1
North Beach	SFCO	326	E2
North Bloomfield	NEV	170	B1
North Columbia	NEV	170	B1
North Edwards	KER	200	C1
North Fillmore	VEN	199	B3
North Fork	MAD	182	A1
Northfork	KLAM	151	B1
North Highlands	SAC	235	C5

COMMUNITY	CO.	PAGE	GRID
North Hills	LACO	277	A7
North Hollywood	LACO	350	A7
North Jamul	SDCO	296	C1
North Laguna Creek	SAC	238	C3
❖ NORTH LAS VEGAS	CLK	268	C1
North Long Beach	LACO	287	A1
North Palm Springs	RCO	290	A2
North Park	SDCO	295	D1
Northridge	LACO	276	D7
North Sacramento	SAC	320	A1
North San Juan	NEV	170	B1
North Shore	RCO	209	C2
Northstar	PLA	229	A7
North Waterfront	SDCO	326	E1
Northwood	ORCO	288	B3
Northwood	SON	168	B3
❖ NORWALK	LACO	282	B7
Norwegian Grade	VEN	199	C3
Norwood Village	LACO	282	C3
❖ NOVATO	MAR	246	B1
Noyo	MEN	307	C7
Nubieber	LAS	159	B2
Nuevo	RCO	289	C1
Nut Tree	SOL	244	D4
-- NYE COUNTY	NYE		
Nyland Acres	VEN	275	C6

O

COMMUNITY	CO.	PAGE	GRID
Oakbrook Village	VEN	280	A1
❖ OAKDALE	STA	261	C1
Oak Glen	SBD	208	C1
Oak Grove	SDCO	182	C3
Oak Grove	SDCO	208	C3
Oak Grove	TUL	182	C3
Oakhurst	MAD	181	C1
Oak Knoll	NAPA	243	D4
Oak Knoll	ALA	250	C2
❖ OAKLAND	ALA	331	F2
❖ OAKLEY	CC	248	D4
Oak Park	SDCO	296	A1
Oak Park	VEN	280	A2
Oak Run	SHA	158	B3
Oak View	VEN	275	A2
Oakville	NAPA	243	C2
Oasis	MNO	178	B3
Oasis	RCO	209	C2
Oatman	MOH	204	B1
Obrien	JOS	148	C2
O'Brien	SHA	220	C2
Occidental	SON	173	B1
Ocean Beach	SDCO	371	B10
Ocean Hills	SDCO	292	B7
Oceano	SLO	272	A1
Ocean Park	LACO	357	B3
❖ OCEANSIDE	SDCO	292	A6
Ocean View	SON	173	B1
Ocotillo	IMP	213	C1
Ocotillo Wells	SDCO	209	B3
Odessa	KLAM	150	B1
Ogilby	IMP	215	A1
Oildale	KER	267	C3
Oil City	KER	267	D3
❖ OJAI	VEN	275	A1
Olancha	INY	192	B1
Old Bretz Mill	FRCO	182	A2
Old Canyon	LACO	280	C3
Old Hopland	MEN	225	B5
Old Mammoth	MNO	342	D5
Old River	KER	267	B6
Old Station	SHA	222	C2
Old Town	LAS	372	A8
Olema	MAR	245	C3
Olene	KLAM	150	C2
Olinda	ORCO	283	B6
Olinda	SHA	163	A1
Olive	ORCO	288	A1
Olivehurst	YUB	227	C7
Olivenhain	SDCO	293	C2
Olive View	LACO	277	A6
Omo Ranch	ED	170	C3
O'Neals	MAD	181	C1
Ono	SHA	162	C1
❖ ONTARIO	SBD	284	A4
Onyx	KER	192	B2
Opal Cliffs	SCR	256	A4
Ophir	PLA	236	B1
Ophir	CUR	148	B1
❖ ORANGE	ORCO	362	G6
-- ORANGE COUNTY	ORCO		
❖ ORANGE COVE	FRCO	182	A3
Orangecrest	RCO	284	D7
Orange Park Acres	ORCO	288	B2
Orangevale	SAC	236	A5
Orcutt	SB	272	C6
Ordbend	GLE	163	B3
Oregon House	YUB	170	A1
Orick	HUM	156	B1
❖ ORINDA	CC	247	B6
Orinda Village	CC	247	B6
❖ ORLAND	GLE	163	A3
Orleans	HUM	157	A2
Orofino	SIS	157	C1
Oro Grande	SBD	201	B2
Oro Loma	FRCO	180	C2
Orosi	TUL	182	A3
❖ OROVILLE	BUT	223	C6
Orr Springs	MEN	168	A1
Ortonville	VEN	275	A4
Oswald	SUT	227	B7
Otay	SDCO	296	A4
Otay Mesa	SDCO	296	A4
Oteys Sierra Village	INY	183	A1
Outingdale	ED	237	C6
Overton	CLK	187	A3
Owenyo	INY	183	B3
❖ OXNARD	VEN	275	C6
Oxyoke	JOS	149	B1

P

COMMUNITY	CO.	PAGE	GRID
Pacheco	CC	247	D4
Pachuco	BAJA	215	A2
❖ PACIFICA	SMCO	249	B4
Pacific Beach	SDCO	371	A2
❖ PACIFIC GROVE	MON	337	C4
Pacific Heights	SFCO	326	B4
Pacific House	ED	171	A3
Pacific Palisades	LACO	280	D4
Pacoima	LACO	277	B7
Pahrump	NYE	194	C1
Paicines	SBT	180	A2
Painted Hills	RCO	209	A1
Paintersville	SAC	238	A5
❖ PAISLEY	LAK	151	C1
Pajaro	MON	256	C5
Pala	SDCO	292	D3

❖ INDICATES INCORPORATED CITY

Cities & Communities Index

COMMUNITY	CO.	PAGE	GRID
Pala Mesa Village	SDCO	292	C4
Palermo	BUT	170	A1
Palisades Highlands	LACO	280	D4
❖ PALMDALE	LACO	200	B3
❖ PALM DESERT	RCO	290	C4
Palms	LACO	281	B5
❖ PALM SPRINGS	RCO	367	D5
❖ PALO ALTO	SCL	332	D5
Palo Cedro	SHA	220	C7
Paloma	CAL	175	C1
Palomar Mountain	SDCO	208	C3
Palomar Park	SMCO	250	A7
❖ PALOS VERDES ESTS	LACO	286	B2
Palo Verde	IMP	211	A2
Palo Verde	SDCO	213	A1
Panama	KER	267	C6
Panamint Springs	INY	193	A1
Panoche	SBT	180	B3
Panorama	PLA	233	B7
Panorama City	LACO	277	B7
❖ PARADISE	BUT	223	B2
Paradise	CLK	268	C5
Paradise Cay	MAR	246	C6
Paradise Hills	SDCO	296	A2
❖ PARAMOUNT	LACO	282	A7
Parchers Camp	INY	182	C1
Park La Brea	LACO	281	C4
❖ PARKER	LPAZ	204	B3
Parker Dam	SBD	204	C3
Parkfield	MON	190	A2
Parkside	SFCO	325	C10
Park Village	INY	184	C3
❖ PARLIER	FRCO	182	A3
Parnassus/Ashbury Hts	SFCO	325	F7
❖ PASADENA	LACO	359	C4
Pasatiempo	SCR	335	D2
Paskenta	TEH	163	A3
Paso Picacho	SDCO	213	A1
❖ PASO ROBLES	SLO	189	C3
Patrick Creek	DN	148	C3
❖ PATTERSON	STA	175	A3
Patton Village	LAS	165	A2
Paynes Creek	TEH	163	C1
Paynesville	ALP	171	C3
Peanut	TRI	162	B1
Pearblossom	LACO	200	C3
Peardale	NEV	233	D2
Pearland	LACO	200	B3
Pearsonville	INY	192	C2
Pebble Beach	MON	258	A4
Pecwan	HUM	156	C1
Peddler Hill	AMA	171	A3
Pedley	RCO	284	B5
Pelican City	KLAM	150	C2
Penngrove	SON	242	C5
Pennington	SUT	169	C1
Penryn	PLA	236	B2
Pentz	BUT	223	B4
Pepperwood	HUM	161	B1
Perkins	SAC	238	C1
❖ PERRIS	RCO	289	B2
Pescadero	SMCO	252	B5
❖ PETALUMA	SON	242	D7
Peter Pam	TUO	176	B2
Peters	SJCO	175	B2
Petrolia	HUM	161	B1
Phelan	SBD	201	A3
Phillips	ED	171	B3
Phillips Ranch	LACO	283	B4
Phillipsville	HUM	161	C2
Philo	MEN	168	A2
❖ PHOENIX	JSKN	149	C2
Picacho	IMP	215	A1
Pico	LACO	276	C5
❖ PICO RIVERA	LACO	282	B5
❖ PIEDMONT	ALA	330	E3
Piedmont Pines	ALA	250	B1
Piedra	FRCO	182	A2
Piercy	MEN	161	C2
Pierpoint Springs	TUL	191	C1
Pierpont Bay	VEN	349	D9
Pike	SIE	170	B1
Pilibos Ranch	FRCO	180	C3
Pilot Hill	ED	236	D2
Pine Cove	RCO	208	C2
Pinecrest	TUO	176	B1
Pinedale	FRCO	264	B2
Pine Flat	TUL	191	C2
Pine Grove	AMA	175	C1
Pine Grove	LAK	240	C2
Pine Grove	MEN	224	B4
Pine Grove	SHA	220	B5
Pine Hills	HUM	300	C7
Pine Hills	SDCO	213	A1
Pinehurst	FRCO	265	A3
Pinehurst	JSKN	150	A2
Pineland	PLA	231	A3
Pine Meadow	RCO	209	A2
Pine Mountain Club	KER	199	B2
Pine Ridge	FRCO	182	A2
Pine Ridge	KLAM	150	C1
Pine Town	LAS	164	B1
Pinetree	LACO	277	B3
Pine Valley	SDCO	213	A1
Pino Grande	ED	237	D1
❖ PINOLE	CC	247	A4
Pinon Hills	SBD	201	A3
Pinyon Pines	RCO	209	A2
Pioneer Station	AMA	175	C1
Pioneertown	SBD	209	A1
Piru	VEN	276	A4
❖ PISMO BEACH	SLO	272	A1
Pistol River	CUR	148	B2
❖ PITTSBURG	CC	248	A4
Pittville	SHA	159	A2
Pixley	TUL	191	A2
❖ PLACENTIA	ORCO	283	A7
Placer	JOS	149	B1
-- PLACER COUNTY	PLA		
❖ PLACERVILLE	ED	317	F4
Plainsburg	MCO	181	A1
Plainview	TUL	191	B1
Planada	MCO	181	A1
Plantation	SON	168	A3
Plaskett	MON	189	A2
Plasse	AMA	171	B3
Plaster City	IMP	214	A1
Platina	SHA	162	C1
Playa Del Rey	LACO	357	G9
Pleasant Grove	SUT	235	B2
❖ PLEASANT HILL	CC	247	C5
❖ PLEASANTON	ALA	251	B4
Pleasant Valley	ED	237	D5
Pleasant Valley	JOS	149	A1
-- PLUMAS COUNTY	PLU		
Plush	LAK	152	B2
❖ PLYMOUTH	AMA	175	C1

COMMUNITY	CO.	PAGE	GRID
Point Dume	LACO	280	A5
❖ POINT ARENA	MEN	167	C2
Point Loma	SDCO	295	C3
Point Mugu	VEN	206	B1
Point Pleasant	SAC	238	B5
Point Reyes Station	MAR	245	C3
Pollard Flat	SHA	158	A2
Pollock Pines	ED	170	C3
Pomins	ED	231	A5
Pomo	MEN	168	B1
❖ POMONA	LACO	283	B4
Pond	KER	191	A2
Ponderosa	TUL	192	A1
Ponderosa Hill	TUO	176	A2
Ponderosa Sky Ranch	TEH	163	C1
Pondosa	SIS	158	C2
Pope Valley	NAPA	241	C6
Poplar	TUL	191	B1
Poppet Flats	RCO	208	C2
Port Costa	CC	247	B3
Porter Ranch	LACO	276	D6
❖ PORTERVILLE	TUL	191	B1
❖ PORT HUENEME	VEN	275	B7
❖ PORTOLA	PLU	165	A3
Portola Hills	ORCO	288	D4
❖ PORTOLA VALLEY	SMCO	252	D2
Portola Valley Ranch	SMCO	252	D3
Portuguese Bend	LACO	286	C3
Posey	TUL	191	C2
Poston	LPAZ	211	B1
Poston 2	LPAZ	211	B1
Potrero	SDCO	213	A2
Potrero Hill	SFCO	326	F8
Potter Valley	MEN	168	B1
❖ POWAY	SDCO	294	B4
Pozo	SLO	190	A3
Prather	SFCO	182	A2
Prattville	PLU	164	B2
Presidio Heights	SFCO	325	F3
Presidio/San Francisco	SFCO	325	D3
Preston	SON	239	C1
Priest	TUO	176	A2
Primm	CLK	195	A2
Princeton	COL	169	B1
Princeton By The Sea	SMCO	249	B7
Proberta	TEH	221	C4
Project City	SHA	220	B4
Prunedale	MON	256	D7
Puebla	BAJA	214	B2
Puerta La Cruz	SDCO	209	A3
Pulga	BUT	223	D1
Pumpkin Center	KER	267	C6
Pyramid	WSH	165	C2
Q			
Quail Valley	RCO	289	B3
Quaking Aspen	TUL	192	A1
Quartz Mountain	LAK	151	C2
Quartzsite	LPAZ	211	B2
Queretaro	BAJA	214	C2
Quincy	PLU	164	B2
R			
Rackerby	YUB	170	A1
Railroad Flat	CAL	176	A1
Rainbow	SDCO	292	C2
Raisin City	FRCO	264	A7
Ramona	SDCO	294	C3
Ranchita	SDCO	209	A3
Rancho Bernardo	SDCO	293	D2
Rancho California	RCO	289	D7
Rancho Cordova	SAC	235	D7
❖ RANCHO CUCAMNGA	SBD	284	A2
Rancho Dominguez	LACO	287	A1
❖ RANCHO MIRAGE	RCO	290	B5
Rancho Murieta	SAC	170	B3
❖ RCHO PALOS VERDES	LACO	286	B3
Rancho Palo Verde	SDCO	213	A1
Rancho Park	LACO	354	B10
Rancho Penasquitos	SDCO	293	D4
Rancho Rinconada	SCR	253	B4
Rancho San Diego	SDCO	296	B1
Rancho Santa Fe	SDCO	293	C2
❖ RANCHO SANTA MRGRTA	ORCO	208	A2
Rancho Seco	KER	200	B1
Rancho Tehama	TEH	221	A6
Rancho Vista	LACO	200	B2
Rand	JOS	149	A1
Randolph	SIE	228	B1
Randsburg	KER	192	C3
Ravendale	LAS	160	A3
Ravenna	LACO	277	D3
Raymond	MAD	181	B1
Red Apple	CAL	176	A1
Redbank	TEH	163	A2
❖ RED BLUFF	TEH	303	D9
Redcrest	HUM	161	B1
❖ REDDING	SHA	301	B3
Red Hill	ORCO	288	B3
❖ REDLANDS	SBD	285	B4
Red Mountain	SBD	193	A3
❖ REDONDO BEACH	LACO	286	B1
Redway	HUM	161	C2
Redwood	JOS	149	A1
❖ REDWOOD CITY	SMCO	252	C1
Redwood Estates	SCL	253	C7
Redwood Grove	SCR	253	A7
Redwood Shores	SMCO	250	A6
Redwood Valley	MEN	168	B1
❖ REEDLEY	FRCO	182	A3
❖ RENO	WSH	311	E6
Reno-stead	WSH	165	B3
Represa	SAC	236	B5
Requa	DN	156	B1
Rescue	ED	236	D4
Reseda	LACO	280	D1
Reward	INY	183	B2
Rheem Valley	CC	247	C7
❖ RIALTO	SBD	284	C2
Ricardo	KER	192	B3
Rice	SBD	210	C1
Rices Junction	SCR	252	D7
Rich	KER	200	C1
Richardson Springs	BUT	163	C3
Rich Bar	PLU	164	B2
Richfield	TEH	221	C6
Richgrove	TUL	191	B2
❖ RICHMOND	CC	247	B5
Richmond	SFCO	325	D6
Richvale	BUT	169	C1
❖ RIDGECREST	KER	192	C2
Ridgemont	ALA	250	B1
Rimforest	SBD	278	C7
Rimrock	SBD	202	A3
Rincon	SDCO	208	C3

COMMUNITY	CO.	PAGE	GRID
Rio Bravo	KER	191	C3
❖ RIO DELL	HUM	161	B1
Rio Dell	SON	242	A1
Rio Del Mar	SCR	256	B4
Rio Linda	SAC	235	B5
Rio Oso	SUT	169	C2
❖ RIO VISTA	SOL	248	D1
Ripley	RCO	211	A2
❖ RIPON	SJCO	175	B3
Ripperdan	MAD	181	B2
Ritter Ranch	LACO	200	B2
❖ RIVERBANK	STA	261	B2
Riverdale	FRCO	181	B3
River Kern	KER	192	A2
River Pines	AMA	170	C3
❖ RIVERSIDE	RCO	366	C3
-- RIVERSIDE COUNTY	RCO		
Riverside Grove	SCR	253	A6
Riverton	ED	171	A3
Riverview	YOL	238	A1
Riviera	MOH	270	B3
Riviera Heights	LAK	226	B5
Riviera West	LAK	226	B6
Roads End	TUL	192	A2
Robbins	SUT	234	C1
Robinsons Corner	BUT	227	C1
Robla	SAC	235	B5
Rob Roy Junction	SCR	256	B3
Rockaway Beach	SMCO	249	C5
Rock Haven	SDCO	294	B3
Rock Haven	FRCO	182	A1
❖ ROCKLIN	PLA	236	A2
Rockport	MEN	161	C3
Rockridge	ALA	328	C9
Rockville	SOL	244	B6
Rocky Point	KLAM	150	B1
Rodeo	CC	247	B3
Rogers Landing	MOH	270	C3
❖ ROGUE RIVER	JSKN	149	B1
❖ ROHNERT PARK	SON	242	C4
Rohnerville	HUM	161	B1
Rolando	SDCO	296	A1
Rolandos	SON	168	B3
Rolinda	FRCO	181	B2
❖ ROLLING HILLS	LACO	286	C3
❖ ROLLING HILLS ESTS	LACO	286	C2
Romoland	RCO	289	C3
Roosevelt	LACO	200	B2
Rosamond	KER	200	B2
Rosedale	KER	267	B4
Roseland	SON	321	B9
❖ ROSEMEAD	LACO	282	B3
Rosemont	SAC	235	D7
Rosemont	SDCO	294	B3
Rose Park	LACO	360	G5
❖ ROSEVILLE	PLA	236	A4
Rosewood	TEH	163	A1
Rosewood	LACO	281	D7
Rosewood	HUM	300	D6
❖ ROSS	MAR	324	A8
Rossmoor	ORCO	287	B2
Rough And Ready	NEV	233	B1
Round Mountain	SHA	158	B3
Rovana	INY	182	C1
Rowland Heights	LACO	282	D5
Rubidoux	RCO	284	C4
Ruch	JKSN	149	B2
Rucker	SCL	257	A2
Rumsey	YOL	169	A2
Running Springs	SBD	279	A7
Russian Hill	SFCO	326	D3
Ruth	TRI	162	A1
Rutherford	NAPA	243	C2
Ryan	INY	184	C3
Ryde	SAC	238	A7
S			
Sabre City	PLA	235	D4
❖ SACRAMENTO	SAC	320	E5
-- SACRAMENTO COUNTY	SAC		
❖ SAINT HELENA	NAPA	243	B1
Salida	STA	261	A2
❖ SALINAS	MON	336	F4
Salmon Creek	SON	173	B1
Salt Creek Lodge	SHA	220	C1
Saltdale	KER	192	C3
Salton	RCO	209	C2
Salton City	IMP	209	C3
Salton Sea Beach	IMP	209	C3
Salvador	NAPA	323	B1
Salyer	TRI	157	A3
Samoa	HUM	219	B3
Sams Valley	JSKN	149	C1
❖ SAN ANDREAS	CAL	175	C1
❖ SAN ANSELMO	MAR	324	A6
San Antonio Heights	SBD	283	D1
San Ardo	MON	189	B2
San Benito	SBT	180	B3
-- SAN BENITO COUNTY	SBT		
❖ SAN BERNARDINO	SBD	368	E5
-- SAN BERNARDINO CO.	SBD		
Sanborn	KER	200	B1
❖ SAN BRUNO	SMCO	327	A5
❖ SAN CARLOS	SMCO	250	A7
❖ SAN CLEMENTE	ORCO	291	B2
Sandberg	LACO	199	C2
❖ SAND CITY	MON	258	C3
❖ SAN DIEGO	SDCO	370	D7
-- SAN DIEGO COUNTY	SDCO		
San Diego Country Ests	SDCO	294	D3
❖ SAN DIMAS	LACO	283	B3
Sandyland	SB	199	B3
Sandy Valley	CLK	195	A2
San Felipe	SDCO	209	A3
❖ SAN FERNANDO	LACO	277	B6
❖ SAN FRANCISCO	SFCO	325	A10
-- SAN FRANCISCO CO.	SFCO		
❖ SAN GABRIEL	LACO	282	B3
❖ SANGER	FRCO	182	A3
San Geronimo	MAR	245	D4
San Gorgonio	RCO	209	A1
San Gregorio	SMCO	252	B3
San Ignacio	SDCO	209	A3
❖ SAN JACINTO	RCO	208	C2
❖ SAN JOAQUIN	FRCO	181	B3
❖ SAN JOSE	SCL	333	D7
❖ SAN JUAN BAUTISTA	SBT	257	B6
❖ SN JUAN CAPISTRNO	ORCO	288	D7
San Juan Hot Springs	ORCO	208	A2
❖ SAN LEANDRO	ALA	331	F9
San Lorenzo	ALA	250	C4
San Lorenzo Park	SCR	253	A6
San Lucas	MON	189	B1
❖ SAN LUIS	YUMA	215	A2
❖ SAN LUIS OBISPO	SLO	347	F7
-- SAN LUIS OBISPO CO.	SLO		

COMMUNITY	CO.	PAGE	GRID
San Luis Rey	SDCO	292	A6
San Luis Rey Heights	SDCO	292	C4
❖ SAN MARCOS	SDCO	292	C7
San Marin	MAR	246	A2
❖ SAN MARINO	LACO	359	F9
San Martin	SCL	257	A1
❖ SAN MATEO	SMCO	250	A5
-- SAN MATEO COUNTY	SMCO		
San Miguel	SLO	189	C2
San Onofre	SDCO	291	B3
❖ SAN PABLO	CC	247	A5
San Pasqual	SDCO	294	B1
San Pedro	LACO	286	C3
San Pedro Terrace	SMCO	249	B5
San Quentin	MAR	246	C5
❖ SAN RAFAEL	MAR	324	E8
❖ SAN RAMON	CC	251	A2
San Simeon	SLO	189	A3
San Tomas	SCL	253	C4
❖ SANTA ANA	ORCO	362	F9
Santa Ana Heights	ORCO	363	C7
❖ SANTA BARBARA	SB	348	E5
-- SANTA BARBARA CO.	SB		
❖ SANTA CLARA	SCL	333	A3
-- SANTA CLARA COUNTY	SCL		
❖ SANTA CLARITA	LACO	277	A4
❖ SANTA CRUZ	SCR	335	B5
-- SANTA CRUZ COUNTY	SCR		
❖ SANTA FE SPRINGS	LACO	282	B6
Santa Margarita	SLO	271	D3
❖ SANTA MARIA	SB	272	C5
❖ SANTA MONICA	LACO	353	B9
Santa Nella	MCO	180	B1
❖ SANTA PAULA	VEN	275	C3
Santa Rita	ALA	251	B3
Santa Rita Park	MCO	180	C2
❖ SANTA ROSA	SON	321	B6
Santa Susana	VEN	276	C7
Santa Venetia	MAR	324	F3
Santa Ynez	SB	273	C3
Santa Ysabel	SDCO	213	A1
❖ SANTEE	SDCO	294	B6
San Ysidro	SDCO	296	A5
❖ SARATOGA	SCL	253	B5
Saticoy	VEN	275	C5
Sattley	SIE	228	B1
Saugus	LACO	276	D3
❖ SAUSALITO	MAR	246	B7
Sawtelle	LACO	353	F8
Sawyers Bar	SIS	157	B2
Scales	SIE	164	B3
Scheelite	INY	182	C1
Schellville	SON	243	B6
Sciots Camp	ED	171	B3
Scissors Crossing	SDCO	213	A1
Scotia	HUM	161	B1
Scott Bar	SIS	149	B3
Scott Dam	LAK	168	B1
Scotts Corner	ALA	251	B5
❖ SCOTTS VALLEY	SCR	255	D2
Scottys Castle	INY	184	A2
Scripps Miramar Ranch	SDCO	293	D5
Seacliff	SFCO	325	C4
Seacliff	VEN	199	A3
❖ SEAL BEACH	ORCO	287	B3
Sea Ranch	SON	168	A3
Searchlight	CLK	195	C3
Searchlight Junction	SBD	203	C1
Sears Point	SON	246	C1
❖ SEASIDE	MON	258	C4
❖ SEBASTOPOL	SON	242	B3
Sedco Hills	RCO	289	B5
Seeley	IMP	214	A1
Seiad Valley	SIS	149	B3
Seigler Springs	LAK	240	C1
❖ SELMA	FRCO	181	C3
Selma	JOS	149	A2
Seneca	PLU	164	B2
Serene Lakes	PLA	228	B7
Sereno Del Mar	SON	173	B1
Serra Mesa	SDCO	293	D7
Seven Oaks	JSKN	149	C1
Seven Pines	INY	183	A2
Seville	TUL	182	A3
Shadow Hills	LACO	277	C7
Shadow Hills	LAK	240	D3
❖ SHADY COVE	JSKN	149	C1
Shady Dell	SDCO	294	B4
Shady Glen	PLA	233	D4
Shady Pine	KLAM	150	C2
❖ SHAFTER	KER	267	A2
Shale City	JSKN	150	A2
Shandon	SLO	190	A3
Shasta	SHA	220	A6
-- SHASTA COUNTY	SHA		
❖ SHASTA LAKE	SHA	220	B4
Shasta Springs	SIS	218	B5
Shaver Lake	FRCO	182	A1
Shaver Lake Point	FRCO	182	A1
Shaws Flat	TUL	341	A2
Sheep Ranch	CAL	176	A1
Sheffield Village	ALA	250	C2
Sheldon	SAC	238	D3
Shell Beach	SLO	271	C7
Shelltown	SDCO	374	E8
Shelter Cove	HUM	161	B2
Shelter Valley Ranchos	SDCO	213	A1
Sheridan	SON	173	B1
Sheridan	PLA	170	A2
Sherman Heights	SDCO	373	F5
Sherman Oaks	LACO	281	A2
Shingle Mill	SON	168	A3
Shingle Springs	ED	237	A5
Shingletown	SHA	163	C1
Shively	HUM	161	B1
Shoshone	INY	194	B1
Sierra Brooks	SIE	165	A3
Sierra City	SIE	170	C1
-- SIERRA COUNTY	SIE		
❖ SIERRA MADRE	LACO	282	C1
Sierraville	SIE	228	B1
❖ SIGNAL HILL	LACO	360	E2
Silverado	ORCO	288	D3
Silver City	TUL	182	C3
Silver Fork	ED	171	A3
Silver Lake	LACO	352	E9
Silver Lakes	SBD	201	A2
Silver Peak	ESM	178	C3
Silver Springs	LYN	172	A1
Silver Strand	VEN	275	B7
❖ SIMI VALLEY	VEN	276	A7
Simmler	SLO	190	B3
-- SISKIYOU COUNTY	SIS		
Sisquoc	SB	198	A2
Sites	COL	169	A1
Skaggs Springs	SON	239	D4
Skyforest	SBD	278	D7

❖ INDICATES INCORPORATED CITY

Cities & Communities Index

	COMMUNITY	CO.	PAGE	GRID
	Skyland	PLA	231	A4
	Sky Londa	SMCO	252	C2
	Sky Valley	RCO	290	C2
	Sleepy Hollow	MAR	246	A4
	Sleepy Hollow	SBD	283	B6
	Sleepy Valley	LACO	277	C2
	Slide Inn	TUO	176	B2
	Sloan	CLK	195	B1
	Sloat	PLU	164	C3
	Sloughhouse	SAC	175	A1
	Smartville	YUB	170	A2
	Smith	LYN	172	A3
	Smith River	DN	216	B2
	Smith Station	TUO	176	B2
	Snelling	MCO	176	A3
	Snow Valley	SBD	279	A7
	Soboba Hot Springs	RCO	208	C2
	Soda Bay	LAK	226	A5
	Soda Springs	NEV	228	B6
	Soda Springs	SON	239	A5
❖	SOLANA BEACH	SDCO	293	B3
--	SOLANO COUNTY	SOL		
❖	SOLEDAD	MON	180	A3
	Solimar Beach	VEN	199	A3
❖	SOLVANG	SB	273	B3
	Somerset	ED	237	D6
❖	SOMERTON	YUMA	215	A2
	Somes Bar	SIS	157	A1
	Somis	VEN	199	B3
❖	SONOMA	SON	322	D7
--	SONOMA COUNTY	SON		
❖	SONORA	TUO	341	E6
	Sonora Junction	MNO	177	A1
	Soquel	SCR	256	A3
	Sorrento Hills	SDCO	293	C4
	Sorrento Mesa	SDCO	293	C5
	Sorrento Valley	SDCO	293	C5
	Soulsbyville	TUO	176	A2
	Sousa Corners	SON	242	A2
	South Beach	SFCO	326	G5
	South Belridge	KER	190	C3
	South Coast	VEN	206	B1
	South Cove	MOH	196	B1
	Southcrest	SDCO	374	D7
	South Dos Palos	MCO	180	C2
❖	SOUTH EL MONTE	LACO	282	C4
	South Fork	MAD	182	A1
	South Fork	MPA	176	B3
❖	SOUTH GATE	LACO	282	A6
	South Laguna	ORCO	365	F9
	South Lake	KER	192	A3
❖	SOUTH LAKE TAHOE	ED	314	D4
	South Oceanside	SDCO	292	A7
	South Of Market	SFCO	326	E5
	South Oroville	BUT	223	B7
	South Park	SON	321	F9
	South Park	SDCO	374	B2
❖	SOUTH PASADENA	LACO	359	B10
❖	SOUTH SAN FRANCISCO	SMCO	249	D4
	South San Gabriel	LACO	282	B4
	South Summerlin	CLK	195	A1
	South Summerlin	CLK	268	A5
	South Taft	KER	199	A1
	Spanish Dry Diggings	ED	170	B2
	Spanish Flat Woodlands	NAPA	244	A1
	Spanish Ranch	PLU	164	B2
❖	SPARKS	WSH	312	F4
	Spaulding	LAS	159	C3
	Spenceville	NEV	233	A3
	Spicer City	KER	190	C3
	Sprague River	KLAM	151	A1
	Spreckels	MON	259	B3
	Spring Garden	PLU	164	C3
	Spring Lake	KLAM	150	C2
	Spring Town	ALA	251	D3
	Spring Valley	CLK	268	B5
	Spring Valley	SDCO	296	B1
	Spring Valley Lake	SBD	278	B2
	Springville	TUL	191	C1
	Springville	VEN	275	C6
	Spruce Point	HUM	300	A10
	Squaw Valley	PLA	171	A2
	Squaw Valley	FRCO	182	A3
	Squirrel Valley	KER	192	A3
	Stafford	HUM	161	B1
	Stallion Springs	KER	199	C1
	Standard	TUO	176	A2
	Standish	LAS	165	A1
	Stanfield Hill	YUB	170	A1
	Stanford	SCL	332	C8
	Stanislaus	TUO	176	A2
--	STANISLAUS COUNTY	STA		
❖	STANTON	ORCO	361	F10
	Starvation Heights	JSKN	149	B1
	Stateline	DGL	314	G1
	Stent	TUO	176	A2
	Stevenson Ranch	LACO	276	D5
	Stevinson	MCO	180	C1
	Stewarts Point	SON	168	A3
	Stinson Beach	MAR	246	A6
	Stirling City	BUT	164	A3
	Stockdale	KER	267	B4
	Stockton	SDCO	374	C4
❖	STOCKTON	SJCO	339	E6
	Stonyford	COL	169	A1
--	STOREY COUNTY	STOR		
	Stovepipe Wells	INY	184	B3
	Stratford	KIN	190	B1
	Strathmore	TUL	191	B1
	Strawberry	ED	171	B3
	Strawberry	TUO	176	B1
	Strawberry Valley	YUB	170	B1
	Stronghold	MOD	151	A3
	Studio City	LACO	281	B2
	Sugar Loaf	SBD	279	D7
	Sugarloaf Village	TUL	191	C2
	Sugar Pine	MAD	181	C1
	Sugarpine	TUO	176	A2
	Sulphur Springs	VEN	275	C2
	Sulphur Springs	LACO	277	B4
❖	SUISUN CITY	SOL	244	D6
	Sultana	TUL	182	A3
	Summerhome Park	SON	168	B3
	Summerland	SB	198	C3
	Summerlin	CLK	268	A3
	Summit	SBD	201	A3
	Summit	VEN	275	C2
	Summit City	SHA	220	B4
	Summit Inn	MPA	176	B3
	Sun City Palm Desert	RCO	290	D4
	Sun City	RCO	289	C3
	Sunland	LACO	277	C7
	Sunny Brae	HUM	299	E9
	Sunnybrook	AMA	175	B1
	Sunnymead	RCO	285	A6
	Sunnyslope	RCO	284	B4
❖	SUNNYVALE	SCL	253	B2

	COMMUNITY	CO.	PAGE	GRID
	Sunol	ALA	251	B5
	Sunrise Manor	CLK	268	D3
	Sunset	SFCO	325	C8
	Sunset Beach	ORCO	287	B4
	Sunset Estates	PLA	235	C2
	Sunset View	NEV	233	C1
	Sunshine Summit	SDCO	209	A3
	Sun Valley	LACO	350	A3
	Surfside	ORCO	287	B3
❖	SUSANVILLE	LAS	304	D2
	Sutcliffe	WSH	165	C2
	Sutter	SUT	227	A5
--	SUTTER COUNTY	SUT		
❖	SUTTER CREEK	AMA	175	B1
	Swall Meadows	MNO	177	C3
	Swansea	INY	183	C3
	Sweetbrier	SHA	218	B7
	Sweetland	NEV	170	B1
	Sycamore	COL	169	B2
	Sylmar	LACO	277	A6
	Sylvia Park	LACO	280	D3
	T			
	Table Rock	JSKN	149	C1
❖	TAFT	KER	199	A1
	Taft Heights	KER	199	A1
	Tahoe City	PLA	231	A2
	Tahoe Paradise	ED	171	B2
	Tahoe Pines	PLA	231	A4
	Tahoe Tavern	PLA	231	A3
	Tahoe Valley	ED	171	B2
	Tahoe Village	DGL	231	D6
	Tahoe Vista	PLA	231	B1
	Tahoma	PLA	231	A4
	Takilma	JOS	149	A2
❖	TALENT	JSKN	149	C2
	Talmadge	SDCO	295	D1
	Talmage	MEN	225	A3
	Tamalpais Valley	MAR	246	B6
	Tamarack	CAL	176	B1
	Tancred	YOL	169	B3
	Tarzana	LACO	280	D2
	Tassajara	CC	251	B2
	Tassajara Hot Spgs	MON	188	C1
	Taylorsville	PLU	164	C2
	Tecate	BAJA	213	A2
	Tecate	SDCO	213	A2
	Tecopa	INY	194	B2
❖	TEHACHAPI	KER	200	A1
	Tehachapi East	KER	200	A1
❖	TEHAMA	TEH	221	D5
--	TEHAMA COUNTY	TEH		
	Telegraph City	CAL	175	C2
	Telegraph Hill	SFCO	326	E2
❖	TEMECULA	RCO	289	D7
❖	TEMPLE CITY	LACO	282	C3
	Templeton	SLO	189	C3
	Tennant	SIS	158	C1
	Terminal Island	LACO	286	D3
	Terminous	SJCO	175	A2
	Termo	LAS	160	A3
	Terra Bella	TUL	191	B2
	Terra Linda	MAR	324	B1
	The Highlands	SMCO	249	D6
	The Homestead	SJCO	339	F9
	The Narrows	SDCO	209	B3
	Thermal	RCO	209	B2
	Thermalands	PLA	233	A5
	Thermalito	BUT	223	B6
	The Willows	SDCO	213	A1
	Thornton	SJCO	238	C7
❖	THOUSAND OAKS	VEN	206	B1
	Thousand Palms	RCO	290	C3
	Three Arch Bay	ORCO	207	C3
	Three Pines	JOS	149	A1
	Three Rivers	TUL	182	B3
❖	TIBURON	MAR	246	C6
	Tierra Buena	SUT	227	B6
	Tierra Del Sol	SDCO	213	B2
	Tierrasanta	SDCO	293	D6
❖	TIJUANA	Baja	296	A6
	Timber Cove	SON	239	A7
	Timber Cove	SON	168	A3
	Timberland	PLA	231	A3
	Tipton	TUL	191	A1
	Tisdale	SUT	169	C2
	Tobin	PLU	164	A2
	Tocaloma	MAR	245	C3
	Toluca Lake	LACO	351	C1
	Tollhouse	FRCO	182	A2
	Tomales	MAR	242	A6
	Toms Place	MNO	177	C3
	Topanga	LACO	280	D3
	Topock	MOH	204	A2
❖	TORRANCE	LACO	286	C1
	Torrey Pines	SDCO	293	B4
	Tower House	SHA	157	C3
	Town & Country Village	SAC	235	C6
	Town Talk	NEV	315	E4
	Toyon	SHA	220	B4
	Trabuco Canyon	ORCO	208	A2
❖	TRACY	SJCO	175	A3
	Trail	JSKN	149	C1
	Tranquillity	FRCO	181	A3
	Traver	TUL	182	A3
	Tres Pinos	SBT	180	A2
	Trestle Glen	ALA	330	E3
	Trimmer	FRCO	182	A2
❖	TRINIDAD	HUM	156	B2
	Trinity Center	TRI	157	C2
--	TRINITY COUNTY	TRI		
	Trona	SBD	193	A2
	Tropico	KER	200	B2
	Trowbridge	SUT	170	A2
	Troy	PLA	228	A7
❖	TRUCKEE	NEV	229	A6
	Tudor	SUT	169	C2
	Trousdale Estates	LACO	354	E1
	Trull	SJCO	175	A2
	Tujunga	LACO	277	D7
❖	TULARE	TUL	266	B5
--	TULARE COUNTY	TUL		
❖	TULELAKE	SIS	151	A3
	Tuolumne	TUO	176	A2
--	TUOLUMNE COUNTY	TUO		
	Tuolumne Meadows	TUO	177	A2
	Tupman	KER	199	A1
❖	TURLOCK	STA	261	D6
	Turtle Rock	ORCO	288	B5
❖	TUSTIN	ORCO	288	B3
	Tuttle	MCO	181	A1
	Tuttletown	TUO	176	A2
	Twain	PLU	164	B2
	Twain Harte	TUO	176	A2
	Twain Harte Valley	TUO	176	A2
❖	TWENTYNINE PALMS	SBD	209	B1

	COMMUNITY	CO.	PAGE	GRID
	Twin Bridges	ED	171	B3
	Twin Cities	SAC	238	D6
	Twin Lakes	KER	200	A1
	Twin Lakes	SCR	335	G8
	Twin Oaks	SDCO	292	C6
	Twin Oaks	KER	192	A3
	Twin Peaks	SBD	278	C7
	Twin Peaks	SFCO	326	A9
	Two Rivers	RCO	164	C3
	Two Rock	PLU	242	B6
	Tyndall Landing	YOL	234	B1
	U			
❖	UKIAH	MEN	308	B4
	Ultra	TUL	191	B2
	Ukiah	MEN	308	A4
	Uncle Toms Cabin	ED	171	A2
❖	UNION CITY	ALA	250	D5
	Union Hill	SIE	164	B3
	Union Hill	NEV	315	E10
	Universal City	LACO	351	C3
	University City	SDCO	293	C6
	University City	SDCO	284	D6
	University Heights	SDCO	372	G7
❖	UPLAND	SBD	283	C3
	Upper Lake	LAK	225	D2
	Uptown	SDCO	372	B9
	V			
	Vacation Beach	SON	168	B3
❖	VACAVILLE	SOL	244	D4
	Valencia	LACO	276	D4
	Valerie	RCO	209	B2
	Valinda	LACO	282	D4
	Vallecito	CAL	176	A2
	Vallecito	SDCO	213	B1
❖	VALLEJO	SOL	247	B1
	Vallejo Heights	SOL	247	A2
	Vallemar	SMCO	249	B5
	Valle Vista	RCO	208	C2
	Valley Acres	KER	199	A1
	Valley Center	SDCO	208	C3
	Valley Falls	LAK	152	A1
	Valley Ford	SON	242	A4
	Valley Home	STA	175	B2
	Valley Of Enchantment	SBD	278	B7
	Valley Springs	CAL	175	B1
	Valley Village	LACO	281	B2
	Valley Wells	INY	193	A2
	Val Verde	LACO	276	C3
	Valyermo	LACO	200	C3
	Vandenberg Village	SB	198	A2
	Van Nuys	LACO	281	B2
	Vasquez Rocks	LACO	277	C2
	Venice	LACO	357	D5
	Ventucopa	SB	199	A2
❖	VENTURA	VEN	349	D5
--	VENTURA COUNTY	VEN		
	Verdemont	SBD	284	C1
	Verdi	SIE	229	C3
	Verdugo City	LACO	281	D1
	Vernalis	SJCO	175	A3
❖	VERNON	LACO	356	E10
	Verona	SUT	234	D3
	Vicente Guerrero	BAJA	215	A1
	Vichy Springs	MEN	308	F1
	Vichy Springs	NAPA	244	A4
	Victor	SJCO	260	C1
	Victoria	SDCO	213	A1
❖	VICTORVILLE	SBD	278	A2
	Vidal	SBD	204	B3
	Vidal Junction	SBD	204	A3
	View Park	LACO	281	C5
❖	VILLA PARK	ORCO	288	B1
	Vina	TEH	163	B2
	Vineburg	SON	243	B6
	Vinland	KER	191	B2
	Vinton	PLU	165	A3
	Viola	SHA	163	C1
	Virgilia	PLU	164	B2
❖	VIRGINIA CITY	STOR	230	C7
❖	VISALIA	TUL	266	B3
❖	VISTA	SDCO	292	C6
	Vista Verde	SMCO	252	D3
	Volcano	AMA	175	C1
	Volcanoville	ED	170	C2
	Vollmers	SHA	158	A3
	Volta	MCD	180	B1
	Voorhies	JSKN	149	C2
	Vorden	SAC	238	A6
	Vya	WSH	160	C1
	W			
	Wadsworth	WSH	166	A3
	Wagon Wheel	ORCO	208	A2
	Wagner	TUO	176	B1
	Wahtoke Park	FRCO	182	A3
	Walker Lake	MIN	172	C3
	Wallace	CAL	175	B1
❖	WALNUT	LACO	283	A4
❖	WALNUT CREEK	CC	247	D6
	Walnut Grove	SAC	238	B7
	Walnut Park	LACO	281	D6
	Walsh Landing	SON	168	A3
	Walteria	LACO	286	C2
	Warner Center	LACO	280	D1
	Warm Springs	ALA	251	A7
	Warner Springs	SDCO	209	A3
❖	WASCO	KER	191	A3
	Washington	NEV	170	C1
	Washoe	SON	242	C5
	Washoe City	WSH	230	A6
--	WASHOE COUNTY	WSH		
❖	WATERFORD	STA	261	D3
	Waterloo	SJCO	260	C3
❖	WATSONVILLE	SCR	256	C4
	Watts	LACO	281	D6
	Wawona	MPA	176	C3
	Weaverville	TRI	157	B3
	Wedderburn	CUR	148	A1
❖	WEED	SIS	218	A2
	Weed Heights	LYN	172	A2
	Weed Patch	KER	267	D7
	Weimar	PLA	233	D5
	Weitchpec	HUM	156	C2
	Weldon	KER	192	A2
	Wellington	LYN	172	A3
	Wellsona	SLO	189	C2
❖	WELLTON	YUMA	215	C1
	Wendel	LAS	165	A1
	Wentworth Springs	ED	171	A2
	Weott	HUM	161	C1
	West Branch	BUT	163	C2
	West Butte	SUT	169	B2

	COMMUNITY	CO.	PAGE	GRID
	Westchester	LACO	358	B5
	Westchester	KER	344	B3
❖	WEST COVINA	LACO	282	D4
	Westend	SBD	193	A2
	West Guernewood	SON	168	B3
	West Haven	FRCO	190	B1
	West Hills	LACO	280	C1
❖	WEST HOLLYWOOD	LACO	351	B9
	West Klamath	KLAM	150	C2
	Westlake	LACO	355	E3
❖	WESTLAKE VILLAGE	LACO	280	A2
	Westley	STA	175	A3
	West Los Angeles	LACO	353	G7
❖	WESTMINSTER	ORCO	287	C3
❖	WESTMORLAND	IMP	214	A1
	West Point	CAL	175	C1
	Westport	MEN	161	C3
	Westridge	SMCO	252	D2
❖	WEST SACRAMENTO	YOL	319	B3
	West Side	LAK	152	A2
	Westville	PLA	170	C2
	Westwood	LAS	164	B1
	Westwood	LACO	353	G5
❖	WHEATLAND	YUB	170	A2
	Wheaton Springs	SBD	195	A3
	Wheatville	FRCO	181	B3
	Wheeler Ridge	KER	199	B1
	Wheeler Springs	VEN	199	A3
	Whiskeytown	SHA	158	A3
	Whispering Pines	LAK	240	C2
	Whispering Pines	SDCO	213	A1
	White City	JSKN	149	C1
	White Hall	ED	171	A3
	White Horse	MOD	159	A2
	White Pines	CAL	176	A2
	White River	TUL	191	C2
	Whitethorn	HUM	161	C2
	White Wolf	TUO	262	C1
	Whitewater	RCO	209	A1
	Whitley Gardens	SLO	189	C2
	Whitlow	HUM	161	C1
	Whitney	CLK	268	D5
	Whitmore	SHA	158	B3
	Whitmore Hot Springs	MNO	177	C3
❖	WHITTIER	LACO	282	C5
	Wilbur Springs	COL	169	A2
	Wilderville	JOS	149	A1
	Wildomar	RCO	289	B5
	Wildwood	TRI	162	B1
❖	WILLIAMS	COL	169	B2
	Williams	JOS	149	B2
❖	WILLITS	SB	168	A1
	Willowbrook	LACO	281	D7
	Willow Creek	HUM	157	A2
	Willow Creek Camp	INY	183	B2
	Willow Ranch	MOD	152	A3
❖	WILLOWS	GLE	169	B1
	Willow Springs	TUO	176	A2
	Willow Springs	KER	200	A2
	Wilmington	LACO	286	D2
	Wilseyville	CAL	176	A1
	Wilshire Center	LACO	355	B3
	Wilsona Gardens	LACO	200	C2
	Wilsonia	TUL	265	B2
	Wilton	SAC	175	A1
	Wimer	JSKN	149	B1
	Winchester	RCO	289	D3
	Winchester	CLK	268	D4
❖	WINDSOR	SON	240	B7
	Windsor Hills	LACO	281	C5
	Winnetka	LACO	280	D1
	Winter Gardens	SDCO	294	C6
	Winterhaven	IMP	215	B1
❖	WINTERS	YOL	244	D1
	Winterwarm	SDCO	292	C4
	Winton	MCO	180	C1
	Wishon	MAD	181	C1
	Witch Creek	SDCO	213	A1
	Witter Springs	LAK	225	C2
	Wocus	KLAM	150	C2
	Wofford Heights	KER	192	A2
	Wolf	NEV	233	B4
	Wolf Creek	JOS	149	A1
	Wonder	JOS	149	A1
	Wonder Valley	FRCO	182	A2
	Woodacre	MAR	246	A4
	Woodbridge	ORCO	288	B4
	Woodbridge	SJCO	175	A1
	Woodcrest	RCO	284	C7
	Woodford	KER	200	A1
	Woodfords	ALP	171	C3
❖	WOODLAKE	TUL	182	B3
❖	WOODLAND	YOL	234	C5
	Woodland Hills	LACO	280	C2
	Woodleaf	YUB	170	B1
❖	WOODSIDE	SMCO	252	C1
	Woodside Village	LACO	283	A4
	Woodville	TUL	266	D7
	Woody	KER	191	C2
	Worden	KLAM	150	C3
	Wrigley	LACO	360	C3
	Wrights Lake	ED	171	A3
	Wrightwood	SBD	201	A3
	Wyandotte	BUT	170	A1
	Wynola	SDCO	213	A1
	Y			
	Yankee Hill	BUT	223	C3
	Yankee Jims	PLA	170	C2
	Yermo	SBD	201	C2
❖	YERINGTON	LYN	172	B2
	Yettem	TUL	182	A3
	Yolo	YOL	234	B4
--	YOLO COUNTY	YOL		
❖	YORBA LINDA	ORCO	283	B7
	Yorkville	MEN	168	A2
	Yosemite Forks	MAD	181	C1
	Yosemite Lodge	MPA	262	C4
	Yosemite Village	MPA	262	D3
	Youngstown	SJCO	175	A1
❖	YOUNTVILLE	NAPA	243	C3
❖	YREKA	SIS	217	A3
❖	YUBA CITY	SUT	309	C4
--	YUBA COUNTY	YUB		
	Yucca	MOH	204	B1
❖	YUCAIPA	SBD	285	D4
❖	YUCCA VALLEY	SBD	209	A1
❖	YUMA	YUMA	215	A2
	Z			
	Zamora	YOL	234	D2
	Zayante	SCR	255	D1
	Zenia	TRI	162	A2
	Zenobia	WSH	165	C2
	Zephyr Cove	DGL	231	C6

❖ INDICATES INCORPORATED CITY

CALIFORNIA General Information

HIGHWAY PATROL

Arizona State	
California State	In case of emergency
Nevada State	call 911
Oregon State	

ROAD CONDITIONS

Arizona State	Arizona Freeway Management Systems - A.D.O.T. (888)411-ROAD www.azfms.com
California State	www.dot.ca.gov/hq/roadinfo (800) 427-ROAD
Nevada State	www.nevadadot.com
Oregon State	www.tripcheck.com (503) 588-2941

DEPARTMENT OF TRANSPORTATION

Arizona State	www.dot.state.az.us
California State	www.dot.ca.gov
Nevada State	www.nevadadot.com (775) 888-7000
Oregon State	www.odot.state.or.us (800) 977-6368

CROSSING THE BORDER

Mexico	U.S. Customs: (619) 662-7201 www.customs.ustreas.gov

WEATHER CONDITIONS

Arizona State	www.weather.com or www.wxusa.com/AZ
California State	www.weather.com or www.wxusa.com/CA
Nevada State	www.weather.com or www.wxusa.com/NV
Oregon State	www.weather.com or www.wxusa.com/OR
Mexico	www.weather.com

VISITOR'S INFORMATION

Arizona State	www.arizonatourism.com
California State	www.gocalif.ca.gov
Nevada State	www.travelnevada.com
Oregon State	www.traveloregon.com
Mexico	Ministry of Tourism of Mexico www.mexico-travel.com

CALIFORNIA Road Atlas National & State Park Information

Camping & Lodging Information

- **Arizona** — Arizona Vacation Guide: www.arizonatourism.com
- **California** — California Division of Tourism: www.gocalif.ca.gov
- **Nevada** — Welcome to Nevada: www.travelnevada.com
- **Oregon** — Oregon Economic Development Dept. Tourism Commission: (503)986-0000 www.traveloregon.com

National & State Park Information

- **Arizona** — Arizona State Parks: www.pr.state.az.us
- **California** — California State Parks: www.cal-parks.ca.gov
- **Nevada** — Nevada State Parks: www.state.nv.us/stparks
- **Oregon** — Oregon Parks & Recreation Department: www.prd.state.or.us

Selected National & State Parks Including Recreation Areas, Forests, and National Monuments

State	Park	Page & Grid	Camping	Trailer/RV	Picnicking	Swimming	Fishing	Hiking	Boating
AZ	**National Park**								
	Grand Canyon National Park	196, C1	●		●	●	●	●	●
	Parks/Recreation Area/Monuments								
	Buckskin Mountain State Park	204, C3	●	●	●	●	●	●	●
	Lake Havasu State Park	204, B3	●	●	●	●	●	●	●
	Lake Mead National Recreation Area	196, A1	●	●	●	●	●	●	●
CA	**National Park**								
	Channel Islands National Park	206, A1	●		●	●	●	●	●
	Death Valley National Park	184, A2	●					●	
	Joshua Tree National Park	209, B1	●					●	
	Kings Canyon National Park	183, A2	●				●	●	
	Lassen Volcanic National Park	164, A1				●	●	●	
	Redwood National Park	156, B2	●				●	●	
	Sequoia National Park	182, C3	●				●	●	
	Yosemite National Park	262, B3					●	●	
	National/State Forests								
	Angeles National Forest	283, C2	●		●	●	●	●	●
	Cleveland National Forest	209, A3	●				●	●	
	Eldorado National Forest	171, A2	●			●	●	●	●
	Freemont National Forest	151, C2	●	●	●	●	●	●	●
	Humboldt-Toiyabe National Forest	177, A1	●				●	●	
	Inyo National Forest	177, C2	●			●	●	●	
	Klamath National Forest	157, B2	●				●	●	
	Lassen National Forest	159, A3	●				●	●	●
	Los Padres National Forest	198, B1	●				●	●	
	Mendocino National Forest	226, B2	●			●	●	●	●
	Modoc National Forest	160, A2	●			●	●	●	●
	Plumas National Forest	164, A3	●				●	●	●
	Rogue River National Forest	149, C2	●				●	●	
	San Bernardino National Forest	201, B3	●		●		●	●	
	Sequoia National Forest	192, A1	●		●		●	●	
	Shasta-Trinity National Forest	158, C2	●				●	●	●
	Sierra National Forest	182, A1	●			●	●	●	
	Siskiyou National Forest	148, C2	●				●	●	
	Six Rivers National Forest	216, D2				●	●	●	●
	Stanislaus National Forest	176, B1	●			●	●	●	●
	Tahoe National Forest	171, A2	●				●		
	Winema National Forest	150, C1	●	●		●	●	●	●
	Parks/Recreation Area/Monuments								
	Ahjumawi Lava Springs State Park	159, A2	●		●		●		●
	Andrew Molera State Park	188, B1	●			●	●	●	
	Angel Island State Park	246, C7			●		●	●	●
	Annadel State Park	242, D2					●		
	Anza-Borrego Desert State Park	209, B3	●	●	●			●	
	Auburn State Recreation Area	316, F8	●			●		●	
	Austin Creek State Recreation Area	239, C6	●					●	
	Bale Grist Mill State Historic Park	241, A7							
	Benbow Lake State Recreation Area	161, C2	●	●	●	●		●	●
	Benicia State Recreation Area	247, B3			●		●	●	
	Bidwell Sacramento River State Park	163, B3	●		●		●		●
	Big Basin Redwoods State Park	252, C6	●	●	●			●	
	Bodie State Historical Park	177, B1							
	Border Field State Park	295, D5			●	●		●	
	Bothe - Napa Valley State Park	241, A7	●		●	●		●	
	Brannan Island State Recreation Area	248, D2	●		●	●			
	Butano State Park	252, B6	●	●	●			●	
	Cabrillo National Monument	295, B3							
	Calaveras Big Trees State Park	176, A1	●			●	●	●	
	Candlestick Point State Recreation Area	249, D3			●		●		
	Carrizo Plain National Monument	198, C1	●					●	
	Castaic Lake State Recreation Area	276, C1	●			●	●	●	●

Selected National & State Parks Including Recreation Areas, Forests, and National Monuments

State	Park	Page & Grid	Camping	Trailer/RV	Picnicking	Swimming	Fishing	Hiking	Boating
	Castle Crags State Park	218, A7	●		●		●	●	
	Castle Rock State Park	253, A5	●		●			●	
	Caswell Memorial State Park	175, A3	●		●	●	●	●	
	China Camp State Park	246, C4	●		●		●	●	●
	Clear Lake State Park	226, A5	●	●	●	●	●	●	●
	Colusa - Sacramento River State Recreation Area	169, B1	●		●		●		●
	Crystal Cove State Park	288, B6	●			●	●	●	
	Cuyamaca Rancho State Park	213, A1	●	●	●		●	●	
	D.L. Bliss State Park	231, B6	●		●	●	●	●	
	Del Norte Coast Redwoods State Park	216, B7	●	●	●			●	
	Devils Postpile National Monument	177, B3							
	Donner Memorial State Park	228, D7	●		●	●	●	●	
	Emerald Bay State Park	231, B7	●		●	●	●	●	●
	Folsom Lake State Recreation Area	236, C4	●	●	●	●	●	●	●
	Fort Ross State Historic Park	239, A7	●		●				
	Fremont Peak State Park	259, C1	●		●				
	Gaviota State Park	273, A6	●			●	●	●	●
	Giant Sequoia National Monument	265, A1	●	●	●			●	
	Golden Gate National Recreation Area	325, F2				●		●	
	Grizzley Creek Redwoods State Park	161, C1	●		●	●	●	●	
	Grover Hot Springs State Park	171, C3	●		●	●	●	●	
	Henry W. Coe State Park	180, A1	●		●		●	●	
	Humboldt Redwoods State Park	161, B1	●		●	●	●	●	●
	Indian Grinding Rock State Historic Park	175, C1	●		●			●	
	Jedediah Smith Redwoods State Park	216, B4	●	●	●	●	●	●	
	Lake Del Valle State Recreation Area	251, D5	●		●	●	●	●	●
	Lake Earl State Park	297, C2	●		●		●	●	●
	Lake Havasu State Park	204, B3	●						●
	Lake Oroville State Recreation Area	223, D6	●	●	●	●	●	●	●
	Lake Perris State Recreation Area	289, C1	●	●	●	●	●	●	●
	Lava Beds National Monument	151, A3							
	Mackerricher State Park	224, B1	●	●	●		●	●	
	Malakoff Diggins State Historic Park	170, B1	●		●	●	●	●	
	Malibu Creek State Park	280, B3	●	●	●		●	●	
	Manzanar National Historic Site	183, B2							
	McArthur Burney Falls Memorial State Park	158, C2	●	●	●		●	●	●
	Millerton Lake State Recreation Area	181, C2	●	●	●	●	●	●	●
	Montana De Oro State Park	271, A5	●		●		●	●	
	Morro Bay State Park	271, B4	●	●	●		●	●	●
	Mount Diablo State Park	251, B1	●		●			●	
	Mount San Jacinto State Park	209, A2	●		●			●	
	Mount Tamalpais State Park	246, A6	●		●		●	●	
	Muir Woods National Monument	246, A6							
	Picacho State Recreation Area	215, A1	●		●		●	●	●
	Pinnacles National Monument	180, A3	●					●	
	Plumas - Eureka State Park	164, C3	●		●		●	●	
	Point Mugu State Park	206, B1	●	●	●	●	●	●	
	Point Reyes National Seashore Recreation Area	245, B3							
	Prairie Creek Redwoods State Park	156, B1	●	●	●		●	●	
	Red Rock Canyon State Park	192, B3	●	●	●			●	
	Richardson Grove State Park	161, C2	●		●	●	●		
	Russian Gulch State Park	224, B4	●		●		●		
	Saddleback Butte State Park	200, C2	●	●	●			●	
	Salt Point State Park	168, A3	●	●	●		●	●	
	Salton Sea State Recreation Area	210, A3	●	●	●	●	●		●
	Samuel P. Taylor State Park	245, D3	●		●		●	●	
	San Luis Reservoir State Recreation Area	180, A1	●	●	●	●	●	●	●
	Santa Monica Mountains National Recreation Area	280, A4	●					●	
	Silverwood Lake State Recreation Area	278, A6	●	●	●	●	●	●	●
	Sinkyone Wilderness State Park	161, B2	●		●		●	●	
	Standish - Hickey State Recreation Area	161, C2	●		●	●	●	●	
	Sugarloaf Ridge State Park	243, B2	●		●			●	
	Sugar Pine Point State Park	231, A5	●	●	●	●	●	●	
	Tomales Bay State Park	245, B1	●		●	●	●	●	
	Valley of The Fire State Park	187, A3	●		●			●	
	Van Damme Beach State Park	224, B5	●		●			●	
	WhiskeyTown - Shasta Trinity National Recreation Area	220, D2					●		●
	Woodson Bridge State Recreation Area	220, D2	●				●		
NV	**Parks/Recreation Area/Monuments**								
	Dayton State Park	232, D1	●		●		●	●	
	Death Valley National Monument	185, A3							
	Floyd Lamb State Park	268, A1			●		●	●	
	Lake Mead National Recreation Area	196, A1	●				●	●	●
	Las Vegas Dunes Recreation Area	269, B1							
OR	**Parks/Recreation Area/Monuments**								
	Casey State Park	149, C1			●		●		●
	Jackson F. Kimball State Park	150, C1	●		●		●		
	Joseph Stewart State Park	150, A1	●	●	●	●	●	●	●
	Oregon Cave National Monument	149, A2			●			●	
	Valley of the Rogue State Park	149, B1	●	●	●	●	●	●	●

CALIFORNIA Mileage Chart

MILEAGE DETERMINED BY MOST DIRECT DRIVING ROUTE

	BAKERSFIELD	CHICO	EUREKA	FRESNO	LAS VEGAS	LONG BEACH	LOS ANGELES	MERCED	MODESTO	OAKLAND	PALM SPRINGS	REDDING	RIVERSIDE	SACRAMENTO	SALINAS	SAN DIEGO	SAN FRANCISCO	SAN JOSE	SAN LUIS OBISPO	SANTA ANA	SANTA BARBARA	SANTA ROSA	SOUTH LAKE TAHOE	STOCKTON	VENTURA
ALTURAS	577	207	292	470	624	705	650	415	374	379	720	142	645	297	471	741	360	392	577	683	737	367	241	342	692
ANAHEIM	138	505	718	245	274	24	30	302	341	443	100	577	42	415	346	86	449	403	235	4	128	485	490	370	102
AUBURN	306	90	321	199	601	441	420	143	106	115	518	175	473	34	207	539	121	151	339	452	444	131	86	70	421
BAKERSFIELD		362	555	109	284	132	113	163	200	285	209	433	177	272	206	232	283	241	114	143	146	340	360	227	115
BARSTOW	129	491	684	236	155	123	131	292	330	414	123	559	78	401	335	180	412	385	264	116	205	469	395	356	174
BENICIA	292	144	287	177	578	429	396	123	84	37	510	187	466	58	106	513	43	49	236	456	341	61	164	74	374
BISHOP	222	360	553	235	284	308	277	223	252	314	308	396	264	265	347	360	335	321	357	301	327	382	176	240	296
BLYTHE	339	705	918	446	208	228	230	501	521	622	129	775	171	616	530	222	619	575	433	202	314	676	686	568	287
BODEGA BAY	404	189	266	249	632	491	451	194	156	74	568	246	527	141	165	594	64	109	294	516	400	23	256	152	431
BURBANK	104	465	659	210	294	31	9	266	304	383	111	536	67	376	304	127	377	334	200	45	93	421	446	330	64
CHICO	362		218	254	620	498	475	198	160	172	575	73	543	89	264	638	180	212	389	509	490	166	170	134	477
CLAREMONT	135	497	691	308	246	47	26	298	336	415	79	568	23	408	336	107	409	366	226	23	118	453	469	360	88
DAVIS	287	83	282	180	582	422	399	134	87	66	499	155	454	15	158	520	74	102	320	433	425	83	127	60	402
DEATH VALLEY	238	530	703	395	182	229	288	393	422	484	241	566	262	435	475	407	505	491	352	324	366	552	346	410	336
EL CENTRO	322	706	872	427	303	219	213	482	520	615	110	775	154	618	536	110	601	561	413	201	308	660	596	554	279
EUREKA	555	218		446	797	683	669	390	353	288	788	149	743	287	381	776	269	323	508	722	614	219	388	332	643
FAIRFIELD	278	132	276	171	561	412	391	118	79	45	489	173	457	43	132	554	55	78	260	423	362	57	150	51	389
FORT BRAGG	460	199	156	353	730	597	551	292	255	180	674	288	629	217	280	669	176	216	401	608	507	119	319	233	534
FRESNO	109	254	446		416	239	220	56	93	178	316	325	272	165	134	339	185	151	140	250	245	233	251	120	222
GRASS VALLEY	329	78	320	222	624	464	443	166	129	138	541	163	496	57	230	562	144	174	362	475	467	154	115	93	444
LAGUNA BEACH	162	528	741	269	288	34	55	324	363	465	115	598	62	437	368	75	471	425	257	19	150	507	511	391	123
LA JOLLA	219	625	763	326	319	90	103	382	419	507	122	667	79	492	428	13	517	449	309	79	203	536	529	450	172
LASSEN NATIONAL PARK	437	102	202	329	695	573	550	273	235	247	650	45	618	164	339	713	255	287	459	584	562	241	199	209	552
LAS VEGAS	284	620	797	408		314	302	446	484	567	276	640	231	567	488	332	568	524	414	269	354	610	466	510	323
LONE PINE	159	420	593	285	224	232	209	283	312	374	277	456	204	325	365	307	395	381	273	245	285	442	236	300	254
LONG BEACH	132	498	683	239	314		24	294	333	417	118	568	60	407	338	103	427	383	218	25	120	477	479	361	93
LOS ANGELES	113	475	669	220	302	24		276	314	393	103	546	56	386	314	119	387	344	204	35	96	431	456	340	66
MAMMOTH LAKES	262	320	513	195	324	348	317	283	212	274	348	356	305	225	307	400	295	281	397	341	367	342	130	200	336
MANTECA	215	147	345	108	499	348	329	54	15	63	425	219	380	44	99	447	73	65	248	382	354	123	144	13	330
MARTINEZ	288	146	290	172	571	424	391	118	79	28	507	191	460	61	101	509	38	47	233	453	338	64	168	70	369
MERCED	163	198	390	56	446	294	276		37	123	368	269	326	109	105	395	130	115	195	305	300	172	194	64	278
MODESTO	200	160	353	93	484	333	314	37		84	410	232	365	72	104	432	92	77	233	344	339	135	156	27	315
MOJAVE	62	424	617	169	229	117	94	225	262	347	162	495	118	334	268	213	345	303	190	130	116	402	351	289	123
MONTEREY	216	278	399	149	504	356	334	115	138	111	433	350	388	190	18	442	122	75	145	367	250	170	272	141	273
NAPA	331	150	255	224	613	463	439	169	130	46	540	191	495	61	145	566	56	88	270	492	363	36	168	69	390
NEEDLES	281	638	821	383	108	269	279	439	476	560	190	729	224	548	481	311	561	517	416	262	352	603	552	508	316
NEVADA CITY	334	83	325	227	629	469	448	171	134	143	546	168	501	62	235	567	149	179	367	480	472	159	110	98	449
NEWPORT BEACH	155	519	735	262	279	21	43	317	366	458	108	592	55	430	361	81	465	418	230	12	141	498	502	382	114
OAKLAND	285	172	288	178	567	417	393	123	84		494	218	449	81	99	520	10	42	224	446	317	60	195	73	344
ONTARIO	141	493	696	247	222	44	37	303	341	420	77	573	21	413	341	125	414	371	232	33	123	458	483	367	103
OXNARD	122	485	650	229	316	85	59	271	322	351	165	555	117	395	252	178	379	329	142	97	38	421	478	349	7
PALMDALE	98	460	653	205	244	81	58	261	298	383	126	531	82	370	304	182	381	339	221	94	116	438	387	325	87
PALM SPRINGS	209	575	788	316	276	118	103	368	410	494		658	56	484	415	135	504	460	306	96	199	554	435	438	172
PALO ALTO	261	213	302	171	544	403	364	135	97	43	480	251	433	120	74	482	33	20	205	426	311	89	223	92	342
PASADENA	109	475	688	216	259	31	7	271	310	394	104	554	52	384	315	134	404	360	210	42	95	454	463	338	68
PLACERVILLE	282	133	331	175	525	416	395	122	83	125	493	205	461	44	177	548	131	127	309	427	429	141	59	55	397
REDDING	433	73	149	325	640	568	546	269	232	218	658		600	161	334	680	218	246	431	579	537	223	249	206	548
RENO	432	172	342	297	444	510	504	241	209	216	510	196	465	132	308	561	223	249	434	503	507	229	61	177	496
RICHMOND	299	163	276	192	581	431	407	137	98	14	508	204	462	74	113	534	24	56	238	460	331	50	181	82	358
RIVERSIDE	177	543	743	272	231	60	56	326	365	449	56	600		439	367	92	463	413	259	43	147	509	379	406	125
SACRAMENTO	272	89	287	165	567	407	386	109	72	81	484	161	439		173	505	87	117	305	418	410	97	107	45	387
SALINAS	206	264	381	134	488	338	314	105	104	99	415	334	367	173		441	101	57	125	349	218	160	251	122	245
SAN BERNARDINO	167	534	714	269	228	63	59	325	362	439	57	595	13	436	360	104	444	401	260	48	154	486	436	389	123
SAN DIEGO	232	638	776	339	332	103	119	395	432	520	135	680	92	505	441		530	462	322	84	216	549	542	493	185
SAN FRANCISCO	283	180	269	185	568	427	387	130	92	10	504	218	463	87	101	530		45	230	452	336	56	192	88	367
SAN JOSE	241	212	323	151	524	383	344	115	77	42	460	246	413	117	57	462	45		185	406	291	96	197	72	322
SAN JUAN CAPISTRANO	163	529	742	270	289	40	55	325	364	466	116	599	63	438	369	66	472	426	258	20	151	508	512	395	124
SAN LUIS OBISPO	114	384	508	140	414	218	204	195	233	224	306	431	259	305	125	322	230	185		238	106	281	382	254	137
SAN MATEO	313	199	288	181	554	413	374	125	86	29	490	237	443	106	84	492	19	30	215	436	321	75	209	78	352
SAN PEDRO	134	496	690	242	285	9	22	298	336	415	126	568	68	408	336	118	409	366	213	37	108	454	478	362	75
SAN RAFAEL	306	167	260	199	588	438	414	144	105	21	515	243	470	83	121	559	18	64	246	470	339	39	181	94	366
SANTA ANA	143	509	722	250	269	25	35	305	344	446	96	579	43	418	349	84	452	406	238		131	488	492	372	104
SANTA BARBARA	146	490	614	245	354	120	96	300	339	317	199	537	147	410	218	216	336	291	106	131		387	490	374	31
SANTA CRUZ	239	230	354	150	524	379	344	116	109	75	456	275	411	146	33	462	74	29	162	390	268	129	229	101	300
SANTA MARIA	145	415	539	171	428	194	170	226	264	255	273	462	221	336	156	290	261	216	31	205	74	312	413	285	103
SANTA ROSA	340	166	219	233	610	477	431	172	135	60	554	223	509	97	160	549	56	96	281	488	387		199	113	414
SAUSALITO	298	183	276	200	583	442	402	145	107	25	519	259	478	99	116	545	15	60	245	467	351	55	207	103	382
SEQUOIA NATIONAL PARK	129	343	556	84	408	258	234	139	178	335	235	385	303	252	209	361	272	228	178	269	276	329	335	206	262
SONOMA	331	163	239	224	613	468	439	170	130	46	540	204	495	75	146	584	43	89	271	495	364	20	181	82	391
SONORA	215	189	387	108	498	380	366	52	42	105	420	261	391	86	157	47	115	107	247	357	352	165	139	55	330
SOUTH LAKE TAHOE	360	170	388	251	466	479	456	194	156	195	435	249	379	107	251	542	192	197	382	492	490	199		131	471
STOCKTON	227	134	332	120	510	361	340	64	27	73	438	206	406	45	122	493	88	72	254	372	374	113	131		342
SUSANVILLE	465	105	257	356	599	600	577	299	262	275	677	110	645	191	369	714	252	280	465	613	571	257	133	240	582
UKIAH	402	147	179	295	672	539	493	234	197	135	616	184	571	159	222	611	118	158	343	550	449	62	253	175	476
VALLEJO	310	147	265	203	592	442	418	131	92	25	519	186	474	57	124	545	35	67	249	471	342	46	266	65	370
VENTURA	115	477	643	222	323	93	66	278	315	344	172	548	125	387	245	185	367	322	137	104	31	414	471	342	
YOSEMITE NATIONAL PARK	199	263	476	92	435	331	307	83	122	174	408	333	364	172	188	434	184	178	236	342	329	234	133	129	330
YREKA	531	171	205	427	698	657	638	372	335	307	747	98	689	263	423	756	317	346	534	668	630	325	315	297	645
YUBA CITY	313	48	290	206	608	448	427	150	113	122	525	133	480	41	214	546	128	158	346	459	451	201	145	86	428
YUMA	379	742	922	491	299	278	271	545	584	674	169	816	221	655	595	173	655	614	473	260	368	702	646	603	337

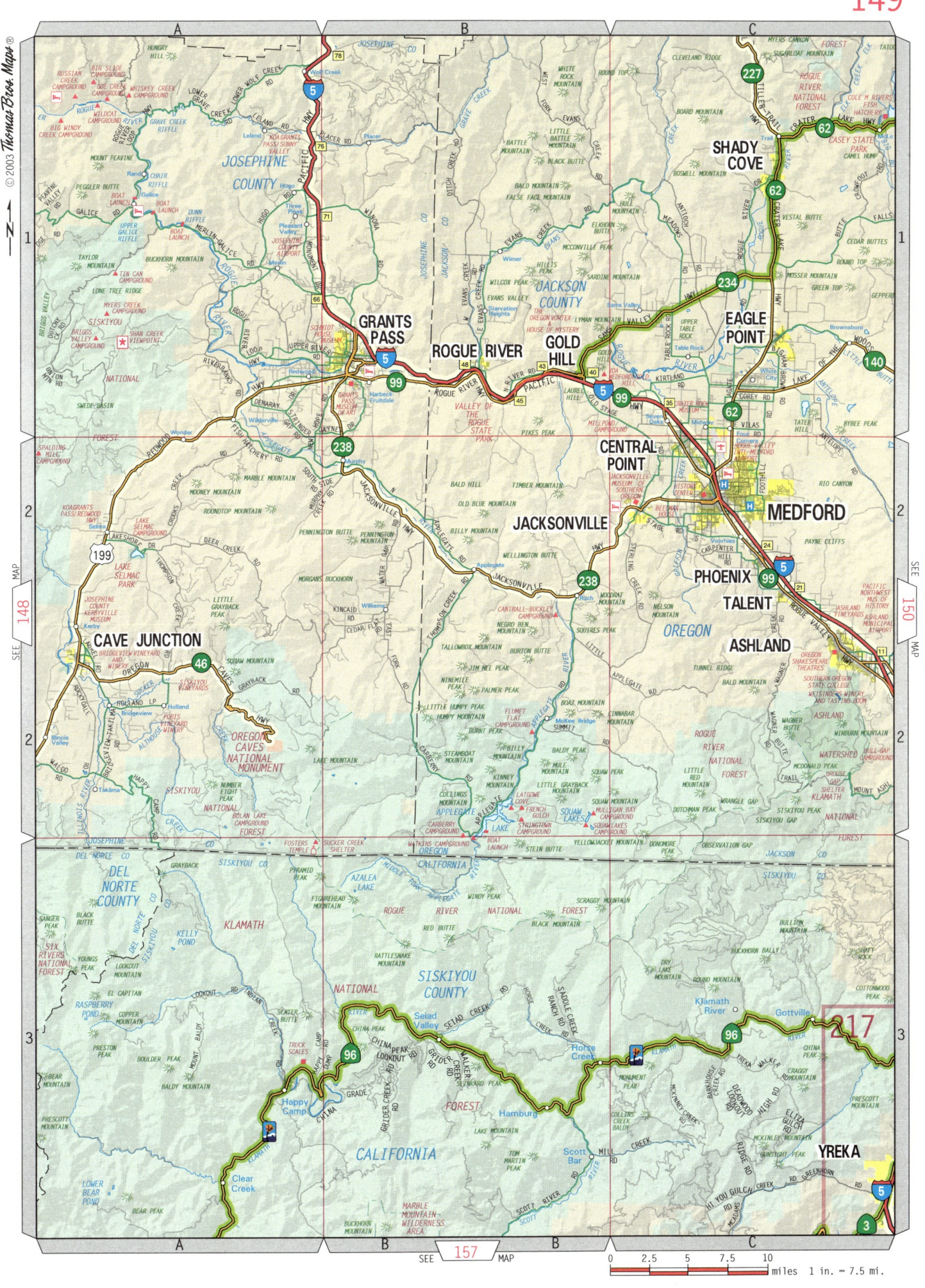

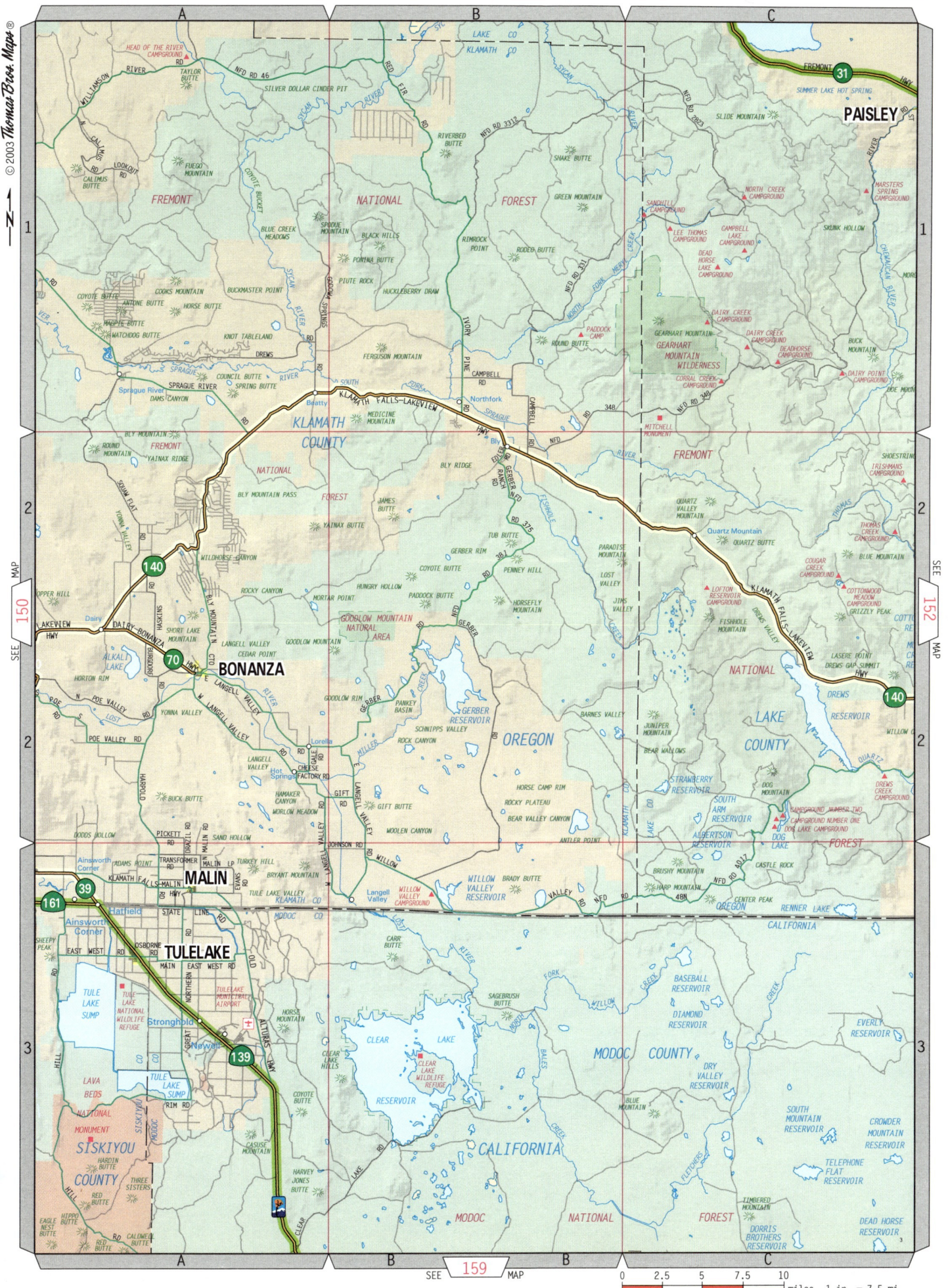

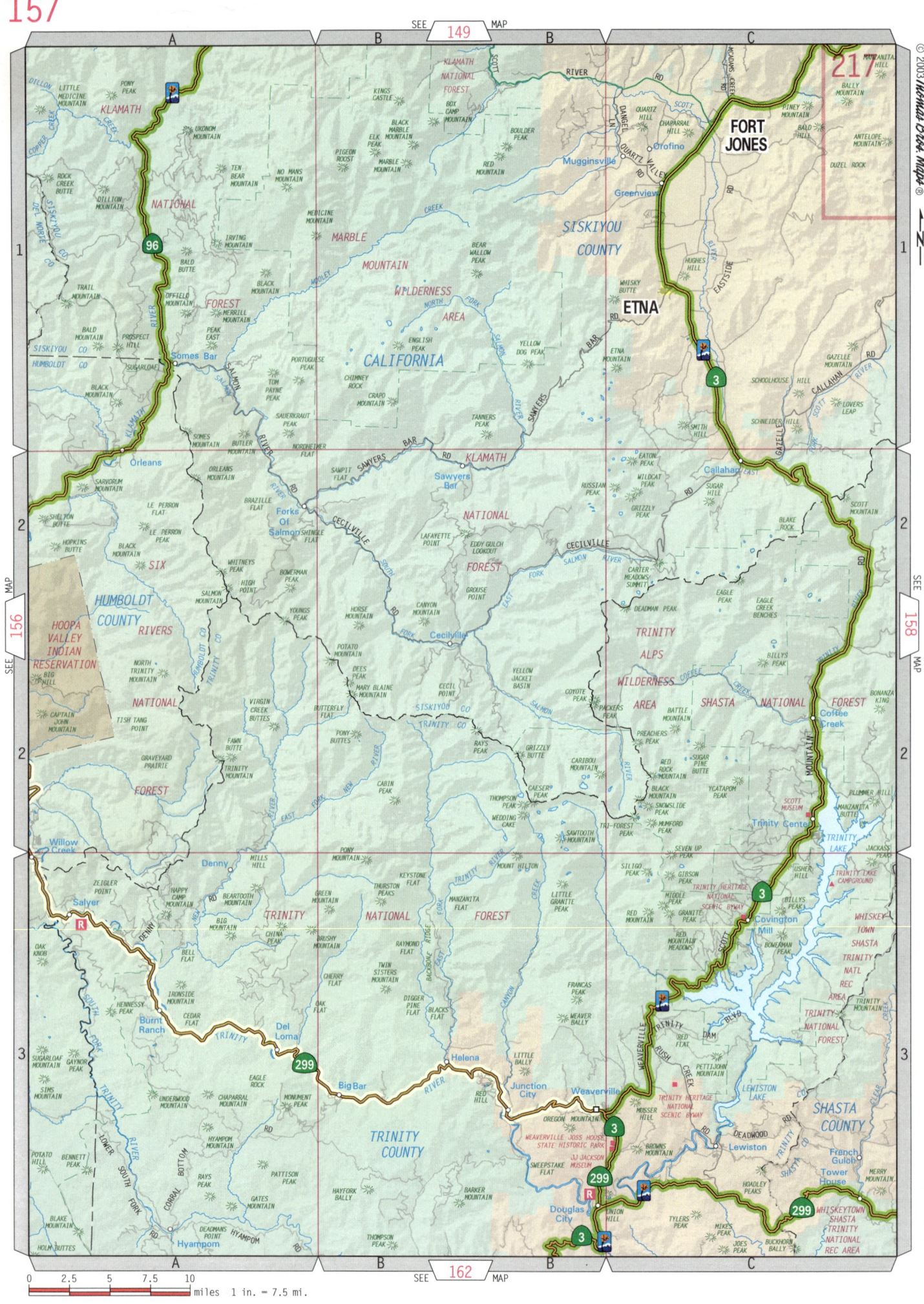

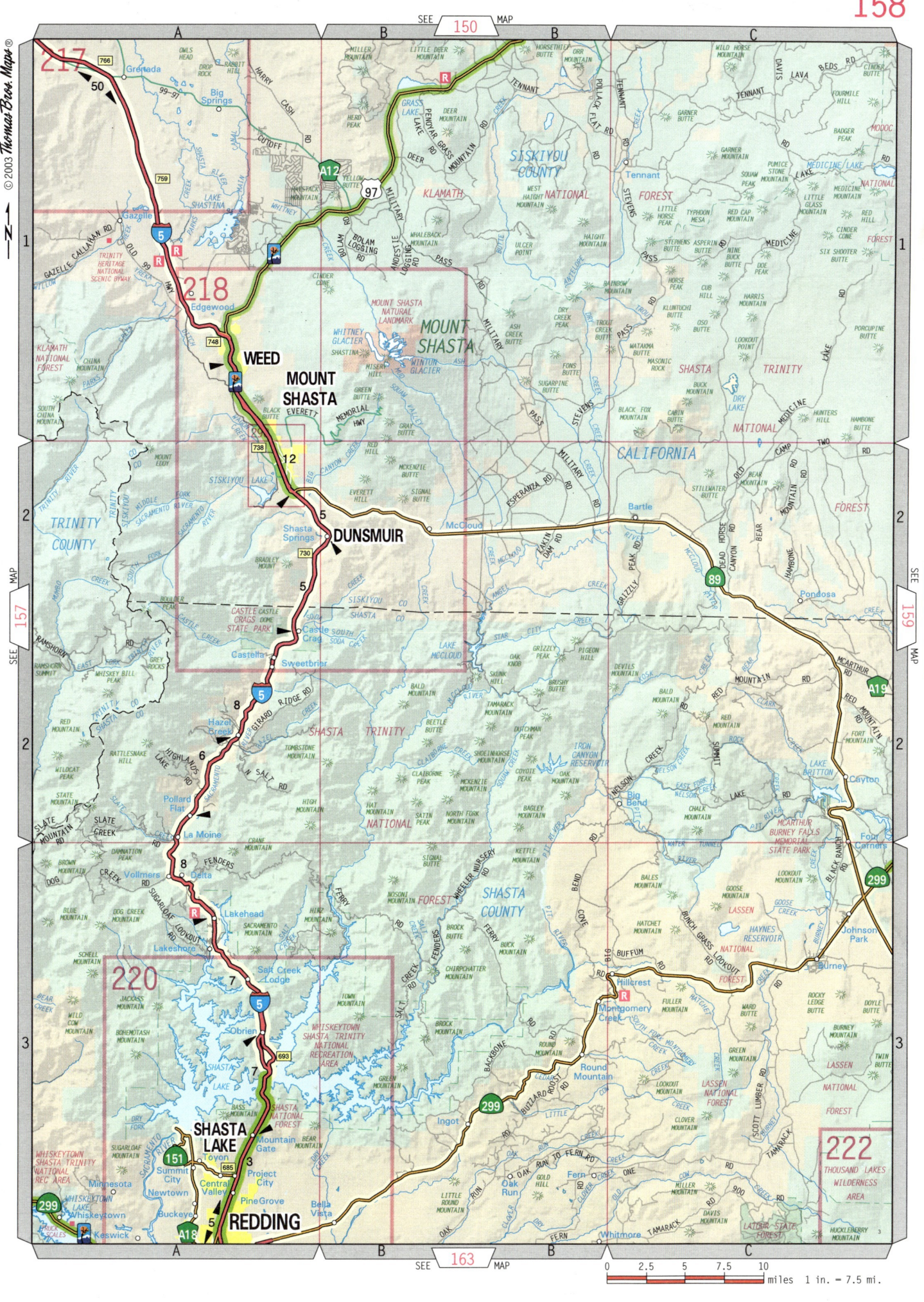

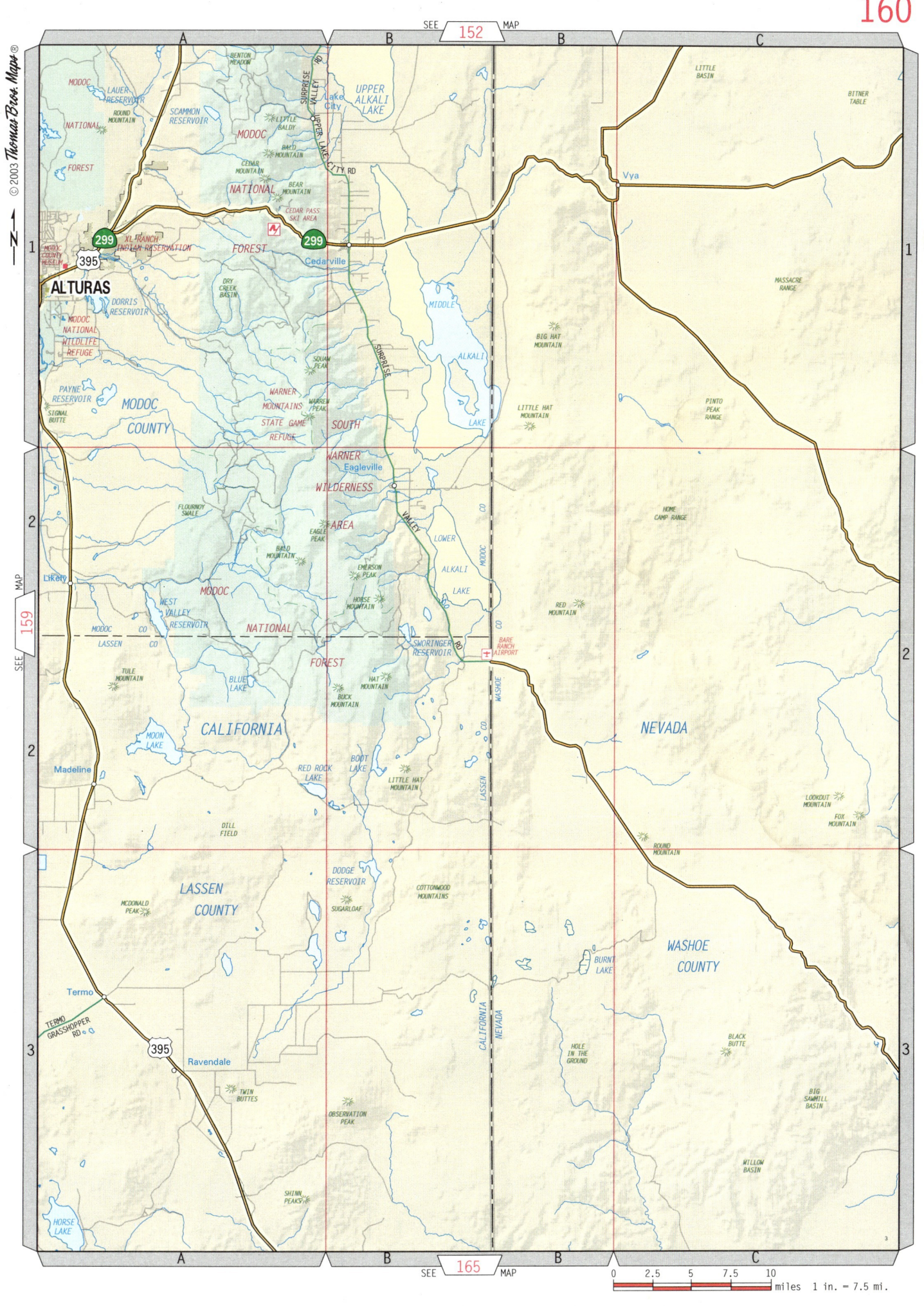

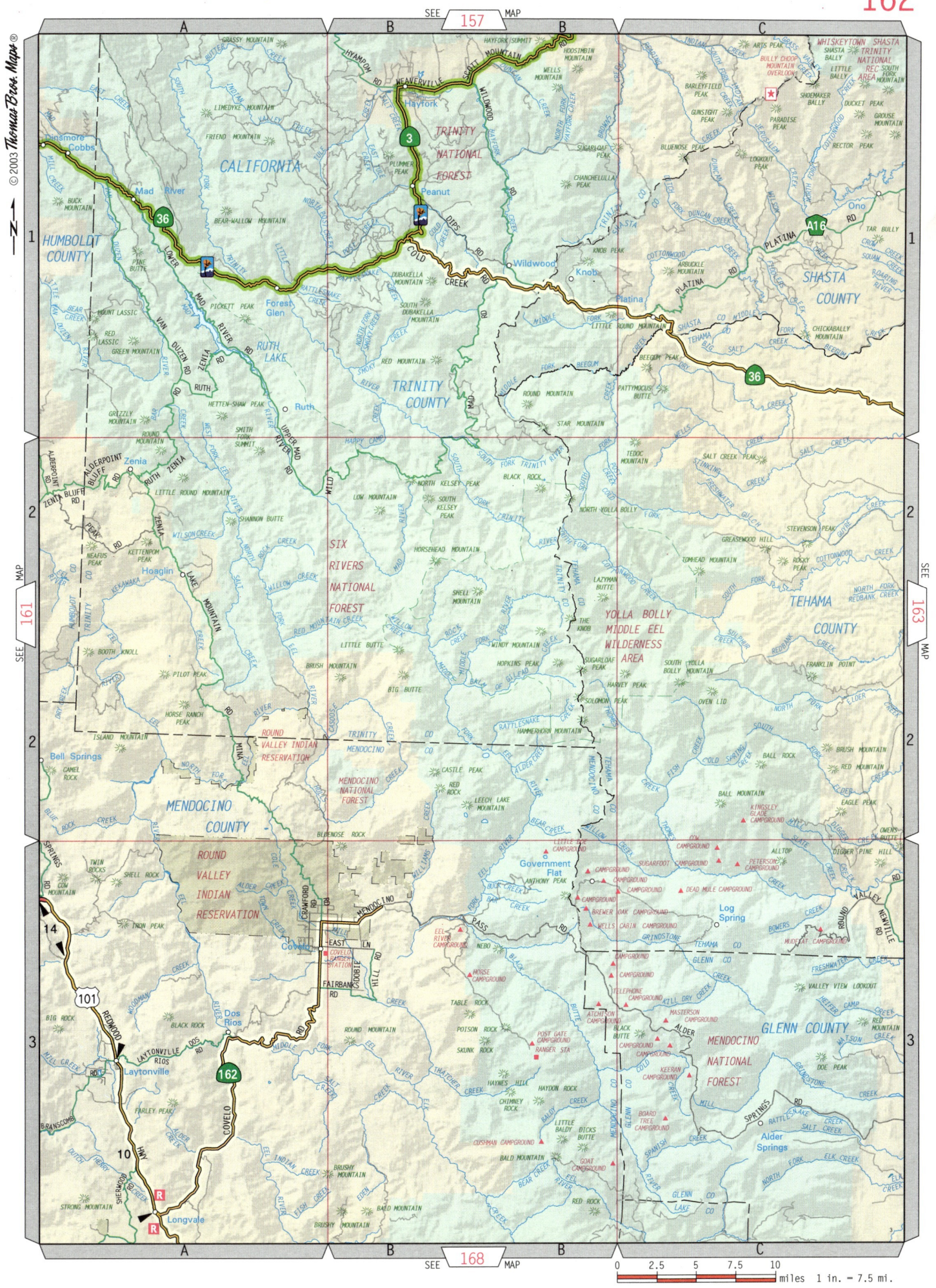

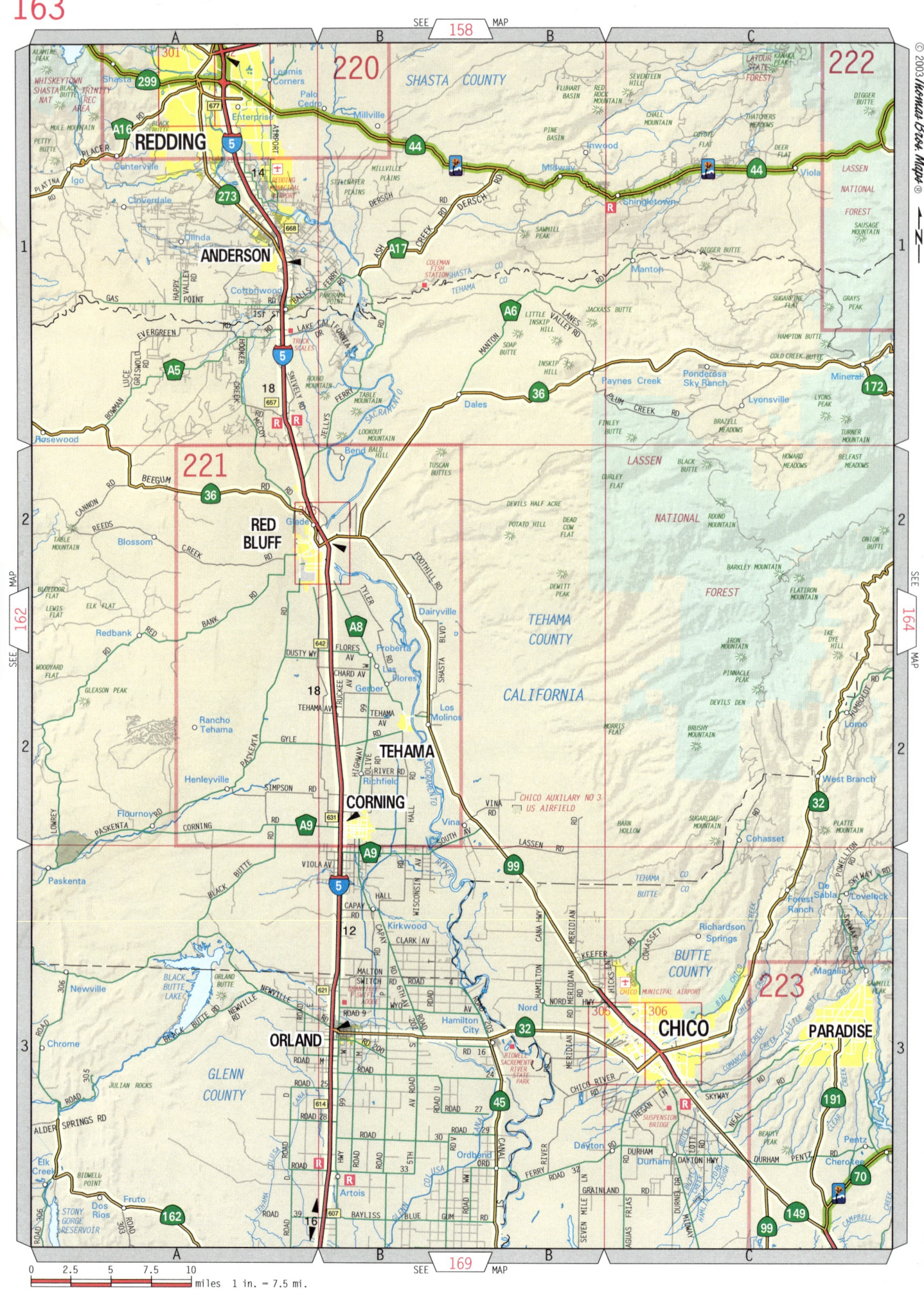

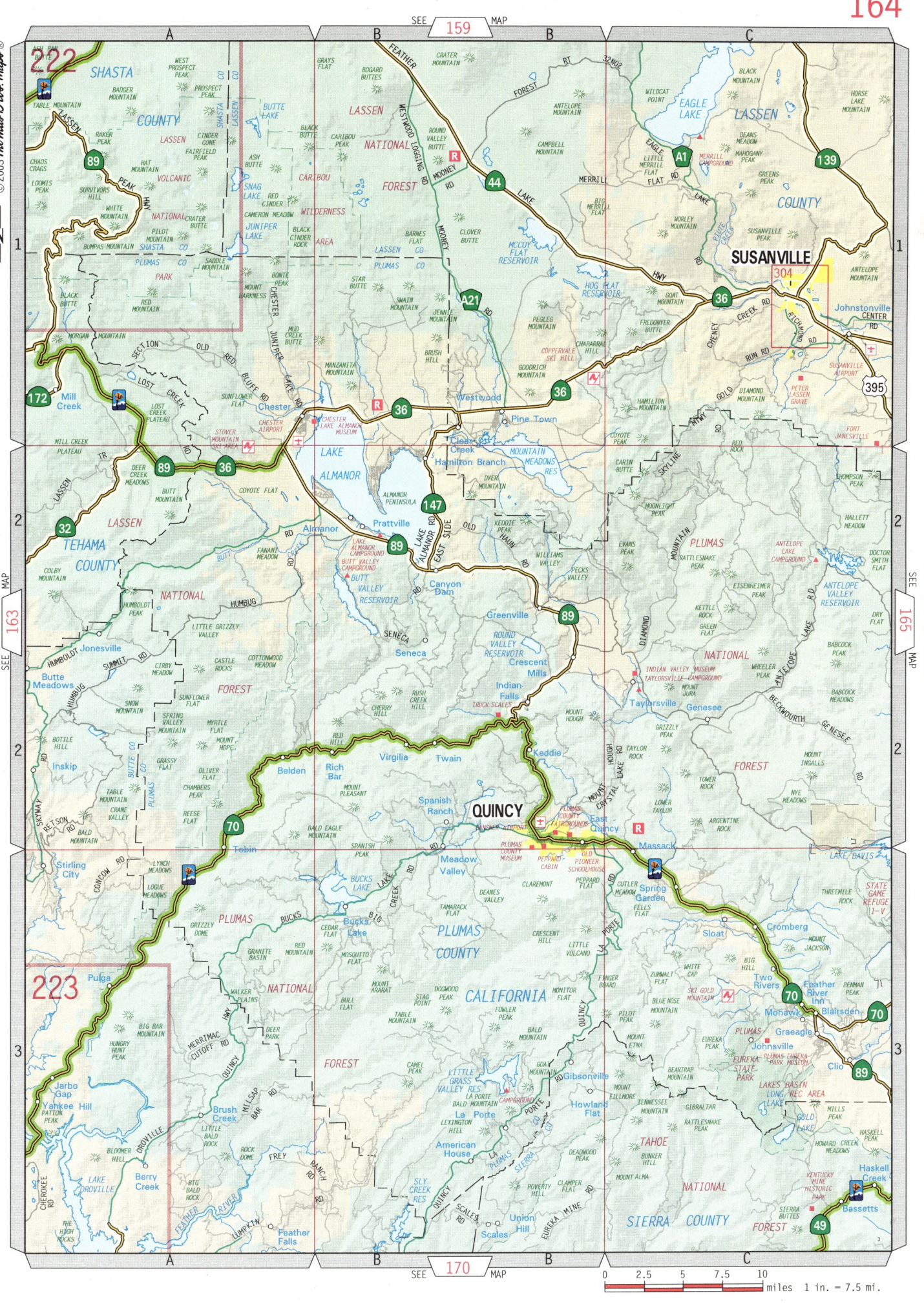

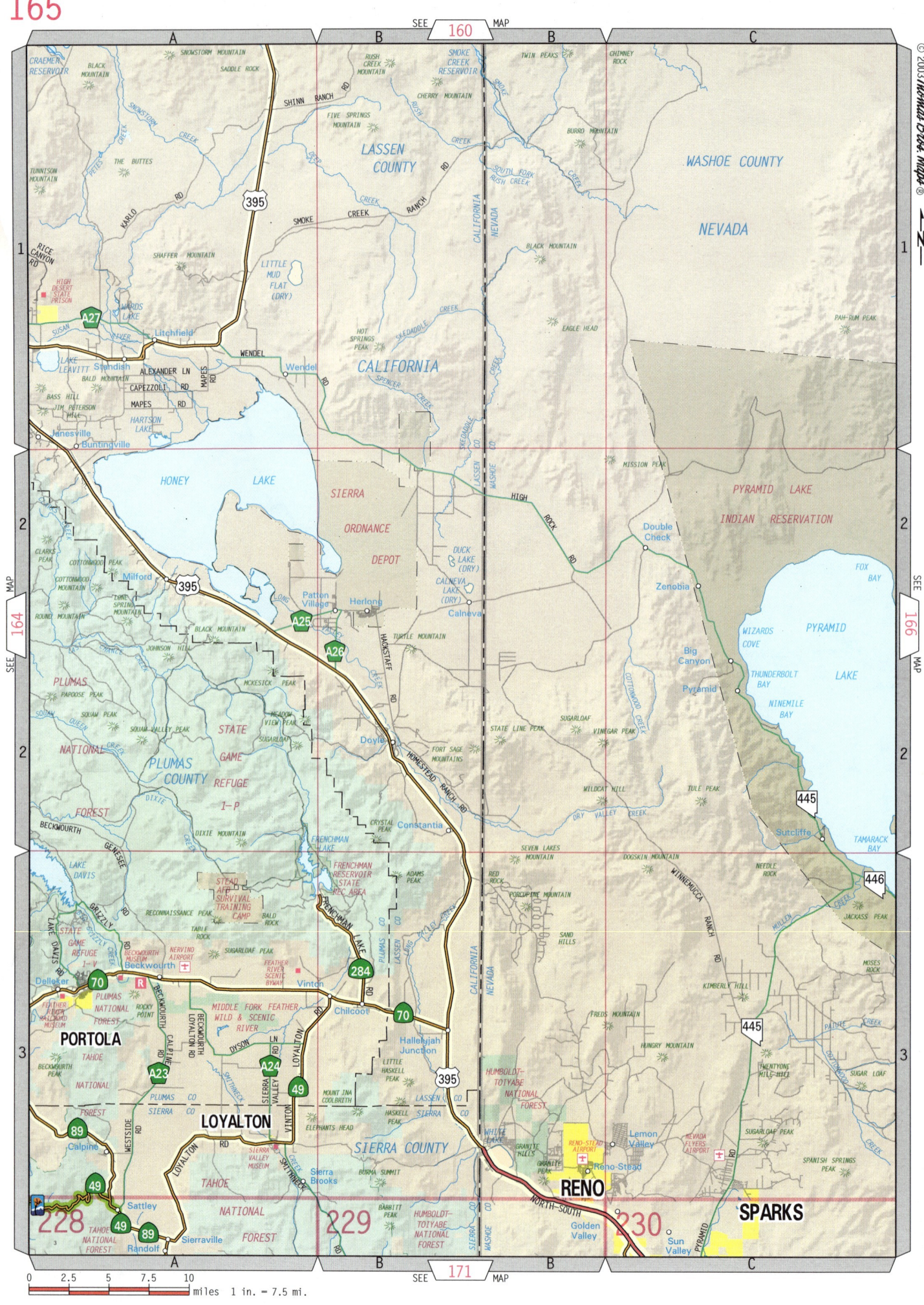

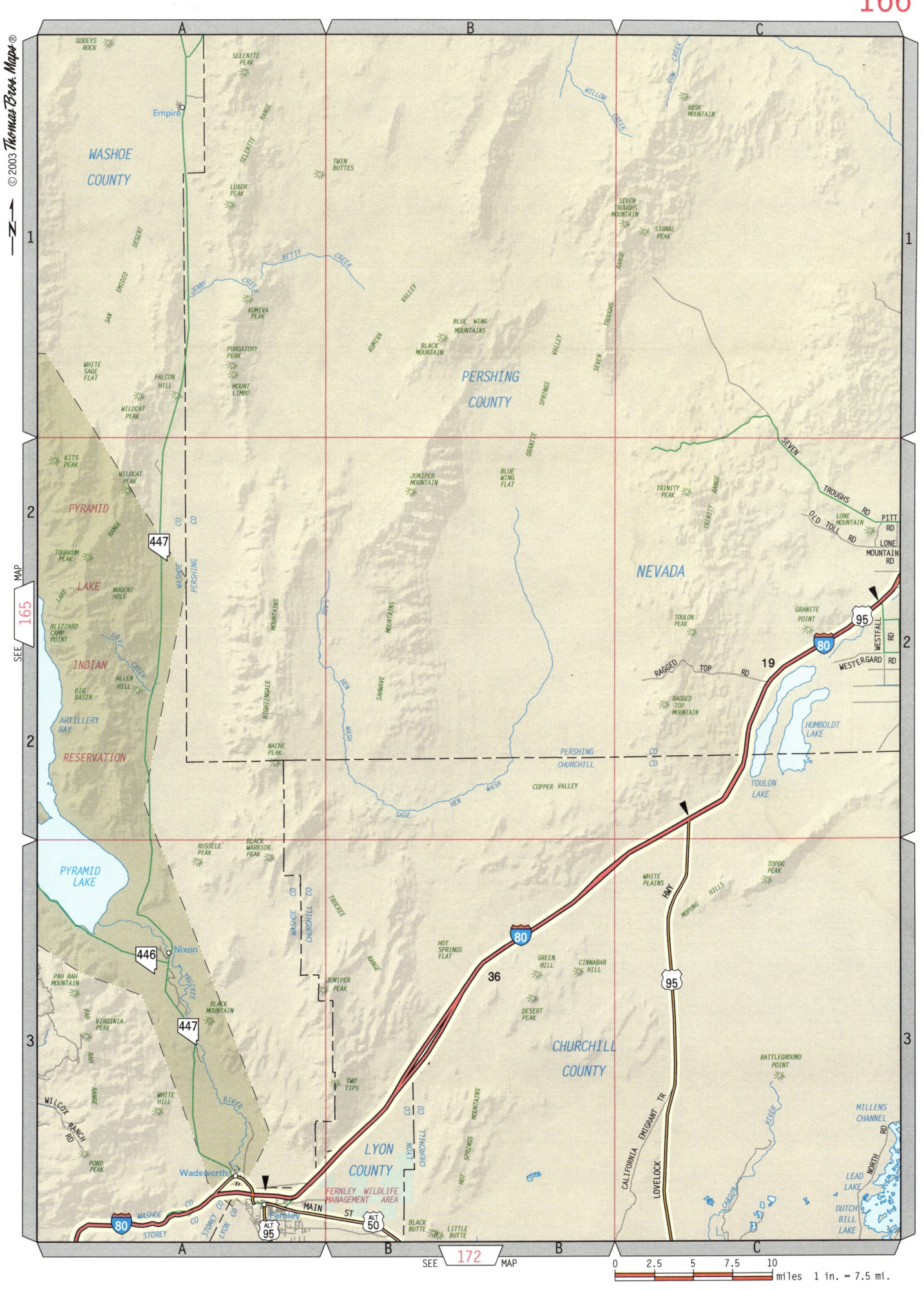

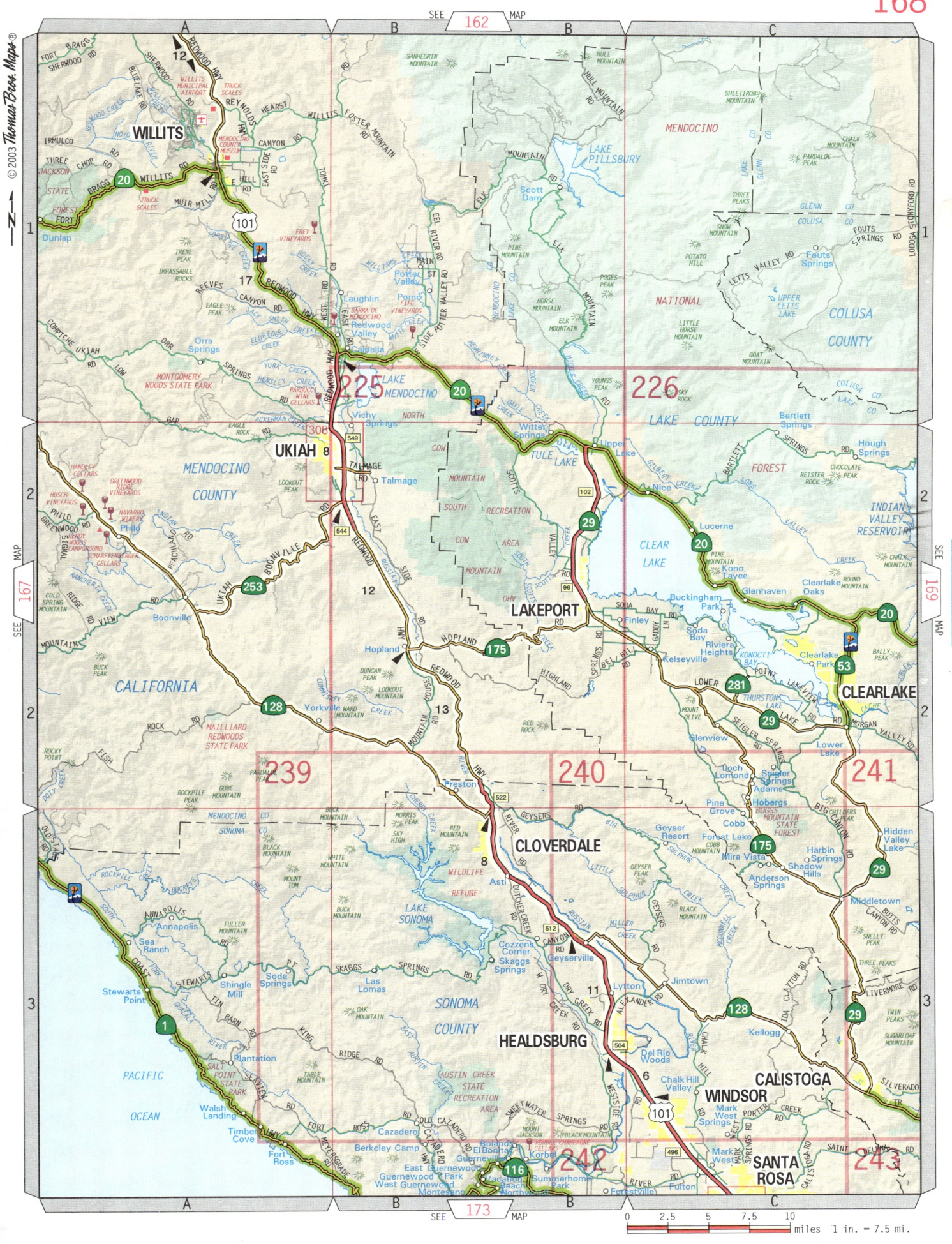

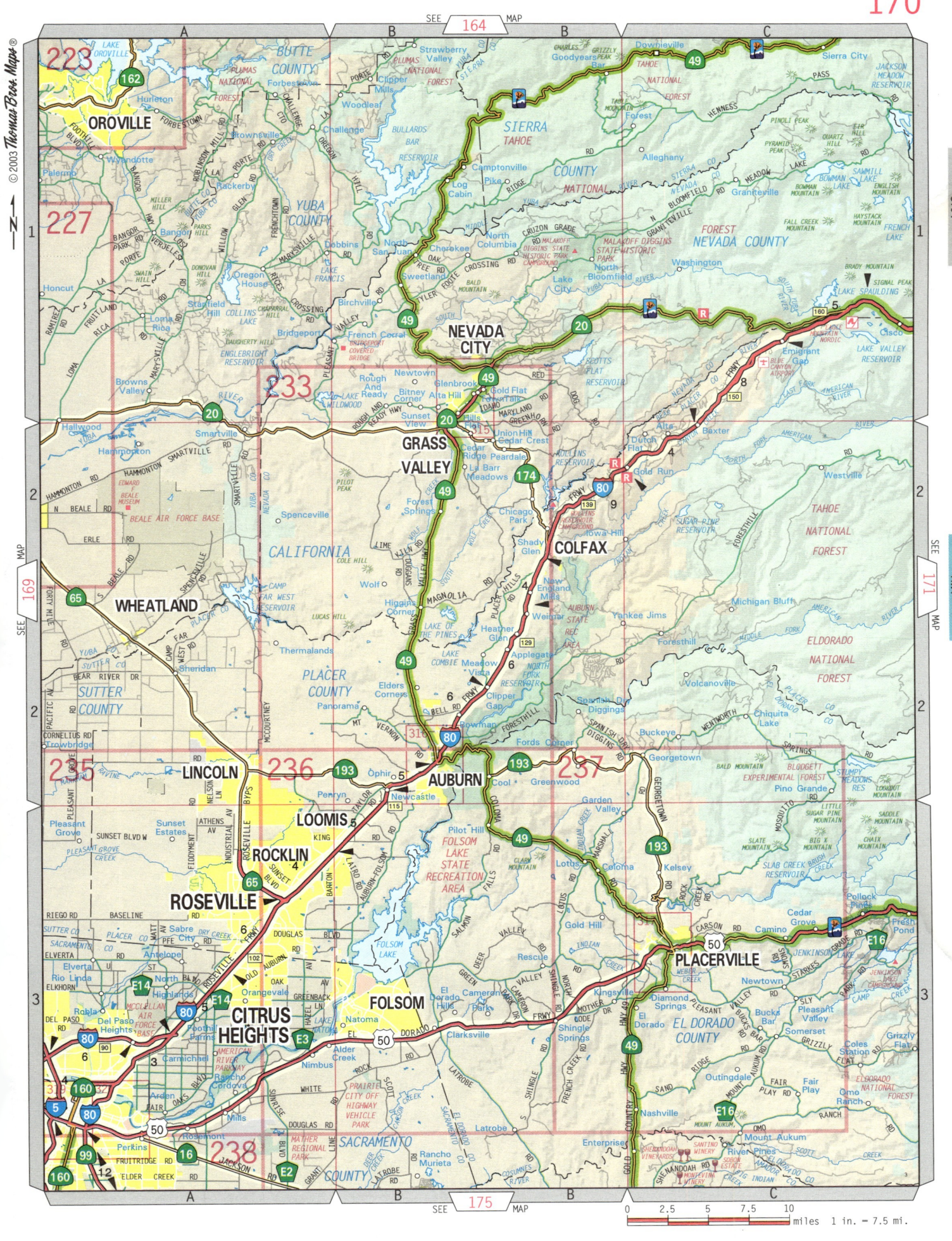

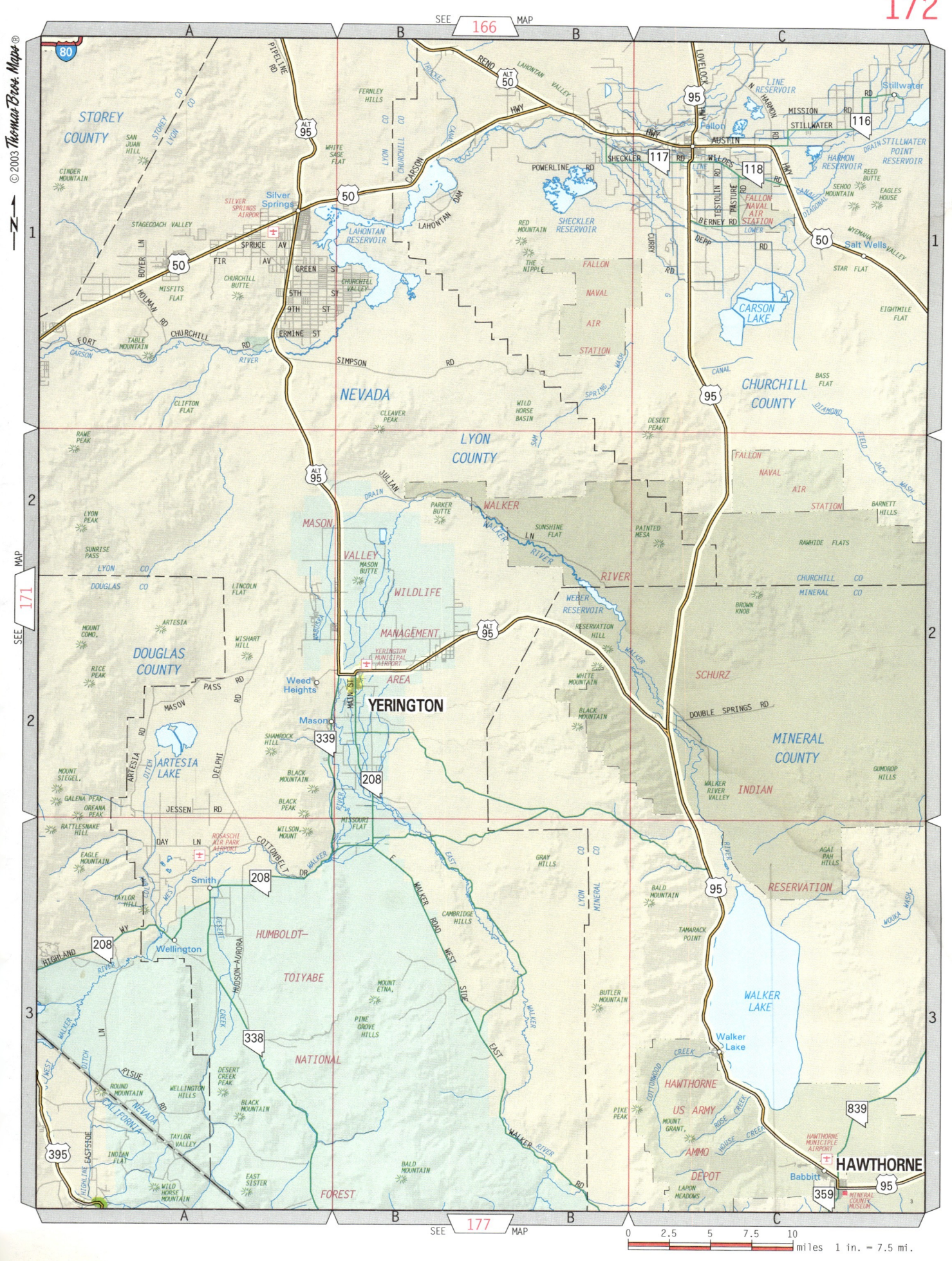

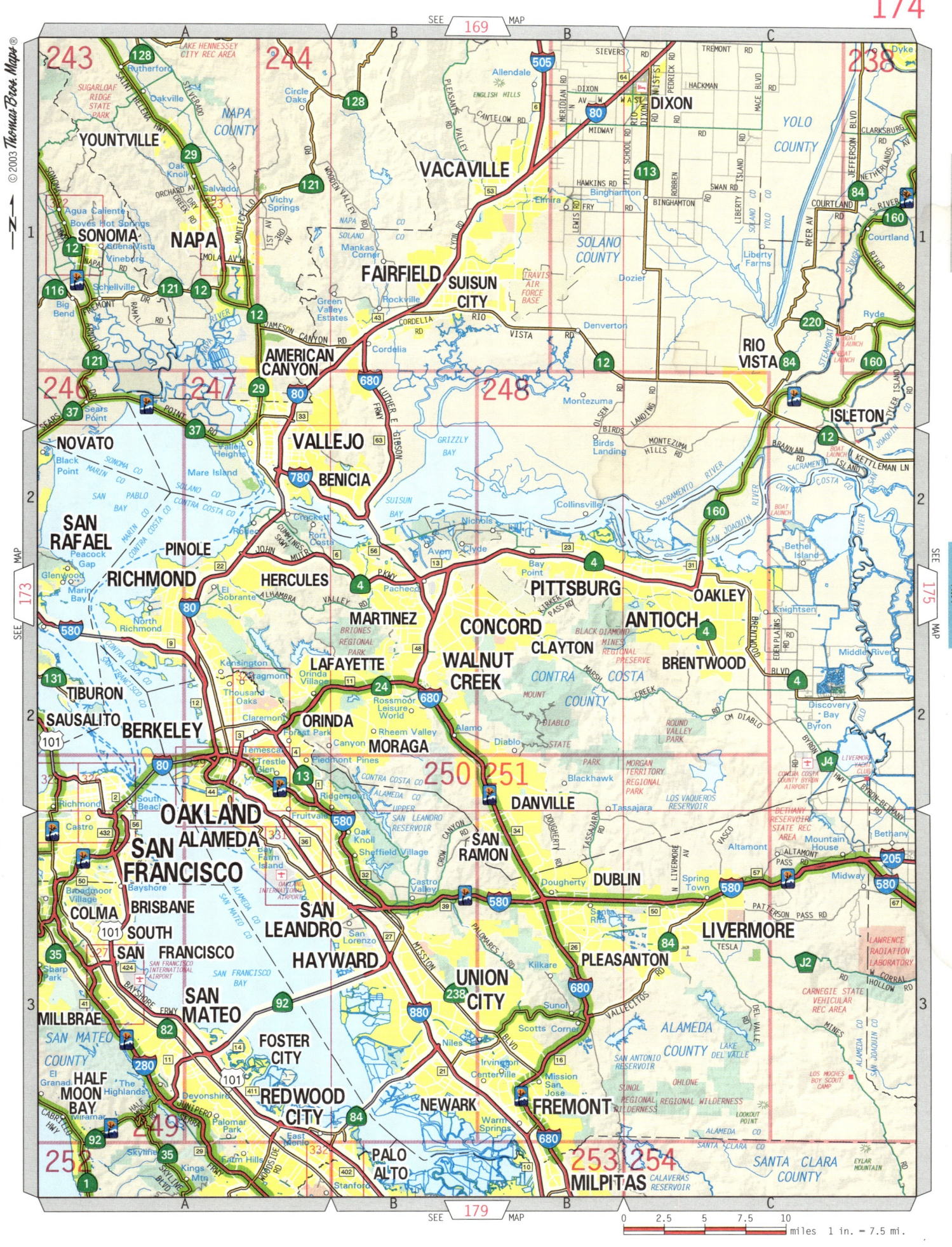

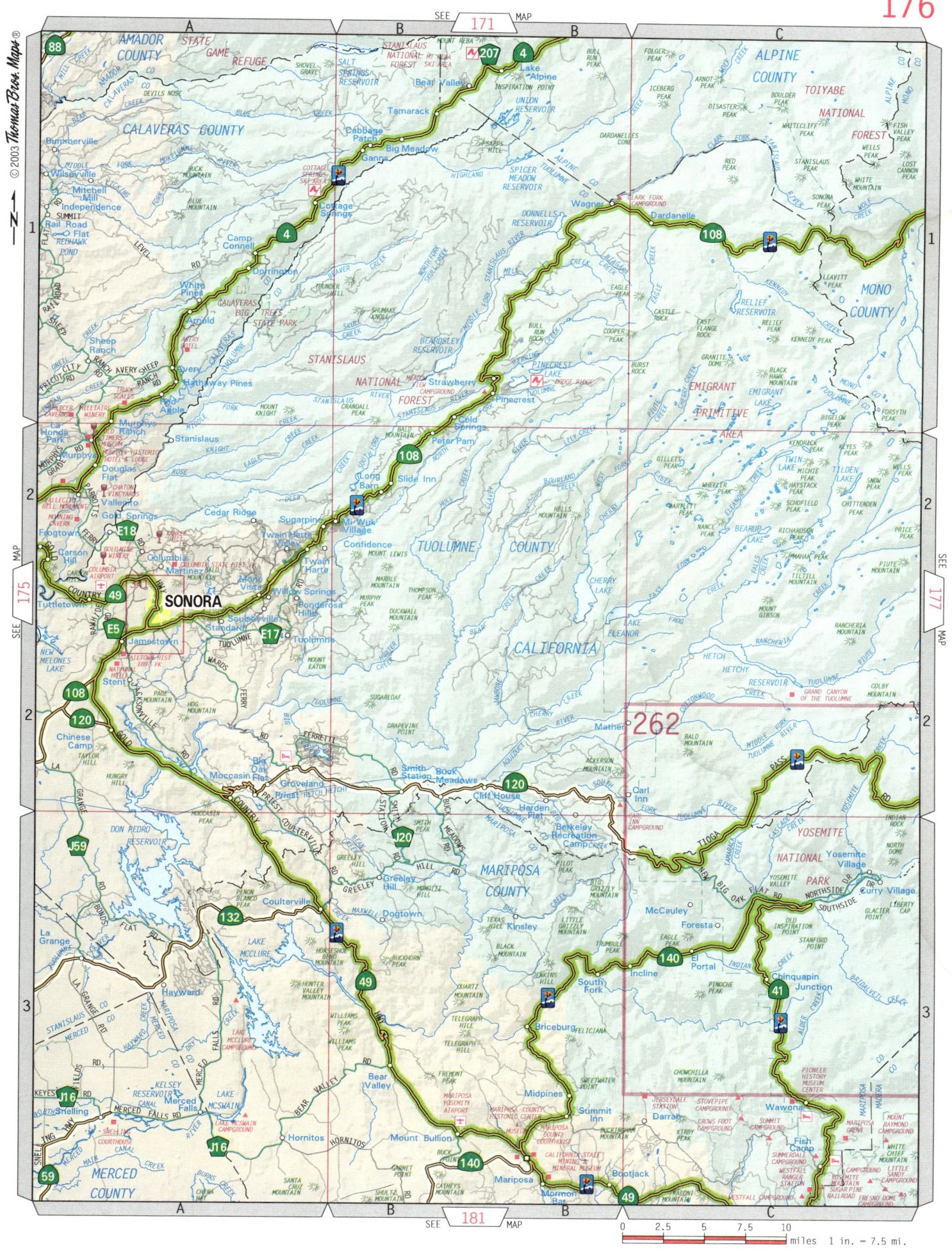

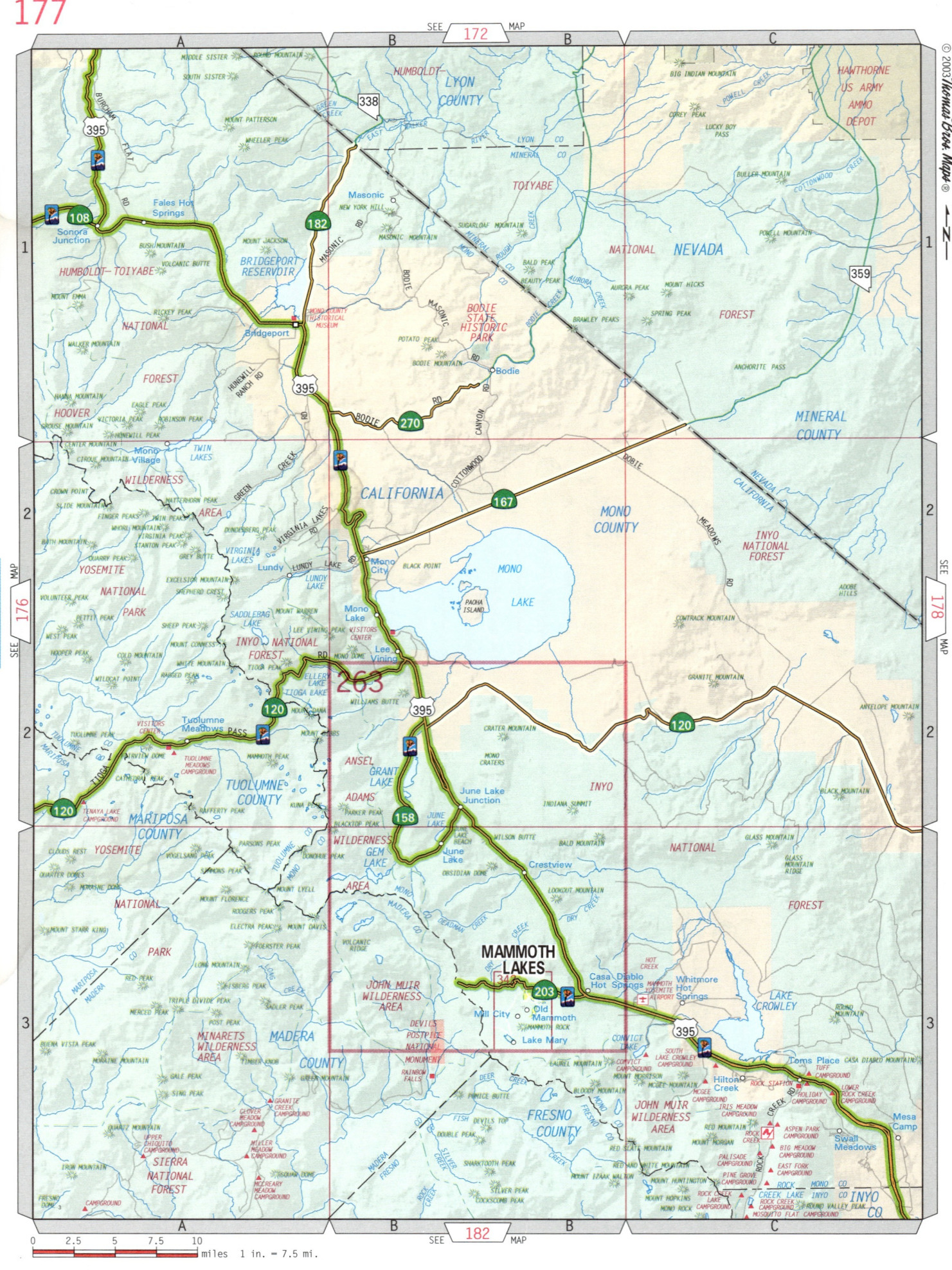

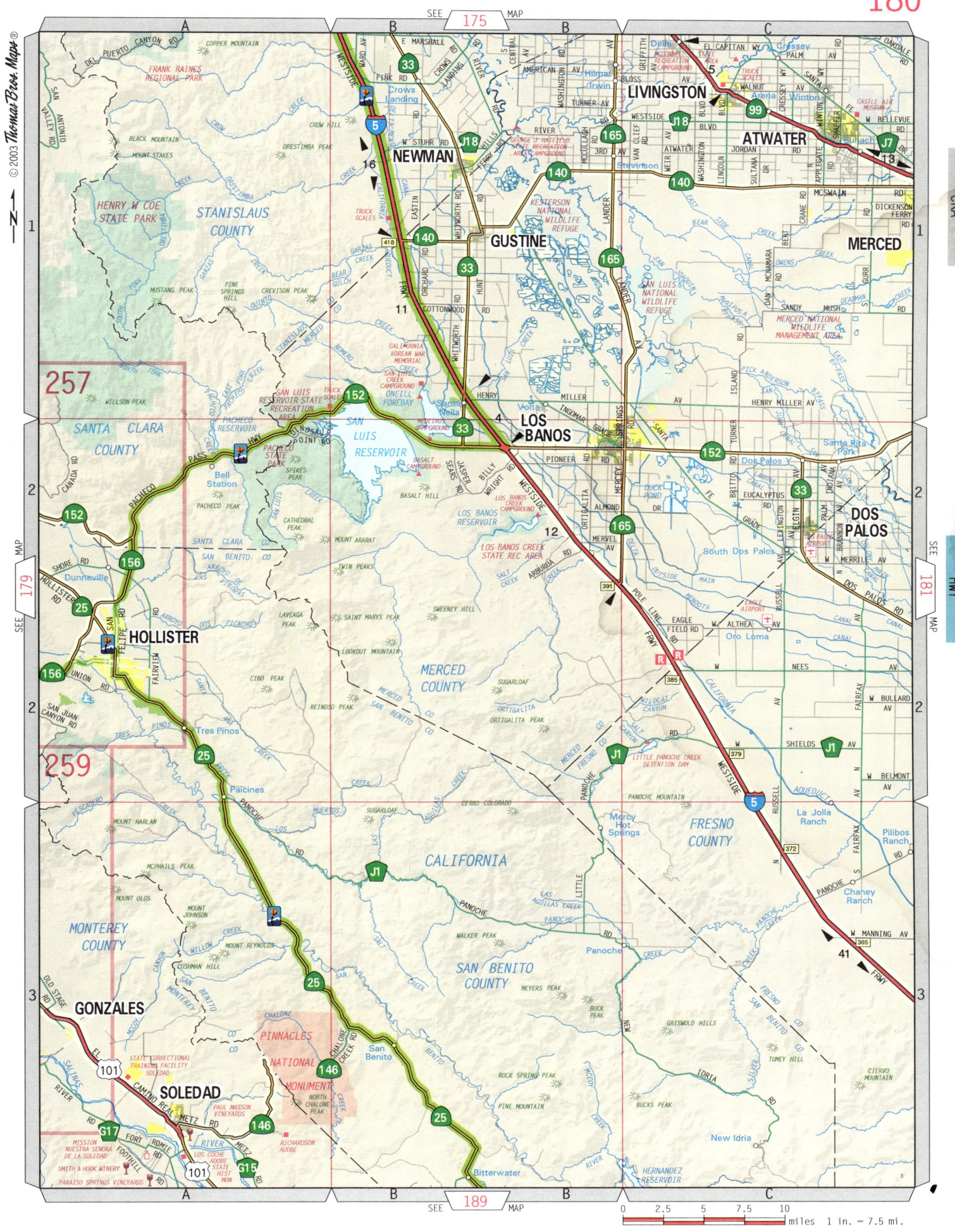

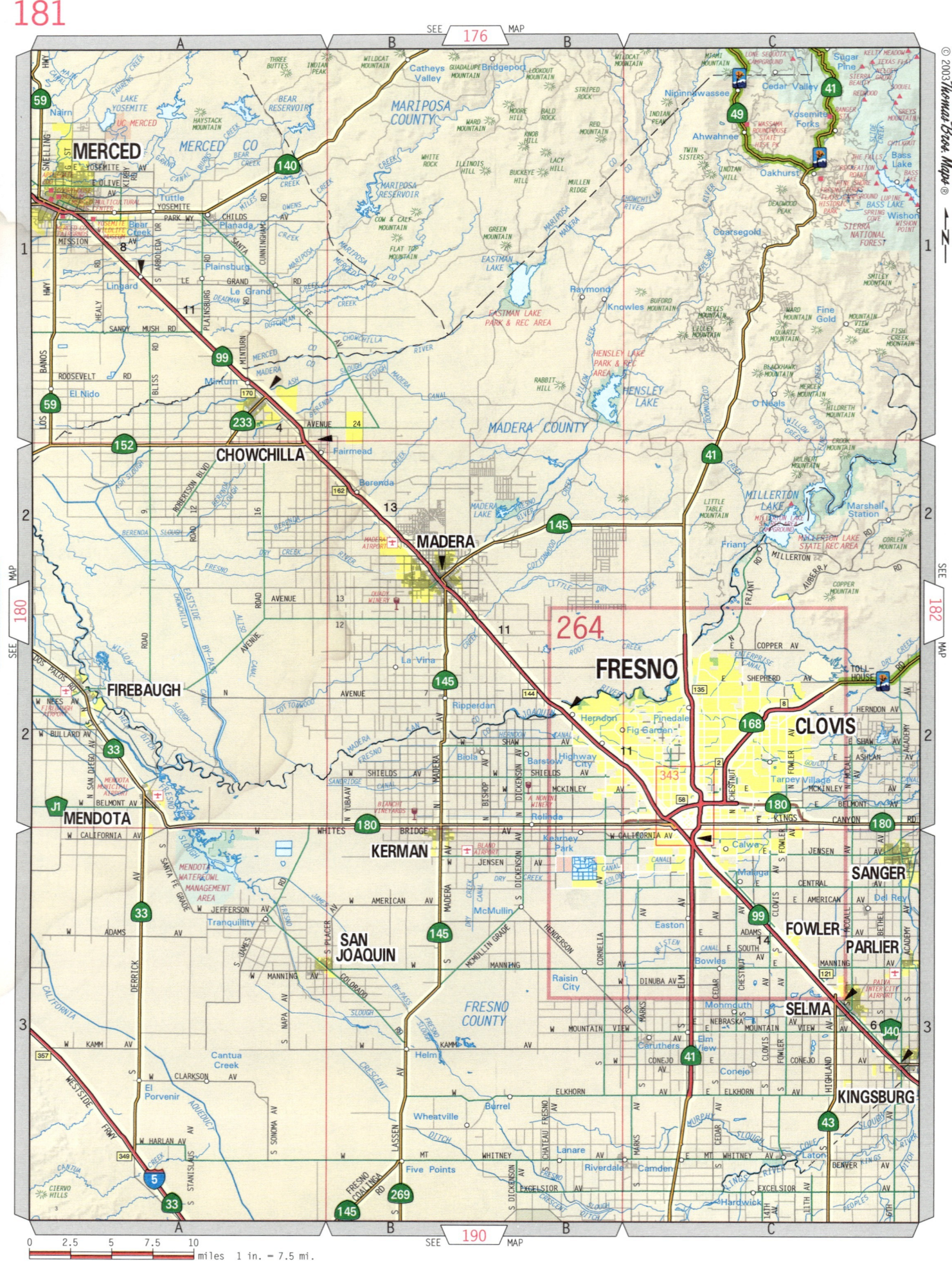

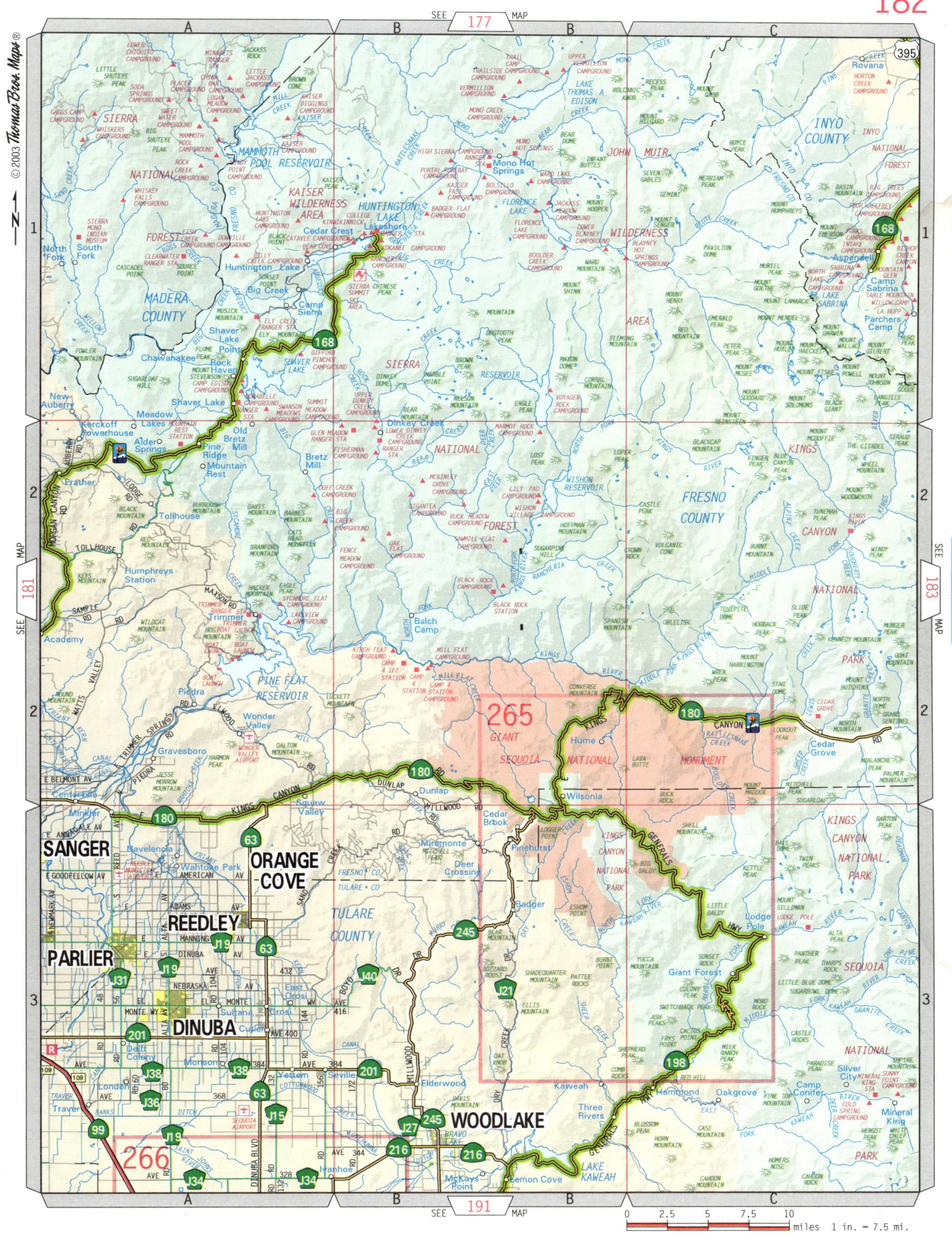

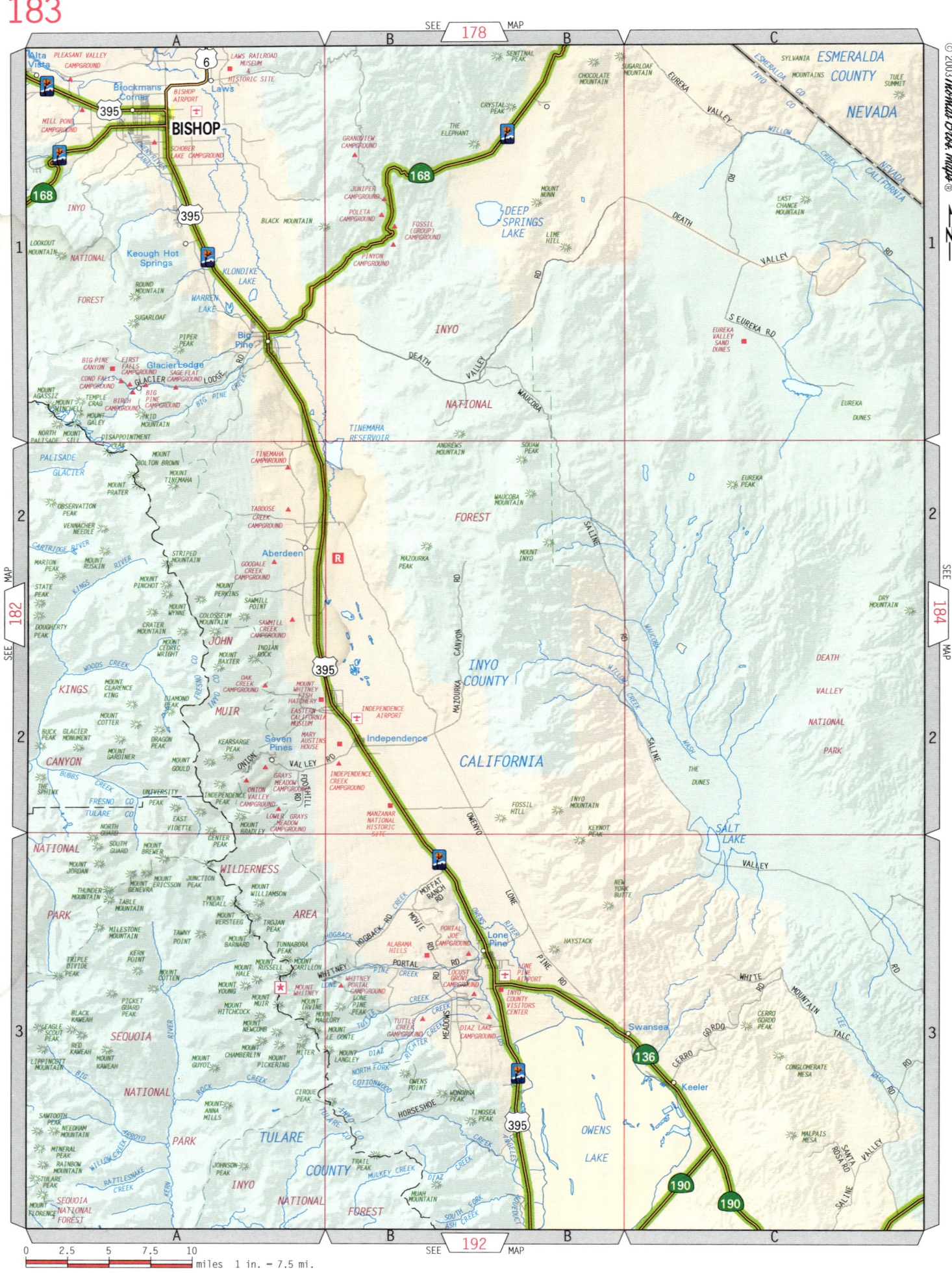

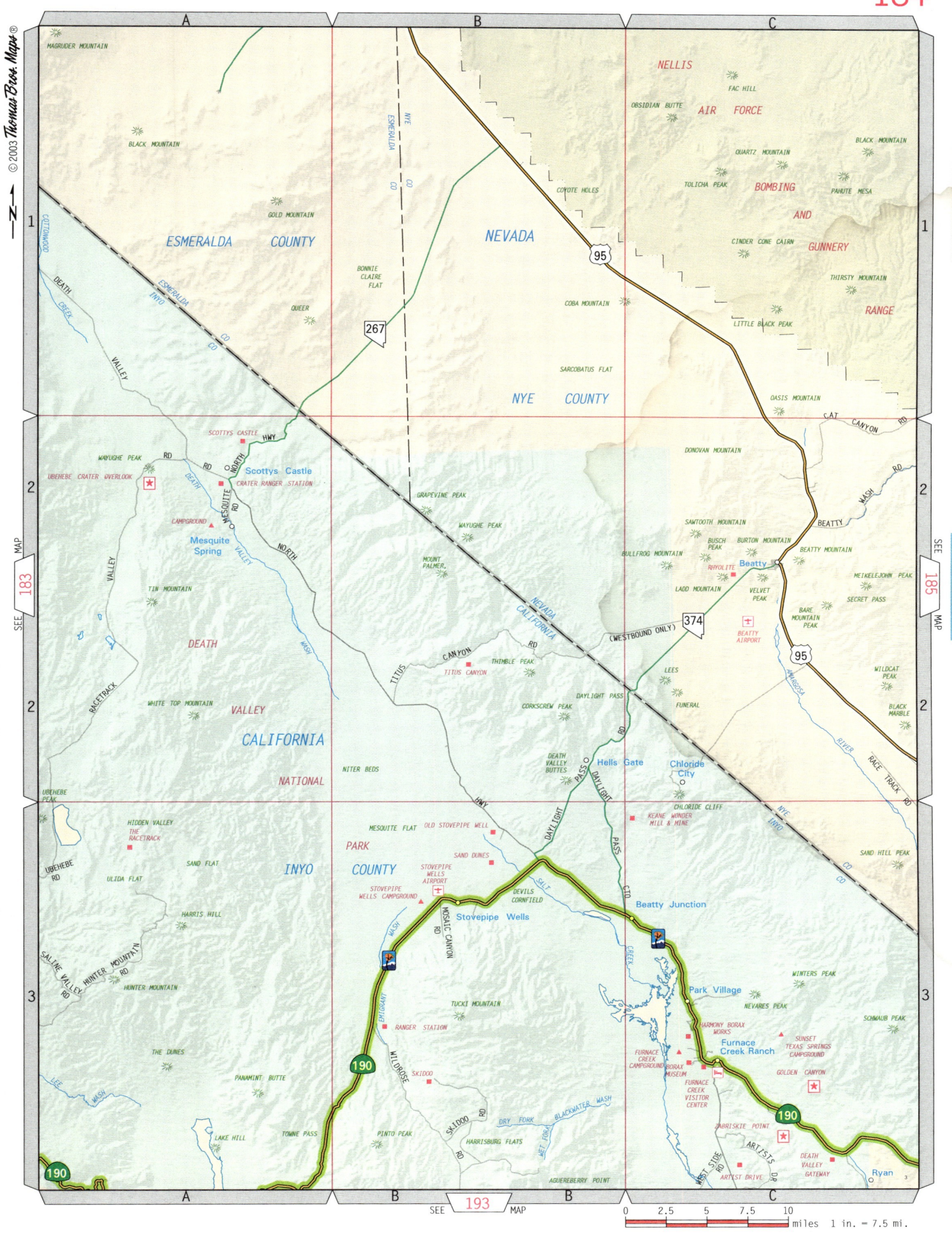

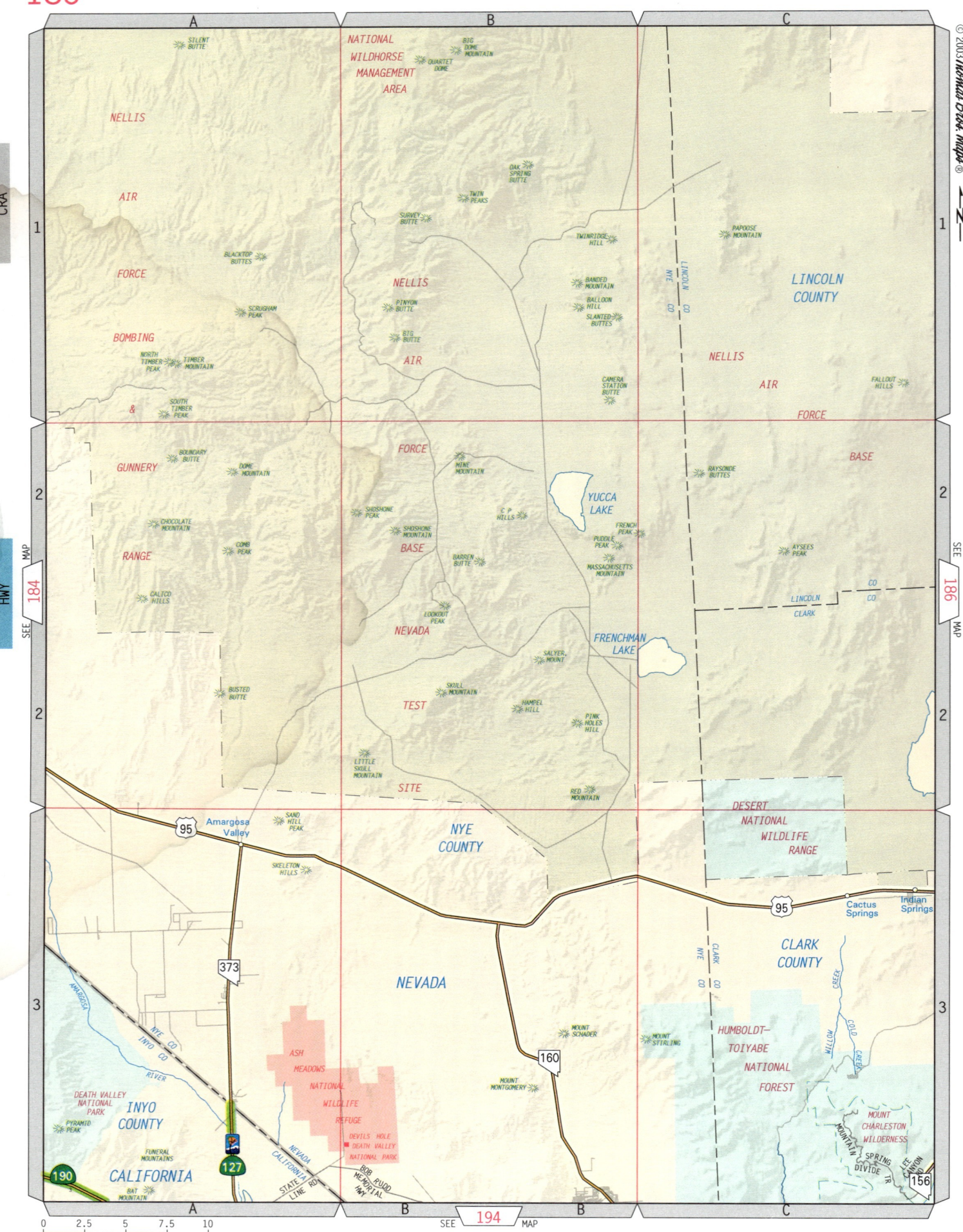

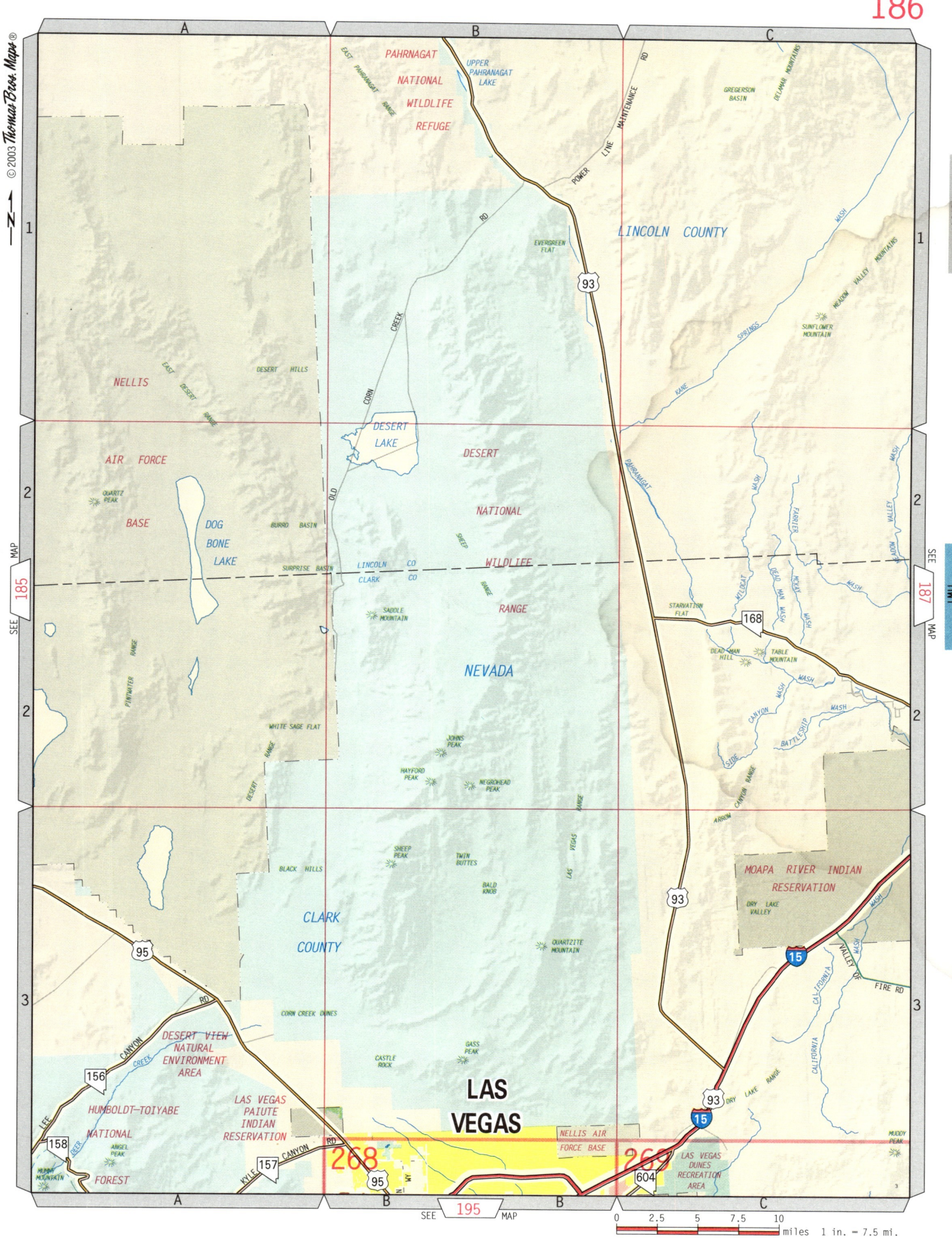

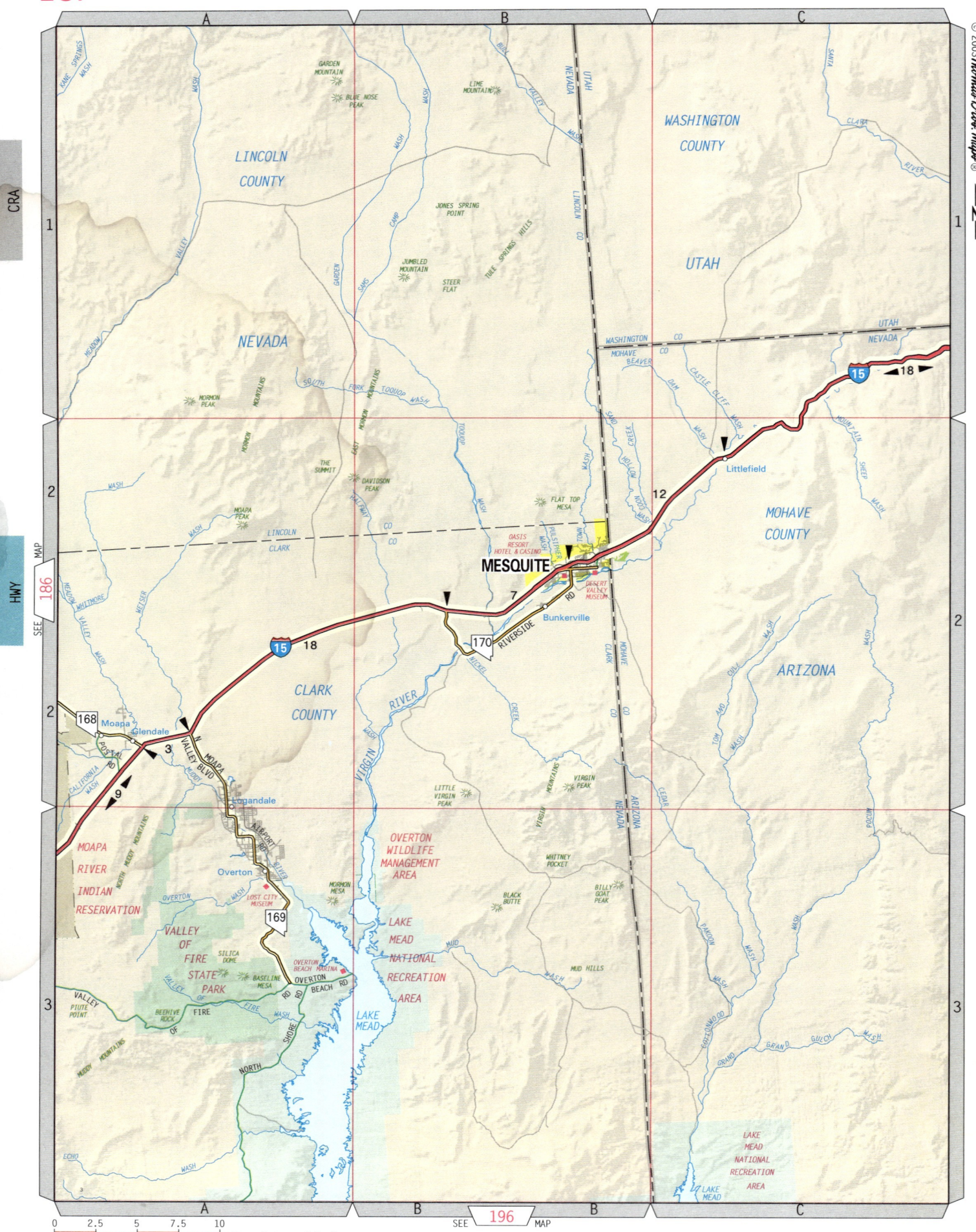

188

Monterey County

- Bixby Mountain
- Sierra Hill
- Point Sur Lighthouse State Historic Park
- Little Sur River
- Andrew Molera State Park Campground
- Andrew Molera State Park
- Post Summit
- Big Sur
- Pfeiffer-Big Sur State Park Campground
- South Fork Big Sur River
- Uncle Sam Mountain
- White Oaks Campground
- Ventana Double Cone
- Chews Ridge Lookout
- Piney Creek
- Carmel Valley Rd (G16)
- Island Mountain
- Ventana Cone
- China Campground
- South Ventana Cone
- Black Butte
- Tassajara Hot Springs
- Arroyo Seco Campground
- Los Padres National Forest
- Arroyo Seco Sta.
- Anderson Peak
- Marble Peak
- Higgins Creek
- Cabrillo Hwy
- Julia Pfeiffer Burns State Park
- Escondido Campground
- California
- Gamboa Point
- Lopez Point
- Lucia
- Cone Peak
- Rockland Landing
- Lime Kiln Creek Campground
- Kirk Creek Campground

Pacific Ocean

SEE MAP 179
SEE MAP 189

0 2.5 5 7.5 10 miles   1 in. = 7.5 mi.

© 2003 Thomas Bros. Maps®

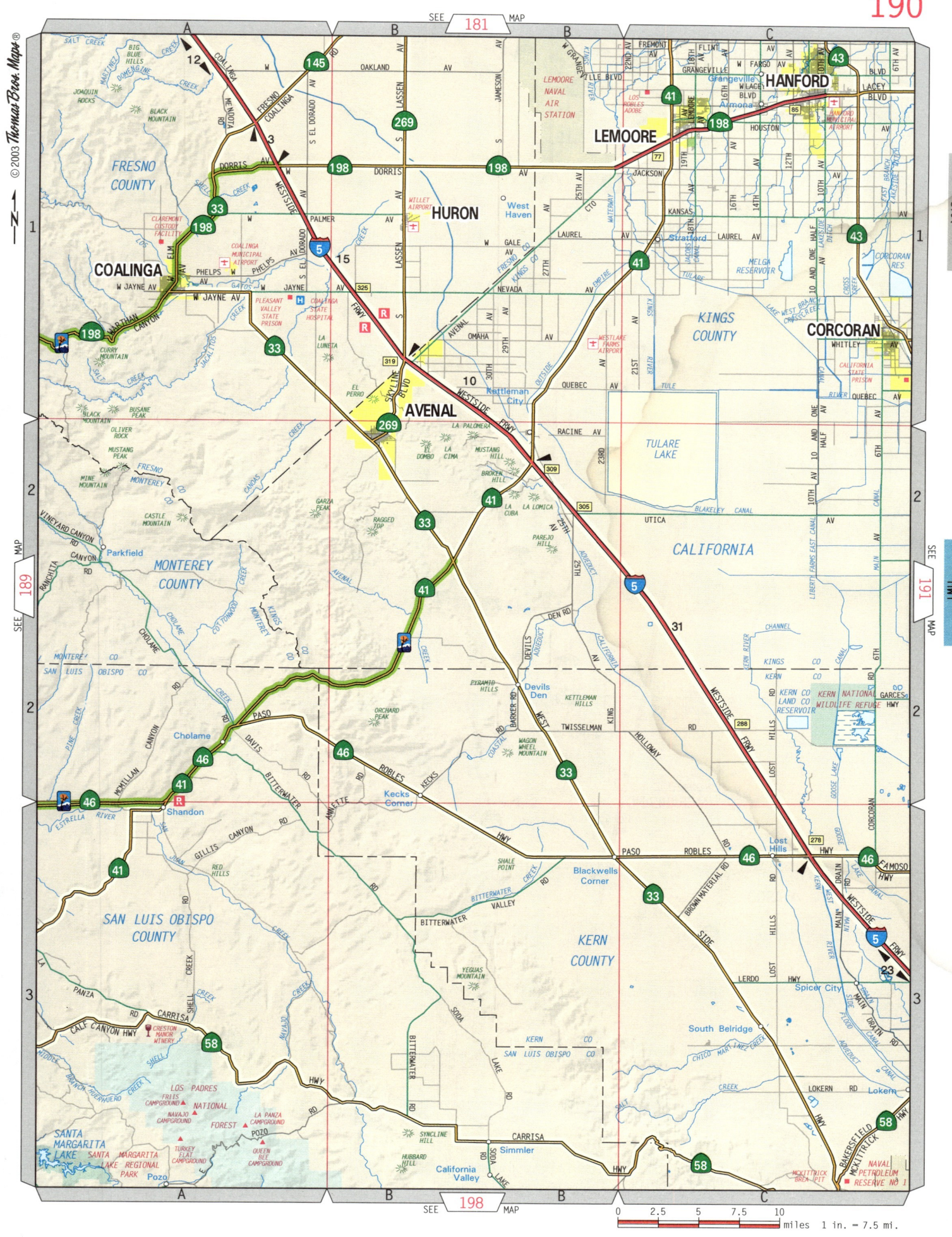

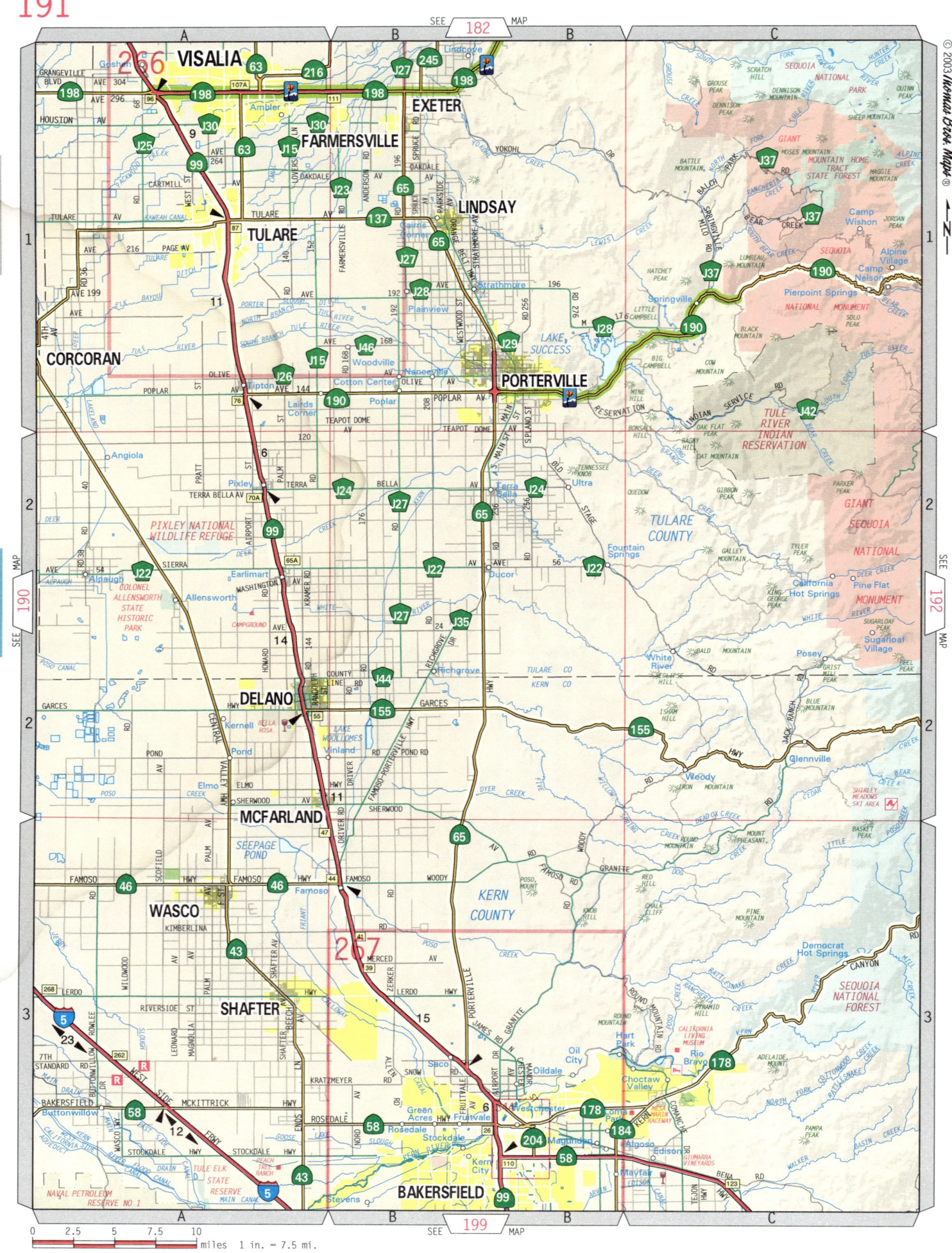

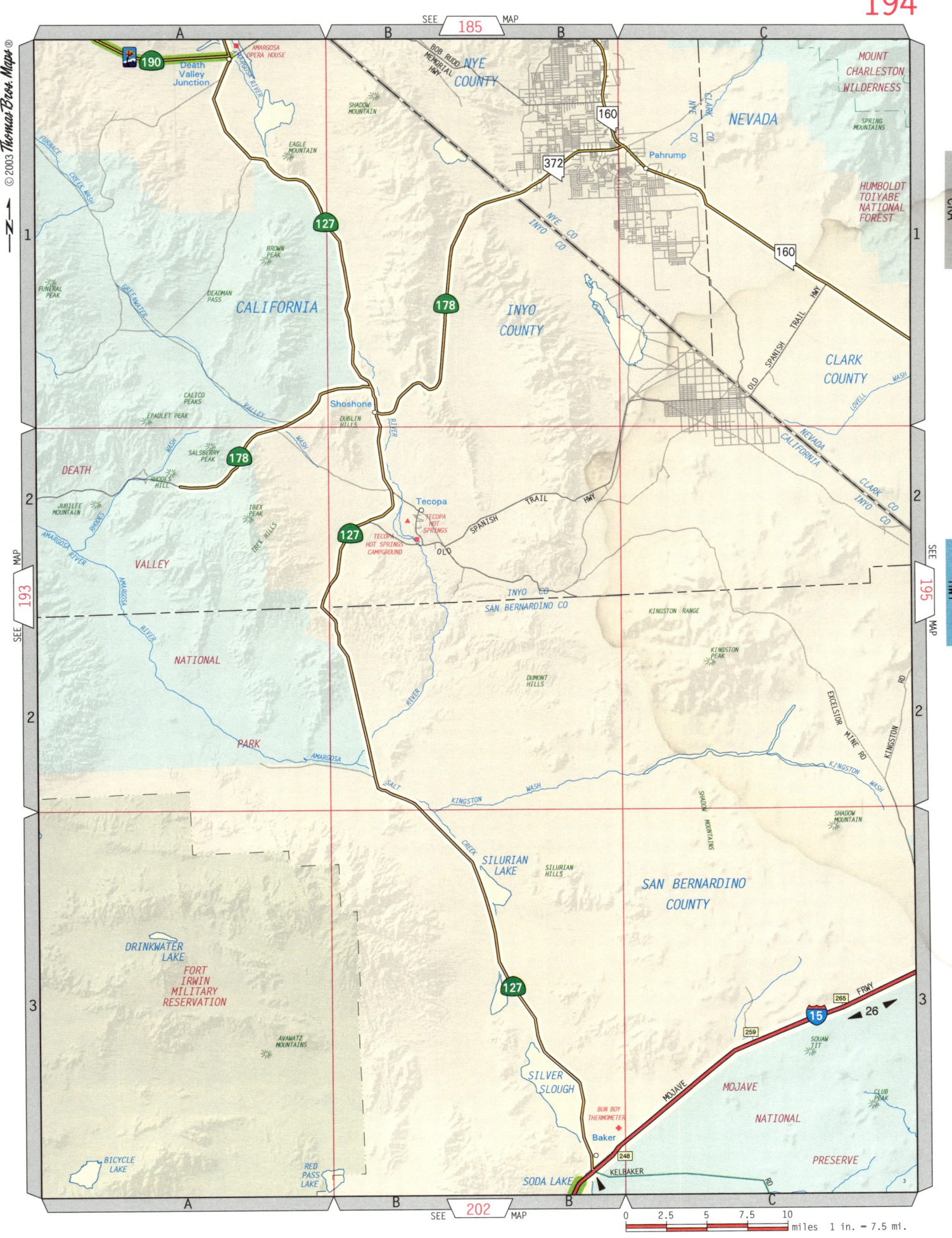

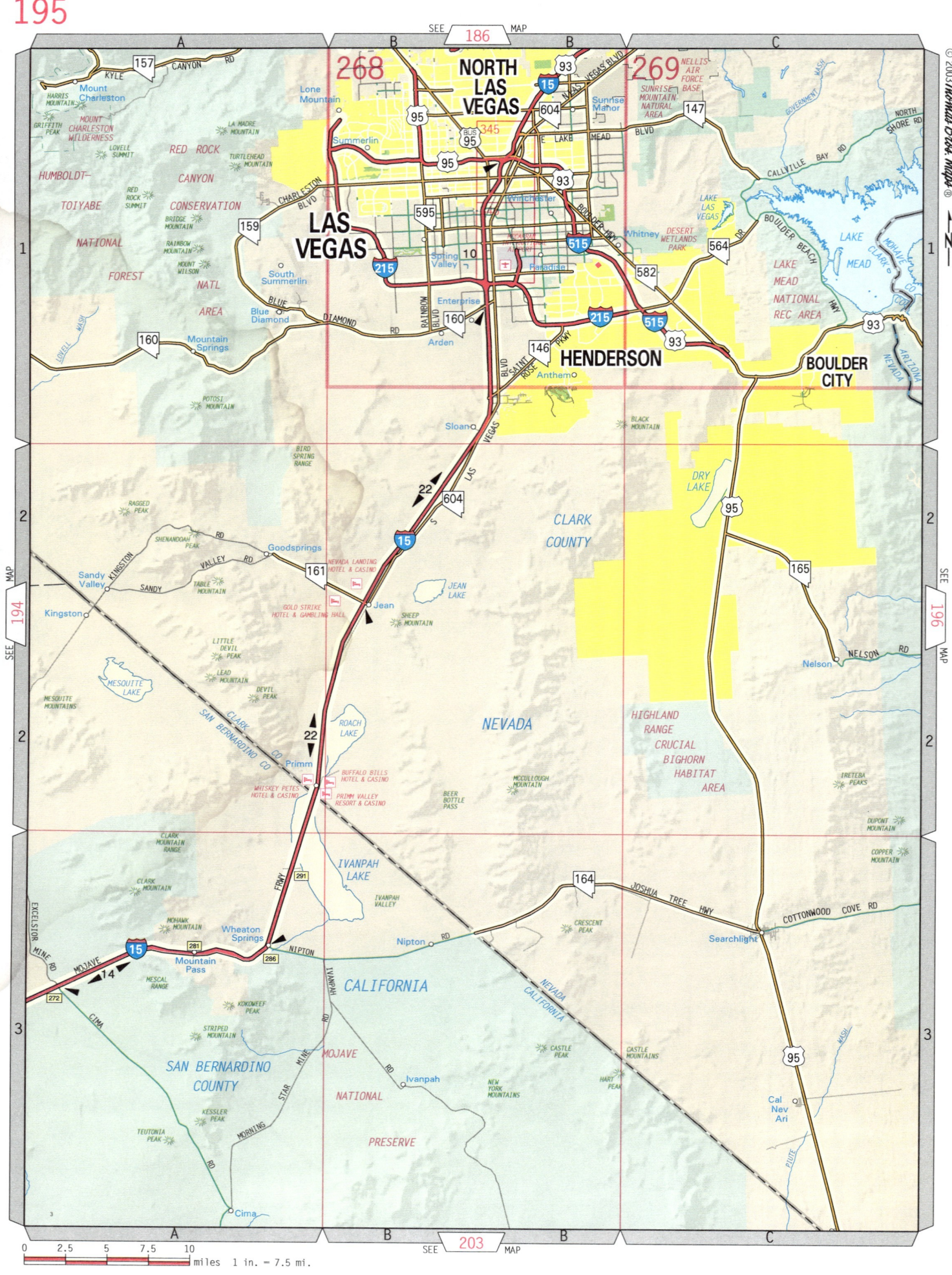

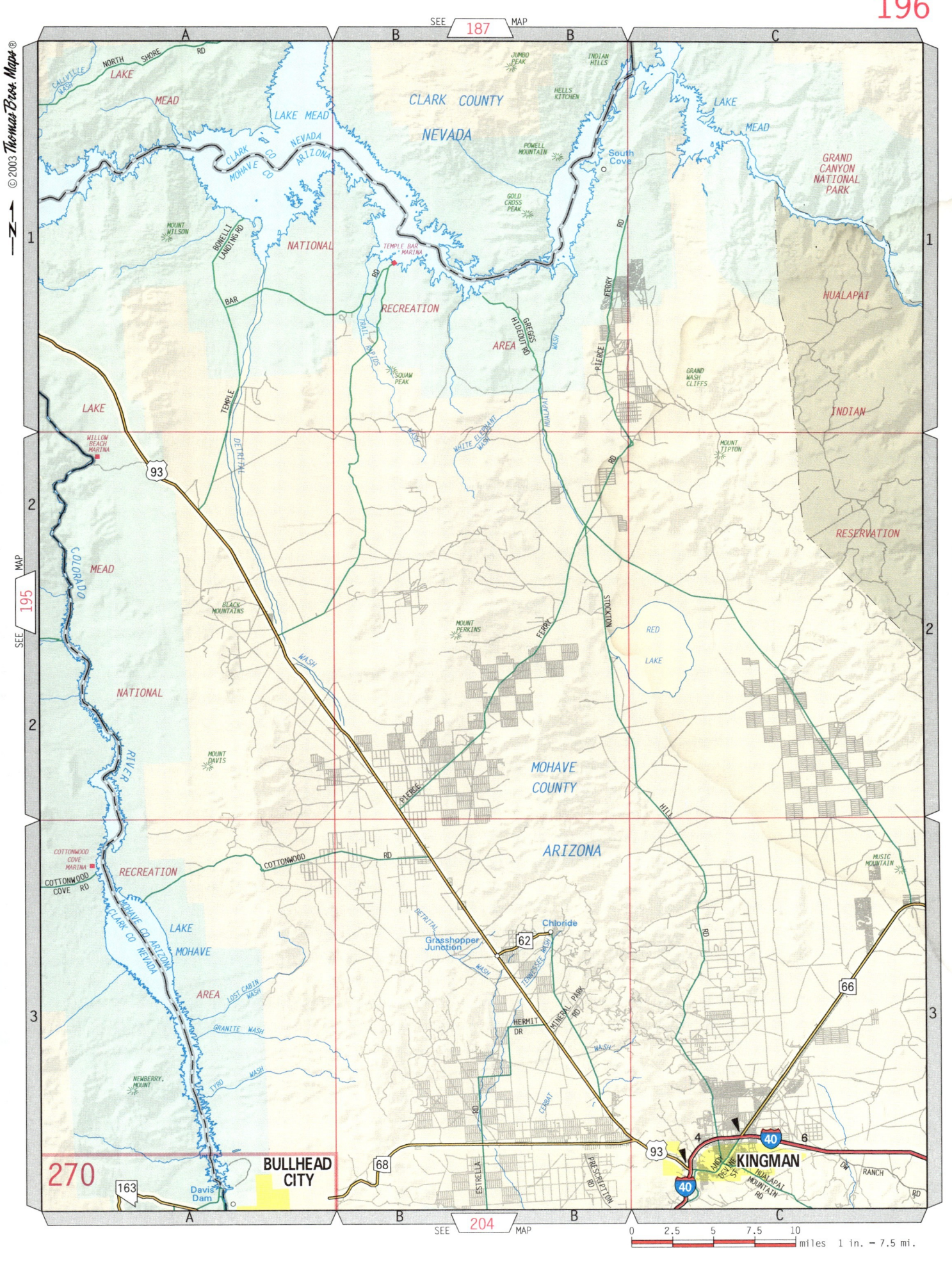

197

Map showing coastal California including San Luis Obispo, Pismo Beach, Grover Beach, Arroyo Grande, Guadalupe, Lompoc, Vandenberg Air Force Base, and the Pacific Ocean.

Scale: 1 in. = 7.5 mi.

© 2003 Thomas Bros. Maps

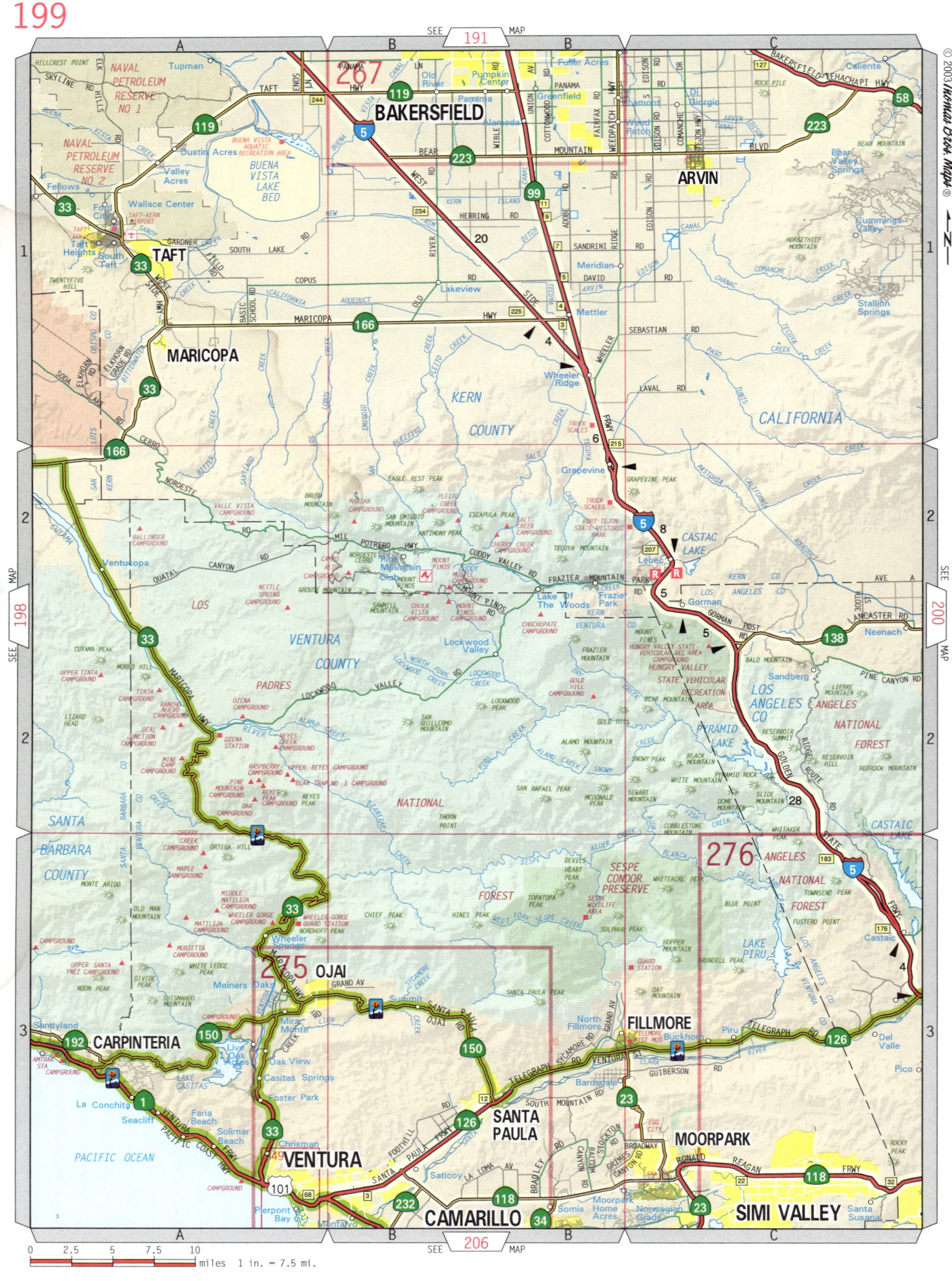

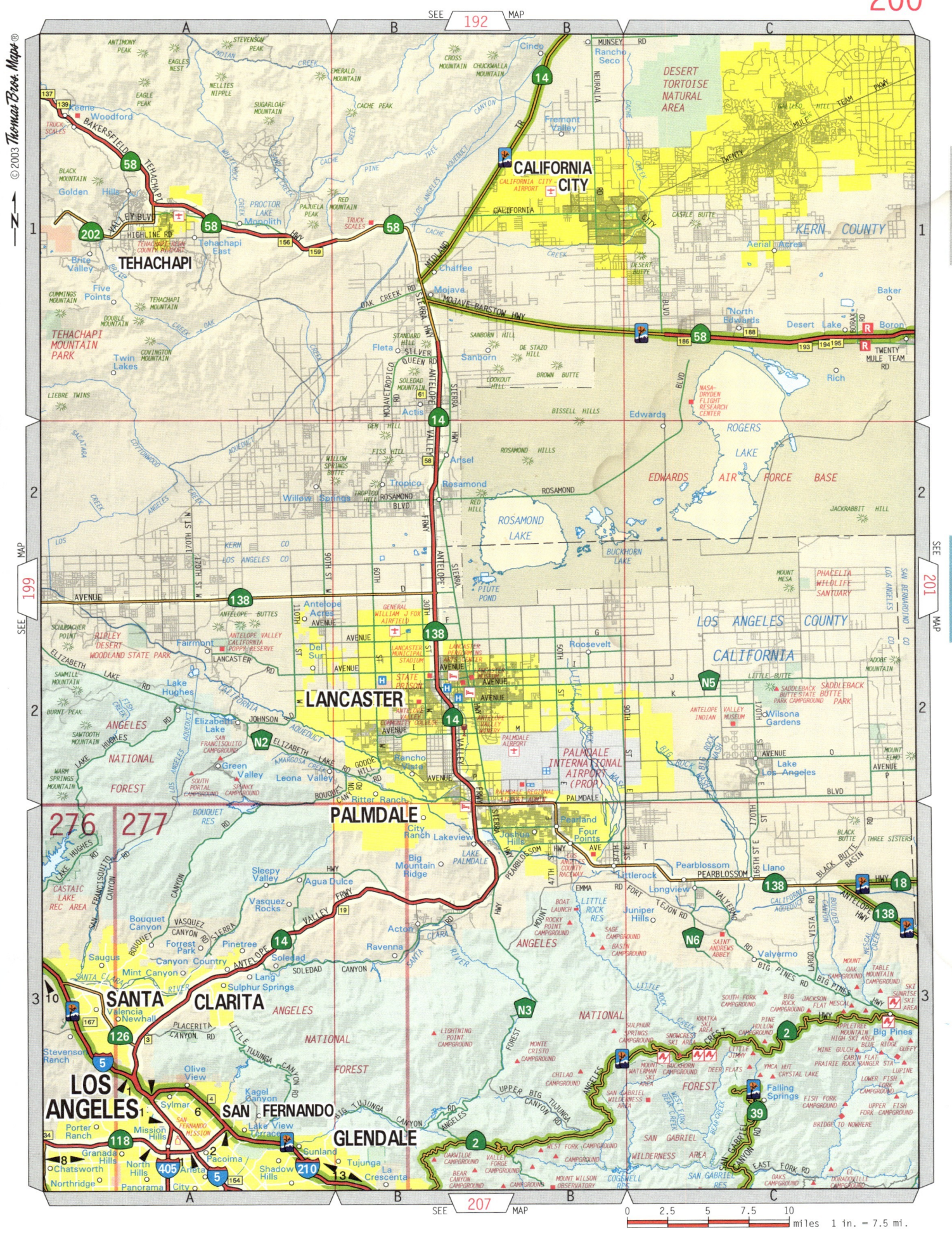

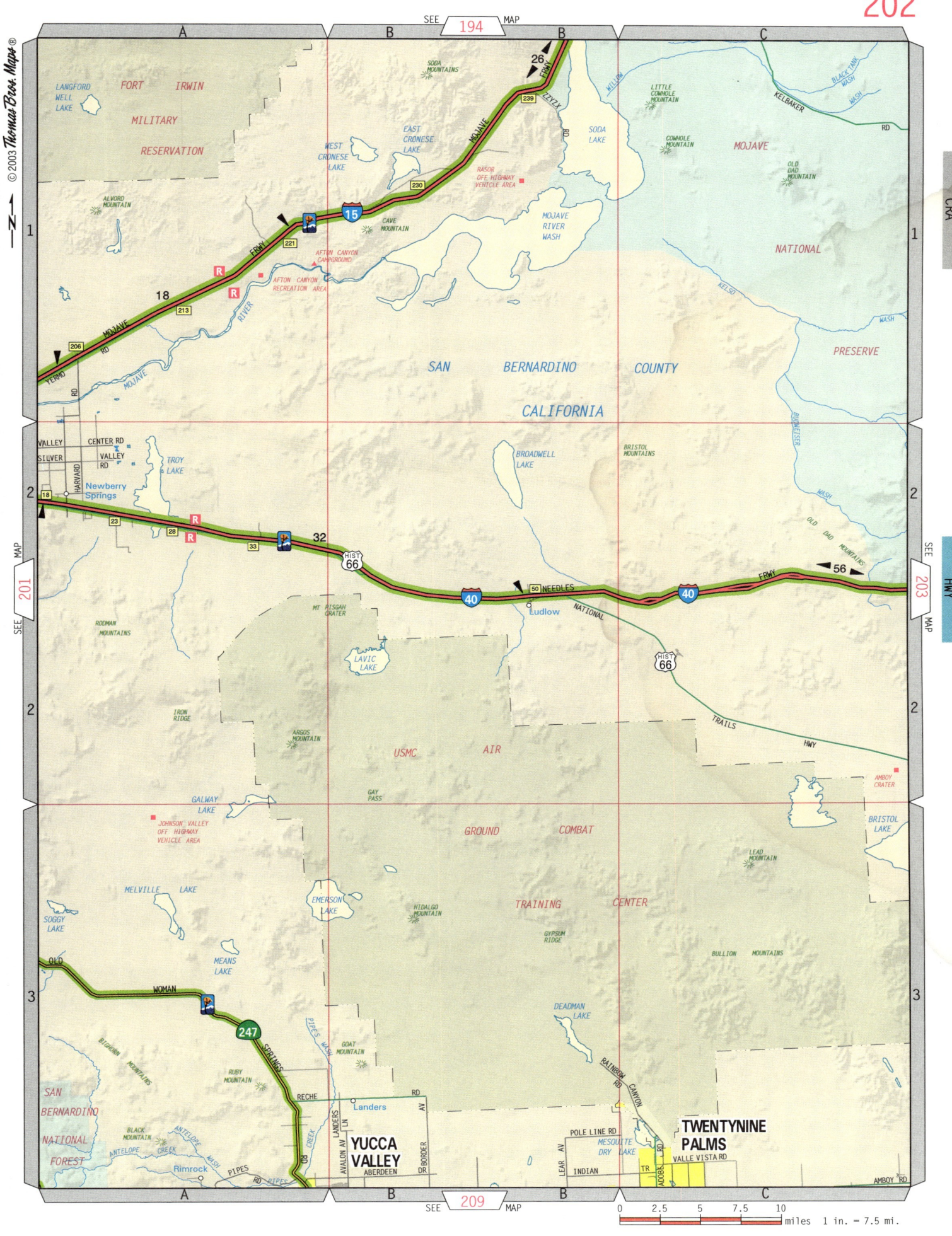

203

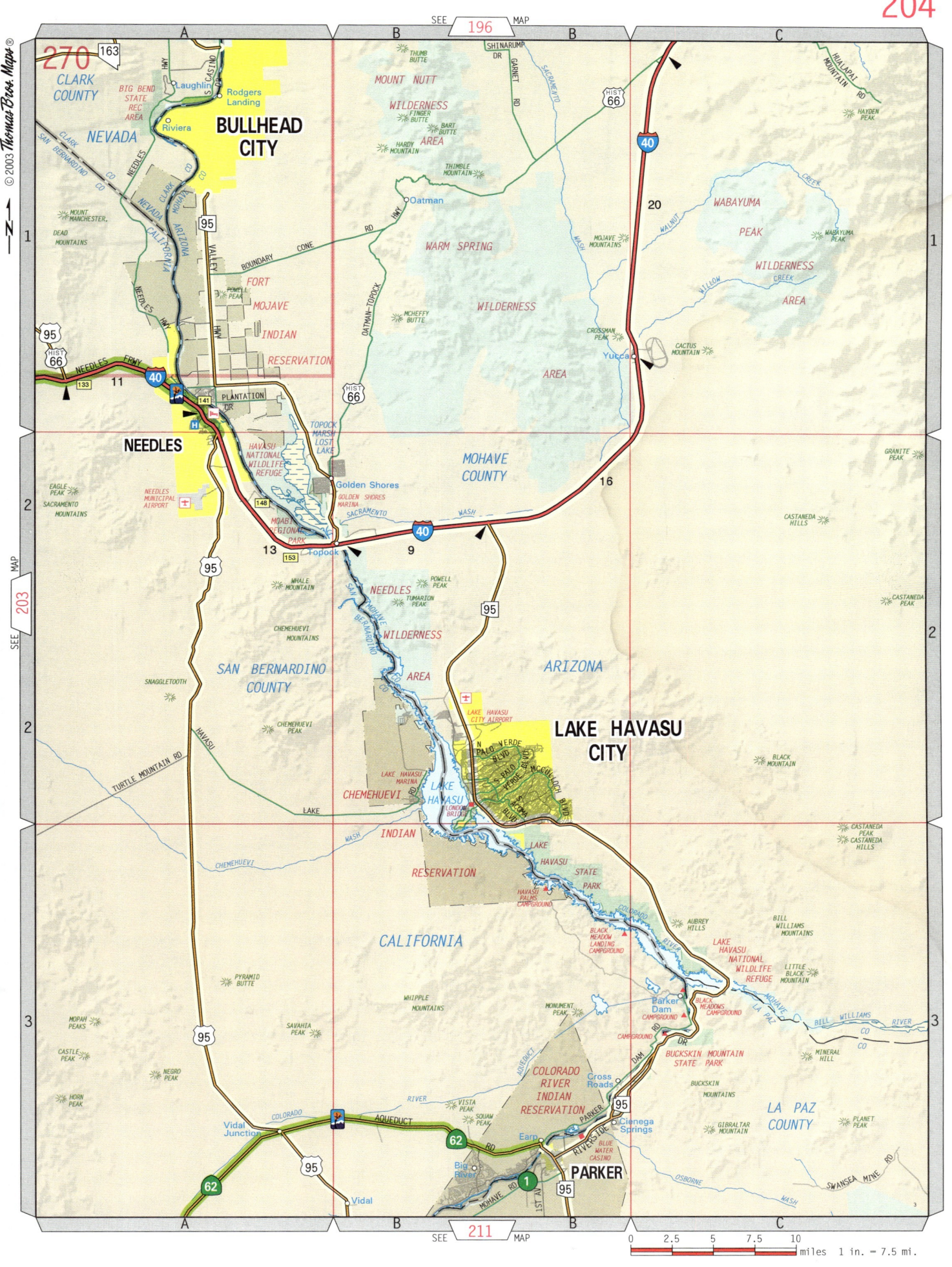

206

275 OXNARD
280 SIMI VALLEY
THOUSAND OAKS
AGOURA HILLS
HIDDEN HILLS
PORT HUENEME
WESTLAKE VILLAGE
CALABASAS
MALIBU

VENTURA COUNTY / LOS ANGELES COUNTY — CALIFORNIA

Channel Islands National Park — Santa Cruz Island, San Pedro Point, Anacapa Passage, Anacapa Island, Santa Barbara Channel

Pacific Ocean

0 — 2.5 — 5 — 7.5 — 10 miles 1 in. = 7.5 mi.

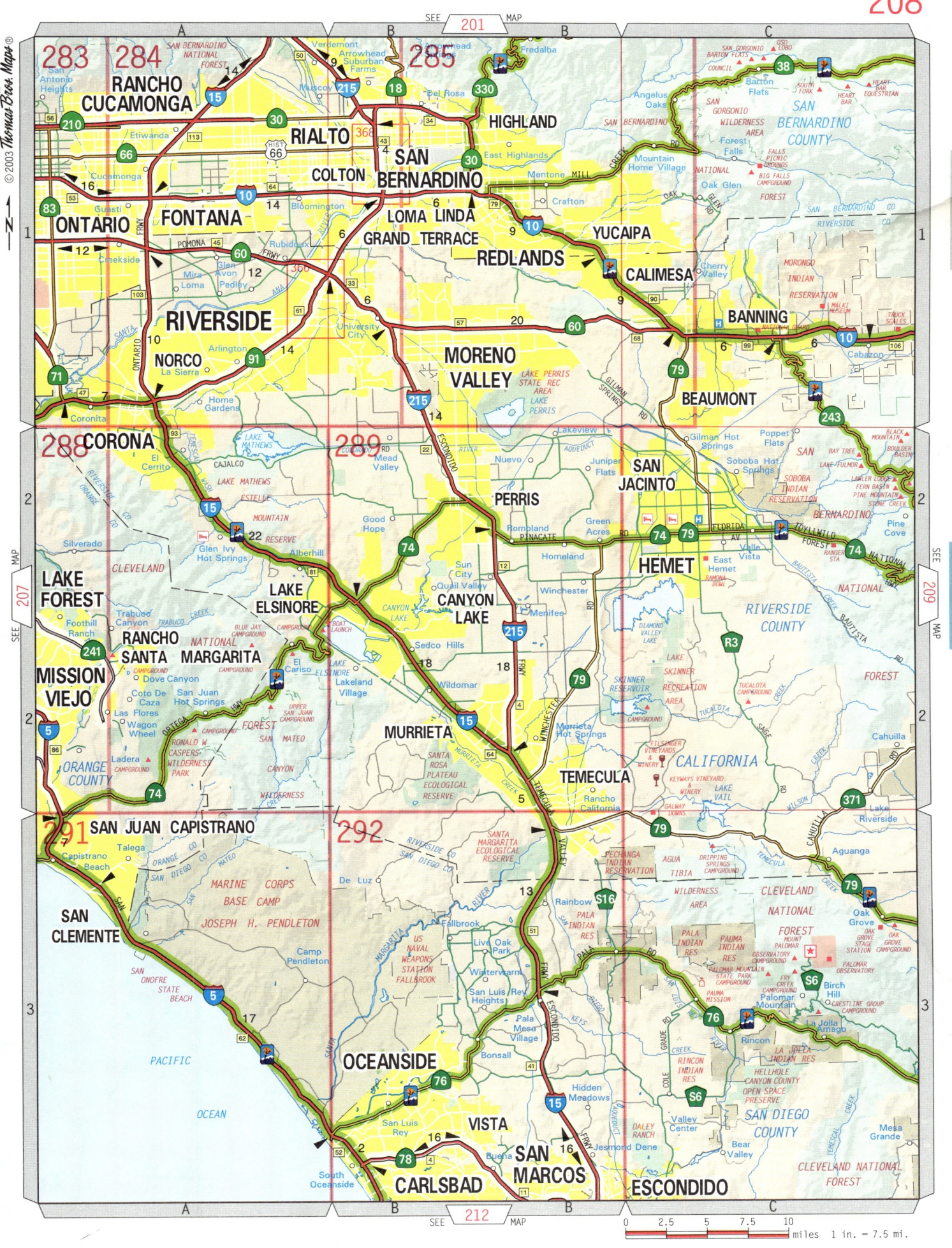

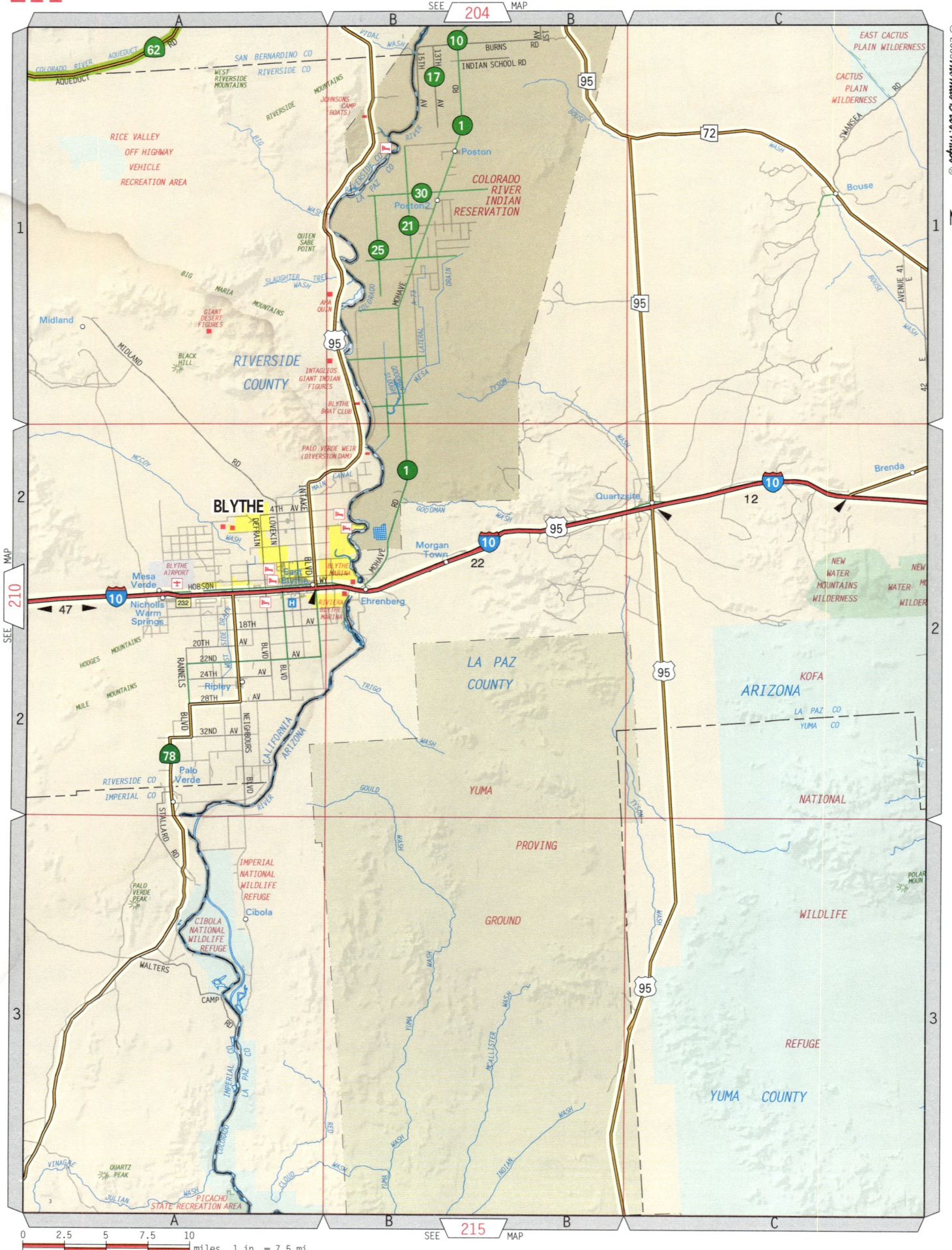

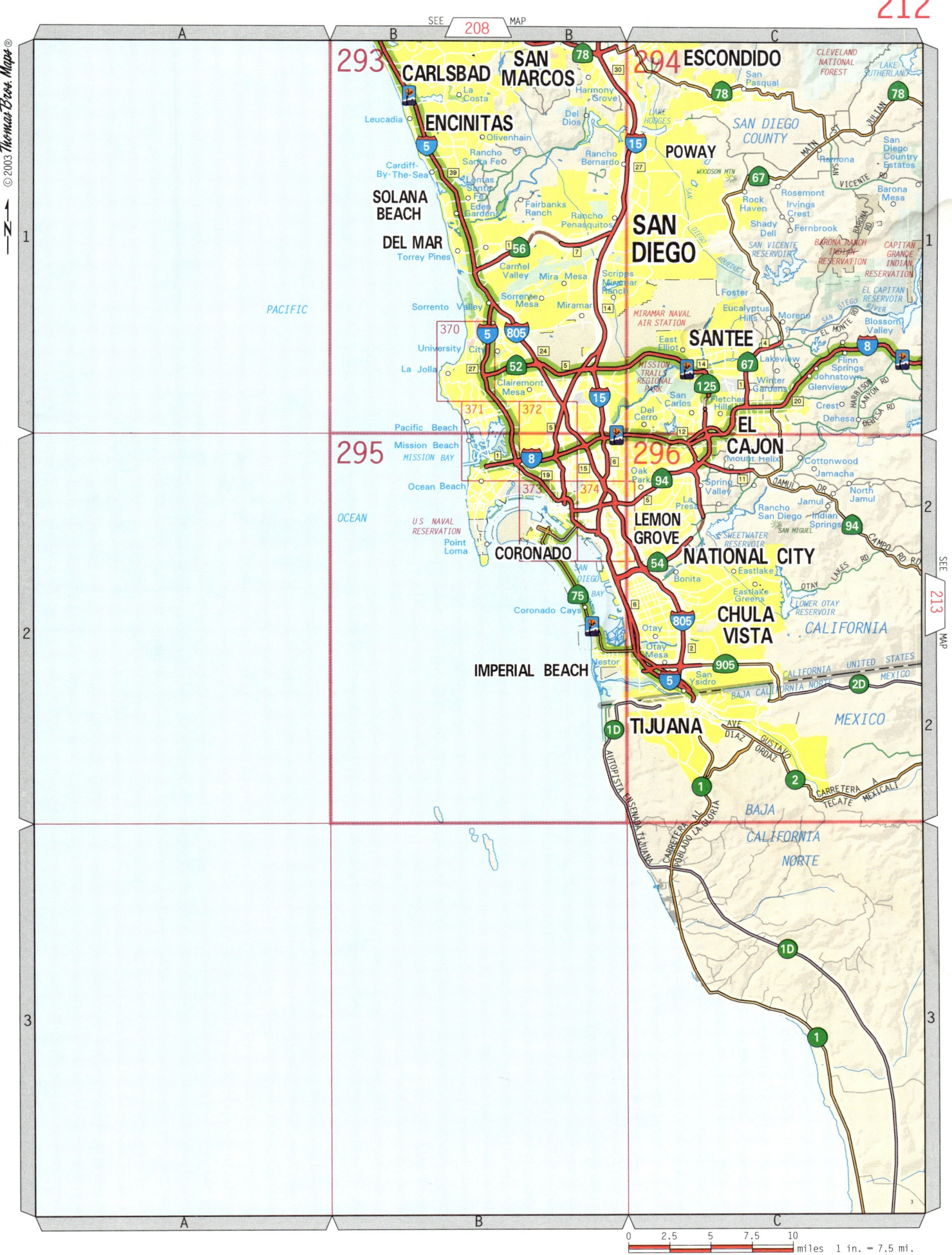

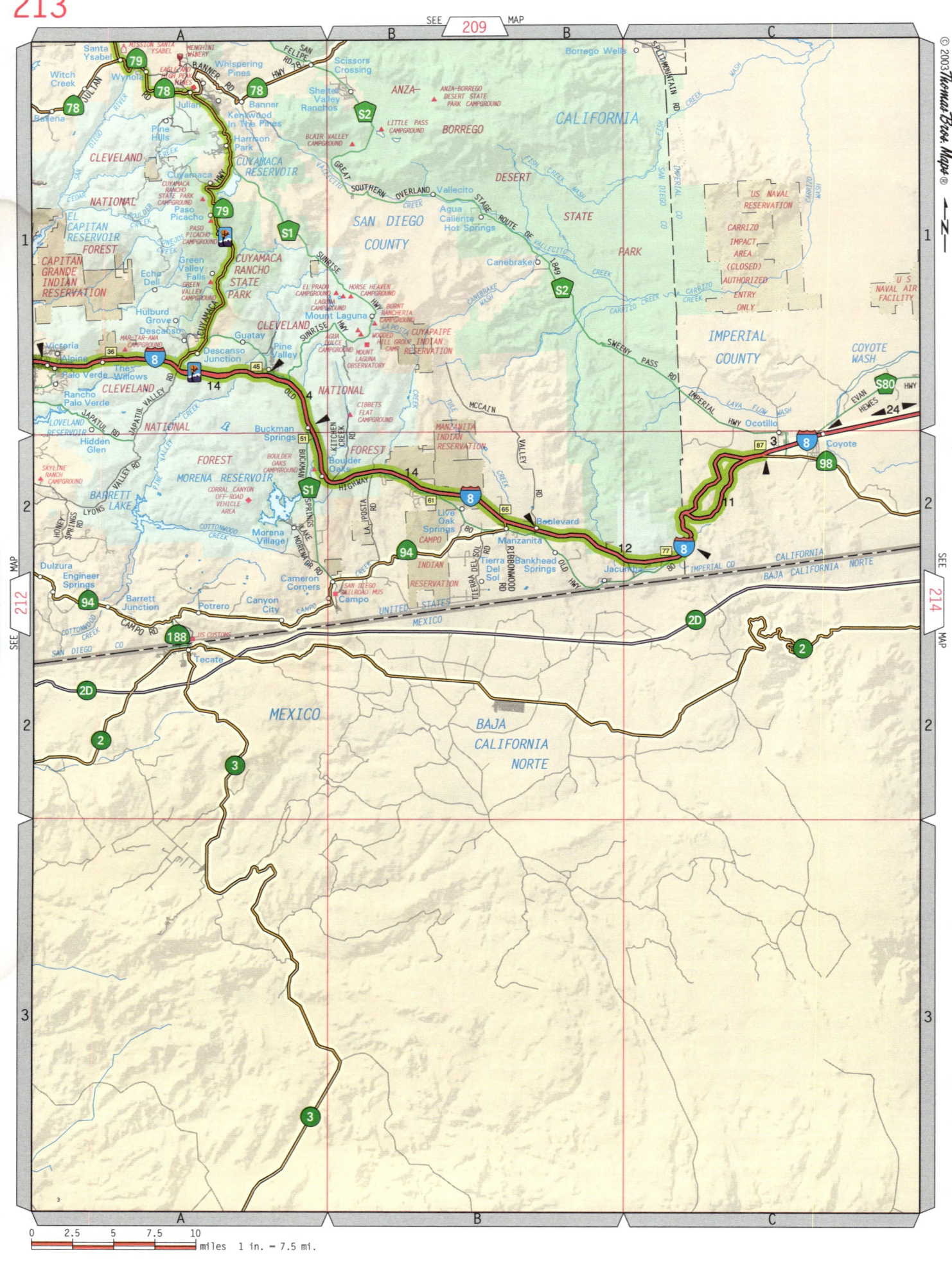

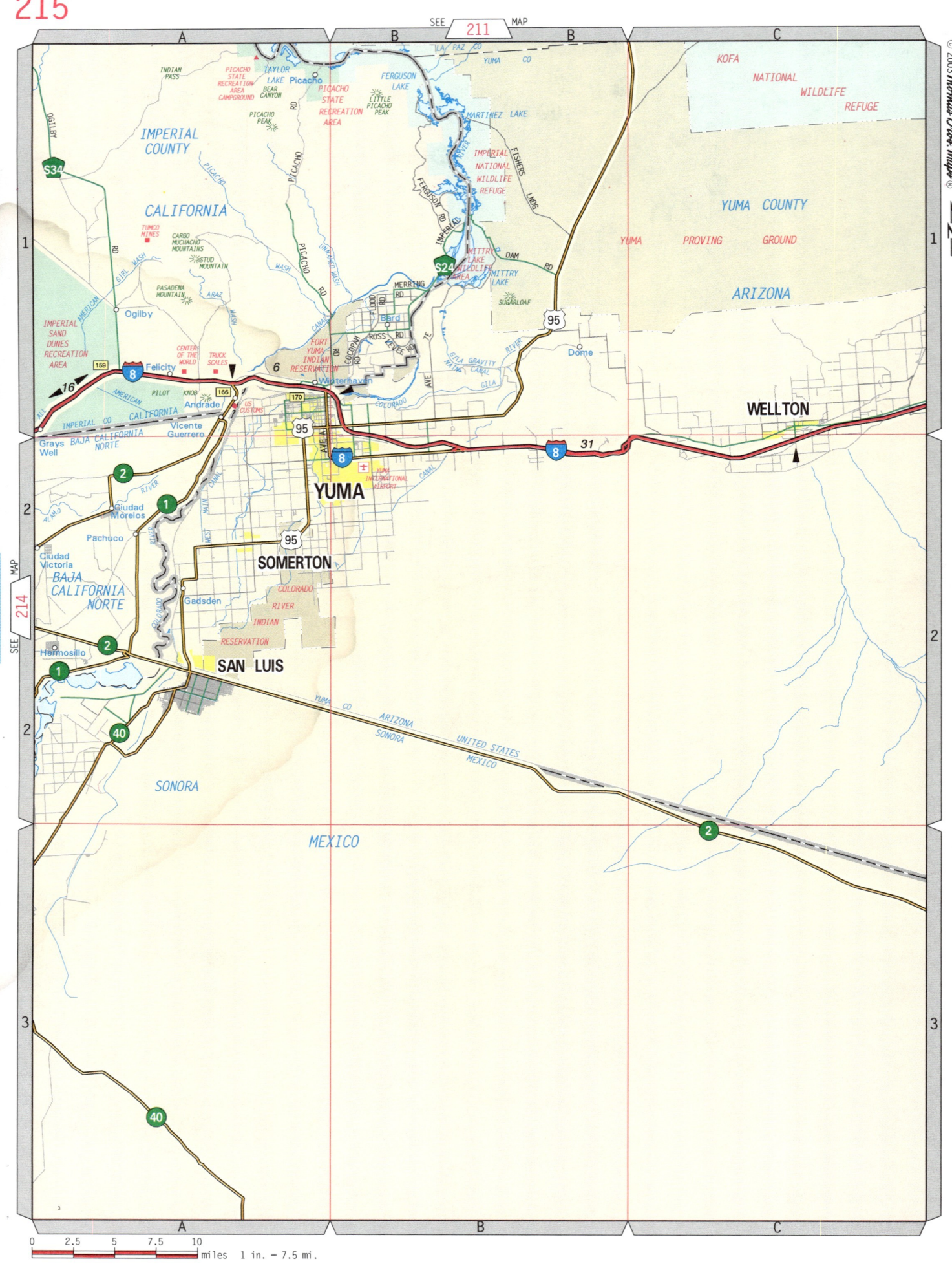

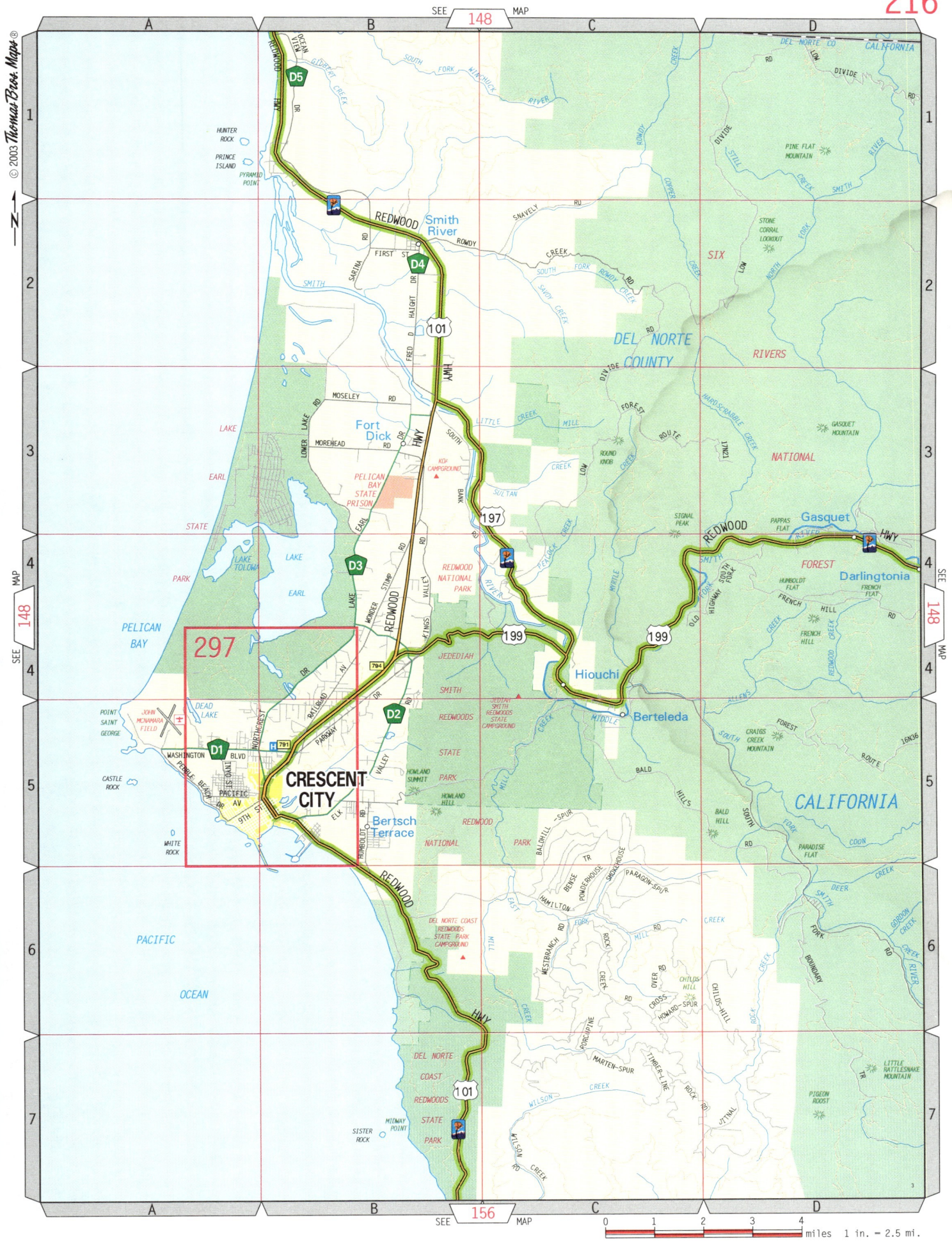

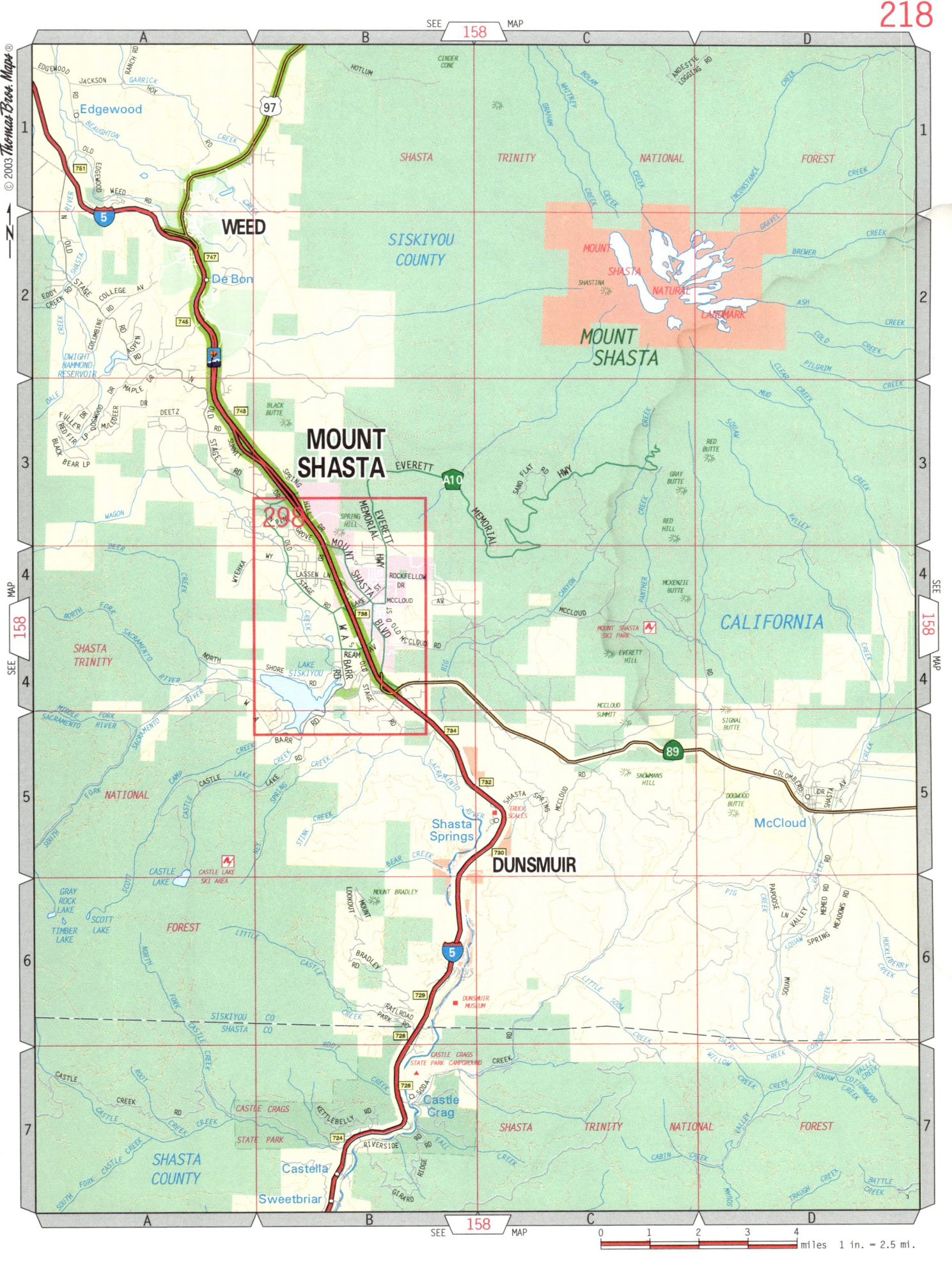

219

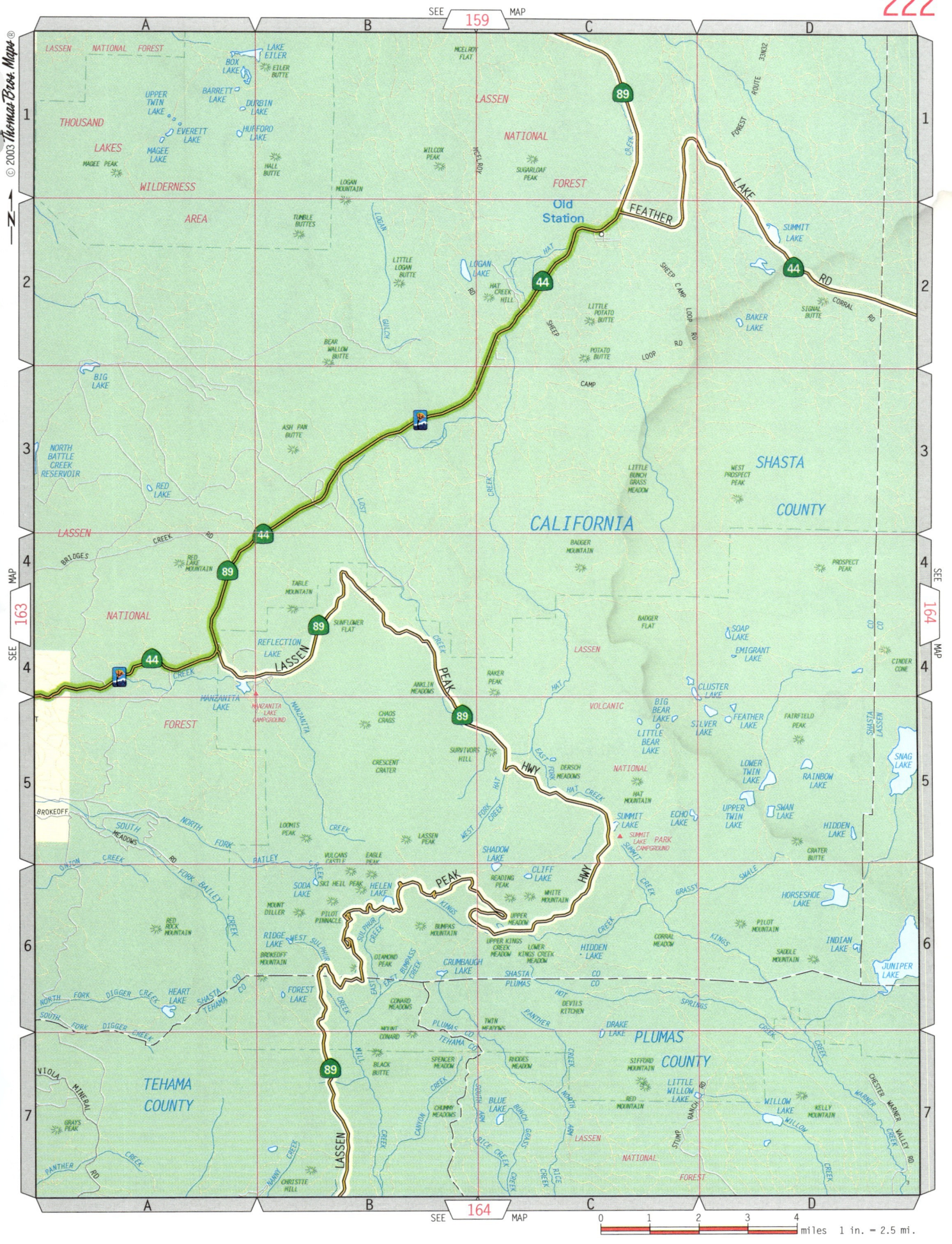

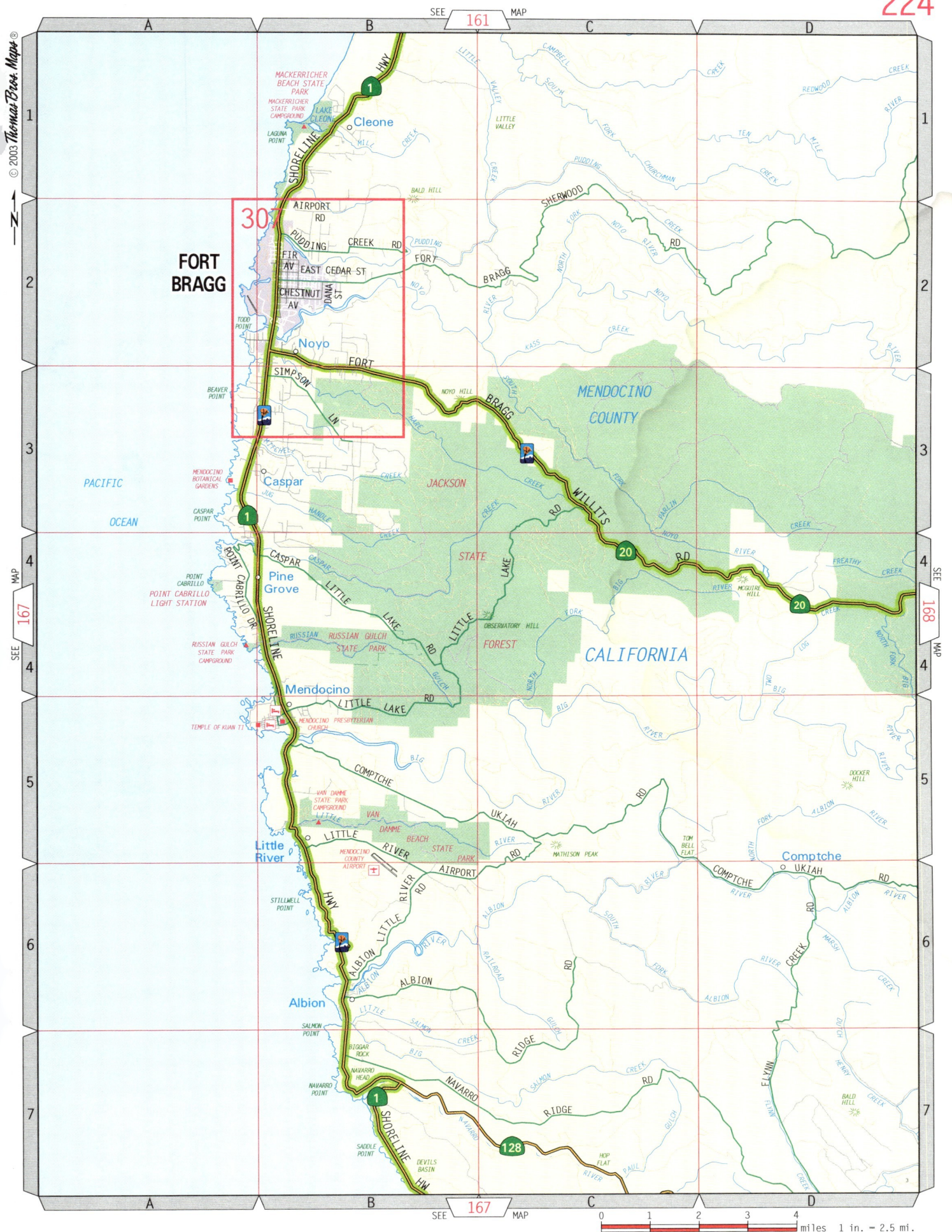

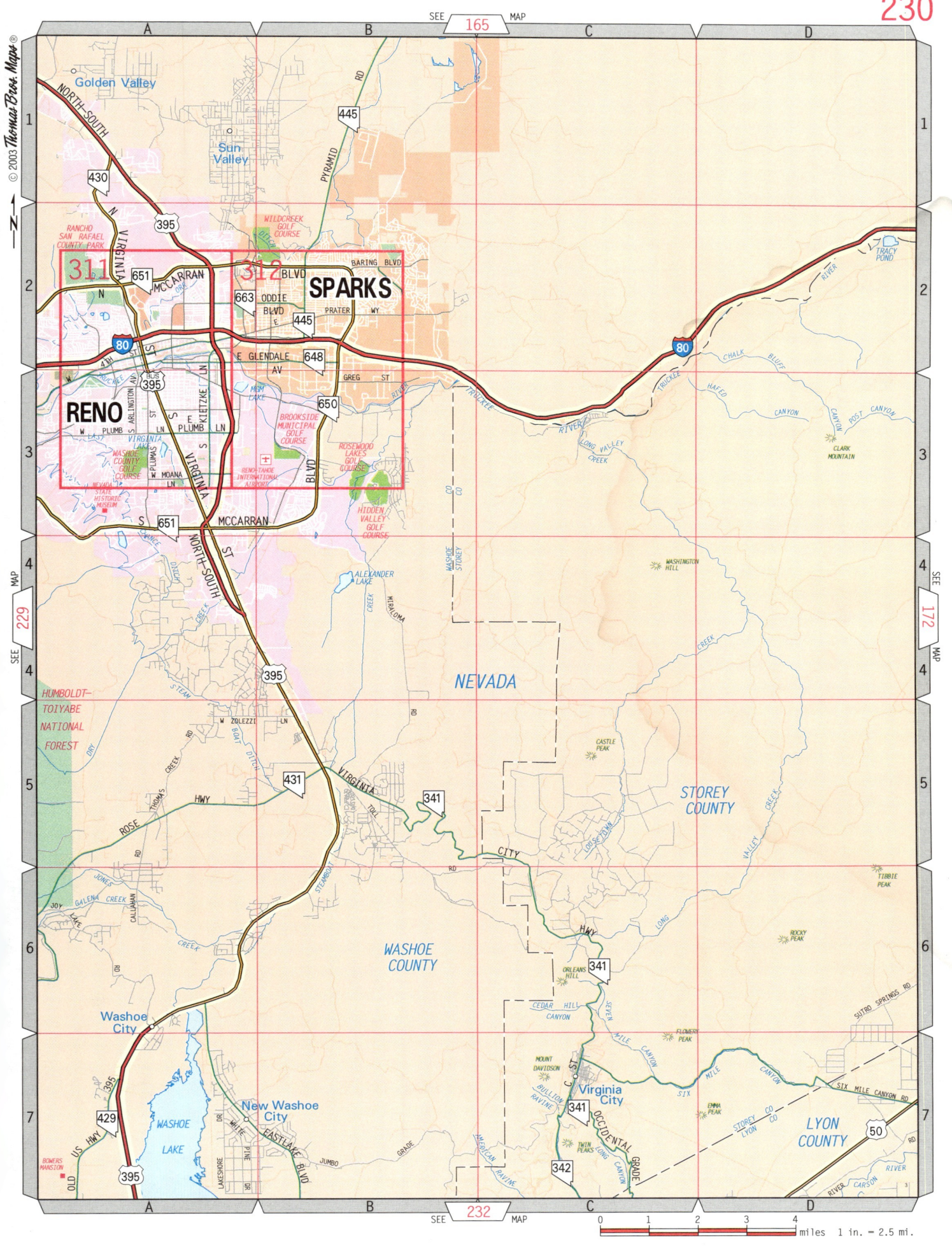

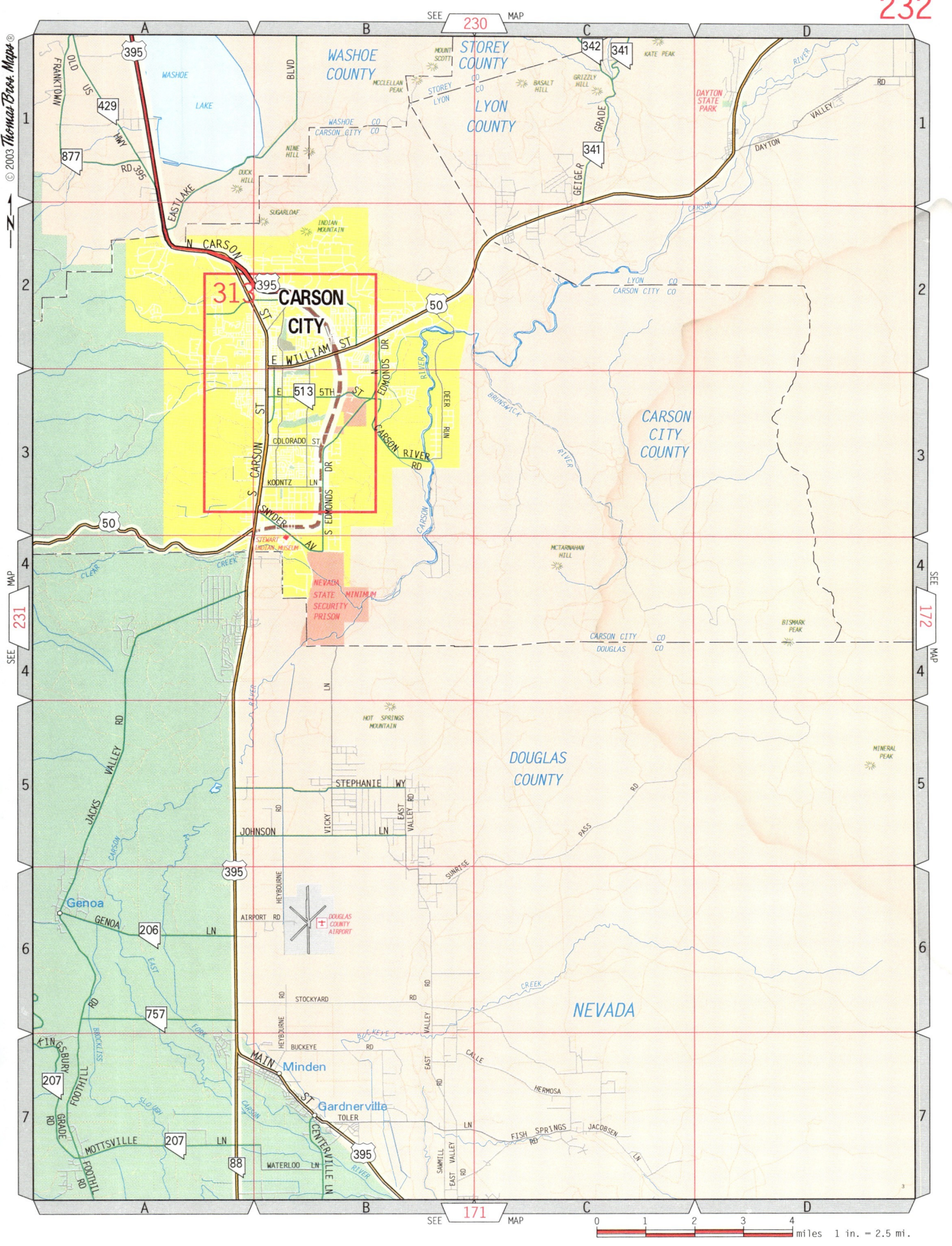

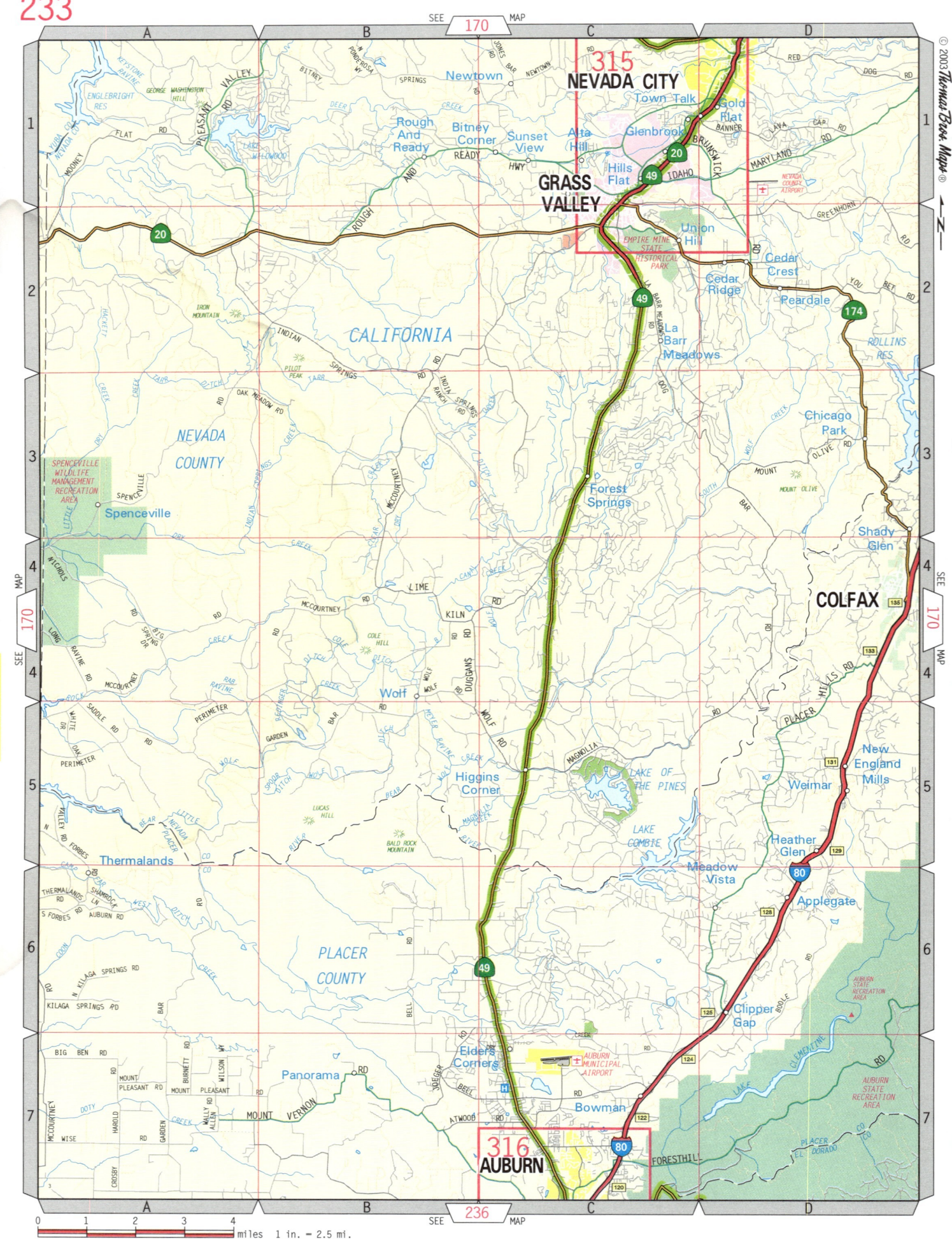

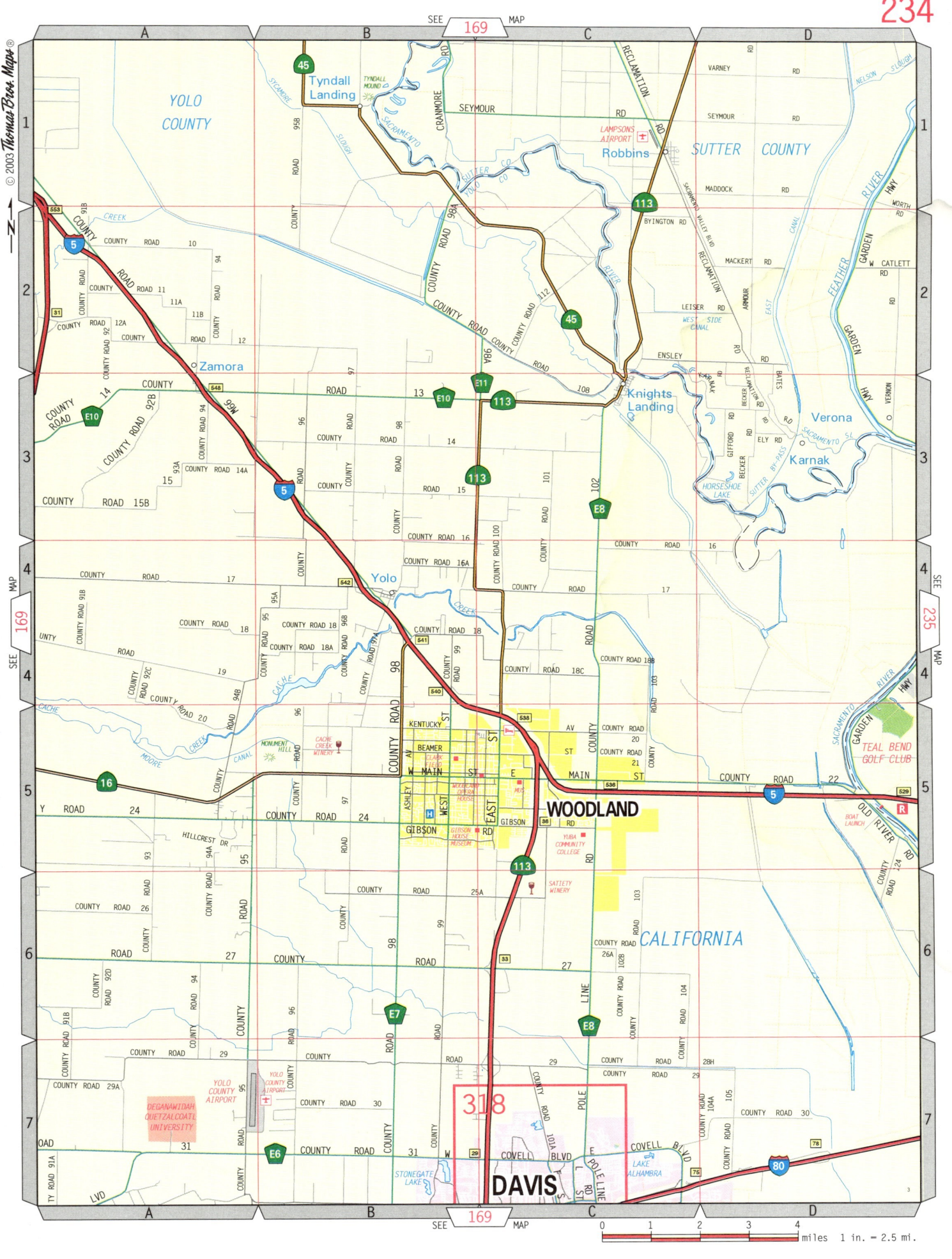

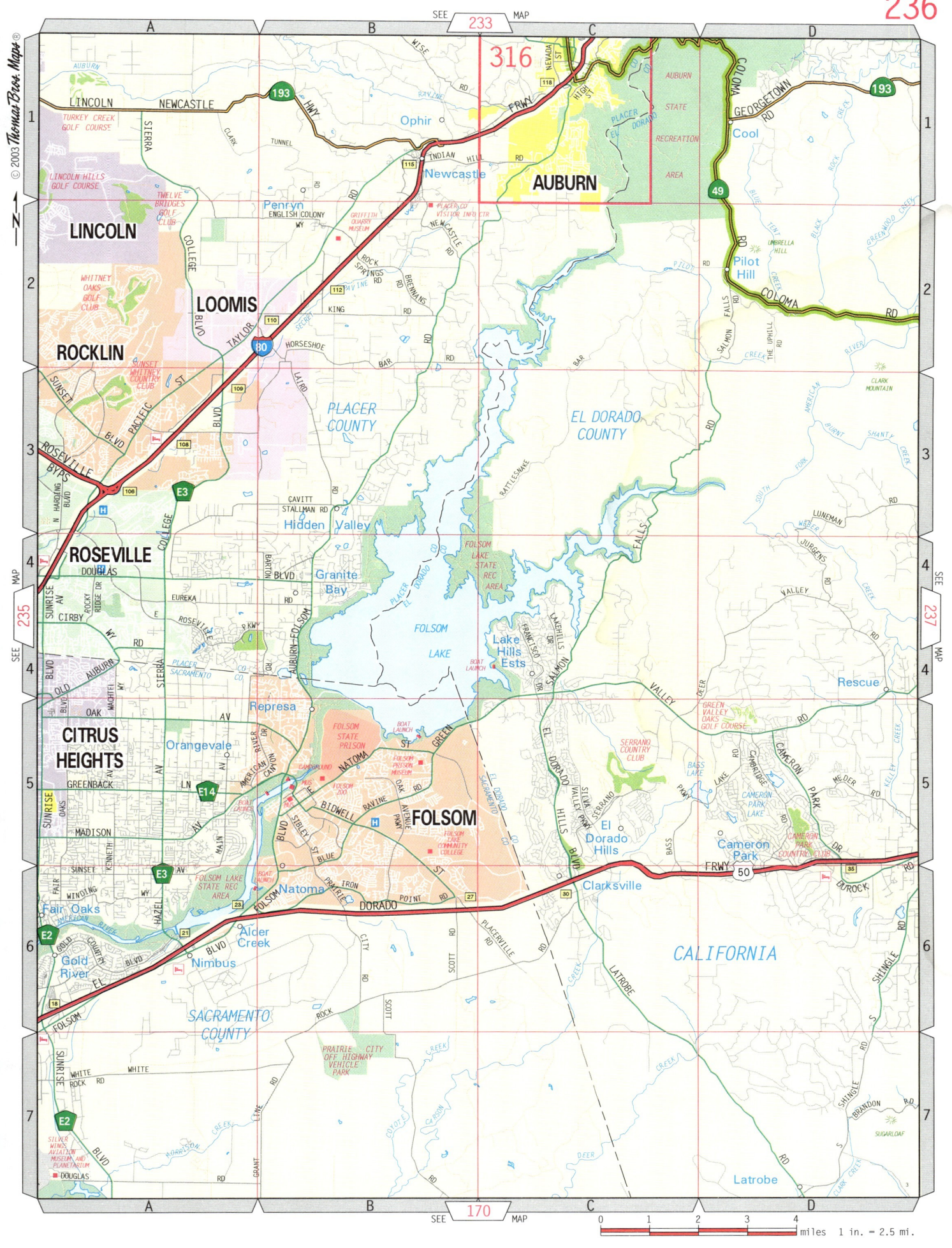

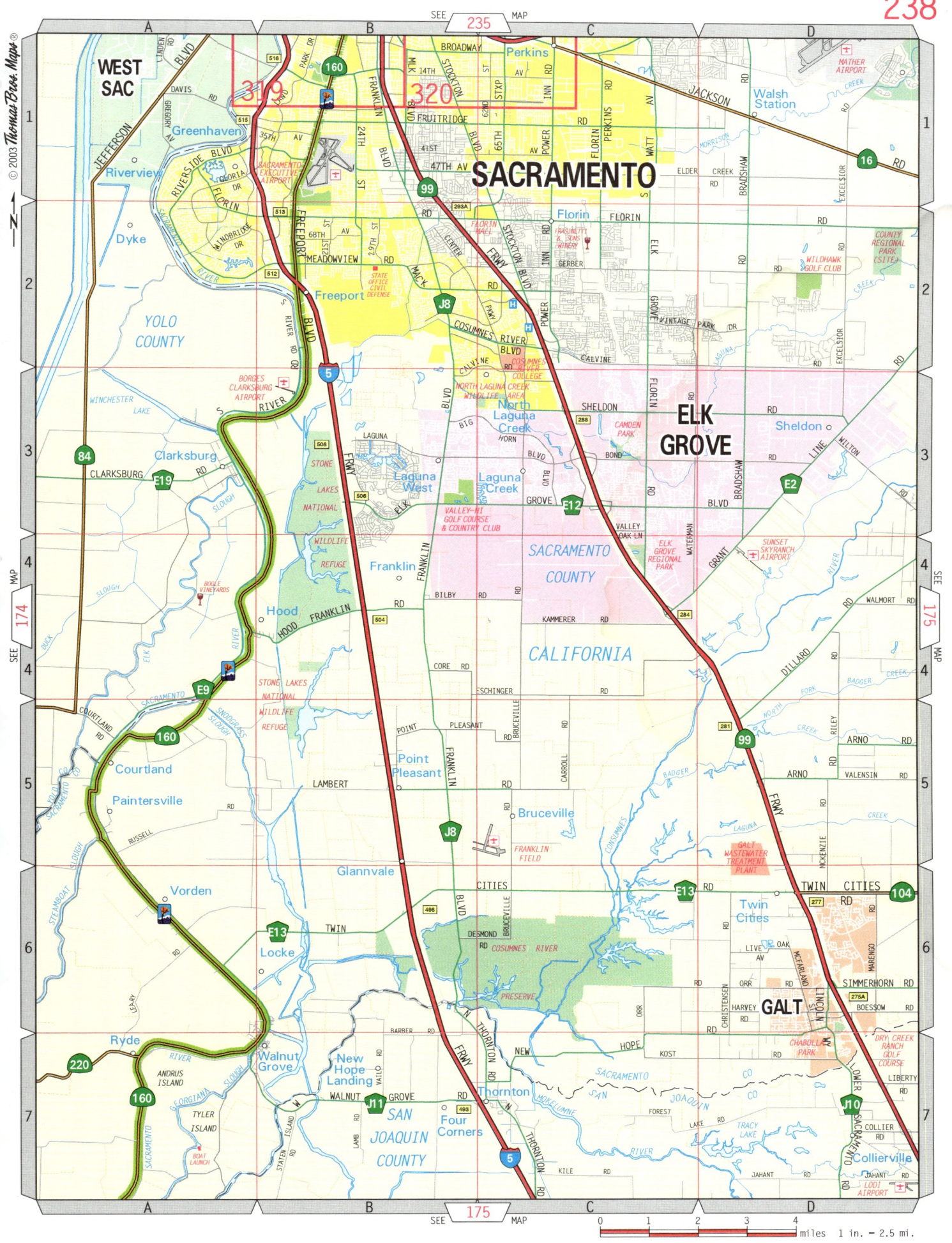

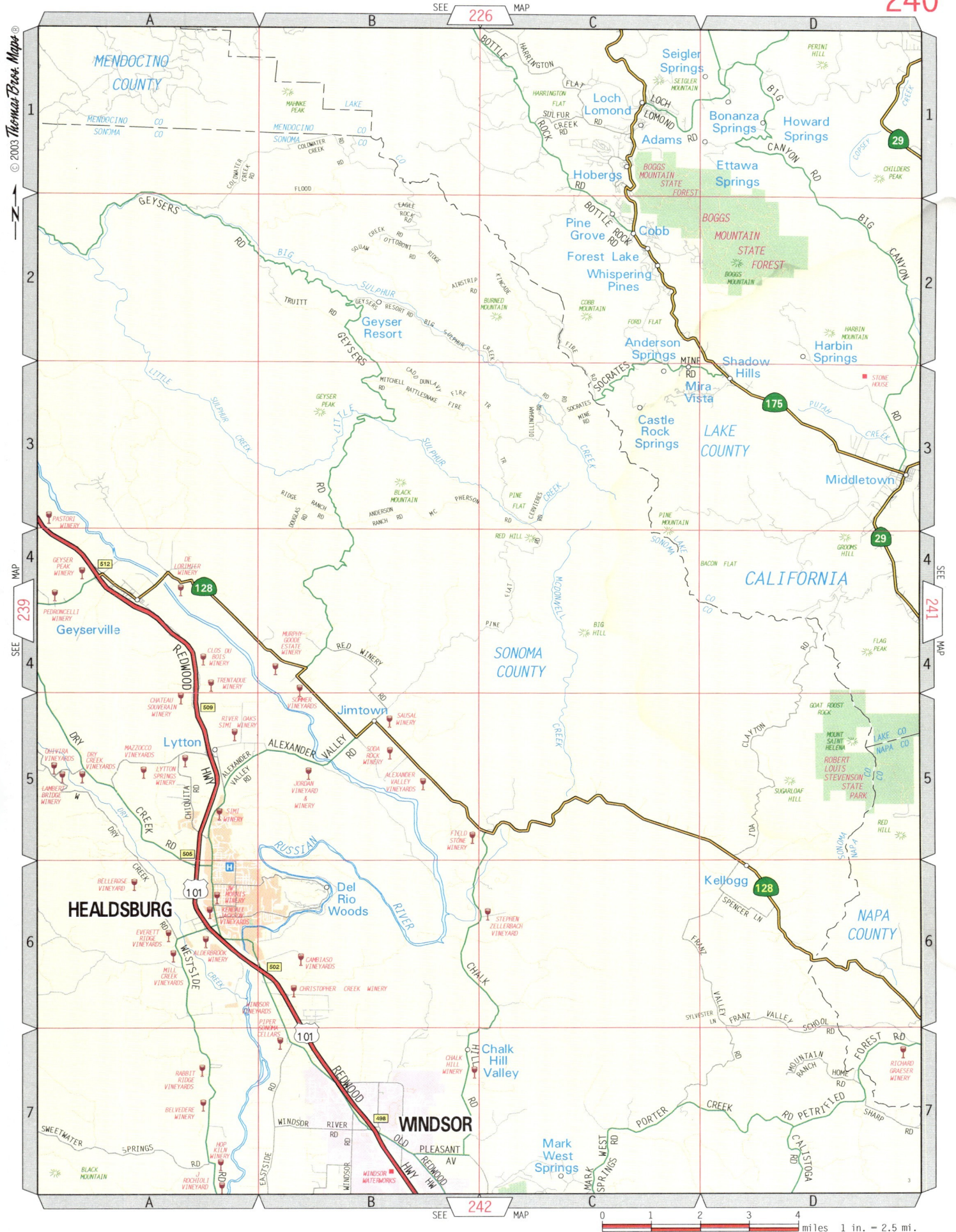

241

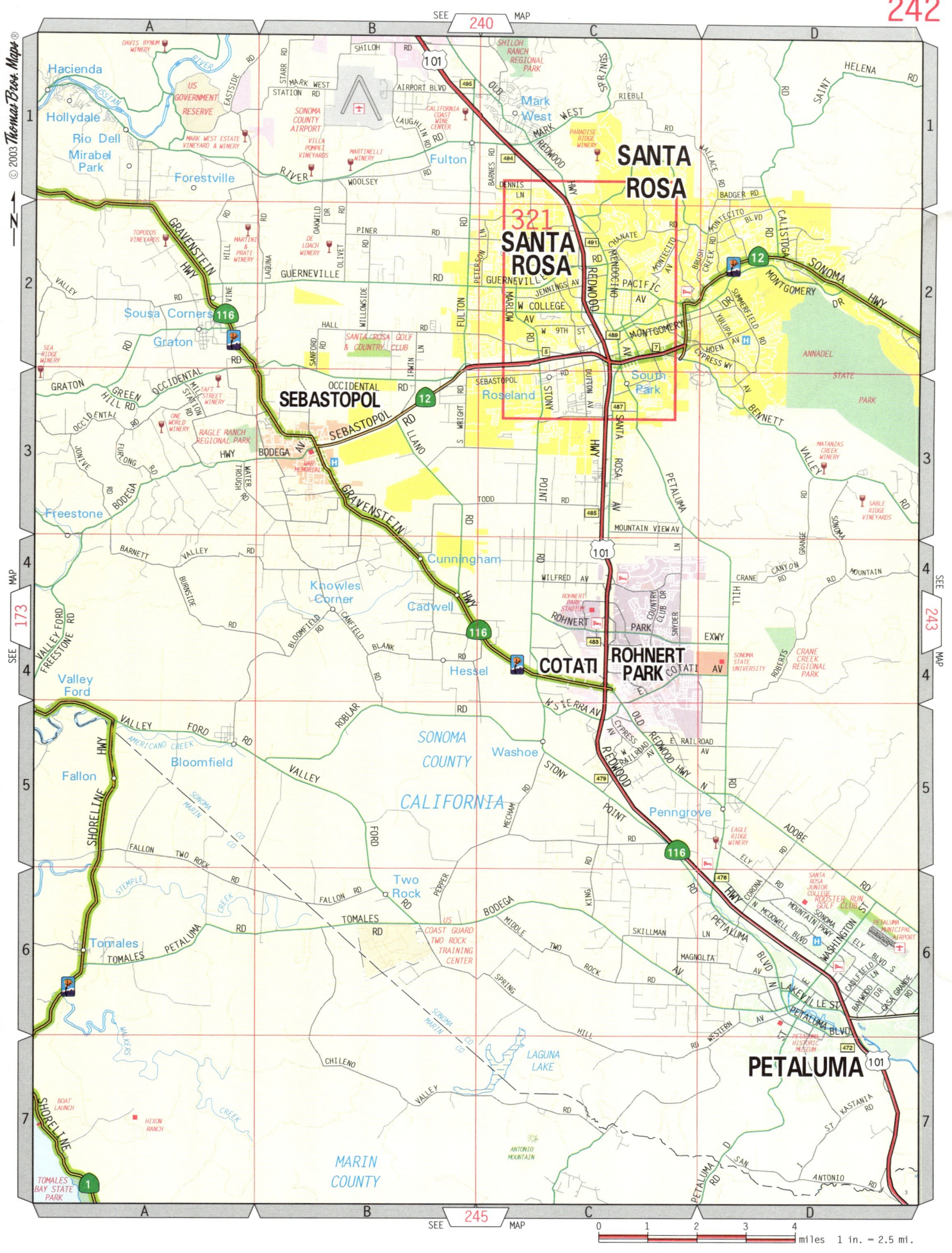

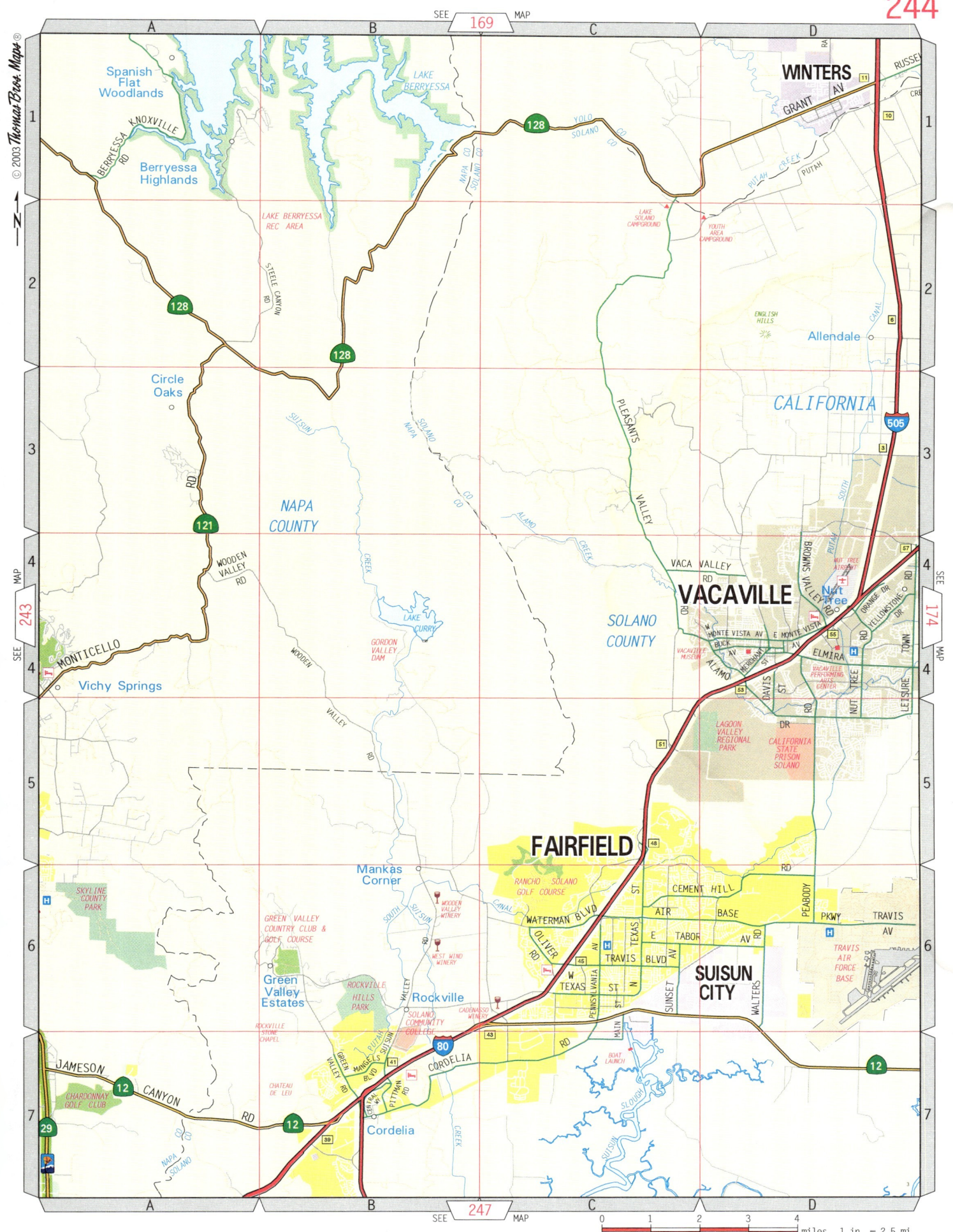

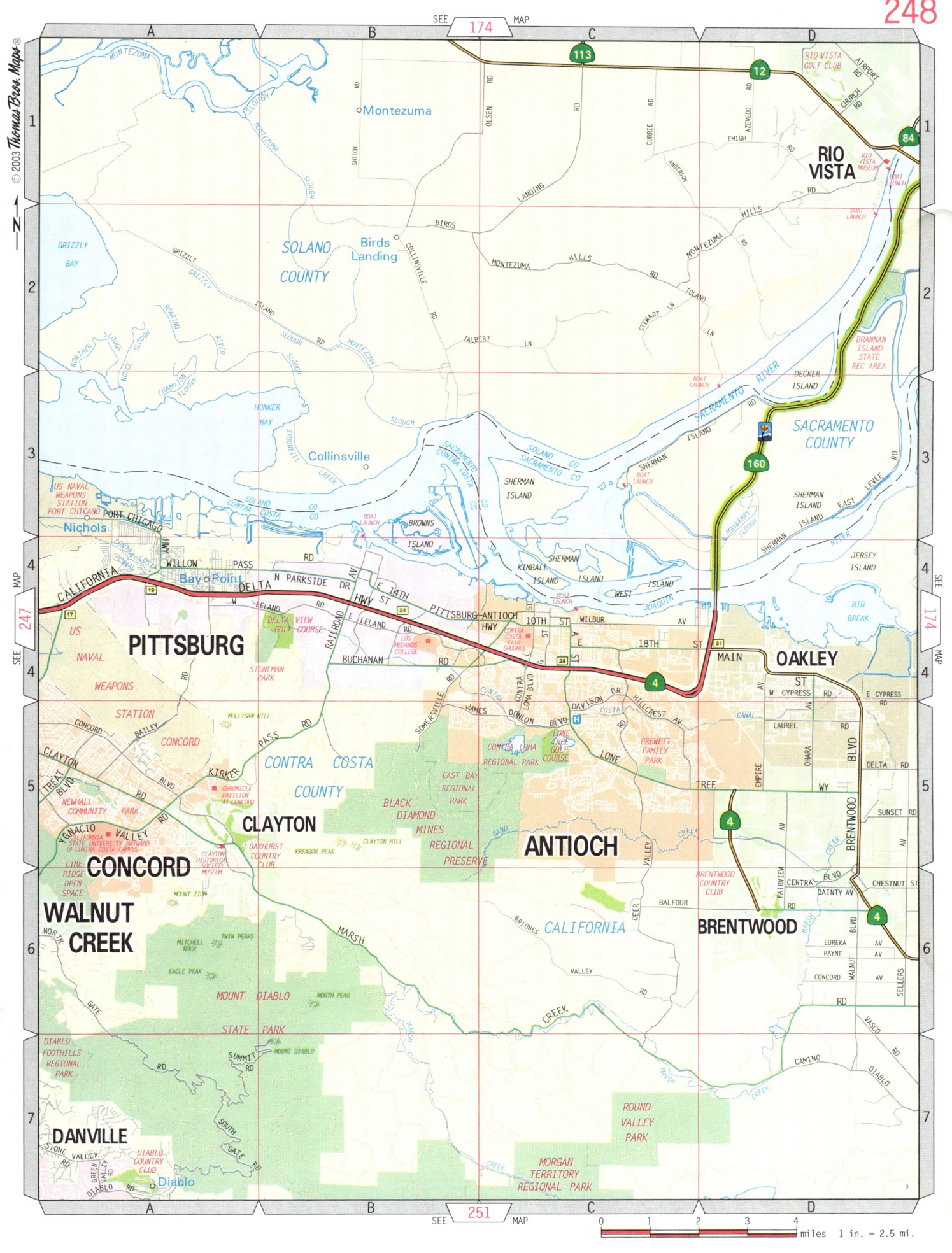

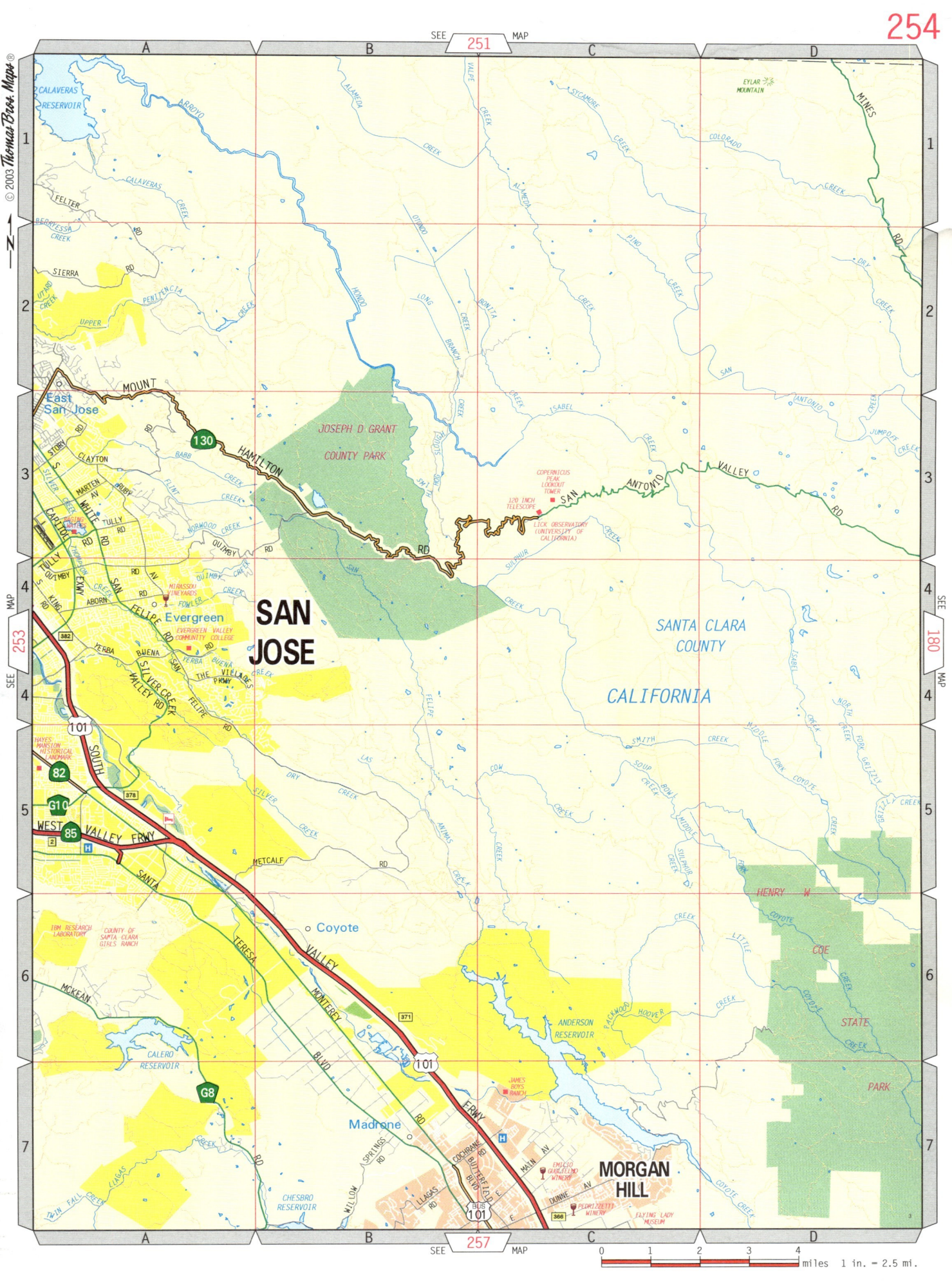

255

Santa Cruz County, California

Places and features visible:
- Big Basin Redwoods State Park
- Brookdale
- Loch Lomond
- Lompico
- Ben Lomond
- Zayante
- Henry Cowell Redwoods State Park
- Felton
- Hallcrest Vineyards
- Felton Covered Bridge
- Mount Hermon
- Scotts Valley
- Skypark Airport
- Bonny Doon
- Davenport Landing
- Davenport
- Wilder Ranch State Park
- Pogonip Open Space Preserve
- Pasatiempo
- Santa Cruz
- Twin Lakes
- Pacific Ocean

Roads: Hwy 1 (Cabrillo Hwy), Hwy 9, Hwy 17, Swanton Rd, Last Chance Rd, Blodgetts Rd, Empire Grade Rd, Pine Flat Rd, Bonny Doon Rd, Smith Grade Rd, Back Ranch Rd, Felton Empire Rd, Graham Hill Rd, Mount Hermon Rd, Glen Canyon Rd, Branciforte Dr, Bean Creek Rd, Glenwood Dr, Zayante Rd, Lompico Rd, E. Zayante Rd, Scotts Valley Dr, Mission St, Water St, High St, Bay St, W Cliff Dr, Capitola Rd

Scale: 0–4 miles, 1 in. = 2.5 mi.

© 2003 Thomas Bros. Maps

SEE MAP 252 (north)
SEE MAP 179 (south/west)
SEE MAP 256 (east)

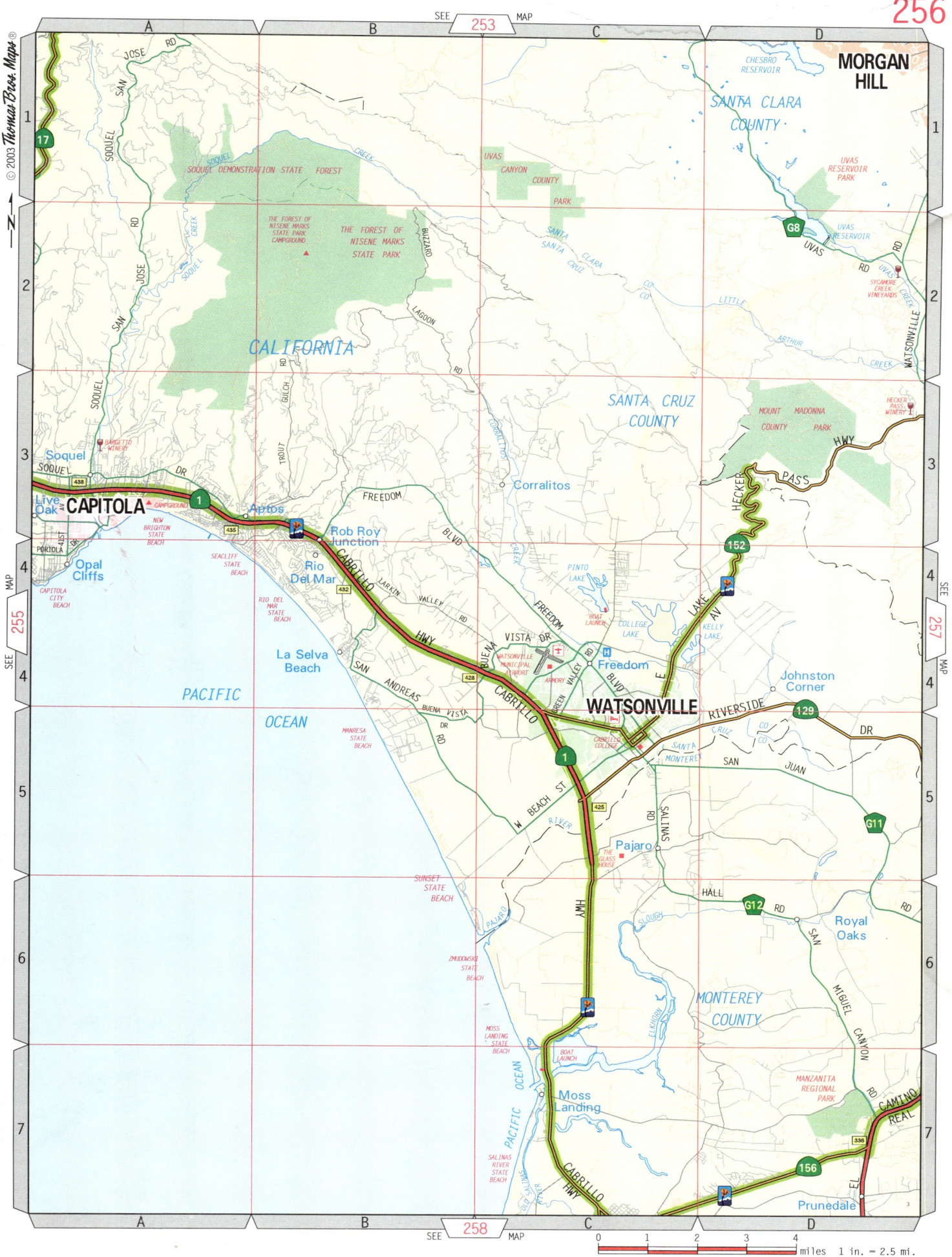

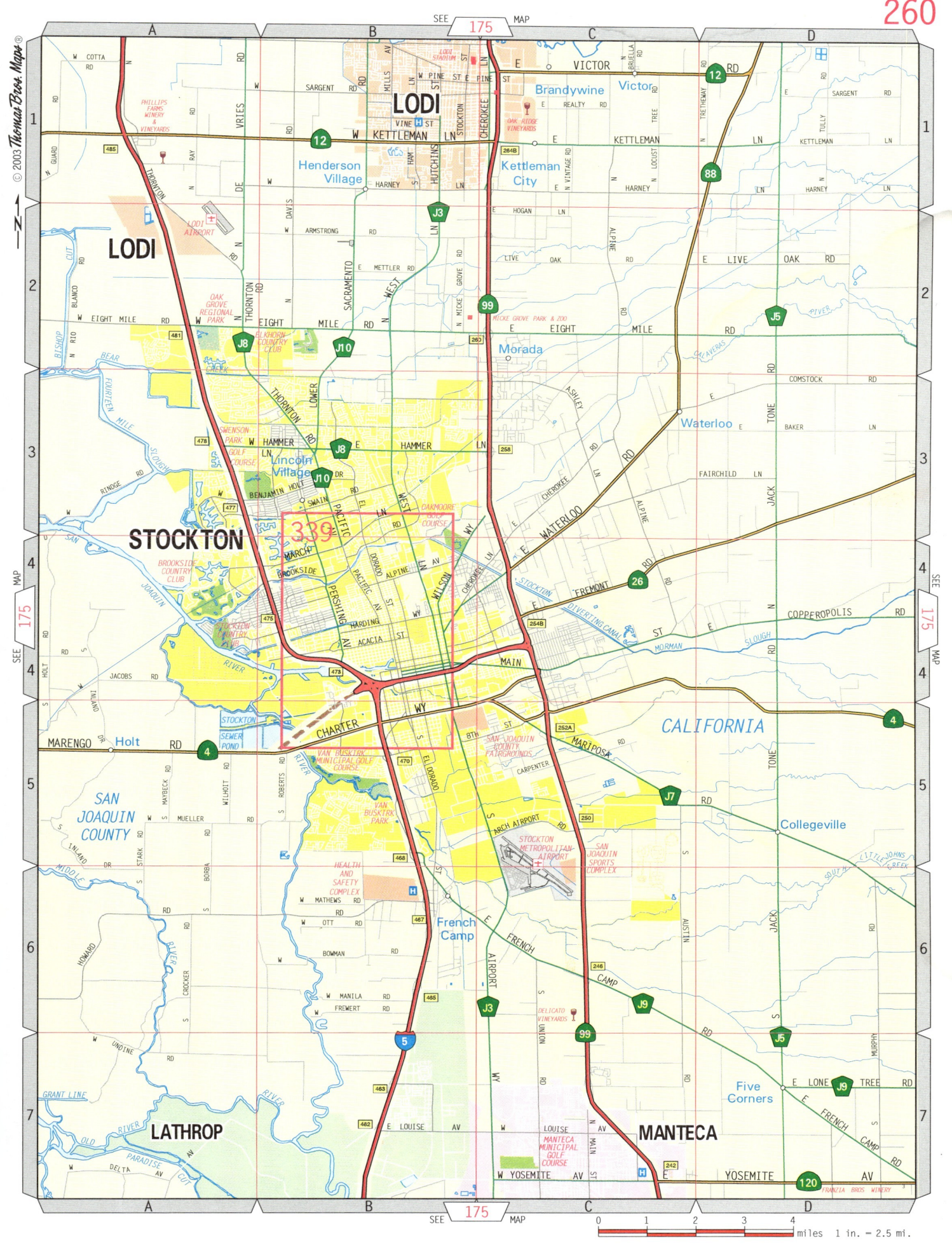

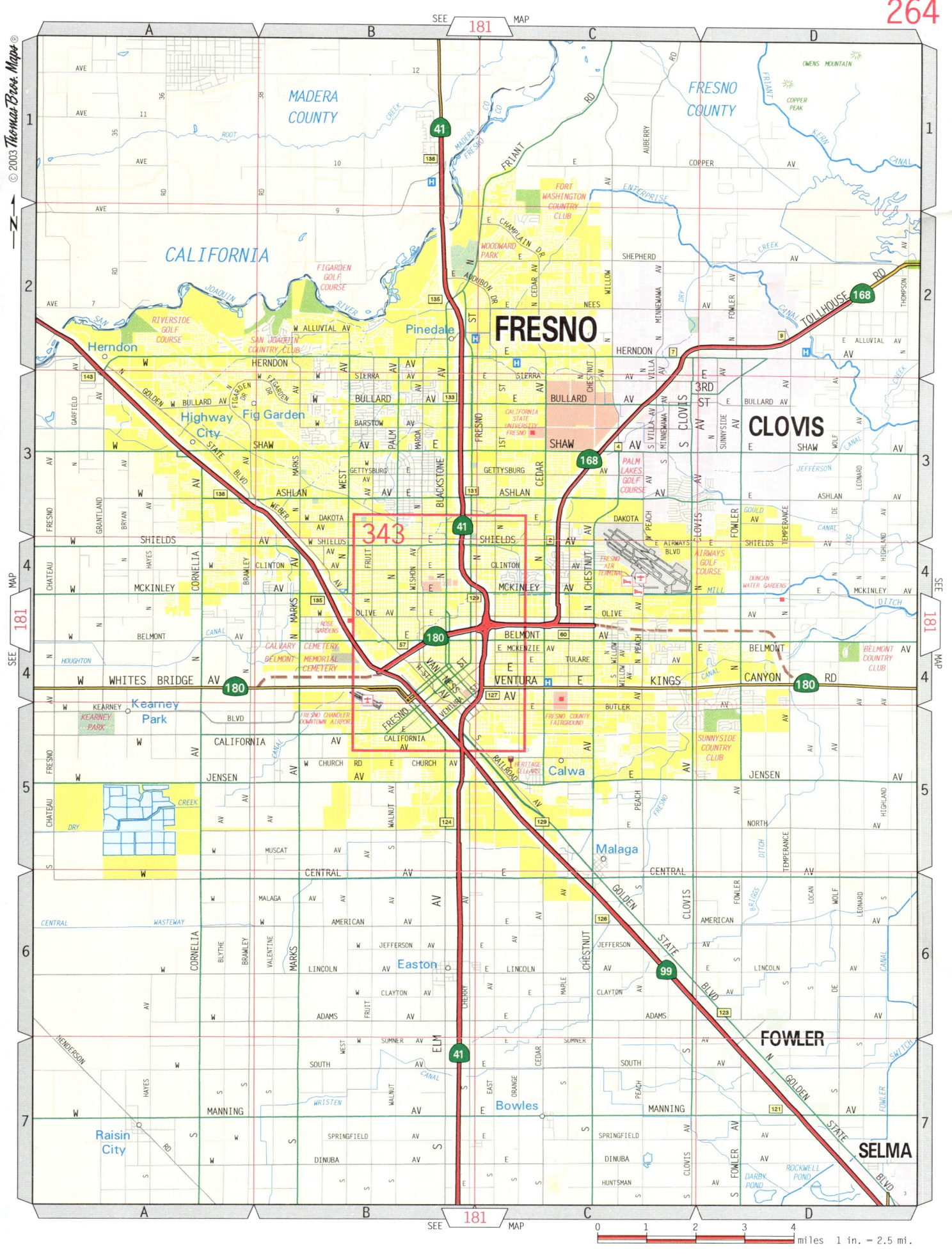

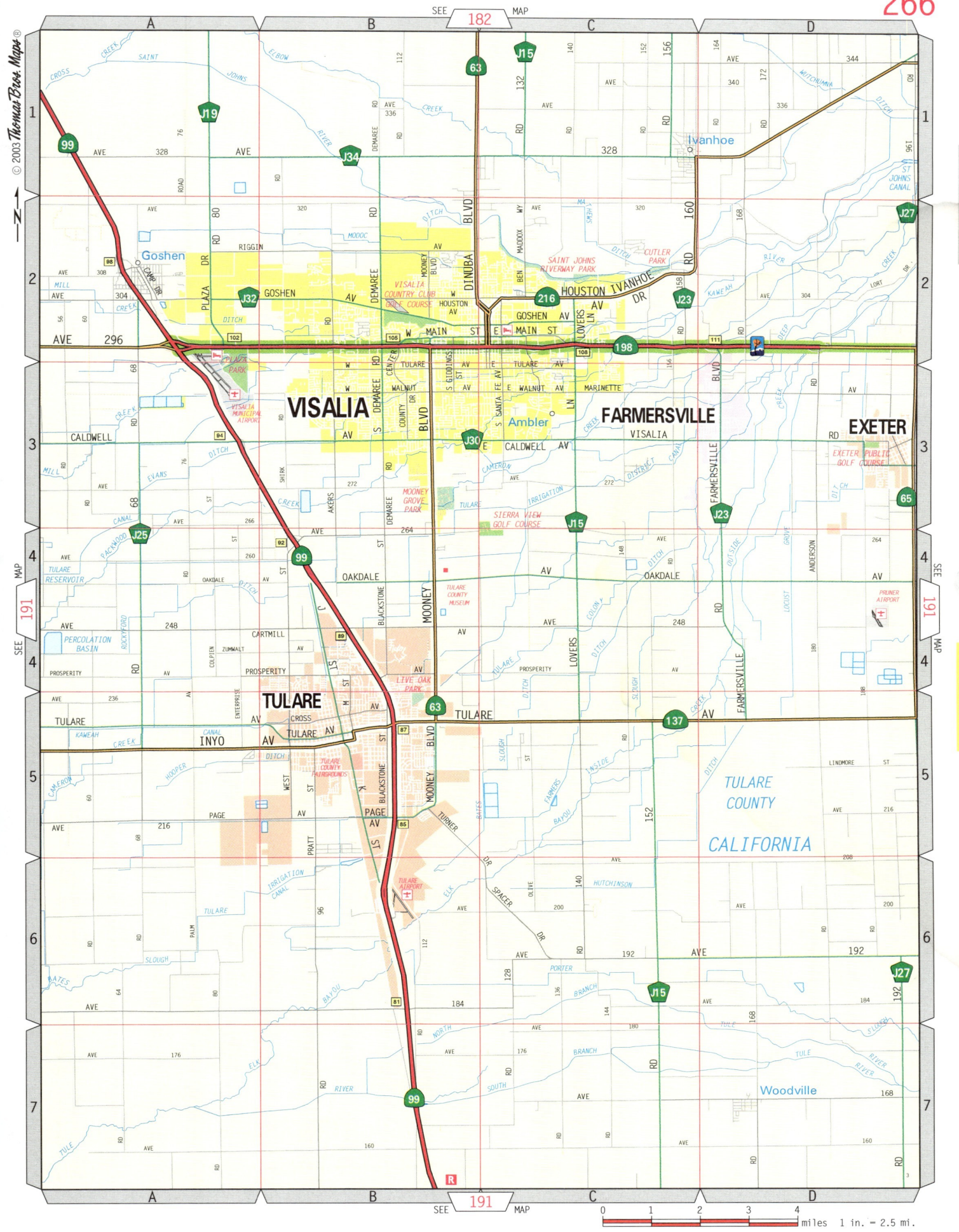

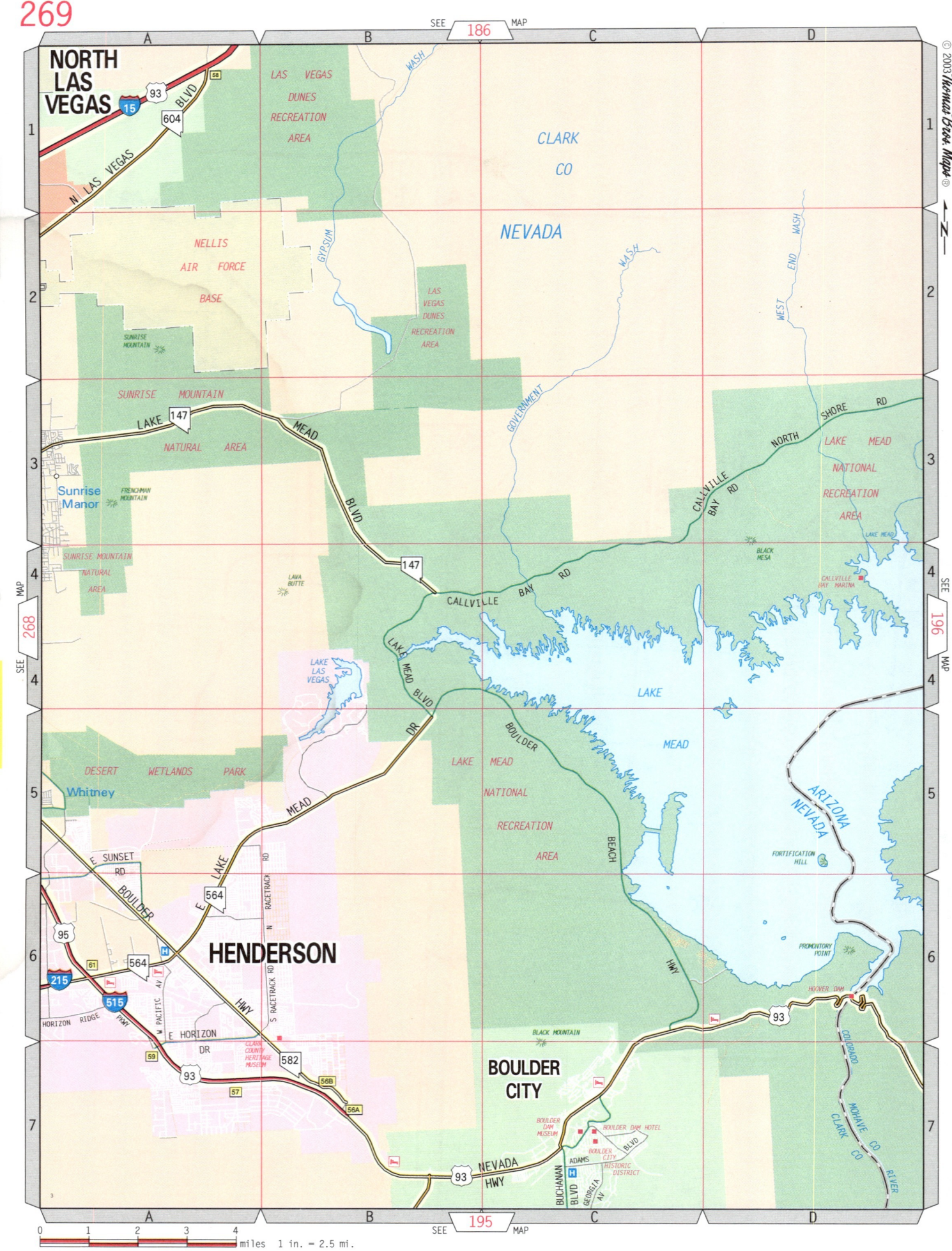

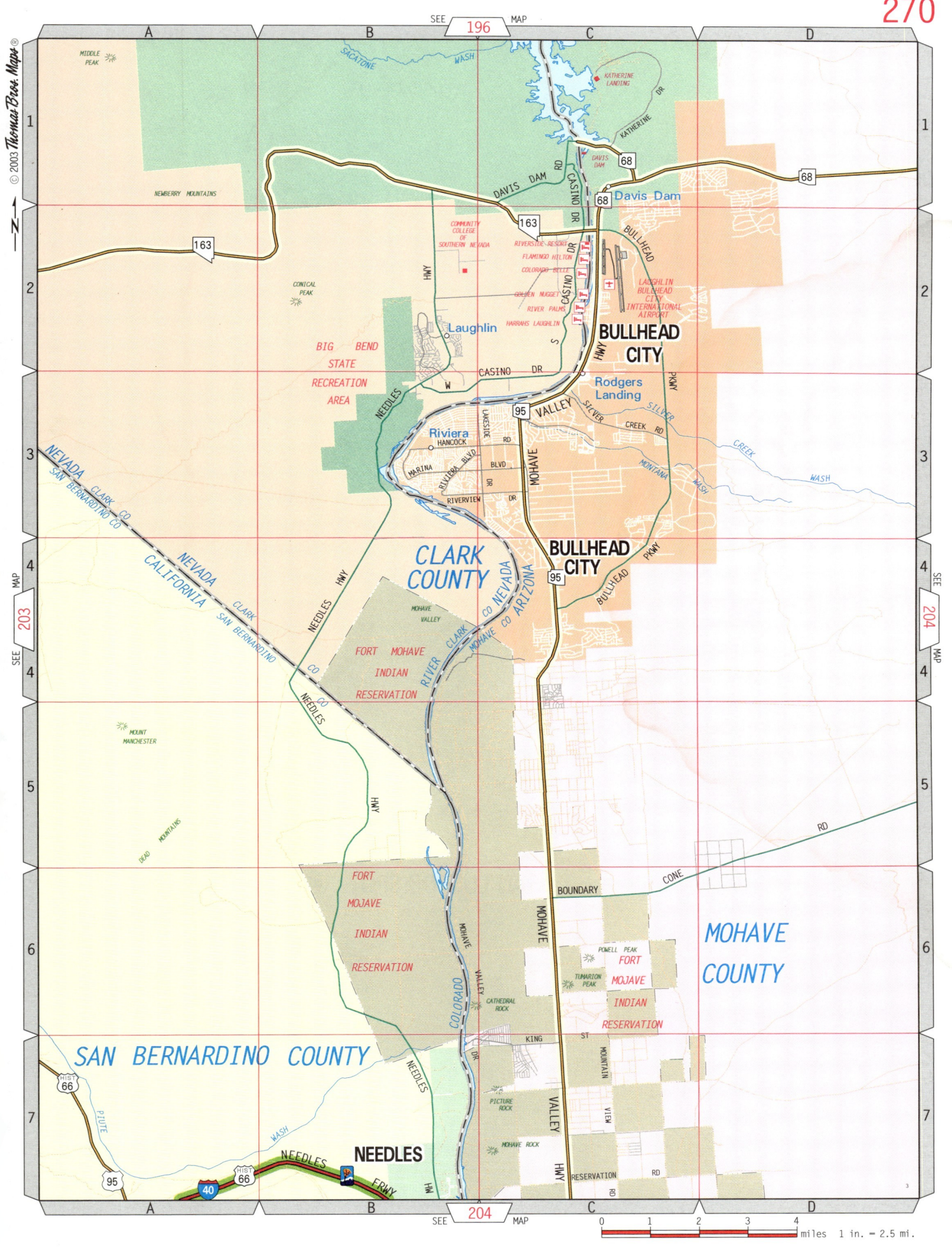

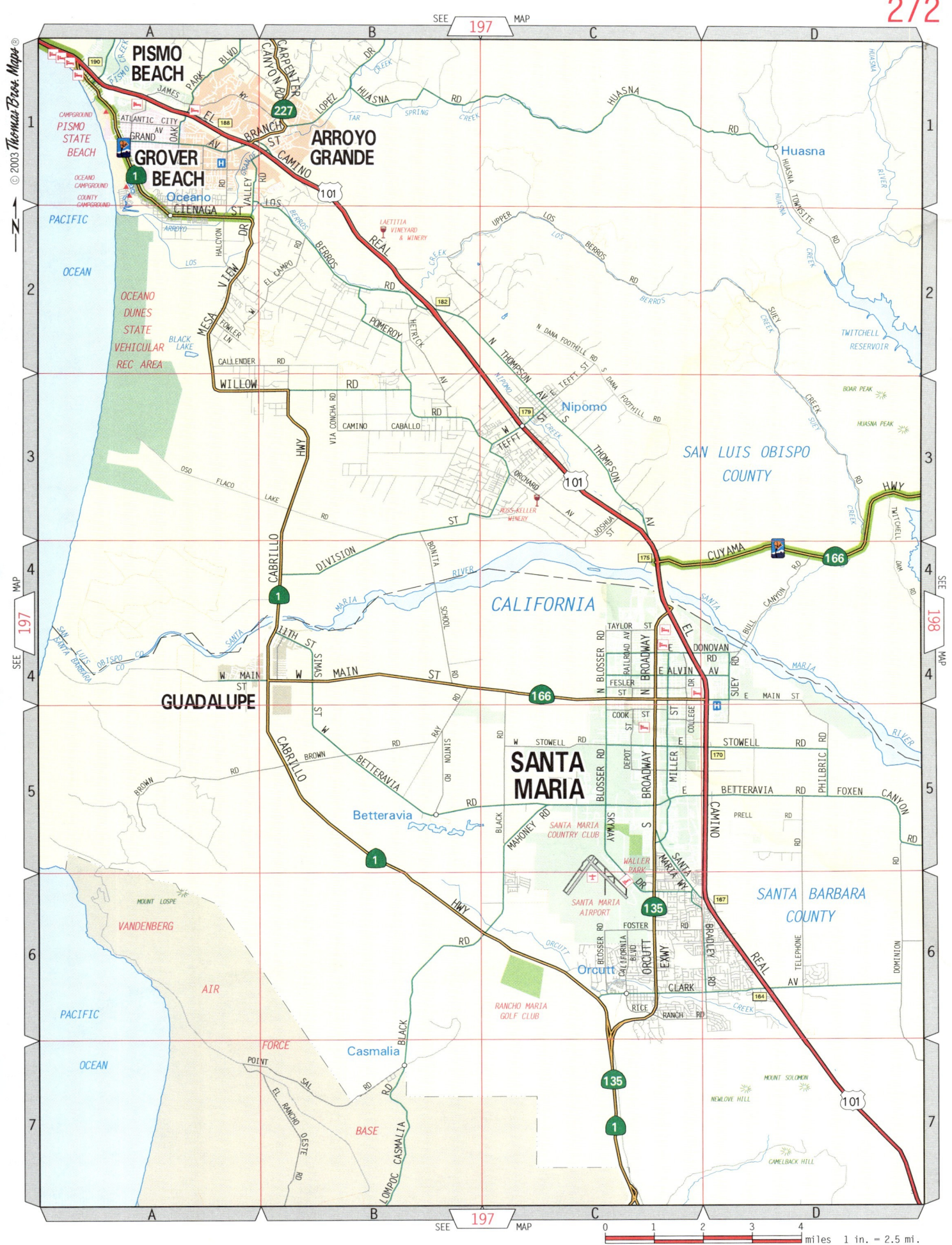

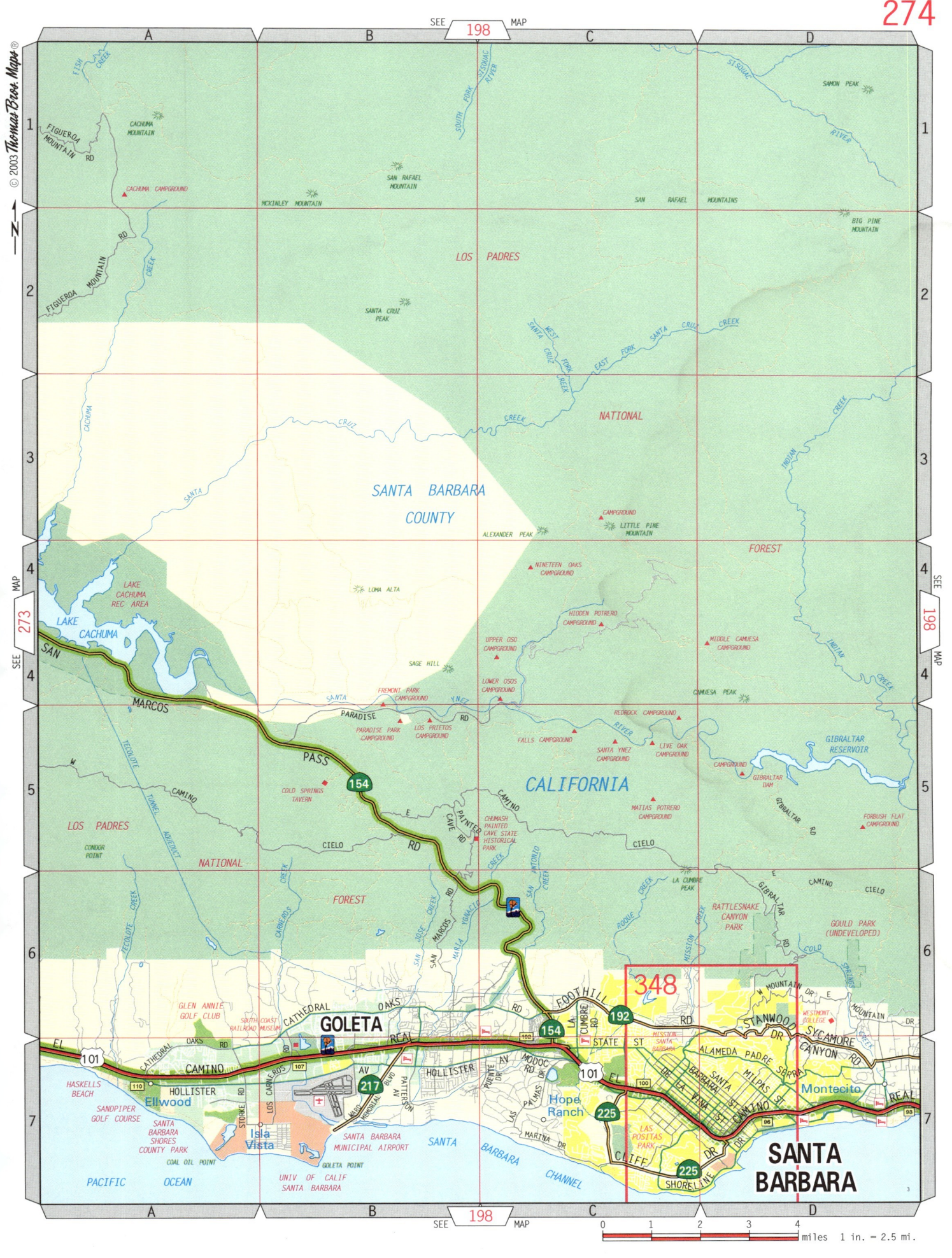

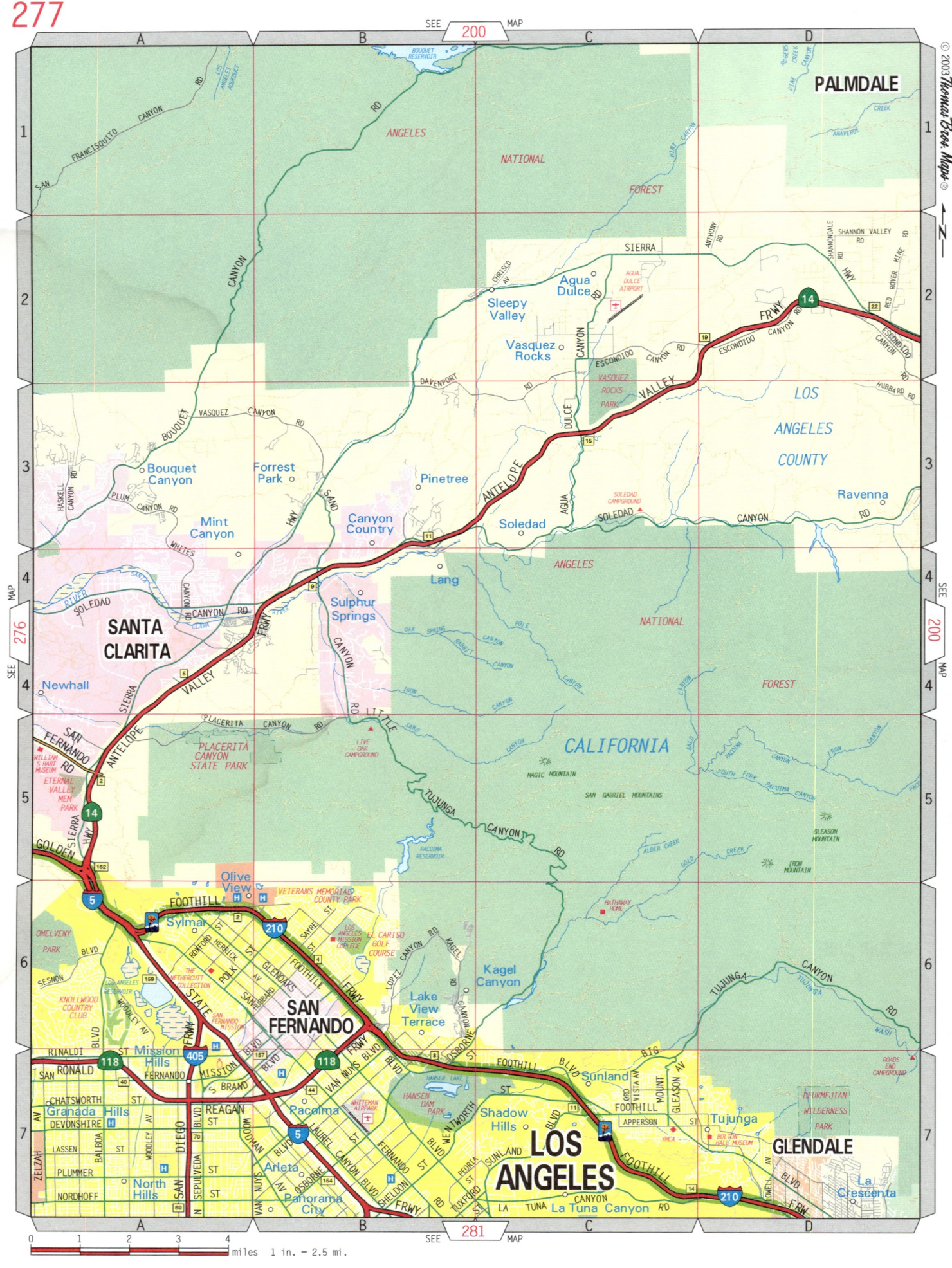

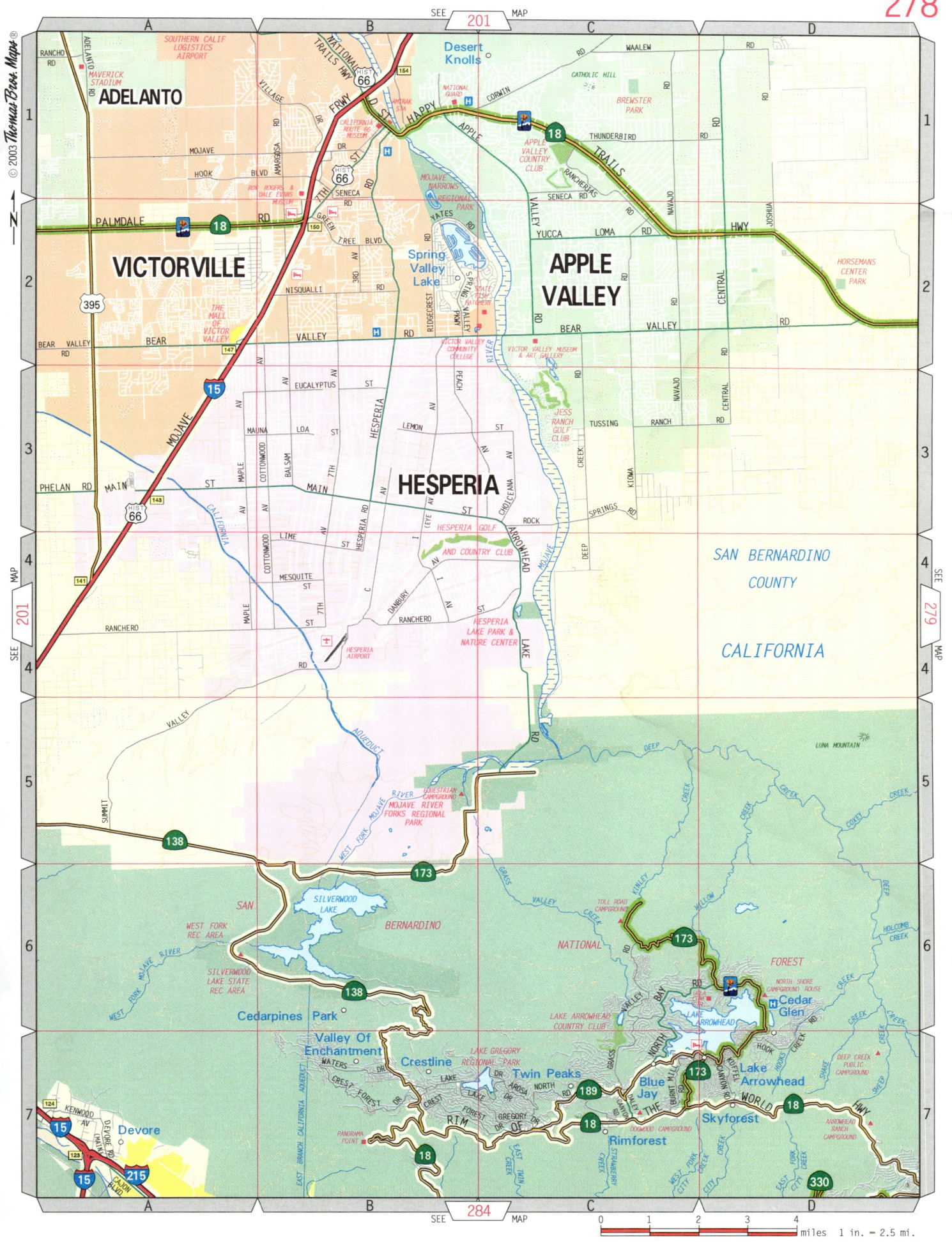

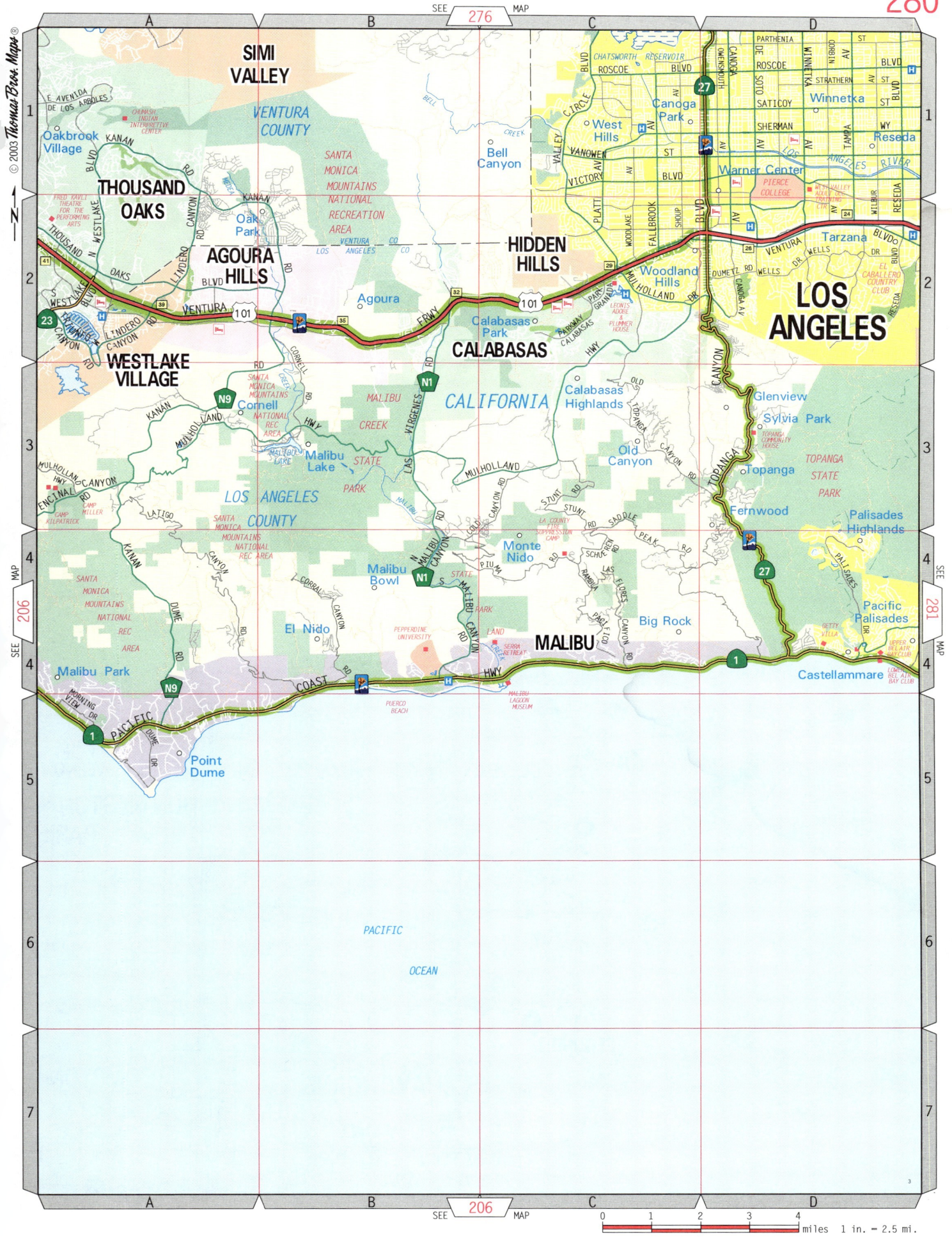

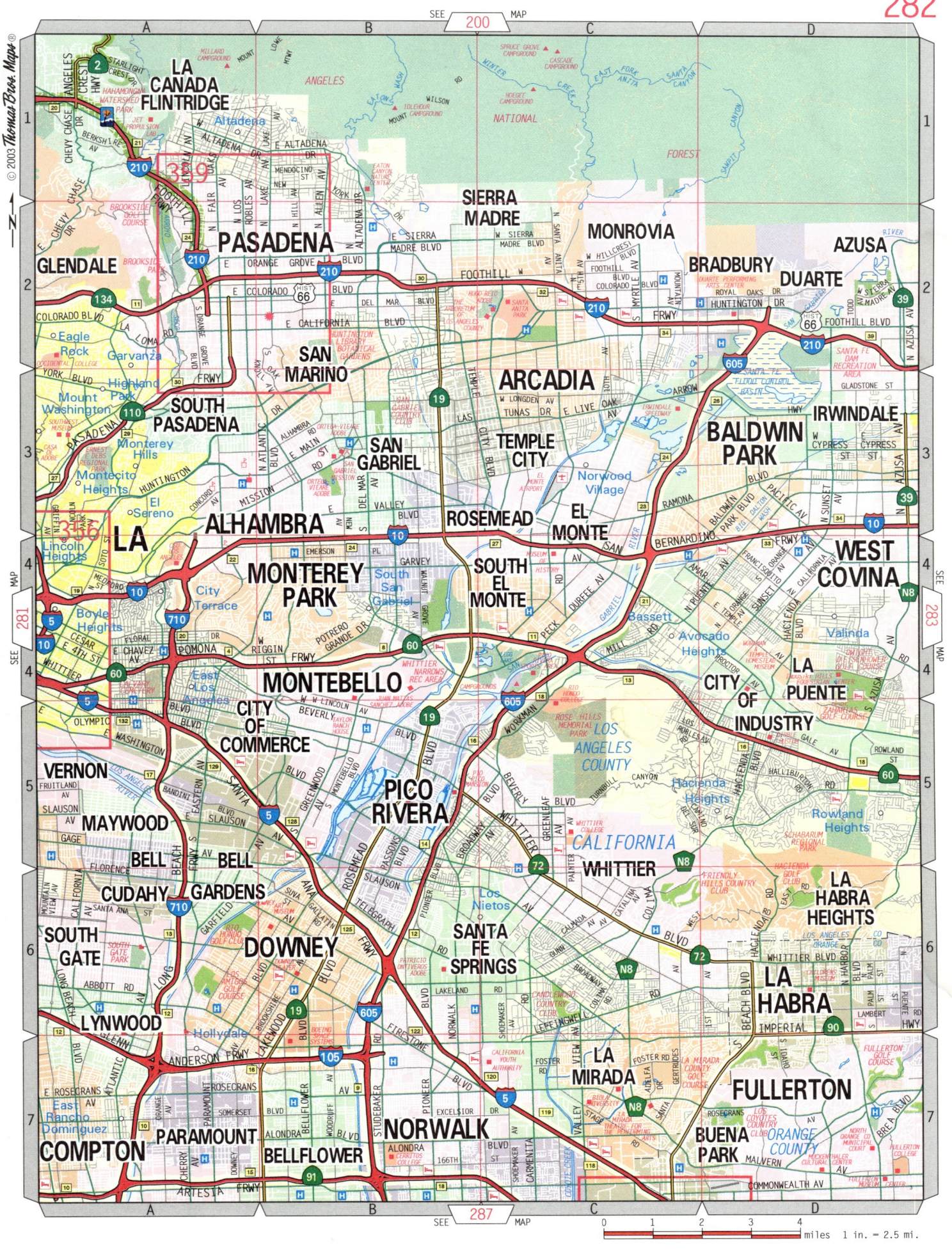

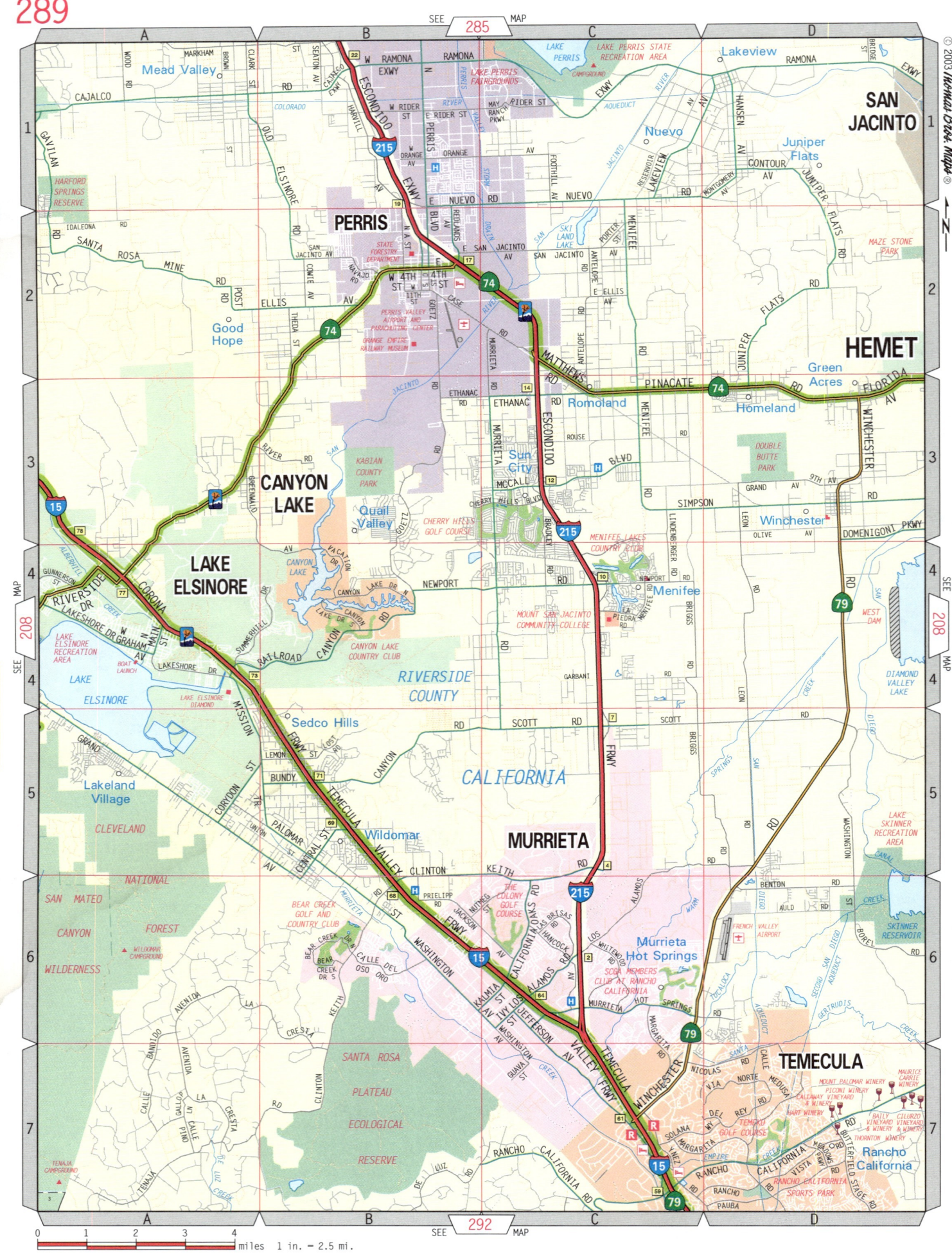

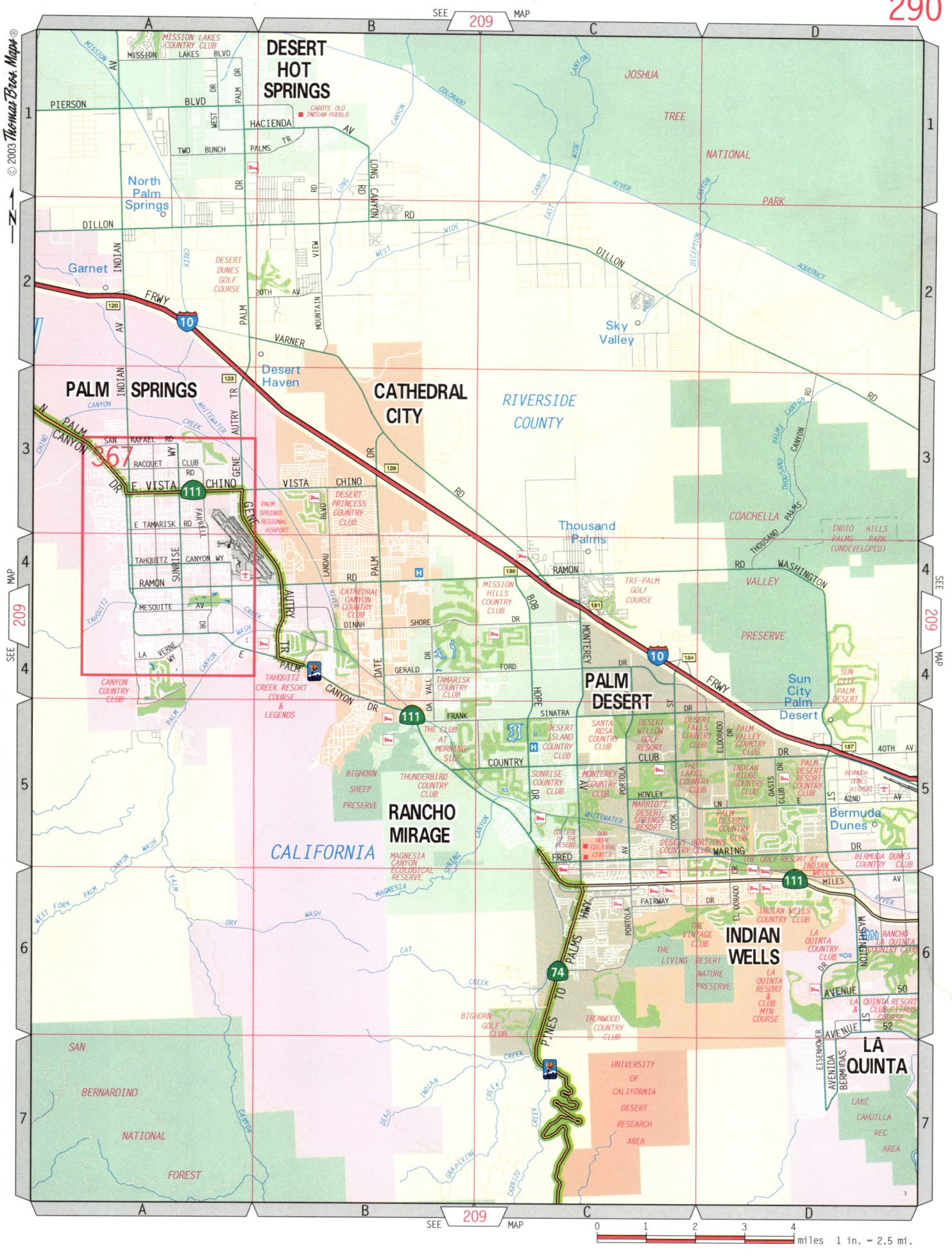

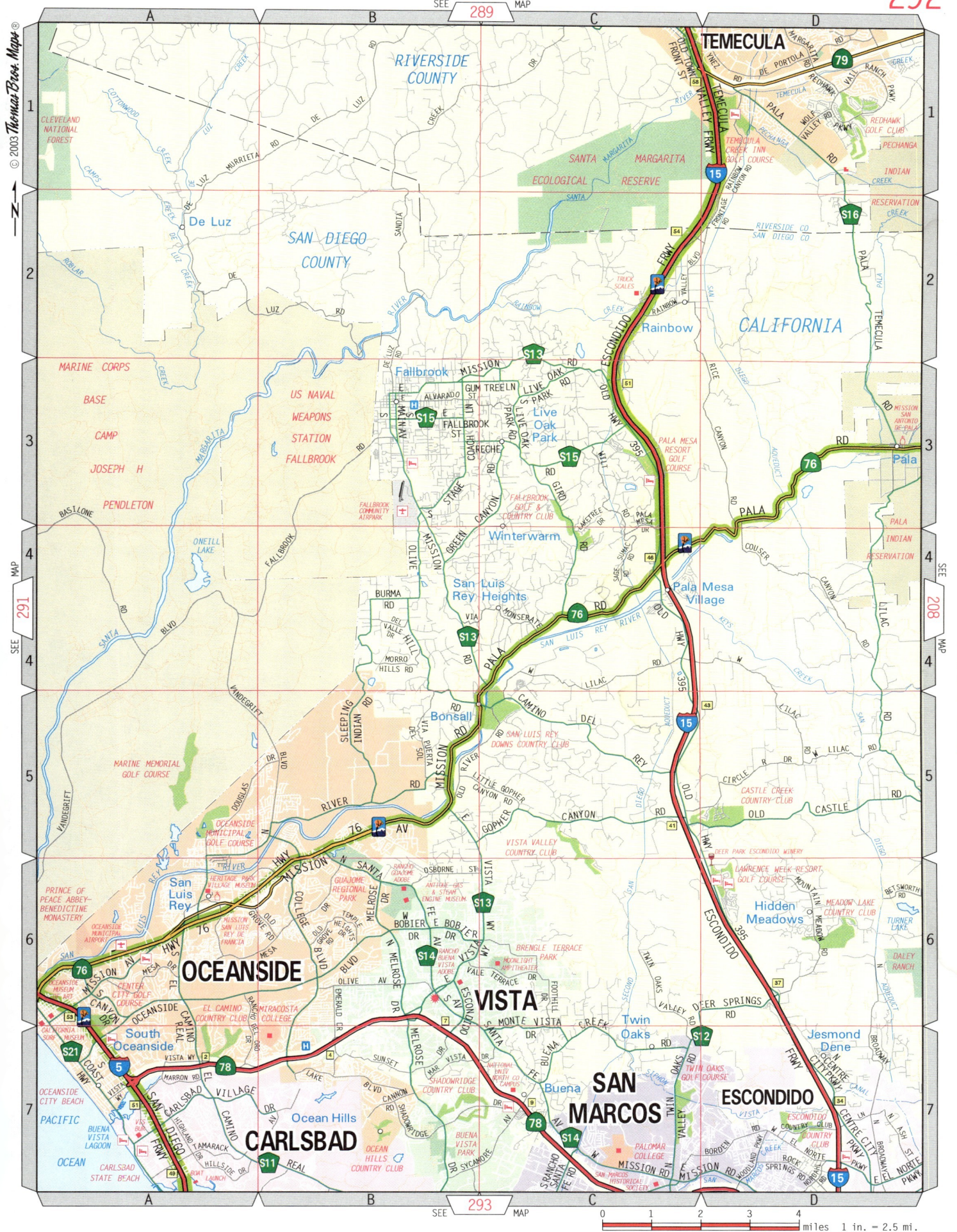

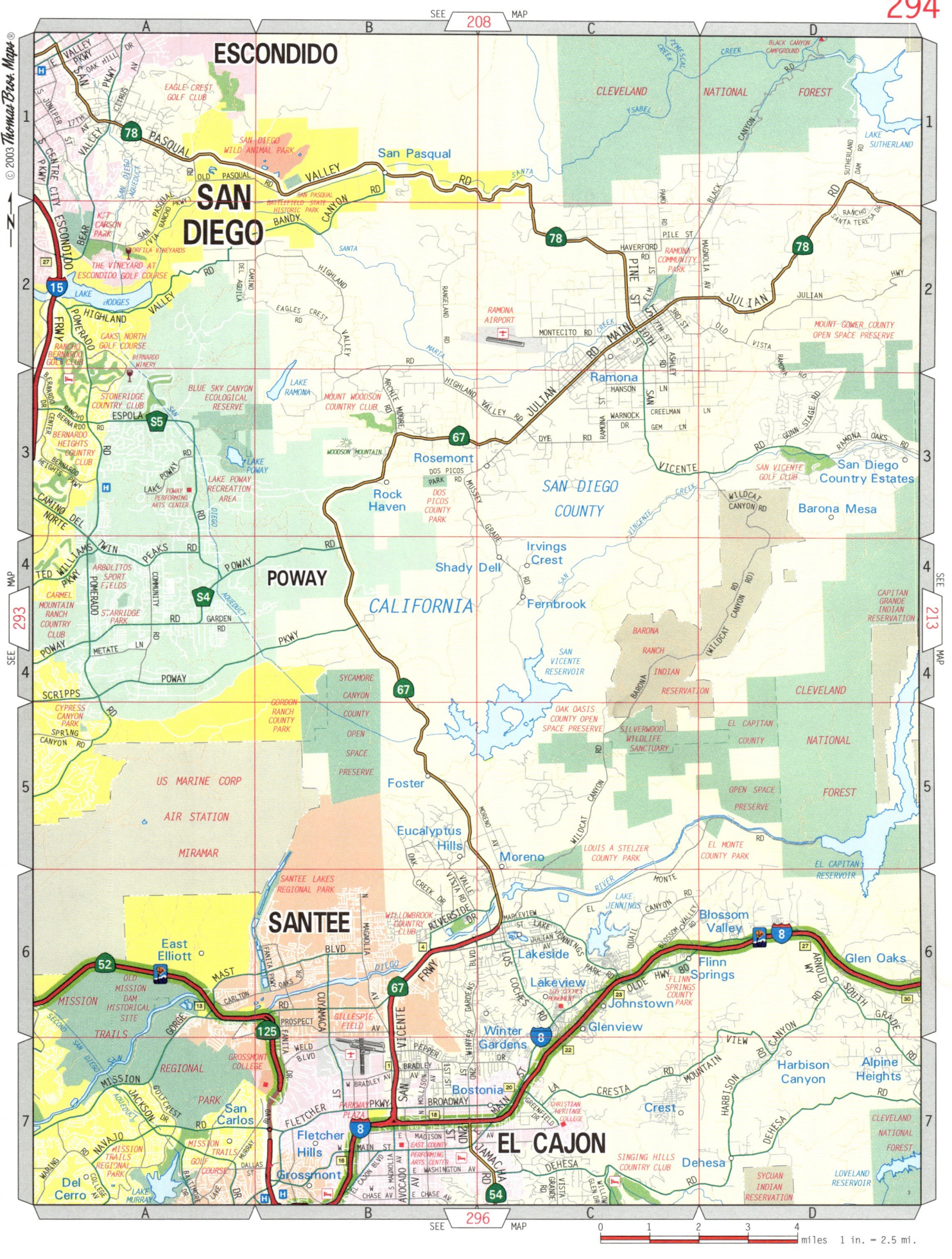

295

San Diego · Coronado · National City · Chula Vista · Imperial Beach

miles 1 in. = 2.5 mi.

© 2003 Thomas Bros. Maps

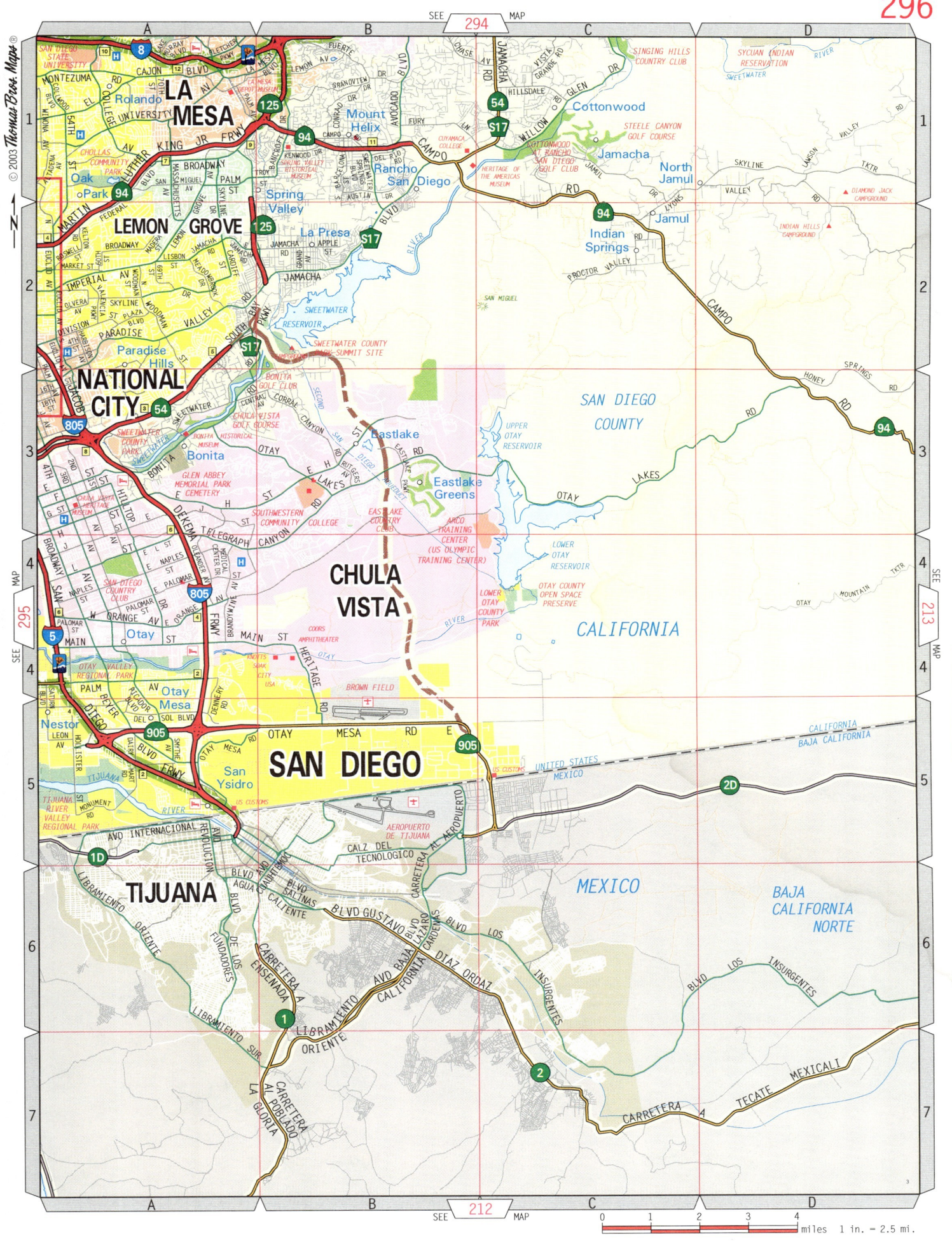

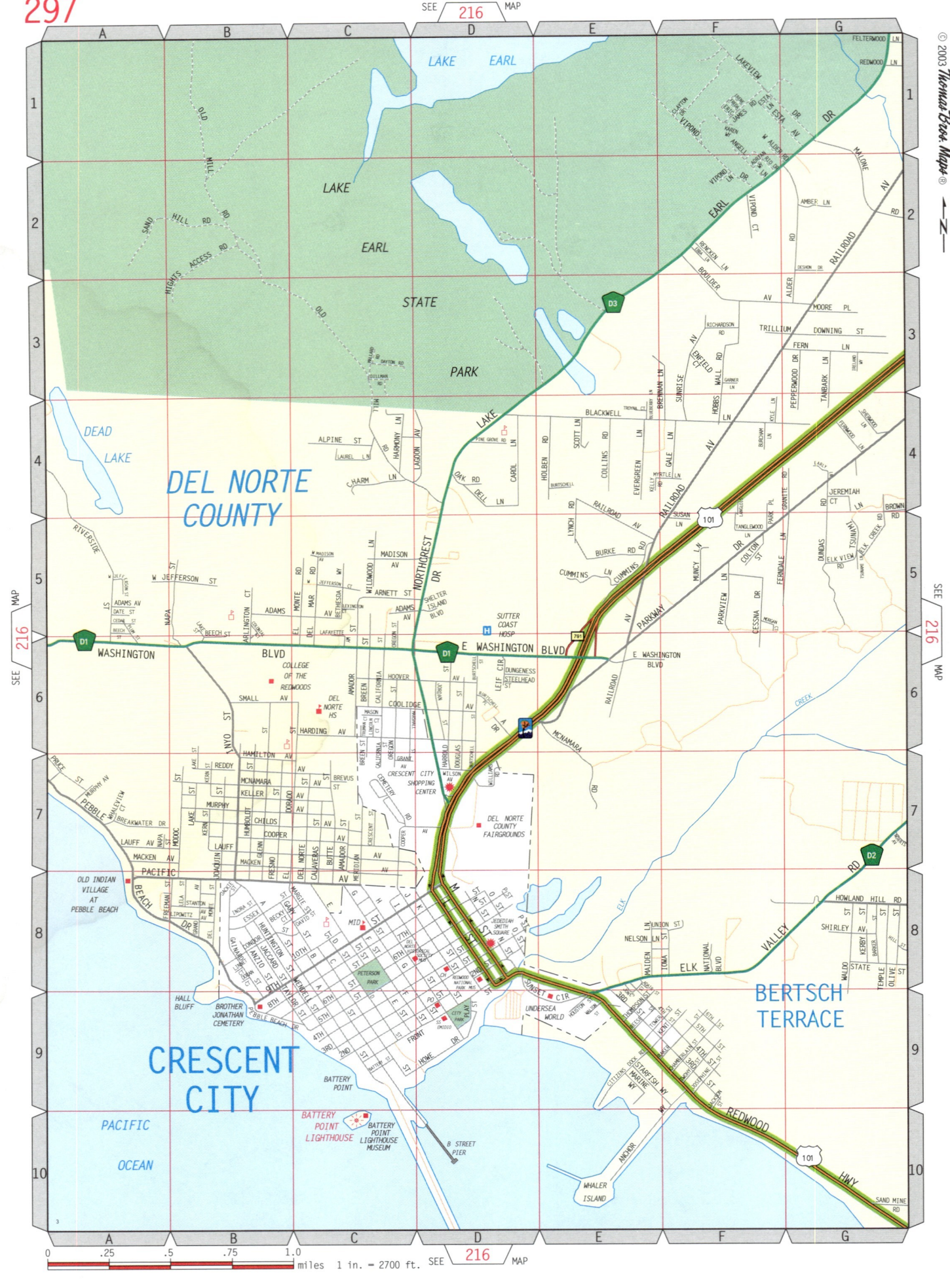

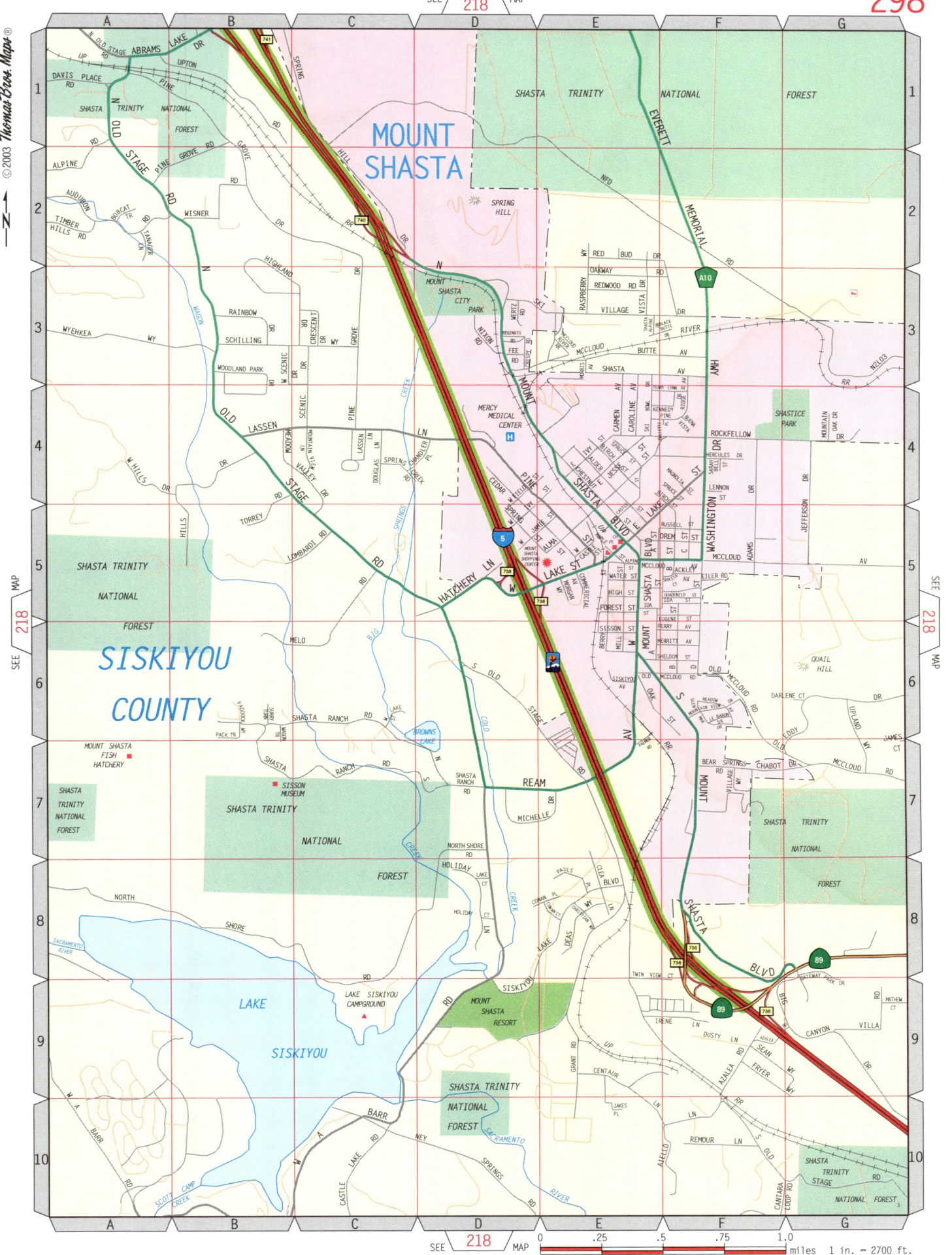

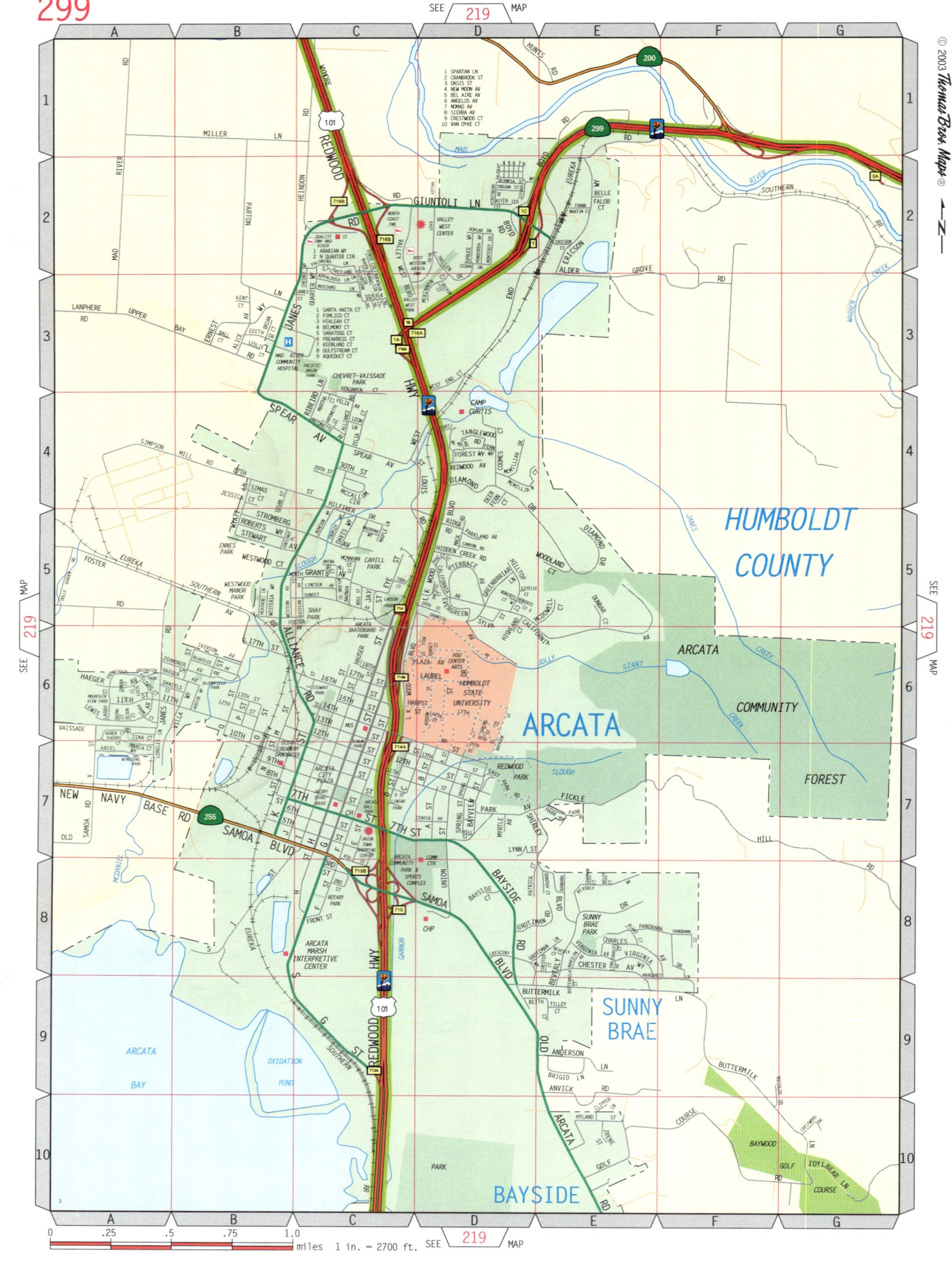

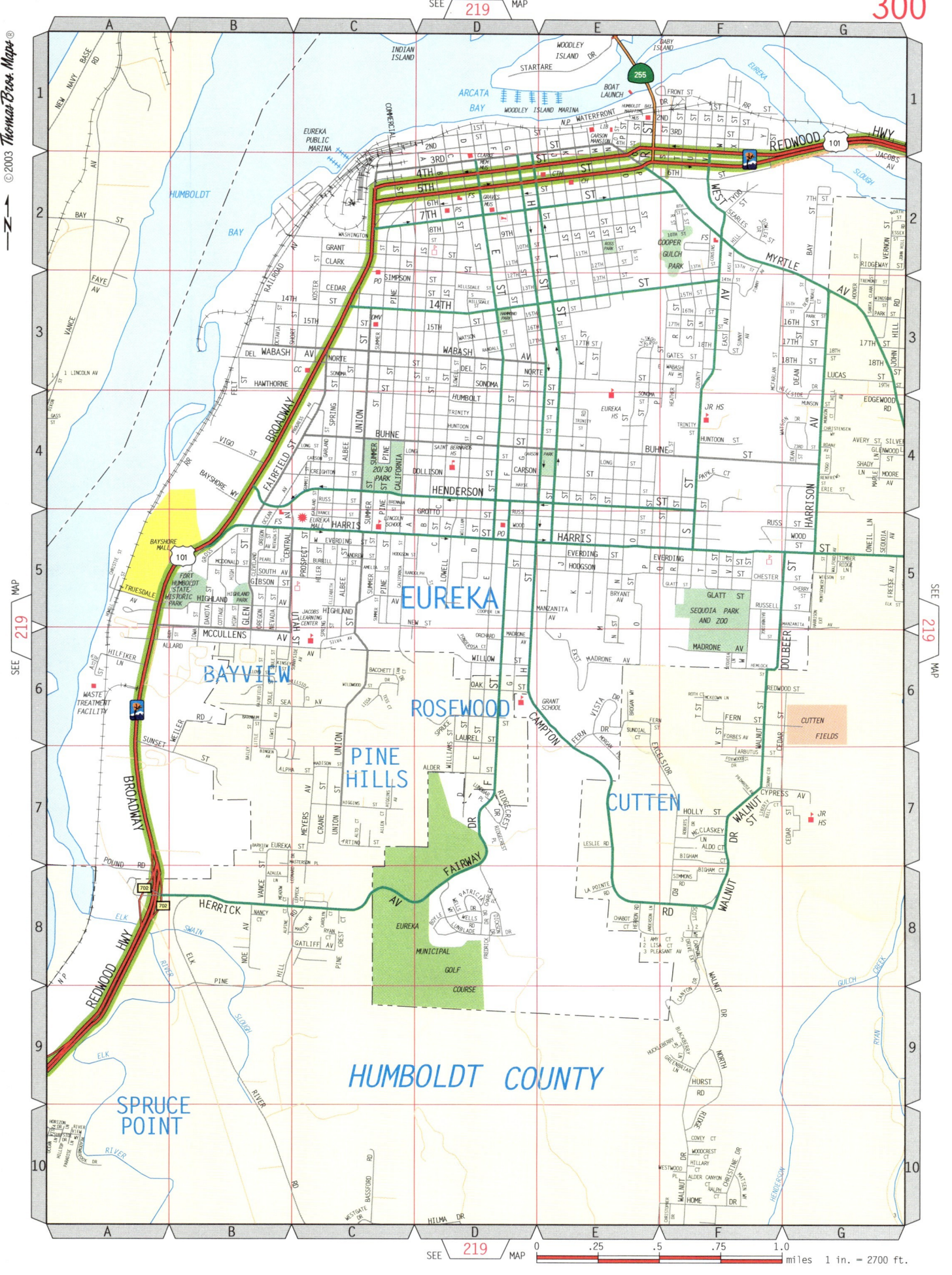

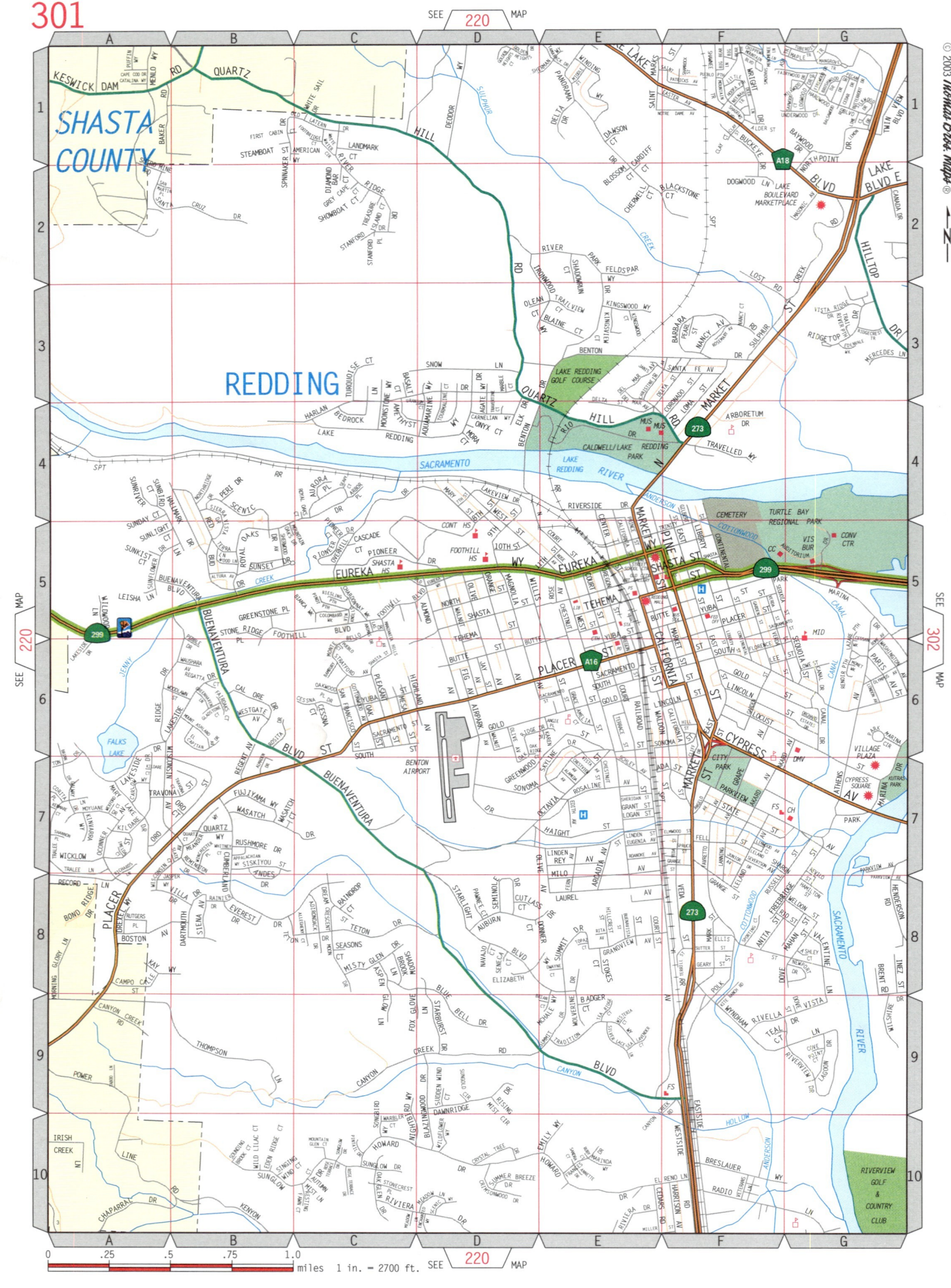

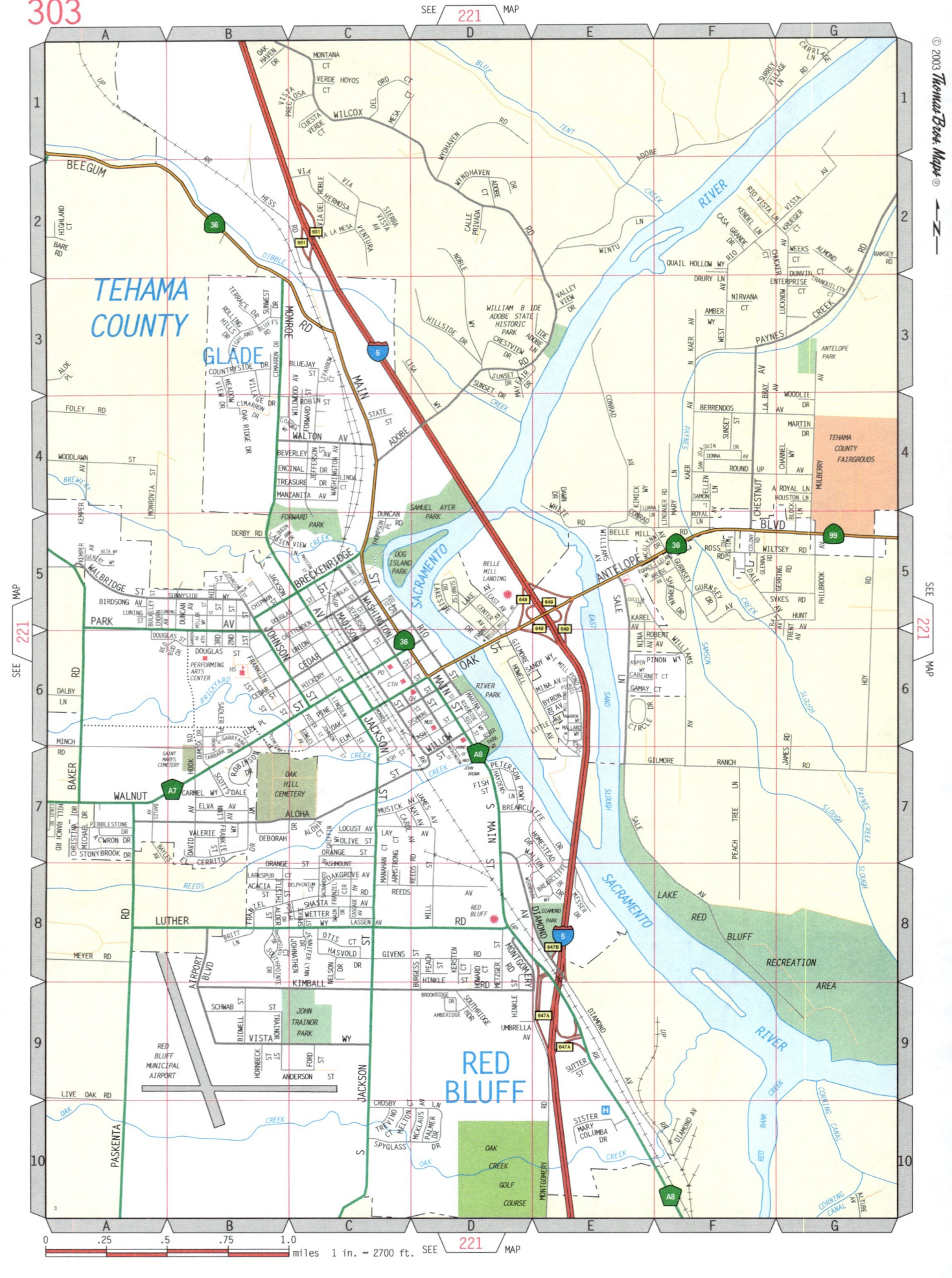

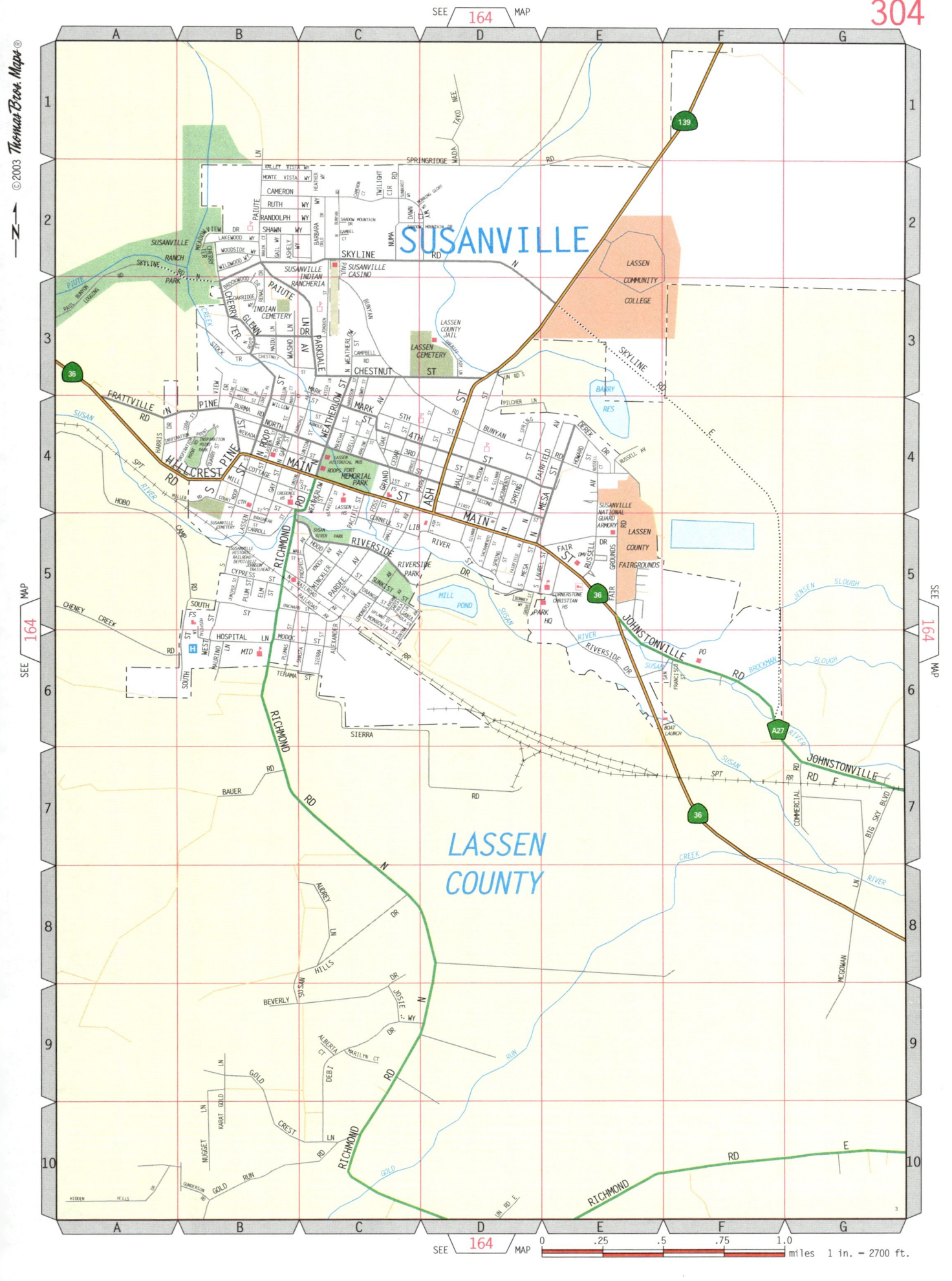

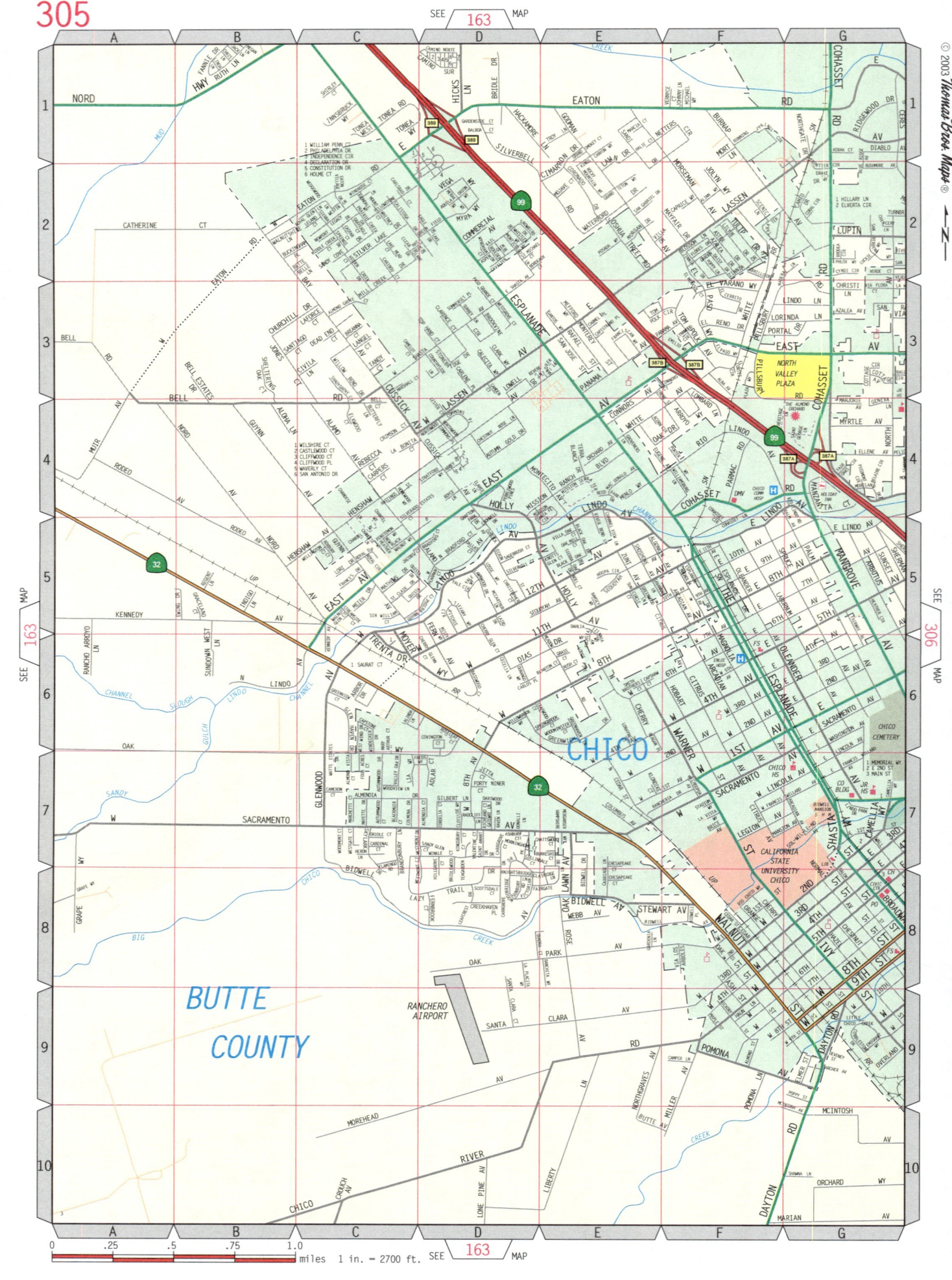

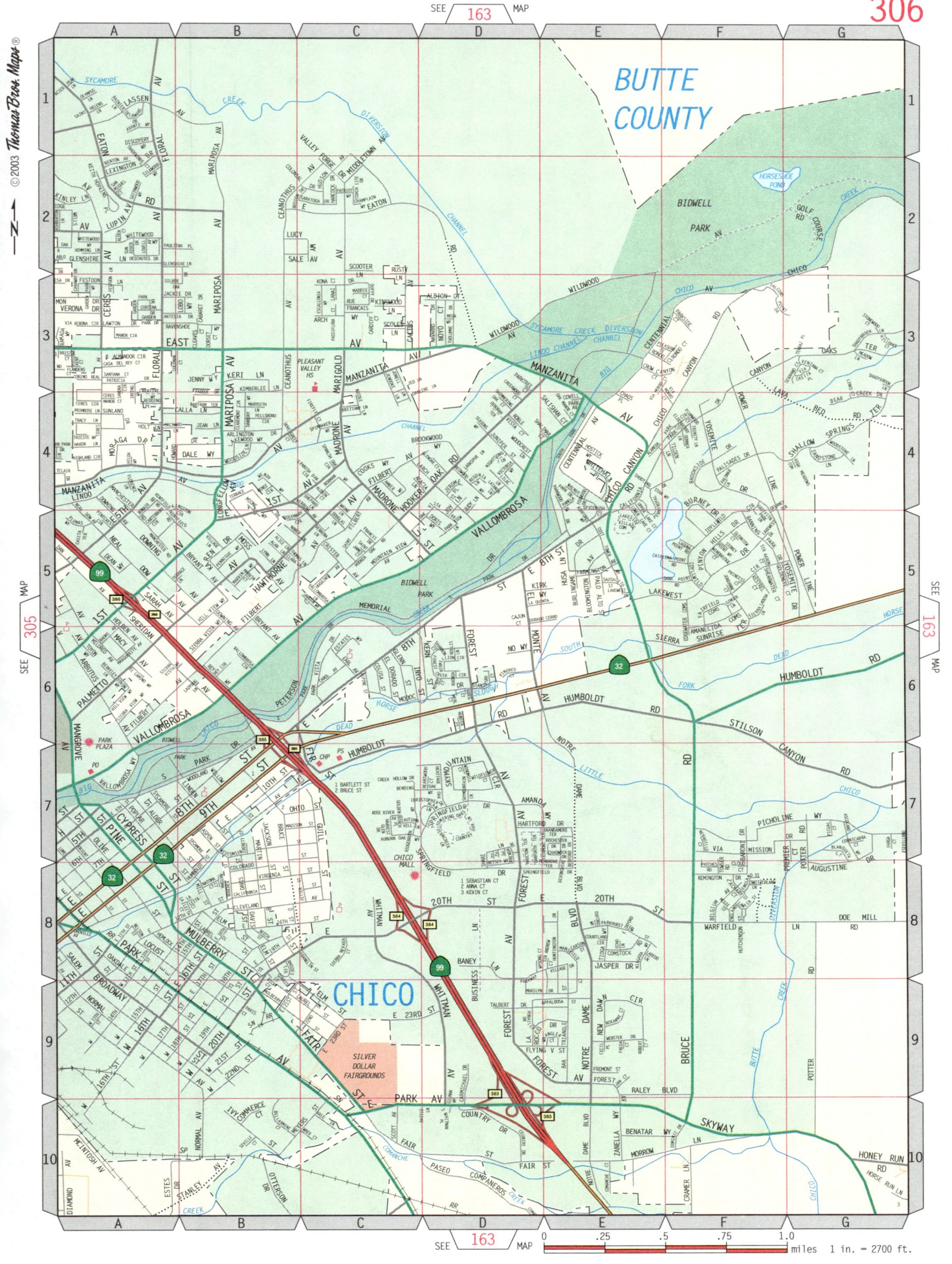

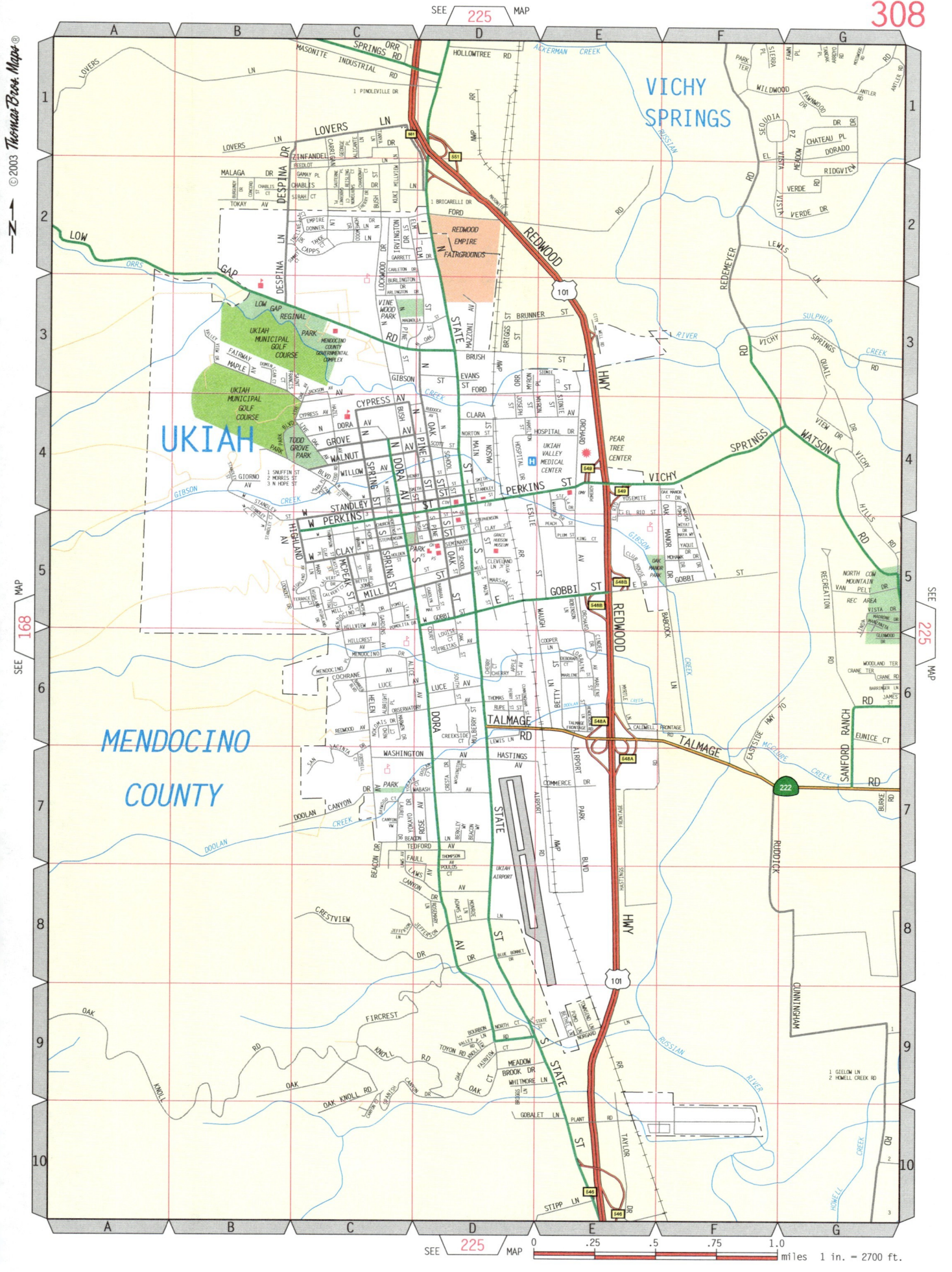

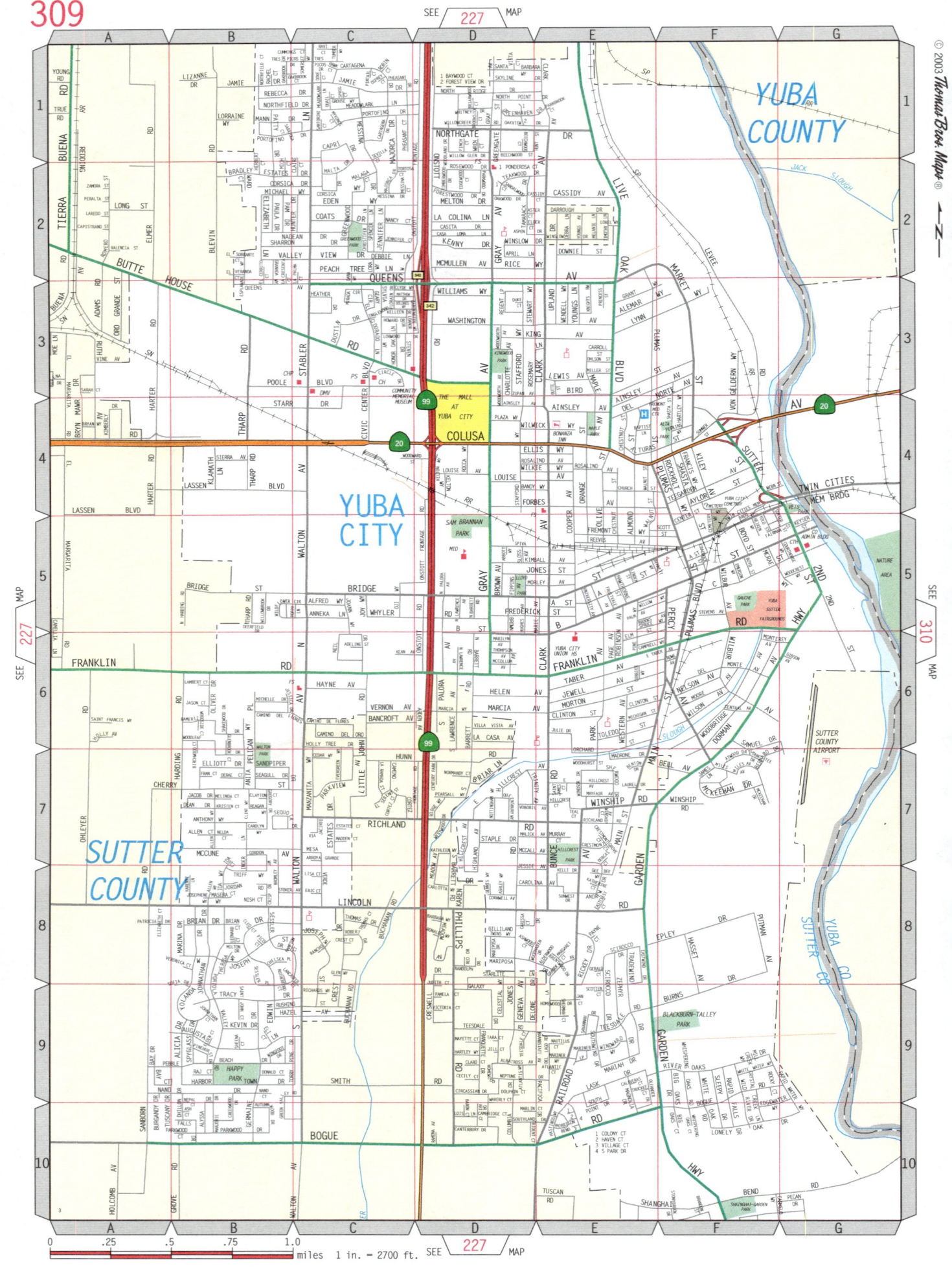

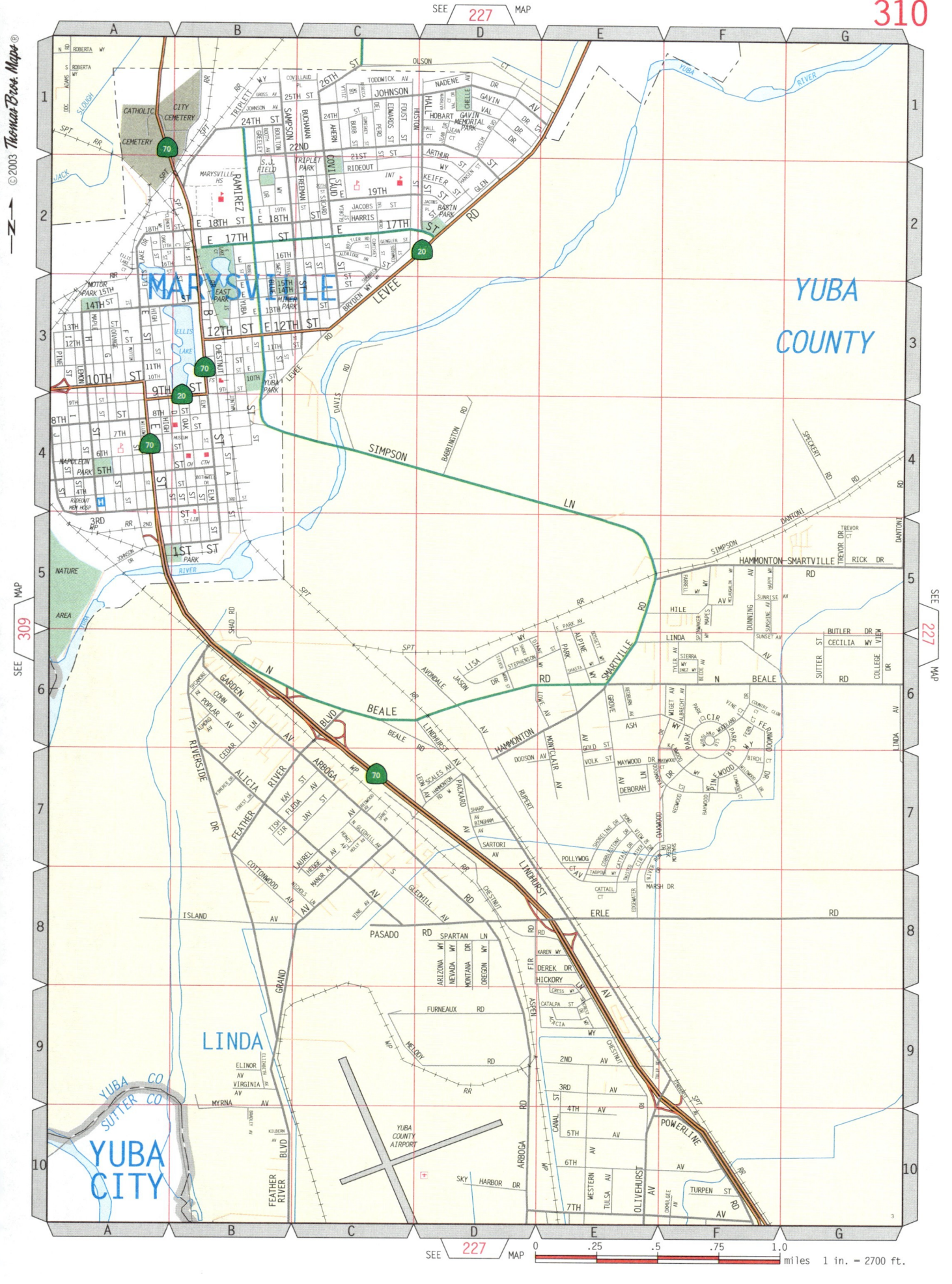

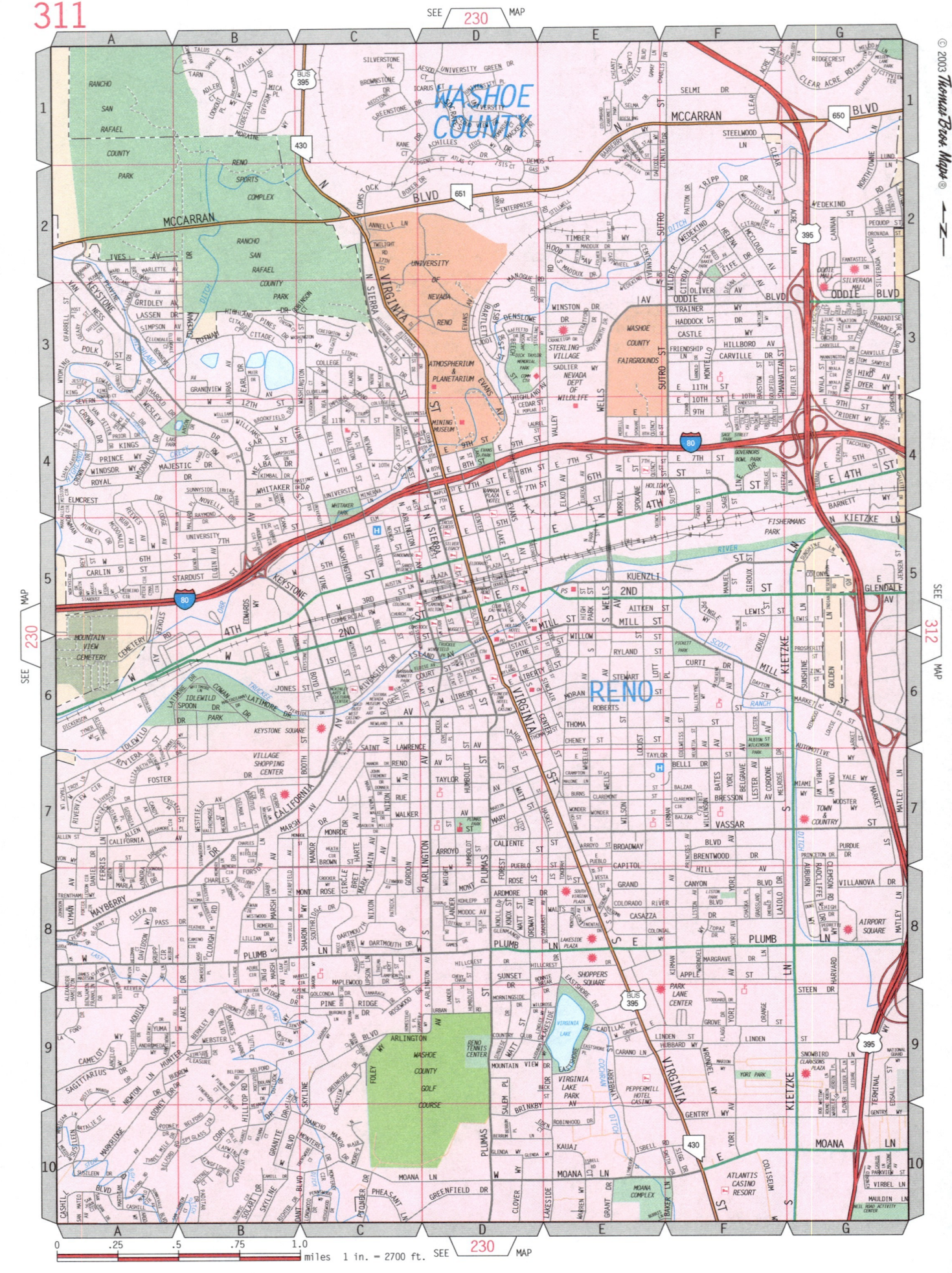

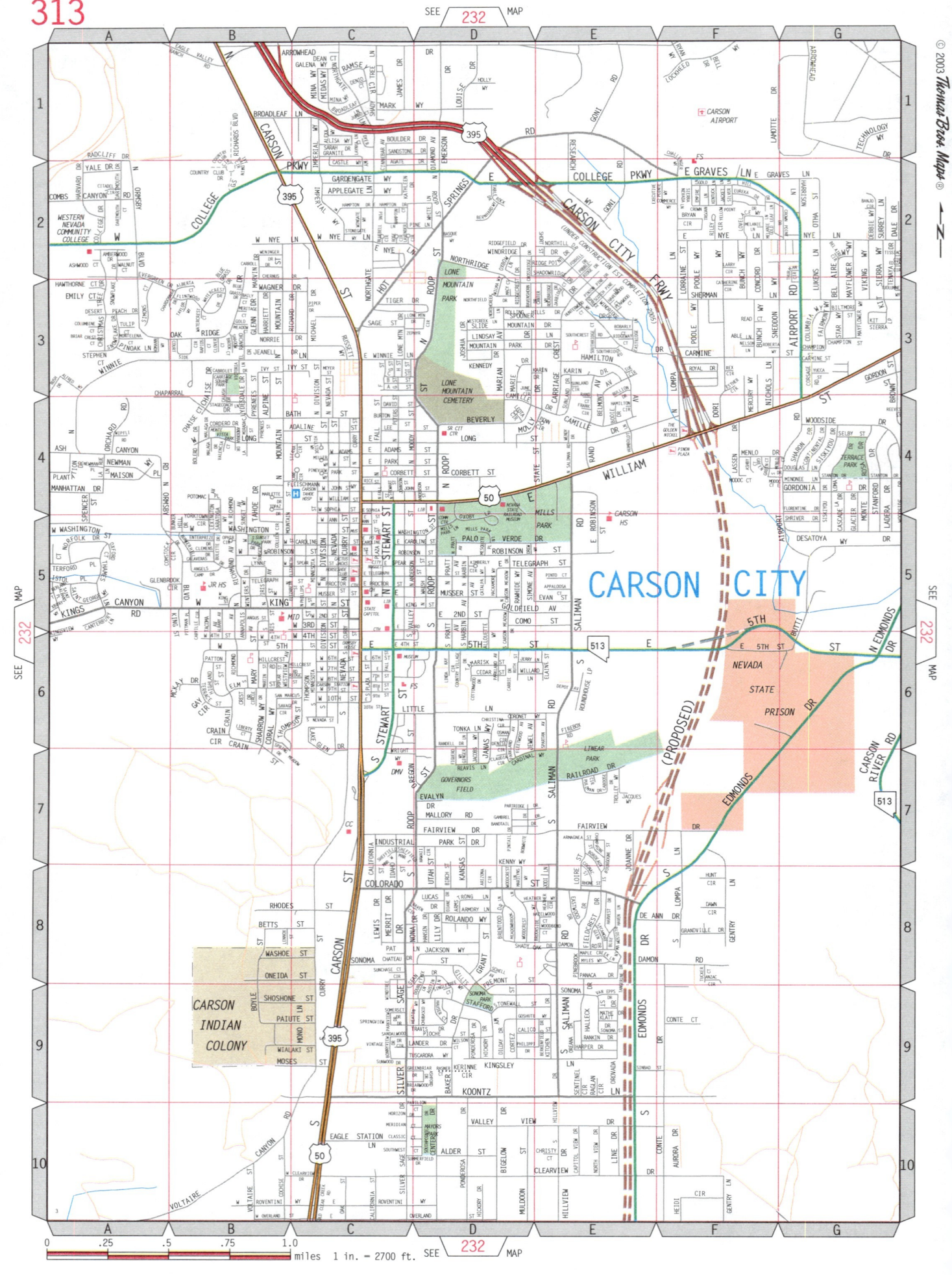

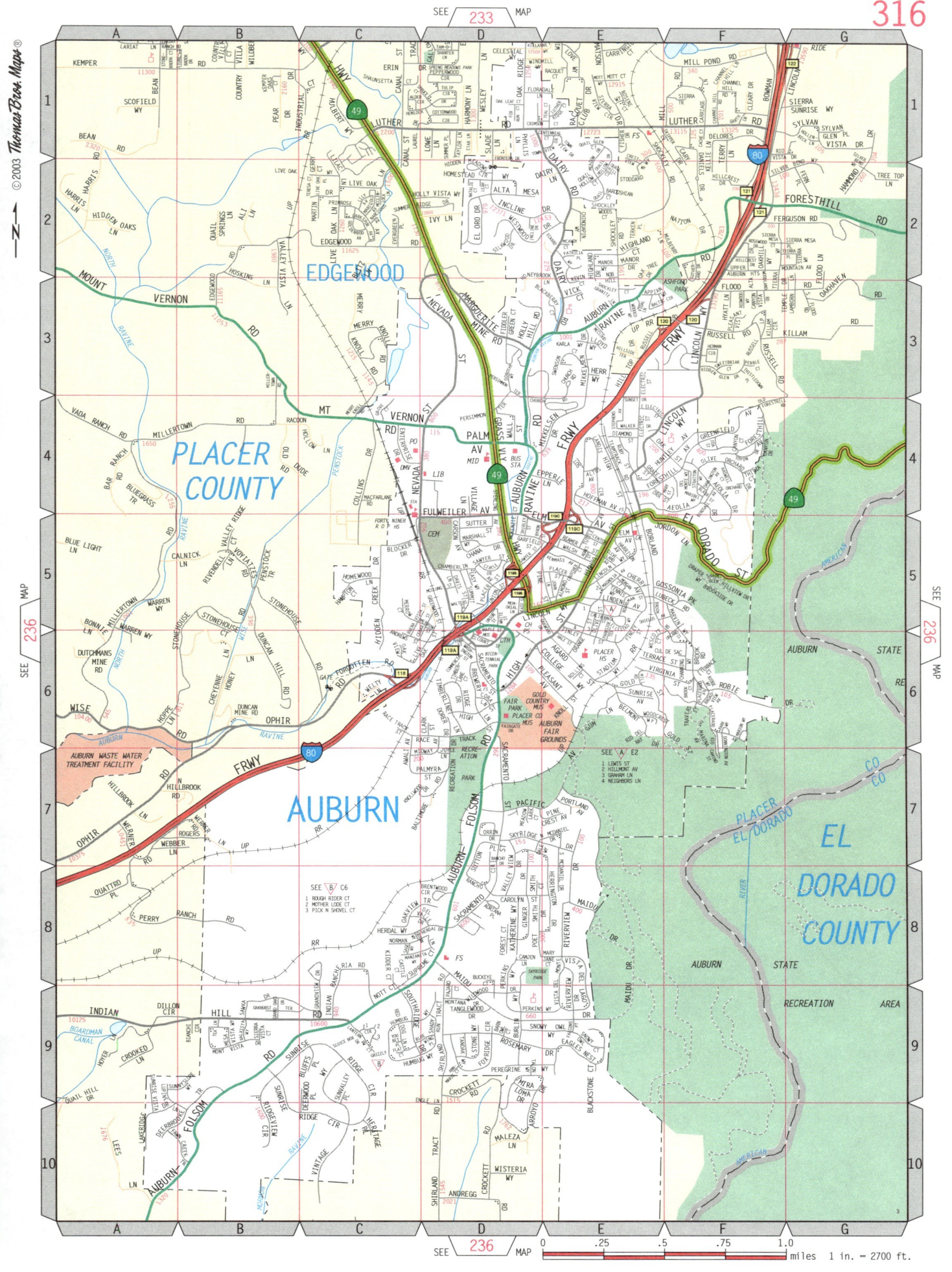

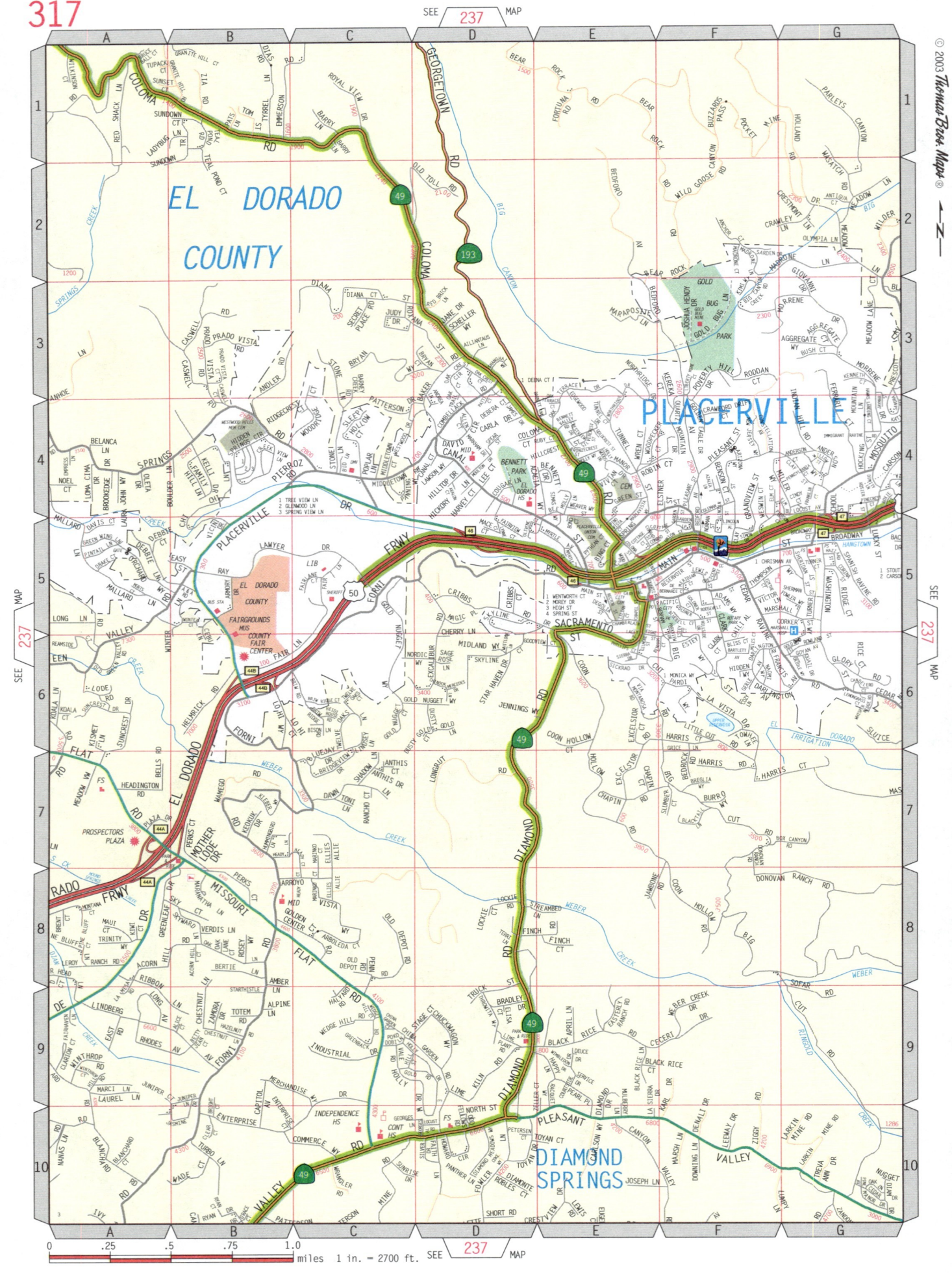

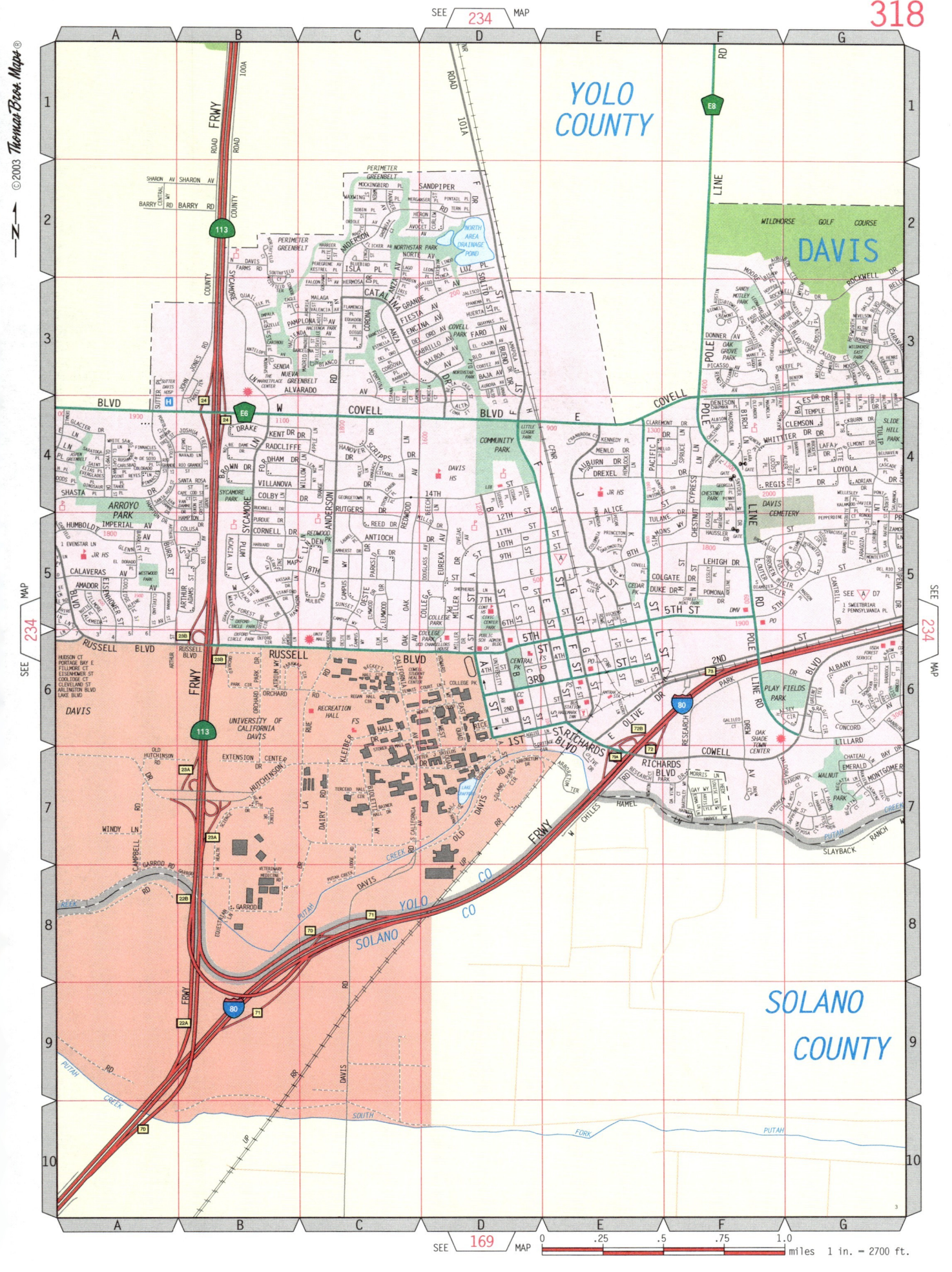

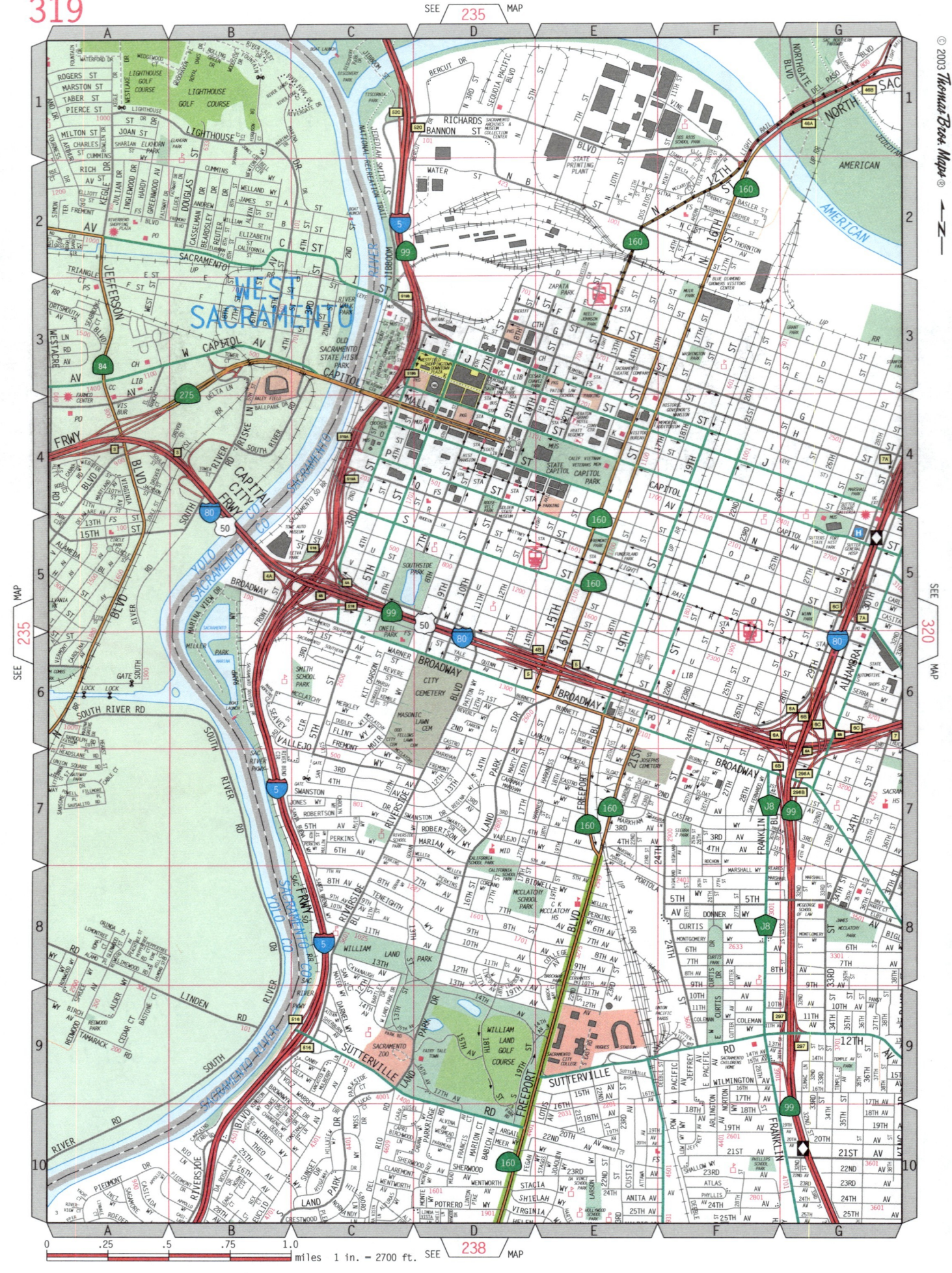

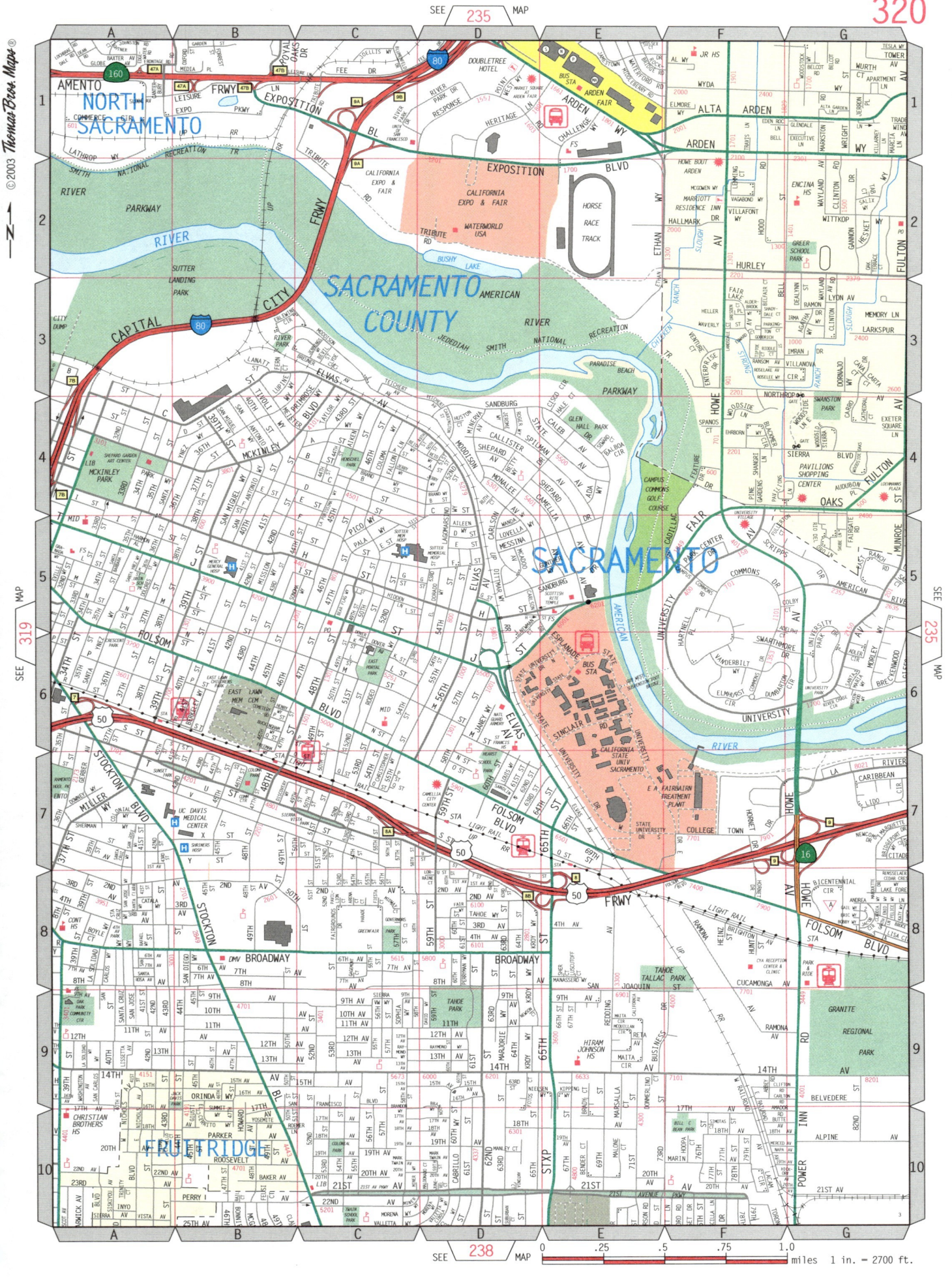

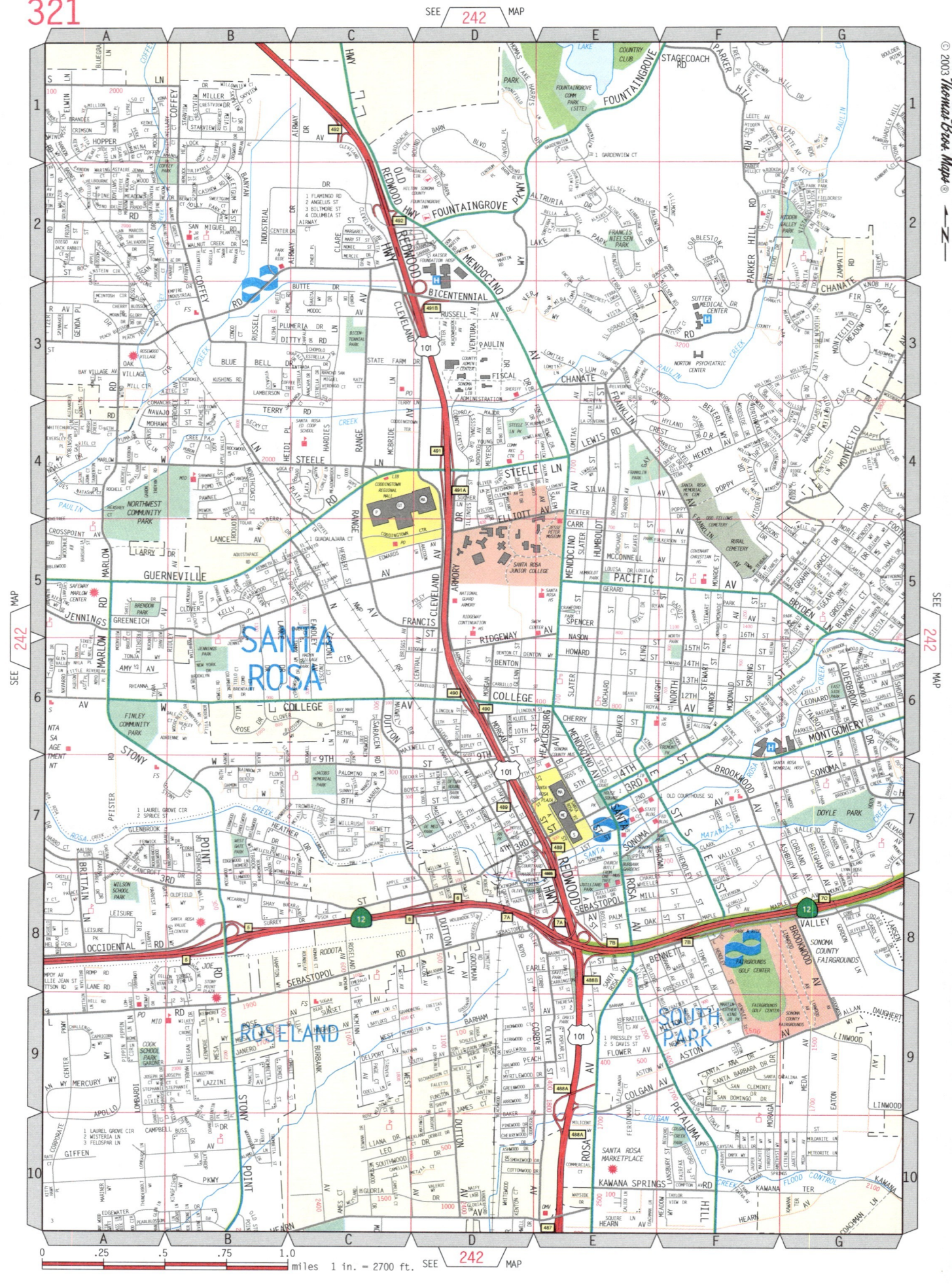

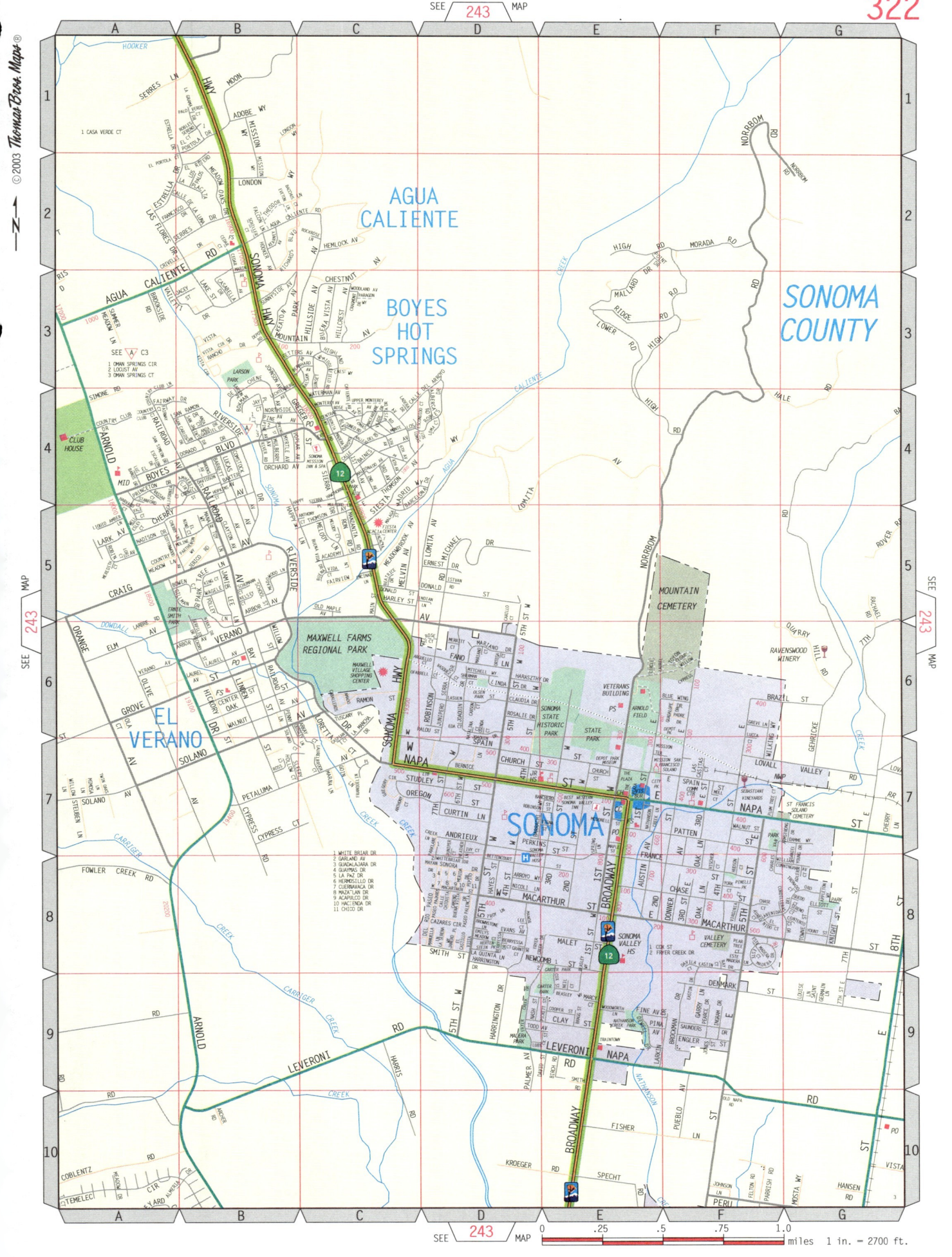

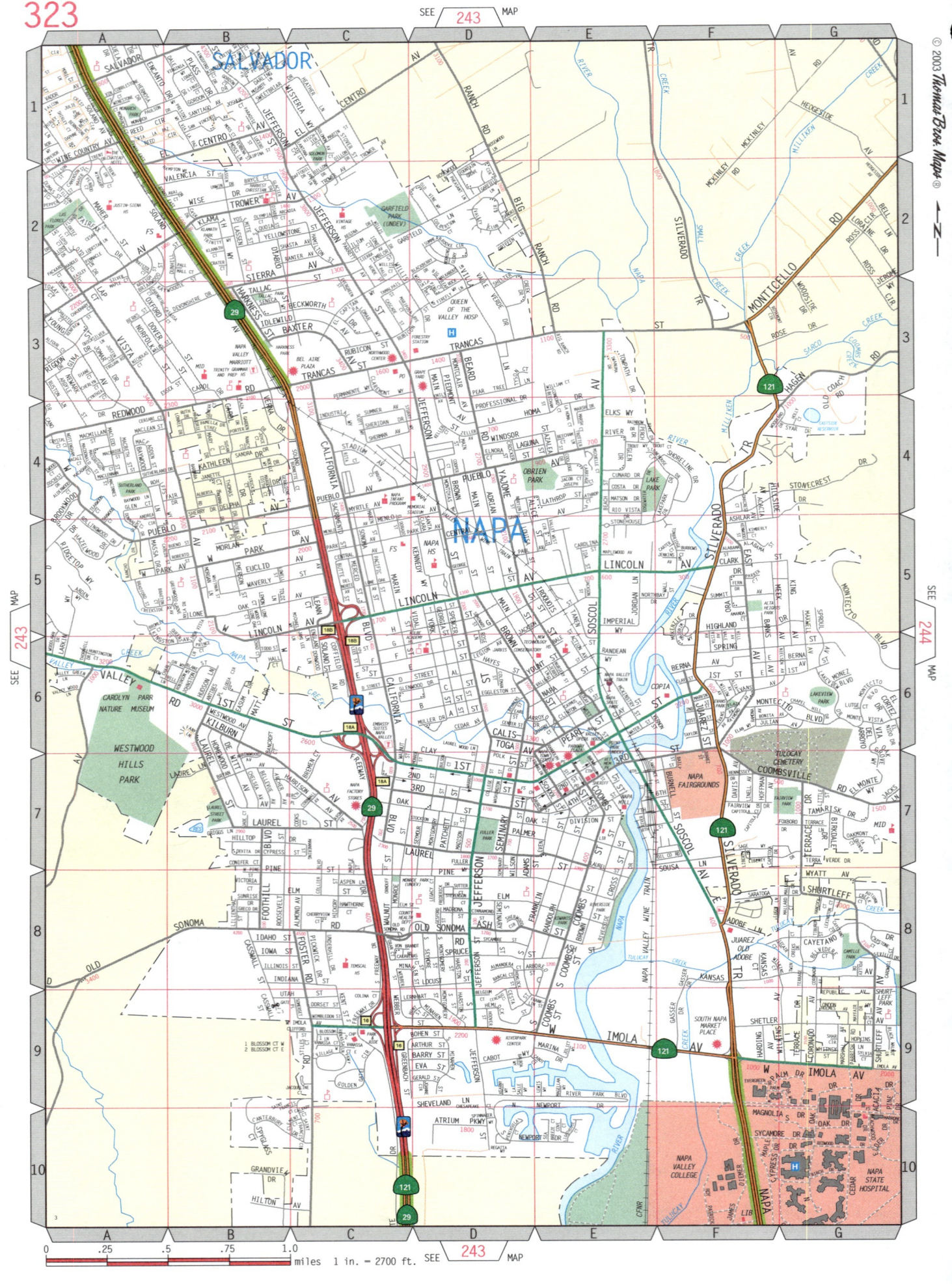

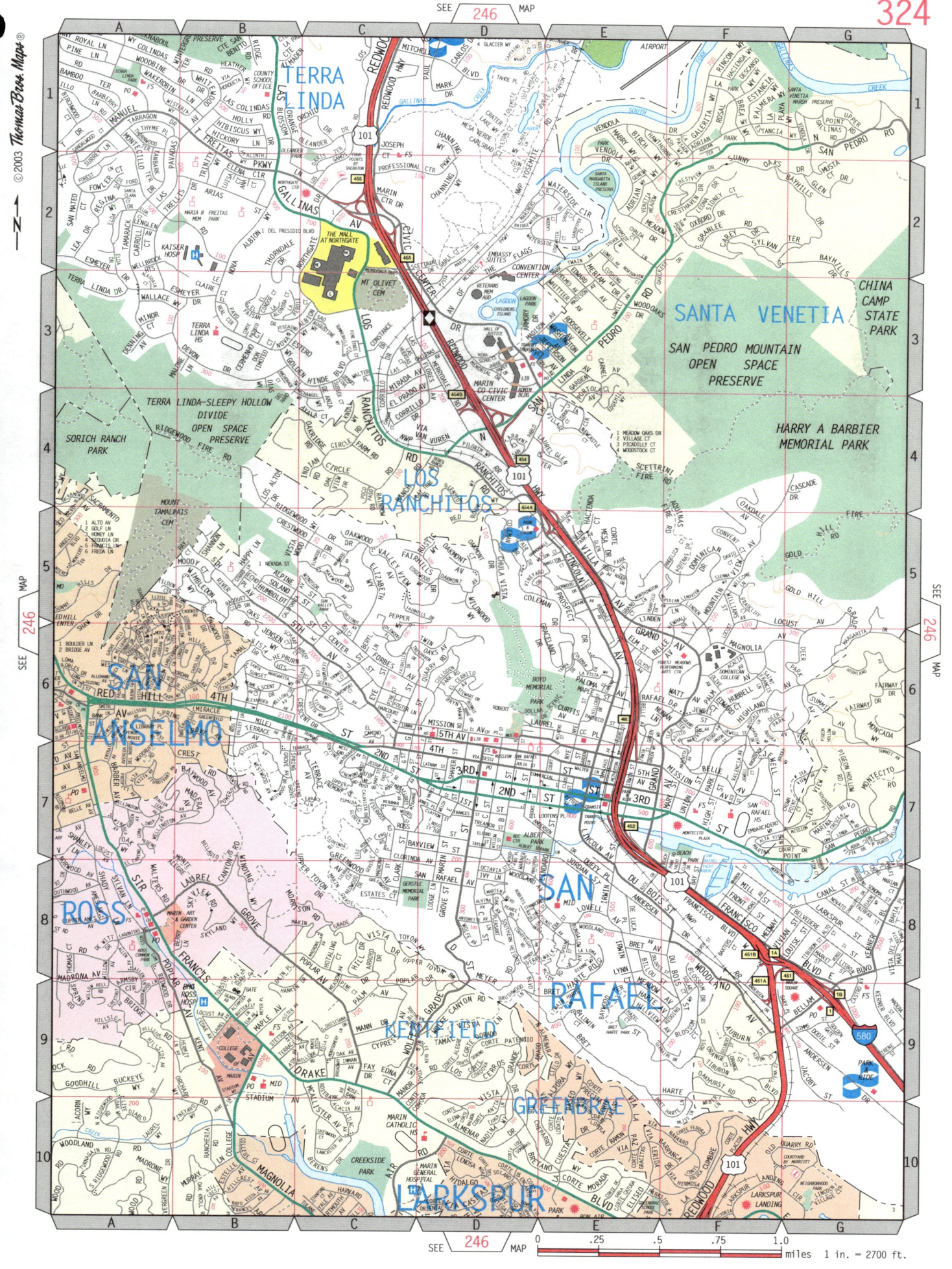

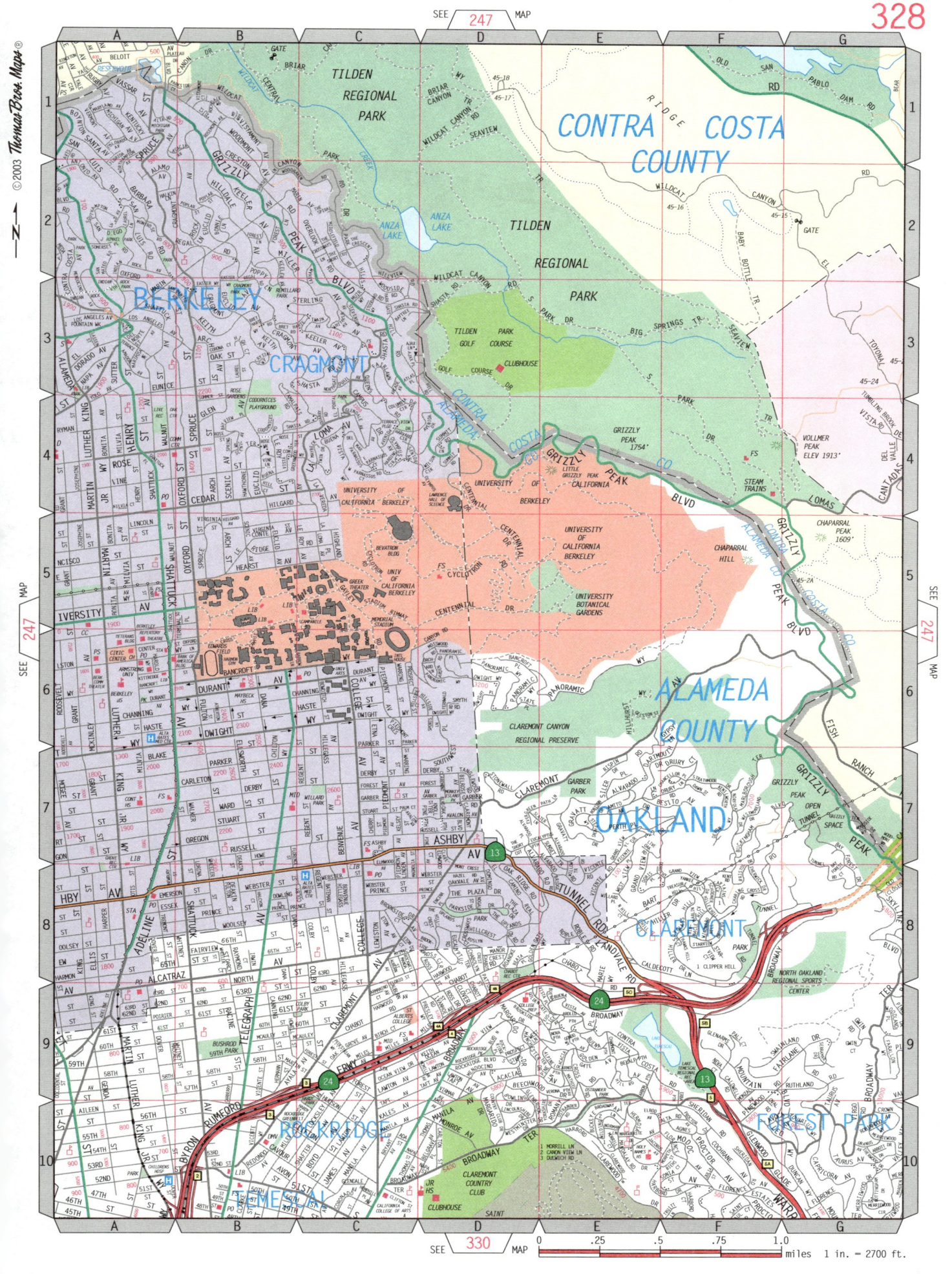

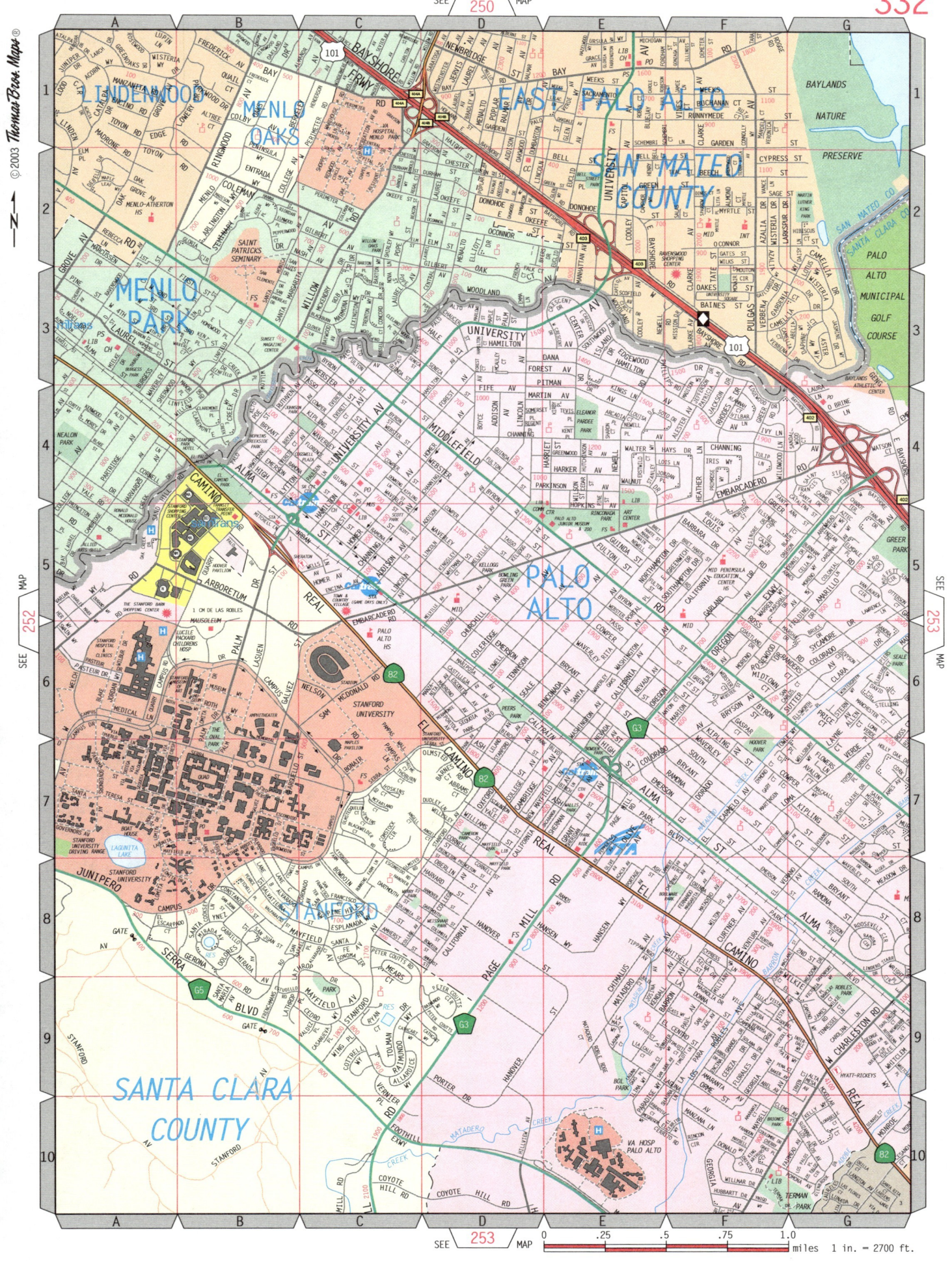

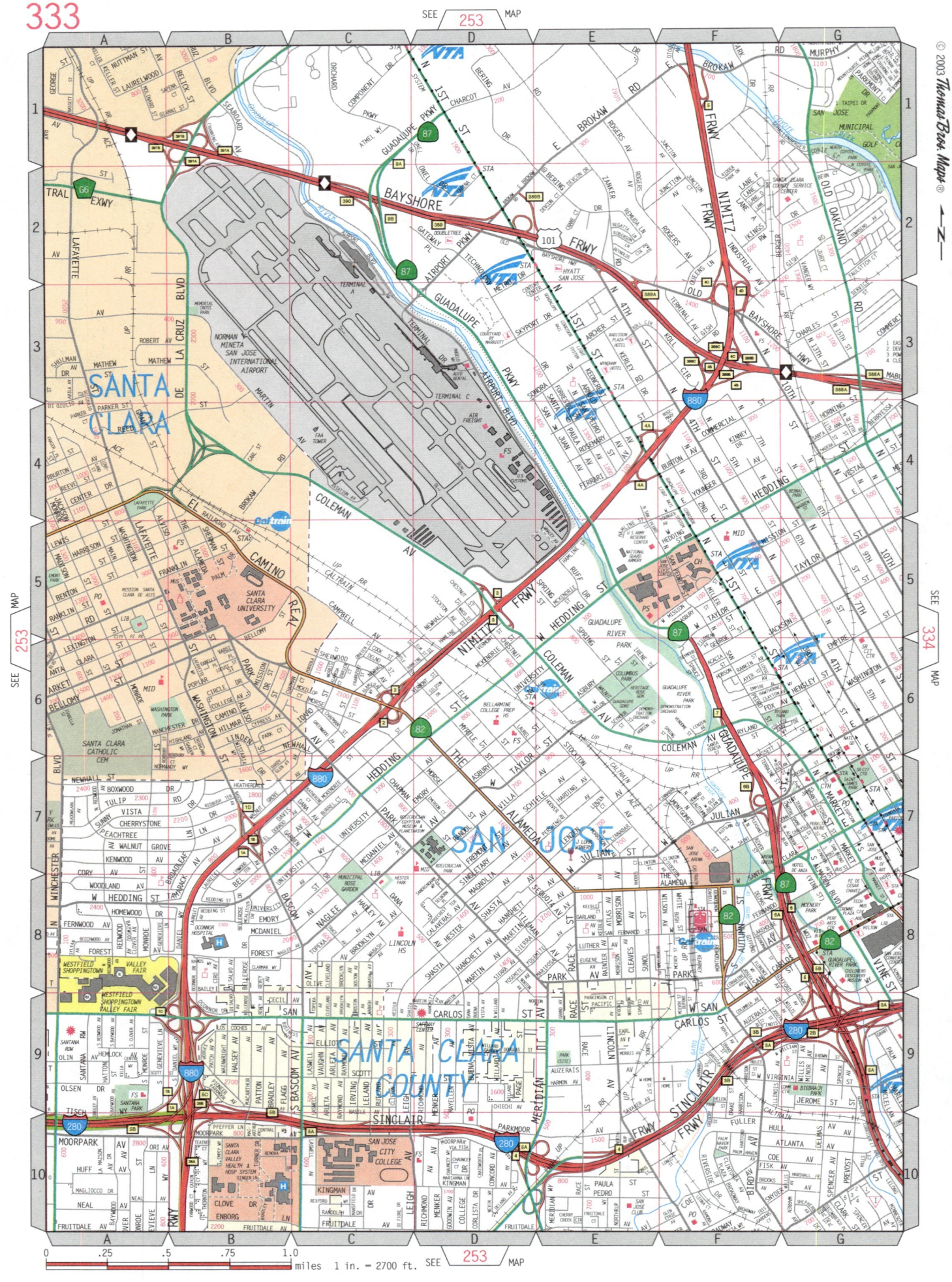

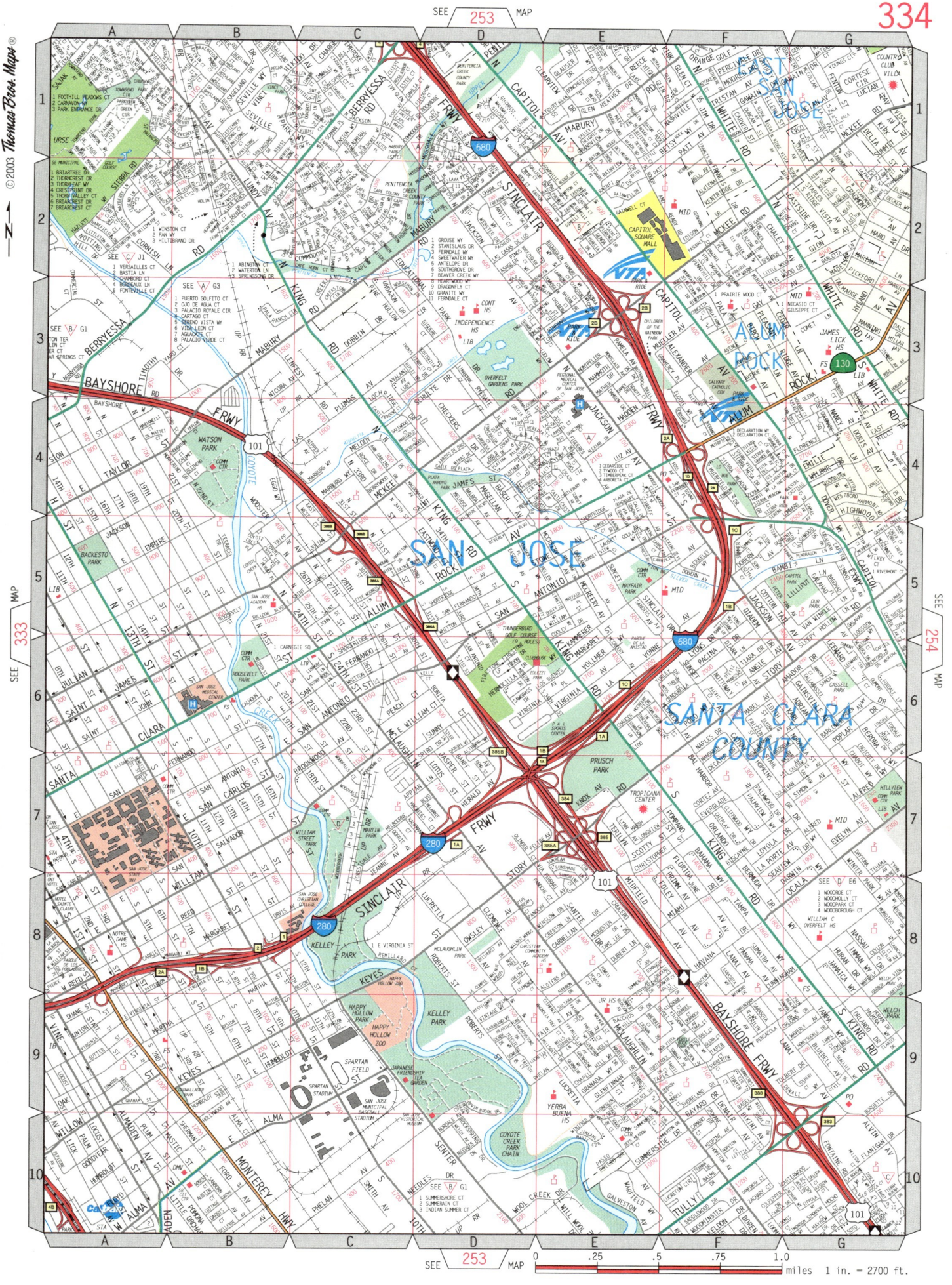

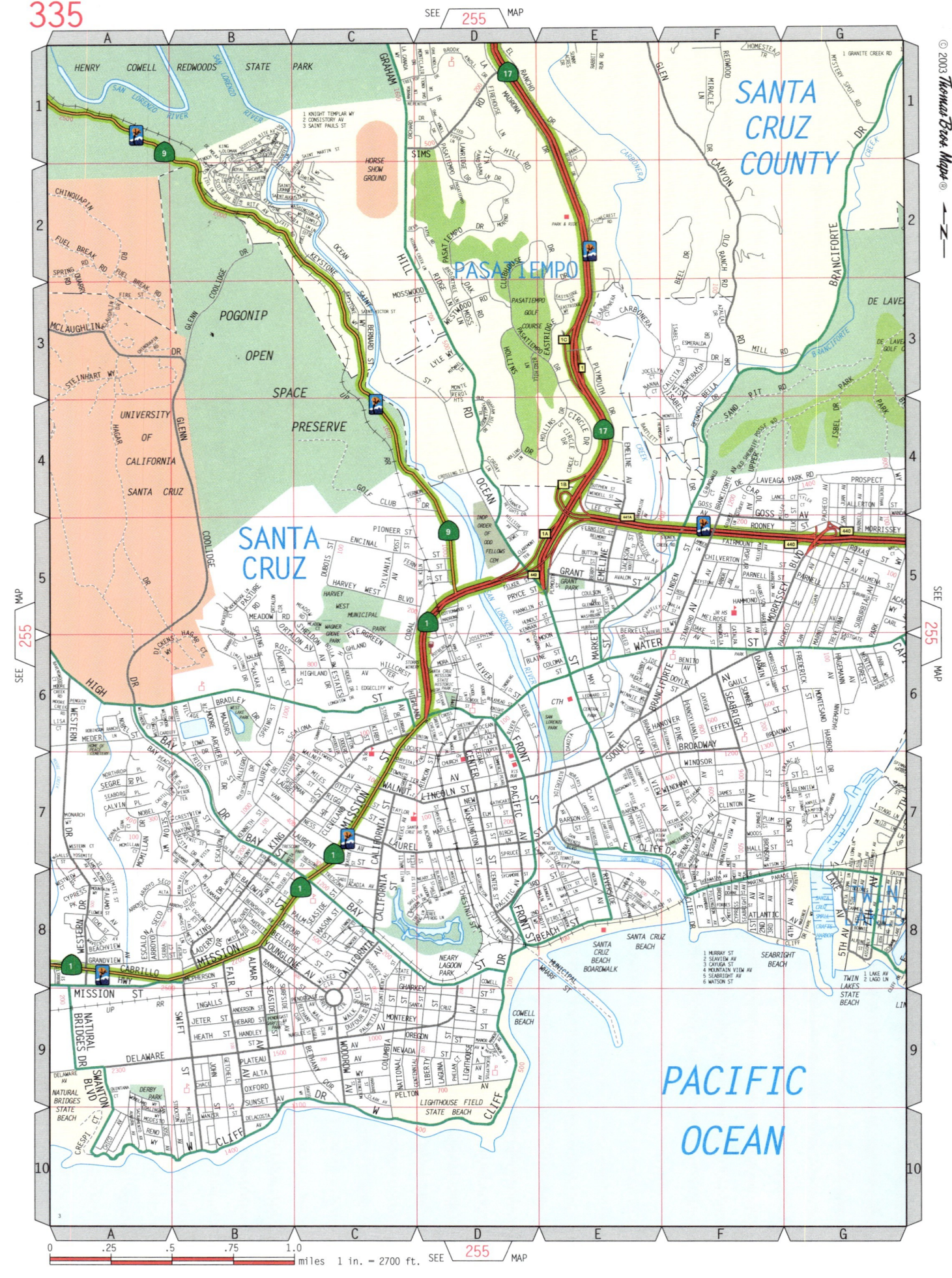

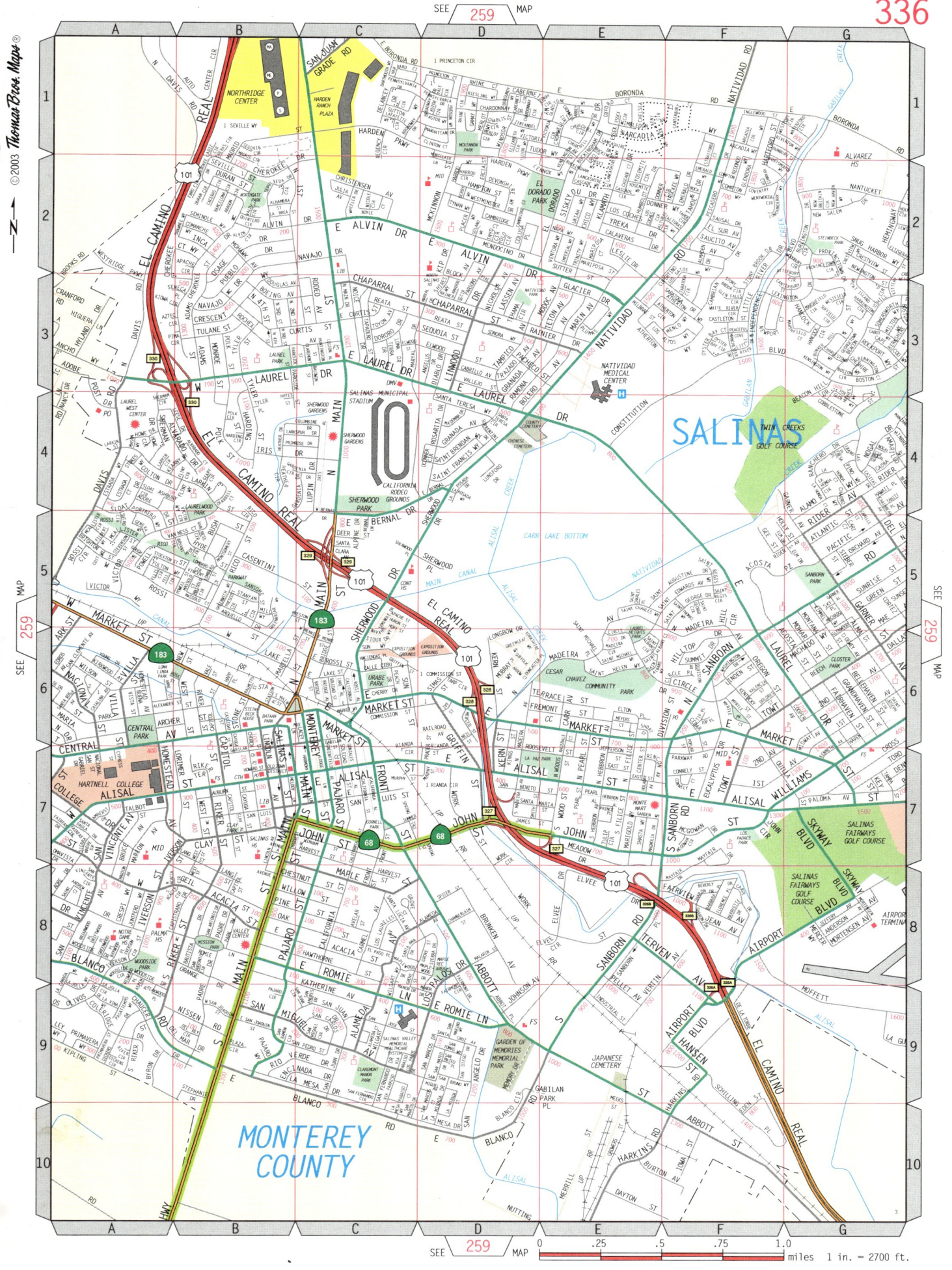

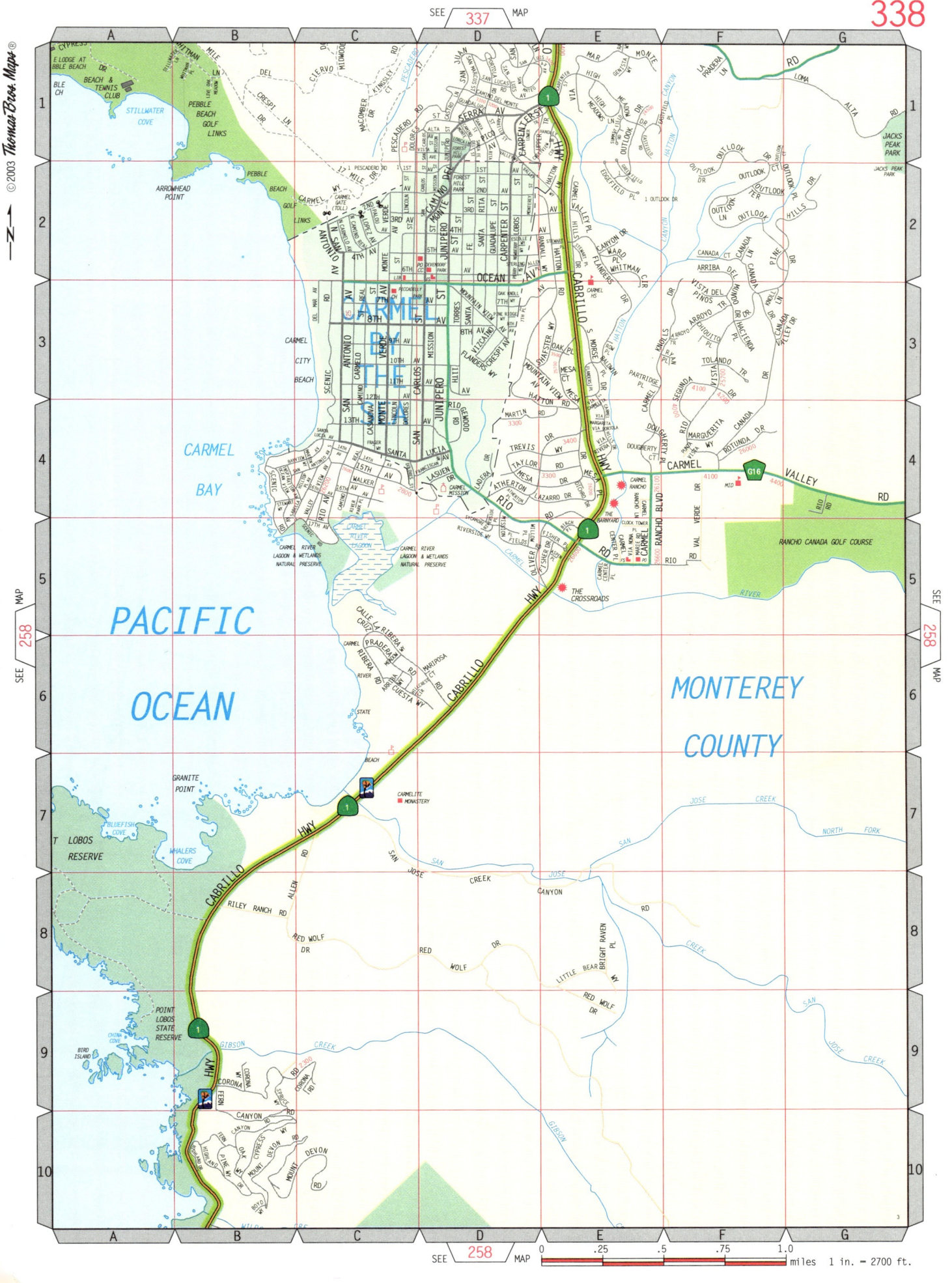

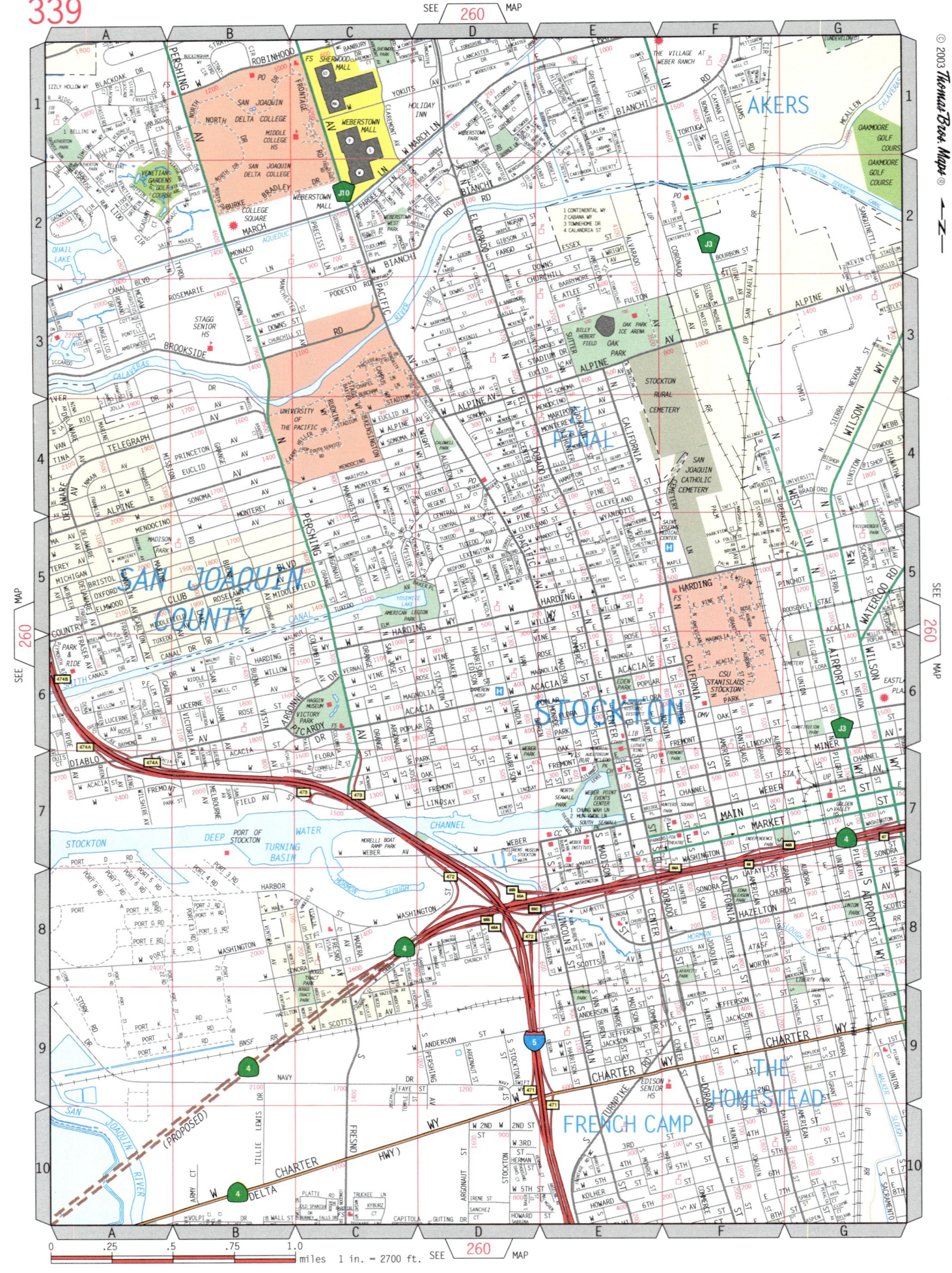

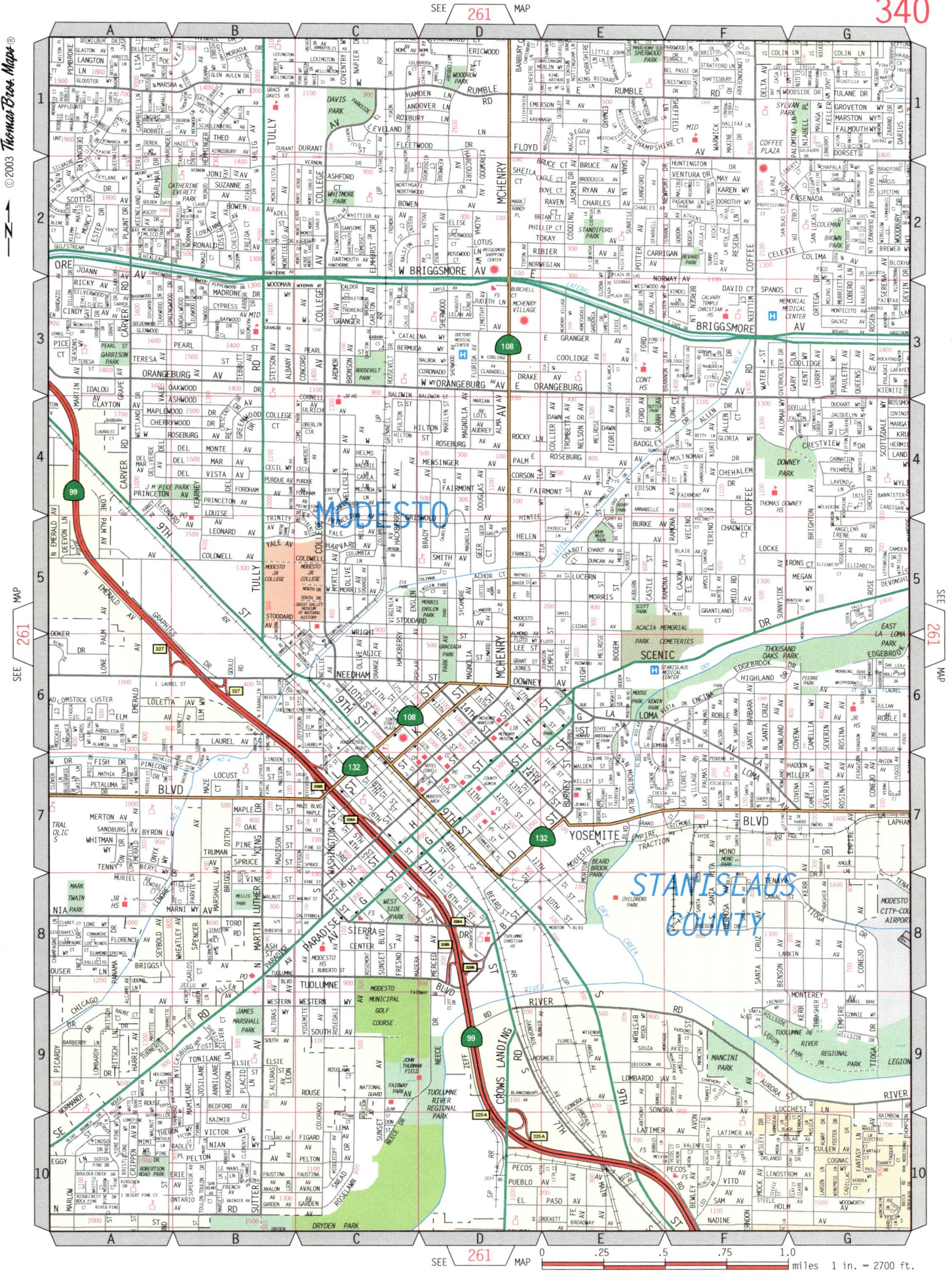

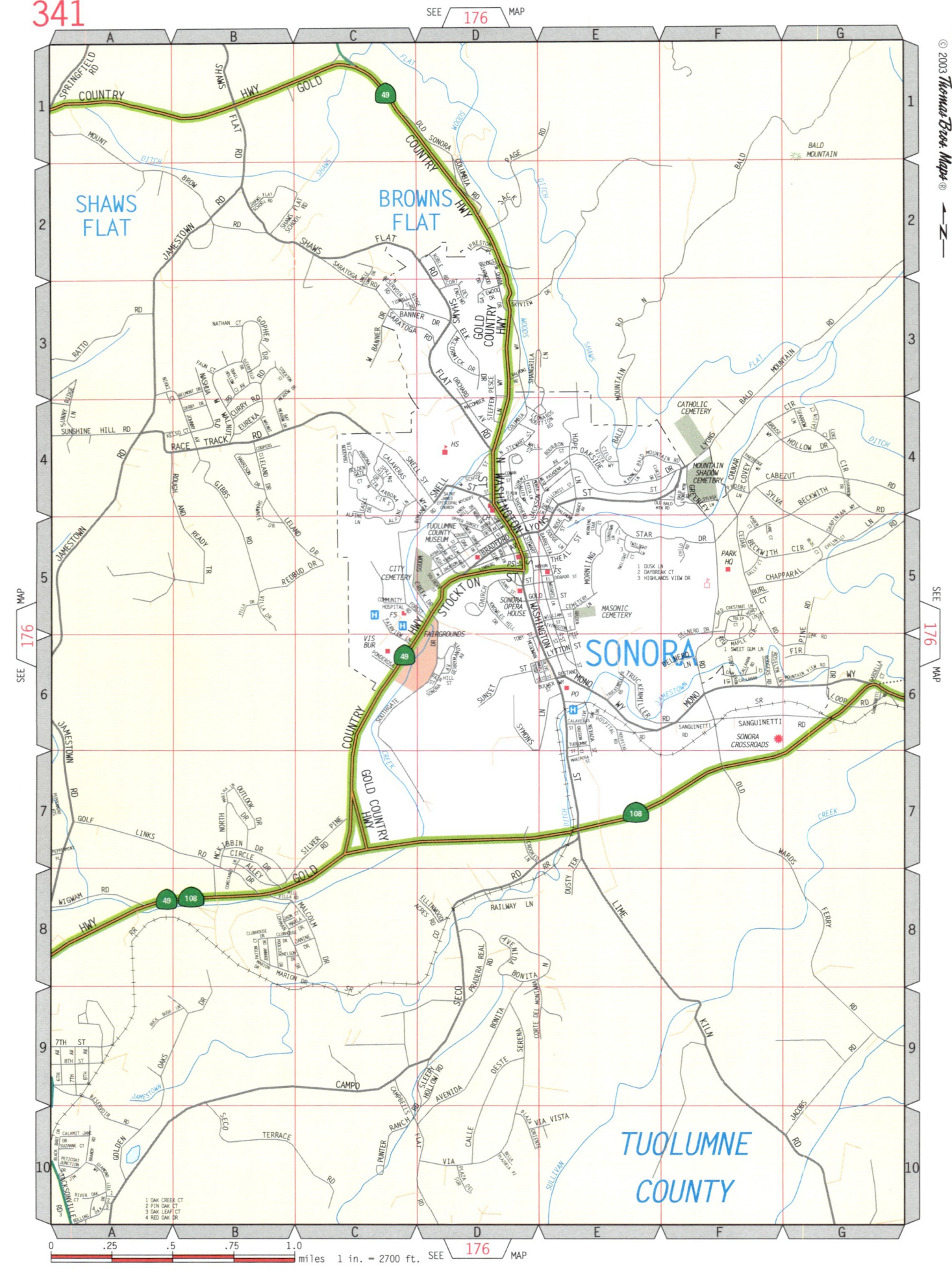

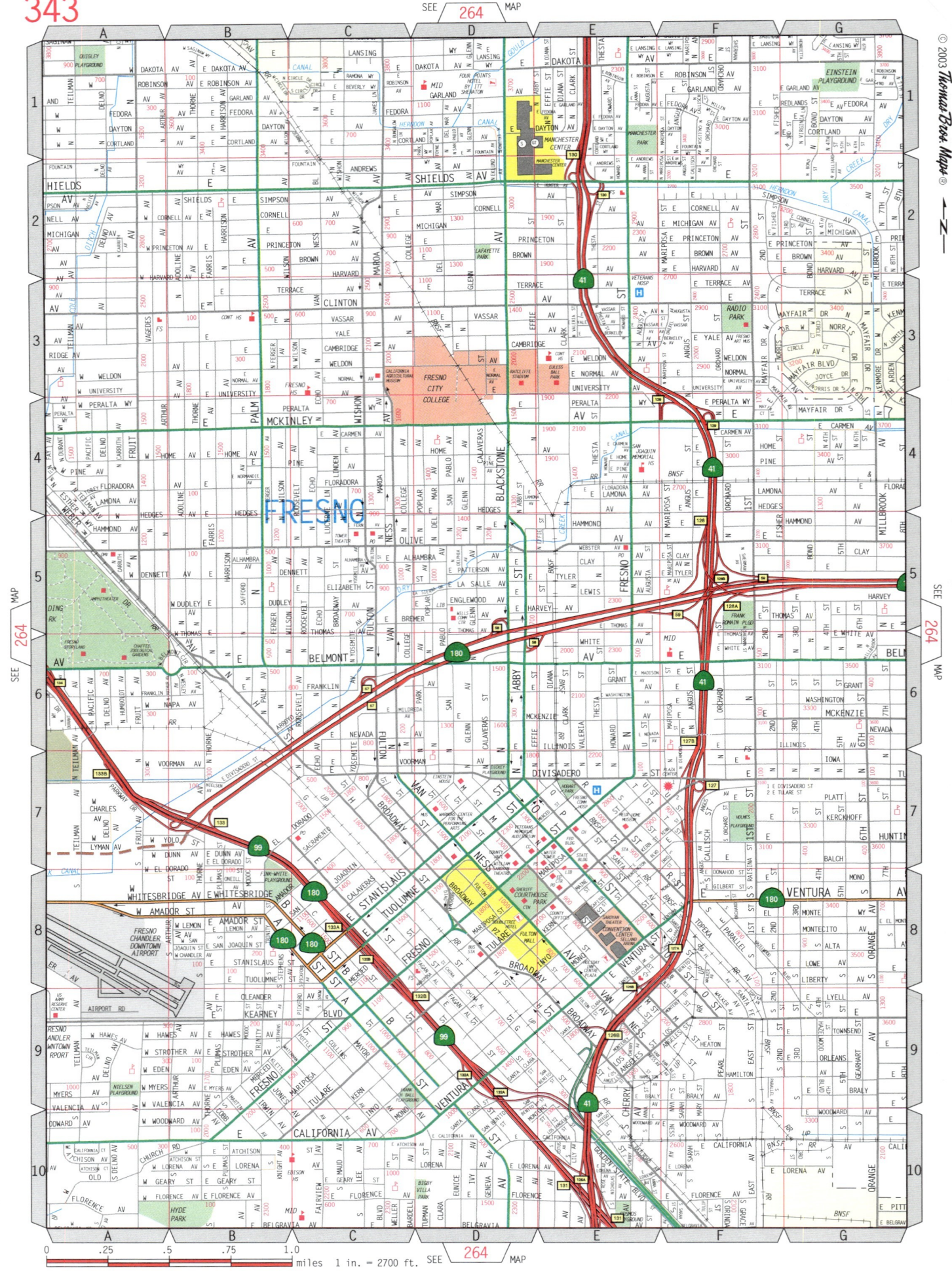

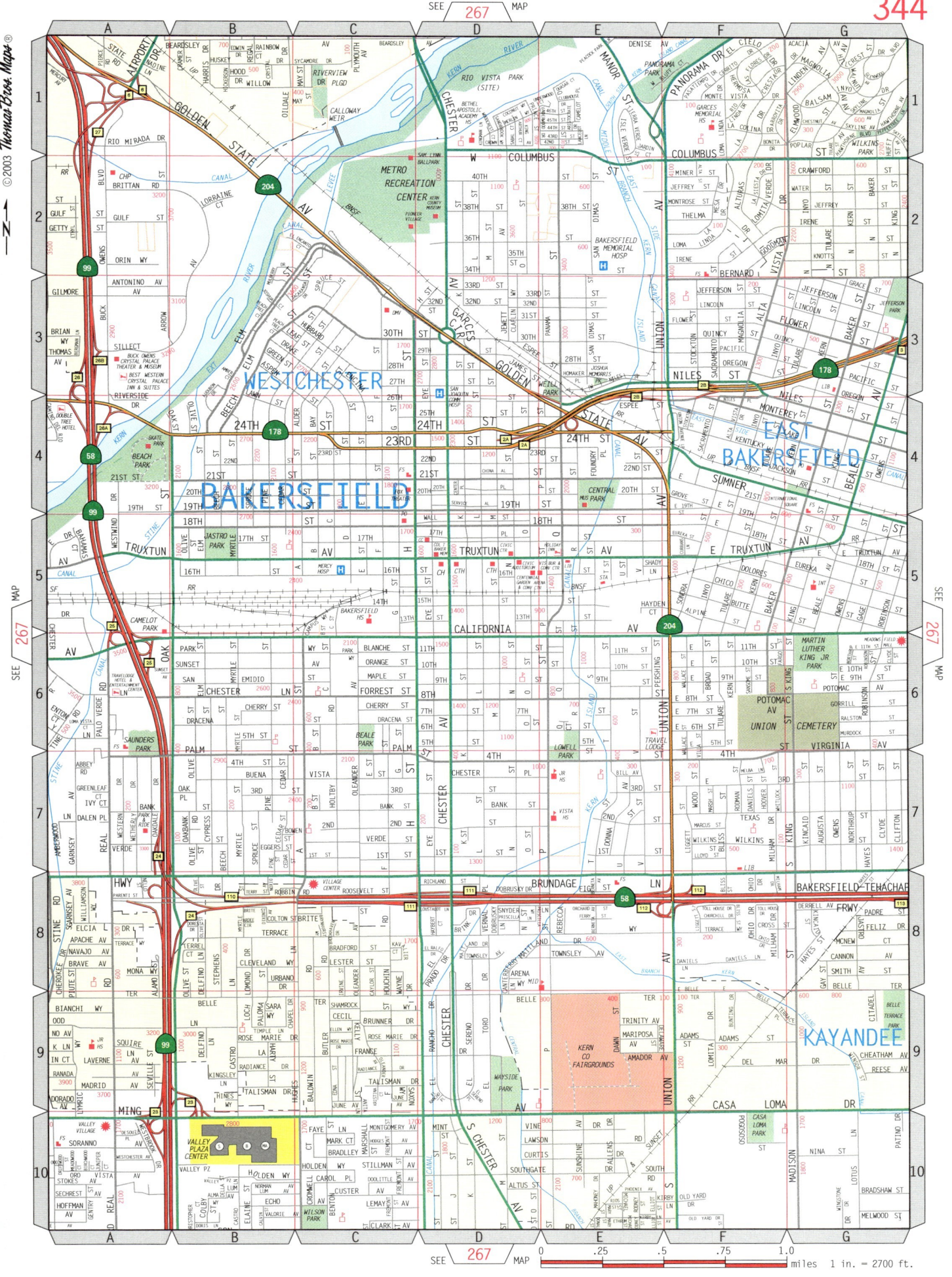

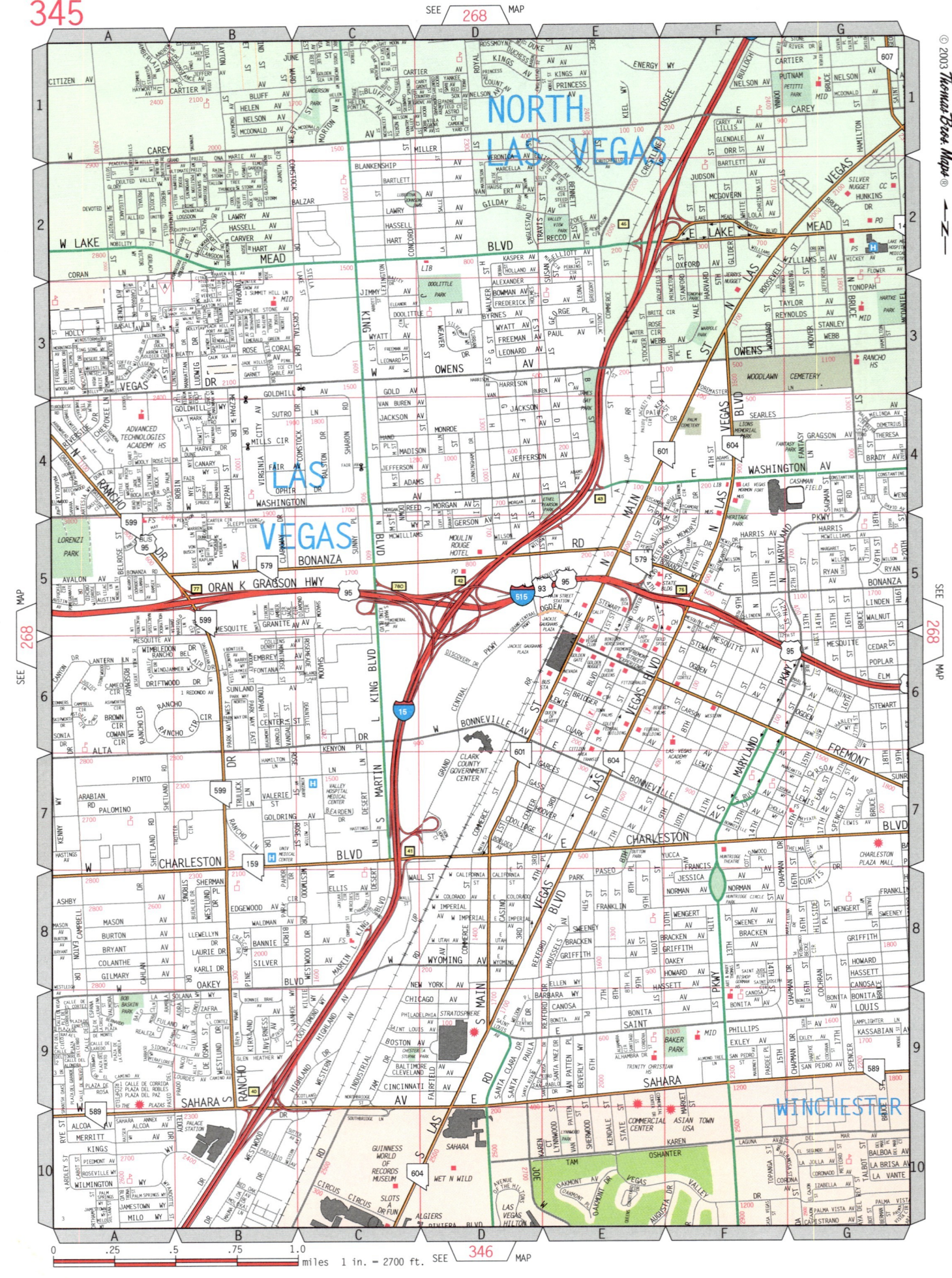

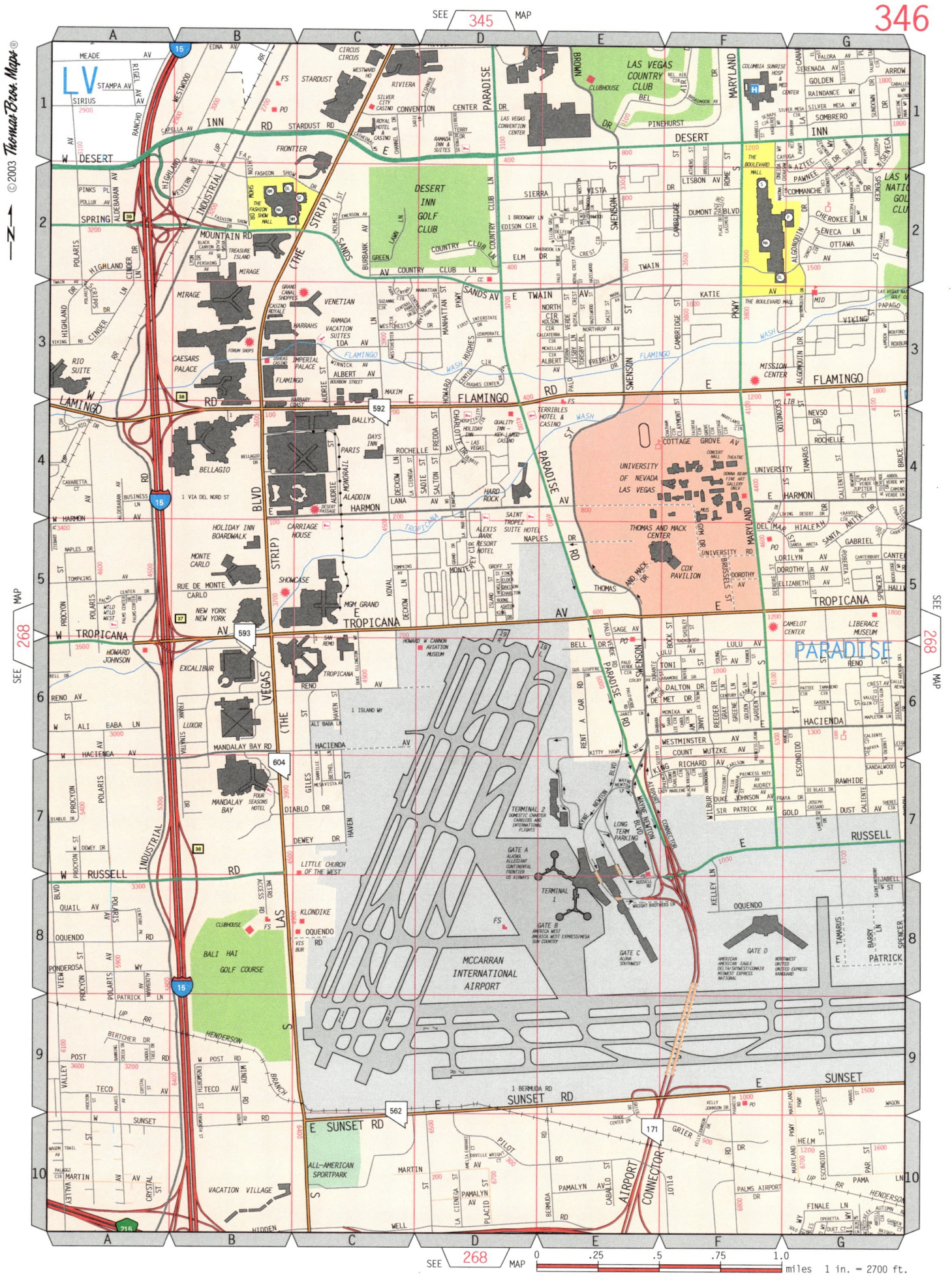

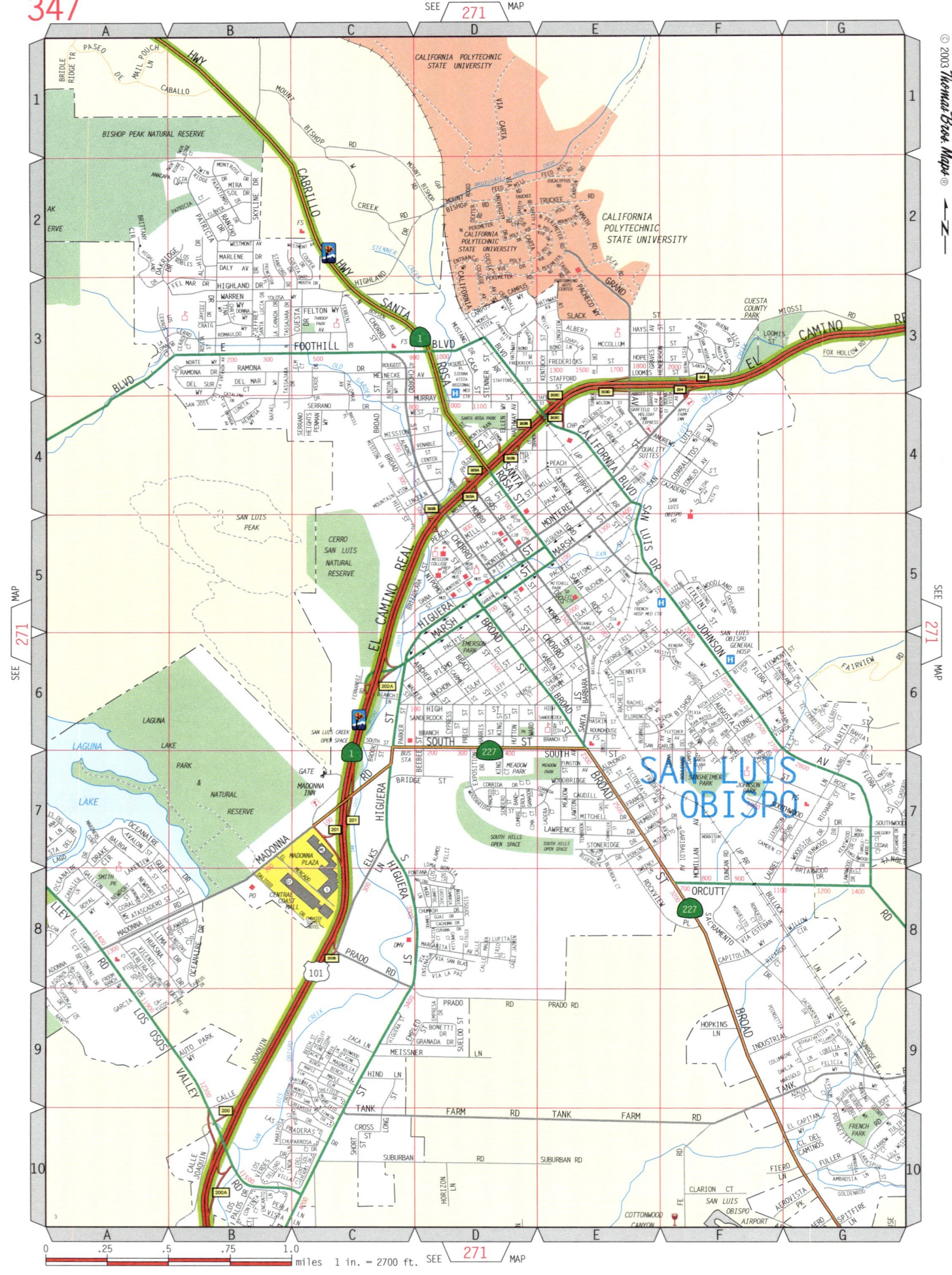

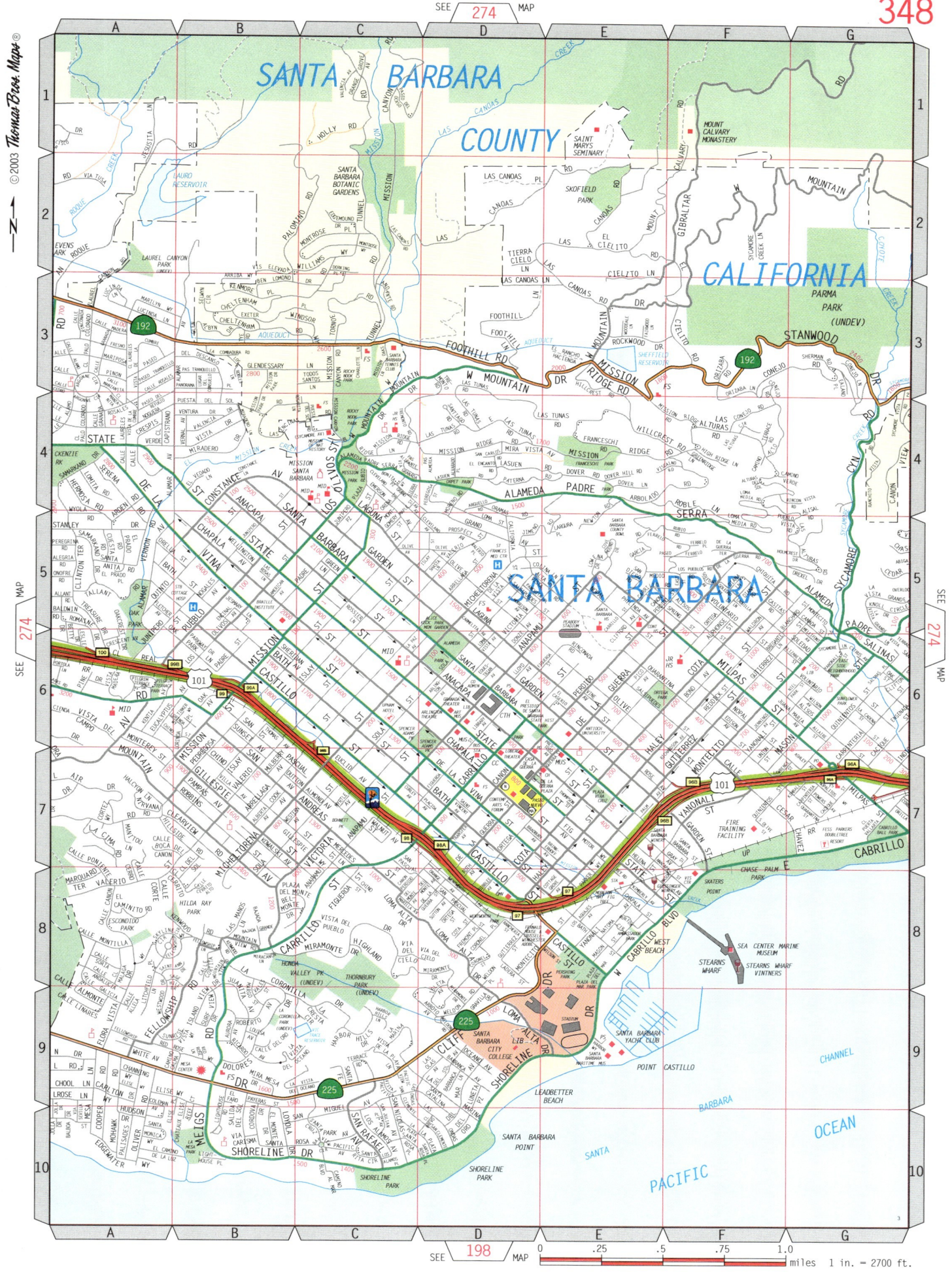

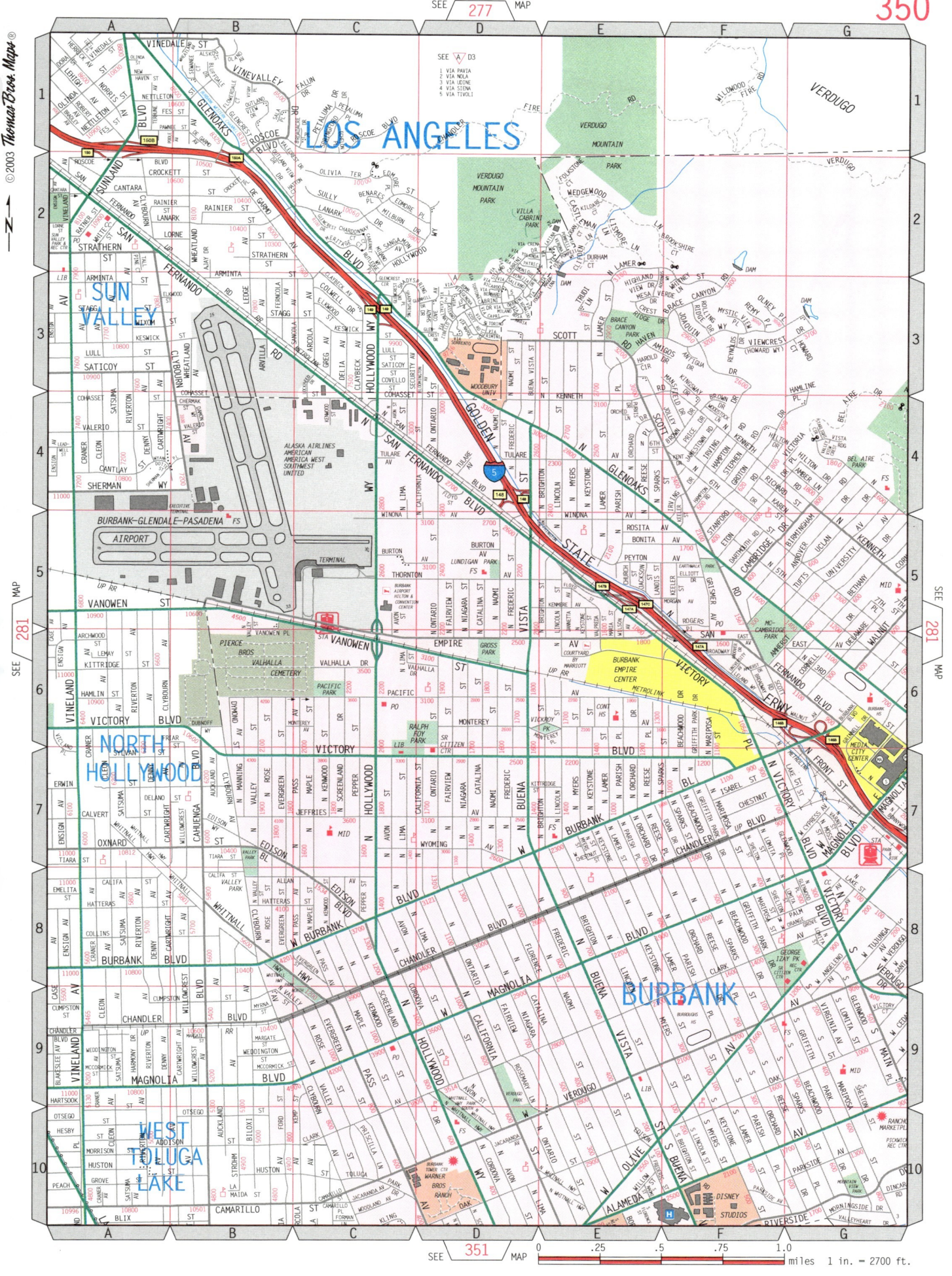

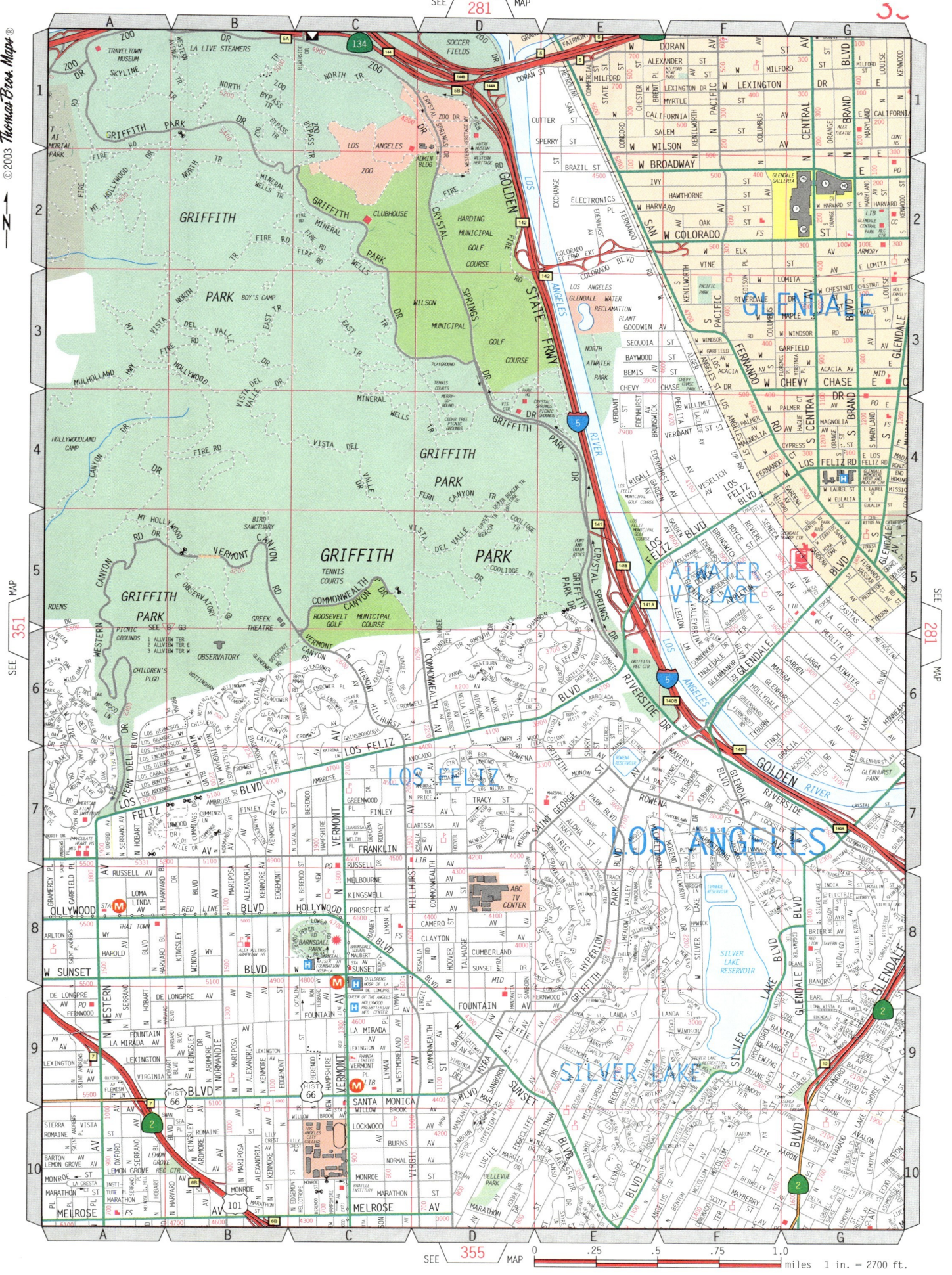

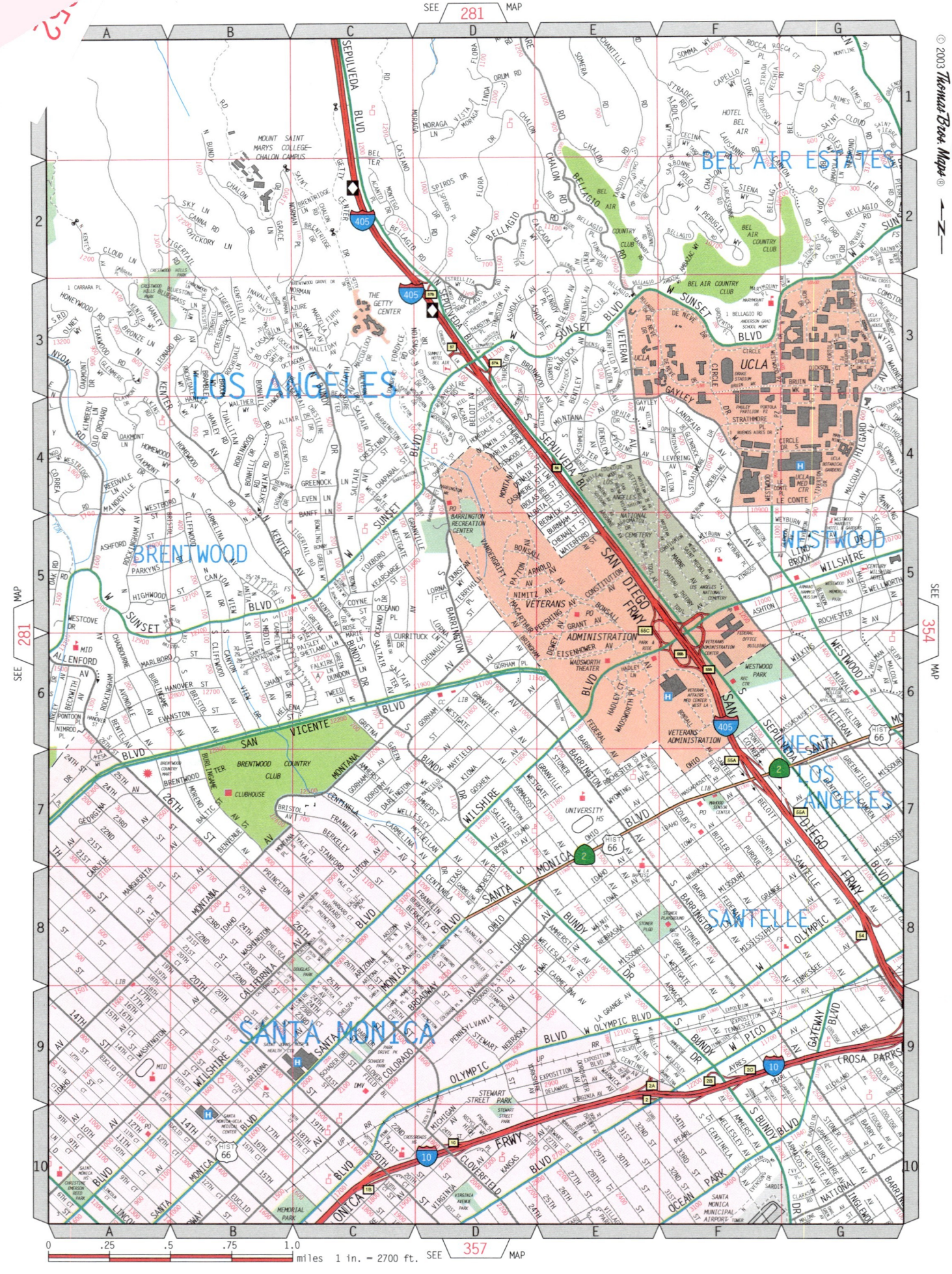

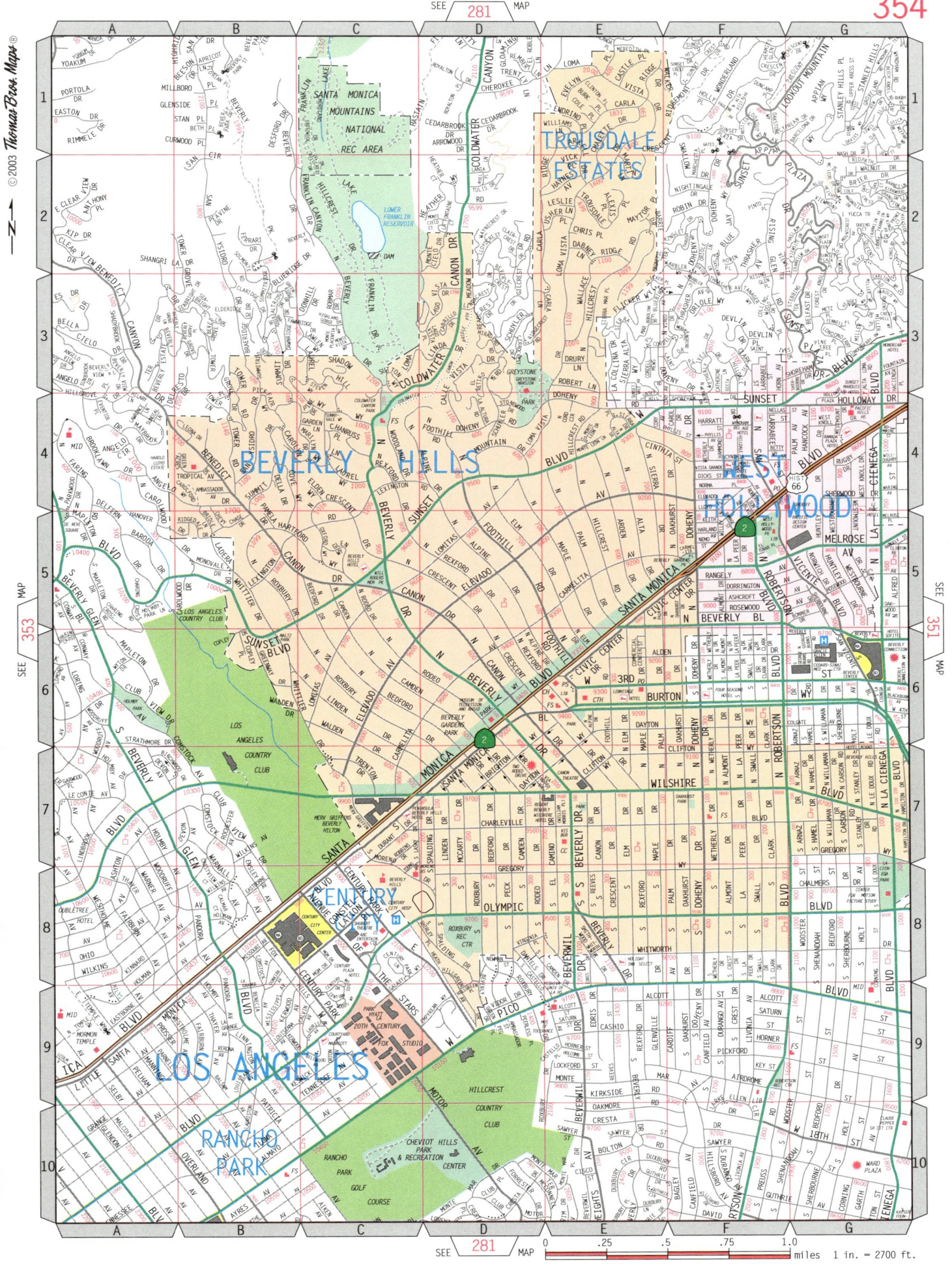

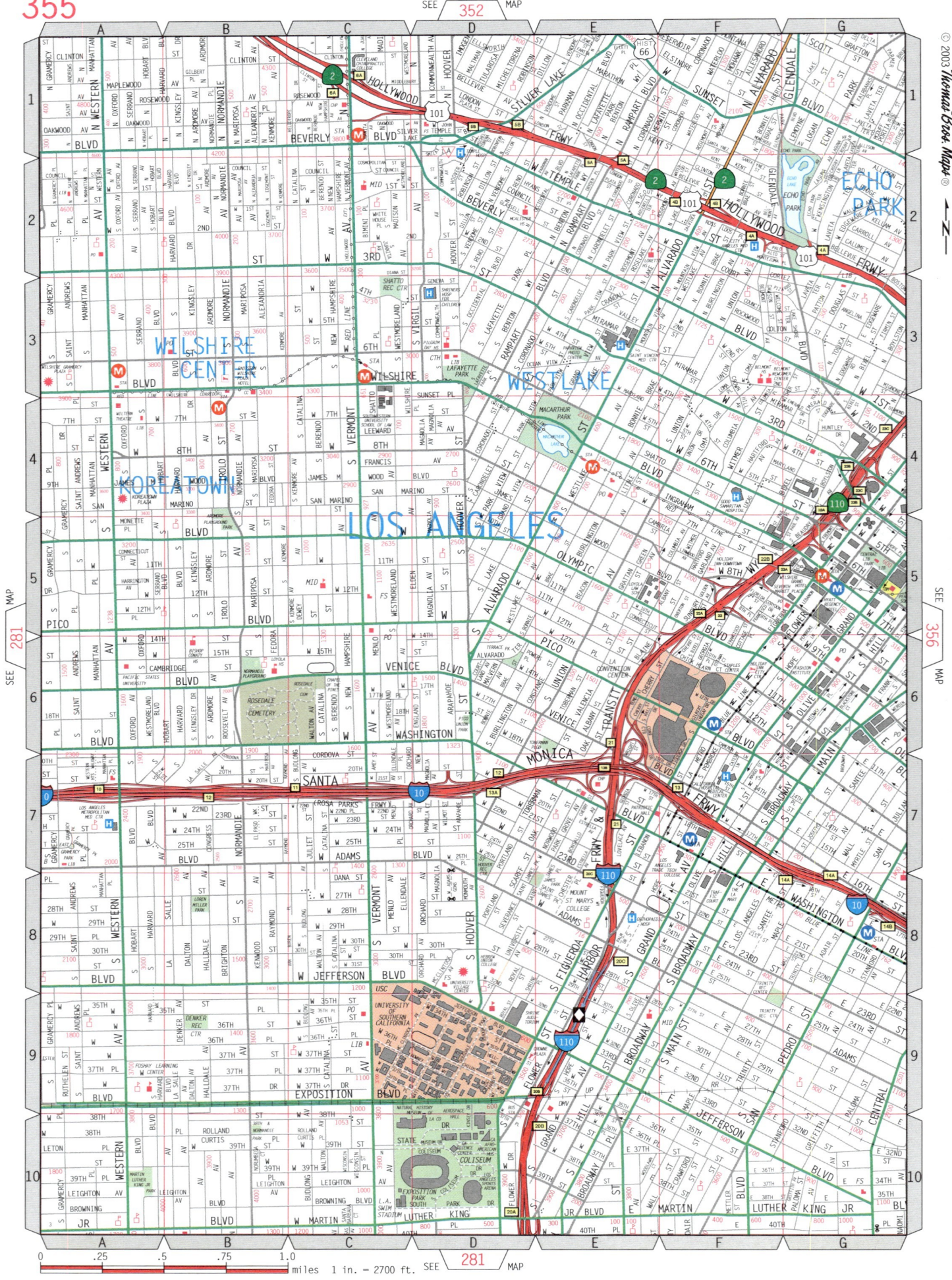

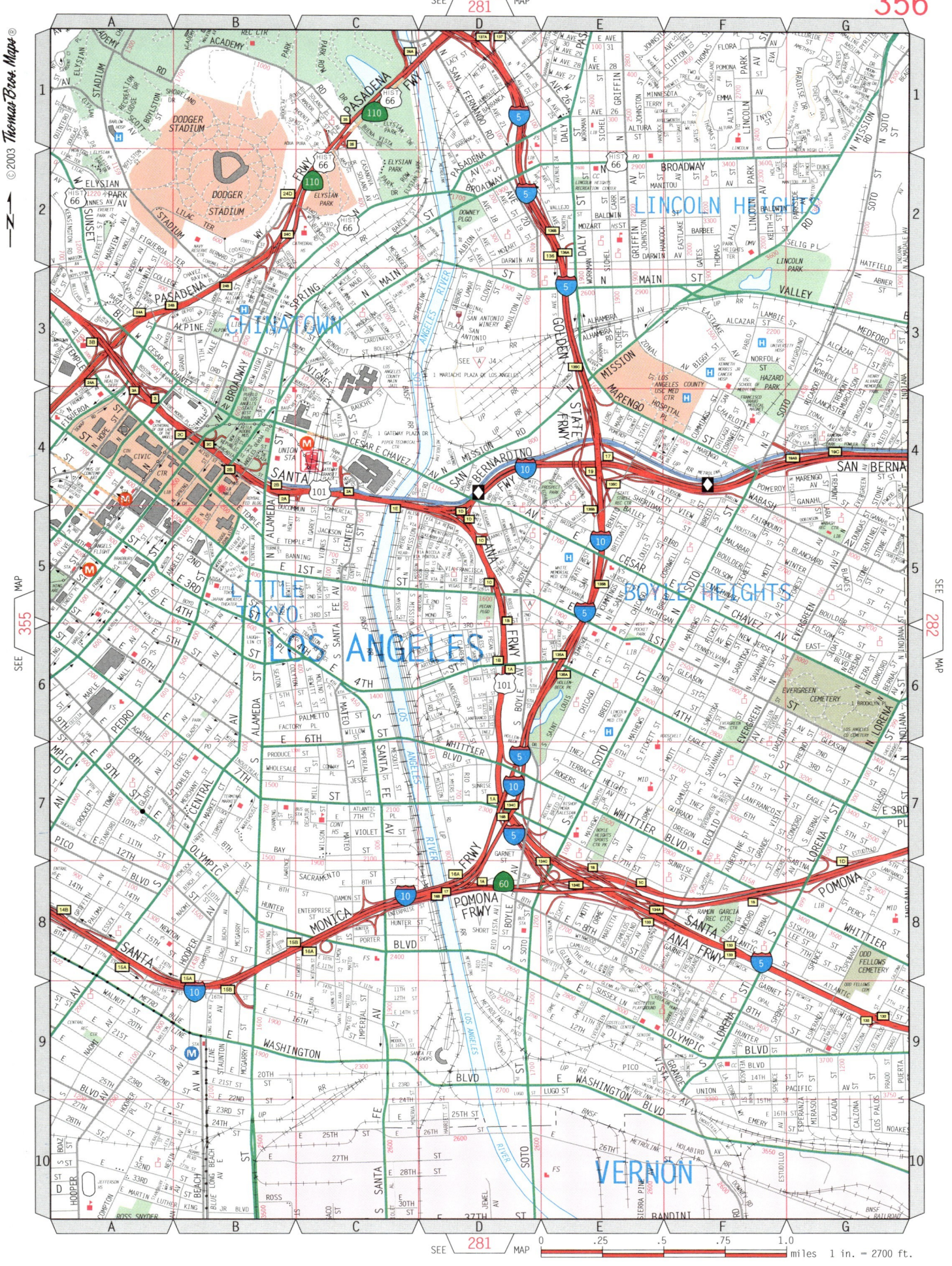

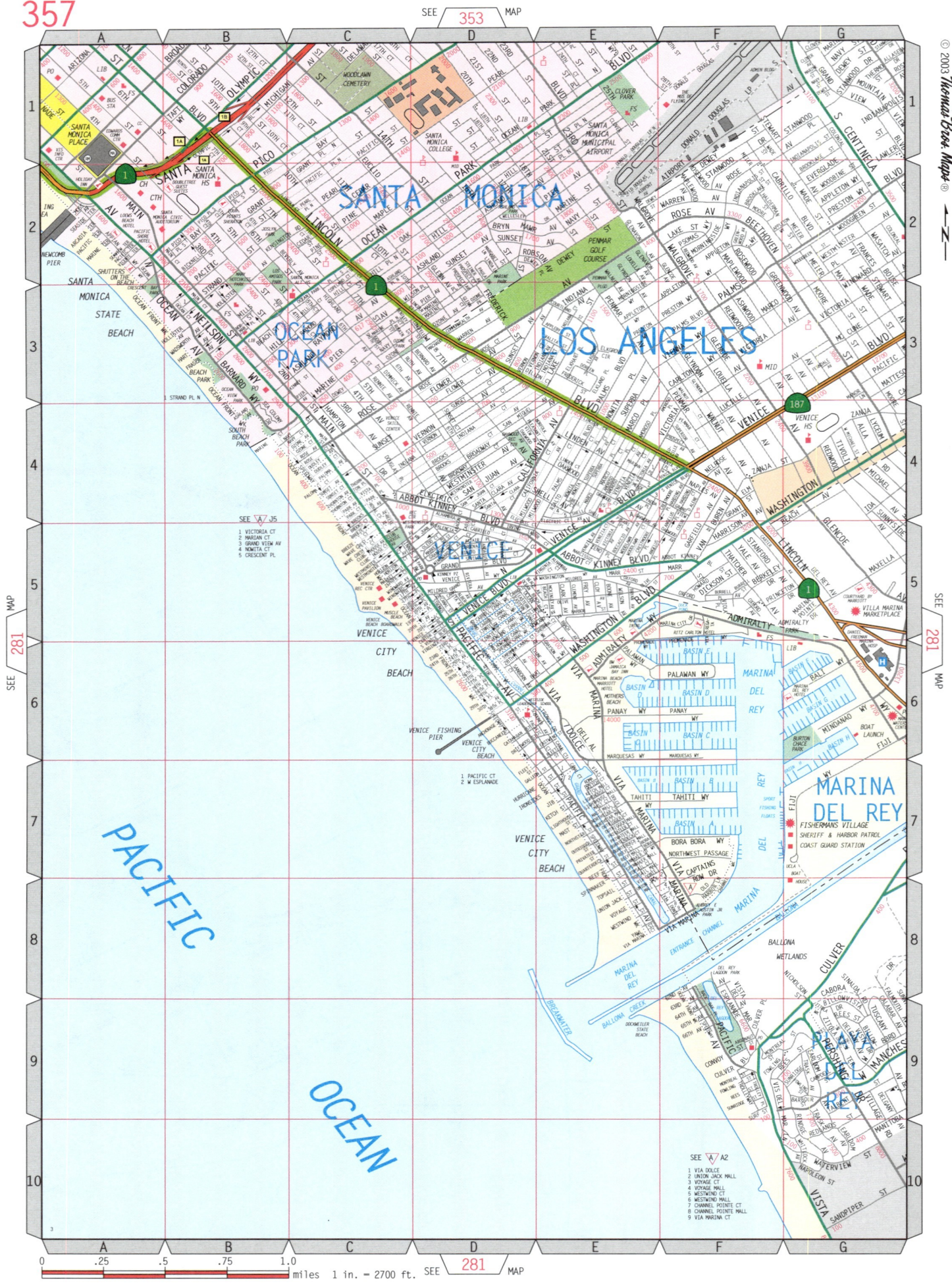

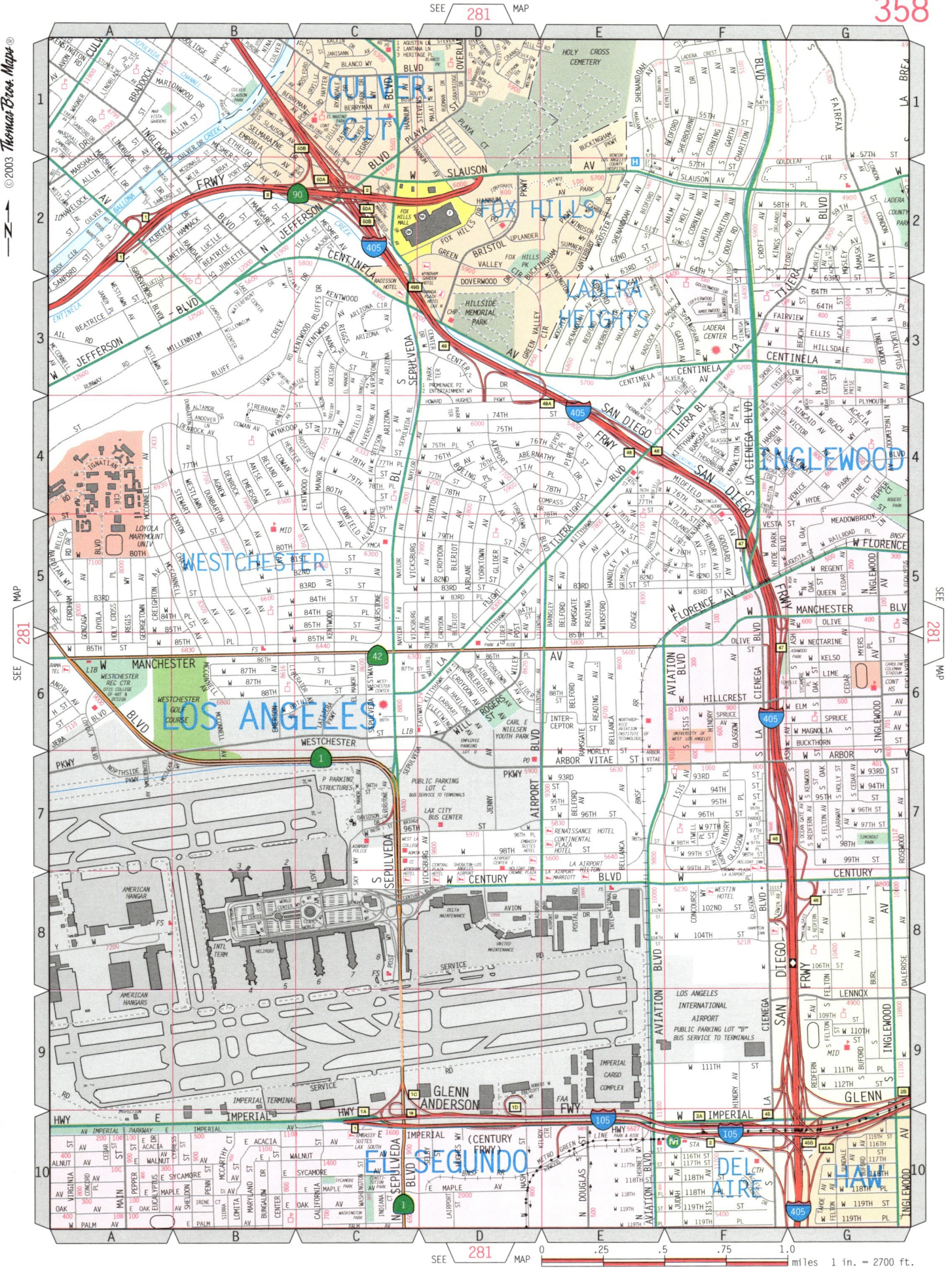

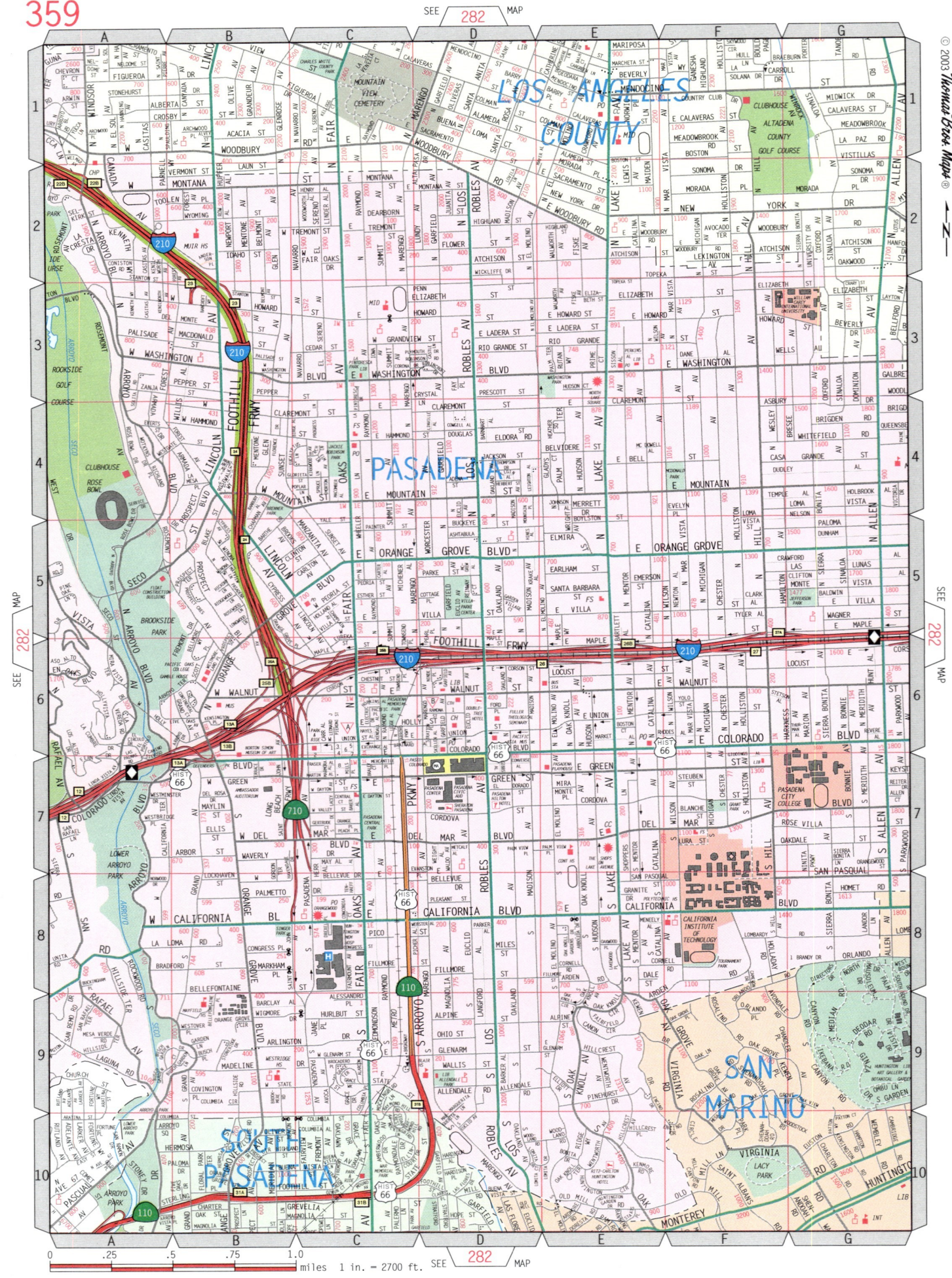

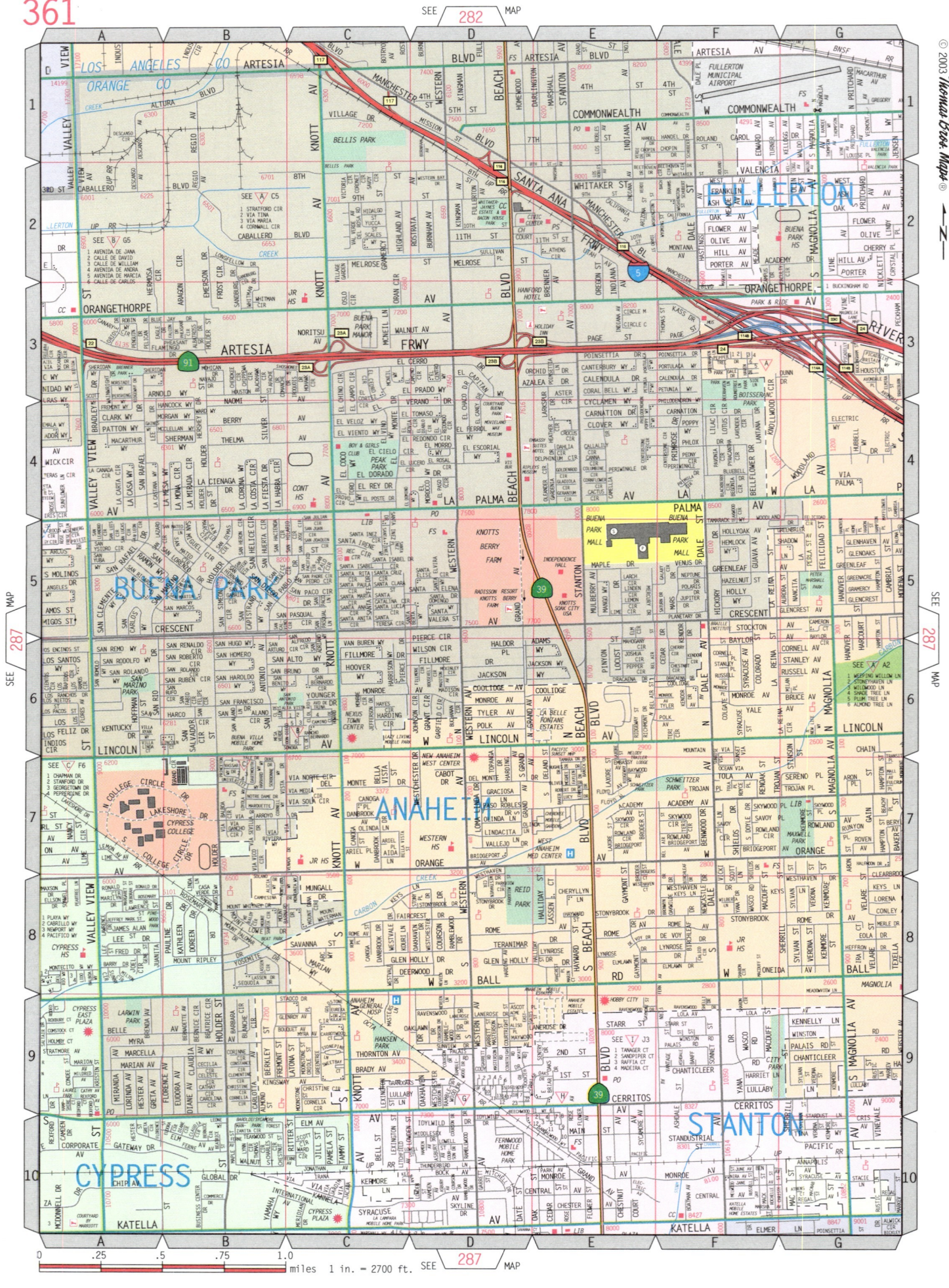

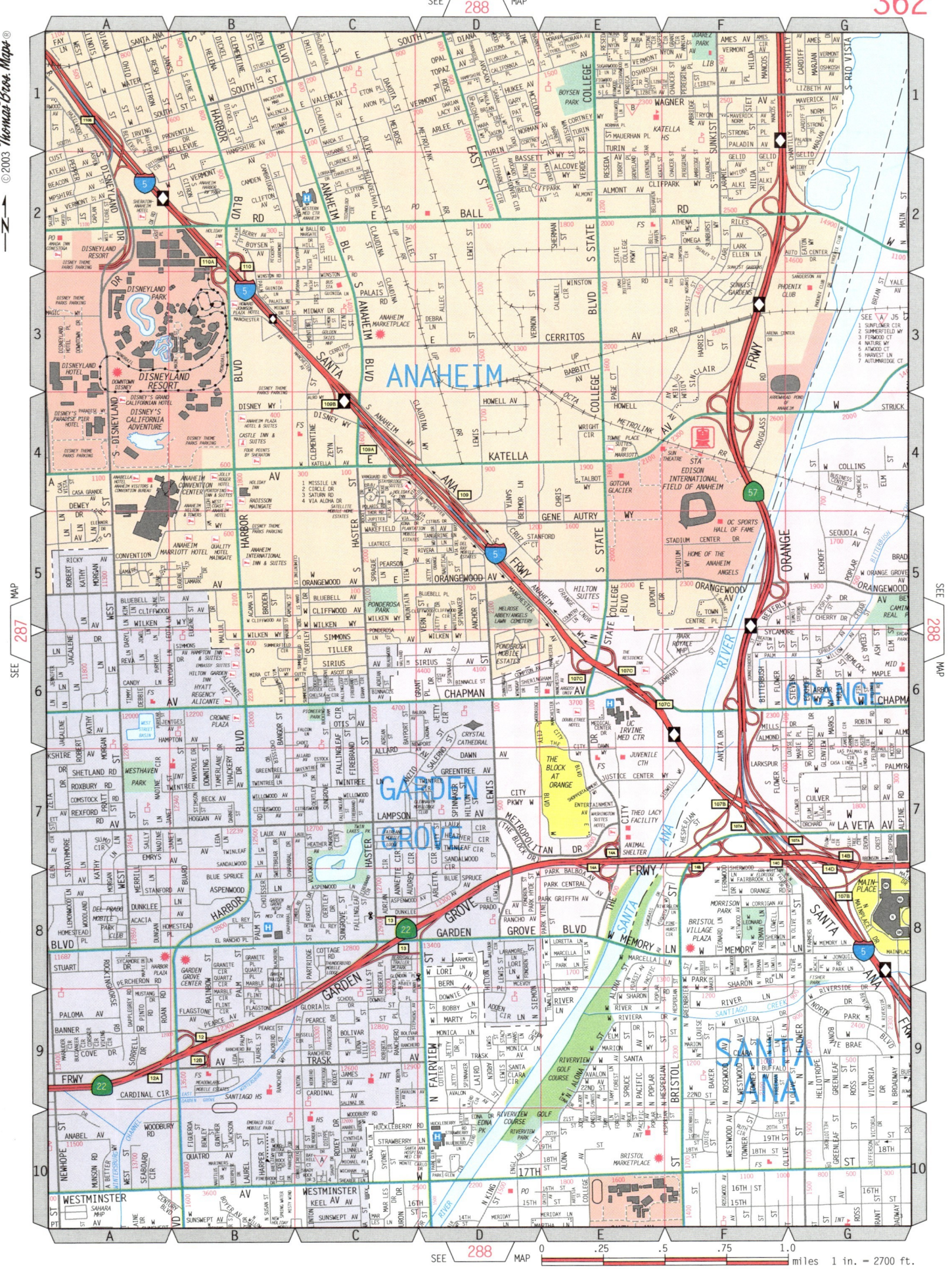

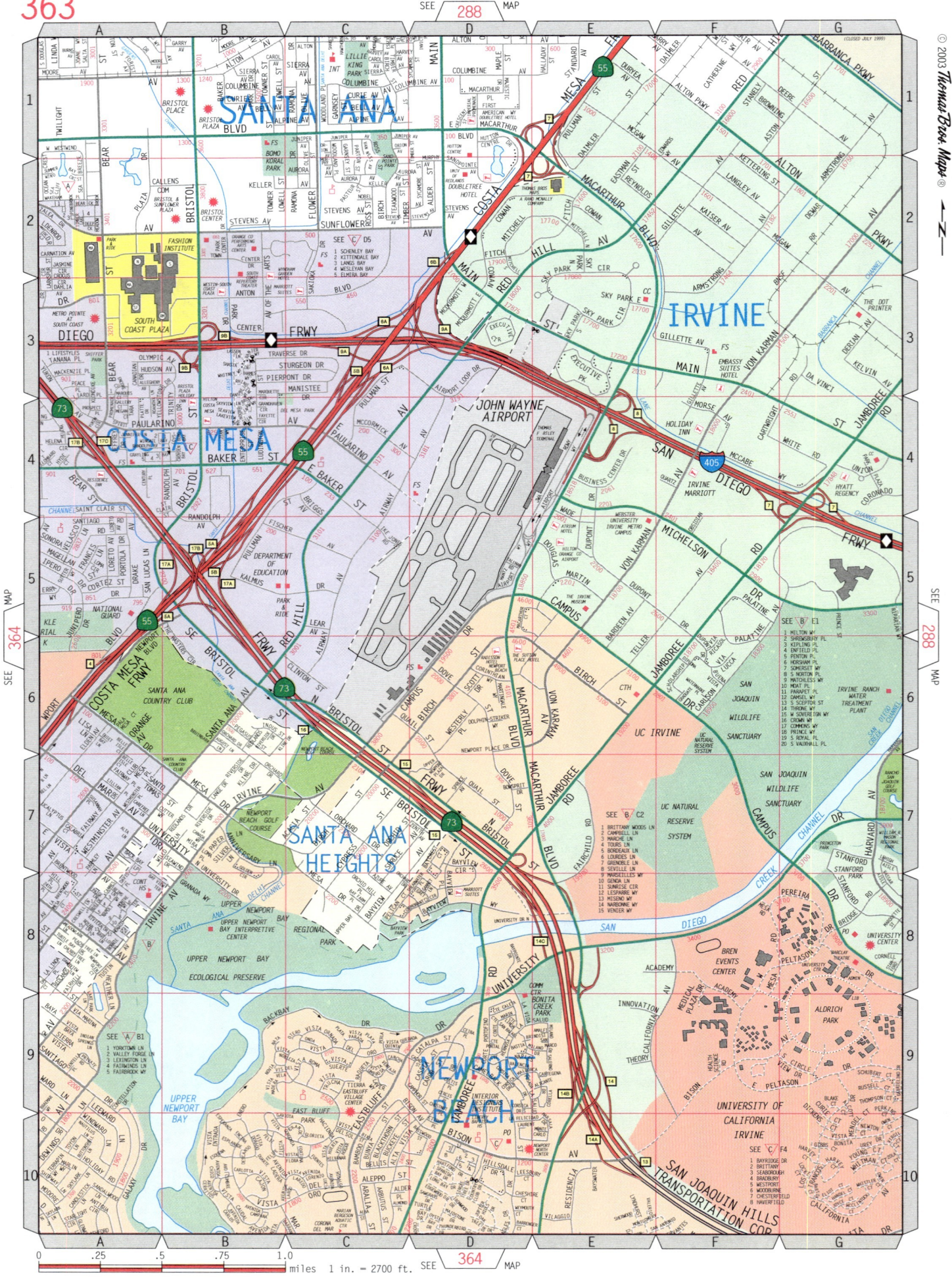

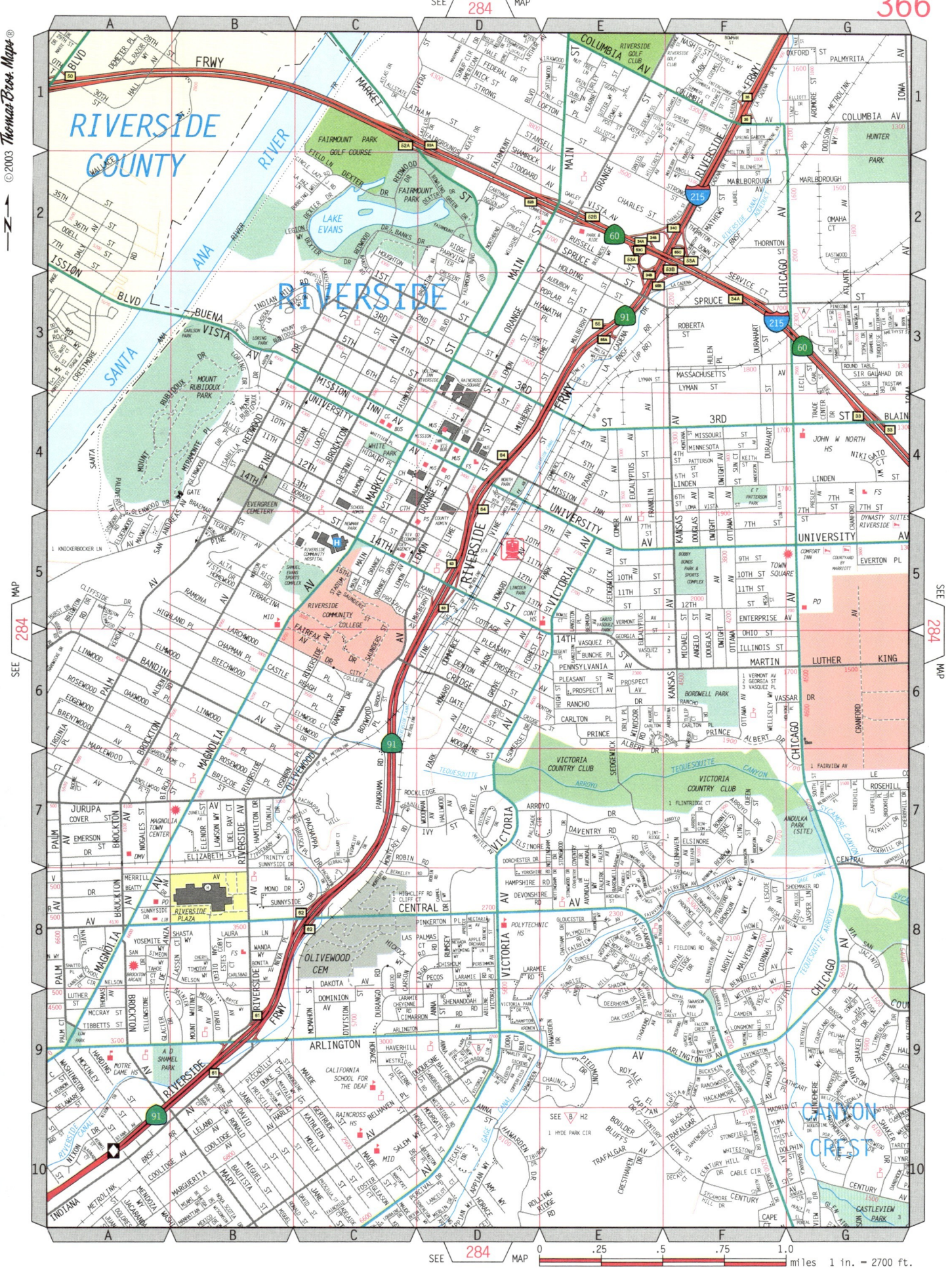

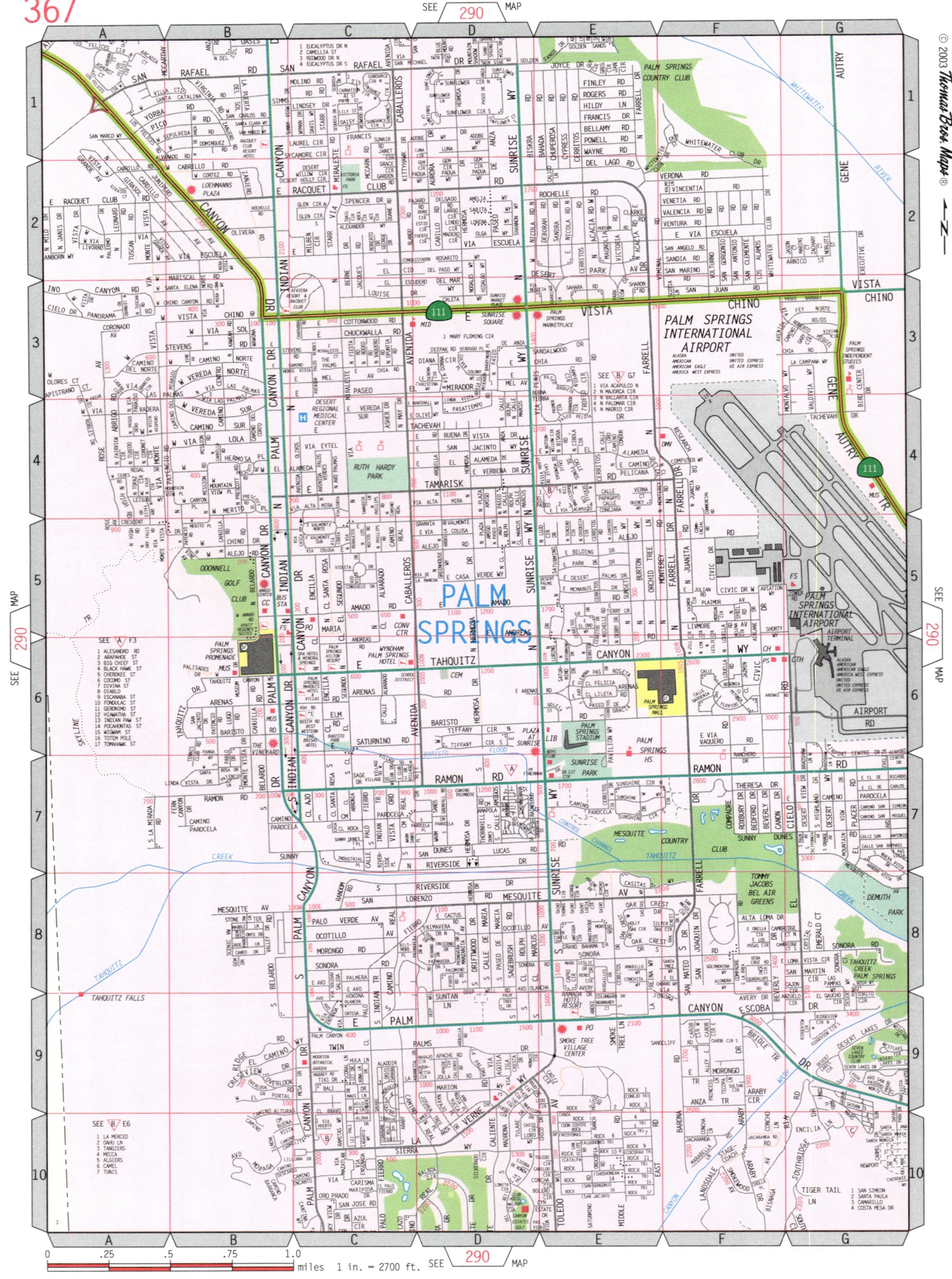

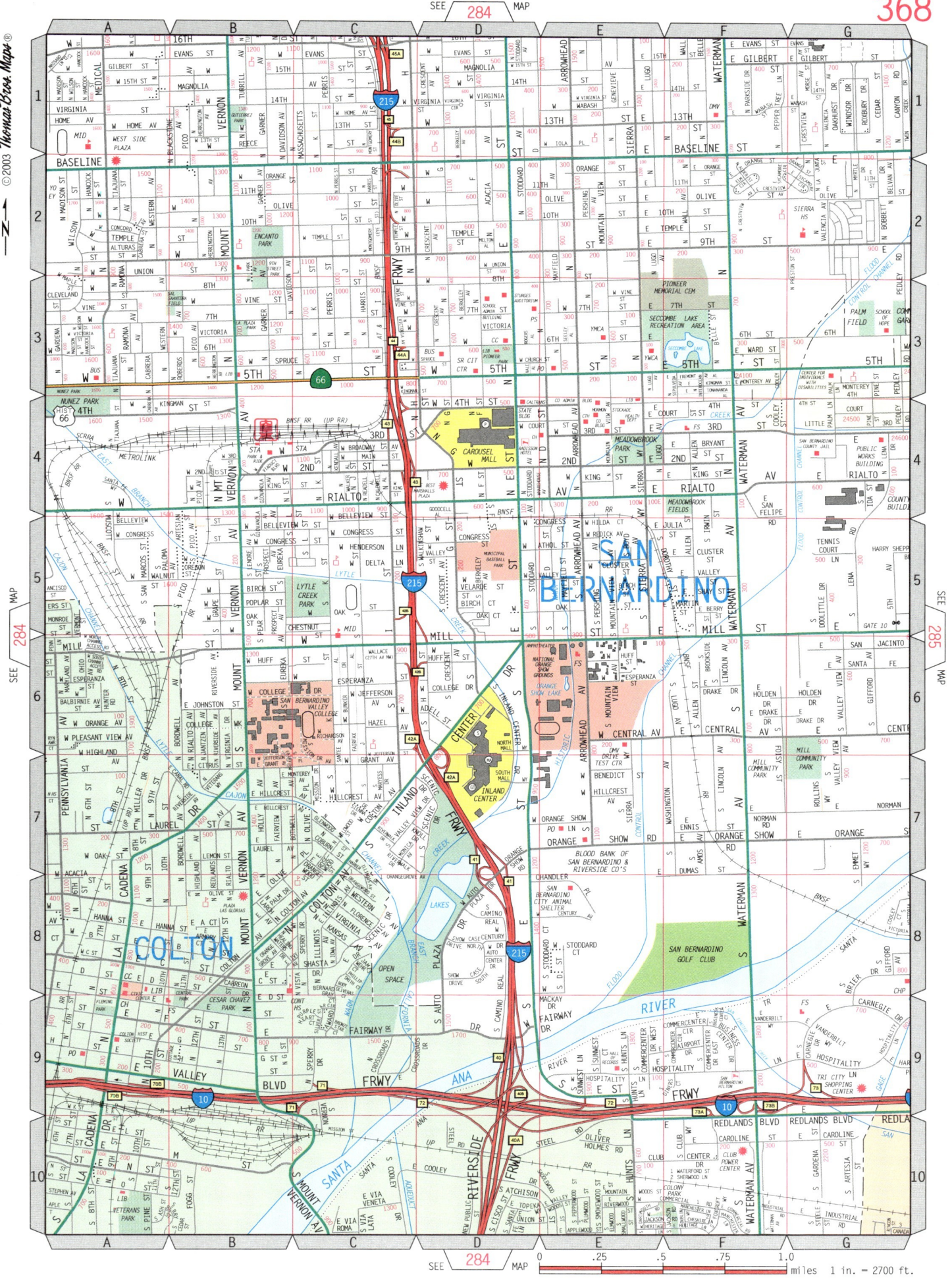

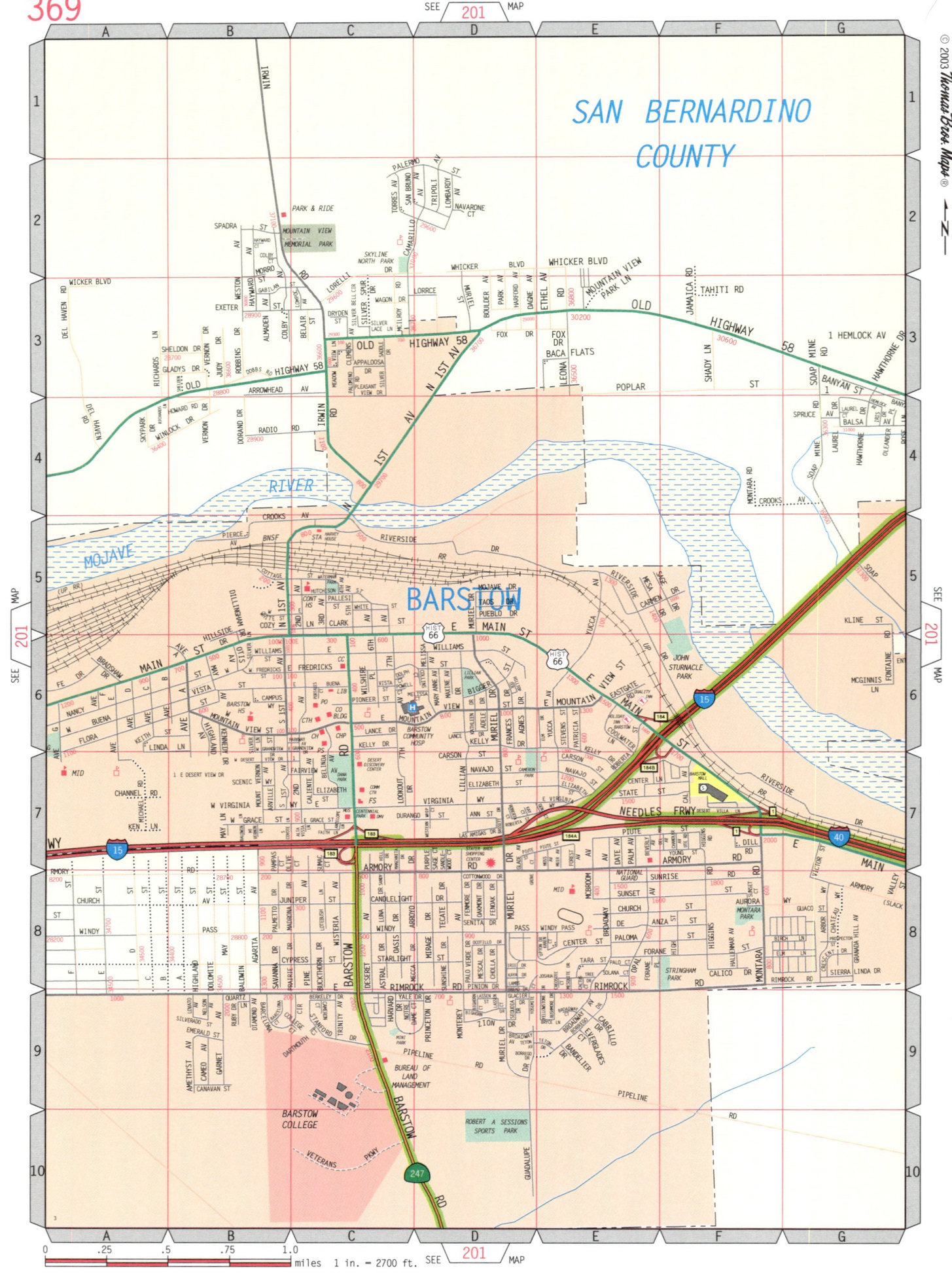

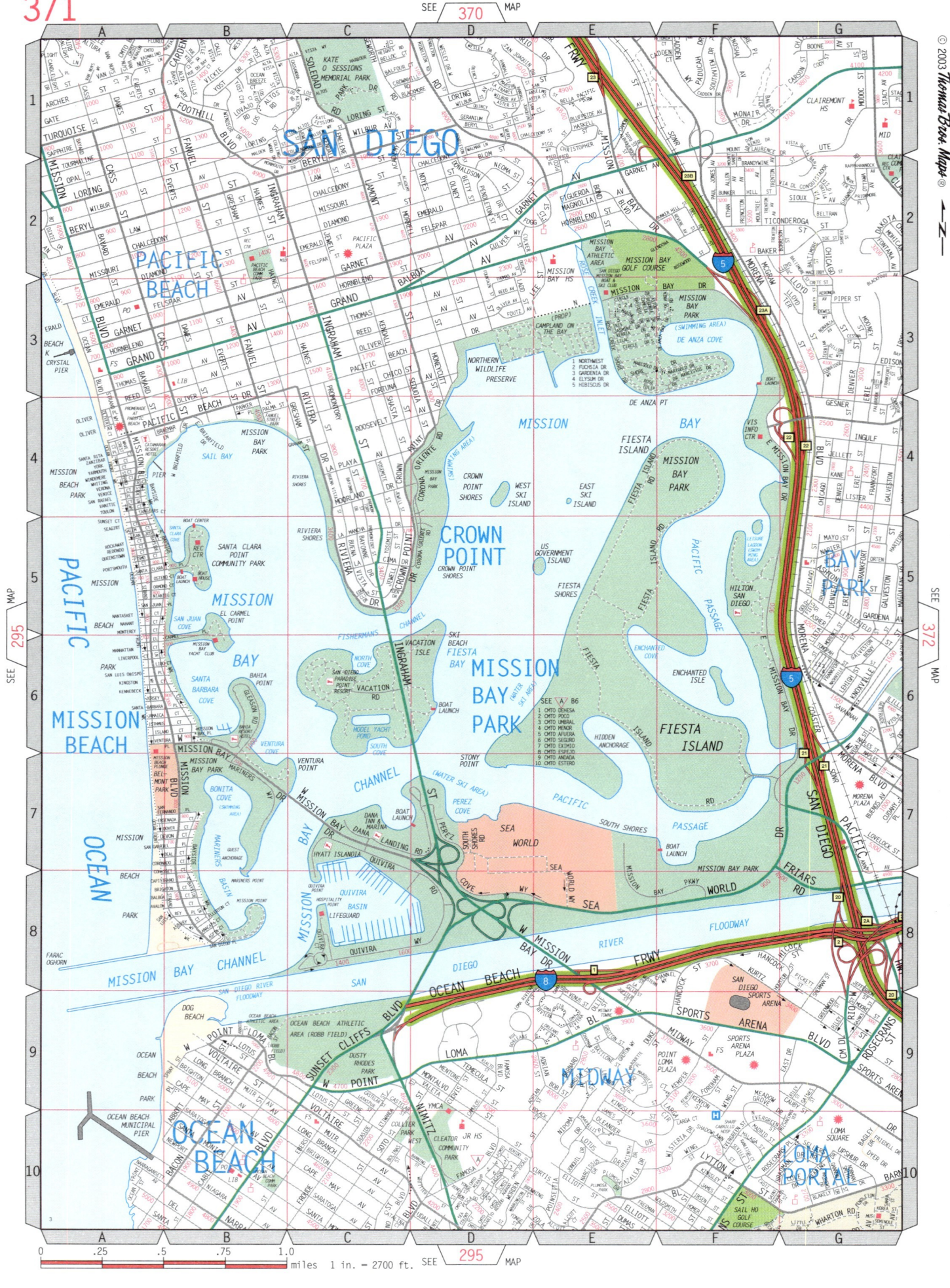

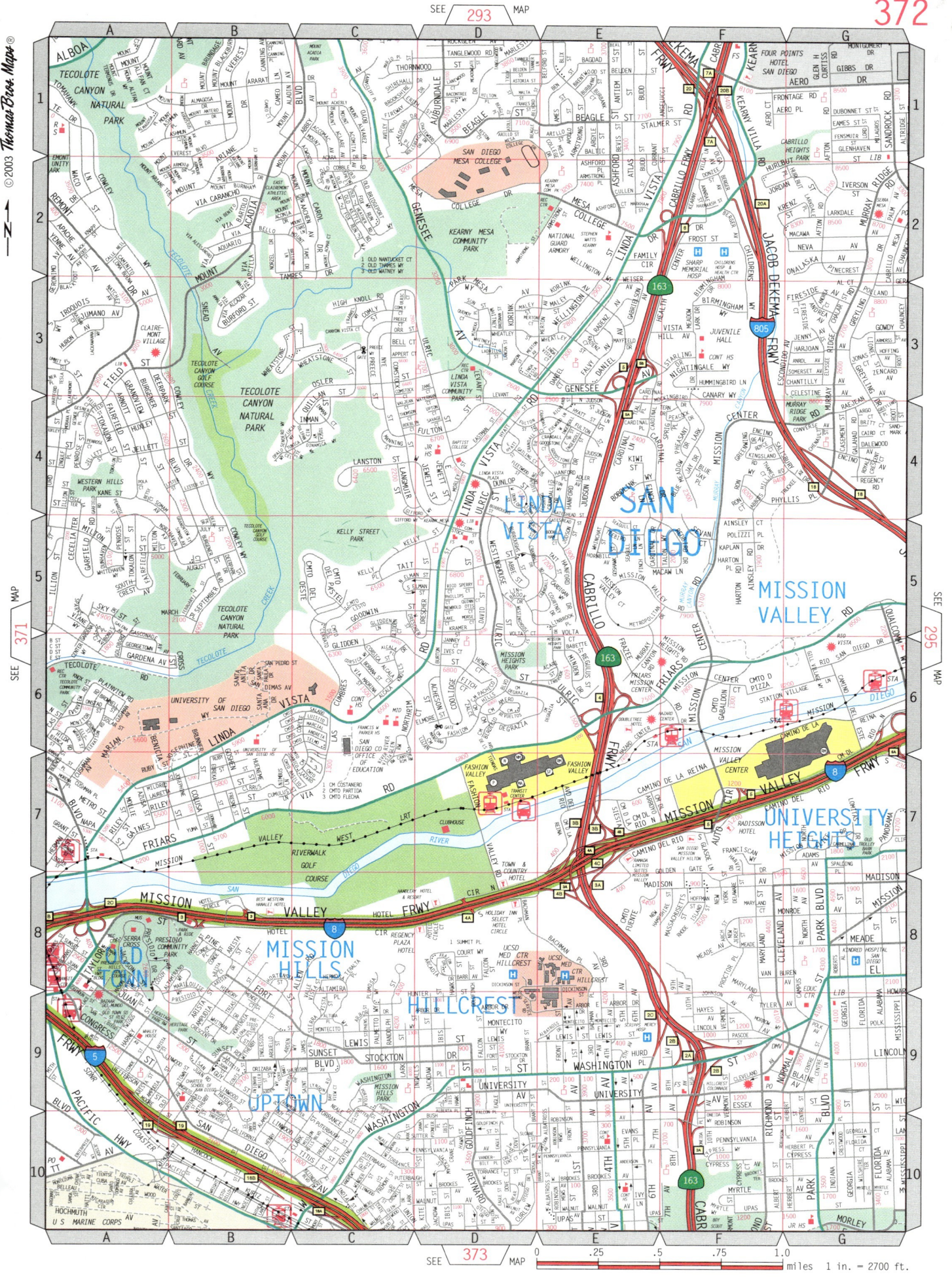

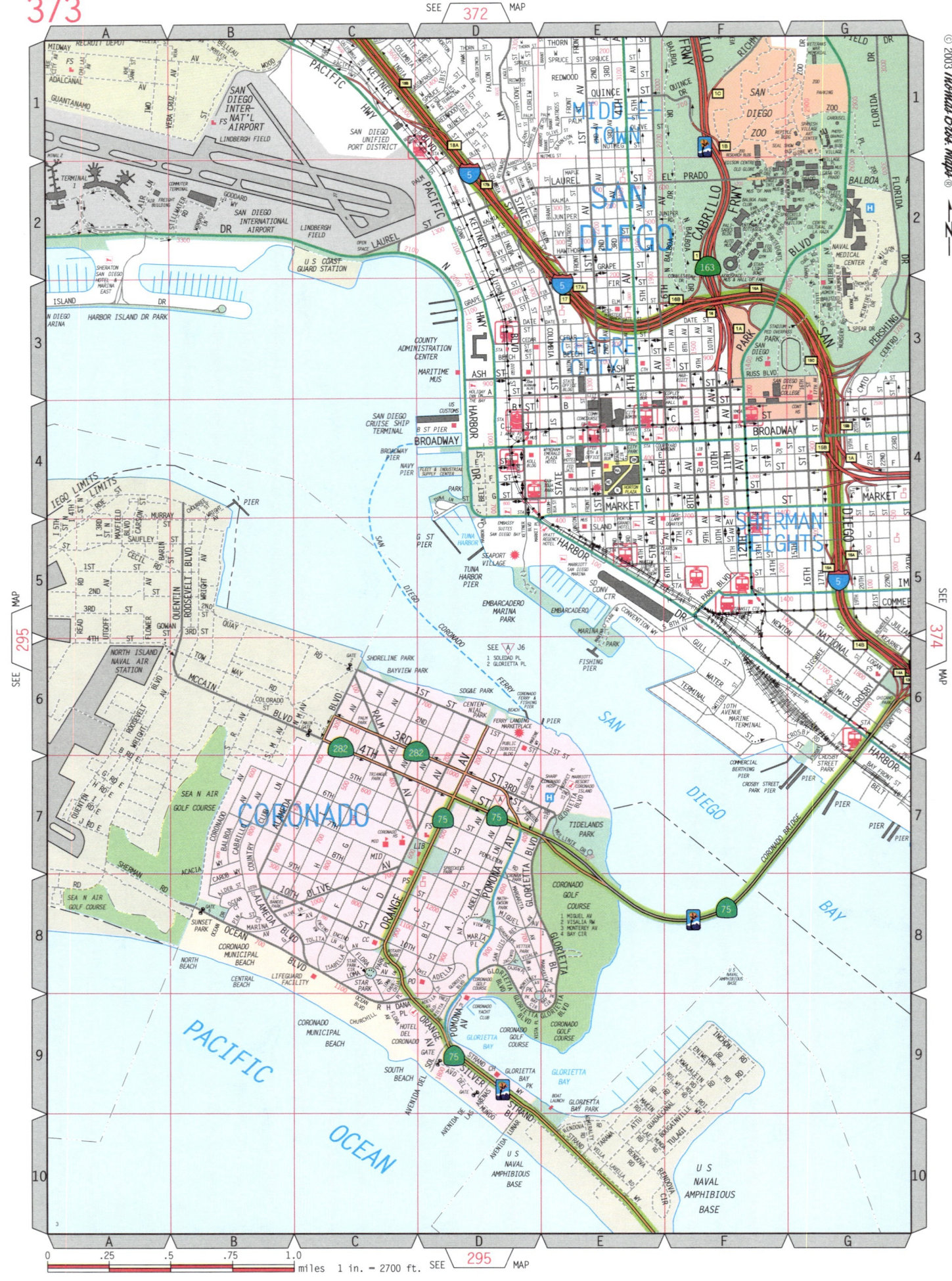

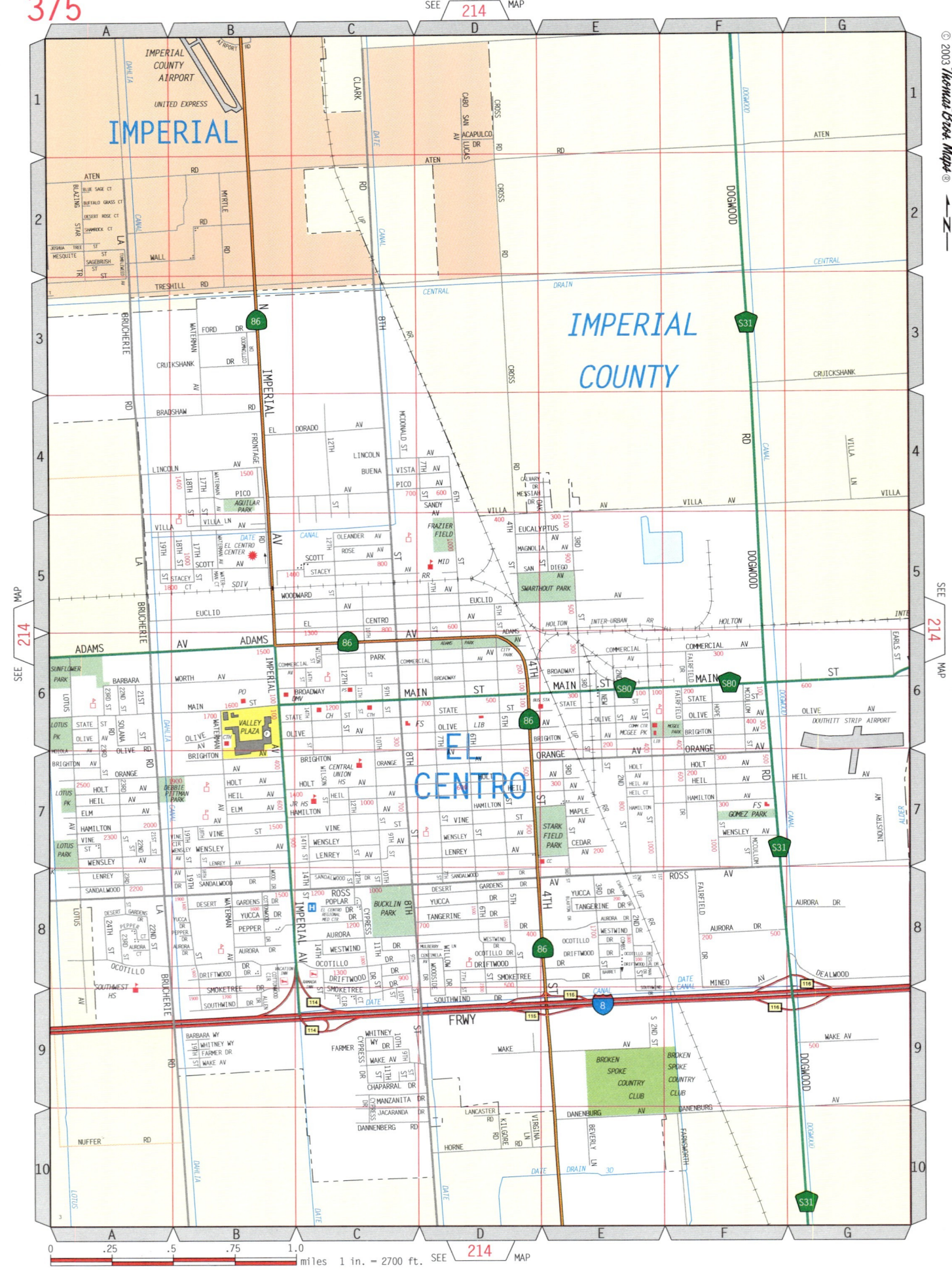

LIST OF ABBREVIATIONS

PREFIXES AND SUFFIXES

AL	ALLEY
ARC	ARCADE
AV, AVE	AVENUE
AVCT	AVENUE COURT
AVD	AVENIDA
AVDR	AVENUE DRIVE
AVEX	AVENUE EXTENSION
BLEX	BOULEVARD EXTENSION
BL, BLVD	BOULEVARD
BLCT	BOULEVARD COURT
BRCH	BRANCH
BRDG	BRIDGE
BYPS	BYPASS
CIDR	CIRCLE DRIVE
CIR	CIRCLE
CL	CALLE
CLJ	CALLEJON
CM	CAMINO
CMTO	CAMINITO
COM	COMMON
CORR	CORRIDOR
CRES	CRESCENT
CRLO	CIRCULO
CRSG	CROSSING
CSWY	CAUSEWAY
CT	COURT
CTAV	COURT AVENUE
CTE	CORTE
CTO	CUT OFF
CTR	CENTER
CUR	CURVE
CV	COVE
D	DE
DIAG	DIAGONAL
DR	DRIVE
DVDR	DIVISION DRIVE
EXAV	EXTENSION AVENUE
EXBL	EXTENSION BOULEVARD
EXRD	EXTENSION ROAD
EXST	EXTENSION STREET
EXT	EXTENSION
EXWY	EXPRESSWAY
FRWY	FREEWAY
FRY	FERRY
GDNS	GARDENS
GN	GLEN
GRN	GREEN
HWY	HIGHWAY
JCT	JUNCTION
LN	LANE
LNDG	LANDING
LP	LOOP
LS	LAS, LOS
MNR	MANOR
MTWY	MOTORWAY
OH	OUTER HIGHWAY
OVL	OVAL
OVPS	OVERPASS
PAS	PASEO
PK	PARK
PKWY	PARKWAY
PL	PLACE
PLZ, PZ	PLAZA
PT	POINT
PTH	PATH
RD	ROAD
RDEX	ROAD EXTENSION
RDG	RIDGE
RW	ROW
SKWY	SKYWAY
SQ	SQUARE
ST	STREET
STAV	STREET AVENUE
STCT	STREET COURT
STDR	STREET DRIVE
STEX	STREET EXTENSION
STLN	STREET LANE
STLP	STREET LOOP
STPL	STREET PLACE
STXP	STREET EXPRESSWAY
TER	TERRACE
TFWY	TRAFFICWAY
THWY	THROUGHWAY
TKTR	TRUCKTRAIL
TPKE	TURNPIKE
TR	TRAIL
TUN	TUNNEL
UNPS	UNDERPASS
VIS	VISTA
VW	VIEW
WK	WALK
WY	WAY
WYPL	WAY PLACE

DIRECTIONS

E	EAST
KPN	KEY PENINSULA NORTH
KPS	KEY PENINSULA SOUTH
N	NORTH
NE	NORTHEAST
NW	NORTHWEST
S	SOUTH
SE	SOUTHEAST
SW	SOUTHWEST
W	WEST

DEPARTMENT STORES

BD	BLOOMINGDALES
BN	THE BON MARCHE
D	DIAMONDS
DL	DILLARDS
G	GOLDWATERS
GT	GOTTSCHALKS
H	HARRIS
IM	I MAGNIN
L	LAMONTS
MA	MACY'S
ME	MERVYN'S
MF	MEIER & FRANK
N	NORDSTROM
NM	NEIMAN-MARCUS
P	J C PENNEY
RM	ROBINSONS MAY
S	SEARS
SF	SAKS FIFTH AVENUE

BUILDINGS

CC	CHAMBER OF COMMERCE
CH	CITY HALL
CHP	CALIFORNIA HIGHWAY PATROL
COMM CTR	COMMUNITY CENTER
CON CTR	CONVENTION CENTER
CONT HS	CONTINUATION HIGH SCHOOL
CTH	COURT HOUSE
DMV	DEPT OF MOTOR VEHICLES
FAA	FEDERAL AVIATION ADMIN
FS	FIRE STATION
HOSP	HOSPITAL
HS	HIGH SCHOOL
INT	INTERMEDIATE SCHOOL
JR HS	JUNIOR HIGH SCHOOL
LIB	LIBRARY
MID	MIDDLE SCHOOL
MUS	MUSEUM
PO	POST OFFICE
PS	POLICE STATION
SR CIT CTR	SENIOR CITIZENS CENTER
STA	STATION
THTR	THEATER
VIS BUR	VISITORS BUREAU

OTHER ABBREVIATIONS

BCH	BEACH
BLDG	BUILDING
CEM	CEMETERY
CK	CREEK
CO	COUNTY
CTR	CENTER
COMM	COMMUNITY
EST	ESTATE
HIST	HISTORIC
HTS	HEIGHTS
LK	LAKE
MDW	MEADOW
MED	MEDICAL
MEM	MEMORIAL
MHP	MOBILE HOME PARK
MT	MOUNT
MTN	MOUNTAIN
NATL	NATIONAL
PKG	PARKING
PLGD	PLAYGROUND
RCH	RANCH
RCHO	RANCHO
REC	RECREATION
RES	RESERVOIR
RIV	RIVER
RR	RAILROAD
SPG	SPRING
STA	SANTA
VLG	VILLAGE
VLY	VALLE
VW	VIEW

377 A ST STREET INDEX APPLE ST

STREET City State Page-Grid

A

A ST
ALAMEDA CO CA 250-C4
ANTIOCH CA 248-C4
BAKERSFIELD CA 344-C7
DAVIS CA 318-D5
FILLMORE CA 199-C3
FRESNO CA 343-C9
GRANTS PASS OR 149-B1
HAYWARD CA 250-C4
ISLETON CA 174-C1
SAN DIEGO CA 373-E3
TEHAMA CO CA 221-D3
YOLO CO CA 318-D6
A ST Rt#-1
MARIN CO CA 245-C3
A ST Rt#-23
FILLMORE CA 199-C3
A ST Rt#-180
FRESNO CA 343-B8
E A ST
DIXON CA 174-C1
GRANTS PASS OR 149-B1
OAKDALE CA 261-D1
N A ST
PERRIS CA 289-B2
W A ST
ALAMEDA CO CA 250-C4
DIXON CA 174-C1
HAYWARD CA 250-C4
W A BARR RD
SISKIYOU CO CA 218-B5
SISKIYOU CO CA 298-A10
ABBOT KINNEY BLVD
LOS ANGELES CA 357-C4
ABBOTT PL
LOS ANGELES CA 282-A3
ABBOTT RD
LYNWOOD CA 282-A6
ABBOTT ST
MONTEREY CO CA 336-G10
SALINAS CA 336-D8
N ABBY ST
FRESNO CA 343-D6
N ABEL ST
MILPITAS CA 253-C1
S ABEL ST
MILPITAS CA 253-C1
ABERDEEN DR
SAN BERNARDINO CO CA 202-B3
ABORN RD
SAN JOSE CA 254-A4
ABRAMS LAKE DR
MOUNT SHASTA CA 218-B3
SISKIYOU CO CA 218-B3
SISKIYOU CO CA 298-A1
ABREGO ST
MONTEREY CA 337-G7
ACACIA AV
SUTTER CO CA 227-A6
ACACIA ST
SAN DIEGO CA 374-D7
E ACACIA ST
STOCKTON CA 339-E6
W ACACIA ST
SALINAS CA 336-B8
STOCKTON CA 339-C6
ACADEMY AV
FRESNO CO CA 181-C3
SANGER CA 181-C3
N ACADEMY AV
FRESNO CO CA 181-C2
S ACADEMY AV
FRESNO CO CA 181-C3
PARLIER CA 181-C3
SANGER CA 181-C3
ACADEMY RD
LOS ANGELES CA 356-B1
ACCESS RD
SISKIYOU CO CA 217-B5
N ACOMA BLVD
LAKE HAVASU CITY AZ 204-B2
S ACOMA BLVD
LAKE HAVASU CITY AZ 204-B2
W ACOMA BLVD
LAKE HAVASU CITY AZ 204-B2
ADAMS AV
HUNTINGTON BEACH CA 287-D4
SAN DIEGO CA 295-D1
SAN DIEGO CA 372-G7
ADAMS AV Rt#-S80
EL CENTRO CA 214-A1
EL CENTRO CA 375-A6
IMPERIAL CO CA 214-A1
IMPERIAL CO CA 375-A6
ADAMS AV Rt#-86
EL CENTRO CA 375-B6
E ADAMS AV
FRESNO CO CA 182-A3
FRESNO CO CA 264-C6
HUNTINGTON BEACH CA 287-C4
W ADAMS AV
FRESNO CO CA 181-A3
FRESNO CO CA 264-B6
HUNTINGTON BEACH CA 287-C4
ADAMS BLVD
BOULDER CITY NV 269-C7
E ADAMS BLVD
LOS ANGELES CA 355-G9
LOS ANGELES CA 356-A9
W ADAMS BLVD
LOS ANGELES CA 355-C7
ADAMS CANYON RD
VENTURA CO CA 275-C2
ADELAIDA RD
SAN LUIS OBISPO CO CA 189-B3
ADELANTO RD
ADELANTO CA 201-A2
ADELANTO CA 278-A1
ADELFA DR
LA MIRADA CA 282-C7
ADELINE ST
BERKELEY CA 328-A8
EMERYVILLE CA 329-G3
OAKLAND CA 328-A8
OAKLAND CA 329-G3
ADIN LOOKOUT RD
MODOC CO CA 159-B2
ADKISSON WY Rt#-33
KERN CO CA 199-A1
TAFT CA 199-A1

ADMIRALTY WY
LOS ANGELES CO CA 357-F5
ADOBE RD
BAKERSFIELD CA 267-D7
KERN CO CA 199-B1
KERN CO CA 267-D7
MOHAVE CO AZ 196-B3
RED BLUFF CA 303-C4
SONOMA CO CA 242-D5
SONOMA CO CA 243-A6
TEHAMA CO CA 303-C4
TWENTYNINE PALMS CA 202-C3
TWENTYNINE PALMS CA 209-C1
ADOLFO RD
CAMARILLO CA 275-D6
AERO DR
SAN DIEGO CA 372-G1
AGATE RD
JACKSON CO OR 149-C1
AGER RD
SISKIYOU CO CA 150-A3
SISKIYOU CO CA 217-C1
AGER BESWICK RD
SISKIYOU CO CA 150-B3
SISKIYOU CO CA 217-D1
AGGEN RD
VENTURA CO CA 275-D5
AGGLER LN
HUMBOLDT CO CA 219-A7
NE AGNESS AV
GRANTS PASS OR 149-B1
AGNESS RD
CURRY CO OR 148-B1
AGNESS-ILLAHE RD
CURRY CO OR 148-C1
AGUA CALIENTE RD
SONOMA CO CA 322-A3
AGUA DULCE CANYON RD
LOS ANGELES CO CA 277-C3
AGUAJITO RD
MONTEREY CA 258-C4
MONTEREY CO CA 337-E10
MONTEREY CO CA 338-F1
AGUAS FRIAS RD
BUTTE CO CA 163-C3
BUTTE CO CA 169-C1
GLENN CO CA 169-C1
AHERN RD Rt#-33
SAN JOAQUIN CO CA 175-A3
S AHERN RD
SAN JOAQUIN CO CA 175-A3
S AHERN RD Rt#-33
SAN JOAQUIN CO CA 175-A3
AHLF RD
SUTTER CO CA 227-A5
AIR EXWY
ADELANTO CA 201-A2
VICTORVILLE CA 201-A2
VICTORVILLE CA 278-A1
AIR BASE PKWY
FAIRFIELD CA 244-C6
SOLANO CO CA 244-C6
AIRLINE HWY Rt#-25
HOLLISTER CA 257-D6
SAN BENITO CO CA 180-A2
SAN BENITO CO CA 257-D6
AIRPORT AV
TULARE CO CA 191-A2
AIRPORT BLVD
COACHELLA CA 209-B2
LA QUINTA CA 209-B2
LOS ANGELES CA 358-D7
RED BLUFF CA 303-B9
RIVERSIDE CO CA 209-B2
SACRAMENTO CO CA 235-A5
SALINAS CA 336-F8
SAN JOSE CA 333-D3
SANTA CRUZ CO CA 256-C4
SONOMA CO CA 242-B1
SOUTH SAN FRANCISCO CA 249-D4
SOUTH SAN FRANCISCO CA 327-C1
TEHAMA CO CA 303-B9
WATSONVILLE CA 256-C4
S AIRPORT BLVD
SAN MATEO CO CA 327-D1
SOUTH SAN FRANCISCO CA 327-D1
AIRPORT DR
BAKERSFIELD CA 344-A1
KERN CO CA 267-C3
KERN CO CA 344-A1
OAKLAND CA 331-D5
AIRPORT PKWY
SAN JOSE CA 333-D2
AIRPORT RD
ALPINE CO CA 171-C3
CARSON CITY NV 313-G3
CLARK CO NV 187-A3
DOUGLAS CO NV 232-A6
MEDFORD OR 149-C2
PALM SPRINGS CA 367-G6
REDDING CA 163-A1
REDDING CA 220-C7
RIO VISTA CA 248-D1
SHASTA CO CA 163-A1
SHASTA CO CA 220-C7
SISKIYOU CO CA 217-D1
AIRPORT ST
TULARE CO CA 191-A2
N AIRPORT WY Rt#-J3
MANTECA CA 260-C7
SAN JOAQUIN CO CA 260-C7
STOCKTON CA 339-G6
S AIRPORT WY Rt#-J3
MANTECA CA 175-A3
MANTECA CA 260-C6
SAN JOAQUIN CO CA 175-A3
SAN JOAQUIN CO CA 260-C6
STOCKTON CA 260-C6
STOCKTON CA 339-G8
AIRSTRIP RD
SONOMA CO CA 240-B2
E AIRWAYS BLVD
FRESNO CA 264-C4
AKERS RD
TULARE CO CA 266-B3
ALABAMA RD
SACRAMENTO CO CA 175-A1
ALABAMA ST
HIGHLAND CA 285-A4
REDLANDS CA 285-A4
SAN BERNARDINO CA 285-A4
SAN BERNARDINO CO CA 285-A4
SAN DIEGO CA 372-G10

ALAMEDA AV
SALINAS CA 336-D8
E ALAMEDA AV
BURBANK CA 281-C2
W ALAMEDA AV
BURBANK CA 281-C2
BURBANK CA 350-G10
BURBANK CA 351-E1
ALAMEDA BLVD
CORONADO CA 373-B8
ALAMEDA BLVD Rt#-282
CORONADO CA 373-B7
ALAMEDA ST
LOS ANGELES CA 286-D2
VALLEJO CA 247-B2
N ALAMEDA ST
COMPTON CA 281-D7
COMPTON CA 282-A7
LOS ANGELES CA 356-B5
LOS ANGELES CO CA 281-D7
S ALAMEDA ST
CARSON CA 286-D1
CARSON CA 287-A1
COMPTON CA 281-D6
COMPTON CA 282-A7
COMPTON CA 287-A1
HUNTINGTON PARK CA 281-D5
LOS ANGELES CA 281-D5
LOS ANGELES CA 286-D1
LOS ANGELES CA 356-B6
LOS ANGELES CO CA 281-D5
LOS ANGELES CO CA 287-A1
LYNWOOD CA 281-D6
VERNON CA 281-D5
VERNON CA 356-B6
ALAMEDA DE LAS PULGAS
ATHERTON CA 252-C1
BELMONT CA 250-A6
MENLO PARK CA 252-C1
REDWOOD CITY CA 250-A7
REDWOOD CITY CA 252-C1
SAN CARLOS CA 250-A7
SAN MATEO CA 249-D6
SAN MATEO CA 250-A6
SAN MATEO CO CA 250-A7
SAN MATEO CO CA 252-C1
WOODSIDE CA 252-C1
ALAMEDA PADRE SERRA
SANTA BARBARA CA 274-D7
SANTA BARBARA CA 348-C4
ALAMITOS AV
LONG BEACH CA 360-E5
SIGNAL HILL CA 360-F3
N ALAMITOS AV
LONG BEACH CA 360-D7
ALAMO DR
SOLANO CO CA 244-D4
VACAVILLE CA 244-D4
ALAMO ST
SIMI VALLEY CA 276-B6
ALAMO PINTADO RD
SANTA BARBARA CO CA 273-B3
SOLVANG CA 273-B3
ALAN PTH
RICHMOND CA 247-A5
ALBANY ST
DELANO CA 191-A2
KERN CO CA 191-A2
ALBATROSS WY
SHASTA CO CA 220-C5
ALBERS RD Rt#-J14
STANISLAUS CO CA 261-C3
ALBION LITTLE RIVER RD
MENDOCINO CO CA 224-B6
ALBION RIDGE RD
MENDOCINO CO CA 224-B6
ALBRIGHT RD
IMPERIAL CO CA 210-B3
ALCATRAZ AV
BERKELEY CA 328-A8
OAKLAND CA 328-A8
ALCOSTA BLVD
SAN RAMON CA 251-A2
ALDERBROOK DR
SANTA ROSA CA 321-G6
ALDER CREEK RD
NEVADA CO CA 228-D6
TRUCKEE CA 228-D6
ALDERPOINT RD
HUMBOLDT CO CA 161-C1
HUMBOLDT CO CA 162-A2
ALDERPOINT BLUFF RD
HUMBOLDT CO CA 162-A2
ALDER POINT BLUFF RD
TRINITY CO CA 162-A2
ALDERPOINT BLUFF RD
TRINITY CO CA 162-A2
ALDINE DR
SAN DIEGO CA 295-D1
ALEMANY BLVD
SAN FRANCISCO CA 249-C2
ALENE WK
LOS ANGELES CA 277-D7
ALESSANDRO BLVD
MORENO VALLEY CA 284-D6
MORENO VALLEY CA 285-A6
RIVERSIDE CA 284-D6
RIVERSIDE CA 366-E8
RIVERSIDE CO CA 284-D6
RIVERSIDE CO CA 285-A6
E ALESSANDRO BLVD
RIVERSIDE CA 284-D6
ALESSANDRO RD
REDLANDS CA 285-B4
ALEXANDER LN
LASSEN CO CA 165-A1
ALEXANDER VALLEY RD
SONOMA CO CA 240-A5
ALFRED HARRELL HWY
BAKERSFIELD CA 191-C3
BAKERSFIELD CA 267-D3
KERN CO CA 191-C3
KERN CO CA 267-D3
ALGA RD
CARLSBAD CA 293-B1
ALHAMBRA AV
CONTRA COSTA CO CA 247-C5
LOS ANGELES CA 282-A3
MARTINEZ CA 247-C4
PLEASANT HILL CA 247-C5
ALHAMBRA BLVD
SACRAMENTO CA 319-G6
SACRAMENTO CA 320-A5

ALHAMBRA RD
ALHAMBRA CA 282-B3
SAN GABRIEL CA 282-B3
SAN MARINO CA 282-B3
ALHAMBRA VALLEY RD
CONTRA COSTA CO CA 247-B5
MARTINEZ CA 247-B5
PINOLE CA 247-B5
ALICIA AV
LINDA CA 310-B7
ALICIA PKWY
ALISO VIEJO CA 288-C6
LAGUNA HILLS CA 288-C6
LAGUNA NIGUEL CA 288-C6
MISSION VIEJO CA 288-D5
RANCHO SANTA MARGARITA CA 288-D5
ALIPAZ ST
SAN JUAN CAPISTRANO CA 291-A1
ALISAL RD
MONTEREY CO CA 259-B3
SALINAS CA 259-B3
SANTA BARBARA CO CA 273-B5
E ALISAL ST
SALINAS CA 259-B2
SALINAS CA 336-C7
W ALISAL ST
SALINAS CA 259-A2
SALINAS CA 336-A7
ALISO CANYON RD
VENTURA CO CA 275-B3
ALISO CREEK RD
ALISO VIEJO CA 288-C6
ALISOS CANYON RD
SANTA BARBARA CO CA 273-A1
ALISO SUMMIT TR
LAGUNA NIGUEL CA 288-C7
N ALLEN AV
LOS ANGELES CO CA 282-B1
LOS ANGELES CO CA 359-G2
PASADENA CA 359-G5
S ALLEN AV
PASADENA CA 359-G7
S ALLEN CT
SAN MARINO CA 359-G8
ALLENDALE AV
SARATOGA CA 253-B5
ALLENFORD AV
LOS ANGELES CA 353-A6
SANTA MONICA CA 353-A6
ALLIANCE RD
ARCATA CA 299-B6
E ALLUVIAL AV
FRESNO CO CA 264-D2
W ALLUVIAL AV
FRESNO CA 264-B2
W ALMA AV
SAN JOSE CA 334-A10
ALMA ST
MOUNTAIN VIEW CA 253-A2
PALO ALTO CA 253-A2
PALO ALTO CA 332-B4
E ALMA ST
SAN JOSE CA 334-B10
ALMADEN AV
SAN JOSE CA 334-A9
S ALMADEN BLVD
SAN JOSE CA 333-G7
ALMADEN EXWY
SAN JOSE CA 253-D4
ALMADEN EXWY Rt#-G8
SAN JOSE CA 253-D4
ALMADEN RD
SAN JOSE CA 253-D6
SAN JOSE CA 334-A10
ALMADEN RD Rt#-G8
SAN JOSE CA 253-D4
SAN JOSE CA 334-A10
ALMAR AV
SANTA CRUZ CA 335-B8
ALMOND AV
BUTTE CO CA 227-B1
ALMOND DR
MERCED CO CA 180-B2
ALMOND ORCHARD RD
SUTTER CO CA 169-C1
ALMONTE BLVD
MARIN CO CA 246-B6
ALOHA DR
SHASTA CO CA 220-D4
ALOHA ST
RED BLUFF CA 303-C7
TEHAMA CO CA 303-C7
ALONDRA BLVD
BELLFLOWER CA 282-B7
BUENA PARK CA 282-B7
CERRITOS CA 282-B7
COMPTON CA 282-B7
LA MIRADA CA 282-B7
NORWALK CA 282-B7
PARAMOUNT CA 282-B7
SANTA FE SPRINGS CA 282-B7
E ALONDRA BLVD
CARSON CA 281-D7
COMPTON CA 281-D7
COMPTON CA 282-A7
LOS ANGELES CO CA 281-D7
LOS ANGELES CO CA 282-A7
PARAMOUNT CA 282-A7
W ALONDRA BLVD
CARSON CA 281-D7
COMPTON CA 281-D7
LOS ANGELES CA 281-D7
LOS ANGELES CO CA 281-D7
E ALPINE AV
SAN JOAQUIN CO CA 339-G3
STOCKTON CA 339-E3
S ALPINE AV Rt#-33
FRESNO CO CA 190-A1
W ALPINE AV
SAN JOAQUIN CO CA 339-A4
STOCKTON CA 339-D4
ALPINE BLVD
SAN DIEGO CO CA 294-D6
ALPINE RD
MENLO PARK CA 252-D2
PORTOLA VALLEY CA 252-D2
SAN MATEO CO CA 252-C4
N ALPINE RD
SAN JOAQUIN CO CA 260-C2
ALPINE ST
LOS ANGELES CA 356-B3
ALSTON RD
SANTA BARBARA CA 274-D7

ALTA AV Rt#-J19
DINUBA CA 182-A3
TULARE CO CA 182-A3
S ALTA AV
FRESNO CO CA 182-A3
S ALTA AV Rt#-J19
FRESNO CO CA 182-A3
ALTA DR
LAS VEGAS NV 345-A7
ALTA ST
GONZALES CA 259-D5
MONTEREY CO CA 259-D5
S ALTA ST
GONZALES CA 259-D6
MONTEREY CO CA 259-D6
ALTA ARDEN EXWY
SACRAMENTO CA 320-F1
SACRAMENTO CO CA 235-C7
SACRAMENTO CO CA 320-F1
ALTADENA AV
SAN DIEGO CA 296-A1
SAN DIEGO CA 374-G1
E ALTADENA DR
LOS ANGELES CO CA 282-B1
N ALTADENA DR
LOS ANGELES CO CA 282-B2
PASADENA CA 282-B2
W ALTADENA DR
LOS ANGELES CO CA 282-A1
AL TAHOE BLVD
SOUTH LAKE TAHOE CA 314-C5
ALTA LAGUNA BLVD
LAGUNA BEACH CA 365-E2
ALTA LOMA DR
SAN BERNARDINO CO CA 209-B1
ALTA MESA RD
SACRAMENTO CO CA 175-A1
ALTAMONT DR
Altamont OR 150-C2
KLAMATH FALLS OR 150-C2
ALTAMONT PASS RD
ALAMEDA CO CA 174-C3
ALTA VISTA DR
BAKERSFIELD CA 344-F3
KERN CO CA 344-F3
TEHAMA CO CA 221-B3
ALTA VISTA RD
EAGLE POINT OR 149-C1
JACKSON CO OR 149-C1
ALTA VISTA ST
PLACENTIA CA 283-A7
ALTA VISTA WY
SHASTA CO CA 220-C5
W ALTHEA AV
FRESNO CO CA 180-C2
W ALTON AV
SANTA ANA CA 363-B1
ALTON PKWY
IRVINE CA 288-C5
IRVINE CA 363-G2
ALUM ROCK AV
SAN JOSE CA 334-C5
ALUM ROCK AV Rt#-130
SAN JOSE CA 334-F4
SANTA CLARA CO CA 254-A2
SANTA CLARA CO CA 334-F4
ALVARADO AV
BURLINGAME CA 327-F10
ALVARADO BLVD
FREMONT CA 250-C5
UNION CITY CA 250-C5
E ALVARADO ST
SAN DIEGO CO CA 292-B3
N ALVARADO ST
LOS ANGELES CA 355-F3
N ALVARADO ST Rt#-2
LOS ANGELES CA 352-G10
LOS ANGELES CA 355-F1
S ALVARADO ST
LOS ANGELES CA 355-D5
ALVARADO - NILES RD
FREMONT CA 250-D5
UNION CITY CA 250-D5
E ALVIN AV
SANTA MARIA CA 272-C4
W ALVIN AV
SANTA MARIA CA 272-C4
E ALVIN DR
SALINAS CA 336-C2
E AMADOR ST Rt#-180
FRESNO CA 343-B8
W AMADOR ST Rt#-180
FRESNO CA 343-A8
AMADOR VALLEY BLVD
DUBLIN CA 251-A3
AMAR RD
CITY OF INDUSTRY CA 282-C4
LA PUENTE CA 282-C4
LOS ANGELES CO CA 282-C4
WALNUT CA 283-A4
WEST COVINA CA 282-C4
WEST COVINA CA 283-A4
E AMAR RD
LOS ANGELES CO CA 282-D4
WEST COVINA CA 282-D4
WEST COVINA CA 283-A4
AMARGOSA RD
VICTORVILLE CA 278-B1
AMAYA DR
LA MESA CA 294-B7
AMBOY RD
SAN BERNARDINO CO CA 202-C3
SAN BERNARDINO CO CA 203-A3
SAN BERNARDINO CO CA 209-C1
TWENTYNINE PALMS CA 209-C1
AMBROSE DR
SALINAS CA 336-A8
S AMELIA AV
GLENDORA CA 283-B2
AMERICAN AV
MERCED CO CA 180-B1
E AMERICAN AV
FRESNO CO CA 182-A3
FRESNO CO CA 264-D6
W AMERICAN AV
FRESNO CO CA 181-B3
FRESNO CO CA 264-B6
AMERICAN CANYON RD
AMERICAN CANYON CA 247-B1
AMERICAN RIVER DR
SACRAMENTO CA 320-G5
SACRAMENTO CO CA 235-C7

AMERICAN RIVER CANYON DR
FOLSOM CA 236-A5
AMMUNITION RD
SAN DIEGO CO CA 292-B3
ANACAPA ST
SANTA BARBARA CA 348-B4
S ANAHEIM BLVD
ANAHEIM CA 287-D1
ANAHEIM CA 362-C2
E ANAHEIM ST
LONG BEACH CA 287-B2
LONG BEACH CA 360-E5
LOS ANGELES CA 286-D2
LOS ANGELES CA 287-A2
W ANAHEIM ST
LONG BEACH CA 287-A2
LONG BEACH CA 360-A5
LOS ANGELES CA 286-D2
ANAPAMU ST
SANTA BARBARA CA 348-D6
ANDERSON RD
DAVIS CA 318-C5
SOLANO CO CA 248-C1
TULARE CO CA 266-D4
ANDERSON ST
LOMA LINDA CA 285-A3
ANDERSON RANCH RD
SONOMA CO CA 240-B3
ANDES WK
LOS ANGELES CA 282-A3
ANDESITE LOGGING RD
SISKIYOU CO CA 218-C1
ANDY DEVINE AV U.S.-66 Hist
KINGMAN AZ 196-C3
MOHAVE CO AZ 196-C3
ANDY DEVINE ST I-40 Bus
KINGMAN AZ 196-C3
ANGELES CREST HWY Rt#-2
LA CANADA FLINTRIDGE CA 282-A1
LOS ANGELES CO CA 200-B3
LOS ANGELES CO CA 201-A3
PASADENA CA 200-B3
PASADENA CA 282-A1
SAN BERNARDINO CO CA 201-A3
ANGELES CREST HWY Rt#-138
SAN BERNARDINO CO CA 201-A3
ANGELES FOREST HWY Rt#-N3
LOS ANGELES CO CA 200-B3
ANGEL ISLAND TIBURON FERRY
TIBURON CA 246-C7
ANITA ST
REDONDO BEACH CA 286-B1
ANN PTH
RICHMOND CA 247-A5
W ANN RD
CLARK CO NV 268-B2
LAS VEGAS NV 268-B2
E ANNADALE AV
FRESNO CO CA 182-A3
ANNAPOLIS RD
SONOMA CO CA 168-A3
ANNETTE RD
KERN CO CA 190-B3
SAN LUIS OBISPO CO CA 190-B3
ANTELOPE BLVD Rt#-36
RED BLUFF CA 221-C2
RED BLUFF CA 303-E5
TEHAMA CO CA 221-C2
TEHAMA CO CA 303-E5
ANTELOPE BLVD Rt#-99
TEHAMA CO CA 221-C2
ANTELOPE HWY Rt#-138
LOS ANGELES CO CA 200-C3
SAN BERNARDINO CO CA 200-C3
SAN BERNARDINO CO CA 201-A3
ANTELOPE RD
CITRUS HEIGHTS CA 235-D4
CITRUS HEIGHTS CA 236-A4
JACKSON CO OR 149-C1
RIVERSIDE CO CA 289-C2
SACRAMENTO CO CA 235-C5
White City OR 149-C1
E ANTELOPE RD
JACKSON CO OR 149-C2
ANTELOPE LAKE RD
PLUMAS CO CA 164-C2
ANTELOPE NORTH RD
SACRAMENTO CO CA 235-D4
ANTELOPE SPRINGS RD
MONO CO CA 263-D6
ANTELOPE VALLEY FRWY Rt#-14
KERN CO CA 200-B1
LANCASTER CA 200-B2
LOS ANGELES CA 277-A5
LOS ANGELES CO CA 200-B2
LOS ANGELES CO CA 277-C3
PALMDALE CA 200-B2
SANTA CLARITA CA 277-C3
ANTHONY RD
LOS ANGELES CO CA 277-D2
ANTIOCH RD
JACKSON CO OR 149-C1
ANTLER RD
SHASTA CO CA 220-D7
ANTONIO PKWY
ORANGE CO CA 288-D6
ANZA AV
TORRANCE CA 286-C1
ANZA RD
IMPERIAL CO CA 214-A2
ANZAR RD
SAN BENITO CO CA 257-A5
APACHE TR
RIVERSIDE CO CA 208-C1
APPERSON ST
LOS ANGELES CA 277-C7
APPIAN WY
CONTRA COSTA CO CA 247-A5
LOS ANGELES CA 354-F1
PINOLE CA 247-A5
RICHMOND CA 247-A5
APPLE AV
STANISLAUS CO CA 261-A7
APPLE RD
TEHAMA CO CA 221-A7
APPLE ST
SAN DIEGO CO CA 296-B2

CRA

INDEX

APPLEGATE RD STREET INDEX B ST 378

STREET City State Page-Grid

APPLEGATE RD
JACKSON CO OR 149-B2
N APPLEGATE RD
ATWATER CA 180-C1
JACKSON CO OR 149-B2
JOSEPHINE CO OR 149-B2
MERCED CO CA 180-C1
APPLEGATE ST
JACKSON CO OR 149-C2
JACKSONVILLE OR 149-C2
APPLE VALLEY RD
APPLE VALLEY CA 278-B1
APRICOT AV
STANISLAUS CO CA 261-A7
AQUEDUCT RD Rt#-62
RIVERSIDE CO CA 211-A1
SAN BERNARDINO CO CA 204-B3
SAN BERNARDINO CO CA 210-C1
SAN BERNARDINO CO CA 211-A1
ARAMAYO WY Rt#-A8
TEHAMA CA 221-D5
TEHAMA CO CA 221-D5
ARASTRADERO RD
PALO ALTO CA 253-A2
PALO ALTO CA 332-G9
ARBOGA RD
LINDA CA 310-C7
YUBA CO CA 227-C7
YUBA CO CA 310-D10
S ARBOLEDA DR
MERCED CO CA 181-A1
ARBOR LN
SHASTA CO CA 220-D7
ARBORETUM RD
PALO ALTO CA 332-B5
SANTA CLARA CO CA 332-B5
W ARBOR VITAE ST
INGLEWOOD CA 358-E7
LOS ANGELES CA 358-E7
ARBURUA RD
MERCED CO CA 180-B2
ARCH AIRPORT RD
SAN JOAQUIN CO CA 260-C5
STOCKTON CA 260-C5
ARCHER AV
SUTTER CO CA 227-B3
ARCHIBALD AV
ONTARIO CA 283-D3
RANCHO CUCAMONGA CA 283-D3
RIVERSIDE CO CA 283-D3
RIVERSIDE CO CA 284-A5
N ARCHIBALD AV
ONTARIO CA 283-D3
S ARCHIBALD AV
ONTARIO CA 283-D4
ARCHIE MOORE RD
SAN DIEGO CO CA 294-B3
ARDATH RD
SAN DIEGO CA 370-E6
ARDEN RD
PASADENA CA 359-E9
ARDEN WY
SACRAMENTO CA 235-C7
SACRAMENTO CA 320-E1
SACRAMENTO CO CA 235-C7
SACRAMENTO CO CA 320-F1
ARDEN-GARDEN CONNECTOR
SACRAMENTO CA 235-B6
ARDENWOOD BLVD
FREMONT CA 250-D6
UNION CITY CA 250-D6
ARGONAUT RD
LAKE CO CA 225-D5
LAKE CO CA 226-A5
ARGONAUT TR
SHASTA CO CA 220-D4
ARGONNE DR
STOCKTON CA 339-B6
ARGUELLO BLVD
SAN FRANCISCO CA 325-F6
ARGYLE RD
REDDING CA 220-C7
REDDING CA 302-G8
ARIZONA AV Rt#-41
LA PAZ CO AZ 204-B3
PARKER AZ 204-B3
ARLEMONT RANCH RD
ESMERALDA CO NV 178-B2
ARLETA AV
LOS ANGELES CA 277-B7
ARLINGTON AV
BERKELEY CA 247-A6
BERKELEY CA 328-A1
CONTRA COSTA CO CA 247-A6
CONTRA COSTA CO CA 328-A1
EL CERRITO CA 247-A6
NORCO CA 284-A6
RIVERSIDE CA 284-A6
RIVERSIDE CA 366-C9
N ARLINGTON AV
RENO NV 311-C5
S ARLINGTON AV
RENO NV 311-D8
ARLINGTON BLVD
CONTRA COSTA CO CA 247-A5
DAVIS CA 318-A6
EL CERRITO CA 247-A5
ARLINGTON MINE RD
RIVERSIDE CO CA 210-C1
ARMORY DR
SANTA ROSA CA 321-D5
ARMORY RD
BARSTOW CA 369-F7
ARMOUR RD
SUTTER CO CA 234-D2
ARMOUR RANCH RD
SANTA BARBARA CO CA 273-C3
W ARMSTRONG RD
SAN JOAQUIN CO CA 260-B2
ARNEILL RD
CAMARILLO CA 275-D6
ARNO RD
SACRAMENTO CO CA 175-A1
SACRAMENTO CO CA 238-D5
ARNOLD DR
SONOMA CO CA 243-A4
SONOMA CO CA 322-A4
ARNOLD DR Rt#-116
SONOMA CO CA 243-B6
ARNOLD DR Rt#-121
SONOMA CO CA 243-B7
SONOMA CO CA 246-C1

ARNOLD LN
JACKSON CO OR 149-C2
ARNOLD WY
SAN DIEGO CO CA 294-D6
AROSA DR
SAN BERNARDINO CO CA 278-C7
ARROW BLVD
FONTANA CA 284-B3
SAN BERNARDINO CO CA 284-B3
ARROW HWY
BALDWIN PARK CA 282-C3
CLAREMONT CA 283-B3
IRWINDALE CA 282-C3
LA VERNE CA 283-B3
MONTCLAIR CA 283-B3
POMONA CA 283-B3
E ARROW HWY
AZUSA CA 282-D3
AZUSA CA 283-A3
CLAREMONT CA 283-C3
COVINA CA 282-D3
COVINA CA 283-A3
GLENDORA CA 283-A3
LA VERNE CA 283-B3
LOS ANGELES CO CA 282-D3
LOS ANGELES CO CA 283-A3
POMONA CA 283-C3
SAN DIMAS CA 283-B3
UPLAND CA 283-D3
W ARROW HWY
AZUSA CA 282-D3
AZUSA CA 283-A3
CLAREMONT CA 283-C3
COVINA CA 282-D3
COVINA CA 283-A3
LOS ANGELES CO CA 282-D3
POMONA CA 283-A3
SAN DIMAS CA 283-A3
UPLAND CA 283-C3
N ARROWHEAD AV
SAN BERNARDINO CA 368-E1
S ARROWHEAD AV
SAN BERNARDINO CA 368-E5
ARROWHEAD RD
CLEARLAKE CA 226-C6
ARROWHEAD LAKE RD
HESPERIA CA 278-C4
SAN BERNARDINO CO CA 278-C4
ARROWMAKER TER
MONTEREY CO CA 258-C7
ARROW ROUTE
FONTANA CA 284-A3
RANCHO CUCAMONGA CA 283-D3
RANCHO CUCAMONGA CA 284-A3
SAN BERNARDINO CO CA 284-A3
W ARROW ROUTE
CLAREMONT CA 283-C3
SAN BERNARDINO CO CA 283-C3
UPLAND CA 283-C3
ARROYO BLVD
PASADENA CA 359-A3
N ARROYO BLVD
LOS ANGELES CO CA 359-A2
PASADENA CA 359-A2
S ARROYO BLVD
PASADENA CA 359-A8
ARROYO DR
SOUTH PASADENA CA 359-A10
S ARROYO PKWY Rt#-110
PASADENA CA 359-D9
ARROYO RD
LIVERMORE CA 251-C4
ARROYO WK
LA CANADA FLINTRIDGE CA 282-A1
ARROYO GRND SAN LUIS OBISPO RD
ARROYO GRANDE CA 272-B1
SAN LUIS OBISPO CO CA 272-B1
ARROYO SECO RD Rt#-G16
MONTEREY CO CA 189-A1
ARROYO SECO RD Rt#-G17
MONTEREY CO CA 180-A3
MONTEREY CO CA 189-A1
SOLEDAD CA 180-A3
ARTESIA AV
BUENA PARK CA 361-F1
FULLERTON CA 361-F1
ARTESIA BLVD
ARTESIA CA 282-B7
BELLFLOWER CA 282-B7
BUENA PARK CA 361-D1
CERRITOS CA 282-C7
CERRITOS CA 361-B1
LA MIRADA CA 361-B1
ARTESIA BLVD Rt#-91
HERMOSA BEACH CA 286-C1
LAWNDALE CA 286-C1
MANHATTAN BEACH CA 286-C1
REDONDO BEACH CA 286-C1
TORRANCE CA 281-C7
TORRANCE CA 286-C1
E ARTESIA BLVD
COMPTON CA 282-A7
LONG BEACH CA 282-A7
W ARTESIA BLVD
COMPTON CA 281-D7
COMPTON CA 282-A7
LONG BEACH CA 282-A7
W ARTESIA BLVD Rt#-91
GARDENA CA 281-D7
LOS ANGELES CA 281-D7
TORRANCE CA 281-C7
TORRANCE CA 286-C1
ARTESIA FRWY Rt#-91
ANAHEIM CA 361-B3
ARTESIA CA 282-A7
BELLFLOWER CA 282-A7
BUENA PARK CA 287-C1
BUENA PARK CA 361-B3
CERRITOS CA 282-A7
CERRITOS CA 287-C1
FULLERTON CA 361-B3
LA PALMA CA 287-C1
LONG BEACH CA 282-A7
ARTESIA RD
LYON CO NV 172-A2
ARTHUR H BREED JR FRWY I-580
ALAMEDA CO CA 250-D3
ALAMEDA CO CA 251-D3
DUBLIN CA 251-B3
LIVERMORE CA 251-D3
PLEASANTON CA 251-B3

ARTISTS DR
INYO CO CA 184-C3
ASCOT PKWY
VALLEJO CA 247-B2
ASCOT WK
LOS ANGELES CA 281-D5
ASH ST
NAPA CA 323-D8
SAN DIEGO CA 373-D3
ASH ST Rt#-139
SUSANVILLE CA 304-D4
N ASH ST
ESCONDIDO CA 208-C3
ESCONDIDO CA 294-A1
SAN DIEGO CO CA 292-D7
N ASH ST Rt#-78
ESCONDIDO CA 294-A1
S ASH ST Rt#-78
ESCONDIDO CA 294-A1
ASHBY AV Rt#-13
BERKELEY CA 247-A7
BERKELEY CA 328-D7
ASH CREEK RD
SISKIYOU CO CA 217-B1
ASH CREEK RD Rt#-A17
SHASTA CO CA 163-B1
ASHE RD
BAKERSFIELD CA 267-B5
ASHFORD ST
SAN DIEGO CA 293-C7
SAN DIEGO CA 372-E2
E ASHLAN AV
CLOVIS CA 264-C3
FRESNO CA 264-C3
FRESNO CO CA 181-C2
FRESNO CO CA 264-D3
W ASHLAN AV
CLOVIS CA 264-B3
FRESNO CA 264-B3
FRESNO CO CA 264-B3
ASHLEY AV
WOODLAND CA 234-B5
N ASHLEY LN
SAN JOAQUIN CO CA 260-C3
ASHLEY RD
SAN DIEGO CO CA 294-C2
ASHTON AV
MILLBRAE CA 327-D8
S ASHTON AV
BURLINGAME CA 327-E9
MILLBRAE CA 327-E9
ASILOMAR AV
PACIFIC GROVE CA 337-C2
ASILOMAR AV Rt#-68
PACIFIC GROVE CA 337-B3
ASPEN RD
SISKIYOU CO CA 218-A2
ASPEN VALLEY RD
TUOLUMNE CO CA 262-A2
ASSOCIATED OFFICE RD
CALAVERAS CO CA 175-C1
ASTON AV
SANTA ROSA CA 321-F9
SONOMA CO CA 321-F9
ATASCADERO AV
ATASCADERO CA 271-C1
SAN LUIS OBISPO CO CA 271-C1
ATASCADERO MALL
ATASCADERO CA 271-C1
ATASCADERO RD Rt#-41
MORRO BAY CA 271-B2
SAN LUIS OBISPO CO CA 271-B2
ATCHISON ST Rt#-108
RIVERBANK CA 261-B2
STANISLAUS CO CA 261-B2
ATHEL ST
KERN CO CA 192-C2
ATHENS AV
PLACER CO CA 235-D2
ATHERTON AV
ATHERTON CA 252-D1
MARIN CO CA 246-B2
NOVATO CA 246-B2
E ATHERTON ST
LONG BEACH CA 287-B2
ATLANTA AV
HUNTINGTON BEACH CA 287-D5
ATLANTIC AV
ALAMEDA CA 329-F8
BELL CA 282-A7
COMPTON CA 282-A7
CUDAHY CA 282-A7
LONG BEACH CA 282-A7
LONG BEACH CA 287-A1
LONG BEACH CA 360-D2
LYNWOOD CA 282-A7
SOUTH GATE CA 282-A7
S ATLANTIC AV
COMPTON CA 282-A7
LOS ANGELES CO CA 282-A7
ATLANTIC BLVD
CITY OF COMMERCE CA 282-A5
MAYWOOD CA 282-A5
VERNON CA 282-A5
N ATLANTIC BLVD
ALHAMBRA CA 282-B3
MONTEREY PARK CA 282-B3
SOUTH PASADENA CA 282-B3
S ATLANTIC BLVD
ALHAMBRA CA 282-B3
CITY OF COMMERCE CA 282-A5
LOS ANGELES CO CA 282-A4
MAYWOOD CA 282-A5
MONTEREY PARK CA 282-B4
VERNON CA 282-A5
ATLANTIC CITY AV
GROVER BEACH CA 272-A1
ATLAS PEAK RD
NAPA CO CA 323-G1
ATWATER BLVD
ATWATER CA 180-C1
MERCED CO CA 180-C1
ATWATER JORDAN RD
MERCED CO CA 180-C1
ATWOOD RD
PLACER CO CA 233-B7
AUBERRY RD
FRESNO CO CA 181-C2
FRESNO CO CA 182-A2
FRESNO CO CA 264-C1
AUBURN BLVD
CITRUS HEIGHTS CA 235-D5
ROSEVILLE CA 235-D5

AUBURN BLVD
SACRAMENTO CA 235-D5
SACRAMENTO CO CA 235-D5
AUBURN RD
PLACER CO CA 233-A6
AUBURN ST
MARIN CO CA 324-F9
S AUBURN ST
GRASS VALLEY CA 315-B9
AUBURNDALE ST
SAN DIEGO CA 372-D1
AUBURN-FOLSOM RD
AUBURN CA 316-D8
FOLSOM CA 236-B4
PLACER CO CA 236-B4
PLACER CO CA 316-A10
AUBURN RAVINE RD
AUBURN CA 316-E3
PLACER CO CA 316-E3
E AUDUBON DR
FRESNO CA 264-B2
AULD RD
RIVERSIDE CO CA 289-D6
AUSTIN DR
SAN DIEGO CO CA 296-B1
AUSTIN RD
IMPERIAL CO CA 214-A1
S AUSTIN RD
SAN JOAQUIN CO CA 260-C6
AUTO CIR
SAN DIEGO CA 372-F7
AUTOPSTA ENSNDA TIJUANA Rt#-1D
BAJA CALIFORNIA NORTE BC 212-C3
BAJA CALIFORNIA NORTE BC 295-D6
BAJA CALIFORNIA NORTE BC 296-A5
TIJUANA BC 296-A5
S AUTO PLAZA DR
SAN BERNARDINO CA 368-D9
W AUTO PLAZA DR
SAN BERNARDINO CA 368-D8
S AUTUMN ST Rt#-82
SAN JOSE CA 333-F8
AVACADO HWY I-15
ESCONDIDO CA 292-D7
SAN DIEGO CO CA 292-C4
AVALON AV
SAN BERNARDINO CO CA 202-B3
SAN BERNARDINO CO CA 209-B1
AVALON BLVD
CARSON CA 281-D6
CARSON CA 286-D1
LOS ANGELES CA 281-D6
LOS ANGELES CA 286-D1
LOS ANGELES CA 355-F10
LOS ANGELES CO CA 281-D6
N AVALON BLVD
LOS ANGELES CA 286-D2
AVENAL CTO
AVENAL CA 190-B1
KINGS CO CA 190-B1
AVENIDA BAJA CALIFORNIA
BAJA CALIFORNIA NORTE BC 296-B6
AVENIDA BERMUDAS
LA QUINTA CA 290-D7
AVENIDA CABALLEROS
PALM SPRINGS CA 367-C1
AVENIDA CESAR CHAVEZ
MONTEREY PARK CA 282-A4
AVENIDA CUAUHTEMOC
TIJUANA BC 296-B6
S AVENIDA DE LA FOWLER AV
FRESNO CO CA 181-C3
E AVENIDA DE LOS ARBOLES
THOUSAND OAKS CA 280-A1
AVENIDA INTERNACIONAL
BAJA CALIFORNIA NORTE BC 296-A5
TIJUANA BC 296-A5
AVENIDA LA CRESTA
RIVERSIDE CO CA 289-A6
AVENIDA PICO
SAN CLEMENTE CA 291-B1
AVENIDA REVOLUCION
TIJUANA BC 296-A5
AVENIDA TIJUANA
BAJA CALIFORNIA NORTE BC 296-C5
AVENUE A
BARSTOW CA 369-B6
KERN CO CA 199-C2
LOS ANGELES CO CA 199-C2
AVENUE A Bus-8
YUMA AZ 215-A1
AVENUE D
LOS ANGELES CO CA 200-B2
LOS ANGELES CO CA 199-C2
AVENUE D Rt#-138
LOS ANGELES CO CA 200-B2
LOS ANGELES CO CA 199-C2
AVENUE DEFENSORES DE CALIF
TIJUANA BC 296-B5
AVENUE E
YUCAIPA CA 285-C4
AVENUE EYE
LOS ANGELES CO CA 200-B2
LANCASTER CA 200-A2
AVENUE F
LOS ANGELES CO CA 200-B2
LANCASTER CA 200-B2
AVENUE G
LANCASTER CA 200-B2
LOS ANGELES CO CA 200-B2
AVENUE H
LOS ANGELES CO CA 200-B2
AVENUE I
LANCASTER CA 200-B2
LOS ANGELES CO CA 200-B2
AVENUE J
LANCASTER CA 200-C2
AVENUE J Rt#-N5
LANCASTER CA 200-B2
LOS ANGELES CO CA 200-C2
AVENUE K
LANCASTER CA 200-C2
LOS ANGELES CO CA 200-C2
AVENUE K-8
LOS ANGELES CO CA 200-C2
AVENUE L
CALIMESA CA 285-C5
W AVENUE L
CALIMESA CA 285-D4

AVENUE M
LANCASTER CA 200-B2
PALMDALE CA 200-B2
LOS ANGELES CO CA 200-B2
AVENUE O
LOS ANGELES CO CA 200-C2
AVENUE OF FLAGS
BUELLTON CA 273-A3
SANTA BARBARA CO CA 273-A3
AVENUE OF THE CHAMPIONS
INGLEWOOD CA 281-C6
AVENUE OF THE GIANTS Rt#-254
HUMBOLDT CO CA 161-B1
AVENUE OF THE STARS
LOS ANGELES CA 354-C9
AVENUE P
LOS ANGELES CO CA 200-C2
SAN BERNARDINO CO CA 200-C2
AVENUE PASEO TIJUANA
TIJUANA BC 296-A5
AVENUE S
LOS ANGELES CO CA 200-B3
PALMDALE CA 200-B3
AVENUE T
PALMDALE CA 200-C3
LOS ANGELES CO CA 200-C3
AVENUE W
LOS ANGELES CO CA 200-C3
AVENUE 2 Rt#-J44
KERN CO CA 191-B2
TULARE CO CA 191-B2
AVENUE 4 Rt#-J44
TULARE CO CA 191-B2
AVENUE 7
MADERA CO CA 264-A2
N AVENUE 7
MADERA CO CA 181-B2
AVENUE 7 1/2
MADERA CO CA 181-A2
AVENUE 9
MADERA CO CA 264-B2
AVENUE 10
MADERA CO CA 264-B1
AVENUE 11
MADERA CO CA 264-A1
AVENUE 12
MADERA CO CA 181-B2
MADERA CO CA 264-B1
AVENUE 13
MADERA CO CA 181-B2
S AVENUE 20
LOS ANGELES CA 356-D2
AVENUE 24
CHOWCHILLA CA 181-B1
MADERA CO CA 181-B1
TULARE CO CA 191-B2
W AVENUE 26
LOS ANGELES CA 281-D3
LOS ANGELES CA 356-E1
AVENUE 40
INDIO CA 290-D5
RIVERSIDE CO CA 290-D5
AVENUE 41 E
LA PAZ CO AZ 211-C1
AVENUE 42
RIVERSIDE CO CA 290-D5
W AVENUE 43
LOS ANGELES CA 282-A3
AVENUE 46 Rt#-111
INDIO CA 209-B2
AVENUE 48
COACHELLA CA 209-B2
INDIO CA 209-B2
LA QUINTA CA 209-B2
LA QUINTA CA 290-D6
RIVERSIDE CO CA 209-B2
AVENUE 50
COACHELLA CA 209-B2
INDIO CA 209-B2
LA QUINTA CA 209-B2
LA QUINTA CA 290-D6
RIVERSIDE CO CA 209-B2
AVENUE 52
COACHELLA CA 209-B2
INDIO CA 209-B2
LA QUINTA CA 209-B2
LA QUINTA CA 290-D6
RIVERSIDE CO CA 209-B2
AVENUE 54
LA QUINTA CA 209-B2
AVENUE 54 Rt#-J22
TULARE CO CA 191-A2
N AVENUE 54
LOS ANGELES CA 282-A3
AVENUE 56 Rt#-J22
TULARE CO CA 191-B2
AVENUE 95 Rt#-J24
TULARE CO CA 191-B2
AVENUE 96 Rt#-J24
TULARE CO CA 191-B2
AVENUE 120
TULARE CO CA 191-A2
AVENUE 138 Rt#-J42
TULARE CO CA 191-B1
AVENUE 144 Rt#-190
TULARE CO CA 191-A1
AVENUE 160
TULARE CO CA 266-D7
AVENUE 168
TULARE CO CA 266-D7
AVENUE 176
TULARE CO CA 266-A7
AVENUE 176 Rt#-J28
TULARE CO CA 191-C1
AVENUE 180
TULARE CO CA 266-C7
AVENUE 184
TULARE CO CA 191-A1
TULARE CO CA 266-D6
AVENUE 192
TULARE CO CA 266-C6
AVENUE 192 Rt#-J27
TULARE CO CA 191-B1
TULARE CO CA 266-D6
AVENUE 196 Rt#-J28
TULARE CO CA 191-B1
AVENUE 199 Rt#-137
TULARE CO CA 191-A1
AVENUE 200
TULARE CO CA 266-C6
AVENUE 208
TULARE CO CA 266-D6

AVENUE 216
TULARE CO CA 191-A1
TULARE CO CA 266-A5
AVENUE 236
TULARE CO CA 266-A5
AVENUE 240
TULARE CO CA 266-C4
AVENUE 248
TULARE CO CA 266-A4
AVENUE 256
TULARE CO CA 191-B1
TULARE CO CA 266-C4
AVENUE 260
TULARE CO CA 266-A4
AVENUE 264
TULARE CO CA 266-B4
AVENUE 266
TULARE CO CA 266-A3
AVENUE 272
TULARE CO CA 266-C3
AVENUE 296 Rt#-198
TULARE CO CA 191-A1
TULARE CO CA 266-A2
AVENUE 304
TULARE CO CA 191-A1
TULARE CO CA 266-A2
AVENUE 308
TULARE CO CA 266-A2
AVENUE 320
TULARE CO CA 266-C2
AVENUE 328
TULARE CO CA 266-A1
AVENUE 328 Rt#-J34
TULARE CO CA 266-C1
AVENUE 336
TULARE CO CA 266-B1
AVENUE 336 Rt#-J27
TULARE CO CA 266-D1
AVENUE 340
TULARE CO CA 266-D1
AVENUE 344
TULARE CO CA 266-D1
AVENUE 364 Rt#-245
TULARE CO CA 182-B3
AVENUE 368 Rt#-J36
TULARE CO CA 182-A3
AVENUE 384 Rt#-201
TULARE CO CA 182-A3
AVENUE 384 Rt#-J38
TULARE CO CA 182-A3
AVENUE 400
TULARE CO CA 182-A3
AVENUE 432
TULARE CO CA 182-A3
AVENUE 460 Rt#-63
TULARE CO CA 182-A3
AVERY SHEEP RANCH RD
ARNOLD CA 176-A1
CALAVERAS CO CA 176-A1
AVIARA PKWY
CARLSBAD CA 293-B1
AVIATION BLVD
HERMOSA BEACH CA 286-B1
INGLEWOOD CA 358-F6
LOS ANGELES CA 358-E9
REDONDO BEACH CA 286-B1
SACRAMENTO CO CA 235-A5
N AVIATION BLVD
EL SEGUNDO CA 281-B7
EL SEGUNDO CA 358-E10
HAWTHORNE CA 281-B7
LOS ANGELES CA 358-E10
LOS ANGELES CO CA 281-B7
LOS ANGELES CO CA 358-E10
MANHATTAN BEACH CA 281-C7
REDONDO BEACH CA 281-B7
S AVIATION BLVD
EL SEGUNDO CA 281-B7
HAWTHORNE CA 281-B7
MANHATTAN BEACH CA 281-B7
MANHATTAN BEACH CA 286-B1
REDONDO BEACH CA 281-B7
AVILA BEACH DR
SAN LUIS OBISPO CO CA 271-B7
AVOCADO AV
EL CAJON CA 294-B7
AVOCADO BLVD
EL CAJON CA 294-B7
EL CAJON CA 296-B1
SAN DIEGO CO CA 296-B1
AVOCADO HWY I-15
ESCONDIDO CA 293-D1
RIVERSIDE CO CA 292-D1
SAN DIEGO CO CA 292-C2
SAN DIEGO CO CA 293-D1
TEMECULA CA 292-C1
AZALEA AV
HUMBOLDT CO CA 219-C1
AZEVEDO RD
SOLANO CO CA 248-D1
AZUSA AV Rt#-N8
CITY OF INDUSTRY CA 282-D4
LOS ANGELES CO CA 282-D4
WEST COVINA CA 282-D4
N AZUSA AV
AZUSA CA 282-D2
N AZUSA AV Rt#-39
COVINA CA 282-D3
WEST COVINA CA 282-D3
S AZUSA AV
AZUSA CA 282-D2
LOS ANGELES CO CA 282-D3
S AZUSA AV Rt#-N8
CITY OF INDUSTRY CA 282-D4
LA PUENTE CA 282-D4
LOS ANGELES CO CA 282-D4
WEST COVINA CA 282-D4
S AZUSA AV Rt#-39
COVINA CA 282-D3
WEST COVINA CA 282-D3
N AZUSA CANYON RD
BALDWIN PARK CA 282-D3
IRWINDALE CA 282-D3
WEST COVINA CA 282-D3

B

B ST
BIGGS CA 169-C1
BIGGS CA 227-A1
BUTTE CO CA 169-C1
DAVIS CA 318-D5
FRESNO CA 343-C9

CRA
INDEX

379 B ST
STREET INDEX
BESSIE CREEK RD

STREET
City State Page-Grid

B ST
HAYWARD CA 250-D4
LOS BANOS CA 180-B2
MODESTO CA 340-D8
SAN DIEGO CA 373-D4
SAN DIEGO CA 374-A3
SANTA ROSA CA 321-E7
SPARKS NV 312-A4
YUBA CITY CA 309-E5
B ST Rt#-70
MARYSVILLE CA 310-B3
B ST Rt#-180
FRESNO CA 343-B8
N B ST
SACRAMENTO CA 319-D2
BACHELOR VALLEY RD
LAKE CO CA 225-D2
BACK BONE RD
NEVADA CO CA 170-B1
BACKBONE RD
SHASTA CO CA 158-B3
SHASTA CO CA 220-D4
BACK RANCH RD
SANTA CRUZ CO CA 255-C3
BACON ST
SAN DIEGO CA 371-B10
BADGER RD
SANTA ROSA CA 242-D1
BADILLO ST
BALDWIN PARK CA 282-D3
WEST COVINA CA 282-D3
E BADILLO ST
COVINA CA 282-D3
COVINA CA 283-A3
LOS ANGELES CO CA 283-A3
SAN DIMAS CA 283-A3
WEST COVINA CA 282-D3
W BADILLO ST
COVINA CA 282-D3
COVINA CA 283-A3
LOS ANGELES CO CA 282-D3
WEST COVINA CA 282-D3
WEST COVINA CA 283-A3
BAECHTEL RD
WILLITS CA 168-A1
BAGGETT MARYSVILLE RD
BUTTE CO CA 223-B7
BAILEY RD
CONCORD CA 248-A5
BAIR RD
HUMBOLDT CO CA 156-C2
BAKE PKWY
IRVINE CA 288-C5
LAKE FOREST CA 288-C5
BAKER AV
RANCHO CUCAMONGA CA 283-D3
BAKER RD
RED BLUFF CA 221-B2
RED BLUFF CA 303-A6
TEHAMA CO CA 221-B2
TEHAMA CO CA 303-A6
E BAKER RD
SAN JOAQUIN CO CA 260-D3
BAKER ST
BAKERSFIELD CA 344-G3
COSTA MESA CA 287-D4
COSTA MESA CA 288-A4
E BAKER ST
COSTA MESA CA 363-C4
W BAKER ST
COSTA MESA CA 288-A4
COSTA MESA CA 363-B4
BAKERSFIELD-GLNVL RD Rt#-155
KERN CO CA 191-C2
KERN CO CA 192-A2
BAKERSFIELD MCKTRCK HWY Rt#-58
KERN CO CA 190-C3
KERN CO CA 191-A3
BAKRSFLD-TEHACHAPI FRWY Rt#-58
BAKERSFIELD CA 267-D5
BAKERSFIELD CA 344-G8
KERN CO CA 344-G8
BAKRSFLD-TEHACHAPI HWY Rt#-58
BAKERSFIELD CA 267-D5
KERN CO CA 191-C3
KERN CO CA 199-C1
KERN CO CA 200-A1
KERN CO CA 267-D5
TEHACHAPI CA 200-A1
BALBOA AV
SAN DIEGO CA 293-D7
SAN DIEGO CA 371-C3
SAN DIEGO CA 372-A1
BALBOA AV Rt#-274
SAN DIEGO CA 293-D7
BALBOA BLVD
LOS ANGELES CA 277-A7
LOS ANGELES CA 281-A2
E BALBOA BLVD
NEWPORT BEACH CA 364-F9
W BALBOA BLVD
NEWPORT BEACH CA 287-D5
NEWPORT BEACH CA 364-B8
BALCH PARK RD Rt#-J37
TULARE CO CA 191-C1
BALCOM CANYON RD
VENTURA CO CA 199-B3
BALD HILLS RD
DEL NORTE CO CA 216-C5
HUMBOLDT CO CA 156-C2
BALDHILL-SPUR
DEL NORTE CO CA 216-C5
BALD MOUNTAIN RD
HUMBOLDT CO CA 156-C3
MONO CO CA 263-C3
BALD MOUNTAIN SPRINGS RD
MONO CO CA 263-D3
BALDWIN AV
ARCADIA CA 282-B3
BUTTE CO CA 223-B7
EL MONTE CA 282-C3
TEMPLE CITY CA 282-C3
N BALDWIN AV
ARCADIA CA 282-C2
S BALDWIN AV
ARCADIA CA 282-C2
BALDWIN RD Rt#-150
VENTURA CO CA 199-A3
VENTURA CO CA 275-A2

BALDWIN LAKE RD
SAN BERNARDINO CO CA 279-D6
BALDWIN PARK BLVD
BALDWIN PARK CA 282-D3
BALDY MESA RD
SAN BERNARDINO CO CA 201-A3
BALFOUR RD
BRENTWOOD CA 248-C6
CONTRA COSTA CO CA 248-C6
BALL RD
ANAHEIM CA 361-B8
BUENA PARK CA 361-B8
CYPRESS CA 287-C2
CYPRESS CA 361-A9
LONG BEACH CA 287-C2
LOS ALAMITOS CA 287-C2
E BALL RD
ANAHEIM CA 362-D2
ORANGE CO CA 362-D2
W BALL RD
ANAHEIM CA 287-D1
ANAHEIM CA 361-D8
ANAHEIM CA 362-C2
BUENA PARK CA 361-D8
ORANGE CO CA 287-D1
BALLARD CANYON RD
SANTA BARBARA CO CA 273-B3
BALL MOUNTAIN LITTLE SHASTA RD
MONTAGUE CA 217-C4
SISKIYOU CO CA 217-C4
SISKIYOU CO CA 217-D4
BALLS FERRY RD Rt#-A17
SHASTA CO CA 163-A1
BALLS FERRY PARK RD
SHASTA CO CA 163-B1
BALSAM RD
VICTORVILLE CA 278-B3
BALTIMORE DR
LA MESA CA 294-A7
LA MESA CA 296-A1
SAN DIEGO CA 294-A7
BANCROFT AV
OAKLAND CA 250-B2
OAKLAND CA 330-G9
OAKLAND CA 331-G1
SAN LEANDRO CA 250-C3
BANCROFT DR
LA MESA CA 296-B1
SAN DIEGO CO CA 296-B1
BANCROFT RD
CONCORD CA 247-D5
CONTRA COSTA CO CA 247-D5
BANCROFT WY
BERKELEY CA 328-B6
BANDINI AV
RIVERSIDE CA 366-A6
BANDINI BLVD
BELL CA 282-A5
LOS ANGELES CO CA 282-A5
VERNON CA 281-D5
VERNON CA 282-A5
BANDY CANYON RD
SAN DIEGO CA 294-B2
SAN DIEGO CO CA 294-B2
BANGOR HWY
BUTTE CO CA 170-A1
BUTTE CO CA 223-D7
OROVILLE CA 170-A1
OROVILLE CA 223-C7
BANGOR PARK RD
BUTTE CO CA 170-A1
BUTTE CO CA 227-D1
BANGS AV
MODESTO CA 261-A2
STANISLAUS CO CA 261-A2
BANNER RD Rt#-78
SAN DIEGO CO CA 213-A1
BANNER LAVA CAP RD
NEVADA CO CA 170-B1
NEVADA CO CA 233-D1
NEVADA CO CA 315-F5
BANNING IDLW PAN HWY Rt#-243
BANNING CA 208-C1
RIVERSIDE CO CA 208-C1
RIVERSIDE CO CA 209-A2
BANNON ST
SACRAMENTO CA 319-D1
BARBARA AV
EL DORADO CO CA 314-B7
W BARBER RD
SAN JOAQUIN CO CA 238-B7
S BARCELONA ST
SAN DIEGO CA 296-B1
BARD RD Rt#-S24
IMPERIAL CO CA 215-B1
BARHAM BLVD
BURBANK CA 351-D3
LOS ANGELES CA 351-D3
BARING BLVD
SPARKS NV 312-F1
BARIONI ST Rt#-S28
IMPERIAL CA 214-A1
BARITE ST
EL DORADO CO CA 237-A7
BARKER RD
KERN CO CA 190-B2
BARNARD WY
SANTA MONICA CA 357-B3
BARNES RD
SANTA ROSA CA 242-C1
SONOMA CO CA 242-C1
BARNES ST
LAKE CO CA 240-D3
BARNETT AV
SAN DIEGO CA 371-G10
SAN DIEGO CA 372-A10
E BARNETT RD
MEDFORD OR 149-C2
BARNETT VALLEY RD
SONOMA CO CA 242-A4
E BARNHART RD
STANISLAUS CO CA 261-D5
BARNHEISEL RD
SANTA CLARA CO CA 257-D4
BARONA RD
SAN DIEGO CO CA 294-C4
BARRANCA AV
COVINA CA 283-A3
WEST COVINA CA 283-A3
BARRANCA PKWY
IRVINE CA 288-C4

BARRANCA PKWY
IRVINE CA 363-G1
TUSTIN CA 288-C4
TUSTIN CA 363-G1
BARRETT AV
RICHMOND CA 247-A5
N BARRINGTON AV
LOS ANGELES CA 353-D4
S BARRINGTON AV
LOS ANGELES CA 353-D5
LOS ANGELES CO CA 353-D5
W BARSTOW AV
FRESNO CA 264-B3
FRESNO CO CA 264-B3
BARSTOW RD
BARSTOW CA 369-C8
BARSTOW RD Rt#-247
BARSTOW CA 201-C2
BARSTOW CA 369-C9
SAN BERNARDINO CO CA 201-C2
SAN BERNARDINO CO CA 279-B1
BARTLETT SPRINGS RD
COLUSA CO CA 169-A2
LAKE CO CA 169-A2
LAKE CO CA 226-B2
BARTON LN
SAN BERNARDINO CO CA 279-D7
BARTON RD
COLTON CA 284-D4
GRAND TERRACE CA 284-D4
LOMA LINDA CA 284-D4
LOMA LINDA CA 285-A4
PLACER CO CA 236-B4
REDLANDS CA 285-A4
SAN BERNARDINO CO CA 284-D4
SAN BERNARDINO CO CA 285-A4
E BARTON RD
COLTON CA 284-D4
GRAND TERRACE CA 284-D4
BASCOM AV
CAMPBELL CA 253-C5
SAN JOSE CA 253-C5
SAN JOSE CA 333-B7
SANTA CLARA CA 333-B7
SANTA CLARA CO CA 253-C5
SANTA CLARA CO CA 333-B8
S BASCOM AV
CAMPBELL CA 253-C5
SAN JOSE CA 253-C5
SAN JOSE CA 333-C9
SANTA CLARA CO CA 253-C5
SANTA CLARA CO CA 333-C9
BASCOM RD
SHASTA CO CA 220-D7
BASELINE AV
FONTANA CA 284-B2
RIALTO CA 284-B2
SANTA BARBARA CO CA 273-C3
BASELINE RD
PLACER CO CA 235-C4
RANCHO CUCAMONGA CA 283-D2
RANCHO CUCAMONGA CA 284-A2
UPLAND CA 283-D2
BASE LINE RD Rt#-30
LA VERNE CA 283-B2
LOS ANGELES CO CA 283-B2
E BASE LINE RD
AZUSA CA 283-A2
LOS ANGELES CO CA 283-A2
E BASELINE RD
RIALTO CA 284-D2
SAN BERNARDINO CA 284-D2
E BASELINE RD Rt#-30
CLAREMONT CA 283-C2
W BASE LINE RD
GLENDORA CA 283-A2
LOS ANGELES CO CA 283-A2
W BASELINE RD
FONTANA CA 284-C2
RIALTO CA 284-C2
SAN BERNARDINO CA 284-C2
W BASELINE RD Rt#-30
CLAREMONT CA 283-C2
LOS ANGELES CO CA 283-C2
BASELINE ST
HIGHLAND CA 285-A2
SAN BERNARDINO CA 285-A2
E BASELINE ST
HIGHLAND CA 285-A2
SAN BERNARDINO CA 285-A2
SAN BERNARDINO CA 368-F1
SAN BERNARDINO CO CA 285-A2
W BASELINE ST
SAN BERNARDINO CA 284-D2
SAN BERNARDINO CA 368-D1
BASIC SCHOOL RD
KERN CO CA 199-A1
BASILONE RD
SAN DIEGO CO CA 291-B3
SAN DIEGO CO CA 292-A3
BASS LAKE RD
EL DORADO CO CA 236-C5
BASS POND RD
SHASTA CO CA 220-D7
BASTANCHURY RD
YORBA LINDA CA 283-A7
E BASTANCHURY RD
FULLERTON CA 282-D7
FULLERTON CA 283-A7
PLACENTIA CA 283-A7
W BASTANCHURY RD
FULLERTON CA 282-D7
FULLERTON CA 283-A7
PLACENTIA CA 283-A7
N BATAVIA ST
ORANGE CA 288-A1
BATES RD
SUTTER CO CA 234-D2
BATH ST
SANTA BARBARA CA 348-D7
BATTERY ST
SAN FRANCISCO CA 326-F3
BAUTISTA RD
RIVERSIDE CO CA 208-C2
RIVERSIDE CO CA 209-A2
BAXTER AV
NAPA CA 323-C3
BAXTER RD
RIVERSIDE CO CA 289-B5
BAY AV
CAPITOLA CA 256-A3
BAY DR
SANTA CRUZ CA 335-A6

BAY HWY Rt#-1
SONOMA CO CA 173-B1
BAY PL
OAKLAND CA 330-B4
BAY RD
ATHERTON CA 332-B1
EAST PALO ALTO CA 332-E1
MENLO PARK CA 332-B1
REDWOOD CITY CA 250-B7
SAN MATEO CO CA 250-B7
SAN MATEO CO CA 332-B1
BAY ST
SAN FRANCISCO CA 326-B2
SANTA CRUZ CA 335-B7
BAYFRONT EXWY Rt#-84
FREMONT CA 250-C7
MENLO PARK CA 250-C7
BAYLISS BLUE GUM RD
GLENN CO CA 163-B3
BAYNE RD
EL DORADO CO CA 237-A3
BAY SCHOOL RD
HUMBOLDT CO CA 219-C1
BAYSHORE BLVD
BRISBANE CA 249-C3
DALY CITY CA 249-D2
SAN FRANCISCO CA 249-D2
SAN FRANCISCO CA 326-E10
SOUTH SAN FRANCISCO CA 249-C3
BAYSHORE FRWY U.S.-101
BELMONT CA 250-A6
BRISBANE CA 249-D3
BURLINGAME CA 249-D5
BURLINGAME CA 327-E6
EAST PALO ALTO CA 332-C1
MENLO PARK CA 250-A6
MENLO PARK CA 332-C1
MILLBRAE CA 327-E6
MOUNTAIN VIEW CA 253-B2
PALO ALTO CA 253-B2
PALO ALTO CA 332-F3
REDWOOD CITY CA 250-A6
SAN CARLOS CA 250-A6
SAN FRANCISCO CA 249-D3
SAN JOSE CA 253-B2
SAN JOSE CA 254-A4
SAN JOSE CA 333-C2
SAN JOSE CA 334-A3
SAN MATEO CA 249-D5
SAN MATEO CA 250-A6
SAN MATEO CO CA 327-D3
SANTA CLARA CA 253-B2
SANTA CLARA CA 333-C2
SANTA CLARA CO CA 253-B2
SANTA CLARA CO CA 254-A4
SOUTH SAN FRANCISCO CA 249-D4
SOUTH SAN FRANCISCO CA 327-D3
SUNNYVALE CA 253-B2
BAYSHORE HWY
BURLINGAME CA 327-G7
MILLBRAE CA 327-G7
BAY SHORE WK
LONG BEACH CA 287-B3
S BAYSIDE DR
NEWPORT BEACH CA 364-E7
BAYSIDE RD
ARCATA CA 299-D8
BAYWOOD DR
PETALUMA CA 242-D6
BEACH BLVD Rt#-39
ANAHEIM CA 361-D4
BUENA PARK CA 282-C7
BUENA PARK CA 361-D1
GARDEN GROVE CA 287-C2
HUNTINGTON BEACH CA 287-D5
LA MIRADA CA 282-C7
ORANGE CO CA 287-C2
STANTON CA 287-C2
STANTON CA 361-D4
WESTMINSTER CA 287-C2
N BEACH BLVD Rt#-39
ANAHEIM CA 361-E6
LA HABRA CA 282-D6
S BEACH BLVD Rt#-39
ANAHEIM CA 361-E8
FULLERTON CA 282-D6
LA HABRA CA 282-D6
LA MIRADA CA 282-D6
ORANGE CO CA 282-D6
STANTON CA 361-E8
W BEACH RD
SANTA CRUZ CO CA 256-C5
WATSONVILLE CA 256-C5
BEACH ST
SANTA CRUZ CA 335-D8
E BEACH ST Rt#-152
WATSONVILLE CA 256-C5
W BEACH ST
SANTA CRUZ CO CA 256-C5
WATSONVILLE CA 256-C5
BEACHCOMBER BLVD
LAKE HAVASU CITY AZ 204-B2
BEACH PARK BLVD
FOSTER CITY CA 250-A6
N BEACHWOOD DR
LOS ANGELES CA 351-F7
S BEACON ST
LOS ANGELES CA 286-D3
BEAGLE ST
SAN DIEGO CA 372-D1
BEAL RD
IMPERIAL CO CA 210-B3
BEALE AV
BAKERSFIELD CA 267-D4
BAKERSFIELD CA 344-G4
KERN CO CA 267-D4
N BEALE RD
LINDA CA 227-D6
LINDA CA 310-C6
S BEALE RD
YUBA CO CA 170-A2
BEALL LN
CENTRAL POINT OR 149-C2
JACKSON CO OR 149-C2
MEDFORD OR 149-C2
BEAMER ST
WOODLAND CA 234-B5
BEAN CREEK RD
SANTA CRUZ CO CA 255-D1
BEAR ST
COSTA MESA CA 363-A3
KINGS BEACH CA 231-B1
SANTA ANA CA 363-A2

BEAR CREEK RD Rt#-J37
TULARE CO CA 191-C1
BEAR CREEK DR Rt#-J37
TULARE CO CA 191-C1
BEAR CREEK DR N
MURRIETA CA 289-B6
BEAR CREEK DR S
MURRIETA CA 289-B6
BEAR CREEK RD
CONTRA COSTA CO CA 247-B6
EL DORADO CO CA 237-B1
ORINDA CA 247-B6
SANTA CRUZ CO CA 253-A7
BEAR CREEK RD Rt#-35
SANTA CLARA CO CA 253-B7
SANTA CRUZ CO CA 253-B7
BEAR CREST DR Rt#-99
JACKSON CO OR 149-C2
PHOENIX OR 149-C2
BEARD RD
NAPA CA 323-D3
BEAR MOUNTAIN BLVD Rt#-223
ARVIN CA 199-C1
BAKERSFIELD CA 267-B7
KERN CO CA 199-C1
KERN CO CA 267-B7
BEAR MOUNTAIN RD
SHASTA CO CA 220-C4
SISKIYOU CO CA 158-C2
BEAR MOUNTAIN LOOKOUT RD
SHASTA CO CA 220-C3
BEAR RIVER DR
SUTTER CO CA 170-A2
BEAR RIVER RIDGE RD
HUMBOLDT CO CA 161-B1
BEAR VALLEY CTO
SAN BERNARDINO CO CA 278-D2
BEAR VALLEY PKWY
ESCONDIDO CA 208-C3
ESCONDIDO CA 294-A2
SAN DIEGO CO CA 294-A2
BEAR VALLEY RD
APPLE VALLEY CA 278-C2
COLUSA CO CA 169-A2
HESPERIA CA 278-A2
MARIN CO CA 245-C3
SIERRA CO CA 228-D2
VICTORVILLE CA 278-A2
BEAR VALLEY RD Rt#-J16
MARIPOSA CO CA 176-A3
BEATTY WASH RD
NYE CO NV 184-C2
BEAUMONT AV
BEAUMONT CA 285-D6
LOMA LINDA CA 285-A4
OAKLAND CA 330-F5
RIVERSIDE CO CA 285-D6
BEAUMONT AV Rt#-79
BEAUMONT CA 285-D6
BECHELLI LN
REDDING CA 220-B7
REDDING CA 302-A9
BECK RD
ALAMEDA CO CA 251-C2
BECKER RD
SUTTER CO CA 234-D3
BECKWITH RD
STANISLAUS CO CA 175-B3
STANISLAUS CO CA 261-A3
BECKWITH RD Rt#-A24
LOYALTON CA 165-A3
SIERRA CO CA 165-A3
BECKWOURTH CALPINE RD Rt#-A23
PLUMAS CO CA 165-A3
SIERRA CO CA 165-A3
BECKWOURTH GENESEE RD
PLUMAS CO CA 164-C2
PLUMAS CO CA 165-A2
BECKWOURTH LOYALTON RD Rt#-A24
PLUMAS CO CA 165-A3
BEDFORD AV
PLACERVILLE CA 317-F5
BEECH AV Rt#-43
KERN CO CA 191-A3
SHAFTER CA 191-A3
BEECH ST
BAKERSFIELD CA 344-B4
BEECHWOOD DR
HUMBOLDT CO CA 219-C4
BEEGUM RD Rt#-36
RED BLUFF CA 303-A2
TEHAMA CO CA 163-A2
TEHAMA CO CA 221-A1
TEHAMA CO CA 303-A2
BEETHOVEN ST
CULVER CITY CA 357-F2
LOS ANGELES CA 357-F2
BEHLE ST I-40 Bus
KINGMAN AZ 196-C3
BEIBER OLD HIGHWAY RD
LASSEN CO CA 159-A2
SHASTA CO CA 159-A2
BELDEN DR
LOS ANGELES CA 351-G5
BELL AV
SACRAMENTO CA 235-B6
BELL RD
BUTTE CO CA 305-A4
CHICO CA 305-A4
PLACER CO CA 233-B6
BELL ST
SACRAMENTO CO CA 235-C6
SANTA BARBARA CO CA 198-A2
BELL ST Rt#-135
SANTA BARBARA CO CA 198-A2
BELLAGIO RD
LOS ANGELES CA 353-D2
BELLAGIO WY
LOS ANGELES CA 353-E3
BELLAM BLVD
SAN RAFAEL CA 324-G9
BELLEVUE AV
SOUTH LAKE TAHOE CA 314-A4
BELLEVUE AV Rt#-23
VENTURA CO CA 199-C3
W BELLEVUE RD
MERCED CO CA 180-C1
MERCED CO CA 181-A1
BELLFLOWER BLVD
BELLFLOWER CA 282-B7

BELLFLOWER BLVD
BELLFLOWER CA 287-B1
DOWNEY CA 282-B7
LAKEWOOD CA 287-B1
N BELLFLOWER BLVD
LAKEWOOD CA 287-B1
LONG BEACH CA 287-B1
BELL HILL RD
LAKE CO CA 225-D6
LAKE CO CA 226-A6
BELLO ST
PISMO BEACH CA 272-A1
BELLOMY ST
SANTA CLARA CA 333-A6
BELL SPRINGS RD
HUMBOLDT CO CA 161-C2
MENDOCINO CO CA 161-C2
MENDOCINO CO CA 162-A3
BEL MARIN KEYS BLVD
MARIN CO CA 246-B2
NOVATO CA 246-B2
E BELMONT AV
FRESNO CA 264-D4
FRESNO CA 343-C6
FRESNO CO CA 181-C2
FRESNO CO CA 182-A2
FRESNO CO CA 264-D4
W BELMONT AV
FRESNO CA 264-A4
FRESNO CA 343-A6
FRESNO CO CA 264-A4
W BELMONT AV Rt#-J1
FRESNO CO CA 180-C2
FRESNO CO CA 181-A2
MENDOTA CA 181-A2
BELMONT RD
EXETER CA 266-D3
TULARE CO CA 266-D3
BENA RD
KERN CO CA 191-C3
BEND FERRY RD
TEHAMA CO CA 221-C1
BENEDICT CANON DR
BEVERLY HILLS CA 354-B4
BENEDICT CANYON DR
LOS ANGELES CA 354-A2
BENICIA AV
KINGS CO CA 181-C3
BENICIA RD
SOLANO CO CA 247-B2
VALLEJO CA 247-B2
BENICIA-MARTINEZ BRDG I-680
BENICIA CA 247-C3
MARTINEZ CA 247-C3
SOLANO CO CA 247-C3
BENITO ST
MONTCLAIR CA 283-C3
W BENJAMIN HOLT DR
SAN JOAQUIN CO CA 260-A3
STOCKTON CA 260-A3
N BEN MADDOX WY Rt#-J15
TULARE CO CA 266-C2
VISALIA CA 266-C2
BENNETT RD
VENTURA CO CA 276-B6
E BENNETT RD
NEVADA CO CA 315-E8
BENNETT ST
GRASS VALLEY CA 315-C8
BENNETT VALLEY RD
SANTA ROSA CA 242-D3
SANTA ROSA CA 321-E8
SONOMA CO CA 242-D3
SONOMA CO CA 243-A3
BENNETT VALLEY RD Rt#-12
SANTA ROSA CA 321-G8
BENSE TR
DEL NORTE CO CA 216-C6
N BENSON AV
UPLAND CA 283-C2
S BENSON AV
CHINO CA 283-C4
ONTARIO CA 283-C4
BENSON DR
SHASTA CO CA 220-A5
BENTLEY RD
STANISLAUS CO CA 261-C3
BENTON RD
RIVERSIDE CO CA 289-D6
BENTON ST
LOMA LINDA CA 285-A4
BERKELEY AV
STANISLAUS CO CA 261-D5
BERKSHIRE AV
LA CANADA FLINTRIDGE CA 282-A1
BERNAL AV
PLEASANTON CA 251-B4
E BERNAL DR
SALINAS CA 336-D4
BERNARD ST
BAKERSFIELD CA 344-F3
KERN CO CA 344-F3
BERNARD WY
SHASTA CO CA 220-C4
BERNARDO CENTER DR
SAN DIEGO CA 293-D3
SAN DIEGO CA 294-A3
BERNARDO HEIGHTS PKWY
SAN DIEGO CA 294-A3
BERNEY RD Rt#-119
CHURCHILL CO NV 172-C1
BERRYESSA DR
NAPA CO CA 241-D6
BERRYESSA RD
SAN JOSE CA 253-D2
SAN JOSE CA 334-C1
BERRYESSA KNOXVILLE RD
NAPA CO CA 169-A3
NAPA CO CA 241-C1
NAPA CO CA 244-A1
BERTAS RD
HUMBOLDT CO CA 219-B5
BERT CRANE RD
MERCED CO CA 180-C1
BERTELSON LN
HUMBOLDT CO CA 219-A7
BERYL ST
SAN DIEGO CA 371-A2
BERYL WY
LAKE CO CA 226-C5
BESSIE CREEK RD
JACKSON CO OR 150-A1

CRA
INDEX

BEST RD STREET INDEX S BROADWAY Rt#-135 380

STREET City State Page-Grid
BEST RD
MARIPOSA CO CA 262-A7
S BETHEL AV
FRESNO CO CA 181-C3
BETSWORTH RD
SAN DIEGO CO CA 292-D6
E BETTERAVIA RD
SANTA BARBARA CO CA 272-D5
SANTA MARIA CA 272-D5
W BETTERAVIA RD
SANTA BARBARA CO CA 272-B5
SANTA MARIA CA 272-B5
BETTY DR Rt#-J32
TULARE CO CA 266-A2
BEVERLY BLVD
BEVERLY HILLS CA 354-F5
LOS ANGELES CA 281-C3
LOS ANGELES CA 354-G6
LOS ANGELES CA 355-C1
PICO RIVERA CA 282-C5
WEST HOLLYWOOD CA 354-F5
WHITTIER CA 282-C5
E BEVERLY BLVD
LOS ANGELES CO CA 282-A4
MONTEBELLO CA 282-B5
PICO RIVERA CA 282-B5
W BEVERLY BLVD
LOS ANGELES CO CA 282-B5
MONTEBELLO CA 282-B5
N BEVERLY DR
BEVERLY HILLS CA 354-C4
S BEVERLY DR
BEVERLY HILLS CA 354-E7
LOS ANGELES CA 354-E8
BEVERLY GLEN BLVD
LOS ANGELES CA 281-B2
N BEVERLY GLEN BLVD
LOS ANGELES CA 281-B3
LOS ANGELES CA 353-G1
LOS ANGELES CA 354-A4
S BEVERLY GLEN BLVD
LOS ANGELES CA 354-A5
BEVERWIL DR
BEVERLY HILLS CA 354-E8
LOS ANGELES CA 354-E8
BEVINS ST
LAKEPORT CA 225-D4
BEYER BLVD
CHULA VISTA CA 296-A5
SAN DIEGO CA 296-A5
E BEYER BLVD
SAN DIEGO CA 296-A5
BEYER WY
CHULA VISTA CA 296-A4
SAN DIEGO CA 296-A4
BIA 70 HWY Rt#-J42
TULARE CO CA 191-C1
E BIANCHI RD
STOCKTON CA 339-E1
W BIANCHI RD
STOCKTON CA 339-C2
BICENTENNIAL WY
SANTA ROSA CA 321-D3
BIDDLE RD
JACKSON CO OR 149-C2
MEDFORD OR 149-C2
BIDDLE RANCH RD
SAN LUIS OBISPO CO CA 271-D6
BIDWELL AV
BUTTE CO CA 305-E8
CHICO CA 305-E8
E BIDWELL ST
FOLSOM CA 236-B5
BIEBER LOOKOUT RD
LASSEN CO CA 159-B2
MODOC CO CA 159-B2
BIG BASIN WY Rt#-9
SAN MATEO CO CA 252-D5
SANTA CLARA CO CA 253-A5
SANTA CRUZ CO CA 252-D5
SANTA CRUZ CO CA 253-A5
SARATOGA CA 253-A5
BIG BEAR BLVD Rt#-18
BIG BEAR LAKE CA 279-B7
SAN BERNARDINO CO CA 279-B7
E BIG BEAR BLVD Rt#-38
SAN BERNARDINO CO CA 279-D6
W BIG BEAR BLVD Rt#-18
SAN BERNARDINO CO CA 279-D6
BIG BEN RD
PLACER CO CA 233-A7
BIG BEND RD
SHASTA CO CA 158-C3
BIG CANYON RD
LAKE CO CA 240-D1
BIG CREEK RD
PLUMAS CO CA 164-B3
BIG ELK RD
JACKSON CO OR 150-A2
BIGGS EAST HWY
BUTTE CO CA 169-C1
W BIGGS GRIDLEY RD
BIGGS CA 227-A1
BUTTE CO CA 227-A1
GRIDLEY CA 227-A1
BIGHAM BROWN RD
JACKSON CO OR 149-C1
BIG HORN BLVD
ELK GROVE CA 238-B3
BIG MOUNTAIN RD
SONOMA CO CA 239-B4
BIG PINES HWY Rt#-N4
LOS ANGELES CO CA 200-C3
BIG PINES RD
LOS ANGELES CO CA 200-C3
BIG RANCH RD
NAPA CA 323-D2
NAPA CO CA 323-D2
BIG SPRING DR
NEVADA CO CA 233-A4
BIG SPRINGS RD
MONO CO CA 263-D4
SISKIYOU CO CA 217-D4
BIG SULPHUR CREEK RD
SONOMA CO CA 240-B2
BIG TREES RD
MURPHYS CA 176-A2
BIG TUJUNGA CANYON RD
LOS ANGELES CA 277-C7
LOS ANGELES CO CA 200-B3
LOS ANGELES CO CA 277-C7
BIG VALLEY RD
LAKE CO CA 225-D5
LAKE CO CA 226-A5
BILBY RD
ELK GROVE CA 238-B4
BILLE RD
PARADISE CA 223-B1
BILLY WRIGHT RD
MERCED CO CA 180-B2
BINGHAMTON RD
SOLANO CO CA 174-C1
BIRCH ST
MENDOCINO CO CA 168-A1
NEWPORT BEACH CA 363-D6
NEWPORT BEACH CA 364-G1
E BIRCH ST
BREA CA 283-A6
ORANGE CO CA 283-A6
BIRCHVILLE RD
NEVADA CO CA 170-B1
BIRD AV
SAN JOSE CA 333-F10
S BIRD RD
SAN JOAQUIN CO CA 175-A3
BIRDS LANDING RD
SOLANO CO CA 248-B2
N BISHOP AV
FRESNO CO CA 181-B2
BISON AV
IRVINE CA 363-E10
NEWPORT BEACH CA 363-D10
BITNEY SPRINGS RD
NEVADA CO CA 233-B1
BITTERWATER RD
SAN LUIS OBISPO CO CA 190-A2
BITTERWATER RD Rt#-G13
KING CITY CA 189-B1
MONTEREY CO CA 189-B1
SAN BENITO CO CA 180-B3
SAN BENITO CO CA 189-B1
BITTERWATER VALLEY RD
KERN CO CA 190-B3
SAN LUIS OBISPO CO CA 190-B3
BLACK RD
SANTA BARBARA CO CA 272-C5
BLACK BART AV
EL DORADO CO CA 314-C7
BLACK BEAR LP
SISKIYOU CO CA 218-A3
BLACK BUTTE RD
GLENN CO CA 163-A3
TEHAMA CO CA 163-A3
TEHAMA CO CA 221-B7
BLACK BUTTE BASIN RD
LOS ANGELES CO CA 200-C3
BLACK CANYON RD
SAN BERNARDINO CO CA 203-B1
SAN DIEGO CO CA 294-D1
SHASTA LAKE CA 220-B4
BLACKHAWK RD
CONTRA COSTA CO CA 251-A1
DANVILLE CA 251-A1
BLACK MOUNTAIN RD
SAN DIEGO CA 293-D4
SAN DIEGO CO CA 293-D4
BLACK RANCH RD
SHASTA CO CA 158-C3
N BLACKSTONE AV
FRESNO CA 264-B3
FRESNO CA 343-D4
BLACKSTONE ST
TULARE CA 266-B5
BLACKWELL RD
JACKSON CO OR 149-B1
BLACKWOOD RD
SOUTH LAKE TAHOE CA 314-E4
BLACOW RD
FREMONT CA 250-D6
FREMONT CA 251-A6
BLAINE ST
RIVERSIDE CA 284-D5
RIVERSIDE CA 366-G4
BLAIR AV
SACRAMENTO CA 238-B1
BLAKER RD
STANISLAUS CO CA 261-B5
S BLAKER RD
STANISLAUS CO CA 261-B7
BLANCO RD
MARINA CA 258-D2
MONTEREY CO CA 258-D2
MONTEREY CO CA 259-A2
SALINAS CA 259-A2
SALINAS CA 336-A8
E BLANCO RD
MONTEREY CO CA 336-B9
SALINAS CA 336-B9
BLANK RD
SONOMA CO CA 242-B4
BLISS RD
MERCED CO CA 181-A1
BLITHEDALE AV
MILL VALLEY CA 246-B6
E BLITHEDALE AV
MILL VALLEY CA 246-B6
BLM RD 61064
LAKE CO OR 152-C2
BLOCK RD
BUTTE CO CA 227-A2
SUTTER CO CA 227-A2
BLODGETTS RD
SANTA CRUZ CO CA 255-B1
BLOOMFIELD AV
CERRITOS CA 282-C7
CERRITOS CA 287-C1
CYPRESS CA 287-C1
HAWAIIAN GARDENS CA 287-C1
LAKEWOOD CA 287-C1
NORWALK CA 282-C6
SANTA FE SPRINGS CA 282-C6
BLOOMFIELD AV Rt#-G7
SANTA CLARA CO CA 257-B4
BLOOMFIELD AV Rt#-25
SANTA CLARA CO CA 257-B4
BLOOMFIELD RD
SONOMA CO CA 242-B4
N BLOOMFIELD
GRANITEVILLE RD
NEVADA CO CA 170-C1
NEVADA CO CA 315-G1
BLOOMINGTON AV
RIALTO CA 284-C3
SAN BERNARDINO CO CA 284-C3
BLOSS AV
MERCED CO CA 180-B1
BLOSSER RD
SANTA BARBARA CO CA 272-C6
SANTA MARIA CA 272-C5
N BLOSSER RD
SANTA BARBARA CO CA 272-C4
SANTA MARIA CA 272-C4
BLOSSOM ST
DOS PALOS CA 180-C2
MERCED CO CA 180-C2
BLOSSOM HILL RD Rt#-G10
LOS GATOS CA 253-C5
SAN JOSE CA 253-C5
SAN JOSE CA 254-A5
SANTA CLARA CO CA 253-C5
BLOSSOM VALLEY RD
SAN DIEGO CO CA 294-C6
BLUE DIAMOND RD Rt#-159
CLARK CO NV 195-A1
SOUTH SUMMERLIN NV 195-A1
BLUE DIAMOND RD Rt#-160
CLARK CO NV 195-A1
CLARK CO NV 268-A7
ENTERPRISE NV 268-A7
SOUTH SUMMERLIN NV 195-A1
SOUTH SUMMERLIN NV 268-A7
BLUE GUM AV
STANISLAUS CO CA 261-A3
BLUE LAKE RD
MENDOCINO CO CA 168-A1
BLUE LAKE MAPLE CREEK RD
HUMBOLDT CO CA 156-C3
BLUE OAKS BLVD
ROCKLIN CA 235-D2
ROSEVILLE CA 235-D3
BLUE RAVINE RD
FOLSOM CA 236-B5
BLUE SKY RD
SHASTA CO CA 220-D5
BLUFF ST
BANNING CA 208-C1
RIVERSIDE CO CA 208-C1
BLY MOUNTAIN CTO
KLAMATH CO OR 151-A2
S BLYTHE AV
FRESNO CO CA 264-A6
BOARDWALK
PACIFICA CA 249-B5
BOARTS RD Rt#-S26
IMPERIAL CO CA 214-A1
BOB HOPE DR
RANCHO MIRAGE CA 290-C4
RIVERSIDE CO CA 290-C4
E BOBIER DR
VISTA CA 292-B6
W BOBIER DR
OCEANSIDE CA 292-B6
VISTA CA 292-B6
BOB RUDD MEMORIAL HWY
NYE CO NV 185-B3
NYE CO NV 194-B1
BOBS GAP RD
LOS ANGELES CO CA 200-C3
BOCA SPRINGS RD
NEVADA CO CA 229-B5
E BOCA SPRINGS RD
NEVADA CO CA 229-B5
BOCKMAN RD
ALAMEDA CO CA 250-C4
BODEGA AV
PETALUMA CA 242-C6
SEBASTOPOL CA 242-B3
SONOMA CO CA 242-C6
BODEGA HWY
SEBASTOPOL CA 242-A3
SONOMA CO CA 173-B1
SONOMA CO CA 242-A3
BODIE RD
MONO CO CA 177-B1
BODIE RD Rt#-270
MONO CO CA 177-B1
BODIE MASONIC RD
MONO CO CA 177-B1
BOESSOW RD
SACRAMENTO CO CA 238-D6
BOGGS AND CHAMPLIN RD
TEHAMA CO CA 221-A6
BOGUE RD
SUTTER CO CA 227-A7
SUTTER CO CA 309-C10
YUBA CITY CA 309-F10
BOHEMIAN HWY
SONOMA CO CA 173-B1
SONOMA CO CA 242-A3
BOLAM RD
SISKIYOU CO CA 158-B1
BOLAM LOGGING RD
SISKIYOU CO CA 158-B1
BOLAN LAKE RD
JOSEPHINE CO OR 149-A3
BOLLINGER RD
CUPERTINO CA 253-B4
SAN JOSE CA 253-B4
BOLLINGER CANYON RD
CONTRA COSTA CO CA 250-D1
SAN RAMON CA 251-A2
BOLSA AV
GARDEN GROVE CA 287-C3
HUNTINGTON BEACH CA 287-C3
ORANGE CO CA 287-C3
SEAL BEACH CA 287-C3
WESTMINSTER CA 287-C3
BOLSA CHICA RD
HUNTINGTON BEACH CA 287-C3
SEAL BEACH CA 287-C3
WESTMINSTER CA 287-C2
BOLSA CHICA ST
HUNTINGTON BEACH CA 287-C3
SEAL BEACH CA 287-C3
BON AIR RD
LARKSPUR CA 324-C10
MARIN CO CA 324-D10
E BONANZA RD
LAS VEGAS NV 345-G5
E BONANZA RD Rt#-579
LAS VEGAS NV 345-E5
W BONANZA RD Rt#-579
LAS VEGAS NV 345-C5
BOND RD
ELK GROVE CA 238-C3
STANISLAUS CO CA 261-D2
BONDS CORNER RD
IMPERIAL CO CA 214-B1
BONDS FLAT RD
TUOLUMNE CO CA 176-A3
BONELLI LANDING RD
MOHAVE CO AZ 196-A1
BONESTEELE RD Rt#-S33
IMPERIAL CO CA 214-B2
BONITA AV
LA VERNE CA 283-B3
E BONITA AV
CLAREMONT CA 283-C3
LA VERNE CA 283-B3
POMONA CA 283-C3
SAN DIMAS CA 283-B3
W BONITA AV
SAN DIMAS CA 283-B3
BONITA RD Rt#-S17
CHULA VISTA CA 296-A3
SAN DIEGO CO CA 296-A3
BONITA CANYON DR
IRVINE CA 363-G10
NEWPORT BEACH CA 288-A5
BONITA SCHOOL RD
SANTA BARBARA CO CA 272-B4
BONNETI RD
EL DORADO CO CA 237-A7
E BONNEVILLE AV
LAS VEGAS NV 345-E7
W BONNEVILLE AV
LAS VEGAS NV 345-D6
BONNIE BRAE LN
SAN FRANCISCO CA 249-B2
BONNY DOON RD
SANTA CRUZ CO CA 255-B2
BON VIEW AV
ONTARIO CA 283-D5
BONYAGNE HWY Rt#-16
YOLO CO CA 169-B3
BOOLE RD
PLACER CO CA 233-D6
BORAX RD
KERN CO CA 200-C1
S BORBA RD
SAN JOAQUIN CO CA 260-A6
BORCHARDT DR Rt#-J22
TULARE CO CA 191-A2
BORDEN RD
SACRAMENTO CO CA 175-A1
SAN MARCOS CA 292-D7
BORDER AV
SAN BERNARDINO CO CA 202-B3
BOREL RD
RIVERSIDE CO CA 289-D6
BORGES LN
VALLEJO CA 247-B1
BORON AV
KERN CO CA 200-C1
BORREGO SALTON SEAWAY
Rt#-S22
IMPERIAL CO CA 209-B3
SAN DIEGO CO CA 209-B3
BORREGO SPRINGS RD
SAN DIEGO CO CA 209-B3
BORREGO SPRINGS RD
Rt#-S3
SAN DIEGO CO CA 209-B3
BORREGO VALLEY RD
SAN DIEGO CO CA 209-B3
BOTTLE ROCK RD
LAKE CO CA 226-A6
LAKE CO CA 240-C1
BOULDER AV
HIGHLAND CA 285-B2
SAN BERNARDINO CA 285-B2
N BOULDER AV
HIGHLAND CA 285-A2
SAN BERNARDINO CA 285-A2
BOULDER HWY Rt#-582
HENDERSON NV 269-A5
LAS VEGAS NV 268-D4
PARADISE NV 268-D4
SUNRISE MANOR NV 268-D4
WHITNEY NV 268-D4
WHITNEY NV 269-A5
WINCHESTER NV 268-D4
N BOULDER HWY Rt#-582
HENDERSON NV 269-A6
S BOULDER HWY Rt#-582
HENDERSON NV 269-A6
S BOULDER HWY U.S.-95
BOULDER CITY NV 269-B7
HENDERSON NV 269-B7
BOULDER ST
NEVADA CITY CA 315-G2
BOULDER BEACH HWY
CLARK CO NV 269-C5
BLVD AGUA CALIENTE
TIJUANA BC 296-A6
BLVD DE LOS FUNDADORES
TIJUANA BC 296-A6
BLVD GUSTAVO DIAZ ORDAZ
BAJA CALIFORNIA NORTE BC 296-B6
TIJUANA BC 296-B6
BLVD LAZARO CARDENAS
TIJUANA BC 296-B6
BLVD LOS INSURGENTES
BAJA CALIFORNIA NORTE BC 296-C6
TIJUANA BC 296-B6
BLVD SALINAS
TIJUANA BC 296-B6
BOUNDARY RD
JACKSON CO OR 150-A1
BOUNDARY ST
SAN DIEGO CA 374-C1
BOUNDARY TR
DEL NORTE CO CA 216-D6
BOUNDARY CONE RD
MOHAVE CO AZ 204-B1
MOHAVE CO AZ 270-C6
BOUQUET CANYON RD
LOS ANGELES CO CA 200-A2
LOS ANGELES CO CA 277-A3
PALMDALE CA 200-A2
SANTA CLARITA CA 276-D4
SANTA CLARITA CA 277-A3
BOUSE AV
LA PAZ CO AZ 211-C1
BOWERS AV
SANTA CLARA CA 253-C3
BOWKER RD
IMPERIAL CO CA 214-B1
BOWMAN RD
KERN CO CA 192-C3
BOWMAN RD Rt#-A5
TEHAMA CO CA 163-A1
W BOWMAN RD
SAN JOAQUIN CO CA 260-B6
BOX CANYON RD
RIVERSIDE CO CA 209-C2
RIVERSIDE CO CA 210-A2
BOYCE RD
FREMONT CA 251-A7
BOYD DR Rt#-J40
TULARE CO CA 182-B3
BOYD RD
PLEASANT HILL CA 247-D5
BOYER LN
LYON CO NV 172-A1
BOYER RD
YUBA CO CA 227-C4
BOYES BLVD
SONOMA CO CA 322-A4
N BOYLE AV
LOS ANGELES CA 356-D5
S BOYLE AV
LOS ANGELES CA 356-D6
BOYLE RD
SHASTA CO CA 220-C6
BOYNTON AV
BUTTE CO CA 223-C6
BRADBURY RD
MERCED CO CA 175-C3
MERCED CO CA 261-C7
STANISLAUS CO CA 261-B7
BRADDOCK DR
LOS ANGELES CO CA 358-A1
BRADFORD AV
SONORA CA 341-D5
N BRADFORD AV
PLACENTIA CA 283-A7
BRADLEY AV
SAN DIEGO CO CA 294-B7
W BRADLEY AV
EL CAJON CA 294-B7
BRADLEY RD
MONTEREY CO CA 189-C2
RIVERSIDE CO CA 289-C3
SANTA BARBARA CO CA 272-D6
VENTURA CO CA 199-B3
VENTURA CO CA 275-D5
BRADSHAW RD
ELK GROVE CA 238-D3
SACRAMENTO CO CA 235-D7
SACRAMENTO CO CA 238-D1
E BRANCH ST Rt#-227
ARROYO GRANDE CA 272-B1
W BRANCH ST Rt#-227
ARROYO GRANDE CA 272-A1
BRANCIFORTE AV
SANTA CRUZ CA 335-E6
BRANCIFORTE DR
SANTA CRUZ CA 335-G3
SANTA CRUZ CO CA 255-D2
SANTA CRUZ CO CA 256-A2
SANTA CRUZ CO CA 335-G3
N BRAND BLVD
GLENDALE CA 281-D2
GLENDALE CA 352-G1
S BRAND BLVD
GLENDALE CA 352-G4
LOS ANGELES CA 277-A7
SAN FERNANDO CA 277-A7
BRANDON RD
EL DORADO CO CA 236-D7
BRANDYWINE AV
CHULA VISTA CA 296-A4
BRANHAM LN
SAN JOSE CA 253-D5
BRANNAN ST
SAN FRANCISCO CA 326-F6
BRANNAN ISLAND RD
SACRAMENTO CO CA 174-C2
BRANNAN MOUNTAIN RD
WILLOW CREEK CA 156-C2
BRANSCOMB RD
LAYTONVILLE CA 162-A3
MENDOCINO CO CA 161-C3
MENDOCINO CO CA 162-A3
N BRAWLEY AV
FRESNO CA 264-A4
FRESNO CO CA 264-A4
S BRAWLEY AV
FRESNO CO CA 264-A6
BREA BLVD
FULLERTON CA 282-D7
FULLERTON CA 283-A7
N BREA BLVD
BREA CA 283-A6
ORANGE CO CA 283-A6
S BREA BLVD
BREA CA 283-A6
FULLERTON CA 283-A6
BREA CANYON CTO
LOS ANGELES CO CA 283-A5
BREA CANYON RD
DIAMOND BAR CA 283-A5
LOS ANGELES CO CA 283-A6
ORANGE CO CA 283-A6
BRECKENRIDGE ST
RED BLUFF CA 303-C5
BRENNANS RD
PLACER CO CA 236-B2
BRENTWOOD BLVD Rt#-4
BRENTWOOD CA 248-D5
CONTRA COSTA CO CA 174-C2
CONTRA COSTA CO CA 248-D5
BREWER RD
PLACER CO CA 235-B3
BREWSTER AV
REDWOOD CITY CA 250-A7
BRICELAND RD
MENDOCINO CO CA 161-B2
BRICELAND THORNE RD
HUMBOLDT CO CA 161-B2
BRIDGE ST
ARROYO GRANDE CA 272-B1
BUTTE CO CA 223-C7
RIVERSIDE CO CA 285-C7
RIVERSIDE CO CA 289-D1
SACRAMENTO CO CA 236-A6
WASHOE CO NV 229-C3
YUBA CITY CA 309-C5
BRIDGE ST Rt#-45
COLUSA CA 169-B1
COLUSA CO CA 169-B1
SW BRIDGE ST
GRANTS PASS OR 149-B1
BRIDGE ARBOR RD
LAKE CO CA 225-D2
BRIDGE ARBOR RD N
LAKE CO CA 225-D2
BRIDGES CREEK RD
SHASTA CO CA 222-A4
BRIDGEVIEW-TAKILMA RD
JOSEPHINE CO OR 149-A2
BRIGGS RD
RIVERSIDE CO CA 289-C4
VENTURA CO CA 275-C3
E BRIGGSMORE AV
MODESTO CA 261-B3
MODESTO CA 340-F3
W BRIGGSMORE AV
MODESTO CA 261-A3
MODESTO CA 340-C2
BRIM RD
COLUSA CO CA 169-A2
BRIMHALL RD
KERN CO CA 267-A4
BRINKERHOFF AV
SANTA BARBARA CO CA 273-C2
BRIONES VALLEY RD
CONTRA COSTA CO CA 248-C6
BRISTOL PKWY
CULVER CITY CA 358-D2
BRISTOL RD
VENTURA CO CA 275-B5
BRISTOL ST
COSTA MESA CA 363-B4
ORANGE CO CA 363-B4
SANTA ANA CA 363-B4
N BRISTOL ST
NEWPORT BEACH CA 363-D7
NEWPORT BEACH CA 364-G1
ORANGE CO CA 363-C6
SANTA ANA CA 288-A3
SANTA ANA CA 362-F9
S BRISTOL ST
SANTA ANA CA 288-A3
SANTA ANA CA 363-B1
SE BRISTOL ST
COSTA MESA CA 363-B6
NEWPORT BEACH CA 363-C7
NEWPORT BEACH CA 364-G1
ORANGE CO CA 363-C7
ORANGE CO CA 364-G1
BRITTAIN LN
SANTA ROSA CA 321-A7
BRITTAN AV
SAN CARLOS CA 250-A7
BRITTO RD
MERCED CO CA 180-C2
BROAD ST
BUTTE FALLS OR 150-A1
NEVADA CITY CA 315-G2
SAN LUIS OBISPO CA 347-D5
BROAD ST Rt#-227
SAN LUIS OBISPO CA 271-D6
SAN LUIS OBISPO CA 347-E7
SAN LUIS OBISPO CO CA 271-D6
SAN LUIS OBISPO CO CA 347-F9
W BROAD ST
NEVADA CITY CA 315-F2
BROADBENT BLVD
WHITNEY NV 269-A5
BROADWAY
CHULA VISTA CA 295-D3
CHULA VISTA CA 296-A4
EL CAJON CA 294-B7
EUREKA CA 300-C2
FRESNO CA 343-C7
LEMON GROVE CA 296-A1
LIVE OAK CA 227-B5
LOS ANGELES CO CA 282-C6
NATIONAL CITY CA 295-D3
OAKLAND CA 328-D9
OAKLAND CA 329-G5
OAKLAND CA 330-C1
PLACERVILLE CA 317-G5
REDWOOD CITY CA 250-B7
SACRAMENTO CA 319-B5
SACRAMENTO CA 320-B8
SAN DIEGO CA 296-A2
SAN DIEGO CA 373-D4
SAN DIEGO CA 374-B4
SAN DIEGO CO CA 296-A1
SAN FRANCISCO CA 326-C3
SANTA CRUZ CA 335-F6
SANTA MONICA CA 353-D9
SANTA MONICA CA 357-B1
SUTTER CO CA 227-B5
VALLEJO CA 247-B2
VENTURA CO CA 199-C3
WHITTIER CA 282-C6
BROADWAY Rt#-12
SONOMA CA 322-E8
SONOMA CO CA 243-B6
SONOMA CO CA 322-E10
BROADWAY Rt#-23
VENTURA CO CA 199-C3
BROADWAY Rt#-61
ALAMEDA CA 250-B2
BROADWAY Rt#-133
LAGUNA BEACH CA 365-B4
BROADWAY Rt#-160
SACRAMENTO CA 319-E6
BROADWAY U.S.-101
EUREKA CA 300-B4
E BROADWAY
ANAHEIM CA 288-A1
GLENDALE CA 281-D2
GLENDALE CA 352-G2
LONG BEACH CA 360-D6
N BROADWAY
ESCONDIDO CA 292-D7
LOS ANGELES CA 356-D2
SAN DIEGO CO CA 292-D7
N BROADWAY Rt#-78
ESCONDIDO CA 293-D1
N BROADWAY Rt#-135
SANTA MARIA CA 272-C4
S BROADWAY
CARSON CA 286-D1
LOS ANGELES CA 355-G7
LOS ANGELES CA 356-A4
S BROADWAY Rt#-135
SANTA MARIA CA 272-C5

CRA
INDEX

381 W BROADWAY STREET INDEX CAMPO RD Rt#-94

STREET City State Page-Grid

W BROADWAY
ANAHEIM CA 361-G7
ANAHEIM CA 362-A1
GLENDALE CA 352-E2
LONG BEACH CA 360-C7
LOS ANGELES CA 281-D2
BROADWAY AV
LOS ANGELES CO CA 282-B5
SANTA FE SPRINGS CA 282-B5
SEASIDE CA 258-C4
BROADWAY AV Rt#-72
LA PAZ CO AZ 211-C1
BROADWAY DIAG
FRESNO CA 343-D8
BROADWAY PL
LOS ANGELES CA 355-E10
BROADWAY ST
CHICO CA 305-G8
CHICO CA 306-A9
MALIN OR 151-A3
BROADWAY ST Rt#-E18
TUOLUMNE CO CA 176-A2
BROADWAY ST Rt#-G13
KING CITY CA 189-B1
E BROADWAY ST U.S.-66 Hist
NEEDLES CA 204-A1
W BROADWAY ST U.S.-66 Hist
NEEDLES CA 204-A1
BROADWAY TER
OAKLAND CA 328-G9
BROCKMAN RD Rt#-S30
IMPERIAL CO CA 214-A2
BROCKTON AV
RIVERSIDE CA 366-C4
BROCKWAY RD Rt#-267
PLACER CO CA 229-A6
TRUCKEE CA 229-A6
BROKAW RD
SAN JOSE CA 333-D2
E BROKAW RD
SAN JOSE CA 333-E1
BROKEN BRANCH TR
SHASTA CO CA 220-C4
N BRONSON AV
LOS ANGELES CA 351-G9
BROOKHAVEN WY
SAN FRANCISCO CA 249-B2
S BROOKHURST RD
ANAHEIM CA 287-D1
FULLERTON CA 282-D7
FULLERTON CA 287-D1
ORANGE CO CA 287-D1
BROOKHURST ST
FOUNTAIN VALLEY CA 287-D5
GARDEN GROVE CA 287-D5
HUNTINGTON BEACH CA 287-D5
WESTMINSTER CA 287-D5
N BROOKHURST ST
ANAHEIM CA 287-D1
S BROOKHURST ST
ANAHEIM CA 287-D1
ORANGE CO CA 287-D1
BROOKSHIRE AV
DOWNEY CA 282-B6
BROOKSIDE AV
BEAUMONT CA 285-D5
REDLANDS CA 285-D5
RIVERSIDE CO CA 285-D5
BROOKSIDE RD
STOCKTON CA 339-A3
BROOKTRAILS DR
MENDOCINO CO CA 168-A1
BROOKWOOD AV
SANTA ROSA CA 321-F7
BROOME RANCH RD
VENTURA CO CA 275-C7
BROPHY RD
YUBA CO CA 227-D6
BROWN RD
SANTA BARBARA CO CA 272-A5
SHASTA CO CA 159-A2
BROWN ST
NAPA CA 323-D5
RIVERSIDE CO CA 289-A1
BROWNING RD
DELANO CA 191-A2
KERN CO CA 191-A2
BROWN MATERIAL RD
KERN CO CA 190-C3
BROWNS RD
HUMBOLDT CO CA 219-C4
BROWNSBORO EAGLE POINT HWY
JACKSON CO OR 149-C1
BROWNS VALLEY PKWY
VACAVILLE CA 244-D4
BROWNS VALLEY RD
NAPA CA 243-D5
NAPA CA 323-B6
NAPA CO CA 323-B6
VACAVILLE CA 244-D4
BROWNS VALLEY RD Rt#-20
MARYSVILLE CA 227-C5
MARYSVILLE CA 310-E1
YUBA CO CA 227-D4
YUBA CO CA 310-E1
BRUCE RD
BUTTE CO CA 306-F9
CHICO CA 306-F9
N BRUCE ST
LAS VEGAS NV 345-G3
NORTH LAS VEGAS NV 345-G3
BRUCEVILLE RD
SACRAMENTO CO CA 238-C5
N BRUELLA RD
SAN JOAQUIN CO CA 175-A1
SAN JOAQUIN CO CA 260-C1
BRUNDAGE LN
BAKERSFIELD CA 267-D4
BAKERSFIELD CA 344-D8
E BRUNDAGE LN
BAKERSFIELD CA 267-D4
KERN CO CA 267-D4
BRUNSWICK RD
GRASS VALLEY CA 315-F7
NEVADA CO CA 233-D2
NEVADA CO CA 315-G10
BRUSH CREEK RD
SANTA ROSA CA 242-C2
BRYAN AV
TUSTIN CA 288-B3

N BRYAN AV
FRESNO CO CA 264-A3
BRYANT ST
SAN BERNARDINO CO CA 285-D3
SAN FRANCISCO CA 326-E6
YUCAIPA CA 285-D3
BRYDEN LN
SANTA ROSA CA 321-G5
BRYDEN RD
YUBA CO CA 227-D6
BUCHANAN BLVD
BOULDER CITY NV 195-C1
BOULDER CITY NV 269-C7
BUCHANAN RD
ANTIOCH CA 248-B4
CONTRA COSTA CO CA 248-B4
PITTSBURG CA 248-B4
BUCHANAN ST
ALBANY CA 247-A6
BUCK AV
VACAVILLE CA 244-D4
BUCKEYE RD
DOUGLAS CO NV 232-B7
BUCKLEY RD
SAN LUIS OBISPO CO CA 271-C6
BUCKMAN SPRINGS RD Rt#-S1
SAN DIEGO CO CA 213-A2
BUCK MEADOWS RD
MARIPOSA CO CA 176-B2
BUCKS BAR RD
EL DORADO CO CA 237-C5
BUCKS LAKE RD
BUTTE CO CA 164-A3
PLUMAS CO CA 164-A3
QUINCY CA 164-A3
BUCKWHEAT LN
TRINITY CO CA 162-A1
BUELLTON PKWY
BUELLTON CA 273-A3
SANTA BARBARA CO CA 273-A3
BUELLTON LOMPOC RD Rt#-246
SANTA BARBARA CO CA 198-A2
BUENA CREEK RD
SAN DIEGO CO CA 292-C7
SAN MARCOS CA 292-C7
BUENAVENTURA BLVD
REDDING CA 301-B5
BUENA VISTA AV
ALAMEDA CA 329-G8
ALAMEDA CA 330-A8
RIVERSIDE CA 366-B3
RIVERSIDE CO CA 366-B3
BUENA VISTA DR
SANTA CRUZ CO CA 256-C4
WATSONVILLE CA 256-C4
YUCCA VALLEY CA 209-B1
BUENA VISTA RD
AMADOR CO CA 175-B1
BAKERSFIELD CA 267-B6
CALAVERAS CO CA 175-B1
KERN CO CA 267-B6
N BUENA VISTA ST
BURBANK CA 350-D7
S BUENA VISTA ST
BURBANK CA 350-F10
BURBANK CA 351-F1
N BUFFALO DR
CLARK CO NV 268-B3
LAS VEGAS NV 268-B3
LONE MOUNTAIN NV 268-B3
S BUFFALO DR
LAS VEGAS NV 268-B5
SPRING VALLEY NV 268-B5
BUFFUM RD
SHASTA CO CA 158-C3
BUHNE ST
EUREKA CA 300-C4
HUMBOLDT CO CA 300-E4
E BULLARD AV
CLOVIS CA 264-D3
FRESNO CA 264-C3
W BULLARD AV
CLOVIS CA 264-B3
FRESNO CA 264-A3
FRESNO CO CA 180-C2
FRESNO CO CA 181-A2
FRESNO CO CA 264-B3
BULL CANYON RD
SAN LUIS OBISPO CO CA 272-D4
BULLHEAD PKWY
BULLHEAD CITY AZ 270-C2
BULLION CUTOFF RD
MARIPOSA CO CA 176-B3
BUNCE RD
YUBA CITY CA 309-E7
BUNCH GRASS LOOKOUT RD
SHASTA CO CA 158-C3
N BUNDY DR
LOS ANGELES CA 353-C3
S BUNDY DR
LOS ANGELES CA 353-C6
LOS ANGELES CA 357-G1
BUNDY CANYON RD
RIVERSIDE CO CA 289-B5
BUNGALOW RD
GLENN CO CA 163-B3
BUNKER HILL RD
AMADOR CITY CA 175-C1
AMADOR CO CA 175-C1
BURBANK BLVD
LOS ANGELES CA 281-B2
LOS ANGELES CA 350-A8
E BURBANK BLVD
BURBANK CA 350-G6
W BURBANK BLVD
BURBANK CA 350-E7
BURCHAM FLAT RD
MONO CO CA 177-A1
BURGDORF RD
KLAMATH CO OR 151-A2
BURGENER BLVD
SAN DIEGO CA 372-A3
BURMA RD
SAN DIEGO CO CA 292-B4
BURNETT RD
PLACER CO CA 233-A7
BURNEY ST
MODESTO CA 340-E6
BURNHAM RD
VENTURA CO CA 275-A2

BURNS FRWY U.S.-101
EUREKA CA 219-C3
HUMBOLDT CO CA 219-C3
BURNS RD Rt#-10
LA PAZ CO AZ 211-B1
BURNSIDE RD
SONOMA CO CA 242-A4
BURNS VALLEY RD
CLEARLAKE CA 226-C6
BURNT MILL RD
SAN BERNARDINO CO CA 278-C7
BURPEE DR
LAKE CO CA 226-A3
BURSON RD
CALAVERAS CO CA 175-B2
BURTON WY
BEVERLY HILLS CA 354-E6
LOS ANGELES CA 354-E6
BUSCHMANN RD
PARADISE CA 223-B2
BUSH ST
HUMBOLDT CO CA 219-A7
SAN FRANCISCO CA 326-E4
BUSHARD ST
HUNTINGTON BEACH CA 287-D5
BUSINESS ROUTE I-8 Bus
EL CAJON CA 294-C7
SAN DIEGO CO CA 294-C6
E BUTLER AV
FRESNO CA 264-C5
FRESNO CA 343-G9
BUTLER VALLEY RD
HUMBOLDT CO CA 219-D4
E BUTTE RD
SUTTER CO CA 227-A5
N BUTTE RD
SUTTER CO CA 169-C1
SUTTER CO CA 227-A3
S BUTTE RD
SUTTER CO CA 227-A6
W BUTTE RD
SUTTER CO CA 169-B1
BUTTE ST U.S.-97
DORRIS CA 150-C3
BUTTE CO RD
BUTTE CO CA 169-B1
BUTTE FALLS RD
BUTTE FALLS OR 150-A1
JACKSON CO OR 149-C1
JACKSON CO OR 150-A1
BUTTE FALLS-FISH LAKE RD
JACKSON CO OR 150-A1
BUTTE FALLS-PROSPECT RD
BUTTE FALLS OR 150-A1
JACKSON CO OR 150-A1
BUTTE HOUSE RD
SUTTER CO CA 227-A5
SUTTER CO CA 309-A2
YUBA CITY CA 309-A2
BUTTERFIELD BLVD
MORGAN HILL CA 254-B7
BUTTERFIELD RD
MARIN CO CA 246-B4
BUTTERFIELD TR
RIVERSIDE CO CA 210-C3
BUTTERFIELD RANCH RD
CHINO HILLS CA 283-C6
BUTTERFIELD STAGE RD
TEMECULA CA 289-D7
BUTTERS RD Rt#-S32
IMPERIAL CO CA 214-B1
BUTTONWILLOW DR
KERN CO CA 191-A3
BUTTS CANYON RD
LAKE CO CA 241-A3
NAPA CO CA 241-B5
BUZZARD LAGOON RD
SANTA CRUZ CO CA 256-B2
BUZZARD ROOST RD
SHASTA CO CA 158-B3
BYINGTON RD
SUTTER CO CA 234-C2
BYPASS DR Rt#-1
SAN FRANCISCO CA 325-D6
BYRD DR
WASHOE CO NV 312-A2
BYRON HWY Rt#-J4
CONTRA COSTA CO CA 174-C2
BYRON HWY Rt#-4
CONTRA COSTA CO CA 174-C2
W BYRON RD Rt#-J4
SAN JOAQUIN CO CA 175-A3
BYRON-BETHANY RD Rt#-J4
ALAMEDA CO CA 174-C2
CONTRA COSTA CO CA 174-C2
SAN JOAQUIN CO CA 174-C2

C

C AV
HESPERIA CA 278-B4
C ST
OXNARD CA 275-B6
SACRAMENTO CA 320-A4
SAN DIEGO CA 373-D4
SAN DIEGO CA 374-A4
TEHAMA CA 221-D5
WEST SACRAMENTO CA 319-B2
C ST Rt#-A8
TEHAMA CA 221-D5
C ST Rt#-342
STOREY CO NV 230-C7
E C ST
COLTON CA 368-A8
W C ST
COLTON CA 368-A8
C WK
LOS ANGELES CA 286-D2
CABRILLO AV
LOS ANGELES CA 357-D5
TORRANCE CA 286-C1
E CABRILLO BLVD
SANTA BARBARA CA 274-D7
SANTA BARBARA CA 348-G7
SANTA BARBARA CO CA 274-D7
W CABRILLO BLVD
SANTA BARBARA CA 348-E8
CABRILLO FRWY Rt#-1
DALY CITY CA 249-C3
PACIFICA CA 249-C4
CABRILLO FRWY Rt#-163
SAN DIEGO CA 293-D6
SAN DIEGO CA 372-F1

CABRILLO FRWY Rt#-163
SAN DIEGO CA 373-F2
CABRILLO HWY Rt#-1
GROVER BEACH CA 272-B4
GUADALUPE CA 272-B4
HALF MOON BAY CA 249-B6
HALF MOON BAY CA 252-A2
LOMPOC CA 198-A3
MARINA CA 258-C3
MONTEREY CA 258-C3
MONTEREY CA 337-E10
MONTEREY CO CA 179-B3
MONTEREY CO CA 188-C1
MONTEREY CO CA 189-A2
MONTEREY CO CA 256-C7
MONTEREY CO CA 258-C3
MONTEREY CO CA 337-E10
MONTEREY CO CA 338-E2
MORRO BAY CA 271-B4
PACIFICA CA 249-B6
PISMO BEACH CA 272-B4
SAN LUIS OBISPO CA 347-C2
SAN LUIS OBISPO CO CA 189-A2
SAN LUIS OBISPO CO CA 271-B4
SAN LUIS OBISPO CO CA 272-B4
SAN LUIS OBISPO CO CA 347-C2
SAN MATEO CO CA 249-B6
SAN MATEO CO CA 252-A2
SAN MATEO CO CA 255-B2
SAND CITY CA 258-C3
SANTA BARBARA CO CA 197-C2
SANTA BARBARA CO CA 198-A3
SANTA BARBARA CO CA 272-B5
SANTA BARBARA CO CA 273-A5
SANTA CRUZ CA 255-C3
SANTA CRUZ CA 335-A8
SANTA CRUZ CO CA 255-B2
SANTA CRUZ CO CA 256-B4
SEASIDE CA 258-C3
WATSONVILLE CA 256-C4
CABRILLO LN Rt#-445
WASHOE CO NV 165-C3
CABRILLO MEMORIAL DR
SAN DIEGO CA 295-B2
CACTUS AV
MORENO VALLEY CA 285-A6
CACTUS VALLEY RD
RIVERSIDE CO CA 208-C2
CACTUS VALLEY RD Rt#-R3
RIVERSIDE CO CA 208-C2
CADD DUNLAVY FIRE TR
SONOMA CO CA 240-B3
CADILLAC AV
LOS ANGELES CA 354-F10
CADIZ RD
SAN BERNARDINO CO CA 203-A2
SAN BERNARDINO CO CA 210-C1
CADY RD
JACKSON CO OR 149-C2
CAHUENGA BLVD
LOS ANGELES CA 350-B7
LOS ANGELES CA 351-B1
N CAHUENGA BLVD
LOS ANGELES CA 351-E7
CAHUENGA BLVD E
LOS ANGELES CA 351-E6
CAHUENGA BLVD W
LOS ANGELES CA 351-B3
CAHUILLA RD Rt#-371
RIVERSIDE CO CA 208-C3
RIVERSIDE CO CA 209-A2
CAIRO WK
LOS ANGELES CA 281-B2
CAJALCO EXWY
PERRIS CA 289-B1
RIVERSIDE CO CA 289-B1
CAJALCO RD
CORONA CA 208-A2
RIVERSIDE CO CA 208-A2
RIVERSIDE CO CA 289-A1
CAJON BLVD U.S.-66 Hist
SAN BERNARDINO CA 278-A7
SAN BERNARDINO CA 284-C1
SAN BERNARDINO CO CA 278-A7
SAN BERNARDINO CO CA 284-C1
N CAJON BLVD U.S.-66 Hist
SAN BERNARDINO CA 284-C1
SAN BERNARDINO CO CA 284-C1
CAJON ST
REDLANDS CA 285-B3
CALAVERAS BLVD Rt#-237
MILPITAS CA 253-D1
CALAVERAS RD
ALAMEDA CO CA 251-B6
MILPITAS CA 253-D1
CALAVERITAS RD
CALAVERAS CO CA 175-C1
SAN ANDREAS CA 175-C1
CALAVO DR
SAN DIEGO CO CA 296-B1
CALCITE DR
EL DORADO CO CA 237-A6
CALDWELL AV
TULARE CO CA 191-A1
E CALDWELL AV Rt#-J30
TULARE CO CA 266-C3
VISALIA CA 266-C3
W CALDWELL AV
TULARE CO CA 191-A1
TULARE CO CA 266-A3
W CALDWELL AV Rt#-J30
TULARE CO CA 266-B3
VISALIA CA 266-B3
CALEDONIA ST
PACIFIC GROVE CA 337-D3
CALF CANYON HWY Rt#-58
SAN LUIS OBISPO CO CA 189-C3
SAN LUIS OBISPO CO CA 190-A3
SAN LUIS OBISPO CO CA 271-D3
CALGROVE BLVD
SANTA CLARITA CA 276-D5
CALICO RD
SAN BERNARDINO CO CA 201-C1
CALIENTE BODFISH RD
KERN CO CA 192-A3
CALIFORNIA AV
BAKERSFIELD CA 267-D4
BAKERSFIELD CA 344-D6
HUNTINGTON PARK CA 282-A6
KERN CO CA 267-D4
LONG BEACH CA 360-E1
LOS ANGELES CA 357-D4

CALIFORNIA AV
LYNWOOD CA 282-A6
MODESTO CA 340-A8
NORCO CA 284-A6
RENO NV 311-B7
SANTA CRUZ CA 335-C8
SANTA MONICA CA 353-B9
SIGNAL HILL CA 360-E1
SOUTH GATE CA 282-A6
STANISLAUS CO CA 261-A4
STANISLAUS CO CA 340-B8
WEST COVINA CA 282-D4
CALIFORNIA AV Rt#-95
LA PAZ CO AZ 204-B3
PARKER AZ 204-B3
SAN BERNARDINO CO CA 204-B3
E CALIFORNIA AV
FRESNO CA 343-C10
W CALIFORNIA AV
FRESNO CA 264-A5
FRESNO CA 343-B10
FRESNO CO CA 181-A3
FRESNO CO CA 264-A5
CALIFORNIA BLVD
NAPA CA 323-C4
SAN LUIS OBISPO CA 347-E4
SANTA BARBARA CO CA 272-C6
SANTA MARIA CA 272-C6
E CALIFORNIA BLVD
LOS ANGELES CO CA 282-B2
PASADENA CA 282-B2
PASADENA CA 359-D8
SAN MARINO CA 282-B2
SAN MARINO CA 359-E8
N CALIFORNIA BLVD
WALNUT CREEK CA 247-D6
S CALIFORNIA BLVD
WALNUT CREEK CA 247-D6
W CALIFORNIA BLVD
PASADENA CA 359-B8
CALIFORNIA DR
BURLINGAME CA 327-G9
CALIFORNIA ST
CALIMESA CA 285-D4
SAN FRANCISCO CA 325-D5
SAN FRANCISCO CA 326-E4
SANTA CRUZ CA 335-C7
YUCAIPA CA 285-D4
CALIFORNIA ST Rt#-33
KERN CO CA 199-A1
MARICOPA CA 199-A1
CALIFORNIA ST Rt#-238
JACKSONVILLE OR 149-C2
CALIFORNIA ST Rt#-273
REDDING CA 301-E5
E CALIFORNIA ST
JACKSONVILLE OR 149-C2
E CALIFORNIA ST Rt#-120
ESCALON CA 175-B2
E CALIFORNIA ST Rt#-238
JACKSONVILLE OR 149-C2
N CALIFORNIA ST
BURBANK CA 350-D9
BURBANK CA 351-E1
STOCKTON CA 339-E4
S CALIFORNIA ST
BURBANK CA 351-E1
STOCKTON CA 339-F8
VENTURA CA 349-B5
W CALIFORNIA ST Rt#-238
JACKSONVILLE OR 149-C2
CALIFORNIA CITY BLVD
CALIFORNIA CITY CA 200-B1
KERN CO CA 200-B1
CALIFORNIA DELTA HWY Rt#-4
ANTIOCH CA 248-A4
BRENTWOOD CA 248-A4
CONCORD CA 247-D4
CONCORD CA 248-A4
CONTRA COSTA CO CA 174-C2
CONTRA COSTA CO CA 247-D4
CONTRA COSTA CO CA 248-A4
OAKLEY CA 248-A4
PITTSBURG CA 248-A4
SAN JOAQUIN CO CA 174-C2
SAN JOAQUIN CO CA 175-A2
SAN JOAQUIN CO CA 260-A5
SAN JOAQUIN CO CA 339-C9
STOCKTON CA 260-B5
STOCKTON CA 339-D8
CALIFORNIA DELTA PKWY Rt#-4
CONTRA COSTA CO CA 247-D4
CALIFORNIA EMIGRANT TR
CHURCHILL CO NV 166-C3
CALIFORNIA OAKS RD
MURRIETA CA 289-C6
S CALIFORNIA STREET MALL
VENTURA CA 349-B5
N CALIMUS RD
KLAMATH CO OR 151-A1
CALISTOGA AV
NAPA CA 323-D6
CALISTOGA RD
SANTA ROSA CA 242-D2
SONOMA CO CA 240-D7
SONOMA CO CA 242-D2
CALISTOGA ST Rt#-29
LAKE CO CA 240-D3
CALLAHAN RD
TEHAMA CO CA 221-B2
WASHOE CO NV 230-A6
CALLANDER AV Rt#-108
RIVERBANK CA 261-B2
CALLE BANDIDO
RIVERSIDE CO CA 289-A7
CALLE CESAR CHAVEZ
SANTA BARBARA CA 348-F7
CALLE CRISTOBAL
SAN DIEGO CA 293-D5
CALLE DEL CERRO
SAN CLEMENTE CA 291-B2
CALLE DEL OSO ORO
MURRIETA CA 289-B6
CALLE MEDUSA
TEMECULA CA 289-D7
CALLENDER RD
SAN LUIS OBISPO CO CA 272-A2
CALLE PINO
RIVERSIDE CO CA 289-A7
CALLE REAL Rt#-154
SANTA BARBARA CA 274-C7

CALLE REAL Rt#-154
SANTA BARBARA CO CA 274-C7
CALLE SIEMERIO
LOS ANGELES CO CA 200-A2
CALLOWAY DR
BAKERSFIELD CA 267-B3
CALLVILLE BAY RD
CLARK CO NV 269-C3
CALMADA AV
LOS ANGELES CO CA 282-C6
CALVARY WY
SAN JOSE CA 253-D4
CALVINE RD
ELK GROVE CA 238-C2
SACRAMENTO CA 238-B3
CALZ DEL TECNOLOGICO
BAJA CALIFORNIA NORTE BC 296-B5
TIJUANA BC 296-B5
CAMANCHE PKWY S
CALAVERAS CO CA 175-B1
CAMANCHE RD
CALAVERAS CO CA 175-B1
S CAMANCHE WY
CALAVERAS CO CA 175-B1
CAMARILLO ST
LOS ANGELES CA 350-B10
E CAMBRIDGE AV
FRESNO CA 343-C3
CAMBRIDGE DR
BURBANK CA 350-F5
CAMBRIDGE RD
EL DORADO CO CA 236-D5
CAMDEN AV
CAMPBELL CA 253-C5
SAN JOSE CA 253-C5
SANTA CLARA CO CA 253-C5
S CAMDEN AV Rt#-41
FRESNO CO CA 181-C3
CAMELLIA WY
CHICO CA 305-G7
E CAMERON AV
LOS ANGELES CO CA 283-A4
WEST COVINA CA 282-D4
WEST COVINA CA 283-A4
N CAMERON AV
WEST COVINA CA 282-D3
W CAMERON AV
WEST COVINA CA 282-D3
CAMERON PARK DR
EL DORADO CO CA 236-D5
CAMINO AGUAJITO
MONTEREY CA 258-C4
CAMINO ALTO
CORTE MADERA CA 246-B6
MILL VALLEY CA 246-B6
CAMINO CABALLO
SAN LUIS OBISPO CO CA 272-B3
CAMINO CAPISTRANO
SAN JUAN CAPISTRANO CA 288-D7
SAN JUAN CAPISTRANO CA 291-A1
E CAMINO CIELO
SANTA BARBARA CO CA 274-C5
W CAMINO CIELO
SANTA BARBARA CO CA 273-D5
SANTA BARBARA CO CA 274-B5
CAMINO DE ESTRELLA
DANA POINT CA 291-A1
SAN CLEMENTE CA 291-A1
CAMINO DEL AGUILA
SAN DIEGO CO CA 294-A2
CAMINO DEL MAR Rt#-S21
DEL MAR CA 293-B4
S CAMINO DEL MAR Rt#-S21
DEL MAR CA 293-B4
CAMINO DEL MONTE
CARMEL BY THE SEA CA 338-D2
MONTEREY CO CA 338-D2
CAMINO DEL NORTE
POWAY CA 294-A3
SAN DIEGO CA 293-D3
SAN DIEGO CA 294-A3
SAN DIEGO CO CA 293-D3
CAMINO DE LOS MARES
SAN CLEMENTE CA 291-A1
CAMINO DEL REY
SAN DIEGO CO CA 292-C5
CAMINO DEL RIO W
SAN DIEGO CA 371-G9
CAMINO DEL SUR
LOS ANGELES CO CA 282-C5
CAMINO DE VALLE
LOS ANGELES CO CA 276-C2
CAMINO DIABLO
CONTRA COSTA CO CA 248-D7
CAMINO EL ESTERO
MONTEREY CA 337-G7
CAMINO PABLO
CONTRA COSTA CO CA 247-B6
ORINDA CA 247-B6
CAMINO RAMON
SAN RAMON CA 251-A2
CAMINO REAL
REDONDO BEACH CA 286-B1
CAMINO RUIZ
SAN DIEGO CA 293-D5
CAMINO SANTA FE
SAN DIEGO CA 293-C5
CAMINO TASSAJARA
CONTRA COSTA CO CA 251-A1
DANVILLE CA 251-A1
CAMINO VERA CRUZ
SAN CLEMENTE CA 291-A1
CAMINO VIEJO
SANTA BARBARA CA 274-D7
SANTA BARBARA CO CA 274-D7
CAMP DR Rt#-J32
TULARE CO CA 266-A2
CAMPBELL AV
SAN JOSE CA 253-B4
W CAMPBELL AV
CAMPBELL CA 253-C4
CAMPBELL RD
KLAMATH CO OR 151-B1
CAMP FAR WEST RD
PLACER CO CA 170-A2
CAMPHORA RD
MONTEREY CO CA 259-D7
CAMPO RD
SAN DIEGO CO CA 296-B1
CAMPO RD Rt#-94
SAN DIEGO CO CA 213-A2
SAN DIEGO CO CA 296-B1

CRA
INDEX

CAMPO SECO RD — STREET INDEX — S CHEROKEE LN 382

CRA
INDEX

STREET / City State / Page-Grid

CAMPO SECO RD
CALAVERAS CO CA 175-B1
TUOLUMNE CO CA 341-C9
CAMP ROCK RD
SAN BERNARDINO CO CA 279-D3
CAMPTON RD
CUTTEN CA 300-D6
EUREKA CA 300-D6
N CAMPUS AV
ONTARIO CA 283-D3
UPLAND CA 283-D3
S CAMPUS AV
ONTARIO CA 283-D3
UPLAND CA 283-D3
CAMPUS DR
BERKELEY CA 328-C3
HAYWARD CA 250-D4
IRVINE CA 288-B5
IRVINE CA 363-E5
NEWPORT BEACH CA 363-C6
NEWPORT BEACH CA 364-G1
ORANGE CO CA 363-E5
ORANGE CO CA 364-G1
CAMPUS PARK DR
MOORPARK CA 199-C3
MOORPARK CA 276-A6
CAMP WEOTT RD
HUMBOLDT CO CA 219-A7
CANADA AV
LOS ANGELES CO CA 359-A1
PASADENA CA 359-A1
CANADA BLVD
GLENDALE CA 281-D1
CANADA RD
SAN MATEO CO CA 249-D7
SAN MATEO CO CA 250-A7
SAN MATEO CO CA 252-C1
SANTA CLARA CO CA 257-C3
WOODSIDE CA 252-C1
CANADA RD Rt#-92
SAN MATEO CO CA 249-D7
CANADA LARGA RD
VENTURA CO CA 275-A3
CANAL ST
PLACERVILLE CA 317-D4
CANAL ST Rt#-45
GLENN CO CA 163-B3
GLENN CO CA 169-B1
CANFIELD RD
SONOMA CO CA 242-B4
CANFIELD RD Rt#-S6
SAN DIEGO CO CA 208-C3
CANNIBAL RD
HUMBOLDT CO CA 219-A6
CANNON RD
OCEANSIDE CA 292-B7
TEHAMA CO CA 163-A2
CANNON ST
ORANGE CA 288-B1
VILLA PARK CA 288-B1
CANOGA AV
LOS ANGELES CA 276-D7
LOS ANGELES CA 280-D1
N CANON DR
BEVERLY HILLS CA 354-C5
CANON ST
SAN DIEGO CA 295-C2
CANON PERDIDO ST
SANTA BARBARA CA 348-D7
CANTERBURY RD
SACRAMENTO CA 320-A1
CANTLON DR Rt#-427
WASHOE CO NV 166-A3
CANYON DR Rt#-B2
OROVILLE CA 223-C7
N CANYON DR
OCEANSIDE CA 292-A6
S CANYON DR
OCEANSIDE CA 292-A6
CANYON RD
CONTRA COSTA CO CA 250-C1
MENDOCINO CO CA 168-A1
MONO CO CA 178-C3
MORAGA CA 250-C1
SANTA CRUZ CO CA 252-C7
SONOMA CO CA 239-D4
SONOMA CO CA 240-A4
CANYON WK
LA CANADA FLINTRIDGE CA 282-A1
CANYON DEL REY BLVD Rt#-218
SEASIDE CA 258-C4
CANYON DEL REY RD Rt#-218
DEL REY OAKS CA 258-C4
MONTEREY CA 258-C4
SEASIDE CA 258-C4
CANYON HIGHLANDS DR
BUTTE CO CA 223-C6
OROVILLE CA 223-C6
CANYON LAKE DR N
CANYON LAKE CA 289-B4
CANYON LAKE DR S
CANYON LAKE CA 289-B4
E CANYON RIM RD
ANAHEIM CA 288-B1
CAPAY RD
GLENN CO CA 163-B3
TEHAMA CO CA 163-B3
CAPE FERRELO RD
CURRY CO OR 148-B2
CAPEZZOLI RD
LASSEN CO CA 165-A1
CAPITAL CITY FRWY I-80
SACRAMENTO CA 235-C6
SACRAMENTO CA 319-G4
SACRAMENTO CA 320-A3
SACRAMENTO CO CA 235-C6
CAPITAL CITY FRWY U.S.-50
SACRAMENTO CA 319-B4
WEST SACRAMENTO CA 235-A7
WEST SACRAMENTO CA 319-B4
CAPITAL HILLS PKWY
TEHACHAPI CA 200-A1
CAPITOL AV
SACRAMENTO CA 319-F5
SAN JOSE CA 334-E3
SANTA CLARA CO CA 334-E3
E CAPITOL AV
MILPITAS CA 253-D2
SAN JOSE CA 253-D2
N CAPITOL AV
SAN JOSE CA 253-D2
SAN JOSE CA 334-D1
SANTA CLARA CO CA 334-D1
W CAPITOL AV
WEST SACRAMENTO CA 235-A7
WEST SACRAMENTO CA 319-B3
CAPITOL DR
LOS ANGELES CA 286-C3
RANCHO PALOS VERDES CA 286-C3
CAPITOL EXWY
SAN JOSE CA 253-D4
SAN JOSE CA 254-A3
SAN JOSE CA 334-G5
SANTA CLARA CO CA 253-D4
CAPITOL MALL Rt#-275
SACRAMENTO CA 319-C3
WEST SACRAMENTO CA 319-C3
CAPITOL ST
SALINAS CA 336-B6
CAPITOLA AV
CAPITOLA CA 256-A3
CAPITOLA RD
CAPITOLA CA 256-A3
SANTA CRUZ CA 255-D3
SANTA CRUZ CA 335-G6
SANTA CRUZ CO CA 255-D3
SANTA CRUZ CO CA 256-A3
CARBERRY RD
JACKSON CO OR 149-B2
JOSEPHINE CO OR 149-B2
CARBON CANYON RD Rt#-142
BREA CA 283-A6
CHINO HILLS CA 283-A6
ORANGE CO CA 283-A6
CARDENO DR
SAN DIEGO CA 370-E9
SAN DIEGO CA 371-B1
CARDIFF ST
SAN DIEGO CA 296-A2
E CAREY AV
NORTH LAS VEGAS NV 345-G1
W CAREY AV
LAS VEGAS NV 345-A1
NORTH LAS VEGAS NV 345-A1
CARLSBAD BLVD Rt#-S21
CARLSBAD CA 292-A7
CARLSBAD CA 293-A1
ENCINITAS CA 293-A1
CARLSBAD VILLAGE DR
CARLSBAD CA 292-A7
CARLSON BLVD
EL CERRITO CA 247-A6
RICHMOND CA 246-D5
RICHMOND CA 247-A6
CARLTON RD
SISKIYOU CO CA 217-C4
CARLTON OAKS DR
SANTEE CA 294-A6
CARMEL COUNTRY RD
SAN DIEGO CA 293-C4
CARMEL MOUNTAIN RD
SAN DIEGO CA 293-D4
CARMEL RANCHO BLVD
MONTEREY CO CA 338-E5
CARMEL VALLEY RD
SAN DIEGO CA 293-C4
CARMEL VALLEY RD Rt#-G16
MONTEREY CO CA 179-C3
MONTEREY CO CA 188-C1
MONTEREY CO CA 189-A1
MONTEREY CO CA 258-C5
MONTEREY CO CA 259-A7
MONTEREY CO CA 338-F4
N CARMEN DR
CAMARILLO CA 275-D6
CARMENITA RD
CERRITOS CA 282-C7
CERRITOS CA 287-C1
LA PALMA CA 287-C1
LOS ANGELES CO CA 282-C7
NORWALK CA 282-C7
SANTA FE SPRINGS CA 282-C7
CARNE RD
VENTURA CO CA 275-B1
CARNELIAN ST
RANCHO CUCAMONGA CA 283-D2
CAROL PTH
RICHMOND CA 247-A6
CARPENTER RD
PERSHING CO NV 166-C2
SAN JOAQUIN CO CA 260-C5
N CARPENTER RD
MODESTO CA 261-A3
STANISLAUS CO CA 261-A3
S CARPENTER RD
MODESTO CA 261-A6
STANISLAUS CO CA 180-B1
STANISLAUS CO CA 261-A6
CARPENTER ST
CARMEL BY THE SEA CA 338-D2
MONTEREY CO CA 338-D1
CARPENTER CANYON RD Rt#-227
SAN LUIS OBISPO CO CA 197-C1
SAN LUIS OBISPO CO CA 271-D7
SAN LUIS OBISPO CO CA 272-B1
CARPENTER HILL RD
JACKSON CO OR 149-C2
CARPENTER VALLEY RD
NEVADA CO CA 228-C5
CARPENTERVILLE FRONTAGE RD
CURRY CO OR 148-B2
CARPINTERIA AV
CARPINTERIA CA 199-A3
CARR AV
SAN BENITO CO CA 257-A5
CARRETERA A ENSENADA Rt#-1
BAJA CALIFORNIA NORTE BC 296-B6
TIJUANA BC 296-B6
CARRETERA AL AEROPUERTO
BAJA CALIFORNIA NORTE BC 296-B6
TIJUANA BC 296-B6
CRTRA AL PBLD LA GLORIA Rt#-1
BAJA CALIFORNIA NORTE BC 212-C3
BAJA CALIFORNIA NORTE BC 296-B7
TIJUANA BC 296-B7
CRTRA A TECATE MEXICALI Rt#-2
BAJA CALIFORNIA NORTE BC 213-A2
CRTRA A TECATE MEXICALI Rt#-2
BAJA CALIFORNIA NORTE BC 296-C7
TIJUANA BC 296-C7
CARRILLO ST
SANTA BARBARA CA 348-D7
CARRISA HWY Rt#-58
SAN LUIS OBISPO CO CA 190-A3
CARROLL AV
BONANZA OR 151-A2
KLAMATH CO OR 151-A2
CARROLL RD
SACRAMENTO CO CA 238-C5
CARSON RD
EL DORADO CO CA 237-C4
CARSON ST
CYPRESS CA 287-C1
HAWAIIAN GARDENS CA 287-C1
TORRANCE CA 286-C1
E CARSON ST
CARSON CA 286-D1
CARSON CA 287-B1
LAKEWOOD CA 287-B1
LONG BEACH CA 287-B1
N CARSON ST U.S.-395
CARSON CITY NV 232-A2
CARSON CITY NV 313-B1
S CARSON ST U.S.-395
CARSON CITY NV 313-C8
W CARSON ST
CARSON CA 286-D1
LOS ANGELES CA 286-D1
LOS ANGELES CO CA 286-D1
TORRANCE CA 286-C1
CARSON CITY FRWY U.S.-395
CARSON CITY NV 232-A2
CARSON CITY NV 313-E2
WASHOE CO NV 232-A2
CARSON RIVER RD Rt#-513
CARSON CITY NV 232-B3
CARSON CITY NV 313-G7
CARTER RD
IMPERIAL CO CA 214-A1
CARTER ST Rt#-E17
TUOLUMNE CO CA 176-A2
CARTMILL AV
TULARE CO CA 266-A4
CARVER RD
MODESTO CA 340-A3
STANISLAUS CO CA 261-A2
STANISLAUS CO CA 340-A4
CARY RD
RIVERSIDE CO CA 209-A2
CASA GRANDE RD
PETALUMA CA 242-D6
CASA LOMA DR
BAKERSFIELD CA 267-D5
BAKERSFIELD CA 344-F9
KERN CO CA 344-F9
CASE RD
PERRIS CA 289-B2
S CASINO DR
CLARK CO NV 270-C1
W CASINO DR
CLARK CO NV 270-C3
N CASINO CENTER BLVD
LAS VEGAS NV 345-E5
CASITAS PASS RD
CARPINTERIA CA 199-A3
SANTA BARBARA CO CA 199-A3
CASITAS PASS RD Rt#-150
SANTA BARBARA CO CA 199-A3
VENTURA CO CA 199-A3
CASITAS PASS RD Rt#-192
SANTA BARBARA CO CA 199-A3
CASITAS VISTA RD
VENTURA CO CA 199-A3
VENTURA CO CA 275-A3
CASPAR LITTLE LAKE RD
MENDOCINO CO CA 224-B4
CASS ST
SAN DIEGO CA 371-A2
CASTILLO ST
SANTA BARBARA CA 348-B6
CASTILLO ST Rt#-225
SANTA BARBARA CA 348-E8
CASTLE CREEK RD
SHASTA CO CA 218-A7
CASTLE HEIGHTS AV
LOS ANGELES CA 354-E10
CASTLE LAKE RD
SISKIYOU CO CA 218-A5
CASTLEWOOD DR
ALAMEDA CO CA 251-B4
PLEASANTON CA 251-B4
CASTRO RANCH RD
CONTRA COSTA CO CA 247-A5
CASTRO VALLEY BLVD
ALAMEDA CO CA 250-D3
E CASTRO VALLEY BLVD
ALAMEDA CO CA 250-D3
CATALINA AV
WHITTIER CA 282-C6
N CATALINA AV
REDONDO BEACH CA 286-B1
S CATALINA AV
REDONDO BEACH CA 286-B1
CATALINA BLVD
SAN DIEGO CA 295-B2
SAN DIEGO CA 371-D10
CATALINA DR
DAVIS CA 318-C3
CAT CANYON RD
NYE CO NV 184-C2
SANTA BARBARA CO CA 198-A2
CATHEDRAL OAKS RD
GOLETA CA 274-B6
SANTA BARBARA CO CA 274-B6
CATHEDRAL OAKS RD Rt#-192
SANTA BARBARA CO CA 274-C6
CATLETT RD
SUTTER CO CA 235-A2
E CATLETT RD
PLACER CO CA 235-C2
W CATLETT RD
SUTTER CO CA 234-D2
SUTTER CO CA 235-A2
CATTLEMEN RD
MONTEREY CO CA 189-B1
CAULFIELD LN
PETALUMA CA 242-D6
CAVEDALE RD
SONOMA CO CA 322-B1
CAVITT STALLMAN RD
PLACER CO CA 236-B3
CAZADERO HWY
SONOMA CO CA 168-B3
SONOMA CO CA 173-B1
SONOMA CO CA 239-C7
CECIL AV
DELANO CA 191-A2
CECILVILLE RD
SISKIYOU CO CA 157-B2
CEDAR AV
SAN BERNARDINO CO CA 284-C4
N CEDAR AV
FRESNO CA 264-C2
FRESNO CO CA 264-C3
S CEDAR AV
FRESNO CA 264-C7
FRESNO CO CA 181-C3
FRESNO CO CA 264-C7
CEDAR BLVD
NEWARK CA 250-D6
CEDAR LN
MARIPOSA CO CA 262-A7
CEDAR ST
BERKELEY CA 328-B4
RED BLUFF CA 303-C6
RIVERSIDE CO CA 284-C4
SAN BERNARDINO CO CA 284-C4
CEDAR CANYON RD
SAN BERNARDINO CO CA 203-A1
CEDAR FLAT RD
JOSEPHINE CO OR 149-B2
CEDAR RAVINE RD
EL DORADO CO CA 237-C5
EL DORADO CO CA 317-G6
PLACERVILLE CA 317-F5
CEDARVILLE RD
EL DORADO CO CA 237-D7
CEMENT HILL RD
FAIRFIELD CA 244-C6
SOLANO CO CA 244-C6
CENTER AV
MARTINEZ CA 247-C4
CENTER AV Rt#-J22
TULARE CO CA 191-A2
CENTER BLVD
SAN ANSELMO CA 246-B4
SAN ANSELMO CA 324-A6
CENTER PKWY
SACRAMENTO CA 238-B2
CENTER RD
NOVATO CA 246-A2
VENTURA CO CA 275-D5
CENTER RD Rt#-A27
LASSEN CO CA 164-C1
LASSEN CO CA 165-A1
CENTER ST
ALAMEDA CO CA 250-D3
LOS ANGELES CA 356-C5
RIVERSIDE CO CA 284-D4
SANTA CRUZ CA 335-D7
VENTURA CO CA 276-A4
N CENTER ST
STOCKTON CA 339-E6
S CENTER ST
STOCKTON CA 339-E8
W CENTER ST
RIVERSIDE CO CA 284-D4
CENTERVILLE LN Rt#-756
DOUGLAS CO NV 171-C2
DOUGLAS CO NV 232-B7
CENTERVILLE RD
HUMBOLDT CO CA 219-A7
CENTINELA AV
INGLEWOOD CA 281-C5
INGLEWOOD CA 358-F3
LOS ANGELES CA 358-F3
S CENTINELA AV
CULVER CITY CA 281-B5
LOS ANGELES CA 281-B5
LOS ANGELES CA 357-G1
LOS ANGELES CA 358-C2
LOS ANGELES CO CA 358-C2
W CENTINELA AV
CULVER CITY CA 358-E3
LOS ANGELES CA 358-E3
LOS ANGELES CO CA 358-E3
CENTRAL AV
ALAMEDA CA 329-F9
CAPITOLA CA 256-A3
CARSON CA 286-D1
CERES CA 261-B4
CHINO CA 283-C4
CHINO HILLS CA 283-C5
EUREKA CA 300-B5
MERCED CO CA 180-C1
MONTCLAIR CA 283-C4
MONTEREY CO CA 189-A1
NEWARK CA 250-D7
PACIFIC GROVE CA 337-D3
RIVERSIDE CA 366-G7
SALINAS CA 259-A2
SALINAS CA 336-A7
SAN BERNARDINO CO CA 283-C4
SAN DIEGO CO CA 296-A3
STANISLAUS CO CA 261-B6
VENTURA CO CA 275-C5
CENTRAL AV Rt#-9
SANTA CRUZ CO CA 253-A7
SANTA CRUZ CO CA 255-C1
CENTRAL AV Rt#-61
ALAMEDA CA 329-F9
ALAMEDA CA 330-A9
E CENTRAL AV
FRESNO CA 264-C6
FRESNO CO CA 181-C3
FRESNO CO CA 264-C6
SAN BERNARDINO CA 368-F6
SANGER CA 181-C3
N CENTRAL AV
COMPTON CA 281-D7
GLENDALE CA 281-D2
GLENDALE CA 352-G1
LOS ANGELES CO CA 281-D7
MEDFORD OR 149-C2
MONTCLAIR CA 283-C3
SAN BERNARDINO CO CA 283-C3
UPLAND CA 283-C3
S CENTRAL AV
CARSON CA 281-D7
CARSON CA 286-D1
S CENTRAL AV
COMPTON CA 281-D7
COMPTON CA 286-D1
GLENDALE CA 352-G4
LOS ANGELES CA 281-D5
LOS ANGELES CA 355-G10
LOS ANGELES CA 356-B7
LOS ANGELES CO CA 281-D5
MEDFORD OR 149-C2
STANISLAUS CO CA 180-B1
STANISLAUS CO CA 261-B7
W CENTRAL AV
BREA CA 282-D6
BREA CA 283-A6
FRESNO CO CA 264-B6
LA HABRA CA 282-D6
LOMPOC CA 198-A2
SAN BERNARDINO CA 368-E6
CENTRAL BLVD
BRENTWOOD CA 248-D6
CENTRAL EXWY Rt#-G6
MOUNTAIN VIEW CA 253-A2
PALO ALTO CA 253-A2
SAN JOSE CA 333-A2
SANTA CLARA CA 253-B2
SANTA CLARA CA 333-A2
SUNNYVALE CA 253-B2
CENTRAL FRWY U.S.-101
SAN FRANCISCO CA 326-D7
CENTRAL PKWY
DUBLIN CA 251-B3
CENTRAL RD
APPLE VALLEY CA 278-D2
SAN BERNARDINO CO CA 278-D3
CENTRAL ST
RIVERSIDE CO CA 289-B5
CENTRAL WY
FAIRFIELD CA 244-B7
SOLANO CO CA 244-B7
CENTRAL HOUSE RD
BUTTE CO CA 227-C2
CENTRAL VALLEY HWY Rt#-43
CORCORAN CA 190-C1
KERN CO CA 191-A2
KINGS CO CA 190-C1
KINGS CO CA 191-A2
SHAFTER CA 191-A2
TULARE CO CA 191-A2
WASCO CA 191-A2
CENTRE ST Rt#-41
SAN LUIS OBISPO CO CA 190-A2
CENTRE CITY PKWY
ESCONDIDO CA 292-D7
ESCONDIDO CA 293-D1
SAN DIEGO CO CA 292-D7
N CENTRE CITY PKWY
ESCONDIDO CA 292-D7
SAN DIEGO CO CA 292-D7
S CENTRE CITY PKWY
ESCONDIDO CA 293-D1
ESCONDIDO CA 294-A1
CENTURY BLVD
LOS ANGELES CA 281-D6
LOS ANGELES CA 358-C8
LYNWOOD CA 281-D6
LYNWOOD CA 282-A6
SOUTH GATE CA 281-D6
SOUTH GATE CA 282-A6
E CENTURY BLVD
LOS ANGELES CA 281-D6
W CENTURY BLVD
INGLEWOOD CA 281-C6
INGLEWOOD CA 358-G8
LOS ANGELES CA 281-C6
LOS ANGELES CA 358-D8
LOS ANGELES CO CA 281-C6
LOS ANGELES CO CA 358-G8
CENTURY FRWY I-105
DOWNEY CA 282-B7
EL SEGUNDO CA 358-E10
HAWTHORNE CA 281-C6
HAWTHORNE CA 358-G9
INGLEWOOD CA 281-C6
LOS ANGELES CA 281-D6
LOS ANGELES CA 358-D10
LOS ANGELES CO CA 281-C6
LOS ANGELES CO CA 358-G9
LYNWOOD CA 281-D6
LYNWOOD CA 282-A6
NORWALK CA 282-B7
PARAMOUNT CA 282-A7
SOUTH GATE CA 282-A7
CENTURY PK E
LOS ANGELES CA 354-C8
CENTURY PK W
LOS ANGELES CA 354-C8
CERES AV
BUTTE CO CA 306-A3
CHICO CA 306-A3
CERRITOS AV
ANAHEIM CA 361-E9
BUENA PARK CA 361-E9
CYPRESS CA 287-C2
CYPRESS CA 361-E9
LOS ALAMITOS CA 287-C2
ORANGE CO CA 361-F9
STANTON CA 361-E9
E CERRITOS AV
ANAHEIM CA 362-E3
CERRO GORDO RD
INYO CO CA 183-C3
CERRO NOROESTE RD
KERN CO CA 199-A1
VENTURA CO CA 199-A1
CERVANTES BLVD
SAN FRANCISCO CA 326-A2
CERVIERES RD
SONOMA CO CA 240-C3
CESAR CHAVEZ ST
SAN FRANCISCO CA 326-D10
CESAR E CHAVEZ AV
LOS ANGELES CO CA 282-A4
LOS ANGELES CO CA 356-G6
MONTEREY PARK CA 282-A4
E CESAR E CHAVEZ AV
LOS ANGELES CO CA 356-C4
W CESAR E CHAVEZ AV
LOS ANGELES CA 356-A3
CESAR E CHAVEZ PKWY
SAN DIEGO CA 373-G6
SAN DIEGO CA 374-A5
CHALK HILL RD
SONOMA CO CA 240-B6
CHALLENGE CTO
BUTTE CO CA 170-A1
YUBA CO CA 170-A1
CHALON RD
LOS ANGELES CA 353-E2
CHALONE CREEK RD Rt#-146
SAN BENITO CO CA 180-B3
CHAMBERLAINE LN
ADELANTO CA 201-A2
CHAMBERSBURG RD Rt#-23
FILLMORE CA 199-C3
VENTURA CO CA 199-C3
CHAMISAL PASS
MONTEREY CO CA 258-C7
CHAMPAGNE BLVD
SAN DIEGO CO CA 292-C5
E CHAMPLAIN DR
FRESNO CA 264-C2
CHANATE RD
SANTA ROSA CA 242-C2
SANTA ROSA CA 321-E3
SONOMA CO CA 321-G3
CHANDLER BLVD
BURBANK CA 350-F7
LOS ANGELES CA 350-A9
CHANDLER RD
YUBA CO CA 227-C3
CHANNEL DR
SANTA BARBARA CA 274-D7
SANTA BARBARA CO CA 274-D7
E CHANNEL ISLANDS BLVD
OXNARD CA 275-B7
PORT HUENEME CA 275-B7
W CHANNEL ISLANDS BLVD
OXNARD CA 275-B7
PORT HUENEME CA 275-B7
CHAPALA ST
SANTA BARBARA CA 348-B5
CHAPARRAL ST
SALINAS CA 336-C3
CHAPMAN AV
ANAHEIM CA 362-D6
GARDEN GROVE CA 287-C2
GARDEN GROVE CA 362-D6
ORANGE CA 288-B2
ORANGE CA 362-D6
ORANGE CO CA 287-C2
ORANGE CO CA 288-B2
STANTON CA 287-C2
E CHAPMAN AV
FULLERTON CA 282-D7
FULLERTON CA 283-A7
ORANGE CA 288-A2
PLACENTIA CA 283-A7
W CHAPMAN AV
FULLERTON CA 282-D7
ORANGE CA 288-A2
ORANGE CA 362-G6
PLACENTIA CA 283-A7
CHAPULTEPEC RD
MARIN CO CA 245-D1
MARIN CO CA 246-A2
CHARD AV
TEHAMA CO CA 221-C4
E CHARD AV
TEHAMA CO CA 221-D4
CHARLESTON BLVD Rt#-159
CLARK CO NV 195-A1
LAS VEGAS NV 195-A1
LAS VEGAS NV 268-A4
SOUTH SUMMERLIN NV 195-A1
SOUTH SUMMERLIN NV 268-A4
E CHARLESTON BLVD
SUNRISE MANOR NV 268-D4
E CHARLESTON BLVD Rt#-159
LAS VEGAS NV 268-D4
LAS VEGAS NV 345-E7
SUNRISE MANOR NV 268-D4
W CHARLESTON BLVD Rt#-159
CLARK CO NV 268-B4
LAS VEGAS NV 268-B4
LAS VEGAS NV 345-A7
E CHARLESTON RD
PALO ALTO CA 332-G9
W CHARLESTON RD
PALO ALTO CA 332-G9
E CHARTER WY Rt#-4
STOCKTON CA 260-C4
STOCKTON CA 339-F9
E CHARTER WY Rt#-26
SAN JOAQUIN CO CA 260-C4
STOCKTON CA 260-C4
W CHARTER WY Rt#-4
STOCKTON CA 339-E9
CHASE AV
SAN DIEGO CO CA 296-B1
E CHASE AV
EL CAJON CA 294-B7
W CHASE AV
EL CAJON CA 294-B7
CHATEAU RD
MAMMOTH LAKES CA 342-F4
N CHATEAU FRESNO AV
FRESNO CO CA 264-A4
S CHATEAU FRESNO AV
FRESNO CA 264-A5
FRESNO CO CA 181-B3
FRESNO CO CA 264-A5
CHATSWORTH BLVD
SAN DIEGO CA 295-C1
SAN DIEGO CA 371-F10
CHATSWORTH ST
LOS ANGELES CA 276-D7
LOS ANGELES CA 277-A7
CHEESE FACTORY RD
KLAMATH CO OR 151-A2
CHEMISE RD
SONOMA CO CA 239-C5
CHEMISE MOUNTAIN RD
HUMBOLDT CO CA 161-B2
MENDOCINO CO CA 161-B2
CHENEY CREEK RD
LASSEN CO CA 164-C1
CHEROKEE LN
SAN JOAQUIN CO CA 260-B4
N CHEROKEE LN
LODI CA 260-C1
S CHEROKEE LN
LODI CA 260-C1

383 S CHEROKEE LN

STREET INDEX

CONCORD AV

CRA
INDEX

STREET / City State / Page-Grid

S CHEROKEE LN
SAN JOAQUIN CO CA 260-C1
CHEROKEE RD
BUTTE CO CA 223-B5
E CHEROKEE RD
SAN JOAQUIN CO CA 260-C3
CHERRY AV
FONTANA CA 284-B3
LAKEWOOD CA 287-A1
LONG BEACH CA 282-A7
LONG BEACH CA 287-A1
LONG BEACH CA 360-F5
PARAMOUNT CA 282-A7
RANCHO CUCAMONGA CA 284-B3
SAN BERNARDINO CO CA 284-B3
SAN BRUNO CA 327-A3
SIGNAL HILL CA 360-F2
S CHERRY AV
FRESNO CA 343-E10
FRESNO CO CA 264-B6
CHERRY ST
NEWARK CA 250-D6
CHERRY TER
SUSANVILLE CA 304-B3
CHERRY CREEK RD
SONOMA CO CA 239-C2
CHERRY HILLS BLVD
RIVERSIDE CO CA 289-B3
CHERRY VALLEY BLVD
CALIMESA CA 285-D5
RIVERSIDE CO CA 285-D5
CHESTER AV
BAKERSFIELD CA 344-D1
KERN CO CA 267-C3
KERN CO CA 344-D1
N CHESTER AV
KERN CO CA 267-C3
KERN CO CA 344-C1
S CHESTER AV
BAKERSFIELD CA 267-C5
BAKERSFIELD CA 344-D10
KERN CO CA 267-C5
KERN CO CA 344-D10
CHESTER LN
BAKERSFIELD CA 344-B6
CHESTER JUNIPER LAKE RD
PLUMAS CO CA 164-A1
CHESTER WARNER VALLEY RD
PLUMAS CO CA 222-D7
CHESTNUT AV
RED BLUFF CA 303-F5
SOUTH SAN FRANCISCO CA 249-C4
TEHAMA CO CA 303-F5
N CHESTNUT AV
FRESNO CA 264-C3
FRESNO CO CA 264-C3
S CHESTNUT AV
FRESNO CA 264-C6
FRESNO CO CA 181-C3
FRESNO CO CA 264-C6
CHESTNUT ST
BRENTWOOD CA 248-D6
FORT BRAGG CA 307-C5
SUSANVILLE CA 304-C3
CHESTNUT WILLOW DIAG
FRESNO CA 264-C3
CHETCO AV U.S.-101
BROOKINGS OR 148-B2
CHEVY CHASE DR
LA CANADA FLINTRIDGE CA 282-A1
E CHEVY CHASE DR
GLENDALE CA 281-D2
GLENDALE CA 282-A2
GLENDALE CA 352-G3
LA CANADA FLINTRIDGE CA 282-A2
N CHEVY CHASE DR
GLENDALE CA 281-D2
S CHEVY CHASE DR
GLENDALE CA 281-D2
W CHEVY CHASE DR
GLENDALE CA 352-G3
E CHEYENNE AV Rt#-574
NORTH LAS VEGAS NV 268-C3
SUNRISE MANOR NV 268-D3
W CHEYENNE AV
LAS VEGAS NV 268-B3
W CHEYENNE AV Rt#-574
CLARK CO NV 268-B3
LAS VEGAS NV 268-B3
NORTH LAS VEGAS NV 268-D3
CHICAGO AV
RIVERSIDE CA 366-G7
CHICO CANYON RD
BUTTE CO CA 306-E4
CHICO CA 306-E4
CHICO RIVER RD
BUTTE CO CA 305-C10
CHICO CA 305-F9
CHIDAGO RD
MONO CO CA 178-A3
CHIDAGO CANYON RD
MONO CO CA 178-A3
CHIHUAHUA VALLEY RD
SAN DIEGO CO CA 209-A3
CHILDS AV
MERCED CO CA 181-A1
E CHILDS AV
MERCED CA 181-A1
MERCED CO CA 181-A1
W CHILDS AV
MERCED CA 181-A1
MERCED CO CA 181-A1
CHILDS-HILL
DEL NORTE CO CA 216-D6
CHILENO VALLEY RD
MARIN CO CA 242-B7
CHILES & POPE VALLEY RD
NAPA CO CA 241-C7
NAPA CO CA 243-D1
CHILOQUIN HWY
CHILOQUIN OR 150-C1
KLAMATH CO OR 150-C1
S CHILOQUIN RD
CHILOQUIN OR 150-C1
KLAMATH CO OR 150-C1
CHIMNEY ROCK RD
SAN LUIS OBISPO CO CA 189-B2
CHINA GRADE LP
BAKERSFIELD CA 267-C3
KERN CO CA 267-C3
CHINA GRADE RD
SISKIYOU CO CA 149-A3
CHINA HILL RD
EL DORADO CO CA 237-A6
CHINA LAKE BLVD
KERN CO CA 192-C3
N CHINA LAKE BLVD Rt#-178
RIDGECREST CA 192-C2
S CHINA LAKE BLVD
KERN CO CA 192-C3
RIDGECREST CA 192-C3
CHINA PEAK LOOKOUT RD
SISKIYOU CO CA 149-B3
CHINO AV
CHINO CA 283-C5
CHINO HILLS CA 283-C5
ONTARIO CA 283-D5
SAN BERNARDINO CO CA 283-C5
CHINO CORONA RD
SAN BERNARDINO CO CA 283-D6
CHINO HILLS PKWY
CHINO CA 283-B4
CHINO HILLS CA 283-B4
DIAMOND BAR CA 283-B4
POMONA CA 283-B4
CHINO HILLS PKWY Rt#-142
CHINO HILLS CA 283-C5
CHINO VALLEY FRWY Rt#-71
CHINO CA 283-C5
CHINO HILLS CA 283-C5
POMONA CA 283-C5
SAN BERNARDINO CO CA 283-C5
SAN DIMAS CA 283-C5
CHIQUITA RD
HEALDSBURG CA 240-A5
SONOMA CO CA 240-A5
CHIQUITO CANYON RD
LOS ANGELES CO CA 276-C4
E CHOCKTOOT ST
CHILOQUIN OR 150-C1
N CHOCKTOOT ST
CHILOQUIN OR 150-C1
W CHOCKTOOT ST
CHILOQUIN OR 150-C1
CHOICEANA AV
HESPERIA CA 278-C3
CHOLAME RD
MONTEREY CO CA 190-A2
SAN LUIS OBISPO CO CA 190-A2
CHONOKIS RD
SOUTH LAKE TAHOE CA 314-F3
CHORRO ST
SAN LUIS OBISPO CA 347-C3
CHOWCHILLA BLVD
MADERA CO CA 181-A1
CHRISCO AV
LOS ANGELES CO CA 277-C2
S CHRISMAN RD
SAN JOAQUIN CO CA 175-A3
CHRISTENSEN RD
SACRAMENTO CO CA 238-D6
CHRISTIAN WY
SHASTA CO CA 220-C4
CHRISTMAS CIR Rt#-S22
SAN DIEGO CO CA 209-B3
CHROME RIDGE RD
JOSEPHINE CO OR 148-C1
JOSEPHINE CO OR 149-A1
CHUALAR RD
MONTEREY CO CA 259-C4
CHUALAR RIVER RD
MONTEREY CO CA 259-C5
CHUCKWALLA VALLEY RD
RIVERSIDE CO CA 210-B2
E CHURCH AV
FRESNO CA 264-B5
CHURCH RD
RIO VISTA CA 248-D1
W CHURCH RD
FRESNO CO CA 264-B5
CHURCH ST
HIGHLAND CA 285-B2
CHURCH HILL RD
SAN ANDREAS CA 175-C1
CHURCH MINE RD
EL DORADO CO CA 237-B6
CHURCHWARD ST
SAN DIEGO CA 374-G5
CHURN CREEK RD
REDDING CA 220-B7
REDDING CA 302-C5
SHASTA CO CA 163-A1
SHASTA CO CA 220-B7
CIENAGA ST Rt#-1
SAN LUIS OBISPO CO CA 272-A2
E CIENEGA AV
COVINA CA 283-A3
LOS ANGELES CO CA 283-A3
CIENEGA RD
SAN BENITO CO CA 259-D1
CIMA RD
SAN BERNARDINO CO CA 195-A3
CIMA RD I-15
SAN BERNARDINO CO CA 195-A3
CINDY PTH
RICHMOND CA 247-A5
CINNABAR CT
EL DORADO CO CA 237-A7
CIRBY WY
ROSEVILLE CA 235-D4
ROSEVILLE CA 236-A4
S CIRBY WY
ROSEVILLE CA 236-A4
N CIRCLE DR
RIVERSIDE CO CA 209-A2
S CIRCLE DR
RIVERSIDE CO CA 209-A2
CIRCLE D RANCH RD
SONOMA CO CA 239-D1
CIRCLE R DR
SAN DIEGO CO CA 292-D5
CITRUS AV
FONTANA CA 284-B2
SAN BERNARDINO CO CA 284-B2
SAN DIEGO CO CA 294-A1
E CITRUS AV
REDLANDS CA 285-B3
N CITRUS AV
AZUSA CA 283-A2
COVINA CA 283-A3
ESCONDIDO CA 208-C3
GLENDORA CA 283-A2
LOS ANGELES CO CA 283-A2
WEST COVINA CA 283-A3
S CITRUS AV
AZUSA CA 283-A3
COVINA CA 283-A3
LOS ANGELES CO CA 283-A3
WEST COVINA CA 283-A3
W CITRUS AV
REDLANDS CA 285-B3
N CITRUS ST
WEST COVINA CA 283-A3
S CITRUS ST
WEST COVINA CA 283-A3
CITY CREEK RD Rt#-330
SAN BERNARDINO CA 285-B2
SAN BERNARDINO CO CA 278-D7
SAN BERNARDINO CO CA 279-A7
SAN BERNARDINO CO CA 285-B2
CITY TERRACE DR
LOS ANGELES CA 356-G5
LOS ANGELES CO CA 356-G5
CIVIC CENTER BLVD
LAKE HAVASU CITY AZ 204-B2
CIVIC CENTER DR
BEVERLY HILLS CA 354-E5
NATIONAL CITY CA 374-D10
SAN RAFAEL CA 324-C2
CIVIC CENTER DR Rt#-607
NORTH LAS VEGAS NV 268-C3
NORTH LAS VEGAS NV 345-G1
CIVIC CENTER PZ
POMONA CA 283-B4
CLAIREMONT DR
SAN DIEGO CA 293-C7
SAN DIEGO CA 371-G1
SAN DIEGO CA 372-A2
CLAIREMONT MESA BLVD
SAN DIEGO CA 293-C7
SAN DIEGO CA 294-A7
CLAREMONT AV
BERKELEY CA 328-D7
OAKLAND CA 328-D7
CLAREMONT BLVD
CLAREMONT CA 283-C3
CLARENDON AV
SAN FRANCISCO CA 325-F9
CLARIBEL RD
RIVERBANK CA 261-B2
STANISLAUS CO CA 261-B2
CLARK AV
LONG BEACH CA 287-B1
SUTTER CO CA 309-E3
TEHAMA CO CA 163-B3
YUBA CITY CA 309-E3
E CLARK AV
SANTA BARBARA CO CA 272-C6
W CLARK AV
SANTA BARBARA CO CA 272-C6
CLARK RD
EL CENTRO CA 375-C1
IMPERIAL CA 375-C1
IMPERIAL CO CA 214-A2
IMPERIAL CO CA 375-C1
PARADISE CA 223-B2
CLARK RD Rt#-191
BUTTE CO CA 223-A4
PARADISE CA 223-A4
CLARK ST
RIVERSIDE CO CA 289-A1
SALINAS CA 336-A6
CLARKSBURG AV Rt#-E19
YOLO CO CA 238-A3
CLARKSBURG RD Rt#-E19
YOLO CO CA 174-C1
YOLO CO CA 238-A3
W CLARKSON AV
FRESNO CO CA 181-A3
CLARKS VALLEY RD
GLENN CO CA 169-A1
CLARK TUNNEL RD
PLACER CO CA 236-A1
CLAUS RD Rt#-J7
MODESTO CA 261-C3
RIVERBANK CA 261-C3
STANISLAUS CO CA 261-C3
W CLAUSEN RD
STANISLAUS CO CA 261-C7
CLAVERIE WY
BENICIA CA 247-C3
CLAWITER RD
ALAMEDA CO CA 250-C4
HAYWARD CA 250-C4
CLAY ST
SALINAS CA 336-B7
W CLAY ST
UKIAH CA 308-C5
CLAY EAST RD
SACRAMENTO CO CA 175-B1
CLAY STATION RD
SACRAMENTO CO CA 175-A1
CLAYTON AV
STANISLAUS CO CA 261-B7
E CLAYTON AV
FRESNO CO CA 264-C6
W CLAYTON AV
FRESNO CO CA 264-B6
CLAYTON RD
CLAYTON CA 248-A5
CONCORD CA 247-D5
CONCORD CA 248-A5
SAN JOSE CA 254-A3
CLAYTON ST
SAN FRANCISCO CA 326-A8
CLEAR LAKE AV
LAKEPORT CA 225-D4
CLEAR LAKE RD
MODOC CO CA 151-A3
CLEMENTS RD
SUTTER CO CA 227-A7
N CLEMENTS RD
SAN JOAQUIN CO CA 175-B2
CLERMONT ST
LOS ANGELES CA 282-A3
CLEVELAND AV
SAN DIEGO CA 372-G8
SANTA ROSA CA 321-C3
CLIFF DR
CAPITOLA CA 256-A3
LAGUNA BEACH CA 365-B4
NEWPORT BEACH CA 364-A6
SANTA CRUZ CA 335-B8
SANTA CRUZ CO CA 335-D8
CLIFF DR Rt#-225
SANTA BARBARA CA 274-C7
SANTA BARBARA CA 348-D9
SANTA BARBARA CO CA 274-C7
E CLIFF DR
SANTA CRUZ CA 335-E7
SANTA CRUZ CO CA 255-D4
SANTA CRUZ CO CA 335-E7
W CLIFF DR
SANTA CRUZ CA 335-B10
E CLINTON AV
FRESNO CA 343-C3
FRESNO CO CA 343-C3
W CLINTON AV
FRESNO CA 264-A4
FRESNO CA 343-A3
CLINTON RD
AMADOR CO CA 175-C1
CLINTON ST
INDIO CA 209-B2
RIVERSIDE CO CA 209-B2
CLINTON KEITH RD
MURRIETA CA 289-B5
RIVERSIDE CO CA 289-B5
CLOUGH RD
HUMBOLDT CO CA 219-B6
CLOVER RD
MENDOCINO CO CA 168-A1
CLOVER CREEK RD
KLAMATH CO OR 150-B2
N CLOVERDALE BLVD
CLOVERDALE CA 239-D2
SONOMA CO CA 239-D2
S CLOVERDALE BLVD
CLOVERDALE CA 239-D2
SONOMA CO CA 239-D2
CLOVERDALE RD
RIVERSIDE CO CA 283-D5
RIVERSIDE CO CA 284-A5
CLOVERFIELD BLVD
SANTA MONICA CA 353-D10
SANTA MONICA CA 357-D1
CLOVERLAWN DR
JOSEPHINE CO OR 149-B1
CLOVIS AV
LOS ANGELES CA 281-D6
N CLOVIS AV
CLOVIS CA 264-D3
FRESNO CA 264-D3
FRESNO CO CA 264-D3
S CLOVIS AV
CLOVIS CA 264-C3
FRESNO CA 264-C3
FRESNO CO CA 181-C3
FRESNO CO CA 264-C6
CLUB DR
SAN CARLOS CA 250-A7
SAN MATEO CO CA 250-A7
CLUB VIEW DR
BIG BEAR LAKE CA 279-D7
CLYBOURN AV
BURBANK CA 350-B3
LOS ANGELES CA 350-B3
CLZ LOPEZ MATEOS
MEXICALI BC 214-B2
COALINGA MENDOTA RD
FRESNO CO CA 190-A1
COALINGA MENDOTA RD Rt#-33
FRESNO CO CA 190-A1
COAST BLVD
SAN DIEGO CA 370-B6
COAST HWY
DANA POINT CA 291-A1
COAST HWY Rt#-1
LAGUNA BEACH CA 288-B7
ORANGE CO CA 288-B6
SONOMA CO CA 168-A3
SONOMA CO CA 173-B1
SONOMA CO CA 239-A7
E COAST HWY Rt#-1
NEWPORT BEACH CA 288-A6
NEWPORT BEACH CA 364-E7
ORANGE CO CA 288-A6
N COAST HWY
SAN DIEGO CO CA 291-D6
N COAST HWY Rt#-S21
OCEANSIDE CA 291-D6
OCEANSIDE CA 292-A6
SAN DIEGO CO CA 291-D6
N COAST HWY Rt#-1
LAGUNA BEACH CA 288-B7
LAGUNA BEACH CA 365-A4
ORANGE CO CA 288-B7
S COAST HWY Rt#-S21
CARLSBAD CA 292-A7
OCEANSIDE CA 292-A7
S COAST HWY Rt#-1
LAGUNA BEACH CA 207-C3
LAGUNA BEACH CA 365-C5
W COAST HWY Rt#-1
NEWPORT BEACH CA 287-D5
NEWPORT BEACH CA 364-C7
ORANGE CO CA 287-D5
N COAST HWY 101 Rt#-S21
ENCINITAS CA 293-B2
S COAST HWY 101 Rt#-S21
ENCINITAS CA 293-B2
COAST VILLAGE RD
SANTA BARBARA CA 274-D7
SANTA BARBARA CO CA 274-D7
COCHRAN RD
HUMBOLDT CO CA 219-C1
COCHRAN ST
SIMI VALLEY CA 276-A7
COCHRANE RD
MORGAN HILL CA 254-B7
COCKROBIN ISLAND RD
HUMBOLDT CO CA 219-A6
COCOPAH RD
IMPERIAL CO CA 215-B1
CODONI AV
STANISLAUS CO CA 261-C4
COFFEE RD
BAKERSFIELD CA 267-B4
MODESTO CA 261-B2
MODESTO CA 340-F2
STANISLAUS CO CA 340-F2
COFFEE CREEK RD
HUMBOLDT CO CA 219-A7
COFFEY LN
SANTA ROSA CA 321-B3
COGLAN BUTTE RD
LAKE CO OR 152-A1
COHASSET RD
BUTTE CO CA 163-C3
BUTTE CO CA 305-G1
CHICO CA 163-C3
CHICO CA 305-G1
COLBY RD Rt#-S24
IMPERIAL CO CA 215-B1
COLD CANYON RD
LOS ANGELES CO CA 280-B4
COLD CREEK RD Rt#-36
TRINITY CO CA 162-B1
COLD SPRINGS RD
EL DORADO CO CA 237-A3
EL DORADO CO CA 317-B4
PLACERVILLE CA 317-B4
COLD SPRINGS RD Rt#-153
EL DORADO CO CA 237-A3
COLDWATER CANON DR
BEVERLY HILLS CA 354-C3
COLDWATER CANYON AV
LOS ANGELES CA 281-B2
COLDWATER CANYON DR
BEVERLY HILLS CA 354-D2
LOS ANGELES CA 281-B3
LOS ANGELES CA 354-D2
COLDWATER CREEK RD
SONOMA CO CA 240-A1
COLE AV
LOS ANGELES CA 351-F10
COLE GRADE RD
SAN DIEGO CO CA 208-C3
COLEMAN AV
MENLO PARK CA 332-B2
SAN JOSE CA 333-C4
SAN MATEO CO CA 332-B2
SANTA CLARA CA 333-C4
COLEMAN RD
SAN JOSE CA 253-D5
COLEMAN CREEK RD
JACKSON CO OR 149-C2
COLEMAN VALLEY RD
LAKE CO OR 152-B2
SONOMA CO CA 173-B1
COLFAX AV Rt#-174
GRASS VALLEY CA 315-C8
COLFAX ST
CONCORD CA 247-D5
COLGAN AV
SANTA ROSA CA 321-E9
SONOMA CO CA 321-E9
COLIMA RD
CITY OF INDUSTRY CA 282-C6
DIAMOND BAR CA 283-A5
LOS ANGELES CO CA 282-C6
LOS ANGELES CO CA 283-A5
COLIMA RD Rt#-N8
LOS ANGELES CO CA 282-C6
WHITTIER CA 282-C6
COLLEGE AV
BERKELEY CA 328-C6
KERN CO CA 267-D4
LARKSPUR CA 324-B10
LEMON GROVE CA 296-A1
MARIN CO CA 324-B10
MODESTO CA 340-C2
OAKLAND CA 328-C8
SAN DIEGO CA 294-A7
SAN DIEGO CA 296-A1
SANTA ROSA CA 321-D6
SISKIYOU CO CA 218-A2
E COLLEGE AV
LOMPOC CA 198-A2
W COLLEGE AV
LOMPOC CA 198-A2
SANTA ROSA CA 321-B6
SONOMA CO CA 321-B6
COLLEGE BLVD
OCEANSIDE CA 292-B6
COLLEGE DR
SALINAS CA 336-A7
SANTA MARIA CA 272-C5
SOUTH LAKE TAHOE CA 314-C5
W COLLEGE PKWY
CARSON CITY NV 313-B2
COLLEGE CITY RD
COLUSA CO CA 169-B2
COLLEGE VIEW DR
REDDING CA 302-D1
SHASTA CO CA 302-D1
COLLIER AV Rt#-74
LAKE ELSINORE CA 289-A4
E COLLIER RD
SAN JOAQUIN CO CA 238-D7
E COLLIER RD Rt#-J12
SAN JOAQUIN CO CA 175-B1
E COLLINS AV
ORANGE CA 288-A2
COLLINS DR
MOORPARK CA 199-C3
MOORPARK CA 276-A6
COLLINSVILLE RD
SOLANO CO CA 248-B2
COLLWOOD BLVD
SAN DIEGO CA 296-A1
COLLYER DR
REDDING CA 302-B1
SHASTA CO CA 302-D1
COLOMA RD
SACRAMENTO CO CA 235-D7
COLOMA RD Rt#-49
EL DORADO CO CA 233-C7
EL DORADO CO CA 236-D1
EL DORADO CO CA 237-A2
EL DORADO CO CA 317-A1
PLACER CO CA 233-C7
PLACERVILLE CA 317-D2
W COLOMBERO DR
MCCLOUD CA 218-D5
COLONY RD
SACRAMENTO CO CA 175-A1
COLORADO AV
SAN JOAQUIN CA 181-A3
SANTA MONICA CA 353-C9
SANTA MONICA CA 357-B1
COLORADO BLVD
GLENDALE CA 281-D2
LOS ANGELES CA 281-D2
LOS ANGELES CA 282-A2
E COLORADO BLVD
ARCADIA CA 282-C2
LOS ANGELES CO CA 282-C2
PASADENA CA 282-C2
PASADENA CA 359-D6
W COLORADO BLVD
ARCADIA CA 282-C2
PASADENA CA 359-A7
W COLORADO PL
ARCADIA CA 282-C2
COLORADO RD
FRESNO CO CA 181-B3
COLORADO ST
CARSON CITY NV 313-C8
YUCAIPA CA 285-C4
E COLORADO ST
GLENDALE CA 281-D2
GLENDALE CA 352-G2
W COLORADO ST
ARCADIA CA 282-C2
GLENDALE CA 352-F2
COLPIEN ST
TULARE CO CA 266-A4
COLTON AV
REDLANDS CA 285-B3
E COLTON AV
REDLANDS CA 285-B3
N COLTON AV
COLTON CA 368-C8
SAN BERNARDINO CA 368-C8
W COLTON AV
REDLANDS CA 285-B3
COLUMBIA AV
RIVERSIDE CA 366-E1
COLUMBINE RD
SISKIYOU CO CA 218-A2
COLUMBUS AV
SAN FRANCISCO CA 326-D2
S COLUMBUS AV Rt#-238
MEDFORD OR 149-C2
COLUMBUS PKWY
BENICIA CA 247-B2
SOLANO CO CA 247-B2
VALLEJO CA 247-B1
COLUMBUS ST
BAKERSFIELD CA 267-D4
BAKERSFIELD CA 344-F2
KERN CO CA 267-D4
KERN CO CA 344-F2
E COLUMBUS ST
BAKERSFIELD CA 344-F2
W COLUMBUS ST
BAKERSFIELD CA 344-D2
COLUSA AV Rt#-20
YUBA CITY CA 309-D4
COLUSA HWY
BUTTE CO CA 169-C1
BUTTE CO CA 227-A1
GRIDLEY CA 227-A1
COLUSA ST
CORNING CA 221-C7
COLUSA PRINCETON RD Rt#-45
COLUSA CA 169-B1
COLUSA CO CA 169-B1
COLVER RD
JACKSON CO OR 149-C2
PHOENIX OR 149-C2
TALENT OR 149-C2
COMANCHE DR
BAKERSFIELD CA 191-C3
KERN CO CA 191-C3
KERN CO CA 199-C1
N COMANCHE DR
ARVIN CA 199-C1
KERN CO CA 199-C1
COMBELLACK RD
PLACERVILLE CA 317-D4
COMBS RD
MENDOCINO CO CA 161-C2
COMMERCIAL ST
SAN DIEGO CA 373-G5
SAN DIEGO CA 374-C5
SAN JOSE CA 333-G3
E COMMERCIAL ST
MENDOCINO CO CA 168-A1
WILLITS CA 168-A1
W COMMERCIAL ST
BUTTE CO CA 163-B3
N COMMONS RD
STANISLAUS CO CA 261-C6
S COMMONS RD
STANISLAUS CO CA 261-C7
COMMONWEALTH AV
BUENA PARK CA 361-E1
FULLERTON CA 282-D7
FULLERTON CA 361-F1
SAN DIEGO CA 374-C1
SAN JACINTO CA 208-C2
E COMMONWEALTH AV
FULLERTON CA 282-D7
FULLERTON CA 283-A7
N COMMONWEALTH AV
LOS ANGELES CA 352-D6
W COMMONWEALTH AV
BUENA PARK CA 361-F1
FULLERTON CA 282-D7
FULLERTON CA 361-F1
COMMONWEALTH CANYON DR
LOS ANGELES CA 352-C5
COMMUNITY BLVD
SAN BERNARDINO CO CA 201-B2
COMMUNITY RD
POWAY CA 294-A4
COMPTCHE UKIAH RD
MENDOCINO CO CA 168-A1
MENDOCINO CO CA 224-B5
COMPTON AV
LOS ANGELES CA 281-D5
LOS ANGELES CO CA 281-D5
COMPTON BLVD
PARAMOUNT CA 282-A7
E COMPTON BLVD
COMPTON CA 281-D7
COMPTON CA 282-A7
LOS ANGELES CO CA 282-A7
W COMPTON BLVD
COMPTON CA 281-D7
COMSTOCK RD
SAN BENITO CO CA 257-D4
E COMSTOCK RD
SAN JOAQUIN CO CA 260-D3
CONCANNON BLVD
LIVERMORE CA 251-C4
CONCORD AV
CONCORD CA 247-D5
CONTRA COSTA CO CA 247-D5
CONTRA COSTA CO CA 248-D6

CONCORD AV STREET INDEX DAIRY RD 384

CRA

STREET
City State Page-Grid

CONCORD AV
LOS ANGELES CA 282-A3
PLEASANT HILL CA 247-D5
CONCORD BLVD
CONCORD CA 248-A5
CONCOW RD
BUTTE CO CA 164-A3
PLUMAS CO CA 164-A3
CONDIT AV
STANISLAUS CO CA 175-B3
CONE GROVE RD
TEHAMA CO CA 221-C2
E CONEJO AV
FRESNO CO CA 181-C3
W CONEJO AV
FRESNO CO CA 181-C3
CONGRESS AV
MONTEREY CO CA 337-C5
PACIFIC GROVE CA 337-C4
CONGRESS ST
SAN DIEGO CA 372-A9
CONGRESS SPRINGS RD Rt#-9
SANTA CLARA CO CA 253-A5
SARATOGA CA 253-A5
CONGRESS VALLEY RD
NAPA CO CA 323-A8
CONRAD DR
SAN DIEGO CO CA 296-B1
CONSTANCE AV
SANTA BARBARA CA 348-B4
CONSTELLATION BLVD
LOS ANGELES CA 354-C8
CONSTITUTION WY
ALAMEDA CA 329-G8
ALAMEDA CA 330-A9
CONTOUR AV
RIVERSIDE CO CA 289-D1
CONTRA COSTA BLVD
CONCORD CA 247-D5
PLEASANT HILL CA 247-D5
CONTRA LOMA BLVD
ANTIOCH CA 248-C4
CONVOY ST
SAN DIEGO CA 293-D7
SAN DIEGO CA 372-F1
COOK ST
PALM DESERT CA 290-C5
RIVERSIDE CO CA 290-C5
SANTA MARIA CA 272-C5
COOMBS ST
NAPA CA 323-E8
S COOMBS ST
NAPA CA 323-E8
COOMBS ST S
NAPA CA 323-E7
COOMBSVILLE RD
NAPA CA 323-F7
COOPER RD
MONTEREY CO CA 258-D2
COOPERSTOWN RD
STANISLAUS CO CA 175-C3
COPCO RD
SISKIYOU CO CA 150-A3
COPENHAGEN RD
HUMBOLDT CO CA 219-A5
E COPPER AV
FRESNO CO CA 264-C1
COPPER HILL DR
SANTA CLARITA CA 276-D3
E COPPEROPOLIS RD
SAN JOAQUIN CO CA 175-B2
SAN JOAQUIN CO CA 260-D4
COPPINI LN
HUMBOLDT CO CA 219-A7
COPUS RD
KERN CO CA 199-A1
CORAL DELL WK
ALAMEDA CA 250-A2
CORAM RD
SHASTA CO CA 220-A4
CORBETT CANYON RD
SAN LUIS OBISPO CO CA 271-D7
CORBETT CANYON RD Rt#-227
ARROYO GRANDE CA 272-B1
CORBIN AV
LOS ANGELES CA 276-D7
LOS ANGELES CA 280-D1
CORBY AV
SANTA ROSA CA 321-E9
SONOMA CO CA 321-E10
CORCORAN RD
KERN CO CA 190-C3
KINGS CO CA 190-C3
CORDA RD
MONTEREY CO CA 259-D6
CORDELIA RD
FAIRFIELD CA 244-B7
SOLANO CO CA 244-B7
SUISUN CITY CA 244-B7
CORDELIA ST
SOLANO CO CA 244-C7
SUISUN CITY CA 244-C7
CORE RD
SACRAMENTO CO CA 238-B4
COREY RD
JACKSON CO OR 149-C1
N CORNELIA AV
FRESNO CA 264-A4
FRESNO CO CA 264-A4
S CORNELIA AV
FRESNO CA 264-A6
FRESNO CO CA 181-B3
FRESNO CO CA 264-A6
CORNELIUS RD
SUTTER CO CA 170-A2
CORNELL RD
LOS ANGELES CO CA 280-B2
CORNING RD Rt#-A9
TEHAMA CO CA 163-A2
TEHAMA CO CA 221-A7
CORONA EXWY Rt#-71
CHINO HILLS CA 283-D6
RIVERSIDE CO CA 283-D6
CORONA FRWY I-15
CORONA CA 208-A2
CORONA CA 284-A7
LAKE ELSINORE CA 208-A2
LAKE ELSINORE CA 289-A4
RIVERSIDE CO CA 208-A2
RIVERSIDE CO CA 289-A4
CORONA RD
PETALUMA CA 242-D6
SONOMA CO CA 242-D6
CORONA ST
SAN FRANCISCO CA 249-C2
CORRAL RD
SHASTA CO CA 222-D2
CORRAL BOTTOM RD
TRINITY CO CA 157-A3
CORRAL CANYON RD
CHULA VISTA CA 296-B3
LOS ANGELES CO CA 280-B4
MALIBU CA 280-B4
N CORRAL HOLLOW RD Rt#-J2
SAN JOAQUIN CO CA 175-A3
TRACY CA 175-A3
S CORRAL HOLLOW RD Rt#-J2
SAN JOAQUIN CO CA 175-A3
TRACY CA 175-A3
W CORRAL HOLLOW RD Rt#-J2
SAN JOAQUIN CO CA 174-C3
SAN JOAQUIN CO CA 175-A3
CORSO DI NAPOLI
LONG BEACH CA 287-B3
CORSO DI ORO
LONG BEACH CA 287-B3
CORTE MADERA AV
CORTE MADERA CA 246-B5
CORTINA SCHOOL RD
COLUSA CO CA 169-B2
CORWIN RD
APPLE VALLEY CA 201-B2
APPLE VALLEY CA 278-C1
CORYDON ST
LAKE ELSINORE CA 289-A5
RIVERSIDE CO CA 289-A5
COSTA MESA FRWY Rt#-55
ANAHEIM CA 288-B1
COSTA MESA CA 288-A4
COSTA MESA CA 363-D2
COSTA MESA CA 364-C2
IRVINE CA 363-D2
ORANGE CA 288-B1
ORANGE CO CA 288-B2
ORANGE CO CA 363-A6
SANTA ANA CA 288-B2
SANTA ANA CA 363-D2
TUSTIN CA 288-B2
COSUMNES RIVER BLVD
SACRAMENTO CA 238-B2
SACRAMENTO CO CA 238-B2
COTA ST
SANTA BARBARA CA 348-F6
E COTATI AV
COTATI CA 242-C4
ROHNERT PARK CA 242-C4
SONOMA CO CA 242-C4
W COTTA RD
SAN JOAQUIN CO CA 260-A1
COTTONBELT DR
LYON CO NV 172-A3
COTTONTAIL CREEK RD
SAN LUIS OBISPO CO CA 271-A1
COTTONWOOD AV
HESPERIA CA 278-B3
MORENO VALLEY CA 284-D6
MORENO VALLEY CA 285-A6
RIVERSIDE CO CA 284-D6
SAN JACINTO CA 208-C2
W COTTONWOOD AV
SAN JACINTO CA 208-C2
COTTONWOOD RD
BAKERSFIELD CA 267-D6
BUTTE CO CA 223-A6
KERN CO CA 267-D6
MERCED CO CA 180-B1
MOHAVE CO AZ 196-A3
SW COTTONWOOD ST
GRANTS PASS OR 149-B1
COTTONWOOD CANYON RD
MONO CO CA 177-B2
COTTONWOOD COVE RD
CLARK CO NV 195-C3
CLARK CO NV 196-A3
E COTTONWOOD COVE RD
CLARK CO NV 195-C3
COTTONWOOD SPRINGS RD
RIVERSIDE CO CA 210-A2
COUNTRY ACRES LN
PLACER CO CA 235-C3
COUNTRY CLUB BLVD
SAN JOAQUIN CO CA 339-B5
STOCKTON CA 339-B5
COUNTRY CLUB DR
INDIO CA 209-B2
INDIO CA 290-C5
LAKE CO CA 226-A3
PALM DESERT CA 290-C5
RANCHO MIRAGE CA 290-C5
RIVERSIDE CA 366-G9
RIVERSIDE CO CA 209-B2
RIVERSIDE CO CA 290-C5
ROHNERT PARK CA 242-C4
SAN DIEGO CO CA 293-D1
COUNTRY CLUB LN
ESCONDIDO CA 292-D7
COUNTRY VILLAGE RD
RIVERSIDE CO CA 284-B4
S COUNTY CENTER DR
VISALIA CA 266-B3
COUNTY DUMP RD
SONOMA CO CA 239-D1
COUNTY HWY J42 HWY Rt#-J42
TULARE CO CA 191-C1
COUNTY LINE RD Rt#-J44
DELANO CA 191-B2
KERN CO CA 191-B2
TULARE CO CA 191-B2
COUNTY ROAD 6 Rt#-E4
YOLO CO CA 169-B2
COUNTY ROAD 10
YOLO CO CA 234-A2
COUNTY ROAD 11
YOLO CO CA 234-A2
COUNTY ROAD 11A
YOLO CO CA 234-A2
COUNTY ROAD 11B
YOLO CO CA 234-A2
COUNTY ROAD 12
YOLO CO CA 234-A2
COUNTY ROAD 12A
YOLO CO CA 234-A2
COUNTY ROAD 13 Rt#-E10
YOLO CO CA 169-B3
YOLO CO CA 234-A3
COUNTY ROAD 14
YOLO CO CA 169-B3
YOLO CO CA 234-B3
COUNTY ROAD 14A
YOLO CO CA 234-A3
COUNTY ROAD 15
YOLO CO CA 234-B3
COUNTY ROAD 15B
YOLO CO CA 234-A3
COUNTY ROAD 16
YOLO CO CA 234-C4
COUNTY ROAD 16A
YOLO CO CA 234-B4
COUNTY ROAD 17
YOLO CO CA 234-A4
COUNTY ROAD 17 Rt#-113
YOLO CO CA 234-B4
COUNTY ROAD 18
YOLO CO CA 234-A4
COUNTY ROAD 18A
YOLO CO CA 234-B4
COUNTY ROAD 18B
YOLO CO CA 234-C4
COUNTY ROAD 18C
YOLO CO CA 234-C4
COUNTY ROAD 19
YOLO CO CA 234-A4
COUNTY ROAD 20
YOLO CO CA 234-A4
COUNTY ROAD 21
WOODLAND CA 234-C5
YOLO CO CA 234-C5
COUNTY ROAD 22
YOLO CO CA 234-D5
COUNTY ROAD 24
YOLO CO CA 169-B3
YOLO CO CA 234-B5
COUNTY ROAD 25A
YOLO CO CA 234-B6
COUNTY ROAD 26
YOLO CO CA 234-A6
COUNTY ROAD 26A
YOLO CO CA 234-C6
COUNTY ROAD 27
YOLO CO CA 169-B3
YOLO CO CA 234-B6
COUNTY ROAD 28H
YOLO CO CA 234-C7
COUNTY ROAD 29
YOLO CO CA 234-A7
COUNTY ROAD 29A
YOLO CO CA 234-A7
COUNTY ROAD 30
YOLO CO CA 234-B7
COUNTY ROAD 31
YOLO CO CA 169-B3
YOLO CO CA 234-A7
COUNTY ROAD 31 Rt#-E6
DAVIS CA 234-B7
YOLO CO CA 234-B7
COUNTY ROAD 85 Rt#-E4
YOLO CO CA 169-B3
COUNTY ROAD 88
YOLO CO CA 169-B2
COUNTY ROAD 89
YOLO CO CA 169-B2
COUNTY ROAD 91A
YOLO CO CA 234-A7
COUNTY ROAD 91B
YOLO CO CA 234-A2
COUNTY ROAD 92
YOLO CO CA 234-A3
COUNTY ROAD 92B
YOLO CO CA 234-A3
COUNTY ROAD 92C
YOLO CO CA 234-A4
COUNTY ROAD 92D
YOLO CO CA 234-A6
COUNTY ROAD 93
YOLO CO CA 234-A6
COUNTY ROAD 93A
YOLO CO CA 234-A3
COUNTY ROAD 93A Rt#-E6
YOLO CO CA 234-A7
COUNTY ROAD 94
YOLO CO CA 234-A2
COUNTY ROAD 94A
YOLO CO CA 234-A6
COUNTY ROAD 94B
YOLO CO CA 234-A5
COUNTY ROAD 95
YOLO CO CA 234-B4
COUNTY ROAD 95A
YOLO CO CA 234-B4
COUNTY ROAD 95B
YOLO CO CA 234-B2
COUNTY ROAD 96
YOLO CO CA 234-B5
COUNTY ROAD 96B
YOLO CO CA 234-B4
COUNTY ROAD 97
YOLO CO CA 234-B3
COUNTY ROAD 97A
YOLO CO CA 234-B4
COUNTY ROAD 98
YOLO CO CA 234-B3
COUNTY ROAD 98 Rt#-E7
WOODLAND CA 234-B7
YOLO CO CA 169-C3
YOLO CO CA 234-B7
COUNTY ROAD 98 Rt#-16
WOODLAND CA 234-B5
YOLO CO CA 234-B5
COUNTY ROAD 98A
YOLO CO CA 234-B2
COUNTY ROAD 99
YOLO CO CA 234-B4
COUNTY ROAD 99W
COLUSA CO CA 169-B2
YOLO CO CA 169-B2
YOLO CO CA 234-A2
COUNTY ROAD 100
YOLO CO CA 234-C4
COUNTY ROAD 101
YOLO CO CA 234-C4
COUNTY ROAD 101A
DAVIS CA 318-D2
YOLO CO CA 234-C7
YOLO CO CA 318-D1
COUNTY ROAD 102
YOLO CO CA 234-C5
COUNTY ROAD 102 Rt#-E8
WOODLAND CA 234-C5
YOLO CO CA 234-C4
COUNTY ROAD 102B
YOLO CO CA 234-C6
COUNTY ROAD 103
YOLO CO CA 234-C5
COUNTY ROAD 104
SOLANO CO CA 169-C3
SOLANO CO CA 174-C1
YOLO CO CA 169-C3
YOLO CO CA 174-C1
YOLO CO CA 234-C7
COUNTY ROAD 104A
YOLO CO CA 234-D7
COUNTY ROAD 105
YOLO CO CA 234-D7
COUNTY ROAD 108
YOLO CO CA 234-C2
COUNTY ROAD 112
YOLO CO CA 234-C2
COUNTY ROAD 124
YOLO CO CA 234-D6
YOLO CO CA 235-A6
COUNTY ROAD 127
WEST SACRAMENTO CA 235-A6
YOLO CO CA 235-A6
N COURT OVL Rt#-63
VISALIA CA 266-C2
COURT ST
JACKSON CO OR 149-C2
MEDFORD OR 149-C2
N COURT ST Rt#-63
VISALIA CA 266-C2
S COURT ST Rt#-63
VISALIA CA 266-C2
COURT ST N
MARTINEZ CA 247-C4
COURTLAND AV
OAKLAND CA 330-G9
COURTLAND RD
YOLO CO CA 238-A5
COURTLAND RD Rt#-84
YOLO CO CA 174-C1
YOLO CO CA 238-A5
COURTWRIGHT RD
MOHAVE CO AZ 204-A1
COUSER CANYON RD
SAN DIEGO CO CA 292-D4
COVE RD
SAN BERNARDINO CO CA 279-B2
SHASTA CO CA 158-B3
E COVELL BLVD Rt#-E6
DAVIS CA 234-C7
DAVIS CA 318-E4
YOLO CO CA 234-C7
YOLO CO CA 318-E4
W COVELL BLVD Rt#-E6
DAVIS CA 234-B7
DAVIS CA 318-C4
YOLO CO CA 234-B7
YOLO CO CA 318-C4
COVELO RD Rt#-162
COVELO CA 162-A3
MENDOCINO CO CA 162-A3
COVILLAUD ST
MARYSVILLE CA 310-C1
E COVINA BLVD
COVINA CA 283-A3
W COVINA BLVD
SAN DIMAS CA 283-B3
COWELL BLVD
DAVIS CA 318-F7
COWELL RD
CONCORD CA 247-D5
COWIE AV
RIVERSIDE CO CA 289-B2
COX AV
SARATOGA CA 253-B4
COX LN
BUTTE CO CA 227-C1
COX RD
STANISLAUS CO CA 175-B3
COYOTE RD
ESMERALDA CO NV 178-C3
CRABTREE RD
STANISLAUS CO CA 175-C3
CRAIG AV
SONOMA CO CA 322-A5
E CRAIG RD
NORTH LAS VEGAS NV 268-C2
E CRAIG RD Rt#-573
CLARK CO NV 268-D2
NORTH LAS VEGAS NV 268-D2
SUNRISE MANOR NV 268-D2
W CRAIG RD
CLARK CO NV 268-B2
LAS VEGAS NV 268-B2
LONE MOUNTAIN NV 268-B2
NORTH LAS VEGAS NV 268-B2
W CRAIG RD Rt#-573
LAS VEGAS NV 268-B2
CRAM GULCH RD
SISKIYOU CO CA 217-B5
CRANE CANYON RD
SONOMA CO CA 242-D4
CRANMORE RD
SUTTER CO CA 169-C2
SUTTER CO CA 234-B1
CRATER LAKE HWY Rt#-62
EAGLE POINT OR 149-C1
JACKSON CO OR 149-C1
JACKSON CO OR 150-B1
KLAMATH CO OR 150-B1
MEDFORD OR 149-C1
SHADY COVE OR 149-C1
White City OR 149-C1
CRAWFORD RD
COVELO CA 162-A3
CREEK RD
VENTURA CO CA 275-A2
CREELMAN LN
SAN DIEGO CO CA 294-C3
CREELY PTH
RICHMOND CA 247-A6
CRENSHAW BLVD
GARDENA CA 281-C6
CRENSHAW BLVD
HAWTHORNE CA 281-C6
INGLEWOOD CA 281-C6
LOMITA CA 286-C2
LOS ANGELES CA 281-C6
LOS ANGELES CO CA 281-C6
LOS ANGELES CO CA 286-C2
RANCHO PALOS VERDES CA 286-C3
ROLLING HILLS ESTATES CA 286-C2
TORRANCE CA 281-C6
TORRANCE CA 286-C2
CRENSHAW DR
INGLEWOOD CA 281-C6
CRESCENT AV
ANAHEIM CA 361-F5
AVALON CA 207-A3
BUENA PARK CA 361-A5
CYPRESS CA 287-C1
LA PALMA CA 287-C1
W CRESCENT AV
ANAHEIM CA 361-G5
N CRESCENT HEIGHTS BLVD
LOS ANGELES CA 351-A10
WEST HOLLYWOOD CA 351-A9
CRESSEY WY
MERCED CO CA 180-C1
CREST RD
RANCHO PALOS VERDES CA 286-B3
ROLLING HILLS ESTATES CA 286-B3
CREST FOREST DR
SAN BERNARDINO CO CA 278-B7
CRESTMOOR DR
SAN BRUNO CA 327-A4
CRESTMOORE PL
LOS ANGELES CA 281-D3
CRESTON RD
PASO ROBLES CA 189-C3
SAN LUIS OBISPO CO CA 189-C3
CRESTON EUREKA RD Rt#-41
ATASCADERO CA 271-D1
SAN LUIS OBISPO CO CA 189-C3
SAN LUIS OBISPO CO CA 190-A3
SAN LUIS OBISPO CO CA 271-D1
CRESTVIEW DR
SAN CARLOS CA 250-A7
CRIDGE ST
RIVERSIDE CA 366-D6
CRIPPLE CREEK RD
SAN LUIS OBISPO CO CA 189-C3
CRISTIANITOS RD
SAN DIEGO CO CA 291-B2
CRITTENDEN ST
RED BLUFF CA 303-C5
CROCKER AV
OAKLAND CA 330-F3
PIEDMONT CA 330-F3
CROCKER RD
SONOMA CO CA 239-D2
S CROCKER RD
SAN JOAQUIN CO CA 260-A6
CROOKS CREEK RD
JOSEPHINE CO OR 149-A2
CROPLEY AV
SAN JOSE CA 253-D2
CROSBY HAROLD RD
PLACER CO CA 233-A7
CROSS AV
TULARE CA 266-B5
TULARE CO CA 266-B5
CROSS RD
ALAMEDA CO CA 251-D4
KLAMATH CO OR 150-C2
CROSS CANYONS RD
SAN LUIS OBISPO CO CA 189-C2
CROSS OVER DR
SAN FRANCISCO CA 325-D7
CROSS OVER DR Rt#-1
SAN FRANCISCO CA 325-D7
CROSS OVER RD
DEL NORTE CO CA 216-C6
CROUCH AV
BUTTE CO CA 305-C10
CROW RD
STANISLAUS CO CA 261-D2
CROW CANYON RD
ALAMEDA CO CA 250-D3
CONTRA COSTA CO CA 250-D3
CONTRA COSTA CO CA 251-A2
DANVILLE CA 251-A2
SAN RAMON CA 250-D3
SAN RAMON CA 251-A2
CROWFOOT RD
JACKSON CO OR 149-C1
CROWLEY RD
SUTTER CO CA 227-A7
CROWN POINT DR
SAN DIEGO CA 371-C4
CROWN VALLEY PKWY
DANA POINT CA 207-C3
LAGUNA NIGUEL CA 207-C3
LAGUNA NIGUEL CA 288-C7
MISSION VIEJO CA 288-C7
ORANGE CO CA 288-C7
CROWS LANDING RD
CERES CA 261-B7
MODESTO CA 261-B7
MODESTO CA 340-D9
STANISLAUS CO CA 180-B1
STANISLAUS CO CA 261-B7
STANISLAUS CO CA 340-D9
CROWS LANDING RD Rt#-J16
STANISLAUS CO CA 261-B5
CROWSON RD
JACKSON CO OR 149-C2
CRUCERO RD U.S.-66 Hist
SAN BERNARDINO CO CA 202-B2
CRUZON GRADE RD
NEVADA CO CA 170-B1
CRYSTAL BLVD
EL DORADO CO CA 237-B6
CRYSTAL CREEK RD
SAN BERNARDINO CO CA 279-C3
CRYSTAL SPRINGS DR
LOS ANGELES CA 352-D1
CRYSTAL SPRINGS RD
HILLSBOROUGH CA 249-D6
KLAMATH CO OR 150-C2
SAN BRUNO CA 327-A6
SAN MATEO CA 249-D6
SAN MATEO CO CA 249-D6
SAN MATEO CO CA 327-A6
CUDDY VALLEY RD
KERN CO CA 199-B2
CUESTA DR
MOUNTAIN VIEW CA 253-A2
CULL CANYON RD
ALAMEDA CO CA 250-D2
CULVER BLVD
CULVER CITY CA 281-B4
LOS ANGELES CA 281-B4
LOS ANGELES CA 357-G8
LOS ANGELES CA 358-A1
LOS ANGELES CO CA 281-B6
CULVER DR
IRVINE CA 288-B4
CUMMINGS RD
HUMBOLDT CO CA 219-C4
VENTURA CO CA 275-C4
CUMMINGS SKWY
CONTRA COSTA CO CA 247-B3
CUNNINGHAM RD
MERCED CO CA 181-A1
CUNNINGHAM WY
SAN BRUNO CA 327-B5
CURBARIL AV
ATASCADERO CA 271-D1
SAN LUIS OBISPO CO CA 271-D1
CURRIE RD
SOLANO CO CA 248-C1
CURRY RD
CHURCHILL CO NV 172-C1
CURRY ST
TEHACHAPI CA 200-A1
S CURRY ST
CARSON CITY NV 313-C6
CURTI RD Rt#-137
TULARE CO CA 191-A1
CURTNER AV
SAN JOSE CA 253-C4
SANTA CLARA CO CA 253-C4
CURTOLA PKWY
SOLANO CO CA 247-B2
VALLEJO CA 247-B2
CUSSICK AV
CHICO CA 305-C3
CUSTER AV
SAN BERNARDINO CO CA 279-B3
N CUSTER AV
FRESNO CO CA 180-C2
CUTOFF RD
MENDOCINO CO CA 168-B1
CUTTING BLVD
EL CERRITO CA 247-A6
RICHMOND CA 246-D6
RICHMOND CA 247-A6
W CUTTING BLVD
RICHMOND CA 246-D6
CUYAMA HWY Rt#-166
SAN LUIS OBISPO CO CA 272-D4
CUYAMACA HWY Rt#-79
SAN DIEGO CO CA 213-A1
CUYAMACA ST
EL CAJON CA 294-B6
SANTEE CA 294-B6
CYPRESS AV
COTATI CA 242-C5
REDDING CA 301-F6
REDDING CA 302-A7
SACRAMENTO CO CA 235-D6
UKIAH CA 308-C4
E CYPRESS AV
REDDING CA 302-A7
W CYPRESS AV
REDLANDS CA 285-B4
CYPRESS FRWY I-880
EMERYVILLE CA 329-D4
OAKLAND CA 329-D4
OAKLAND CA 330-A6
CYPRESS PTH
RICHMOND CA 247-A6
E CYPRESS RD
OAKLEY CA 248-D4
W CYPRESS RD
OAKLEY CA 248-D4
CYPRESS ST
CHICO CA 306-A7
E CYPRESS ST
COVINA CA 282-D3
COVINA CA 283-A3
LOS ANGELES CO CA 282-D3
LOS ANGELES CO CA 283-A3
SAN DIMAS CA 283-A3
W CYPRESS ST
IRWINDALE CA 282-D3
LOS ANGELES CO CA 282-D3
CYPRESS WY
SANTA ROSA CA 242-C2

D

D AV
CORONADO CA 373-C8
D CT
LOS ANGELES CA 286-D2
D ST
HAYWARD CA 250-C4
MODESTO CA 340-E7
PETALUMA CA 242-D7
SAN RAFAEL CA 324-D8
SONOMA CO CA 242-D7
SOUTH LAKE TAHOE CA 171-B2
TEHAMA CA 221-D5
D ST Rt#-18
VICTORVILLE CA 278-B1
D ST Rt#-132
MODESTO CA 340-D7
E D ST
KINGS CO CA 190-C1
LEMOORE CA 190-C1
N D ST
PERRIS CA 289-B2
SAN BERNARDINO CA 368-E4
S D ST
PERRIS CA 289-B2
W D ST
LEMOORE CA 190-C1
D WK
LOS ANGELES CA 286-D2
DAINTY AV
BRENTWOOD CA 248-D6
DAIRY AV
CORCORAN CA 190-C1
DAIRY RD
AUBURN CA 316-E2
PLACER CO CA 316-E2

INDEX

385 DAIRY-BONANZA HWY Rt#-70 STREET INDEX DURFEE AV

STREET City State Page-Grid

DAIRY-BONANZA HWY Rt#-70
BONANZA OR 151-A2
KLAMATH CO OR 151-A2
DAIRY MART RD
SAN DIEGO CA 296-A5
DAKOTA AV
STANISLAUS CO CA 261-A3
E DAKOTA AV
FRESNO CA 264-C3
FRESNO CA 343-E1
W DAKOTA AV
FRESNO CA 264-B3
FRESNO CA 343-A1
DALE AV
ANAHEIM CA 361-F9
STANTON CA 361-F10
N DALE AV
ANAHEIM CA 361-F6
S DALE AV
ANAHEIM CA 361-F8
DALE RD
STANISLAUS CO CA 261-A3
DALE ST
BUENA PARK CA 361-F2
FULLERTON CA 361-F2
GARDEN GROVE CA 287-D2
GARDEN GROVE CA 361-F2
STANTON CA 361-F2
N DALE ST
BUENA PARK CA 361-F5
DALE EVANS PKWY
APPLE VALLEY CA 201-B2
SAN BERNARDINO CO CA 201-B2
DALEY CANYON RD
SAN BERNARDINO CO CA 278-C7
DALLAS ST
LA MESA CA 294-A7
MODESTO CA 261-B4
DALY ST
LOS ANGELES CA 356-E1
DAM RD
CLEARLAKE CA 226-D7
DAMON LN
HUMBOLDT CO CA 219-A7
DANA ST
FORT BRAGG CA 307-D4
N DANA FOOTHILL RD
SAN LUIS OBISPO CA 272-C2
S DANA FOOTHILL RD
SAN LUIS OBISPO CO CA 272-C3
DANBURY AV
HESPERIA CA 278-B4
DANGEL LN
SISKIYOU CO CA 157-C1
DANIELS LN
SHASTA CO CA 220-C4
DANLEY RD
COLUSA CO CA 169-A1
DAN MCNAMARA RD
MERCED CO CA 180-C1
DANTONI RD
YUBA CO CA 227-D6
DANVILLE BLVD
CONTRA COSTA CO CA 247-D7
DANVILLE CA 247-D7
DANVILLE CA 250-D1
WALNUT CREEK CA 247-D7
DAPHNE WY
MENDOCINO CO CA 168-A1
DARLING RIDGE RD
EL DORADO CO CA 237-C1
DATE AV
YUCAIPA CA 285-C4
DATE PALM DR
CATHEDRAL CITY CA 290-B4
DATSUN ST
SAN DIEGO CA 296-B5
DA VALL DR
RANCHO MIRAGE CA 290-B5
DAVENPORT RD
LOS ANGELES CO CA 277-B3
DAVENPORT CREEK RD
SAN LUIS OBISPO CO CA 271-D6
DAVID AV
MONTEREY CA 337-E4
PACIFIC GROVE CA 337-D5
DAVID RD
KERN CO CA 199-B1
DAVIS RD
MONTEREY CO CA 259-A3
MONTEREY CO CA 336-A4
SALINAS CA 336-A4
SAN LUIS OBISPO CO CA 190-A2
SISKIYOU CO CA 158-C1
SUTTER CO CA 227-A7
WEST SACRAMENTO CA 238-A1
N DAVIS RD
MONTEREY CO CA 336-A4
SALINAS CA 336-A4
SAN JOAQUIN CO CA 175-A1
SAN JOAQUIN CO CA 260-B2
DAVIS ST
SANTA ROSA CA 321-D7
VACAVILLE CA 244-D4
DAVIS ST Rt#-112
SAN LEANDRO CA 250-C3
SAN LEANDRO CA 331-F7
DAVIS DAM RD
CLARK CO NV 270-C1
DAVISON DR
ANTIOCH CA 248-C5
DAY LN
LYON CO NV 172-A3
DAY RD
MODOC CO CA 159-A2
SANTA CLARA CO CA 257-A2
DAY ST
SAN FRANCISCO CA 249-C2
DAY CREEK BLVD
RANCHO CUCAMONGA CA 284-A2
DAYLIGHT PASS CTO
INYO CO CA 184-B2
DAYLIGHT PASS RD
INYO CO CA 184-B3
DAYTON RD
BUTTE CO CA 163-C3
BUTTE CO CA 305-F10
CHICO CA 305-G9
DAYTON VALLEY RD
LYON CO NV 232-D1
DEAD HORSE CANYON RD
SISKIYOU CO CA 158-C2

DEAD INDIAN RD
JACKSON CO OR 149-C2
JACKSON CO OR 150-A2
KLAMATH CO OR 150-B2
DEAD INDIAN MEMORIAL RD
ASHLAND OR 149-C2
JACKSON CO OR 149-C2
DEADMAN CREEK RD
MONO CO CA 263-C5
DEADWOOD RD
LEWISTON CA 157-C3
TRINITY CO CA 157-C3
DE ANZA BLVD
CUPERTINO CA 253-B3
S DE ANZA BLVD
CUPERTINO CA 253-B4
SAN JOSE CA 253-B4
DE ANZA DR
SAN JACINTO CA 208-C2
DEATH VALLEY RD
INYO CO CA 183-B1
INYO CO CA 184-A1
DEATH VALLEY RD Rt#-127
SAN BERNARDINO CO CA 194-B3
DECATUR BLVD
CLARK CO NV 268-B3
LAS VEGAS NV 268-B2
NORTH LAS VEGAS NV 268-B2
N DECATUR BLVD
CLARK CO NV 268-B3
LAS VEGAS NV 268-B3
NORTH LAS VEGAS NV 268-B3
S DECATUR BLVD
LAS VEGAS NV 268-B4
PARADISE NV 268-B4
SPRING VALLEY NV 268-B4
WINCHESTER NV 268-B4
DECATUR ST
KERN CO CA 267-C3
DECKER RD Rt#-23
LOS ANGELES CO CA 206-C1
MALIBU CA 206-C1
DECORO DR
LOS ANGELES CO CA 276-D3
SANTA CLARITA CA 276-D3
DECOTO RD
FREMONT CA 250-D6
UNION CITY CA 250-D6
DEEP CREEK RD
APPLE VALLEY CA 278-C4
FREMONT CA 250-D6
DEER PASS
EL DORADO CO CA 237-C6
DEER CANYON RD
SHASTA CO CA 220-D7
DEER CREEK LN
SONOMA CO CA 242-D7
DEER CREEK RD
JOSEPHINE CO OR 149-A2
DEER FLAT RD
TUOLUMNE CO CA 176-A2
DEER MOUNTAIN RD
SISKIYOU CO CA 158-B1
DEER PARK RD
NAPA CO CA 241-B7
NAPA CO CA 243-B1
S DEER RUN RD
CARSON CITY NV 232-B3
DEER SPRINGS RD Rt#-S12
SAN DIEGO CO CA 292-D6
SAN MARCOS CA 292-D6
DEER VALLEY RD
CONTRA COSTA CO CA 248-C6
EL DORADO CO CA 236-D4
DEERWOOD PL
SAN RAMON CA 251-A2
DEETZ RD
SISKIYOU CO CA 218-A3
DE FRAIN BLVD
RIVERSIDE CO CA 211-A2
DEHESA RD
EL CAJON CA 294-C7
SAN DIEGO CO CA 213-A1
SAN DIEGO CO CA 294-C7
DEHLINGER LN
KLAMATH CO OR 150-C2
DE LA CRUZ BLVD
SAN JOSE CA 333-B3
SANTA CLARA CA 333-B3
DE LA GUERRA RD
SANTA BARBARA CA 348-F5
DE LA GUERRA ST
SANTA BARBARA CA 348-E6
DEL AMO BLVD
CERRITOS CA 287-B1
LAKEWOOD CA 287-B1
LONG BEACH CA 287-B1
REDONDO BEACH CA 286-C1
TORRANCE CA 286-C1
E DEL AMO BLVD
CARSON CA 286-D1
CARSON CA 287-A1
LAKEWOOD CA 287-A1
LONG BEACH CA 287-A1
LOS ANGELES CO CA 286-D1
LOS ANGELES CO CA 287-A1
W DEL AMO BLVD
LONG BEACH CA 287-A1
DE LA VINA ST
SANTA BARBARA CA 348-A4
DELAWARE AV
SAN JOAQUIN CO CA 339-A4
SANTA CRUZ CA 335-A9
S DELAWARE ST
SAN MATEO CA 250-A6
DEL DIOS HWY Rt#-S6
ESCONDIDO CA 293-D2
SAN DIEGO CO CA 293-D2
DELEVAN RD
COLUSA CO CA 169-A1
DEL MAR
ROSEMEAD CA 282-B4
SAN GABRIEL CA 282-B4
DEL MAR AV
COSTA MESA CA 363-A7
COSTA MESA CA 364-E1
LOS ANGELES CO CA 282-B4
ROSEMEAD CA 282-B4
SAN GABRIEL CA 282-B3
SAN MARINO CA 282-B2
N DEL MAR AV
SAN GABRIEL CA 282-B3

S DEL MAR AV
ROSEMEAD CA 282-B3
SAN GABRIEL CA 282-B3
E DEL MAR BLVD
PASADENA CA 282-B2
PASADENA CA 359-C7
W DEL MAR BLVD
PASADENA CA 359-B7
DEL MAR HEIGHTS RD
DEL MAR CA 293-B4
SAN DIEGO CA 293-B4
DEL MONTE AV
MONTEREY CA 258-C4
MONTEREY CA 337-G6
SALINAS CA 336-G5
DEL MONTE BLVD
MARINA CA 258-D2
MONTEREY CA 258-D2
MONTEREY CO CA 258-D2
PACIFIC GROVE CA 337-C2
SEASIDE CA 258-D2
DEL NORTE ST
BERKELEY CA 328-A3
DEL OBISPO ST
SAN JUAN CAPISTRANO CA 291-A1
DEL PASO BLVD
SACRAMENTO CA 235-C6
DEL PASO RD
SACRAMENTO CA 235-B5
SACRAMENTO CO CA 235-A5
DELPHI RD
LYON CO NV 172-A2
DEL PRADO AV Rt#-1
DANA POINT CA 207-C3
DEL PUERTO CANYON RD
STANISLAUS CO CA 175-A3
STANISLAUS CO CA 180-A1
DEL PUERTO CANYON RD Rt#-J17
STANISLAUS CO CA 175-A3
DEL REY RD
TEMECULA CA 289-D7
DEL RIO RD
SAN DIEGO CO CA 296-B1
DEL SOL BLVD
SAN DIEGO CA 296-A5
W DELTA AV
SAN JOAQUIN CO CA 260-A7
DELTA RD
CONTRA COSTA CO CA 248-D5
OAKLEY CA 248-D5
DE LUZ RD
RIVERSIDE CO CA 289-B7
SAN DIEGO CO CA 292-B3
DE LUZ MURRIETA RD
SAN DIEGO CO CA 292-A2
DEL VALLE DR
SAN DIEGO CO CA 292-B4
DEL VALLE PKWY
PLEASANTON CA 251-B4
DEL VALLE RD
ALAMEDA CO CA 251-D5
LOS ANGELES CO CA 276-C3
DEL WEBB BLVD
LAS VEGAS NV 268-A3
ROSEVILLE CA 235-D3
DEMARAY DR
JOSEPHINE CO OR 149-A1
DEMAREE ST
TULARE CO CA 266-B1
VISALIA CA 266-B1
N DEMAREE ST
TULARE CO CA 266-B2
VISALIA CA 266-B2
S DEMAREE ST
VISALIA CA 266-B3
DENNERY RD
SAN DIEGO CA 296-A5
DENNETT ST
PACIFIC GROVE CA 337-B4
DENNIS LN
SANTA ROSA CA 242-C1
SANTA ROSA CA 321-A1
SONOMA CO CA 321-A1
DENNY RD
TRINITY CO CA 157-A3
DENVER AV
KINGS CO CA 181-C3
DE PORTOLA RD
TEMECULA CA 292-D1
DEPOT RD
ALAMEDA CO CA 250-C4
HAYWARD CA 250-C4
DEPOT ST
SANTA MARIA CA 272-C5
DEPP RD
CHURCHILL CO NV 172-C1
DERBEC RD
NEVADA CO CA 170-B1
S DERRICK AV Rt#-33
FRESNO CO CA 181-A3
N DERRICK ST Rt#-33
MENDOTA CA 181-A2
S DERRICK ST Rt#-33
FRESNO CO CA 181-A2
MENDOTA CA 181-A2
DERSCH RD
SHASTA CO CA 163-B1
DERSCH RD Rt#-A17
SHASTA CO CA 163-B1
DESCHUTES RD
SHASTA CO CA 220-D5
DESERT CENTER RICE RD Rt#-62
RIVERSIDE CO CA 210-C1
SAN BERNARDINO CO CA 210-C1
DESERT CENTER RICE RD Rt#-177
RIVERSIDE CO CA 210-B2
DESERT INN RD
PARADISE NV 268-D4
WINCHESTER NV 268-D4
E DESERT INN RD
PARADISE NV 268-D4
PARADISE NV 346-F1
WINCHESTER NV 268-D4
WINCHESTER NV 346-F1
W DESERT INN RD
LAS VEGAS NV 268-C4
LAS VEGAS NV 346-A2
PARADISE NV 268-A4
PARADISE NV 346-A2
SPRING VALLEY NV 268-A4

W DESERT INN RD
WINCHESTER NV 268-A4
WINCHESTER NV 346-A2
DESEVADO RD
SISKIYOU CO CA 217-D1
DESMOND RD
SACRAMENTO CO CA 238-B6
DE SOTO AV
LOS ANGELES CA 276-D7
LOS ANGELES CA 280-D1
DESPINA DR
MENDOCINO CO CA 308-B2
UKIAH CA 308-B2
DESPINA LN
UKIAH CA 308-B3
DETROIT ST
SAN FRANCISCO CA 249-C2
DEVILS CANYON MTWY
LOS ANGELES CO CA 276-C6
DEVILS DEN RD
KINGS CO CA 190-B2
DEVILS PUNCHBOWL RD Rt#-N6
LOS ANGELES CO CA 200-C3
DEVONSHIRE ST
LOS ANGELES CA 276-D7
LOS ANGELES CA 277-A7
DEVORE RD
SAN BERNARDINO CO CA 278-A7
N DEVRIES RD Rt#-J8
SAN JOAQUIN CO CA 175-A1
SAN JOAQUIN CO CA 260-A1
DEWEY BLVD
SAN FRANCISCO CA 325-F10
DEWEY DR
CITRUS HEIGHTS CA 235-D6
SACRAMENTO CO CA 235-D6
DEWEY ST
LOS ANGELES CA 357-E2
SANTA MONICA CA 357-E2
N DE WOLF AV
FRESNO CO CA 264-D3
S DE WOLF AV
FRESNO CO CA 264-D6
DIABLO RD
DANVILLE CA 248-A7
DANVILLE CA 251-A1
DIABLO CANYON RD
SAN LUIS OBISPO CO CA 271-A7
DIAMOND AV
RED BLUFF CA 303-D8
TEHAMA CO CA 303-D8
DIAMOND DR
LAKE ELSINORE CA 289-A4
DIAMOND RD Rt#-49
EL DORADO CO CA 317-D7
PLACERVILLE CA 317-D7
DIAMOND BAR BLVD
DIAMOND BAR CA 283-A5
N DIAMOND BAR BLVD
DIAMOND BAR CA 283-B4
POMONA CA 283-B4
S DIAMOND BAR BLVD
DIAMOND BAR CA 283-B4
DIAMOND HEIGHTS BLVD
SAN FRANCISCO CA 326-A10
DIAMOND MOUNTAIN RD
PLUMAS CO CA 164-C2
DIAMOND VALLEY RD
ALPINE CO CA 171-C3
DIBBLE CREEK RD E
TEHAMA CO CA 221-B2
N DICKENSON AV
FRESNO CO CA 181-B2
S DICKENSON AV
FRESNO CO CA 181-B3
DICKENSON FERRY RD
MERCED CO CA 180-C1
DI GIORGIO RD
KERN CO CA 267-C6
DILLARD RD
SACRAMENTO CO CA 175-B1
SACRAMENTO CO CA 238-D4
DILLINGHAM RD
SONOMA CO CA 240-C3
DILLON RD
COACHELLA CA 209-B1
HUMBOLDT CO CA 219-A7
INDIO CA 209-B1
PALM SPRINGS CA 209-B1
PALM SPRINGS CA 290-A2
RIVERSIDE CO CA 209-B1
RIVERSIDE CO CA 290-A2
NW DIMMICK ST
GRANTS PASS OR 149-B1
DINAH SHORE DR
PALM DESERT CA 290-B4
RANCHO MIRAGE CA 290-B4
DINOSAUR POINT RD
MERCED CO CA 180-A2
E DINUBA AV
FRESNO CO CA 264-C7
REEDLEY CA 182-A3
W DINUBA AV
FRESNO CO CA 264-B7
DINUBA BLVD Rt#-63
TULARE CO CA 266-B2
VISALIA CA 266-B2
DIPS RD
TRINITY CO CA 162-B1
S DISNEYLAND DR
ANAHEIM CA 362-A2
DITCH CREEK RD
JACKSON CO OR 149-B1
DIVISADERO ST
SAN FRANCISCO CA 326-A3
E DIVISADERO ST
FRESNO CA 343-E7
DIVISION ST
LANCASTER CA 200-B2
LOS ANGELES CO CA 200-B2
NATIONAL CITY CA 374-F8
SAN DIEGO CA 296-A2
SAN DIEGO CA 374-F8
SAN LUIS OBISPO CO CA 272-B4
DIXON AV E
DIXON CA 174-C1
SOLANO CO CA 174-C1
DIXON AV W
DIXON CA 174-B1
SOLANO CO CA 174-B1
DIXON LANDING RD
MILPITAS CA 253-C1

DOBBINS ST
VACAVILLE CA 244-D4
DOBIE LN
MENDOCINO CO CA 162-B3
DOBIE MEADOWS RD
MONO CO CA 177-B2
DODDS RD
STANISLAUS CO CA 175-B2
DOG BAR RD
NEVADA CO CA 233-C3
DOG CREEK RD
SHASTA CO CA 158-A3
DOG LAKE RD
LAKE CO OR 151-C2
LAKE CO OR 152-A2
DOGTOWN RD
ANGELS CAMP CA 175-C2
CALAVERAS CO CA 175-C2
DOG VALLEY RD
NEVADA CO CA 229-A4
SIERRA CO CA 229-A4
WASHOE CO NV 229-A4
DOGWOOD DR
SISKIYOU CO CA 218-A3
DOGWOOD RD Rt#-S31
BRAWLEY CA 214-B2
EL CENTRO CA 375-F5
IMPERIAL CO CA 214-B2
IMPERIAL CO CA 375-F2
N DOHENY DR
BEVERLY HILLS CA 354-F5
LOS ANGELES CA 354-F6
WEST HOLLYWOOD CA 354-F5
S DOHENY DR
BEVERLY HILLS CA 354-F8
LOS ANGELES CA 354-F6
DOHENY PARK RD
DANA POINT CA 291-A1
SAN JUAN CAPISTRANO CA 291-A1
DOHERTY DR
LARKSPUR CA 246-B5
DOLBEER ST
EUREKA CA 300-G6
DOLLARHIDE RD
NAPA CO CA 241-D6
DOLLIVER ST Rt#-1
GROVER BEACH CA 272-A1
PISMO BEACH CA 272-A1
DOLOMITE DR
EL DORADO CO CA 237-B6
DOLORES ST
SAN FRANCISCO CA 249-C2
SAN FRANCISCO CA 326-C9
DOMENIGONI PKWY
HEMET CA 208-C2
RIVERSIDE CO CA 208-C2
RIVERSIDE CO CA 289-D3
DOMINION RD
SANTA BARBARA CO CA 272-D6
DONALDSON RD
JOSEPHINE CO OR 149-B1
DONALDSON ST
LOS ANGELES CA 281-D3
DONALDSON WY
AMERICAN CANYON CA 247-A1
DON HART DR W
BAKERSFIELD CA 267-B5
DON JULIO BLVD
SACRAMENTO CO CA 235-C5
DONNA DR
SISKIYOU CO CA 217-B5
DONNER WY
SACRAMENTO CA 319-F8
DONNER PASS RD
NEVADA CO CA 228-B6
PLACER CO CA 228-B6
TRUCKEE CA 228-B6
TRUCKEE CA 229-A6
E DONOVAN RD
SANTA MARIA CA 272-C4
W DONOVAN RD
SANTA MARIA CA 272-C4
DONS RD U.S.-395
MODOC CO CA 160-A2
DOOLITTLE DR
SAN LEANDRO CA 331-F7
DOOLITTLE DR Rt#-61
ALAMEDA CA 331-A3
OAKLAND CA 331-A3
SAN LEANDRO CA 331-E6
N DORA AV
UKIAH CA 308-C4
S DORA AV
MENDOCINO CO CA 308-D6
UKIAH CA 308-D6
W DORAN ST
GLENDALE CA 352-F1
DORMODY RD
MONTEREY CO CA 258-D7
DORRIS AV Rt#-198
FRESNO CO CA 190-A1
W DORRIS AV Rt#-198
FRESNO CO CA 190-B1
DORRIS BROWNELL RD
SISKIYOU CO CA 150-C3
DOS PALOS RD
FRESNO CO CA 180-C2
DOS PALOS RD Rt#-33
FRESNO CO CA 180-C2
FRESNO CO CA 181-A2
DOS PICOS PARK RD
SAN DIEGO CO CA 294-B3
DOS RIOS RD
BUTTE CO CA 169-C1
DOUBLEDAY RD
JACKSON CO OR 150-A1
DOUBLE SPRINGS RD
MINERAL CO NV 172-C2
DOUGHERTY RD
CONTRA COSTA CO CA 251-A2
DUBLIN CA 251-A2
PLEASANTON CA 251-A2
DOUGLAS AV U.S.-395
DOUGLAS CO NV 232-B7
DOUGLAS BLVD
PLACER CO CA 236-A4
ROSEVILLE CA 235-D4
ROSEVILLE CA 236-A4
DOUGLAS DR
OCEANSIDE CA 292-A5
N DOUGLAS DR
OCEANSIDE CA 292-A5

DOUGLAS RD
SACRAMENTO CO CA 236-A7
SONOMA CO CA 240-B3
DOUGLAS ST
WEST SACRAMENTO CA 319-B2
N DOUGLAS ST
EL SEGUNDO CA 358-E10
DOVER DR
NEWPORT BEACH CA 364-C6
DOWNEY AV
BELLFLOWER CA 282-A7
LAKEWOOD CA 287-A1
LONG BEACH CA 282-A7
MODESTO CA 340-D6
PARAMOUNT CA 282-A7
S DOWNEY RD
VERNON CA 356-F10
DOWNIE RD
STANISLAUS CO CA 261-D5
DOWNS ST
RIDGECREST CA 192-C3
DOYLE DR
SAN FRANCISCO CA 325-G2
SAN FRANCISCO CA 326-A2
DOYLE DR U.S.-101
SAN FRANCISCO CA 325-F2
DRAIN 10 RD
MODOC CO CA 151-A3
DRAKE AV
BUTTE CO CA 227-B1
DRAPER AV
SAN DIEGO CA 370-A7
DRAPER ST
KINGSBURG CA 181-C3
DRAZIL RD
KLAMATH CO OR 151-A3
DR CARLTON B GOODLETT PL
SAN FRANCISCO CA 326-D6
DR CARREON BLVD
INDIO CA 209-B2
DRESSER AV
KERN CO CA 267-A1
DREW RD Rt#-S29
IMPERIAL CO CA 214-A1
DREWS RD
KLAMATH CO OR 151-A1
DREXLER RD
SUTTER CO CA 169-B2
DRISCOLL RD
FREMONT CA 251-A6
DRIVER RD
KERN CO CA 191-B2
KERN CO CA 267-A1
DRUM CANYON RD
SANTA BARBARA CO CA 198-A2
DRY CREEK CTO
MONO CO CA 263-C5
DRY CREEK DR Rt#-J21
TULARE CO CA 182-B3
TULARE CO CA 265-A5
DRY CREEK RD
HEALDSBURG CA 240-A5
MONO CO CA 263-C6
NAPA CA 323-A4
NAPA CO CA 243-B3
NAPA CO CA 323-A4
PLACER CO CA 233-C7
SACRAMENTO CA 235-C5
SHASTA CO CA 220-D5
SONOMA CO CA 239-C3
SONOMA CO CA 240-A5
W DRY CREEK RD
SONOMA CO CA 239-D4
SONOMA CO CA 240-A5
DUARTE RD
ARCADIA CA 282-C2
E DUARTE RD
ARCADIA CA 282-C2
LOS ANGELES CO CA 282-B2
W DUARTE RD
ARCADIA CA 282-C2
MONROVIA CA 282-C2
DUBLIN BLVD
DUBLIN CA 251-B3
DUBLIN CANYON RD
ALAMEDA CO CA 250-D3
ALAMEDA CO CA 251-A3
PLEASANTON CA 251-A3
DU BOIS ST
SAN RAFAEL CA 324-E8
DUGGANS RD
NEVADA CO CA 233-B4
DUKE PTH
RICHMOND CA 247-A5
DUMBARTON BRDG Rt#-84
FREMONT CA 250-C7
MENLO PARK CA 250-C7
DUME DR
MALIBU CA 280-A5
DUMETZ RD
LOS ANGELES CA 280-D2
DUMP RD
MINERAL CO NV 178-B1
DUNAWEAL LN
CALISTOGA CA 241-A7
NAPA CO CA 241-A7
N DUNCAN RD
SAN JOAQUIN CO CA 175-B2
DUNCAN CANYON RD
FONTANA CA 284-B1
SAN BERNARDINO CO CA 284-B1
DUNDEE CIR
EL DORADO CO CA 171-B2
DUNLAP RD
FRESNO CO CA 182-B2
FRESNO CO CA 265-A3
DUNN LN
SAUSALITO CA 246-B7
E DUNNE AV
MORGAN HILL CA 254-C7
DUNNE ST
SAN BENITO CO CA 257-C4
DUNSTONE DR
BUTTE CO CA 170-A1
BUTTE CO CA 227-D2
PALERMO CA 170-A1
PALERMO CA 227-D2
DURANT AV
BERKELEY CA 328-B6
DURFEE AV
EL MONTE CA 282-C4
LOS ANGELES CO CA 282-C4
SOUTH EL MONTE CA 282-C4

CRA
INDEX

DURFEE AV STREET INDEX ERRINGER RD 386

STREET City State Page-Grid

DURFEE AV
WHITTIER CA 282-C4
DURHAM DAYTON HWY
BUTTE CO CA 163-C3
E DURHAM FERRY RD Rt#-J3
SAN JOAQUIN CO CA 175-A3
DURHAM PENTZ RD
BUTTE CO CA 163-C3
BUTTE CO CA 223-A4
DUROCK RD
EL DORADO CO CA 236-D6
EL DORADO CO CA 237-A5
N DUSTIN RD
SAN JOAQUIN CO CA 175-A1
DUSTY LN
STANISLAUS CO CA 261-C3
DUSTY WY
TEHAMA CO CA 221-B4
DUTCHER CREEK RD
SONOMA CO CA 239-D3
DUTCHY CREEK RD
JOSEPHINE CO OR 149-A1
DUTTON AV
SAN LEANDRO CA 250-C2
SANTA ROSA CA 321-D8
SONOMA CO CA 321-D10
N DUTTON AV
SANTA ROSA CA 321-C6
SONOMA CO CA 321-C6
DWIGHT WY
BERKELEY CA 328-B6
DW RANCH RD
MOHAVE CO AZ 196-C3
DYE RD
SAN DIEGO CO CA 294-C3
E DYER RD
SANTA ANA CA 288-A4
DYER ST
UNION CITY CA 250-D5
DYERVILLE LOOP RD
HUMBOLDT CO CA 161-C1
DYSON LN
PLUMAS CO CA 165-A3
DYSON LN Rt#-A24
PLUMAS CO CA 165-A3

E

E CT
LOS ANGELES CA 286-D2
E ST
DAVIS CA 318-E5
EUREKA CA 300-D7
FRESNO CA 343-C7
GRANTS PASS OR 149-B1
MARYSVILLE CA 310-A3
SACRAMENTO CA 320-A4
SANTA ROSA CA 321-E7
SISKIYOU CO CA 151-A3
TULELAKE CA 151-A3
WILLIAMS CA 169-B2
E ST Rt#-S17
CHULA VISTA CA 295-D3
CHULA VISTA CA 296-A3
E ST Rt#-20
MARYSVILLE CA 310-A3
E ST Rt#-70
MARYSVILLE CA 310-A4
E ST Rt#-359
MINERAL CO NV 172-C3
E E ST
GRANTS PASS OR 149-B1
N E ST
SAN BERNARDINO CA 284-D2
SAN BERNARDINO CA 368-D2
S E ST
SAN BERNARDINO CA 368-D5
SANTA ROSA CA 321-F7
W E ST
LOS ANGELES CA 286-D2
E WK
LOS ANGELES CA 286-D2
EAGER RD
SUTTER CO CA 227-B5
EAGLE RD
ESMERALDA CO NV 178-B3
EAGLE FIELD RD
MERCED CO CA 180-C2
EAGLE LAKE RD Rt#-A1
LASSEN CO CA 159-C3
LASSEN CO CA 164-C1
EAGLE MOUNTAIN RD
RIVERSIDE CO CA 210-B2
EAGLE ROCK BLVD
LOS ANGELES CA 281-D2
LOS ANGELES CA 282-A2
EAGLE ROCK RD
SONOMA CO CA 240-B2
EAGLES CREST RD
SAN DIEGO CO CA 294-B2
EARHART DR
SACRAMENTO CO CA 235-A5
EAST AV
BUTTE CO CA 305-F3
BUTTE CO CA 306-D3
CHICO CA 305-D4
CHICO CA 306-A3
LINCOLN CA 235-D1
LIVERMORE CA 251-C4
NAPA CA 323-F5
EAST AV Rt#-J17
MERCED CO CA 175-C3
STANISLAUS CO CA 175-C3
STANISLAUS CO CA 261-D6
TURLOCK CA 261-D6
S EAST AV
FRESNO CO CA 264-C7
EAST LN
MENDOCINO CO CA 162-B3
EAST RD
LA HABRA HEIGHTS CA 282-D6
MENDOCINO CO CA 168-B1
EAST ST
REDDING CA 301-F6
WOODLAND CA 234-C5
YOLO CO CA 234-C5
EAST ST Rt#-113
WOODLAND CA 234-C4
EAST ST Rt#-146
SOLEDAD CA 180-A3
N EAST ST
ANAHEIM CA 288-A1
S EAST ST
ANAHEIM CA 288-A1
ANAHEIM CA 362-D1
EASTBLUFF DR
NEWPORT BEACH CA 363-C10
NEWPORT BEACH CA 364-G4
EAST END AV
SAN BERNARDINO CO CA 283-C4
N EAST END AV
POMONA CA 283-C4
S EAST END AV
POMONA CA 283-C4
SAN BERNARDINO CO CA 283-C4
EASTERN AV
BELL GARDENS CA 282-A5
SACRAMENTO CO CA 235-C7
N EASTERN AV
LOS ANGELES CO CA 282-A4
N EASTERN AV Rt#-607
LAS VEGAS NV 268-C3
S EASTERN AV
BELL CA 282-A5
CITY OF COMMERCE CA 282-A5
CLARK CO NV 268-C7
HENDERSON NV 268-C6
LOS ANGELES CO CA 282-A5
PARADISE NV 268-C4
WINCHESTER NV 268-C4
S EASTERN AV Rt#-607
LAS VEGAS NV 268-C5
WINCHESTER NV 268-C5
EASTERN TRANS CORR Rt#-133
IRVINE CA 288-C4
ORANGE CO CA 288-C4
EASTERN TRANS CORR Rt#-241
ANAHEIM CA 283-C7
ANAHEIM CA 288-C1
ORANGE CO CA 283-C7
ORANGE CO CA 288-C1
YORBA LINDA CA 283-C7
EASTERN TRANS CORR Rt#-261
IRVINE CA 288-B3
ORANGE CO CA 288-B3
EAST FORK RD
JOSEPHINE CO OR 149-B2
LOS ANGELES CO CA 200-C3
EASTGATE MALL
SAN DIEGO CA 293-C6
EASTIN RD
STANISLAUS CO CA 180-B1
EASTLAKE BLVD
WASHOE CO NV 230-B7
EAST LAKE BLVD
WASHOE CO NV 232-A2
EASTLAKE BLVD
WASHOE CO NV 232-A2
S EASTLAKE BLVD
WASHOE CO NV 230-A6
EASTLAKE HWY
WASHOE CO NV 232-A2
EASTLAKE PKWY
CHULA VISTA CA 296-B3
EASTSHORE FRWY I-80
ALBANY CA 247-A5
BERKELEY CA 247-A5
CONTRA COSTA CO CA 247-A5
EL CERRITO CA 247-A5
EMERYVILLE CA 247-A5
EMERYVILLE CA 329-E2
HERCULES CA 247-A5
OAKLAND CA 329-E2
PINOLE CA 247-A5
RICHMOND CA 247-A5
SAN PABLO CA 247-A5
EASTSHORE RD
SHASTA CO CA 220-A5
EASTSIDE LN
MONO CO CA 172-A3
EAST SIDE RD
MENDOCINO CO CA 168-A1
MENDOCINO CO CA 225-A4
EASTSIDE RD
SISKIYOU CO CA 157-C1
SONOMA CO CA 240-B7
SONOMA CO CA 242-A1
WINDSOR CA 242-A1
EAST VALLEY RD
DOUGLAS CO NV 232-B5
EAST WALKER RD
LYON CO NV 172-B3
EAST WALKER RD Rt#-3C
LYON CO NV 172-B3
EAST WEST RD
SISKIYOU CO CA 151-A3
EASY ST
SISKIYOU CO CA 217-B5
E EASY ST
SIMI VALLEY CA 276-A7
W EASY ST
SIMI VALLEY CA 276-A7
E EATON RD
BUTTE CO CA 305-C1
CHICO CA 305-C1
CHICO CA 306-A1
EATON ST
SANTA CRUZ CO CA 335-G8
EBBETS PASS RD Rt#-4
CALAVERAS CO CA 176-A1
MURPHYS CA 176-A1
ECHO PARK AV
LOS ANGELES CA 355-G1
EDDINS RD Rt#-S30
IMPERIAL CO CA 210-A3
EDDY CREEK RD
SISKIYOU CO CA 218-A2
EDEN PLAINS RD
CONTRA COSTA CO CA 174-C2
EDGEWATER BLVD
FOSTER CITY CA 250-A6
EDGEWOOD AV
MARIN CO CA 246-B6
MILL VALLEY CA 246-B6
EDGEWOOD RD
REDWOOD CITY CA 250-A7
REDWOOD CITY CA 252-C1
SAN MATEO CO CA 250-A7
SAN MATEO CO CA 252-C1
SISKIYOU CO CA 218-A1
EDINGER AV
FOUNTAIN VALLEY CA 287-C3
EDINGER AV
HUNTINGTON BEACH CA 287-C3
ORANGE CO CA 287-C3
SANTA ANA CA 287-C3
WESTMINSTER CA 287-C3
E EDINGER AV
SANTA ANA CA 288-A3
TUSTIN CA 288-B3
W EDINGER AV
FOUNTAIN VALLEY CA 287-D3
ORANGE CO CA 287-D3
SANTA ANA CA 287-D3
SANTA ANA CA 288-A3
EDISON AV
CHINO CA 283-C5
ONTARIO CA 283-D5
SACRAMENTO CO CA 235-C6
EDISON BLVD
BURBANK CA 350-B7
EDISON HWY
BAKERSFIELD CA 267-D4
KERN CO CA 267-D4
EDISON RD
KERN CO CA 199-C1
S EDISON RD
KERN CO CA 191-C3
KERN CO CA 199-C1
EDISON ST
SANTA BARBARA CO CA 273-C3
EDLER RD
KLAMATH CO OR 151-B2
N EDMONDS DR
CARSON CITY NV 232-B3
CARSON CITY NV 313-G6
S EDMONDS DR
CARSON CITY NV 232-B3
CARSON CITY NV 313-F7
W EDMUNDSON AV
MORGAN HILL CA 257-A1
SANTA CLARA CO CA 257-A1
EDNA RD Rt#-227
SAN LUIS OBISPO CO CA 271-D6
EDSON CREEK RD
CURRY CO OR 148-B1
EEL RIVER RD
MENDOCINO CO CA 168-B1
EGGERT RD
HUMBOLDT CO CA 219-B4
E EIGHT MILE RD
SAN JOAQUIN CO CA 175-B2
SAN JOAQUIN CO CA 260-C2
W EIGHT MILE RD
SAN JOAQUIN CO CA 260-A2
STOCKTON CA 260-A2
EISENHOWER DR
LA QUINTA CA 290-D7
ELAIN PTH
RICHMOND CA 247-A5
EL CAJON BLVD
EL CAJON CA 294-B7
LA MESA CA 296-A1
SAN DIEGO CA 295-D1
SAN DIEGO CA 296-A1
SAN DIEGO CA 372-G8
EL CAMINITO
LIVERMORE CA 251-C4
EL CAMINO AV
SACRAMENTO CA 235-C6
SACRAMENTO CO CA 235-C6
W EL CAMINO AV
SACRAMENTO CA 235-B6
SACRAMENTO CO CA 235-B6
EL CAMINO DEL NORTE
ENCINITAS CA 293-C2
EL CAMINO REAL
ATASCADERO CA 189-C3
ATASCADERO CA 271-D1
MORGAN HILL CA 254-B7
SAN DIEGO CA 293-B4
SAN DIEGO CO CA 293-B3
SAN JOSE CA 254-A5
SAN LUIS OBISPO CO CA 189-C3
SAN LUIS OBISPO CO CA 271-D1
SANTA CLARA CO CA 254-B6
EL CAMINO REAL Rt#-S11
CARLSBAD CA 292-A7
CARLSBAD CA 293-B1
ENCINITAS CA 293-B1
OCEANSIDE CA 292-A7
EL CAMINO REAL Rt#-58
SAN LUIS OBISPO CO CA 271-D3
EL CAMINO REAL Rt#-82
ATHERTON CA 252-D1
BELMONT CA 250-A7
BURLINGAME CA 249-C4
BURLINGAME CA 327-D6
COLMA CA 249-C4
DALY CITY CA 249-C4
HILLSBOROUGH CA 249-C4
LOS ALTOS CA 332-E8
MENLO PARK CA 252-D1
MENLO PARK CA 332-D6
MILLBRAE CA 327-D6
MOUNTAIN VIEW CA 253-A2
PALO ALTO CA 332-E8
REDWOOD CITY CA 250-A7
REDWOOD CITY CA 252-D1
SAN BRUNO CA 327-C5
SAN CARLOS CA 250-A7
SAN MATEO CA 250-A7
SAN MATEO CO CA 249-C4
SAN MATEO CO CA 250-A7
SAN MATEO CO CA 252-D1
SANTA CLARA CA 253-B3
SANTA CLARA CA 333-B4
SANTA CLARA CO CA 332-D6
SOUTH SAN FRANCISCO CA 249-C4
SOUTH SAN FRANCISCO CA 327-A1
EL CAMINO REAL U.S.-101
ARROYO GRANDE CA 272-A1
ATASCADERO CA 189-C3
BUELLTON CA 273-A1
CARPINTERIA CA 199-A3
GILROY CA 257-A6
GOLETA CA 274-A7
GONZALES CA 259-D6
GREENFIELD CA 189-A1
GROVER BEACH CA 272-A1
KING CITY CA 189-B1
MONTEREY CO CA 180-A3
MONTEREY CO CA 189-A1
MONTEREY CO CA 256-D7
MONTEREY CO CA 257-A6
EL CAMINO REAL U.S.-101
MONTEREY CO CA 259-B4
MONTEREY CO CA 336-F9
MORGAN HILL CA 254-B7
MORGAN HILL CA 257-A6
PASO ROBLES CA 189-C3
PISMO BEACH CA 197-C1
PISMO BEACH CA 271-C7
PISMO BEACH CA 272-A1
SALINAS CA 259-B4
SALINAS CA 336-A2
SAN BENITO CO CA 257-A6
SAN LUIS OBISPO CA 271-C7
SAN LUIS OBISPO CA 347-F3
SAN LUIS OBISPO CO CA 189-C3
SAN LUIS OBISPO CO CA 271-D3
SAN LUIS OBISPO CO CA 272-A1
SAN LUIS OBISPO CO CA 347-F3
SANTA BARBARA CA 274-C7
SANTA BARBARA CA 348-A6
SANTA BARBARA CO CA 198-A2
SANTA BARBARA CO CA 199-A3
SANTA BARBARA CO CA 272-C4
SANTA BARBARA CO CA 273-A1
SANTA BARBARA CO CA 274-A7
SANTA CLARA CO CA 257-A6
SANTA MARIA CA 272-C4
SOLEDAD CA 180-A3
VENTURA CA 199-A3
VENTURA CA 275-A5
VENTURA CA 349-F7
VENTURA CO CA 199-A3
E EL CAMINO REAL Rt#-82
MOUNTAIN VIEW CA 253-B3
SANTA CLARA CA 253-B3
SANTA CLARA CO CA 253-B3
SUNNYVALE CA 253-B3
N EL CAMINO REAL
DANA POINT CA 291-A2
SAN CLEMENTE CA 291-A2
N EL CAMINO REAL Rt#-S11
CARLSBAD CA 293-B2
ENCINITAS CA 293-B2
N EL CAMINO REAL Rt#-82
BURLINGAME CA 249-D5
SAN MATEO CA 249-D5
S EL CAMINO REAL
ENCINITAS CA 293-B2
OCEANSIDE CA 292-A6
SAN CLEMENTE CA 291-A2
SAN DIEGO CO CA 291-B3
S EL CAMINO REAL Rt#-82
BELMONT CA 250-A6
SAN MATEO CA 249-D6
SAN MATEO CA 250-A6
W EL CAMINO REAL Rt#-82
LOS ALTOS CA 253-A2
LOS ALTOS CA 332-G10
MOUNTAIN VIEW CA 253-A2
MOUNTAIN VIEW CA 332-G10
SUNNYVALE CA 253-A2
W EL CAMPO RD
SAN LUIS OBISPO CO CA 272-B2
EL CAPITAN WY
MERCED CO CA 180-C1
N EL CAPITAN WY
LAS VEGAS NV 268-A3
LONE MOUNTAIN NV 268-A3
EL CENTRO Rt#-70
SUTTER CO CA 235-A1
EL CENTRO AV
NAPA CA 323-A1
NAPA CO CA 323-C1
EL CENTRO BLVD Rt#-70
SUTTER CO CA 169-C2
SUTTER CO CA 235-A1
EL CENTRO BLVD Rt#-99
SACRAMENTO CO CA 235-A4
SUTTER CO CA 235-A1
EL CENTRO RD
SACRAMENTO CO CA 235-A6
EL CENTRO RD Rt#-99
SACRAMENTO CO CA 235-A4
EL CIELO RD
PALM SPRINGS CA 367-G8
ELDER AV Rt#-J32
TULARE CO CA 266-A2
ELDER CREEK RD
SACRAMENTO CA 238-C1
EL DORADO AV
SOUTH LAKE TAHOE CA 314-A5
S EL DORADO AV
FRESNO CO CA 190-A1
ELDORADO DR
INDIAN WELLS CA 290-D6
PALM DESERT CA 290-D5
EL DORADO FRWY U.S.-50
EL DORADO CO CA 236-A6
EL DORADO CO CA 237-C4
EL DORADO CO CA 317-B7
FOLSOM CA 236-A6
PLACERVILLE CA 237-B4
PLACERVILLE CA 317-B7
SACRAMENTO CO CA 235-D6
SACRAMENTO CO CA 236-A6
EL DORADO RD
EL DORADO CO CA 237-A5
EL DORADO CO CA 317-A7
EL DORADO ST
MONTEREY CA 337-F7
EL DORADO ST Rt#-49
AUBURN CA 316-F5
PLACER CO CA 233-C7
PLACER CO CA 236-C1
PLACER CO CA 316-F5
N EL DORADO ST
STOCKTON CA 339-D2
S EL DORADO ST
STOCKTON CA 260-B5
STOCKTON CA 339-E7
EL DORADO HILLS BLVD
EL DORADO CO CA 236-C5
ELDRED WK
LOS ANGELES CA 282-A3
EL ESCNDO DEL DIOS HWY Rt#-S6
SAN DIEGO CO CA 293-C3
ELEVADO AV
BEVERLY HILLS CA 354-D5
ELFIN FOREST RD
SAN MARCOS CA 293-C1
EL FUERTE ST
CARLSBAD CA 293-B1
ELGIN AV Rt#-33
DOS PALOS CA 180-C2
MERCED CO CA 180-C2
ELGIN RD Rt#-33
FRESNO CO CA 180-C2
ELIZABETH LAKE RD
LOS ANGELES CO CA 199-C2
LOS ANGELES CO CA 200-A2
ELIZABETH LAKE RD Rt#-N2
LOS ANGELES CO CA 200-A2
PALMDALE CA 200-A2
ELK TR
SHASTA CO CA 220-D4
EL KATRINA LN
STANISLAUS CO CA 261-B6
ELK CREEK RD
HUMBOLDT CO CA 161-C1
ELK GROVE BLVD Rt#-E12
ELK GROVE CA 238-B3
SACRAMENTO CO CA 238-B3
ELK GROVE FLORIN RD
ELK GROVE CA 238-C2
SACRAMENTO CO CA 238-C2
ELK HILLS RD
KERN CO CA 199-A1
E ELKHORN AV
FRESNO CO CA 181-C3
W ELKHORN AV
FRESNO CO CA 181-B3
ELKHORN BLVD Rt#-E14
SACRAMENTO CA 235-A5
SACRAMENTO CO CA 235-A5
ELKHORN RD
MENDOCINO CO CA 239-A1
SAN LUIS OBISPO CO CA 198-C1
SAN LUIS OBISPO CO CA 199-A1
ELKHORN RD Rt#-G12
MONTEREY CO CA 256-C5
ELKHORN GRADE RD
KERN CO CA 199-A1
ELK MOUNTAIN RD
LAKE CO CA 168-B1
LAKE CO CA 225-D1
ELK RIVER RD
CURRY CO OR 148-B1
HUMBOLDT CO CA 219-B4
ELKS LN
SAN LUIS OBISPO CA 347-C7
ELK VALLEY RD Rt#-D2
CRESCENT CITY CA 297-F8
DEL NORTE CO CA 216-B4
DEL NORTE CO CA 297-F8
ELK VALLEY CROSS RD Rt#-D2
DEL NORTE CO CA 216-B4
ELLENWOOD RD
STANISLAUS CO CA 261-D3
ELLINGTON ST Rt#-155
DELANO CA 191-A2
N ELLIOT RD Rt#-J5
SACRAMENTO CO CA 175-B1
SAN JOAQUIN CO CA 175-B1
ELLIOTT AV
SANTA ROSA CA 321-D5
ELLIOTT RD
PARADISE CA 223-B2
ELLIS AV
FOUNTAIN VALLEY CA 287-D4
HUNTINGTON BEACH CA 287-D4
RIVERSIDE CO CA 289-B2
YUBA CO CA 227-C5
E ELLIS AV
RIVERSIDE CO CA 289-C2
ELLIS LAKE DR
MARYSVILLE CA 310-A3
ELLS LN
RICHMOND CA 247-A6
ELM AV
AUBURN CA 316-D5
CARLSBAD CA 292-A7
IMPERIAL BEACH CA 295-D4
STANISLAUS CO CA 261-A7
ELM AV Rt#-G16
GREENFIELD CA 189-A1
MONTEREY CO CA 189-A1
ELM AV Rt#-33
COALINGA CA 190-A1
FRESNO CO CA 190-A1
ELM AV Rt#-198
COALINGA CA 190-A1
FRESNO CO CA 190-A1
S ELM AV
FRESNO CA 264-B7
FRESNO CA 343-D10
FRESNO CO CA 264-B7
ELM ST
BAKERSFIELD CA 344-B3
RED BLUFF CA 303-C6
SAN CARLOS CA 250-A7
SAN DIEGO CO CA 294-C2
ELMHURST AV
SAINT HELENA CA 243-B1
ELMIRA RD
SOLANO CO CA 174-B1
VACAVILLE CA 174-B1
VACAVILLE CA 244-D4
EL MIRAGE RD
ADELANTO CA 201-A2
SAN BERNARDINO CO CA 200-C2
SAN BERNARDINO CO CA 201-A2
ELMO HWY
KERN CO CA 191-A2
EL MONTE AV
BUTTE CO CA 306-D5
CHICO CA 306-D5
EL MONTE AV Rt#-J40
TULARE CO CA 182-A3
EL MONTE LN
SAUSALITO CA 246-C7
EL MONTE RD
SAN DIEGO CO CA 294-C6
EL MONTE WY Rt#-J40
DINUBA CA 182-A3
TULARE CO CA 182-A3
ELMORE RD
TUOLUMNE CO CA 176-B2
E EL NORTE PKWY
ESCONDIDO CA 208-C3
ESCONDIDO CA 292-D7
W EL NORTE PKWY
ESCONDIDO CA 292-D7
ELORDUY LN
SUTTER CO CA 235-B3
EL PASEO RD
OJAI CA 275-A1
EL POMAR DR
SAN LUIS OBISPO CO CA 189-C3
EL PRADO
SAN DIEGO CA 373-F2
EL RANCHO DR
SPARKS NV 312-A1
WASHOE CO NV 312-A1
EL RANCHO RD
SANTA BARBARA CO CA 197-C2
EL RANCHO OESTE RD
SANTA BARBARA CO CA 272-B7
E EL SEGUNDO BLVD
COMPTON CA 281-C7
EL SEGUNDO CA 281-B7
LOS ANGELES CO CA 281-C7
W EL SEGUNDO BLVD
COMPTON CA 281-D7
EL SEGUNDO CA 281-C7
GARDENA CA 281-D7
HAWTHORNE CA 281-C7
LOS ANGELES CA 281-D7
LOS ANGELES CO CA 281-D7
ELSIE AV
SACRAMENTO CO CA 238-C2
EL SOBRANTE RD
RIVERSIDE CO CA 208-A2
RIVERSIDE CO CA 284-B7
EL TORO RD Rt#-S18
ALISO VIEJO CA 288-C6
LAGUNA BEACH CA 288-C6
LAGUNA HILLS CA 288-C6
LAGUNA WOODS CA 288-C6
LAKE FOREST CA 288-C6
MISSION VIEJO CA 288-C6
ORANGE CO CA 288-C6
ELVAS AV
SACRAMENTO CA 320-C3
ELVERTA RD
SACRAMENTO CO CA 234-D4
SACRAMENTO CO CA 235-A4
EL VISTA AV
MODESTO CA 261-B4
ELWOOD RD
FRESNO CO CA 182-A2
ELWYN AV
SACRAMENTO CO CA 235-B4
ELY BLVD S
PETALUMA CA 242-D6
ELY RD
PETALUMA CA 242-D5
SONOMA CO CA 242-D5
SUTTER CO CA 234-D3
ELYSIAN PARK AV
LOS ANGELES CA 356-A2
EMBARCADERO RD
PALO ALTO CA 332-F4
SANTA CLARA CO CA 332-C6
EMELINE AV
SANTA CRUZ CA 335-E5
EMERALD DR
VISTA CA 292-B6
EMERALD BAY RD Rt#-89
EL DORADO CO CA 231-A6
PLACER CO CA 231-A6
SOUTH LAKE TAHOE CA 171-B2
SOUTH LAKE TAHOE CA 231-A6
EMERSON PL
MONTEREY PARK CA 282-B4
ROSEMEAD CA 282-B4
EMERSON WK
LOS ANGELES CA 282-A3
EMIGH RD
SOLANO CO CA 248-D1
EMIGRANT TR
ALPINE CO CA 171-C3
EMPIRE AV
ANTIOCH CA 248-D5
BRENTWOOD CA 248-D5
BURBANK CA 350-D6
LOS ANGELES CA 350-D6
E EMPIRE ST
GRASS VALLEY CA 315-C9
NEVADA CO CA 315-C10
W EMPIRE ST
GRASS VALLEY CA 315-B9
NEVADA CO CA 315-B9
EMPIRE GRADE RD
SANTA CRUZ CA 255-C2
SANTA CRUZ CO CA 255-C1
ENCINA AV
SAN LUIS OBISPO CO CA 271-D3
ENCINAL AV
ALAMEDA CA 331-A1
ENCINAL AV Rt#-61
ALAMEDA CA 250-B2
ALAMEDA CA 330-C10
ENCINAL RD
MONTEREY CO CA 259-C3
SUTTER CO CA 227-B4
ENCINAL CANYON RD
LOS ANGELES CO CA 206-C1
LOS ANGELES CO CA 280-A3
MALIBU CA 206-C1
ENCINITAS BLVD Rt#-S9
ENCINITAS CA 293-B2
ENGLISH COLONY WY
PLACER CO CA 236-B2
ENOS LN Rt#-43
BAKERSFIELD CA 191-A3
BAKERSFIELD CA 199-A1
KERN CO CA 191-A3
KERN CO CA 199-A1
ENSLEY RD
SUTTER CO CA 234-C2
ENTERPRISE ST
TULARE CO CA 266-A5
ERIC SEASTRAND HWY Rt#-46
SAN LUIS OBISPO CO CA 189-C3
ERLE RD
LINDA CA 227-D7
LINDA CA 310-E8
YUBA CO CA 227-D7
YUBA CO CA 310-E8
ERMINE ST
LYON CO NV 172-A1
ERRETT CIR
SANTA CRUZ CA 335-C9
ERRINGER RD
SIMI VALLEY CA 276-B7

CRA
INDEX

387 ERWIN ST
STREET INDEX
FOOTHILL BLVD Rt#-238

STREET City State Page-Grid

ERWIN ST
LOS ANGELES CA 281-B1
ESCALON-BELLOTA RD Rt#-J6
SAN JOAQUIN CO CA 175-B2
N ESCALON-BELLOTA RD Rt#-J6
SAN JOAQUIN CO CA 175-B2
S ESCALON-BELLOTA RD Rt#-J6
ESCALON CA 175-B2
SAN JOAQUIN CO CA 175-B2
ESCHINGER RD
SACRAMENTO CO CA 238-B4
ESCOBA DR
PALM SPRINGS CA 367-F9
ESCOBAR ST
MARTINEZ CA 247-C4
ESCOLLE RD
MONTEREY CO CA 259-C7
ESCONDIDO EXWY I-215
MORENO VALLEY CA 284-D6
PERRIS CA 285-A6
PERRIS CA 289-B1
RIVERSIDE CA 284-D6
RIVERSIDE CO CA 284-D6
RIVERSIDE CO CA 285-A6
RIVERSIDE CO CA 289-B1
ESCONDIDO FRWY I-15
ESCONDIDO CA 292-D6
ESCONDIDO CA 293-D5
ESCONDIDO CA 294-A2
RIVERSIDE CO CA 292-C3
SAN DIEGO CA 293-D5
SAN DIEGO CA 294-A2
SAN DIEGO CA 295-D1
SAN DIEGO CO CA 292-C3
SAN DIEGO CO CA 293-D5
SAN DIEGO CO CA 294-A2
ESCONDIDO FRWY I-215
MURRIETA CA 289-C3
PERRIS CA 289-C3
RIVERSIDE CO CA 289-C3
ESCONDIDO FRWY Rt#-15
SAN DIEGO CA 295-D1
SAN DIEGO CA 374-C3
ESCONDIDO CANYON RD
LOS ANGELES CO CA 277-C2
ESHOM VALLEY HWY
TULARE CO CA 265-A4
ESPERANZA RD
SISKIYOU CO CA 158-B2
YORBA LINDA CA 283-B7
ESPINOSA RD
MONTEREY CO CA 259-A1
ESPLANADE
BUTTE CO CA 163-B3
BUTTE CO CA 305-D3
CHICO CA 305-D3
ESPLANADE AV
HEMET CA 208-C2
SAN JACINTO CA 208-C2
E ESPLANADE AV
SAN JACINTO CA 208-C2
W ESPLANADE AV
HEMET CA 208-C2
SAN JACINTO CA 208-C2
ESPLANADE ST U.S.-97 Bus
KLAMATH FALLS OR 150-C2
S ESPLANADE ST
ORANGE CA 288-B2
ESPOLA RD Rt#-S5
POWAY CA 294-A3
SAN DIEGO CA 294-A3
ESSEX LN
HUMBOLDT CO CA 219-D1
ESSEX RD
SAN BERNARDINO CO CA 203-B2
ESTRADA AV Rt#-58
SAN LUIS OBISPO CO CA 271-D3
ESTRELLA RD
MOHAVE CO AZ 196-B3
MOHAVE CO AZ 204-B1
SAN LUIS OBISPO CO CA 189-C2
ESTUDILLO AV
SAN LEANDRO CA 250-C3
ETHAN WY
SACRAMENTO CA 320-E2
SACRAMENTO CO CA 320-E2
ETHANAC RD
PERRIS CA 289-B3
RIVERSIDE CO CA 289-C3
ETHANAC RD Rt#-74
RIVERSIDE CO CA 289-D3
ETIWANDA AV
RANCHO CUCAMONGA CA 284-A3
RIVERSIDE CO CA 284-A4
SAN BERNARDINO CO CA 284-A3
N ETIWANDA AV
FONTANA CA 284-A3
ONTARIO CA 284-A3
SAN BERNARDINO CO CA 284-A3
S ETIWANDA AV
FONTANA CA 284-A3
ONTARIO CA 284-A3
EUCALYPTUS RD
MERCED CO CA 180-C2
EUCALYPTUS ST
HESPERIA CA 278-B3
EUCALYPTUS HILL RD
SANTA BARBARA CA 274-D7
EUCHRE CREEK RD
CURRY CO OR 148-B1
EUCLID AV
LOS ANGELES CA 356-F7
NATIONAL CITY CA 296-A3
SAN BERNARDINO CO CA 283-D2
SAN DIEGO CA 295-D1
SAN DIEGO CA 374-G1
SAN DIEGO CO CA 296-A3
SAN FRANCISCO CA 325-F5
SAN FRANCISCO CA 326-A5
EUCLID AV Rt#-83
CHINO CA 283-D5
CHINO HILLS CA 283-D5
ONTARIO CA 283-D5
SAN BERNARDINO CO CA 283-D5
N EUCLID AV
NATIONAL CITY CA 374-G7
SAN DIEGO CA 374-G2
UPLAND CA 283-D2
N EUCLID AV Rt#-83
ONTARIO CA 283-D3
UPLAND CA 283-D3
S EUCLID AV
NATIONAL CITY CA 296-A2
NATIONAL CITY CA 374-G7
S EUCLID AV Rt#-83
ONTARIO CA 283-D3
UPLAND CA 283-D3
EUCLID AVEX
NATIONAL CITY CA 296-A3
SAN DIEGO CO CA 296-A3
EUCLID CRES W
SAN BERNARDINO CO CA 283-D2
EUCLID ST
ANAHEIM CA 287-D3
FOUNTAIN VALLEY CA 287-D3
FULLERTON CA 287-D3
GARDEN GROVE CA 287-D3
SANTA ANA CA 287-D3
N EUCLID ST
ANAHEIM CA 287-D1
FULLERTON CA 282-D7
LA HABRA CA 282-D6
SANTA ANA CA 287-D3
S EUCLID ST
ANAHEIM CA 287-D1
FULLERTON CA 282-D7
FULLERTON CA 287-D1
LA HABRA CA 282-D6
SANTA ANA CA 287-D3
EUER VALLEY RD
NEVADA CO CA 228-C6
EUGENIA AV
SAN FRANCISCO CA 249-C2
EUREKA AV
CONTRA COSTA CO CA 248-D6
EUREKA RD
PLACER CO CA 236-A4
ROSEVILLE CA 236-A4
S EUREKA RD
INYO CO CA 183-C1
EUREKA WY Rt#-299
REDDING CA 301-C5
SHASTA CO CA 220-A6
SHASTA CO CA 301-C5
EUREKA HILL RD
MENDOCINO CO CA 167-C2
POINT ARENA CA 167-C2
EUREKA MINE RD
SIERRA CO CA 164-B3
EUREKA VALLEY RD
INYO CO CA 178-B3
INYO CO CA 183-C1
EVAN HEWES HWY Rt#-S80
EL CENTRO CA 214-B1
EL CENTRO CA 375-G6
IMPERIAL CO CA 213-C1
IMPERIAL CO CA 214-A1
EVAN HEWES HWY Rt#-115
HOLTVILLE CA 214-B1
IMPERIAL CO CA 214-B1
EVANS AV
SAN FRANCISCO CA 249-D2
SAN FRANCISCO CA 326-F10
EVANS RD
KLAMATH CO OR 151-A3
MILPITAS CA 253-D1
EVANS CREEK RD
JACKSON CO OR 149-C1
E EVANS CREEK RD
JACKSON CO OR 149-B1
ROGUE RIVER OR 149-B1
W EVANS CREEK RD
JACKSON CO OR 149-B1
W EVANS REIMER RD
BUTTE CO CA 169-C1
BUTTE CO CA 227-A2
EVERETT MEMORIAL HWY Rt#-A10
MOUNT SHASTA CA 298-E1
SISKIYOU CO CA 218-B3
SISKIYOU CO CA 298-E1
N EVERGREEN AV
LOS ANGELES CA 356-G5
S EVERGREEN AV
LOS ANGELES CA 356-F6
EVERGREEN RD
TEHAMA CO CA 163-A1
EVERSON ST
SAN FRANCISCO CA 249-C2
EXCELSIOR
SAUSALITO CA 246-C7
EXCELSIOR AV
FRESNO CO CA 181-C3
KINGS CO CA 181-C3
KINGS CO CA 182-A3
W EXCELSIOR AV
FRESNO CO CA 181-B3
KINGS CO CA 181-B3
EXCELSIOR DR
NORWALK CA 282-B7
SANTA FE SPRINGS CA 282-B7
EXCELSIOR RD
SACRAMENTO CO CA 238-D1
EXCELSIOR MINE RD
SAN BERNARDINO CO CA 194-C2
SAN BERNARDINO CO CA 195-A3
EXPOSITION BLVD
LOS ANGELES CA 355-C9
SACRAMENTO CA 320-B1
SACRAMENTO CO CA 320-D2
EXT RTE 20
COLUSA CO CA 169-B2
WILLIAMS CA 169-B2
EYE AV
HESPERIA CA 278-B3
EYE ST
SACRAMENTO CA 319-C3
WEST SACRAMENTO CA 319-C3

F

F ST
CHULA VISTA CA 296-A3
DAVIS CA 318-D2
EUREKA CA 300-D7
GALT CA 238-D6
GRANTS PASS OR 149-B1
HUMBOLDT CO CA 300-D7
SACRAMENTO CA 319-E3
SAN DIEGO CA 373-E4
F ST Rt#-J9
STANISLAUS CO CA 261-D3
WATERFORD CA 175-C3
WATERFORD CA 261-D3
F ST Rt#-43
WASCO CA 191-A3
F ST Rt#-108
OAKDALE CA 261-D1
STANISLAUS CO CA 261-D1
F ST Rt#-160
SACRAMENTO CA 319-E3
F ST U.S.-199
GRANTS PASS OR 149-B1
JOSEPHINE CO OR 149-B1
E F ST
COLTON CA 368-A9
E F ST U.S.-199
GRANTS PASS OR 149-B1
F ST N U.S.-395
LAKEVIEW OR 152-A2
F ST S U.S.-395
LAKE CO OR 152-A2
LAKEVIEW OR 152-A2
F WK
LOS ANGELES CA 286-D2
FAIR AV
SANTA CRUZ CA 335-B8
FAIR ST
BUTTE CO CA 306-C9
CHICO CA 306-C9
FAIRBANKS RD
MENDOCINO CO CA 162-A3
E FAIRCHILD LN
SAN JOAQUIN CO CA 260-D3
N FAIRFAX AV
FRESNO CO CA 180-C2
LOS ANGELES CA 281-C3
LOS ANGELES CA 351-B9
WEST HOLLYWOOD CA 351-B9
N FAIRFAX AV Rt#-J1
FRESNO CO CA 180-C2
S FAIRFAX AV
CULVER CITY CA 281-C4
FRESNO CO CA 180-C3
INGLEWOOD CA 358-G1
LOS ANGELES CA 281-C4
LOS ANGELES CA 358-G1
LOS ANGELES CO CA 358-G1
FAIRFAX RD
BAKERSFIELD CA 267-D3
KERN CO CA 267-D4
FAIRFAX- BOLINAS RD
MARIN CO CA 246-A4
FAIRFIELD ST
EUREKA CA 300-B4
FAIRGROUNDS DR
VALLEJO CA 247-B1
FAIRHAVEN AV
ORANGE CO CA 288-B2
W FAIRMONT AV
FRESNO CA 264-A3
FAIRMONT BLVD
YORBA LINDA CA 283-B7
FAIRMONT DR
ALAMEDA CO CA 250-C3
SAN LEANDRO CA 250-C3
FAIRMONT NEENACH RD
LOS ANGELES CO CA 200-A2
FAIRMOUNT AV
SAN DIEGO CA 295-D1
SAN DIEGO CA 374-F2
FAIR OAKS AV
ARROYO GRANDE CA 272-B1
SOUTH PASADENA CA 282-A3
SOUTH PASADENA CA 359-C10
N FAIR OAKS AV
LOS ANGELES CO CA 282-A1
LOS ANGELES CO CA 359-C1
PASADENA CA 359-C1
N FAIROAKS AV
PASADENA CA 359-C5
S FAIR OAKS AV
PASADENA CA 359-C8
SOUTH PASADENA CA 359-C8
FAIR OAKS BLVD
CITRUS HEIGHTS CA 236-A6
SACRAMENTO CA 320-F5
SACRAMENTO CO CA 235-D6
SACRAMENTO CO CA 236-A6
SACRAMENTO CO CA 320-F5
FAIR PLAY RD
EL DORADO CO CA 237-C7
FAIRVIEW AV
BRENTWOOD CA 248-D6
RIVERSIDE CO CA 208-C2
E FAIRVIEW BLVD
INGLEWOOD CA 281-C5
FAIRVIEW RD
COSTA MESA CA 288-A4
COSTA MESA CA 364-C1
HOLLISTER CA 257-D4
SAN BENITO CO CA 257-D4
N FAIRVIEW ST
GARDEN GROVE CA 362-D9
SANTA ANA CA 288-A3
SANTA ANA CA 362-D9
S FAIRVIEW ST
COSTA MESA CA 288-A3
SANTA ANA CA 288-A3
FAIRWAY AV
SOUTH LAKE TAHOE CA 314-D3
FAIRWAY DR
CITY OF INDUSTRY CA 283-A5
EUREKA CA 300-D8
HUMBOLDT CO CA 300-D8
LOS ANGELES CO CA 283-A5
NOVATO CA 246-B3
PALM DESERT CA 290-C6
SOUTH LAKE TAHOE CA 314-D4
E FAIRWAY DR
COLTON CA 368-C9
SAN BERNARDINO CA 368-C9
W FAIRWAY DR
SAN BERNARDINO CA 368-E9
FAITH AV
ASHLAND OR 149-C2
FAITH HOME RD
STANISLAUS CO CA 261-C5
S FAITH HOME RD
STANISLAUS CO CA 261-C7
FALLBROOK AV
LOS ANGELES CA 280-C2
E FALLBROOK ST Rt#-S15
SAN DIEGO CO CA 292-B3
W FALLBROOK ST
SAN DIEGO CO CA 292-B3
FALLEN LEAF RD
EL DORADO CA 171-B2
EL DORADO CO CA 231-B7
FALLON PTH
RICHMOND CA 247-A6
FALLON RD
HOLLISTER CA 257-D5
SAN BENITO CO CA 257-D5
SONOMA CO CA 242-B6
FALLON TWO ROCK RD
MARIN CO CA 242-A5
FAMOSO HWY Rt#-46
KERN CO CA 190-C3
KERN CO CA 191-A3
WASCO CA 191-A3
FAMOSO RD
KERN CO CA 191-B3
FAMOSO-PORTERVILLE HWY
KERN CO CA 191-B2
FAMOSO WOODY RD
KERN CO CA 191-B3
FANDANGO PASS RD
MODOC CO CA 152-A3
FANITA DR
EL CAJON CA 294-B6
SANTEE CA 294-B6
FANITA PKWY
SANTEE CA 294-B6
FANUEL ST
SAN DIEGO CA 371-B1
W FARGO AV
HANFORD CA 190-C1
FARM BUREAU RD
CONCORD CA 247-D5
FARMERS LN Rt#-12
SANTA ROSA CA 242-C2
FARMERSVILLE BLVD Rt#-J23
FARMERSVILLE CA 266-D3
TULARE CO CA 266-D3
FARMERSVILLE RD Rt#-J23
TULARE CO CA 266-D5
FARM HILL BLVD
REDWOOD CITY CA 252-C1
WOODSIDE CA 252-C1
FARMINGTON RD Rt#-4
SAN JOAQUIN CO CA 260-C5
STOCKTON CA 260-C5
FARNSWORTH ST
SAN LEANDRO CA 250-C3
FARRELL DR
PALM SPRINGS CA 367-F5
N FARRELL DR
PALM SPRINGS CA 367-E3
S FARRELL DR
PALM SPRINGS CA 367-F8
FARRELL RD
SOLANO CO CA 244-D4
VACAVILLE CA 244-D4
FARRIS RD
BUTTE CO CA 227-A1
FASSLER AV
PACIFICA CA 249-B5
FAY AV
SAN DIEGO CA 370-B7
FEATHER LAKE HWY Rt#-44
LASSEN CO CA 159-A3
LASSEN CO CA 164-B1
LASSEN CO CA 222-D2
SHASTA CO CA 222-C2
FEATHER LAKE RD Rt#-44
SHASTA CO CA 222-C2
FEATHER RIVER BLVD
BUTTE CO CA 169-C2
BUTTE CO CA 223-B7
LINDA CA 310-B7
YUBA CO CA 227-C7
YUBA CO CA 310-B10
FEDERAL BLVD
LEMON GROVE CA 296-A2
SAN DIEGO CA 296-A2
SAN DIEGO CA 374-E3
FELICITA RD
ESCONDIDO CA 293-D1
SAN DIEGO CO CA 293-D1
FELIPE RD
MISSION VIEJO CA 288-D6
FELL ST
SAN FRANCISCO CA 325-G7
SAN FRANCISCO CA 326-A6
FELLOWSHIP LN
SANTA BARBARA CA 348-B8
FELLOWSHIP RD
SANTA BARBARA CA 348-A9
FELT RD
HUMBOLDT CO CA 219-C3
FELTER RD
SANTA CLARA CO CA 253-D1
SANTA CLARA CO CA 254-A1
FELTON EMPIRE RD
SANTA CRUZ CO CA 255-C2
FENDERS FERRY RD
SHASTA CO CA 158-A3
FENMORE ST
MOORPARK CA 199-C3
FERGUSON RD
IMPERIAL CO CA 215-B1
FERGUSON RD Rt#-G9
SANTA CLARA CO CA 257-B2
W FERN AV
REDLANDS CA 285-B4
FERN RD
SHASTA CO CA 158-B3
FERN ST
SAN DIEGO CA 374-B3
FERNBRIDGE DR Rt#-211
HUMBOLDT CO CA 219-B7
FERN DELL DR
LOS ANGELES CA 352-A7
FERNSIDE ST
SANTA CRUZ CA 335-E5
FERN VALLEY RD
JACKSON CO OR 149-C2
PHOENIX OR 149-C2
FERRETTI RD
TUOLUMNE CO CA 176-A2
FERRITE ST
EL DORADO CO CA 237-A6
FESLER ST
SANTA MARIA CA 272-C4
FICKLE HILL RD
HUMBOLDT CO CA 219-D2
FIDDLETOWN RD
AMADOR CO CA 170-C3
AMADOR CO CA 175-C1
PLYMOUTH CA 175-C1
FIDDYMENT RD
PLACER CO CA 235-C4
ROSEVILLE CA 235-C4
FIELD RD
SAN BERNARDINO CO CA 202-A1
FIELD ST
SAN DIEGO CA 372-A3
FIELDBROOK RD
HUMBOLDT CO CA 219-D1
FIELDS RD
MERCED CO CA 176-A3
FIFIELD RD
SUTTER CO CA 235-B2
FIG LN
CORNING CA 221-C7
N FIGARDEN DR
FRESNO CA 264-A3
W FIGARDEN DR
FRESNO CA 264-B3
FIGUEROA ST
CARSON CA 286-D2
LOS ANGELES CA 282-A2
LOS ANGELES CA 286-D2
N FIGUEROA ST
LOS ANGELES CA 281-D3
LOS ANGELES CA 282-A2
LOS ANGELES CA 356-A3
S FIGUEROA ST
CARSON CA 281-D7
CARSON CA 286-D1
LOS ANGELES CA 281-D5
LOS ANGELES CA 286-D1
LOS ANGELES CA 355-F5
LOS ANGELES CA 356-A4
LOS ANGELES CO CA 281-D7
FIGUEROA MOUNTAIN RD
SANTA BARBARA CO CA 273-B2
SANTA BARBARA CO CA 274-A1
FIJI WY
LOS ANGELES CO CA 357-G6
FILBERT RD Rt#-J30
EXETER CA 266-D3
FILLMORE ST
SAN FRANCISCO CA 326-B3
FINCH RD
STANISLAUS CO CA 261-B4
N FINE RD
SAN JOAQUIN CO CA 175-B2
FINK RD
STANISLAUS CO CA 180-B1
FINNELL AV
TEHAMA CO CA 221-C7
FINNEY RD
STANISLAUS CO CA 261-A3
FIR AV
LYON CO NV 172-A1
FIR ST
CHICO CA 306-C7
FORT BRAGG CA 307-C3
FIRE RD
LAKE CO CA 240-C2
E FIREBAUGH AV
EXETER CA 191-B1
EXETER CA 266-D3
TULARE CO CA 191-B1
E FIREBAUGH AV Rt#-J30
EXETER CA 266-D3
W FIREBAUGH AV
EXETER CA 266-D3
TULARE CO CA 266-D3
W FIREBAUGH AV Rt#-J30
EXETER CA 266-D3
FIRESTONE BLVD
DOWNEY CA 282-B6
LOS ANGELES CO CA 281-D6
NORWALK CA 282-B6
SOUTH GATE CA 281-D6
SOUTH GATE CA 282-B6
E FIRESTONE BLVD
LOS ANGELES CA 281-D6
LOS ANGELES CO CA 281-D6
FIRST ST
DEL NORTE CO CA 216-B2
FIRST ST U.S.-97
DORRIS CA 150-C3
FIRTH AV
LOS ANGELES CA 281-D6
FISHERS LNDG
YUMA CO AZ 215-B1
FISH HATCHERY RD
JOSEPHINE CO OR 149-A1
FISH RANCH RD
CONTRA COSTA CO CA 328-G6
OAKLAND CA 328-G6
FISH ROCK RD
MENDOCINO CO CA 168-A2
FISH SLOUGH RD
MONO CO CA 178-A3
FISH SPRINGS RD
DOUGLAS CO NV 232-C7
FIVE CORNERS RD
LAKE CO OR 152-A2
FLAGSTAFF LAKE RD
LAKE CO OR 152-B1
E FLAMINGO RD
PARADISE NV 268-D5
E FLAMINGO RD Rt#-592
PARADISE NV 268-D5
PARADISE NV 346-G3
W FLAMINGO RD
SPRING VALLEY NV 268-B5
W FLAMINGO RD Rt#-592
PARADISE NV 268-B5
PARADISE NV 346-A4
SPRING VALLEY NV 268-B5
FLANAGAN RD
SHASTA CO CA 220-A4
FLETCHER DR
LOS ANGELES CA 281-D3
LOS ANGELES CA 352-G7
FLETCHER PKWY
EL CAJON CA 294-B7
LA MESA CA 294-B7
LA MESA CA 296-A1
FLINT AV
KINGS CO CA 190-C1
FLOOD RD
IMPERIAL CO CA 215-B1
SONOMA CO CA 240-B1
FLORA AV
LOS ANGELES CA 356-F1
FLORADALE AV
SANTA BARBARA CO CA 198-A2
FLORAL AV
BUTTE CO CA 306-A3
CHICO CA 306-A2
FLORAL DR
LOS ANGELES CO CA 282-A4
LOS ANGELES CO CA 356-G6
FLORENCE AV
BELL CA 282-A6
BELL GARDENS CA 282-A6
CUDAHY CA 282-A6
DOWNEY CA 282-A6
HUNTINGTON PARK CA 282-A6
LOS ANGELES CO CA 282-A6
SANTA FE SPRINGS CA 282-A6
E FLORENCE AV
HUNTINGTON PARK CA 281-D5
HUNTINGTON PARK CA 282-A5
INGLEWOOD CA 281-C6
LOS ANGELES CA 281-D5
LOS ANGELES CO CA 281-D5
LOS ANGELES CO CA 282-A5
W FLORENCE AV
INGLEWOOD CA 281-C5
INGLEWOOD CA 358-G5
LOS ANGELES CA 281-C5
FLORES AV
TEHAMA CO CA 221-C4
FLORIDA AV Rt#-74
HEMET CA 208-C2
HEMET CA 289-D3
RIVERSIDE CO CA 208-C2
RIVERSIDE CO CA 289-D3
W FLORIDA AV Rt#-74
HEMET CA 208-C2
FLORIDA DR
SAN DIEGO CA 372-G10
SAN DIEGO CA 373-G1
FLORIDA ST
SAN DIEGO CA 372-G10
FLORIN RD
SACRAMENTO CA 238-A1
SACRAMENTO CO CA 175-A1
SACRAMENTO CO CA 238-C2
FLORIN PERKINS RD
SACRAMENTO CA 238-C1
SACRAMENTO CO CA 238-C1
FLOWER ST
BAKERSFIELD CA 344-F3
LOS ANGELES CA 355-E9
FLOWER ST Rt#-20
WILLITS CA 168-A1
N FLOWER ST
SANTA ANA CA 288-A3
SANTA ANA CA 362-G9
S FLOWER ST
LOS ANGELES CA 355-G5
LOS ANGELES CA 356-A4
SANTA ANA CA 288-A3
SANTA ANA CA 363-C1
FLOYD AV
MODESTO CA 340-D1
FLYNN RD
CAMARILLO CA 275-D5
FLYNN CREEK RD
MENDOCINO CO CA 167-C2
MENDOCINO CO CA 224-D7
FOLSOM BLVD
FOLSOM CA 236-B6
SACRAMENTO CA 235-D7
SACRAMENTO CA 238-C1
SACRAMENTO CA 319-G5
SACRAMENTO CA 320-A6
SACRAMENTO CO CA 235-D7
SACRAMENTO CO CA 236-A6
SACRAMENTO CO CA 238-C1
FOLSOM BLVD Rt#-16
SACRAMENTO CA 238-C1
SACRAMENTO CA 320-G8
FOLSOM ST
BUTTE CO CA 163-B3
FOLSOM-AUBURN RD
FOLSOM CA 236-B4
FONTANA AV
FONTANA CA 284-B3
SAN BERNARDINO CO CA 284-B3
FOOTHILL AV
MORGAN HILL CA 257-A1
RIVERSIDE CO CA 289-C1
SANTA CLARA CO CA 257-A1
FOOTHILL BLVD
BUTTE CO CA 170-A1
BUTTE CO CA 223-C7
GLENDALE CA 277-C7
GRANTS PASS OR 149-B1
IRWINDALE CA 282-D2
LA CANADA FLINTRIDGE CA 281-D1
LA CANADA FLINTRIDGE CA 282-D2
LA VERNE CA 283-B2
LOS ANGELES CA 277-B6
LOS ANGELES CO CA 277-C7
LOS ANGELES CO CA 281-D1
NAPA CA 323-B8
OAKLAND CA 330-C6
ORANGE CO CA 288-B2
OROVILLE CA 223-C7
SAN DIEGO CA 371-B1
SAN FERNANDO CA 277-B6
FOOTHILL BLVD Rt#-G5
CUPERTINO CA 253-B3
LOS ALTOS CA 253-B3
SANTA CLARA CO CA 253-B3
FOOTHILL BLVD Rt#-29
CALISTOGA CA 241-A7
FOOTHILL BLVD Rt#-66
FONTANA CA 284-A3
LA VERNE CA 283-B2
POMONA CA 283-B3
RANCHO CUCAMONGA CA 283-D3
RANCHO CUCAMONGA CA 284-A3
SAN BERNARDINO CO CA 284-A3
UPLAND CA 283-D3
FOOTHILL BLVD Rt#-128
CALISTOGA CA 241-A6
FOOTHILL BLVD Rt#-238
ALAMEDA CO CA 250-C3
HAYWARD CA 250-C3

CRA
INDEX

FOOTHILL BLVD U.S.-66 STREET INDEX FRWY Rt#-168 388

STREET City State Page-Grid

FOOTHILL BLVD U.S.-66 Hist
FONTANA CA 284-A3
RANCHO CUCAMONGA CA 283-D3
RANCHO CUCAMONGA CA 284-A3
SAN BERNARDINO CO CA 284-A3
UPLAND CA 283-D3
E FOOTHILL BLVD
AZUSA CA 282-D2
AZUSA CA 283-A2
GLENDORA CA 283-A2
IRWINDALE CA 282-D2
LA VERNE CA 283-A2
LOS ANGELES CO CA 283-A2
SAN DIMAS CA 283-A2
SAN LUIS OBISPO CA 347-C3
E FOOTHILL BLVD Rt#-66
CLAREMONT CA 283-C3
POMONA CA 283-B3
RIALTO CA 284-D3
UPLAND CA 283-D3
E FOOTHILL BLVD U.S.-66 Hist
RIALTO CA 284-D3
UPLAND CA 283-D3
W FOOTHILL BLVD
ARCADIA CA 282-C2
AZUSA CA 282-C2
GLENDORA CA 283-A2
SAN DIMAS CA 283-B2
SAN LUIS OBISPO CA 347-A3
SAN LUIS OBISPO CO CA 271-C5
SAN LUIS OBISPO CO CA 347-A3
W FOOTHILL BLVD Rt#-66
CLAREMONT CA 283-C3
FONTANA CA 284-C3
LA VERNE CA 283-C3
POMONA CA 283-C3
RIALTO CA 284-C3
SAN BERNARDINO CA 284-C3
SAN BERNARDINO CO CA 283-C3
UPLAND CA 283-C3
W FOOTHILL BLVD U.S.-66 Hist
FONTANA CA 284-C3
RIALTO CA 284-C3
SAN BERNARDINO CA 284-C3
SAN BERNARDINO CO CA 283-C3
UPLAND CA 283-C3
FOOTHILL DR
LAKE CO CA 226-A3
MONTEREY CO CA 259-C3
SOLANO CO CA 244-C4
VACAVILLE CA 244-C4
VISTA CA 292-C6
FOOTHILL EXWY Rt#-G5
CUPERTINO CA 253-A2
LOS ALTOS CA 253-A2
LOS ALTOS HILLS CA 253-A2
PALO ALTO CA 253-A2
PALO ALTO CA 332-C10
SANTA CLARA CO CA 253-A2
SANTA CLARA CO CA 332-C10
FOOTHILL FRWY I-210
ARCADIA CA 282-B2
AZUSA CA 282-B2
AZUSA CA 283-A2
DUARTE CA 282-B2
GLENDALE CA 277-C7
GLENDALE CA 281-D1
GLENDORA CA 283-A2
IRWINDALE CA 282-B2
LA CANADA FLINTRIDGE CA 281-D1
LA CANADA FLINTRIDGE CA 282-B2
LOS ANGELES CA 277-A6
LOS ANGELES CO CA 277-A6
LOS ANGELES CO CA 281-D1
LOS ANGELES CO CA 282-B2
LOS ANGELES CO CA 283-A2
MONROVIA CA 282-B2
PASADENA CA 282-B2
PASADENA CA 359-B4
SAN DIMAS CA 283-A2
FOOTHILL PL
OAKLAND CA 330-D7
FOOTHILL RD
ALAMEDA CO CA 251-A4
ALPINE CO CA 171-C3
DOUGLAS CO NV 171-C2
INYO CO CA 183-A2
JACKSON CO OR 149-C2
MONO CO CA 178-A2
MONTEREY CO CA 180-A3
OJAI CA 275-A1
PLEASANTON CA 251-A4
SAN BENITO CO CA 257-D4
SAN BERNARDINO CO CA 279-B3
TEHAMA CO CA 221-D3
VENTURA CA 275-A5
VENTURA CA 349-G4
VENTURA CO CA 275-A5
VENTURA CO CA 349-G4
FOOTHILL RD Rt#-192
CARPINTERIA CA 199-A3
SANTA BARBARA CA 274-C6
SANTA BARBARA CA 348-D3
SANTA BARBARA CO CA 198-C3
SANTA BARBARA CO CA 199-A3
SANTA BARBARA CO CA 274-C6
SANTA BARBARA CO CA 348-D3
FOOTHILL RD Rt#-206
DOUGLAS CO NV 171-C2
DOUGLAS CO NV 232-A7
N FOOTHILL RD
BEVERLY HILLS CA 354-D5
JACKSON CO OR 149-C2
MEDFORD OR 149-C2
FOOTHILLS BLVD
JACKSON CO OR 149-B1
ROGUE RIVER OR 149-B1
ROSEVILLE CA 235-D4
FOOTHILL TRANS CORR Rt#-241
LAKE FOREST CA 288-C4
MISSION VIEJO CA 288-C4
ORANGE CO CA 208-A2
ORANGE CO CA 288-C4
ORANGE CO CA 291-B3
RANCHO SANTA MARGARITA CA 208-A2
RANCHO SANTA MARGARITA CA 288-C4
SAN DIEGO CO CA 291-B3
MISSION VIEJO CA 288-D5
RANCHO SANTA MARGARITA CA 288-D5

N FORBES RD
PLACER CO CA 233-A5
S FORBES RD
PLACER CO CA 233-A6
FORBES ST
LAKEPORT CA 225-D4
FORBESTOWN RD
BUTTE CO CA 170-A1
BUTTE CO CA 223-D7
OROVILLE CA 223-D7
YUBA CO CA 170-A1
FORD RD
NEWPORT BEACH CA 364-G5
FORDYCE LAKE RD
NEVADA CO CA 228-A6
FOREST AV
BUTTE CO CA 306-D6
CHICO CA 306-D8
PACIFIC GROVE CA 337-D4
FOREST DR
MARIPOSA CO CA 262-C7
FORESTA RD
MARIPOSA CO CA 262-A5
FORESTHILL RD
FORESTHILL CA 170-C2
PLACER CO CA 170-C2
PLACER CO CA 171-A2
PLACER CO CA 233-C7
PLACER CO CA 316-G2
E FOREST LAKE RD
SAN JOAQUIN CO CA 238-C7
FOREST LAWN DR
LOS ANGELES CA 351-G1
LOS ANGELES CA 352-A1
FOREST RD 34E34
KERN CO CA 192-A3
FOREST ROUTE 12N13
DEL NORTE CO CA 156-C1
FOREST ROUTE 13N44
DEL NORTE CO CA 156-C1
FOREST ROUTE 14N02
DEL NORTE CO CA 156-C1
FOREST ROUTE 17N21
DEL NORTE CO CA 216-D3
FOREST ROUTE 32N02
LASSEN CO CA 164-C1
FOREST ROUTE 72
NEVADA CO CA 229-B4
SIERRA CO CA 229-B4
FORNI RD
EL DORADO CO CA 317-B9
PLACERVILLE CA 317-C5
FORREST ST
BAKERSFIELD CA 344-C6
FORRESTER RD Rt#-S30
IMPERIAL CO CA 214-A1
WESTMORLAND CA 214-A1
S FORT APACHE RD
LAS VEGAS NV 268-A4
FORT BRAGG SHERWOOD RD
MENDOCINO CO CA 162-A3
MENDOCINO CO CA 168-A1
MENDOCINO CO CA 224-B2
FORT BRAGG WILLITS RD Rt#-20
FORT BRAGG CA 307-C7
MENDOCINO CO CA 168-A1
MENDOCINO CO CA 224-B3
MENDOCINO CO CA 307-C7
FORT CHURCHILL RD
LYON CO NV 172-A1
FORT IRWIN RD
SAN BERNARDINO CO CA 201-C1
FORT ROMIE RD Rt#-G17
MONTEREY CO CA 180-A3
FORT ROSS RD
SONOMA CO CA 239-A7
FORT SEWARD RD
HUMBOLDT CO CA 161-C2
FORT STOCKTON DR
SAN DIEGO CA 372-B9
FORT TEJON RD
LOS ANGELES CO CA 200-C3
FORT TEJON RD Rt#-138
PALMDALE CA 200-B3
FORTY MILE RD
SUTTER CO CA 170-A2
FOSSIL BED RD
SAN BERNARDINO CO CA 201-B1
FOSTER AV
CORNING CA 221-C7
HUMBOLDT CO CA 219-C1
TEHAMA CO CA 221-C7
FOSTER DR
TULARE CA 266-B5
TULARE CO CA 266-B5
FOSTER RD
LA MIRADA CA 282-C7
NAPA CA 323-C8
NAPA CO CA 323-C10
PARADISE CA 223-B2
SANTA FE SPRINGS CA 282-C7
W FOSTER RD
SANTA MARIA CA 272-C6
FOSTER CITY BLVD
FOSTER CITY CA 250-A6
FOSTER MOUNTAIN RD
MENDOCINO CO CA 168-B1
FOULKE LN
SISKIYOU CO CA 217-B7
FOUNTAIN AV
LOS ANGELES CA 352-D9
FOUNTAINGROVE PKWY
SANTA ROSA CA 242-C1
SANTA ROSA CA 321-E1
FOUR MILE RD
COLUSA CO CA 169-B1
FOURTH ST Rt#-45
YOLO CO CA 234-C3
FOURTH ST U.S.-97
DORRIS CA 150-C3
FOURTH CROSSING RD
CALAVERAS CO CA 175-C2
FOUTS SPRINGS RD
COLUSA CO CA 168-C1
N FOWLER AV
CLOVIS CA 264-D2
FRESNO CA 264-D3
FRESNO CO CA 264-D3
S FOWLER AV
FRESNO CA 264-D6
FRESNO CO CA 181-C3
FRESNO CO CA 264-D6

FOWLER LN
SAN LUIS OBISPO CO CA 272-A2
FOX ST
KINGS BEACH CA 231-C1
LOS ANGELES CA 277-B7
FOXEN CANYON RD
SANTA BARBARA CO CA 198-A2
SANTA BARBARA CO CA 272-D5
SANTA BARBARA CO CA 273-B1
FRANCES DR
SAN DIEGO CO CA 294-D7
FRANCIS AV
SAN BERNARDINO CO CA 283-C4
FRANCIS ST
SANTA ROSA CA 321-C5
E FRANCIS ST
ONTARIO CA 283-D4
FRANCISCO BLVD E
SAN RAFAEL CA 324-F8
FRANCISCO DR
EL DORADO CO CA 236-C4
FRANCISQUITO AV
BALDWIN PARK CA 282-D4
WEST COVINA CA 282-D4
FRANK H OGAWA PZ
OAKLAND CA 330-A4
FRANKLIN AV
LOS ANGELES CA 351-G7
LOS ANGELES CA 352-C7
SANTA ROSA CA 321-E3
FRANKLIN BLVD Rt#-J8
ELK GROVE CA 238-B4
SACRAMENTO CA 238-B4
SACRAMENTO CA 319-F7
SACRAMENTO CO CA 238-B4
FRANKLIN RD
SUTTER CO CA 227-A6
SUTTER CO CA 309-A6
YUBA CITY CA 309-E6
FRANKLIN ST
MONTEREY CA 337-F6
NAPA CA 323-E7
SAN FRANCISCO CA 326-C3
FRANKLIN ST N
FORT BRAGG CA 307-B4
FRANKLIN ST S
FORT BRAGG CA 307-B5
FRANKLIN CANYON RD
CONTRA COSTA CO CA 247-B4
MARTINEZ CA 247-B4
FRANK SINATRA DR
PALM DESERT CA 290-B5
RANCHO MIRAGE CA 290-B5
RIVERSIDE CO CA 290-B5
FRANKTOWN RD Rt#-877
WASHOE CO NV 230-A7
WASHOE CO NV 232-A1
S FRANKWOOD AV Rt#-J31
FRESNO CO CA 182-A3
REEDLEY CA 182-A3
FRANZ VALLEY RD
SONOMA CO CA 240-C6
FRANZ VALLEY SCHOOL RD
SONOMA CO CA 240-D6
FRATES RD
PETALUMA CA 242-D6
PETALUMA CA 243-A6
SONOMA CO CA 243-A6
FRAY PTH
RICHMOND CA 247-A6
FRAZER LAKE RD
SAN BENITO CO CA 257-C4
FRAZIER MOUNTAIN PARK RD
KERN CO CA 199-B2
FRED D HAIGHT DR Rt#-D4
DEL NORTE CO CA 216-B2
FREDERICK ST
MORENO VALLEY CA 285-A6
SAN FRANCISCO CA 325-G7
SAN FRANCISCO CA 326-A7
FRED WARING DR
INDIAN WELLS CA 290-C5
INDIO CA 209-B2
LA QUINTA CA 209-B2
LA QUINTA CA 290-C5
PALM DESERT CA 290-C5
RIVERSIDE CO CA 209-B2
RIVERSIDE CO CA 290-C5
FREEDOM BLVD
SANTA CRUZ CO CA 256-B3
WATSONVILLE CA 256-C4
FREEMAN FLAT RD
MONTEREY CO CA 189-B1
FREEMONT ST
COLUSA CA 169-B1
FREEPORT BLVD Rt#-160
SACRAMENTO CA 238-B2
SACRAMENTO CA 319-E7
SACRAMENTO CO CA 238-B2
FREEPORT BRDG Rt#-E9
SACRAMENTO CO CA 238-B2
YOLO CO CA 238-B2
FRWY I-5
ANDERSON CA 163-A1
ARBUCKLE CA 169-B2
COLUSA CO CA 169-B1
CORNING CA 163-B3
CORNING CA 221-C7
COTTONWOOD CA 163-A1
DUNSMUIR CA 218-C5
FRESNO CO CA 180-C2
GLENN CO CA 163-B3
GLENN CO CA 169-B1
KERN CO CA 199-B1
LATHROP CA 175-A3
LATHROP CA 260-B6
LODI CA 260-A1
MOUNT SHASTA CA 298-D4
ORLAND CA 163-B3
RED BLUFF CA 221-B1
RED BLUFF CA 303-B1
REDDING CA 220-B5
REDDING CA 302-A1
SACRAMENTO CA 235-A5
SACRAMENTO CA 238-B1
SACRAMENTO CA 319-C1
SACRAMENTO CO CA 235-A5
SACRAMENTO CO CA 238-B2
SAN JOAQUIN CO CA 175-A1
SAN JOAQUIN CO CA 238-B6
SAN JOAQUIN CO CA 260-A1
SHASTA CO CA 158-A2
SHASTA CO CA 163-A1

FRWY I-5
SHASTA CO CA 218-B6
SHASTA CO CA 220-B1
SISKIYOU CO CA 150-A3
SISKIYOU CO CA 158-A1
SISKIYOU CO CA 217-B1
SISKIYOU CO CA 218-A1
SISKIYOU CO CA 298-B1
STOCKTON CA 260-A2
STOCKTON CA 339-A6
TEHAMA CO CA 163-A1
TEHAMA CO CA 221-B1
TEHAMA CO CA 303-B1
TIJUANA BC 296-A5
WEED CA 218-A2
WILLIAMS CA 169-B2
WILLOWS CA 169-B1
WOODLAND CA 234-B5
YOLO CO CA 169-B2
YOLO CO CA 234-A1
YREKA CA 217-B3
FRWY I-8
EL CAJON CA 294-C7
EL CAJON CA 296-B1
EL CENTRO CA 214-B1
EL CENTRO CA 375-G8
IMPERIAL CO CA 213-C1
IMPERIAL CO CA 214-B1
IMPERIAL CO CA 215-A1
IMPERIAL CO CA 375-B9
LA MESA CA 294-B7
LA MESA CA 296-B1
SAN DIEGO CA 295-D1
SAN DIEGO CA 296-A1
SAN DIEGO CO CA 213-A1
SAN DIEGO CO CA 294-D6
YUMA AZ 215-B1
FRWY I-10
BANNING CA 208-C1
BEAUMONT CA 208-C1
BEAUMONT CA 285-D5
BLYTHE CA 211-A2
CALIMESA CA 285-C4
CATHEDRAL CITY CA 290-B3
COACHELLA CA 209-B2
COLTON CA 284-D3
COLTON CA 368-A9
INDIO CA 209-B2
INDIO CA 290-D5
LA PAZ CO AZ 211-C2
LOMA LINDA CA 285-A3
LOMA LINDA CA 368-G9
PALM SPRINGS CA 209-A1
PALM SPRINGS CA 290-A2
REDLANDS CA 285-A3
RIVERSIDE CO CA 208-C1
RIVERSIDE CO CA 209-A1
RIVERSIDE CO CA 210-B2
RIVERSIDE CO CA 211-A2
RIVERSIDE CO CA 285-D5
RIVERSIDE CO CA 290-A2
SAN BERNARDINO CA 285-A3
SAN BERNARDINO CA 368-F9
SAN BERNARDINO CO CA 285-B4
YUCAIPA CA 285-B4
FRWY I-15
BARSTOW CA 369-F6
CLARK CO NV 186-C3
CLARK CO NV 187-B2
CLARK CO NV 195-B1
CLARK CO NV 268-D1
CLARK CO NV 269-A1
ENTERPRISE NV 195-B1
ENTERPRISE NV 268-C6
ENTERPRISE NV 346-B10
LAS VEGAS NV 345-E3
LAS VEGAS NV 346-B1
MESQUITE NV 187-B2
MOHAVE CO AZ 187-C1
NORTH LAS VEGAS NV 268-D1
NORTH LAS VEGAS NV 269-A1
NORTH LAS VEGAS NV 345-F1
PARADISE NV 346-A2
WINCHESTER NV 346-B1
FRWY I-40
KINGMAN AZ 196-C3
MOHAVE CO AZ 196-C3
MOHAVE CO AZ 204-C1
FRWY I-80
AUBURN CA 316-E3
CHURCHILL CO NV 166-C2
COLFAX CA 233-D4
CONTRA COSTA CO CA 247-B3
DAVIS CA 234-C7
DAVIS CA 318-G5
DIXON CA 174-C1
FAIRFIELD CA 244-C5
LOOMIS CA 236-B2
LYON CO NV 166-B3
NAPA CO CA 247-B1
NEVADA CO CA 170-C1
NEVADA CO CA 228-C6
NEVADA CO CA 229-C4
OAKLAND CA 249-D1
OAKLAND CA 329-D2
PERSHING CO NV 166-C2
PLACER CO CA 170-C1
PLACER CO CA 228-A7
PLACER CO CA 233-D4
PLACER CO CA 236-B1
PLACER CO CA 316-F1
RENO NV 229-D2
RENO NV 230-A2
RENO NV 311-G4
ROCKLIN CA 236-A2
ROSEVILLE CA 236-A3
SACRAMENTO CA 235-C6
SACRAMENTO CO CA 235-C6
SAN FRANCISCO CA 249-D1
SAN FRANCISCO CA 326-G4
SIERRA CO CA 229-C4
SOLANO CO CA 169-C3
SOLANO CO CA 174-C1
SOLANO CO CA 244-D4
SOLANO CO CA 247-B1
SOLANO CO CA 318-E7
SPARKS NV 230-B2
SPARKS NV 311-G4
SPARKS NV 312-A4
STOREY CO NV 166-A3
TRUCKEE CA 228-C6
TRUCKEE CA 229-B5
VACAVILLE CA 174-B1

FRWY I-80
VACAVILLE CA 244-D4
VALLEJO CA 247-B1
WASHOE CO NV 166-A3
WASHOE CO NV 172-A1
WASHOE CO NV 229-D3
WASHOE CO NV 230-D2
WASHOE CO NV 311-A5
WEST SACRAMENTO CA 235-A7
YOLO CO CA 234-D7
YOLO CO CA 318-E7
FRWY I-205
ALAMEDA CO CA 174-C3
LATHROP CA 175-A3
SAN JOAQUIN CO CA 175-A3
FRWY I-215
SAN BERNARDINO CA 278-A7
SAN BERNARDINO CA 284-C1
SAN BERNARDINO CA 368-C1
SAN BERNARDINO CO CA 278-A7
SAN BERNARDINO CO CA 284-C1
FRWY I-238
ALAMEDA CO CA 250-C3
SAN LEANDRO CA 250-C3
FRWY I-280
DALY CITY CA 249-C4
SAN JOSE CA 333-D10
FRWY I-380
SAN BRUNO CA 249-C4
SAN BRUNO CA 327-A4
FRWY I-505
SOLANO CO CA 244-D1
VACAVILLE CA 244-D3
WINTERS CA 244-D1
YOLO CO CA 169-B2
YOLO CO CA 234-A1
YOLO CO CA 244-D1
FRWY I-580
ALAMEDA CO CA 174-C3
ALAMEDA CO CA 250-C3
ALAMEDA CO CA 251-D3
MARIN CO CA 246-C5
RICHMOND CA 246-C5
SAN RAFAEL CA 246-C5
SAN RAFAEL CA 324-F8
FRWY I-680
ALAMEDA CO CA 251-B4
BENICIA CA 247-C3
CONCORD CA 247-D5
CONTRA COSTA CO CA 247-C4
DANVILLE CA 247-D7
DANVILLE CA 250-D1
DANVILLE CA 251-A1
DUBLIN CA 251-A3
FAIRFIELD CA 244-B7
FREMONT CA 251-A6
MARTINEZ CA 247-C3
PLEASANT HILL CA 247-D5
PLEASANTON CA 251-A3
SAN RAMON CA 251-A1
SOLANO CO CA 247-C3
WALNUT CREEK CA 247-D6
FRWY I-780
BENICIA CA 247-B2
SOLANO CO CA 247-B2
VALLEJO CA 247-B2
FRWY I-880
ALAMEDA CO CA 250-C3
SAN LEANDRO CA 250-C3
FRWY Rt#-1
CAPITOLA CA 256-A3
SAN FRANCISCO CA 325-E2
SANTA CRUZ CA 255-D3
SANTA CRUZ CA 335-E4
SANTA CRUZ CO CA 255-D3
SANTA CRUZ CO CA 256-A3
FRWY Rt#-4
STOCKTON CA 260-C4
STOCKTON CA 339-G7
FRWY Rt#-12
SANTA ROSA CA 242-C2
SANTA ROSA CA 321-G8
SONOMA CO CA 321-C8
FRWY Rt#-17
CAMPBELL CA 253-C4
LOS GATOS CA 253-C5
SAN JOSE CA 253-C4
SAN JOSE CA 333-B10
SANTA CLARA CO CA 253-C5
SANTA CRUZ CA 335-E4
SANTA CRUZ CO CA 255-D2
SCOTTS VALLEY CA 255-D2
FRWY Rt#-20
NEVADA CITY CA 315-G1
FRWY Rt#-22
LONG BEACH CA 287-B2
SEAL BEACH CA 287-B2
FRWY Rt#-23
MOORPARK CA 199-C3
THOUSAND OAKS CA 199-C3
THOUSAND OAKS CA 206-C1
THOUSAND OAKS CA 276-A7
VENTURA CO CA 199-C3
VENTURA CO CA 276-A7
FRWY Rt#-24
WALNUT CREEK CA 247-D6
FRWY Rt#-29
LAKE CO CA 225-D2
LAKEPORT CA 225-D4
NAPA CA 323-C5
FRWY Rt#-30
HIGHLAND CA 285-A2
REDLANDS CA 285-A3
SAN BERNARDINO CA 284-D2
SAN BERNARDINO CA 285-A2
SAN BERNARDINO CO CA 285-A2
FRWY Rt#-41
FRESNO CA 264-B2
FRESNO CA 343-E1
FRESNO CO CA 181-C3
FRESNO CO CA 264-B5
MADERA CO CA 264-B1
FRWY Rt#-49
GRASS VALLEY CA 233-C2
NEVADA CO CA 233-C2
FRWY Rt#-52
SAN DIEGO CA 293-C6
SAN DIEGO CA 294-A6
SANTEE CA 294-A6
FRWY Rt#-54
CHULA VISTA CA 295-D3
CHULA VISTA CA 296-A3
NATIONAL CITY CA 295-D3

FRWY Rt#-54
NATIONAL CITY CA 296-A3
SAN DIEGO CO CA 296-B2
FRWY Rt#-58
KERN CO CA 200-B1
KERN CO CA 201-A1
SAN BERNARDINO CO CA 201-B1
FRWY Rt#-60
RIVERSIDE CA 366-B1
RIVERSIDE CO CA 284-A4
RIVERSIDE CO CA 366-A1
FRWY Rt#-65
PLACER CO CA 235-D2
PORTERVILLE CA 191-B1
ROCKLIN CA 235-D2
ROSEVILLE CA 235-D3
TULARE CO CA 191-B1
FRWY Rt#-70
BUTTE CO CA 223-B5
FRWY Rt#-73
COSTA MESA CA 288-A4
COSTA MESA CA 363-A3
NEWPORT BEACH CA 363-C6
NEWPORT BEACH CA 364-G1
ORANGE CO CA 363-C6
ORANGE CO CA 364-G1
FRWY Rt#-84
FREMONT CA 250-D6
NEWARK CA 250-D6
FRWY Rt#-86S
COACHELLA CA 209-B2
RIVERSIDE CO CA 209-B2
FRWY Rt#-94
LA MESA CA 296-B1
LEMON GROVE CA 296-A1
SAN DIEGO CO CA 296-B1
FRWY Rt#-99
ATWATER CA 180-C1
BAKERSFIELD CA 267-C4
BAKERSFIELD CA 344-A1
BUTTE CO CA 163-B3
BUTTE CO CA 305-C1
BUTTE CO CA 306-A5
CERES CA 261-B4
CHICO CA 305-C1
CHICO CA 306-A5
CHOWCHILLA CA 181-A1
DELANO CA 191-A2
ELK GROVE CA 238-C3
FOWLER CA 264-D6
FRESNO CA 264-A2
FRESNO CA 343-A6
FRESNO CO CA 181-C3
FRESNO CO CA 264-A2
GALT CA 238-D6
KERN CO CA 191-A2
KERN CO CA 199-B1
KERN CO CA 267-A1
KERN CO CA 344-A1
KINGSBURG CA 181-C3
LIVINGSTON CA 180-C1
LODI CA 175-A1
LODI CA 260-C1
MADERA CA 181-B2
MADERA CO CA 181-A1
MADERA CO CA 264-A2
MANTECA CA 175-A3
MANTECA CA 260-C7
MCFARLAND CA 191-A2
MERCED CA 181-A1
MERCED CO CA 180-C1
MERCED CO CA 181-A1
MERCED CO CA 261-D7
MODESTO CA 261-A2
MODESTO CA 340-A3
RIPON CA 175-B3
SACRAMENTO CA 235-A5
SACRAMENTO CA 238-B1
SACRAMENTO CA 319-G6
SACRAMENTO CO CA 235-A5
SACRAMENTO CO CA 238-B1
SAN JOAQUIN CO CA 175-A1
SAN JOAQUIN CO CA 238-D7
SAN JOAQUIN CO CA 260-C1
SELMA CA 181-C3
SELMA CA 264-D7
STANISLAUS CO CA 175-B3
STANISLAUS CO CA 261-A2
STANISLAUS CO CA 340-A4
STOCKTON CA 260-C4
SUTTER CO CA 227-B5
SUTTER CO CA 309-D6
TULARE CA 266-B4
TULARE CO CA 181-C3
TULARE CO CA 182-A3
TULARE CO CA 191-A1
TULARE CO CA 266-A1
TURLOCK CA 261-C6
VISALIA CA 266-A3
YUBA CITY CA 227-B5
YUBA CITY CA 309-D1
FRWY Rt#-111
IMPERIAL CO CA 214-B1
FRWY Rt#-113
DAVIS CA 318-B2
SOLANO CO CA 318-B8
WOODLAND CA 234-C5
YOLO CO CA 234-C5
YOLO CO CA 318-B1
FRWY Rt#-120
MANTECA CA 175-A3
SAN JOAQUIN CO CA 175-A3
FRWY Rt#-125
CHULA VISTA CA 296-B3
EL CAJON CA 294-B7
LA MESA CA 294-B7
LA MESA CA 296-B1
LEMON GROVE CA 296-A1
SAN DIEGO CA 294-B7
SAN DIEGO CA 296-B4
SAN DIEGO CO CA 296-B1
SANTEE CA 294-B6
FRWY Rt#-160
ANTIOCH CA 248-D4
CONTRA COSTA CO CA 248-D4
OAKLEY CA 248-D4
FRWY Rt#-163
SAN DIEGO CA 372-E3
FRWY Rt#-168
CLOVIS CA 264-D2
FRESNO CA 264-C3
FRESNO CO CA 264-D2

CRA

INDEX

389 FRWY Rt#-180

STREET INDEX

GOLD COUNTRY HWY Rt#-49

STREET / City State / Page-Grid

FRWY Rt#-180
FRESNO CA 264-C4
FRESNO CA 343-G5
FRESNO CO CA 264-C4
FRWY Rt#-198
FARMERSVILLE CA 266-D2
HANFORD CA 190-C1
KINGS CO CA 190-C1
LEMOORE CA 190-C1
TULARE CO CA 266-A2
VISALIA CA 266-C2
FRWY Rt#-242
CONCORD CA 247-D4
PLEASANT HILL CA 247-D5
FRWY Rt#-259
SAN BERNARDINO CA 284-D2
SAN BERNARDINO CA 368-C1
FRWY Rt#-299
ARCATA CA 299-E1
HUMBOLDT CO CA 219-D1
HUMBOLDT CO CA 299-F1
REDDING CA 302-E1
SHASTA CO CA 220-C5
SHASTA CO CA 302-F1
FRWY Rt#-330
HIGHLAND CA 285-B2
SAN BERNARDINO CA 285-B2
FRWY Rt#-905
SAN DIEGO CA 296-B5
FRWY U.S.-50
EL DORADO CO CA 170-C3
EL DORADO CO CA 171-A3
EL DORADO CO CA 237-D4
POLLOCK PINES CA 170-C3
SACRAMENTO CA 235-C7
SACRAMENTO CA 319-G6
SACRAMENTO CA 320-A6
SACRAMENTO CO CA 235-D7
FRWY U.S.-95
CLARK CO NV 269-A6
HENDERSON NV 268-D5
HENDERSON NV 269-A6
LAS VEGAS NV 268-B2
LAS VEGAS NV 345-E5
PARADISE NV 268-D4
SUNRISE MANOR NV 268-D4
WHITNEY NV 268-D5
WINCHESTER NV 268-D4
FRWY U.S.-101
ATASCADERO CA 189-C3
ATASCADERO CA 271-C1
HUMBOLDT CO CA 161-B1
SALINAS CA 336-E8
SAN LUIS OBISPO CO CA 189-C3
SAN LUIS OBISPO CO CA 271-D2
SANTA CLARA CO CA 257-B4
FRWY U.S.-395
RENO NV 230-A2
RENO NV 311-F1
RENO NV 312-A8
WASHOE CO NV 165-B3
WASHOE CO NV 230-A6
WASHOE CO NV 232-A1
WASHOE CO NV 311-G5
FREMONT AV
KINGS CO CA 190-C1
LOS ALTOS CA 253-A3
SUNNYVALE CA 253-A3
E FREMONT AV
SANTA CLARA CO CA 253-B3
SUNNYVALE CA 253-B3
S FREMONT AV
ALHAMBRA CA 282-A3
MONTEREY PARK CA 282-A4
W FREMONT AV
SUNNYVALE CA 253-B3
FREMONT BLVD
FREMONT CA 250-D6
FREMONT CA 251-A6
MONTEREY CA 258-C4
SEASIDE CA 258-C3
FREMONT BLVD Rt#-84
FREMONT CA 250-D6
FREMONT DR Rt#-12
NAPA CO CA 243-B6
SONOMA CO CA 243-B6
FREMONT DR Rt#-121
SONOMA CO CA 243-B6
FREMONT HWY Rt#-31
LAKE CO OR 151-C1
LAKE CO OR 152-A1
PAISLEY OR 152-A1
FREMONT HWY U.S.-395
LAKE CO OR 152-A2
LAKEVIEW OR 152-A2
MODOC CO CA 152-A2
E FREMONT RD Rt#-26
SAN JOAQUIN CO CA 260-C4
FREMONT ST
MONTEREY CA 258-C4
MONTEREY CA 337-G7
SAN FRANCISCO CA 326-F4
FREMONT ST Rt#-155
DELANO CA 191-A2
FREMONT ST Rt#-582
LAS VEGAS NV 268-C4
LAS VEGAS NV 345-G7
E FREMONT ST
STOCKTON CA 339-G6
E FREMONT ST Rt#-26
SAN JOAQUIN CO CA 260-C4
N FREMONT ST
MONTEREY CA 258-C4
FRENCH RD
SACRAMENTO CO CA 238-C2
E FRENCH CAMP RD
SAN JOAQUIN CO CA 175-B2
SAN JOAQUIN CO CA 260-D7
E FRENCH CAMP RD Rt#-J9
SAN JOAQUIN CO CA 260-C6
STOCKTON CA 260-C6
W FRENCH CAMP RD
SAN JOAQUIN CO CA 260-B5
STOCKTON CA 260-B5
FRENCH CREEK RD
EL DORADO CO CA 237-A6
FRENCHGLEN RD
LAKE CO OR 152-C1
FRENCHMAN LAKE RD Rt#-284
PLUMAS CO CA 165-B3
FRENCHTOWN RD
BROWNSVILLE CA 170-A1
FRENCHTOWN RD
YUBA CO CA 170-A1
FRESHWATER RD
COLUSA CO CA 169-A2
FRESHWATER KNEELAND RD
HUMBOLDT CO CA 219-C3
FRESNO AV
SOUTH LAKE TAHOE CA 314-A4
S FRESNO AV
SAN JOAQUIN CO CA 339-C9
STOCKTON CA 339-C10
FRESNO ST
FRESNO CA 343-C8
N FRESNO ST
FRESNO CA 264-C3
FRESNO CA 343-E5
FRESNO COALINGA RD Rt#-33
FRESNO CO CA 190-A1
FRESNO COALINGA RD Rt#-145
FRESNO CO CA 181-B3
FRESNO CO CA 190-A1
W FREWERT RD
SAN JOAQUIN CO CA 260-B6
FREY RANCH RD
BUTTE CO CA 164-A3
N FRIANT RD
FRESNO CA 264-C1
FRESNO CO CA 181-C2
FRESNO CO CA 264-C1
FRIARS RD
SAN DIEGO CA 293-D7
SAN DIEGO CA 295-D1
SAN DIEGO CA 371-G7
SAN DIEGO CA 372-F6
FRICOT CITY RD
CALAVERAS CO CA 175-C1
CALAVERAS CO CA 176-A1
FRIDAY RIDGE RD
WILLOW CREEK CA 156-C3
FRIZBEE RD
SISKIYOU CO CA 217-D5
FRONT ST
JOSEPHINE CO OR 149-A1
MONTEREY CO CA 180-A3
SALINAS CA 336-C7
SANTA CRUZ CA 335-D6
SOLEDAD CA 180-A3
FRONT ST Rt#-1
SAN LUIS OBISPO CO CA 272-A1
FRONT ST Rt#-116
SONOMA CO CA 242-A2
FRONT ST Rt#-146
SOLEDAD CA 180-A3
FRONT ST U.S.-95
MINERAL CO NV 178-B1
E FRONT ST Rt#-39
MERRILL OR 150-C3
MERRILL OR 151-A3
N FRONT ST
BURBANK CA 350-G7
LOS ANGELES CA 286-D3
N FRONT ST Rt#-99
CENTRAL POINT OR 149-C2
S FRONT ST Rt#-99
CENTRAL POINT OR 149-C2
W FRONT ST
SELMA CA 264-D7
W FRONT ST Rt#-39
MERRILL OR 150-C3
FRONTAGE RD
CURRY CO OR 148-B2
MOHAVE CO AZ 196-C3
RIVERSIDE CO CA 292-D2
N FRUIT AV
FRESNO CA 343-A4
S FRUIT AV
FRESNO CO CA 264-B6
FRUITDALE DR
GRANTS PASS OR 149-B1
JOSEPHINE CO OR 149-B1
FRUITLAND AV
VERNON CA 282-A5
FRUITLAND RD
LOMA RICA CA 170-A1
LOMA RICA CA 227-D3
YUBA CO CA 170-A1
YUBA CO CA 227-D3
FRUITRIDGE RD
SACRAMENTO CA 238-B1
SACRAMENTO CO CA 238-B1
FRUITVALE AV
KERN CO CA 267-B4
OAKLAND CA 330-F7
FRY RD
SOLANO CO CA 174-B1
FRYE LN
SAN BENITO CO CA 257-C4
FUERTE DR
SAN DIEGO CO CA 296-B1
W FULKERTH RD
STANISLAUS CO CA 261-A6
FULLER DR
SISKIYOU CO CA 218-A3
FULLERTON AV
CORONA CA 208-A2
CORONA CA 284-A7
FULLERTON RD
CITY OF INDUSTRY CA 283-A5
LOS ANGELES CO CA 282-D5
LOS ANGELES CO CA 283-A5
FULMOR RD
HUMBOLDT CO CA 219-A6
FULTON AV
SACRAMENTO CA 235-C7
SACRAMENTO CO CA 235-C7
SACRAMENTO CO CA 320-G4
FULTON RD
SANTA ROSA CA 242-B2
SONOMA CO CA 242-B2
FULTON ST
BERKELEY CA 328-B6
FRESNO CA 343-C6
SAN FRANCISCO CA 325-D6
SAN FRANCISCO CA 326-C6
N FULTON ST
FRESNO CA 343-C5
FULWEILER AV
AUBURN CA 316-D5
FURLONG RD
SONOMA CO CA 242-A3
FURY LN
SAN DIEGO CO CA 296-B1

G

G ST
ANTIOCH CA 248-C4
ARCATA CA 299-C7
CHULA VISTA CA 296-A3
DAVIS CA 318-E5
MERCED CA 181-A1
MODESTO CA 340-D6
SACRAMENTO CA 319-E3
SACRAMENTO CA 320-A4
SAN DIEGO CA 373-D4
G ST Rt#-58
SAN LUIS OBISPO CO CA 271-D3
G ST Rt#-65
LINCOLN CA 235-D1
PLACER CO CA 235-D1
N G ST
SAN BERNARDINO CA 368-D4
S G ST
ARCATA CA 299-C9
SAN BERNARDINO CA 368-D5
S G ST Rt#-65
LINCOLN CA 235-D1
W G ST
GRANTS PASS OR 149-B1
JOSEPHINE CO OR 149-B1
G ST N U.S.-395
LAKEVIEW OR 152-A2
E GABILAN ST
SALINAS CA 336-C6
W GABILAN ST
SALINAS CA 336-B7
GADDY LN
LAKE CO CA 226-A5
GADING RD
HAYWARD CA 250-C4
N GAFFEY ST
LOS ANGELES CA 286-D3
N GAFFEY ST Rt#-110
LOS ANGELES CA 286-D3
S GAFFEY ST
LOS ANGELES CA 286-D3
S GAFFEY ST Rt#-110
LOS ANGELES CA 286-D3
GAGE AV
BELL CA 282-A5
BELL GARDENS CA 282-A5
HUNTINGTON PARK CA 281-D5
HUNTINGTON PARK CA 282-A5
E GAGE AV
BELL GARDENS CA 282-A5
CITY OF COMMERCE CA 282-B5
HUNTINGTON PARK CA 281-D5
W GAGE AV
LOS ANGELES CA 281-C5
GALE AV
CITY OF INDUSTRY CA 282-D5
LOS ANGELES CO CA 282-D5
W GALE AV
FRESNO CO CA 190-B1
GALE RD
KLAMATH CO OR 151-A2
GALICE RD
JOSEPHINE CO OR 148-C1
JOSEPHINE CO OR 149-A1
GALINDO ST
CONCORD CA 247-D5
GALLAGHER AV
TEHAMA CO CA 221-C7
GALLATIN RD
DOWNEY CA 282-B6
GALLERIA BLVD
ROSEVILLE CA 236-A3
GALLETTI DR
SPARKS NV 312-A5
GALLOP LN
RIVERSIDE CO CA 289-A7
GALVIN RD
SONOMA CO CA 239-C2
GARBANI RD
RIVERSIDE CO CA 289-C4
GARCES CIR
BAKERSFIELD CA 344-D3
GARCES HWY
DELANO CA 191-A2
KERN CO CA 190-C2
KERN CO CA 191-A2
GARCES HWY Rt#-155
DELANO CA 191-B2
KERN CO CA 191-B2
GARDEN AV
LINDA CA 310-B6
GARDEN DR
BUTTE CO CA 223-B6
GARDEN HWY
SACRAMENTO CA 235-B6
SACRAMENTO CO CA 234-D5
SACRAMENTO CO CA 235-A5
SUTTER CO CA 169-C2
SUTTER CO CA 227-C7
SUTTER CO CA 234-D2
SUTTER CO CA 235-A4
SUTTER CO CA 309-E8
YUBA CITY CA 227-C7
YUBA CITY CA 309-E8
GARDEN RD
POWAY CA 294-A4
GARDEN ST
SANTA BARBARA CA 348-C5
S GARDEN ST
VENTURA CA 349-A5
GARDENA FRWY Rt#-91
CARSON CA 281-D7
COMPTON CA 281-D7
COMPTON CA 282-A7
LONG BEACH CA 282-A7
LOS ANGELES CA 281-D7
LOS ANGELES CO CA 282-A7
GARDEN BAR RD
NEVADA CO CA 233-B5
PLACER CO CA 233-A7
GARDEN GROVE BLVD
GARDEN GROVE CA 287-D2
GARDEN GROVE CA 362-D8
ORANGE CA 362-D8
SANTA ANA CA 362-D8
STANTON CA 287-D2
WESTMINSTER CA 287-D2
GARDEN GROVE FRWY Rt#-22
GARDEN GROVE CA 287-C2
GARDEN GROVE CA 362-C9
ORANGE CA 288-B2
ORANGE CA 362-C9
ORANGE CO CA 288-B2
SANTA ANA CA 288-A2
SANTA ANA CA 362-C9
SEAL BEACH CA 287-C2
TUSTIN CA 288-B2
WESTMINSTER CA 287-C2
N GARDNER ST
LOS ANGELES CA 351-C10
WEST HOLLYWOOD CA 351-C10
GARDNER FIELD RD
KERN CO CA 199-A1
GARDNER RIDGE RD
CURRY CO OR 148-B2
GAREY AV
POMONA CA 283-B4
SAN BERNARDINO CO CA 283-C4
N GAREY AV
POMONA CA 283-B3
S GAREY AV
POMONA CA 283-B4
GARFIELD AV
ALHAMBRA CA 282-A6
BELL GARDENS CA 282-A6
CITY OF COMMERCE CA 282-A6
DOWNEY CA 282-A6
FOUNTAIN VALLEY CA 287-D4
HUNTINGTON BEACH CA 287-D4
PARAMOUNT CA 282-A6
SACRAMENTO CO CA 235-D6
SOUTH GATE CA 282-A6
SOUTH PASADENA CA 282-A6
N GARFIELD AV
ALHAMBRA CA 282-B3
FRESNO CO CA 264-A3
MONTEBELLO CA 282-B4
MONTEREY PARK CA 282-B4
S GARFIELD AV
ALHAMBRA CA 282-B3
LOS ANGELES CO CA 282-B5
MONTEBELLO CA 282-B5
MONTEREY PARK CA 282-B4
GARFIELD FLAT RD
MINERAL CO NV 178-A1
GARLOCK RD
KERN CO CA 192-C3
GARMIRE RD
SUTTER CO CA 169-C2
GARNER AV
SALINAS CA 336-G5
GARNET AV
SAN DIEGO CA 371-C2
GARNET RD
MOHAVE CO AZ 204-B1
GARNIER RD Rt#-A26
LASSEN CO CA 165-B2
GARRAPATA RIDGE RD
MONTEREY CO CA 258-B7
GARRARD BLVD
RICHMOND CA 246-D5
GARST RD
STANISLAUS CO CA 261-C3
GARTHWAITE WK
LOS ANGELES CA 281-C5
GARVEY AV
EL MONTE CA 282-B4
ROSEMEAD CA 282-B4
E GARVEY AV
EL MONTE CA 282-C4
LOS ANGELES CO CA 282-C4
MONTEREY PARK CA 282-B4
ROSEMEAD CA 282-B4
SOUTH EL MONTE CA 282-C4
W GARVEY AV
ALHAMBRA CA 282-B4
MONTEREY PARK CA 282-B4
GARWOOD RD
SUTTER CO CA 235-A1
GARZAS TR
MONTEREY CO CA 258-C7
GAS POINT RD
COTTONWOOD CA 163-A1
SHASTA CO CA 163-A1
GATES RD
STANISLAUS CO CA 175-B3
GATEWAY BLVD
LOS ANGELES CA 353-G9
SOUTH SAN FRANCISCO CA 327-D1
GATEWAY DR Rt#-145
MADERA CA 181-B2
N GATEWAY DR
MADERA CA 181-B2
MADERA CO CA 181-B2
S GATEWAY DR
MADERA CA 181-B2
GAVILAN RD
RIVERSIDE CO CA 208-A2
RIVERSIDE CO CA 289-A1
GAYLEY AV
LOS ANGELES CA 353-F3
GAZELLE CALLAHAN RD
SISKIYOU CO CA 157-C2
SISKIYOU CO CA 158-A1
GEARY BLVD
SAN FRANCISCO CA 325-B5
SAN FRANCISCO CA 326-C5
GEARY RD
CONTRA COSTA CO CA 247-D6
PLEASANT HILL CA 247-D6
WALNUT CREEK CA 247-D6
GEARY ST
SAN FRANCISCO CA 326-D5
GEER RD Rt#-J14
STANISLAUS CO CA 261-C5
TURLOCK CA 261-C5
GEIGER GRADE Rt#-341
LYON CO NV 232-C1
GEM LN
SAN DIEGO CO CA 294-C3
GENE AUTRY TR
PALM SPRINGS CA 290-A3
PALM SPRINGS CA 367-G2
GENE AUTRY TR Rt#-111
PALM SPRINGS CA 290-B4
PALM SPRINGS CA 367-G3
E GENE AUTRY WY
ANAHEIM CA 362-E5
GENERALS HWY Rt#-198
TULARE CO CA 182-B3
GENERALS HWY Rt#-198
TULARE CO CA 265-C3
GENESEE AV
SAN DIEGO CA 293-C6
SAN DIEGO CA 370-G1
SAN DIEGO CA 372-C2
GENESEE AV Rt#-S21
SAN DIEGO CA 293-B5
GENEVA AV
BRISBANE CA 249-C3
DALY CITY CA 249-C3
SAN FRANCISCO CA 249-C3
GENOA LN Rt#-206
DOUGLAS CO NV 232-A6
GENTRY RD Rt#-S30
IMPERIAL CO CA 210-A3
IMPERIAL CO CA 214-A1
GEORGETOWN RD Rt#-193
EL DORADO CO CA 236-D1
EL DORADO CO CA 237-B2
EL DORADO CO CA 317-D1
PLACERVILLE CA 317-D1
GEORGE WASHINGTON BLVD
SUTTER CO CA 227-B7
N GEORGE WASHINGTON BLVD
SUTTER CO CA 227-B6
S GEORGE WASHINGTON BLVD
SUTTER CO CA 169-C2
SUTTER CO CA 227-B7
S GEORGE WASHINGTON BLVD Rt#-1
SUTTER CO CA 169-C2
GEORGIA AV
BOULDER CITY NV 269-C7
GEORGIA ST
VALLEJO CA 247-B2
GEORGIA PACIFIC WY
BUTTE CO CA 223-B7
GERALD FORD DR
PALM DESERT CA 290-B4
GERBER RD
KLAMATH CO OR 151-B2
SACRAMENTO CO CA 238-C2
TEHAMA CO CA 221-C5
GERBER RANCH RD
KLAMATH CO OR 151-B2
GERRY ADAMS WY
OAKLAND CA 329-F6
E GETTYSBURG AV
FRESNO CO CA 264-C3
W GETTYSBURG AV
FRESNO CA 264-B3
GEYSERS RD
SONOMA CO CA 239-D1
SONOMA CO CA 240-A2
GEYSERS RESORT RD
SONOMA CO CA 240-B2
GHOST TOWN RD
SAN BERNARDINO CO CA 201-C1
GIANT RD
SAN PABLO CA 246-D5
GIBBON RD
JACKSON CO OR 149-C1
GIBRALTAR RD
SANTA BARBARA CA 348-F2
SANTA BARBARA CO CA 274-D6
SANTA BARBARA CO CA 348-F2
GIBSON RD
WOODLAND CA 234-B5
W GIBSON RD
WOODLAND CA 234-B5
S GIDDINGS ST
VISALIA CA 266-B3
GIFFORD RD
SUTTER CO CA 234-D3
GIFT RD
KLAMATH CO OR 151-B2
E GILBERT ST
SAN BERNARDINO CA 368-F1
GILLESPIE ST
SANTA BARBARA CA 348-B7
GILLIS CANYON RD
SAN LUIS OBISPO CO CA 190-A3
GILMAN Rt#-756
DOUGLAS CO NV 232-B7
GILMAN DR
SAN DIEGO CA 370-F4
GILMAN RD
SHASTA CO CA 220-C1
GILMAN SPRINGS RD
MORENO VALLEY CA 285-C6
RIVERSIDE CO CA 208-C2
RIVERSIDE CO CA 285-C6
GILMAN SPRINGS RD Rt#-79
RIVERSIDE CO CA 208-C2
N GINEVRA WK
LONG BEACH CA 287-B3
GIRARD AV
SAN DIEGO CA 370-B7
GIRARD RIDGE RD
SHASTA CO CA 158-A2
SHASTA CO CA 218-B7
GIRD RD
SAN DIEGO CO CA 292-C3
GIUNTOLI LN
ARCATA CA 299-D2
GLACIER LODGE RD
INYO CO CA 183-A1
GLACIER POINT RD
MARIPOSA CO CA 262-B5
GLADSTONE ST
AZUSA CA 282-D3
IRWINDALE CA 282-D3
E GLADSTONE ST
LOS ANGELES CO CA 283-A3
GLASS CREEK RD
MONO CO CA 263-C4
N GLASSELL ST
ANAHEIM CA 288-A1
ORANGE CA 288-A1
ORANGE CO CA 288-A1
S GLASSELL ST
ORANGE CA 288-A2
GLEN DR
BUTTE CO CA 223-C6
OROVILLE CA 223-C6
GLEN RD
SOUTH LAKE TAHOE CA 314-F3
GLEN ST
EUREKA CA 300-B5
GLENALBYN WK
LOS ANGELES CA 282-A3
GLENBURN RD
SHASTA CO CA 159-A2
GLEN CANYON RD
SANTA CRUZ CA 335-E1
SANTA CRUZ CO CA 255-D2
SANTA CRUZ CO CA 335-E1
GLENCOE AV
CULVER CITY CA 357-G5
LOS ANGELES CA 357-G5
GLENDALE AV
BERKELEY CA 328-C4
E GLENDALE AV Rt#-648
RENO NV 311-G5
RENO NV 312-B5
SPARKS NV 312-B5
N GLENDALE AV
GLENDALE CA 281-D2
S GLENDALE AV
GLENDALE CA 281-D2
GLENDALE CA 352-G3
LOS ANGELES CA 352-G5
GLENDALE BLVD
GLENDALE CA 352-F6
LOS ANGELES CA 352-F6
LOS ANGELES CA 355-F1
GLENDALE BLVD Rt#-2
LOS ANGELES CA 352-G9
GLENDALE FRWY Rt#-2
GLENDALE CA 281-D3
LA CANADA FLINTRIDGE CA 281-D3
LOS ANGELES CA 281-D3
LOS ANGELES CA 352-G8
N GLENDORA AV
COVINA CA 283-A3
LA PUENTE CA 282-D4
LOS ANGELES CO CA 283-A3
S GLENDORA AV
GLENDORA CA 283-A2
LA PUENTE CA 282-D4
LOS ANGELES CO CA 282-D4
WEST COVINA CA 282-D4
GLENDORA MOUNTAIN RD
LOS ANGELES CO CA 283-A1
GLENDORA RIDGE RD
LOS ANGELES CO CA 283-B1
GLENMORE WY
EL DORADO CO CA 171-B2
GLENN DR
SUSANVILLE CA 304-B3
GLN ANDRSN FWY & TRNS WY I-105
DOWNEY CA 282-A7
EL SEGUNDO CA 358-D9
HAWTHORNE CA 281-C6
HAWTHORNE CA 358-D9
INGLEWOOD CA 281-C6
LOS ANGELES CA 281-D6
LOS ANGELES CA 358-D9
LOS ANGELES CO CA 358-D9
LYNWOOD CA 281-D6
LYNWOOD CA 282-A7
NORWALK CA 282-A7
PARAMOUNT CA 282-A7
SOUTH GATE CA 282-A7
GLENN COOLIDGE DR
SANTA CRUZ CA 335-B4
GLENNEYRE ST
LAGUNA BEACH CA 365-B4
GLENN RANCH RD
LAKE FOREST CA 288-D4
GLENOAKS BLVD
LOS ANGELES CA 277-B6
LOS ANGELES CA 350-B1
GLEN OAKS BLVD
PASADENA CA 359-A6
GLENOAKS BLVD
SAN FERNANDO CA 277-B6
N GLENOAKS BLVD
BURBANK CA 281-C1
BURBANK CA 350-E4
LOS ANGELES CA 350-E4
S GLENOAKS BLVD
BURBANK CA 281-C1
GLENDALE CA 281-C2
W GLENOAKS BLVD
BURBANK CA 281-D2
GLENDALE CA 281-D2
GLENSHIRE DR
TRUCKEE CA 229-A6
GLENWOOD AV
BUTTE CO CA 305-C7
GLENWOOD CIR
MONTEREY CA 337-G9
GLENWOOD DR
ALISO VIEJO CA 288-C6
SANTA CRUZ CO CA 255-D1
GLENWOOD WY
SOUTH LAKE TAHOE CA 314-D3
GLORIA DR
SACRAMENTO CA 238-A1
GLORIA TER
SHASTA CO CA 220-C4
GLORIETTA BLVD
CORONADO CA 373-D8
E GOBBI ST
UKIAH CA 308-E5
W GOBBI ST
UKIAH CA 308-D5
GOBLE LN
HUMBOLDT CO CA 219-A7
GODDE HILL RD
LOS ANGELES CO CA 200-B2
PALMDALE CA 200-B2
GODOWA SPRINGS RD
KLAMATH CO OR 151-A1
GODWIN RD
SAN BERNARDINO CO CA 209-C1
GOETZ RD
CANYON LAKE CA 289-B3
PERRIS CA 289-B2
RIVERSIDE CO CA 289-B3
GOFFS RD U.S.-66 Hist
SAN BERNARDINO CO CA 203-C1
GOLD ST Rt#-273
REDDING CA 301-F6
GOLD COUNTRY BLVD
SACRAMENTO CO CA 236-A6
GOLD COUNTRY HWY Rt#-49
AMADOR CO CA 170-C3
AMADOR CO CA 175-C1
ANGELS CAMP CA 175-C1
CALAVERAS CO CA 175-C1
CALAVERAS CO CA 176-A2

CRA

INDEX

GOLD COUNTRY HWY Rt#-49 STREET INDEX N HARBOR BLVD 390

STREET City State Page-Grid

GOLD COUNTRY HWY Rt#-49
EL DORADO CO CA 170-C3
EL DORADO CO CA 237-B6
JACKSON CA 175-C1
MARIPOSA CO CA 176-A2
PLYMOUTH CA 175-C1
SAN ANDREAS CA 175-C1
SONORA CA 341-D3
SUTTER CREEK CA 175-C1
TUOLUMNE CO CA 176-A2
TUOLUMNE CO CA 341-C1
GOLDEN CENTER FRWY Rt#-20
GRASS VALLEY CA 315-E6
NEVADA CITY CA 315-G1
NEVADA CO CA 315-F4
GOLDEN CENTER FRWY Rt#-49
GRASS VALLEY CA 233-C2
GRASS VALLEY CA 315-B10
GRASS VALLEY CA 315-D6
GOLDEN GATE AV
SAN FRANCISCO CA 326-A6
GOLDEN GATE BRDG U.S.-101
MARIN CO CA 246-C7
SAN FRANCISCO CA 246-C7
SAN FRANCISCO CA 249-C1
SAN FRANCISCO CA 325-D1
GOLDEN GATE BRIDGE FRWY U.S.-1
SAN FRANCISCO CA 246-C7
SAN FRANCISCO CA 249-C1
SAN FRANCISCO CA 325-D1
GOLDEN LANTERN
LAGUNA NIGUEL CA 288-C7
SAN JUAN CAPISTRANO CA 288-C7
GOLDEN SPRINGS DR
DIAMOND BAR CA 283-B4
GOLDEN STATE AV Rt#-204
BAKERSFIELD CA 344-D3
KERN CO CA 344-B1
GOLDEN STATE BLVD
FOWLER CA 264-C6
FRESNO CA 264-C6
FRESNO CA 343-E10
FRESNO CO CA 181-C3
FRESNO CO CA 264-C6
KINGSBURG CA 181-C3
SELMA CA 181-C3
GOLDEN STATE BLVD Rt#-99
MERCED CO CA 261-D7
N GOLDEN STATE BLVD
FOWLER CA 264-D7
FRESNO CA 264-A3
FRESNO CO CA 264-D7
SELMA CA 264-D7
N GOLDEN STATE BLVD Rt#-99
TURLOCK CA 261-C6
N GOLDEN STATE BLVD Rt#-99 Bus
STANISLAUS CO CA 261-C5
S GOLDEN STATE BLVD Rt#-99
MERCED CO CA 261-D7
STANISLAUS CO CA 261-D7
TURLOCK CA 261-D7
GOLDEN STATE FRWY I-5
BURBANK CA 281-C1
BURBANK CA 350-D4
GLENDALE CA 281-C2
KERN CO CA 199-C2
LOS ANGELES CA 277-A5
LOS ANGELES CA 281-B1
LOS ANGELES CA 350-D4
LOS ANGELES CA 352-D2
LOS ANGELES CA 356-E3
LOS ANGELES CO CA 199-C2
LOS ANGELES CO CA 276-B1
LOS ANGELES CO CA 277-A5
SANTA CLARITA CA 276-B1
GOLDEN STATE HWY Rt#-99
BAKERSFIELD CA 267-C3
KERN CO CA 267-C3
GOLDENWEST ST
HUNTINGTON BEACH CA 287-C4
WESTMINSTER CA 287-C4
N GOLDENWEST ST
HUNTINGTON BEACH CA 287-C4
GOLDFINCH ST
SAN DIEGO CA 372-D10
GOLD FLAT RD
NEVADA CITY CA 315-F4
GOLD HILL RD
EL DORADO CO CA 237-A3
GOLD HILL SPUR Rt#-99
GOLD HILL OR 149-B1
JACKSON CO OR 149-B1
GOLD RUN RD
LASSEN CO CA 164-C1
GOLD SPRINGS ST Rt#-E18
TUOLUMNE CO CA 176-A2
GOLD STRIKE RD
CALAVERAS CO CA 175-C1
SAN ANDREAS CA 175-C1
GOLF CENTER PKWY Rt#-111
INDIO CA 209-B2
GOLFCREST DR
SAN DIEGO CA 294-A7
GOLF LINKS RD
OAKLAND CA 250-C2
GONDER RD Rt#-S32
IMPERIAL CO CA 214-B1
GONDER RD Rt#-S33
IMPERIAL CO CA 214-B1
GONZALES RD
OXNARD CA 275-A6
VENTURA CO CA 275-A6
GONZALES RIVER RD
MONTEREY CO CA 259-D6
E GOODFELLOW AV
FRESNO CO CA 181-C3
FRESNO CO CA 182-A3
GOPHER CANYON RD
SAN DIEGO CO CA 292-C5
GORMAN POST RD
LOS ANGELES CO CA 199-C2
GOSFORD RD
BAKERSFIELD CA 267-B7
KERN CO CA 267-B7
GOSHEN AV Rt#-J32
TULARE CO CA 266-B2
GOSHEN AV Rt#-J32
VISALIA CA 266-B2
E GOSHEN AV
TULARE CO CA 266-C2
VISALIA CA 266-C2
GOSS AV
SANTA CRUZ CA 335-F5
GOTHARD ST
HUNTINGTON BEACH CA 287-C4
GOUGH ST
SAN FRANCISCO CA 326-C3
GOVER RD
SHASTA CO CA 163-B1
GOVERNOR DR
SAN DIEGO CA 293-C6
GOWAN ST
CORONADO CA 373-A5
N GOWER ST
LOS ANGELES CA 351-F10
E GRADE RD Rt#-S7
SAN DIEGO CO CA 208-C3
SAN DIEGO CO CA 209-A3
S GRADE RD Rt#-S6
SAN DIEGO CO CA 208-C3
W GRAHAM AV
LAKE ELSINORE CA 289-A4
GRAHAM WY
HUMBOLDT CO CA 219-B6
GRAHAM HILL RD
SANTA CRUZ CA 335-C1
SANTA CRUZ CO CA 255-D2
SANTA CRUZ CO CA 335-C1
GRAHAM PASS RD
RIVERSIDE CO CA 210-C2
GRAHAMS WELL RD
LA PAZ CO AZ 211-C1
GRAINLAND RD
BUTTE CO CA 163-B3
GRAMERCY DR
SAN DIEGO CA 293-D7
GRAND AV
BUTTE CO CA 223-B7
CHINO CA 283-B5
CHINO HILLS CA 283-B5
CITY OF INDUSTRY CA 283-B5
DIAMOND BAR CA 283-B5
LAKE ELSINORE CA 208-A2
LAKE ELSINORE CA 289-A5
LINDA CA 310-B9
OAKLAND CA 330-D1
OJAI CA 275-A1
PIEDMONT CA 330-D1
RIVERSIDE CA 366-A6
RIVERSIDE CO CA 208-A2
RIVERSIDE CO CA 289-D3
SACRAMENTO CA 235-B6
SAN DIEGO CA 371-A3
SAN DIEGO CO CA 296-B2
SAN LUIS OBISPO CA 347-E3
SAN LUIS OBISPO CO CA 347-E3
SAN RAFAEL CA 324-E6
SANTA BARBARA CO CA 273-B2
SOUTH SAN FRANCISCO CA 249-C4
SUSANVILLE CA 304-C4
VENTURA CO CA 199-B3
GRAND AV Rt#-74
LAKE ELSINORE CA 208-A2
RIVERSIDE CO CA 208-A2
E GRAND AV
ARROYO GRANDE CA 272-A1
GROVER BEACH CA 272-A1
E GRAND AV Rt#-227
ARROYO GRANDE CA 272-A1
N GRAND AV
CITY OF INDUSTRY CA 283-A4
COVINA CA 283-A2
GLENDORA CA 283-A2
LOS ANGELES CA 356-B3
LOS ANGELES CO CA 283-A4
SANTA ANA CA 288-A3
WALNUT CA 283-A4
WEST COVINA CA 283-A2
S GRAND AV
COVINA CA 283-A3
GLENDORA CA 283-A3
LOS ANGELES CA 355-G5
LOS ANGELES CA 356-A5
LOS ANGELES CO CA 283-A3
SANTA ANA CA 288-A3
WEST COVINA CA 283-A3
W GRAND AV
GROVER BEACH CA 272-A1
OAKLAND CA 329-E2
OAKLAND CA 330-A3
W GRAND AV Rt#-S6
ESCONDIDO CA 293-D1
GRAND BLVD
LOS ANGELES CA 357-D5
GRAND ST
ALAMEDA CA 330-B10
S GRANDE VISTA AV
LOS ANGELES CA 356-F9
VERNON CA 356-F9
GRAND ISLAND RD Rt#-220
SACRAMENTO CO CA 174-C1
GRANDVIEW DR
SAN DIEGO CO CA 296-B1
GRANGE RD
SONOMA CO CA 242-D4
GRANGEVILLE BLVD
KINGS CO CA 190-C1
KINGS CO CA 191-A1
E GRANGEVILLE BLVD
HANFORD CA 190-C1
KINGS CO CA 190-C1
W GRANGEVILLE BLVD
HANFORD CA 190-B1
KINGS CO CA 190-B1
GRANITE RD
KERN CO CA 191-B3
KERN CO CA 267-C2
GRANITE HILL RD
JOSEPHINE CO OR 149-B1
GRANITEVILLE RD
NEVADA CO CA 170-C1
SIERRA CO CA 170-C1
GRANT AV
ALAMEDA CO CA 250-C4
GRANT AV Rt#-128
WINTERS CA 244-D1
YOLO CO CA 244-D1
GRANT RD
LOS ALTOS CA 253-A3
GRANT RD
MOUNTAIN VIEW CA 253-A3
GRANT ST
ROSEVILLE CA 235-D4
SANTA CRUZ CA 335-E5
N GRANTLAND AV
FRESNO CO CA 264-A3
GRANT LINE RD
SACRAMENTO CO CA 170-A3
SACRAMENTO CO CA 175-A1
SACRAMENTO CO CA 236-B7
GRANT LINE RD Rt#-E2
ELK GROVE CA 238-D4
SACRAMENTO CO CA 175-A1
SACRAMENTO CO CA 238-D4
E GRANT LINE RD Rt#-J4
TRACY CA 175-A3
W GRANT LINE RD
TRACY CA 175-A3
W GRANT LINE RD Rt#-J4
SAN JOAQUIN CO CA 175-A3
TRACY CA 175-A3
GRAPE ST
SAN DIEGO CA 374-B2
GRAPEFRUIT BLVD Rt#-86
COACHELLA CA 209-B2
GRAPEFRUIT BLVD Rt#-111
COACHELLA CA 209-B2
RIVERSIDE CO CA 209-B2
GRASS VALLEY HWY Rt#-49
AUBURN CA 316-D4
PLACER CO CA 233-C7
PLACER CO CA 316-D4
GRASS VALLEY RD
SAN BERNARDINO CO CA 278-C7
GRATON RD
SONOMA CO CA 173-B1
SONOMA CO CA 242-A3
N GRATTON RD
STANISLAUS CO CA 261-D5
GRAVENSTEIN HWY Rt#-116
COTATI CA 242-A2
SONOMA CO CA 242-A2
GRAVENSTEIN HWY N Rt#-116
SONOMA CO CA 242-A2
GRAVENSTEIN HWY S Rt#-116
SEBASTOPOL CA 242-B3
SONOMA CO CA 242-B3
E GRAVES LN
CARSON CITY NV 313-F2
GRAY AV
YUBA CITY CA 309-D2
GRAYBACK RD
JOSEPHINE CO OR 149-A2
E GRAYSON RD
STANISLAUS CO CA 261-C5
W GRAYSON RD Rt#-J16
STANISLAUS CO CA 175-B3
STANISLAUS CO CA 261-A5
GREAT HWY
SAN FRANCISCO CA 249-B1
SAN FRANCISCO CA 325-A6
GREAT MALL PKWY
MILPITAS CA 253-D2
GREAT NORTHERN RD
MODOC CO CA 151-A3
GREAT STHN OVLD STG RT OF 1849
SAN DIEGO CO CA 213-A1
GREELEY HILL RD
MARIPOSA CO CA 176-B3
GREEN RD
SAN BERNARDINO CO CA 201-A3
SONOMA CO CA 239-D1
GREEN RD Rt#-S33
IMPERIAL CO CA 214-B1
GREEN ST
LYON CO NV 172-A1
TEHACHAPI CA 200-A1
E GREEN ST
PASADENA CA 359-D7
W GREEN ST
PASADENA CA 359-B7
GREENBACK LN
FOLSOM CA 236-B5
SACRAMENTO CO CA 235-D5
SACRAMENTO CO CA 236-A5
GREENBACK LN Rt#-E14
CITRUS HEIGHTS CA 235-D5
CITRUS HEIGHTS CA 236-A5
FOLSOM CA 236-A5
SACRAMENTO CO CA 235-D5
SACRAMENTO CO CA 236-A5
GREEN CANYON RD
SAN DIEGO CO CA 292-B4
GREEN CREEK RD
MONO CO CA 177-A2
GREENFIELD DR
EL CAJON CA 294-C7
SAN DIEGO CO CA 294-C7
GREEN HILL RD
SONOMA CO CA 242-A3
GREENHORN RD
NEVADA CO CA 233-D2
NEVADA CO CA 315-G9
GREENLEAF AV
WHITTIER CA 282-C5
GREENSPOT BLVD Rt#-38
SAN BERNARDINO CO CA 279-D6
S GREENSPOT BLVD Rt#-38
SAN BERNARDINO CO CA 279-D6
GREENSPOT RD
HIGHLAND CA 285-B2
GREEN SPRINGS HWY Rt#-66
ASHLAND OR 149-C2
JACKSON CO OR 149-C2
JACKSON CO OR 150-A2
KLAMATH CO OR 150-A2
KLAMATH FALLS OR 150-A2
GREEN SPRINGS HWY Rt#-140
KLAMATH CO OR 150-C2
GREENSTONE RD
EL DORADO CO CA 237-A5
GREEN TREE BLVD
VICTORVILLE CA 278-B2
GREEN VALLEY PKWY
HENDERSON NV 268-D5
N GREEN VALLEY PKWY
HENDERSON NV 268-D5
S GREEN VALLEY PKWY
HENDERSON NV 268-D6
GREEN VALLEY RD
DANVILLE CA 248-A7
EL DORADO CO CA 236-B5
EL DORADO CO CA 237-A4
EL DORADO CO CA 317-A5
FAIRFIELD CA 244-B7
FOLSOM CA 236-B5
PLACERVILLE CA 317-B5
SANTA CRUZ CO CA 256-C4
SOLANO CO CA 244-B7
SONOMA CO CA 242-A2
WATSONVILLE CA 256-C4
GREEN VALLEY LAKE RD
SAN BERNARDINO CO CA 279-A7
GREENVILLE RD
ALAMEDA CO CA 251-D3
GREENWALD AV
RIVERSIDE CO CA 289-A3
N GREENWAY DR Rt#-38
SAN BERNARDINO CO CA 279-D6
GREENWICH VILLAGE
HERMOSA BEACH CA 286-B1
GREENWOOD AV
MONTEBELLO CA 282-B5
S GREENWOOD AV
MONTEBELLO CA 282-B5
GREENWOOD RD
EL DORADO CO CA 237-A1
MENDOCINO CO CA 168-A2
GREG ST
SPARKS NV 312-E6
E GREG ST
SPARKS NV 312-G6
GREGGS HIDEOUT RD
MOHAVE CO AZ 196-B1
GREGORY AV
WEST SACRAMENTO CA 238-A1
GREGORY LN
PLEASANT HILL CA 247-D5
E GREGORY RD
JACKSON CO OR 149-C1
GREGORY CREEK RD
SHASTA CO CA 220-B1
GREVIE RD
COLUSA CO CA 169-B2
GREY EAGLE RD
EL DORADO CO CA 237-B1
GRIDER RD
SISKIYOU CO CA 149-B3
GRIDLEY RD
COLUSA CO CA 169-B1
E GRIDLEY RD
BUTTE CO CA 227-B1
GRIDLEY CA 227-B1
GRIFFIN AV
LOS ANGELES CA 282-A3
LOS ANGELES CA 356-E2
N GRIFFIN AV
LOS ANGELES CA 356-E1
N GRIFFIN RD
STANISLAUS CO CA 261-C6
GRIFFIN ST
SALINAS CA 336-D6
GRIFFIN CREEK RD
JACKSON CO OR 149-C2
GRIFFITH AV
LINDA CA 227-D6
MERCED CO CA 180-C1
MERCED CO CA 261-D7
YUBA CO CA 227-D6
GRIFFITH PARK BLVD
LOS ANGELES CA 352-E9
GRIFFITH PARK DR
LOS ANGELES CA 352-A1
GRIMES ARBUCKLE RD
ARBUCKLE CA 169-B2
COLUSA CO CA 169-B2
GRIMES CANYON RD
VENTURA CO CA 199-B3
GRIMES CANYON RD Rt#-23
VENTURA CO CA 199-B3
GRIMKE WK
LOS ANGELES CA 282-A3
GRIMMER BLVD
FREMONT CA 251-A6
GRIZZLY RD
PLUMAS CO CA 165-A3
GRIZZLY BLUFF RD
HUMBOLDT CO CA 219-A7
GRIZZLY FLAT RD
EL DORADO CO CA 170-C3
EL DORADO CO CA 237-D6
GRIZZLY ISLAND RD
SOLANO CO CA 248-A2
GRIZZLY PEAK BLVD
BERKELEY CA 328-B1
CONTRA COSTA CO CA 247-B7
CONTRA COSTA CO CA 328-F5
OAKLAND CA 247-B7
OAKLAND CA 328-E4
GRIZZLY PEAK RD
SISKIYOU CO CA 158-C2
GROSSMONT CENTER DR
LA MESA CA 294-A7
LA MESA CA 296-B1
GROVE AV
ONTARIO CA 283-D5
SAN BERNARDINO CO CA 283-D6
UKIAH CA 308-C4
N GROVE AV
RANCHO CUCAMONGA CA 283-D3
UPLAND CA 283-D3
S GROVE AV
ONTARIO CA 283-D4
GROVE ST
SONOMA CO CA 322-A6
GROVE WY
ALAMEDA CO CA 250-C3
GROVE SHAFTER FRWY I-980
OAKLAND CA 329-G4
OAKLAND CA 330-A3
GROVE SHAFTER FRWY Rt#-24
OAKLAND CA 330-A2
GRUBBS RD
BUTTE CO CA 170-A1
GUADALUPE FRWY Rt#-87
SAN JOSE CA 253-D4
SAN JOSE CA 333-F6
SAN JOSE CA 334-A10
SANTA CLARA CO CA 253-D4
GUADALUPE PKWY
SAN JOSE CA 333-C1
GUADALUPE RD Rt#-1
SAN LUIS OBISPO CO CA 272-B3
GUADALUPE ST Rt#-1
GUADALUPE CA 272-B4
GUADALUPE CANYON PKWY
SAN MATEO CO CA 249-C3
N GUARD RD
SAN JOAQUIN CO CA 260-A1
GUAVA ST
MURRIETA CA 289-C7
GUERNEVILLE RD
SANTA ROSA CA 242-C2
SANTA ROSA CA 321-A5
SONOMA CO CA 242-B2
SONOMA CO CA 321-A5
GUERRERO ST
SAN FRANCISCO CA 326-C8
GUIBERSON RD
VENTURA CO CA 199-C3
VENTURA CO CA 276-A5
GUMTREE LN
SAN DIEGO CO CA 292-B3
GUNN AV
LOS ANGELES CO CA 282-C6
GUNNERSON ST
LAKE ELSINORE CA 289-A4
GUNN STAGE RD
SAN DIEGO CO CA 294-D3
N GURR RD
MERCED CO CA 180-C1
S GURR RD
MERCED CO CA 180-C1
GUTIERREZ ST
SANTA BARBARA CA 348-F7
GUYS GULCH RD
SISKIYOU CO CA 217-B6
GYLE RD
TEHAMA CO CA 221-B6
GYLE RD Rt#-A11
TEHAMA CA 221-C6
TEHAMA CO CA 221-C6
GYPSUM CANYON RD
ANAHEIM CA 283-C7
S GYPSUM CANYON RD
ANAHEIM CA 283-C7
ANAHEIM CA 288-C1

H

H ST
ARCATA CA 299-C7
BAKERSFIELD CA 267-C6
BAKERSFIELD CA 344-C5
BENICIA CA 247-C3
CHULA VISTA CA 295-D4
CHULA VISTA CA 296-A4
EUREKA CA 300-D6
FRESNO CA 343-C7
HUMBOLDT CO CA 300-D6
KERN CO CA 267-C6
KERN CO CA 344-C7
LINCOLN CA 235-D1
LOS BANOS CA 180-B2
MARYSVILLE CA 310-A3
MODESTO CA 340-D6
OXNARD CA 275-B6
SACRAMENTO CA 319-E3
SACRAMENTO CA 320-C5
SAN RAFAEL CA 324-C6
TEHACHAPI CA 200-A1
E H ST
CHULA VISTA CA 296-A3
SAN DIEGO CO CA 296-A3
N H ST
FRESNO CA 343-B6
SAN BERNARDINO CA 368-C1
N H ST Rt#-1
LOMPOC CA 198-A2
SANTA BARBARA CO CA 198-A2
HACIENDA AV
DESERT HOT SPRINGS CA 290-A1
RIVERSIDE CO CA 290-A1
E HACIENDA AV
PARADISE NV 346-G6
HACIENDA BLVD
CALIFORNIA CITY CA 200-B1
LA PUENTE CA 282-D4
N HACIENDA BLVD
CITY OF INDUSTRY CA 282-D4
LA PUENTE CA 282-D4
LOS ANGELES CO CA 282-D4
S HACIENDA BLVD
CITY OF INDUSTRY CA 282-D5
LOS ANGELES CO CA 282-D5
HACIENDA DR
PLEASANTON CA 251-B3
VISTA CA 292-B6
HACIENDA RD
LA HABRA CA 282-D6
LA HABRA HEIGHTS CA 282-D6
LOS ANGELES CO CA 282-D6
ORANGE CO CA 282-D6
HACKMAN RD
SOLANO CO CA 174-C1
HACKSTAFF RD
LASSEN CO CA 165-B2
HAGEMAN RD
BAKERSFIELD CA 267-B4
KERN CO CA 267-A4
HAGEN RD
NAPA CA 323-G3
NAPA CO CA 323-G3
HAHN RD
COLUSA CO CA 169-B2
HALCON RD
ATASCADERO CA 271-D2
HALCYON DR
SAN LEANDRO CA 250-C3
HALCYON RD
SAN LUIS OBISPO CO CA 272-A2
HALE AV
ESCONDIDO CA 293-D1
MORGAN HILL CA 254-B7
HALE CREEK RD
SAN LUIS OBISPO CO CA 271-C3
HALEY ST
BAKERSFIELD CA 267-D4
SANTA BARBARA CA 348-E7
HALF MOON BAY RD Rt#-92
HALF MOON BAY CA 249-C7
HALF MOON BAY CA 252-A1
HALF MOON BAY RD Rt#-92
SAN MATEO CO CA 249-C7
HALL AV
HUMBOLDT CO CA 219-C3
HALL RD
SONOMA CO CA 242-B2
TEHAMA CO CA 163-B3
TEHAMA CO CA 221-D7
HALL RD Rt#-A9
TEHAMA CO CA 163-B3
TEHAMA CO CA 221-D7
HALL RD Rt#-G12
MONTEREY CO CA 256-D6
HALL ST
MARYSVILLE CA 310-D1
HALLIBURTON RD
LOS ANGELES CO CA 282-D5
HALLWOOD BLVD
YUBA CO CA 227-D5
W HALLWOOD BLVD
YUBA CO CA 227-D5
S HAM LN
LODI CA 260-B1
HAMBONE RD
SISKIYOU CO CA 158-C2
HAMERTON AV
SAN FRANCISCO CA 249-C2
HAMILTON AV
CAMPBELL CA 253-C4
HUNTINGTON BEACH CA 287-D5
SAN JOSE CA 253-C4
SANTA CLARA CO CA 253-C4
E HAMILTON AV
CAMPBELL CA 253-C4
FRESNO CA 343-G9
SAN JOSE CA 253-C4
W HAMILTON AV
CAMPBELL CA 253-C4
SAN JOSE CA 253-C4
HAMILTON LN
SAN DIEGO CO CA 292-C3
HAMILTON RD
DEL NORTE CO CA 216-C6
E HAMILTON RD
BUTTE CO CA 169-C1
W HAMILTON RD
BUTTE CO CA 169-C1
HAMILTON WK
LOS ANGELES CA 286-C4
HAMILTON NORD CANA HWY
BUTTE CO CA 163-B3
E HAMMER LN Rt#-J8
SAN JOAQUIN CO CA 260-B3
STOCKTON CA 260-B3
W HAMMER LN
STOCKTON CA 260-B3
W HAMMER LN Rt#-J8
SAN JOAQUIN CO CA 260-B3
STOCKTON CA 260-B3
HAMMETT RD
STANISLAUS CO CA 175-B3
HAMMOND RD
RIVERSIDE CO CA 209-C2
E HAMMOND ST Rt#-J5
SAN JOAQUIN CO CA 175-B1
HAMMONTON SMARTVILLE RD
LINDA CA 310-D7
LINDA CA 310-F5
YUBA CO CA 170-A2
YUBA CO CA 227-D6
YUBA CO CA 310-F5
HAMNER AV
NORCO CA 284-A7
ONTARIO CA 284-A6
RIVERSIDE CO CA 284-A6
SAN BERNARDINO CO CA 284-A6
HANCOCK AV
MURRIETA CA 289-C6
HANFORD ST Rt#-49
SUTTER CREEK CA 175-C1
HANLEY RD
CENTRAL POINT OR 149-C2
JACKSON CO OR 149-C2
HANSEN AV
RIVERSIDE CO CA 289-D1
HANSEN ST
SALINAS CA 336-F9
HANSON LN
SAN DIEGO CO CA 294-C3
HAPPY CAMP RD
JOSEPHINE CO OR 149-A2
HAPPY CAMP CANYON RD
VENTURA CO CA 276-A5
HAPPY CAMP DUMP RD
SISKIYOU CO CA 149-A3
HAPPY CANYON RD
SANTA BARBARA CO CA 273-C3
HAPPY TRAILS HWY Rt#-18
APPLE VALLEY CA 278-B1
HAPPY VALLEY RD
EL DORADO CO CA 237-D6
LAFAYETTE CA 247-C6
SHASTA CO CA 163-A1
W HARBECK RD
GRANTS PASS OR 149-B1
JOSEPHINE CO OR 149-B1
HARBISON AV
NATIONAL CITY CA 296-A2
HARBISON CANYON RD
SAN DIEGO CO CA 294-D7
HARBOR BLVD
COSTA MESA CA 287-D1
COSTA MESA CA 364-B3
FOUNTAIN VALLEY CA 287-D1
FULLERTON CA 287-D1
GARDEN GROVE CA 362-B8
LA HABRA CA 282-D6
LA HABRA HEIGHTS CA 282-D6
LOS ANGELES CO CA 282-D6
ORANGE CO CA 287-D1
OXNARD CA 275-A6
SANTA ANA CA 287-D1
VENTURA CA 275-A6
VENTURA CO CA 275-A6
WEST SACRAMENTO CA 235-A7
E HARBOR BLVD
VENTURA CA 275-A6
VENTURA CA 349-C6
VENTURA CO CA 349-F9
N HARBOR BLVD
ANAHEIM CA 287-D1
FULLERTON CA 282-D6
LA HABRA CA 282-D6

CRA

INDEX

391 N HARBOR BLVD STREET INDEX HIGHWAY Rt#-63

CRA
INDEX

STREET / City State / Page-Grid

N HARBOR BLVD
LOS ANGELES CA 286-D3
SANTA ANA CA 287-D3
SANTA ANA CA 362-B10
WEST SACRAMENTO CA 235-A6
S HARBOR BLVD
ANAHEIM CA 287-D1
ANAHEIM CA 362-B1
FOUNTAIN VALLEY CA 287-D3
FULLERTON CA 282-D6
FULLERTON CA 287-D1
GARDEN GROVE CA 362-B5
LA HABRA CA 282-D6
LOS ANGELES CA 286-D3
SANTA ANA CA 287-D3
HARBOR DR
IMPERIAL CO CA 209-C3
NATIONAL CITY CA 374-D9
SAN DIEGO CA 373-E5
SAN DIEGO CA 374-D9
N HARBOR DR
SAN DIEGO CA 295-C2
SAN DIEGO CA 373-D4
S HARBOR DR
MENDOCINO CO CA 307-B7
HARBOR ST
MORRO BAY CA 271-A3
HARBOR BAY PKWY
ALAMEDA CA 250-A2
ALAMEDA CA 331-A5
OAKLAND CA 331-A5
HARBOR FRWY & TRANSIT WY I-110
CARSON CA 286-D3
LOS ANGELES CA 281-D7
LOS ANGELES CA 286-D3
LOS ANGELES CA 355-G4
LOS ANGELES CO CA 286-D3
HARBOR FRWY & TRANS WY Rt#-110
LOS ANGELES CA 355-G4
LOS ANGELES CA 356-A3
N HARBOR SCENIC DR
LONG BEACH CA 360-B6
S HARBOR SCENIC DR
LONG BEACH CA 360-B8
HARBOUR WY S
RICHMOND CA 246-D6
HARDER RD
HAYWARD CA 250-D4
HARDIN RD
NAPA CO CA 241-D7
W HARDING AV
STANISLAUS CO CA 261-B7
E HARDING WY
SAN JOAQUIN CO CA 339-F5
STOCKTON CA 339-F5
W HARDING WY
STOCKTON CA 339-E5
HARKINS RD
MONTEREY CO CA 259-B3
SALINAS CA 336-E10
HARKNESS ST
NAPA CA 323-B3
W HARLAN AV
FRESNO CO CA 181-A3
E HARMON AV
PARADISE NV 346-C4
N HARMON RD
CHURCHILL CO NV 172-C1
HARMONY GROVE RD
SAN DIEGO CO CA 293-C2
E HARNEY LN
SAN JOAQUIN CO CA 260-C1
W HARNEY LN
SAN JOAQUIN CO CA 260-B1
HAROLD ST N
FORT BRAGG CA 307-C4
HAROLD ST S
FORT BRAGG CA 307-C4
HARPOLD RD
KLAMATH CO OR 151-A2
HARRINGTON FLAT RD
LAKE CO CA 240-C1
HARRIS RD
BAKERSFIELD CA 267-B6
MONTEREY CO CA 259-B3
HARRIS ST
EUREKA CA 300-C5
HUMBOLDT CO CA 219-C3
HUMBOLDT CO CA 300-E5
HARRIS GRADE RD
SANTA BARBARA CO CA 198-A2
HARRISON AV
HUMBOLDT CO CA 300-G5
HARRISON ST
ALAMEDA CA 329-G6
OAKLAND CA 329-G6
OAKLAND CA 330-B3
SAN FRANCISCO CA 249-C2
SAN FRANCISCO CA 326-E6
HARRISON ST Rt#-86
COACHELLA CA 209-B2
RIVERSIDE CO CA 209-B2
HARRISON ST N
FORT BRAGG CA 307-C4
HARRISON ST S
FORT BRAGG CA 307-C5
HARROD RD
SAN BERNARDINO CO CA 279-D1
HARRY RD Rt#-G8
SAN JOSE CA 253-D6
SANTA CLARA CO CA 253-D6
HARRY ST
SAN FRANCISCO CA 249-C2
HARRY BRIDGES BLVD
LOS ANGELES CA 286-D2
HARRY CASH RD
SISKIYOU CO CA 158-A1
SISKIYOU CO CA 217-D4
HART RD
SISKIYOU CO CA 217-D5
N HART RD
STANISLAUS CO CA 175-B3
HARTLEY RD
LAKE CO CA 225-D4
LAKEPORT CA 225-D4
HART MOUNTAIN RD
LAKE CO OR 152-B1
HARTNELL AV
REDDING CA 302-A8
HARTNELL ST
SALINAS CA 336-A7
HARTZ AV
DANVILLE CA 250-D1
DANVILLE CA 251-A1
HARVARD AV
IRVINE CA 288-B4
IRVINE CA 363-G6
E HARVARD BLVD
SANTA PAULA CA 275-D3
VENTURA CO CA 275-D3
W HARVARD BLVD
SANTA PAULA CA 275-D3
HARVARD RD
SAN BERNARDINO CO CA 202-A2
HARVEY RD
SACRAMENTO CO CA 238-D6
HARVILL AV
RIVERSIDE CO CA 289-B1
HASKELL CANYON RD
SANTA CLARITA CA 277-A3
HASKINS RD
KLAMATH CO OR 151-A2
HASLEY CANYON RD
LOS ANGELES CO CA 276-C3
HASTER ST
GARDEN GROVE CA 362-C7
S HASTER ST
ANAHEIM CA 362-C5
GARDEN GROVE CA 362-C5
HASTINGS DR
BENICIA CA 247-B3
E HATCH RD
CERES CA 261-B4
HUGHSON CA 261-B4
STANISLAUS CO CA 261-B4
W HATCH RD
MODESTO CA 261-A4
STANISLAUS CO CA 261-A4
HATCHERY LN
MOUNT SHASTA CA 298-D5
SISKIYOU CO CA 298-D5
HATCHERY RD
HUMBOLDT CO CA 219-D2
HATFIELD HWY Rt#-39
KLAMATH CO OR 151-A3
SISKIYOU CO CA 151-A3
HAVASU LAKE RD
SAN BERNARDINO CO CA 204-A2
HAVEN AV
RANCHO CUCAMONGA CA 284-A3
N HAVEN AV
ONTARIO CA 284-A3
S HAVEN AV
ONTARIO CA 284-A4
HAVERFORD RD
SAN DIEGO CO CA 294-C2
HAVERFORD RD Rt#-78
SAN DIEGO CO CA 294-C2
HAWKE LN
NEVADA CO CA 315-G4
E HAWKEYE AV
TURLOCK CA 261-C6
HAWKINS RD
SOLANO CO CA 174-B1
STANISLAUS CO CA 175-C3
HAWKINSVILLE HUMBUG RD
SISKIYOU CO CA 217-A2
HAWKS HILL RD
HUMBOLDT CO CA 219-A6
HAWLEY RD
REDDING CA 302-C1
HAWTHORNE AV
CHICO CA 306-B5
HAWTHORNE BLVD
HAWTHORNE CA 281-C6
LAWNDALE CA 281-C7
HAWTHORNE BLVD Rt#-N7
RANCHO PALOS VERDES CA 286-B3
ROLLING HILLS ESTATES CA 286-B3
TORRANCE CA 286-B3
HAWTHORNE BLVD Rt#-107
LAWNDALE CA 281-C7
REDONDO BEACH CA 281-C7
REDONDO BEACH CA 286-C2
TORRANCE CA 281-C7
TORRANCE CA 286-C2
S HAWTHORNE BLVD
HAWTHORNE CA 281-C6
INGLEWOOD CA 281-C6
LOS ANGELES CO CA 281-C6
HAWTHORNE ST
MONTEREY CA 337-F4
PACIFIC GROVE CA 337-F4
N HAYES AV
FRESNO CO CA 264-A4
S HAYES AV
FRESNO CO CA 264-A7
HAYNES RD
SAN BERNARDINO CO CA 279-C1
HAYVENHURST AV
LOS ANGELES CA 281-A1
HAYWARD BLVD
HAYWARD CA 250-D4
HAZARD AV
GARDEN GROVE CA 287-D3
WESTMINSTER CA 287-D3
HAZEL AV Rt#-E3
SACRAMENTO CO CA 236-A6
E HAZELTON AV
STOCKTON CA 339-F8
H COLEGIO MILITAR
BAJA CALIFORNIA NORTE BC 214-B2
MEXICALI BC 214-B2
HEACOCK ST
MORENO VALLEY CA 285-A6
HEALDSBURG AV
HEALDSBURG CA 240-A5
SANTA ROSA CA 321-E6
SONOMA CO CA 240-A5
HEALDSBURG AV Rt#-116
SEBASTOPOL CA 242-B3
SONOMA CO CA 242-B3
HEALY RD
MERCED CO CA 181-A1
HEARN AV
SANTA ROSA CA 321-E10
SONOMA CO CA 321-C10
HEARST WILLITS RD
MENDOCINO CO CA 168-A1
HEATH RD
KERN CO CA 267-A4
HEATHER HILLS LN
STANISLAUS CO CA 261-D2
HEBER AV
CALEXICO CA 214-B2
HEBER RD Rt#-86
IMPERIAL CO CA 214-A1
HECKER PASS HWY Rt#-152
GILROY CA 257-A3
SANTA CLARA CO CA 256-D3
SANTA CLARA CO CA 257-A3
SANTA CRUZ CO CA 256-D3
E HEDDING ST
SAN JOSE CA 333-F4
SAN JOSE CA 334-A3
W HEDDING ST
SAN JOSE CA 333-E5
SANTA CLARA CA 333-A8
HEGAN LN
BUTTE CO CA 163-C3
BUTTE CO CA 306-C10
CHICO CA 163-C3
HEGENBERGER EXWY
OAKLAND CA 331-E2
HEGENBERGER RD
OAKLAND CA 331-E5
HELEN DR
MILLBRAE CA 327-C7
HELENDALE RD
SAN BERNARDINO CO CA 201-A2
HELLMAN AV
RANCHO CUCAMONGA CA 283-D3
RIVERSIDE CO CA 283-D6
SAN BERNARDINO CO CA 283-D6
HELM RD
JOSEPHINE CO OR 149-A1
HEMLOCK ST
CUTTEN CA 300-F6
EUREKA CA 300-F6
HENDERSON RD
FRESNO CO CA 181-B3
FRESNO CO CA 264-A7
HENDERSON ST
EUREKA CA 300-D4
HENDERSON CANYON RD
SAN DIEGO CO CA 209-B3
HENLEY HORNBROOK RD
SISKIYOU CO CA 150-A3
HENNESS PASS RD
SIERRA CO CA 170-C1
SIERRA CO CA 228-A3
SIERRA CO CA 229-A3
S HENRY RD
SAN JOAQUIN CO CA 261-B1
HENRY ST
BERKELEY CA 328-A4
HENRY DOTA RD
SIERRA CO CA 228-B1
HENRY MAYO DR Rt#-126
LOS ANGELES CO CA 276-C4
SANTA CLARITA CA 276-C4
VENTURA CO CA 276-C4
HENRY MILLER AV
MERCED CO CA 180-B1
HERBERT AV
SOUTH LAKE TAHOE CA 314-E5
HERITAGE RD
CHULA VISTA CA 296-B4
SAN DIEGO CA 296-B4
HERLONG ACCESS RD
LASSEN CO CA 165-A2
HERLONG ACCESS RD Rt#-A25
LASSEN CO CA 165-B2
HERMIT DR
MOHAVE CO AZ 196-B3
HERMOSA AV
HERMOSA BEACH CA 286-B1
N HERMOSA DR
PALM SPRINGS CA 367-D4
HERMOSA ST
LINDSAY CA 191-B1
HERMOSA ST Rt#-J29
LINDSAY CA 191-B1
E HERNDON AV
CLOVIS CA 264-C2
FRESNO CA 264-C2
FRESNO CO CA 181-C2
W HERNDON AV
CLOVIS CA 264-B2
FRESNO CA 264-B2
FRESNO CO CA 264-B2
HERONDO ST
HERMOSA BEACH CA 286-B1
REDONDO BEACH CA 286-B1
HERRICK AV
EUREKA CA 300-B8
HUMBOLDT CO CA 300-B8
LOS ANGELES CA 277-A6
HERRING RD
KERN CO CA 199-B1
HESPERIA RD
HESPERIA CA 278-B3
SAN BERNARDINO CO CA 278-B3
VICTORVILLE CA 278-B3
HESPERIAN BLVD
ALAMEDA CO CA 250-C4
HAYWARD CA 250-C4
SAN LEANDRO CA 250-C4
HETRICK AV
SAN LUIS OBISPO CO CA 272-B2
HEWES ST
ORANGE CO CA 288-B2
N HEWES ST
ORANGE CA 288-B2
ORANGE CO CA 288-B2
S HEWES ST
ORANGE CA 288-B2
HEYBOURNE RD
DOUGLAS CO NV 232-B6
HEYER AV
ALAMEDA CO CA 250-D3
HICKMAN RD Rt#-J9
STANISLAUS CO CA 175-C3
WATERFORD CA 175-C3
N HICKMAN RD Rt#-J9
STANISLAUS CO CA 175-C3
HICKS LN
BUTTE CO CA 305-D1
HIDDENBROOKE PKWY
NAPA CO CA 247-B1
HIDDEN VALLEY RD
CLARK CO NV 187-A2
SAN DIEGO CA 370-D6
HIGGINS PURISIMA RD
HALF MOON BAY CA 252-A1
SAN MATEO CO CA 252-A1
HIGH RD
SAN BERNARDINO CO CA 279-A3
HIGH ST
ALAMEDA CA 330-F10
ALAMEDA CA 331-B1
AUBURN CA 316-D6
DELANO CA 191-A2
LAKEPORT CA 225-D4
MONTEREY CA 337-F6
OAKLAND CA 250-B1
OAKLAND CA 330-F10
SANTA CRUZ CA 255-C3
SANTA CRUZ CA 335-A6
SANTA CRUZ CO CA 255-C3
TRUCKEE CA 228-D6
HIGH ST Rt#-49
AUBURN CA 316-E5
HIGHGRADE RD
MODOC CO CA 152-A3
HIGHLAND AV
HIGHLAND CA 285-B2
NATIONAL CITY CA 295-D3
NATIONAL CITY CA 296-A3
NATIONAL CITY CA 374-E8
PIEDMONT CA 330-E1
RANCHO CUCAMONGA CA 284-A2
SAN BERNARDINO CA 285-B2
SANTA CRUZ CA 335-C6
UKIAH CA 308-B5
HIGHLAND AV Rt#-30
FONTANA CA 284-B2
RIALTO CA 284-B2
HIGHLAND AV Rt#-170
LOS ANGELES CA 351-E6
E HIGHLAND AV
HIGHLAND CA 285-A2
SAN BERNARDINO CA 284-D2
SAN BERNARDINO CA 285-A2
SAN BERNARDINO CO CA 285-A2
E HIGHLAND AV Rt#-30
RIALTO CA 284-D2
SAN BERNARDINO CA 284-D2
SAN BERNARDINO CO CA 284-D2
N HIGHLAND AV
FRESNO CO CA 264-D4
LOS ANGELES CA 351-E10
MANHATTAN BEACH CA 281-B7
N HIGHLAND AV Rt#-170
LOS ANGELES CA 351-E9
NW HIGHLAND AV
GRANTS PASS OR 149-B1
S HIGHLAND AV
FRESNO CO CA 264-D5
S HIGHLAND AV Rt#-43
FRESNO CO CA 181-C3
KINGS CO CA 181-C3
SELMA CA 181-C3
SELMA CA 264-D7
W HIGHLAND AV
REDLANDS CA 285-B4
SAN BERNARDINO CA 284-D2
W HIGHLAND AV Rt#-30
FONTANA CA 284-C2
RIALTO CA 284-C2
SAN BERNARDINO CA 284-C2
SAN BERNARDINO CO CA 284-C2
HIGHLAND DR
CARLSBAD CA 292-A7
SAN LUIS OBISPO CO CA 271-A4
HIGHLAND RD
CONTRA COSTA CO CA 251-B2
HIGHLAND WY
PIEDMONT CA 330-E2
HIGHLAND WY Rt#-208
DOUGLAS CO NV 171-C3
DOUGLAS CO NV 172-A3
HIGHLANDS BLVD
BUTTE CO CA 223-C6
HIGHLANDS LAKE RD
SHASTA CO CA 158-A2
HIGHLAND SPRINGS RD
LAKE CO CA 225-D6
MENDOCINO CO CA 225-B6
HIGHLAND VALLEY RD
SAN DIEGO CA 294-A2
SAN DIEGO CO CA 294-B2
HIGHLINE RD
KERN CO CA 200-A1
TEHACHAPI CA 200-A1
HIGHLINE RD Rt#-S33
IMPERIAL CO CA 214-B1
HIGHRIDGE RD
RANCHO PALOS VERDES CA 286-C2
HIGH ROCK RD
WASHOE CO NV 165-B2
HIGH VALLEY RD
LAKE CO CA 226-C5
HIGHWAY
BAJA CALIFORNIA NORTE BC 214-C2
GLENN CO CA 163-B3
LA PAZ CO AZ 211-C2
ORLAND CA 163-B3
SHASTA CO CA 158-C2
SHASTA CO CA 159-A2
SONORA SO 215-A2
SUTTER CO CA 169-C2
SUTTER CO CA 227-A6
WASHOE CO NV 160-C1
HIGHWAY Bus-8
YUMA AZ 215-A1
YUMA CO AZ 215-B2
HIGHWAY I-270
MONO CO CA 177-B1
HIGHWAY Rt#-1
BAJA CALIFORNIA NORTE BC 212-C3
BAJA CALIFORNIA NORTE BC 214-B2
BAJA CALIFORNIA NORTE BC 215-A1
MENDOCINO CO CA 161-C3
MEXICALI BC 214-B2
SAN LUIS AZ 215-A2
SANTA BARBARA CO CA 272-C7
SONORA SO 214-C3
SONORA SO 215-A2
YUMA CO AZ 215-A2
HIGHWAY Rt#-1D
BAJA CALIFORNIA NORTE BC 212-C3
BAJA CALIFORNIA NORTE BC 295-D5
HIGHWAY Rt#-2
BAJA CALIFORNIA NORTE BC 213-C2
BAJA CALIFORNIA NORTE BC 214-C2
BAJA CALIFORNIA NORTE BC 215-A1
MEXICALI BC 214-B2
SONORA SO 215-A2
YUMA CO AZ 215-A2
HIGHWAY Rt#-2D
BAJA CALIFORNIA NORTE BC 213-C2
BAJA CALIFORNIA NORTE BC 214-A2
BAJA CALIFORNIA NORTE BC 296-D5
HIGHWAY Rt#-3
BAJA CALIFORNIA NORTE BC 213-A2
BAJA CALIFORNIA NORTE BC 214-C2
ETNA CA 157-C1
FORT JONES CA 157-C1
MONTAGUE CA 217-C4
SISKIYOU CO CA 149-C3
SISKIYOU CO CA 157-C1
SISKIYOU CO CA 217-B3
TRINITY CO CA 157-C2
YREKA CA 217-B3
HIGHWAY Rt#-4
ALPINE CO CA 171-C3
ALPINE CO CA 176-B1
ANGELS CAMP CA 175-C2
ARNOLD CA 176-A1
BAJA CALIFORNIA NORTE BC 214-B3
CALAVERAS CO CA 175-C2
CALAVERAS CO CA 176-B1
MURPHYS CA 176-A2
SAN JOAQUIN CO CA 175-B2
SAN JOAQUIN CO CA 260-C4
SONORA SO 214-C3
STANISLAUS CO CA 175-B2
STOCKTON CA 260-C5
HIGHWAY Rt#-5
BAJA CALIFORNIA NORTE BC 214-B2
MEXICALI BC 214-B2
HIGHWAY Rt#-7
IMPERIAL CO CA 214-B2
HIGHWAY Rt#-8A
WASHOE CO NV 160-C1
HIGHWAY Rt#-9
SANTA CRUZ CA 335-B2
SANTA CRUZ CO CA 252-D6
SANTA CRUZ CO CA 253-A6
SANTA CRUZ CO CA 255-C1
SANTA CRUZ CO CA 335-A1
HIGHWAY Rt#-12
CALAVERAS CO CA 175-C1
FAIRFIELD CA 244-C6
NAPA CA 243-D6
NAPA CO CA 243-D6
RIO VISTA CA 248-D1
SACRAMENTO CO CA 174-C1
SACRAMENTO CO CA 248-D1
SAN ANDREAS CA 175-C1
SAN JOAQUIN CO CA 175-B1
SAN JOAQUIN CO CA 260-A1
SOLANO CO CA 174-B1
SOLANO CO CA 244-C6
SOLANO CO CA 248-B1
SUISUN CITY CA 244-C6
HIGHWAY Rt#-14
KERN CO CA 192-C2
HIGHWAY Rt#-16
AMADOR CO CA 175-B1
COLUSA CO CA 169-A2
YOLO CO CA 169-A2
YOLO CO CA 234-B5
HIGHWAY Rt#-17
SANTA CLARA CO CA 253-B6
SANTA CRUZ CO CA 253-B7
SANTA CRUZ CO CA 255-D1
SANTA CRUZ CO CA 256-A1
SCOTTS VALLEY CA 255-D1
HIGHWAY Rt#-18
APPLE VALLEY CA 278-B1
SAN BERNARDINO CO CA 278-B1
SAN BERNARDINO CO CA 279-A2
VICTORVILLE CA 278-B1
HIGHWAY Rt#-20
COLUSA CA 169-B1
COLUSA CO CA 169-B1
GRASS VALLEY CA 233-C2
GRASS VALLEY CA 315-A9
LAKE CO CA 169-A2
LAKE CO CA 225-C1
LAKE CO CA 226-A3
MARYSVILLE CA 309-G3
MARYSVILLE CA 310-A3
MENDOCINO CO CA 168-B1
MENDOCINO CO CA 225-B1
NEVADA CITY CA 170-B1
NEVADA CITY CA 315-G1
NEVADA CO CA 170-B1
NEVADA CO CA 233-A2
NEVADA CO CA 315-G1
PLACER CO CA 170-C1
SUTTER CO CA 169-C2
SUTTER CO CA 227-A6
SUTTER CO CA 309-A4
WILLIAMS CA 169-B2
YUBA CITY CA 309-G4
YUBA CO CA 170-A1
YUBA CO CA 227-D4
YUBA CO CA 233-A2
HIGHWAY Rt#-25
MONTEREY CO CA 189-B1
SAN BENITO CO CA 180-A2
SAN BENITO CO CA 189-B1
HIGHWAY Rt#-26
CALAVERAS CO CA 175-C1
SAN JOAQUIN CO CA 175-B2
SAN JOAQUIN CO CA 260-D3
HIGHWAY Rt#-28
CEDAR FLAT CA 231-B2
KINGS BEACH CA 231-B1
PLACER CO CA 231-B1
TAHOE CITY CA 231-A2
TAHOE VISTA CA 231-B1
HIGHWAY Rt#-29
AMERICAN CANYON CA 244-A7
AMERICAN CANYON CA 247-B1
CALISTOGA CA 241-A6
HIDDEN VALLEY CA 241-A2
LAKE CO CA 225-D5
LAKE CO CA 226-A5
LAKE CO CA 240-D1
LAKE CO CA 241-A1
NAPA CA 243-D6
NAPA CA 323-B2
NAPA CO CA 243-B1
NAPA CO CA 244-A7
NAPA CO CA 323-C10
SAINT HELENA CA 243-B1
HIGHWAY Rt#-32
BUTTE CO CA 163-C2
BUTTE CO CA 223-A1
BUTTE CO CA 305-A4
BUTTE CO CA 306-G5
CHICO CA 163-C3
CHICO CA 223-A1
CHICO CA 305-D6
CHICO CA 306-G5
GLENN CO CA 163-B3
ORLAND CA 163-B3
TEHAMA CO CA 163-C2
TEHAMA CO CA 164-A1
HIGHWAY Rt#-33
COALINGA CA 190-A1
FIREBAUGH CA 181-A2
FRESNO CO CA 181-A2
FRESNO CO CA 190-A1
KERN CO CA 199-A1
KINGS CO CA 190-B2
MENDOTA CA 181-A2
MERCED CO CA 180-B1
NEWMAN CA 180-B1
PATTERSON CA 175-B3
SAN LUIS OBISPO CO CA 199-A2
SANTA BARBARA CO CA 199-A2
STANISLAUS CO CA 175-A3
STANISLAUS CO CA 180-B1
VENTURA CO CA 199-A2
HIGHWAY Rt#-34
WASHOE CO NV 160-C1
HIGHWAY Rt#-36
HUMBOLDT CO CA 161-B1
HUMBOLDT CO CA 162-A1
HYDESVILLE CA 161-B1
LASSEN CO CA 164-C1
LASSEN CO CA 304-A3
PLUMAS CO CA 164-B1
SHASTA CO CA 162-B1
SUSANVILLE CA 304-E5
TEHAMA CO CA 162-C1
TEHAMA CO CA 163-C1
TEHAMA CO CA 164-A1
TEHAMA CO CA 221-D1
TRINITY CO CA 162-A1
HIGHWAY Rt#-38
SAN BERNARDINO CO CA 201-C3
SAN BERNARDINO CO CA 202-A3
SAN BERNARDINO CO CA 208-C1
SAN BERNARDINO CO CA 209-A1
SAN BERNARDINO CO CA 279-D7
SAN BERNARDINO CO CA 285-D1
HIGHWAY Rt#-40
SONORA SO 214-C3
SONORA SO 215-A2
HIGHWAY Rt#-41
FRESNO CO CA 181-C3
KERN CO CA 190-B2
KINGS CO CA 181-C3
KINGS CO CA 190-C1
MADERA CO CA 176-C3
MADERA CO CA 181-C1
MARIPOSA CO CA 176-C3
MARIPOSA CO CA 262-C4
SAN LUIS OBISPO CO CA 190-A2
HIGHWAY Rt#-43
HANFORD CA 190-C1
KERN CO CA 191-A2
KINGS CO CA 190-C1
TULARE CO CA 191-A2
HIGHWAY Rt#-44
LASSEN CO CA 164-C1
REDDING CA 220-C7
REDDING CA 302-B5
SHASTA CO CA 163-B1
SHASTA CO CA 220-C7
SHASTA CO CA 222-C3
HIGHWAY Rt#-45
COLUSA CA 169-B2
COLUSA CO CA 169-B1
GLENN CO CA 163-B3
GLENN CO CA 169-B1
YOLO CO CA 169-C2
YOLO CO CA 234-B1
HIGHWAY Rt#-46
KERN CO CA 190-A2
PASO ROBLES CA 189-C3
SAN LUIS OBISPO CO CA 189-C3
SAN LUIS OBISPO CO CA 190-A2
HIGHWAY Rt#-48
WASHOE CO NV 166-A1
HIGHWAY Rt#-49
AMADOR CO CA 175-B1
BOOTJACK CA 176-B3
EL DORADO CO CA 237-B5
MADERA CO CA 181-C1
MARIPOSA CA 176-B3
MARIPOSA CO CA 176-B3
MARIPOSA CO CA 181-C1
NEVADA CITY CA 315-G1
NEVADA CO CA 170-B1
NEVADA CO CA 233-C2
NEVADA CO CA 315-A1
PLACER CO CA 233-C6
PLYMOUTH CA 175-B1
SIERRA CO CA 164-C3
SIERRA CO CA 165-A3
SIERRA CO CA 170-C1
SIERRA CO CA 228-A1
YUBA CO CA 170-B1
HIGHWAY Rt#-53
CLEARLAKE CA 226-D6
LAKE CO CA 226-D5
HIGHWAY Rt#-58
BARSTOW CA 201-B2
KERN CO CA 190-C3
KERN CO CA 198-C1
KERN CO CA 200-B1
SAN BERNARDINO CO CA 201-A1
SAN LUIS OBISPO CO CA 190-C3
HIGHWAY Rt#-62
DESERT HOT SPRINGS CA 209-A1
MOHAVE CO AZ 196-B3
RIVERSIDE CO CA 209-A1
SAN BERNARDINO CO CA 204-B3
SAN BERNARDINO CO CA 210-C1
HIGHWAY Rt#-63
TULARE CO CA 182-A3
TULARE CO CA 266-B1

HIGHWAY Rt#-65 STREET INDEX HILLTOP BLVD Rt#-18 392

STREET
City State Page-Grid

HIGHWAY Rt#-65
KERN CO CA 191-B2
KERN CO CA 267-B1
LINCOLN CA 170-A2
LINCOLN CA 235-D1
LINDSAY CA 191-B1
OLIVEHURST CA 227-D7
PLACER CO CA 170-A2
PLACER CO CA 235-D2
PORTERVILLE CA 191-B1
TULARE CO CA 191-B1
TULARE CO CA 266-D4
WHEATLAND CA 170-A2
YUBA CO CA 170-A2
YUBA CO CA 227-C7
HIGHWAY Rt#-66
MOHAVE CO AZ 196-C3
HIGHWAY Rt#-67
POWAY CA 294-B3
SAN DIEGO CO CA 294-B3
HIGHWAY Rt#-68
BULLHEAD CITY AZ 270-D1
DEL REY OAKS CA 258-C4
MOHAVE CO AZ 196-C3
MOHAVE CO AZ 270-D1
MONTEREY CA 258-C4
MONTEREY CO CA 258-C4
HIGHWAY Rt#-70
BUTTE CO CA 164-A3
BUTTE CO CA 169-C1
BUTTE CO CA 223-D1
BUTTE CO CA 227-C1
LASSEN CO CA 165-B3
LINDA CA 310-B5
MARYSVILLE CA 310-A1
PLUMAS CO CA 164-B2
PLUMAS CO CA 165-A3
PORTOLA CA 165-A3
QUINCY CA 164-B2
SUTTER CO CA 169-C2
YUBA CO CA 169-C2
YUBA CO CA 227-C3
YUBA CO CA 310-A1
HIGHWAY Rt#-72
LA PAZ CO AZ 211-C1
HIGHWAY Rt#-74
LAKE ELSINORE CA 289-A3
PERRIS CA 289-B2
RIVERSIDE CO CA 289-B2
HIGHWAY Rt#-75
CORONADO CA 373-D7
SAN DIEGO CA 373-G6
HIGHWAY Rt#-76
OCEANSIDE CA 292-B6
SAN DIEGO CO CA 208-C3
SAN DIEGO CO CA 209-A3
HIGHWAY Rt#-78
IMPERIAL CO CA 209-C3
IMPERIAL CO CA 210-C3
IMPERIAL CO CA 211-A2
IMPERIAL CO CA 214-A1
RIVERSIDE CO CA 211-A2
SAN DIEGO CO CA 209-B3
SAN DIEGO CO CA 213-B1
WESTMORLAND CA 214-A1
HIGHWAY Rt#-79
RIVERSIDE CO CA 208-C3
RIVERSIDE CO CA 292-D1
SAN DIEGO CO CA 208-C3
SAN DIEGO CO CA 209-A3
SAN DIEGO CO CA 213-A1
TEMECULA CA 292-D1
HIGHWAY Rt#-84
RIO VISTA CA 174-C1
SOLANO CO CA 174-C1
HIGHWAY Rt#-86
BRAWLEY CA 214-A1
EL CENTRO CA 214-A1
EL CENTRO CA 375-E9
IMPERIAL CA 214-A1
IMPERIAL CA 375-B1
IMPERIAL CO CA 209-C3
IMPERIAL CO CA 214-A1
IMPERIAL CO CA 375-E10
RIVERSIDE CO CA 209-B2
HIGHWAY Rt#-86S
COACHELLA CA 209-B2
RIVERSIDE CO CA 209-B2
HIGHWAY Rt#-88
ALPINE CO CA 171-C3
AMADOR CO CA 171-B3
AMADOR CO CA 175-C1
AMADOR CO CA 176-A1
DOUGLAS CO NV 171-C2
DOUGLAS CO NV 232-A7
EL DORADO CO CA 171-B3
JACKSON CA 175-C1
SAN JOAQUIN CO CA 175-B1
SAN JOAQUIN CO CA 260-D1
HIGHWAY Rt#-89
ALPINE CO CA 171-B3
EL DORADO CO CA 171-B3
MCCLOUD CA 218-D5
MONO CO CA 171-C3
NEVADA CO CA 228-D4
NEVADA CO CA 229-A5
PLACER CO CA 171-A1
PLACER CO CA 228-D7
PLACER CO CA 231-A2
PLUMAS CO CA 164-A2
SHASTA CO CA 158-C2
SHASTA CO CA 159-A3
SHASTA CO CA 222-C1
SIERRA CO CA 164-C3
SIERRA CO CA 165-A3
SIERRA CO CA 228-B1
SISKIYOU CO CA 158-C2
SISKIYOU CO CA 218-B4
SISKIYOU CO CA 298-F8
TAHOE CITY CA 231-A3
TEHAMA CO CA 164-A1
TEHAMA CO CA 222-B7
TRUCKEE CA 228-D6
TRUCKEE CA 229-A5
HIGHWAY Rt#-94
SAN DIEGO CO CA 213-B2
HIGHWAY Rt#-95
BULLHEAD CITY AZ 270-C1
LA PAZ CO AZ 204-C3
LA PAZ CO AZ 211-B1
LAKE HAVASU CITY AZ 204-B2
MOHAVE CO AZ 204-B2
MOHAVE CO AZ 270-C4
HIGHWAY Rt#-95
YUMA CO AZ 211-C3
HIGHWAY Rt#-96
HUMBOLDT CO CA 156-C2
HUMBOLDT CO CA 157-A1
SISKIYOU CO CA 149-B3
SISKIYOU CO CA 157-A1
SISKIYOU CO CA 217-B1
WILLOW CREEK CA 156-C2
HIGHWAY Rt#-98
CALEXICO CA 214-B2
IMPERIAL CO CA 213-C2
IMPERIAL CO CA 214-C1
HIGHWAY Rt#-99
BUTTE CO CA 163-B3
BUTTE CO CA 169-C1
BUTTE CO CA 223-A4
BUTTE CO CA 227-B1
CHICO CA 163-C3
CHICO CA 306-E10
GRIDLEY CA 227-B1
LIVE OAK CA 227-B3
MADERA CO CA 181-A1
SUTTER CO CA 169-C2
SUTTER CO CA 227-B3
SUTTER CO CA 235-A1
SUTTER CO CA 309-D8
TEHAMA CO CA 163-B2
TEHAMA CO CA 221-C2
HIGHWAY Rt#-104
AMADOR CO CA 175-B1
IONE CA 175-B1
HIGHWAY Rt#-108
ALPINE CO CA 176-C1
MONO CO CA 176-C1
MONO CO CA 177-A1
OAKDALE CA 261-C1
SONORA CA 341-G6
STANISLAUS CO CA 175-C2
STANISLAUS CO CA 261-D1
TUOLUMNE CO CA 175-C2
TUOLUMNE CO CA 176-B1
TUOLUMNE CO CA 341-G6
HIGHWAY Rt#-111
BRAWLEY CA 214-B1
CALEXICO CA 214-B2
CALIPATRIA CA 210-B3
IMPERIAL CO CA 209-C3
IMPERIAL CO CA 210-A3
IMPERIAL CO CA 214-B1
INDIAN WELLS CA 290-D6
INDIO CA 209-B2
LA QUINTA CA 209-B2
LA QUINTA CA 290-D6
PALM DESERT CA 290-C5
PALM SPRINGS CA 209-A1
RANCHO MIRAGE CA 290-C5
RIVERSIDE CO CA 209-A1
HIGHWAY Rt#-113
DIXON CA 174-C1
SOLANO CO CA 174-C1
SOLANO CO CA 248-C1
SUTTER CO CA 169-C2
SUTTER CO CA 234-D1
WOODLAND CA 234-C4
YOLO CO CA 234-C2
HIGHWAY Rt#-115
HOLTVILLE CA 214-B1
IMPERIAL CO CA 210-B3
IMPERIAL CO CA 214-B1
HIGHWAY Rt#-116
SONOMA CO CA 168-B3
SONOMA CO CA 173-B1
HIGHWAY Rt#-119
KERN CO CA 199-A1
TAFT CA 199-A1
HIGHWAY Rt#-120
MARIPOSA CO CA 176-B2
MARIPOSA CO CA 262-A3
MONO CO CA 177-A2
MONO CO CA 178-A2
MONO CO CA 263-C1
TUOLUMNE CO CA 176-A2
TUOLUMNE CO CA 262-A3
HIGHWAY Rt#-121
NAPA CA 323-F8
HIGHWAY Rt#-124
AMADOR CO CA 175-B1
IONE CA 175-B1
HIGHWAY Rt#-127
INYO CO CA 185-A3
INYO CO CA 194-A1
SAN BERNARDINO CO CA 194-A2
HIGHWAY Rt#-128
MENDOCINO CO CA 167-C2
MENDOCINO CO CA 168-A2
MENDOCINO CO CA 224-B7
MENDOCINO CO CA 225-A7
MENDOCINO CO CA 239-C1
NAPA CO CA 240-D6
NAPA CO CA 241-A6
NAPA CO CA 243-D1
NAPA CO CA 244-A1
SOLANO CO CA 244-B1
SONOMA CO CA 239-C1
SONOMA CO CA 240-A4
WINTERS CA 244-D1
YOLO CO CA 244-D1
HIGHWAY Rt#-129
SAN BENITO CO CA 257-A5
SANTA CRUZ CO CA 257-A5
HIGHWAY Rt#-132
MARIPOSA CO CA 176-A3
SAN JOAQUIN CO CA 175-A3
TUOLUMNE CO CA 176-A3
HIGHWAY Rt#-135
SANTA BARBARA CO CA 198-A2
SANTA BARBARA CO CA 272-C7
HIGHWAY Rt#-136
INYO CO CA 183-B3
LONE PINE CA 183-B3
HIGHWAY Rt#-137
KINGS CO CA 191-A1
TULARE CO CA 191-A1
TULARE CO CA 266-D5
HIGHWAY Rt#-138
HESPERIA CA 278-A5
SAN BERNARDINO CO CA 201-A3
SAN BERNARDINO CO CA 278-A5
HIGHWAY Rt#-139
LASSEN CO CA 159-B2
LASSEN CO CA 164-C1
LASSEN CO CA 304-F1
HIGHWAY Rt#-139
MODOC CO CA 151-A3
MODOC CO CA 159-A1
SISKIYOU CO CA 151-A3
SUSANVILLE CA 164-C1
SUSANVILLE CA 304-F1
HIGHWAY Rt#-140
GUSTINE CA 180-B1
MARIPOSA CA 176-B3
MARIPOSA CO CA 176-B3
MARIPOSA CO CA 181-B1
MARIPOSA CO CA 262-B4
MERCED CO CA 180-B1
MERCED CO CA 181-A1
STANISLAUS CO CA 180-B1
HIGHWAY Rt#-145
FRESNO CO CA 181-B3
MADERA CA 181-B2
MADERA CO CA 181-C2
HIGHWAY Rt#-146
MONTEREY CO CA 180-A3
SAN BENITO CO CA 180-A3
HIGHWAY Rt#-147
LASSEN CO CA 164-B1
PLUMAS CO CA 164-B1
HIGHWAY Rt#-149
BUTTE CO CA 223-A4
HIGHWAY Rt#-150
CARPINTERIA CA 199-A3
SANTA BARBARA CO CA 199-A3
HIGHWAY Rt#-151
SHASTA CO CA 220-B4
HIGHWAY Rt#-152
LOS BANOS CA 180-C2
MADERA CO CA 181-A2
MERCED CO CA 180-B1
MERCED CO CA 181-A2
HIGHWAY Rt#-154
SANTA BARBARA CO CA 273-B2
HIGHWAY Rt#-155
DELANO CA 191-A2
KERN CO CA 191-C2
KERN CO CA 192-A2
HIGHWAY Rt#-156
MONTEREY CO CA 256-D7
MONTEREY CO CA 258-D1
SAN BENITO CO CA 257-D4
SAN JUAN BAUTISTA CA 257-B6
SANTA CLARA CO CA 257-D4
HIGHWAY Rt#-158
CLARK CO NV 186-A3
CLARK CO NV 195-A1
HIGHWAY Rt#-160
CLARK CO NV 194-C1
CLARK CO NV 195-A1
CONTRA COSTA CO CA 248-D4
ISLETON CA 174-C1
NYE CO NV 185-B3
NYE CO NV 194-B1
OAKLEY CA 248-D4
SACRAMENTO CO CA 174-C1
SACRAMENTO CO CA 238-A5
SACRAMENTO CO CA 248-D1
HIGHWAY Rt#-161
CLARK CO NV 195-A2
SISKIYOU CO CA 150-C3
HIGHWAY Rt#-162
BUTTE CO CA 169-C1
BUTTE CO CA 223-D5
GLENN CO CA 163-A3
GLENN CO CA 169-A1
WILLOWS CA 169-A1
HIGHWAY Rt#-163
BULLHEAD CITY AZ 270-C2
CLARK CO NV 195-C3
CLARK CO NV 203-C1
CLARK CO NV 270-B1
HIGHWAY Rt#-165
BOULDER CITY NV 195-C2
CLARK CO NV 195-C2
MERCED CO CA 180-C2
HIGHWAY Rt#-166
KERN CO CA 199-A1
SAN LUIS OBISPO CO CA 198-B1
SAN LUIS OBISPO CO CA 199-A2
SAN LUIS OBISPO CO CA 272-D3
SANTA BARBARA CO CA 198-B1
HIGHWAY Rt#-167
MONO CO CA 177-C1
HIGHWAY Rt#-168
BISHOP CA 183-A1
CLARK CO NV 186-C2
CLARK CO NV 187-A2
FRESNO CO CA 182-B1
FRESNO CO CA 264-D2
INYO CO CA 178-B3
INYO CO CA 182-C1
INYO CO CA 183-B1
MONO CO CA 178-B3
HIGHWAY Rt#-169
DEL NORTE CO CA 156-B1
HUMBOLDT CO CA 156-C1
HIGHWAY Rt#-172
TEHAMA CO CA 163-C1
TEHAMA CO CA 164-A1
HIGHWAY Rt#-173
HESPERIA CA 278-B5
SAN BERNARDINO CO CA 278-C5
HIGHWAY Rt#-174
COLFAX CA 233-D4
GRASS VALLEY CA 315-C9
NEVADA CO CA 233-C2
NEVADA CO CA 315-C9
PLACER CO CA 233-D3
HIGHWAY Rt#-175
LAKE CO CA 225-D5
LAKE CO CA 226-A6
LAKE CO CA 240-C1
MENDOCINO CO CA 225-C5
HIGHWAY Rt#-178
BAKERSFIELD CA 191-C3
BAKERSFIELD CA 267-D4
BAKERSFIELD CA 344-G3
INYO CO CA 194-B1
KERN CO CA 192-C2
KERN CO CA 267-D4
SAN BERNARDINO CO CA 192-C3
SAN BERNARDINO CO CA 193-A2
HIGHWAY Rt#-180
FRESNO CO CA 181-A2
MENDOTA CA 181-A2
TULARE CO CA 265-B2
HIGHWAY Rt#-182
MONO CO CA 177-B1
HIGHWAY Rt#-183
MONTEREY CO CA 258-D1
MONTEREY CO CA 259-A1
HIGHWAY Rt#-186
IMPERIAL CO CA 215-A1
HIGHWAY Rt#-189
SAN BERNARDINO CO CA 278-C7
HIGHWAY Rt#-190
INYO CO CA 183-C3
INYO CO CA 184-B3
INYO CO CA 185-A3
INYO CO CA 192-C1
INYO CO CA 193-A1
INYO CO CA 194-A1
PORTERVILLE CA 191-B1
TULARE CO CA 191-C1
TULARE CO CA 192-A1
HIGHWAY Rt#-193
EL DORADO CO CA 236-D1
EL DORADO CO CA 237-A1
PLACER CO CA 236-B1
HIGHWAY Rt#-198
HANFORD CA 190-C1
KINGS CO CA 190-C1
MONTEREY CO CA 189-C1
TULARE CO CA 182-B3
TULARE CO CA 191-B1
TULARE CO CA 266-A2
HIGHWAY Rt#-200
HUMBOLDT CO CA 219-C1
HUMBOLDT CO CA 299-D1
HIGHWAY Rt#-201
TULARE CO CA 182-A3
HIGHWAY Rt#-202
KERN CO CA 200-A1
HIGHWAY Rt#-203
MADERA CO CA 263-B6
MAMMOTH LAKES CA 263-C6
MAMMOTH LAKES CA 342-B2
MONO CO CA 263-D6
HIGHWAY Rt#-211
FERNDALE CA 219-A7
HUMBOLDT CO CA 219-B6
HIGHWAY Rt#-216
TULARE CO CA 182-B3
TULARE CO CA 266-D1
HIGHWAY Rt#-220
SACRAMENTO CO CA 174-C1
SACRAMENTO CO CA 238-A7
SOLANO CO CA 174-C1
HIGHWAY Rt#-233
MADERA CO CA 181-A1
HIGHWAY Rt#-236
SANTA CRUZ CO CA 252-D6
SANTA CRUZ CO CA 253-A7
HIGHWAY Rt#-245
TULARE CO CA 182-B3
TULARE CO CA 191-B1
TULARE CO CA 265-A4
WOODLAKE CA 182-B3
HIGHWAY Rt#-246
BUELLTON CA 273-A3
SANTA BARBARA CO CA 198-A2
SANTA BARBARA CO CA 273-A3
HIGHWAY Rt#-255
EUREKA CA 219-B3
EUREKA CA 300-E1
HUMBOLDT CO CA 219-B2
HIGHWAY Rt#-263
SISKIYOU CO CA 217-B1
YREKA CA 217-B3
HIGHWAY Rt#-265
WEED CA 218-A2
HIGHWAY Rt#-266
MONO CO CA 178-B3
HIGHWAY Rt#-267
NEVADA CO CA 229-A6
TRUCKEE CA 229-A6
HIGHWAY Rt#-270
MONO CO CA 177-B1
HIGHWAY Rt#-271
HUMBOLDT CO CA 161-C2
MENDOCINO CO CA 161-C2
HIGHWAY Rt#-273
ANDERSON CA 163-A1
REDDING CA 163-A1
REDDING CA 220-B5
REDDING CA 301-G1
SHASTA CO CA 163-A1
HIGHWAY Rt#-275
WEST SACRAMENTO CA 319-B3
HIGHWAY Rt#-283
HUMBOLDT CO CA 161-B1
RIO DELL CA 161-B1
HIGHWAY Rt#-299
ALTURAS CA 159-C1
HUMBOLDT CO CA 156-C2
HUMBOLDT CO CA 157-A3
HUMBOLDT CO CA 219-D1
LASSEN CO CA 159-B2
LEWISTON CA 157-C3
MODOC CO CA 159-C1
MODOC CO CA 160-A1
REDDING CA 301-F5
REDDING CA 302-A5
SHASTA CO CA 157-C3
SHASTA CO CA 158-C3
SHASTA CO CA 159-A2
SHASTA CO CA 163-A1
SHASTA CO CA 220-D4
TRINITY CO CA 157-A3
WASHOE CO NV 160-B1
WILLOW CREEK CA 156-C2
HIGHWAY Rt#-372
INYO CO CA 194-B1
NYE CO NV 194-C1
HIGHWAY Rt#-373
NYE CO NV 185-A3
HIGHWAY Rt#-397
PERSHING CO NV 166-C2
HIGHWAY Rt#-399
PERSHING CO NV 166-C1
HIGHWAY Rt#-421
WASHOE CO NV 166-A3
HIGHWAY Rt#-446
WASHOE CO NV 165-C3
WASHOE CO NV 166-A3
HIGHWAY Rt#-447
PERSHING CO NV 166-A1
WASHOE CO NV 166-A1
HIGHWAY Rt#-604
CLARK CO NV 195-B2
HIGHWAY Rt#-905
SAN DIEGO CA 296-B5
HIGHWAY U.S.-6
BISHOP CA 183-A1
ESMERALDA CO NV 178-C2
INYO CO CA 178-A3
INYO CO CA 183-A1
MINERAL CO NV 178-A2
MONO CO CA 178-A2
HIGHWAY U.S.-40
LYON CO NV 166-A3
HIGHWAY U.S.-50
CARSON CITY NV 232-B2
CARSON CITY CO NV 231-D3
CARSON CITY CO NV 232-C2
CHURCHILL CO NV 172-B1
DOUGLAS CO NV 231-D4
DOUGLAS CO NV 232-A4
EL DORADO CO CA 171-B2
EL DORADO CO CA 237-C4
LYON CO NV 166-A3
LYON CO NV 172-B1
LYON CO NV 230-D7
LYON CO NV 232-D1
SOUTH LAKE TAHOE CA 171-B2
WASHOE CO NV 166-A3
HIGHWAY U.S.-60
LA PAZ CO AZ 211-C2
HIGHWAY U.S.-66 Hist
NEEDLES CA 204-A2
SAN BERNARDINO CO CA 204-A1
SAN BERNARDINO CO CA 270-A7
HIGHWAY U.S.-93
BOULDER CITY NV 269-C7
CLARK CO NV 186-C2
CLARK CO NV 269-D6
KINGMAN AZ 196-C3
LINCOLN CO NV 186-B1
MOHAVE CO AZ 196-A1
MOHAVE CO AZ 269-D6
HIGHWAY U.S.-95
BOULDER CITY NV 195-C1
BOULDER CITY NV 269-B7
CHURCHILL CO NV 172-C1
CLARK CO NV 185-C3
CLARK CO NV 186-A3
CLARK CO NV 195-C1
CLARK CO NV 203-C1
ESMERALDA CO NV 178-B1
LA PAZ CO AZ 211-C2
LYON CO NV 166-A3
LYON CO NV 172-A1
MINERAL CO NV 172-C2
MINERAL CO NV 178-B1
NEEDLES CA 204-A2
NYE CO NV 184-B1
NYE CO NV 185-A2
PERSHING CO NV 166-C2
RIVERSIDE CO CA 211-B1
SAN BERNARDINO CO CA 203-C1
SAN BERNARDINO CO CA 204-A1
SAN BERNARDINO CO CA 211-B1
SAN BERNARDINO CO CA 270-A7
SOMERTON AZ 215-A2
YERINGTON NV 172-B2
YUMA AZ 215-B1
YUMA CO AZ 211-C2
YUMA CO AZ 215-C1
HIGHWAY U.S.-97
DORRIS CA 150-C3
KLAMATH CO OR 150-C3
KLAMATH FALLS OR 150-C2
SISKIYOU CO CA 150-C3
SISKIYOU CO CA 158-B1
SISKIYOU CO CA 218-B1
WEED CA 218-A1
HIGHWAY U.S.-101
HUMBOLDT CO CA 161-C1
MENDOCINO CO CA 161-C2
SALINAS CA 336-F9
HIGHWAY U.S.-197
DEL NORTE CO CA 216-B3
HIGHWAY U.S.-395
ADELANTO CA 201-A2
ADELANTO CA 278-A1
ALTURAS CA 160-A1
BISHOP CA 183-A1
CARSON CITY NV 232-A2
CARSON CITY CO NV 232-A2
DOUGLAS CO NV 171-C2
DOUGLAS CO NV 232-A4
HESPERIA CA 278-A3
INYO CO CA 177-C3
INYO CO CA 182-C1
INYO CO CA 183-A1
INYO CO CA 192-B1
KERN CO CA 192-C2
LASSEN CO CA 160-A2
LASSEN CO CA 164-C1
LASSEN CO CA 165-A1
LONE PINE CA 183-B3
MAMMOTH LAKES CA 177-C3
MODOC CO CA 152-A3
MODOC CO CA 159-C1
MODOC CO CA 160-A1
MONO CO CA 171-C3
MONO CO CA 172-A3
MONO CO CA 177-A1
MONO CO CA 263-B1
RENO NV 230-A1
SAN BERNARDINO CO CA 192-C3
SAN BERNARDINO CO CA 193-A3
SAN BERNARDINO CO CA 201-A1
SAN BERNARDINO CO CA 278-A3
SIERRA CO CA 165-B3
VICTORVILLE CA 278-A1
WASHOE CO NV 165-B3
WASHOE CO NV 230-A1
HIGHWAY TO THE STARS Rt#-S6
SAN DIEGO CO CA 208-C3
HIGHWAY 4 BYPS Rt#-4
BRENTWOOD CA 248-D5
HIGHWAY 40 E Rt#-343
LYON CO NV 166-A3
HIGHWAY 95 S U.S.-66 Hist
NEEDLES CA 204-A2
HIGHWAY 95 S U.S.-95
NEEDLES CA 204-A2
HIGHWAY 99 W
CORNING CA 163-B3
CORNING CA 221-C6
GLENN CO CA 163-B3
GLENN CO CA 169-B1
ORLAND CA 163-B3
TEHAMA CO CA 163-B3
TEHAMA CO CA 221-C6
WILLOWS CA 169-B1
HIGHWAY 99 W Rt#-A8
RED BLUFF CA 303-D8
TEHAMA CO CA 221-C3
TEHAMA CO CA 303-F10
N HIGHWAY 101 Rt#-S21
SOLANA BEACH CA 293-B3
S HIGHWAY 101 Rt#-S21
DEL MAR CA 293-B4
ENCINITAS CA 293-B3
SOLANA BEACH CA 293-B3
HIGHWAY 111
CATHEDRAL CITY CA 290-B5
PALM DESERT CA 290-C5
RANCHO MIRAGE CA 290-B5
HIGUERA ST
SAN LUIS OBISPO CA 347-D5
HIGUERA ST Rt#-227
SAN LUIS OBISPO CA 347-C7
S HIGUERA ST
SAN LUIS OBISPO CA 271-C6
SAN LUIS OBISPO CA 347-C8
SAN LUIS OBISPO CO CA 271-C6
SAN LUIS OBISPO CO CA 347-C10
HILFORD LN
SHASTA CO CA 220-C4
HILGARD AV
LOS ANGELES CA 353-G4
N HILL AV
LOS ANGELES CO CA 359-F2
PASADENA CA 359-F2
S HILL AV
PASADENA CA 359-F7
HILL DR
LOS ANGELES CO CA 282-B4
MONTEBELLO CA 282-B4
HILL RD
KLAMATH CO OR 150-C2
MENDOCINO CO CA 162-B3
MODOC CO CA 159-A1
SISKIYOU CO CA 151-A3
SISKIYOU CO CA 159-A1
E HILL RD
MENDOCINO CO CA 168-A1
WILLITS CA 168-A1
S HILL RD
VENTURA CA 275-B5
VENTURA CO CA 275-B5
E HILL ST
LONG BEACH CA 360-D3
SIGNAL HILL CA 360-D3
N HILL ST
LOS ANGELES CA 356-B4
S HILL ST
LOS ANGELES CA 355-G6
LOS ANGELES CA 356-A5
W HILL ST
LONG BEACH CA 360-C3
HILLCREST AV
ANTIOCH CA 248-C4
HILLCREST BLVD
MILLBRAE CA 327-D8
SAN MATEO CO CA 327-C9
W HILLCREST BLVD
INGLEWOOD CA 358-G6
MONROVIA CA 282-C2
HILLCREST DR
YOLO CO CA 234-A5
HILLCREST RD
HOLLISTER CA 257-D6
HUMBOLDT CO CA 219-A6
JACKSON CO OR 149-C2
MEDFORD OR 149-C2
SAN BENITO CO CA 257-D6
HILLCREST RD Rt#-36
LASSEN CO CA 304-A4
SUSANVILLE CA 304-A4
HILLGATE RD
ARBUCKLE CA 169-B2
COLUSA CO CA 169-B2
HILLHURST AV
LOS ANGELES CA 352-C6
HILLMAN ST
TULARE CO CA 266-B4
HILLS CENTER DR
LAS VEGAS NV 268-A3
HILLSDALE AV
SAN JOSE CA 253-C5
HILLSDALE BLVD
SACRAMENTO CO CA 235-C5
E HILLSDALE BLVD
FOSTER CITY CA 250-A6
SAN MATEO CA 250-A6
W HILLSDALE BLVD
SAN MATEO CA 250-A6
HILLSDALE RD
SAN DIEGO CO CA 296-C1
HILLS FERRY RD
NEWMAN CA 180-B1
STANISLAUS CO CA 180-B1
HILLS FERRY RD Rt#-J18
STANISLAUS CO CA 180-B1
HILLSIDE BLVD
COLMA CA 249-C3
DALY CITY CA 249-C3
SAN MATEO CO CA 249-C3
SOUTH SAN FRANCISCO CA 249-C3
HILLSIDE DR
BURLINGAME CA 327-G10
CARLSBAD CA 292-A7
PLACER CO CA 228-B7
SAN MATEO CO CA 327-F10
HILLSIDE RD
RANCHO CUCAMONGA CA 283-D2
S HILLS VALLEY RD
FRESNO CO CA 182-A3
TULARE CO CA 182-A3
S HILLS VALLEY RD Rt#-63
FRESNO CO CA 182-A2
ORANGE COVE CA 182-A3
TULARE CO CA 182-A3
HILLTOP BLVD Rt#-18
SAN BERNARDINO CO CA 279-A7
SAN BERNARDINO CO CA 285-C1

CRA
INDEX

393 HILLTOP DR
STREET INDEX
E JACKSON AV Rt#-120

STREET City State Page-Grid

HILLTOP DR
CHULA VISTA CA 296-A3
REDDING CA 301-G2
REDDING CA 302-A4
RICHMOND CA 247-A5
HILLVIEW AV
PALO ALTO CA 332-D10
S HILLVIEW DR
CARSON CITY NV 313-E9
HI MOUNTAIN RD
SAN LUIS OBISPO CO CA 198-A1
HINDS AV
PISMO BEACH CA 272-A1
HINKLEY RD
SAN BERNARDINO CO CA 201-B2
HINTON RD
NEVADA CO CA 229-B5
HIRSCHDALE RD
NEVADA CO CA 229-B5
TRUCKEE CA 229-B5
HITCHCOCK CANYON RD
MONTEREY CO CA 258-D7
HOAG RD Rt#-A9
CORNING CA 221-C7
TEHAMA CO CA 221-C7
HOBART MILLS RD
NEVADA CO CA 229-A4
E HOBSON WY
BLYTHE CA 211-A2
W HOBSON WY
BLYTHE CA 211-A2
RIVERSIDE CO CA 211-A2
HOEN AV
SANTA ROSA CA 242-D2
SANTA ROSA CA 321-G7
HOFFMAN RD
SONOMA CO CA 239-C1
E HOGAN LN
SAN JOAQUIN CO CA 260-C2
HOGAN WK
LOS ANGELES CA 281-C5
HOGAN DAM RD
CALAVERAS CO CA 175-C2
HOGBACK RD
FRESNO CO CA 265-A4
INYO CO CA 183-B3
LAKE CO OR 152-B1
HOG CANYON RD
MONTEREY CO CA 189-C2
SAN LUIS OBISPO CO CA 189-C2
HOGSBACK RD
TEHAMA CO CA 221-C2
HOKE RD
SUTTER CO CA 227-A7
HOLCOMBS RD
SIERRA CO CA 228-D3
HOLDER ST
BUENA PARK CA 361-B9
CYPRESS CA 361-B7
HOLE AV
RIVERSIDE CA 284-B6
HOLLAND LP
JOSEPHINE CO OR 149-A2
HOLLENBECK AV
LOS ANGELES CO CA 283-A3
SUNNYVALE CA 253-B3
HOLLIS ST
EMERYVILLE CA 247-A7
EMERYVILLE CA 329-F2
OAKLAND CA 329-F2
HOLLISTER AV
GOLETA CA 274-A7
SANTA BARBARA CA 274-B7
SANTA BARBARA CO CA 274-B7
HOLLISTER BYPS Rt#-156
HOLLISTER CA 257-C5
SAN BENITO CO CA 257-D5
HOLLISTER RD Rt#-25
HOLLISTER CA 257-C5
SAN BENITO CO CA 257-C5
SANTA CLARA CO CA 257-B4
HOLLISTER ST
SAN DIEGO CA 296-A5
HOLLOWAY DR
WEST HOLLYWOOD CA 351-A10
WEST HOLLYWOOD CA 354-G4
HOLLOWAY RD
KERN CO CA 190-C2
HOLLY AV
BUTTE CO CA 305-E5
CHICO CA 305-D4
IMPERIAL BEACH CA 295-D5
HOLLY PTH
RICHMOND CA 247-A5
HOLLYWOOD BLVD
LOS ANGELES CA 351-B8
LOS ANGELES CA 352-A8
N HOLLYWOOD BLVD
SUNRISE MANOR NV 268-D3
HOLLYWOOD FRWY Rt#-170
LOS ANGELES CA 277-B7
LOS ANGELES CA 281-B1
HOLLYWOOD FRWY U.S.-101
LOS ANGELES CA 281-B2
LOS ANGELES CA 351-A2
LOS ANGELES CA 352-A9
LOS ANGELES CA 355-C1
LOS ANGELES CA 356-A3
HOLLYWOOD WY
LOS ANGELES CA 350-C3
N HOLLYWOOD WY
BURBANK CA 350-C7
BURBANK CA 351-D1
HOLMAN RD
LYON CO NV 172-A1
HOLMES ST Rt#-84
LIVERMORE CA 251-C4
HOLT AV Rt#-S32
HOLTVILLE CA 214-B1
IMPERIAL CO CA 214-B1
E HOLT AV
MONTCLAIR CA 283-C4
POMONA CA 283-C4
W HOLT AV
POMONA CA 283-B4
HOLT BLVD
MONTCLAIR CA 283-C4
E HOLT BLVD
ONTARIO CA 283-D3
W HOLT BLVD
ONTARIO CA 283-D4
HOLT RD Rt#-S32
IMPERIAL CO CA 214-B1

S HOLT RD
SAN JOAQUIN CO CA 260-A4
HOME AV
SAN DIEGO CA 374-F1
HOMEDALE RD
Altamont OR 150-C2
KLAMATH CO OR 150-C2
KLAMATH FALLS OR 150-C2
HOMESTEAD AV
SALINAS CA 336-A7
E HOMESTEAD RD
CUPERTINO CA 253-B3
SANTA CLARA CA 333-A5
SUNNYVALE CA 253-B3
HOMESTEAD RANCH RD
LASSEN CO CA 165-B2
HOMEWOOD CANYON RD
INYO CO CA 193-A2
HONCUT RD
LOMA RICA CA 227-D2
YUBA CO CA 227-D2
HONEY LN
SHASTA CO CA 220-D7
HONEY RUN RD
BUTTE CO CA 223-A2
BUTTE CO CA 306-G10
HONEY SPRINGS RD
SAN DIEGO CO CA 213-A2
SAN DIEGO CO CA 296-D3
HONOLULU AV
GLENDALE CA 277-D7
GLENDALE CA 281-D1
LOS ANGELES CA 277-D7
HOOD FRANKLIN RD
SACRAMENTO CO CA 238-B4
HOOK BLVD
VICTORVILLE CA 278-A1
HOOK CREEK RD
SAN BERNARDINO CO CA 278-D7
HOOKER CREEK RD
TEHAMA CO CA 163-A1
HOOKER OAK RD
BUTTE CO CA 306-C5
CHICO CA 306-C5
HOOKTON RD
HUMBOLDT CO CA 219-A5
HOOPER AV
LOS ANGELES CA 356-B8
N HOOVER ST
LOS ANGELES CA 352-D9
LOS ANGELES CA 355-D1
S HOOVER ST
LOS ANGELES CA 281-D5
LOS ANGELES CA 355-D5
N HOPE ST
LOS ANGELES CA 356-A4
S HOPE ST
LOS ANGELES CA 355-F7
LOS ANGELES CA 356-A4
HOPKINS ST
BERKELEY CA 247-A6
BERKELEY CA 328-A3
HOPLAND RD Rt#-175
MENDOCINO CO CA 225-B6
HOPYARD RD
PLEASANTON CA 251-B3
E HORIZON DR
HENDERSON NV 269-A6
W HORIZON DR
HENDERSON NV 269-A7
HORIZON RIDGE PKWY
HENDERSON NV 269-A6
HORNBROOK RD
SISKIYOU CO CA 150-A3
HORNITAS RD Rt#-J16
MARIPOSA CO CA 176-A3
HORNITOS RD
MARIPOSA CO CA 176-B3
HORNITOS RD Rt#-J16
MARIPOSA CO CA 176-A3
MERCED CO CA 176-A3
HORNITOS RD Rt#-140
MARIPOSA CO CA 181-B1
HORSESHOE BAR RD
LOOMIS CA 236-B2
PLACER CO CA 236-B2
HORSESHOE MEADOWS RD
INYO CO CA 183-B3
HOSMER WK
LOS ANGELES CA 282-A3
HOTLUM
SISKIYOU CO CA 218-B1
HOT SPRINGS RD
CARSON CITY NV 313-C3
SANTA BARBARA CA 274-D7
SANTA BARBARA CO CA 274-D7
SONOMA CO CA 239-C2
HOUGHTON AV
TEHAMA CO CA 221-C7
HOUGHTON RD
KERN CO CA 267-B7
HOUSTON AV
HANFORD CA 190-C1
KINGS CO CA 190-C1
KINGS CO CA 191-A1
E HOUSTON AV Rt#-216
TULARE CO CA 266-C2
VISALIA CA 266-C2
W HOUSTON AV
VISALIA CA 266-B2
HOUSTON RD
JACKSON CO OR 149-C2
HOVLEY LN E
INDIAN WELLS CA 290-C5
PALM DESERT CA 290-C5
HOVLEY RD
BRAWLEY CA 214-A1
HOWARD RD
TULARE CO CA 191-A2
HOWARD RD Rt#-J16
STANISLAUS CO CA 175-A3
W HOWARD RD
SAN JOAQUIN CO CA 260-A6
HOWARD ST
STOCKTON CA 339-E10
HOWARD-SPUR
DEL NORTE CO CA 216-C6
HOWE AV
SACRAMENTO CA 235-C6
SACRAMENTO CA 320-F4
SACRAMENTO CO CA 235-C6
SACRAMENTO CO CA 320-F4

HOWE AV Rt#-16
SACRAMENTO CA 320-G7
HOWE RD
MARTINEZ CA 247-C4
HOWELL MOUNTAIN RD
NAPA CO CA 241-B7
HOWLAND HILL RD
DEL NORTE CO CA 297-G8
HOWSLEY RD
SUTTER CO CA 235-B2
HOY RD
SISKIYOU CO CA 218-A1
HOYER RD
NEWMAN CA 180-B1
N HUALAPAI WY
LAS VEGAS NV 268-A3
S HUALAPAI WY
LAS VEGAS NV 268-A4
SOUTH SUMMERLIN NV 268-A4
HUALAPAI MOUNTAIN RD
KINGMAN AZ 196-C3
MOHAVE CO AZ 196-C3
MOHAVE CO AZ 204-C1
HUASNA RD
ARROYO GRANDE CA 272-B1
SAN LUIS OBISPO CO CA 272-B1
HUASNA TOWNSITE RD
SAN LUIS OBISPO CO CA 272-D1
HUBBARD RD
LOS ANGELES CO CA 277-D3
HUBBARD ST
LOS ANGELES CA 277-B6
HUBERT WK
LOS ANGELES CA 281-C5
HUDSON-AURORA
LYON CO NV 172-A3
HUENEME RD
VENTURA CO CA 275-C7
E HUENEME RD
OXNARD CA 275-B7
VENTURA CO CA 275-B7
W HUENEME RD
OXNARD CA 275-B7
HUFF RD
IMPERIAL CO CA 214-A1
SAN BERNARDINO CO CA 279-C1
HUFFMASTER RD
COLUSA CO CA 169-A2
HUGHES LN
BAKERSFIELD CA 267-C5
BAKERSFIELD CA 344-C8
KERN CO CA 344-C8
HUGHES RD
GRASS VALLEY CA 315-B6
SUTTER CO CA 227-A7
HUGO RD
JOSEPHINE CO OR 149-A1
HULL RD
JACKSON CO OR 149-C2
HULL MOUNTAIN RD
LAKE CO CA 168-B1
HUMBOLDT RD
BUTTE CO CA 163-C2
BUTTE CO CA 164-A2
BUTTE CO CA 306-G6
CHICO CA 163-C2
CHICO CA 306-G6
DEL NORTE CO CA 216-B5
PLUMAS CO CA 164-A2
TEHAMA CO CA 164-A2
HUMBOLDT RD Rt#-32
BUTTE CO CA 163-C2
HUMBOLDT ST
SANTA ROSA CA 321-E5
HUMBOLDT HILL RD
HUMBOLDT CO CA 219-B5
HUMBUG RD
PLUMAS CO CA 164-A2
HUMBUG CREEK RD
SISKIYOU CO CA 217-A2
HUMBUG SUMMIT RD
BUTTE CO CA 164-A2
HUMPHREY WK
LOS ANGELES CA 281-C5
HUNEWILL RANCH RD
MONO CO CA 177-A1
HUNT RD
CALAVERAS CO CA 175-C2
MERCED CO CA 180-B1
HUNTER CREEK LP
CURRY CO OR 148-A1
HUNTER CREEK RD
CURRY CO OR 148-B1
HUNTER MOUNTAIN RD
INYO CO CA 184-A3
HUNTINGTON AV
SAN BRUNO CA 327-B1
SOUTH SAN FRANCISCO CA 327-B1
E HUNTINGTON BLVD
FRESNO CA 343-G7
HUNTINGTON DR
ALHAMBRA CA 282-D2
ARCADIA CA 282-D2
AZUSA CA 282-D2
DUARTE CA 282-D2
IRWINDALE CA 282-D2
LOS ANGELES CO CA 282-D2
MONROVIA CA 282-D2
SAN MARINO CA 282-D2
SAN MARINO CA 359-G10
SOUTH PASADENA CA 282-D2
E HUNTINGTON DR
ARCADIA CA 282-C2
MONROVIA CA 282-C2
W HUNTINGTON DR
ARCADIA CA 282-C2
MONROVIA CA 282-C2
HUNTINGTON DR N
ALHAMBRA CA 282-A3
LOS ANGELES CA 282-A3
LOS ANGELES CA 356-G1
SOUTH PASADENA CA 282-A3
HUNTINGTON DR S
LOS ANGELES CA 282-A3
LOS ANGELES CA 356-G1
HUNTOON ST
BUTTE CO CA 223-B7
S HUNTS LN
COLTON CA 368-E10
SAN BERNARDINO CA 368-E9
HUNTS RD
HUMBOLDT CO CA 219-C1

E HUNTSMAN AV
FRESNO CO CA 264-C7
HUNTWOOD AV
HAYWARD CA 250-D4
HURLEY WY
SACRAMENTO CO CA 320-F2
S HUTCHINS ST Rt#-J3
LODI CA 260-B1
HYAMPOM RD
HAYFORK CA 162-B1
TRINITY CO CA 157-A3
TRINITY CO CA 162-B1
HYATT PRAIRIE RD
JACKSON CO OR 150-A2
HYPERION AV
LOS ANGELES CA 352-E8

I

I AV
HESPERIA CA 278-B4
I ST
EUREKA CA 300-E5
LOS BANOS CA 180-B2
MODESTO CA 340-D6
REEDLEY CA 182-A3
SACRAMENTO CA 319-E3
SONOMA CO CA 242-D7
TEHAMA CA 221-D5
WEST SACRAMENTO CA 319-C3
N I ST
SAN BERNARDINO CA 368-C4
S I ST
SAN BERNARDINO CA 368-C5
W I ST
LOS ANGELES CA 286-D2
LOS BANOS CA 180-B2
ICE HOUSE RD
EL DORADO CO CA 171-A2
ICELAND RD
NEVADA CO CA 229-B6
IDA CLAYTON RD
SONOMA CO CA 240-D5
IDAHO AV
LOS ANGELES CA 353-D8
S IDAHO ST
LA HABRA CA 282-D7
IDAHO MARYLAND RD
GRASS VALLEY CA 315-D8
NEVADA CO CA 233-D1
NEVADA CO CA 315-D8
IDALEONA RD
RIVERSIDE CO CA 289-A2
IDYLLWILD RD Rt#-243
RIVERSIDE CO CA 209-A2
IDYLLWILD NATIONAL FOREST HWY
RIVERSIDE CO CA 208-C2
RIVERSIDE CO CA 209-A2
IGNACIO BLVD
MARIN CO CA 246-B3
NOVATO CA 246-B3
IMLER RD
IMPERIAL CO CA 214-A1
W IMOLA AV
NAPA CA 323-C9
NAPA CO CA 323-G9
W IMOLA AV Rt#-121
NAPA CA 323-E9
NAPA CO CA 323-E9
IMPERIAL AV
EL CENTRO CA 375-B6
LEMON GROVE CA 296-A2
SAN DIEGO CA 296-A2
SAN DIEGO CA 373-G5
SAN DIEGO CA 374-G5
SAN DIEGO CO CA 374-E5
N IMPERIAL AV Rt#-86
EL CENTRO CA 375-B3
IMPERIAL CA 375-B3
IMPERIAL CO CA 375-B3
IMPERIAL HWY
DOWNEY CA 282-A6
LA HABRA CA 282-D7
LA MIRADA CA 282-C7
LOS ANGELES CO CA 282-D7
NORWALK CA 282-C7
SANTA FE SPRINGS CA 282-C7
IMPERIAL HWY Rt#-S2
IMPERIAL CO CA 213-C1
IMPERIAL HWY Rt#-90
ANAHEIM CA 283-A7
BREA CA 283-A7
PLACENTIA CA 283-A7
YORBA LINDA CA 283-A7
E IMPERIAL HWY
DOWNEY CA 282-A6
EL SEGUNDO CA 358-C10
LOS ANGELES CA 281-D6
LOS ANGELES CA 358-B10
LOS ANGELES CO CA 281-D6
LOS ANGELES CO CA 282-A6
LYNWOOD CA 281-D6
LYNWOOD CA 282-A6
SOUTH GATE CA 282-A6
E IMPERIAL HWY Rt#-90
BREA CA 283-A7
FULLERTON CA 282-D6
FULLERTON CA 283-A7
LA HABRA CA 282-D6
N IMPERIAL HWY
ANAHEIM CA 288-B1
N IMPERIAL HWY Rt#-90
ANAHEIM CA 283-B7
ANAHEIM CA 288-B1
ORANGE CO CA 283-B7
ORANGE CO CA 288-B1
YORBA LINDA CA 283-B7
S IMPERIAL HWY
ANAHEIM CA 288-B1
W IMPERIAL HWY
EL SEGUNDO CA 281-C6
EL SEGUNDO CA 358-A10
HAWTHORNE CA 281-C6
HAWTHORNE CA 358-G10
INGLEWOOD CA 281-C6
LOS ANGELES CA 281-C6
LOS ANGELES CA 358-F10
LOS ANGELES CO CA 281-C6
LOS ANGELES CO CA 358-G10
W IMPERIAL HWY Rt#-90
BREA CA 282-D6
BREA CA 283-A6

W IMPERIAL HWY Rt#-90
FULLERTON CA 282-D6
LA HABRA CA 282-D6
IMPERIAL RD Rt#-S24
IMPERIAL CO CA 215-B1
IMPERIAL BEACH BLVD
IMPERIAL BEACH CA 295-D5
IMPERIAL DAM RD
IMPERIAL CO CA 215-B1
YUMA CO AZ 215-B1
IMPERIAL DAM RD Rt#-S24
IMPERIAL CO CA 215-B1
INA CT
SAN FRANCISCO CA 249-C2
INDEPENDENCE LAKE RD
SIERRA CO CA 228-C4
INDIAN AV
RIVERSIDE CO CA 290-A1
N INDIAN AV
DESERT HOT SPRINGS CA 209-A1
DESERT HOT SPRINGS CA 290-A2
RIVERSIDE CO CA 209-A1
RIVERSIDE CO CA 290-A2
INDIAN ST
MORENO VALLEY CA 285-A7
INDIAN TR
SAN BERNARDINO CO CA 202-B3
TWENTYNINE PALMS CA 202-B3
INDIANA AV
MERCED CO CA 180-C2
RIVERSIDE CA 366-A10
N INDIANA ST
LOS ANGELES CA 356-G6
LOS ANGELES CO CA 356-G6
INDIANAPOLIS AV
HUNTINGTON BEACH CA 287-D4
N INDIAN CANYON DR
PALM SPRINGS CA 290-A2
PALM SPRINGS CA 367-B5
RIVERSIDE CO CA 290-A2
S INDIAN CANYON DR
PALM SPRINGS CA 367-C7
INDIAN CREEK RD
SISKIYOU CO CA 149-A3
INDIAN HILL BLVD
POMONA CA 283-C4
N INDIAN HILL BLVD
CLAREMONT CA 283-C2
S INDIAN HILL BLVD
CLAREMONT CA 283-C3
INDIAN HILL RD
AUBURN CA 316-A9
PLACER CO CA 236-B1
PLACER CO CA 316-A9
INDIAN SCHOOL RD Rt#-14
LA PAZ CO AZ 211-B1
INDIAN SERVICE RD Rt#-J42
TULARE CO CA 191-C1
INDIAN SPRINGS RD
NEVADA CO CA 233-B2
INDIAN SPRINGS RANCH RD
NEVADA CO CA 233-B3
INDIAN VALLEY RD
MARIN CO CA 246-A2
MONTEREY CO CA 189-C2
SAN LUIS OBISPO CO CA 189-C2
INDIO BLVD
INDIO CA 209-B2
INDIO CA 290-D5
INDIO BLVD Rt#-86
INDIO CA 209-B2
INDUSTRIAL AV
ROSEVILLE CA 235-D3
INDUSTRIAL BLVD
HAYWARD CA 250-C4
WEST SACRAMENTO CA 235-A7
INDUSTRIAL PKWY W
HAYWARD CA 250-D5
INDUSTRIAL RD
ENTERPRISE NV 346-A7
PARADISE NV 346-B2
SAN CARLOS CA 250-A7
WINCHESTER NV 345-C9
WINCHESTER NV 346-B2
INDUSTRIAL FARM RD
KERN CO CA 267-B2
INGHRAM RD
TEHAMA CO CA 163-B3
INGLEWOOD AV
HAWTHORNE CA 281-C7
HAWTHORNE CA 358-G10
INGLEWOOD CA 358-G7
LAWNDALE CA 281-C7
LAWNDALE CA 286-C1
LOS ANGELES CO CA 281-C7
REDONDO BEACH CA 281-C7
REDONDO BEACH CA 286-C1
N INGLEWOOD AV
INGLEWOOD CA 358-G5
S INGLEWOOD AV
HAWTHORNE CA 358-G9
INGLEWOOD CA 358-G6
LOS ANGELES CO CA 358-G9
INGLEWOOD BLVD
LOS ANGELES CA 353-G10
LOS ANGELES CA 357-G1
LOS ANGELES CA 358-A1
INGLEWOOD CT SE U.S.-101
WINDSOR CA 240-B7
INGOMAR GRADE
LOS BANOS CA 180-B1
MERCED CO CA 180-B1
INGRAHAM ST
SAN DIEGO CA 371-B2
S INLAND DR
SAN JOAQUIN CO CA 260-A4
S INLAND CENTER DR
SAN BERNARDINO CA 368-C7
NW INNIS ARDEN WY Rt#-94
SAN DIEGO CO CA 213-B2
INTAKE BLVD
BLYTHE CA 211-A2
RIVERSIDE CO CA 211-A2
INTAKE BLVD U.S.-95
BLYTHE CA 211-A2
RIVERSIDE CO CA 211-A2
INTERLAKE RD Rt#-G14
MONTEREY CO CA 189-B2
SAN LUIS OBISPO CO CA 189-B2
INTERMOUNTAIN RD
SHASTA CO CA 220-C5

INTERNATIONAL BLVD
OAKLAND CA 330-C6
INTERNATIONAL BLVD Rt#-185
OAKLAND CA 250-B2
OAKLAND CA 330-F9
OAKLAND CA 331-G2
SAN LEANDRO CA 250-B2
INTERNATIONAL DR
SACRAMENTO CO CA 235-D7
INYO AV Rt#-137
TULARE CA 266-A5
TULARE CO CA 266-A5
INYO ST
DEL NORTE CO CA 297-B6
INYOKERN RD Rt#-178
KERN CO CA 192-C2
RIDGECREST CA 192-C2
IONE RD
AMADOR CO CA 175-B1
SACRAMENTO CO CA 175-B1
IONE ST Rt#-104
IONE CA 175-B1
IONE MICHIGAN BAR RD
AMADOR CO CA 175-B1
IOWA AV
RIVERSIDE CA 366-G1
IOWA CITY RD
YUBA CO CA 227-D3
IRIS AV
MORENO VALLEY CA 285-A7
IRIS CANYON RD
MONTEREY CA 337-G9
IRMULCO RD
MENDOCINO CO CA 168-A1
IROLO ST
LOS ANGELES CA 355-B4
IRONAGE RD
SAN BERNARDINO CO CA 210-A1
IRON MOUNTAIN RD
SHASTA CO CA 220-A5
IRON POINT RD
FOLSOM CA 236-B6
IRONWOOD AV
MORENO VALLEY CA 285-A6
IRVINE AV
COSTA MESA CA 363-A8
COSTA MESA CA 364-D5
NEWPORT BEACH CA 363-A8
NEWPORT BEACH CA 364-E2
ORANGE CO CA 363-B7
ORANGE CO CA 364-F1
IRVINE BLVD
IRVINE CA 288-B3
LAKE FOREST CA 288-C4
ORANGE CO CA 288-B3
SANTA ANA CA 288-B3
TUSTIN CA 288-B3
IRVINE CENTER DR
IRVINE CA 288-B4
IRVINE STOVALL MEM HWY Rt#-166
SAN LUIS OBISPO CO CA 272-C4
IRWIN LN
SONOMA CO CA 242-B3
IRWIN RD
BARSTOW CA 369-C4
SAN BERNARDINO CO CA 201-C1
SAN BERNARDINO CO CA 369-B1
IRWINDALE AV
AZUSA CA 282-D2
IRWINDALE CA 282-D2
LOS ANGELES CO CA 282-D3
WEST COVINA CA 282-D3
ISABELLA WALKER PS RD Rt#-178
KERN CO CA 192-B2
ISLAND DR
ALAMEDA CA 250-B2
ALAMEDA CA 331-A3
IVANHOE DR Rt#-216
TULARE CO CA 266-C2
VISALIA CA 266-C2
IVANPAH RD
SAN BERNARDINO CO CA 195-B3
IVERSEN RD
MENDOCINO CO CA 167-C2
IVERSON RD
MONTEREY CO CA 259-D5
IVERSON ST
SALINAS CA 336-A8
IVORY PINE RD
KLAMATH CO OR 151-B1
IVY ST
CHICO CA 305-G8
MURRIETA CA 289-C6

J

J AV
NATIONAL CITY CA 296-A3
NATIONAL CITY CA 374-F10
J ST
CHULA VISTA CA 296-A4
DAVIS CA 318-E4
MARYSVILLE CA 310-A4
MODESTO CA 340-D6
OXNARD CA 275-B7
SACRAMENTO CA 319-D3
SACRAMENTO CA 320-B5
TULARE CA 266-B4
TULARE CO CA 266-B4
E J ST
CHULA VISTA CA 296-A3
W J ST
BENICIA CA 247-C3
JACKLIN RD
MILPITAS CA 253-D1
JACK RABBIT TR
RIVERSIDE CO CA 285-C7
JACK RANCH RD
KERN CO CA 191-C2
JACKS RD
MONTEREY CO CA 259-D5
JACK SLOUGH RD
YUBA CO CA 227-C5
YUBA CO CA 310-C1
JACKSON AV
KINGS CO CA 190-C1
MURRIETA CA 289-B6
E JACKSON AV Rt#-120
ESCALON CA 175-B2
SAN JOAQUIN CO CA 175-B2

CRA
INDEX

E JACKSON AV Rt#-120 STREET INDEX KIRKER PASS RD 394

STREET INDEX

STREET
City State Page-Grid

E JACKSON AV Rt#-120
SAN JOAQUIN CO CA 261-B1
N JACKSON AV
SAN JOSE CA 334-E4
S JACKSON AV
SAN JOSE CA 334-F5
JACKSON BLVD
ISLETON CA 174-C1
SACRAMENTO CO CA 174-C1
JACKSON DR
LA MESA CA 294-A7
LA MESA CA 296-A1
SAN DIEGO CA 294-A7
JACKSON RD Rt#-16
AMADOR CO CA 175-B1
SACRAMENTO CA 238-C1
SACRAMENTO CO CA 170-A3
SACRAMENTO CO CA 175-B1
SACRAMENTO CO CA 238-C1
JACKSON ST
COACHELLA CA 209-B2
GRIDLEY CA 227-B1
INDIO CA 209-B2
PLACER CO CA 235-B3
RED BLUFF CA 303-C6
RIVERSIDE CO CA 209-B2
JACKSON ST Rt#-E18
TUOLUMNE CO CA 176-A2
JACKSON ST Rt#-92
HAYWARD CA 250-C4
S JACKSON ST
RED BLUFF CA 303-C10
JACKSON MEADOWS RD
SIERRA CO CA 228-B3
JACKSON RANCH RD
HUMBOLDT CO CA 219-C2
SISKIYOU CO CA 218-A1
JACKSONVILLE HWY Rt#-238
GRANTS PASS OR 149-B2
JACKSON CO OR 149-B2
JACKSONVILLE OR 149-B2
JOSEPHINE CO OR 149-B2
JACKSONVILLE RD
TUOLUMNE CO CA 176-A2
TUOLUMNE CO CA 341-A10
JACKS VALLEY RD
DOUGLAS CO NV 232-A5
JACKS VALLEY RD Rt#-206
DOUGLAS CO NV 232-A6
N JACK TONE RD
RIPON CA 175-B3
N JACK TONE RD Rt#-J5
RIPON CA 175-B3
SAN JOAQUIN CO CA 175-B1
SAN JOAQUIN CO CA 260-D3
S JACK TONE RD Rt#-J5
RIPON CA 175-B3
SAN JOAQUIN CO CA 175-B3
SAN JOAQUIN CO CA 260-D6
JACOB DEKEMA FRWY I-805
CHULA VISTA CA 296-A3
NATIONAL CITY CA 296-A3
NATIONAL CITY CA 374-G8
SAN DIEGO CA 293-C5
SAN DIEGO CA 295-D1
SAN DIEGO CA 296-A3
SAN DIEGO CA 372-F2
SAN DIEGO CA 374-E2
SAN DIEGO CO CA 296-A3
W JACOBS RD
SAN JOAQUIN CO CA 260-A4
JACOBSEN LN
DOUGLAS CO NV 232-C7
JACOBY CREEK RD
HUMBOLDT CO CA 219-D2
E JAHANT RD
SAN JOAQUIN CO CA 238-D7
E JAHANT RD Rt#-J12
SAN JOAQUIN CO CA 175-B1
W JAHANT RD
SAN JOAQUIN CO CA 238-D7
JALAMA RD
SANTA BARBARA CO CA 198-A3
JAMACHA BLVD
SAN DIEGO CO CA 296-B2
JAMACHA BLVD Rt#-S17
SAN DIEGO CO CA 296-B2
JAMACHA RD
LEMON GROVE CA 296-A2
SAN DIEGO CA 296-A2
SAN DIEGO CO CA 296-B2
JAMACHA RD Rt#-54
EL CAJON CA 294-C7
EL CAJON CA 296-C1
SAN DIEGO CO CA 294-C7
SAN DIEGO CO CA 296-C1
E JAMACHA RD
SAN DIEGO CO CA 296-A2
JAMBOREE RD
IRVINE CA 288-B3
IRVINE CA 363-G4
NEWPORT BEACH CA 363-E7
NEWPORT BEACH CA 364-F7
ORANGE CA 288-B3
TUSTIN CA 288-B3
JAMES RD
FRESNO CO CA 181-A3
KERN CO CA 267-B2
S JAMES RD
FRESNO CO CA 181-A3
JAMES WY
ARROYO GRANDE CA 272-A1
JAMES DONLON BLVD
ANTIOCH CA 248-B5
JAMES LICK FRWY U.S.-101
SAN FRANCISCO CA 249-D2
SAN FRANCISCO CA 326-E8
JAMES M WOOD BLVD
LOS ANGELES CA 355-F5
S JAMESON AV
FRESNO CO CA 190-B1
JAMESON CANYON RD Rt#-12
FAIRFIELD CA 244-A7
NAPA CO CA 244-A7
SOLANO CO CA 244-A7
JAMESTOWN RD
TUOLUMNE CO CA 341-A2
JAMUL DR
SAN DIEGO CO CA 296-C1
JANES RD
ARCATA CA 299-B3
HUMBOLDT CO CA 299-B3
JAPATUL RD
SAN DIEGO CO CA 213-A1
JAPATUL VALLEY RD
SAN DIEGO CO CA 213-A1
JAPATUL VALLEY RD Rt#-79
SAN DIEGO CO CA 213-A1
J ARTHUR YOUNGER FRWY Rt#-92
BELMONT CA 249-D6
FOSTER CITY CA 250-A5
HAYWARD CA 250-A5
HILLSBOROUGH CA 249-D6
SAN MATEO CA 249-D6
SAN MATEO CA 250-A5
SAN MATEO CO CA 249-D6
JARVIS AV
NEWARK CA 250-D6
JASPER SEARS RD
MERCED CO CA 180-B2
W JAYNE AV
COALINGA CA 190-A1
FRESNO CO CA 190-A1
KINGS CO CA 190-A1
W JAYNE AV Rt#-33
COALINGA CA 190-A1
FRESNO CO CA 190-A1
JAYNES DR
JOSEPHINE CO OR 149-B1
JEFFERSON AV
MURRIETA CA 289-C6
REDWOOD CITY CA 250-A7
REDWOOD CITY CA 252-C1
TEMECULA CA 289-C6
E JEFFERSON AV
FRESNO CO CA 264-C6
W JEFFERSON AV
FRESNO CO CA 181-A3
FRESNO CO CA 264-B6
JEFFERSON BLVD
CULVER CITY CA 281-B5
CULVER CITY CA 358-C1
LOS ANGELES CA 281-B5
LOS ANGELES CA 358-C2
JEFFERSON BLVD Rt#-84
WEST SACRAMENTO CA 235-A7
WEST SACRAMENTO CA 238-A1
WEST SACRAMENTO CA 319-A2
YOLO CO CA 238-A1
E JEFFERSON BLVD
LOS ANGELES CA 355-F10
N JEFFERSON BLVD
CULVER CITY CA 358-B2
LOS ANGELES CA 358-B2
W JEFFERSON BLVD
CULVER CITY CA 281-C4
LOS ANGELES CA 281-C4
LOS ANGELES CA 355-C8
LOS ANGELES CA 357-G8
LOS ANGELES CA 358-A3
LOS ANGELES CO CA 358-A3
JEFFERSON ST
INDIO CA 209-B2
LA QUINTA CA 209-B2
MONTEREY CA 337-E6
NAPA CA 323-C2
RED BLUFF CA 303-C5
RIVERSIDE CO CA 209-B2
S JEFFERSON ST
NAPA CA 323-D8
JEFFERSON ST N
NAPA CA 323-B1
JEFFREY RD
IRVINE CA 288-B4
ORANGE CO CA 288-B4
JELLYS FERRY RD
TEHAMA CO CA 163-B1
TEHAMA CO CA 221-B1
JENNINGS AV
SANTA ROSA CA 321-A5
JENNINGS RD
STANISLAUS CO CA 261-A6
JENNY LIND RD Rt#-J14
CALAVERAS CO CA 175-B2
JENSEN AV
SANGER CA 181-C3
E JENSEN AV
FRESNO CA 264-D5
FRESNO CO CA 181-C3
FRESNO CO CA 264-D5
SANGER CA 181-C3
W JENSEN AV
FRESNO CA 264-A5
FRESNO CO CA 181-B3
FRESNO CO CA 264-A5
E JENSEN BYPS
FRESNO CA 264-C5
FRESNO CO CA 264-C5
JEROME PRAIRIE RD
JOSEPHINE CO OR 149-A1
JERONIMO RD
IRVINE CA 288-C5
LAKE FOREST CA 288-C5
MISSION VIEJO CA 288-D5
JERRYS FLAT RD
CURRY CO OR 148-B1
GOLD BEACH OR 148-B1
JERSEYDALE RD
MARIPOSA CO CA 262-A7
JESPERSON RD
SAN LUIS OBISPO CO CA 271-C6
JESSEN RD
LYON CO NV 172-A2
JESUS MARIA RD
CALAVERAS CO CA 175-C1
CALAVERAS CO CA 176-A1
S JETTY RD
HUMBOLDT CO CA 219-A4
J HART CLINTON DR
SAN MATEO CA 250-A5
JIBBOOM ST
SACRAMENTO CA 319-C2
JITNAL
DEL NORTE CO CA 216-D7
JOEGER RD
PLACER CO CA 233-B7
JOE W BROWN DR
WINCHESTER NV 345-D10
WINCHESTER NV 346-E1
JOE WRIGHT RD
KLAMATH CO OR 150-C2
JOHN ST
SALINAS CA 336-E7
JOHN ST Rt#-68
SALINAS CA 336-C7
JOHN DALY BLVD
DALY CITY CA 249-C3
JOHN F FORAN FRWY I-280
SAN FRANCISCO CA 249-C3
SAN FRANCISCO CA 326-F7
JOHN F KENNEDY DR
MORENO VALLEY CA 285-A6
SAN FRANCISCO CA 325-A7
JOHN FOX RD
STANISLAUS CO CA 261-D4
JOHN HELT RD
HUMBOLDT CO CA 219-A6
JOHN MUIR PKWY Rt#-4
CONTRA COSTA CO CA 247-A4
HERCULES CA 247-A4
MARTINEZ CA 247-A4
JOHN S GIBSON BLVD
LOS ANGELES CA 286-D3
JOHNSON AV
MARYSVILLE CA 310-C1
SAN JOSE CA 253-B4
SAN LUIS OBISPO CA 347-F5
SAN LUIS OBISPO CO CA 347-F5
JOHNSON BLVD
SOUTH LAKE TAHOE CA 314-C5
JOHNSON DR
VENTURA CA 275-B5
JOHNSON LN
DOUGLAS CO NV 232-A5
JOHNSON RD
HUMBOLDT CO CA 156-C2
KLAMATH CO OR 151-A3
LANCASTER CA 200-A2
LOS ANGELES CO CA 200-A2
SAN BERNARDINO CO CA 201-A3
N JOHNSON RD
STANISLAUS CO CA 261-D6
TURLOCK CA 261-D6
S JOHNSON RD
STANISLAUS CO CA 261-D7
JOHNSON ST
RED BLUFF CA 303-B6
JOHNSON CANYON RD
GONZALES CA 259-D5
MONTEREY CO CA 259-D5
JOHNSTONVILLE RD Rt#-A27
LASSEN CO CA 304-E5
SUSANVILLE CA 304-E5
JOHNSTONVILLE RD E Rt#-A27
LASSEN CO CA 164-C1
LASSEN CO CA 304-G7
JOHN T KNOX FRWY I-580
ALBANY CA 247-A6
RICHMOND CA 246-D5
RICHMOND CA 247-A6
JOINER PKWY
LINCOLN CA 235-D1
JOLON RD Rt#-G14
MONTEREY CO CA 189-A2
JOLON RD Rt#-G18
MONTEREY CO CA 189-B2
JONES BLVD
CLARK CO NV 268-B2
LAS VEGAS NV 268-B2
N JONES BLVD
CLARK CO NV 268-B3
LAS VEGAS NV 268-B3
N JONES BLVD Rt#-596
SPRING VALLEY NV 268-B4
S JONES BLVD
CLARK CO NV 268-B4
LAS VEGAS NV 268-B4
S JONES BLVD Rt#-596
SPRING VALLEY NV 268-B4
JONES ST
MARTINEZ CA 247-C4
JONES BAR RD
NEVADA CO CA 233-C1
JONES VALLEY TR
SHASTA CO CA 220-D4
JONIVE RD
SONOMA CO CA 242-A3
JORDAN RD
HUMBOLDT CO CA 161-B1
JOSEPH L BOLL AV U.S.-66 Hist
BARSTOW CA 201-C2
JOSHUA LN
YUCCA VALLEY CA 209-B1
JOSHUA RD
APPLE VALLEY CA 278-D2
SAN BERNARDINO CO CA 278-D2
JOSHUA ST
SAN LUIS OBISPO CO CA 272-C3
JOSHUA TREE HWY Rt#-164
CLARK CO NV 195-C3
JOY LAKE RD
WASHOE CO NV 230-A6
JUAN ST
SAN DIEGO CA 372-A9
JUAREZ ST
NAPA CA 323-F6
JUDAH ST
SAN FRANCISCO CA 325-A8
JUDGE JOHN AISO ST
LOS ANGELES CA 356-B5
JULIAN AV
SAN DIEGO CO CA 294-C6
JULIAN LN
LYON CO NV 172-B2
JULIAN RD Rt#-67
SAN DIEGO CO CA 294-C3
JULIAN RD Rt#-78
SAN DIEGO CO CA 213-A1
SAN DIEGO CO CA 294-D2
JULIAN RD Rt#-79
SAN DIEGO CO CA 213-A1
E JULIAN ST
SAN JOSE CA 333-G6
SAN JOSE CA 334-C5
W JULIAN ST
SAN JOSE CA 333-E7
JUMBO GRADE
WASHOE CO NV 230-B7
JUMP-OFF JOE CREEK RD
JOSEPHINE CO OR 149-B1
JUNCTION BLVD
ROSEVILLE CA 235-D3
JUNE LAKE LP Rt#-158
MONO CO CA 263-A3
JUNIPER LN
SISKIYOU CO CA 217-D6
JUNIPER ST
SAN DIEGO CA 374-B2
S JUNIPER ST
ESCONDIDO CA 294-A1
JUNIPER FLATS RD
RIVERSIDE CO CA 289-D1
JUNIPERO ST
CARMEL BY THE SEA CA 338-D1
MONTEREY CO CA 338-D1
JUNIPERO SERRA BLVD
COLMA CA 249-C3
DALY CITY CA 249-C3
SAN FRANCISCO CA 249-C2
SOUTH SAN FRANCISCO CA 249-C4
JUNIPERO SERRA BLVD Rt#-G5
MENLO PARK CA 252-D1
SANTA CLARA CO CA 252-D1
SANTA CLARA CO CA 332-A8
JUNIPERO SERRA BLVD Rt#-1
SAN FRANCISCO CA 249-C3
JUNIPERO SERRA DR
SAN GABRIEL CA 282-B3
JUNIPERO SERRA FRWY I-280
CUPERTINO CA 253-A3
DALY CITY CA 249-C4
HILLSBOROUGH CA 249-C4
LOS ALTOS CA 253-A3
LOS ALTOS HILLS CA 252-D2
LOS ALTOS HILLS CA 253-A3
MENLO PARK CA 252-D2
MILLBRAE CA 327-A7
PALO ALTO CA 252-D2
SAN BRUNO CA 249-C4
SAN BRUNO CA 327-A7
SAN FRANCISCO CA 249-C4
SAN JOSE CA 253-A3
SAN JOSE CA 333-A10
SAN MATEO CO CA 249-C4
SAN MATEO CO CA 250-A7
SAN MATEO CO CA 252-D2
SAN MATEO CO CA 327-A7
SANTA CLARA CA 253-A3
SANTA CLARA CO CA 252-D2
SANTA CLARA CO CA 253-A3
SOUTH SAN FRANCISCO CA 249-C4
SUNNYVALE CA 253-A3
WOODSIDE CA 252-D2
JUNIPERO SERRA FRWY Rt#-1
DALY CITY CA 249-C3
SAN FRANCISCO CA 249-C3
JUNIPERO SERRA RD
SAN JUAN CAPISTRANO CA 288-D7
JURGENS RD
EL DORADO CO CA 236-D4
JURUPA AV
RIVERSIDE CA 366-A7
JUTESON RD
BUTTE CO CA 227-A1
JUTLAND DR
SAN DIEGO CA 370-G9

K

K ST
ARCATA CA 299-B7
SAN DIEGO CA 374-B5
TULARE CA 266-B5
K ST Rt#-108
MODESTO CA 340-D6
W K ST
BENICIA CA 247-B3
KADOTA ST
SIMI VALLEY CA 276-B6
KAGEL CANYON RD
LOS ANGELES CO CA 277-B6
KAISER RD
IMPERIAL CO CA 210-B3
KAISER RD Rt#-R2
RIVERSIDE CO CA 210-B1
KALIN RD
IMPERIAL CO CA 210-A3
IMPERIAL CO CA 214-A1
KALIN RD Rt#-S26
IMPERIAL CO CA 214-A1
KALMIA ST
MURRIETA CA 289-C6
W KAMM AV
FRESNO CO CA 181-A3
KAMMERER RD
ELK GROVE CA 238-C4
SACRAMENTO CO CA 238-C4
KANAN RD
AGOURA HILLS CA 280-A2
THOUSAND OAKS CA 280-A1
VENTURA CO CA 280-A1
KANAN RD Rt#-N9
AGOURA HILLS CA 280-A3
LOS ANGELES CO CA 280-A3
KANAN DUME RD Rt#-N9
LOS ANGELES CO CA 280-A4
MALIBU CA 280-A4
KANSAS AV
KINGS CO CA 190-C1
KINGS CO CA 191-A1
MODESTO CA 340-A6
RIVERSIDE CA 366-F5
STANISLAUS CO CA 261-A3
STANISLAUS CO CA 340-A6
KAREN AV
WINCHESTER NV 345-F10
KARLO RD
LASSEN CO CA 165-A1
KARNAK RD
SUTTER CO CA 234-D3
S KASSON RD Rt#-J4
SAN JOAQUIN CO CA 175-A3
KATELLA AV
ANAHEIM CA 287-C2
CYPRESS CA 287-C2
CYPRESS CA 361-A10
GARDEN GROVE CA 287-C2
GARDEN GROVE CA 361-G10
LOS ALAMITOS CA 287-C2
ORANGE CO CA 287-C2
ORANGE CO CA 361-G10
STANTON CA 361-F10
E KATELLA AV
ANAHEIM CA 362-F4
ORANGE CA 288-A2
W KATELLA AV
ANAHEIM CA 287-D2
ANAHEIM CA 362-C4
ORANGE CA 288-A2
ORANGE CA 362-G3
KATHERINE DR
MOHAVE CO AZ 270-C1
KATHY LN
SHASTA CO CA 220-C5
KAUFFMAN AV
TEHAMA CO CA 221-D3
KAVANAUGH RD Rt#-S33
IMPERIAL CO CA 214-B1
KAWANA SPRINGS RD
SANTA ROSA CA 321-E10
KAWEAH AV Rt#-65
EXETER CA 266-D3
TULARE CO CA 266-D2
E KEARNEY BLVD
FRESNO CA 343-B9
W KEARNEY BLVD
FRESNO CA 343-B9
FRESNO CO CA 264-A5
KEARNY ST
SAN FRANCISCO CA 326-E4
KEARNY VILLA RD
SAN DIEGO CA 293-D6
SAN DIEGO CA 372-F1
KECKS RD
KERN CO CA 190-B2
KEEFER RD
BUTTE CO CA 163-B3
KEELING AV
LAKE CO CA 225-D4
KEGLE DR
WEST SACRAMENTO CA 319-A2
KEHOE AV
SAN MATEO CA 250-A6
KEITH PTH
RICHMOND CA 247-A5
KELBAKER RD
SAN BERNARDINO CO CA 194-B3
SAN BERNARDINO CO CA 202-C1
SAN BERNARDINO CO CA 203-A1
KELLER AV
OAKLAND CA 250-C2
KELLER RD
SOUTH LAKE TAHOE CA 314-F3
KELLY LN
HUMBOLDT CO CA 219-A7
KELLY RD
SONOMA CO CA 239-A3
KELLY RIDGE RD
OROVILLE CA 223-C6
KELSEY CREEK DR
LAKE CO CA 226-A6
KELSO CIMA RD
SAN BERNARDINO CO CA 195-A3
SAN BERNARDINO CO CA 203-A1
KELTON RD
SAN DIEGO CA 296-A2
KEMPF ST
LEMON GROVE CA 296-A1
W KENDALL DR
SAN BERNARDINO CA 284-D1
KENDALL RD
SAN BERNARDINO CO CA 279-B2
KENNEDY MEADOW RD Rt#-J41
TULARE CO CA 192-B2
KENNETH AV
SACRAMENTO CO CA 236-A6
N KENNETH RD
BURBANK CA 350-G5
KENO WORDEN RD
KLAMATH CO OR 150-C2
KENT AV
MARIN CO CA 324-B9
SUTTER CO CA 227-B4
N KENTER AV
LOS ANGELES CA 353-A3
S KENTER AV
LOS ANGELES CA 353-C5
KENTUCKY AV
WOODLAND CA 234-B5
YOLO CO CA 234-B5
KENWOOD AV
SAN BERNARDINO CO CA 278-A7
KENWOOD DR
SAN DIEGO CO CA 296-B1
KENWORTHY BAUTISTA RD Rt#-371
RIVERSIDE CO CA 209-A2
KERN AV
MORRO BAY CA 271-A3
KERN DR
SHASTA CO CA 220-C5
KERN ST
SALINAS CA 336-D7
KERN ST Rt#-33
KERN CO CA 199-A1
TAFT CA 199-A1
KERN CANYON RD Rt#-178
BAKERSFIELD CA 191-C3
KERN CO CA 191-C3
KERN CO CA 192-A3
KERN CANYON RD Rt#-184
BAKERSFIELD CA 191-C3
KERN CO CA 191-C3
KERN CO CA 267-D4
KERNER BLVD
SAN RAFAEL CA 324-G8
KERNVILLE RD
KERN CO CA 192-A3
KERSHAW RD
JACKSON CO OR 149-C1
KESWICK DAM RD
SHASTA CO CA 220-A6
SHASTA CO CA 301-A1
KETTLEBELLY RD
SHASTA CO CA 218-B7
KETTLEMAN LN Rt#-12
SACRAMENTO CO CA 174-C2
SAN JOAQUIN CO CA 174-C2
SAN JOAQUIN CO CA 175-A2
E KETTLEMAN LN
LODI CA 260-C1
SAN JOAQUIN CO CA 260-C1
E KETTLEMAN LN Rt#-12
LODI CA 260-C1
W KETTLEMAN LN Rt#-12
LODI CA 260-B1
KETTNER BLVD
SAN DIEGO CA 372-C10
SAN DIEGO CA 373-C1
KEYES RD Rt#-J16
MERCED CO CA 175-C3
MERCED CO CA 176-A3
STANISLAUS CO CA 175-C3
E KEYES RD Rt#-J16
STANISLAUS CO CA 175-C3
STANISLAUS CO CA 261-D5
W KEYES RD
STANISLAUS CO CA 261-A5
KEYES ST
SAN JOSE CA 334-C8
KEYSTONE AV
RENO NV 311-A3
WASHOE CO NV 311-A3
KEYSTONE RD Rt#-S27
IMPERIAL CO CA 214-B1
KEZAR DR
SAN FRANCISCO CA 325-F7
KIBBE RD
YUBA CO CA 227-D4
KIDD LAKES RD
PLACER CO CA 228-B7
KIERNAN AV Rt#-219
MODESTO CA 261-A2
STANISLAUS CO CA 261-A2
N KIETZKE LN
RENO NV 311-G5
SPARKS NV 311-G5
SPARKS NV 312-A4
S KIETZKE LN
RENO NV 311-G6
WASHOE CO NV 311-G6
KILAGA SPRINGS RD
PLACER CO CA 233-A6
N KILAGA SPRINGS RD
PLACER CO CA 233-A6
KILBURN AV
NAPA CA 323-B6
W KILE RD
SAN JOAQUIN CO CA 238-C7
KILGORE HILLS RD
SISKIYOU CO CA 217-B5
KILKARE RD
ALAMEDA CO CA 251-B5
KIMBALL AV
CHINO CA 283-D5
SAN BERNARDINO CO CA 283-D5
KIMBALL LN
YUBA CO CA 227-C5
KIMBALL RD
RED BLUFF CA 303-C9
KIMBERLINA RD
KERN CO CA 191-A3
KERN CO CA 267-A1
KINCADE RD
SONOMA CO CA 240-C2
KINCAID RD
JOSEPHINE CO OR 149-B2
KING
KERN CO CA 190-B2
KING AV
LOS ANGELES CA 286-D2
KING DR
DALY CITY CA 249-C4
SOUTH SAN FRANCISCO CA 249-C4
KING RD
PLACER CO CA 236-B2
SONOMA CO CA 242-C6
N KING RD
SAN JOSE CA 334-B3
SANTA CLARA CO CA 334-B3
S KING RD
SAN JOSE CA 254-A4
SAN JOSE CA 334-E6
KING ST
MOHAVE CO AZ 270-C7
SAN FRANCISCO CA 326-G6
SANTA CRUZ CA 335-B7
KING ST Rt#-6
MOHAVE CO AZ 270-C7
S KING ST
BAKERSFIELD CA 344-G7
W KING ST
CARSON CITY NV 313-B5
KING RIDGE RD
SONOMA CO CA 168-A3
SONOMA CO CA 239-A5
KINGS AV
MORRO BAY CA 271-A3
KINGSBURY RD
SAN LUIS OBISPO CO CA 271-D1
KINGSBURY GRADE RD Rt#-207
DOUGLAS CO NV 231-D6
DOUGLAS CO NV 232-A7
KINGS CANYON RD
CARSON CITY NV 313-A5
E KINGS CANYON RD
FRESNO CO CA 182-C2
E KINGS CANYON RD Rt#-180
FRESNO CA 264-C4
FRESNO CO CA 181-C2
FRESNO CO CA 182-A3
FRESNO CO CA 264-C4
FRESNO CO CA 265-B1
KINGS MOUNTAIN RD
SAN MATEO CO CA 252-C1
WOODSIDE CA 252-C1
KINGS PEAK RD
HUMBOLDT CO CA 161-B2
KINGSTON RD
CLARK CO NV 195-A2
SAN BERNARDINO CO CA 194-C2
KINGSTON ST
SAN FRANCISCO CA 249-C2
KINGS VALLEY RD
DEL NORTE CO CA 216-B4
KINSMAN DR Rt#-J33
TULARE CO CA 191-A2
KIOWA RD
APPLE VALLEY CA 278-C3
KIRBY RD
MERCED CA 181-A1
MERCED CO CA 181-A1
RIVERSIDE CO CA 209-A2
KIRKER PASS RD
CLAYTON CA 248-A5

CRA
INDEX

395 KIRKER PASS RD STREET INDEX LAUREL ST

STREET
City State Page-Grid

KIRKER PASS RD
CONCORD CA 248-A5
CONTRA COSTA CO CA 248-A5
KIRKVILLE RD
SUTTER CO CA 169-C2
KIRKWOOD RD
TEHAMA CO CA 163-B3
TEHAMA CO CA 221-C7
KIRTLAND RD
JACKSON CO OR 149-C1
KITCHEN CREEK RD
SAN DIEGO CO CA 213-B2
KLAMATH AV Rt#-39
KLAMATH FALLS OR 150-C2
S KLAMATH FALLS HWY Rt#-140
Altamont OR 150-C2
KLAMATH CO OR 150-C2
KLAMATH FALLS OR 150-C2
KLAMATH FLS-LAKEVW HWY Rt#-140
Altamont OR 150-C2
Altamont OR 150-C2
KLAMATH CO OR 150-C2
KLAMATH CO OR 151-B1
KLAMATH FALLS OR 150-C2
LAKE CO OR 151-C2
LAKE CO OR 152-A2
KLAMATH FALLS-MALIN HWY
KLAMATH CO OR 151-A3
KLAMATH FALLS OR 150-C2
MALIN OR 151-A3
KLAMATH FALLS-MALIN HWY Rt#-39
Altamont OR 150-C2
KLAMATH CO OR 150-C2
KLAMATH CO OR 151-A3
KLAMATH FALLS OR 150-C2
MERRILL OR 150-C2
MERRILL OR 151-A3
KLAMATH FLLS-MALIN HWY Rt#-140
Altamont OR 150-C2
KLAMATH CO OR 150-C2
KLAMATH RIVER RD
SISKIYOU CO CA 217-A1
KLIPSTEIN ST Rt#-166
KERN CO CA 199-A1
MARICOPA CA 199-A1
KNEELAND RD
HUMBOLDT CO CA 156-C3
HUMBOLDT CO CA 219-D4
KNOB HILL RD
MENDOCINO CO CA 225-A2
MENDOCINO CO CA 308-G5
KNOTT AV
BUENA PARK CA 361-C1
CYPRESS CA 287-C2
CYPRESS CA 361-C6
GARDEN GROVE CA 287-C2
STANTON CA 287-C2
STANTON CA 361-C6
S KNOTT AV
ANAHEIM CA 361-C7
BUENA PARK CA 361-C7
STANTON CA 361-C9
KNOTT ST
CYPRESS CA 287-C2
GARDEN GROVE CA 287-C2
KNOXVILLE DEVILHEAD RD
NAPA CO CA 241-D2
KNOXVILLE YOLO COUNTY LINE RD
NAPA CO CA 241-D2
KOALA RD
ADELANTO CA 201-A3
KOHLER RD
SONOMA CO CA 239-C2
KOONTZ LN
CARSON CITY NV 313-D9
KOOSER RD
SAN JOSE CA 253-D5
KOREAN WAR VET MEM HWY Rt#-126
SANTA PAULA CA 275-D3
VENTURA CO CA 199-B3
VENTURA CO CA 199-B3
VENTURA CO CA 275-D3
KOST RD
GALT CA 238-C7
SACRAMENTO CO CA 238-C7
N KRAEMER BLVD
ANAHEIM CA 283-A7
ANAHEIM CA 288-A1
BREA CA 283-A7
FULLERTON CA 283-A7
PLACENTIA CA 283-A7
PLACENTIA CA 288-A1
S KRAEMER BLVD
ANAHEIM CA 283-A7
BREA CA 283-A7
FULLERTON CA 283-A7
PLACENTIA CA 283-A7
KRAMER RD
MODOC CO CA 159-B2
TULARE CO CA 191-A2
KRATZMEYER RD
KERN CO CA 267-A3
KUEHNER DR
SIMI VALLEY CA 276-C7
KUENZLI ST
RENO NV 311-E5
KUFFEL CANYON RD
SAN BERNARDINO CO CA 278-D7
KUMBERG MESA RD Rt#-S33
IMPERIAL CO CA 214-B2
KYLE CANYON RD Rt#-157
CLARK CO NV 186-A3
CLARK CO NV 195-A1
CLARK CO NV 268-A1
LAS VEGAS NV 268-A1
LONE MOUNTAIN NV 186-A3
LONE MOUNTAIN NV 268-A1

L

L ST
ANTIOCH CA 248-C4
CHULA VISTA CA 296-A4
DAVIS CA 318-E4
SACRAMENTO CA 319-D4
SANGER CA 181-C3
L ST Rt#-108
MODESTO CA 340-D6
L ST Rt#-132
MODESTO CA 340-C7
L ST U.S.-101
CRESCENT CITY CA 297-D8
E L ST
CHULA VISTA CA 296-A4
LA BAJADA Rt#-S9
SAN DIEGO CO CA 293-C3
LA BARR MEADOWS RD
NEVADA CO CA 233-C2
S LA BARR MEADOWS RD
GRASS VALLEY CA 315-B10
N LA BREA AV
INGLEWOOD CA 281-C5
LOS ANGELES CA 281-C3
LOS ANGELES CA 351-D8
WEST HOLLYWOOD CA 351-D8
S LA BREA AV
INGLEWOOD CA 281-C6
LOS ANGELES CA 281-C4
LOS ANGELES CO CA 281-C5
LA BRUCHERIE RD
EL CENTRO CA 375-A8
IMPERIAL CA 375-A2
IMPERIAL CO CA 214-A2
IMPERIAL CO CA 375-A5
N LA CADENA DR
COLTON CA 368-A8
S LA CADENA DR
COLTON CA 284-D4
COLTON CA 368-A10
GRAND TERRACE CA 284-D4
SAN BERNARDINO CO CA 284-D4
LACEY BLVD Rt#-198
KINGS CO CA 190-C1
KINGS CO CA 191-A1
W LACEY BLVD
HANFORD CA 190-C1
N LA CIENEGA BLVD
BEVERLY HILLS CA 354-G7
LOS ANGELES CA 354-G5
WEST HOLLYWOOD CA 354-G5
S LA CIENEGA BLVD
BEVERLY HILLS CA 354-G6
CULVER CITY CA 281-C4
LOS ANGELES CA 281-B4
LOS ANGELES CA 354-G6
LOS ANGELES CO CA 281-C5
LOS ANGELES CO CA 358-F4
LA CIMA DR
SAN DIEGO CA 371-C5
LA COSTA AV
CARLSBAD CA 293-B2
ENCINITAS CA 293-B2
LA CRESCENTA AV
GLENDALE CA 281-D1
LOS ANGELES CO CA 281-D1
E LA CRESTA RD
SAN DIEGO CO CA 294-C7
W LA CRESTA RD
SAN DIEGO CO CA 294-C7
LA CUMBRE RD
SANTA BARBARA CA 274-C6
SANTA BARBARA CO CA 274-C6
LADD RD
STANISLAUS CO CA 261-A2
LAFAYETTE ST
SANTA CLARA CA 253-C2
SANTA CLARA CA 333-A2
LA GLORIA RD
MONTEREY CO CA 259-D6
LA GRANADA Rt#-S9
SAN DIEGO CO CA 293-C3
LA GRANGE RD Rt#-J59
MERCED CO CA 176-A3
STANISLAUS CO CA 176-A3
TUOLUMNE CO CA 176-A2
LAGUNA AV
LAGUNA BEACH CA 365-B4
LAGUNA BLVD
ELK GROVE CA 238-B3
LAGUNA FRWY Rt#-133
IRVINE CA 288-C4
LAGUNA RD
SONOMA CO CA 242-B2
VENTURA CO CA 275-C7
LAGUNA ST
SAN FRANCISCO CA 326-B2
SANTA BARBARA CA 348-C4
SANTA CRUZ CA 335-D8
LAGUNA CANYON RD Rt#-133
IRVINE CA 288-B5
LAGUNA BEACH CA 288-B6
LAGUNA BEACH CA 365-C1
ORANGE CO CA 288-C5
ORANGE CO CA 365-C1
LAGUNA HONDA BLVD
SAN FRANCISCO CA 325-F9
LAGUNITAS RD
ROSS CA 324-A8
E LA HABRA BLVD
BREA CA 282-D6
LA HABRA CA 282-D6
W LA HABRA BLVD
LA HABRA CA 282-D6
LA HONDA RD Rt#-84
SAN MATEO CO CA 252-B3
WOODSIDE CA 252-C3
LAHONTAN DAM RD
CHURCHILL CO NV 172-B1
LAIRD RD
LOOMIS CA 236-B3
LA JOLLA BLVD
SAN DIEGO CA 293-B7
SAN DIEGO CA 370-A7
SAN DIEGO CA 371-A2
LA JOLLA MESA DR
SAN DIEGO CA 370-C9
LA JOLLA SCENIC DR N
SAN DIEGO CA 370-F4
LA JOLLA SHORES DR
SAN DIEGO CA 370-D3
LA JOLLA VILLAGE DR
SAN DIEGO CA 293-C6
SAN DIEGO CA 370-E3
LAKE AV
LOS ANGELES CO CA 282-B1
LOS ANGELES CO CA 359-E1
SANTA CRUZ CA 335-G8
SANTA CRUZ CO CA 335-G8
E LAKE AV Rt#-152
SANTA CRUZ CO CA 256-C4
WATSONVILLE CA 256-C4
N LAKE AV
LOS ANGELES CO CA 359-E2
PASADENA CA 359-E4
S LAKE AV
PASADENA CA 359-E8
W LAKE AV
WATSONVILLE CA 256-C5
LAKE BLVD
NEWARK CA 250-D6
OCEANSIDE CA 292-B7
LAKE BLVD Rt#-A18
REDDING CA 220-B5
REDDING CA 301-E1
SHASTA CO CA 220-B4
LAKE BLVD E Rt#-A18
REDDING CA 301-G2
REDDING CA 302-A2
LAKE DR
ENCINITAS CA 293-B3
SAN BERNARDINO CO CA 278-B7
LAKE PKWY
SOUTH LAKE TAHOE CA 314-G2
LAKE RD
SAN BENITO CO CA 257-C4
STANISLAUS CO CA 175-C3
LAKE ST
CLEARLAKE CA 226-D7
LAKE CO CA 226-D7
LAKE ELSINORE CA 208-A2
E LAKE ST
MOUNT SHASTA CA 298-E5
W LAKE ST
MOUNT SHASTA CA 298-E5
SISKIYOU CO CA 298-E5
LK ALMANOR RD EAST SDE Rt#-147
PLUMAS CO CA 164-B2
LAKE CALIFORNIA DR
TEHAMA CO CA 163-A1
LAKE CHABOT RD
ALAMEDA CO CA 250-C3
LAKE DAVIS RD
PLUMAS CO CA 165-A3
PORTOLA CA 165-A3
LAKE EARL DR Rt#-D3
DEL NORTE CO CA 216-B4
DEL NORTE CO CA 297-D4
LAKE FOREST DR
IRVINE CA 288-C5
LAGUNA HILLS CA 288-C5
LAKE FOREST CA 288-C5
LAKE GREGORY DR
SAN BERNARDINO CO CA 278-B7
LAKE HERMAN RD
SOLANO CO CA 247-B2
LAKEHILLS DR
EL DORADO CO CA 236-C4
LAKE HUGHES RD
LOS ANGELES CO CA 200-A2
LOS ANGELES CO CA 276-D2
LAKE ISABELLA BLVD
KERN CO CA 192-A3
LAKE JENNINGS PARK RD
SAN DIEGO CO CA 294-C6
LAKELAND RD
NORWALK CA 282-B6
SANTA FE SPRINGS CA 282-B6
LAKE MANOR DR
LOS ANGELES CA 276-C7
LOS ANGELES CO CA 276-C7
LAKE MARY RD
MAMMOTH LAKES CA 342-C5
LAKE MEAD BLVD
CLARK CO NV 269-B4
LAKE MEAD BLVD Rt#-147
CLARK CO NV 269-A3
E LAKE MEAD BLVD Rt#-147
CLARK CO NV 269-A3
NORTH LAS VEGAS NV 268-C3
NORTH LAS VEGAS NV 345-F2
SUNRISE MANOR NV 268-C3
SUNRISE MANOR NV 269-A3
W LAKE MEAD BLVD
CLARK CO NV 268-A3
LAS VEGAS NV 268-A3
LAS VEGAS NV 345-A2
NORTH LAS VEGAS NV 268-A3
NORTH LAS VEGAS NV 345-A2
E LAKE MEAD DR Rt#-564
CLARK CO NV 269-A5
HENDERSON NV 269-A5
W LAKE MEAD DR I-215
CLARK CO NV 269-A6
HENDERSON NV 269-A6
W LAKE MEAD DR Rt#-564
CLARK CO NV 269-A6
HENDERSON NV 269-A6
LAKE MENDOCINO DR
MENDOCINO CO CA 225-A1
LAKE MORENA DR
SAN DIEGO CO CA 213-A2
LAKE MURRAY BLVD
LA MESA CA 294-A7
LA MESA CA 296-A1
LAKE OF THE WOODS HWY Rt#-99
CENTRAL POINT OR 149-C2
JACKSON CO OR 149-C2
MEDFORD OR 149-C2
LAKE OF THE WOODS HWY Rt#-140
JACKSON CO OR 149-C1
JACKSON CO OR 150-A1
KLAMATH CO OR 150-B1
KLAMATH FALLS OR 150-B1
White City OR 149-C1
LAKEPORT BLVD
LAKEPORT CA 225-D4
LAKE POWAY RD
POWAY CA 294-A3
LAKES EDGE RD Rt#-189
SAN BERNARDINO CO CA 278-D7
LAKESHORE AV
OAKLAND CA 330-D4
LAKESHORE BLVD
LAKE CO CA 225-D4
LAKEPORT CA 225-D4
SOUTH LAKE TAHOE CA 314-E2
LAKESHORE DR
CLEARLAKE CA 226-C6
LAKESHORE DR
JOSEPHINE CO OR 149-A2
LAKE CO CA 226-B5
LAKE ELSINORE CA 208-A2
LAKE ELSINORE CA 289-A4
LAKE SHORE DR
SAN DIEGO CA 294-A7
LAKESHORE DR
SHASTA CO CA 220-A1
WASHOE CO NV 230-A7
W LAKESHORE DR
LAKE ELSINORE CA 289-A4
LAKESIDE AV
SAN DIEGO CO CA 294-C6
LAKESIDE DR
BULLHEAD CITY AZ 270-C3
OAKLAND CA 330-B4
LAKE TAHOE BLVD
EL DORADO CO CA 171-B2
SOUTH LAKE TAHOE CA 171-B2
LAKE TAHOE BLVD U.S.-50
DOUGLAS CO NV 231-C6
DOUGLAS CO NV 314-C3
SOUTH LAKE TAHOE CA 171-B2
SOUTH LAKE TAHOE CA 231-C7
SOUTH LAKE TAHOE CA 314-C3
LAKE TAHOE RD
EL DORADO CO CA 171-B2
LAKETREE DR
SAN DIEGO CO CA 292-C4
LAKEVIEW AV
BAKERSFIELD CA 267-D4
RIVERSIDE CO CA 289-C1
SOUTH LAKE TAHOE CA 314-A4
YORBA LINDA CA 283-B7
N LAKEVIEW AV
ANAHEIM CA 283-B7
ANAHEIM CA 288-B1
PLACENTIA CA 283-B7
PLACENTIA CA 288-B1
YORBA LINDA CA 283-B7
S LAKEVIEW AV
ANAHEIM CA 283-B7
ANAHEIM CA 288-B1
PLACENTIA CA 283-B7
PLACENTIA CA 288-B1
LAKEVIEW DR
BIG BEAR LAKE CA 279-C7
LAKE CO CA 226-A3
LAKEVIEW RD
SANTA BARBARA CO CA 272-C6
LAKEVIEW-BURNS HWY U.S.-395
LAKE CO OR 152-A1
LAKEVILLE HWY Rt#-116
PETALUMA CA 242-D6
PETALUMA CA 243-A6
SONOMA CO CA 243-A6
LAKEVILLE RD
SONOMA CO CA 243-A7
SONOMA CO CA 246-C1
LAKEVILLE ST
PETALUMA CA 242-D6
LAKEWOOD BLVD Rt#-19
BELLFLOWER CA 282-B7
BELLFLOWER CA 287-B1
DOWNEY CA 282-B7
LAKEWOOD CA 287-B1
PARAMOUNT CA 282-B7
N LAKEWOOD BLVD Rt#-19
LAKEWOOD CA 287-B2
LONG BEACH CA 287-B2
LAKIN DAM RD
SISKIYOU CO CA 158-B2
LA LOMA AV
BERKELEY CA 328-C4
MODESTO CA 340-E6
VENTURA CO CA 275-C5
LA LOMA RD
LOS ANGELES CA 282-A2
PASADENA CA 282-A2
PASADENA CA 359-A8
N LA LUNA AV
VENTURA CO CA 275-A1
S LA LUNA AV
VENTURA CO CA 275-A2
N LAMB BLVD
LAS VEGAS NV 268-D3
SUNRISE MANOR NV 268-D3
N LAMB BLVD Rt#-610
CLARK CO NV 268-D2
NORTH LAS VEGAS NV 268-D2
SUNRISE MANOR NV 268-D2
S LAMB BLVD
SUNRISE MANOR NV 268-D4
N LAMB RD
SAN JOAQUIN CO CA 238-B7
LAMB CANYON RD Rt#-79
BEAUMONT CA 285-D7
RIVERSIDE CO CA 208-C2
RIVERSIDE CO CA 285-D7
LAMBERT RD
FULLERTON CA 282-D6
LA HABRA CA 282-D6
SACRAMENTO CO CA 238-B5
LA MESA BLVD
LA MESA CA 296-A1
LA MIRADA AV
OROVILLE CA 223-C7
LA MIRADA BLVD Rt#-N8
BUENA PARK CA 282-C7
LA MIRADA CA 282-C6
LOS ANGELES CO CA 282-C6
W LAMMERS RD Rt#-J2
SAN JOAQUIN CO CA 175-A2
LAMONT ST
SAN DIEGO CA 371-C2
LAMPSON AV
GARDEN GROVE CA 362-C7
STANTON CA 287-C2
LANCASTER BLVD
LANCASTER CA 200-B2
LANCASTER LN
SAN FRANCISCO CA 249-B2
LANCASTER RD
LOS ANGELES CO CA 199-C2
LOS ANGELES CO CA 200-A2
LANCASTER RD Rt#-138
LOS ANGELES CO CA 199-C2
LANDAU BLVD
CATHEDRAL CITY CA 290-B4
LANDER AV Rt#-J14
STANISLAUS CO CA 261-C7
LANDER AV Rt#-J14
TURLOCK CA 261-C6
LANDER AV Rt#-165
LOS BANOS CA 180-B1
MERCED CO CA 180-B1
MERCED CO CA 261-C7
STANISLAUS CO CA 261-C7
TURLOCK CA 261-C7
LANDERS LN
SAN BERNARDINO CO CA 202-B3
LANDESS AV
MILPITAS CA 253-D2
SAN JOSE CA 253-D2
LAND PARK DR
SACRAMENTO CA 319-D7
S LAND PARK DR
SACRAMENTO CA 319-C10
LANDVALE RD Rt#-13
OAKLAND CA 328-E8
LANES VALLEY RD
TEHAMA CO CA 163-B1
LANEVA BLVD Rt#-33
AVENAL CA 190-B1
KINGS CO CA 190-B1
LANEVA ST Rt#-33
KINGS CO CA 190-B2
E LANGELL VALLEY RD
BONANZA OR 151-A2
KLAMATH CO OR 151-A2
W LANGELL VALLEY RD
KLAMATH CO OR 151-A2
LANGWORTH RD
STANISLAUS CO CA 261-C2
LANKERSHIM BLVD
LOS ANGELES CA 277-B7
LOS ANGELES CA 281-B1
LOS ANGELES CA 350-A10
LOS ANGELES CA 351-B2
LOS ANGELES CO CA 351-B2
LA NORIA
SAN DIEGO CO CA 293-B3
LA NOVIA RD
SAN JUAN CAPISTRANO CA 291-A1
LANPHERE RD
HUMBOLDT CO CA 219-C1
LANSING ST
MENDOCINO CO CA 224-B4
LA PALMA AV
ANAHEIM CA 283-C7
BUENA PARK CA 361-D4
CERRITOS CA 287-C1
LA PALMA CA 287-C1
LA PALMA CA 361-D4
E LA PALMA AV
ANAHEIM CA 283-C7
ANAHEIM CA 287-D1
ANAHEIM CA 288-A1
W LA PALMA AV
ANAHEIM CA 287-D1
ANAHEIM CA 361-G4
BUENA PARK CA 361-F4
LA PANZA RD
SAN LUIS OBISPO CO CA 189-C3
SAN LUIS OBISPO CO CA 190-A3
LA PAZ RD
ALISO VIEJO CA 288-D6
LAGUNA HILLS CA 288-D6
LAGUNA NIGUEL CA 288-C7
MISSION VIEJO CA 288-D6
LA PIEDRA RD
RIVERSIDE CO CA 289-C4
LA PORTE RD
BROWNSVILLE CA 170-A1
BUTTE CO CA 170-A1
BUTTE CO CA 227-D2
PLUMAS CO CA 164-B3
YUBA CO CA 164-B3
YUBA CO CA 170-A1
LA POSTA RD
SAN DIEGO CO CA 213-B2
LA PUENTE RD
WALNUT CA 283-A5
WEST COVINA CA 283-A5
E LA PUENTE RD
LOS ANGELES CO CA 283-A5
WEST COVINA CA 283-A5
LARGO VISTA RD Rt#-N4
LOS ANGELES CO CA 200-C3
LA RIVIERA DR
SACRAMENTO CA 320-G7
LARKIN RD
BUTTE CO CA 169-C1
BUTTE CO CA 223-A7
BUTTE CO CA 227-B2
LIVE OAK CA 227-B2
SUTTER CO CA 227-B2
LARKIN ST
MONTEREY CA 337-F7
SAN FRANCISCO CA 326-D4
LARKIN VALLEY RD
SANTA CRUZ CO CA 256-B4
LARKSPUR DR
MILLBRAE CA 327-B8
SAN MATEO CO CA 327-B8
LARKSPUR FERRY
CORTE MADERA CA 246-C6
LARKSPUR CA 246-C6
MARIN CO CA 246-C6
TIBURON CA 246-C6
LAS BRISAS RD
MURRIETA CA 289-C6
LASEY WK
LOS ANGELES CA 282-A3
LAS FLORES CANYON RD
LOS ANGELES CO CA 280-C4
LAS GALLINAS AV
MARIN CO CA 246-B3
SAN RAFAEL CA 246-B3
SAN RAFAEL CA 324-B1
LA SIERRA AV
RIVERSIDE CA 284-B6
RIVERSIDE CO CA 208-A2
RIVERSIDE CO CA 284-B7
LAS LLAJAS CANYON RD
VENTURA CO CA 276-C6
E LAS PALMAS AV Rt#-J17
PATTERSON CA 175-B3
STANISLAUS CO CA 175-B3
STANISLAUS CO CA 261-A6
W LAS PALMAS AV Rt#-J17
PATTERSON CA 175-B3
LAS PALMAS DR
SANTA BARBARA CO CA 274-C7
LAS PLUMAS AV
BUTTE CO CA 223-B7
LAS POSAS RD
CAMARILLO CA 275-D5
VENTURA CO CA 206-B1
VENTURA CO CA 275-D5
N LAS POSAS RD
CAMARILLO CA 275-D6
S LAS POSAS RD
CAMARILLO CA 275-D7
VENTURA CO CA 275-D7
W LAS POSITAS BLVD
PLEASANTON CA 251-B4
LAS POSITAS RD
ALAMEDA CO CA 251-C3
LIVERMORE CA 251-C3
SANTA BARBARA CA 274-C7
SANTA BARBARA CO CA 274-C7
LAS POSITAS RD Rt#-225
SANTA BARBARA CA 274-C7
SANTA BARBARA CO CA 274-C7
LAS PULGAS RD
SAN DIEGO CO CA 291-D4
LASSELLE ST
MORENO VALLEY CA 285-A7
E LASSEN AV
BUTTE CO CA 305-F2
CHICO CA 305-F2
CHICO CA 306-A1
S LASSEN AV Rt#-145
FRESNO CO CA 181-B3
S LASSEN AV Rt#-269
FRESNO CO CA 181-B3
FRESNO CO CA 190-B1
HURON CA 190-B1
W LASSEN AV
CHICO CA 305-D4
LASSEN LN
MOUNT SHASTA CA 298-B4
SISKIYOU CO CA 298-B4
LASSEN RD
TEHAMA CO CA 163-B2
LASSEN ST
LOS ANGELES CA 276-D7
LOS ANGELES CA 277-A7
LASSEN TR
TEHAMA CO CA 164-A2
LASSEN PEAK HWY Rt#-89
SHASTA CO CA 222-B4
TEHAMA CO CA 222-B7
LAST CHANCE RD
SANTA CRUZ CO CA 252-C7
SANTA CRUZ CO CA 255-A1
LAS TUNAS DR
ARCADIA CA 282-B3
TEMPLE CITY CA 282-B3
E LAS TUNAS DR
SAN GABRIEL CA 282-B3
W LAS TUNAS DR
ALHAMBRA CA 282-B3
SAN GABRIEL CA 282-B3
N LAS VEGAS BLVD Rt#-604
CLARK CO NV 268-C3
CLARK CO NV 269-A1
LAS VEGAS NV 345-F4
NORTH LAS VEGAS NV 268-C3
NORTH LAS VEGAS NV 269-A1
NORTH LAS VEGAS NV 345-F3
SUNRISE MANOR NV 268-C3
S LAS VEGAS BLVD Rt#-604
CLARK CO NV 195-B2
ENTERPRISE NV 195-B2
ENTERPRISE NV 268-C7
ENTERPRISE NV 346-B8
LAS VEGAS NV 345-E7
PARADISE NV 346-B8
WINCHESTER NV 345-D10
WINCHESTER NV 346-B8
LAS VEGAS BELTWAY I-215
ENTERPRISE NV 268-C6
ENTERPRISE NV 346-E10
HENDERSON NV 268-C6
HENDERSON NV 269-A6
PARADISE NV 268-C6
PARADISE NV 346-E10
LAS VEGAS BELTWAY Rt#-215
CLARK CO NV 268-A1
ENTERPRISE NV 268-A5
ENTERPRISE NV 346-A10
LAS VEGAS NV 268-A1
LONE MOUNTAIN NV 268-A1
NORTH LAS VEGAS NV 268-A1
SOUTH SUMMERLIN NV 268-A5
SPRING VALLEY NV 268-A5
LAS VIBORAS RD
SAN BENITO CO CA 257-D4
LAS VIRGENES RD Rt#-N1
CALABASAS CA 280-B3
LOS ANGELES CO CA 280-B3
LATIGO CANYON RD
LOS ANGELES CO CA 280-A3
LA TIJERA BLVD
INGLEWOOD CA 358-F3
LOS ANGELES CA 358-F3
LOS ANGELES CO CA 358-F3
LATROBE RD
AMADOR CO CA 170-B3
AMADOR CO CA 175-B1
EL DORADO CO CA 170-B3
EL DORADO CO CA 236-C6
SACRAMENTO CO CA 170-B3
LA TUNA CANYON RD
LOS ANGELES CA 277-C7
LAUGHLIN RD
SONOMA CO CA 242-B1
LAUREL AV
BUTTE FALLS OR 150-A1
KINGS CO CA 190-C1
E LAUREL DR
SALINAS CA 336-C3
W LAUREL DR
SALINAS CA 336-B3
LAUREL RD
CAVE JUNCTION OR 149-A2
JOSEPHINE CO OR 149-A2
OAKLEY CA 248-D5
LAUREL ST
KINGS CO CA 190-B1
MENLO PARK CA 332-A3
NAPA CA 323-B6
NAPA CO CA 323-B7
SAN DIEGO CA 373-C2

CRA
INDEX

LAUREL ST — STREET INDEX — LOWER KLAMATH RD 396

STREET / City State Page-Grid

LAUREL ST
SANTA CRUZ CA 335-C7
E LAUREL ST
COLTON CA 368-A7
W LAUREL ST
COLTON CA 368-A7
LAUREL CANYON BLVD
LOS ANGELES CA 277-B7
LOS ANGELES CA 281-B2
LOS ANGELES CA 351-A7
LAURELES GRADE Rt#-G20
MONTEREY CO CA 258-D5
LAUREL GROVE AV
MARIN CO CA 324-B8
ROSS CA 324-B8
LAVA BEDS NATIONAL MONUMENT RD
MODOC CO CA 159-A1
LAVAL RD
KERN CO CA 199-C1
LA VERNE WY
PALM SPRINGS CA 367-D10
W LA VETA AV
ORANGE CA 288-A2
ORANGE CA 362-G7
SANTA ANA CA 362-G7
LAWRENCE EXWY Rt#-G2
CUPERTINO CA 253-B3
SAN JOSE CA 253-B3
SANTA CLARA CA 253-B3
SARATOGA CA 253-B3
SUNNYVALE CA 253-B3
LAWSON VALLEY RD
SAN DIEGO CO CA 296-D1
LAYTONVILLE DOS RIOS RD
MENDOCINO CO CA 162-A3
LAZY L RANCH RD
ESMERALDA CO NV 178-B3
LAZY TRAIL LN
POMONA CA 283-B4
LEAR AV
SAN BERNARDINO CO CA 202-B3
LEARY RD
SACRAMENTO CO CA 238-A6
LEAVESLEY RD Rt#-G9
GILROY CA 257-B2
SANTA CLARA CO CA 257-B2
LEAVESLEY RD Rt#-152
GILROY CA 257-B3
LECHUSA RD
LOS ANGELES CO CA 206-C1
LEE RD
SAN BENITO CO CA 257-D4
SUTTER CO CA 235-A1
LEE CANYON RD Rt#-156
CLARK CO NV 185-C3
CLARK CO NV 186-A3
LEESVILLE RD
COLUSA CO CA 169-A2
LEESVILLE LODOGA RD
COLUSA CO CA 169-A1
LEFFINGWELL RD
LOS ANGELES CO CA 282-C6
LE GRAND RD
MERCED CO CA 181-A1
LEIGH AV
SAN JOSE CA 253-C5
SAN JOSE CA 333-C10
LEISER RD
SUTTER CO CA 234-C2
LEISURE TOWN RD
SOLANO CO CA 244-D5
VACAVILLE CA 244-D5
LELAND RD
JOSEPHINE CO OR 149-A1
E LELAND RD
PITTSBURG CA 248-B4
W LELAND RD
PITTSBURG CA 248-A4
LEMON AV
LA MESA CA 296-B1
SAN DIEGO CO CA 296-B1
WALNUT CA 283-A4
E LEMON AV
SAN JOAQUIN CO CA 261-B1
S LEMON AV
WALNUT CA 283-A5
LEMON ST
HESPERIA CA 278-B3
RIVERSIDE CA 366-D5
RIVERSIDE CO CA 289-B5
SOLANO CO CA 247-B2
VALLEJO CA 247-B2
LEMON CANYON RD
SIERRA CO CA 228-C1
LEMON GROVE AV
LEMON GROVE CA 296-A2
SAN DIEGO CA 296-A2
LEMOORE AV
KINGS CO CA 190-C1
LEMOORE CA 190-C1
LENNOX BLVD
LOS ANGELES CO CA 358-G9
LENTELL RD
HUMBOLDT CO CA 219-C4
LENWOOD RD
BARSTOW CA 201-B2
LEON AV
SAN DIEGO CA 296-A5
LEON RD
RIVERSIDE CO CA 289-D4
LEONARD AV
KERN CO CA 191-A3
N LEONARD AV
FRESNO CO CA 264-D3
S LEONARD AV
FRESNO CO CA 264-D6
LERDO HWY
KERN CO CA 190-C3
KERN CO CA 191-A3
KERN CO CA 267-A2
SHAFTER CA 191-A3
SHAFTER CA 267-A2
LESSLEY AV
ALAMEDA CO CA 250-D3
LETTS VALLEY RD
COLUSA CO CA 168-C1
LEUCADIA BLVD
ENCINITAS CA 293-B2
LEVEE
KLAMATH CO OR 150-B1
LEVEE RD
IMPERIAL CO CA 215-B1
LEVEE RD Rt#-20
MARYSVILLE CA 310-C3
YUBA CO CA 310-C3
LEVERONI RD
SONOMA CA 322-D9
SONOMA CO CA 322-B9
LEWELLING BLVD
SAN LEANDRO CA 250-C3
E LEWELLING BLVD
ALAMEDA CO CA 250-C3
LEWIS RD
SANTA ROSA CA 321-E4
SOLANO CO CA 174-B1
VENTURA CO CA 275-D7
N LEWIS RD Rt#-34
CAMARILLO CA 275-D5
S LEWIS RD Rt#-34
CAMARILLO CA 275-D6
LEWIS ST
ANAHEIM CA 362-D7
GARDEN GROVE CA 362-D7
ORANGE CA 362-D7
SAN DIEGO CA 372-C9
LEWIS ST Rt#-59
MERCED CO CA 176-A3
N LEWIS ST
ORANGE CA 362-D6
S LEWIS ST
ANAHEIM CA 362-D5
LEXINGTON AV
MERCED CO CA 180-C2
E LEXINGTON DR
GLENDALE CA 352-G1
W LEXINGTON DR
GLENDALE CA 352-F1
LEXINGTON ST
DELANO CA 191-A2
S LIBBY RD
PARADISE CA 223-B2
E LIBERTY RD
SAN JOAQUIN CO CA 175-A1
SAN JOAQUIN CO CA 238-D7
W LIBERTY RD
BUTTE CO CA 227-A2
LIBERTY ST Rt#-299
REDDING CA 301-F5
LIBERTY ISLAND RD
SOLANO CO CA 174-C1
LIBRAMIENTO ORIENTE
BAJA CALIFORNIA NORTE BC 296-A6
TIJUANA BC 296-A6
BAJA CALIFORNIA NORTE BC 296-B7
LIBRAMIENTO SUR
TIJUANA BC 296-A6
LICHENS RD
SISKIYOU CO CA 217-D3
LIGHTHOUSE AV
MONTEREY CA 337-F4
PACIFIC GROVE CA 337-C3
LIGHTHOUSE DR
WEST SACRAMENTO CA 319-A1
LILAC RD
SAN DIEGO CO CA 208-C3
SAN DIEGO CO CA 292-D4
W LILAC RD
SAN DIEGO CO CA 292-C4
LIME ST
HESPERIA CA 278-B4
LIMEKILN RD
MONTEREY CO CA 259-C6
LIME KILN RD
NEVADA CO CA 233-B4
TUOLUMNE CO CA 341-E8
LIMONITE AV
RIVERSIDE CO CA 284-A5
LINCOLN AV
ALAMEDA CA 329-G9
ALAMEDA CA 330-C9
BUENA PARK CA 287-C1
BUENA PARK CA 361-A6
CYPRESS CA 287-C1
CYPRESS CA 361-A6
LOS ANGELES CO CA 282-A1
NAPA CA 323-C5
OAKLAND CA 250-B1
OAKLAND CA 330-C9
PASADENA CA 359-B4
RIVERSIDE CA 366-D9
SALINAS CA 336-B6
SAN DIEGO CA 372-F9
SAN JOSE CA 253-D4
SAN JOSE CA 333-E9
SAN RAFAEL CA 324-E5
SANTA CLARA CO CA 333-E9
E LINCOLN AV
ANAHEIM CA 287-D1
ANAHEIM CA 288-A1
ESCONDIDO CA 208-C3
ESCONDIDO CA 292-D7
ESCONDIDO CA 293-D1
FRESNO CO CA 264-D6
ORANGE CA 288-A1
ORANGE CO CA 288-A1
N LINCOLN AV
CORONA CA 284-A7
LOS ANGELES CO CA 282-A1
LOS ANGELES CO CA 359-B1
S LINCOLN AV
CORONA CA 208-A2
CORONA CA 284-A7
W LINCOLN AV
ANAHEIM CA 287-D1
ANAHEIM CA 361-D6
BUENA PARK CA 361-D6
FRESNO CO CA 264-B6
MONTEBELLO CA 282-B5
NAPA CA 323-B6
ORANGE CA 288-A1
ORANGE CO CA 288-A1
LINCOLN BLVD
BUTTE CO CA 169-C1
BUTTE CO CA 223-B7
LIVINGSTON CA 180-C1
MERCED CO CA 180-C1
SAN FRANCISCO CA 325-D3
SANTA MONICA CA 353-A10
SANTA MONICA CA 357-A1
LINCOLN BLVD Rt#-1
LOS ANGELES CA 281-B5
LOS ANGELES CA 357-F5
LOS ANGELES CA 358-A6
LOS ANGELES CO CA 281-B5
LOS ANGELES CO CA 357-F5
LINCOLN BLVD Rt#-1
SANTA MONICA CA 357-C2
LINCOLN BLVD Rt#-70 Bus
BUTTE CO CA 223-B7
LINCOLN LN
GRANTS PASS OR 149-B1
JOSEPHINE CO OR 149-B1
LINCOLN PKWY
ESCONDIDO CA 293-D1
LINCOLN RD
GRANTS PASS OR 149-B1
JOSEPHINE CO OR 149-B1
SUTTER CO CA 227-A6
SUTTER CO CA 309-C8
YUBA CITY CA 309-C8
LINCOLN ST
RIVERSIDE CO CA 209-C2
SANTA CLARA CA 333-A5
SANTA CRUZ CA 335-D7
WATSONVILLE CA 256-C4
LINCOLN ST Rt#-29
CALISTOGA CA 241-A6
LINCOLN ST Rt#-152
WATSONVILLE CA 256-C5
LINCOLN ST Rt#-195
RIVERSIDE CO CA 209-C2
LINCOLN ST Rt#-243
BANNING CA 208-C1
S LINCOLN ST
STOCKTON CA 339-E8
LINCOLN ST S
FORT BRAGG CA 307-C5
LINCOLN WY
AUBURN CA 316-F3
PLACER CO CA 316-F3
SAN FRANCISCO CA 325-C7
LINCOLN WY Rt#-J10
GALT CA 238-D6
SACRAMENTO CO CA 238-D6
LINCOLN WY Rt#-49
AUBURN CA 316-D5
LINCOLN NEWCASTLE HWY Rt#-193
LINCOLN CA 235-D1
LINCOLN CA 236-A1
PLACER CO CA 235-D1
PLACER CO CA 236-A1
LINCOLN PARK AV
LOS ANGELES CA 356-F1
LINDA MAR BLVD
PACIFICA CA 249-B5
LINDA VISTA AV
NAPA CA 323-B5
NAPA CO CA 323-B5
PASADENA CA 359-A6
LINDA VISTA RD
SAN DIEGO CA 372-E2
LINDA VISTA STEPS
SAN FRANCISCO CA 249-C3
LINDBROOK DR
LOS ANGELES CA 353-G5
LINDEN AV
CARPINTERIA CA 199-A3
S LINDEN AV
SAN BRUNO CA 327-C1
SOUTH SAN FRANCISCO CA 327-C1
LINDEN RD
WEST SACRAMENTO CA 238-A1
WEST SACRAMENTO CA 319-B9
LINDENBERGER RD
RIVERSIDE CO CA 289-C3
LINDERO CANYON RD
THOUSAND OAKS CA 280-A2
VENTURA CO CA 280-A2
WESTLAKE VILLAGE CA 280-A2
W LINDERO CANYON RD
WESTLAKE VILLAGE CA 280-A2
LINDHURST AV
LINDA CA 310-D7
YUBA CO CA 310-D7
LINDMORE ST
TULARE CO CA 266-D5
E LINDO AV
BUTTE CO CA 305-F5
CHICO CA 305-F5
W LINDO AV
BUTTE CO CA 305-D5
CHICO CA 305-E4
LINE ST
HOLLISTER CA 257-C6
W LINE ST Rt#-168
BISHOP CA 183-A1
LINEA DEL CIELO Rt#-S8
SAN DIEGO CO CA 293-C3
LINNE RD
PASO ROBLES CA 189-C3
SAN LUIS OBISPO CO CA 189-C3
W LINWOOD AV
STANISLAUS CO CA 261-B7
LINWOOD DR
SALINAS CA 336-D3
LION CANYON FIRE RD
VENTURA CO CA 275-A2
LISBON ST
SAN DIEGO CA 296-A2
LISCOM HILL RD
HUMBOLDT CO CA 219-D1
LITHIA WY
ASHLAND OR 149-C2
LITHIA WY Rt#-99
ASHLAND OR 149-C2
LITTLE APPLEGATE RD
JACKSON CO OR 149-B2
LITTLE GOPHER CANYON RD
SAN DIEGO CO CA 292-B5
LITTLE LAKE RD
MENDOCINO CO CA 224-B4
LITTLE MORRO CREEK RD
SAN LUIS OBISPO CO CA 271-A3
LITTLE PANOCHE RD Rt#-J1
FRESNO CO CA 180-B3
SAN BENITO CO CA 180-B3
LITTLE RIVER AIRPORT RD
MENDOCINO CO CA 224-B5
LITTLE SANTA MONICA BLVD
LOS ANGELES CA 353-G6
LOS ANGELES CA 354-A9
LITTLE TUJUNGA CANYON RD
LOS ANGELES CA 277-B5
LOS ANGELES CO CA 277-B5
SANTA CLARITA CA 277-B5
LIVE OAK AV
ARCADIA CA 282-C3
IRWINDALE CA 282-C3
LOS ANGELES CO CA 282-C3
MONROVIA CA 282-C3
SACRAMENTO CO CA 238-D6
E LIVE OAK AV
ARCADIA CA 282-C3
LOS ANGELES CO CA 282-C3
MONROVIA CA 282-C3
W LIVE OAK AV
ARCADIA CA 282-C3
TEMPLE CITY CA 282-C3
LIVE OAK BLVD
SUTTER CO CA 227-B5
YUBA CITY CA 227-B5
YUBA CITY CA 309-E2
LIVE OAK RD Rt#-A7
TEHAMA CO CA 221-B3
E LIVE OAK RD
SAN JOAQUIN CO CA 260-C2
LIVE OAK ST Rt#-99
LIVE OAK CA 227-B3
SUTTER CO CA 227-B3
LIVE OAK CANYON RD
YUCAIPA CA 285-B4
LIVE OAK CANYON RD Rt#-S19
ORANGE CO CA 208-A2
ORANGE CO CA 288-D4
LIVE OAK PARK RD
SAN DIEGO CO CA 292-C3
S LIVE OAK PARK RD
SAN DIEGO CO CA 292-C3
N LIVERMORE AV
ALAMEDA CO CA 251-C2
LIVERMORE CA 251-C3
N LIVERMORE AV Rt#-J2
LIVERMORE CA 251-C3
S LIVERMORE AV Rt#-J2
ALAMEDA CO CA 251-D4
LIVERMORE CA 251-D4
LIVERMORE RD
LAKE CO CA 241-A5
E LIVINGSTON DR
LONG BEACH CA 287-B3
LIVINGSTON CRESSEY RD
LIVINGSTON CA 180-C1
MERCED CO CA 180-C1
LIVORNA RD
CONTRA COSTA CO CA 247-D7
LLAGAS RD
MORGAN HILL CA 254-B7
LLANO RD
SANTA ROSA CA 242-B3
SONOMA CO CA 242-B3
LOBSTER CREEK RD
CURRY CO OR 148-B1
S LOCAN AV
FRESNO CO CA 264-D6
LOCH LOMOND RD
LAKE CO CA 240-C1
LOCKWOOD-JOLON RD
MONTEREY CO CA 189-B2
LOCKWOOD SAN LUCAS RD
MONTEREY CO CA 189-B2
LOCKWOOD VALLEY RD
KERN CO CA 199-A2
VENTURA CO CA 199-A2
LOCUST AV
SAN BERNARDINO CO CA 279-C2
LOCUST RD
PLACER CO CA 235-B3
N LOCUST ST Rt#-63
VISALIA CA 266-C2
S LOCUST ST
STOCKTON CA 260-B4
S LOCUST ST Rt#-63
VISALIA CA 266-C2
N LOCUST TREE RD
SAN JOAQUIN CO CA 260-C1
LODGE RD
FRESNO CO CA 182-A2
LODGEPOLE RD
JACKSON CO OR 150-A1
LODOGA STONYFORD RD
COLUSA CO CA 168-C1
COLUSA CO CA 169-A1
GLENN CO CA 168-C1
LOGAN AV
SAN DIEGO CA 374-E6
LOGGING CAMP RD
MONO CO CA 263-D3
LOKERN RD
KERN CO CA 190-C3
LOLETA AV
CORNING CA 221-C7
LOMA ALTA DR
SANTA BARBARA CA 348-C8
LOMA RICA RD
BUTTE CO CA 227-D4
LOMA RICA CA 170-A1
LOMA RICA CA 227-D4
YUBA CO CA 170-A1
YUBA CO CA 227-D4
LOMAS CANTADAS
CONTRA COSTA CO CA 328-G4
ORINDA CA 328-G4
LOMAS SANTA FE DR Rt#-S8
SAN DIEGO CO CA 293-B3
SOLANA BEACH CA 293-B3
LOMBARD ST
SAN FRANCISCO CA 325-G3
SAN FRANCISCO CA 326-A3
LOMBARD ST U.S.-101
SAN FRANCISCO CA 326-A3
LOMITA AV
VENTURA CO CA 275-A2
N LOMITA AV
VENTURA CO CA 275-A1
S LOMITA AV
VENTURA CO CA 275-A1
LOMITA BLVD
LOMITA CA 286-C2
TORRANCE CA 286-C2
E LOMITA BLVD
CARSON CA 286-D2
LOS ANGELES CA 286-D2
W LOMITA BLVD
CARSON CA 286-D2
LOMITA CA 286-C2
LOS ANGELES CA 286-D2
LOS ANGELES CO CA 286-D2
LOMITAS DR Rt#-216
TULARE CO CA 182-B3
LOMPICO RD
SANTA CRUZ CO CA 255-D1
LOMPOC CASMALIA RD
SANTA BARBARA CO CA 197-C2
SANTA BARBARA CO CA 272-B7
LOMPOC CASMALIA RD Rt#-1
LOMPOC CA 198-A2
SANTA BARBARA CO CA 197-C2
SANTA BARBARA CO CA 198-A2
LON-DALE RD Rt#-120
STANISLAUS CO CA 261-C1
N LONE HILL AV
SAN DIMAS CA 283-A3
S LONE HILL AV
GLENDORA CA 283-A2
SAN DIMAS CA 283-A3
LONE MOUNTAIN RD
PERSHING CO NV 166-C2
LONE OAK AV
NAPA CA 323-B5
LONE PINE CANYON RD
SAN BERNARDINO CO CA 201-A3
LONE STAR RD
COLUSA CO CA 169-B2
LONE TREE RD
BUTTE CO CA 227-C2
LONE TREE RD Rt#-J9
STANISLAUS CO CA 175-B2
E LONE TREE RD Rt#-J9
SAN JOAQUIN CO CA 175-B2
SAN JOAQUIN CO CA 260-D7
LONE TREE WY
ANTIOCH CA 248-C5
BRENTWOOD CA 248-C5
CONTRA COSTA CO CA 248-C5
LONG BAR RD
BUTTE CO CA 223-B6
OROVILLE CA 223-B6
LONG BARN RD
TUOLUMNE CO CA 176-B2
LONG BEACH AV E
LOS ANGELES CA 356-B10
LONG BEACH AV W
LOS ANGELES CA 356-B9
LONG BEACH BLVD
COMPTON CA 282-A6
LONG BEACH CA 282-A6
LONG BEACH CA 360-D5
LOS ANGELES CO CA 281-D6
LYNWOOD CA 282-A6
SOUTH GATE CA 281-D6
SOUTH GATE CA 282-A6
N LONG BEACH BLVD
COMPTON CA 282-A7
LONG BEACH CA 282-A7
LONG BEACH CA 287-A1
LONG BEACH CA 360-C3
LYNWOOD CA 282-A7
S LONG BEACH BLVD
COMPTON CA 282-A7
LONG BEACH FRWY I-710
ALHAMBRA CA 282-A6
BELL CA 282-A6
BELL GARDENS CA 282-A6
CARSON CA 287-A1
CITY OF COMMERCE CA 282-A6
COMPTON CA 282-A6
LONG BEACH CA 282-A6
LONG BEACH CA 287-A1
LONG BEACH CA 360-A3
LOS ANGELES CO CA 282-A6
LOS ANGELES CO CA 287-A1
LYNWOOD CA 282-A6
MONTEREY PARK CA 282-A6
PARAMOUNT CA 282-A6
SOUTH GATE CA 282-A6
VERNON CA 282-A6
LONG BEACH FRWY Rt#-710
PASADENA CA 359-B7
LONG CANYON RD
RIVERSIDE CO CA 290-B1
SANTA BARBARA CO CA 198-A2
W LONGDEN AV
ARCADIA CA 282-C3
LONGFELLOW AV
CHICO CA 306-B5
HERMOSA BEACH CA 281-B7
LONGLEY LN
RENO NV 312-C10
LONG RAVINE RD
NEVADA CO CA 233-A4
LONG RIDGE RD
SAN MATEO CO CA 252-D4
LONG VALLEY RD
SIERRA CO CA 229-B2
LONGVIEW RD Rt#-N6
LOS ANGELES CO CA 200-C3
LONOAK RD
MONTEREY CO CA 189-B1
SAN BENITO CO CA 189-B1
LOOKOUT RD
KLAMATH CO OR 151-A1
LOOKOUT HACKAMORE RD
MODOC CO CA 159-B1
LOOKOUT MOUNTAIN AV
LOS ANGELES CA 354-F1
LOOP RD
SOUTH LAKE TAHOE CA 314-F1
LOOSLEY RD
KLAMATH CO OR 150-B1
LOPEZ DR
SAN LUIS OBISPO CO CA 197-C1
SAN LUIS OBISPO CO CA 272-B1
LOPEZ CANYON RD
LOS ANGELES CO CA 277-B6
LOQUAT AV
STANISLAUS CO CA 175-B3
N LORENA ST
LOS ANGELES CA 356-G6
S LORENA ST
LOS ANGELES CA 356-G7
LORING ST
SAN DIEGO CA 371-A2
LORRAINE WK
LOS ANGELES CA 281-D5
LORT DR
TULARE CO CA 266-D2
LOS ALAMITOS BLVD
LOS ALAMITOS CA 287-B2
ORANGE CO CA 287-B2
LOS ALAMITOS CIR Rt#-1
LONG BEACH CA 287-B2
LOS ALAMOS RD
MURRIETA CA 289-C6
LOS ALISOS BLVD
MISSION VIEJO CA 288-D5
LOS ANGELES AV
SOUTH LAKE TAHOE CA 314-A4
LOS ANGELES AV Rt#-118
MOORPARK CA 199-C3
VENTURA CO CA 199-C3
VENTURA CO CA 275-C5
E LOS ANGELES AV
MOORPARK CA 199-C3
SIMI VALLEY CA 276-B7
W LOS ANGELES AV
MOORPARK CA 199-C3
MOORPARK CA 276-A6
SIMI VALLEY CA 276-A6
LOS ANGELES ST
FRESNO CA 343-E9
LOS BANOS HWY Rt#-59
MERCED CA 181-A1
MERCED CO CA 181-A1
LOS BERROS RD
SAN LUIS OBISPO CO CA 272-B1
LOS CARNEROS RD
GOLETA CA 274-B7
SANTA BARBARA CA 274-B7
SANTA BARBARA CO CA 274-B7
LOS COCHES RD
SAN DIEGO CO CA 294-C6
E LOS COYOTES DIAG
LONG BEACH CA 287-B2
N LOS COYOTES DIAG
LONG BEACH CA 287-B2
LOSEE RD
NORTH LAS VEGAS NV 345-F1
LOS FELIZ BLVD
LOS ANGELES CA 352-F4
E LOS FELIZ RD
GLENDALE CA 352-G4
W LOS FELIZ RD
GLENDALE CA 352-G4
LOS GATOS BLVD
LOS GATOS CA 253-C5
SAN JOSE CA 253-C5
SANTA CLARA CO CA 253-C5
LOS GATOS ALMADEN RD
LOS GATOS CA 253-C5
SANTA CLARA CO CA 253-C5
LOS GATOS SARATOGA RD Rt#-9
LOS GATOS CA 253-C5
LOS MORROS Rt#-S9
SAN DIEGO CO CA 293-C3
LOS OLIVOS ST
SANTA BARBARA CA 348-C5
LOS OSOS VALLEY RD
SAN LUIS OBISPO CA 271-B5
SAN LUIS OBISPO CA 347-A9
SAN LUIS OBISPO CO CA 271-A4
SAN LUIS OBISPO CO CA 347-A9
LOS PALOS DR
SALINAS CA 336-C9
LOS RANCHITOS RD
MARIN CO CA 324-C3
SAN RAFAEL CA 324-C3
LOS ROBLES AV
ALHAMBRA CA 282-C5
LOS ANGELES CO CA 282-C5
SAN MARINO CA 282-C5
SAN MARINO CA 359-D10
N LOS ROBLES AV
PASADENA CA 359-D2
S LOS ROBLES AV
PASADENA CA 359-D9
LOST RD
RIVERSIDE CO CA 289-B5
LOST CREEK RD
TEHAMA CO CA 164-A1
LOST HILLS RD
KERN CO CA 190-C2
LOS VERJELES RD
BUTTE CO CA 170-A1
LOMA RICA CA 170-A1
YUBA CO CA 170-A1
LOTT RD
BUTTE CO CA 163-C3
LOTUS RD
EL DORADO CO CA 237-A4
E LOUIE RD
SISKIYOU CO CA 217-C7
W LOUIE RD
SISKIYOU CO CA 217-C7
E LOUISE AV
LATHROP CA 260-B7
W LOUISE AV
MANTECA CA 260-C7
SAN JOAQUIN CO CA 260-C7
LOVEKIN BLVD
BLYTHE CA 211-A2
RIVERSIDE CO CA 211-A2
LOVELOCK HWY U.S.-95
CHURCHILL CO NV 166-C3
CHURCHILL CO NV 172-C1
W LOVELY RD
SAN JOAQUIN CO CA 175-A3
LOVERS LN
MENDOCINO CO CA 308-C1
SAN BENITO CO CA 257-C4
LOVERS LN Rt#-J15
TULARE CO CA 266-C4
N LOVERS LN
TULARE CO CA 266-C2
VISALIA CA 266-C2
S LOVERS LN
VISALIA CA 266-C2
S LOVERS LN Rt#-J15
TULARE CO CA 266-C3
VISALIA CA 266-C2
LOW DIVIDE RD
DEL NORTE CO CA 216-D1
LOWELL AV
GLENDALE CA 277-D7
LOWER CHILES VALLEY RD
NAPA CO CA 243-D1
LOWER GRAVE CREEK RD
JOSEPHINE CO OR 149-A1
LOWER HONCUT RD
BUTTE CO CA 227-C2
LOWER KLAMATH RD
SISKIYOU CO CA 150-C3

CRA
INDEX

397 LOWER KLAMATH LAKE RD
STREET INDEX
MARGUERITE AV

STREET
City State Page-Grid

LOWER KLAMATH LAKE RD
KLAMATH CO OR 150-C2
LOWER KUCK RD
SISKIYOU CO CA 217-D2
LOWER LAKE RD
DEL NORTE CO CA 216-B3
LOWER LAKE RD Rt#-29
LAKE CO CA 226-B6
LOWER LITTLE SHASTA RD
SISKIYOU CO CA 217-D4
LOWER MAD RIVER RD
TRINITY CO CA 162-A1
LOWER SACRAMENTO RD Rt#-J10
SAN JOAQUIN CO CA 260-B3
STOCKTON CA 260-B3
N LOWER SACRAMENTO RD Rt#-J10
LODI CA 175-A1
LODI CA 260-B1
SAN JOAQUIN CO CA 175-A1
SAN JOAQUIN CO CA 238-D7
SAN JOAQUIN CO CA 260-B1
S LOWER SACRAMENTO RD Rt#-J10
LODI CA 260-B1
SAN JOAQUIN CO CA 260-B1
LOWER SALT CREEK RD
SHASTA CO CA 220-B1
LOWER SOUTH FORK RD
TRINITY CO CA 157-A3
LOWER SPRINGS RD
SHASTA CO CA 220-A6
LOWER WOLF CREEK RD
JOSEPHINE CO OR 149-A1
LOWER WYANDOTTE RD
BUTTE CO CA 170-A1
BUTTE CO CA 223-C7
LOW GAP RD
MENDOCINO CO CA 168-A1
MENDOCINO CO CA 308-A2
UKIAH CA 308-A2
LOWREY RD
TEHAMA CO CA 163-A2
LOYALTON RD Rt#-49
LOYALTON CA 165-A3
SIERRA CO CA 165-A3
SIERRA CO CA 228-C1
LOYALTON RD Rt#-89
SIERRA CO CA 228-B1
LUCAS VALLEY RD
MARIN CO CA 245-D3
MARIN CO CA 246-A3
SAN RAFAEL CA 246-A3
LUCE GRISWOLD RD
TEHAMA CO CA 163-A1
LUDEMAN LN
MILLBRAE CA 327-D7
E LUGONIA AV Rt#-38
REDLANDS CA 285-B3
SAN BERNARDINO CO CA 285-B3
W LUGONIA AV
REDLANDS CA 285-A3
SAN BERNARDINO CO CA 285-A3
LUMPKIN RD
BUTTE CO CA 164-A3
BUTTE CO CA 170-A1
LUNDY AV
SAN JOSE CA 334-B2
LUNDY LAKE RD
MONO CO CA 177-A2
LUNEMAN RD
EL DORADO CO CA 236-D3
LUPIN AV
BUTTE CO CA 305-G2
CHICO CA 305-G2
CHICO CA 306-A2
LUTHER RD
AUBURN CA 316-C1
PLACER CO CA 316-C1
RED BLUFF CA 303-A8
TEHAMA CO CA 303-A8
LUTHER E GIBSON FRWY I-680
BENICIA CA 247-C2
FAIRFIELD CA 244-B7
FAIRFIELD CA 247-C1
SOLANO CO CA 244-B7
SOLANO CO CA 247-C1
LUTHER PASS RD Rt#-89
ALPINE CO CA 171-B3
LYNDON ST
HERMOSA BEACH CA 286-B1
LYNN RD
THOUSAND OAKS CA 206-C1
VENTURA CO CA 206-C1
W LYNN RD
THOUSAND OAKS CA 206-B1
E LYNWOOD DR
SAN BERNARDINO CO CA 285-A2
LYONS AV
SANTA CLARITA CA 276-D5
SOUTH LAKE TAHOE CA 314-C4
LYONS ST
SONORA CA 341-D5
LYONS ST Rt#-G15
KING CITY CA 189-B1
LYONS VALLEY RD
SAN DIEGO CO CA 213-A2
SAN DIEGO CO CA 296-C2
LYTLE CREEK RD
SAN BERNARDINO CO CA 284-B1
LYTTON ST
SAN DIEGO CA 371-F10

M

M ST
FRESNO CA 343-D7
SACRAMENTO CO CA 235-B5
TULARE CA 266-B5
M ST Rt#-137
TULARE CA 266-B5
M ST U.S.-101
CRESCENT CITY CA 297-D8
E M ST
COLTON CA 368-B10
SE M ST
GRANTS PASS OR 149-B1
SW M ST
GRANTS PASS OR 149-B1
M 176 Rt#-J28
TULARE CO CA 191-B1
MABURY RD
SAN JOSE CA 334-E1
SANTA CLARA CO CA 334-C2
MACARTHUR BLVD
IRVINE CA 363-E2
NEWPORT BEACH CA 288-A6
NEWPORT BEACH CA 363-D6
NEWPORT BEACH CA 364-G8
OAKLAND CA 250-B1
OAKLAND CA 330-C3
ORANGE CO CA 363-E2
SAN LEANDRO CA 250-B1
SANTA ANA CA 363-E2
E MACARTHUR BLVD
SANTA ANA CA 363-D1
W MACARTHUR BLVD
COSTA MESA CA 287-D4
EMERYVILLE CA 329-G1
OAKLAND CA 329-G1
OAKLAND CA 330-B2
SANTA ANA CA 287-D4
SANTA ANA CA 288-A4
SANTA ANA CA 363-D1
MACARTHUR FRWY I-580
ALAMEDA CO CA 250-B1
EMERYVILLE CA 247-A7
EMERYVILLE CA 329-E1
OAKLAND CA 250-B1
OAKLAND CA 329-F1
OAKLAND CA 330-B2
SAN LEANDRO CA 250-B1
E MACARTHUR ST
SONOMA CA 322-F8
SONOMA CO CA 322-F8
W MACARTHUR ST
SONOMA CA 322-D8
MACDONALD AV
RICHMOND CA 246-D5
RICHMOND CA 247-A5
MACE BLVD
SOLANO CO CA 174-C1
YOLO CO CA 174-C1
MACE BLVD Rt#-E6
DAVIS CA 169-C3
DAVIS CA 234-C7
YOLO CO CA 169-C3
YOLO CO CA 234-C7
MACHADO LN
SISKIYOU CO CA 217-D5
MACHADO RD
CULVER CITY CA 358-C1
MACHADO ST
LAKE ELSINORE CA 208-A2
RIVERSIDE CO CA 208-A2
MACK RD
SACRAMENTO CA 238-B2
MACKERT RD
SUTTER CO CA 234-D2
MACKINAW RD
TAHOE CITY CA 231-A3
N MACKVILLE RD Rt#-J12
SAN JOAQUIN CO CA 175-B1
N MACLAY AV
SAN FERNANDO CA 277-B6
S MACLAY AV
SAN FERNANDO CA 277-B6
MACLAY ST
LOS ANGELES CA 277-B6
SAN FERNANDO CA 277-B6
MADDOCK RD
SUTTER CO CA 234-D1
MADERA AV Rt#-145
MADERA CA 181-B2
MADERA CO CA 181-B2
N MADERA AV Rt#-145
FRESNO CO CA 181-B2
KERMAN CA 181-B2
S MADERA AV Rt#-145
FRESNO CO CA 181-B3
KERMAN CA 181-B3
MADERA BLVD
CORTE MADERA CA 246-B5
MADERA RD
SIMI VALLEY CA 276-A7
VENTURA CO CA 276-A7
MADERA ST
LEMON GROVE CA 296-A2
SAN DIEGO CA 296-A2
MADISON AV
CITRUS HEIGHTS CA 235-C5
CITRUS HEIGHTS CA 236-A5
FOLSOM CA 236-A5
SACRAMENTO CO CA 235-C5
SACRAMENTO CO CA 236-A5
SAN DIEGO CA 372-G8
E MADISON AV
EL CAJON CA 294-B7
MADISON ST
BAKERSFIELD CA 344-G10
KERN CO CA 344-G8
LA QUINTA CA 209-B2
MONTEREY CA 337-F7
NAPA CO CA 243-C3
RED BLUFF CA 303-C5
YOUNTVILLE CA 243-C3
S MADISON ST
STOCKTON CA 339-E7
MADONNA RD
SAN LUIS OBISPO CA 347-C7
SAN LUIS OBISPO CO CA 347-B8
MADONNA RD Rt#-227
SAN LUIS OBISPO CA 347-B7
MAD RIVER RD
HUMBOLDT CO CA 219-C1
MADRONA AV
TORRANCE CA 286-C1
MADRONE AV
CHICO CA 306-C4
LARKSPUR CA 246-B5
MADRONE ST
BUTTE CO CA 306-C4
CHICO CA 306-C4
MAGIC MOUNTAIN PKWY Rt#-126
LOS ANGELES CO CA 276-D4
SANTA CLARITA CA 276-D4
MAGNOLIA AV
BUENA PARK CA 361-G2
CORONA CA 284-A7
CORTE MADERA CA 246-B5
FULLERTON CA 361-G2
KERN CO CA 191-A3
LARKSPUR CA 246-B5
MAGNOLIA AV
LARKSPUR CA 324-B10
LONG BEACH CA 360-C4
MILLBRAE CA 327-D7
RIVERSIDE CA 284-C6
RIVERSIDE CA 366-B7
RIVERSIDE CO CA 284-A7
SAN DIEGO CO CA 294-D2
SANTEE CA 294-B6
SONOMA CO CA 242-C6
N MAGNOLIA AV
ANAHEIM CA 361-G6
EL CAJON CA 294-B7
LONG BEACH CA 360-B2
S MAGNOLIA AV
ANAHEIM CA 361-G7
BURLINGAME CA 327-E8
EL CAJON CA 294-B7
FULLERTON CA 361-G1
MILLBRAE CA 327-E8
STANTON CA 361-G9
MAGNOLIA BLVD
BURBANK CA 350-A9
LOS ANGELES CA 281-A2
LOS ANGELES CA 350-A9
E MAGNOLIA BLVD
BURBANK CA 281-C1
BURBANK CA 350-G7
W MAGNOLIA BLVD
BURBANK CA 350-G7
MAGNOLIA RD
NEVADA CO CA 233-C5
MAGNOLIA ST
FOUNTAIN VALLEY CA 287-D4
GARDEN GROVE CA 287-D4
GARDEN GROVE CA 361-G10
HUNTINGTON BEACH CA 287-D4
ORANGE CO CA 361-G10
STANTON CA 361-G9
WESTMINSTER CA 287-D4
MAGONIGAL RD
NEVADA CO CA 228-A6
MAHONEY RD
SANTA BARBARA CO CA 272-C5
MAIN
SAN BERNARDINO CO CA 278-A7
MAIN AV
SACRAMENTO CA 235-B5
SACRAMENTO CO CA 236-A5
E MAIN AV
MORGAN HILL CA 254-C7
N MAIN AV Rt#-S13
SAN DIEGO CO CA 292-B3
S MAIN AV Rt#-S13
SAN DIEGO CO CA 292-B3
MAIN ST
ALAMEDA CA 329-F8
CALAVERAS CO CA 175-C1
CHICO CA 305-G7
CHICO CA 306-A8
CHULA VISTA CA 296-A4
COSTA MESA CA 363-D2
COTTONWOOD CA 163-A1
DELANO CA 191-A2
EL CENTRO CA 375-C6
EL DORADO CO CA 237-B1
EL SEGUNDO CA 358-A10
HALF MOON BAY CA 252-A1
HESPERIA CA 278-B3
HUNTINGTON BEACH CA 287-C4
IRVINE CA 288-B4
IRVINE CA 363-D2
LA PAZ CO AZ 211-C1
LAKE CO CA 225-D4
LAKE CO CA 226-A6
LAKEPORT CA 225-D4
LIVINGSTON CA 180-C1
LOS ANGELES CA 357-C4
MALIN OR 151-A3
MENDOCINO CO CA 168-B1
MORRO BAY CA 271-A3
MURPHYS CA 176-A2
NATIONAL CITY CA 374-B7
ORANGE CO CA 363-D2
PLACERVILLE CA 317-E5
PLEASANTON CA 251-B4
PLUMAS CO CA 164-B3
PLYMOUTH CA 175-C1
RIVERSIDE CA 284-C4
RIVERSIDE CA 366-E2
RIVERSIDE CO CA 208-C1
RIVERSIDE CO CA 284-C4
SALINAS CA 336-C7
SAN BERNARDINO CO CA 278-A3
SAN DIEGO CA 296-A4
SAN DIEGO CA 374-B7
SAN LUIS OBISPO CO CA 189-B3
SANTA ANA CA 288-A4
SANTA ANA CA 363-D2
SANTA MONICA CA 357-A2
SANTA PAULA CA 275-C3
SEAL BEACH CA 287-C4
SHASTA CO CA 163-A1
SONOMA CO CA 173-B1
SONOMA CO CA 242-D5
SUISUN CITY CA 244-C7
SUTTER CO CA 309-E7
TULARE CO CA 191-B2
VACAVILLE CA 244-C7
VENTURA CO CA 276-A4
VISTA CA 292-B6
WATSONVILLE CA 256-C5
WOODLAND CA 234-B5
YUBA CITY CA 309-E7
MAIN ST Rt#-A8
RED BLUFF CA 303-D6
MAIN ST Rt#-A17
COTTONWOOD CA 163-A1
SHASTA CO CA 163-A1
TEHAMA CO CA 163-A1
MAIN ST Rt#-J20
MARIPOSA CO CA 176-A3
MAIN ST Rt#-J29
PORTERVILLE CA 191-B1
TULARE CO CA 191-B1
MAIN ST Rt#-J7
ESCALON CA 175-B2
ESCALON CA 261-B1
SAN JOAQUIN CO CA 261-B1
MAIN ST Rt#-S30
CALIPATRIA CA 210-B3
MAIN ST Rt#-S80
EL CENTRO CA 375-E6
MAIN ST Rt#-1
POINT ARENA CA 167-C2
MAIN ST Rt#-3
FORT JONES CA 157-C1
SISKIYOU CO CA 157-C1
MAIN ST Rt#-4
ANTIOCH CA 248-D4
BRENTWOOD CA 248-D4
CONTRA COSTA CO CA 248-D4
OAKLEY CA 248-D4
MAIN ST Rt#-29
SAINT HELENA CA 243-B1
MAIN ST Rt#-31
PAISLEY OR 152-A1
MAIN ST Rt#-36
RED BLUFF CA 303-C3
SUSANVILLE CA 304-B4
MAIN ST Rt#-39
KLAMATH FALLS OR 150-C2
MAIN ST Rt#-45
COLUSA CO CA 169-B2
MAIN ST Rt#-49
AMADOR CITY CA 175-B1
AMADOR CO CA 175-B1
ANGELS CAMP CA 175-B1
CALAVERAS CO CA 175-B1
PLACERVILLE CA 317-E5
SUTTER CREEK CA 175-B1
MAIN ST Rt#-67
SAN DIEGO CO CA 294-C2
MAIN ST Rt#-70
QUINCY CA 164-B2
MAIN ST Rt#-78
BRAWLEY CA 214-B1
IMPERIAL CO CA 214-B1
SAN DIEGO CO CA 294-C2
MAIN ST Rt#-79
SAN DIEGO CO CA 213-A1
MAIN ST Rt#-99
PHOENIX OR 149-C2
MAIN ST Rt#-113
WOODLAND CA 234-C5
MAIN ST Rt#-115
CALIPATRIA CA 210-B3
IMPERIAL CO CA 210-B3
MAIN ST Rt#-116
SONOMA CO CA 168-B3
MAIN ST Rt#-120
ESCALON CA 175-B2
MAIN ST Rt#-152
WATSONVILLE CA 256-C5
MAIN ST Rt#-175
LAKE CO CA 240-D3
MAIN ST Rt#-184
KERN CO CA 267-D6
MAIN ST Rt#-203
MAMMOTH LAKES CA 263-D6
MAMMOTH LAKES CA 342-D3
MAIN ST Rt#-208
YERINGTON NV 172-B2
MAIN ST Rt#-211
FERNDALE CA 219-A7
MAIN ST Rt#-342
LYON CO NV 232-C1
STOREY CO NV 230-C7
MAIN ST Rt#-374
NYE CO NV 184-C2
MAIN ST U.S.-50
LYON CO NV 166-A3
MAIN ST U.S.-97
DORRIS CA 150-C3
MAIN ST U.S.-101
MENDOCINO CO CA 168-A1
TRINIDAD CA 156-B2
WILLITS CA 168-A1
MAIN ST U.S.-395
ALTURAS CA 160-A1
DOUGLAS CO NV 232-A7
E MAIN ST
ALHAMBRA CA 282-B3
ASHLAND OR 149-C2
BARSTOW CA 201-C2
BARSTOW CA 369-F6
EL CAJON CA 294-C7
GRASS VALLEY CA 315-C8
JACKSON CO OR 149-C2
LOS GATOS CA 253-C5
ROGUE RIVER OR 149-B1
SAN DIEGO CO CA 294-C7
SAN JACINTO CA 208-C2
SAN JOAQUIN CO CA 260-C4
SANTA BARBARA CO CA 272-D4
SANTA MARIA CA 272-D4
SANTA PAULA CA 275-D3
STOCKTON CA 260-C4
STOCKTON CA 339-F7
TURLOCK CA 261-D6
VENTURA CA 275-A5
VENTURA CA 349-B5
VENTURA CO CA 275-D3
VISALIA CA 266-C2
WOODLAND CA 234-C5
YOLO CO CA 234-C5
E MAIN ST Rt#-49
LOYALTON CA 165-A3
SIERRA CO CA 165-A3
E MAIN ST Rt#-104
IONE CA 175-B1
E MAIN ST Rt#-166
SANTA MARIA CA 272-C4
E MAIN ST Rt#-238
MEDFORD OR 149-C2
E MAIN ST U.S.-50
LYON CO NV 166-A3
E MAIN ST U.S.-66 Hist
BARSTOW CA 201-C2
BARSTOW CA 369-D5
N MAIN ST
CORONA CA 284-A7
LAKE ELSINORE CA 289-A4
LOS ANGELES CA 356-C3
MANTECA CA 260-C7
NORCO CA 284-A7
ORANGE CA 362-G2
PLEASANT HILL CA 247-D6
SALINAS CA 259-A1
SALINAS CA 336-C4
SAN ANDREAS CA 175-C1
SANTA ANA CA 288-A3
WALNUT CREEK CA 247-D6
N MAIN ST Rt#-J29
PORTERVILLE CA 191-B1
TULARE CO CA 191-B1
N MAIN ST Rt#-99
ASHLAND OR 149-C2
JACKSON CO OR 149-C2
PHOENIX OR 149-C2
N MAIN ST Rt#-116
SEBASTOPOL CA 242-B3
N MAIN ST Rt#-183
SALINAS CA 336-C5
N MAIN ST Rt#-208
YERINGTON NV 172-B2
N MAIN ST Rt#-601
LAS VEGAS NV 345-E4
NORTH LAS VEGAS NV 345-E4
S MAIN ST
BURBANK CA 350-G9
CARSON CA 281-D5
CARSON CA 286-D2
CONTRA COSTA CO CA 247-D7
CORONA CA 208-A2
CORONA CA 284-A7
KLAMATH CO OR 150-C3
LAKE CO CA 225-D5
LAKEPORT CA 225-D5
LOS ANGELES CA 281-D5
LOS ANGELES CA 355-G7
LOS ANGELES CA 356-A5
LOS ANGELES CO CA 281-D5
MERRILL OR 150-C3
MILPITAS CA 253-D2
ORANGE CA 288-A3
PORTERVILLE CA 191-B1
SANTA ANA CA 288-A3
SANTA ANA CA 363-D1
TULARE CO CA 191-B1
WALNUT CREEK CA 247-D6
S MAIN ST Rt#-A8
RED BLUFF CA 303-D7
S MAIN ST Rt#-J29
PORTERVILLE CA 191-B1
TULARE CO CA 191-B1
S MAIN ST Rt#-68
MONTEREY CO CA 336-B8
SALINAS CA 336-B7
S MAIN ST Rt#-116
SEBASTOPOL CA 242-B3
S MAIN ST Rt#-208
YERINGTON NV 172-B2
S MAIN ST Rt#-601
LAS VEGAS NV 345-D9
W MAIN ST
ALHAMBRA CA 282-A3
EL CAJON CA 294-B7
GRASS VALLEY CA 315-A8
GUADALUPE CA 272-A4
LOS GATOS CA 253-C5
NEVADA CO CA 315-A8
ROGUE RIVER OR 149-B1
SAN JACINTO CA 208-C2
SANTA BARBARA CO CA 272-A4
SANTA PAULA CA 275-D3
VENTURA CA 275-A5
VENTURA CA 349-A5
VISALIA CA 266-B2
WOODLAND CA 234-B5
W MAIN ST Rt#-J17
STANISLAUS CO CA 261-A6
TURLOCK CA 261-B6
W MAIN ST Rt#-49
LOYALTON CA 165-A3
W MAIN ST Rt#-104
IONE CA 175-B1
W MAIN ST Rt#-166
GUADALUPE CA 272-B4
SANTA BARBARA CO CA 272-B4
SANTA MARIA CA 272-B4
W MAIN ST Rt#-238
JACKSON CO OR 149-C2
MEDFORD OR 149-C2
W MAIN ST U.S.-66 Hist
BARSTOW CA 201-B2
BARSTOW CA 369-A6
SAN BERNARDINO CO CA 201-B2
MAIN ST E
VACAVILLE CA 244-D4
MAIN ST N Rt#-1
FORT BRAGG CA 307-B4
MAIN ST S Rt#-1
FORT BRAGG CA 307-B5
MAIN DRAIN RD
KERN CO CA 190-C3
MAINE AV
BALDWIN PARK CA 282-D3
SAN DIEGO CO CA 294-C6
MAIN EAST WEST RD
MODOC CO CA 151-A3
MAITLAND DR
ALAMEDA CA 331-A5
W MALAGA AV
FRESNO CO CA 264-B6
N MALIBU CANYON RD Rt#-N1
LOS ANGELES CO CA 280-B4
S MALIBU CANYON RD Rt#-N1
LOS ANGELES CO CA 280-B4
MALIBU CA 280-B4
MALIN LP
KLAMATH CO OR 151-A3
N MALIN RD
KLAMATH CO OR 151-A3
MALLARD WY
SHASTA CO CA 220-D7
MALLOTT RD
SUTTER CO CA 227-A5
MALTON SWITCH RD
GLENN CO CA 163-B3
MALVERN AV
BUENA PARK CA 282-D7
FULLERTON CA 282-D7
MAMMOTH LAKES SCENIC LP
MONO CO CA 263-C6
MANCHESTER AV
ENCINITAS CA 293-B3
E MANCHESTER AV Rt#-42
LOS ANGELES CA 281-D6
S MANCHESTER AV
ANAHEIM CA 362-A1
W MANCHESTER AV
LOS ANGELES CA 281-B6
LOS ANGELES CA 357-G9
LOS ANGELES CA 358-A6
W MANCHESTER AV Rt#-42
LOS ANGELES CA 281-C6
W MANCHESTER AV Rt#-42
LOS ANGELES CA 358-A6
MANCHESTER BLVD
BUENA PARK CA 361-C1
E MANCHESTER BLVD
INGLEWOOD CA 281-C6
W MANCHESTER BLVD
INGLEWOOD CA 281-C6
INGLEWOOD CA 358-G5
MANDALAY BAY RD
PARADISE NV 346-B6
MANDANA BLVD
OAKLAND CA 330-D4
MANDEVILLE CANYON RD
LOS ANGELES CA 353-A4
MANGELS BLVD
FAIRFIELD CA 244-B7
MANGROVE AV
BUTTE CO CA 305-G5
CHICO CA 305-G5
CHICO CA 306-A6
MANHATTAN AV
HERMOSA BEACH CA 281-B7
HERMOSA BEACH CA 286-B1
MANHATTAN BEACH BLVD
GARDENA CA 281-B7
LAWNDALE CA 281-B7
LOS ANGELES CO CA 281-B7
MANHATTAN BEACH CA 281-B7
REDONDO BEACH CA 281-B7
W MANILA RD
SAN JOAQUIN CO CA 260-B6
MANNING AV
LOS ANGELES CA 354-B10
E MANNING AV
FOWLER CA 264-C7
FRESNO CO CA 181-C3
FRESNO CO CA 182-A3
FRESNO CO CA 264-C7
PARLIER CA 181-C3
PARLIER CA 182-A3
REEDLEY CA 182-A3
E MANNING AV Rt#-J19
FRESNO CO CA 182-A3
ORANGE COVE CA 182-A3
W MANNING AV
FRESNO CO CA 180-C3
FRESNO CO CA 181-A3
FRESNO CO CA 264-A7
REEDLEY CA 182-A3
SAN JOAQUIN CA 181-B3
MANOR DR
PACIFICA CA 249-C4
MANOR ST
BAKERSFIELD CA 267-C3
BAKERSFIELD CA 344-E1
KERN CO CA 267-C3
MANSELL ST
SAN FRANCISCO CA 249-C3
S MANTECA RD
MANTECA CA 175-A3
SAN JOAQUIN CO CA 175-A3
MANTON RD Rt#-A6
SHASTA CO CA 163-B1
TEHAMA CO CA 163-B1
MANUEL CANYON
VENTURA CO CA 275-A4
MANUEL T FREITAS PKWY
SAN RAFAEL CA 324-A1
MANZANITA AV
BUTTE CO CA 305-G4
BUTTE CO CA 306-C3
CHICO CA 305-G3
CHICO CA 306-C3
CITRUS HEIGHTS CA 235-D6
SACRAMENTO CO CA 235-D6
MANZANITA DR
SAN JOSE CA 253-C4
MANZANITA ST
LOS ANGELES CA 352-D9
MAPES RD
LASSEN CO CA 165-A1
MAPLE AV
HESPERIA CA 278-A3
VALLEJO CA 247-B2
S MAPLE AV
FRESNO CO CA 264-C6
MAPLE DR
SISKIYOU CO CA 218-A3
MAPLE LN
SAN BERNARDINO CO CA 279-D7
MAPLE ST
AUBURN CA 316-D6
FORT BRAGG CA 307-C4
SALINAS CA 336-C8
S MAPLE ST
CORONA CA 283-D7
MAPLE CREEK RD
HUMBOLDT CO CA 156-C3
MAPLEVIEW ST
SAN DIEGO CO CA 294-C6
E MARCH LN
STOCKTON CA 339-E1
W MARCH LN
STOCKTON CA 339-D1
MARCONI AV
SACRAMENTO CO CA 235-C6
MARCUM RD
SUTTER CO CA 235-A1
MARE ISLAND CSWY
VALLEJO CA 247-A2
MARE ISLAND WY
VALLEJO CA 247-A2
N MARENGO AV
LOS ANGELES CO CA 359-D1
MARENGO RD
GALT CA 238-D6
SACRAMENTO CO CA 238-D6
MARENGO RD Rt#-4
SAN JOAQUIN CO CA 175-A2
SAN JOAQUIN CO CA 260-A5
STOCKTON CA 260-A5
STOCKTON CA 339-A10
MARENGO ST
LOS ANGELES CA 356-E4
MARGARET AV
KINGMAN AZ 196-C3
MARGARITA RD
MURRIETA CA 289-C6
TEMECULA CA 289-C7
TEMECULA CA 292-D1
MARGUERITE AV
NEWPORT BEACH CA 288-A6

CRA
INDEX

STREET INDEX

MARGUERITE AV

MARGUERITE AV
TEHAMA CO CA 221-C7
MARGUERITE PKWY
MISSION VIEJO CA 288-D6
MARGUERITE MINE RD
AUBURN CA 316-D3
PLACER CO CA 316-D3
N MARIANNA AV
LOS ANGELES CA 282-A4
MARICOPA Rt#-166
KERN CO CA 199-B1
MARICOPA AV Rt#-95
LAKE HAVASU CITY AZ 204-B2
MARICOPA HWY Rt#-33
OJAI CA 275-A1
VENTURA CO CA 199-A3
VENTURA CO CA 275-A1
MARICOPA HWY Rt#-166
KERN CO CA 199-A1
MARIGOLD AV
CHICO CA 306-C3
MARILLA ST
LOS ANGELES CA 276-D7
MARIN AV
ALBANY CA 247-A6
BERKELEY CA 247-A6
BERKELEY CA 328-A3
MARINA BLVD
SAN FRANCISCO CA 326-A2
SAN LEANDRO CA 331-G9
MARINA DR
IMPERIAL CA 209-C3
SANTA BARBARA CA 274-C7
MARINA EXWY Rt#-90
LOS ANGELES CA 281-B5
LOS ANGELES CA 357-G5
MARINA FRWY Rt#-90
CULVER CITY CA 358-B2
LOS ANGELES CA 281-B5
LOS ANGELES CA 358-B2
MARINA HILLS DR
LAGUNA NIGUEL CA 288-C7
MARINA VISTA
MARTINEZ CA 247-C4
MARINE ST
LOS ANGELES CA 357-C4
SANTA MONICA CA 357-C4
MARINE WORLD PKWY Rt#-37
SOLANO CO CA 247-B1
VALLEJO CA 247-B1
MARIPOSA AV
BUTTE CO CA 306-B3
CHICO CA 306-B3
MARIPOSA RD Rt#-J7
SAN JOAQUIN CO CA 175-B2
STOCKTON CA 260-C5
MARIPOSA RD Rt#-4
SAN JOAQUIN CO CA 260-C4
STOCKTON CA 260-C4
E MARIPOSA RD Rt#-J7
SAN JOAQUIN CO CA 175-B2
MARIPOSA ST
VALLEJO CA 247-B2
MARIPOSA WK
PACIFICA CA 249-C5
MARITIME ST
OAKLAND CA 329-D3
MARK ST
SUSANVILLE CA 304-C4
MARKET ST
BERKELEY CA 247-A7
BONANZA OR 151-A2
BUTTE CO CA 163-B3
KLAMATH CO OR 151-A2
MALIN OR 151-A3
MERCED CO CA 170-A1
OAKLAND CA 247-A7
OAKLAND CA 328-A9
OAKLAND CA 329-G3
OAKLAND CA 330-A1
RIVERSIDE CA 366-C1
RIVERSIDE CO CA 284-C4
RIVERSIDE CO CA 366-C1
SAN DIEGO CA 296-A2
SAN DIEGO CA 373-E4
SAN DIEGO CA 374-D4
SAN FRANCISCO CA 326-F4
SANTA CLARA CA 333-B5
SANTA CRUZ CA 335-E6
YUBA CITY CA 309-F2
MARKET ST Rt#-45
COLUSA CA 169-B1
COLUSA CO CA 169-B1
MARKET ST Rt#-273
REDDING CA 301-E4
E MARKET ST
SALINAS CA 336-C6
STOCKTON CA 260-B4
STOCKTON CA 339-F7
N MARKET ST
SAN JOSE CA 333-G7
N MARKET ST Rt#-273
REDDING CA 301-F4
S MARKET ST
SAN JOSE CA 333-G7
S MARKET ST Rt#-82
SAN JOSE CA 333-G8
SAN JOSE CA 334-A8
W MARKET ST Rt#-183
MONTEREY CA 259-A2
SALINAS CA 259-A2
SALINAS CA 336-A5
MARKHAM ST
RIVERSIDE CO CA 289-A1
N MARKS AV
FRESNO CA 264-B3
FRESNO CO CA 264-B4
S MARKS AV
FRESNO CA 264-B6
FRESNO CA 181-C3
FRESNO CO CA 264-B6
MARK WEST SPRINGS RD
SANTA ROSA CA 242-C1
SONOMA CO CA 240-C7
SONOMA CO CA 242-C1
MARK WEST STATION RD
SONOMA CO CA 242-B1
WINDSOR CA 242-B1
MARLETTE LAKE RD
WASHOE CO NV 231-D2
MARLOW RD
SANTA ROSA CA 321-A5

MARLOW RD
SONOMA CO CA 321-A5
MAR MONTE AV
SANTA CRUZ CO CA 256-B4
N MAROA AV
FRESNO CA 343-C2
FRESNO CO CA 264-B3
MARQUESAS WY
LOS ANGELES CA 357-E6
LOS ANGELES CA 357-E7
MARRON RD
CARLSBAD CA 292-A7
MARSH RD Rt#-84
MENLO PARK CA 250-B7
MARSH ST
SAN LUIS OBISPO CA 347-E5
MARSHALL RD
EL DORADO CO CA 237-A2
E MARSHALL RD
STANISLAUS CO CA 180-B1
W MARSHALL RD
STANISLAUS CO CA 180-B1
MARSHALL ST Rt#-J17
TURLOCK CA 261-C6
MARSHALL-PETALUMA RD
MARIN CO CA 242-C7
MARIN CO CA 245-B1
MARSH CREEK RD
CLAYTON CA 248-B6
CONTRA COSTA CO CA 174-C2
CONTRA COSTA CO CA 248-B6
MARTEN AV
SAN JOSE CA 254-A3
MARTEN-SPUR
DEL NORTE CO CA 216-C7
MARTIN AV
EL DORADO CO CA 314-C7
MARTIN ST
LAKE CO CA 225-D4
LAKEPORT CA 225-D4
MONTEREY CA 337-F7
MAZOURKA CANYON RD
INYO CO CA 153-D6
MAZZINI RD
SONOMA CO CA 239-C1
MCADAMS CREEK RD
SISKIYOU CO CA 157-C1
MCARTHUR RD Rt#-A19
SHASTA CO CA 158-C2
SHASTA CO CA 159-A2
MCBEAN PKWY
SANTA CLARITA CA 276-D4
MCBEAN PARK DR Rt#-193
LINCOLN CA 235-D1
MCCABE RD
IMPERIAL CA 214-B1
MCCABE RD Rt#-S30
IMPERIAL CA 214-A1
MCCAIN BLVD
CORONADO CA 373-B6
MCCAIN VALLEY RD
SAN DIEGO CO CA 213-B1
MCCALL AV
FRESNO CO CA 181-C3
SELMA CA 181-C3
N MCCALL AV
FRESNO CO CA 181-C2
S MCCALL AV
FRESNO CO CA 181-C3
SELMA CA 181-C3
MCCALL BLVD
RIVERSIDE CO CA 289-C3
MC CARRAN
RENO NV 229-D2
WASHOE CO NV 229-D2
MC CARRAN
RENO NV 230-A3
MC CARRAN BLVD
RENO NV 229-D2
RENO NV 229-D3
WASHOE CO NV 229-D3
N MCCARRAN BLVD Rt#-650
RENO NV 311-G1
RENO NV 312-C1
SPARKS NV 312-C1
WASHOE CO NV 312-C1
N MCCARRAN BLVD Rt#-651
RENO NV 230-A2
RENO NV 311-F1
WASHOE CO NV 311-A2
S MC CARRAN BLVD
RENO NV 229-D3
S MCCARRAN BLVD
RENO NV 230-A3
S MCCARRAN BLVD Rt#-650
RENO NV 230-A3
RENO NV 312-D8
SPARKS NV 312-D8
WASHOE CO NV 312-D8
S MCCARRAN BLVD Rt#-651
RENO NV 230-A3
WASHOE CO NV 230-A3
MC CARREN BLVD
RENO NV 229-D3
MCCLELLAN ST
VACAVILLE CA 244-D4
MCCLOUD AV
MOUNT SHASTA CA 298-E5
MCCLOUD RD
SISKIYOU CO CA 218-C4
MCCONNELL RD Rt#-S27
IMPERIAL CO CA 214-B1
MCCOURTNEY RD
GRASS VALLEY CA 315-A9
NEVADA CO CA 233-B3
NEVADA CO CA 315-A10
PLACER CO CA 170-A2
PLACER CO CA 233-A7
MCCOY RD
TEHAMA CO CA 163-A1
TEHAMA CO CA 221-B1
S MCCRACKEN RD
SISKIYOU CO CA 175-A3
MCCRAY ST
KERN CO CA 267-C3
MCCULLAGH RD Rt#-J18
MERCED CO CA 180-B1
MCCULLENS AV
EUREKA CA 300-B6
MCCULLOCH BLVD
LAKE HAVASU CITY AZ 204-B2
MOHAVE CO AZ 204-B2
MCDERMOTT RD
COLUSA CO CA 169-A1
MC DONALD LN
SISKIYOU CO CA 217-D7

S MATHILDA AV
SUNNYVALE CA 253-B2
MATNEY RD
KLAMATH CO OR 150-C2
MATTHEWS RD
LAKE CO CA 225-D5
MATTHEWS RD Rt#-74
PERRIS CA 289-C2
RIVERSIDE CO CA 289-C2
MATTOLE RD
HUMBOLDT CO CA 161-A1
MATTOX RD
ALAMEDA CO CA 250-C3
MAUNA LOA ST
HUNTINGTON BEACH CA 287-B5
MAXSON RD
HESPERIA CA 278-A3
MAXWELL RD
FRESNO CO CA 182-A2
MAXWELL ST
COLUSA CO CA 169-B1
MAXWELL SITES RD
COLUSA CO CA 169-A1
S MAYBECK RD
SAN JOAQUIN CO CA 260-A5
MAYBERRY DR
RENO NV 311-A8
MAYHEW RD
SACRAMENTO CO CA 235-D7
MAY RANCH PKWY
PERRIS CA 289-C1
MAYTEN RD
SISKIYOU CO CA 217-D6
MAZE BLVD Rt#-132
MODESTO CA 261-A4
MODESTO CA 340-C7
STANISLAUS CO CA 175-A3
STANISLAUS CO CA 261-A4
STANISLAUS CO CA 340-C7
MAZOURKA CANYON RD
INYO CO CA 153-D6
MAZZINI RD
SONOMA CO CA 239-C1
MCADAMS CREEK RD
SISKIYOU CO CA 157-C1
MCARTHUR RD Rt#-A19
SHASTA CO CA 158-C2
SHASTA CO CA 159-A2
MCBEAN PKWY
SANTA CLARITA CA 276-D4
MCBEAN PARK DR Rt#-193
LINCOLN CA 235-D1
MCCABE RD
IMPERIAL CA 214-B1
MCCABE RD Rt#-S30
IMPERIAL CA 214-A1
MCCAIN BLVD
CORONADO CA 373-B6
MCCAIN VALLEY RD
SAN DIEGO CO CA 213-B1
MCCALL AV
FRESNO CO CA 181-C3
SELMA CA 181-C3
N MCCALL AV
FRESNO CO CA 181-C2
S MCCALL AV
FRESNO CO CA 181-C3
SELMA CA 181-C3

MCDONALD RD
IMPERIAL CO CA 210-B3
W MCDONALD RD
SAN JOAQUIN CO CA 260-A4
N MCDONNELL RD
SAN MATEO CO CA 327-D3
N MCDOWELL BLVD
PETALUMA CA 242-D6
MCELMO DR
MOHAVE CO AZ 196-B3
MCELROY RD
SHASTA CO CA 222-B1
MCFADDEN AV
HUNTINGTON BEACH CA 287-B5
E MCFADDEN AV
SANTA ANA CA 288-A3
W MCFADDEN AV
SANTA ANA CA 288-A3
MCFARLAND ST
SACRAMENTO CO CA 238-D6
MCGRATH RD
SUTTER CO CA 169-C2
MCHENRY AV Rt#-J6
STANISLAUS CO CA 261-B3
MCHENRY AV Rt#-108
MODESTO CA 261-B3
MODESTO CA 340-D2
STANISLAUS CO CA 261-B3
S MCHENRY AV Rt#-J6
ESCALON CA 175-B2
ESCALON CA 261-B1
SAN JOAQUIN CO CA 261-B1
MCKEAN RD Rt#-G8
SAN JOSE CA 253-D6
SAN JOSE CA 254-A6
SANTA CLARA CO CA 253-D6
SANTA CLARA CO CA 254-A6
MCKEE RD
SAN JOSE CA 334-G1
SANTA CLARA CO CA 334-G1
E MCKENZIE AV
FRESNO CA 343-G6
MCKENZIE RD
SACRAMENTO CO CA 238-D6
E MCKINLEY AV
FRESNO CA 264-D4
FRESNO CA 343-B4
FRESNO CA 343-G6
FRESNO CO CA 181-B2
FRESNO CO CA 264-D4
FRESNO CO CA 343-B4
W MCKINLEY AV
FRESNO CA 264-A4
FRESNO CA 343-B4
FRESNO CO CA 181-B2
FRESNO CO CA 264-A4
MCKINLEY BLVD
SACRAMENTO CA 320-B4
TUOLUMNE CO CA 176-A3
MCLAUGHLIN AV
SAN JOSE CA 334-C6
MCLAUGHLIN DR
SANTA CRUZ CA 335-A3
MCMILLAN CANYON RD
SAN LUIS OBISPO CO CA 190-A2
MCMULLIN GRADE
VACAVILLE CA 181-B3
MCNAIR RD
CLOVERDALE CA 239-C2
SONOMA CO CA 239-C1
MCNELL RD
VENTURA CO CA 275-B1
MCPEAK ST
UKIAH CA 308-C5
MC PHERSON RD
SONOMA CO CA 240-B3
MCPHERSON GRADE
MONO CO CA 263-D1
MCSWAIN RD Rt#-140
MERCED CO CA 181-A1
MERCED CO CA 180-C1
MERCED CO CA 181-A1
MEACHAM RD
KERN CO CA 267-A4
SONOMA CO CA 242-A5
MEADE AV
SAN DIEGO CA 372-G8
MEADOWBROOK DR
SANTA ROSA CA 296-A2
MEADOW LAKE RD
NEVADA CO CA 170-C1
SIERRA CO CA 228-B4
MEADOWS DR
VALLEJO CA 247-A1
MEADOWS PKWY
TEMECULA CA 289-D7
MEADOWS RD
JACKSON CO OR 149-C1
MEADOWVIEW RD
SACRAMENTO CA 238-B2
E MEATS AV
ORANGE CA 288-B1
MECARTNEY RD
ALAMEDA CA 250-A2
ALAMEDA CA 331-A4
MEDCO RD
JACKSON CO OR 149-C2
MEDFORD OR 149-C2
MEDCO HAUL RD
LASSEN CO CA 164-A3
MEDER RD
EL DORADO CO CA 236-D5
MEDFORD ST
LOS ANGELES CA 356-G3
MEDFORD OR 149-C2
MEDFORD CO OR 149-C2
MEDICAL CENTER DR
CHULA VISTA CA 296-A4
N MEDICAL CENTER DR
SAN BERNARDINO CA 368-A1
MEDICINE LAKE RD
SISKIYOU CO CA 158-C1
MEERIMAC AV
MOHAVE CO AZ 196-B3
MEIGS RD
SANTA BARBARA CA 348-B10
MEISS LAKE RD
SISKIYOU CO CA 150-B3
MEISS LAKE SAMS NECK RD
SISKIYOU CO CA 150-B3
MELENDY DR
OCEANSIDE CA 250-A2
MELINDA RD
MISSION VIEJO CA 288-D5
MELITA RD
SANTA ROSA CA 242-D2

MELITA RD
SONOMA CO CA 242-D2
MELROSE AV
LOS ANGELES CA 281-C5
LOS ANGELES CA 351-F10
LOS ANGELES CA 352-A10
WEST HOLLYWOOD CA 281-C5
WEST HOLLYWOOD CA 354-G5
MELROSE DR
OCEANSIDE CA 292-B6
SAN DIEGO CO CA 292-B7
VISTA CA 292-B7
N MELROSE DR
VISTA CA 292-B6
S MELROSE DR
VISTA CA 292-B7
VISTA CA 293-B1
MEMEO RD
SISKIYOU CO CA 218-D6
MEMORIAL WY
CHICO CA 305-G7
CHICO CA 306-A7
MEMORY LN
SISKIYOU CO CA 217-B5
W MEMORY LN
ORANGE CA 362-E8
SANTA ANA CA 362-F8
MENDENHALL AV
LAKE CO CA 225-D2
MENDOCINO AV
SANTA ROSA CA 321-D2
MENDOCINO LN
SAN JOSE CA 359-G1
MENDOCINO ST
SAN JOSE CA 359-E1
MENDOCINO PASS RD Rt#-162
COVELO CA 162-B3
GLENN CO CA 162-B3
GLENN CO CA 163-B3
MENDOCINO CO CA 162-B3
MENIFEE RD
RIVERSIDE CO CA 289-C2
MENTONE BLVD Rt#-38
SAN BERNARDINO CO CA 285-B3
MERCED AV
KERN CO CA 267-A1
MERCED CO CA 261-D7
MERCED ST
NEWMAN CA 180-B1
SAN LEANDRO CA 250-B4
MERCEDES AV Rt#-41
ATASCADERO CA 271-D1
MERCED FALLS RD
MARIPOSA CO CA 176-A3
MERCED CO CA 176-A3
TUOLUMNE CO CA 176-A3
MERCED FALLS RD Rt#-J16
MARIPOSA CO CA 176-A3
MERCEY SPRINGS RD Rt#-165
LOS BANOS CA 180-B2
MERCED CO CA 180-B2
MERCHANT ST
VACAVILLE CA 244-D4
MERCY RD
SAN DIEGO CA 293-D4
MERIDAN AV
SAN JOSE CA 333-E9
SANTA CLARA CO CA 333-E9
MERIDIAN AV
SAN JOSE CA 253-C4
SAN JOSE CA 333-E9
SANTA CLARA CO CA 253-C4
SANTA CLARA CO CA 333-E9
MERIDIAN BLVD
MAMMOTH LAKES CA 342-D4
MERIDIAN RD
BUTTE CO CA 163-B3
SAN BERNARDINO CO CA 201-C2
SAN BERNARDINO CO CA 279-C3
SUTTER CO CA 169-B2
TEHAMA CO CA 163-B3
MERIDIAN RD N
SOLANO CO CA 174-B1
VACAVILLE CA 174-B1
MERKLEY AV
WEST SACRAMENTO CA 319-A3
MERL RD Rt#-78
IMPERIAL CO CA 214-A1
WESTMORLAND CA 214-A1
MERLIN RD
JOSEPHINE CO OR 149-A1
MERLIN-GALICE RD
JOSEPHINE CO OR 149-A1
MERRILL AV
FONTANA CA 284-C3
ONTARIO CA 283-D5
RIALTO CA 284-C3
SAN BERNARDINO CO CA 284-C3
W MERRILL AV
FRESNO CO CA 182-A3
RIALTO CA 284-B3
S MERRILL RD
KLAMATH CO OR 150-C3
SISKIYOU CO CA 150-C3
MERRILL FLAT RD
LASSEN CO CA 164-A3
MERRIMAC CUTOFF RD
BUTTE CO CA 164-A3
MERRIMAN RD
CENTRAL POINT OR 149-C2
MEDFORD OR 149-C2
MERRIMAN RD Rt#-S24
IMPERIAL CO CA 215-B1
MERRITT DR Rt#-J36
TULARE CO CA 182-A3
MERRITT RD
LAKE CO CA 225-D5
LAKE CO CA 226-A6
MERRITT ST Rt#-183
MONTEREY CA 256-C7
MONTEREY CO CA 258-D1
MERVEL AV
SUSANVILLE CA 304-E4

E MILLBRAE AV

MESA COLLEGE DR
SAN DIEGO CA 372-E2
MESA GRANDE RD
SAN DIEGO CO CA 209-A3
MESA VIEW DR Rt#-1
SAN LUIS OBISPO CA 272-A2
MESQUITE AV
PALM SPRINGS CA 367-D8
E MESQUITE BLVD Rt#-144
MESQUITE NV 187-B2
W MESQUITE BLVD Rt#-144
MESQUITE NV 187-B2
MESQUITE RD
INYO CO CA 184-A2
MESQUITE ST
HESPERIA CA 278-B4
METATE LN
POWAY CA 294-A4
METCALF RD
SANTA CLARA CO CA 254-B5
METROPOLITAN DR
ORANGE CA 362-D7
METTEER RD
SUTTER CO CA 227-B3
E METTLER RD
SAN JOAQUIN CO CA 260-B2
METZ RD Rt#-G15
KING CITY CA 189-A1
MONTEREY CO CA 180-A3
MONTEREY CO CA 189-A1
METZ RD Rt#-146
MONTEREY CO CA 180-A3
SOLEDAD CA 180-A3
MEYER RD
SHASTA CO CA 220-D5
MEYERS ST
BUTTE CO CA 223-B7
MICHEL RD
SUTTER CO CA 235-A1
MICHELSON DR
IRVINE CA 288-B4
IRVINE CA 363-F5
MICHELTORENA ST
SANTA BARBARA CA 348-D5
N MICKE GROVE RD
SAN JOAQUIN CO CA 260-B2
MIDDLE CREEK RD
LAKE CO CA 225-D2
MIDDLE CREEK RANCH RD
SISKIYOU CO CA 149-B3
MIDDLEFIELD RD
ATHERTON CA 252-D1
ATHERTON CA 332-D4
MENLO PARK CA 332-D4
PALO ALTO CA 253-A1
PALO ALTO CA 332-D4
REDWOOD CITY CA 250-B7
SAN MATEO CO CA 250-B7
SAN MATEO CO CA 252-D1
E MIDDLEFIELD RD
MOUNTAIN VIEW CA 253-B2
SUNNYVALE CA 253-B2
W MIDDLEFIELD RD
MOUNTAIN VIEW CA 253-A2
SANTA CLARA CO CA 253-A2
MIDDLE HARBOR RD
OAKLAND CA 329-B5
MIDDLE HONCUT RD
SUTTER CO CA 227-C2
MIDDLETOWN RD
EL DORADO CO CA 317-C4
PLACERVILLE CA 317-C4
MIDDLE TWO ROCK RD
SONOMA CO CA 242-C6
NW MIDLAND AV
GRANTS PASS OR 149-B1
MIDLAND HWY
KLAMATH CO OR 150-C2
KLAMATH FALLS OR 150-C2
MIDLAND RD
RIVERSIDE CO CA 211-A1
MIDLAND TR Rt#-14
CALIFORNIA CITY CA 200-B1
KERN CO CA 192-B3
KERN CO CA 200-B1
MIDWAY
BUTTE CO CA 163-C3
BUTTE CO CA 169-C1
BUTTE CO CA 306-C10
CHICO CA 306-C10
MIDWAY AV
SAN BERNARDINO CO CA 279-C2
MIDWAY DR
SAN DIEGO CA 371-F9
SAN DIEGO CA 372-A10
MIDWAY HWY
SOLANO CO CA 174-B1
VACAVILLE CA 174-B1
MILES AV
INDIO CA 209-B2
INDIO CA 290-D6
LA QUINTA CA 209-B2
LA QUINTA CA 290-D6
RIVERSIDE CO CA 209-B2
W MILITARY
BENICIA CA 247-B3
MILITARY E
BENICIA CA 247-C3
MILITARY W
BENICIA CA 247-C3
MILITARY RD
SISKIYOU CO CA 158-B2
MILITARY PASS RD
SISKIYOU CO CA 158-B1
MILL ST
GRASS VALLEY CA 315-A9
HEALDSBURG CA 240-A6
RENO NV 311-D5
RENO NV 312-B7
STOREY CO NV 230-C7
TEHACHAPI CA 200-A1
UKIAH CA 308-C5
WASHOE CO NV 311-F6
MILL ST Rt#-9
SANTA CRUZ CO CA 255-C2
E MILL ST
SAN BERNARDINO CA 285-A3
SAN BERNARDINO CA 368-F5
W MILL ST
COLTON CA 368-D6
SAN BERNARDINO CA 368-D6
E MILLBRAE AV
MILLBRAE CA 327-F8

399 N MILLBROOK AV — STREET INDEX — MOUNT DIABLO BLVD

STREET / City State / Page-Grid

N MILLBROOK AV
FRESNO CA 343-G5
MILL CREEK RD
SAN BERNARDINO CO CA 279-C7
SISKIYOU CO CA 217-A4
SONOMA CO CA 239-C5
MILL CREEK RD Rt#-38
REDLANDS CA 285-C3
SAN BERNARDINO CO CA 208-C1
SAN BERNARDINO CO CA 285-C3
YUCAIPA CA 285-C3
MILLER AV
MARIN CO CA 246-B6
MILL VALLEY CA 246-B6
SAN JOSE CA 253-B4
MILLER AV Rt#-S26
IMPERIAL CO CA 214-A1
WESTMORLAND CA 214-A1
MILLER RD Rt#-S33
IMPERIAL CO CA 214-B2
MILLER ST
SANTA MARIA CA 272-C5
N MILLER ST
SANTA MARIA CA 272-C4
MILLER WY
SACRAMENTO CA 320-A7
MILLER CREEK RD
MARIN CO CA 246-B3
SAN RAFAEL CA 246-B3
MILLERTON RD
FRESNO CO CA 181-C2
MILLERTON RD Rt#-168
FRESNO CO CA 182-A2
MILLIKEN AV
RANCHO CUCAMONGA CA 284-A3
N MILLIKEN AV
ONTARIO CA 284-A3
S MILLIKEN AV
ONTARIO CA 284-A3
RIVERSIDE CO CA 284-A4
MILLS AV
CLAREMONT CA 283-C3
LOS ANGELES CO CA 282-C6
MONTCLAIR CA 283-C3
POMONA CA 283-C3
WHITTIER CA 282-C6
N MILLS AV
CLAREMONT CA 283-C2
LODI CA 260-B1
MILL STATION RD
SONOMA CO CA 242-A3
MILLVILLE WY
SHASTA CO CA 220-D7
MILLWOOD DR
TULARE CO CA 266-D1
MILLWOOD DR Rt#-J27
TULARE CO CA 182-B3
TULARE CO CA 266-D1
MILLWOOD DR Rt#-245
TULARE CO CA 182-B3
MILLWOOD RD
FRESNO CO CA 182-B3
MILLWOOD ST
MILL VALLEY CA 246-B6
MILNES RD
STANISLAUS CO CA 261-C3
MILPAS DR
SAN BERNARDINO CO CA 279-A3
MILPAS ST
SANTA BARBARA CA 348-F6
N MILPITAS BLVD
MILPITAS CA 253-C1
MILPITAS WASH RD
IMPERIAL CO CA 210-C3
MIL POTRERO HWY
KERN CO CA 199-B2
MILSAP BAR RD
BUTTE CO CA 164-A3
MILTON RD Rt#-J14
CALAVERAS CO CA 175-C2
STANISLAUS CO CA 175-C2
MIMOSA DR
LOS ANGELES CA 281-D3
MINA RD
COVELO CA 162-A2
MENDOCINO CO CA 162-A2
MINARET RD
MAMMOTH LAKES CA 342-D3
MINARET RD Rt#-203
MAMMOTH LAKES CA 263-C6
MAMMOTH LAKES CA 342-C2
MINARET SUMMIT RD
MADERA CO CA 263-B7
MINDANAO WY
LOS ANGELES CA 357-G5
LOS ANGELES CO CA 357-G6
E MINER AV
STOCKTON CA 339-G6
MINERAL PARK RD
MOHAVE CO AZ 196-B3
MINERS RANCH RD
OROVILLE CA 223-C7
MINES RD
ALAMEDA CO CA 174-C3
ALAMEDA CO CA 251-D4
ALAMEDA CO CA 254-D1
SANTA CLARA CO CA 180-A1
SANTA CLARA CO CA 254-D1
MING AV
BAKERSFIELD CA 267-B5
BAKERSFIELD CA 344-A10
KERN CO CA 344-F10
MINISTER LN
LYON CO NV 172-B3
MINNEOLA RD
SAN BERNARDINO CO CA 201-C2
MINNESOTA AV
SAN JOSE CA 253-C4
N MINNEWAWA AV
CLOVIS CA 264-C2
S MINNEWAWA AV
CLOVIS CA 264-C3
MINT RD
MERCED CO CA 180-C2
MINTURN RD
MERCED CO CA 181-A1
N MIRAGE AV
LINDSAY CA 191-B1
S MIRAGE AV Rt#-J29
LINDSAY CA 191-B1
MIRALESTE DR
RANCHO PALOS VERDES CA 286-C3

E MIRALOMA AV
ANAHEIM CA 288-A1
MIRALOMA RD
WASHOE CO NV 230-B4
MIRAMAR RD
SAN DIEGO CA 293-C6
SAN DIEGO CO CA 293-C6
MIRAMAR WY
SAN DIEGO CA 293-D6
MIRA MESA BLVD
SAN DIEGO CA 293-C5
MIRAMONTE AV
LOS ALTOS CA 253-A3
MIRAMONTE DR
SANTA BARBARA CA 348-B8
MIRROR VALLEY LN
SHASTA CO CA 220-D4
MISSION AV
MERCED CA 181-A1
MERCED CO CA 181-A1
OCEANSIDE CA 292-A6
SAN DIEGO CA 372-G8
SAN RAFAEL CA 324-D6
MISSION AV Rt#-76
OCEANSIDE CA 292-B6
SAN DIEGO CO CA 292-B6
E MISSION AV
ESCONDIDO CA 293-D1
ESCONDIDO CA 294-A1
W MISSION AV Rt#-S14
ESCONDIDO CA 293-D1
MISSION BLVD
FREMONT CA 251-A7
LOS ANGELES CA 277-A7
MONTCLAIR CA 283-C4
ONTARIO CA 284-B4
POMONA CA 283-C4
RIVERSIDE CO CA 284-B4
RIVERSIDE CO CA 366-A2
SAN BERNARDINO CO CA 283-C4
SAN DIEGO CA 293-B7
SAN DIEGO CA 371-A2
SAN FERNANDO CA 277-B6
MISSION BLVD Rt#-185
ALAMEDA CO CA 250-C3
HAYWARD CA 250-C3
MISSION BLVD Rt#-238
FREMONT CA 250-D4
FREMONT CA 251-A5
HAYWARD CA 250-D4
UNION CITY CA 250-D4
MISSION BLVD Rt#-262
FREMONT CA 251-A7
E MISSION BLVD
ONTARIO CA 283-D4
ONTARIO CA 284-A4
POMONA CA 283-C4
W MISSION BLVD
ONTARIO CA 283-B4
POMONA CA 283-B4
MISSION DR
ROSEMEAD CA 282-B3
MISSION DR Rt#-246
SANTA BARBARA CO CA 273-B3
SOLVANG CA 273-B3
E MISSION DR
ROSEMEAD CA 282-B3
MISSION RD
ALHAMBRA CA 282-B3
CHURCHILL CO NV 172-C1
ROSEMEAD CA 282-B3
SAN GABRIEL CA 282-B3
MISSION RD Rt#-76
SAN DIEGO CO CA 292-B5
E MISSION RD
ALHAMBRA CA 282-B3
E MISSION RD Rt#-S13
SAN DIEGO CO CA 292-B3
E MISSION RD Rt#-S14
SAN MARCOS CA 292-C7
SAN MARCOS CA 293-D1
N MISSION RD
LOS ANGELES CA 356-G1
SAN DIEGO CO CA 292-B3
S MISSION RD
SAN DIEGO CO CA 292-B4
S MISSION RD Rt#-S13
SAN DIEGO CO CA 292-B3
W MISSION RD
ALHAMBRA CA 282-A3
LOS ANGELES CA 282-A3
SAN DIEGO CO CA 292-B3
W MISSION RD Rt#-S14
ESCONDIDO CA 293-D1
SAN MARCOS CA 292-C7
SAN MARCOS CA 293-D1
MISSION ST
DALY CITY CA 249-C3
SAN FRANCISCO CA 249-C3
SAN FRANCISCO CA 326-F5
SAN LUIS OBISPO CO CA 189-C2
SANTA BARBARA CA 348-B6
SANTA CRUZ CA 255-C4
SANTA CRUZ CA 335-A9
SOUTH PASADENA CA 282-A3
MISSION ST Rt#-1
SANTA CRUZ CA 335-B8
MISSION ST Rt#-82
DALY CITY CA 249-C3
MISSION TR
LAKE ELSINORE CA 289-A4
RIVERSIDE CO CA 289-A4
MISSION BAY DR
SAN DIEGO CA 371-E1
W MISSION BAY DR
SAN DIEGO CA 371-B6
MISSION CENTER RD
SAN DIEGO CA 372-F4
MISSION GORGE RD
SAN DIEGO CA 293-D7
SAN DIEGO CA 294-A7
SAN DIEGO CA 295-D1
SANTEE CA 294-A7
MISSION INN AV
RIVERSIDE CA 366-C3
MISSION LAKES BLVD
DESERT HOT SPRINGS CA 290-A1
RIVERSIDE CO CA 290-A1
MISSION OAKS BLVD
CAMARILLO CA 275-D6
MISSION RIDGE RD Rt#-192
SANTA BARBARA CA 348-E3

MISSION VALLEY FRWY I-8
SAN DIEGO CA 295-D1
SAN DIEGO CA 371-G8
SAN DIEGO CA 372-F7
MISSION VILLAGE DR
SAN DIEGO CA 293-D7
MISSOURI FLAT RD
EL DORADO CO CA 237-A4
EL DORADO CO CA 317-B8
MITCHELL AV
BUTTE CO CA 223-B7
MITCHELL RD
CERES CA 261-B4
HUMBOLDT CO CA 219-C4
MODESTO CA 261-B4
RIVERSIDE CO CA 209-A2
SONOMA CO CA 240-B3
STANISLAUS CO CA 261-B4
S MITCHELL RD
STANISLAUS CO CA 261-B7
MITSCHER WY
SAN DIEGO CA 293-D5
E MOANA LN
RENO NV 311-G10
RENO NV 312-A10
W MOANA LN
RENO NV 311-E10
MOANA WK
LOS ANGELES CA 281-B2
MOAPA VALLEY BLVD Rt#-169
CLARK CO NV 187-A3
N MOAPA VALLEY BLVD Rt#-169
CLARK CO NV 187-A2
S MOAPA VALLEY BLVD Rt#-169
CLARK CO NV 187-A3
MOCKINGBIRD CANYON RD
RIVERSIDE CO CA 208-A2
RIVERSIDE CO CA 284-C7
MODOC RD
SANTA BARBARA CA 274-C7
SANTA BARBARA CA 348-A6
SANTA BARBARA CO CA 274-C7
MODOC POINT RD
KLAMATH CO OR 150-C1
MOESER LN
EL CERRITO CA 247-A6
MOFFAT RANCH RD
INYO CO CA 183-B3
MOFFETT RD
STANISLAUS CO CA 261-B6
MOHAVE RD Rt#-1
LA PAZ CO AZ 204-B3
LA PAZ CO AZ 211-B1
MOHAVE VALLEY DR
MOHAVE CO AZ 270-B6
MOHAVE VALLEY HWY Rt#-95
MOHAVE CO AZ 204-A1
MOHAVE CO AZ 270-C6
MOHAVE VALLEY HWY U.S.-66 Hist
MOHAVE CO AZ 204-A2
MOJAVE DR
VICTORVILLE CA 278-A1
MOJAVE FRWY I-15
APPLE VALLEY CA 201-B2
BARSTOW CA 201-B2
BARSTOW CA 369-G4
HESPERIA CA 278-A3
SAN BERNARDINO CO CA 194-C3
SAN BERNARDINO CO CA 195-A3
SAN BERNARDINO CO CA 201-B2
SAN BERNARDINO CO CA 202-A1
SAN BERNARDINO CO CA 278-A3
SAN BERNARDINO CO CA 369-G5
VICTORVILLE CA 201-B2
VICTORVILLE CA 278-A3
MOJAVE FRWY U.S.-66 Hist
HESPERIA CA 278-A3
SAN BERNARDINO CO CA 201-A3
SAN BERNARDINO CO CA 278-A3
VICTORVILLE CA 278-A3
MOJAVE RD Rt#-1
LA PAZ CO AZ 211-B2
MOJAVE-BARSTOW HWY Rt#-58
KERN CO CA 200-B1
MOJAVETROPICO RD
KERN CO CA 200-B1
N MOLLISON AV
EL CAJON CA 294-B7
MONITOR RD
EL DORADO CO CA 237-B6
MONO WY
SONORA CA 341-E6
TUOLUMNE CO CA 341-F6
MONROE AV
RED BLUFF CA 303-B3
TEHAMA CO CA 303-B3
MONROE ST
INDIO CA 209-B2
LA QUINTA CA 209-B2
RIVERSIDE CO CA 209-B2
SANTA CLARA CA 253-B3
MONTAGUE EXWY
MILPITAS CA 253-D2
SAN JOSE CA 253-D2
MONTAGUE EXWY Rt#-G4
MILPITAS CA 253-C2
SAN JOSE CA 253-C2
SANTA CLARA CA 253-C2
SANTA CLARA CO CA 253-C2
MONTAGUE AGER RD
SISKIYOU CO CA 217-C3
MONTAGUE AGER ST
MONTAGUE CA 217-C3
SISKIYOU CO CA 217-C3
MONTAGUE GRENADA RD
MONTAGUE CA 217-C4
SISKIYOU CO CA 217-C4
MONTANA AV
LOS ANGELES CA 353-C7
SANTA MONICA CA 353-B8
W MONTANA ST
PASADENA CA 359-B2
MONTARA RD
BARSTOW CA 369-F8
MONTEBELLO BLVD
MONTEBELLO CA 282-B4
ROSEMEAD CA 282-B4

N MONTEBELLO BLVD
MONTEBELLO CA 282-B4
S MONTEBELLO BLVD
MONTEBELLO CA 282-B5
MONTEBELLO WY
MONTEBELLO CA 282-B5
MONTECITO AV
SANTA ROSA CA 321-F5
SONOMA CO CA 321-G4
MONTECITO BLVD
SANTA ROSA CA 242-D2
MONTECITO RD
SAN DIEGO CO CA 294-C2
SAN LUIS OBISPO CO CA 271-A2
MONTECITO ST
SANTA BARBARA CA 348-G6
MONTECITO ST Rt#-225
SANTA BARBARA CA 348-D8
MONTE DIABLO AV
STOCKTON CA 339-B6
MONTEREY AV
CAPITOLA CA 256-A3
PALM DESERT CA 290-C4
RANCHO MIRAGE CA 290-C4
RIVERSIDE CO CA 290-C4
MONTEREY HWY Rt#-82
SAN JOSE CA 253-D4
SAN JOSE CA 254-A5
SAN JOSE CA 334-B10
SANTA CLARA CO CA 253-D4
MONTEREY RD
ATASCADERO CA 271-C1
LOS ANGELES CA 282-A3
MORGAN HILL CA 254-B6
SAN JOSE CA 254-B6
SAN MARINO CA 282-B3
SAN MARINO CA 359-F10
SANTA CLARA CO CA 254-B6
SOUTH PASADENA CA 282-A3
MONTEREY RD U.S.-101
GILROY CA 257-A2
MORGAN HILL CA 254-B7
MORGAN HILL CA 257-A2
SANTA CLARA CO CA 257-A2
MONTEREY ST
BAKERSFIELD CA 344-F4
SALINAS CA 336-C6
SAN LUIS OBISPO CA 347-D5
MONTEREY ST Rt#-183
SALINAS CA 336-C6
MONTEREY ST U.S.-101
GILROY CA 257-A2
MONTEREY SALINAS HWY Rt#-68
MONTEREY CA 258-D4
MONTEREY CO CA 258-D4
MONTEREY CO CA 259-A4
MONTEREY CO CA 336-B9
SALINAS CA 336-B9
MONTE VERDE AV
CARMEL BY THE SEA CA 338-C4
MONTEVIDEO DR
SAN RAMON CA 251-A2
MONTE VISTA AV
BUTTE CO CA 223-B7
CHINO CA 283-C4
CLAREMONT CA 283-C4
MONTCLAIR CA 283-C4
SAN BERNARDINO CO CA 283-C4
UPLAND CA 283-C4
E MONTE VISTA AV
STANISLAUS CO CA 261-D6
TURLOCK CA 261-D6
VACAVILLE CA 244-D4
W MONTE VISTA AV
STANISLAUS CO CA 261-A6
TURLOCK CA 261-C6
VACAVILLE CA 244-D4
MONTE VISTA DR
SAN DIEGO CO CA 292-C6
VISTA CA 292-C6
MONTE VISTA WK
LOS ANGELES CA 282-A3
MONTEZUMA RD
SAN DIEGO CA 295-D1
SAN DIEGO CA 296-A1
MONTEZUMA HILLS RD
SOLANO CO CA 248-C2
MONTEZUMA VALLEY RD Rt#-S22
SAN DIEGO CO CA 209-A3
MONTGOMERY AV
GLENN CO CA 163-B3
RIVERSIDE CO CA 289-D1
VENTURA CA 275-B5
MONTGOMERY DR
SANTA ROSA CA 242-D2
SANTA ROSA CA 321-G6
SONOMA CO CA 242-D2
MONTGOMERY RD
RED BLUFF CA 303-D8
MONTGOMERY ST
SAN FRANCISCO CA 326-E4
SAN JOSE CA 333-F9
MONTGOMERY ST Rt#-B2
BUTTE CO CA 223-B7
MONTGOMERY ST Rt#-J16
MERCED CO CA 176-A3
MONTGOMERY ST Rt#-82
SAN JOSE CA 333-F8
S MONTGOMERY ST Rt#-82
SAN JOSE CA 333-F8
MONTICELLO RD Rt#-121
NAPA CO CA 244-A4
NAPA CO CA 323-F3
MONTPELIER RD
STANISLAUS CO CA 175-C3
MONTREAL RD
SOUTH LAKE TAHOE CA 314-F2
MONUMENT BLVD
CONCORD CA 247-D5
PLEASANT HILL CA 247-D5
MONUMENT DR
JOSEPHINE CO OR 149-A1
MONUMENT RD
SAN DIEGO CA 296-A5
MOODY ST
CYPRESS CA 287-C1
LA PALMA CA 287-C1
MOONEY BLVD
TULARE CA 266-B5
TULARE CO CA 266-B5
VISALIA CA 266-B2

MOONEY BLVD Rt#-63
TULARE CA 266-B4
TULARE CO CA 266-B4
VISALIA CA 266-B4
MOONEY RD Rt#-A21
LASSEN CO CA 164-B1
PLUMAS CO CA 164-B1
MOONEY FLAT RD
NEVADA CO CA 233-A1
MOONRIDGE RD
BIG BEAR LAKE CA 279-C7
MOONSHINE RD
YUBA CO CA 170-B1
MOORE RD
LINCOLN CA 235-D1
PLACER CO CA 235-D1
MOORE ST
MENDOCINO CO CA 168-B1
MOORPARK AV
SAN JOSE CA 333-A10
SANTA CLARA CO CA 333-B10
MOORPARK AV Rt#-23
MOORPARK CA 199-C3
N MOORPARK AV Rt#-23
MOORPARK CA 199-C3
MOORPARK RD
THOUSAND OAKS CA 199-C3
VENTURA CO CA 199-C3
N MOORPARK RD
THOUSAND OAKS CA 199-C3
THOUSAND OAKS CA 206-C1
VENTURA CO CA 199-C3
MOORPARK ST
LOS ANGELES CA 281-B2
LOS ANGELES CA 351-A1
MOORPARK WY
LOS ANGELES CA 351-B1
MORA AV
SANTA BARBARA CO CA 273-C3
MORAGA AV
OAKLAND CA 330-D1
PIEDMONT CA 330-D1
SAN DIEGO CA 293-C7
SAN DIEGO CA 371-F1
MORAGA RD
LAFAYETTE CA 247-C7
MORAGA CA 247-C7
MORAGA WY
MORAGA CA 247-C7
ORINDA CA 247-C7
MOREHEAD RD
DEL NORTE CO CA 216-B3
MORELLO AV
MARTINEZ CA 247-C4
PLEASANT HILL CA 247-C5
MORENA BLVD
SAN DIEGO CA 293-C7
SAN DIEGO CA 370-G10
SAN DIEGO CA 371-F2
SAN DIEGO CA 372-A7
W MORENA BLVD
SAN DIEGO CA 371-G7
SAN DIEGO CA 372-A7
MORENO AV
SAN DIEGO CO CA 294-C5
MORENO BEACH DR
MORENO VALLEY CA 285-B5
MORENO VALLEY FRWY I-215
MORENO VALLEY CA 284-D6
RIVERSIDE CA 284-D5
RIVERSIDE CA 366-E2
RIVERSIDE CO CA 284-D5
MORENO VALLEY FRWY Rt#-60
BEAUMONT CA 285-A6
MORENO VALLEY CA 284-D6
MORENO VALLEY CA 285-A6
RIVERSIDE CA 284-D6
RIVERSIDE CA 285-A6
RIVERSIDE CA 366-E2
RIVERSIDE CO CA 285-A6
MORGAN RD
HUMBOLDT CO CA 219-A7
STANISLAUS CO CA 261-B5
S MORGAN RD
STANISLAUS CO CA 261-B7
MORGAN ST
SANTA ROSA CA 321-D6
MORGAN CANYON RD Rt#-168
FRESNO CO CA 182-A2
MORGAN VALLEY RD
LAKE CO CA 169-A2
LAKE CO CA 226-D7
LAKE CO CA 241-B1
MORLEY FIELD DR
SAN DIEGO CA 372-G10
MORMON EMIGRANT TR
AMADOR CO CA 171-A3
EL DORADO CO CA 170-C3
EL DORADO CO CA 171-A3
MORNING DR Rt#-184
KERN CO CA 267-D4
MORNING STAR MINE RD
SAN BERNARDINO CO CA 195-A3
MORNING VIEW DR
MALIBU CA 280-A5
MORONI RD
SUTTER CO CA 169-B2
MORRILL AV
SAN JOSE CA 253-D2
MORRISON CANYON RD
FREMONT CA 251-A6
MORRISSEY BLVD
SANTA CRUZ CA 335-F5
MORRO RD Rt#-41
ATASCADERO CA 271-B2
SAN LUIS OBISPO CO CA 271-B2
MORRO BAY BLVD
MORRO BAY CA 271-A3
MORRO HILLS RD
SAN DIEGO CO CA 292-B4
MORTON AV
LOS ANGELES CA 352-G10
LOS ANGELES CA 355-G1
MOSAIC CANYON RD
INYO CO CA 184-B3
MOSELEY RD
DEL NORTE CO CA 216-B3
MOSQUITO RD
EL DORADO CO CA 237-D2
EL DORADO CO CA 317-G4
PLACERVILLE CA 317-G4

MOSS AV
BUTTE CO CA 306-B5
CHICO CA 306-B5
MOSS DR
SHASTA CO CA 220-C4
MOSS LN
SAN LUIS OBISPO CO CA 189-C3
MOTHER LODE DR
EL DORADO CO CA 237-A5
EL DORADO CO CA 317-B7
MOTOR AV
LOS ANGELES CA 354-D9
MOTTSVILLE LN Rt#-207
DOUGLAS CO NV 232-A7
MOULTON PKWY
ALISO VIEJO CA 288-C6
LAGUNA HILLS CA 288-C6
LAGUNA NIGUEL CA 288-C6
LAGUNA WOODS CA 288-C6
MOUNT ACADIA BLVD
SAN DIEGO CA 372-B2
MOUNTAIN AV
CHINO CA 283-D5
HEMET CA 208-C2
LOS ANGELES CO CA 283-D5
ONTARIO CA 283-D5
PIEDMONT CA 330-E2
RIVERSIDE CO CA 208-C2
SAN BERNARDINO CO CA 283-D5
SAN JACINTO CA 208-C2
SANTA BARBARA CA 348-A7
N MOUNTAIN AV
ONTARIO CA 283-C3
SAN BERNARDINO CO CA 283-C2
UPLAND CA 283-C2
N MOUNTAIN AV Rt#-30
UPLAND CA 283-C2
S MOUNTAIN AV
CHINO CA 283-C4
MONROVIA CA 282-C2
ONTARIO CA 283-C4
UPLAND CA 283-C4
E MOUNTAIN DR
SANTA BARBARA CO CA 274-D6
W MOUNTAIN DR
SANTA BARBARA CA 348-G2
SANTA BARBARA CO CA 274-D6
SANTA BARBARA CO CA 348-C4
W MOUNTAIN DR Rt#-192
SANTA BARBARA CA 348-D3
E MOUNTAIN ST
PASADENA CA 359-C4
W MOUNTAIN ST
PASADENA CA 359-B4
MOUNTAIN HOME RANCH RD
SONOMA CO CA 240-D7
MOUNTAIN HOUSE RD
MENDOCINO CO CA 225-B7
MENDOCINO CO CA 239-C1
SIERRA CO CA 170-B1
MOUNTAIN MEADOW RD
SAN DIEGO CO CA 292-D6
MOUNTAIN RANCH RD
CALAVERAS CO CA 175-C1
CALAVERAS CO CA 176-A1
SAN ANDREAS CA 175-C1
MOUNTAIN SPRINGS RD Bus-66
SAN BERNARDINO CO CA 203-C1
MOUNTAIN SPGS RD U.S.-66 Hist
SAN BERNARDINO CO CA 203-C2
MOUNTAIN VIEW AV
LOMA LINDA CA 285-A4
SONOMA CO CA 242-C3
SOUTH GATE CA 282-A6
E MOUNTAIN VIEW AV
FRESNO CO CA 181-C3
E MOUNTAIN VIEW AV Rt#-J40
FRESNO CO CA 181-C3
FRESNO CO CA 182-A3
TULARE CO CA 182-A3
W MOUNTAIN VIEW AV
FRESNO CO CA 181-B3
MOUNTAIN VIEW RD
DESERT HOT SPRINGS CA 290-B2
HUMBOLDT CO CA 156-C3
MENDOCINO CO CA 167-C2
MENDOCINO CO CA 168-A2
RIVERSIDE CO CA 290-B2
SAN DIEGO CO CA 294-C7
SANTA BARBARA CA 348-B8
MOUNTAIN VIEW RD Rt#-1
MOHAVE CO AZ 204-A1
MOHAVE CO AZ 270-C7
N MOUNTAIN VIEW RD
STANISLAUS CO CA 261-C5
E MOUNTAIN VIEW ST
BARSTOW CA 369-C6
W MOUNTAIN VIEW ST
BARSTOW CA 369-B6
MOUNTAIN VW-ALVISO RD Rt#-237
MOUNTAIN VIEW CA 253-B2
MOUNTAIN VISTA DR
ENCINITAS CA 293-B2
MOUNTAIN VISTA ST
HENDERSON NV 268-D5
PARADISE NV 268-D5
MOUNT ANGELUS WK
LOS ANGELES CA 282-A3
MOUNT ASHLAND SKI RD
JACKSON CO OR 149-C2
JACKSON CO OR 150-A2
MOUNT AUKUM RD Rt#-E16
EL DORADO CO CA 170-C3
EL DORADO CO CA 237-C6
MOUNT BALDY RD
CLAREMONT CA 283-C1
LOS ANGELES CO CA 200-C3
LOS ANGELES CO CA 201-A3
LOS ANGELES CO CA 283-C1
SAN BERNARDINO CO CA 201-A3
MOUNT BALDY LOOKOUT RD
SISKIYOU CO CA 149-A3
MOUNT BRADLEY LOOKOUT RD
SISKIYOU CO CA 218-B6
MOUNT BULLION CUTOFF RD
MARIPOSA CO CA 176-B3
MOUNT DIABLO BLVD
LAFAYETTE CA 247-C6

CRA

INDEX

MOUNT EDEN RD STREET INDEX OAK RD 400

STREET City State Page-Grid

MOUNT EDEN RD
SANTA CLARA CO CA 253-B4
MOUNT EMMA RD
LOS ANGELES CO CA 200-B3
MOUNT GLEASON AV
LOS ANGELES CA 277-C7
MOUNT HAMILTON RD Rt#-130
SANTA CLARA CO CA 254-A3
MOUNT HERMON RD
SANTA CRUZ CO CA 255-D2
SCOTTS VALLEY CA 255-D2
MOUNT HOUGH CRYSTAL LAKE RD
PLUMAS CO CA 164-C2
MOUNT IDA RD
OROVILLE CA 223-C7
MOUNT LOWE MTWY
LOS ANGELES CO CA 282-B1
MOUNT OLIVE RD
NEVADA CO CA 233-D3
MOUNT PINOS RD
VENTURA CO CA 199-B2
MOUNT PLEASANT RD
PLACER CO CA 233-A7
MOUNT REBA RD Rt#-207
ALPINE CO CA 176-B1
N MOUNT SHASTA BLVD
MOUNT SHASTA CA 298-E4
S MOUNT SHASTA BLVD
MOUNT SHASTA CA 298-F6
SISKIYOU CO CA 298-F6
W MOUNT SHASTA BLVD
MOUNT SHASTA CA 298-E5
MOUNT VERNON AV
BAKERSFIELD CA 267-D4
KERN CO CA 267-D4
N MOUNT VERNON AV
COLTON CA 368-B8
SAN BERNARDINO CA 368-B4
N MOUNT VERNON AV U.S.-66 Hist
SAN BERNARDINO CA 284-D2
SAN BERNARDINO CA 368-B1
S MOUNT VERNON AV
COLTON CA 284-D4
COLTON CA 368-B10
SAN BERNARDINO CA 368-B5
MOUNT VERNON RD
AUBURN CA 316-C4
PLACER CO CA 233-B7
PLACER CO CA 316-A3
E MOUNT WHITNEY AV
FRESNO CO CA 181-C3
W MOUNT WHITNEY AV
FRESNO CO CA 181-B3
W MOUNT WHITNEY AV Rt#-145
FRESNO CO CA 181-B3
MOUNT WILSON RD
LOS ANGELES CO CA 282-B1
MOUNT WILSON- RED BOX RD
LOS ANGELES CO CA 200-B3
MOVIE RD
INYO CO CA 183-B3
MOWRY AV
FREMONT CA 250-D7
FREMONT CA 251-A6
NEWARK CA 250-D7
MOWRY AV Rt#-84
FREMONT CA 251-A6
MOYER CRES
BUTTE CO CA 305-C5
MUIRLANDS BLVD
IRVINE CA 288-C5
LAKE FOREST CA 288-C5
MISSION VIEJO CA 288-C5
MUIRLANDS DR
SAN DIEGO CA 370-C8
MUIR MILL RD
MENDOCINO CO CA 168-A1
MUIR WOODS RD
MARIN CO CA 246-A6
MULBERRY DR
LOS ANGELES CO CA 282-C6
WHITTIER CA 282-C6
MULBERRY ST
CHICO CA 306-B8
MULEDEER DR
SISKIYOU CO CA 218-A3
MULE SPRING RD
HARNEY CO OR 152-C1
MULHOLLAND DR
LOS ANGELES CA 280-C2
LOS ANGELES CA 281-A3
LOS ANGELES CA 351-A4
MULHOLLAND HWY
CALABASAS CA 280-B3
LOS ANGELES CA 280-B3
LOS ANGELES CO CA 206-B1
LOS ANGELES CO CA 280-A3
MULHOLLAND HWY Rt#-23
LOS ANGELES CO CA 206-C1
MULLER LN Rt#-757
DOUGLAS CO NV 232-A6
W MULLER RD
SAN JOAQUIN CO CA 260-A5
MULLOY RD
SISKIYOU CO CA 217-D2
MUNRAS AV
MONTEREY CA 337-F9
MUNROE ST
SACRAMENTO CA 320-G5
SACRAMENTO CO CA 320-G5
MUNSEY RD
KERN CO CA 200-B1
MURIEL DR
BARSTOW CA 369-D6
MUROC RD
KERN CO CA 200-C1
MURPHY AV
SAN JOSE CA 333-G1
S MURPHY RD
SAN JOAQUIN CO CA 260-D7
MURPHY CREEK RD
JOSEPHINE CO OR 149-A2
MURPHYS GRADE RD
ANGELS CAMP CA 175-C2
CALAVERAS CO CA 175-C2
CALAVERAS CO CA 176-A2
MURPHYS CA 176-A2
E MURRAY AV
VISALIA CA 266-C2
W MURRAY AV
VISALIA CA 266-C2
W MURRAY AV Rt#-J32
VISALIA CA 266-B2
MURRAY DR
EL CAJON CA 294-B7
LA MESA CA 294-B7
MURRAY ST
SANTA CRUZ CA 335-F8
SANTA CRUZ CO CA 335-F8
MURRAY RIDGE RD
SAN DIEGO CA 372-G2
MURRIETA BLVD
LIVERMORE CA 251-C4
MURRIETA RD
PERRIS CA 289-C2
RIVERSIDE CO CA 289-C3
MURRIETA HOT SPRINGS RD
MURRIETA CA 289-C6
W MUSCAT AV
FRESNO CO CA 264-B5
MUSSEY GRADE RD
SAN DIEGO CO CA 294-B3
MYERS RD
COLUSA CO CA 169-B2
MYRA AV
LOS ANGELES CA 352-D9
MYRTLE AV
EUREKA CA 300-F2
HUMBOLDT CO CA 219-C3
HUMBOLDT CO CA 300-F2
IRWINDALE CA 282-C3
MONROVIA CA 282-C3
N MYRTLE AV
MONROVIA CA 282-C2
S MYRTLE AV
IRWINDALE CA 282-C2
LOS ANGELES CO CA 282-C2
MONROVIA CA 282-C2

N

N ST
MERCED CA 181-A1
MERCED CO CA 180-C2
MONTEREY CO CA 189-C2
SACRAMENTO CA 319-D4
SACRAMENTO CA 320-A5
N ST Rt#-33
FIREBAUGH CA 181-A2
FRESNO CO CA 181-A2
NEWMAN CA 180-B1
STANISLAUS CO CA 180-B1
E N ST
COLTON CA 368-A10
W N ST
COLTON CA 368-A10
NACIMIENTO LAKE DR
PASO ROBLES CA 189-C3
SAN LUIS OBISPO CO CA 189-C3
NACIMIENTO LAKE DR Rt#-G14
PASO ROBLES CA 189-B2
SAN LUIS OBISPO CO CA 189-B2
NACIMIENTO LAKE DR Rt#-G19
MONTEREY CO CA 189-B2
SAN LUIS OBISPO CO CA 189-B2
NACIONAL ST
SALINAS CA 336-A6
NADEAU RD
INYO CO CA 193-A1
NAGLEE AV
SAN JOSE CA 333-C8
S NAPA AV
FRESNO CO CA 181-A3
NAPA RD
SONOMA CA 322-E9
SONOMA CO CA 243-B6
SONOMA CO CA 322-F9
E NAPA ST
SONOMA CA 322-F7
SONOMA CO CA 243-B5
SONOMA CO CA 322-F7
W NAPA ST Rt#-12
SONOMA CA 322-C7
NAPA VALLEJO HWY Rt#-121
NAPA CA 323-F8
NAPA CA 243-D6
NAPA CA 323-F9
NAPA CO CA 243-D6
NAPA CO CA 323-F10
NAPLES ST
CHULA VISTA CA 296-A4
E NAPLES ST
CHULA VISTA CA 296-A4
NARANJA AV
OROVILLE CA 223-C7
NARANJO BLVD Rt#-216
TULARE CO CA 182-B3
TULARE CO CA 266-D1
WOODLAKE CA 182-B3
NARRAGANSETT AV
SAN DIEGO CA 371-B10
NASHUA RD
MONTEREY CO CA 258-D1
NATIONAL AV
SAN DIEGO CA 373-G6
SAN DIEGO CA 374-B6
NATIONAL BLVD
CULVER CITY CA 281-B4
LOS ANGELES CA 281-B4
LOS ANGELES CA 353-G10
NATIONAL PL
LOS ANGELES CA 281-B4
NATIONAL CITY BLVD
NATIONAL CITY CA 295-D3
NATIONAL CITY CA 374-E8
NATL TRAILS HWY U.S.-66 Hist
BARSTOW CA 201-B2
SAN BERNARDINO CO CA 201-B2
SAN BERNARDINO CO CA 202-B2
SAN BERNARDINO CO CA 203-A2
VICTORVILLE CA 201-B2
VICTORVILLE CA 278-B1
NATIVIDAD RD
MONTEREY CO CA 336-F1
SALINAS CA 336-E3
NATOMA ST
FOLSOM CA 236-B5
E NATOMA ST
FOLSOM CA 236-B5
NATOMAS RD
SUTTER CO CA 235-B3
NATURAL BRIDGES DR
SANTA CRUZ CA 335-A9
NAUTILUS ST
SAN DIEGO CA 370-B8
NAVAJO RD
APPLE VALLEY CA 278-C3
EL CAJON CA 294-A7
PERRIS CA 289-B2
SAN DIEGO CA 294-A7
NAVARRO RIDGE RD
MENDOCINO CO CA 167-C2
MENDOCINO CO CA 224-B7
NEAL RD
BUTTE CO CA 163-C3
BUTTE CO CA 223-A3
PARADISE CA 223-A3
NEAL SPRINGS RD
SAN LUIS OBISPO CO CA 189-C3
NEBRASKA AV
TULARE CO CA 182-A3
E NEBRASKA AV
FRESNO CO CA 181-C3
SELMA CA 181-C3
NEEDHAM ST
MODESTO CA 340-C6
NEEDHAM ST Rt#-108
MODESTO CA 340-D6
NEEDLE PEAK RD
SOUTH LAKE TAHOE CA 314-F5
NEEDLES FRWY I-40
BARSTOW CA 201-C2
BARSTOW CA 369-E7
NEEDLES CA 204-A1
SAN BERNARDINO CO CA 201-C2
SAN BERNARDINO CO CA 202-B2
SAN BERNARDINO CO CA 203-A2
SAN BERNARDINO CO CA 204-A1
SAN BERNARDINO CO CA 270-B7
NEEDLES FRWY U.S.-66 Hist
SAN BERNARDINO CO CA 204-A2
NEEDLES HWY
CLARK CO NV 270-B3
NEEDLES CA 204-A1
NEEDLES CA 270-B7
SAN BERNARDINO CO CA 270-B4
NEEDLES HWY U.S.-66 Hist
NEEDLES CA 204-A1
NEEDLES HWY RIV RD U.S.-66 His
NEEDLES CA 204-A1
E NEES AV
FRESNO CA 264-C2
W NEES AV
FIREBAUGH CA 181-A2
FRESNO CO CA 180-C2
FRESNO CO CA 181-A2
NEIGHBOURS BLVD
BLYTHE CA 211-A2
RIVERSIDE CO CA 211-A2
NEIGHBOURS BLVD Rt#-78
RIVERSIDE CO CA 211-A2
NEILSON WY
SANTA MONICA CA 357-B3
N NELLIS BLVD Rt#-612
CLARK CO NV 268-D3
LAS VEGAS NV 268-D3
SUNRISE MANOR NV 268-D3
S NELLIS BLVD
PARADISE NV 268-D5
WHITNEY NV 268-D5
S NELLIS BLVD Rt#-612
PARADISE NV 268-D4
SUNRISE MANOR NV 268-D4
WHITNEY NV 268-D4
NELSON AV
BUTTE CO CA 223-A6
NELSON AV Rt#-70 Bus
BUTTE CO CA 223-B6
NELSON LN
PLACER CO CA 235-D1
NELSON RD
BUTTE CO CA 169-B1
CLARK CO NV 195-C2
CLARK CO NV 196-A2
NELSON CREEK RD
SHASTA CO CA 158-C2
NELSON SHIPPEE RD
BUTTE CO CA 169-C1
BUTTE CO CA 223-A6
W NEUGEBAUER RD
SAN JOAQUIN CO CA 260-A4
NEUMARKEL RD
KERN CO CA 191-C3
NEURALIA RD
CALIFORNIA CITY CA 200-B1
KERN CO CA 192-B3
KERN CO CA 200-B1
NEVADA AV
KINGS CO CA 190-B1
NEVADA HWY U.S.-93
BOULDER CITY NV 269-B7
NEVADA ST
AUBURN CA 316-D3
GRASS VALLEY CA 315-D6
NEVADA CITY CA 315-D6
NEVADA CO CA 315-D6
PLACER CO CA 316-D3
NEVADA WY
BOULDER CITY NV 269-C7
NEW AV
ALHAMBRA CA 282-B3
SAN GABRIEL CA 282-B3
SANTA CLARA CO CA 257-B1
NEW SKWY
BUTTE CO CA 223-B1
NEW AIRPORT RD
PLACER CO CA 316-C1
NEWARK BLVD
FREMONT CA 250-D6
NEWARK CA 250-D6
NEWBERRY DR
SAN JOSE CA 253-D5
NEW BIG OAK FLAT RD
MARIPOSA CO CA 262-A3
NEWBRIDGE ST
EAST PALO ALTO CA 332-D1
NEWCASTLE RD
PLACER CO CA 236-B2
NEW CHICAGO RD
AMADOR CO CA 175-B1
NEWELL AV
WALNUT CREEK CA 247-D6
NEW FORD RD
NEWPORT BEACH CA 288-A5
NEWHALL RANCH RD
SANTA CLARITA CA 276-D4
NEW HOPE RD
GALT CA 238-C7
JOSEPHINE CO OR 149-A2
SACRAMENTO CO CA 238-C7
N NEW HOPE RD
SAN JOAQUIN CO CA 238-C7
W NEW HOPE RD
SAN JOAQUIN CO CA 238-C7
NEWHOPE ST
GARDEN GROVE CA 362-A9
N NEWHOPE ST
SANTA ANA CA 362-A10
NEW IDRIA RD
SAN BENITO CO CA 180-C3
NEWLAND ST
FOUNTAIN VALLEY CA 287-D4
HUNTINGTON BEACH CA 287-D4
NEW LOS ANGELES AV Rt#-118
MOORPARK CA 199-C3
NEWMAN RD
SONOMA CO CA 239-C3
S NEWMARK AV
FRESNO CO CA 182-A3
PARLIER CA 182-A3
NEW NAVY BASE RD
HUMBOLDT CO CA 219-B3
NEW NAVY BASE RD Rt#-255
ARCATA CA 299-A7
HUMBOLDT CO CA 219-B2
HUMBOLDT CO CA 299-A7
NEWPORT AV
GLENN CO CA 163-A3
ORANGE CO CA 288-B2
TUSTIN CA 288-B2
NEWPORT BLVD
COSTA MESA CA 363-A6
COSTA MESA CA 364-C3
NEWPORT BEACH CA 364-A6
ORANGE CO CA 288-B2
ORANGE CO CA 363-A6
NEWPORT BLVD Rt#-55
COSTA MESA CA 288-A4
COSTA MESA CA 363-A6
COSTA MESA CA 364-D1
ORANGE CO CA 363-A6
N NEWPORT BLVD
ORANGE CA 288-B2
ORANGE CO CA 288-B2
NEWPORT RD
CANYON LAKE CA 289-B4
RIVERSIDE CO CA 289-B4
NEWPORT COAST DR
IRVINE CA 288-B5
NEWPORT BEACH CA 288-B5
NEW STINE RD
BAKERSFIELD CA 267-C5
NEWTON RD
EL DORADO CO CA 237-C5
NEWTOWN RD
EL DORADO CO CA 237-C4
NEVADA CO CA 233-C1
NEWVILLE RD
GLENN CO CA 163-A3
TEHAMA CO CA 162-C3
TEHAMA CO CA 163-A3
NEW YORK DR
LOS ANGELES CO CA 359-F2
NEW YORK CANYON
MINERAL CO NV 178-B1
NEW YORK FLAT RD
BROWNSVILLE CA 170-A1
BUTTE CO CA 170-A1
YUBA CO CA 170-A1
NFD RD 23
CURRY CO OR 148-C1
NFD RD 33
CURRY CO OR 148-C1
NFD RD 46
KLAMATH CO OR 151-A1
NFD RD 48N
KLAMATH CO OR 151-B3
LAKE CO OR 151-B3
NFD RD 288
KLAMATH CO OR 151-B1
LAKE CO OR 151-B1
NFD RD 331
KLAMATH CO OR 151-B1
NFD RD 348
KLAMATH CO OR 151-B1
LAKE CO OR 151-C1
NFD RD 375
KLAMATH CO OR 151-B2
NFD RD 381
KLAMATH CO OR 151-B2
NFD RD 1376
CURRY CO OR 148-B2
NFD RD 2308
CURRY CO OR 148-C1
NFD RD 2823
LAKE CO OR 151-C1
NFD RD 3312
KLAMATH CO OR 151-B1
NFD RD 3313
CURRY CO OR 148-B1
NFD RD 3340
CURRY CO OR 148-B1
NFD RD 3680
CURRY CO OR 148-B1
NFD RD 4017
LAKE CO OR 151-C3
NFD 200 RD
MINERAL CO NV 178-A1
NIBLICK RD
PASO ROBLES CA 189-C3
NICASIO VALLEY RD
MARIN CO CA 245-D2
MARIN CO CA 246-A3
NICE LUCERNE CTO
LAKE CO CA 225-D3
NICE CA 225-D3
NICHOLS RD
NEVADA CO CA 233-A4
NICHOLS CANYON RD
LOS ANGELES CA 351-B6
N NICHOLS CANYON RD
LOS ANGELES CA 351-B5
NICHOLS MILL RD
SIERRA CO CA 228-B2
NICK YOUNG RD
EAGLE POINT OR 149-C1
JACKSON CO OR 149-C1
NICOLAS RD
TEMECULA CA 289-C7
NICOLAUS RD
LINCOLN CA 235-D1
PLACER CO CA 235-C1
NIGUEL RD
LAGUNA NIGUEL CA 288-C7
NILES BLVD
FREMONT CA 250-D5
FREMONT CA 251-A6
NILES LN
HUMBOLDT CO CA 219-A6
NILES PL
BAKERSFIELD CA 344-F4
NILES ST
BAKERSFIELD CA 267-D4
BAKERSFIELD CA 344-F3
KERN CO CA 267-D4
NILES CANYON RD Rt#-84
ALAMEDA CO CA 251-A5
FREMONT CA 251-A5
UNION CITY CA 251-A5
NIMBUS RD
SACRAMENTO CO CA 236-A6
NIMBUS RD Rt#-E3
SACRAMENTO CO CA 236-A6
NIMITZ BLVD
SAN DIEGO CA 295-C1
SAN DIEGO CA 371-D10
NIMITZ FRWY I-880
ALAMEDA CO CA 250-C3
FREMONT CA 250-C5
FREMONT CA 251-A7
FREMONT CA 253-C1
HAYWARD CA 250-C5
MILPITAS CA 253-C1
NEWARK CA 250-C5
NEWARK CA 251-A7
OAKLAND CA 329-G5
OAKLAND CA 330-B6
OAKLAND CA 331-C1
SAN JOSE CA 253-C2
SAN JOSE CA 333-F2
SAN LEANDRO CA 250-C3
SAN LEANDRO CA 331-G7
UNION CITY CA 250-C5
NIPOMO DR
CARPINTERIA CA 199-A3
NIPTON RD
SAN BERNARDINO CO CA 195-A3
NISQUALLI RD
VICTORVILLE CA 278-B2
NISSEN RD
HUMBOLDT CO CA 219-A7
NITCH RD
SONOMA CO CA 239-D1
NIVLOC RD Rt#-265
ESMERALDA CO NV 178-C2
NM 231 Rt#-J37
TULARE CO CA 191-C1
NOBEL DR
SAN DIEGO CA 293-C6
SAN DIEGO CA 370-F3
NOB HILL CT Rt#-J40
DINUBA CA 182-A3
TULARE CO CA 182-A3
NOBLE LN
SAUSALITO CA 246-C7
NOBLE RD
YUBA CO CA 227-C5
NOGALES ST
LOS ANGELES CO CA 283-A5
S NOGALES ST
CITY OF INDUSTRY CA 283-A5
LOS ANGELES CO CA 283-A5
WALNUT CA 283-A5
WEST COVINA CA 283-A5
E NOHL RANCH RD
ANAHEIM CA 288-B1
ORANGE CA 288-B1
NORD AV
KERN CO CA 267-A4
NORD HWY
BUTTE CO CA 163-B3
BUTTE CO CA 305-A1
NORDAHL RD
SAN DIEGO CO CA 292-D7
NORDHOFF ST
LOS ANGELES CA 276-D7
LOS ANGELES CA 277-A7
LOS ANGELES CA 280-D1
NORDHOFF WY
LOS ANGELES CA 276-D7
S NORFOLK ST
SAN MATEO CA 250-A6
NORIEGA ST
SAN FRANCISCO CA 325-A9
NORMAL ST
SAN DIEGO CA 372-G9
NORMAN RD
COLUSA CO CA 169-B1
N NORMANDIE AV
LOS ANGELES CA 352-B9
LOS ANGELES CA 355-B1
S NORMANDIE AV
GARDENA CA 281-C5
GARDENA CA 286-D1
LOS ANGELES CA 281-C5
LOS ANGELES CA 286-D1
LOS ANGELES CA 355-B3
LOS ANGELES CO CA 286-D1
NORRBOM RD
SONOMA CA 322-E5
SONOMA CO CA 322-F1
NORRIS RD
KERN CO CA 267-B3
NORRIS CANYON RD
ALAMEDA CO CA 250-D2
SAN RAMON CA 251-A2
E NORTH AV
FRESNO CA 264-D5
FRESNO CO CA 264-D5
NORTH DR
LAKE CO CA 226-C5
NORCO CA 284-A6
NORTH HWY
INYO CO CA 184-A2
NORTH RD
CHURCHILL CO NV 166-C3
SAN BERNARDINO CO CA 278-C7
NORTH ST
SANTA ROSA CA 321-F6
SUSANVILLE CA 304-B4
NORTH BANK CHETCO RIVER RD
CURRY CO OR 148-B2
NORTH BANK PISTOL RIVER RD
CURRY CO OR 148-B2
NORTH BANK ROGUE RIVER RD
CURRY CO OR 148-B1
NORTH BAY RD
SAN BERNARDINO CO CA 278-C7
NORTHCREST DR Rt#-D3
CRESCENT CITY CA 297-D5
DEL NORTE CO CA 297-D5
NORTH FORK DR
TULARE CO CA 265-B7
NORTHGATE BLVD
SACRAMENTO CA 235-B6
SACRAMENTO CA 319-G1
NORTHGATE DR
YUBA CITY CA 309-D1
NORTH GATE RD
CONTRA COSTA CO CA 248-A6
WALNUT CREEK CA 248-A6
NORTH POINT ST
SAN FRANCISCO CA 326-C2
NORTH SACRAMENTO FRWY Rt#-160
SACRAMENTO CA 235-C6
SACRAMENTO CA 319-G1
SACRAMENTO CA 320-D1
NORTH SHINGLE RD
EL DORADO CO CA 237-A5
NORTHSHORE DR
MONO CO CA 263-B4
NORTH SHORE DR Rt#-18
SAN BERNARDINO CO CA 279-D4
NORTH SHORE DR Rt#-38
SAN BERNARDINO CO CA 279-B7
E NORTH SHORE DR Rt#-18
SAN BERNARDINO CO CA 279-D6
W NORTH SHORE DR Rt#-38
SAN BERNARDINO CO CA 279-D6
NORTH SHORE RD
CLARK CO NV 187-A3
CLARK CO NV 196-A1
CLARK CO NV 269-D3
SISKIYOU CO CA 218-A4
NORTH SHORE RD Rt#-18
SAN BERNARDINO CO CA 279-D4
NORTHSIDE DR
MARIPOSA CO CA 262-C4
NORTH SIDE RD
SAN BERNARDINO CO CA 279-C1
NORTH-SOUTH U.S.-395
RENO NV 229-D1
RENO NV 230-A4
WASHOE CO NV 165-B3
WASHOE CO NV 229-D1
WASHOE CO NV 230-A1
NORWALK BLVD
ARTESIA CA 282-B6
ARTESIA CA 287-B1
CERRITOS CA 282-B6
CERRITOS CA 287-B1
HAWAIIAN GARDENS CA 287-B1
LAKEWOOD CA 287-B1
LOS ANGELES CO CA 282-B6
NORWALK CA 282-B6
SANTA FE SPRINGS CA 282-B6
WHITTIER CA 282-B6
N NORWALK BLVD
HAWAIIAN GARDENS CA 287-B1
LONG BEACH CA 287-B1
LOS ALAMITOS CA 287-B2
NORWOOD AV
SACRAMENTO CA 235-B6
NOTRE DAME BLVD
CHICO CA 306-E9
NOTRE DAME ST
SAN JOSE CA 333-G7
NOVATO BLVD
MARIN CO CA 245-D1
MARIN CO CA 246-A2
NOVATO CA 246-A2
S NOVATO BLVD
NOVATO CA 246-B2
NOYES RD
ARROYO GRANDE CA 272-A1
SAN LUIS OBISPO CO CA 271-D7
SAN LUIS OBISPO CO CA 272-A1
NUESTRO RD
SUTTER CO CA 227-A5
NUEVO RD
PERRIS CA 289-C1
RIVERSIDE CO CA 289-C1
E NUEVO RD
PERRIS CA 289-B1
NUGGET AV
SPARKS NV 312-B4
NUTMEG ST
MURRIETA CA 289-B6
NUT TREE RD
VACAVILLE CA 244-D5

O

O ST
FRESNO CA 343-F8
MONTEREY CO CA 189-C2
N O ST
LOMPOC CA 198-A2
S O ST
LOMPOC CA 198-A2
OAK AV
CITRUS HEIGHTS CA 236-A5
LAKE CO OR 152-A2
SACRAMENTO CO CA 236-A5
N OAK AV
OAKDALE CA 261-C1
OAK CT
MENDOCINO CO CA 308-D9
OAK LN
MILL VALLEY CA 246-B6
SAUSALITO CA 246-C7
OAK RD
CONTRA COSTA CO CA 247-D6

CRA
INDEX

401 OAK RD STREET INDEX OREGON COAST HWY

STREET City State Page-Grid

OAK RD
WALNUT CREEK CA 247-D6
OAK ST
BAKERSFIELD CA 344-A6
COLUSA CO CA 169-B1
FORT BRAGG CA 307-B4
MENDOCINO CO CA 307-B4
OAKLAND CA 330-A6
RED BLUFF CA 303-C6
ROSEVILLE CA 235-D4
SAN FRANCISCO CA 325-G7
SAN FRANCISCO CA 326-B6
OAK ST Rt#-36
RED BLUFF CA 303-D6
N OAK ST
UKIAH CA 308-D4
S OAK ST
UKIAH CA 308-D5
OAK AVENUE PKWY
FOLSOM CA 236-B5
SACRAMENTO CO CA 236-B5
OAK CREEK DR
SAN DIEGO CO CA 294-B5
OAK CREEK RD
KERN CO CA 200-B1
OAKDALE AV
TULARE CO CA 266-A4
OAKDALE RD
MERCED CO CA 175-C3
MERCED CO CA 180-C1
MERCED CO CA 181-A1
MODESTO CA 261-B2
RIVERBANK CA 261-B2
STANISLAUS CO CA 261-B2
OAKDALE RD Rt#-J17
MERCED CO CA 175-C3
OAKDALE WATERFORD HWY Rt#-J9
STANISLAUS CO CA 261-D2
W OAKEY BLVD
LAS VEGAS NV 345-B8
OAK FLAT RD
CURRY CO OR 148-C1
OAK GLEN RD
RIVERSIDE CO CA 208-C1
RIVERSIDE CO CA 285-D5
SAN BERNARDINO CO CA 208-C1
SAN BERNARDINO CO CA 285-D4
YUCAIPA CA 208-C1
YUCAIPA CA 285-C4
OAK GROVE AV
ATHERTON CA 332-A2
MENLO PARK CA 332-A2
PASADENA CA 359-E9
SAN MARINO CA 359-E9
OAK GROVE DR
LOS ANGELES CO CA 359-A1
PASADENA CA 359-A1
OAK GROVE RD
CONCORD CA 247-D5
WALNUT CREEK CA 247-D6
OAK HILL DR
ESCONDIDO CA 294-A1
OAK HILL RD
EL DORADO CO CA 237-B6
OAK KNOLL AV
PASADENA CA 359-E10
SAN MARINO CA 359-E10
S OAK KNOLL AV
PASADENA CA 359-E9
OAK KNOLL CIR
PASADENA CA 359-E9
OAK KNOLL RD
MENDOCINO CO CA 308-D9
OAKLAND AV
OAKLAND CA 330-B3
PIEDMONT CA 330-D2
SOUTH LAKE TAHOE CA 314-B4
W OAKLAND AV
FRESNO CO CA 190-B1
OAK LAWN AV
BUTTE CO CA 305-E8
CHICO CA 305-E8
OAK MEADOW RD
NEVADA CO CA 233-A3
OAK PARK BLVD
ARROYO GRANDE CA 272-A1
GROVER BEACH CA 272-A1
PISMO BEACH CA 272-A1
PLEASANT HILL CA 247-D5
SAN LUIS OBISPO CO CA 272-A1
OAK RUN RD
SHASTA CO CA 158-B3
SHASTA CO CA 220-D6
OAK RUN TO FERN RD
SHASTA CO CA 158-B3
OAK TREE RD
NEVADA CO CA 170-B1
OAKVALE AV
OROVILLE CA 223-C7
OAKVILLE CROSS RD
NAPA CO CA 243-C2
OAKVILLE GRADE
NAPA CO CA 243-C3
OAKWILD DR
SONOMA CO CA 242-B2
OAKWOOD AV
VALLEJO CA 247-B2
OASIS RD
MONTEREY CO CA 189-B1
SAN BERNARDINO CO CA 201-A3
OASIS CLUB DR
PALM DESERT CA 290-D5
OAT HILL RD
NAPA CO CA 241-B5
OAT HILL RD N
NAPA CO CA 241-A5
OATMAN RD
MOHAVE CO AZ 204-B1
OATMAN RD U.S.-66 Hist
MOHAVE CO AZ 196-C3
MOHAVE CO AZ 204-C1
OATMAN-TOPOCK HWY
MOHAVE CO AZ 204-B1
OATMAN-TOPOCK HWY U.S.-66 Hist
MOHAVE CO AZ 204-B1
OAT VALLEY RD Rt#-128
SONOMA CO CA 239-C1
OBANION RD
SUTTER CO CA 169-C2
OBERLIN RD
SISKIYOU CO CA 217-B4
OBERLIN RD
YREKA CA 217-A4
OBRIEN RD
JOSEPHINE CO OR 148-C2
JOSEPHINE CO OR 149-A2
OBRIZO ST
EL DORADO CO CA 237-A6
OBSIDIAN DOME RD
MONO CO CA 263-B4
OBYRNES FERRY RD
CALAVERAS CO CA 175-C2
OBYRNES FERRY RD Rt#-E15
CALAVERAS CO CA 175-C2
TUOLUMNE CO CA 175-C2
TUOLUMNE CO CA 176-A2
OCALA AV
SAN JOSE CA 334-G8
OCCIDENTAL RD
SANTA ROSA CA 242-B3
SANTA ROSA CA 321-A8
SONOMA CO CA 242-A3
OCCIDENTAL GRADE Rt#-341
LYON CO NV 230-C7
LYON CO NV 232-C1
STOREY CO NV 230-C7
OCEAN AV
CARMEL BY THE SEA CA 338-D3
DEL MAR CA 293-B4
MONTEREY CO CA 338-D3
SAN FRANCISCO CA 249-C2
SANTA MONICA CA 281-A5
SANTA MONICA CA 357-A1
E OCEAN AV Rt#-1
LOMPOC CA 198-A2
E OCEAN AV Rt#-246
LOMPOC CA 198-A2
SANTA BARBARA CO CA 198-A2
N OCEAN AV
SANTA MONICA CA 357-A3
W OCEAN AV
LOMPOC CA 198-A2
SANTA BARBARA CO CA 197-C2
SANTA BARBARA CO CA 198-A2
OCEAN BLVD
CORONADO CA 373-B8
LONG BEACH CA 286-D3
E OCEAN BLVD
LONG BEACH CA 287-A3
LONG BEACH CA 360-E7
W OCEAN BLVD
LONG BEACH CA 286-D3
LONG BEACH CA 287-A3
LONG BEACH CA 360-A7
OCEAN DR
VENTURA CO CA 275-B7
OCEAN ST
SANTA CRUZ CA 335-D4
OCEAN BEACH FRWY I-8
SAN DIEGO CA 371-D9
W OCEAN FRONT
NEWPORT BEACH CA 287-D5
OCEAN FRONT WK
SANTA MONICA CA 281-A5
OCEAN PARK BLVD
LOS ANGELES CA 353-G10
SANTA MONICA CA 353-F10
SANTA MONICA CA 357-C2
OCEANSIDE BLVD
OCEANSIDE CA 292-A6
OCEAN VIEW BLVD
GLENDALE CA 281-D1
LA CANADA FLINTRIDGE CA 281-D1
LOS ANGELES CO CA 281-D1
PACIFIC GROVE CA 337-C1
SAN DIEGO CA 374-A5
OCEAN VIEW DR
FORT BRAGG CA 307-A6
MENDOCINO CO CA 307-A6
OCEAN VIEW DR Rt#-D5
DEL NORTE CO CA 216-B1
OCONNOR RD
KLAMATH CO OR 150-C2
ODDIE BLVD
RENO NV 311-F3
ODDIE BLVD Rt#-663
RENO NV 311-G3
SPARKS NV 311-G3
SPARKS NV 312-A3
OFARRELL ST
SAN FRANCISCO CA 326-D5
OGILBY RD Rt#-S34
IMPERIAL CO CA 210-C3
IMPERIAL CO CA 214-C1
IMPERIAL CO CA 215-A1
OHARA AV
BRENTWOOD CA 248-D5
OAKLEY CA 248-D5
OHIO AV
LOS ANGELES CA 353-D8
OILDALE DR
KERN CO CA 267-C3
KERN CO CA 344-B1
OILFIELDS RD
KERN CO CA 267-C2
OIL PLANT RD
MONO CO CA 263-B1
E OJAI AV Rt#-150
OJAI CA 275-B1
VENTURA CO CA 275-B1
W OJAI AV Rt#-150
OJAI CA 275-A1
OJAI FRWY Rt#-33
VENTURA CA 275-A4
VENTURA CA 349-A3
VENTURA CO CA 275-A4
VENTURA CO CA 349-A3
N OJAI RD Rt#-150
SANTA PAULA CA 275-D3
VENTURA CO CA 275-D3
OJAI SANTA PAULA RD Rt#-150
VENTURA CO CA 275-B2
OLD 99 HWY
SISKIYOU CO CA 158-A1
SISKIYOU CO CA 217-B5
OLD ALTURAS HWY
KLAMATH CO OR 151-A3
MODOC CO CA 151-A3
OLD ALTURAS RD
REDDING CA 302-C5
SHASTA CO CA 220-C5
SHASTA CO CA 302-F5
OLD ARCATA RD
ARCATA CA 219-C3
ARCATA CA 299-D9
HUMBOLDT CO CA 219-C3
HUMBOLDT CO CA 299-E9
OLD AUBURN RD
CITRUS HEIGHTS CA 235-D5
CITRUS HEIGHTS CA 236-A4
PLACER CO CA 236-A4
ROSEVILLE CA 236-A4
SACRAMENTO CO CA 236-A4
OLD BAYSHORE HWY
SAN JOSE CA 333-D2
OLD BAYSIDE RD
ARCATA CA 299-D7
OLD BUCKMAN SPRINGS RD
SAN DIEGO CO CA 213-A1
OLD CAMP TWO RD
SISKIYOU CO CA 158-C2
OLD CASTLE RD
SAN DIEGO CO CA 208-C3
SAN DIEGO CO CA 292-D5
OLD CAZADERO RD
SONOMA CO CA 239-C7
OLD CONEJO RD
THOUSAND OAKS CA 206-B1
VENTURA CO CA 206-B1
OLD CORN CREEK RD
LINCOLN CO NV 186-B2
OLD CORNING RD
CORNING CA 221-C7
OLD COULTERVILLE RD
MARIPOSA CO CA 262-A4
OLD CLTRVL YOSEMITE RD Rt#-120
MARIPOSA CO CA 262-A3
TUOLUMNE CO CA 262-A3
OLD CRATER LAKE HWY
EAGLE POINT OR 149-C1
JACKSON CO OR 149-C1
OLD CREEK RD
SAN LUIS OBISPO CO CA 189-B3
SAN LUIS OBISPO CO CA 271-A2
OLD DONNER SUMMIT RD
PLACER CO CA 228-C7
OLD EDGEWOOD WEED RD
SISKIYOU CO CA 218-A1
OLDE HIGHWAY 80
SAN DIEGO CO CA 294-C6
OLD ELSINORE RD
RIVERSIDE CO CA 289-B1
OLD FORTY FOUR DR
REDDING CA 220-C7
SHASTA CO CA 220-C7
OLD FRENCH TOWN RD
EL DORADO CO CA 237-A6
OLD GROVE RD
OCEANSIDE CA 292-B6
OLD HAUN RD
PLUMAS CO CA 164-B2
OLD HIGHWAY 53
CLEARLAKE CA 226-C6
OLD HIGHWAY 58
BARSTOW CA 201-C2
BARSTOW CA 369-C3
SAN BERNARDINO CO CA 201-B1
SAN BERNARDINO CO CA 369-B3
OLD HIGHWAY 80
SAN DIEGO CO CA 213-A1
OLD HIGHWAY 80 Rt#-S1
SAN DIEGO CO CA 213-A1
OLD HIGHWAY SOUTH FORK
DEL NORTE CO CA 216-C4
OLD HWY 40
CONTRA COSTA CO CA 247-B3
OLD HWY 80
SAN DIEGO CO CA 213-B2
OLD HWY 80 Rt#-94
SAN DIEGO CO CA 213-B2
OLD HWY 395
SAN DIEGO CO CA 292-C3
OLD IRVINE BLVD
TUSTIN CA 288-B3
OLD JULIAN HWY
SAN DIEGO CO CA 294-D2
OLD LA GRANGE RD Rt#-J59
STANISLAUS CO CA 176-A3
OLD LEESVILLE GRADE
COLUSA CO CA 169-A2
OLD MAMMOTH RD
MAMMOTH LAKES CA 342-F4
OLD MIDDLEFIELD WY
MOUNTAIN VIEW CA 253-A2
PALO ALTO CA 253-A2
OLD MILKY WY
SAN DIEGO CA 294-A1
OLD NATIONAL TRAILS HWY
SAN BERNARDINO CO CA 203-B2
OLD NATIONAL TRAILS HWY Bus-66
SAN BERNARDINO CO CA 203-B2
OLD NATL TRLS HWY U.S.-66 Hist
SAN BERNARDINO CO CA 203-C2
OLD OAKLAND RD
SAN JOSE CA 253-D2
SAN JOSE CA 333-G2
OLD OAK PARK RD
SAN LUIS OBISPO CO CA 271-D7
OLD OREGON TR
REDDING CA 220-C7
REDDING CA 302-F1
SHASTA CO CA 220-C4
SHASTA CO CA 302-F1
OLD PLACERVILLE RD
SACRAMENTO CO CA 235-D7
OLD REDWOOD HWY
HEALDSBURG CA 240-B7
JOSEPHINE CO OR 149-A1
SANTA ROSA CA 321-C2
SONOMA CO CA 239-D1
SONOMA CO CA 240-B7
SONOMA CO CA 242-C1
SONOMA CO CA 321-C2
WINDSOR CA 240-B7
WINDSOR CA 242-C1
OLD REDWOOD HWY Rt#-128
SONOMA CO CA 239-D1
OLD REDWOOD HWY N
COTATI CA 242-C5
PETALUMA CA 242-C5
SONOMA CO CA 242-C5
OLD RENO RD
NEVADA CO CA 229-A5
OLD RINCON HWY Rt#-1
VENTURA CO CA 199-A3
OLD RIVER RD
BAKERSFIELD CA 267-B5
KERN CO CA 199-B1
KERN CO CA 267-B7
SAN DIEGO CO CA 292-B5
WEST SACRAMENTO CA 235-A6
YOLO CO CA 234-D5
YOLO CO CA 235-A5
OLD SACRAMENTO RD
AMADOR CO CA 175-B1
PLYMOUTH CA 175-B1
OLD SAMOA RD
HUMBOLDT CO CA 219-C2
OLD SAN JOSE RD
SANTA CRUZ CO CA 256-A1
OLD SHERWOOD RD U.S.-101
MENDOCINO CO CA 162-A3
OLD SISKIYOU HWY
JACKSON CO OR 150-A2
OLD SKAGGS SPRINGS RD
SONOMA CO CA 239-B4
OLD SONOMA RD
NAPA CA 323-D8
NAPA CO CA 323-A8
OLD SPANISH TRAIL HWY
CLARK CO NV 194-C1
INYO CO CA 194-B2
OLD STAGE RD
CAVE JUNCTION OR 149-B1
JACKSON CO OR 149-B1
JOSEPHINE CO OR 149-B1
MENDOCINO CO CA 167-C2
MENDOCINO CO CA 168-A3
MONTEREY CO CA 259-B2
SAN DIEGO CO CA 292-B3
TULARE CO CA 191-B2
OLD STAGE RD Rt#-99
JACKSON CO OR 149-B1
N OLD STAGE RD
SISKIYOU CO CA 218-A2
SISKIYOU CO CA 298-A1
S OLD STAGE RD
SISKIYOU CO CA 298-D5
OLD STATE HWY
CLEARLAKE CA 226-C6
MENDOCINO CO CA 168-A3
SISKIYOU CO CA 150-B3
SISKIYOU CO CA 158-B1
OLD STATE HIGHWAY RD
MONO CO CA 263-B1
OLD TELEGRAPH RD
FILLMORE CA 199-B3
VENTURA CO CA 199-B3
OLD TELEGRAPH RD Rt#-126
VENTURA CO CA 199-B3
OLD TIOGA RD
TUOLUMNE CO CA 262-B2
OLD TOLL RD
PERSHING CO NV 166-C2
OLD TOPANGA CANYON RD
LOS ANGELES CO CA 280-C3
OLD TOWN FRONT ST
TEMECULA CA 289-C7
TEMECULA CA 292-C1
OLD US HWY 395 Rt#-429
WASHOE CO NV 230-A7
WASHOE CO NV 232-A1
OLD WESTSIDE RD
SISKIYOU CO CA 217-B6
OLD WOMAN SPRINGS RD Rt#-247
SAN BERNARDINO CO CA 201-C3
SAN BERNARDINO CO CA 202-A3
SAN BERNARDINO CO CA 279-C3
YUCCA VALLEY CA 202-A3
YUCCA VALLEY CA 209-A1
OLEANDER AV
CHICO CA 305-F6
CHULA VISTA CA 296-A4
OLE HANSEN RD
HUMBOLDT CO CA 219-C3
OLIVAS PARK DR
VENTURA CA 275-A5
VENTURA CA 349-F10
VENTURA CO CA 275-A5
VENTURA CO CA 349-G10
OLIVE AV
CORONADO CA 373-C8
MADERA CA 181-B2
NOVATO CA 246-B2
OCEANSIDE CA 292-B6
RIVERSIDE CO CA 289-D3
TULARE CO CA 191-A2
VISTA CA 292-B6
OLIVE AV Rt#-J26
TULARE CO CA 191-B1
E OLIVE AV
BURBANK CA 281-C1
FRESNO CA 343-C5
MERCED CO CA 181-A1
E OLIVE AV Rt#-J7
MERCED CA 181-A1
MERCED CO CA 181-A1
W OLIVE AV
BURBANK CA 281-C1
BURBANK CA 350-E10
BURBANK CA 351-E1
FRESNO CA 264-B4
FRESNO CA 343-B5
FRESNO CO CA 264-B4
LOMPOC CA 198-A2
W OLIVE AV Rt#-J26
PORTERVILLE CA 191-B1
TULARE CO CA 191-B1
W OLIVE AV Rt#-J7
MERCED CA 181-A1
OLIVE DR
KERN CO CA 267-B3
E OLIVE DR
DAVIS CA 318-E6
OLIVE HWY Rt#-162
BUTTE CO CA 223-C7
OROVILLE CA 223-C7
OLIVE RD
TEHAMA CO CA 221-C7
OLIVE ST
SAN DIEGO CO CA 294-C6
SANTA ROSA CA 321-D8
TULARE CO CA 266-C6
S OLIVE ST
LOS ANGELES CA 355-G6
LOS ANGELES CA 356-A5
W OLIVE ST
COLTON CA 368-A8
OLIVE HILL RD
SAN DIEGO CO CA 292-B4
OLIVE HILL WY
SAN DIEGO CO CA 292-B4
OLIVEHURST AV
YUBA CO CA 227-C7
YUBA CO CA 310-E10
OLIVE MILL RD
SANTA BARBARA CA 274-D7
SANTA BARBARA CO CA 274-D7
OLIVENHAIN RD Rt#-S10
CARLSBAD CA 293-B2
ENCINITAS CA 293-B2
OLIVER RD
FAIRFIELD CA 244-C6
OLIVET RD
SONOMA CO CA 242-B2
OLIVEWOOD AV
RIVERSIDE CA 366-C7
OLLER ST Rt#-180
MENDOTA CA 181-A2
OLSEN RD
SIMI VALLEY CA 276-A7
SOLANO CO CA 248-C1
THOUSAND OAKS CA 199-C3
THOUSAND OAKS CA 206-C1
THOUSAND OAKS CA 276-A7
VENTURA CO CA 276-A7
W OLSEN RD
THOUSAND OAKS CA 206-C1
OLVERA AV
SAN DIEGO CA 296-A2
SAN DIEGO CA 374-G6
OLYMPIAD RD
MISSION VIEJO CA 288-D5
OLYMPIC BLVD
BEVERLY HILLS CA 354-D8
CONTRA COSTA CO CA 247-C6
LAFAYETTE CA 247-C6
LOS ANGELES CA 354-D8
SANTA MONICA CA 353-D9
SANTA MONICA CA 357-B1
WALNUT CREEK CA 247-C6
E OLYMPIC BLVD
CITY OF COMMERCE CA 282-A5
LOS ANGELES CA 282-A5
LOS ANGELES CA 355-G7
LOS ANGELES CA 356-B7
LOS ANGELES CO CA 282-A5
W OLYMPIC BLVD
BEVERLY HILLS CA 354-G8
LOS ANGELES CA 281-C4
LOS ANGELES CA 353-G8
LOS ANGELES CA 354-B10
LOS ANGELES CA 355-E5
LOS ANGELES CO CA 282-B5
MONTEBELLO CA 282-B5
SANTA MONICA CA 353-E9
OLYMPIC DR
CLEARLAKE CA 226-C6
OMAHA AV
KINGS CO CA 190-B1
OMO RANCH RD
AMADOR CO CA 171-A3
EL DORADO CO CA 170-C3
EL DORADO CO CA 171-A3
EL DORADO CO CA 237-C7
ONAGA TR
YUCCA VALLEY CA 209-A1
ONE RD
SHASTA CO CA 158-C3
ONION MOUNTAIN RD
JOSEPHINE CO OR 149-A1
ONION VALLEY RD
INYO CO CA 183-A2
ONIQUE LN
SAN FRANCISCO CA 249-C2
ONTARIO AV
CORONA CA 208-A2
RIVERSIDE CO CA 208-A2
E ONTARIO AV
CORONA CA 208-A2
W ONTARIO AV
CORONA CA 208-A2
ONTARIO FRWY I-15
CORONA CA 284-A6
FONTANA CA 284-A3
NORCO CA 284-A6
ONTARIO CA 284-A3
RANCHO CUCAMONGA CA 284-A3
RIVERSIDE CO CA 284-A3
SAN BERNARDINO CO CA 278-A7
SAN BERNARDINO CO CA 284-A3
OPHIR RD
AUBURN CA 316-B6
BUTTE CO CA 169-C1
BUTTE CO CA 223-B7
CURRY CO OR 148-B1
PLACER CO CA 316-B6
ORANGE AV
ANAHEIM CA 361-A7
BUENA PARK CA 361-A7
BUTTE CO CA 223-B6
COSTA MESA CA 363-A6
COSTA MESA CA 364-C3
CYPRESS CA 287-C1
CYPRESS CA 361-A7
EL CENTRO CA 375-E7
LONG BEACH CA 360-E2
PARAMOUNT CA 282-A7
PERRIS CA 289-B1
SIGNAL HILL CA 360-E2
SONOMA CO CA 322-A6
ORANGE AV Rt#-B2
BUTTE CO CA 223-C6
ORANGE AV Rt#-75
CORONADO CA 373-C8
E ORANGE AV
CHULA VISTA CA 296-A4
N ORANGE AV
LA PUENTE CA 282-D4
S ORANGE AV
FRESNO CA 343-G8
FRESNO CO CA 264-C7
FRESNO CO CA 343-G10
LOS ANGELES CO CA 282-D4
WEST COVINA CA 282-D4
W ORANGE AV
ANAHEIM CA 361-D7
BUENA PARK CA 361-D7
CHULA VISTA CA 296-A4
PERRIS CA 289-B1
SOUTH SAN FRANCISCO CA 327-A1
ORANGE DR
VACAVILLE CA 244-D4
ORANGE FRWY Rt#-57
ANAHEIM CA 288-A1
ANAHEIM CA 362-G5
BREA CA 283-A7
CITY OF INDUSTRY CA 283-A7
DIAMOND BAR CA 283-A7
FULLERTON CA 283-A7
LOS ANGELES CO CA 283-A7
ORANGE CA 362-G5
ORANGE CO CA 283-A7
PLACENTIA CA 283-A7
PLACENTIA CA 288-A1
POMONA CA 283-A7
SANTA ANA CA 362-G5
ORANGE ST
HIGHLAND CA 285-B3
REDLANDS CA 285-B3
RIVERSIDE CA 366-F1
ORANGE ST Rt#-38
REDLANDS CA 285-B3
ORANGE BELT DR Rt#-J29
PORTERVILLE CA 191-B1
TULARE CO CA 191-B1
E ORANGEBURG AV
MODESTO CA 340-D3
W ORANGEBURG AV
MODESTO CA 340-A3
ORANGE GROVE AV
SOUTH PASADENA CA 359-B10
E ORANGE GROVE BLVD
PASADENA CA 282-B2
PASADENA CA 359-C5
N ORANGE GROVE BLVD
PASADENA CA 359-B6
S ORANGE GROVE BLVD
PASADENA CA 359-B8
SOUTH PASADENA CA 359-B10
ORANGE SHOW RD
SAN BERNARDINO CA 368-D7
E ORANGE SHOW RD
SAN BERNARDINO CA 368-F7
ORANGETHORPE AV
ANAHEIM CA 288-B1
BUENA PARK CA 287-C1
BUENA PARK CA 361-A3
CERRITOS CA 287-C1
FULLERTON CA 287-D1
FULLERTON CA 361-F3
LA PALMA CA 287-C1
LA PALMA CA 361-A3
ORANGE CO CA 283-B7
PLACENTIA CA 283-A7
E ORANGETHORPE AV
ANAHEIM CA 283-B7
ANAHEIM CA 287-D1
ANAHEIM CA 288-A1
FULLERTON CA 288-A1
ORANGE CO CA 283-B7
PLACENTIA CA 283-B7
PLACENTIA CA 288-A1
W ORANGETHORPE AV
PLACENTIA CA 288-A1
ORANGEWOOD AV
ANAHEIM CA 362-B5
GARDEN GROVE CA 287-D2
GARDEN GROVE CA 362-A5
E ORANGEWOOD AV
ANAHEIM CA 362-D5
ORANGE CA 362-D5
W ORANGEWOOD AV
ANAHEIM CA 362-C5
GARDEN GROVE CA 362-C5
ORANGE CA 362-G5
ORAN K GRAGSON HWY U.S.-95
CLARK CO NV 268-B2
LAS VEGAS NV 268-B2
LAS VEGAS NV 345-B5
ORCHARD AV
SAN LUIS OBISPO CO CA 272-C3
ORCHARD RD
IMPERIAL CO CA 214-B1
MERCED CO CA 180-B1
SAN BENITO CO CA 257-D4
ORCHARD RD Rt#-S32
HOLTVILLE CA 214-B1
IMPERIAL CO CA 214-B1
ORCHARD VILLAGE RD
SANTA CLARITA CA 276-D4
ORCUTT EXWY Rt#-1
SANTA BARBARA CO CA 272-C7
ORCUTT EXWY Rt#-135
SANTA BARBARA CO CA 272-C6
SANTA MARIA CA 272-C6
ORCUTT RD
SAN LUIS OBISPO CA 271-D5
SAN LUIS OBISPO CA 347-F8
SAN LUIS OBISPO CO CA 197-C1
SAN LUIS OBISPO CO CA 271-D5
SAN LUIS OBISPO CO CA 347-F8
ORCUTT RD Rt#-1
SANTA BARBARA CO CA 272-C7
ORD FERRY RD
BUTTE CO CA 163-B3
GLENN CO CA 163-B3
ORD RANCH RD
BUTTE CO CA 227-B1
OREGON EXWY Rt#-G3
PALO ALTO CA 332-F6
OREGON RD
SISKIYOU CO CA 150-A3
OREGON ST
TRINITY CO CA 157-B3
N OREGON ST
JACKSON CO OR 149-C2
JACKSONVILLE OR 149-C2
OREGON CAVES HWY Rt#-46
CAVE JUNCTION OR 149-A2
JOSEPHINE CO OR 149-A2
OREGON COAST HWY U.S.-101
BROOKINGS OR 148-B2
CURRY CO OR 148-A1
GOLD BEACH OR 148-A1
Harbor OR 148-B2

CRA INDEX

OREGON HILL RD — STREET INDEX — PENITENCIA CREEK RD 402

STREET City State Page-Grid

OREGON HILL RD
BROWNSVILLE CA 170-A1
YUBA CO CA 170-A1
ORMONDE RD
SAN LUIS OBISPO CO CA 271-D7
OROVILLE AV
CHICO CA 306-A8
OROVILLE BANGOR HWY
BUTTE CO CA 223-C7
OROVILLE DAM BLVD E
BUTTE CO CA 223-C6
OROVILLE DAM BLVD E Rt#-B2
BUTTE CO CA 223-C6
OROVILLE CA 223-C6
OROVILLE DAM BLVD E Rt#-162
BUTTE CO CA 223-B7
OROVILLE QUINCY HWY
BUTTE CO CA 164-A3
BUTTE CO CA 223-D5
OROVILLE CA 223-D5
OROVILLE QUINCY HWY Rt#-162
BUTTE CO CA 223-D7
OROVILLE CA 223-D7
ORO VISTA AV
LOS ANGELES CA 277-C7
ORR RD
SACRAMENTO CO CA 238-C6
ORR SPRINGS RD
MENDOCINO CO CA 168-A1
MENDOCINO CO CA 308-C1
ORTEGA HWY
SAN JUAN CAPISTRANO CA 291-A1
ORTEGA HWY Rt#-74
LAKE ELSINORE CA 208-A2
ORANGE CO CA 208-A2
ORANGE CO CA 288-D7
RIVERSIDE CO CA 208-A2
RIVERSIDE CO CA 289-A5
SAN JUAN CAPISTRANO CA 288-D7
SAN JUAN CAPISTRANO CA 291-A1
ORTIGALITA RD
LOS BANOS CA 180-B2
OSBORNE RD
MODOC CO CA 151-A3
SISKIYOU CO CA 151-A3
OSBORNE ST
LOS ANGELES CA 277-B7
SAN DIEGO CO CA 292-B6
OSHAUGHNESSY BLVD
SAN FRANCISCO CA 325-G10
OSO PKWY
LAGUNA HILLS CA 288-C6
MISSION VIEJO CA 288-D6
ORANGE CO CA 208-A2
ORANGE CO CA 288-D6
RANCHO SANTA MARGARITA CA 208-A2
RANCHO SANTA MARGARITA CA 288-D6
OSO FLACO LAKE RD
SAN LUIS OBISPO CO CA 272-A3
OSOS ST
SAN LUIS OBISPO CA 347-D4
OSTROM NO 3 RD
YUBA CO CA 227-D7
OSWALD RD
SUTTER CO CA 169-C2
SUTTER CO CA 227-A7
OSWELL ST
BAKERSFIELD CA 267-D4
KERN CO CA 267-D4
OTAY LAKES RD
CHULA VISTA CA 296-B3
SAN DIEGO CO CA 296-C3
OTAY MESA RD
SAN DIEGO CA 296-A5
OTAY MESA RD Rt#-905
SAN DIEGO CA 296-B5
SAN DIEGO CO CA 296-B5
OTAY MOUNTAIN TKTR
SAN DIEGO CO CA 296-D4
OTAY VALLEY RD
CHULA VISTA CA 296-B4
SAN DIEGO CA 296-B4
OTIS DR
ALAMEDA CA 250-A2
ALAMEDA CA 330-B10
OTIS DR Rt#-61
ALAMEDA CA 250-B2
ALAMEDA CA 331-A2
W OTT RD
SAN JOAQUIN CO CA 260-B6
OTTOBONI RIDGE RD
SONOMA CO CA 240-B2
OUTINGDALE RD
EL DORADO CO CA 237-C6
OVERLAND AV
CULVER CITY CA 358-D1
LOS ANGELES CA 354-B10
OVERTON BEACH RD
CLARK CO NV 187-A3
E OWENS AV
LAS VEGAS NV 345-F3
NORTH LAS VEGAS NV 345-F3
W OWENS AV
LAS VEGAS NV 345-D3
NORTH LAS VEGAS NV 345-D3
OWENSMOUTH AV
LOS ANGELES CA 280-D1
OWENS RIVER RD
MONO CO CA 263-C5
OWENYO LONE PINE RD
INYO CO CA 183-B2
OXFORD ST
BERKELEY CA 328-B4
OXNARD BLVD Rt#-1
OXNARD CA 275-B6
OXNARD ST
BURBANK CA 350-A7
LOS ANGELES CA 280-D2
LOS ANGELES CA 350-A7

P

P ST
BAKERSFIELD CA 344-E7
EUREKA CA 300-E1
FRESNO CA 343-E7
SACRAMENTO CA 319-C4
N P ST
LIVERMORE CA 251-C3

PABCO RD
CLARK CO NV 269-A5
HENDERSON NV 269-A5
PACHECO BLVD
CONTRA COSTA CO CA 247-C4
MARTINEZ CA 247-C4
PACHECO BLVD Rt#-152
LOS BANOS CA 180-B2
MERCED CO CA 180-B2
PACHECO HWY
SAN BENITO CO CA 257-D5
PACHECO RD
BAKERSFIELD CA 267-C5
PACHECO PASS HWY Rt#-152
GILROY CA 257-B3
MERCED CO CA 180-B1
SAN BENITO CO CA 257-C3
SANTA CLARA CO CA 180-A2
SANTA CLARA CO CA 257-C3
PACIFIC AV
BALDWIN PARK CA 282-D3
CRESCENT CITY CA 297-A8
DEL NORTE CO CA 297-A8
LONG BEACH CA 360-C4
LOS ANGELES CA 357-D5
PACIFIC GROVE CA 337-D3
SANTA CRUZ CA 335-D7
SANTA ROSA CA 321-E5
STOCKTON CA 339-D5
SUTTER CO CA 170-A2
SUTTER CO CA 235-A3
PACIFIC AV Rt#-J10
SAN JOAQUIN CO CA 260-B3
STOCKTON CA 260-B3
STOCKTON CA 339-C3
N PACIFIC AV
GLENDALE CA 352-F1
LONG BEACH CA 360-C2
LOS ANGELES CA 286-D3
S PACIFIC AV
GLENDALE CA 352-F3
LOS ANGELES CA 286-D4
W PACIFIC AV
HENDERSON NV 269-A6
WEST COVINA CA 282-D3
PACIFIC BLVD
HUNTINGTON PARK CA 281-D5
LOS ANGELES CO CA 281-D5
SOUTH GATE CA 281-D6
VERNON CA 281-D5
PACIFIC BLVD Rt#-1
GROVER BEACH CA 272-A1
SAN LUIS OBISPO CO CA 272-A1
PACIFIC HWY
SAN DIEGO CA 371-G7
SAN DIEGO CA 372-A9
SAN DIEGO CA 373-D2
PACIFIC HWY I-5
ASHLAND OR 149-B1
CENTRAL POINT OR 149-B1
GRANTS PASS OR 149-B1
JACKSON CO OR 149-B1
JACKSON CO OR 150-A2
JOSEPHINE CO OR 149-A1
MEDFORD OR 149-B1
PHOENIX OR 149-B1
ROGUE RIVER OR 149-B1
PACIFIC RD
VENTURA CO CA 206-B1
PACIFIC ST
LOOMIS CA 236-A3
MONTEREY CA 337-F8
PLACERVILLE CA 317-F5
ROCKLIN CA 236-A3
ROSEVILLE CA 236-A3
PACIFIC ST Rt#-49
PLACERVILLE CA 317-E5
E PACIFIC ST
SAN BERNARDINO CA 285-A2
PACIFIC BEACH DR
SAN DIEGO CA 371-A4
PACIFIC COAST FRWY Rt#-1
OXNARD CA 275-C7
VENTURA CO CA 206-B1
VENTURA CO CA 275-C7
PACIFIC COAST HWY Rt#-1
DANA POINT CA 207-C3
DANA POINT CA 291-A1
HERMOSA BEACH CA 281-B7
HERMOSA BEACH CA 286-B1
HUNTINGTON BEACH CA 287-B3
LAGUNA BEACH CA 207-C3
LOMITA CA 286-B1
LOS ANGELES CA 280-A5
LOS ANGELES CA 281-A4
LOS ANGELES CA 286-B1
LOS ANGELES CO CA 206-B1
LOS ANGELES CO CA 280-A5
MALIBU CA 206-B1
MALIBU CA 280-A5
MANHATTAN BEACH CA 281-B7
MANHATTAN BEACH CA 286-B1
ORANGE CO CA 287-B3
SAN JUAN CAPISTRANO CA 291-A1
SEAL BEACH CA 287-B3
TORRANCE CA 286-B1
VENTURA CO CA 199-A3
VENTURA CO CA 206-B1
E PACIFIC COAST HWY Rt#-1
LONG BEACH CA 286-D2
LONG BEACH CA 287-B2
LONG BEACH CA 360-D4
LOS ANGELES CA 286-D2
SEAL BEACH CA 287-B3
SIGNAL HILL CA 287-A2
SIGNAL HILL CA 360-D4
N PACIFIC COAST HWY Rt#-1
HERMOSA BEACH CA 286-B1
LONG BEACH CA 287-B2
REDONDO BEACH CA 286-B1
S PACIFIC COAST HWY Rt#-1
REDONDO BEACH CA 286-B1
TORRANCE CA 286-C2
W PACIFIC COAST HWY Rt#-1
LONG BEACH CA 286-D2
LONG BEACH CA 287-A2
LONG BEACH CA 360-B4
LOS ANGELES CA 286-D2

PACIFIC CREST TR
JACKSON CO OR 150-A2
KLAMATH CO OR 150-A2
PACIFIC ISLAND DR
LAGUNA NIGUEL CA 288-C7
PACIFIC PARK DR
ALISO VIEJO CA 288-C6
LAGUNA HILLS CA 288-C6
LAGUNA NIGUEL CA 288-C6
PAGE MILL RD
PALO ALTO CA 332-D9
SANTA CLARA CO CA 332-D9
PAGE MILL RD Rt#-G3
LOS ALTOS HILLS CA 252-D2
PALO ALTO CA 252-D2
PALO ALTO CA 332-C10
SANTA CLARA CO CA 252-D2
SANTA CLARA CO CA 332-C10
PAIGE AV
TULARE CA 266-B5
TULARE CO CA 266-B5
PAINTED CAVE RD
SANTA BARBARA CO CA 274-B5
PAINTER AV
LOS ANGELES CO CA 282-C6
WHITTIER CA 282-C6
PAINTER WY
SHASTA CO CA 220-D3
PAIUTE LN
SUSANVILLE CA 304-B3
PAJARO ST
SALINAS CA 336-C7
PALA RD Rt#-S16
RIVERSIDE CO CA 292-D1
SAN DIEGO CO CA 292-D2
PALA RD Rt#-76
SAN DIEGO CO CA 208-C3
SAN DIEGO CO CA 292-D3
PALA MESA DR
SAN DIEGO CO CA 292-C3
PALA TEMECULA RD Rt#-S16
SAN DIEGO CO CA 292-D2
PALERMO RD
BUTTE CO CA 169-C1
BUTTE CO CA 170-A1
PALERMO HONCUT HWY
BUTTE CO CA 169-C1
BUTTE CO CA 170-A1
BUTTE CO CA 227-C1
PALISADES DR
LOS ANGELES CA 280-D4
PALISADES BEACH RD Rt#-1
LOS ANGELES CA 281-A5
SANTA MONICA CA 281-A5
SANTA MONICA CA 357-A2
PALM AV
AUBURN CA 316-D4
BEAUMONT CA 285-D6
CARPINTERIA CA 199-A3
CORONADO CA 373-C6
DOS PALOS CA 180-C2
FRESNO CO CA 180-C2
HIGHLAND CA 285-A2
IMPERIAL BEACH CA 295-D4
KERN CO CA 191-A3
LA MESA CA 296-A1
MERCED CO CA 180-C1
NATIONAL CITY CA 374-F8
RIVERSIDE CA 366-A6
SAN BERNARDINO CA 285-A2
SAN DIEGO CA 296-A4
TULARE CO CA 266-A6
PALM AV Rt#-75
IMPERIAL BEACH CA 295-D4
SAN DIEGO CA 295-D4
SAN DIEGO CA 296-A4
E PALM AV
BURBANK CA 281-C1
N PALM AV
FRESNO CA 264-B3
FRESNO CA 343-B4
FRESNO CO CA 264-B3
FRESNO CO CA 343-B4
HIGHLAND CA 285-A2
SAN BERNARDINO CA 285-A2
PALM CT
RIVERSIDE CA 366-A8
PALM DR
DESERT HOT SPRINGS CA 290-A1
PALM SPRINGS CA 290-A2
PALO ALTO CA 332-B6
RIVERSIDE CO CA 210-A1
RIVERSIDE CO CA 290-A2
SANTA CLARA CO CA 332-B6
E PALM DR
PLACENTIA CA 283-A7
PALM ST
BAKERSFIELD CA 344-B7
LEMON GROVE CA 296-A1
TULARE CO CA 191-A2
N PALM ST
LA HABRA CA 282-D6
S PALM ST
FULLERTON CA 282-D6
PALM CANYON DR Rt#-S22
SAN DIEGO CO CA 209-B3
PALM CANYON DR Rt#-111
PALM SPRINGS CA 209-A1
RIVERSIDE CO CA 209-A1
E PALM CANYON DR
CATHEDRAL CITY CA 290-B4
PALM SPRINGS CA 290-B4
PALM SPRINGS CA 367-C9
RIVERSIDE CO CA 290-B4
E PALM CANYON DR Rt#-111
PALM SPRINGS CA 290-B4
N PALM CANYON DR
PALM SPRINGS CA 367-B4
N PALM CANYON DR Rt#-111
PALM SPRINGS CA 209-A1
PALM SPRINGS CA 290-A3
PALM SPRINGS CA 367-A1
S PALM CANYON DR
PALM SPRINGS CA 367-C8
PALMDALE BLVD
LOS ANGELES CO CA 200-B2
PALMDALE CA 200-B2
PALMDALE BLVD Rt#-N2
PALMDALE CA 200-B2
PALMDALE BLVD Rt#-138
PALMDALE CA 200-B2
PALMDALE RD Rt#-18
ADELANTO CA 201-A3

PALMDALE RD Rt#-18
ADELANTO CA 278-A2
LOS ANGELES CO CA 200-C3
SAN BERNARDINO CO CA 200-C3
SAN BERNARDINO CO CA 201-A3
VICTORVILLE CA 278-A2
PALMDALE RD U.S.-66 Hist
VICTORVILLE CA 278-B2
W PALMER AV
FRESNO CO CA 190-A1
PALMER RD
SANTA BARBARA CO CA 198-A2
PALMETTO AV
BUTTE CO CA 306-A6
CHICO CA 306-A6
PALMS BLVD
LOS ANGELES CA 357-F3
PALOMA RD
CALAVERAS CO CA 175-C1
PALOMA RD Rt#-84
ALAMEDA CO CA 251-B5
PALOMAR ST
CHULA VISTA CA 296-A4
RIVERSIDE CO CA 289-B5
E PALOMAR ST
CHULA VISTA CA 296-A4
PALOMAR AIRPORT RD Rt#-S12
CARLSBAD CA 293-A1
SAN MARCOS CA 293-A1
PALOMARES RD
ALAMEDA CO CA 250-D3
ALAMEDA CO CA 251-A4
HAYWARD CA 250-D3
HAYWARD CA 251-A4
UNION CITY CA 251-A4
PALOS VERDES BLVD
REDONDO BEACH CA 286-B2
TORRANCE CA 286-B2
PALOS VERDES DR N
LOMITA CA 286-B2
LOS ANGELES CA 286-B2
LOS ANGELES CO CA 286-B2
PALOS VERDES ESTATES CA 286-B2
ROLLING HILLS CA 286-B2
ROLLING HILLS ESTATES CA 286-B2
PALOS VERDES DR S
LOS ANGELES CA 286-B3
RANCHO PALOS VERDES CA 286-B3
PALOS VERDES DR W
PALOS VERDES ESTATES CA 286-B3
RANCHO PALOS VERDES CA 286-B3
TORRANCE CA 286-B3
PALO VERDE AV
LAKEWOOD CA 287-B1
N PALO VERDE BLVD
LAKE HAVASU CITY AZ 204-B2
S PALO VERDE BLVD
LAKE HAVASU CITY AZ 204-B2
PAMO RD
SAN DIEGO CO CA 294-C1
PANAMA LN
BAKERSFIELD CA 267-B6
KERN CO CA 199-A1
KERN CO CA 267-A6
E PANAMA LN
BAKERSFIELD CA 267-D6
KERN CO CA 267-D6
PANAMA RD
BAKERSFIELD CA 267-D6
KERN CO CA 199-C1
KERN CO CA 267-D6
PANAMA RD Rt#-119
BAKERSFIELD CA 267-B6
KERN CO CA 267-B6
PANAMINT VALLEY RD
INYO CO CA 193-A1
PANOCHE RD
SAN BENITO CO CA 180-B3
PANOCHE RD Rt#-J1
SAN BENITO CO CA 180-A3
W PANOCHE RD
FRESNO CO CA 180-C3
PANORAMA DR
BAKERSFIELD CA 267-D3
BAKERSFIELD CA 344-F1
KERN CO CA 267-D3
KERN CO CA 344-F1
PANORAMIC HWY
MARIN CO CA 246-A6
PAN TOLL RD
MARIN CO CA 246-A6
PAPOOSE LN
SISKIYOU CO CA 218-D6
PAPST AV
GLENN CO CA 163-B3
ORLAND CA 163-B3
PARADISE AV
MODESTO CA 340-B8
STANISLAUS CO CA 261-A7
PARADISE DR
CORTE MADERA CA 246-C6
MARIN CO CA 246-C6
TIBURON CA 246-C6
PARADISE RD
LAS VEGAS NV 345-D9
MODESTO CA 340-B8
PARADISE NV 346-D4
SANTA BARBARA CO CA 274-B5
STANISLAUS CO CA 175-B3
STANISLAUS CO CA 261-A4
STANISLAUS CO CA 340-A9
WINCHESTER NV 345-D9
WINCHESTER NV 346-D1
PARADISE VALLEY RD
NATIONAL CITY CA 296-A2
SAN DIEGO CA 296-A2
SAN DIEGO CO CA 296-A2
PARAGON-SPUR
DEL NORTE CO CA 216-C6
PARAMONT BLVD
PICO RIVERA CA 282-B5
PARAMOUNT BLVD
DOWNEY CA 282-A7
LAKEWOOD CA 287-A1
LONG BEACH CA 287-A1
LOS ANGELES CO CA 282-A7
MONTEBELLO CA 282-A7
PARAMOUNT CA 282-A7
PICO RIVERA CA 282-A7
SOUTH GATE CA 282-A7
N PARAMOUNT BLVD
LONG BEACH CA 282-A7

N PARAMOUNT BLVD
LONG BEACH CA 287-A1
PARK AV
CHICO CA 306-A8
LAGUNA BEACH CA 365-E3
RED BLUFF CA 303-A5
RIVERSIDE CA 366-E4
SAN JOSE CA 333-C7
SANTA CLARA CA 333-B6
SANTA CLARA CO CA 333-E8
SOUTH LAKE TAHOE CA 314-F2
TEHAMA CO CA 303-A5
E PARK AV
BUTTE CO CA 306-C10
CHICO CA 306-D10
W PARK AV
NAPA CA 323-B5
PARK BLVD
OAKLAND CA 330-G4
PIEDMONT CA 330-G4
RIVERSIDE CO CA 209-B1
SAN BERNARDINO CO CA 209-B1
SAN DIEGO CA 372-G8
SAN DIEGO CA 373-F3
WEST SACRAMENTO CA 235-A7
WEST SACRAMENTO CA 319-A4
S PARK DR
BUTTE CO CA 223-B1
W PARK DR
BUTTE CO CA 223-B1
PARK ST
ALAMEDA CA 250-B2
ALAMEDA CA 330-D10
OAKLAND CA 330-E9
PARK WY
LAKE CO CA 225-D4
PARKDALE AV
SUSANVILLE CA 304-C3
PARKER AV
CONTRA COSTA CO CA 247-A3
PARKER RD
STANISLAUS CO CA 261-C3
PARKER DAM RD
SAN BERNARDINO CO CA 204-B3
PARKER HILL RD
SANTA ROSA CA 321-F1
SONOMA CO CA 321-F1
PARKER LAKE RD
MONO CO CA 263-A2
PARKER-POSTON RD Rt#-1
LA PAZ CO AZ 211-B2
PARK FRONT WK
LOS ANGELES CA 281-D5
PARK GRANADA
CALABASAS CA 280-C2
N PARKSIDE DR
PITTSBURG CA 248-B4
N PARK VICTORIA DR
MILPITAS CA 253-D1
PARK VILLAGE RD
SAN DIEGO CA 293-C4
PARKWAY DR
DEL NORTE CO CA 297-E5
FRESNO CA 264-A3
PARKWAY CALABASAS
CALABASAS CA 280-C2
PARNASSUS AV
SAN FRANCISCO CA 325-G8
PARROTTS FERRY RD
CALAVERAS CO CA 176-A2
PARROTTS FERRY RD Rt#-E18
CALAVERAS CO CA 176-A2
TUOLUMNE CO CA 176-A2
TUOLUMNE CO CA 341-C1
PARTHENIA ST
LOS ANGELES CA 280-D1
LOS ANGELES CA 281-A1
PASADENA AV
LOS ANGELES CA 282-A3
LOS ANGELES CA 356-D2
SOUTH PASADENA CA 282-A3
S PASADENA AV
PASADENA CA 359-C7
PASADENA FRWY Rt#-110
LOS ANGELES CA 281-D3
LOS ANGELES CA 282-A3
LOS ANGELES CA 356-C1
LOS ANGELES CA 359-A10
PASADENA CA 359-C9
SOUTH PASADENA CA 359-D10
PASADO RD
LINDA CA 310-C8
PASEO DE LAS PALOMAS
YORBA LINDA CA 283-B7
PASEO DELICIAS Rt#-S6
SAN DIEGO CO CA 293-C3
PASEO DELICIAS Rt#-S8
SAN DIEGO CO CA 293-C3
S PASEO DEL MAR
LOS ANGELES CA 286-D4
PASEO DEL NORTE
CARLSBAD CA 293-A1
PASEO DE VALENCIA
LAGUNA HILLS CA 288-C6
LAGUNA WOODS CA 288-C6
PASEO PADRE PKWY
FREMONT CA 250-D6
FREMONT CA 251-A6
NEWARK CA 250-D6
PASEO PLAYAS DE TIJUANA
BAJA CALIFORNIA NORTE BC 295-D6
PASKENTA RD
RED BLUFF CA 221-B3
RED BLUFF CA 303-A7
TEHAMA CO CA 163-A2
TEHAMA CO CA 221-B3
TEHAMA CO CA 303-A10
PASKENTA RD Rt#-A9
TEHAMA CO CA 163-A2
PASO ROBLES BLVD
PASO ROBLES CA 189-C3
PASO ROBLES HWY Rt#-46
KERN CO CA 190-B3
SAN LUIS OBISPO CO CA 190-A2
PASS AV
BURBANK CA 350-C9
BURBANK CA 351-D1
N PASS AV
BURBANK CA 350-C9
BURBANK CA 351-D1
PASS RD
SUTTER CO CA 169-B2

PASS RD
SUTTER CO CA 227-A5
PASSONS BLVD
PICO RIVERA CA 282-B5
PASTEL WK
LOS ANGELES CO CA 200-A2
PASTURE RD Rt#-120
CHURCHILL CO NV 172-C1
PATHFINDER RD
DIAMOND BAR CA 283-A5
LOS ANGELES CO CA 283-A5
PATRICK AV
HAYWARD CA 250-C4
PATRICK LN
SHASTA CO CA 220-D7
PATTERSON AV
GOLETA CA 274-B7
SANTA BARBARA CO CA 274-B7
PATTERSON LN
PACIFIC GROVE CA 337-C6
PATTERSON RD
RIVERBANK CA 261-C2
STANISLAUS CO CA 261-C2
PATTERSON RD Rt#-108
RIVERBANK CA 261-B2
STANISLAUS CO CA 261-B2
S PATTERSON RD
VENTURA CO CA 275-B7
PATTERSON PASS RD
ALAMEDA CO CA 174-C3
LIVERMORE CA 251-D3
PAUBA RD
TEMECULA CA 289-D7
PAULARINO AV
COSTA MESA CA 363-A4
E PAULARINO AV
COSTA MESA CA 363-C4
PAULINE AV
STANISLAUS CO CA 261-A4
PAYNE AV
CONTRA COSTA CO CA 248-D6
SAN JOSE CA 253-C4
PAYNES CREEK RD
TEHAMA CO CA 303-F3
PEABODY RD
FAIRFIELD CA 244-D6
SOLANO CO CA 244-D6
VACAVILLE CA 244-D6
PEACH AV
GLENN CO CA 169-B1
HESPERIA CA 278-B3
N PEACH AV
FRESNO CA 264-C4
S PEACH AV
FRESNO CO CA 264-C7
PEACH ST
SANTA ROSA CA 321-E9
PEACHLAND RD
MENDOCINO CO CA 168-A2
PEACH TREE RD
MONTEREY CO CA 189-C1
PEAK RD
TRINITY CO CA 162-A2
PEARBLOSSOM HWY
LOS ANGELES CO CA 200-B3
PALMDALE CA 200-B3
PEARBLOSSOM HWY Rt#-18
LOS ANGELES CO CA 200-C3
PEARBLOSSOM HWY Rt#-138
LOS ANGELES CO CA 200-C3
PALMDALE CA 200-C3
PEARL AV
SAN JOSE CA 253-D5
PEARL ST
MONTEREY CA 337-G7
NAPA CA 323-E6
SAN DIEGO CA 370-A7
PEARSON RD
PARADISE CA 223-B2
PEASE RD
SUTTER CO CA 227-B5
PEAVINE VALLEY RD
JOSEPHINE CO OR 149-A1
PEBBLE BEACH DR
CRESCENT CITY CA 297-A7
DEL NORTE CO CA 297-A7
PECHANGA PKWY Rt#-S16
RIVERSIDE CO CA 292-D1
TEMECULA CA 292-D1
PECHO VALLEY RD
SAN LUIS OBISPO CO CA 271-A5
PECK RD
ARCADIA CA 282-C4
CITY OF INDUSTRY CA 282-C4
EL MONTE CA 282-C4
IRWINDALE CA 282-C4
LOS ANGELES CO CA 282-C4
MONROVIA CA 282-C4
SOUTH EL MONTE CA 282-C4
S PECK RD
MONROVIA CA 282-C3
N PECOS RD
HENDERSON NV 268-D6
NORTH LAS VEGAS NV 268-D2
PARADISE NV 268-D6
SUNRISE MANOR NV 268-D2
S PECOS RD
HENDERSON NV 268-D5
PARADISE NV 268-D5
PECOS MCLEOD INTERCONNECT
PARADISE NV 268-C4
PEDREGOSA ST
SANTA BARBARA CA 348-B7
PEDRICK RD
DIXON CA 174-C1
SOLANO CO CA 174-C1
PEDRICK RD Rt#-E7
SOLANO CO CA 169-C3
SOLANO CO CA 174-C1
YOLO CO CA 169-C3
PEG LEG RD
SAN DIEGO C
PELGER RD
SUTTER CO
E PELTIER
SAN JOAQU
W PELTIE
SAN JOAQ
PENINSI
HUMBOL
PENITE
SAN JO

PICA
PICADOR
IMPERIA
SAN DIEGO CA

CRA
INDEX

403 PENNE BAKER RD — STREET INDEX — PRESIDIO BLVD Rt#-1

STREET City State Page-Grid

PENNE BAKER RD
ESMERALDA CO NV 178-B2
PENNINGTON RD
BUTTE CO CA 169-C1
LIVE OAK CA 227-A3
SUTTER CO CA 169-C1
SUTTER CO CA 227-A3
PENNSYLVANIA AV
FAIRFIELD CA 244-C6
GLENDALE CA 281-D1
SOLANO CO CA 244-C6
SUISUN CITY CA 244-C6
N PENNSYLVANIA AV
COLTON CA 368-A7
PENOYAR GRASS LAKE RD
SISKIYOU CO CA 158-B1
PENROSE ST
LOS ANGELES CA 350-A1
PENTZ RD
BUTTE CO CA 223-B3
PARADISE CA 223-B1
PEORIA ST
LOS ANGELES CA 277-B7
PEPPER DR
SAN DIEGO CO CA 294-B7
PEPPER RD
SONOMA CO CA 242-B6
PERALTA BLVD Rt#-84
FREMONT CA 250-D6
FREMONT CA 251-A6
PERALTA ST
EMERYVILLE CA 329-F3
OAKLAND CA 329-F3
PERCY AV
YUBA CITY CA 309-F5
PERIMETER RD
NEVADA CO CA 233-A5
E PERKINS ST
UKIAH CA 308-D4
W PERKINS ST
UKIAH CA 308-C5
PERRIS BLVD
MORENO VALLEY CA 285-A5
N PERRIS BLVD
MORENO VALLEY CA 285-A7
PERRIS CA 285-A7
PERRIS CA 289-B1
S PERRIS BLVD
PERRIS CA 289-B2
PERRIS HILL PARK RD
SAN BERNARDINO CA 368-G1
PERRY CREEK RD
EL DORADO CO CA 237-C6
N PERSHING AV
SAN JOAQUIN CO CA 339-C5
STOCKTON CA 260-B3
STOCKTON CA 339-B1
PERSHING DR
LOS ANGELES CA 357-G9
SAN DIEGO CA 373-G3
SAN DIEGO CA 374-A1
PERU RD
SONOMA CO CA 322-F10
PERUGIA WK
LONG BEACH CA 287-B3
PESCADERO CREEK RD
SAN MATEO CO CA 252-B5
PETALUMA BLVD N
PETALUMA CA 242-D6
SONOMA CO CA 242-D6
PETALUMA BLVD S
PETALUMA CA 242-D6
SONOMA CO CA 242-D6
PETALUMA HILL RD
SANTA ROSA CA 242-C3
SANTA ROSA CA 321-E8
SONOMA CO CA 242-C3
PETERSON LN
SANTA ROSA CA 242-C2
PETRIFIED FOREST RD
CALISTOGA CA 241-A7
NAPA CO CA 240-D7
NAPA CO CA 241-A7
SONOMA CO CA 240-D7
PETTIGREW RD
PLACER CO CA 235-C3
PEYTON DR
CHINO HILLS CA 283-C5
PFE RD
PLACER CO CA 235-C4
PHANTOM BUCK RUN RD
SONOMA CO CA 239-C2
PHELAN RD
HESPERIA CA 278-A3
SAN BERNARDINO CO CA 201-A3
SAN BERNARDINO CO CA 278-A3
PHELPS AV
FRESNO CO CA 190-A1
W PHELPS AV
FRESNO CO CA 190-A1
PHILADELPHIA ST
CHINO CA 283-C4
ONTARIO CA 283-C4
POMONA CA 283-C4
SAN BERNARDINO CO CA 283-C4
E PHILADELPHIA ST
ONTARIO CA 283-D4
POMONA CA 283-C4
W PHILADELPHIA ST
CHINO CA 283-C4
ONTARIO CA 283-D4
PHILBRIC RD
SANTA BARBARA CO CA 272-D5
PHILLIP RD
PLACER CO CA 235-B3
PHILLIPS BLVD
SAN BERNARDINO CO CA 283-C4
PHILLIPS RD
SUTTER CO CA 309-D8
PHILLIPS RANCH RD
POMONA CA 283-B4
PHILO GREENWOOD RD
MENDOCINO CO CA 167-C2
MENDOCINO CO CA 168-A2
N PHOENIX RD
MEDFORD OR 149-C2
ICACHO RD
PERIAL CO CA 215-A1
HO RD Rt#-S24
CO CA 215-A1
VD
296-A4

PICARD RD
SISKIYOU CO CA 150-B3
PICARDY DR
STOCKTON CA 339-B6
PICKERING AV
WHITTIER CA 282-C6
PICKETT RD
KLAMATH CO OR 151-A2
PICO AV
LONG BEACH CA 360-A6
PICO BLVD
SANTA MONICA CA 353-F9
SANTA MONICA CA 357-B2
E PICO BLVD
LOS ANGELES CA 355-G7
LOS ANGELES CA 356-A7
W PICO BLVD
LOS ANGELES CA 353-F9
LOS ANGELES CA 354-D9
LOS ANGELES CA 355-A5
SANTA MONICA CA 353-F9
PICO CANYON RD
LOS ANGELES CO CA 276-D5
SANTA CLARITA CA 276-D5
PIEDMONT AV
OAKLAND CA 330-C1
PIEDMONT RD
SAN JOSE CA 253-D2
N PIEDRA RD
FRESNO CO CA 182-A2
PIER AV
HERMOSA BEACH CA 286-B1
PIER PZ
HERMOSA BEACH CA 286-B1
PIERCE RD
SARATOGA CA 253-B5
PIERCE ST
RIVERSIDE CA 284-B7
RIVERSIDE CO CA 209-C2
PIERCE ST Rt#-86
RIVERSIDE CO CA 209-C2
PIERCE ST Rt#-195
RIVERSIDE CO CA 209-C2
PIERCE FERRY RD
MOHAVE CO AZ 196-B2
PIERCE VALLEY DR
TULARE CO CA 265-B4
PIERROZ RD
PLACERVILLE CA 317-B4
PIERSON BLVD
DESERT HOT SPRINGS CA 209-A1
DESERT HOT SPRINGS CA 290-A1
RIVERSIDE CO CA 209-A1
RIVERSIDE CO CA 290-A1
PIGEON PASS RD
MORENO VALLEY CA 285-A5
RIVERSIDE CO CA 285-A5
PIGEON POINT RD
HUMBOLDT CO CA 219-C3
PIKE CITY RD
SIERRA CO CA 170-B1
PIKE SHORT CUT
SIERRA CO CA 170-B1
PILE ST
SAN DIEGO CO CA 294-C2
PILOT SPRING RD
MONO CO CA 263-D2
PINACATE RD Rt#-74
RIVERSIDE CO CA 289-D3
PINE AV
CHINO CA 283-D6
LONG BEACH CA 360-C6
PACIFIC GROVE CA 337-D4
SAN BERNARDINO CO CA 283-D6
N PINE AV
LONG BEACH CA 360-C7
S PINE AV
LONG BEACH CA 360-C7
PINE BLVD
SOUTH LAKE TAHOE CA 314-F2
PINE ST
CHICO CA 306-A7
FORT BRAGG CA 307-B3
MARTINEZ CA 247-C4
MONTEREY CA 337-E4
MOUNT SHASTA CA 298-D4
PACIFIC GROVE CA 337-E4
REDDING CA 301-E5
RIVERSIDE CA 366-B4
ROGUE RIVER OR 149-B1
SAN FRANCISCO CA 326-C4
PINE ST Rt#-78
SAN DIEGO CO CA 294-C2
PINE ST Rt#-299
REDDING CA 301-E5
E PINE ST
CENTRAL POINT OR 149-C2
JACKSON CO OR 149-C2
LODI CA 260-B1
N PINE ST
LASSEN CO CA 304-B4
SUSANVILLE CA 304-B4
UKIAH CA 308-D4
S PINE ST
UKIAH CA 308-D5
S PINE ST Rt#-36
SUSANVILLE CA 304-B4
S PINE ST Rt#-78
SAN DIEGO CO CA 294-C2
W PINE ST
CENTRAL POINT OR 149-C2
LODI CA 260-B1
PINE CANYON RD
LOS ANGELES CO CA 199-C2
PINE CANYON RD Rt#-N2
LOS ANGELES CO CA 200-A2
PINE CREEK RD
TEHAMA CO CA 221-A2
PINE FLAT RD
SANTA CRUZ CO CA 255-B2
SONOMA CO CA 240-C4
PINE GROVE RD
LYON CO NV 172-B3
PINE HILLS RD
SAN DIEGO CO CA 213-A1
PINEHURST DR Rt#-245
FRESNO CO CA 265-A3
PINEHURST RD
ALAMEDA CO CA 250-C1
PINE MOUNTAIN RD
SONOMA CO CA 239-D1
PINER RD
SANTA ROSA CA 321-C2

PINER RD
SONOMA CO CA 242-B2
PINERIDGE RD
HUMBOLDT CO CA 156-C2
PINES TO PALMS HWY Rt#-74
PALM DESERT CA 290-C7
RIVERSIDE CO CA 209-A2
RIVERSIDE CO CA 290-C7
PINE VALLEY RD
MONTEREY CO CA 189-B1
SAN RAMON CA 251-A2
PINOLE VALLEY RD
CONTRA COSTA CO CA 247-A4
PINOLE CA 247-A4
PINTO BASIN RD
RIVERSIDE CO CA 209-C1
RIVERSIDE CO CA 210-A2
PIONEER BLVD
ARTESIA CA 282-B7
ARTESIA CA 287-B1
CERRITOS CA 287-B1
HAWAIIAN GARDENS CA 287-B1
LAKEWOOD CA 287-B1
NORWALK CA 282-B7
SANTA FE SPRINGS CA 282-B6
PIONEER DR
SAN BERNARDINO CO CA 209-A1
PIONEER RD
MERCED CO CA 180-B2
STANISLAUS CO CA 261-C5
PIONEER TR
EL DORADO CO CA 171-B2
EL DORADO CO CA 314-C10
SOUTH LAKE TAHOE CA 314-E5
PIONEERTOWN RD
YUCCA VALLEY CA 209-A1
PIPELINE AV
CHINO CA 283-C5
SAN BERNARDINO CO CA 283-C4
PIPELINE RD
LYON CO NV 172-A1
PIPES CANYON RD
SAN BERNARDINO CO CA 202-A3
PIRU CANYON RD
VENTURA CO CA 276-A4
PISTOL RIVER LP
CURRY CO OR 148-B2
PITT RD
PERSHING CO NV 166-C2
PITTMAN RD
FAIRFIELD CA 244-B7
SOLANO CO CA 244-B7
PITTSBURG RD
NEVADA CO CA 315-G5
PITTSBURG-ANTIOCH HWY
ANTIOCH CA 248-B4
PITTSBURG CA 248-B4
PITTSBURG MINE RD
NEVADA CO CA 315-G5
PITT SCHOOL RD
DIXON CA 174-C1
SOLANO CO CA 174-C1
PITTVILLE RD
LASSEN CO CA 159-A3
SHASTA CO CA 159-A3
PIUMA RD
LOS ANGELES CO CA 280-C4
PLACENTIA AV
COSTA MESA CA 364-A5
NEWPORT BEACH CA 364-A5
N PLACENTIA AV
ANAHEIM CA 288-A1
FULLERTON CA 283-A7
PLACENTIA CA 283-A7
PLACENTIA CA 288-A1
S PLACENTIA AV
FULLERTON CA 283-A7
FULLERTON CA 288-A1
PLACENTIA CA 283-A7
PLACENTIA CA 288-A1
S PLACER AV
FRESNO CO CA 181-B3
SAN JOAQUIN CA 181-B3
PLACER RD
JOSEPHINE CO OR 149-B1
PLACER RD Rt#-A16
REDDING CA 301-A8
SHASTA CO CA 163-A1
SHASTA CO CA 220-A7
SHASTA CO CA 301-A8
PLACER ST Rt#-A16
REDDING CA 301-E6
PLACER HILLS RD
COLFAX CA 233-D5
PLACER CO CA 233-D5
S PLACER HILLS RD
COLFAX CA 233-D4
PLACERITA CANYON RD
LOS ANGELES CO CA 277-A5
PLACERVILLE DR
EL DORADO CO CA 317-B5
PLACERVILLE CA 317-B5
PLACERVILLE RD
SACRAMENTO CO CA 236-C6
PLAINSBURG RD
MERCED CO CA 181-A1
S PLANO ST
TULARE CO CA 191-B2
PLANO TRABUCO RD Rt#-S19
ORANGE CO CA 208-A2
RANCHO SANTA MARGARITA CA 208-A2
PLANTATION DR Rt#-2
MOHAVE CO AZ 204-A1
PLANZ RD
BAKERSFIELD CA 267-C5
PLATFORM BRIDGE RD
MARIN CO CA 245-C3
PLATINA RD Rt#-A16
SHASTA CO CA 162-C1
SHASTA CO CA 163-A1
PLATT AV
LOS ANGELES CA 280-C2
PLAYA ST
CULVER CITY CA 358-C1
PLAZA BLVD
NATIONAL CITY CA 296-A2
NATIONAL CITY CA 374-G9
SAN DIEGO CA 296-A2
E PLAZA BLVD
NATIONAL CITY CA 374-F9
W PLAZA BLVD
NATIONAL CITY CA 374-E9

PLAZA DR
VISALIA CA 266-A2
PLAZA DR Rt#-J19
VISALIA CA 266-A2
PLAZA LN
LA CANADA FLINTRIDGE CA 282-A1
PLAZA SQ
ORANGE CA 288-A2
PLAZA WK
LA CANADA FLINTRIDGE CA 282-A1
PLAZA DEL AMO
TORRANCE CA 286-C1
PLEASANT AV
SONOMA CO CA 240-B7
WINDSOR CA 240-B7
PLEASANT GROVE BLVD
ROSEVILLE CA 235-D3
PLEASANT GROVE RD
SUTTER CO CA 235-B2
PLEASANT HILL RD
CONTRA COSTA CO CA 247-C6
LAFAYETTE CA 247-C6
PLEASANT HILL CA 247-C6
WALNUT CREEK CA 247-C6
PLEASANTON-SUNOL RD
ALAMEDA CO CA 251-B4
PLEASANTON CA 251-B4
PLEASANT POINT RD
HUMBOLDT CO CA 219-B7
PLEASANTS VALLEY RD
SOLANO CO CA 244-C3
YOLO CO CA 244-C3
PLEASANTS VALLEY RD Rt#-128
YOLO CO CA 244-C1
PLEASANT VALLEY AV
OAKLAND CA 330-C1
PLEASANT VALLEY RD
CAMARILLO CA 275-D6
EL DORADO CO CA 237-A5
EL DORADO CO CA 317-E10
NEVADA CO CA 170-B1
NEVADA CO CA 233-A1
OXNARD CA 275-C7
VENTURA CO CA 275-C7
PLEASANT VALLEY RD Rt#-34
CAMARILLO CA 275-D6
VENTURA CO CA 275-D6
PLEASANT VALLEY RD Rt#-49
EL DORADO CO CA 237-B5
EL DORADO CO CA 317-D10
E PLEASANT VALLEY RD
OXNARD CA 275-B7
PLIOCENE RIDGE RD
SIERRA CO CA 170-C1
PLOMOSA RD
LA PAZ CO AZ 211-C1
PLUMAS BLVD
YUBA CITY CA 309-F6
PLUMAS ST
RENO NV 311-D8
YUBA CITY CA 309-E4
E PLUMB LN
RENO NV 311-F8
RENO NV 312-A8
W PLUMB LN
RENO NV 311-B8
PLUM CANYON RD
LOS ANGELES CO CA 277-A3
PLUM CREEK RD
TEHAMA CO CA 163-C1
PLUMMER ST
LOS ANGELES CA 276-C7
LOS ANGELES CA 277-A7
PLUNKETT RD
HUMBOLDT CO CA 219-D3
PLUSH CUTOFF RD
LAKE CO OR 152-B2
PLYMOUTH ST
SANTA CRUZ CA 335-E5
POCKET RD
SACRAMENTO CA 238-A2
POCKET CANYON HWY Rt#-116
SONOMA CO CA 168-B3
SONOMA CO CA 242-A1
N POE VALLEY RD
KLAMATH CO OR 151-A2
S POE VALLEY RD
KLAMATH CO OR 150-C2
KLAMATH CO OR 151-A2
POINSETTIA LN
CARLSBAD CA 293-B1
POINT CABRILLO DR
MENDOCINO CO CA 224-A4
POINT LAKEVIEW RD
LAKE CO CA 226-B6
POINT LOBOS AV
SAN FRANCISCO CA 249-B1
SAN FRANCISCO CA 325-A5
POINT LOMA AV
SAN DIEGO CA 295-B1
W POINT LOMA BLVD
SAN DIEGO CA 371-B9
POINT PLEASANT RD
SACRAMENTO CO CA 238-B5
POINT REYES-PETALUMA RD
MARIN CO CA 242-D7
MARIN CO CA 245-D1
MARIN CO CA 246-A1
POINT SAL RD
SANTA BARBARA CO CA 272-A7
POINT SAN PEDRO RD
MARIN CO CA 246-C4
MARIN CO CA 324-G7
SAN RAFAEL CA 246-C4
SAN RAFAEL CA 324-G7
POLE LINE RD
DAVIS CA 318-F6
MERCED CO CA 180-C2
SAN BERNARDINO CO CA 202-B3
POLE LINE RD Rt#-E8
DAVIS CA 318-F3
YOLO CO CA 234-C7
YOLO CO CA 318-F3
POLHEMUS RD
SAN MATEO CA 249-D6
SAN MATEO CO CA 249-D6
POLI ST
VENTURA CA 349-F5

N POLK AV
FRESNO CA 264-A3
POLK ST
LOS ANGELES CA 277-A6
MONTEREY CA 337-G7
RIVERSIDE CO CA 209-B2
SAN FRANCISCO CA 326-C4
POLK ST Rt#-33
COALINGA CA 190-A1
W POLK ST Rt#-33
COALINGA CA 190-A1
FRESNO CO CA 190-A1
POLLACK FLAT RD
SISKIYOU CO CA 158-B1
POMELO AV
STANISLAUS CO CA 261-A7
POMERADO RD
POWAY CA 294-A4
SAN DIEGO CA 293-D5
SAN DIEGO CA 294-A4
SAN DIEGO CO CA 293-D5
POMERADO RD Rt#-S5
SAN DIEGO CA 294-A2
POMEROY RD
SAN LUIS OBISPO CO CA 272-B2
POMONA AV
BUTTE CO CA 305-F9
CHICO CA 305-F9
CORONADO CA 373-D8
POMONA AV Rt#-282
CORONADO CA 373-D7
POMONA BLVD
LOS ANGELES CO CA 282-A4
MONTEREY PARK CA 282-A4
E POMONA BLVD
MONTEBELLO CA 282-B4
MONTEREY PARK CA 282-B4
W POMONA BLVD
LOS ANGELES CO CA 282-A4
MONTEBELLO CA 282-B4
MONTEREY PARK CA 282-B4
POMONA FRWY Rt#-57
DIAMOND BAR CA 283-B5
POMONA FRWY Rt#-60
CHINO CA 283-A5
CHINO HILLS CA 283-A5
CITY OF INDUSTRY CA 282-A4
CITY OF INDUSTRY CA 283-A5
DIAMOND BAR CA 283-A5
LOS ANGELES CA 282-A4
LOS ANGELES CA 356-D8
LOS ANGELES CO CA 282-A4
LOS ANGELES CO CA 283-A5
MONTEBELLO CA 282-A4
MONTEREY PARK CA 282-A4
ONTARIO CA 283-A5
ONTARIO CA 284-A4
POMONA CA 283-A5
RIVERSIDE CA 366-D2
RIVERSIDE CO CA 284-A4
ROSEMEAD CA 282-A4
SAN BERNARDINO CO CA 283-A5
SOUTH EL MONTE CA 282-A4
POND RD
KERN CO CA 191-A2
PONDEROSA DR
CAMARILLO CA 275-D6
PONDEROSA RD
EL DORADO CO CA 237-A5
PONDEROSA WY
BUTTE CO CA 223-B1
N PONDEROSA WY
NEVADA CO CA 233-B1
PONY EXPRESS TR
EL DORADO CO CA 170-C3
EL DORADO CO CA 237-D4
POLLOCK PINES CA 170-C3
POOLE POWER PLANT RD
MONO CO CA 263-A1
POOL STATION RD
CALAVERAS CO CA 175-C1
SAN ANDREAS CA 175-C1
POPE CANYON RD
NAPA CO CA 241-C6
POPE VALLEY RD
NAPA CO CA 241-B5
POPE VALLEY CROSS RD
NAPA CO CA 241-C6
POPLAR AV
KINGS CO CA 191-A1
MARIN CO CA 324-A8
ROSS CA 324-A8
TULARE CO CA 191-A1
POPLAR AV Rt#-190
PORTERVILLE CA 191-B1
TULARE CO CA 191-B1
POPLAR DR
MEDFORD OR 149-C2
POPPY DR
MENDOCINO CO CA 168-A1
PORCUPINE
DEL NORTE CO CA 216-C7
W PORTAL RD
MONO CO CA 263-B2
PORT CHICAGO HWY
CONCORD CA 247-D4
CONTRA COSTA CO CA 247-D3
CONTRA COSTA CO CA 248-A3
PORTER DR
MONTEREY CO CA 256-C5
PORTER ST
CAPITOLA CA 256-A3
RIVERSIDE CO CA 289-C2
SANTA CRUZ CO CA 256-A3
PORTER CREEK RD
SONOMA CO CA 240-C7
PORTER RANCH DR
LOS ANGELES CA 276-D6
PORTERVILLE HWY Rt#-65
KERN CO CA 191-B2
KERN CO CA 267-B2
PORTESUELLO AV
SANTA BARBARA CA 348-A6
E PORT HUENEME RD
PORT HUENEME CA 275-B7
PORT KENYON RD
HUMBOLDT CO CA 219-A7
PORTOLA AV
LIVERMORE CA 251-C3
PALM DESERT CA 290-C5
RIVERSIDE CO CA 290-C5
PORTOLA AV Rt#-J2
LIVERMORE CA 251-C3

PORTOLA DR
CAPITOLA CA 256-A4
SAN FRANCISCO CA 249-C2
SAN FRANCISCO CA 325-G10
SAN FRANCISCO CA 326-A10
SANTA CRUZ CO CA 255-D4
SANTA CRUZ CO CA 256-A4
PORTOLA PKWY
IRVINE CA 288-B3
LAKE FOREST CA 288-D4
ORANGE CO CA 288-B3
TUSTIN CA 288-B3
PORTOLA RD
ATASCADERO CA 271-C1
PORTOLA VALLEY CA 252-C2
SAN MATEO CO CA 252-C2
WOODSIDE CA 252-C2
PORTOLA ST
MONTEREY CA 337-F5
PORTOLA WY
CORTE MADERA CA 246-B5
POSO ST Rt#-166
KERN CO CA 199-A1
MARICOPA CA 199-A1
POST RD
RIVERSIDE CO CA 289-A2
POSTAL RD
CLARK CO NV 187-A2
POTOMAC AV
BAKERSFIELD CA 344-F6
POTRERO AV
EL CERRITO CA 247-A6
SAN FRANCISCO CA 326-E10
POTRERO RD
THOUSAND OAKS CA 206-B1
VENTURA CO CA 206-B1
W POTRERO RD
THOUSAND OAKS CA 206-B1
VENTURA CO CA 206-B1
VENTURA CO CA 275-D7
POTRERO CANYON RD
LOS ANGELES CO CA 276-C4
POTRERO GRANDE DR
LOS ANGELES CO CA 282-B4
MONTEBELLO CA 282-B4
MONTEREY PARK CA 282-B4
ROSEMEAD CA 282-B4
POUND RD
IMPERIAL CO CA 210-B3
POUNDSTONE RD
COLUSA CO CA 169-B2
POWAY RD Rt#-S4
POWAY CA 294-A4
SAN DIEGO CA 293-D4
SAN DIEGO CA 294-A4
POWDERHOUSE
DEL NORTE CO CA 216-C6
POWELL RD
SUTTER CO CA 227-A3
POWELL ST
HOLLISTER CA 257-D6
SAN BENITO CO CA 257-D6
POWELLTON RD
BUTTE CO CA 163-C3
POWER INN RD
ELK GROVE CA 238-C2
SACRAMENTO CA 238-C1
SACRAMENTO CA 320-G10
SACRAMENTO CO CA 238-C2
POWERLINE RD
CHURCHILL CO NV 172-B1
POWER LINE RD
SACRAMENTO CO CA 235-A5
SUTTER CO CA 235-A1
POWERLINE RD
YUBA CO CA 310-F10
POWER LINE MAINTENANCE RD
LINCOLN CO NV 186-B1
POWERS SOUTH RD
COOS CO OR 148-C1
CURRY CO OR 148-C1
E POZO RD
SAN LUIS OBISPO CO CA 190-A3
W POZO RD
SAN LUIS OBISPO CO CA 189-C3
SAN LUIS OBISPO CO CA 190-A3
SAN LUIS OBISPO CO CA 198-A1
PRADO RD
SAN LUIS OBISPO CA 347-C8
PRAIRIE AV
HAWTHORNE CA 281-C6
LAWNDALE CA 281-C7
LOS ANGELES CO CA 281-C7
TORRANCE CA 281-C7
TORRANCE CA 286-C1
N PRAIRIE AV
INGLEWOOD CA 281-C6
S PRAIRIE AV
INGLEWOOD CA 281-C6
PRAIRIE CITY RD
FOLSOM CA 236-B6
S PRAIRIE FLOWER RD
STANISLAUS CO CA 261-B7
PRATER WY
SPARKS NV 311-G4
SPARKS NV 312-A4
E PRATER WY
SPARKS NV 312-F3
PRATT ST
TULARE CO CA 191-A2
TULARE CO CA 266-B5
PRATTVILLE RD
LASSEN CO CA 304-A4
PREFUMO CANYON RD
SAN LUIS OBISPO CO CA 271-B6
PRELL RD
SANTA BARBARA CO CA 272-D5
SANTA MARIA CA 272-D5
PRESCOTT AV
MONTEREY CA 337-F4
PRESCOTT LN
PACIFIC GROVE CA 337-D6
PRESCRIPTION RD
MOHAVE CO AZ 196-B3
PRESIDIO AV
SAN FRANCISCO CA 326-A4
PRESIDIO BLVD
SAN FRANCISCO CA 325-G3
SAN FRANCISCO CA 326-A4
PRESIDIO BLVD Rt#-1
SAN FRANCISCO CA 325-E6

CRA

INDEX

PRESTON AV Rt#-104 — STREET INDEX — RICHMOND RD N 404

PRESTON AV Rt#-104
IONE CA 175-B1
PRICE RD
VENTURA CO CA 275-D5
PRICE CANYON RD
PISMO BEACH CA 272-A1
SAN LUIS OBISPO CO CA 271-D7
SAN LUIS OBISPO CO CA 272-A1
PRIELIPP RD
RIVERSIDE CO CA 289-B6
PRIEST COULTERVILLE RD
MARIPOSA CO CA 176-A2
TUOLUMNE CO CA 176-A2
PRIMROSE DR
MENDOCINO CO CA 168-A1
PRIMROSE RD
SOUTH LAKE TAHOE CA 314-F3
PRINCETON AV
MOORPARK CA 199-C3
PROCTOR AV
CITY OF INDUSTRY CA 282-D4
LOS ANGELES CO CA 282-D4
PROCTOR VALLEY RD
SAN DIEGO CO CA 296-C2
PROGRESS RD
SUTTER CO CA 169-C2
PRONGHORN RUN
MONTEREY CO CA 258-D7
PROSPECT AV
SAN FRANCISCO CA 249-C2
SANTEE CA 294-B6
PROSPECT PL
SAN DIEGO CA 370-B6
PROSPECT RD
SAN JOSE CA 253-B4
SARATOGA CA 253-B4
PROSPECT ST
SAN DIEGO CA 370-A7
S PROSPECT ST
ORANGE CA 288-B2
ORANGE CO CA 288-B2
PROSPERITY AV
TULARE CO CA 266-A4
PROSSER DAM RD
NEVADA CO CA 229-A6
TRUCKEE CA 229-A6
PRUNE AV
STANISLAUS CO CA 261-A7
PRUNERIDGE AV
SANTA CLARA CA 253-B3
SANTA CLARA CA 333-A8
PUDDING CREEK RD
FORT BRAGG CA 307-C2
MENDOCINO CO CA 224-B2
MENDOCINO CO CA 307-C2
PUEBLO AV
NAPA CA 323-D4
W PUEBLO AV
NAPA CA 323-A5
NAPA CO CA 323-A5
PUEBLO ST
SANTA BARBARA CA 348-B6
PUENTE AV
BALDWIN PARK CA 282-D3
LOS ANGELES CO CA 282-D4
WEST COVINA CA 282-D3
E PUENTE AV
WEST COVINA CA 282-D3
WEST COVINA CA 283-A3
N PUENTE AV
CITY OF INDUSTRY CA 282-C4
LA PUENTE CA 282-C4
LOS ANGELES CO CA 282-C4
W PUENTE AV
WEST COVINA CA 282-D3
PUENTE DR
SANTA BARBARA CO CA 274-C7
PUENTE ST
COVINA CA 283-A3
SAN DIMAS CA 283-A3
E PUENTE ST
COVINA CA 283-A3
LOS ANGELES CO CA 283-A3
N PUENTE ST
BREA CA 282-D6
W PUENTE ST
COVINA CA 283-A3
WEST COVINA CA 283-A3
PULGAS AV
EAST PALO ALTO CA 332-F3
PUMICE MINE RD
MONO CO CA 263-C3
PUMPHOUSE RD
SISKIYOU CO CA 217-C6
PUNKIN CENTER RD
LASSEN CO CA 159-B2
PURISIMA RD
LOMPOC CA 198-A2
SANTA BARBARA CO CA 198-A2
E PURSEL LN
LYON CO NV 172-B2
W PURSEL LN
LYON CO NV 172-B2
PUTAH CREEK RD
SOLANO CO CA 244-D1
PVT BOLIO RD
MONTEREY CA 337-F5
PYRAMID RD Rt#-445
SPARKS NV 230-B1
WASHOE CO NV 165-C3
WASHOE CO NV 230-B1
PYRAMID WY
SPARKS NV 312-C3
WASHOE CO NV 312-C3
PYRAMID WY Rt#-445
SPARKS NV 312-C1
WASHOE CO NV 312-D1

Q

Q ST
BAKERSFIELD CA 344-E5
SACRAMENTO CA 319-D4
QUAIL AV
BERKELEY CA 328-C3
QUAIL CANYON RD
SAN DIEGO CO CA 294-C6
QUAIL CREEK
MONTEREY CO CA 259-D3
QUAIL CREEK RD
MONTEREY CO CA 259-C3
QUAIL SPRINGS RD
SAN BERNARDINO CO CA 209-B1
QUALCOMM WY
SAN DIEGO CA 372-G5
S QUARRY RD
HUMBOLDT CO CA 219-D3
QUARTZ DR
EL DORADO CO CA 237-A6
QUARTZ HILL RD
LOS ANGELES CO CA 200-B2
REDDING CA 301-D3
SHASTA CO CA 301-B1
QUARTZ VALLEY RD
SISKIYOU CO CA 157-C1
QUATAL CANYON RD
SANTA BARBARA CO CA 199-A2
QUEBEC AV
CORCORAN CA 190-C1
CORCORAN CA 191-A1
KINGS CO CA 190-B1
KINGS CO CA 191-A1
QUEENS AV
YUBA CITY CA 309-C3
QUEENS RD
BERKELEY CA 328-C3
QUEENS WY
LONG BEACH CA 360-C8
QUENTIN L KOPP FRWY I-380
SAN BRUNO CA 249-C4
SAN BRUNO CA 327-B3
SAN MATEO CO CA 327-B3
SOUTH SAN FRANCISCO CA 327-B3
QUENTIN ROOSEVELT BLVD
CORONADO CA 373-B5
QUIMBY RD
SAN JOSE CA 254-A4
N QUINCE DR
SAN DIEGO CA 373-F1
QUINCE ST
SAN DIEGO CA 373-E1
N QUINCY RD
STANISLAUS CO CA 261-D6
TURLOCK CA 261-D6
QUINCY LA PORTE RD
PLUMAS CO CA 164-B3
QUINCY CA 164-B3
SIERRA CO CA 164-B3
QUINN RD
HUMBOLDT CO CA 219-A5
QUISENBERRY RD
STANISLAUS CO CA 261-A5
QUITO RD Rt#-G2
LOS GATOS CA 253-B4
MONTE SERENO CA 253-B4
SAN JOSE CA 253-B4
SANTA CLARA CO CA 253-B4
SARATOGA CA 253-B4

R

R ST
FRESNO CA 343-E7
R ST Rt#-255
EUREKA CA 300-E1
RABBIT SPRINGS RD
SAN BERNARDINO CO CA 279-B3
RACE ST
SAN JOSE CA 333-E8
SANTA CLARA CO CA 333-E9
RACE TRACK RD
NYE CO NV 184-C2
SONORA CA 341-A4
TUOLUMNE CO CA 341-A4
N RACETRACK RD
HENDERSON NV 269-B6
S RACETRACK RD
HENDERSON NV 269-B6
RACETRACK VALLEY RD
INYO CO CA 184-A2
RACINE AV
KINGS CO CA 190-B2
E RACQUET CLUB RD
PALM SPRINGS CA 367-E2
W RACQUET CLUB RD
PALM SPRINGS CA 367-C2
N RAFAEL WK
LONG BEACH CA 287-B3
RAGGED TOP RD
PERSHING CO NV 166-C2
RAIL RD
CALAVERAS CO CA 176-A1
RAILROAD AV
DEL NORTE CO CA 297-G2
JOSEPHINE CO OR 149-A1
PITTSBURG CA 248-B4
SANTA MARIA CA 272-C4
SONOMA CO CA 322-B4
SUTTER CO CA 309-E9
VALLEJO CA 247-A2
WINTERS CA 244-D1
YOLO CO CA 244-D1
YUBA CITY CA 309-E9
E RAILROAD AV
SONOMA CO CA 242-C5
S RAILROAD AV
FRESNO CA 264-C5
FRESNO CA 343-E10
W RAILROAD AV
SONOMA CO CA 242-C5
RAILROAD ST
CORONA CA 283-D7
SANTA ROSA CA 321-D7
RAILROAD CANYON RD
CANYON LAKE CA 289-B4
LAKE ELSINORE CA 289-B4
RAILROAD FLAT RD
CALAVERAS CO CA 175-C1
CALAVERAS CO CA 176-A1
RAILROAD PARK RD
SISKIYOU CO CA 218-B6
N RAINBOW BLVD
CLARK CO NV 268-B3
LAS VEGAS NV 268-B3
N RAINBOW BLVD Rt#-595
LAS VEGAS NV 268-B4
S RAINBOW BLVD Rt#-595
ENTERPRISE NV 268-B5
LAS VEGAS NV 268-B5
SPRING VALLEY NV 268-B5
RAINBOW DR
SAN JOSE CA 253-B4
RAINBOW WK
LOS ANGELES CO CA 200-A2
RAINBOW CANYON RD
RIVERSIDE CO CA 292-D1
TWENTYNINE PALMS CA 202-B3
RAINBOW RIDGE RD
HUMBOLDT CO CA 161-B1
RAINBOW VALLEY BLVD
SAN DIEGO CO CA 292-C2
RAINIER RD Rt#-3
TRINITY CO CA 157-C3
RALEY BLVD
SACRAMENTO CA 235-C6
RALSTON AV
BELMONT CA 249-D7
BELMONT CA 250-A7
REDWOOD CITY CA 250-A7
SAN MATEO CA 249-D7
SAN MATEO CO CA 249-D7
RAMBLA DE LAS FLORES
SAN DIEGO CO CA 293-C3
RAMBLA PACIFICO
LOS ANGELES CO CA 280-C4
RAMIREZ RD
BUTTE CO CA 227-D3
YUBA CO CA 227-C3
RAMIREZ ST
LOS ANGELES CA 356-C4
MARYSVILLE CA 310-B2
RAMON RD
CATHEDRAL CITY CA 290-C4
PALM SPRINGS CA 290-C4
PALM SPRINGS CA 367-D7
RANCHO MIRAGE CA 290-C4
RIVERSIDE CO CA 290-C4
RAMONA AV
CHINO CA 283-C4
MONTCLAIR CA 283-C4
SAN BERNARDINO CO CA 283-C4
RAMONA BLVD
BALDWIN PARK CA 282-C3
EL MONTE CA 282-C3
IRWINDALE CA 282-C3
SAN JACINTO CA 208-C2
WEST COVINA CA 282-C3
N RAMONA BLVD
SAN JACINTO CA 208-C2
N RAMONA BLVD Rt#-79
SAN JACINTO CA 208-C2
RAMONA EXWY
PERRIS CA 289-B1
RIVERSIDE CO CA 208-C2
RIVERSIDE CO CA 289-D1
SAN JACINTO CA 208-C2
SAN JACINTO CA 289-D1
W RAMONA EXWY
PERRIS CA 289-B1
RAMONA ST
SAN DIEGO CO CA 294-C3
RAMONA OAKS RD
SAN DIEGO CO CA 294-D3
N RAMPART BLVD
LAS VEGAS NV 268-A3
LOS ANGELES CA 355-E1
S RAMPART BLVD
LAS VEGAS NV 268-A4
LOS ANGELES CA 355-D3
RAMSEY ST
BANNING CA 208-C1
E RAMSEY ST
BANNING CA 208-C1
RAMSHORN RD
TRINITY CO CA 158-A2
RANA CREEK
MONTEREY CO CA 259-B5
RANCHARD EXTENDED
MONO CO CA 178-A2
RANCHERIA CIRCLE RD
SISKIYOU CO CA 150-A3
RANCHERIAS RD
APPLE VALLEY CA 278-C1
RANCHERO RD
HESPERIA CA 278-B4
SAN BERNARDINO CO CA 278-A4
RANCHITA CANYON RD
MONTEREY CO CA 189-C2
MONTEREY CO CA 190-A2
SAN LUIS OBISPO CO CA 189-C2
RANCHITOS RD
MARIN CO CA 324-D4
SAN RAFAEL CA 324-D4
N RANCHO DR Rt#-599
LAS VEGAS NV 345-B5
N RANCHO DR U.S.-95
CLARK CO NV 186-B3
CLARK CO NV 268-B2
LAS VEGAS NV 268-B2
LAS VEGAS NV 345-A4
NORTH LAS VEGAS NV 268-B2
S RANCHO DR Rt#-599
LAS VEGAS NV 345-B9
RANCHO RD
ADELANTO CA 278-A1
OLIVEHURST CA 227-D7
REDDING CA 220-C7
SHASTA CO CA 220-C7
YUBA CO CA 227-D7
RANCHO BERNARDO RD
SAN DIEGO CA 293-D3
SAN DIEGO CA 294-A3
SAN DIEGO CO CA 293-D3
RANCHO BERNARDO RD Rt#-S5
SAN DIEGO CA 294-A3
RANCHO CALIFORNIA RD
RIVERSIDE CO CA 208-C2
RIVERSIDE CO CA 289-C7
RIVERSIDE CO CA 292-C1
TEMECULA CA 289-D7
RANCHO DEL ORO DR
OCEANSIDE CA 292-A6
RANCHO PENASQUITOS BLVD
SAN DIEGO CA 293-D4
RANCHO SAN CARLOS RD
MONTEREY CO CA 258-C7
RANCHO SANTA FE RD
CARLSBAD CA 293-B2
RANCHO SANTA FE RD Rt#-S9
ENCINITAS CA 293-B3
SAN DIEGO CO CA 293-B3
RANCHO SANTA FE RD Rt#-S10
CARLSBAD CA 293-B2
N RANCHO SANTA FE RD Rt#-S10
SAN MARCOS CA 292-C7
S RANCHO SANTA FE RD Rt#-S10
CARLSBAD CA 293-C1
SAN MARCOS CA 292-C7
SAN MARCOS CA 293-C1
RANCHO SANTA TERESA DR
SAN DIEGO CO CA 294-D2
RANCHO VIEJO RD
MISSION VIEJO CA 288-D7
SAN JUAN CAPISTRANO CA 288-D7
RANCHO VISTA BLVD
PALMDALE CA 200-B2
RANCHO VISTA RD
TEMECULA CA 289-D7
RANDSBURG CTO
CALIFORNIA CITY CA 200-B1
KERN CO CA 200-B1
RANDSBURG-MOJAVE RD
KERN CO CA 192-C3
RANGE AV
SANTA ROSA CA 321-C4
RANGELAND RD
SAN DIEGO CO CA 294-B2
RANNELS BLVD
RIVERSIDE CO CA 211-A2
RANNELS BLVD Rt#-78
RIVERSIDE CO CA 211-A2
RASMUSSEN LN
HUMBOLDT CO CA 219-A7
RATTLESNAKE BAR RD
EL DORADO CO CA 236-C3
RATTLESNAKE FIRE TR
SONOMA CO CA 240-B3
RATTO RD
SONOMA CO CA 239-D1
RAWHIDE RD Rt#-E5
TUOLUMNE CO CA 176-A2
RAWSON RD
RED BLUFF CA 221-C6
RED BLUFF CA 303-C10
TEHAMA CO CA 221-C6
TEHAMA CO CA 303-C10
RAY RD
SANTA BARBARA CO CA 272-B5
SANTA MARIA CA 272-B5
N RAY RD
SAN JOAQUIN CO CA 260-A1
N RAYMOND AV
FULLERTON CA 283-A7
S RAYMOND AV
ANAHEIM CA 288-A1
FULLERTON CA 283-A7
FULLERTON CA 288-A1
READE LN
SAUSALITO CA 246-C7
REAL RD
BAKERSFIELD CA 344-A7
KERN CO CA 344-A7
E REALTY RD
SAN JOAQUIN CO CA 260-C1
REAM AV
MOUNT SHASTA CA 298-D7
SISKIYOU CO CA 298-D7
REBEL RD
WHITNEY NV 268-D5
WHITNEY NV 269-A5
RECHE RD
SAN BERNARDINO CO CA 202-A3
RECHE RD Rt#-S15
SAN DIEGO CO CA 292-C3
RECHE CANYON RD
RIVERSIDE CO CA 285-A4
RECLAMATION RD
SUTTER CO CA 169-C2
SUTTER CO CA 234-C1
RED BANK RD
TEHAMA CO CA 163-A2
TEHAMA CO CA 221-A4
REDBIRD CT
BUTTE CO CA 170-A1
RED CORRAL RD Rt#-26
AMADOR CO CA 175-C1
CALAVERAS CO CA 175-C1
RED DOG RD
NEVADA CO CA 170-B1
NEVADA CO CA 233-D1
REDEMEYER RD
MENDOCINO CO CA 308-F3
RED FIR LP
SISKIYOU CO CA 218-A3
RED FIR RD
KLAMATH CO OR 151-B1
REDHAWK PKWY
RIVERSIDE CO CA 292-D1
TEMECULA CA 292-D1
RED HILL AV
COSTA MESA CA 363-C6
IRVINE CA 288-A4
IRVINE CA 363-D3
ORANGE CO CA 288-B3
SAN ANSELMO CA 324-A6
SANTA ANA CA 288-A4
SANTA ANA CA 363-F1
TUSTIN CA 288-B3
RED HILL RD
LAKE CO CA 226-B7
RED HOUSE RD
LAKE CO OR 152-A1
REDLANDS AV
PERRIS CA 289-B2
REDLANDS AV Rt#-74
PERRIS CA 289-B2
REDLANDS BLVD
LOMA LINDA CA 285-A3
LOMA LINDA CA 368-G9
MORENO VALLEY CA 285-B6
REDLANDS CA 285-A3
RIVERSIDE CO CA 285-B6
SAN BERNARDINO CA 368-G9
E REDLANDS BLVD
REDLANDS CA 285-B3
SAN BERNARDINO CA 368-F10
W REDLANDS BLVD
REDLANDS CA 285-A3
REDMOND AV
SAN JOSE CA 253-D5
RED MOUNTAIN RD
MENDOCINO CO CA 161-C2
SHASTA CO CA 158-C2
REDONDO AV
LONG BEACH CA 287-A2
N REDONDO AV
LONG BEACH CA 287-A2
SIGNAL HILL CA 287-A2
REDONDO BEACH BLVD
LAWNDALE CA 281-C7
LAWNDALE CA 286-C1
LOS ANGELES CO CA 281-C7
REDONDO BEACH CA 281-C7
REDONDO BEACH CA 286-C1
TORRANCE CA 281-C7
E REDONDO BEACH BLVD
COMPTON CA 281-D7
LOS ANGELES CO CA 281-D7
W REDONDO BEACH BLVD
GARDENA CA 281-D7
LOS ANGELES CA 281-D7
LOS ANGELES CO CA 281-D7
TORRANCE CA 281-C7
RED ROCK RD
SISKIYOU CO CA 150-B3
REDROCK-RANDSBURG RD
KERN CO CA 192-C3
RED ROVER MINE RD
LOS ANGELES CO CA 277-D2
RED VISTA RD Rt#-88
ALPINE CO CA 171-B3
RED WINERY RD
SONOMA CO CA 240-B4
REDWOOD AV
CORTE MADERA CA 246-B5
FORT BRAGG CA 307-B3
GRANTS PASS OR 149-B1
JOSEPHINE CO OR 149-A1
REDWOOD BLVD
CALIFORNIA CITY CA 200-C1
NOVATO CA 246-B2
REDWOOD DR
HUMBOLDT CO CA 161-C2
RIVERSIDE CA 366-B4
REDWOOD HWY
DEL NORTE CO CA 156-B1
GRANTS PASS OR 149-B1
HUMBOLDT CO CA 156-B1
HUMBOLDT CO CA 161-C2
REDWOOD HWY Rt#-99
GRANTS PASS OR 149-B1
REDWOOD HWY Rt#-101
MARIN CO CA 246-B3
REDWOOD HWY Rt#-254
HUMBOLDT CO CA 161-B1
REDWOOD HWY U.S.-101
ARCATA CA 219-C1
ARCATA CA 299-C9
CLOVERDALE CA 239-D1
CORTE MADERA CA 246-B6
COTATI CA 242-C5
CRESCENT CITY CA 297-D7
DEL NORTE CO CA 148-B2
DEL NORTE CO CA 156-B1
DEL NORTE CO CA 216-B1
DEL NORTE CO CA 297-G10
EUREKA CA 219-C1
EUREKA CA 300-A9
FORTUNA CA 219-B6
HEALDSBURG CA 240-A4
HUMBOLDT CO CA 156-B2
HUMBOLDT CO CA 161-B1
HUMBOLDT CO CA 219-C1
HUMBOLDT CO CA 299-C1
HUMBOLDT CO CA 300-A9
LARKSPUR CA 246-B6
LARKSPUR CA 324-F10
LAYTONVILLE CA 162-A3
MARIN CO CA 242-C5
MARIN CO CA 246-B1
MARIN CO CA 324-F9
MENDOCINO CO CA 161-C2
MENDOCINO CO CA 162-A3
MENDOCINO CO CA 168-A1
MENDOCINO CO CA 225-A1
MENDOCINO CO CA 239-D1
MENDOCINO CO CA 308-E8
MILL VALLEY CA 246-B6
NOVATO CA 246-B1
PETALUMA CA 242-C5
RIO DELL CA 161-B1
ROHNERT PARK CA 242-C5
SAN FRANCISCO CA 246-B6
SAN RAFAEL CA 246-B6
SAN RAFAEL CA 324-D3
SANTA ROSA CA 242-C5
SANTA ROSA CA 321-C2
SAUSALITO CA 246-B6
SONOMA CO CA 239-D1
SONOMA CO CA 240-A4
SONOMA CO CA 242-C5
SONOMA CO CA 321-C2
TRINIDAD CA 156-B2
UKIAH CA 308-E8
WILLITS CA 168-A1
WINDSOR CA 240-B7
WINDSOR CA 242-C5
REDWOOD HWY U.S.-199
CAVE JUNCTION OR 149-A2
DEL NORTE CO CA 148-C3
DEL NORTE CO CA 216-D4
GRANTS PASS OR 149-A2
JOSEPHINE CO OR 148-C2
JOSEPHINE CO OR 149-A2
NE REDWOOD HWY Rt#-99
GRANTS PASS OR 149-B1
REDWOOD HWY N U.S.-101
SONOMA CO CA 239-D1
REDWOOD PKWY
VALLEJO CA 247-B2
REDWOOD RD
ALAMEDA CO CA 250-B1
NAPA CA 323-A4
NAPA CO CA 323-A4
OAKLAND CA 250-B1
REDWOOD ST
VALLEJO CA 247-B2
REDWOOD HIGHWAY FRONTAGE RD
SAN RAFAEL CA 324-C1
REED AV
SUNNYVALE CA 253-B3
REED AV Rt#-84
WEST SACRAMENTO CA 235-A7
N REED AV
FRESNO CO CA 182-A3
REEDLEY CA 182-A3
S REED AV
FRESNO CO CA 182-A3
W REED ST
SAN JOSE CA 333-G9
SAN JOSE CA 334-A8
REEDER RD
KLAMATH CO OR 150-C2
REEDS CREEK RD
TEHAMA CO CA 163-A2
TEHAMA CO CA 221-A2
REESE RIVER RD
LYON CO NV 172-B3
REEVES CANYON RD
MENDOCINO CO CA 168-A1
REFUGIO RD
SANTA BARBARA CO CA 273-C3
REFUGIO VALLEY RD
HERCULES CA 247-A4
REGENTS RD
SAN DIEGO CA 293-C6
REIDY CANYON RD
SAN DIEGO CO CA 292-D6
REINA RD
KERN CO CA 267-A3
N REINO RD
THOUSAND OAKS CA 206-B1
S REINO RD
THOUSAND OAKS CA 206-B1
RELIEZ STATION RD
LAFAYETTE CA 247-C6
RELIEZ VALLEY RD
CONTRA COSTA CO CA 247-C5
MARTINEZ CA 247-C5
RENNER LN
HUMBOLDT CO CA 219-B7
RESEDA BLVD
LOS ANGELES CA 276-D7
LOS ANGELES CA 280-D2
RESERVATION RD
MARINA CA 258-D2
PERSHING CO NV 166-C2
RESERVATION RD Rt#-G17
MARINA CA 258-D3
MONTEREY CO CA 258-D3
MONTEREY CO CA 259-A3
RESERVATION RD Rt#-J42
TULARE CO CA 191-B1
RESERVATION RD Rt#-4
MOHAVE CO AZ 270-C7
RESERVOIR AV
RIVERSIDE CO CA 289-C1
N RESERVOIR ST
POMONA CA 283-C4
S RESERVOIR ST
CHINO CA 283-C4
POMONA CA 283-C4
RESTAND WY
SONORA CA 341-E6
RETSON RD
BUTTE CO CA 164-A2
REYNARD WY
SAN DIEGO CA 372-D10
SAN DIEGO CA 373-D2
REYNOLDS HWY
MENDOCINO CO CA 168-A1
R H DANA PL
CORONADO CA 373-C9
RHEEM BLVD
MORAGA CA 247-C7
E RIALTO AV
RIALTO CA 284-C3
SAN BERNARDINO CA 284-D3
SAN BERNARDINO CA 368-F4
W RIALTO AV
RIALTO CA 284-C3
SAN BERNARDINO CA 284-C3
SAN BERNARDINO CA 368-C4
RIBBONWOOD RD Rt#-94
SAN DIEGO CO CA 213-B2
RICE AV
OXNARD CA 275-C7
VENTURA CO CA 275-C7
RICE CANYON RD
LASSEN CO CA 165-A1
SAN DIEGO CO CA 292-D3
RICE RANCH RD
SANTA BARBARA CO CA 272-C6
RICES CROSSING RD
YUBA CO CA 170-A1
RICETON HWY
BUTTE CO CA 169-C1
RICHARD M NIXON FRWY Rt#-90
ANAHEIM CA 283-B7
ANAHEIM CA 288-B1
ORANGE CO CA 283-B7
ORANGE CO CA 288-B1
YORBA LINDA CA 283-B7
RICHARDS BLVD
DAVIS CA 318-E6
SACRAMENTO CA 319-D1
RICHARDSON AV U.S.-101
SAN FRANCISCO CA 325-G2
SAN FRANCISCO CA 326-A3
RICHARDSON RD
SISKIYOU CO CA 150-B3
RICHFIELD RD
ANAHEIM CA 288-B1
PLACENTIA CA 283-B7
PLACENTIA CA 288-B1
YORBA LINDA CA 283-B7
RICHGROVE DR Rt#-J35
TULARE CO CA 191-B2
RICHLAND RD
SUTTER CO CA 309-C7
YUBA CITY CA 309-C7
RICHMOND PKWY
CONTRA COSTA CO CA 246-D5
CONTRA COSTA CO CA 247-A4
PINOLE CA 247-A4
RICHMOND CA 246-D5
RICHMOND CA 247-A4
RICHMOND RD
SUSANVILLE CA 304-B5
RICHMOND RD E
LASSEN CO CA 164-C1
LASSEN CO CA 304-E10
RICHMOND RD N
LASSEN CO CA 304-B6
SUSANVILLE CA 304-B6

CRA
INDEX

405 RICHMOND ST STREET INDEX ROSS RD

STREET City State Page-Grid

RICHMOND ST
SAN DIEGO CA 372-F10
SAN DIEGO CA 373-F1
RICHMOND-SAN RAFAEL BRDG I-580
MARIN CO CA 246-C5
RICHMOND CA 246-C5
SAN RAFAEL CA 246-C5
RICHVALE HWY
BUTTE CO CA 169-C1
BUTTE CO CA 223-A7
RIDER AV
SALINAS CA 336-G5
RIDER ST
PERRIS CA 289-C1
E RIDER ST
PERRIS CA 289-B1
W RIDER ST
PERRIS CA 289-B1
RIDGE LN
SAN FRANCISCO CA 249-C3
RIDGE RD
AMADOR CO CA 175-C1
CALAVERAS CO CA 175-C1
CALAVERAS CO CA 176-A1
GRASS VALLEY CA 315-B6
NEVADA CITY CA 315-B6
NEVADA CO CA 233-C1
NEVADA CO CA 315-B6
SIERRA CO CA 170-B1
SISKIYOU CO CA 217-A3
SUTTER CREEK CA 175-C1
RIDGE RD Rt#-104
AMADOR CO CA 175-C1
SUTTER CREEK CA 175-C1
RIDGE WY
CORTE MADERA CA 246-B5
RIDGECREST BLVD
KERN CO CA 192-C3
RIDGECREST BLVD Rt#-178
RIDGECREST CA 192-C3
SAN BERNARDINO CO CA 192-C3
RIDGECREST RD
SAN BERNARDINO CO CA 278-B2
RIDGELINE DR
IRVINE CA 288-B5
RIDGE RANCH RD
SONOMA CO CA 240-B3
RIDGE ROUTE DR
LAKE FOREST CA 288-C5
RIDGE ROUTE RD
LOS ANGELES CO CA 276-C1
RIDGEWAY AV
SANTA ROSA CA 321-D6
RIDGEWOOD DR
HUMBOLDT CO CA 219-B4
RIEBLI RD
SONOMA CO CA 242-C1
RIEGO RD
SUTTER CO CA 235-A4
RIFLE RANGE RD
MONTEREY CA 337-E6
RIGGIN AV
TULARE CO CA 266-A2
VISALIA CA 266-A2
W RIGGIN ST
MONTEREY PARK CA 282-B4
RIGGS RD
LAKE CO CA 225-D4
RIKER ST
SALINAS CA 336-B7
S RIKER ST
SALINAS CA 336-A8
RILEY RD
SACRAMENTO CO CA 238-D5
RILEY ST
FOLSOM CA 236-B5
RIM RD
MODOC CO CA 151-A3
RIM OF THE WORLD HWY Rt#-18
SAN BERNARDINO CA 284-D1
SAN BERNARDINO CA 285-A1
SAN BERNARDINO CO CA 278-B7
SAN BERNARDINO CO CA 279-A7
SAN BERNARDINO CO CA 284-D1
RIMROCK RD
BARSTOW CA 369-E8
SAN BERNARDINO CO CA 369-E8
E RIMROCK RD
BARSTOW CA 369-C9
SAN BERNARDINO CO CA 369-C9
RINALDI ST
LOS ANGELES CA 276-D7
LOS ANGELES CA 277-A7
RINCON RD Rt#-150
SANTA BARBARA CO CA 199-A3
VENTURA CO CA 199-A3
W RINDGE RD
SAN JOAQUIN CO CA 260-A3
RINGWOOD AV
ATHERTON CA 332-B2
MENLO PARK CA 332-B2
SAN MATEO CO CA 332-B2
RIO RD
CARMEL BY THE SEA CA 338-D4
MONTEREY CO CA 338-D4
RIO ST
RED BLUFF CA 303-D5
N RIO BLANCO RD
SAN JOAQUIN CO CA 260-A2
RIO DIXON RD Rt#-113
DIXON CA 174-C1
SOLANO CO CA 174-C1
RIO LINDA BLVD
SACRAMENTO CA 235-B6
SACRAMENTO CO CA 235-B4
RIO RANCHO RD
POMONA CA 283-B4
RIO VISTA BRDG Rt#-12
SACRAMENTO CO CA 248-D1
RIO VISTA RD Rt#-12
SOLANO CO CA 174-B1
SOLANO CO CA 244-D7
N RIO VISTA ST
ANAHEIM CA 288-A1
S RIO VISTA ST
ANAHEIM CA 288-A1
ANAHEIM CA 362-G1
ORANGE CO CA 362-G1
W RIPON RD
SAN JOAQUIN CO CA 175-A3

RISKE LN
WEST SACRAMENTO CA 319-B4
RISUE RD
DOUGLAS CO NV 172-A3
RIVER BLVD
BAKERSFIELD CA 267-C3
BAKERSFIELD CA 344-G1
KERN CO CA 267-C3
KERN CO CA 344-G1
RIVER DR
STOCKTON CA 339-B4
RIVER HWY
MOHAVE CO AZ 204-A1
RIVER RD
BUTTE CO CA 163-B3
CERES CA 340-G9
COLUSA CO CA 169-B1
CORONA CA 284-A6
JACKSON CO OR 150-A1
LAKE CO OR 151-C1
LYON CO NV 230-D7
MODESTO CA 340-G9
NEEDLES CA 204-A1
NEEDLES CA 270-B7
NORCO CA 283-D6
NORCO CA 284-A6
RIVERSIDE CO CA 283-D6
RIVERSIDE CO CA 289-B3
SAN BERNARDINO CO CA 270-B6
SONOMA CO CA 168-B3
SONOMA CO CA 239-D2
SONOMA CO CA 242-B1
STANISLAUS CO CA 180-B1
STANISLAUS CO CA 340-D9
TEHAMA CO CA 221-C6
RIVER RD Rt#-E13
SACRAMENTO CO CA 238-A6
RIVER RD Rt#-G17
MONTEREY CO CA 180-A3
MONTEREY CO CA 259-A4
RIVER RD Rt#-J3
STANISLAUS CO CA 175-A3
RIVER RD Rt#-J11
SACRAMENTO CO CA 238-B7
RIVER RD Rt#-J18
MERCED CO CA 180-B1
RIVER RD Rt#-84
RIO VISTA CA 174-C1
RIO VISTA CA 248-D1
RIVER RD Rt#-160
SACRAMENTO CO CA 238-B2
SACRAMENTO CO CA 248-D1
RIVER RD U.S.-66 Hist
NEEDLES CA 204-A1
E RIVER RD
SAN JOAQUIN CO CA 175-B3
SAN JOAQUIN CO CA 261-A1
N RIVER RD
JACKSON CO OR 149-B1
MONTEREY CO CA 189-C2
OCEANSIDE CA 292-B5
PASO ROBLES CA 189-C2
ROGUE RIVER OR 149-B1
SAN DIEGO CO CA 292-B5
SAN LUIS OBISPO CO CA 189-C2
S RIVER RD
PASO ROBLES CA 189-C3
YOLO CO CA 238-B2
S RIVER RD Rt#-E9
YOLO CO CA 238-B3
RIVER ST
CAVE JUNCTION OR 149-A2
JOSEPHINE CO OR 149-A2
W RIVER ST
CAVE JUNCTION OR 149-A2
RIVERBANKS RD
JOSEPHINE CO OR 149-A1
RIVERFORD RD
SAN DIEGO CO CA 294-B6
RIVERSIDE AV
COLTON CA 284-C4
RIALTO CA 284-C2
RIVERSIDE CA 366-B7
RIVERSIDE CO CA 284-C4
ROSEVILLE CA 235-D4
SAN BERNARDINO CO CA 284-C2
SANTA CRUZ CA 335-E8
N RIVERSIDE AV
FONTANA CA 284-C2
RIALTO CA 284-C2
SAN BERNARDINO CO CA 284-C2
N RIVERSIDE AV Rt#-99
MEDFORD OR 149-C2
S RIVERSIDE AV
RIALTO CA 284-C3
S RIVERSIDE AV Rt#-99
MEDFORD OR 149-C2
RIVERSIDE BLVD
SACRAMENTO CA 238-A1
SACRAMENTO CA 319-C7
RIVERSIDE DR
BURBANK CA 350-G10
BURBANK CA 351-D1
CHINO CA 283-D4
LINDA CA 310-B6
LOS ANGELES CA 351-A1
LOS ANGELES CA 352-E6
LOS ANGELES CA 356-C1
ONTARIO CA 283-D4
ONTARIO CA 284-A4
POINT ARENA CA 167-C2
POMONA CA 283-C4
RIVERSIDE CO CA 284-A4
SAN BERNARDINO CO CA 283-C4
SAN DIEGO CO CA 294-B6
SONOMA CA 322-B5
SONOMA CO CA 322-B5
SUSANVILLE CA 304-C5
YUBA CO CA 310-B6
RIVERSIDE DR Rt#-74
LAKE ELSINORE CA 208-A2
LAKE ELSINORE CA 289-A4
RIVERSIDE DR Rt#-95
LA PAZ CO AZ 204-B3
MOHAVE CO AZ 204-B3
PARKER AZ 204-B3
RIVERSIDE DR Rt#-129
SANTA CRUZ CO CA 256-D5
SANTA CRUZ CO CA 257-A5
WATSONVILLE CA 256-D5
E RIVERSIDE DR
ONTARIO CA 283-D4
ONTARIO CA 284-A4

RIVERSIDE FRWY I-215
COLTON CA 284-D4
COLTON CA 368-D10
GRAND TERRACE CA 284-D4
RIVERSIDE CA 284-D4
RIVERSIDE CA 366-F2
RIVERSIDE CO CA 284-D4
SAN BERNARDINO CA 368-D8
RIVERSIDE FRWY Rt#-91
ANAHEIM CA 283-D7
ANAHEIM CA 287-D1
ANAHEIM CA 288-A1
CORONA CA 283-D7
CORONA CA 284-A7
FULLERTON CA 287-D1
FULLERTON CA 361-G3
ORANGE CO CA 283-D7
RIVERSIDE CA 284-A7
RIVERSIDE CA 366-D5
RIVERSIDE CO CA 283-D7
YORBA LINDA CA 283-D7
RIVERSIDE RD
HUMBOLDT CO CA 219-A7
SHASTA CO CA 218-B7
RIVERSIDE RD Rt#-170
CLARK CO NV 187-B2
MESQUITE NV 187-B2
RIVERSIDE ST
KERN CO CA 191-A3
RIVERVIEW DR
RIVERSIDE CO CA 284-C5
RIVERVIEW DR Rt#-E9
YOLO CO CA 238-A3
RIVIERA DR
SAN DIEGO CA 371-C4
RIVIERA RD
SUTTER CO CA 227-B3
RIVO ALTO CANAL
LONG BEACH CA 287-B3
RIZ RD
GLENN CO CA 169-B1
ROAD D
COLUSA CO CA 169-A1
GLENN CO CA 163-A3
GLENN CO CA 169-A1
ROAD E
GLENN CO CA 163-A3
ROAD M
GLENN CO CA 163-B3
ORLAND CA 163-B3
ROAD M AV
GLENN CO CA 163-B3
ROAD MM
GLENN CO CA 163-B3
GLENN CO CA 169-B1
ROAD P
GLENN CO CA 163-B3
GLENN CO CA 169-B1
ROAD S
GLENN CO CA 163-B3
GLENN CO CA 169-B1
ROAD T
GLENN CO CA 163-B3
ROAD U
GLENN CO CA 163-B3
ROAD V
GLENN CO CA 163-B3
GLENN CO CA 169-B1
ROAD WW
GLENN CO CA 163-B3
GLENN CO CA 169-B1
ROAD XX
GLENN CO CA 169-B1
ROAD Z
BUTTE CO CA 169-B1
GLENN CO CA 169-B1
ROAD 4
GLENN CO CA 163-B3
ROAD 8
TULARE CO CA 181-C3
ROAD 9
GLENN CO CA 163-B3
MADERA CO CA 181-A2
ROAD 12
MADERA CO CA 181-A2
ROAD 16
GLENN CO CA 163-B3
KINGS CO CA 191-A2
MADERA CO CA 181-A2
TULARE CO CA 191-A2
ROAD 24
GLENN CO CA 163-B3
ROAD 25
GLENN CO CA 163-B3
ROAD 27
GLENN CO CA 163-B3
ROAD 28
GLENN CO CA 163-B3
ROAD 29
GLENN CO CA 163-B3
ROAD 30
GLENN CO CA 163-B3
ROAD 32
BUTTE CO CA 163-B3
ROAD 33
GLENN CO CA 163-B3
ROAD 35
MADERA CO CA 264-A1
ROAD 36
MADERA CO CA 264-A1
ROAD 36 Rt#-137
TULARE CO CA 191-A1
ROAD 38
MADERA CO CA 264-B1
ROAD 38 Rt#-J33
TULARE CO CA 191-A2
ROAD 39
GLENN CO CA 163-B3
ROAD 40 Rt#-J33
TULARE CO CA 191-A2
ROAD 44
GLENN CO CA 163-B3
GLENN CO CA 169-B1
ROAD 45
GLENN CO CA 169-B1
ROAD 47
GLENN CO CA 169-B1
ROAD 48
GLENN CO CA 169-B1
TULARE CO CA 182-A3
ROAD 56
TULARE CO CA 266-A2

ROAD 56 Rt#-J31
TULARE CO CA 182-A3
ROAD 57
GLENN CO CA 169-B1
WILLOWS CA 169-B1
ROAD 60
GLENN CO CA 169-B1
TULARE CO CA 266-A2
ROAD 60 Rt#-J31
TULARE CO CA 182-A3
ROAD 64
TULARE CO CA 266-A6
ROAD 66B
GLENN CO CA 169-B1
ROAD 67
BUTTE CO CA 169-C1
GLENN CO CA 169-C1
ROAD 68
COLUSA CO CA 169-B1
GLENN CO CA 169-B1
TULARE CO CA 266-A5
ROAD 68 Rt#-J25
TULARE CO CA 266-A3
VISALIA CA 266-A3
ROAD 69
GLENN CO CA 169-B1
ROAD 76
TULARE CO CA 266-A1
ROAD 80
TULARE CO CA 266-A6
ROAD 80 Rt#-J19
TULARE CO CA 182-A3
TULARE CO CA 266-A2
ROAD 96
TULARE CO CA 266-B6
ROAD 104
TULARE CO CA 182-A3
ROAD 112
TULARE CO CA 266-B1
ROAD 128
TULARE CO CA 266-C6
ROAD 132 Rt#-J15
TULARE CO CA 182-A3
TULARE CO CA 266-C1
ROAD 136
TULARE CO CA 266-C6
ROAD 140
TULARE CO CA 266-C1
ROAD 144
TULARE CO CA 182-A3
TULARE CO CA 191-A2
TULARE CO CA 266-C6
ROAD 148
TULARE CO CA 266-C4
ROAD 152
TULARE CO CA 191-A1
TULARE CO CA 266-C1
ROAD 152 Rt#-J15
TULARE CO CA 191-A1
TULARE CO CA 266-C5
ROAD 156
TULARE CO CA 182-A3
TULARE CO CA 266-C1
ROAD 158 Rt#-J23
TULARE CO CA 266-C2
ROAD 160 Rt#-216
TULARE CO CA 266-C2
ROAD 164
TULARE CO CA 266-D1
ROAD 168
TULARE CO CA 191-B1
TULARE CO CA 266-D2
ROAD 168 Rt#-J40
TULARE CO CA 182-B3
ROAD 172
TULARE CO CA 182-B3
TULARE CO CA 266-D1
ROAD 176
TULARE CO CA 191-B2
ROAD 180
TULARE CO CA 266-D4
ROAD 188
TULARE CO CA 266-D5
ROAD 192
TULARE CO CA 191-B2
ROAD 192 Rt#-J27
TULARE CO CA 191-B1
TULARE CO CA 266-D6
ROAD 196 Rt#-J27
TULARE CO CA 191-B1
TULARE CO CA 266-D1
WOODLAKE CA 266-D1
ROAD 200
GLENN CO CA 163-B3
ORLAND CA 163-B3
TEHAMA CO CA 163-B3
ROAD 200 Rt#-J44
TULARE CO CA 191-B2
ROAD 202
GLENN CO CA 163-B3
ROAD 203
GLENN CO CA 163-B3
ROAD 203 Rt#-45
GLENN CO CA 163-B3
ROAD 205
GLENN CO CA 163-B3
ROAD 208
TULARE CO CA 191-B1
ROAD 216
TULARE CO CA 191-B1
ROAD 232 Rt#-J35
TULARE CO CA 191-B2
ROAD 236
TULARE CO CA 191-B2
ROAD 240
TULARE CO CA 191-B2
ROAD 256
TULARE CO CA 191-B1
ROAD 276 Rt#-J28
TULARE CO CA 191-B1
ROAD 284 Rt#-J42
TULARE CO CA 191-B1
ROAD 302
GLENN CO CA 169-A1
ROAD 303
GLENN CO CA 163-A3
ROAD 305
GLENN CO CA 163-A3
ROAD 306
GLENN CO CA 163-A3
GLENN CO CA 168-C1
GLENN CO CA 169-A1

ROBBEN RD
SOLANO CO CA 174-C1
ROBERTA AV
LAKE CO OR 152-A2
ROBERTS RD
SONOMA CO CA 242-D4
STANISLAUS CO CA 261-B6
S ROBERTS RD
SAN JOAQUIN CO CA 260-B5
ROBERTSON BLVD
MADERA CO CA 181-A2
ROBERTSON BLVD Rt#-233
CHOWCHILLA CA 181-A1
MADERA CO CA 181-A1
N ROBERTSON BLVD
BEVERLY HILLS CA 354-F7
LOS ANGELES CA 354-F5
WEST HOLLYWOOD CA 354-F5
S ROBERTSON BLVD
BEVERLY HILLS CA 354-F8
CULVER CITY CA 281-B4
LOS ANGELES CA 281-B4
LOS ANGELES CA 354-F6
ROBERTSON RD
MODESTO CA 340-B10
STANISLAUS CO CA 340-A10
ROBERTSON BRIDGE RD
JOSEPHINE CO OR 149-A1
ROBERT T MONAGAN FRWY I-205
ALAMEDA CO CA 174-C3
SAN JOAQUIN CO CA 174-C3
SAN JOAQUIN CO CA 175-A3
TRACY CA 175-A3
W ROBINHOOD DR
STOCKTON CA 339-B1
ROBINSON CANYON RD
MONTEREY CO CA 258-D7
ROBINSON MILL RD
BUTTE CO CA 170-A1
YUBA CO CA 170-A1
ROBLAR AV
SANTA BARBARA CO CA 273-C2
ROBLAR RD
SONOMA CO CA 242-B5
N ROCK BLVD
SPARKS NV 312-B3
S ROCK BLVD
RENO NV 312-B9
SPARKS NV 312-B6
ROCK RD
DEL NORTE CO CA 216-C7
ROCK CREEK RD
CALAVERAS CO CA 175-C2
DEL NORTE CO CA 216-C6
EL DORADO CO CA 237-B3
MONO CO CA 177-C3
ROCKPILE RD
SONOMA CO CA 239-A3
ROCK SPRINGS RD
HESPERIA CA 278-C3
PLACER CO CA 236-B2
SAN MARCOS CA 292-D7
ROCKY BAR RD
EL DORADO CO CA 237-D7
ROCKY CANYON RD
SAN LUIS OBISPO CO CA 271-D1
ROCKYDALE RD
JOSEPHINE CO OR 149-A2
ROCKY RIDGE DR
ROSEVILLE CA 236-A4
RODEO RD
LOS ANGELES CA 281-C5
LOS ANGELES CA 355-A9
ROE RD
PARADISE CA 223-A2
ROEDING RD
STANISLAUS CO CA 261-C5
ROGUE RIVER DR
JACKSON CO OR 149-C1
SHADY COVE OR 149-C1
ROGUE RIVER HWY Rt#-99
GRANTS PASS OR 149-B1
JACKSON CO OR 149-B1
JOSEPHINE CO OR 149-B1
ROGUE RIVER OR 149-B1
ROGUE RIVER LOOP HWY
GRANTS PASS OR 149-A1
JOSEPHINE CO OR 149-A1
ROGUE VALLEY HWY
MEDFORD OR 149-C2
ROGUE VALLEY HWY Rt#-99
ASHLAND OR 149-C2
CENTRAL POINT OR 149-C2
JACKSON CO OR 149-C2
JACKSON CO OR 150-A2
MEDFORD OR 149-C2
PHOENIX OR 149-C2
TALENT OR 149-C2
ROHNERT PARK EXWY
ROHNERT PARK CA 242-C4
SONOMA CO CA 242-C4
ROLLING HILLS DR
FULLERTON CA 283-A7
ROLLINS RD
BURLINGAME CA 327-G8
MILLBRAE CA 327-G8
E ROMIE LN
SALINAS CA 336-C8
RONALD PACKARD PKWY Rt#-78
ESCONDIDO CA 293-D1
OCEANSIDE CA 292-B7
SAN DIEGO CO CA 292-C7
SAN DIEGO CO CA 293-D1
SAN MARCOS CA 292-C7
SAN MARCOS CA 293-C1
VISTA CA 292-B6
RONALD REAGAN FRWY Rt#-118
LOS ANGELES CA 276-A6
LOS ANGELES CA 277-A7
LOS ANGELES CO CA 276-A6
LOS ANGELES CO CA 277-A7
MOORPARK CA 199-C3
MOORPARK CA 276-A6
SIMI VALLEY CA 276-A6
VENTURA CO CA 276-A6
N ROOP ST
CARSON CITY NV 313-D3
SUSANVILLE CA 304-B3
S ROOP ST
CARSON CITY NV 313-D5

ROOSEVELT RD
MERCED CO CA 181-A1
MOHAVE CO AZ 196-B3
ROOT ST
BALDWIN PARK CA 282-D3
WEST COVINA CA 282-D3
ROSAMOND BLVD
KERN CO CA 200-B2
ROSAMONO BLVD
KERN CO CA 200-C1
ROSA PARKS FRWY I-10
LOS ANGELES CA 281-C4
LOS ANGELES CA 353-G9
LOS ANGELES CA 355-C7
E ROSARIO
MONTEREY CO CA 259-C3
ROSARIO AV
ATASCADERO CA 271-C1
ROSCOE BLVD
LOS ANGELES CA 350-B1
ROSCOMARE RD
LOS ANGELES CA 281-A3
LOS ANGELES CA 353-E1
ROSE AV
CLEARLAKE CA 226-C6
LOS ANGELES CA 357-F2
VENTURA CO CA 275-C5
N ROSE AV
OXNARD CA 275-B6
S ROSE AV
OXNARD CA 275-B7
ROSE DR
BENICIA CA 247-B2
BREA CA 283-A7
ORANGE CO CA 283-A7
PLACENTIA CA 283-A7
YORBA LINDA CA 283-A7
N ROSE DR
PLACENTIA CA 283-A7
YORBA LINDA CA 283-A7
S ROSE DR
PLACENTIA CA 283-A7
ROSE HWY Rt#-431
WASHOE CO NV 229-D7
WASHOE CO NV 230-A5
WASHOE CO NV 231-C1
ROSE ST
BERKELEY CA 328-A4
ROSECRANS AV
BELLFLOWER CA 282-A7
BUENA PARK CA 282-D7
DOWNEY CA 282-A7
EL SEGUNDO CA 281-B7
FULLERTON CA 282-D7
HAWTHORNE CA 281-B7
LA MIRADA CA 282-D7
LAWNDALE CA 281-B7
MANHATTAN BEACH CA 281-B7
NORWALK CA 282-A7
PARAMOUNT CA 282-A7
SANTA FE SPRINGS CA 282-D7
E ROSECRANS AV
COMPTON CA 281-D7
COMPTON CA 282-A7
LOS ANGELES CO CA 281-D7
LOS ANGELES CO CA 282-A7
PARAMOUNT CA 282-A7
W ROSECRANS AV
COMPTON CA 281-D7
GARDENA CA 281-D7
HAWTHORNE CA 281-C7
LAWNDALE CA 281-C7
LOS ANGELES CA 281-D7
LOS ANGELES CO CA 281-D7
ROSECRANS ST
SAN DIEGO CA 295-C2
SAN DIEGO CA 371-G9
ROSEDALE HWY Rt#-58
BAKERSFIELD CA 267-A4
BAKERSFIELD CA 344-A4
KERN CO CA 191-A3
KERN CO CA 267-A4
ROSELAWN AV
STANISLAUS CO CA 261-D7
ROSELLE AV
MODESTO CA 261-B3
STANISLAUS CO CA 261-B3
ROSEMEAD BLVD Rt#-19
DOWNEY CA 282-B6
EL MONTE CA 282-B6
LOS ANGELES CO CA 282-B6
PICO RIVERA CA 282-B6
ROSEMEAD CA 282-B6
SOUTH EL MONTE CA 282-B6
TEMPLE CITY CA 282-B6
N ROSEMEAD BLVD
LOS ANGELES CO CA 282-B2
PASADENA CA 282-B2
N ROSEMEAD BLVD Rt#-19
LOS ANGELES CO CA 282-B2
SOUTH EL MONTE CA 282-B4
TEMPLE CITY CA 282-B3
S ROSEMEAD BLVD Rt#-19
LOS ANGELES CO CA 282-B2
ROSEMONT DR
SACRAMENTO CO CA 235-C7
ROSEVILLE BYPS Rt#-65
ROCKLIN CA 236-A3
ROSEVILLE CA 235-D3
ROSEVILLE CA 236-A3
ROSEVILLE FRWY I-80
CITRUS HEIGHTS CA 235-D5
ROSEVILLE CA 235-D5
ROSEVILLE CA 236-A4
SACRAMENTO CO CA 235-D5
ROSEVILLE PKWY
ROSEVILLE CA 235-D3
E ROSEVILLE PKWY
ROSEVILLE CA 236-A4
ROSEVILLE RD
CITRUS HEIGHTS CA 235-D4
ROSEVILLE CA 235-D4
SACRAMENTO CO CA 235-C5
ROSS AV
EL CENTRO CA 375-C8
ROSS COM
ROSS CA 324-A8
ROSS LN
JACKSON CO OR 149-C2
ROSS LN Rt#-238
JACKSON CO OR 149-C2
ROSS RD
EL CENTRO CA 375-A8

CRA
INDEX

ROSS RD — STREET INDEX — SAN PABLO AV Rt#-123 406

STREET / City State / Page-Grid

ROSS RD
IMPERIAL CO CA 215-B1
IMPERIAL CO CA 375-A8
ROSS RD Rt#-S24
IMPERIAL CO CA 215-B1
N ROSSMORE AV
LOS ANGELES CA 281-C3
LOS ANGELES CA 351-F10
ROSWELL ST
SAN DIEGO CA 296-A2
SAN DIEGO CA 374-G4
ROUGH AND READY HWY
NEVADA CO CA 233-B2
NEVADA CO CA 315-A7
ROUND MOUNTAIN RD
KERN CO CA 267-D1
ROUND VALLEY RD
TEHAMA CO CA 162-C3
TEHAMA CO CA 163-A3
ROUSE RD
RIVERSIDE CO CA 289-C3
ROUTE 210 FRWY I-210
GLENDORA CA 283-B3
POMONA CA 283-B4
SAN DIMAS CA 283-A3
E ROUTE 66
GLENDORA CA 283-A2
W ROUTE 66
GLENDORA CA 283-A2
ROUTIER RD
SACRAMENTO CO CA 235-D7
ROWAN GULCH RD
LYON CO NV 230-D7
ROWDY CREEK RD
DEL NORTE CO CA 216-B2
ROWENA AV
LOS ANGELES CA 352-E7
ROWLAND ST
CITY OF INDUSTRY CA 282-D5
ROWLEE RD
KERN CO CA 191-A3
ROXFORD ST
LOS ANGELES CA 277-A6
ROYAL AV
SIMI VALLEY CA 276-A7
ROYAL AV N
EAGLE POINT OR 149-C1
JACKSON CO OR 149-C1
ROYAL AV S
EAGLE POINT OR 149-C1
ROYAL OAKS DR
DUARTE CA 282-D2
OROVILLE CA 223-C6
SACRAMENTO CA 320-B1
RUBIDOUX BLVD
RIVERSIDE CO CA 284-C4
RIVERSIDE CO CA 366-A1
RUBLE RD
STANISLAUS CO CA 261-A7
RUBY AV
SAN JOSE CA 254-A3
RUCKER RD
SANTA BARBARA CO CA 198-A2
RUDDICK CUNNINGHAM RD
MENDOCINO CO CA 225-A3
MENDOCINO CO CA 308-F7
RUDGEAR RD
CONTRA COSTA CO CA 247-D7
WALNUT CREEK CA 247-D7
N RUE 13
LAS VEGAS NV 345-G6
S RUE 13
LAS VEGAS NV 345-F7
RUFF LN
GLENN CO CA 169-B1
RUFFIN RD
SAN DIEGO CA 293-D6
RUFUS ALLEN BLVD
SOUTH LAKE TAHOE CA 314-C4
E RUMBLE RD
MODESTO CA 340-E1
W RUMBLE RD
MODESTO CA 261-A3
MODESTO CA 340-D1
RUMRILL BLVD
SAN PABLO CA 246-D5
RUMSEN TER
MONTEREY CO CA 258-C7
RUNAN WK
LOS ANGELES CO CA 200-A2
RUSH AV
KLAMATH CO OR 151-A3
MALIN OR 151-A3
RUSH ST
ROSEMEAD CA 282-C4
SOUTH EL MONTE CA 282-C4
RUSH CREEK RD
MONO CO CA 263-B1
TRINITY CO CA 157-C3
RUSSELL AV
MERCED CO CA 180-C2
SANTA MARIA CA 272-C4
N RUSSELL AV
FRESNO CO CA 180-C2
S RUSSELL AV
FRESNO CO CA 180-C2
RUSSELL BLVD
DAVIS CA 318-A6
YOLO CO CA 318-A6
RUSSELL BLVD Rt#-E6
YOLO CO CA 169-B3
YOLO CO CA 234-A7
YOLO CO CA 244-D1
RUSSELL RD
PARADISE NV 268-B5
SACRAMENTO CO CA 238-A5
SPRING VALLEY NV 268-B5
E RUSSELL RD
HENDERSON NV 268-D5
PARADISE NV 268-D5
PARADISE NV 346-G7
WHITNEY NV 268-D5
WHITNEY NV 269-A5
W RUSSELL RD
PARADISE NV 268-B5
PARADISE NV 346-A8
RUSSET ST
OAKLAND CA 331-G4
RUTGERS AV
CHULA VISTA CA 296-B3
RUTHERFORD RD Rt#-S26
IMPERIAL CO CA 214-B1
RUTHERFORD RD Rt#-128
NAPA CO CA 243-C2
RUTH ZENIA RD
TRINITY CO CA 162-A1
RYE CANYON RD
SANTA CLARITA CA 276-D3
RYER AV Rt#-84
SOLANO CO CA 174-C1
YOLO CO CA 174-C1

S

S ST
EUREKA CA 300-F5
SACRAMENTO CA 319-C5
SABRE SPRINGS PKWY
SAN DIEGO CA 293-D4
SACRAMENTO AV
WEST SACRAMENTO CA 319-B2
SACRAMENTO AV Rt#-84
WEST SACRAMENTO CA 235-A7
WEST SACRAMENTO CA 319-A2
W SACRAMENTO AV
BUTTE CO CA 305-B7
CHICO CA 305-F7
N SACRAMENTO FRWY Rt#-160
SACRAMENTO CA 235-C6
SACRAMENTO ST
BERKELEY CA 247-A7
NEVADA CITY CA 315-G3
PLACERVILLE CA 317-E5
VALLEJO CA 247-A2
SACRAMENTO ST Rt#-49
PLACERVILLE CA 317-E5
SACRAMENTO WY
SAUSALITO CA 246-C7
SACRAMENTO VALLEY BLVD
SUTTER CO CA 234-C1
SADDLE RD
EL DORADO CO CA 314-F5
NEVADA CO CA 233-A5
SOUTH LAKE TAHOE CA 314-F5
SADDLE PEAK RD
LOS ANGELES CO CA 280-C3
SAGE RD
HUMBOLDT CO CA 219-A7
SAN DIEGO CO CA 292-C4
SAGE RD Rt#-R3
RIVERSIDE CO CA 208-C2
SAGE HEN RD
NEVADA CO CA 228-C4
SAGE HEN MEADOWS RD
MONO CO CA 263-D2
SAGHALIE LN
SAUSALITO CA 246-C7
E SAHARA AV
SUNRISE MANOR NV 268-D4
E SAHARA AV Rt#-589
LAS VEGAS NV 268-D4
LAS VEGAS NV 345-E9
SUNRISE MANOR NV 268-D4
WINCHESTER NV 268-D4
WINCHESTER NV 345-E9
W SAHARA AV
LAS VEGAS NV 268-B4
SPRING VALLEY NV 268-B4
W SAHARA AV Rt#-589
LAS VEGAS NV 268-A4
LAS VEGAS NV 345-B9
SPRING VALLEY NV 268-A4
WINCHESTER NV 268-A4
WINCHESTER NV 345-B9
SAINT CLAIR RD
CHURCHILL CO NV 172-B1
SAINT GEORGE ST
LOS ANGELES CA 352-E7
SAINT HELENA HWY Rt#-29
NAPA CA 243-C3
NAPA CA 323-A1
NAPA CO CA 243-C3
YOUNTVILLE CA 243-C3
SAINT HELENA RD
NAPA CO CA 243-A1
SONOMA CO CA 242-D1
SONOMA CO CA 243-A1
E SAINT JAMES ST
SAN JOSE CA 333-G6
SAN JOSE CA 334-A6
W SAINT JAMES ST
SAN JOSE CA 333-G7
E SAINT LOUIS AV
LAS VEGAS NV 345-D9
SAINT MARYS AV
TEHAMA CO CA 221-C2
SAINT MARYS RD
MORAGA CA 247-C7
SAINT ROSE PKWY Rt#-146
CLARK CO NV 268-C7
ENTERPRISE NV 195-B1
ENTERPRISE NV 268-C7
HENDERSON NV 268-C7
PARADISE NV 268-C7
SALE LN
RED BLUFF CA 303-E5
TEHAMA CO CA 303-E5
SALIENT DR
LOS ANGELES CA 282-A3
S SALIMAN RD
CARSON CITY NV 313-E5
SALINAS RD Rt#-G12
MONTEREY CO CA 256-C5
SALINAS ST
SALINAS CA 336-B6
SANTA BARBARA CA 274-D7
SANTA BARBARA CA 348-G6
SALINE VALLEY RD
INYO CO CA 183-C2
INYO CO CA 184-A3
SALMON FALLS RD
EL DORADO CO CA 236-D2
SALMON RIVER RD
SISKIYOU CO CA 157-A1
N SALT RD
SHASTA CO CA 158-A2
SALT CREEK RD
SHASTA CO CA 220-D2
SALTON DR
IMPERIAL CO CA 209-C3
SALT SPRING VALLEY RD
CALAVERAS CO CA 175-C2
SALVADOR AV
NAPA CA 323-A1
SALVADORI RD
SISKIYOU CO CA 217-D5
SALVIO ST
CONCORD CA 247-D5
SAMOA BLVD
ARCATA CA 299-D8
SAMOA BLVD Rt#-255
ARCATA CA 299-B7
SAMPLE RD
FRESNO CO CA 182-A2
SAMPSON ST
MARYSVILLE CA 310-B1
SAN DIEGO CA 374-A7
SAMSON AV
TEHAMA CO CA 221-C5
SAMS VALLEY AV Rt#-234
GOLD HILL OR 149-B1
JACKSON CO OR 149-B1
SAMS VALLEY HWY Rt#-99
GOLD HILL OR 149-B1
JACKSON CO OR 149-B1
SAMS VALLEY HWY Rt#-234
JACKSON CO OR 149-B1
SAN ANDREAS RD
SANTA CRUZ CO CA 256-B4
SAN ANDREAS ST
SANTA BARBARA CA 348-B7
SAN ANDRES AV
ATASCADERO CA 271-C1
SAN ANSELMO RD
ATASCADERO CA 271-C1
SAN ANTONIO AV
CARMEL BY THE SEA CA 338-C4
MOUNTAIN VIEW CA 253-A2
PALO ALTO CA 253-A1
N SAN ANTONIO AV
CARMEL BY THE SEA CA 338-C2
ONTARIO CA 283-D3
POMONA CA 283-D3
UPLAND CA 283-D3
S SAN ANTONIO AV
ONTARIO CA 283-D4
POMONA CA 283-D4
UPLAND CA 283-D3
SAN ANTONIO DR
NORWALK CA 282-B7
SAN ANTONIO RD
MOUNTAIN VIEW CA 253-A2
SONOMA CO CA 242-D7
N SAN ANTONIO RD
LOS ALTOS CA 253-A2
S SAN ANTONIO RD
LOS ALTOS CA 253-A2
E SAN ANTONIO ST
SAN JOSE CA 334-D5
SAN ANTONIO VALLEY RD
SANTA CLARA CO CA 180-A1
SANTA CLARA CO CA 254-C3
SAN BENITO AV Rt#-A8
TEHAMA CA 221-C4
TEHAMA CO CA 221-C4
SAN BENITO ST Rt#-25
HOLLISTER CA 257-D6
SAN BERNABE DR
MONTEREY CA 337-F8
SAN BERNARDINO AV
FONTANA CA 284-A3
POMONA CA 283-C3
SAN BERNARDINO CO CA 284-A3
E SAN BERNARDINO AV
REDLANDS CA 285-A3
W SAN BERNARDINO AV
REDLANDS CA 285-B3
RIALTO CA 284-C3
SAN BERNARDINO CO CA 284-C3
SAN BERNARDINO FRWY I-10
ALHAMBRA CA 282-C4
BALDWIN PARK CA 282-C4
CITY OF INDUSTRY CA 282-C4
CLAREMONT CA 283-A3
COLTON CA 284-A3
COVINA CA 283-A3
EL MONTE CA 282-C4
FONTANA CA 284-A3
LOS ANGELES CA 282-C4
LOS ANGELES CA 356-D4
LOS ANGELES CO CA 282-C4
LOS ANGELES CO CA 283-A3
LOS ANGELES CO CA 356-G4
MONTCLAIR CA 283-A3
MONTEREY PARK CA 282-C4
ONTARIO CA 283-A3
ONTARIO CA 284-A3
POMONA CA 283-A3
RIALTO CA 284-A3
ROSEMEAD CA 282-C4
SAN BERNARDINO CO CA 284-A3
SAN DIMAS CA 283-A3
SAN GABRIEL CA 282-C4
UPLAND CA 283-A3
WEST COVINA CA 282-C4
WEST COVINA CA 283-A3
W SAN BERNARDINO RD
BALDWIN PARK CA 282-D3
COVINA CA 282-D3
COVINA CA 283-A3
LOS ANGELES CO CA 282-D3
WEST COVINA CA 282-D3
SAN BERNARDINO ST
MONTCLAIR CA 283-C3
SAN BERNARDO CREEK RD
SAN LUIS OBISPO CO CA 271-B3
N SANBORN RD
SALINAS CA 336-F6
S SANBORN RD
SALINAS CA 336-F7
SAN BRUNO AV E
SAN BRUNO CA 327-C3
SAN MATEO CO CA 327-D3
SAN BRUNO AV W
SAN BRUNO CA 249-C5
SAN BRUNO CA 327-A4
SAN CARLOS AV
SAN CARLOS CA 250-A7
SAN CARLOS ST
CARMEL BY THE SEA CA 338-D4
SAN JOSE CA 333-B9
SANTA CLARA CO CA 333-B9
E SAN CARLOS ST
SAN JOSE CA 334-B7
W SAN CARLOS ST
SAN JOSE CA 333-F9
SAN JOSE CA 334-A8
W SAN CARLOS ST
SANTA CLARA CO CA 333-F9
W SAN CARLOS ST Rt#-82
SAN JOSE CA 333-F8
SANCHEZ RD
MONTEREY CO CA 259-C7
SAN CLEMENTE DR
CORTE MADERA CA 246-B5
SAND CANYON AV
IRVINE CA 288-B4
ORANGE CO CA 288-B4
SAND CANYON RD
KERN CO CA 200-A1
LOS ANGELES CO CA 277-B3
SANTA CLARITA CA 277-B3
SAND CREEK RD
FRESNO CO CA 182-A3
SANDERS RD
STANISLAUS CO CA 261-A5
SUTTER CO CA 227-B5
SANDERSON AV
RIVERSIDE CO CA 208-C2
SAN JACINTO CA 208-C2
SAND FLAT CTO
MONO CO CA 263-D3
SAND FLAT RD
SISKIYOU CO CA 218-C3
SANDHILL BLVD
MESQUITE NV 187-B2
SAND HILL RD
MENLO PARK CA 252-C2
PALO ALTO CA 332-A5
SAN MATEO CO CA 252-C2
SANTA CLARA CO CA 332-A5
WOODSIDE CA 252-C2
SANDIA CREEK DR
SAN DIEGO CO CA 292-B2
SAN DIEGO AV
SAN DIEGO CA 372-B10
N SAN DIEGO AV
FRESNO CO CA 181-A2
SAN DIEGO FRWY I-5
CARLSBAD CA 292-A7
CARLSBAD CA 293-B1
CHULA VISTA CA 295-D3
CHULA VISTA CA 296-A4
DANA POINT CA 291-B3
ENCINITAS CA 293-B1
IRVINE CA 288-C5
LAGUNA HILLS CA 288-C5
LAGUNA NIGUEL CA 288-D7
LAKE FOREST CA 288-C5
MISSION VIEJO CA 288-D6
NATIONAL CITY CA 295-D3
NATIONAL CITY CA 374-D9
OCEANSIDE CA 291-B3
OCEANSIDE CA 292-A7
ORANGE CO CA 288-D7
SAN CLEMENTE CA 291-B3
SAN DIEGO CA 293-B1
SAN DIEGO CA 296-A4
SAN DIEGO CA 370-G4
SAN DIEGO CA 371-G7
SAN DIEGO CA 372-A9
SAN DIEGO CA 373-G3
SAN DIEGO CA 374-D9
SAN DIEGO CO CA 291-B3
SAN JUAN CAPISTRANO CA 288-D7
SAN JUAN CAPISTRANO CA 291-B3
SOLANA BEACH CA 293-B1
SAN DIEGO FRWY I-405
CARSON CA 286-C1
CARSON CA 287-A1
COSTA MESA CA 287-C2
COSTA MESA CA 288-A4
COSTA MESA CA 363-F4
CULVER CITY CA 281-B5
CULVER CITY CA 358-E4
FOUNTAIN VALLEY CA 287-C2
GARDEN GROVE CA 287-C2
HAWTHORNE CA 281-C7
HAWTHORNE CA 358-F9
HUNTINGTON BEACH CA 287-C2
INGLEWOOD CA 358-F4
IRVINE CA 288-B4
IRVINE CA 363-F4
LAWNDALE CA 281-C7
LONG BEACH CA 287-A1
LONG BEACH CA 360-F1
LOS ANGELES CA 277-A7
LOS ANGELES CA 281-A1
LOS ANGELES CA 286-C1
LOS ANGELES CA 353-F6
LOS ANGELES CA 358-E4
LOS ANGELES CO CA 281-C7
LOS ANGELES CO CA 286-C1
LOS ANGELES CO CA 353-E5
LOS ANGELES CO CA 358-F9
ORANGE CO CA 287-C2
ORANGE CO CA 363-F4
REDONDO BEACH CA 281-C7
SEAL BEACH CA 287-C2
SIGNAL HILL CA 287-A1
TORRANCE CA 281-C7
TORRANCE CA 286-C1
WESTMINSTER CA 287-C2
SAN DIEGUITO RD
SAN DIEGO CA 293-C4
N SAN DIMAS AV
SAN DIMAS CA 283-B2
S SAN DIMAS AV
LOS ANGELES CO CA 283-B3
SAN DIMAS CA 283-B3
SAN DIMAS CANYON RD
LOS ANGELES CO CA 283-B2
SAN DIMAS CA 283-B2
N SAN DIMAS CANYON RD
LA VERNE CA 283-B3
LOS ANGELES CO CA 283-B2
SAN DIMAS CA 283-B2
SAND RIDGE RD
EL DORADO CO CA 237-B7
SANDRINI RD
KERN CO CA 199-B1
SANDROCK RD
SAN DIEGO CA 372-G1
SANDS AV
PARADISE NV 346-C2
SANDY MUSH RD
MERCED CO CA 180-C1
MERCED CO CA 181-A1
SANDY VALLEY RD
CLARK CO NV 195-A2
SAN ELIJO RD
CARLSBAD CA 293-C1
SAN MARCOS CA 293-C1
SAN FELIPE RD
HOLLISTER CA 257-D5
SAN BENITO CO CA 257-D5
SAN JOSE CA 254-A4
SANTA CLARA CO CA 257-C4
SAN FELIPE RD Rt#-S2
SAN DIEGO CO CA 209-A3
SAN DIEGO CO CA 213-A1
SAN FELIPE RD Rt#-25
HOLLISTER CA 257-D6
SAN BENITO CO CA 257-D6
N SAN FERNANDO BLVD
BURBANK CA 281-C1
S SAN FERNANDO BLVD
BURBANK CA 281-C1
SAN FERNANDO RD
GLENDALE CA 281-C2
GLENDALE CA 352-E2
LOS ANGELES CA 277-A6
LOS ANGELES CA 281-B1
LOS ANGELES CA 350-A2
SAN FERNANDO CA 277-A6
SAN FERNANDO RD Rt#-126
LOS ANGELES CO CA 277-A5
SANTA CLARITA CA 276-D4
SANTA CLARITA CA 277-A5
N SAN FERNANDO RD
LOS ANGELES CA 281-D3
LOS ANGELES CA 356-D1
SAN FERNANDO MISSION BLVD
LOS ANGELES CA 276-D7
LOS ANGELES CA 277-A7
SANFORD RD
SONOMA CO CA 242-B2
SANFORD RANCH RD
MENDOCINO CO CA 225-A2
MENDOCINO CO CA 308-G7
SAN FRAN-OKLND BAY BRDG I-80
OAKLAND CA 249-D1
OAKLAND CA 329-C2
SAN FRANCISCO CA 249-D1
SAN FRANCISCO CA 326-G4
SAN FRANCISQUITO CANYON RD
LOS ANGELES CO CA 276-D3
LOS ANGELES CO CA 277-A1
N SAN GABRIEL AV
AZUSA CA 282-D2
SAN GABRIEL BLVD
LOS ANGELES CO CA 282-B4
MONTEBELLO CA 282-B4
ROSEMEAD CA 282-B3
SAN GABRIEL CA 282-B3
N SAN GABRIEL BLVD
LOS ANGELES CO CA 282-B3
PASADENA CA 282-B2
SAN GABRIEL CA 282-B3
SAN MARINO CA 282-B3
S SAN GABRIEL BLVD
LOS ANGELES CO CA 282-B2
PASADENA CA 282-B2
SAN GABRIEL CA 282-B3
SAN MARINO CA 282-B2
SAN GABRIEL RD
ATASCADERO CA 271-C1
SAN GABRIEL CANYON RD
AZUSA CA 282-D2
AZUSA CA 283-A2
SAN GABRIEL CANYON RD Rt#-39
LOS ANGELES CO CA 200-C3
LOS ANGELES CO CA 283-A2
SAN GABRIEL RIVER FRWY I-605
BALDWIN PARK CA 282-C3
CERRITOS CA 282-B7
CERRITOS CA 287-B1
CITY OF INDUSTRY CA 282-C4
DOWNEY CA 282-B6
DUARTE CA 282-D2
HAWAIIAN GARDENS CA 287-B1
IRWINDALE CA 282-C3
LAKEWOOD CA 287-B1
LONG BEACH CA 287-B1
LOS ALAMITOS CA 287-B1
LOS ANGELES CO CA 282-C4
NORWALK CA 282-B6
PICO RIVERA CA 282-C4
SANTA FE SPRINGS CA 282-B6
SEAL BEACH CA 287-B1
WHITTIER CA 282-B5
SAN GERONIMO VALLEY DR
MARIN CO CA 246-A4
SAN GORGONIO AV
BANNING CA 208-C1
SAN GORGONIO AV Rt#-243
BANNING CA 208-C1
S SAN GORGONIO AV Rt#-243
BANNING CA 208-C1
SAN JACINTO AV
ATASCADERO CA 271-C1
RIVERSIDE CO CA 289-B2
E SAN JACINTO AV
PERRIS CA 289-B2
S SAN JACINTO AV Rt#-79
SAN JACINTO CA 208-C2
N SAN JACINTO ST Rt#-79
HEMET CA 208-C2
S SAN JACINTO ST Rt#-79
SAN JACINTO CA 208-C2
SAN JOAQUIN AV
CLEARLAKE CA 226-C6
SAN JOAQUIN HILLS RD
NEWPORT BEACH CA 288-A5
NEWPORT BEACH CA 364-G6
SAN JOAQUIN HLS TRN COR Rt#-73
ALISO VIEJO CA 288-C6
IRVINE CA 288-A5
IRVINE CA 363-F10
LAGUNA BEACH CA 288-C6
LAGUNA HILLS CA 288-C6
LAGUNA NIGUEL CA 288-C6
MISSION VIEJO CA 288-D7
NEWPORT BEACH CA 288-A5
NEWPORT BEACH CA 363-D7
ORANGE CO CA 288-B6
SAN JOAQUIN HLS TRN COR Rt#-73
SAN JUAN CAPISTRANO CA 288-D7
SAN JOSE AV
SAN FRANCISCO CA 249-C2
SAN FRANCISCO CA 326-C10
SAN JOSE AV Rt#-82
DALY CITY CA 249-C3
SAN FRANCISCO CA 249-C3
SAN JUAN AV
CITRUS HEIGHTS CA 235-D6
SACRAMENTO CO CA 235-D6
SAN JUAN HWY
SAN BENITO CO CA 257-B5
SAN JUAN RD
HOLLISTER CA 257-C6
MONTEREY CO CA 256-C5
SACRAMENTO CA 235-B6
SACRAMENTO CO CA 235-A6
SAN JUAN RD Rt#-G11
MONTEREY CO CA 256-D5
MONTEREY CO CA 257-A6
SAN JUAN ST
MCFARLAND CA 191-A2
SAN JUAN CANYON RD Rt#-G1
MONTEREY CO CA 259-C1
SAN BENITO CO CA 257-B6
SAN BENITO CO CA 259-C1
SAN JUAN BAUTISTA CA 257-B6
SAN JUAN GRADE RD
SALINAS CA 336-C1
SAN JULIAN ST
LOS ANGELES CA 356-A7
SANKEY RD
SUTTER CO CA 235-A3
SAN LEANDRO ST
OAKLAND CA 330-F9
OAKLAND CA 331-E3
SAN LORENZO BLVD
SANTA CRUZ CA 335-E7
SAN LUCAS RD
MONTEREY CO CA 189-B1
SAN LUIS DR
SAN LUIS OBISPO CA 347-E5
E SAN LUIS ST
SALINAS CA 336-C7
W SAN LUIS ST
SALINAS CA 336-B7
SAN LUIS BAY DR
SAN LUIS OBISPO CO CA 271-C7
SAN LUISITO CREEK RD
SAN LUIS OBISPO CO CA 271-B3
SAN LUIS REY MISN EXWY Rt#-76
OCEANSIDE CA 291-D6
OCEANSIDE CA 292-A6
SAN MARCO BLVD
CONTRA COSTA CO CA 248-A4
E SAN MARCOS BLVD
SAN MARCOS CA 292-C7
W SAN MARCOS BLVD Rt#-S12
SAN MARCOS CA 292-C7
SAN MARCOS CA 293-C1
SAN MARCOS RD
SANTA BARBARA CO CA 274-B6
SAN MARCOS PASS RD
SANTA BARBARA CO CA 274-C7
SAN MARCOS PASS RD Rt#-154
SANTA BARBARA CA 274-A4
SANTA BARBARA CO CA 273-D4
SANTA BARBARA CO CA 274-A4
SAN MARIN DR
NOVATO CA 246-A2
E SAN MARTIN AV
SANTA CLARA CO CA 257-A1
W SAN MARTIN AV
SANTA CLARA CO CA 257-A1
SAN MARTINEZ RD
LOS ANGELES CO CA 276-C3
SAN MARTINEZ GRANDE CYN RD
LOS ANGELES CO CA 276-C4
SAN MATEO AV
SAN BRUNO CA 327-C2
SOUTH SAN FRANCISCO CA 327-C2
S SAN MATEO AV
FRESNO CO CA 181-A3
SAN MATEO RD
SAN DIEGO CO CA 291-B2
SAN MATEO RD Rt#-92
HALF MOON BAY CA 249-C7
SAN MATEO CO CA 249-C7
SAN MATEO-HAYWARD BRDG Rt#-92
FOSTER CITY CA 250-B5
HAYWARD CA 250-B5
SAN MIGUEL AV
LEMON GROVE CA 296-A1
SALINAS CA 336-B9
SANTA ROSA CA 321-A2
SAN MIGUEL DR
NEWPORT BEACH CA 288-A5
WALNUT CREEK CA 247-D6
SAN MIGUEL RD
SANTA ROSA CA 321-A2
SAN MIGUEL CANYON RD Rt#-G12
MONTEREY CO CA 256-D6
SAN MIGUELITO RD
LOMPOC CA 198-A3
SANTA BARBARA CO CA 198-A3
SAN PABLO AV
CONTRA COSTA CO CA 247-A3
HERCULES CA 247-A4
OAKLAND CA 329-G2
OAKLAND CA 330-A3
PINOLE CA 247-A4
RICHMOND CA 246-D5
RICHMOND CA 247-A4
SAN PABLO CA 246-D5
SAN PABLO CA 247-A5
SAN PABLO AV Rt#-123
ALBANY CA 247-A6
BERKELEY CA 247-A6
EL CERRITO CA 247-A6
EMERYVILLE CA 247-A6
EMERYVILLE CA 329-G1
OAKLAND CA 247-A6
OAKLAND CA 329-G2
RICHMOND CA 247-A6

CRA

INDEX

407 SAN PABLO DAM RD STREET INDEX SHORELINE DR

STREET City State Page-Grid

SAN PABLO DAM RD
CONTRA COSTA CO CA 247-A5
CONTRA COSTA CO CA 328-F1
RICHMOND CA 247-A5
SAN PABLO CA 247-A5
SAN PASCUAL AV
LOS ANGELES CA 359-A10
SAN PASQUAL AV
PASADENA CA 359-A9
SOUTH PASADENA CA 359-A10
SAN PASQUAL RD
SAN DIEGO CA 294-A2
SAN DIEGO CO CA 294-A2
SAN PASQUAL ST
PASADENA CA 359-G8
SAN PASQUAL VALLEY RD Rt#-78
ESCONDIDO CA 294-A1
SAN DIEGO CA 294-A1
SAN DIEGO CO CA 294-A1
N SAN PEDRO RD
MARIN CO CA 246-C4
MARIN CO CA 324-G1
SAN RAFAEL CA 324-D4
S SAN PEDRO ST
LOS ANGELES CA 281-D6
LOS ANGELES CA 355-F9
LOS ANGELES CA 356-A7
LOS ANGELES CO CA 281-D6
SAN RAFAEL AV
SANTA BARBARA CA 348-C10
N SAN RAFAEL AV
PASADENA CA 359-A6
S SAN RAFAEL AV
PASADENA CA 359-A7
E SAN RAFAEL DR
PALM SPRINGS CA 367-B1
W SAN RAFAEL RD
PALM SPRINGS CA 367-A1
SAN RAMON RD
DUBLIN CA 251-A3
PLEASANTON CA 251-A3
SAN RAMON CA 251-A3
SAN RAMON VALLEY BLVD
DANVILLE CA 251-A1
SAN RAMON CA 251-A1
SAN ROQUE RD
SANTA BARBARA CA 274-C6
SANTA BARBARA CA 348-A3
SANSOME ST
SAN FRANCISCO CA 326-E3
SANTA ANA AV
COSTA MESA CA 363-B6
COSTA MESA CA 364-C4
NEWPORT BEACH CA 364-A6
ORANGE CO CA 363-B6
ORANGE CO CA 364-C4
SANTA ANA BLVD
VENTURA CO CA 275-A2
SANTA ANA FRWY I-5
ANAHEIM CA 287-D1
ANAHEIM CA 361-G3
ANAHEIM CA 362-C3
BUENA PARK CA 361-D2
CITY OF COMMERCE CA 282-A5
DOWNEY CA 282-A5
FULLERTON CA 361-F3
IRVINE CA 288-B3
LA MIRADA CA 282-A5
LA MIRADA CA 361-C1
LOS ANGELES CA 282-A5
LOS ANGELES CA 356-F8
LOS ANGELES CO CA 282-A5
NORWALK CA 282-A5
ORANGE CA 362-G8
ORANGE CO CA 288-B4
SANTA ANA CA 288-A2
SANTA ANA CA 362-G8
SANTA FE SPRINGS CA 282-A5
TUSTIN CA 288-A3
SANTA ANA FRWY U.S.-101
LOS ANGELES CA 356-B4
SANTA ANA RD
HOLLISTER CA 257-D6
SAN BENITO CO CA 257-D6
VENTURA CO CA 199-A3
VENTURA CO CA 275-A2
SANTA ANA ST
HUNTINGTON PARK CA 282-A6
SOUTH GATE CA 282-A6
E SANTA ANA CANYON RD
ANAHEIM CA 283-C7
ANAHEIM CA 288-B1
SANTA ANITA AV
ARCADIA CA 282-C3
EL MONTE CA 282-C3
LOS ANGELES CO CA 282-C3
SOUTH EL MONTE CA 282-C4
TEMPLE CITY CA 282-C3
N SANTA ANITA AV
SIERRA MADRE CA 282-C2
S SANTA ANITA AV
ARCADIA CA 282-C2
SANTA BARBARA RD
ATASCADERO CA 271-D2
SAN LUIS OBISPO CO CA 271-D2
SANTA BARBARA ST
SAN LUIS OBISPO CA 347-E6
SANTA BARBARA CA 348-B4
SANTA CATALINA FERRY
AVALON CA 207-B3
LOS ANGELES CA 286-D7
LOS ANGELES CO CA 207-B3
LOS ANGELES CO CA 286-D7
SANTA CLARA AV
OXNARD CA 275-C5
VENTURA CO CA 275-C5
E SANTA CLARA AV
SANTA ANA CA 288-A2
E SANTA CLARA ST
SAN JOSE CA 333-G7
SAN JOSE CA 334-A7
W SANTA CLARA ST
SAN JOSE CA 333-F8
W SANTA CLARA ST Rt#-82
SAN JOSE CA 333-F8
SANTA CRUZ AV
MENLO PARK CA 252-D1
SAN MATEO CO CA 252-D1
N SANTA CRUZ AV
LOS GATOS CA 253-C5
S SANTA CRUZ AV
LOS GATOS CA 253-C5

SANTA FE AV
LONG BEACH CA 287-A2
LONG BEACH CA 360-A3
MERCED CO CA 181-A1
SAN BERNARDINO CO CA 201-B1
SANTA FE AV Rt#-J7
STANISLAUS CO CA 175-C3
STANISLAUS CO CA 261-D6
N SANTA FE AV
LONG BEACH CA 287-A2
LONG BEACH CA 360-A3
LOS ANGELES CA 356-C5
N SANTA FE AV Rt#-J7
STANISLAUS CO CA 261-D5
N SANTA FE AV Rt#-S14
OCEANSIDE CA 292-B6
SAN DIEGO CO CA 292-B6
VISTA CA 292-B6
S SANTA FE AV
CARSON CA 287-A1
COMPTON CA 282-A7
HUNTINGTON PARK CA 281-D5
LONG BEACH CA 287-A1
LOS ANGELES CA 356-C6
LOS ANGELES CO CA 281-D5
LOS ANGELES CO CA 282-A7
LOS ANGELES CO CA 287-A1
SOUTH GATE CA 281-D6
TULARE CO CA 266-C3
VERNON CA 281-D5
VERNON CA 356-C10
VISALIA CA 266-C3
S SANTA FE AV Rt#-J7
HUGHSON CA 261-C4
SAN JOAQUIN CO CA 261-B1
STANISLAUS CO CA 261-C4
S SANTA FE AV Rt#-S14
SAN DIEGO CO CA 292-C7
SAN MARCOS CA 292-C7
VISTA CA 292-B6
SANTA FE BLVD
MADERA CO CA 181-B1
MERCED CO CA 181-B1
SANTA FE DR
ENCINITAS CA 293-B3
SANTA FE DR Rt#-J7
ATWATER CA 180-C1
MERCED CO CA 175-C3
MERCED CO CA 180-C1
MERCED CO CA 181-A1
SANTA FE WY
KERN CO CA 267-A3
SANTA FE WY Rt#-43
KERN CO CA 191-A3
SHAFTER CA 191-A3
SANTA FE GRADE
LOS BANOS CA 180-C2
MERCED CO CA 180-C2
S SANTA FE GRADE
FRESNO CO CA 181-A3
SANTA FE SPRINGS RD
SANTA FE SPRINGS CA 282-C6
WHITTIER CA 282-C6
SANTA GERTRUDES AV
LA MIRADA CA 282-C7
SANTA ISABEL AV
COSTA MESA CA 363-A8
COSTA MESA CA 364-D1
NEWPORT BEACH CA 363-A8
NEWPORT BEACH CA 364-D1
ORANGE CO CA 363-A8
ORANGE CO CA 364-D1
SANTA LUCIA AV
CARMEL BY THE SEA CA 338-C4
MONTEREY CO CA 338-C4
SANTA LUCIA RD
ATASCADERO CA 271-C1
SANTA LUCIA CANYON RD
LOMPOC CA 197-C2
LOMPOC CA 198-A2
SANTA BARBARA CO CA 197-C2
SANTA BARBARA CO CA 198-A2
SANTA MARGARITA PKWY
LAKE FOREST CA 288-D4
MISSION VIEJO CA 288-D4
RANCHO SANTA MARGARITA CA 208-A2
RANCHO SANTA MARGARITA CA 288-D4
SANTA MARIA AV
LAGUNA WOODS CA 288-C5
SANTA MARIA WY
SANTA BARBARA CO CA 272-C5
SANTA MARIA CA 272-C5
SANTA MARIA MESA RD
SANTA BARBARA CO CA 198-A2
SANTA MONICA BLVD
LOS ANGELES CA 352-C9
SANTA MONICA CA 281-A5
SANTA MONICA CA 353-C9
SANTA MONICA CA 357-A1
SANTA MONICA BLVD Rt#-2
BEVERLY HILLS CA 354-E5
LOS ANGELES CA 351-G9
LOS ANGELES CA 352-A9
LOS ANGELES CA 353-G7
LOS ANGELES CA 354-C7
WEST HOLLYWOOD CA 351-A10
WEST HOLLYWOOD CA 354-E5
S SANTA MONICA BLVD
BEVERLY HILLS CA 354-C7
SANTA MONICA FRWY I-10
LOS ANGELES CA 281-C4
LOS ANGELES CA 353-G9
LOS ANGELES CA 355-C7
LOS ANGELES CA 356-A8
SANTA MONICA CA 353-F9
SANTA MONICA CA 357-C1
SANTA MONICA FRWY Rt#-1
SANTA MONICA CA 357-B2
SANTA PAULA FRWY Rt#-126
SANTA PAULA CA 275-B5
VENTURA CA 275-B5
VENTURA CO CA 275-B5
SANTA PAULA ST
VENTURA CO CA 275-C4
E SANTA PAULA ST
SANTA PAULA CA 275-D3
SANTA PAULA OJAI RD Rt#-150
VENTURA CO CA 275-C2
SANTA RITA RD
PLEASANTON CA 251-B3
SAN LUIS OBISPO CO CA 271-A1

SANTA ROSA AV
SANTA ROSA CA 242-C3
SANTA ROSA CA 321-E7
SONOMA CO CA 242-C3
SONOMA CO CA 321-E8
SANTA ROSA RD
CAMARILLO CA 199-B3
CAMARILLO CA 206-B1
CAMARILLO CA 275-D6
INYO CO CA 183-C3
SANTA BARBARA CO CA 198-A2
SANTA BARBARA CO CA 273-A3
VENTURA CO CA 199-C3
VENTURA CO CA 206-B1
SANTA ROSA ST
SAN LUIS OBISPO CA 347-D4
SANTA ROSA ST Rt#-1
SAN LUIS OBISPO CA 347-C3
SAN LUIS OBISPO CO CA 347-C3
SANTA ROSA CREEK RD
SAN LUIS OBISPO CO CA 189-B3
SANTA ROSA MINE RD
RIVERSIDE CO CA 289-A2
SANTA SUSANA PASS RD
LOS ANGELES CA 276-C7
SIMI VALLEY CA 276-C7
VENTURA CO CA 276-C7
SANTA TERESA BLVD
GILROY CA 257-A2
MORGAN HILL CA 254-A5
MORGAN HILL CA 256-D1
MORGAN HILL CA 257-A1
SAN JOSE CA 253-D5
SAN JOSE CA 254-A5
SANTA CLARA CO CA 254-A5
SANTA CLARA CO CA 256-D1
SANTA CLARA CO CA 257-A1
SANTA YSABEL AV
SAN LUIS OBISPO CO CA 271-A4
SANTA YSABEL AV Rt#-41
ATASCADERO CA 271-C1
SANTIAGO BLVD
ORANGE CA 288-A1
VILLA PARK CA 288-B1
SANTIAGO DR
NEWPORT BEACH CA 363-A9
NEWPORT BEACH CA 364-D3
SANTIAGO CANYON RD
ORANGE CA 288-B1
ORANGE CO CA 288-B1
SANTIAGO CANYON RD Rt#-S18
LAKE FOREST CA 288-D3
ORANGE CA 288-D3
ORANGE CO CA 288-D3
SAN TIMOTEO CANYON RD
BEAUMONT CA 285-A4
CALIMESA CA 285-A4
REDLANDS CA 285-A4
RIVERSIDE CO CA 285-A4
SAN BERNARDINO CO CA 285-A4
SANTO RD
SAN DIEGO CA 293-D7
SAN TOMAS EXWY
CAMPBELL CA 253-C5
SAN TOMAS EXWY Rt#-G4
CAMPBELL CA 253-C4
SAN JOSE CA 253-C4
SANTA CLARA CA 253-C3
SAN VICENTE BLVD
BEVERLY HILLS CA 281-A4
LOS ANGELES CA 281-A4
LOS ANGELES CA 353-B6
LOS ANGELES CO CA 353-B6
SANTA MONICA CA 281-A4
SANTA MONICA CA 353-B6
N SAN VICENTE BLVD
LOS ANGELES CA 354-F4
WEST HOLLYWOOD CA 354-F4
S SAN VICENTE BLVD
BEVERLY HILLS CA 281-C4
BEVERLY HILLS CA 354-G6
LOS ANGELES CA 281-C4
LOS ANGELES CA 354-G6
SAN VICENTE FRWY Rt#-67
EL CAJON CA 294-B7
SAN DIEGO CO CA 294-B7
SANTEE CA 294-B7
SAN VICENTE RD
SAN DIEGO CO CA 294-C3
SAN VINCENTE AV
SALINAS CA 336-A7
SARATOGA AV
SAN JOSE CA 253-B4
SARATOGA CA 253-B4
SARATOGA AV Rt#-9
LOS GATOS CA 253-C5
SARATOGA LOS GATOS RD Rt#-9
MONTE SERENO CA 253-B5
SANTA CLARA CO CA 253-B5
SARATOGA CA 253-B5
SARATOGA-SUNNYVALE RD
SARATOGA CA 253-B4
S SARATOGA SUNNYVALE RD
SARATOGA CA 253-B5
E SARGENT RD
SAN JOAQUIN CO CA 260-D1
W SARGENT RD
SAN JOAQUIN CO CA 260-B1
SARINA RD
DEL NORTE CO CA 216-B2
SATICOY ST
LOS ANGELES CA 280-D1
LOS ANGELES CA 281-A1
LOS ANGELES CA 350-A3
SATURN BLVD
SAN DIEGO CA 296-A4
SAUSALITO FERRY
BELVEDERE CA 246-C7
MARIN CO CA 246-C7
SAN FRANCISCO CA 246-C7
SAUSALITO CA 246-C7
TIBURON CA 246-C7
SAVIERS RD
OXNARD CA 275-B7
SAWMILL CTO
MONO CO CA 263-C6
SAWMILL RD
DOUGLAS CO NV 232-B7
EL DORADO CO CA 171-B2
MAMMOTH LAKES CA 263-D6
PARADISE CA 223-B2

SAWTELLE AV Rt#-99
SUTTER CO CA 169-C2
SUTTER CO CA 227-B7
SAWTELLE BLVD
CULVER CITY CA 358-C1
LOS ANGELES CA 353-G7
LOS ANGELES CA 358-B1
SAWYERS BAR RD
SISKIYOU CO CA 157-B1
SAYRE ST
LOS ANGELES CA 277-B6
SCALES RD
YUBA CO CA 164-B3
SCARFACE RD
SISKIYOU CO CA 217-A6
SCENIC DR
MODESTO CA 261-C3
MODESTO CA 340-E6
W SCENIC DR
GRANTS PASS OR 149-B1
JOSEPHINE CO OR 149-B1
SCHAEFER AV
CHINO CA 283-C5
ONTARIO CA 283-D5
SCHINDLER ST
LAKE CO CA 226-C5
SCHLAG RD
SUTTER CO CA 227-A7
SCHLEY ST
SAN DIEGO CA 374-A7
SCHOOL
MENDOCINO CO CA 168-A1
SCHOOL PTH
RICHMOND CA 247-A6
SCHOOL ST Rt#-1
POINT ARENA CA 167-C2
SCHOOL WY
MENDOCINO CO CA 168-B1
SCHOOL HOUSE RD
SISKIYOU CO CA 150-B3
SCHOONER GULCH RD Rt#-1
MENDOCINO CO CA 167-C2
SCHUEREN RD
LOS ANGELES CO CA 280-C4
SCHULMEYER RD
SISKIYOU CO CA 217-A5
SCOFIELD AV
KERN CO CA 191-A3
SCOTT AV
LOS ANGELES CA 355-G1
LOS ANGELES CA 356-A1
SCOTT RD
BURBANK CA 350-E3
MARIPOSA CO CA 262-A7
MURRIETA CA 289-C5
RIVERSIDE CO CA 289-C5
SACRAMENTO CO CA 170-B3
SACRAMENTO CO CA 236-B6
SCOTT DAM RD
LAKE CO CA 168-B1
SCOTT LUMBER RD
SHASTA CO CA 158-C3
SCOTT RIVER RD
FORT JONES CA 157-B1
SISKIYOU CO CA 149-B3
SISKIYOU CO CA 157-B1
SCOTTS VALLEY DR
SCOTTS VALLEY CA 255-D2
SCOTTS VALLEY RD
LAKE CO CA 225-C3
NE SCOVILLE RD
GRANTS PASS OR 149-B1
SCRIPPS POWAY PKWY
POWAY CA 294-A4
SAN DIEGO CA 293-D4
SAN DIEGO CA 294-A4
SAN DIEGO CO CA 294-A4
SCRIPPS RANCH BLVD
SAN DIEGO CA 293-D5
SEABRIGHT AV
SANTA CRUZ CA 335-F6
SEAL BEACH BLVD
LOS ALAMITOS CA 287-B3
ORANGE CO CA 287-B3
SEAL BEACH CA 287-B3
SEARS POINT HWY Rt#-37
MARIN CO CA 246-B2
NOVATO CA 246-B2
SONOMA CO CA 246-B2
SEARS POINT RD Rt#-37
SOLANO CO CA 246-C1
SOLANO CO CA 247-A2
SONOMA CO CA 246-C1
VALLEJO CA 247-A2
N SEASIDE AV
LONG BEACH CA 286-D3
LOS ANGELES CA 286-D3
SEASIDE WK
LONG BEACH CA 287-B3
SEATON AV
RIVERSIDE CO CA 289-B1
SEAVIEW RD
SONOMA CO CA 168-A3
SONOMA CO CA 239-A7
N SEAWARD AV
VENTURA CA 349-E5
S SEAWARD AV
VENTURA CA 349-E6
SEA WORLD DR
SAN DIEGO CA 371-E8
SEBASTIAN RD
KERN CO CA 199-C1
SEBASTOPOL AV
SANTA ROSA CA 321-E8
SEBASTOPOL AV Rt#-12
SEBASTOPOL CA 242-B3
SEBASTOPOL RD
SANTA ROSA CA 242-C3
SANTA ROSA CA 321-D8
SONOMA CO CA 321-C8
SEBASTOPOL RD Rt#-12
SANTA ROSA CA 242-B3
SEBASTOPOL CA 242-B3
SONOMA CO CA 242-B3
SECO ST
PASADENA CA 359-A5
SECO CANYON RD
SANTA CLARITA CA 276-D3
SECOND ST
SUSANVILLE CA 304-D4
SECTION OLD RED BLUFF RD
PLUMAS CO CA 164-A1

W SEGERSTROM AV
SANTA ANA CA 288-A4
SEIDEL RD
HUMBOLDT CO CA 219-C1
SEIGLER CANYON RD
LAKE CO CA 226-C7
LAKE CO CA 240-D1
SEIGLER SPRINGS NO RD
LAKE CO CA 226-B7
LAKE CO CA 240-D1
W SELBY LN
ATHERTON CA 252-D1
SELLERS AV
CONTRA COSTA CO CA 248-D6
SEMINARY AV
OAKLAND CA 250-B2
SEMINARY ST
NAPA CA 323-D6
SENECA RD
APPLE VALLEY CA 278-C1
PLUMAS CO CA 164-B2
VICTORVILLE CA 278-B1
SENTER RD
SAN JOSE CA 334-D10
SEPULVEDA BLVD
TORRANCE CA 286-C1
E SEPULVEDA BLVD
CARSON CA 286-D2
LONG BEACH CA 287-A2
LOS ANGELES CA 286-D2
LOS ANGELES CA 287-A2
N SEPULVEDA BLVD
LOS ANGELES CA 277-A7
LOS ANGELES CA 281-A2
LOS ANGELES CA 353-D3
N SEPULVEDA BLVD Rt#-1
EL SEGUNDO CA 281-B7
EL SEGUNDO CA 358-C10
MANHATTAN BEACH CA 281-B7
S SEPULVEDA BLVD
CULVER CITY CA 281-B5
CULVER CITY CA 358-C3
LOS ANGELES CA 281-B4
LOS ANGELES CA 353-D4
LOS ANGELES CA 358-C3
LOS ANGELES CO CA 353-E4
S SEPULVEDA BLVD Rt#-1
EL SEGUNDO CA 281-B7
LOS ANGELES CA 358-C8
MANHATTAN BEACH CA 281-B7
W SEPULVEDA BLVD
CARSON CA 286-D2
LOS ANGELES CA 286-C2
LOS ANGELES CO CA 286-D2
SEQUOIA DR
VACAVILLE CA 244-D4
SERRA AV
MONTEREY CO CA 338-D1
SERRANO AV
ORANGE CA 288-B1
SERRANO PKWY
EL DORADO CO CA 236-C5
E SERVICE RD
STANISLAUS CO CA 261-D5
W SERVICE RD
STANISLAUS CO CA 261-A5
SESNON BLVD
LOS ANGELES CA 276-D6
LOS ANGELES CA 277-A6
SEVEN HILLS RD
ALAMEDA CO CA 250-C3
SEVEN MILE LN
BUTTE CO CA 163-B3
SEVENMILE RD
KLAMATH CO OR 150-B1
SEVEN MILE RD
SAN LUIS OBISPO CO CA 198-B1
SEVEN TROUGHS RD
PERSHING CO NV 166-C2
SEWELL RD
SONOMA CO CA 239-A5
S SEXTON RD
SAN JOAQUIN CO CA 261-A1
SEYMOUR RD
SUTTER CO CA 234-B1
SHADOW MOUNTAIN RD
SAN BERNARDINO CO CA 201-A2
SHADOWRIDGE DR
OCEANSIDE CA 292-B7
SHAFFER RD
ATWATER CA 180-C1
MERCED CO CA 180-C1
SHAFTER AV
KERN CO CA 191-A3
SHAFTER CA 191-A3
SHAKE RIDGE RD
AMADOR CO CA 171-A3
AMADOR CO CA 175-C1
AMADOR CO CA 176-A1
SHAMROCK LN
PLACER CO CA 233-A6
SHANNONDALE RD
LOS ANGELES CO CA 277-D2
SHANNON VALLEY RD
LOS ANGELES CO CA 277-D2
SHARP RD
SONOMA CO CA 240-D7
SHARP RD Rt#-31
LA PAZ CO AZ 204-B3
SHARP PARK RD
PACIFICA CA 249-C4
SAN BRUNO CA 249-C4
SHASTA AV
MCCLOUD CA 218-D5
SHASTA BLVD
TEHAMA CO CA 221-D4
SHASTA RD
BERKELEY CA 328-C3
SHASTA ST Rt#-299
REDDING CA 301-E5
SHASTA WY
CHICO CA 305-G7
SHASTA DAM BLVD Rt#-151
SHASTA CO CA 220-B4
SHASTA LAKE CA 220-B4
SHASTA DAM ACCESS RD
SHASTA CO CA 220-A4
SHASTA SPRING MCCLOUD RD
SISKIYOU CO CA 218-C5
SHASTA VIEW DR
REDDING CA 220-C7
REDDING CA 302-E2

SHATTUCK AV
BERKELEY CA 328-A4
OAKLAND CA 328-B8
OAKLAND CA 330-B1
SHATTUCK PL
BERKELEY CA 328-A4
E SHAW AV
CLOVIS CA 264-C3
FRESNO CA 264-C3
FRESNO CO CA 181-C2
FRESNO CO CA 264-D3
W SHAW AV
CLOVIS CA 264-B3
FRESNO CA 264-B3
FRESNO CO CA 181-B2
FRESNO CO CA 264-B3
SHAWS FLAT RD
SONORA CA 341-D3
TUOLUMNE CO CA 341-B1
E SHAY RD
SAN BERNARDINO CO CA 279-D6
SHEAR RD
SONOMA CO CA 239-C1
SHECKLER RD Rt#-117
CHURCHILL CO NV 172-B1
SHECKLER CUT OFF
CHURCHILL CO NV 172-B1
SHEEP CAMP LOOP RD
SHASTA CO CA 222-C2
SHEEP CREEK RD
SAN BERNARDINO CO CA 201-A3
SHEEP RANCH RD
ARNOLD CA 176-A1
CALAVERAS CO CA 176-A1
MURPHYS CA 176-A1
SHELDON PTH
RICHMOND CA 247-A5
SHELDON RD
ELK GROVE CA 238-C3
SHELDON ST
LOS ANGELES CA 277-B7
LOS ANGELES CA 281-B1
SHELL CREEK RD
SAN LUIS OBISPO CO CA 190-A3
SHELLEY RD
SISKIYOU CO CA 217-C3
SHELLMOUND ST
EMERYVILLE CA 329-F1
OAKLAND CA 329-F1
SHELTER COVE RD
HUMBOLDT CO CA 161-B2
E SHELTON RD
SAN JOAQUIN CO CA 175-B2
SHENANDOAH RD Rt#-E16
AMADOR CO CA 170-C3
AMADOR CO CA 175-C1
EL DORADO CO CA 170-C3
SHEPARD ST
LOS ANGELES CA 286-D4
E SHEPHERD AV
FRESNO CA 264-C2
E SHEPHERD AV Rt#-168
FRESNO CO CA 264-D2
SHEPHERD CANYON RD
OAKLAND CA 247-B7
SHERMAN RD
CORONADO CA 373-B8
SHERMAN WY
BURBANK CA 350-A4
LOS ANGELES CA 280-D1
LOS ANGELES CA 281-A1
LOS ANGELES CA 350-A4
SHERMAN ISLAND RD
SACRAMENTO CO CA 248-C3
SHERMAN ISLAND EAST LEVEE RD
SACRAMENTO CO CA 248-D4
SHERWIN CREEK RD
MAMMOTH LAKES CA 263-D7
MONO CO CA 263-D7
SHERWOOD AV
KERN CO CA 191-A2
MCFARLAND CA 191-A2
SHERWOOD BLVD
TEHAMA CO CA 221-D5
SHERWOOD DR
SALINAS CA 336-D5
SHERWOOD RD
MENDOCINO CO CA 162-A3
MENDOCINO CO CA 168-A1
MENDOCINO CO CA 224-B2
MENDOCINO CO CA 307-E4
WILLITS CA 168-A1
E SHIELDS AV
FRESNO CA 264-D4
FRESNO CA 343-D2
FRESNO CO CA 264-D4
W SHIELDS AV
FRESNO CA 264-B4
FRESNO CA 343-A2
FRESNO CO CA 181-B2
FRESNO CO CA 264-A4
W SHIELDS AV Rt#-J1
FRESNO CO CA 180-C2
SHILOH RD
SOLANO CO CA 248-B1
SONOMA CO CA 242-B1
STANISLAUS CO CA 175-B3
WINDSOR CA 242-B1
SHINARUMP DR
MOHAVE CO AZ 204-B1
S SHINGLE RD
EL DORADO CO CA 236-D6
EL DORADO CO CA 237-A6
SHINN RANCH RD
LASSEN CO CA 165-A1
SHIRK RD
TULARE CO CA 266-B3
SHOEMAKE AV
STANISLAUS CO CA 261-A3
SHOEMAKER AV
CERRITOS CA 282-C7
LOS ANGELES CO CA 282-C6
SANTA FE SPRINGS CA 282-C6
SHORE RD
SAN BENITO CO CA 257-C4
N SHORE RD Rt#-267
KINGS BEACH CA 231-B1
PLACER CO CA 229-A7
PLACER CO CA 231-B1
TAHOE VISTA CA 231-B1
SHORELINE DR
SANTA BARBARA CA 348-D9

CRA

INDEX

E SHORELINE DR — STREET INDEX — STANDIFORD AV 408

STREET
City State Page-Grid

E SHORELINE DR
LONG BEACH CA 360-D7
W SHORELINE DR
LONG BEACH CA 360-C7
SHORELINE HWY Rt#-1
FORT BRAGG CA 224-B1
FORT BRAGG CA 307-B1
MARIN CO CA 173-B1
MARIN CO CA 242-A5
MARIN CO CA 245-B2
MARIN CO CA 246-A6
MENDOCINO CO CA 161-C3
MENDOCINO CO CA 167-C2
MENDOCINO CO CA 168-A3
MENDOCINO CO CA 224-B1
MENDOCINO CO CA 307-B10
POINT ARENA CA 167-C2
SONOMA CO CA 242-A5
SHORT RD
KLAMATH CO OR 150-C2
SHOUP AV
LOS ANGELES CA 280-C2
SHOWERS RD
HUMBOLDT CO CA 219-B4
SHOWERS PASS RD
HUMBOLDT CO CA 156-C3
SHURTLEFF AV
NAPA CA 323-G9
NAPA CO CA 323-G9
SIBLEY ST
FOLSOM CA 236-B5
E SIDE CALPELLA RD
MENDOCINO CO CA 168-B1
MENDOCINO CO CA 225-A1
E SIDE POTTER VALLEY RD
MENDOCINO CO CA 168-B1
W SIDE POTTER VALLEY RD
MENDOCINO CO CA 168-B1
SIERRA AV
FONTANA CA 284-B2
NAPA CA 323-B3
RIALTO CA 284-B2
RIVERSIDE CO CA 284-B4
SAN BERNARDINO CO CA 284-B2
TUOLUMNE CO CA 341-A9
SIERRA AV Rt#-J22
TULARE CO CA 191-A2
E SIERRA AV
FRESNO CA 264-C3
E SIERRA AV Rt#-70
PORTOLA CA 165-A3
W SIERRA AV
COTATI CA 242-C5
FRESNO CA 264-B3
SONOMA CO CA 242-C5
W SIERRA AV Rt#-70
PORTOLA CA 165-A3
SIERRA BLVD
EL DORADO CO CA 314-B6
SOUTH LAKE TAHOE CA 314-B6
SIERRA DR
MODESTO CA 340-C8
SIERRA HWY
KERN CO CA 200-B1
LANCASTER CA 200-B2
LOS ANGELES CA 277-A5
LOS ANGELES CO CA 200-B2
LOS ANGELES CO CA 277-C2
PALMDALE CA 200-B3
SANTA CLARITA CA 277-A4
SIERRA HWY Rt#-14
KERN CO CA 200-B1
SIERRA HWY Rt#-58
KERN CO CA 200-B1
SIERRA RD
SAN JOSE CA 253-D2
SAN JOSE CA 254-A2
SANTA CLARA CO CA 254-A2
STANISLAUS CO CA 261-D1
SIERRA ST
LOS ANGELES CA 356-F1
RENO NV 311-D4
SIERRA ST Rt#-201
FRESNO CO CA 181-C3
FRESNO CO CA 182-A3
KINGSBURG CA 181-C3
N SIERRA ST
RENO NV 311-C3
N SIERRA WY
SAN BERNARDINO CA 368-E1
S SIERRA WY
SAN BERNARDINO CA 368-E5
SIERRA COLLEGE BLVD
LOOMIS CA 236-A1
PLACER CO CA 236-A1
ROCKLIN CA 236-A1
SIERRA COLLEGE BLVD Rt#-E3
LOOMIS CA 236-A4
PLACER CO CA 236-A4
ROCKLIN CA 236-A4
ROSEVILLE CA 236-A4
SACRAMENTO CO CA 236-A4
SIERRA COUNTY RD
SIERRA CO CA 170-B1
YUBA CO CA 170-B1
E SIERRA MADRE AV
AZUSA CA 282-D2
AZUSA CA 283-A2
GLENDORA CA 283-A2
LOS ANGELES CO CA 283-A2
W SIERRA MADRE AV
AZUSA CA 282-D2
GLENDORA CA 283-A2
SIERRA MADRE BLVD
SAN MARINO CA 282-B2
E SIERRA MADRE BLVD
LOS ANGELES CO CA 282-B2
PASADENA CA 282-B2
N SIERRA MADRE BLVD
PASADENA CA 282-B2
S SIERRA MADRE BLVD
LOS ANGELES CO CA 282-B2
PASADENA CA 282-B2
SAN MARINO CA 282-B2
W SIERRA MADRE BLVD
ARCADIA CA 282-C2
SIERRA MADRE CA 282-C2
SIERRA PINES RD U.S.-50
EL DORADO CO CA 171-B3
SIERRA VALLEY RD Rt#-A24
PLUMAS CO CA 165-A3
SIERRA CO CA 165-A3

SIEVERS RD
SOLANO CO CA 174-B1
SIGNAL ST
OJAI CA 275-A1
SIGNAL RIDGE RD
MENDOCINO CO CA 168-A2
SILVA AV
YUBA CO CA 227-C5
SILVA VALLEY PKWY
EL DORADO CO CA 236-C5
SILVERADO TR
CALISTOGA CA 241-B7
NAPA CA 323-F2
NAPA CO CA 241-B7
NAPA CO CA 243-C2
NAPA CO CA 323-F2
SAINT HELENA CA 243-C2
SILVERADO TR Rt#-121
NAPA CA 323-F5
NAPA CO CA 323-F5
SILVERADO CANYON RD
ORANGE CO CA 288-D3
SILVER BRIDGE RD
SHASTA CO CA 220-D7
SILVER CREEK RD
JOSEPHINE CO OR 148-C1
SILVER CREEK VALLEY RD
SAN JOSE CA 254-A4
SANTA CLARA CO CA 254-A4
SILVER LAKE BLVD
LOS ANGELES CA 352-F9
LOS ANGELES CA 355-D1
SILVER QUEEN RD
KERN CO CA 200-B1
SILVER RANCH RD
ALPINE CO CA 171-C3
SILVER SAGE DR
CARSON CITY NV 313-C9
SILVER STRAND BLVD Rt#-75
CORONADO CA 295-D3
CORONADO CA 373-D9
IMPERIAL BEACH CA 295-D3
SILVERSTREAM AV
LAS VEGAS NV 268-B3
SILVERTHORN RD
SHASTA CO CA 220-D3
SILVER VALLEY RD
SAN BERNARDINO CO CA 201-C2
SAN BERNARDINO CO CA 202-A2
SIMAS ST
SANTA BARBARA CO CA 272-B4
SIMMERHORN RD
GALT CA 238-D6
SACRAMENTO CO CA 175-A1
SACRAMENTO CO CA 238-D6
SIMMERHORN RD Rt#-J10
GALT CA 238-D6
SIMMONS RD
LAKE CO CA 168-B1
STANISLAUS CO CA 261-B7
W SIMMONS RD
STANISLAUS CO CA 261-A7
SIMPSON LN
LINDA CA 310-C4
MARYSVILLE CA 310-C4
MENDOCINO CO CA 224-B3
MENDOCINO CO CA 307-B8
YUBA CO CA 310-C4
SIMPSON RD
LYON CO NV 172-B1
RIVERSIDE CO CA 208-C2
RIVERSIDE CO CA 289-C3
TEHAMA CO CA 221-B7
SIMS RD
SANTA CRUZ CO CA 335-D1
SINCLAIR FRWY I-280
SAN JOSE CA 333-F10
SAN JOSE CA 334-D7
SANTA CLARA CO CA 333-C10
SINCLAIR FRWY I-680
FREMONT CA 251-A7
FREMONT CA 253-D2
MILPITAS CA 253-D2
SAN JOSE CA 253-D2
SAN JOSE CA 334-D2
SANTA CLARA CO CA 334-D2
SINEX AV
PACIFIC GROVE CA 337-B4
SINGLEY RD
HUMBOLDT CO CA 219-B6
SINTON RD
SANTA BARBARA CO CA 272-B5
SIR FRANCIS DRAKE BLVD
FAIRFAX CA 246-A4
LARKSPUR CA 246-A4
LARKSPUR CA 324-A8
MARIN CO CA 245-C3
MARIN CO CA 246-A4
MARIN CO CA 324-A8
ROSS CA 324-A8
SAN ANSELMO CA 246-A4
SAN ANSELMO CA 324-A8
E SIR FRANCIS DRAKE BLVD
LARKSPUR CA 246-B5
LARKSPUR CA 324-F10
MARIN CO CA 246-C5
SAN RAFAEL CA 246-C5
SISK RD
STANISLAUS CO CA 261-A2
SISKIYOU BLVD Rt#-99
ASHLAND OR 149-C2
JACKSON CO OR 149-C2
SISKIYOU HWY
JACKSON CO OR 150-A2
SISTER CITIES BLVD
SOUTH SAN FRANCISCO CA 249-C4
SITES LODOGA RD
COLUSA CO CA 169-A1
SIX MILE CANYON RD
LYON CO NV 230-D7
SIXTH ST
NORCO CA 284-A6
SKIDOO RD
INYO CO CA 184-B3
SKILLMAN LN
SONOMA CO CA 242-C6
SKI RUN BLVD
SOUTH LAKE TAHOE CA 314-D3
SKYLINE BLVD
ALAMEDA CO CA 250-B1
BURLINGAME CA 327-D10
CONTRA COSTA CO CA 247-B7

SKYLINE BLVD
OAKLAND CA 247-B7
OAKLAND CA 250-B1
OAKLAND CA 328-G8
SAN MATEO CO CA 249-D6
SAN MATEO CO CA 327-D10
SKYLINE BLVD Rt#-35
DALY CITY CA 249-C4
PACIFICA CA 249-C4
PALO ALTO CA 252-C3
PORTOLA VALLEY CA 252-C3
SAN BRUNO CA 249-C4
SAN BRUNO CA 327-A6
SAN FRANCISCO CA 249-B2
SAN MATEO CO CA 249-D7
SAN MATEO CO CA 252-C2
SAN MATEO CO CA 327-A6
SANTA CLARA CO CA 252-C3
SANTA CLARA CO CA 253-A5
SANTA CRUZ CO CA 253-A5
SOUTH SAN FRANCISCO CA 249-C4
WOODSIDE CA 252-C2
SKYLINE BLVD Rt#-269
AVENAL CA 190-B1
SKYLINE DR
LEMON GROVE CA 296-A1
MONTEREY CA 337-D7
ORANGE CO CA 288-B3
SAN DIEGO CA 296-A2
SKYLINE MTWY
PLUMAS CO CA 164-C2
SKYLINE RD
KERN CO CA 199-A1
SKYLINE RD E
LASSEN CO CA 304-E3
SUSANVILLE CA 304-E3
SKYLINE RD N
SUSANVILLE CA 304-C2
SKYLINE TKTR
SAN DIEGO CO CA 296-D1
SKYLINE FOREST DR
MONTEREY CA 337-D8
SKY RANCH ESTATES RD
MONTEREY CO CA 259-A7
SKYWAY
CHICO CA 306-D10
SKYWAY BLVD
SALINAS CA 336-G7
SKYWAY DR
SANTA BARBARA CO CA 272-C5
SANTA MARIA CA 272-C5
SKYWAY RD
BUTTE CO CA 163-C3
BUTTE CO CA 164-A2
BUTTE CO CA 223-B1
BUTTE CO CA 306-G10
CHICO CA 306-F10
MAGALIA CA 163-C3
PARADISE CA 223-A2
SLATE CREEK RD
SHASTA CO CA 158-A2
SLATE MOUNTAIN RD
TRINITY CO CA 158-A2
SLATER AV
HUNTINGTON BEACH CA 287-C4
SLAUSON AV
HUNTINGTON PARK CA 281-D5
HUNTINGTON PARK CA 282-A5
LOS ANGELES CO CA 282-A5
MAYWOOD CA 282-A5
MONTEBELLO CA 282-A5
PICO RIVERA CA 282-B6
SANTA FE SPRINGS CA 282-B6
VERNON CA 282-A5
WHITTIER CA 282-B6
E SLAUSON AV
BELL CA 282-A5
CITY OF COMMERCE CA 282-A5
HUNTINGTON PARK CA 281-D5
LOS ANGELES CA 281-D5
LOS ANGELES CO CA 281-D5
MAYWOOD CA 282-A5
MONTEBELLO CA 282-A5
VERNON CA 281-D5
VERNON CA 282-A5
W SLAUSON AV
CULVER CITY CA 358-D2
LOS ANGELES CA 281-C5
LOS ANGELES CO CA 281-C5
LOS ANGELES CO CA 358-D2
SLEEPING INDIAN RD
OCEANSIDE CA 292-B5
SAN DIEGO CO CA 292-B5
SLIGER MINE RD
EL DORADO CO CA 170-B2
EL DORADO CO CA 237-A1
SLOAN CANYON RD
LOS ANGELES CO CA 276-C2
SLOAT BLVD
SAN FRANCISCO CA 249-B2
SLOAT BLVD Rt#-35
SAN FRANCISCO CA 249-C2
SLOUGH RD
SISKIYOU CO CA 217-C7
SLUG GULCH RD
EL DORADO CO CA 237-D7
SLY PARK RD Rt#-E16
EL DORADO CO CA 170-C3
EL DORADO CO CA 237-D5
POLLOCK PINES CA 170-C3
SMARTVILLE RD
YUBA CO CA 170-A2
SMILEY RD
NORTH LAS VEGAS NV 268-D2
SMITH RD
LOS ANGELES CO CA 276-C7
STANISLAUS CO CA 261-D2
SMITH GRADE RD
SANTA CRUZ CO CA 255-C2
SMITHNECK RD
SIERRA CO CA 165-A3
SIERRA CO CA 228-D1
SIERRA CO CA 229-A2
SMITH STATION RD Rt#-J20
MARIPOSA CO CA 176-B2
TUOLUMNE CO CA 176-B2
SMOKE CREEK RANCH RD
LASSEN CO CA 165-A1
SMOKEHOUSE
DEL NORTE CO CA 216-C6
SMYTHE AV
SAN DIEGO CA 296-A5

SNAKE RD
OAKLAND CA 247-B7
SNAVELY RD
DEL NORTE CO CA 216-C2
SNEATH LN
SAN BRUNO CA 249-C4
SAN BRUNO CA 327-A3
SNELL AV
SAN JOSE CA 253-D5
SNELL ST
SONORA CA 341-D4
SNELLING HWY Rt#-59
MERCED CA 181-A1
MERCED CO CA 176-A3
MERCED CO CA 181-A1
SNIVELY RD
TEHAMA CO CA 163-A1
SNOW RD
BAKERSFIELD CA 267-B3
KERN CO CA 267-A3
SNOW CAMP RD
HUMBOLDT CO CA 156-C3
SNOWDEN HOVEY GULCH RD
SISKIYOU CO CA 150-A3
SNOWS RD
EL DORADO CO CA 237-D4
SNYDER AV
CARSON CITY NV 232-B3
SNYDER LN
ROHNERT PARK CA 242-C4
SNYDER RIDGE RD
MARIPOSA CO CA 262-A7
SOBOBA ST
RIVERSIDE CO CA 208-C2
N SOBOBA ST
HEMET CA 208-C2
RIVERSIDE CO CA 208-C2
SOCRATES MINE RD
LAKE CO CA 240-C3
SONOMA CO CA 240-C3
SODA BAY RD
LAKE CO CA 225-D5
LAKE CO CA 226-A5
SODA BAY RD Rt#-281
LAKE CO CA 226-B6
SODA CREEK RD
SHASTA CO CA 218-B7
SODA LAKE RD
KERN CO CA 199-A1
SAN LUIS OBISPO CO CA 190-B3
SAN LUIS OBISPO CO CA 198-B1
SAN LUIS OBISPO CO CA 199-A1
SODALITE ST
EL DORADO CO CA 237-A6
SODA SPRINGS RD
NEVADA CO CA 228-B7
PLACER CO CA 171-A2
PLACER CO CA 228-B7
SOLANA WY
TEMECULA CA 289-C7
SOLANO AV
BERKELEY CA 328-A3
NAPA CA 323-C5
SONOMA CO CA 322-B7
VALLEJO CA 247-B2
SOLANO ST Rt#-A9
CORNING CA 221-C7
TEHAMA CO CA 221-C7
SOLARI ST
PITTSBURG CA 248-B4
SOLEDAD DR
MONTEREY CA 337-E8
SOLEDAD FRWY Rt#-52
SAN DIEGO CA 293-C6
SAN DIEGO CA 370-G7
SOLEDAD RD
SAN DIEGO CA 370-F9
SAN DIEGO CA 371-C1
SOLEDAD CANYON RD
LOS ANGELES CO CA 200-B3
LOS ANGELES CO CA 277-C3
SANTA CLARITA CA 276-D4
SANTA CLARITA CA 277-C3
SOLEDAD MOUNTAIN RD
SAN DIEGO CA 370-E8
SAN DIEGO CA 371-C1
SOMERSET BLVD
PARAMOUNT CA 282-A7
SOMERSVILLE RD
ANTIOCH CA 248-B5
CONTRA COSTA CO CA 248-B5
PITTSBURG CA 248-B5
SOMIS RD Rt#-34
CAMARILLO CA 275-D5
VENTURA CO CA 199-B3
VENTURA CO CA 275-D5
SONOMA AV
SANTA ROSA CA 321-E7
S SONOMA AV
FRESNO CO CA 181-A3
SONOMA BLVD Rt#-29
AMERICAN CANYON CA 247-A2
SOLANO CO CA 247-A2
VALLEJO CA 247-A2
SONOMA HWY Rt#-12
SANTA ROSA CA 242-D2
SANTA ROSA CA 243-A3
SONOMA CA 322-C7
SONOMA CO CA 242-D2
SONOMA CO CA 243-A3
SONOMA CO CA 322-B2
SONOMA MOUNTAIN PKWY
PETALUMA CA 242-D6
SONOMA MOUNTAIN RD
SONOMA CO CA 242-D3
SONORA RD
STANISLAUS CO CA 175-C2
SONORA RD Rt#-J14
STANISLAUS CO CA 175-B2
SOQUEL AV
SANTA CRUZ CA 255-D3
SANTA CRUZ CA 335-E7
SANTA CRUZ CO CA 255-D3
SOQUEL DR
SANTA CRUZ CO CA 255-D3
SANTA CRUZ CO CA 256-A3
SOQUEL CANYON PKWY
CHINO HILLS CA 283-C6
SOQUEL SAN JOSE RD
SANTA CRUZ CO CA 256-A1
SORENTO RD
SACRAMENTO CO CA 235-B4

SORICH RD
SAN MATEO CO CA 252-D4
SORRENTO VALLEY BLVD
SAN DIEGO CA 293-C5
SOSCOL AV
NAPA CA 323-E6
SOSCOL AV E
NAPA CA 323-F7
SOTO ST
HUNTINGTON PARK CA 282-A5
VERNON CA 282-A5
N SOTO ST
LOS ANGELES CA 356-G1
S SOTO ST
LOS ANGELES CA 356-E7
VERNON CA 281-D5
VERNON CA 282-A5
VERNON CA 356-D8
SOULE LN
SISKIYOU CO CA 217-D4
SOUTH AV
BUTTE CO CA 227-B1
CORNING CA 163-B3
EUREKA CA 300-B5
TEHAMA CO CA 163-B3
SOUTH AV Rt#-A9
TEHAMA CO CA 163-B2
TEHAMA CO CA 221-D7
E SOUTH AV
FRESNO CO CA 264-C7
W SOUTH AV
FRESNO CO CA 264-B7
SOUTH ST
ARTESIA CA 287-A1
CERRITOS CA 287-A1
FORT BRAGG CA 307-B5
GLENN CO CA 163-B3
LA PALMA CA 287-A1
LAKEWOOD CA 287-A1
LONG BEACH CA 287-A1
ORLAND CA 163-B3
SOUTH ST Rt#-227
SAN LUIS OBISPO CA 347-D6
E SOUTH ST
ANAHEIM CA 362-C1
W SOUTH ST
ANAHEIM CA 362-B1
SOUTH BANK RD
DEL NORTE CO CA 216-B3
SOUTH BANK CHETCO RIVER RD
CURRY CO OR 148-B2
SOUTH BAY BLVD
MORRO BAY CA 271-A4
SAN LUIS OBISPO CO CA 271-A4
SOUTHBAY FRWY Rt#-237
MILPITAS CA 253-B2
SAN JOSE CA 253-B2
SANTA CLARA CA 253-B2
SANTA CLARA CO CA 253-B2
SUNNYVALE CA 253-B2
SOUTH BAY PKWY
SAN DIEGO CO CA 296-A2
SOUTH BAY PKWY Rt#-54
SAN DIEGO CO CA 296-B2
SOUTH COAST DR
COSTA MESA CA 363-A3
SOUTHERN FRWY I-280
DALY CITY CA 249-C2
SAN FRANCISCO CA 249-C2
SAN FRANCISCO CA 326-F7
SOUTH FORK RD
DEL NORTE CO CA 216-D5
SOUTH FORK LITTLE BUTTE RD
JACKSON CO OR 150-A1
SOUTH GATE RD
CONTRA COSTA CO CA 248-A7
SOUTH GRADE RD
SAN DIEGO CO CA 213-A1
SAN DIEGO CO CA 294-D6
SOUTH INDIAN SERVCE RD Rt#-J42
TULARE CO CA 191-C1
SOUTH LAKE RD
KERN CO CA 199-A1
SOUTH MOUNTAIN RD
SANTA PAULA CA 275-D3
VENTURA CO CA 275-D3
SOUTH RIVER RD
WEST SACRAMENTO CA 319-B4
SOUTH SHINGLE RD
EL DORADO CO CA 237-A5
SOUTHSIDE DR
MARIPOSA CO CA 262-C4
SOUTH SIDE RD
JOSEPHINE CO OR 149-A2
SOUTH VALLEY FRWY U.S.-101
GILROY CA 257-A2
MORGAN HILL CA 254-A5
MORGAN HILL CA 257-A2
SAN JOSE CA 254-A5
SANTA CLARA CO CA 254-A5
SANTA CLARA CO CA 257-A2
SOUTHWEST EXWY
SAN JOSE CA 253-C4
SAN JOSE CA 333-E10
SPACER DR
TULARE CO CA 266-C6
SPANISH DRY DIGGINS RD
EL DORADO CO CA 170-B2
EL DORADO CO CA 237-A1
SPARKS BLVD
SPARKS NV 312-G1
SPEAR AV
ARCATA CA 299-B4
HUMBOLDT CO CA 299-B4
SPECKLED AV
KINGS BEACH CA 231-B1
SPENCE AV
BUTTE CO CA 223-B7
SPENCE RD
MONTEREY CO CA 259-C3
SPENCER LN
SONOMA CO CA 240-D6
SPENCER ST
PACIFIC GROVE CA 337-E4
SPENCEVILLE RD
NEVADA CO CA 233-A3
YUBA CO CA 170-A2
SPERRY AV Rt#-J17
PATTERSON CA 175-B3

SPERRY AV Rt#-J17
STANISLAUS CO CA 175-B3
SPERRY RD
STANISLAUS CO CA 261-D5
SPLIT MOUNTAIN RD
IMPERIAL CO CA 213-C1
SPORTS ARENA BLVD
SAN DIEGO CA 371-F9
SAN DIEGO CA 372-A9
SPRAGUE RIVER RD
KLAMATH CO OR 150-C1
KLAMATH CO OR 151-A1
SPRECKELS BLVD
MONTEREY CO CA 259-A3
SPRING RD
MOORPARK CA 199-C3
SPRING ST
PASO ROBLES CA 189-C3
PLACERVILLE CA 317-E5
SAN LUIS OBISPO CO CA 189-C3
SPRING ST Rt#-49
PLACERVILLE CA 317-E5
E SPRING ST
LONG BEACH CA 287-B2
LONG BEACH CA 360-G1
LOS ALAMITOS CA 287-B2
SIGNAL HILL CA 360-G1
N SPRING ST
LOS ANGELES CA 356-C3
UKIAH CA 308-C4
S SPRING ST
UKIAH CA 308-C5
W SPRING ST
LONG BEACH CA 360-B1
SPRING CANYON RD
SAN DIEGO CA 293-D5
SAN DIEGO CA 294-A5
SPRINGDALE ST
HUNTINGTON BEACH CA 287-C3
WESTMINSTER CA 287-C3
SPRINGER RD
LOS ALTOS CA 253-A3
E SPRINGFIELD AV
FRESNO CO CA 264-C7
W SPRINGFIELD AV
FRESNO CO CA 264-B7
SPRINGFIELD RD
TUOLUMNE CO CA 341-A1
SPRING GROVE RD
SAN BENITO CO CA 257-D5
SPRING HILL DR
SISKIYOU CO CA 218-B3
SPRING HILL RD
SONOMA CO CA 242-C6
SPRING LAKE RD
KLAMATH CO OR 150-C2
SPRING MEADOWS RD
SISKIYOU CO CA 218-D6
SPRING MOUNTAIN RD
NAPA CO CA 243-B1
PARADISE NV 268-B4
PARADISE NV 346-A2
SAINT HELENA CA 243-B1
SPRING VALLEY NV 268-B4
SPRING MOUNTAIN DIVIDE TR
CLARK CO NV 185-C3
SPRINGS RD
VALLEJO CA 247-B2
SPRING VALLEY PKWY
SAN BERNARDINO CO CA 278-B2
SPRINGVILLE MILO RD Rt#-J37
TULARE CO CA 191-C1
SPRUCE AV
LYON CO NV 172-A1
SOUTH LAKE TAHOE CA 314-E4
TULARE CO CA 191-B1
S SPRUCE AV
SOUTH SAN FRANCISCO CA 327-B1
SPRUCE RD
TULARE CO CA 191-B1
SPRUCE ST
BERKELEY CA 328-A1
CONTRA COSTA CO CA 328-A1
GRIDLEY CA 227-B1
RIVERSIDE CA 366-E2
SPRUCE GROVE RD Rt#-29
HIDDEN VALLEY CA 241-A2
LAKE CO CA 241-A2
SQUAW CREEK RD
SONOMA CO CA 240-B2
SQUAW FLAT RD
KLAMATH CO OR 151-A2
SQUAW GRASS TR
SHASTA CO CA 220-C4
SQUAW VALLEY RD
CURRY CO OR 148-B1
SISKIYOU CO CA 218-D6
STABLER LN
YUBA CITY CA 309-C3
STADIUM WY
LOS ANGELES CA 356-A1
STAGE RD
SANTA FE SPRINGS CA 282-C7
S STAGE RD
JACKSON CO OR 149-C2
JACKSONVILLE OR 149-C2
STAGE RD S
JACKSONVILLE OR 149-C2
STAGECOACH DR
TULARE CO CA 265-A5
N STAGE COACH LN
SAN DIEGO CO CA 292-B3
S STAGE COACH LN
SAN DIEGO CO CA 292-B3
S STAGE COACH LN Rt#-S15
SAN DIEGO CO CA 292-B3
STAGECOACH RD
SANTA ROSA CA 321-F1
STAGE GULCH RD Rt#-116
SONOMA CO CA 243-B6
STALLARD RD
IMPERIAL CO CA 211-A2
STAMPEDE DAM RD
SIERRA CO CA 229-B4
STAMPEDE MEADOWS RD
NEVADA CO CA 229-B4
SIERRA CO CA 229-B4
TRUCKEE CA 229-B4
STANDIFORD AV
MODESTO CA 261-A3

CRA
INDEX

STREET / City State Page-Grid

W STANDLEY ST
UKIAH CA 308-C4
STANFORD AV
BERKELEY CA 328-A9
OAKLAND CA 328-A9
S STANISLAUS AV
FRESNO CO CA 181-A3
STANISLAUS ST
FRESNO CA 343-D7
STANISLAUS ST Rt#-180
FRESNO CA 343-C8
STANLEY AV
VENTURA CA 349-A2
STANLEY BLVD
ALAMEDA CO CA 251-B4
PLEASANTON CA 251-B4
E STANLEY BLVD
ALAMEDA CO CA 251-C4
LIVERMORE CA 251-C4
STANTON AV
ANAHEIM CA 361-E5
BUENA PARK CA 361-E1
STANWOOD DR Rt#-192
SANTA BARBARA CA 348-G3
STANYAN ST
SAN FRANCISCO CA 325-G5
S STARK RD
SAN JOAQUIN CO CA 260-A6
STARKES GRADE RD
EL DORADO CO CA 170-C3
EL DORADO CO CA 237-D5
STARLIGHT CREST DR
LA CANADA FLINTRIDGE CA 282-A1
STARR RD
SONOMA CO CA 242-B1
STARR KING WY
SAN FRANCISCO CA 326-C5
STATE FRWY I-80
SACRAMENTO CO CA 235-D5
STATE ST
HEMET CA 208-C2
LAKE CO CA 226-A6
SAN DIEGO CA 373-D2
SAN JACINTO CA 208-C2
SANTA BARBARA CA 274-C7
SANTA BARBARA CA 348-A4
SANTA BARBARA CO CA 274-C7
STATE ST Rt#-R3
HEMET CA 208-C2
RIVERSIDE CO CA 208-C2
STATE ST Rt#-79
RIVERSIDE CO CA 208-C2
SAN JACINTO CA 208-C2
N STATE ST
MENDOCINO CO CA 168-A1
MENDOCINO CO CA 225-A1
MENDOCINO CO CA 308-D3
SAN JACINTO CA 208-C2
UKIAH CA 308-D3
N STATE ST Rt#-79
SAN JACINTO CA 208-C2
S STATE ST
MENDOCINO CO CA 225-A3
MENDOCINO CO CA 308-E9
UKIAH CA 308-E9
S STATE ST Rt#-R3
HEMET CA 208-C2
STATE COLLEGE BLVD
BREA CA 283-A7
FULLERTON CA 283-A7
N STATE COLLEGE BLVD
ANAHEIM CA 288-A1
ANAHEIM CA 362-E6
BREA CA 283-A7
FULLERTON CA 283-A7
FULLERTON CA 288-A1
ORANGE CA 362-E6
S STATE COLLEGE BLVD
ANAHEIM CA 288-A1
ANAHEIM CA 362-E2
BREA CA 283-A6
FULLERTON CA 283-A7
FULLERTON CA 288-A1
STATE HIGHWAY 20 HWY Rt#-20
NEVADA CO CA 170-B1
STATE HIGHWAY 68 Rt#-68
BULLHEAD CITY AZ 270-D1
MOHAVE CO AZ 270-D1
STATE HIGHWAY 95 Rt#-95
BULLHEAD CITY AZ 270-C1
CLARK CO NV 270-C1
MOHAVE CO AZ 270-C1
STATE HWY 113 Rt#-113
YOLO CO CA 234-C3
STATE LINE AV
SOUTH LAKE TAHOE CA 314-F1
STATE LINE RD
INYO CO CA 185-A3
KLAMATH CO OR 151-A3
MODOC CO CA 151-A3
STATE LINE RD Rt#-161
SISKIYOU CO CA 150-C3
SISKIYOU CO CA 151-A3
N STATEN ISLAND RD
SAN JOAQUIN CO CA 175-A1
SAN JOAQUIN CO CA 238-B7
STATE PARK RD
BENICIA CA 247-B3
MORRO BAY CA 271-A4
STATE ROUTE 210 FRWY Rt#-210
CLAREMONT CA 283-C2
FONTANA CA 284-B2
GLENDORA CA 283-A2
LA VERNE CA 283-B2
LOS ANGELES CO CA 283-B2
RANCHO CUCAMONGA CA 283-D2
RANCHO CUCAMONGA CA 284-B2
RIALTO CA 284-C2
SAN BERNARDINO CA 284-D2
SAN BERNARDINO CO CA 284-C2
SAN DIMAS CA 283-B2
UPLAND CA 283-D2
E STATE ROUTE 26 Rt#-26
CALAVERAS CO CA 175-B2
SAN JOAQUIN CO CA 175-B2
STATTON RD
SHASTA CO CA 220-C1
STEADMAN RD
BUTTE CO CA 227-B1
S STEARNS RD
STANISLAUS CO CA 261-D1
STEARNS ST
SIMI VALLEY CA 276-B7
STEELE LN
SANTA ROSA CA 321-D4
W STEELE LN
SANTA ROSA CA 321-C4
STEELE CANYON RD
NAPA CO CA 244-B2
STEELHEAD CT
SISKIYOU CO CA 150-A3
STENNER CREEK RD
SAN LUIS OBISPO CO CA 271-C4
STENT CTO
TUOLUMNE CO CA 176-A2
STEPHANIE WY
DOUGLAS CO NV 232-B5
STEPHANIE LANE ALIGNMENT
DOUGLAS CO NV 232-B5
STERCHI LN
SISKIYOU CO CA 217-D5
STERLING AV
SAN BERNARDINO CO CA 285-A2
STERLING WK
LOS ANGELES CA 282-A3
STERLING CREEK RD
JACKSON CO OR 149-C2
STERLING LAKE RD
NEVADA CO CA 228-A6
STETSON AV
HEMET CA 208-C2
RIVERSIDE CO CA 208-C2
E STETSON AV
HEMET CA 208-C2
RIVERSIDE CO CA 208-C2
W STETSON AV
HEMET CA 208-C2
STEUART ST
SAN FRANCISCO CA 326-F4
STEVENS CREEK BLVD
CUPERTINO CA 253-B3
SAN JOSE CA 253-B3
SAN JOSE CA 333-A9
SANTA CLARA CA 253-B3
SANTA CLARA CA 333-A9
STEVENS CREEK FRWY Rt#-85
CUPERTINO CA 253-B3
LOS ALTOS CA 253-B3
MOUNTAIN VIEW CA 253-B3
SANTA CLARA CO CA 253-B3
SUNNYVALE CA 253-B3
STEVENSON BLVD
FREMONT CA 250-D7
FREMONT CA 251-A7
NEWARK CA 250-D7
NEWARK CA 251-A7
STEVENSON BRIDGE RD
SOLANO CO CA 169-C3
STEVENSON RANCH PKWY
LOS ANGELES CO CA 276-D5
STEVENS PASS RD
SISKIYOU CO CA 158-B1
STEWART AV
BUTTE CO CA 305-E8
CHICO CA 305-E8
E STEWART AV
MEDFORD OR 149-C2
W STEWART AV
JACKSON CO OR 149-C2
MEDFORD OR 149-C2
STEWART LN
SOLANO CO CA 248-C2
N STEWART ST
CARSON CITY NV 313-C5
S STEWART ST
CARSON CITY NV 313-C6
STEWARTS PT SKAGGS SPRINGS RD
SONOMA CO CA 168-A3
SONOMA CO CA 239-B4
STILLWATER RD Rt#-116
CHURCHILL CO NV 172-C1
E STILLWATER WY
SHASTA CO CA 220-C5
STILSON CANYON RD
BUTTE CO CA 306-F6
CHICO CA 306-F6
STILWELL RD
MONTEREY CA 337-F6
STIMPSON RD
BUTTE CO CA 227-C1
STINE RD
BAKERSFIELD CA 267-C6
BAKERSFIELD CA 344-A8
KERN CO CA 267-C7
KERN CO CA 344-A8
STOCKBRIDGE AV
ATHERTON CA 252-D1
SAN MATEO CO CA 252-D1
STOCKDALE HWY
BAKERSFIELD CA 267-B4
BAKERSFIELD CA 344-A8
KERN CO CA 191-A3
KERN CO CA 267-B4
KERN CO CA 344-A8
STOCK DRIVE RD
LAKE CO OR 152-A2
STOCKER ST
LOS ANGELES CA 281-C5
LOS ANGELES CO CA 281-C5
STOCKMAN RD
ESMERALDA CO NV 178-B2
STOCKTON AV
CAPITOLA CA 256-A3
STOCKTON BLVD
SACRAMENTO CA 238-C2
SACRAMENTO CA 319-G5
SACRAMENTO CA 320-A7
SACRAMENTO CO CA 238-C2
SACRAMENTO CO CA 320-B8
STOCKTON RD
MOHAVE CO AZ 196-B2
VENTURA CO CA 199-B3
STOCKTON ST Rt#-49
SONORA CA 341-D5
S STOCKTON ST
LODI CA 260-B1
STOCKTON HILL RD
KINGMAN AZ 196-B2
MOHAVE CO AZ 196-B2
STOCKYARD RD
DOUGLAS CO NV 232-B6
STODDARD RD
STANISLAUS CO CA 261-D2
STODDARD WELLS RD
APPLE VALLEY CA 201-B2
SAN BERNARDINO CO CA 201-B2
STONE AV
STANISLAUS CO CA 261-A4
STONE BLVD
WEST SACRAMENTO CA 319-A6
STONERIDGE DR
PLEASANTON CA 251-A3
STONE VALLEY RD
CONTRA COSTA CO CA 247-D7
CONTRA COSTA CO CA 248-A7
STONY CREEK RD
AMADOR CO CA 175-B1
STONY POINT RD
PETALUMA CA 242-C5
SANTA ROSA CA 242-C5
SANTA ROSA CA 321-A6
SONOMA CO CA 242-C5
SONOMA CO CA 321-B9
STORKE RD
SANTA BARBARA CO CA 274-A7
STORY RD
SAN JOSE CA 254-A3
SAN JOSE CA 334-F6
SANTA CLARA CO CA 254-A3
STOVER RD
HUMBOLDT CO CA 156-C2
E STOWELL RD
SANTA BARBARA CO CA 272-D5
SANTA MARIA CA 272-D5
W STOWELL RD
SANTA BARBARA CO CA 272-C5
SANTA MARIA CA 272-C5
STRATHERN ST
LOS ANGELES CA 280-D1
LOS ANGELES CA 350-A2
STRATHMORE AV
TULARE CO CA 191-B1
STRAWBERRY DR
MARIN CO CA 246-B6
STREET OF THE GOLDEN LANTERN
DANA POINT CA 207-C3
LAGUNA NIGUEL CA 207-C3
LAGUNA NIGUEL CA 288-C7
SAN JUAN CAPISTRANO CA 288-C7
STRINGER GAP RD
JOSEPHINE CO OR 149-A1
STRIPLIN RD
SUTTER CO CA 235-A1
STUART MESA RD
SAN DIEGO CO CA 291-D5
STUDEBAKER RD
CERRITOS CA 282-B7
CERRITOS CA 287-B1
DOWNEY CA 282-B7
NORWALK CA 282-B7
STUDIO DR
SAN LUIS OBISPO CO CA 271-A2
E STUHR RD Rt#-J18
STANISLAUS CO CA 180-B1
W STUHR RD Rt#-J18
STANISLAUS CO CA 180-B1
STUMP RANCH RD
PLUMAS CO CA 222-C7
STUNT RD
LOS ANGELES CO CA 280-C3
SUBSTATION RD
MONO CO CA 263-D6
SUEY RD
SANTA MARIA CA 272-D4
SUEY CREEK RD
SAN LUIS OBISPO CO CA 272-D2
SUGARLOAF LOOKOUT RD
SHASTA CO CA 158-A3
SUISUN VALLEY RD
FAIRFIELD CA 244-B7
SOLANO CO CA 244-B7
SULFUR CREEK RD
LAKE CO CA 240-C1
SULLIVAN LN
SPARKS NV 312-A4
WASHOE CO NV 312-A4
SULPHUR BANK DR
LAKE CO CA 226-C5
SULTANA DR
MERCED CO CA 180-C1
SUMAC RD
SAN DIEGO CO CA 292-C4
SUMMERFIELD RD
SANTA ROSA CA 242-D2
SUMMERHILL DR
LAKE ELSINORE CA 289-A4
SUMMERLIN PKWY U.S.-95
LAS VEGAS NV 268-A3
SUMMERS LN
Altamont OR 150-C2
KLAMATH FALLS OR 150-C2
SUMMIT DR
SISKIYOU CO CA 218-A3
SUMMIT RD
CONTRA COSTA CO CA 248-A7
JACKSON CO OR 149-B2
SANTA CLARA CO CA 253-C7
SANTA CLARA CO CA 256-A1
SANTA CRUZ CO CA 253-C7
SANTA CRUZ CO CA 256-A1
SUMMIT RD Rt#-35
SANTA CLARA CO CA 253-B7
SANTA CRUZ CO CA 253-B7
SUMMIT LAKE RD
SHASTA CO CA 158-C2
SUMMIT LEVEL RD
CALAVERAS CO CA 176-A1
SUMMIT VALLEY RD
SAN BERNARDINO CO CA 278-A5
E SUMNER AV
FRESNO CO CA 264-C7
W SUMNER AV
FRESNO CO CA 264-B7
SUMNER ST
BAKERSFIELD CA 267-D4
BAKERSFIELD CA 344-F4
SUNBURST ST
SAN BERNARDINO CO CA 209-B1
SUNFAIR RD
SAN BERNARDINO CO CA 209-B1
SUNFLOWER AV
COSTA MESA CA 288-A4
COSTA MESA CA 363-C2
SUNFLOWER AV
SANTA ANA CA 288-A4
SANTA ANA CA 363-C2
N SUNFLOWER AV
COVINA CA 283-A3
LOS ANGELES CO CA 283-A3
SUNGLOW LN
SAN FRANCISCO CA 249-C2
S SUNKIST ST
ANAHEIM CA 362-F1
SUNLAND BLVD
LOS ANGELES CA 277-C7
LOS ANGELES CA 350-A2
SUNNYMEAD RANCH PKWY
MORENO VALLEY CA 285-A5
N SUNNYSIDE AV
CLOVIS CA 264-D3
SUNNYSLOPE RD
HOLLISTER CA 257-D6
SUNNYVALE-SARATOGA RD
CUPERTINO CA 253-B3
SUNNYVALE CA 253-B3
SUNNY VISTA RD
SAN BERNARDINO CO CA 209-B1
SUNOL BLVD
PLEASANTON CA 251-B4
SUN RAY
CURRY CO OR 148-B2
SUNRISE AV Rt#-E2
CITRUS HEIGHTS CA 236-A4
PLACER CO CA 236-A4
ROSEVILLE CA 236-A4
N SUNRISE AV
ROSEVILLE CA 236-A4
SUNRISE BLVD Rt#-E2
CITRUS HEIGHTS CA 236-A5
SACRAMENTO CO CA 170-A3
SACRAMENTO CO CA 175-A1
SACRAMENTO CO CA 236-A7
SUNRISE DR
SHASTA CO CA 220-C4
SUNRISE HWY Rt#-S1
SAN DIEGO CO CA 213-A1
N SUNRISE WY
PALM SPRINGS CA 367-D2
S SUNRISE WY
PALM SPRINGS CA 367-E8
SUNRISE PASS RD
DOUGLAS CO NV 232-B6
SUNSET AV
FAIRFIELD CA 244-C6
SACRAMENTO CO CA 235-D6
SOLANO CO CA 244-C6
SUISUN CITY CA 244-C6
N SUNSET AV
CITY OF INDUSTRY CA 282-D3
LA PUENTE CA 282-D3
LOS ANGELES CO CA 282-D3
WEST COVINA CA 282-D3
S SUNSET AV
WEST COVINA CA 282-D4
SUNSET BLVD
BEVERLY HILLS CA 354-C5
PLACER CO CA 235-D2
ROCKLIN CA 235-D2
ROCKLIN CA 236-A3
SAN DIEGO CA 372-C9
SAN FRANCISCO CA 249-B2
SAN FRANCISCO CA 325-B9
S SUNSET BLVD
ARCADIA CA 282-B2
LOS ANGELES CO CA 282-B2
W SUNSET BLVD
LOS ANGELES CA 280-D4
LOS ANGELES CA 281-A4
LOS ANGELES CA 351-E8
LOS ANGELES CA 352-A8
LOS ANGELES CA 353-G2
LOS ANGELES CA 354-A5
LOS ANGELES CA 355-F1
LOS ANGELES CA 356-A2
WEST HOLLYWOOD CA 351-B9
WEST HOLLYWOOD CA 354-F4
SUNSET BLVD W
PLACER CO CA 235-C2
SUNSET DR
ESCONDIDO CA 294-A2
LOS ANGELES CA 352-C8
SAN DIEGO CO CA 292-B7
SUNSET DR Rt#-68
MONTEREY CO CA 337-B4
PACIFIC GROVE CA 337-B4
E SUNSET DR N
REDLANDS CA 285-B4
W SUNSET DR S
REDLANDS CA 285-B4
SUNSET PKWY
NOVATO CA 246-B2
SUNSET RD
CONTRA COSTA CO CA 174-C2
CONTRA COSTA CO CA 248-D5
HENDERSON NV 268-D6
SAN BERNARDINO CO CA 209-B1
SAN DIEGO CA 372-B9
SISKIYOU CO CA 217-D6
E SUNSET RD
HENDERSON NV 268-D5
HENDERSON NV 269-A5
E SUNSET RD Rt#-562
ENTERPRISE NV 346-D9
HENDERSON NV 268-D6
PARADISE NV 268-D6
PARADISE NV 346-G9
W SUNSET RD
HENDERSON NV 268-D6
HENDERSON NV 269-A6
SUNSET WK
ALBANY CA 247-A6
SUNSET CLIFFS BLVD
SAN DIEGO CA 295-B1
SAN DIEGO CA 371-C9
SUNSET PLAZA DR
LOS ANGELES CA 354-F2
WEST HOLLYWOOD CA 354-F3
SUNVALLEY BLVD
CONCORD CA 247-D5
PLEASANT HILL CA 247-D5
SUPERIOR AV
COSTA MESA CA 364-A5
NEWPORT BEACH CA 287-D5
NEWPORT BEACH CA 364-A5
W SUPERIOR AV
NEWPORT BEACH CA 287-D5
SURPRISE VALLEY RD
LAKE CO OR 152-B3
LASSEN CO CA 160-B1
MODOC CO CA 152-B3
MODOC CO CA 160-A1
SUSANVILLE RD Rt#-A2
LASSEN CO CA 159-B2
SUTHERLAND DAM RD
SAN DIEGO CO CA 294-D1
SUTRO AV
NOVATO CA 246-A2
SUTRO ST
RENO NV 311-F2
SUTRO WK
LOS ANGELES CA 281-C5
SUTRO SPRINGS RD
STOREY CO NV 230-D6
SUTTER AV
MODESTO CA 340-B10
STANISLAUS CO CA 340-B9
SUTTER CSWY Rt#-113
SUTTER CO CA 169-C2
SUTTER ST
BERKELEY CA 328-A3
SAN BERNARDINO CO CA 279-C3
YUBA CITY CA 309-F4
SUTTER ST Rt#-49
AMADOR CO CA 175-C1
JACKSON CA 175-C1
SUTTER CREEK RD
AMADOR CO CA 175-C1
SUTTER SLOUGH BRIDGE RD Rt#-E9
SACRAMENTO CO CA 238-A5
YOLO CO CA 238-A5
SUTTERVILLE RD
SACRAMENTO CA 319-C9
SUVA ST
DOWNEY CA 282-B6
E SWAIN RD
STOCKTON CA 260-B3
W SWAIN RD
SAN JOAQUIN CO CA 339-A1
STOCKTON CA 339-A1
SWAN RD
SOLANO CO CA 174-C1
SWANSEA RD
LA PAZ CO AZ 211-C1
SWANSEA MINE RD
LA PAZ CO AZ 204-C3
SWANSON RD
STANISLAUS CO CA 261-D5
SWANTON BLVD
SANTA CRUZ CA 335-A9
SWANTON RD
SANTA CRUZ CO CA 255-A1
SWASEY DR
SHASTA CO CA 220-A6
SWEDE BASIN RD
JOSEPHINE CO OR 148-C1
SWEDE CREEK RD
SHASTA CO CA 220-D7
SWEENEY PASS RD Rt#-S2
SAN DIEGO CO CA 213-C1
SWEETWATER RD
CHULA VISTA CA 296-A3
LEMON GROVE CA 296-A3
SAN DIEGO CO CA 296-A3
SWEETWATER RD Rt#-S17
SAN DIEGO CO CA 296-A2
SWEETWATER SPRINGS BLVD
SAN DIEGO CO CA 296-B1
SWEETWATER SPRINGS RD
SONOMA CO CA 239-D7
SONOMA CO CA 240-A7
SWENSON ST
PARADISE NV 346-E2
SWIFT ST
SANTA CRUZ CA 335-B9
SWIGART RD
SISKIYOU CO CA 217-C3
SYCAMORE AV
HERCULES CA 247-A4
STANISLAUS CO CA 175-B3
STANISLAUS CO CA 180-B1
STANISLAUS CO CA 261-A7
VISTA CA 292-B7
S SYCAMORE AV
RIALTO CA 284-C3
SYCAMORE CTO
COLUSA CO CA 169-B2
SYCAMORE DR
SIMI VALLEY CA 276-B7
SYCAMORE LN
DAVIS CA 318-B5
SYCAMORE RD
VENTURA CO CA 199-B3
SYCAMORE ST
GRIDLEY CA 227-B1
NEWARK CA 250-D6
SYCAMORE CANYON DR
SAN LUIS OBISPO CO CA 271-B5
SYCAMORE CANYON RD
SANTA BARBARA CA 348-G5
SYCAMORE CANYON RD Rt#-192
SANTA BARBARA CA 274-D6
SANTA BARBARA CA 348-G3
SANTA BARBARA CO CA 274-D6
SANTA BARBARA CO CA 348-G3
SYCAMORE SLOUGH RD
COLUSA CO CA 169-B2
SYCAMORE VALLEY RD
DANVILLE CA 251-A1
SYCAMORE VALLEY RD E
DANVILLE CA 251-A1
SYLMAR AV
LOS ANGELES CA 281-B1
SYLVAN AV
MODESTO CA 261-B3
STANISLAUS CO CA 261-B3
SYLVAN RD
CITRUS HEIGHTS CA 235-D5
SYLVESTER LN
SONOMA CO CA 240-C6

T

T ST
SACRAMENTO CA 319-G6
SACRAMENTO CA 320-A7
TABEAUD RD
AMADOR CO CA 175-C1
TABLE BLUFF RD
HUMBOLDT CO CA 219-A5
TABLE MOUNTAIN BLVD
BUTTE CO CA 223-B6
TABLE MOUNTAIN BLVD Rt#-70 Bus
BUTTE CO CA 223-B6
OROVILLE CA 223-B6
TABLE ROCK RD
JACKSON CO OR 149-C1
MEDFORD OR 149-C1
E TABOR AV
FAIRFIELD CA 244-C6
SOLANO CO CA 244-C6
SUISUN CITY CA 244-C6
E TAFT AV
ORANGE CA 288-A1
W TAFT AV
ORANGE CA 288-A1
ORANGE CA 362-G2
ORANGE CO CA 362-G2
TAFT HWY Rt#-119
KERN CO CA 199-A1
KERN CO CA 267-A6
TAFT ST
TEHAMA CO CA 221-D5
TAHOE KEYS BLVD
SOUTH LAKE TAHOE CA 231-C7
TAHOE MOUNTAIN RD
EL DORADO CO CA 171-B2
E TAHQUITZ CANYON WY
PALM SPRINGS CA 367-D6
TALBERT AV
COSTA MESA CA 287-D4
FOUNTAIN VALLEY CA 287-D4
HUNTINGTON BEACH CA 287-D4
ORANGE CO CA 287-D4
SANTA ANA CA 287-D4
TALBERT LN
SOLANO CO CA 248-B2
TALCITE ST
EL DORADO CO CA 237-A7
TALMAGE RD Rt#-222
MENDOCINO CO CA 225-A2
MENDOCINO CO CA 308-F6
UKIAH CA 308-F6
TAMALPAIS AV
NOVATO CA 246-B2
TAMALPAIS DR
CORTE MADERA CA 246-B5
TAMARACK AV
CARLSBAD CA 292-A7
SOUTH LAKE TAHOE CA 314-E4
TAMARACK RD
SHASTA CO CA 158-C3
E TAMARISK RD
PALM SPRINGS CA 367-D4
TAMPA AV
LOS ANGELES CA 276-D6
LOS ANGELES CA 280-D1
TANABE RD
YUBA CO CA 227-D4
TANK FARM RD
SAN LUIS OBISPO CA 347-G9
SAN LUIS OBISPO CO CA 347-E10
TAPO ST
SIMI VALLEY CA 276-B7
TAPO CANYON RD
SIMI VALLEY CA 276-B6
VENTURA CO CA 276-B6
TARAVAL ST
SAN FRANCISCO CA 325-F10
TARKE RD
SUTTER CO CA 169-C2
S TARKE RD
SUTTER CO CA 169-C2
TASSAJARA RD
ALAMEDA CO CA 251-B2
CONTRA COSTA CO CA 251-B2
DUBLIN CA 251-B2
PLEASANTON CA 251-B2
TASSAJARA CREEK RD
SAN LUIS OBISPO CO CA 271-D3
TAYLOR BLVD
CONTRA COSTA CO CA 247-C6
LAFAYETTE CA 247-C6
PLEASANT HILL CA 247-C6
TAYLOR RD
LOOMIS CA 236-A2
PLACER CO CA 236-A2
ROSEVILLE CA 236-A2
W TAYLOR RD
STANISLAUS CO CA 261-A6
TURLOCK CA 261-C6
TAYLOR ST
SAN DIEGO CA 371-G9
SAN DIEGO CA 372-A8
SANTA MARIA CA 272-C4
E TAYLOR ST
SAN JOSE CA 333-G5
SAN JOSE CA 334-A4
W TAYLOR ST
SAN JOSE CA 333-D7
TEAPOT DOME AV
TULARE CO CA 191-A1
TECATE RD Rt#-188
SAN DIEGO CO CA 213-A2
TECHNOR ROBISON RD
SISKIYOU CO CA 150-C3
TECOLOTE RD
SAN DIEGO CA 371-G6
TECOYA RD
MARIPOSA CO CA 262-D4
TED KIPF RD
IMPERIAL CO CA 210-B3
IMPERIAL CO CA 214-C1
TED WILLIAMS FRWY Rt#-56
SAN DIEGO CA 293-C4
TED WILLIAMS PKWY
POWAY CA 294-A4
SAN DIEGO CA 293-D4
SAN DIEGO CA 294-A4
E TEFFT ST
SAN LUIS OBISPO CO CA 272-C3
W TEFFT ST
SAN LUIS OBISPO CO CA 272-C3
S TEGNER RD
STANISLAUS CO CA 261-C7
TEHACHAPI BLVD
KERN CO CA 200-A1
TEHACHAPI CA 200-A1
TEHAMA AV
TEHAMA CO CA 221-C5

TEHAMA ST STREET INDEX UNION RD 410

STREET City State Page-Grid

TEHAMA ST
ORLAND CA 163-B3
TEHAMA & VINA RD
TEHAMA CO CA 221-D5
TEHEMA ST Rt#-273
REDDING CA 301-E5
TEHEMA ST Rt#-299
REDDING CA 301-E5
TEJON HWY
KERN CO CA 191-C3
KERN CO CA 199-C1
TELEGRAPH AV
BERKELEY CA 328-B9
OAKLAND CA 328-B9
OAKLAND CA 330-A4
SAN JOAQUIN CO CA 339-A4
STOCKTON CA 339-A4
TELEGRAPH RD
CITY OF COMMERCE CA 282-B6
DOWNEY CA 282-B6
LA MIRADA CA 282-B6
LOS ANGELES CO CA 282-B6
MONTEBELLO CA 282-B6
PICO RIVERA CA 282-B6
SANTA FE SPRINGS CA 282-B6
VENTURA CA 275-B5
VENTURA CA 349-G6
VENTURA CO CA 275-B5
TELEGRAPH RD Rt#-126
SANTA PAULA CA 275-D3
VENTURA CO CA 199-C3
VENTURA CO CA 275-D3
VENTURA CO CA 276-A4
E TELEGRAPH RD
SANTA PAULA CA 275-D3
VENTURA CO CA 275-D3
W TELEGRAPH RD
SANTA PAULA CA 275-C4
VENTURA CA 275-C4
VENTURA CO CA 275-C4
TELEGRAPH CANYON RD
CHULA VISTA CA 296-A3
TELEPHONE RD
SANTA BARBARA CO CA 272-D6
VENTURA CA 275-B5
VENTURA CO CA 275-B5
TEMECULA VALLEY FRWY I-15
MURRIETA CA 289-C7
RIVERSIDE CO CA 289-B5
RIVERSIDE CO CA 292-D1
TEMECULA CA 289-C7
TEMECULA CA 292-D1
TEMESCAL CANYON RD
CORONA CA 208-A2
LAKE ELSINORE CA 208-A2
RIVERSIDE CO CA 208-A2
N TEMPERANCE AV
FRESNO CO CA 264-D4
S TEMPERANCE AV
FRESNO CO CA 264-D5
TEMPLE AV
DIAMOND BAR CA 283-A4
LA PUENTE CA 282-D4
LONG BEACH CA 360-G6
LOS ANGELES CO CA 283-A4
POMONA CA 283-A4
SIGNAL HILL CA 360-G1
WALNUT CA 283-A4
N TEMPLE AV
LONG BEACH CA 360-G1
SIGNAL HILL CA 360-G1
E TEMPLE ST
LOS ANGELES CA 356-B5
W TEMPLE ST
LOS ANGELES CA 355-D1
LOS ANGELES CA 356-A3
TEMPLE BAR RD
MOHAVE CO AZ 196-A1
TEMPLE CITY BLVD
EL MONTE CA 282-B3
LOS ANGELES CO CA 282-B3
ROSEMEAD CA 282-B3
TEMPLE CITY CA 282-B3
TEMPLE HEIGHTS DR
OCEANSIDE CA 292-B6
TEMPLE HILLS DR
LAGUNA BEACH CA 365-E3
TEMPLETON RD
SAN LUIS OBISPO CO CA 189-C3
TENAJA RD
RIVERSIDE CO CA 289-A7
TEN MILE RD
MENDOCINO CO CA 167-C2
TEN MILE CUTOFF RD
MENDOCINO CO CA 167-C2
TENNANT AV
MORGAN HILL CA 257-A1
TENNANT RD
SISKIYOU CO CA 158-B1
TENNANT LAVA BEDS RD
SISKIYOU CO CA 158-C1
TENNESSEE DR
EL DORADO CO CA 237-A5
TENNESSEE ST
VALLEJO CA 247-B2
W TENNYSON RD
HAYWARD CA 250-D4
TEPUSQUET RD
SANTA BARBARA CO CA 198-A2
TERMINAL WY
RENO NV 312-A8
TERMINAL ISLAND FRWY Rt#-47
LONG BEACH CA 286-D3
LOS ANGELES CA 286-D2
TERMINAL ISLAND FRWY Rt#-103
LONG BEACH CA 286-D3
LONG BEACH CA 287-A2
LOS ANGELES CA 286-D3
TERMINOUS RD
ISLETON CA 174-C1
SACRAMENTO CO CA 174-C1
TERMO GRASSHOPPER RD
LASSEN CO CA 159-C3
LASSEN CO CA 160-A3
TERRA BELLA AV
TULARE CO CA 191-A2
TERRA BELLA AV Rt#-J24
TULARE CO CA 191-A2
TERRACE DR
NAPA CA 323-G7

TERRACE DR
NAPA CO CA 323-G7
TERVEN AV
SALINAS CA 336-E8
TERWILLIGER RD
RIVERSIDE CO CA 209-A2
TESLA RD Rt#-J2
ALAMEDA CO CA 174-C3
ALAMEDA CO CA 251-D4
TESTA ST
SAUSALITO CA 246-B7
TESTOLIN RD
CHURCHILL CO NV 172-C1
TEST STATION RD
MONO CO CA 263-B1
N TEXAS ST
FAIRFIELD CA 244-C6
W TEXAS ST
FAIRFIELD CA 244-C6
TEXAS HILL RD
YUBA CO CA 170-A1
THALIA ST
LAGUNA BEACH CA 365-C5
THARP RD
YUBA CITY CA 309-B4
THE ALAMEDA
BERKELEY CA 328-A3
SANTA CLARA CA 333-B5
THE ALAMEDA Rt#-82
SAN JOSE CA 333-D7
SANTA CLARA CA 333-D7
THE BLOCK DR
ORANGE CA 362-D7
THE CITY DR
ORANGE CA 362-E8
THEDA ST
RIVERSIDE CO CA 289-B2
THE DALLES-CALIF HWY U.S.-97
CHILOQUIN OR 150-C1
KLAMATH CO OR 150-C1
KLAMATH FALLS OR 150-C1
THE EMBARCADERO
SAN FRANCISCO CA 326-E2
THE ESPLANADE
BUTTE CO CA 305-F5
CHICO CA 305-F5
THEODORE ST
MORENO VALLEY CA 285-B6
THE OLD RD
LOS ANGELES CA 277-A5
LOS ANGELES CO CA 276-D4
LOS ANGELES CO CA 277-A5
THERESA PTH
RICHMOND CA 247-A6
THERMALANDS RD
PLACER CO CA 233-A6
THE STRAND
HERMOSA BEACH CA 281-B7
HERMOSA BEACH CA 286-B1
MANHATTAN BEACH CA 281-B7
SAN MATEO CO CA 249-B6
N THE STRAND
HERMOSA BEACH CA 281-B7
MANHATTAN BEACH CA 281-B7
THE STRIP Rt#-604
PARADISE NV 346-B2
WINCHESTER NV 346-B2
THE UPHILL RD
EL DORADO CO CA 236-D2
THE VILLAGE GRN
LOS ANGELES CA 281-C5
THE VILLAGES PKWY
SAN JOSE CA 254-A4
THING RD
BAJA CALIFORNIA NORTE BC 213-A2
SAN DIEGO CO CA 213-A2
THOMAS CREEK RD
LAKE CO OR 152-A2
WASHOE CO NV 230-A5
THOMPSON AV
NAPA CA 323-A6
NAPA CO CA 323-A7
N THOMPSON AV
FRESNO CO CA 264-D2
SAN LUIS OBISPO CO CA 272-C2
S THOMPSON AV
SAN LUIS OBISPO CO CA 272-C3
E THOMPSON BLVD
VENTURA CA 349-B5
W THOMPSON BLVD
VENTURA CA 349-A5
THOMPSON CREEK RD
JACKSON CO OR 149-B2
JOSEPHINE CO OR 149-A2
THORNE RD
MONTEREY CO CA 189-A1
THORNTON AV
FREMONT CA 250-D6
NEWARK CA 250-D6
THORNTON AV Rt#-84
FREMONT CA 250-D6
THORNTON RD
STOCKTON CA 260-B3
THORNTON RD Rt#-J8
SACRAMENTO CO CA 238-B6
SAN JOAQUIN CO CA 260-B3
STOCKTON CA 260-B3
N THORNTON RD
LODI CA 260-A1
SAN JOAQUIN CO CA 260-A1
N THORNTON RD Rt#-J8
SAN JOAQUIN CO CA 175-A1
SAN JOAQUIN CO CA 238-C6
SAN JOAQUIN CO CA 260-A2
W THORNTON RD Rt#-J8
SAN JOAQUIN CO CA 238-C7
THOUSAND OAKS BLVD
AGOURA HILLS CA 280-A2
E THOUSAND OAKS BLVD
THOUSAND OAKS CA 206-C1
THOUSAND OAKS CA 280-A2
WESTLAKE VILLAGE CA 280-A2
THOUSAND PALMS CANYON RD
RIVERSIDE CO CA 290-D4
THREE CHOP RD
MENDOCINO CO CA 168-A1
THREE FLAGS HWY U.S.-395
KERN CO CA 192-C3
THROCKMORTON AV
MILL VALLEY CA 246-B6
THUNDERBIRD RD
APPLE VALLEY CA 278-C1

TIBBETTS ST
RIVERSIDE CA 366-A9
TIBURON BLVD Rt#-131
BELVEDERE CA 246-C6
MARIN CO CA 246-C6
TIBURON CA 246-C6
TICE VALLEY BLVD
CONTRA COSTA CO CA 247-D7
WALNUT CREEK CA 247-D7
TICKNER RD
MODOC CO CA 159-A1
SISKIYOU CO CA 159-A1
TIDELANDS AV
NATIONAL CITY CA 374-D10
TIERRA BUENA RD
SUTTER CO CA 227-B5
SUTTER CO CA 309-A2
TIERRA DEL SOL RD
SAN DIEGO CO CA 213-B2
TIERRA REJADA RD
MOORPARK CA 199-C3
SIMI VALLEY CA 276-A7
VENTURA CO CA 199-C3
VENTURA CO CA 276-A7
TIERRASANTA BLVD
SAN DIEGO CA 293-D7
TILDEN WY
ALAMEDA CA 330-D10
OAKLAND CA 330-E10
TILLER-TRAIL HWY Rt#-227
JACKSON CO OR 149-C1
TIMBER-LINE
DEL NORTE CO CA 216-C7
TIMMONS RD
SISKIYOU CO CA 217-B7
TIN BARN RD
SONOMA CO CA 168-A3
TINGLEY LN
KLAMATH CO OR 150-C2
TIOGA PASS RD
TUOLUMNE CO CA 262-A3
TIOGA PASS RD Rt#-120
MARIPOSA CO CA 177-A2
MARIPOSA CO CA 262-D1
MONO CO CA 177-A2
MONO CO CA 263-A1
TUOLUMNE CO CA 177-A2
TUOLUMNE CO CA 262-B3
TIONESTA RD
MODOC CO CA 159-A1
N TIPPECANOE AV
SAN BERNARDINO CA 285-A3
SAN BERNARDINO CO CA 285-A3
S TIPPECANOE AV
LOMA LINDA CA 285-A3
SAN BERNARDINO CA 285-A3
TITLOW HILL RD
WILLOW CREEK CA 156-C3
TITUS CANYON RD
INYO CO CA 184-B2
NYE CO NV 184-B2
TOCAYO AV
SAN DIEGO CA 296-A5
TODD AV
AZUSA CA 282-D2
TODD RD
SONOMA CO CA 242-C3
TOLAND LN
SOLANO CO CA 248-C2
TOLEDO AV
PALM SPRINGS CA 367-E10
TOLEDO WY
IRVINE CA 288-C5
TOLER LN
DOUGLAS CO NV 232-B7
TOLER LN U.S.-395
DOUGLAS CO NV 232-B7
TOLL RD
WASHOE CO NV 230-B5
TOLLHOUSE RD
CLOVIS CA 264-D2
FRESNO CO CA 182-A2
TOLLHOUSE RD Rt#-168
FRESNO CO CA 181-C2
FRESNO CO CA 182-A2
FRESNO CO CA 264-D2
N TOLMAN CREEK RD
ASHLAND OR 149-C2
JACKSON CO OR 149-C2
TOMALES RD
SONOMA CO CA 242-B6
TOMALES PETALUMA RD
MARIN CO CA 242-A6
TOMKI RD
MENDOCINO CO CA 168-A1
TOMPKINS HILL RD
HUMBOLDT CO CA 219-B5
TOPANGA CANYON BLVD Rt#-27
LOS ANGELES CA 276-C7
LOS ANGELES CA 280-D2
LOS ANGELES CO CA 276-C7
LOS ANGELES CO CA 280-D2
N TOPANGA CANYON BLVD Rt#-27
LOS ANGELES CO CA 280-D3
S TOPANGA CANYON BLVD Rt#-27
LOS ANGELES CA 280-D3
LOS ANGELES CO CA 280-D3
TOP OF THE HILL TR
SHASTA CO CA 220-C1
TORO CANYON RD Rt#-192
SANTA BARBARA CO CA 198-C3
TORO CREEK RD
MORRO BAY CA 271-A2
SAN LUIS OBISPO CO CA 271-A2
TORRANCE BLVD
REDONDO BEACH CA 286-C1
TORRANCE CA 286-C1
TORREY RD
VENTURA CO CA 276-A4
TORREY PINES RD
SAN DIEGO CA 370-B7
N TORREY PINES RD
SAN DIEGO CA 293-B5
SAN DIEGO CA 370-E2
N TORREY PINES RD Rt#-S21
DEL MAR CA 293-B5
SAN DIEGO CA 293-B5
N TOWN CENTER DR
LAS VEGAS NV 268-A3

S TOWN CENTER DR
LAS VEGAS NV 268-A4
SOUTH SUMMERLIN NV 268-A4
N TOWNE AV
CLAREMONT CA 283-C3
LOS ANGELES CO CA 283-C3
POMONA CA 283-C3
S TOWNE AV
POMONA CA 283-C4
SAN BERNARDINO CO CA 283-C4
TOWNE CENTER DR
LA VERNE CA 283-B3
TOWNSEND RD
SISKIYOU CO CA 217-D3
TOWNSEND ST Rt#-299
MODOC CO CA 160-B1
TOWNSHIP AV
SIMI VALLEY CA 276-B6
TOWNSHIP RD
BUTTE CO CA 227-B4
SUTTER CO CA 227-B4
S TOWNSHIP RD
SUTTER CO CA 227-B6
TOWT ST
SALINAS CA 336-F6
TOYON AV Rt#-A18
SHASTA CO CA 220-B4
TRABUCO RD
IRVINE CA 288-B4
LAKE FOREST CA 288-D5
MISSION VIEJO CA 288-D5
ORANGE CO CA 288-B4
TRABUCO CANYON RD Rt#-S19
ORANGE CO CA 208-A2
RANCHO SANTA MARGARITA CA 208-A2
N TRACY BLVD
TRACY CA 175-A3
N TRACY BLVD Rt#-J13
TRACY CA 175-A3
S TRACY BLVD
SAN JOAQUIN CO CA 175-A3
TRACY CA 175-A3
S TRACY BLVD Rt#-J2
SAN JOAQUIN CO CA 175-A2
S TRACY BLVD Rt#-J13
SAN JOAQUIN CO CA 175-A2
TRACY CA 175-A3
W TRACY BLVD Rt#-J13
SAN JOAQUIN CO CA 175-A2
TRADE POST RD
SAN BERNARDINO CO CA 279-B3
TRAFFIC WY
ARROYO GRANDE CA 272-A1
TRANCAS ST
NAPA CA 323-C3
NAPA CO CA 323-D3
TRANSFORMER RD
KLAMATH CO OR 151-A3
TRASK AV
GARDEN GROVE CA 362-C9
WESTMINSTER CA 287-C2
TRAUTWEIN RD
RIVERSIDE CA 284-D6
TRAVERSE CREEK RD
EL DORADO CO CA 237-B2
TRAVIS AV
FAIRFIELD CA 244-D6
TRAVIS BLVD
FAIRFIELD CA 244-C6
TREASURE MOUNTAIN RD
SIERRA CO CA 228-C3
TREAT BLVD
CONCORD CA 247-D6
CONCORD CA 248-A5
WALNUT CREEK CA 247-D6
TREEHAVEN DR
SOUTH LAKE TAHOE CA 314-C4
TREMONT RD
SOLANO CO CA 174-C1
TRENTA DR
BUTTE CO CA 305-C6
TRES PINOS RD Rt#-25
HOLLISTER CA 257-D6
TRESTLE GLEN BLVD
TIBURON CA 246-C6
TRES VIAS RD
BUTTE CO CA 223-A7
N TRETHEWAY RD
SAN JOAQUIN CO CA 260-D1
TRIMBLE RD
SAN JOSE CA 253-C2
SAN JOSE CA 333-C1
SANTA CLARA CA 333-B1
E TRIMMER SPRINGS RD
FRESNO CO CA 182-A2
TRINITY AV
RED BLUFF CA 221-C2
TEHAMA CO CA 221-C2
TRINITY RD
SONOMA CO CA 243-B3
TRINITY DAM BLVD
TRINITY CO CA 157-C3
TRIUNFO CANYON RD
THOUSAND OAKS CA 280-A2
WESTLAKE VILLAGE CA 280-A2
TRONA RD
SAN BERNARDINO CO CA 193-A2
TRONA RD Rt#-178
SAN BERNARDINO CO CA 193-A2
TRONA WILDROSE RD
INYO CO CA 193-A1
SAN BERNARDINO CO CA 193-A2
E TROPICANA AV
WHITNEY NV 268-D5
E TROPICANA AV Rt#-593
PARADISE NV 268-C5
PARADISE NV 346-C5
WHITNEY NV 268-C5
W TROPICANA AV
PARADISE NV 268-B5
PARADISE NV 346-A6
SPRING VALLEY NV 268-B5
W TROPICANA AV Rt#-593
PARADISE NV 346-B5
TROUSDALE DR
BURLINGAME CA 327-E10
SAN MATEO CO CA 327-D10
TROUT GULCH RD
SANTA CRUZ CO CA 256-B3
TROWER AV
NAPA CA 323-B2

TROY ST
LEMON GROVE CA 296-B1
SAN DIEGO CO CA 296-B1
TRUCKEE AV
TEHAMA CO CA 221-C5
TRUITT RD
SONOMA CO CA 240-B2
TRUMAN ST
LOS ANGELES CA 277-A6
SAN FERNANDO CA 277-A6
TRUXEL RD
SACRAMENTO CA 235-B6
TRUXTUN AV
BAKERSFIELD CA 267-B4
BAKERSFIELD CA 344-A5
E TRUXTUN AV
BAKERSFIELD CA 344-F5
TUCKER RD Rt#-202
KERN CO CA 200-A1
TEHACHAPI CA 200-A1
TUDOR RD Rt#-99
SUTTER CO CA 169-C2
TUDOR RD Rt#-113
SUTTER CO CA 169-C2
TULARE AV
SOUTH LAKE TAHOE CA 314-B5
TULARE CA 266-B5
TULARE CO CA 191-A1
TULARE CO CA 266-A5
TULARE AV Rt#-137
TULARE CA 266-B5
TULARE CO CA 266-B5
E TULARE AV
FRESNO CA 264-C4
FRESNO CA 343-G7
VISALIA CA 266-C3
W TULARE AV
VISALIA CA 266-B3
TULARE DR
TULARE CA 266-B5
TULARE CO CA 266-B5
TULARE RD
LINDSAY CA 191-B1
TULARE ST
FRESNO CA 343-D8
E TULARE ST
FRESNO CA 343-F7
TULE RD
COLUSA CO CA 169-B2
TULE RD Rt#-J33
TULARE CO CA 191-A2
TULLY RD
MODESTO CA 261-C5
MODESTO CA 340-B1
SAN JOSE CA 253-D4
SAN JOSE CA 254-A4
SAN JOSE CA 334-F10
SANTA CLARA CO CA 253-D4
STANISLAUS CO CA 261-C5
N TULLY RD
SAN JOAQUIN CO CA 260-D1
N TULLY RD Rt#-J12
SAN JOAQUIN CO CA 175-B1
N TULLY RD Rt#-J5
SAN JOAQUIN CO CA 175-B1
TUMBLEWEED RD Rt#-N6
LOS ANGELES CO CA 200-C3
TUNNEL RD Rt#-13
BERKELEY CA 328-E8
OAKLAND CA 328-E8
TUNNEL HILL RD
LAKE CO OR 152-A2
TUOLUMNE BLVD
MODESTO CA 340-B8
TUOLUMNE RD Rt#-E17
TUOLUMNE CO CA 176-A2
E TUOLUMNE RD
TURLOCK CA 261-C6
TUOLUMNE RD N Rt#-E17
TUOLUMNE CO CA 176-A2
TUOLUMNE ST
FRESNO CA 343-C8
VALLEJO CA 247-B2
TUOLUMNE ST Rt#-180
FRESNO CA 343-C8
TURK ST
SAN FRANCISCO CA 326-B5
TURLOCK RD Rt#-J17
MERCED CO CA 175-C3
MERCED CO CA 176-A3
TURNBULL CANYON RD
CITY OF INDUSTRY CA 282-C5
LOS ANGELES CO CA 282-C5
WHITTIER CA 282-C5
TURNER AV
MERCED CO CA 180-B1
TURNER DR
TULARE CA 266-B5
TULARE CO CA 266-B5
W TURNER RD
SAN JOAQUIN CO CA 175-A1
W TURNER RD Rt#-J10
LODI CA 260-B1
TURNER CANYON RD
SIERRA CO CA 228-D1
TURNER ISLAND RD
MERCED CO CA 180-C2
S TURNPIKE RD
STOCKTON CA 339-E10
TURQUOISE ST
SAN DIEGO CA 293-B7
SAN DIEGO CA 371-A1
TURRI RD
SAN LUIS OBISPO CO CA 271-B4
TURTLE MOUNTAIN RD
SAN BERNARDINO CO CA 204-A2
TURTLE ROCK DR
IRVINE CA 288-B5
TUSSING RANCH RD
APPLE VALLEY CA 278-C3
TUSTIN AV
COSTA MESA CA 364-C5
NEWPORT BEACH CA 363-A9
NEWPORT BEACH CA 364-C5
ORANGE CO CA 363-A9
ORANGE CO CA 364-C5
N TUSTIN AV
ANAHEIM CA 283-A7
ANAHEIM CA 288-A3
ORANGE CA 288-A3
ORANGE CO CA 283-A7
ORANGE CO CA 288-A3
SANTA ANA CA 288-A3

N TUSTIN AV
TUSTIN CA 288-A3
N TUSTIN ST
ORANGE CA 288-A1
S TUSTIN ST
ORANGE CA 288-A2
SANTA ANA CA 288-A2
TUSTIN RANCH RD
TUSTIN CA 288-B3
TUXFORD ST
LOS ANGELES CA 277-B7
LOS ANGELES CA 281-B1
E TWAIN AV
PARADISE NV 346-D3
TWAIN HARTE DR
TUOLUMNE CO CA 176-A2
TWEEDY BLVD
LOS ANGELES CO CA 281-D6
LYNWOOD CA 282-A6
SOUTH GATE CA 281-D6
SOUTH GATE CA 282-A6
TWENTYMILE RD
LAKE CO OR 152-B3
TWENTY MULE TEAM PKWY
CALIFORNIA CITY CA 200-C1
TWENTY MULE TEAM RD
KERN CO CA 200-C1
KERN CO CA 201-A1
SAN BERNARDINO CO CA 201-A1
TWENTY MULE TEAM RD Rt#-58
SAN BERNARDINO CO CA 201-A1
TWENTYNINE PALMS HWY Rt#-62
RIVERSIDE CO CA 209-A1
RIVERSIDE CO CA 210-A1
SAN BERNARDINO CO CA 209-A1
SAN BERNARDINO CO CA 210-A1
TWENTYNINE PALMS CA 209-C1
YUCCA VALLEY CA 209-A1
TWENTY-SIX MILE RD Rt#-J14
STANISLAUS CO CA 175-B2
STANISLAUS CO CA 261-C1
TWIN CITIES RD Rt#-E13
SACRAMENTO CO CA 238-B6
TWIN CITIES RD Rt#-104
AMADOR CO CA 175-B1
GALT CA 238-D6
SACRAMENTO CO CA 175-B1
SACRAMENTO CO CA 238-D6
TWIN CITIES MEM BRDG
MARYSVILLE CA 309-G4
YUBA CITY CA 309-G4
TWIN LAKES RD
MONO CO CA 177-A1
TWIN OAKS AV
CITRUS HEIGHTS CA 235-D4
TWIN OAKS VALLEY RD
SAN DIEGO CO CA 292-C6
N TWIN OAKS VALLEY RD
SAN MARCOS CA 292-C7
SAN MARCOS CA 293-C1
N TWIN OAKS VALLEY RD Rt#-S12
SAN MARCOS CA 292-C7
S TWIN OAKS VALLEY RD
SAN MARCOS CA 293-C1
TWIN PEAKS BLVD
SAN FRANCISCO CA 325-G8
SAN FRANCISCO CA 326-A8
TWIN PEAKS RD
POWAY CA 294-A4
TWISSELMAN RD
KERN CO CA 190-B2
TWITCHELL DAM RD
SAN LUIS OBISPO CO CA 272-D3
TWO BUNCH PALMS TR
DESERT HOT SPRINGS CA 290-A1
TWO MILE RD
TWENTYNINE PALMS CA 209-B1
TYLER AV
EL MONTE CA 282-C3
SOUTH EL MONTE CA 282-C4
TYLER RD
TEHAMA CO CA 221-C3
TYLER FOOTE CROSSING RD
NEVADA CO CA 170-B1
TYLER ISLAND RD
SACRAMENTO CO CA 174-C1
TYRONE AV
LOS ANGELES CA 281-B2

U

U ST
SACRAMENTO CO CA 235-B4
UBANGOR HWY
BUTTE CO CA 223-C7
OROVILLE CA 223-C7
UBEHEBE RD
INYO CO CA 184-A3
UKIAH BOONVILLE RD Rt#-253
MENDOCINO CO CA 168-A2
MENDOCINO CO CA 225-A3
ULRIC ST
SAN DIEGO CA 372-D4
UN RD
MONTEREY CO CA 258-B7
W UNDINE RD
SAN JOAQUIN CO CA 260-A7
UNION AV
BAKERSFIELD CA 344-F3
GRANTS PASS OR 149-B1
KERN CO CA 199-B1
KERN CO CA 267-C7
SAN JOSE CA 253-C5
UNION AV Rt#-204
BAKERSFIELD CA 344-F6
S UNION AV
BAKERSFIELD CA 267-C7
BAKERSFIELD CA 344-F9
KERN CO CA 267-C7
KERN CO CA 344-F9
LOS ANGELES CA 355-E6
S UNION AV Rt#-204
BAKERSFIELD CA 344-F8
UNION RD
PASO ROBLES CA 189-C3
SAN BENITO CO CA 257-C6
SAN JOAQUIN CO CA 175-A3
SAN LUIS OBISPO CO CA 189-C3

CRA
INDEX

411 S UNION RD | STREET INDEX | WALERGA RD

STREET — City State — Page-Grid

S UNION RD
SAN JOAQUIN CO CA 260-C6
UNION ST
EUREKA CA 300-C4
HUMBOLDT CO CA 300-C7
OAKLAND CA 329-F4
PLACERVILLE CA 317-F5
RIVERSIDE CO CA 289-A5
SAN FRANCISCO CA 326-C3
UNION CITY BLVD
HAYWARD CA 250-C5
UNION CITY CA 250-C5
UNION MINE RD
EL DORADO CO CA 237-B6
UNION SCHOOL RD
SHASTA CO CA 220-B4
UNIVERSITY AV
BAKERSFIELD CA 267-D4
BERKELEY CA 247-A7
BERKELEY CA 328-B5
EAST PALO ALTO CA 250-C7
EAST PALO ALTO CA 332-E2
LA MESA CA 296-A1
PALO ALTO CA 332-D3
RIVERSIDE CA 284-D5
RIVERSIDE CA 366-C4
SACRAMENTO CA 320-F6
SAN DIEGO CA 296-A1
SAN DIEGO CA 372-D9
UNIVERSITY AV Rt#-109
EAST PALO ALTO CA 250-C7
MENLO PARK CA 250-C7
UNIVERSITY DR
CARSON CA 286-D1
COSTA MESA CA 363-A7
COSTA MESA CA 364-E1
IRVINE CA 288-B5
IRVINE CA 363-D8
NEWPORT BEACH CA 363-D8
ORANGE CO CA 363-A7
ORANGE CO CA 364-E1
VENTURA CO CA 275-D7
UNIVERSITY ST
SANTA CLARA CA 333-A6
UPAS ST
SAN DIEGO CA 372-G10
UPLAND RD
CAMARILLO CA 275-D5
VENTURA CO CA 275-D5
UPPER RD
NEWMAN CA 180-B1
STANISLAUS CO CA 180-B1
UPPER BIG TUJUNGA CANYON RD
LOS ANGELES CO CA 200-B3
UPPER HAPPY VALLEY RD
LAFAYETTE CA 247-C6
UPPER LAKE CITY RD
MODOC CO CA 160-A1
UPPER LOS BERROS RD
SAN LUIS OBISPO CO CA 272-C2
UPPER MAD RIVER RD
TRINITY CO CA 162-A1
UPPER PALERMO RD
BUTTE CO CA 170-A1
BUTTE CO CA 223-C7
UPPER RIVER RD
JOSEPHINE CO OR 149-A1
N UPPER TRUCKEE RD
EL DORADO CO CA 171-B2
UPTON RD
CENTRAL POINT OR 149-C1
JACKSON CO OR 149-C1
USAL RD
MENDOCINO CO CA 161-B2
USTICK RD
STANISLAUS CO CA 261-A5
UTAH ST
EUREKA CA 300-B5
UTAH TR
TWENTYNINE PALMS CA 209-C1
UTICA AV
KINGS CO CA 190-C2
UVAS RD Rt#-G8
SAN JOSE CA 254-A6
SANTA CLARA CO CA 254-A7
SANTA CLARA CO CA 256-D2

V

V ST
EUREKA CA 300-F2
V ST Rt#-140
MERCED CA 181-A1
VACATION DR
CANYON LAKE CA 289-B4
VACA VALLEY RD
SOLANO CO CA 244-C4
VACAVILLE CA 244-C4
N VAIL RD
SAN JOAQUIN CO CA 238-B7
VAIL RANCH PKWY
TEMECULA CA 292-D1
VALENCIA AV
BREA CA 283-A7
PLACENTIA CA 283-A7
S VALENCIA AV
BREA CA 283-A7
S VALENCIA AV Rt#-142
BREA CA 283-A6
ORANGE CO CA 283-A6
VALENCIA BLVD
LOS ANGELES CO CA 276-D4
SANTA CLARITA CA 276-D4
VALENCIA BLVD Rt#-245
TULARE CO CA 182-B3
WOODLAKE CA 182-B3
VALENCIA DR
BUENA PARK CA 361-F2
FULLERTON CA 361-F2
VALENCIA PKWY
SAN DIEGO CA 296-A2
VALENCIA ST
SAN FRANCISCO CA 326-C9
W VALENCIA MESA DR
FULLERTON CA 282-D7
VALENSIN RD
SACRAMENTO CO CA 238-D5
S VALENTINE AV
FRESNO CO CA 264-B6
VALERIO ST
SANTA BARBARA CA 348-B7
VALE TERRACE DR
VISTA CA 292-B6
VALLECITOS RD Rt#-84
ALAMEDA CO CA 251-B5
E VALLECITOS RD Rt#-84
ALAMEDA CO CA 251-B5
LIVERMORE CA 251-B5
PLEASANTON CA 251-B5
VALLEJO WY
SACRAMENTO CA 319-C7
VALLEJO FERRY
CONTRA COSTA CO CA 246-D4
HERCULES CA 247-A4
PINOLE CA 246-D4
PINOLE CA 247-A4
RICHMOND CA 246-D4
SAN FRANCISCO CA 246-D6
VALLE VISTA RD
SAN BERNARDINO CO CA 202-C3
SAN DIEGO CO CA 294-B6
TWENTYNINE PALMS CA 202-C3
VALLEY AV
PLEASANTON CA 251-B4
VALLEY BLVD
ALHAMBRA CA 282-A3
CITY OF INDUSTRY CA 282-C4
CITY OF INDUSTRY CA 283-A5
EL MONTE CA 282-C3
FONTANA CA 284-C3
LA PUENTE CA 282-D5
LOS ANGELES CA 282-A3
LOS ANGELES CA 356-F3
LOS ANGELES CO CA 282-C4
LOS ANGELES CO CA 283-A5
POMONA CA 283-B4
RIALTO CA 284-C3
ROSEMEAD CA 282-C3
SAN BERNARDINO CO CA 284-C3
SAN GABRIEL CA 282-B3
TEHACHAPI CA 200-A1
WEST COVINA CA 283-A5
VALLEY BLVD Rt#-202
KERN CO CA 200-A1
TEHACHAPI CA 200-A1
E VALLEY BLVD
ALHAMBRA CA 282-B3
CITY OF INDUSTRY CA 282-B3
CITY OF INDUSTRY CA 283-A5
COLTON CA 368-B9
LA PUENTE CA 282-B3
LOS ANGELES CO CA 282-B3
LOS ANGELES CO CA 283-A5
POMONA CA 283-A5
SAN GABRIEL CA 282-B3
WALNUT CA 283-A5
WEST COVINA CA 283-A5
N VALLEY BLVD Rt#-S6
ESCONDIDO CA 293-D1
S VALLEY BLVD Rt#-S6
ESCONDIDO CA 293-D1
W VALLEY BLVD
ALHAMBRA CA 282-B3
COLTON CA 284-C3
COLTON CA 368-A9
LOS ANGELES CA 282-A3
RIALTO CA 284-C3
SAN BERNARDINO CO CA 284-C3
SAN GABRIEL CA 282-B3
VALLEY DR
HUMBOLDT CO CA 219-B5
VALLEY PKWY Rt#-S6
ESCONDIDO CA 293-D1
E VALLEY PKWY Rt#-S6
ESCONDIDO CA 208-C3
ESCONDIDO CA 293-D1
ESCONDIDO CA 294-A1
W VALLEY PKWY Rt#-S6
ESCONDIDO CA 293-D1
VALLEY RD
ARROYO GRANDE CA 272-A2
PLACER CO CA 233-A5
SAN LUIS OBISPO CO CA 272-A2
E VALLEY RD Rt#-192
SANTA BARBARA CO CA 198-C3
SANTA BARBARA CO CA 274-D7
VALLEY ST
SANTA CLARITA CA 276-D5
VALLEY CENTER RD
SAN BERNARDINO CO CA 201-C2
SAN BERNARDINO CO CA 202-A2
VALLEY CENTER RD Rt#-S6
ESCONDIDO CA 208-C3
SAN DIEGO CO CA 208-C3
VALLEY CIRCLE BLVD
LOS ANGELES CA 276-C7
LOS ANGELES CA 280-C1
LOS ANGELES CO CA 276-C7
LOS ANGELES CO CA 280-C1
VALLEY CREEK LN
SHASTA CO CA 220-C4
VALLEY FORD CTO Rt#-1
SONOMA CO CA 173-B1
VALLEY FORD RD
SONOMA CO CA 242-A5
VALLEY FORD RD Rt#-1
SONOMA CO CA 173-B1
SONOMA CO CA 242-A5
VALLEY FORD FREESTONE RD
SONOMA CO CA 173-B1
SONOMA CO CA 242-A4
VALLEY HOME RD Rt#-J9
STANISLAUS CO CA 175-B2
STANISLAUS CO CA 261-C1
VALLEY HOME RD Rt#-120
OAKDALE CA 261-C1
STANISLAUS CO CA 261-C1
VALLEY OAK LN
ELK GROVE CA 238-C3
VALLEY OF FIRE RD
CLARK CO NV 186-C3
CLARK CO NV 187-A3
VALLEY VIEW AV
BUENA PARK CA 361-A1
CERRITOS CA 282-C7
CERRITOS CA 361-A1
LA MIRADA CA 282-C7
LA MIRADA CA 361-A1
LOS ANGELES CO CA 282-C6
SANTA FE SPRINGS CA 282-C7
VALLEY VIEW RD
CONTRA COSTA CO CA 247-A5
JACKSON CO OR 149-C2
RICHMOND CA 247-A5
S VALLEY VIEW RD
JACKSON CO OR 149-C2
W VALLEY VIEW RD
JACKSON CO OR 149-C2
TALENT OR 149-C2
VALLEY VIEW ST
BUENA PARK CA 361-A4
CYPRESS CA 287-C2
CYPRESS CA 361-A8
GARDEN GROVE CA 287-C2
LA PALMA CA 361-A4
WESTMINSTER CA 287-C2
VALLOMBROSA AV
BUTTE CO CA 306-D5
CHICO CA 305-G7
CHICO CA 306-D5
VALPARAISO AV
MENLO PARK CA 252-D1
SAN MATEO CO CA 252-D1
VALYERMO RD
LOS ANGELES CO CA 200-C3
VANALDEN AV
LOS ANGELES CA 276-D7
S VAN ALLEN RD
SAN JOAQUIN CO CA 175-B2
SAN JOAQUIN CO CA 261-A1
VAN ARSDALE RD
MENDOCINO CO CA 168-B1
VAN BUREN BLVD
RIVERSIDE CA 284-B6
RIVERSIDE CO CA 284-A4
RIVERSIDE CO CA 285-A7
VAN BUREN RD
MENLO PARK CA 332-C1
VAN BUREN ST
RIVERSIDE CO CA 209-B2
VAN CLIEF RD
MERCED CO CA 180-C1
VANDEGRIFT BLVD
SAN DIEGO CO CA 291-D6
SAN DIEGO CO CA 292-A5
VAN DUZEN RD
TRINITY CO CA 162-A1
E VAN DUZEN RD
TRINITY CO CA 162-A1
VANGUARD WY
COSTA MESA CA 364-D1
VAN NESS AV
FRESNO CA 343-C7
SAN FRANCISCO CA 326-C2
TORRANCE CA 286-C1
VAN NESS AV U.S.-101
SAN FRANCISCO CA 326-C3
N VAN NESS AV
FRESNO CA 343-C6
S VAN NESS AV
SAN FRANCISCO CA 326-D7
S VAN NESS AV U.S.-101
SAN FRANCISCO CA 326-D9
VAN NUYS BLVD
LOS ANGELES CA 277-B7
LOS ANGELES CA 281-B1
VANOWEN ST
BURBANK CA 350-C6
LOS ANGELES CA 280-C1
LOS ANGELES CA 281-A1
LOS ANGELES CA 350-A5
VARNER RD
CATHEDRAL CITY CA 290-B2
RIVERSIDE CO CA 290-B2
VARNEY RD
SUTTER CO CA 234-D1
VASCO RD
ALAMEDA CO CA 251-D2
CONTRA COSTA CO CA 174-C2
CONTRA COSTA CO CA 248-D6
N VASCO RD
LIVERMORE CA 251-D3
S VASCO RD
ALAMEDA CO CA 251-D3
LIVERMORE CA 251-D3
VASQUEZ TR
MONTEREY CO CA 258-D7
VASQUEZ CANYON RD
LOS ANGELES CO CA 277-A3
VASSAR ST
RENO NV 311-F7
RENO NV 312-A7
VEGAS AV
ALAMEDA CO CA 250-D3
VEGAS DR
LAS VEGAS NV 345-A3
VENICE BLVD
LOS ANGELES CA 281-C4
LOS ANGELES CA 355-C6
VENICE BLVD Rt#-187
CULVER CITY CA 281-B5
LOS ANGELES CA 281-C4
LOS ANGELES CA 357-G3
N VENICE BLVD
LOS ANGELES CA 357-F4
S VENICE BLVD
LOS ANGELES CA 357-F4
VENTURA AV
VENTURA CA 275-A3
VENTURA CA 349-B1
VENTURA CO CA 275-A3
VENTURA CO CA 349-B1
VENTURA AV Rt#-33
OJAI CA 275-A3
VENTURA CO CA 275-A3
E VENTURA AV Rt#-180
FRESNO CA 264-C4
FRESNO CA 343-G8
N VENTURA AV
VENTURA CA 349-B2
VENTURA CO CA 349-B2
S VENTURA AV
VENTURA CA 349-A5
VENTURA BLVD
CAMARILLO CA 275-D6
LOS ANGELES CA 280-D2
LOS ANGELES CA 281-A2
LOS ANGELES CA 351-A3
E VENTURA BLVD
CAMARILLO CA 275-D6
VENTURA FRWY Rt#-134
BURBANK CA 351-B1
GLENDALE CA 281-D2
GLENDALE CA 352-E1
LOS ANGELES CA 281-C2
LOS ANGELES CA 282-A2
LOS ANGELES CA 351-B1
VENTURA FRWY Rt#-134
LOS ANGELES CA 352-C1
PASADENA CA 282-A2
PASADENA CA 359-B6
VENTURA FRWY U.S.-101
AGOURA HILLS CA 280-A2
CALABASAS CA 280-A2
CAMARILLO CA 206-B1
CAMARILLO CA 275-C6
HIDDEN HILLS CA 280-A2
LOS ANGELES CA 280-A2
LOS ANGELES CA 281-A2
LOS ANGELES CO CA 280-A2
OXNARD CA 275-C6
SANTA BARBARA CO CA 199-A3
THOUSAND OAKS CA 206-B1
THOUSAND OAKS CA 280-A2
VENTURA CA 199-A3
VENTURA CA 275-C6
VENTURA CA 349-E7
VENTURA CO CA 199-A3
VENTURA CO CA 206-B1
VENTURA CO CA 275-C6
WESTLAKE VILLAGE CA 280-A2
N VENTURA RD
OXNARD CA 275-B7
PORT HUENEME CA 275-B7
S VENTURA RD
OXNARD CA 275-B6
PORT HUENEME CA 275-B7
VENTURA ST
FRESNO CA 343-F8
LOS ANGELES CO CA 359-C1
VENTURA ST Rt#-126
FILLMORE CA 199-B3
VENTURA CO CA 199-B3
E VENTURA ST
FRESNO CA 343-E8
E VENTURA ST Rt#-126
FILLMORE CA 199-C3
VENTURA CO CA 199-C3
VERA CRUZ ST
SISKIYOU CO CA 150-B3
VERANO AV
SONOMA CA 322-B6
SONOMA CO CA 322-B6
VERBENA AV
CHICO CA 306-B4
VERDI GRADE RD
SIERRA CO CA 228-C1
W VERDUGO AV
BURBANK CA 350-E9
VERDUGO BLVD
GLENDALE CA 281-D1
LA CANADA FLINTRIDGE CA 281-D1
LA CANADA FLINTRIDGE CA 282-A1
VERDUGO DR
BURBANK CA 350-G8
VERDUGO RD
GLENDALE CA 281-D1
LOS ANGELES CA 281-D2
N VERDUGO RD
GLENDALE CA 281-D2
S VERDUGO RD
GLENDALE CA 281-D2
LOS ANGELES CA 281-D2
VERITAS WK
PACIFICA CA 249-C5
N VERMONT AV
LOS ANGELES CA 352-C6
LOS ANGELES CA 355-C2
S VERMONT AV
GARDENA CA 281-D5
GARDENA CA 286-D1
LOS ANGELES CA 281-D5
LOS ANGELES CA 286-D1
LOS ANGELES CA 355-C4
LOS ANGELES CO CA 281-D5
LOS ANGELES CO CA 286-D1
VERMONT CANYON RD
LOS ANGELES CA 352-B5
VERNER AV
SACRAMENTO CO CA 235-D5
E VERNON AV
LOS ANGELES CA 281-D5
VERNON CA 281-D5
W VERNON AV
LOS ANGELES CA 281-C5
VERNON RD
SUTTER CO CA 234-D3
VERNON ST
ROSEVILLE CA 235-D4
VESPER AV
LOS ANGELES CA 277-A7
VESTA ST
SAN DIEGO CA 374-D7
VETERAN AV
LOS ANGELES CA 353-E3
LOS ANGELES CA 354-A10
LOS ANGELES CO CA 353-E3
VETERANS BLVD Rt#-1
SAN FRANCISCO CA 325-E4
VETRANS MEMORIAL HWY Rt#-133
LAGUNA BEACH CA 288-B6
LAGUNA BEACH CA 365-C2
ORANGE CO CA 288-C6
ORANGE CO CA 365-C2
VIA CAPRI
SAN DIEGO CA 370-D6
VIA CONCHA RD
SAN LUIS OBISPO CO CA 272-B3
VIA DE LA VALLE Rt#-S6
DEL MAR CA 293-C3
SAN DIEGO CA 293-C3
SAN DIEGO CO CA 293-C3
VIA DEL REY
MONTEREY CA 337-F7
VIA DOLCE
LOS ANGELES CA 357-E6
LOS ANGELES CO CA 357-E6
W VIADUCT BLVD
SAN BERNARDINO CA 368-B4
VIA GAYUBA
MONTEREY CA 337-E7
VIA MARINA
LOS ANGELES CA 357-F8
LOS ANGELES CO CA 357-E6
VIA MIRADA
MONTEREY CA 337-G7
VIA MONSERATE
SAN DIEGO CO CA 292-C4
VIA NORTE
TEMECULA CA 289-D7
VIA PUERTA DEL SOL
SAN DIEGO CO CA 292-B5
VIA RANCHO PKWY
ESCONDIDO CA 294-A2
SAN DIEGO CA 294-A2
SAN DIEGO CO CA 293-D2
SAN DIEGO CO CA 294-A2
VIA VAQUERA
MONTEREY CO CA 258-C7
VIA VERDE
LOS ANGELES CO CA 283-A3
VICHY SPRINGS RD
MENDOCINO CO CA 225-A2
MENDOCINO CO CA 308-E4
UKIAH CA 308-E4
VICKY LN
DOUGLAS CO NV 232-B5
VICTOR AV
REDDING CA 220-B7
REDDING CA 302-D6
E VICTOR RD
LODI CA 260-C1
E VICTOR RD Rt#-12
LODI CA 260-C1
SAN JOAQUIN CO CA 260-C1
VICTORIA AV
HIGHLAND CA 285-A2
OXNARD CA 275-B7
PORT HUENEME CA 275-B7
RIVERSIDE CA 284-B7
RIVERSIDE CA 366-E5
VENTURA CA 275-B7
VENTURA CO CA 275-B7
N VICTORIA AV
VENTURA CA 275-B5
S VICTORIA AV
VENTURA CA 275-B5
VENTURA CO CA 275-B5
VICTORIA ST
COSTA MESA CA 287-D5
COSTA MESA CA 364-C2
SANTA BARBARA CA 348-C7
E VICTORIA ST
CARSON CA 286-D1
COMPTON CA 286-D1
W VICTORIA ST
CARSON CA 286-D1
COMPTON CA 286-D1
VICTORIAN AV
SPARKS NV 312-B4
VICTORY BLVD
BURBANK CA 350-C7
GLENDALE CA 281-A1
LOS ANGELES CA 280-C1
LOS ANGELES CA 281-A1
LOS ANGELES CA 350-A6
N VICTORY BLVD
BURBANK CA 350-F7
S VICTORY BLVD
BURBANK CA 281-C2
BURBANK CA 350-G8
VICTORY PL
BURBANK CA 350-F6
VIEW CIR
EL DORADO CO CA 171-B2
N VIGNES ST
LOS ANGELES CA 356-C3
E VILAS RD
JACKSON CO OR 149-C1
MEDFORD OR 149-C1
VILLA AV
SAN RAFAEL CA 324-E5
N VILLA AV
CLOVIS CA 264-C3
S VILLA AV
BUTTE CO CA 170-A1
CLOVIS CA 264-C3
VILLA ST
SALINAS CA 336-A6
VILLAGE DR
VICTORVILLE CA 278-B1
VILLAGE PKWY
SAN RAMON CA 251-A3
VILLAGE CENTER CIR
LAS VEGAS NV 268-A3
VILLA HERMOSA
MEXICALI BC 214-B2
VILLA LA JOLLA DR
SAN DIEGO CA 370-F4
VILLA PARK RD
ORANGE CA 288-B2
ORANGE CO CA 288-B2
VILLA PARK CA 288-B2
VINA RD
TEHAMA CO CA 163-B2
S VINCENT AV
WEST COVINA CA 282-D4
VINCENT RD
MERCED CO CA 261-D7
STANISLAUS CO CA 261-D7
VINCENT THOMAS BRDG Rt#-47
LOS ANGELES CA 286-D3
VINE ST
LOS ANGELES CA 351-F8
SAN DIEGO CO CA 294-C6
SAN JOSE CA 333-G8
SAN JOSE CA 334-A9
W VINE ST
LODI CA 260-B1
VINEDALE ST
LOS ANGELES CA 350-A1
VINE HILL RD
SANTA CRUZ CO CA 255-D1
SANTA CRUZ CO CA 256-A1
SONOMA CO CA 242-A2
VINELAND AV
BURBANK CA 350-A6
LOS ANGELES CA 350-A6
LOS ANGELES CA 351-A2
VINELAND ST
RIVERSIDE CO CA 285-D5
VINEVALLEY DR
LOS ANGELES CA 350-B1
VINEYARD AV
PLEASANTON CA 251-B4
RANCHO CUCAMONGA CA 283-D3
E VINEYARD AV Rt#-232
OXNARD CA 275-B5
VENTURA CO CA 275-B5
N VINEYARD AV
ONTARIO CA 283-D3
W VINEYARD AV
OXNARD CA 275-B6
VINEYARD DR
SAN LUIS OBISPO CO CA 189-B3
VINEYARD RD
STANISLAUS CO CA 175-B3
VINEYARD CANYON RD
MONTEREY CO CA 189-C2
MONTEREY CO CA 190-A2
SAN LUIS OBISPO CO CA 189-C2
N VINTAGE RD
SAN JOAQUIN CO CA 260-C1
VINTAGE PARK DR
SACRAMENTO CO CA 238-C2
VINTON LOYALTON RD Rt#-49
PLUMAS CO CA 165-A3
SIERRA CO CA 165-A3
VIOLA AV
TEHAMA CO CA 163-A3
VIOLA MINERAL RD
TEHAMA CO CA 222-A7
N VIRGIL AV
LOS ANGELES CA 352-D10
LOS ANGELES CA 355-D1
S VIRGIL AV
LOS ANGELES CA 355-D3
VIRGINIA AV
BAKERSFIELD CA 344-G6
KERN CO CA 267-D4
KINGS CO CA 190-C2
KINGS CO CA 191-A2
VIRGINIA RD
SAN MARINO CA 359-F9
YUBA CO CA 227-D7
N VIRGINIA ST U.S.-395
RENO NV 230-A2
RENO NV 311-C3
WASHOE CO NV 230-A2
S VIRGINIA ST U.S.-395
RENO NV 230-A3
RENO NV 311-E9
WASHOE CO NV 230-A4
VIRGINIA CITY HWY Rt#-341
LYON CO NV 232-C1
STOREY CO NV 230-B5
WASHOE CO NV 230-B5
VIRGINIA LAKES RD
MONO CO CA 177-A2
VISALIA AV
SAN BERNARDINO CO CA 279-C3
VISALIA RD Rt#-J30
EXETER CA 266-C3
FARMERSVILLE CA 266-C3
TULARE CO CA 266-C3
VISTA WY
OCEANSIDE CA 292-A7
RED BLUFF CA 303-B9
E VISTA WY Rt#-S13
SAN DIEGO CO CA 292-C6
VISTA CA 292-B6
W VISTA WY Rt#-S13
VISTA CA 292-B6
VISTA CHINO
CATHEDRAL CITY CA 290-B3
PALM SPRINGS CA 290-B3
PALM SPRINGS CA 367-G3
E VISTA CHINO Rt#-111
PALM SPRINGS CA 367-F3
VISTA CIELO
MONTEREY CO CA 258-C7
VISTA DEL GOLFO
LONG BEACH CA 287-B3
VISTA DEL MAR
EL SEGUNDO CA 281-B7
LOS ANGELES CA 281-B7
LOS ANGELES CA 357-F9
VISTA GRANDE RD
SAN DIEGO CO CA 294-C7
SAN DIEGO CO CA 296-C1
VISTA RAMONA RD
SAN DIEGO CO CA 294-D2
VISTA VILLAGE DR
VISTA CA 292-B6
VISTA VILLAGE DR Rt#-S13
VISTA CA 292-B6
VIVIAN RD
STANISLAUS CO CA 261-A5
VOLTAIRE ST
SAN DIEGO CA 371-B9
VON KARMAN AV
IRVINE CA 363-F3
NEWPORT BEACH CA 363-E6
VOORHIES RD
JACKSON CO OR 149-C2

W

W ST
SACRAMENTO CA 319-D5
WAALEW RD
APPLE VALLEY CA 278-C1
WABASH AV
EUREKA CA 300-B3
LOS ANGELES CA 356-F4
WABASH BLVD
SAN DIEGO CA 374-C7
WACHTEL WY
CITRUS HEIGHTS CA 236-A5
SACRAMENTO CO CA 236-A5
WADDINGTON RD
HUMBOLDT CO CA 219-B7
E WAGNER AV
ANAHEIM CA 362-E1
ORANGE CO CA 362-E1
S WAGNER RD
SAN JOAQUIN CO CA 261-A1
WAGNER BUTTE TRAIL RD
JACKSON CO OR 149-C2
WAGNER CREEK RD
JACKSON CO OR 149-C2
WAGSTAFF RD
PARADISE CA 223-B1
WALBRIDGE ST
RED BLUFF CA 303-A5
WALDO RD
JOSEPHINE CO OR 149-A2
WALERGA RD
SACRAMENTO CO CA 235-C5

CRA
INDEX

WALGROVE AV STREET INDEX WILLIAM B RUMFORD FRWY 412

STREET City State Page-Grid

WALGROVE AV
CULVER CITY CA 357-F2
LOS ANGELES CA 357-F2
N WALKER AV
ASHLAND OR 149-C2
WALKER PL
MONO CO CA 178-A2
WALKER RD Rt#-S30
IMPERIAL CO CA 214-A1
E WALKER RD E Rt#-3C
LYON CO NV 172-B3
WALKER ST Rt#-32
ORLAND CA 163-B3
WALKER MINE RD
SHASTA CO CA 220-A5
E WALKER ROAD WEST SIDE
LYON CO NV 172-B3
WALLACE RD
SONOMA CO CA 242-D1
E WALLEN RD
TEHAMA CO CA 221-C1
WALLER ST
SAN FRANCISCO CA 325-G7
SAN FRANCISCO CA 326-A7
WALLY ALLEN RD
PLACER CO CA 233-A7
WALMER RD
BUTTE CO CA 223-B7
WALMORT RD
SACRAMENTO CO CA 238-D4
WALNUT AV
BURBANK CA 350-G6
LIVINGSTON CA 180-C1
MERCED CO CA 180-C1
SACRAMENTO CO CA 235-D7
SAN DIEGO CA 372-E10
SANTA CRUZ CA 335-C7
TUSTIN CA 288-B3
UKIAH CA 308-C4
VENTURA CO CA 275-D5
YUBA CO CA 227-D5
E WALNUT AV
TULARE CO CA 266-C3
VISALIA CA 266-C3
N WALNUT AV
STANISLAUS CO CA 261-C5
S WALNUT AV
FRESNO CO CA 264-B7
W WALNUT AV
VISALIA CA 266-B3
WALNUT BLVD
CONTRA COSTA CO CA 248-D6
WALNUT DR
COLUSA CO CA 169-A2
CUTTEN CA 300-F8
NAPA CO CA 243-C3
WALNUT ST
CUTTEN CA 300-F7
OAKDALE CA 261-C1
WALNUT ST Rt#-A7
RED BLUFF CA 303-A7
TEHAMA CO CA 221-B2
TEHAMA CO CA 303-A7
WALNUT ST Rt#-32
BUTTE CO CA 305-F8
CHICO CA 305-F8
E WALNUT ST
PASADENA CA 359-D6
S WALNUT ST
ANAHEIM CA 362-A3
W WALNUT ST
PASADENA CA 359-B6
WALNUT CANYON RD Rt#-23
MOORPARK CA 199-C3
VENTURA CO CA 199-C3
WALNUT GROVE AV
ROSEMEAD CA 282-B4
W WALNUT GROVE RD
SAN JOAQUIN CO CA 238-B7
W WALNUT GROVE RD Rt#-J11
SAN JOAQUIN CO CA 238-B7
WALNUT GRV THORNTON RD Rt#-J11
SACRAMENTO CO CA 238-A7
WALTERS LN
SISKIYOU CO CA 217-A4
WALTERS RD
FAIRFIELD CA 244-D6
SOLANO CO CA 244-D6
SUISUN CITY CA 244-D6
WALTERS CAMP RD
IMPERIAL CO CA 211-A3
WALTON AV
RED BLUFF CA 303-C4
N WALTON AV
YUBA CITY CA 309-C5
S WALTON AV
SUTTER CO CA 309-C8
YUBA CITY CA 309-C8
WANDA RD
ORANGE CA 288-B2
VILLA PARK CA 288-B1
WARD AV
PATTERSON CA 175-B3
STANISLAUS CO CA 175-B3
STANISLAUS CO CA 180-B1
WARD RD
SAN MATEO CO CA 252-D5
WARD ST
GARDEN GROVE CA 287-D3
WESTMINSTER CA 287-D3
E WARDLOW RD
LONG BEACH CA 287-B1
W WARDLOW RD
CARSON CA 286-D1
CARSON CA 287-A1
LONG BEACH CA 286-D1
LONG BEACH CA 287-A1
WARD MEMORIAL BLVD Rt#-217
GOLETA CA 274-B7
SANTA BARBARA CA 274-B7
SANTA BARBARA CO CA 274-B7
WARDS FERRY RD
TUOLUMNE CO CA 176-A2
WARING RD
SAN DIEGO CA 294-A7
WARM SPRINGS BLVD
FREMONT CA 251-A7
FREMONT CA 253-C1
WARM SPRINGS RD
SONOMA CO CA 243-A3

E WARM SPRINGS RD
ENTERPRISE NV 268-C6
HENDERSON NV 268-C6
HENDERSON NV 269-A6
PARADISE NV 268-C6
W WARM SPRINGS RD
HENDERSON NV 268-D6
WARNER AV
FOUNTAIN VALLEY CA 287-C3
HUNTINGTON BEACH CA 287-C3
ORANGE CO CA 287-C3
SANTA ANA CA 287-C3
W WARNER AV
SANTA ANA CA 287-D3
SANTA ANA CA 288-A4
WARNER HWY Rt#-140
LAKE CO OR 152-A2
WARNER ST
CHICO CA 305-F6
WARNERVILLE RD
STANISLAUS CO CA 261-D2
WARNOCK DR
SAN DIEGO CO CA 294-C3
WARREN FRWY Rt#-13
OAKLAND CA 250-B1
OAKLAND CA 328-F10
OAKLAND CA 330-G1
WARREN RD
HEMET CA 208-C2
RIVERSIDE CO CA 208-C2
SAN JACINTO CA 208-C2
WARTHAN CANYON Rt#-198
COALINGA CA 190-A1
FRESNO CO CA 189-C1
FRESNO CO CA 190-A1
MONTEREY CO CA 189-C1
WASCO WY
KERN CO CA 191-A3
WASHBURN WY
Altamont OR 150-C2
KLAMATH CO OR 150-C2
KLAMATH FALLS OR 150-C2
WASHINGTON AV
ALAMEDA CO CA 250-C3
MURRIETA CA 289-B6
RIVERSIDE CO CA 289-B6
SAN LEANDRO CA 250-C3
E WASHINGTON AV
BUTTE CO CA 223-B7
EL CAJON CA 294-B7
LAS VEGAS NV 268-C3
LAS VEGAS NV 345-F4
TULARE CO CA 191-A2
E WASHINGTON AV Rt#-78
ESCONDIDO CA 293-D1
ESCONDIDO CA 294-A1
W WASHINGTON AV
LAS VEGAS NV 345-B4
SANTA ANA CA 288-A3
WASHINGTON BLVD
CITY OF COMMERCE CA 282-A5
CULVER CITY CA 281-C4
CULVER CITY CA 357-F4
FREMONT CA 251-A6
LOS ANGELES CA 357-E6
LOS ANGELES CO CA 282-B5
LOS ANGELES CO CA 357-E6
MERCED CO CA 180-C1
MONTEBELLO CA 282-B5
PICO RIVERA CA 282-B5
ROSEVILLE CA 235-D3
SANTA FE SPRINGS CA 282-B5
WHITTIER CA 282-C6
WASHINGTON BLVD Rt#-D1
DEL NORTE CO CA 216-A5
DEL NORTE CO CA 297-A6
E WASHINGTON BLVD
CITY OF COMMERCE CA 282-A5
LOS ANGELES CA 355-G8
LOS ANGELES CA 356-B9
LOS ANGELES CO CA 359-F3
MONTEBELLO CA 282-A5
PASADENA CA 359-C3
VERNON CA 282-A5
VERNON CA 356-E9
E WASHINGTON BLVD Rt#-D1
DEL NORTE CO CA 297-D6
W WASHINGTON BLVD
CULVER CITY CA 281-B5
CULVER CITY CA 357-G4
LOS ANGELES CA 281-C4
LOS ANGELES CA 355-C6
PASADENA CA 359-A3
WASHINGTON DR
MOUNT SHASTA CA 298-F5
WASHINGTON PL
CULVER CITY CA 281-B5
LOS ANGELES CA 281-B5
WASHINGTON RD
MERCED CO CA 180-B1
STANISLAUS CO CA 261-C5
S WASHINGTON RD
STANISLAUS CO CA 261-C7
WASHINGTON ST
INDIAN WELLS CA 290-D4
LA QUINTA CA 290-D6
MONTEREY CA 337-G6
PALM DESERT CA 290-D4
PETALUMA CA 242-D6
RED BLUFF CA 303-C5
RIVERSIDE CO CA 289-D5
RIVERSIDE CO CA 290-D4
SAN DIEGO CA 372-E9
SANTA CLARA CA 333-B6
SANTA CRUZ CA 335-D8
WASHINGTON ST Rt#-79
SAN DIEGO CO CA 213-A1
E WASHINGTON ST
COLTON CA 284-D4
PETALUMA CA 242-D6
SONOMA CO CA 242-D6
N WASHINGTON ST Rt#-49
SONORA CA 341-D4
S WASHINGTON ST
MODESTO CA 340-C8
SONORA CA 341-D5
TUOLUMNE CO CA 341-D5
S WASHINGTON ST Rt#-49
SONORA CA 341-D5
W WASHINGTON ST
SAN DIEGO CA 372-C10
SAN DIEGO CA 373-C1

WATER ST
SANTA CRUZ CA 335-E6
WATERFRONT RD
CONTRA COSTA CO CA 247-C4
MARTINEZ CA 247-C4
WATER GAP RD
JOSEPHINE CO OR 149-B2
WATERLOO LN
DOUGLAS CO NV 232-B7
WATERLOO LN Rt#-207
DOUGLAS CO NV 232-B7
WATERLOO RD
SAN JOAQUIN CO CA 260-C4
STOCKTON CA 260-B4
STOCKTON CA 339-G5
E WATERLOO RD Rt#-88
SAN JOAQUIN CO CA 260-C4
N WATERMAN AV
SAN BERNARDINO CA 284-D2
SAN BERNARDINO CA 368-F1
SAN BERNARDINO CO CA 368-F4
N WATERMAN AV Rt#-18
SAN BERNARDINO CA 284-D1
S WATERMAN AV
COLTON CA 284-D4
SAN BERNARDINO CA 284-D4
SAN BERNARDINO CA 368-F5
WATERMAN BLVD
FAIRFIELD CA 244-C6
WATERMAN RD
ELK GROVE CA 238-C4
SHASTA CO CA 220-C1
WATERS DR
SAN BERNARDINO CO CA 278-B7
WATER TROUGH RD
SONOMA CO CA 242-A3
WATKINS RD
GLENN CO CA 163-B3
TEHAMA CO CA 163-B3
WATSON RD
MENDOCINO CO CA 308-G4
WATSONVILLE RD
MORGAN HILL CA 257-A1
SANTA CLARA CO CA 256-D1
SANTA CLARA CO CA 257-A1
WATSONVILLE RD Rt#-G8
SANTA CLARA CO CA 256-D2
SANTA CLARA CO CA 257-A2
WATT AV
SACRAMENTO CA 235-C7
SACRAMENTO CO CA 235-C7
SACRAMENTO CO CA 238-C1
S WATT AV
SACRAMENTO CA 238-C1
SACRAMENTO CO CA 238-C1
WATTS DR
BAKERSFIELD CA 344-G10
WATTS VALLEY RD
FRESNO CO CA 182-A2
WAUCOBA SALINE RD
INYO CO CA 183-B1
S WAVERLY RD
SAN JOAQUIN CO CA 175-B2
WAWONA RD Rt#-41
MARIPOSA CO CA 262-B5
WAYNE NEWTON BLVD
PARADISE NV 346-E6
N WEATHERLOW ST
SUSANVILLE CA 304-C4
S WEATHERLOW ST
SUSANVILLE CA 304-C5
WEAVERVILLE SCOTT MOUNTAIN RD
HAYFORK CA 162-B1
TRINITY CO CA 157-C3
TRINITY CO CA 162-B1
WEBB AV
LOS ANGELES CA 281-B1
WEBB ST Rt#-3
MONTAGUE CA 217-C4
E WEBER AV
STOCKTON CA 339-F7
N WEBER AV
FRESNO CA 264-B3
FRESNO CA 343-A4
W WEBER AV
STOCKTON CA 339-D7
WEBSTER RD Rt#-229
SAN LUIS OBISPO CO CA 189-C3
WEBSTER ST
ALAMEDA CA 329-G6
OAKLAND CA 329-G6
OAKLAND CA 330-A5
WEBSTER ST Rt#-260
ALAMEDA CA 329-G8
N WEED BLVD U.S.-97
WEED CA 218-A2
WEED RD
KLAMATH CO OR 150-B1
WEEDPATCH HWY Rt#-184
KERN CO CA 267-D5
WEIR AV
MERCED CO CA 180-C1
N WEIR CANYON RD
ANAHEIM CA 283-B7
YORBA LINDA CA 283-C7
S WEIR CANYON RD
ANAHEIM CA 283-C7
ANAHEIM CA 288-C1
WELD BLVD
EL CAJON CA 294-B7
E WELDON AV
FRESNO CA 343-C3
WELLMAN RD
RIVERSIDE CO CA 209-A2
N WELLS AV
RENO NV 311-E4
S WELLS AV
RENO NV 311-E5
WELLS DR
LOS ANGELES CA 280-D2
N WELLS RD
VENTURA CA 275-B4
VENTURA CO CA 275-B4
S WELLS RD
VENTURA CA 275-B4
S WELLS RD Rt#-118
VENTURA CA 275-B4
VENTURA CO CA 275-C5
WELLSFORD RD
STANISLAUS CO CA 261-C3
WENDEL RD
LASSEN CO CA 165-A1

WENTWORTH ST
LOS ANGELES CA 277-B7
WENTWORTH SPRINGS RD
EL DORADO CO CA 170-C2
EL DORADO CO CA 171-A2
EL DORADO CO CA 237-D1
WEST AV
EUREKA CA 300-F2
N WEST AV
FRESNO CA 264-B3
FRESNO CO CA 264-B3
S WEST AV
FRESNO CO CA 264-B7
WEST CT
SAUSALITO CA 246-C7
WEST DR
DESERT HOT SPRINGS CA 290-A1
RIVERSIDE CO CA 290-A1
WEST LN Rt#-J3
SAN JOAQUIN CO CA 260-B3
SAN JOAQUIN CO CA 339-G4
STOCKTON CA 260-B3
STOCKTON CA 339-G4
N WEST LN Rt#-J3
SAN JOAQUIN CO CA 260-B2
WEST RD
LA HABRA HEIGHTS CA 282-C6
MENDOCINO CO CA 168-A1
WHITTIER CA 282-C6
WEST ST
GARDEN GROVE CA 362-A8
PORTOLA CA 165-A3
TULARE CA 266-B5
TULARE CO CA 266-B5
WOODLAND CA 234-B5
YOLO CO CA 234-B5
N WEST ST
WOODLAND CA 234-B5
YOLO CO CA 234-B4
N WEST ST Rt#-63
VISALIA CA 266-B2
S WEST ST
ANAHEIM CA 362-A5
GARDEN GROVE CA 362-A5
WESTACRE RD
WEST SACRAMENTO CA 319-A3
WESTBOROUGH BLVD
SAN BRUNO CA 249-C4
SAN MATEO CO CA 249-C4
SOUTH SAN FRANCISCO CA 249-C4
WESTBRANCH RD
DEL NORTE CO CA 216-C6
WESTCHESTER PKWY
LOS ANGELES CA 357-G10
LOS ANGELES CA 358-C6
WESTCLIFF DR
NEWPORT BEACH CA 364-C5
WEST END RD
HUMBOLDT CO CA 219-D1
WESTER AV Rt#-86
BRAWLEY CA 214-A1
WESTERGARD RD
PERSHING CO NV 166-C2
WESTERN AV
BUENA PARK CA 361-D1
GARDEN GROVE CA 287-C2
GARDENA CA 281-C7
GARDENA CA 286-C1
GLENDALE CA 281-D2
LOS ANGELES CA 286-C1
SONOMA CO CA 242-D7
STANTON CA 361-D5
TORRANCE CA 281-C7
TORRANCE CA 286-C1
WHITTIER CA 282-C5
WESTERN AV Rt#-213
LOS ANGELES CA 286-C1
TORRANCE CA 286-C1
N WESTERN AV
ANAHEIM CA 361-D6
BUENA PARK CA 361-D6
LOS ANGELES CA 352-A9
LOS ANGELES CA 355-A1
SAN BERNARDINO CA 368-A2
N WESTERN AV Rt#-213
LOS ANGELES CA 286-C3
RANCHO PALOS VERDES CA 286-C3
S WESTERN AV
ANAHEIM CA 361-D8
LOS ANGELES CA 281-C5
LOS ANGELES CA 355-A4
LOS ANGELES CO CA 281-C5
STANTON CA 361-D9
S WESTERN AV Rt#-213
LOMITA CA 286-C3
LOS ANGELES CA 286-C3
RANCHO PALOS VERDES CA 286-C3
TORRANCE CA 286-C3
WESTERN DR
SANTA CRUZ CA 335-A6
WESTERN CANYON RD
LOS ANGELES CA 352-A6
WESTERN DIVIDE HWY
TULARE CO CA 191-C2
TULARE CO CA 192-A1
WESTFALL RD
PERSHING CO NV 166-C2
WEST FORK EVANS CREEK RD
JACKSON CO OR 149-B1
WEST HILLS PKWY
SAN DIEGO CA 294-A6
SANTEE CA 294-A6
WESTLAKE BLVD Rt#-23
LOS ANGELES CO CA 206-C1
THOUSAND OAKS CA 206-C1
WESTLAKE VILLAGE CA 206-C1
N WESTLAKE BLVD
THOUSAND OAKS CA 280-A2
S WESTLAKE BLVD
THOUSAND OAKS CA 280-A2
S WESTLAKE BLVD Rt#-23
THOUSAND OAKS CA 206-C1
THOUSAND OAKS CA 280-A2
WESTLAKE RD
LAKE CO CA 225-D2
WESTMINSTER AV
GARDEN GROVE CA 287-C3
GARDEN GROVE CA 362-C10
LONG BEACH CA 287-C3
SANTA ANA CA 287-C3
SANTA ANA CA 362-A10
SEAL BEACH CA 287-C3
WESTMINSTER CA 287-C3

WESTMINSTER BLVD
GARDEN GROVE CA 287-D3
WESTMINSTER CA 287-D3
WEST SACRAMENTO FRWY I-80
WEST SACRAMENTO CA 235-A7
YOLO CO CA 234-D7
YOLO CO CA 235-A7
WESTSIDE BLVD Rt#-J18
MERCED CO CA 180-C1
WEST SIDE FRWY I-5
BAKERSFIELD CA 199-B1
KERN CO CA 191-A3
KERN CO CA 199-B1
KERN CO CA 267-A6
WESTSIDE FRWY I-5
AVENAL CA 190-B1
FRESNO CO CA 180-C2
FRESNO CO CA 181-A3
FRESNO CO CA 190-A1
KERN CO CA 190-C2
KINGS CO CA 190-B1
MERCED CO CA 180-B2
STANISLAUS CO CA 175-A3
STANISLAUS CO CA 180-B1
WEST SIDE HWY Rt#-33
KERN CO CA 190-B2
KERN CO CA 198-C1
KERN CO CA 199-A1
MARICOPA CA 199-A1
TAFT CA 199-A1
WEST SIDE RD
INYO CO CA 184-C3
INYO CO CA 193-C1
KLAMATH CO OR 150-B1
LAKE CO OR 152-A2
MODOC CO CA 152-A3
WESTSIDE RD
HEALDSBURG CA 240-A6
SHASTA CO CA 220-A3
SONOMA CO CA 240-A6
SONOMA CO CA 242-A1
WESTSIDE RD Rt#-A23
SIERRA CO CA 165-A3
SIERRA CO CA 228-B1
WEST VALLEY FRWY Rt#-85
CAMPBELL CA 253-C5
CUPERTINO CA 253-B3
LOS GATOS CA 253-C5
SAN JOSE CA 253-B4
SAN JOSE CA 254-A5
SANTA CLARA CO CA 253-C5
SARATOGA CA 253-B4
SUNNYVALE CA 253-B3
WESTWOOD BLVD
LOS ANGELES CA 281-B4
LOS ANGELES CA 353-G6
LOS ANGELES CA 354-A10
WESTWOOD PZ
LOS ANGELES CA 353-F4
WESTWOOD ST
TULARE CO CA 191-B1
WESTWOOD LOGGING RD
LASSEN CO CA 164-B1
WET MEADOW RD
MONO CO CA 263-D2
WHARF RD
CAPITOLA CA 256-A3
WHEELER AV
LA VERNE CA 283-B2
WHEELER NURSERY RD
SHASTA CO CA 158-B3
WHEELER RIDGE RD
KERN CO CA 199-B1
KERN CO CA 267-D7
WHEELOCK RD
BUTTE CO CA 223-B4
WHIPPLE AV
REDWOOD CITY CA 250-A7
WHIPPLE RD
UNION CITY CA 250-D5
WHITAKER ST
BUENA PARK CA 361-E2
FULLERTON CA 361-F2
WHITAKER FOREST DR
FRESNO CO CA 265-A4
TULARE CO CA 265-A4
WHITE AV
LA VERNE CA 283-B3
N WHITE AV
LA VERNE CA 283-B4
S WHITE AV
POMONA CA 283-B4
WHITE LN
BAKERSFIELD CA 267-B5
KERN CO CA 267-C5
N WHITE RD
SAN JOSE CA 253-D2
SAN JOSE CA 334-G3
SANTA CLARA CO CA 334-G3
S WHITE RD
SAN JOSE CA 254-A3
SAN JOSE CA 334-G3
SANTA CLARA CO CA 254-A3
SANTA CLARA CO CA 334-G3
WHITEHORSE RD
TRUCKEE CA 229-B5
WHITE MOUNTAIN TALC RD
INYO CO CA 183-C3
WHITE OAK AV
LOS ANGELES CA 281-A2
WHITE OAK DR
NEVADA CO CA 233-A5
WHITE PINE DR
WASHOE CO NV 230-A7
WHITE ROCK RD
SACRAMENTO CO CA 236-A7
E WHITESBRIDGE AV Rt#-180
FRESNO CA 343-B8
W WHITESBRIDGE AV Rt#-180
FRESNO CA 264-B4
FRESNO CA 343-A8
FRESNO CO CA 181-A3
FRESNO CO CA 181-B2
FRESNO CO CA 264-A4
FRESNO CO CA 264-B4
KERMAN CA 181-A3
KERMAN CA 181-B2
WHITES CANYON RD
SANTA CLARITA CA 277-A3

WHITE WOLF RD
TUOLUMNE CO CA 262-C1
WHITEWOOD RD
MURRIETA CA 289-C6
WHITLEY AV
CORCORAN CA 190-C1
KINGS CO CA 190-C1
WHITLEY AV Rt#-137
KINGS CO CA 190-C1
KINGS CO CA 191-A1
WHITMAN AV
BUTTE CO CA 306-D9
CHICO CA 306-D9
E WHITMORE AV
CERES CA 261-C4
HUGHSON CA 261-C4
MODESTO CA 261-C4
STANISLAUS CO CA 175-C3
STANISLAUS CO CA 261-C4
W WHITMORE AV
MODESTO CA 261-A4
STANISLAUS CO CA 261-A4
WHITNALL HWY
BURBANK CA 350-B8
LOS ANGELES CA 350-B8
WHITNEY AV
SACRAMENTO CO CA 235-C6
WHITNEY PORTAL RD
INYO CO CA 183-A3
W WHITSON ST
SELMA CA 181-C3
SELMA CA 264-D7
WHITTIER BLVD
CITY OF COMMERCE CA 282-A5
LOS ANGELES CA 282-A4
LOS ANGELES CA 356-D7
LOS ANGELES CO CA 282-A4
MONTEBELLO CA 282-B5
PICO RIVERA CA 282-B5
WHITTIER CA 282-B5
WHITTIER BLVD Rt#-72
LOS ANGELES CO CA 282-C5
WHITTIER CA 282-C5
E WHITTIER BLVD
LA HABRA CA 282-D6
MONTEBELLO CA 282-B5
PICO RIVERA CA 282-B5
W WHITTIER BLVD
LA HABRA CA 282-D6
MONTEBELLO CA 282-D6
W WHITTIER BLVD Rt#-72
LA HABRA CA 282-D6
ORANGE CO CA 282-D6
WHITWORTH RD
MERCED CO CA 180-B1
WIBLE RD
BAKERSFIELD CA 267-C7
BAKERSFIELD CA 344-B8
KERN CO CA 267-C7
KERN CO CA 344-B8
WICKERSHAM RD
SONOMA CO CA 239-A3
WICKS BLVD
SAN LEANDRO CA 250-B3
WIDGEON WY
LAKE CO CA 226-C5
WIDOW VALLEY RD
MODOC CO CA 159-A2
WIEST RD
IMPERIAL CO CA 210-B3
WILBUR AV
ANTIOCH CA 248-C4
LOS ANGELES CA 276-D7
LOS ANGELES CA 280-D2
WILBUR RD
BUTTE CO CA 223-A7
WILCOX RD
TEHAMA CO CA 303-C1
WILCOX RANCH RD
WASHOE CO NV 166-A3
WILDCAT CANYON RD
SAN DIEGO CO CA 294-D3
WILDER RD Rt#-A7
TEHAMA CO CA 221-B3
WILDER RIDGE RD
HUMBOLDT CO CA 161-B1
WILDES RD
CHURCHILL CO NV 172-C1
WILDES RD Rt#-118
CHURCHILL CO NV 172-C1
WILD MAD RD
TRINITY CO CA 162-B2
WILDROSE RD
INYO CO CA 184-B3
WILD TURKEY RUN
MONTEREY CO CA 258-C7
WILDWOOD AV
PIEDMONT CA 330-F3
SOUTH LAKE TAHOE CA 314-E3
WILDWOOD RD
COLUSA CO CA 169-B2
HAYFORK CA 162-B1
KERN CO CA 191-A3
TRINITY CO CA 162-B1
WILDWOOD CANYON RD
YUCAIPA CA 285-D4
WILEY CANYON RD
SANTA CLARITA CA 276-D5
WILEY POST AV
LOS ANGELES CA 358-D6
WILEYS WELL RD
RIVERSIDE CO CA 210-C2
WILFRED AV
SONOMA CO CA 242-C4
WILHOIT RD
SAN JOAQUIN CO CA 260-A5
E WILLIAM CT
SAN JOSE CA 334-C6
E WILLIAM ST
SAN JOSE CA 334-B8
E WILLIAM ST U.S.-50
CARSON CITY NV 232-B2
CARSON CITY NV 313-E4
W WILLIAM ST
SAN JOSE CA 334-A8
WILLIAM B RUMFORD FRWY Rt#-24
CONTRA COSTA CO CA 247-C6
CONTRA COSTA CO CA 328-G7
LAFAYETTE CA 247-C6
OAKLAND CA 328-G7
OAKLAND CA 330-A1
ORINDA CA 247-C6

CRA
INDEX

413 WILLIAM B RUMFORD FRWY | STREET INDEX | 4TH ST Rt#-140

CRA
INDEX

STREET City State Page-Grid

WILLIAM B RUMFORD FRWY Rt#-24
WALNUT CREEK CA 247-D6
WILLIAM E B BROWN FWY I-580
SAN JOAQUIN CO CA 174-C3
SAN JOAQUIN CO CA 175-A3
TRACY CA 174-C3
TRACY CA 175-A3
WILLIAMS AV
RED BLUFF CA 303-E5
WILLIAMS RD
SALINAS CA 259-B2
SALINAS CA 336-F7
SAN JOSE CA 253-B4
WILLIAMSON RIVER RD
KLAMATH CO OR 150-C1
KLAMATH CO OR 151-A1
WILLOW AV Rt#-39
KLAMATH FALLS OR 150-C2
N WILLOW AV
CLOVIS CA 264-C2
FRESNO CA 264-C2
S WILLOW AV
CLOVIS CA 264-C4
FRESNO CA 264-C4
WILLOW RD
ESMERALDA CO NV 178-B2
MENLO PARK CA 332-C3
SAN LUIS OBISPO CO CA 272-B3
WILLOW RD Rt#-1
SAN LUIS OBISPO CO CA 272-A3
WILLOW RD Rt#-114
EAST PALO ALTO CA 250-C7
EAST PALO ALTO CA 332-D1
MENLO PARK CA 250-C7
MENLO PARK CA 332-C1
WILLOW ST
NEWARK CA 250-D7
RED BLUFF CA 303-D7
SAN JOSE CA 253-C4
SAN JOSE CA 333-G10
SAN JOSE CA 334-A10
E WILLOW ST
LONG BEACH CA 287-B2
LONG BEACH CA 360-F2
LOS ALAMITOS CA 287-B2
SIGNAL HILL CA 287-A2
SIGNAL HILL CA 360-F2
W WILLOW ST
LONG BEACH CA 287-A2
LONG BEACH CA 360-A2
WILLOW CREEK RD
SISKIYOU CO CA 217-D2
WILLOW CREEK RED ROCK RD
SISKIYOU CO CA 150-C3
WILLOW GLEN DR
SAN DIEGO CO CA 294-C7
SAN DIEGO CO CA 296-C1
WILLOW GLEN RD
BROWNSVILLE CA 170-A1
LOS ANGELES CA 351-A6
YUBA CO CA 170-A1
WILLOW PASS RD
CONCORD CA 247-D5
CONCORD CA 248-A4
CONTRA COSTA CO CA 248-A4
PITTSBURG CA 248-A4
WILLOWSIDE RD
SONOMA CO CA 242-B2
WILLOW SPRINGS RD
SANTA CLARA CO CA 254-B7
WILLOW VALLEY RD
KLAMATH CO OR 151-B3
MODOC CO CA 151-B3
NEVADA CITY CA 315-G1
WILL ROGERS ST
LOS ANGELES CA 358-D6
WILMINGTON AV
CARSON CA 286-D2
LOS ANGELES CA 281-D6
LOS ANGELES CA 286-D2
LOS ANGELES CO CA 281-D6
N WILMINGTON AV
COMPTON CA 281-D7
LOS ANGELES CO CA 281-D7
S WILMINGTON AV
CARSON CA 286-D1
COMPTON CA 281-D7
COMPTON CA 286-D1
LOS ANGELES CO CA 286-D1
WILMINGTON BLVD
LOS ANGELES CA 286-D2
WILSHIRE AV
TWENTYNINE PALMS CA 209-C1
WILSHIRE BLVD
BEVERLY HILLS CA 354-E7
LOS ANGELES CA 353-G5
LOS ANGELES CA 354-E7
LOS ANGELES CA 355-B3
LOS ANGELES CO CA 353-G5
SANTA MONICA CA 353-B9
SANTA MONICA CA 357-A1
WILSON AV
MARIN CO CA 246-A2
SOLANO CO CA 247-A2
VALLEJO CA 247-A2
E WILSON AV
GLENDALE CA 352-G1
W WILSON AV
GLENDALE CA 352-E1
WILSON RD
BAKERSFIELD CA 267-B5
WILSON ST
GRIDLEY CA 227-B1
SANTA ROSA CA 321-D7
W WILSON ST
COSTA MESA CA 364-A1
WILSON WY
PLACER CO CA 233-A7
N WILSON WY
SAN JOAQUIN CO CA 260-C3
SAN JOAQUIN CO CA 339-G4
STOCKTON CA 339-G6
S WILSON WY
STOCKTON CA 260-B4
STOCKTON CA 339-G7
WILSON BEND RD
COLUSA CO CA 169-C2
WILSON CREEK RD
DEL NORTE CO CA 216-C7
WILT RD
SAN DIEGO CO CA 292-C3
N WILTON PL
LOS ANGELES CA 351-G9
LOS ANGELES CA 352-A10
LOS ANGELES CA 355-A1
S WILTON PL
LOS ANGELES CA 355-A2
WILTON RD
ELK GROVE CA 238-D3
SACRAMENTO CO CA 238-D3
WIMER RD
JOSEPHINE CO OR 148-C2
N WINCHESTER BLVD
SANTA CLARA CA 333-A8
S WINCHESTER BLVD
CAMPBELL CA 253-C4
LOS GATOS CA 253-C5
MONTE SERENO CA 253-C5
SAN JOSE CA 253-C4
SAN JOSE CA 333-A9
WINCHESTER RD
TEMECULA CA 289-C7
WINCHESTER RD Rt#-79
MURRIETA CA 289-D3
RIVERSIDE CO CA 289-D3
TEMECULA CA 289-C7
WINCHUCK RIVER RD
CURRY CO OR 148-B2
WINDBRIDGE DR
SACRAMENTO CA 238-A2
WINDING WY
SACRAMENTO CA 235-C6
SACRAMENTO CO CA 235-C6
SACRAMENTO CO CA 236-A6
SHASTA CO CA 220-D7
N WINDSOR AV
LOS ANGELES CO CA 359-A1
WINDSOR RD
WINDSOR CA 240-B7
WINDSOR RIVER RD
WINDSOR CA 240-B7
WINDWARD AV
LOS ANGELES CA 357-D5
WINDY HOLLOW RD
MENDOCINO CO CA 167-C2
POINT ARENA CA 167-C2
WINE COUNTRY AV
NAPA CA 323-A1
NAPA CO CA 323-A1
WINNEMUCCA RANCH RD
WASHOE CO NV 165-C3
WINNETKA AV
LOS ANGELES CA 276-D7
LOS ANGELES CA 280-D1
WINONA AV
SAN DIEGO CA 296-A1
WINONA RD
JOSEPHINE CO OR 149-B1
WINSHIP RD
YUBA CITY CA 309-E7
WINTER GARDENS BLVD
SAN DIEGO CO CA 294-B7
WINTERHAVEN DR
IMPERIAL CO CA 215-A1
WINTERHAVEN DR Bus-8
IMPERIAL CO CA 215-A1
WINTERS GULCH RD
SISKIYOU CO CA 217-B7
W WINTON AV
HAYWARD CA 250-C4
WINTON WY
ATWATER CA 180-C1
MERCED CO CA 180-C1
WIRT RD
IMPERIAL CO CA 210-B3
WISCONSIN AV
TEHAMA CO CA 163-B3
WISE RD
AUBURN CA 316-A6
PLACER CO CA 233-A7
PLACER CO CA 236-B1
PLACER CO CA 316-A6
N WISHON AV
FRESNO CA 343-C4
WITMAN LN
HUMBOLDT CO CA 219-A7
WITTER SPRINGS RD
LAKE CO CA 225-C2
WOFFORD BLVD Rt#-155
KERN CO CA 192-A2
WOHLER RD
SONOMA CO CA 242-A1
WOLF RD
NEVADA CO CA 233-B4
S WOLFE RD
SUNNYVALE CA 253-B3
WOLFE GRADE
MARIN CO CA 324-C9
SAN RAFAEL CA 324-C9
WOLF VALLEY RD
RIVERSIDE CO CA 292-D1
TEMECULA CA 292-D1
WONDERLAND BLVD
SHASTA CO CA 220-C4
WONDER STUMP RD
DEL NORTE CO CA 216-B4
WOOD RD
RIVERSIDE CO CA 289-A1
VENTURA CO CA 275-C7
E WOOD ST Rt#-162
GLENN CO CA 169-B1
WILLOWS CA 169-B1
W WOOD ST Rt#-162
WILLOWS CA 169-B1
W WOODBRIDGE RD
SAN JOAQUIN CO CA 175-A1
E WOODBURY RD
LOS ANGELES CO CA 359-D1
PASADENA CA 359-D1
W WOODBURY RD
LOS ANGELES CO CA 359-A1
PASADENA CA 359-A1
WOODCREEK OAKS BLVD
ROSEVILLE CA 235-D4
WOODEN VALLEY RD
NAPA CO CA 244-B4
WOODLAKE AV
LOS ANGELES CA 280-C2
WOODLAND AV
MARIN CO CA 324-F8
SAN RAFAEL CA 324-F8
STANISLAUS CO CA 261-A3
WOODLAND AV Rt#-16
YOLO CO CA 169-B3
WOODLAND PKWY
SAN MARCOS CA 292-D7
WOODLAND RD
SOUTH LAKE TAHOE CA 314-D5
WOODLEY AV
LOS ANGELES CA 277-A6
LOS ANGELES CA 281-A1
WOODMAN AV
LOS ANGELES CA 277-A7
LOS ANGELES CA 281-B2
WOODMAN ST
SAN DIEGO CA 296-A2
N WOODMAN ST
SAN DIEGO CA 296-A2
N WOOD RANCH PKWY
SIMI VALLEY CA 276-A7
WOODROW AV
SANTA CRUZ CA 335-C9
WOODROW WILSON DR
LOS ANGELES CA 351-A5
WOODRUFF AV
BELLFLOWER CA 282-B7
LAKEWOOD CA 287-B1
WOODRUFF LN
YUBA CO CA 227-C4
WOODSIDE AV
SAN DIEGO CO CA 294-C6
SAN FRANCISCO CA 325-F10
SANTEE CA 294-B6
WOODSIDE EXWY Rt#-84
REDWOOD CITY CA 250-B7
WOODSIDE RD Rt#-84
REDWOOD CITY CA 250-B7
REDWOOD CITY CA 252-C1
SAN MATEO CO CA 252-C1
WOODSIDE CA 252-C1
WOODSON AV
TEHAMA CO CA 221-C7
WOODSTOCK RD
LOS ANGELES CA 351-A6
WOODY LN
SHASTA CO CA 220-C4
WOODY RD
KERN CO CA 191-B3
WOOLEY RD
OXNARD CA 275-B6
VENTURA CO CA 275-C6
WOOLLOMES AV
DELANO CA 191-A2
WOOLSEY RD
SONOMA CO CA 242-B1
WORKMAN MILL RD
CITY OF INDUSTRY CA 282-C5
LOS ANGELES CO CA 282-C5
WHITTIER CA 282-C5
WORTH RD
SUTTER CO CA 234-D1
WORTHINGTON RD Rt#-S28
IMPERIAL CA 214-A1
IMPERIAL CO CA 214-A1
W R HOLMAN HWY Rt#-68
MONTEREY CA 337-D8
MONTEREY CO CA 337-D8
PACIFIC GROVE CA 337-D8
WRIGHT RD
ESMERALDA CO NV 178-B3
SAN BENITO CO CA 257-C6
S WRIGHT RD
SANTA ROSA CA 242-B3
SONOMA CO CA 242-B3
WRIGLEY RD
HUMBOLDT CO CA 219-B5
WYANDOTTE AV
BUTTE CO CA 223-B7
WYEHKA WY
SISKIYOU CO CA 218-A4
WYO AV
GLENN CO CA 163-B3
E WYOMING AV
LAS VEGAS NV 345-D8
W WYOMING AV
LAS VEGAS NV 345-C8

X

XIMENO AV
LONG BEACH CA 287-B2
XL RANCH RD
LAKE CO OR 152-A1

Y

YAJOME ST
NAPA CA 323-D4
YALE AV
IRVINE CA 288-B4
E YALE LP
IRVINE CA 288-B4
W YALE LP
IRVINE CA 288-B4
YANONALI ST
SANTA BARBARA CA 348-F7
YAQUI PASS RD Rt#-S3
SAN DIEGO CO CA 209-B3
YARD ST
BUTTE CO CA 223-B7
YATES RD
SAN BERNARDINO CO CA 278-B2
YELLOW JACKET RD
MONO CO CA 178-A3
YELLOWSTONE DR
VACAVILLE CA 244-D4
YERBA BUENA RD
SAN JOSE CA 254-A4
YERBA SANTA RD
SONOMA CO CA 239-B3
YERMO RD
SAN BERNARDINO CO CA 201-C1
SAN BERNARDINO CO CA 202-A1
YGNACIO VALLEY RD
CONCORD CA 248-A5
WALNUT CREEK CA 247-D6
WALNUT CREEK CA 248-A5
YNEZ RD
TEMECULA CA 289-C7
TEMECULA CA 292-D1
YOKOHL DR
TULARE CO CA 191-B1
YOLO COUNTY LINE RD
COLUSA CO CA 169-B2
YOLO CO CA 169-B2
YORBA ST
ORANGE CO CA 288-B2
YORBA LINDA BLVD
FULLERTON CA 283-A7
ORANGE CO CA 283-A7
PLACENTIA CA 283-A7
YORBA LINDA CA 283-A7
YORBA RANCH RD
YORBA LINDA CA 283-B7
YORK BLVD
LOS ANGELES CA 281-D3
LOS ANGELES CA 282-A3
SOUTH PASADENA CA 282-A3
YORK RD
SISKIYOU CO CA 217-D1
YORK RD Rt#-S24
IMPERIAL CO CA 215-B1
YORKTOWN AV
HUNTINGTON BEACH CA 287-D4
YOSEMITE AV
SIMI VALLEY CA 276-C7
YOSEMITE AV Rt#-145
MADERA CA 181-B2
MADERA CO CA 181-B2
E YOSEMITE AV
MANTECA CA 260-C7
MERCED CO CA 181-A1
E YOSEMITE AV Rt#-120
ESCALON CA 175-B2
MANTECA CA 260-D7
SAN JOAQUIN CO CA 175-B2
SAN JOAQUIN CO CA 260-D7
N YOSEMITE AV Rt#-120
OAKDALE CA 261-C1
S YOSEMITE AV Rt#-J14
OAKDALE CA 261-C1
W YOSEMITE AV
MADERA CA 181-B2
MANTECA CA 260-C7
SAN JOAQUIN CO CA 260-C7
YOSEMITE BLVD Rt#-132
MODESTO CA 261-B4
MODESTO CA 340-E7
STANISLAUS CO CA 175-C3
STANISLAUS CO CA 176-A3
STANISLAUS CO CA 261-B4
WATERFORD CA 175-C3
WATERFORD CA 261-B4
YOSEMITE PARK WY Rt#-140
MERCED CA 181-A1
MERCED CO CA 181-A1
YOU BET RD
NEVADA CO CA 233-D2
YOUNGLOVE AV
SANTA CRUZ CA 335-B8
YOUNT ST
YOUNTVILLE CA 243-C3
YOUNTVILLE CROSS RD
NAPA CO CA 243-C3
YOUNTVILLE CA 243-C3
YREKA-AGER RD
SISKIYOU CO CA 217-B3
YREKA WALKER RD
SISKIYOU CO CA 217-A3
N YUBA AV
FRESNO CO CA 181-B2
YUBA PASS RD
SIERRA CO CA 228-A1
YUCAIPA BLVD
REDLANDS CA 285-C4
YUCAIPA CA 285-C4
YUCCA DR Rt#-R2
RIVERSIDE CO CA 210-B1
YUCCA TR
SAN BERNARDINO CO CA 209-B1
YUCCA VALLEY CA 209-B1
YUCCA LOMA RD
APPLE VALLEY CA 278-C2
YUCCA MESA RD
SAN BERNARDINO CO CA 209-B1
YULUPA AV
SANTA ROSA CA 242-D2

Z

ZABALA RD
MONTEREY CO CA 259-C3
ZACA STATION RD
SANTA BARBARA CO CA 273-B1
ZACHERY AV
KERN CO CA 267-A1
ZANES RD
HUMBOLDT CO CA 219-B5
ZANONE RD
HUMBOLDT CO CA 219-B4
E ZAYANTE RD
SANTA CRUZ CO CA 255-D1
ZELZAH AV
LOS ANGELES CA 277-A7
ZENIA BLUFF RD
HUMBOLDT CO CA 162-A2
ZENIA LAKE MOUNTAIN RD
MENDOCINO CO CA 162-A2
TRINITY CO CA 162-A2
ZERKER RD
KERN CO CA 191-B3
KERN CO CA 267-A3
SHAFTER CA 267-A2
ZINFANDEL DR
SACRAMENTO CO CA 235-D7
ZION ST
NEVADA CITY CA 315-F4
W ZOLEZZI LN
WASHOE CO NV 230-A5
ZOO DR
LOS ANGELES CA 352-A1
ZULBERTI RD
SONOMA CO CA 239-C2
ZUMWALT AV
TULARE CO CA 266-A4
ZUMWALT RD
COLUSA CO CA 169-B2
WILLIAMS CA 169-B2
ZZYZX RD
SAN BERNARDINO CO CA 202-B1

#

1ST AV
CHULA VISTA CA 296-A3
DELANO CA 191-A2
LOS ANGELES CO CA 282-D6
OAKLAND CA 330-B6
SAN DIEGO CA 372-E10
SAN DIEGO CA 373-E1
1ST AV Rt#-3
LA PAZ CO AZ 204-B3
LA PAZ CO AZ 211-B1
E 1ST AV
BUTTE CO CA 306-B4
CHICO CA 305-G6
CHICO CA 306-A5
N 1ST AV
BARSTOW CA 369-D3
CHILOQUIN OR 150-C1
KLAMATH CO OR 150-C1
SAN BERNARDINO CO CA 369-D3
S 1ST AV
BARSTOW CA 369-B6
W 1ST AV
CHICO CA 305-F7
1ST PL
MANHATTAN BEACH CA 281-B7
1ST ST
BENICIA CA 247-C3
CORONADO CA 373-D6
DAVIS CA 318-D6
GALT CA 238-D7
HERMOSA BEACH CA 281-B7
HERMOSA BEACH CA 286-B1
KING CITY CA 189-B1
MCFARLAND CA 191-A2
MODESTO CA 340-C8
MOHAVE CO AZ 196-B3
NAPA CA 323-B6
PACIFIC GROVE CA 337-E4
RIVERSIDE CA 366-C3
SAN DIEGO CO CA 294-B7
SAN FRANCISCO CA 326-F4
SHASTA CO CA 163-A1
SIMI VALLEY CA 276-A7
YOLO CO CA 318-D6
1ST ST Rt#-1
MARIN CO CA 245-C3
1ST ST Rt#-70
MARYSVILLE CA 310-B5
1ST ST Rt#-84
LIVERMORE CA 251-C4
1ST ST Rt#-152
GILROY CA 257-A3
1ST ST Rt#-G15
KING CITY CA 189-B1
1ST ST Rt#-J7
RIVERBANK CA 261-B2
E 1ST ST
AZUSA CA 282-D2
AZUSA CA 283-A2
LOS ANGELES CA 356-C5
SANTA ANA CA 288-A3
TUSTIN CA 288-A3
N 1ST ST
FRESNO CA 343-F4
SAN JOSE CA 253-C2
SAN JOSE CA 333-D1
SANTA CLARA CO CA 253-C2
N 1ST ST Rt#-113
DIXON CA 174-C1
S 1ST ST
FRESNO CA 343-F7
SAN JOSE CA 333-G7
SAN JOSE CA 334-A8
S 1ST ST Rt#-82
SAN JOSE CA 334-A8
S 1ST ST Rt#-113
DIXON CA 174-C1
W 1ST ST
GARDEN GROVE CA 287-D3
LOS ANGELES CA 355-G4
LOS ANGELES CA 356-A4
SANTA ANA CA 287-D3
SANTA ANA CA 288-A3
TUSTIN CA 288-A3
1ST ST W
SONOMA CA 322-E8
2ND AV
CHULA VISTA CA 296-A3
2ND AV Rt#-5
LA PAZ CO AZ 204-B3
2ND AV Rt#-99
GOLD HILL OR 149-B1
E 2ND AV Rt#-S6
ESCONDIDO CA 293-D1
NW 2ND AV Rt#-63
VISALIA CA 266-B2
W 2ND AV Rt#-S6
ESCONDIDO CA 293-D1
NW 2ND OVL Rt#-63
VISALIA CA 266-C2
2ND ST
CORNING CA 221-C7
DAVIS CA 318-F6
HAYWARD CA 250-D4
HERMOSA BEACH CA 286-B1
LAKE CO CA 225-D2
MCFARLAND CA 191-A2
MOHAVE CO AZ 196-B3
OAKLAND CA 329-G6
PACIFIC GROVE CA 337-E4
SAN RAFAEL CA 324-C7
SELMA CA 181-C3
YUBA CITY CA 309-G5
2ND ST Rt#-45
COLUSA CO CA 169-B2
2ND ST Rt#-59
MERCED CO CA 176-A3
E 2ND ST
BENICIA CA 247-C3
CHICO CA 305-G7
LONG BEACH CA 287-B3
LOS ANGELES CA 356-B5
RENO NV 311-E5
SAN BERNARDINO CA 368-F4
WASHOE CO NV 311-E5
N 2ND ST
CENTRAL POINT OR 149-C2
SAN DIEGO CO CA 294-B7
N 2ND ST Rt#-33
PATTERSON CA 175-B3
N 2ND ST Rt#-54
EL CAJON CA 294-B7
S 2ND ST Rt#-33
PATTERSON CA 175-B3
W 2ND ST
CARSON CITY NV 313-C5
CHICO CA 305-G8
LOS ANGELES CA 355-G3
LOS ANGELES CA 356-A4
RENO NV 311-C6
W 2ND ST
SAN BERNARDINO CA 368-C4
3RD AV
CHULA VISTA CA 296-A3
MERCED CO CA 180-B1
VICTORVILLE CA 278-B2
3RD AV Rt#-223
ARVIN CA 199-C1
E 3RD AV
FOSTER CITY CA 250-A6
NE 3RD AV Rt#-63
VISALIA CA 266-C2
NE 3RD AV Rt#-216
VISALIA CA 266-C2
NW 3RD AV Rt#-63
VISALIA CA 266-B2
E 3RD PL
LOS ANGELES CA 282-A4
LOS ANGELES CA 356-G7
3RD ST
CORNING CA 221-C7
CORONADO CA 373-D7
DAVIS CA 318-D6
EUREKA CA 300-D2
HERMOSA BEACH CA 286-B1
LINCOLN CA 235-D1
MANHATTAN BEACH CA 281-B7
MARIN CO CA 324-E7
MARYSVILLE CA 310-A5
NAPA CA 323-C7
RIVERSIDE CA 366-C3
SACRAMENTO CA 319-C5
SAN BERNARDINO CO CA 368-G4
SAN DIEGO CO CA 294-C2
SAN FRANCISCO CA 249-D2
SAN FRANCISCO CA 326-F5
SAN RAFAEL CA 324-D7
SANTA ROSA CA 321-D7
WEST SACRAMENTO CA 319-C3
YUCAIPA CA 285-C4
3RD ST Rt#-113
YOLO CO CA 234-C3
3RD ST Rt#-282
CORONADO CA 373-C6
3RD ST Rt#-425
WASHOE CO NV 229-C3
3RD ST Rt#-S16
SAN DIEGO CO CA 292-D3
E 3RD ST
CHICO CA 305-G7
CHICO CA 306-A7
CLOVIS CA 264-D3
LOS ANGELES CA 282-A4
LOS ANGELES CA 356-B5
LOS ANGELES CO CA 282-A4
OXNARD CA 275-B6
SAN BERNARDINO CA 368-F4
SAN BERNARDINO CO CA 368-F4
N 3RD ST
CENTRAL POINT OR 149-C1
JACKSON CO OR 149-C1
NW 3RD ST
GRANTS PASS OR 149-B1
W 3RD ST
BEVERLY HILLS CA 354-E6
CHICO CA 305-G8
LOS ANGELES CA 281-C4
LOS ANGELES CA 354-E6
LOS ANGELES CA 355-C2
LOS ANGELES CA 356-A4
OXNARD CA 275-B6
SAN BERNARDINO CA 368-C4
SANTA ROSA CA 321-A8
SONOMA CO CA 321-A8
3RD ST PROMENADE
SANTA MONICA CA 281-A5
4TH AV
CHULA VISTA CA 296-A3
GOLD HILL OR 149-B1
RIVERSIDE CO CA 211-A2
SAN DIEGO CA 372-E10
SAN DIEGO CA 373-E1
4TH AV Rt#-137
KINGS CO CA 191-A1
TULARE CO CA 191-A1
4TH AV Rt#-234
GOLD HILL OR 149-B1
N 4TH AV
CHULA VISTA CA 296-A3
NATIONAL CITY CA 296-A3
W 4TH AV
CHICO CA 305-F6
E 4TH PL
LOS ANGELES CA 356-C6
4TH ST
BAKERSFIELD CA 344-D7
COTTONWOOD CA 163-A1
EUREKA CA 300-E1
HERMOSA BEACH CA 286-B1
HOLLISTER CA 257-D6
ISLETON CA 174-C1
MANHATTAN BEACH CA 281-B7
NATIONAL CITY CA 296-A2
NATIONAL CITY CA 374-F8
ONTARIO CA 283-D3
ONTARIO CA 284-A3
OXNARD CA 275-B6
PHOENIX OR 149-C2
RANCHO CUCAMONGA CA 283-D3
RANCHO CUCAMONGA CA 284-A3
RIVERSIDE CO CA 209-C2
SAN ANSELMO CA 324-B6
SAN FRANCISCO CA 326-E5
SAN RAFAEL CA 324-D7
SANTA ROSA CA 242-C2
SANTA ROSA CA 321-E7
SHASTA CO CA 163-A1
SUSANVILLE CA 304-C4
WEST SACRAMENTO CA 319-B2
4TH ST Rt#-12
SANTA ROSA CA 242-D2
4TH ST Rt#-33
GUSTINE CA 180-B1
MERCED CO CA 180-B1
4TH ST Rt#-39
KLAMATH FALLS OR 150-C2
4TH ST Rt#-75
CORONADO CA 373-C6
4TH ST Rt#-86
EL CENTRO CA 375-D6
4TH ST Rt#-140
GUSTINE CA 180-B1

4TH ST Rt#-234 STREET INDEX 33RD ST 414

STREET City State Page-Grid

4TH ST Rt#-234
GOLD HILL OR 149-B1
4TH ST Rt#-282
CORONADO CA 373-C6
4TH ST Rt#-A17
COTTONWOOD CA 163-A1
SHASTA CO CA 163-A1
4TH ST Rt#-S32
HOLTVILLE CA 214-B1
4TH ST U.S.-101
EUREKA CA 300-D2
E 4TH ST
CHICO CA 305-G7
CHICO CA 306-A7
LONG BEACH CA 360-E6
LOS ANGELES CA 356-B5
NATIONAL CITY CA 374-E9
ONTARIO CA 283-D3
RENO NV 311-E4
SANTA ANA CA 288-A3
SPARKS NV 311-G4
E 4TH ST Rt#-74
PERRIS CA 289-B2
N 4TH ST
SAN JOSE CA 333-E3
SAN JOSE CA 334-A7
S 4TH ST
SAN JOSE CA 334-A7
W 4TH ST
ANTIOCH CA 248-C4
CHICO CA 305-G8
LONG BEACH CA 360-C6
LOS ANGELES CA 355-G4
LOS ANGELES CA 356-A5
ONTARIO CA 283-D3
RENO NV 229-D3
RENO NV 230-A3
RENO NV 311-B6
SAN BERNARDINO CA 368-D4
WASHOE CO NV 229-D3
W 4TH ST Rt#-66
SAN BERNARDINO CA 284-D3
SAN BERNARDINO CA 368-A4
W 4TH ST Rt#-74
PERRIS CA 289-B2
W 4TH ST U.S.-66 Hist
SAN BERNARDINO CA 284-D3
SAN BERNARDINO CA 368-A4
4TH ST N Rt#-140
LAKE CO OR 152-A2
LAKEVIEW OR 152-A2
5TH AV
BUTTE CO CA 223-B7
GLENN CO CA 163-B3
REDLANDS CA 285-B4
SACRAMENTO CA 319-F8
SACRAMENTO CA 320-A8
SAN DIEGO CA 373-E5
SAN RAFAEL CA 324-B5
SANTA CRUZ CA 335-G8
SANTA CRUZ CO CA 335-G8
TUOLUMNE CO CA 176-A2
TUOLUMNE CO CA 341-A9
E 5TH AV
BUTTE CO CA 305-G5
BUTTE CO CA 306-A5
CHICO CA 305-G5
CHICO CA 306-A5
N 5TH AV
ARCADIA CA 282-C2
MONROVIA CA 282-C2
S 5TH AV
BUTTE CO CA 223-B7
W 5TH AV
CHICO CA 305-F6
5TH ST
DAVIS CA 318-F5
HERMOSA BEACH CA 286-B1
HIGHLAND CA 285-C4
LYON CO NV 172-A1
MANHATTAN BEACH CA 281-B7
MARYSVILLE CA 309-G4
MARYSVILLE CA 310-A4
RIVERSIDE CA 366-C3
SACRAMENTO CA 319-C5
SAN BERNARDINO CA 285-C4
SAN BERNARDINO CA 368-G3
SAN BERNARDINO CO CA 285-C4
SAN BERNARDINO CO CA 368-G3
VALLEJO CA 247-B2
WEST SACRAMENTO CA 319-C5
YUCAIPA CA 285-C4
5TH ST Rt#-34
OXNARD CA 275-C6
VENTURA CO CA 275-C6
5TH ST Rt#-39
KLAMATH FALLS OR 150-C2
5TH ST Rt#-115
HOLTVILLE CA 214-B1
5TH ST Rt#-A11
TEHAMA CA 221-D5
5TH ST U.S.-101
EUREKA CA 300-D2
E 5TH ST
BENICIA CA 247-C3
CARSON CITY NV 313-F5
CHICO CA 305-G8
CHICO CA 306-A7
LOS ANGELES CA 356-A6
SAN BERNARDINO CA 368-F3
SAN BERNARDINO CO CA 368-F3
E 5TH ST Rt#-34
VENTURA CO CA 275-D6
E 5TH ST Rt#-513
CARSON CITY NV 232-B3
CARSON CITY NV 313-D6
N 5TH ST Rt#-238
JACKSONVILLE OR 149-C2
S 5TH ST Rt#-39
KLAMATH FALLS OR 150-C2
W 5TH ST
CHICO CA 305-G8
LOS ANGELES CA 355-G5
LOS ANGELES CA 356-A5
OXNARD CA 275-B6
SAN BERNARDINO CA 368-D3
VENTURA CO CA 275-B6
W 5TH ST Rt#-66
SAN BERNARDINO CA 284-D2
SAN BERNARDINO CA 368-B3
W 5TH ST U.S.-66 Hist
SAN BERNARDINO CA 284-D2
SAN BERNARDINO CA 368-B3

5TH ST E
SONOMA CA 322-F8
SONOMA CO CA 322-F9
5TH ST W
SONOMA CA 322-D6
SONOMA CO CA 322-D9
5 1/2 AV
KINGS CO CA 181-C3
6TH AV
CORCORAN CA 190-C1
GLENN CO CA 163-B3
KINGS CO CA 181-C3
KINGS CO CA 190-C1
ORLAND CA 163-B3
SAN DIEGO CA 372-E10
SAN DIEGO CA 373-F3
6TH AV Rt#-32
ORLAND CA 163-B3
6TH AV Rt#-140
GUSTINE CA 180-B1
6TH ST
BERKELEY CA 247-A7
HERMOSA BEACH CA 286-B1
MANHATTAN BEACH CA 281-B7
MERCED CO CA 180-C2
SAN FRANCISCO CA 326-E6
6TH ST Rt#-39
KLAMATH FALLS OR 150-C2
E 6TH ST
BEAUMONT CA 208-C1
BEAUMONT CA 285-D6
CORONA CA 284-A7
LOS ANGELES CA 356-A6
ONTARIO CA 283-D3
RENO NV 311-E4
N 6TH ST
FRESNO CA 343-G6
GRANTS PASS OR 149-B1
N 6TH ST Rt#-99
GRANTS PASS OR 149-B1
NW 6TH ST Rt#-99
GRANTS PASS OR 149-B1
S 6TH ST
FRESNO CA 343-G7
S 6TH ST Rt#-39
KLAMATH FALLS OR 150-C2
S 6TH ST Rt#-99
GRANTS PASS OR 149-B1
W 6TH ST
BEAUMONT CA 285-D6
CORONA CA 283-D7
CORONA CA 284-A7
LOS ANGELES CA 355-C3
LOS ANGELES CA 356-A5
RENO NV 311-D5
7 MILE SLOUGH RD
HUMBOLDT CO CA 219-A6
7TH AV
HESPERIA CA 278-B4
SAN FRANCISCO CA 325-F9
SANTA CRUZ CO CA 335-G8
YUBA CO CA 310-E10
7TH ST
ARCATA CA 299-C7
BERKELEY CA 247-A7
EUREKA CA 300-D2
GOLD HILL OR 149-B1
HERMOSA BEACH CA 286-B1
LOS BANOS CA 180-B2
MANHATTAN BEACH CA 281-B7
MERCED CO CA 180-C2
MODESTO CA 340-D7
OAKLAND CA 329-B4
OAKLAND CA 330-B6
SACRAMENTO CA 319-D3
SAN DIEGO CO CA 294-C2
SANGER CA 181-C3
SANTA MONICA CA 281-A4
SANTA MONICA CA 353-A10
SANTA MONICA CA 357-A1
7TH ST U.S.-66 Hist
VICTORVILLE CA 278-B1
E 7TH ST
LONG BEACH CA 287-B2
LONG BEACH CA 360-E6
LOS ANGELES CA 356-B7
N 7TH ST
SAN JOSE CA 333-G5
SAN JOSE CA 334-A6
NE 7TH ST Rt#-99
GRANTS PASS OR 149-B1
S 7TH ST
MODESTO CA 340-D8
STANISLAUS CO CA 340-E10
SE 7TH ST Rt#-99
GRANTS PASS OR 149-B1
W 7TH ST
BENICIA CA 247-C3
LONG BEACH CA 360-B6
LOS ANGELES CA 286-D3
LOS ANGELES CA 355-G5
LOS ANGELES CA 356-A6
7TH ST EXT
OAKLAND CA 329-C4
7TH STANDARD RD
KERN CO CA 191-A3
KERN CO CA 267-C3
SHAFTER CA 267-A3
8TH AV
CARMEL BY THE SEA CA 338-C3
SAN DIEGO CA 373-F4
E 8TH AV
BUTTE CO CA 305-F5
CHICO CA 305-F5
W 8TH AV
BUTTE CO CA 305-E6
CHICO CA 305-E6
W 8TH PL
LOS ANGELES CA 355-F5
8TH ST
BAKERSFIELD CA 344-D6
BIGGS CA 169-C1
BUTTE CO CA 169-C1
EL CENTRO CA 375-C3
FRESNO CO CA 181-C3
HERMOSA BEACH CA 286-B1
IMPERIAL CO CA 375-C3
MANHATTAN BEACH CA 281-B7
MARYSVILLE CA 310-A4
NATIONAL CITY CA 374-G8
OAKLAND CA 329-G5
OAKLAND CA 330-A5
SANGER CA 181-C3

E 8TH ST
BUTTE CO CA 306-E5
CHICO CA 306-C6
CORONA CA 284-A7
LOS ANGELES CA 356-A7
NATIONAL CITY CA 374-E9
OAKLAND CA 330-B6
STOCKTON CA 260-B5
UPLAND CA 283-D3
E 8TH ST Rt#-32
CHICO CA 306-B7
E 8TH ST Rt#-238
MEDFORD OR 149-C2
S 8TH ST Rt#-243
BANNING CA 208-C1
W 8TH ST
CORONA CA 284-A7
LOS ANGELES CA 355-B4
LOS ANGELES CA 356-A6
NATIONAL CITY CA 374-D9
UPLAND CA 283-D3
W 8TH ST Rt#-32
CHICO CA 305-G8
CHICO CA 306-A8
W 8TH ST Rt#-238
MEDFORD OR 149-C2
8TH ST E
SONOMA CO CA 243-B6
SONOMA CO CA 322-G8
9TH AV
RIVERSIDE CO CA 289-D3
SAN DIEGO CA 373-F3
W 9TH AV
ESCONDIDO CA 293-D1
9TH ST
CRESCENT CITY CA 297-B8
HERMOSA BEACH CA 286-B1
HIGHLAND CA 285-A2
IMPERIAL BEACH CA 295-D4
LYON CO NV 172-A1
MANHATTAN BEACH CA 281-B7
MODESTO CA 340-C6
SACRAMENTO CA 319-D4
SACRAMENTO CO CA 235-B4
SAN FRANCISCO CA 326-D6
SANTA ROSA CA 321-D7
WILLIAMS CA 169-B2
9TH ST Rt#-20
MARYSVILLE CA 310-A4
9TH ST Rt#-132
MODESTO CA 340-D7
E 9TH ST
LOS ANGELES CA 355-G6
LOS ANGELES CA 356-A6
SAN BERNARDINO CA 368-F2
E 9TH ST Rt#-32
BUTTE CO CA 306-B7
CHICO CA 306-B7
N 9TH ST
MODESTO CA 261-A3
MODESTO CA 340-A5
STANISLAUS CO CA 340-A5
S 9TH ST
MODESTO CA 340-E9
STANISLAUS CO CA 261-B4
STANISLAUS CO CA 340-E9
W 9TH ST
LONG BEACH CA 360-A5
LOS ANGELES CA 286-C3
LOS ANGELES CA 355-G6
SAN BERNARDINO CA 368-C2
SANTA ROSA CA 321-C7
W 9TH ST Rt#-32
CHICO CA 305-G8
CHICO CA 306-A8
9TH ST S
LAKE CO OR 152-A2
LAKEVIEW OR 152-A2
10TH AV
FRESNO CO CA 181-C3
HANFORD CA 190-C1
KINGS CO CA 190-C2
KINGSBURG CA 181-C3
LOS ANGELES CO CA 282-C3
SAN DIEGO CA 373-F4
10TH AV Rt#-43
KINGS CO CA 181-C3
KINGS CO CA 190-C1
N 10TH AV
HANFORD CA 190-C1
KINGS CO CA 190-C1
S 10TH AV
HANFORD CA 190-C1
KINGS CO CA 190-C1
10TH ST
ANTIOCH CA 248-C4
BUTTE CO CA 223-B7
CONTRA COSTA CO CA 248-C4
CORONADO CA 373-B8
HERMOSA BEACH CA 286-B1
MANHATTAN BEACH CA 281-B7
MODESTO CA 340-C6
SACRAMENTO CA 319-D4
SACRAMENTO CO CA 235-B5
SAN DIEGO CO CA 294-C2
SAN FRANCISCO CA 326-D7
10TH ST Rt#-20
COLUSA CA 169-B1
MARYSVILLE CA 310-A3
E 10TH ST
GILROY CA 257-B3
LONG BEACH CA 360-F5
PITTSBURG CA 248-B4
N 10TH ST
COLTON CA 368-A9
SAN JOSE CA 333-G3
SAN JOSE CA 334-A5
N 10TH ST Rt#-150
SANTA PAULA CA 275-D3
S 10TH ST
SAN JOSE CA 334-B7
S 10TH ST Rt#-150
SANTA PAULA CA 275-D3
W 10TH ST
BENICIA CA 247-B3
LONG BEACH CA 360-C5
10 1/2 AV
KINGS CO CA 190-C1
11TH AV
DELANO CA 191-A2
HANFORD CA 190-C1
KINGS CO CA 181-C3
KINGS CO CA 190-C1

11TH AV
SAN DIEGO CA 373-F4
W 11TH AV
BUTTE CO CA 305-D6
CHICO CA 305-D6
11TH CT
HERMOSA BEACH CA 286-B1
11TH ST
GUADALUPE CA 272-B4
HERMOSA BEACH CA 286-B1
LAKE CO CA 225-D4
LAKEPORT CA 225-D4
MANHATTAN BEACH CA 281-B7
MONTAGUE CA 217-C4
SANTA BARBARA CO CA 272-B4
E 11TH ST I-205 Bus
SAN JOAQUIN CO CA 175-A3
TRACY CA 175-A3
W 11TH ST
CHICO CA 305-G9
CHICO CA 306-A9
LOS ANGELES CA 355-F6
PERRIS CA 289-B2
W 11TH ST I-205 Bus
SAN JOAQUIN CO CA 175-A3
TRACY CA 175-A3
12TH AV
HANFORD CA 190-C1
KINGS CO CA 190-C1
SACRAMENTO CA 319-G9
SACRAMENTO CA 320-A9
SAN DIEGO CA 373-F5
W 12TH AV
BUTTE CO CA 305-D5
CHICO CA 305-D5
12TH CT
HERMOSA BEACH CA 286-B1
12TH ST
BUTTE CO CA 223-B7
FIREBAUGH CA 181-A2
MANHATTAN BEACH CA 281-B7
OAKLAND CA 330-B5
RIVERSIDE CA 366-C4
SACRAMENTO CA 319-E4
12TH ST Rt#-20
MARYSVILLE CA 310-B3
12TH ST Rt#-160
SACRAMENTO CA 319-F2
12TH ST Rt#-299
ALTURAS CA 160-A1
12TH ST U.S.-395
ALTURAS CA 160-A1
E 12TH ST
LOS ANGELES CA 355-G7
LOS ANGELES CA 356-A7
OAKLAND CA 330-C6
E 12TH ST Rt#-20
MARYSVILLE CA 310-B3
N 12TH ST Rt#-160
SACRAMENTO CA 319-F2
W 12TH ST
LOS ANGELES CA 355-F6
13TH AV
CARMEL BY THE SEA CA 338-C4
13TH AV Rt#-17
LA PAZ CO AZ 211-B1
13TH ST
COLUSA CA 169-B1
COLUSA CO CA 169-B1
FIREBAUGH CA 181-A2
HERMOSA BEACH CA 286-B1
IMPERIAL BEACH CA 295-D4
MANHATTAN BEACH CA 281-B7
PASO ROBLES CA 189-C3
E 13TH ST
SAN BERNARDINO CA 368-F1
N 13TH ST
LAS VEGAS NV 345-G6
SAN JOSE CA 333-G4
SAN JOSE CA 334-A5
S 13TH ST
LAS VEGAS NV 345-F7
W 13TH ST
MERCED CA 181-A1
SAN BERNARDINO CA 368-E1
14TH AV
KINGS CO CA 181-C3
KINGS CO CA 190-C1
OAKLAND CA 330-D6
SACRAMENTO CA 320-A9
SACRAMENTO CO CA 320-A9
14TH ST
BEAUMONT CA 285-D5
EUREKA CA 300-D3
HERMOSA BEACH CA 286-B1
MANHATTAN BEACH CA 281-B7
MARYSVILLE CA 310-A3
MODESTO CA 340-D6
OAKLAND CA 329-F4
OAKLAND CA 330-A5
RIVERSIDE CA 366-B4
RIVERSIDE CO CA 285-D5
SANTA MONICA CA 353-A9
SANTA MONICA CA 357-C1
E 14TH ST
BEAUMONT CA 285-D5
PITTSBURG CA 248-B4
RIVERSIDE CO CA 285-D5
E 14TH ST Rt#-185
ALAMEDA CO CA 250-C3
OAKLAND CA 250-C3
SAN LEANDRO CA 250-C3
15TH AV
LA PAZ CO AZ 211-B1
15TH AV Rt#-19
LA PAZ CO AZ 211-B1
15TH ST
HERMOSA BEACH CA 286-B1
MANHATTAN BEACH CA 281-B7
WEST SACRAMENTO CA 319-A5
15TH ST Rt#-160
SACRAMENTO CA 319-E5
E 15TH ST
COSTA MESA CA 364-B5
NEWPORT BEACH CA 364-C6
16TH AV
KINGS CO CA 190-C1
16TH ST
HERMOSA BEACH CA 286-B1
MANHATTAN BEACH CA 281-B7
NATIONAL CITY CA 296-A3
NATIONAL CITY CA 374-G10
SACRAMENTO CO CA 235-C5

16TH ST
SAN DIEGO CA 373-G5
SAN FRANCISCO CA 326-C8
16TH ST Rt#-160
SACRAMENTO CA 319-E6
E 16TH ST
CHICO CA 306-B9
LOS ANGELES CA 355-G8
LOS ANGELES CA 356-A8
NATIONAL CITY CA 374-E10
UPLAND CA 283-D2
E 16TH ST Rt#-140
MERCED CA 181-A1
N 16TH ST Rt#-160
SACRAMENTO CA 319-F2
W 16TH ST
CHICO CA 306-A9
MERCED CA 181-A1
MERCED CO CA 180-C1
MERCED CO CA 181-A1
SAN BERNARDINO CA 368-B1
UPLAND CA 283-D2
W 16TH ST Rt#-30
CLAREMONT CA 283-C2
UPLAND CA 283-C2
W 16TH ST Rt#-59
MERCED CA 181-A1
W 16TH ST Rt#-140
MERCED CA 181-A1
17 MILE DR
MONTEREY CO CA 258-A4
17TH AV
ESCONDIDO CA 294-A1
17TH ST
HERMOSA BEACH CA 286-B1
MANHATTAN BEACH CA 281-B7
ORANGE CO CA 288-B3
PACIFIC GROVE CA 337-D4
SAN FRANCISCO CA 325-G8
SAN FRANCISCO CA 326-B8
SANTA ANA CA 288-B3
TUSTIN CA 288-B3
E 17TH ST
COSTA MESA CA 364-B5
MARYSVILLE CA 310-B2
ORANGE CO CA 288-A3
SANTA ANA CA 288-A3
N 17TH ST
HUNTINGTON BEACH CA 287-C4
SAN JOSE CA 334-A4
S 17TH ST
SAN JOSE CA 334-B6
W 17TH ST
COSTA MESA CA 364-B4
GARDEN GROVE CA 362-C10
SANTA ANA CA 288-A3
SANTA ANA CA 362-D10
18TH AV
KINGS CO CA 190-C1
LEMOORE CA 190-C1
RIVERSIDE CO CA 211-A2
18TH ST
BAKERSFIELD CA 344-B5
BUTTE CO CA 223-B7
HERMOSA BEACH CA 286-B1
MANHATTAN BEACH CA 281-B7
MARYSVILLE CA 310-A2
NATIONAL CITY CA 374-G10
E 18TH ST
ANTIOCH CA 248-C4
CONTRA COSTA CO CA 248-C4
MARYSVILLE CA 310-B2
NATIONAL CITY CA 374-F10
OAKLAND CA 330-C5
W 18TH ST
COSTA MESA CA 364-B4
LOS ANGELES CA 354-G10
NATIONAL CITY CA 374-E10
19TH AV
KINGS CO CA 190-C1
LEMOORE CA 190-C1
19TH AV Rt#-1
SAN FRANCISCO CA 249-C2
SAN FRANCISCO CA 325-D8
19TH ST
BAKERSFIELD CA 344-B4
COSTA MESA CA 364-B3
HERMOSA BEACH CA 286-B1
MANHATTAN BEACH CA 281-B7
MODESTO CA 340-E6
RANCHO CUCAMONGA CA 284-A2
SACRAMENTO CA 319-F4
SAN DIEGO CA 296-A5
19TH ST Rt#-30
RANCHO CUCAMONGA CA 283-D2
RANCHO CUCAMONGA CA 284-A2
UPLAND CA 283-D2
E 19TH ST
COSTA MESA CA 364-B3
MARYSVILLE CA 310-C2
E 19TH ST Rt#-30
UPLAND CA 283-D2
W 19TH ST
COSTA MESA CA 364-A3
W 19TH ST Rt#-30
UPLAND CA 283-D2
19 1/2 AV Rt#-41
KINGS CO CA 190-C1
LEMOORE CA 190-C1
20TH AV
RIVERSIDE CO CA 211-A2
RIVERSIDE CO CA 290-A2
20TH ST
BUTTE CO CA 223-B7
HERMOSA BEACH CA 286-B1
MANHATTAN BEACH CA 281-B7
OAKLAND CA 330-A4
SANTA MONICA CA 353-B8
SANTA MONICA CA 357-D1
E 20TH ST
BUTTE CO CA 306-D8
CHICO CA 306-D8
LOS ANGELES CA 356-A9
W 20TH ST
CHICO CA 306-B8
20TH ST E
LANCASTER CA 200-B2
LOS ANGELES CO CA 200-B2
PALMDALE CA 200-B2
20TH ST W
LANCASTER CA 200-B2
21ST AV
KINGS CO CA 190-C1

21ST AV
SACRAMENTO CA 319-G10
SACRAMENTO CA 320-C10
21ST ST
BAKERSFIELD CA 344-A4
HERMOSA BEACH CA 286-B1
SACRAMENTO CA 238-B2
SACRAMENTO CA 319-F4
21ST ST Rt#-160
SACRAMENTO CA 319-E7
E 21ST ST
MERCED CA 181-A1
MERCED CO CA 181-A1
SIGNAL HILL CA 360-F3
W 21ST ST
MERCED CA 181-A1
22ND AV
KINGS CO CA 190-C1
RIVERSIDE CO CA 211-A2
22ND ST
COSTA MESA CA 364-C2
MARYSVILLE CA 310-B1
ORANGE CO CA 364-C2
23RD AV
KINGS CO CA 190-B2
OAKLAND CA 330-E7
23RD ST
HERMOSA BEACH CA 286-B1
RICHMOND CA 246-D5
SAN PABLO CA 246-D5
SANTA MONICA CA 357-E1
23RD ST Rt#-178
BAKERSFIELD CA 344-C4
E 23RD ST
LOS ANGELES CA 355-F8
LOS ANGELES CA 356-A9
W 23RD ST
LOS ANGELES CA 355-E7
23RD AV OVPS
OAKLAND CA 330-E8
24TH AV
RIVERSIDE CO CA 211-A2
24TH ST
MANHATTAN BEACH CA 281-B7
MARYSVILLE CA 310-B1
PASO ROBLES CA 189-C3
SACRAMENTO CA 238-B1
SACRAMENTO CA 319-F7
24TH ST Rt#-178
BAKERSFIELD CA 344-B4
E 24TH ST
NATIONAL CITY CA 295-D3
N 24TH ST
SAN JOSE CA 334-C5
S 24TH ST
SAN JOSE CA 334-C6
25TH AV
KINGS CO CA 190-B1
SAN FRANCISCO CA 325-C5
25TH ST
HERMOSA BEACH CA 286-B1
MANHATTAN BEACH CA 281-B7
SAN DIEGO CA 374-A5
W 25TH ST
LOS ANGELES CA 286-C3
26TH ST
HERMOSA BEACH CA 286-B1
LOS ANGELES CA 353-A7
MANHATTAN BEACH CA 281-B7
MARYSVILLE CA 310-C1
SAN DIEGO CA 374-A4
SANTA MONICA CA 353-C8
YUBA CO CA 310-C1
S 26TH ST
LOS ANGELES CA 353-A6
SAN DIEGO CA 374-A7
SANTA MONICA CA 353-A6
26TH STREET RD
SAN DIEGO CA 373-G3
SAN DIEGO CA 374-A3
27TH ST
OAKLAND CA 329-G3
OAKLAND CA 330-A3
28TH AV
KINGS CO CA 190-B1
RIVERSIDE CO CA 211-A2
SAN MATEO CA 250-A6
28TH AV Rt#-78
RIVERSIDE CO CA 211-A2
28TH ST
SAN DIEGO CA 374-A4
S 28TH ST
SAN DIEGO CA 374-B6
29TH AV
KINGS CO CA 190-B1
OAKLAND CA 330-E8
29TH ST
MANHATTAN BEACH CA 281-B7
SACRAMENTO CA 238-B2
SACRAMENTO CA 319-G6
SACRAMENTO CA 320-A4
30TH AV
KINGS CO CA 190-B1
30TH ST
BAKERSFIELD CA 344-C3
HERMOSA BEACH CA 281-B7
MANHATTAN BEACH CA 281-B7
SACRAMENTO CA 319-G5
SACRAMENTO CA 320-A4
SAN DIEGO CA 374-B1
S 30TH ST
SAN DIEGO CA 374-B6
30TH ST W
LANCASTER CA 200-B2
LOS ANGELES CO CA 200-B2
31ST AV
SAN MATEO CA 250-A6
31ST ST
HERMOSA BEACH CA 281-B7
MANHATTAN BEACH CA 281-B7
32ND AV
RIVERSIDE CO CA 211-A2
32ND AV Rt#-78
RIVERSIDE CO CA 211-A2
32ND ST
MANHATTAN BEACH CA 281-B7
NEWPORT BEACH CA 364-A7
SACRAMENTO CA 320-A5
SAN DIEGO CA 374-B5
S 32ND ST
SAN DIEGO CA 374-C6
33RD ST
HERMOSA BEACH CA 281-B7

CRA
INDEX

415 33RD ST
STREET INDEX
I-280 JUNIPERO SERRA

CRA
INDEX

STREET City State Page-Grid

33RD ST
MANHATTAN BEACH CA 281-B7
SACRAMENTO CA 319-G8
34TH ST
MANHATTAN BEACH CA 281-B7
SACRAMENTO CA 319-G7
SACRAMENTO CA 320-A6
35TH AV
OAKLAND CA 250-B1
OAKLAND CA 330-F8
SACRAMENTO CA 238-B1
35TH ST
MANHATTAN BEACH CA 281-B7
36TH AV
SAN FRANCISCO CA 325-B8
36TH ST
SAN DIEGO CA 374-D5
37TH AV
SAN FRANCISCO CA 325-B8
37TH ST
SACRAMENTO CA 319-G8
SACRAMENTO CA 320-A7
E 37TH ST
VERNON CA 281-D5
38TH ST
SAN DIEGO CA 374-D7
39TH ST
SACRAMENTO CA 320-B4
W 39TH ST
LOS ANGELES CA 355-E10
40TH AV
CLEARLAKE CA 226-C6
40TH ST
EMERYVILLE CA 329-F1
OAKLAND CA 329-F1
OAKLAND CA 330-B1
SAN DIEGO CA 374-E6
E 40TH ST
SAN BERNARDINO CA 285-A1
41ST AV
CAPITOLA CA 256-A4
SACRAMENTO CO CA 238-B1
SANTA CRUZ CO CA 256-A4
42ND AV
OAKLAND CA 330-G9
SAN MATEO CA 250-A6
42ND AV Rt#-77
OAKLAND CA 330-F9
43RD AV
SACRAMENTO CA 238-B1
43RD ST
NATIONAL CITY CA 374-E7
SAN DIEGO CA 295-D1
SAN DIEGO CA 374-E7
44TH AV
INDIAN WELLS CA 290-D5
INDIO CA 209-B2
LA QUINTA CA 209-B2
LA QUINTA CA 290-D5
PALM DESERT CA 290-D5
RIVERSIDE CO CA 209-B2
RIVERSIDE CO CA 290-D5
45TH AV
INDIO CA 209-B2
47TH AV
SACRAMENTO CA 238-B1
SACRAMENTO CO CA 238-B1
S 47TH ST
SAN DIEGO CA 374-F6
47TH ST E
LOS ANGELES CO CA 200-B3
PALMDALE CA 200-B3
47TH ST E Rt#-138
PALMDALE CA 200-B2
48TH ST
SACRAMENTO CA 320-C6
50TH ST
LOS ANGELES CO CA 200-B2
50TH ST E
LANCASTER CA 200-B2
LOS ANGELES CO CA 200-B2
PALMDALE CA 200-B2
50TH ST W
LANCASTER CA 200-B2
51ST ST
OAKLAND CA 328-B10
OAKLAND CA 330-C1
SAN DIEGO CA 374-G4
52ND ST
OAKLAND CA 328-A10
54TH ST
SAN DIEGO CA 296-A1
SAN DIEGO CA 374-G2
W 54TH ST
LOS ANGELES CA 281-C5
56TH ST
SACRAMENTO CA 320-D6
58TH AV
RIVERSIDE CO CA 209-B2
59TH ST
SACRAMENTO CA 320-D7
60TH ST
KERN CO CA 200-B2
SAN DIEGO CA 296-A2
60TH ST W
KERN CO CA 200-B2
LANCASTER CA 200-B2
LOS ANGELES CO CA 200-B2
PALMDALE CA 200-B2
62ND AV
RIVERSIDE CO CA 209-B2
62ND ST
SACRAMENTO CA 238-C1
SACRAMENTO CA 320-D10
W 64TH ST
INGLEWOOD CA 358-G3
65TH ST
SACRAMENTO CA 320-E7
65TH STXP
SACRAMENTO CA 238-C1
SACRAMENTO CA 320-E10
SACRAMENTO CO CA 238-C1
66TH AV
RIVERSIDE CO CA 209-B2
66TH AV Rt#-195
RIVERSIDE CO CA 209-C2
68TH AV
SACRAMENTO CA 238-B2
TEHAMA CO CA 221-D4
69TH ST
SAN DIEGO CA 296-A2
70TH AV
RIVERSIDE CO CA 209-C2
70TH ST
LA MESA CA 296-A1
SAN DIEGO CA 296-A1
70TH ST E
LOS ANGELES CO CA 200-B2
73RD AV
OAKLAND CA 250-B2
OAKLAND CA 331-G1
82ND AV
OAKLAND CA 331-G1
87TH ST E
LOS ANGELES CO CA 200-B3
90TH ST E
LANCASTER CA 200-B2
LOS ANGELES CO CA 200-B2
PALMDALE CA 200-B2
90TH ST W
KERN CO CA 200-A2
LOS ANGELES CO CA 200-A2
98TH AV
OAKLAND CA 331-G4
99-97 CTO
SISKIYOU CO CA 158-A1
SISKIYOU CO CA 217-C5
99-97 CTO Rt#-A112
SISKIYOU CO CA 158-A1
99-97 CTO Rt#-A12
SISKIYOU CO CA 158-A1
E 103RD ST
LOS ANGELES CA 281-D6
LOS ANGELES CO CA 281-D6
LYNWOOD CA 281-D6
104TH AV
OAKLAND CA 250-B2
106TH AV
OAKLAND CA 250-C2
110TH ST W
LANCASTER CA 200-A2
LOS ANGELES CO CA 200-A2
120TH ST W
LOS ANGELES CO CA 200-A2
150TH ST
LOS ANGELES CO CA 200-C2
150TH ST E
LOS ANGELES CO CA 200-C2
160TH ST E
LOS ANGELES CO CA 200-C2
W 161ST ST
GARDENA CA 281-D7
165TH ST
LOS ANGELES CO CA 200-C3
165TH ST E
LOS ANGELES CO CA 200-C3
166TH ST
ARTESIA CA 282-B7
CERRITOS CA 282-B7
NORWALK CA 282-B7
170TH ST
LOS ANGELES CO CA 200-C3
170TH ST E
LOS ANGELES CO CA 200-C2
170TH ST W
KERN CO CA 200-A2
LOS ANGELES CO CA 200-A2
190TH ST
REDONDO BEACH CA 286-C1
TORRANCE CA 286-C1
W 190TH ST
CARSON CA 286-D1
LOS ANGELES CA 286-D1
LOS ANGELES CO CA 286-D1
NW 191ST PL
SANTEE CA 294-B6
E 213TH ST
CARSON CA 286-D1
E 223RD ST
CARSON CA 286-D1
LOS ANGELES CA 286-D1
W 223RD ST
CARSON CA 286-D1
LOS ANGELES CA 286-D1
LOS ANGELES CO CA 286-D1
TORRANCE CA 286-D1
240TH ST
LOS ANGELES CO CA 200-C2
300TH ST W
KERN CO CA 199-C2
LOS ANGELES CO CA 199-C2
900 RD
SHASTA CO CA 158-C3
I-5 FRWY
ANDERSON CA 163-A1
ARBUCKLE CA 169-B2
COLUSA CO CA 169-B1
CORNING CA 163-B3
CORNING CA 221-C7
COTTONWOOD CA 163-A1
DUNSMUIR CA 218-C5
FRESNO CO CA 180-C2
GLENN CO CA 163-B3
GLENN CO CA 169-B1
KERN CO CA 199-B1
LATHROP CA 175-A3
LATHROP CA 260-B6
LODI CA 260-A1
MOUNT SHASTA CA 298-D4
ORLAND CA 163-B3
RED BLUFF CA 221-B1
RED BLUFF CA 303-B1
REDDING CA 220-B5
REDDING CA 302-A1
SACRAMENTO CA 235-A5
SACRAMENTO CA 238-B1
SACRAMENTO CA 319-C1
SACRAMENTO CO CA 234-D5
SACRAMENTO CO CA 235-A5
SACRAMENTO CO CA 238-B2
SAN JOAQUIN CO CA 175-A1
SAN JOAQUIN CO CA 238-B6
SAN JOAQUIN CO CA 260-A1
SHASTA CO CA 158-A2
SHASTA CO CA 163-A1
SHASTA CO CA 218-B6
SHASTA CO CA 220-B1
SISKIYOU CO CA 150-A3
SISKIYOU CO CA 158-A1
SISKIYOU CO CA 217-B1
SISKIYOU CO CA 218-A1
SISKIYOU CO CA 298-B1
STOCKTON CA 260-A2
STOCKTON CA 339-A6
TEHAMA CO CA 163-A1
TEHAMA CO CA 221-B1
I-5 FRWY
TEHAMA CO CA 303-B1
TIJUANA BC 296-A5
WEED CA 218-A2
WILLIAMS CA 169-B2
WILLOWS CA 169-B1
WOODLAND CA 234-B5
YOLO CO CA 169-B2
YOLO CO CA 234-A1
YOLO CO CA 234-B4
YREKA CA 217-B3
I-5 GOLDEN STATE FRWY
BURBANK CA 281-C1
BURBANK CA 350-D4
GLENDALE CA 281-C2
KERN CO CA 199-C2
LOS ANGELES CA 277-A5
LOS ANGELES CA 281-B1
LOS ANGELES CA 350-D4
LOS ANGELES CA 352-D2
LOS ANGELES CA 356-E3
LOS ANGELES CO CA 199-C2
LOS ANGELES CO CA 276-B1
LOS ANGELES CO CA 277-A5
SANTA CLARITA CA 276-B1
I-5 PACIFIC HWY
ASHLAND OR 149-B1
CENTRAL POINT OR 149-B1
GRANTS PASS OR 149-B1
JACKSON CO OR 149-B1
JACKSON CO OR 150-A2
JOSEPHINE CO OR 149-A1
MEDFORD OR 149-B1
PHOENIX OR 149-B1
ROGUE RIVER OR 149-B1
I-5 SAN DIEGO FRWY
CARLSBAD CA 292-A7
CARLSBAD CA 293-B1
CHULA VISTA CA 295-D3
CHULA VISTA CA 296-A4
DANA POINT CA 291-B3
ENCINITAS CA 293-B1
IRVINE CA 288-C5
LAGUNA HILLS CA 288-C5
LAGUNA NIGUEL CA 288-D7
LAKE FOREST CA 288-C5
MISSION VIEJO CA 288-D6
NATIONAL CITY CA 295-D3
NATIONAL CITY CA 374-D9
OCEANSIDE CA 291-B3
OCEANSIDE CA 292-A7
ORANGE CO CA 288-D7
SAN CLEMENTE CA 291-B3
SAN DIEGO CA 293-B1
SAN DIEGO CA 296-A4
SAN DIEGO CA 370-G4
SAN DIEGO CA 371-G7
SAN DIEGO CA 372-A9
SAN DIEGO CA 373-G3
SAN DIEGO CA 374-D9
SAN DIEGO CO CA 291-B3
SAN JUAN CAPISTRANO CA 288-D7
SAN JUAN CAPISTRANO CA 291-B3
SOLANA BEACH CA 293-B1
I-5 SANTA ANA FRWY
ANAHEIM CA 287-D1
ANAHEIM CA 361-G3
ANAHEIM CA 362-C3
BUENA PARK CA 361-D2
CITY OF COMMERCE CA 282-A5
DOWNEY CA 282-A5
FULLERTON CA 361-F3
IRVINE CA 288-B3
LA MIRADA CA 282-A5
LA MIRADA CA 361-C1
LOS ANGELES CA 282-A5
LOS ANGELES CA 356-F8
LOS ANGELES CO CA 282-A5
NORWALK CA 282-A5
ORANGE CA 362-G8
ORANGE CO CA 288-B4
SANTA ANA CA 288-A2
SANTA ANA CA 362-G8
SANTA FE SPRINGS CA 282-A5
TUSTIN CA 288-A3
I-5 WEST SIDE FRWY
BAKERSFIELD CA 199-B1
KERN CO CA 191-A3
KERN CO CA 199-B1
KERN CO CA 267-A6
I-5 WESTSIDE FRWY
AVENAL CA 190-B1
FRESNO CO CA 180-C2
FRESNO CO CA 181-A3
FRESNO CO CA 190-A1
KERN CO CA 190-C2
KINGS CO CA 190-B1
MERCED CO CA 180-B2
STANISLAUS CO CA 175-A3
STANISLAUS CO CA 180-B1
I-8 Bus BUSINESS ROUTE
EL CAJON CA 294-C7
SAN DIEGO CO CA 294-C6
I-8 FRWY
EL CAJON CA 294-C7
EL CAJON CA 296-B1
EL CENTRO CA 214-B1
EL CENTRO CA 375-G8
IMPERIAL CO CA 213-C1
IMPERIAL CO CA 214-B1
IMPERIAL CO CA 215-A1
IMPERIAL CO CA 375-B9
LA MESA CA 294-B7
LA MESA CA 296-B1
SAN DIEGO CA 295-D1
SAN DIEGO CA 296-A1
SAN DIEGO CO CA 213-A1
SAN DIEGO CO CA 294-D6
YUMA AZ 215-B1
YUMA CO AZ 215-C1
I-8 MISSION VALLEY FRWY
SAN DIEGO CA 295-D1
SAN DIEGO CA 371-G8
SAN DIEGO CA 372-F7
I-8 OCEAN BEACH FRWY
SAN DIEGO CA 371-D9
I-10 FRWY
BANNING CA 208-C1
BEAUMONT CA 208-C1
BEAUMONT CA 285-D5
BLYTHE CA 211-A2
CALIMESA CA 285-C4
CATHEDRAL CITY CA 290-B3
I-10 FRWY
COACHELLA CA 209-B2
COLTON CA 284-D3
COLTON CA 368-A9
INDIO CA 209-B2
INDIO CA 290-D5
LA PAZ CO AZ 211-C2
LOMA LINDA CA 285-A3
LOMA LINDA CA 368-G9
PALM SPRINGS CA 209-A1
PALM SPRINGS CA 290-A2
REDLANDS CA 285-A3
RIVERSIDE CO CA 208-C1
RIVERSIDE CO CA 209-A1
RIVERSIDE CO CA 210-B2
RIVERSIDE CO CA 211-A2
RIVERSIDE CO CA 285-D5
RIVERSIDE CO CA 290-A2
SAN BERNARDINO CA 285-A3
SAN BERNARDINO CA 368-F9
SAN BERNARDINO CO CA 285-B4
YUCAIPA CA 285-B4
I-10 ROSA PARKS FRWY
LOS ANGELES CA 281-C4
LOS ANGELES CA 353-G9
LOS ANGELES CA 355-C7
I-10 SAN BERNARDINO FRWY
ALHAMBRA CA 282-C4
BALDWIN PARK CA 282-C4
CITY OF INDUSTRY CA 282-C4
CLAREMONT CA 283-A3
COLTON CA 284-A3
COVINA CA 283-A3
EL MONTE CA 282-C4
FONTANA CA 284-A3
LOS ANGELES CA 282-C4
LOS ANGELES CA 356-D4
LOS ANGELES CO CA 282-C4
LOS ANGELES CO CA 283-A3
LOS ANGELES CO CA 356-G4
MONTCLAIR CA 283-A3
MONTEREY PARK CA 282-C4
ONTARIO CA 283-A3
ONTARIO CA 284-A3
POMONA CA 283-A3
RIALTO CA 284-A3
ROSEMEAD CA 282-C4
SAN BERNARDINO CO CA 284-A3
SAN DIMAS CA 283-A3
SAN GABRIEL CA 282-C4
UPLAND CA 283-A3
WEST COVINA CA 282-C4
WEST COVINA CA 283-A3
I-10 SANTA MONICA FRWY
LOS ANGELES CA 281-C4
LOS ANGELES CA 353-G9
LOS ANGELES CA 355-C7
LOS ANGELES CA 356-A8
SANTA MONICA CA 353-F9
SANTA MONICA CA 357-C1
I-15 AVOCADO HWY
ESCONDIDO CA 292-D7
ESCONDIDO CA 293-D1
RIVERSIDE CO CA 292-D1
SAN DIEGO CO CA 292-C2
SAN DIEGO CO CA 292-C4
SAN DIEGO CO CA 293-D1
TEMECULA CA 292-C1
I-15 CIMA RD
SAN BERNARDINO CO CA 195-A3
I-15 CORONA FRWY
CORONA CA 208-A2
CORONA CA 284-A7
LAKE ELSINORE CA 208-A2
LAKE ELSINORE CA 289-A4
RIVERSIDE CO CA 208-A2
RIVERSIDE CO CA 289-A4
I-15 ESCONDIDO FRWY
ESCONDIDO CA 292-D6
ESCONDIDO CA 293-D5
ESCONDIDO CA 294-A2
RIVERSIDE CO CA 292-C3
SAN DIEGO CA 293-D5
SAN DIEGO CA 294-A2
SAN DIEGO CA 295-D1
SAN DIEGO CO CA 292-C3
SAN DIEGO CO CA 293-D5
SAN DIEGO CO CA 294-A2
I-15 FRWY
BARSTOW CA 369-F6
CLARK CO NV 186-C3
CLARK CO NV 187-B2
CLARK CO NV 195-B1
CLARK CO NV 268-D1
CLARK CO NV 269-A1
ENTERPRISE NV 195-B1
ENTERPRISE NV 268-C6
ENTERPRISE NV 346-B10
LAS VEGAS NV 345-E3
LAS VEGAS NV 346-B1
MESQUITE NV 187-B2
MOHAVE CO AZ 187-C1
NORTH LAS VEGAS NV 268-D1
NORTH LAS VEGAS NV 269-A1
NORTH LAS VEGAS NV 345-F1
PARADISE NV 346-A2
WINCHESTER NV 346-B1
I-15 MOJAVE FRWY
APPLE VALLEY CA 201-B2
BARSTOW CA 201-B2
BARSTOW CA 369-G4
HESPERIA CA 278-A3
SAN BERNARDINO CO CA 194-C3
SAN BERNARDINO CO CA 195-A3
SAN BERNARDINO CO CA 201-B2
SAN BERNARDINO CO CA 202-A1
SAN BERNARDINO CO CA 278-A3
SAN BERNARDINO CO CA 369-G5
VICTORVILLE CA 201-B2
VICTORVILLE CA 278-A3
I-15 ONTARIO FRWY
CORONA CA 284-A6
FONTANA CA 284-A3
NORCO CA 284-A6
ONTARIO CA 284-A3
RANCHO CUCAMONGA CA 284-A3
RIVERSIDE CO CA 284-A3
SAN BERNARDINO CO CA 278-A7
SAN BERNARDINO CO CA 284-A3
I-15 TEMECULA VALLEY FRWY
MURRIETA CA 289-C7
RIVERSIDE CO CA 289-B5
I-15 TEMECULA VALLEY FRWY
RIVERSIDE CO CA 292-D1
TEMECULA CA 289-C7
TEMECULA CA 292-D1
I-40 Bus ANDY DEVINE ST
KINGMAN AZ 196-C3
I-40 Bus BEHLE ST
KINGMAN AZ 196-C3
I-40 Bus FRWY
KINGMAN AZ 196-C3
MOHAVE CO AZ 196-C3
I-40 FRWY
KINGMAN AZ 196-C3
MOHAVE CO AZ 196-C3
MOHAVE CO AZ 204-C1
I-40 NEEDLES FRWY
BARSTOW CA 201-C2
BARSTOW CA 369-E7
NEEDLES CA 204-A1
SAN BERNARDINO CO CA 201-C2
SAN BERNARDINO CO CA 202-B2
SAN BERNARDINO CO CA 203-A2
SAN BERNARDINO CO CA 204-A1
SAN BERNARDINO CO CA 270-B7
I-80 CAPITAL CITY FRWY
SACRAMENTO CA 235-C6
SACRAMENTO CA 319-G4
SACRAMENTO CA 320-A3
SACRAMENTO CO CA 235-C6
I-80 EASTSHORE FRWY
ALBANY CA 247-A5
BERKELEY CA 247-A5
CONTRA COSTA CO CA 247-A5
EL CERRITO CA 247-A5
EMERYVILLE CA 247-A5
EMERYVILLE CA 329-E2
HERCULES CA 247-A5
OAKLAND CA 329-E2
PINOLE CA 247-A5
RICHMOND CA 247-A5
SAN PABLO CA 247-A5
I-80 FRWY
AUBURN CA 316-E3
CHURCHILL CO NV 166-C2
COLFAX CA 233-D4
CONTRA COSTA CO CA 247-B3
DAVIS CA 234-C7
DAVIS CA 318-G5
DIXON CA 174-C1
FAIRFIELD CA 244-C5
LOOMIS CA 236-B2
LYON CO NV 166-B3
NAPA CO CA 247-B1
NEVADA CO CA 170-C1
NEVADA CO CA 228-C6
NEVADA CO CA 229-C4
OAKLAND CA 249-D1
OAKLAND CA 329-D2
PERSHING CO NV 166-C2
PLACER CO CA 170-C1
PLACER CO CA 228-A7
PLACER CO CA 233-D4
PLACER CO CA 236-B1
PLACER CO CA 316-F1
RENO NV 229-D2
RENO NV 230-A2
RENO NV 311-G4
ROCKLIN CA 236-A2
ROSEVILLE CA 236-A3
SACRAMENTO CA 235-C6
SACRAMENTO CO CA 235-C6
SAN FRANCISCO CA 249-D1
SAN FRANCISCO CA 326-G4
SIERRA CO CA 229-C4
SOLANO CO CA 169-C3
SOLANO CO CA 174-C1
SOLANO CO CA 244-D4
SOLANO CO CA 247-B1
SOLANO CO CA 318-E7
SPARKS NV 230-B2
SPARKS NV 311-G4
SPARKS NV 312-A4
STOREY CO NV 166-A3
TRUCKEE CA 228-C6
TRUCKEE CA 229-B5
VACAVILLE CA 174-B1
VACAVILLE CA 244-D4
VALLEJO CA 247-B1
WASHOE CO NV 166-A3
WASHOE CO NV 172-A1
WASHOE CO NV 229-D3
WASHOE CO NV 230-D2
WASHOE CO NV 311-A5
WEST SACRAMENTO CA 235-A7
YOLO CO CA 234-D7
YOLO CO CA 318-E7
I-80 ROSEVILLE FRWY
CITRUS HEIGHTS CA 235-D5
ROSEVILLE CA 235-D5
ROSEVILLE CA 236-A4
SACRAMENTO CO CA 235-D5
I-80 SAN FRAN-OKLND BAY BRDG
OAKLAND CA 249-D1
OAKLAND CA 329-C2
SAN FRANCISCO CA 249-D1
SAN FRANCISCO CA 326-G4
I-80 STATE FRWY
SACRAMENTO CO CA 235-D5
I-80 WEST SACRAMENTO FRWY
WEST SACRAMENTO CA 235-A7
YOLO CO CA 234-D7
YOLO CO CA 235-A7
I-105 CENTURY FRWY
DOWNEY CA 282-B7
EL SEGUNDO CA 358-E10
HAWTHORNE CA 281-C6
HAWTHORNE CA 358-G9
INGLEWOOD CA 281-C6
LOS ANGELES CA 281-D6
LOS ANGELES CA 358-D10
LOS ANGELES CO CA 281-C6
LOS ANGELES CO CA 358-G9
LYNWOOD CA 281-D6
LYNWOOD CA 282-A6
NORWALK CA 282-B7
PARAMOUNT CA 282-A7
SOUTH GATE CA 282-A7
I-105 G ANDERSN FRWY & TRN WY
DOWNEY CA 282-A7
I-105 G ANDERSN FRWY & TRN WY
EL SEGUNDO CA 358-D9
HAWTHORNE CA 281-C6
HAWTHORNE CA 358-D9
INGLEWOOD CA 281-C6
LOS ANGELES CA 281-D6
LOS ANGELES CA 358-D9
LOS ANGELES CO CA 358-D9
LYNWOOD CA 281-D6
LYNWOOD CA 282-A7
NORWALK CA 282-A7
PARAMOUNT CA 282-A7
SOUTH GATE CA 282-A7
I-110 HARBOR FRWY & TRANS WY
CARSON CA 286-D3
LOS ANGELES CA 281-D7
LOS ANGELES CA 286-D3
LOS ANGELES CA 355-G4
LOS ANGELES CO CA 281-D7
LOS ANGELES CO CA 286-D3
I-205 Bus E 11TH ST
SAN JOAQUIN CO CA 175-A3
TRACY CA 175-A3
I-205 Bus W 11TH ST
SAN JOAQUIN CO CA 175-A3
TRACY CA 175-A3
I-205 FRWY
ALAMEDA CO CA 174-C3
LATHROP CA 175-A3
SAN JOAQUIN CO CA 175-A3
I-205 ROBERT T MONAGAN FRWY
ALAMEDA CO CA 174-C3
SAN JOAQUIN CO CA 174-C3
SAN JOAQUIN CO CA 175-A3
TRACY CA 175-A3
I-210 FOOTHILL FRWY
ARCADIA CA 282-B2
AZUSA CA 282-B2
AZUSA CA 283-A2
DUARTE CA 282-B2
GLENDALE CA 277-C7
GLENDALE CA 281-D1
GLENDORA CA 283-A2
IRWINDALE CA 282-B2
LA CANADA FLINTRIDGE CA 281-D1
LA CANADA FLINTRIDGE CA 282-B2
LOS ANGELES CA 277-A6
LOS ANGELES CO CA 277-A6
LOS ANGELES CO CA 281-D1
LOS ANGELES CO CA 282-B2
LOS ANGELES CO CA 283-A2
MONROVIA CA 282-B2
PASADENA CA 282-B2
PASADENA CA 359-B4
SAN DIMAS CA 283-A2
I-210 ROUTE 210 FRWY
GLENDORA CA 283-B3
POMONA CA 283-B4
SAN DIMAS CA 283-A3
I-215 ESCONDIDO EXWY
MORENO VALLEY CA 284-D6
PERRIS CA 285-A6
PERRIS CA 289-B1
RIVERSIDE CA 284-D6
RIVERSIDE CO CA 284-D6
RIVERSIDE CO CA 285-A6
RIVERSIDE CO CA 289-B1
I-215 ESCONDIDO FRWY
MURRIETA CA 289-C3
PERRIS CA 289-C3
RIVERSIDE CO CA 289-C3
I-215 FRWY
SAN BERNARDINO CA 278-A7
SAN BERNARDINO CA 284-C1
SAN BERNARDINO CA 368-C1
SAN BERNARDINO CO CA 278-A7
SAN BERNARDINO CO CA 284-C1
I-215 W LAKE MEAD DR
CLARK CO NV 269-A6
HENDERSON NV 269-A6
I-215 LAS VEGAS BELTWAY
ENTERPRISE NV 268-C6
ENTERPRISE NV 346-E10
HENDERSON NV 268-C6
HENDERSON NV 269-A6
PARADISE NV 268-C6
PARADISE NV 346-E10
I-215 MORENO VALLEY FRWY
MORENO VALLEY CA 284-D6
RIVERSIDE CA 284-D5
RIVERSIDE CA 366-E2
RIVERSIDE CO CA 284-D5
I-215 RIVERSIDE FRWY
COLTON CA 284-D4
COLTON CA 368-D10
GRAND TERRACE CA 284-D4
RIVERSIDE CA 284-D4
RIVERSIDE CA 366-F2
RIVERSIDE CO CA 284-D4
SAN BERNARDINO CA 368-D8
I-238 FRWY
ALAMEDA CO CA 250-C3
SAN LEANDRO CA 250-C3
I-270 HIGHWAY
MONO CO CA 177-B1
I-280 FRWY
DALY CITY CA 249-C4
SAN JOSE CA 333-D10
I-280 JOHN F FORAN FRWY
SAN FRANCISCO CA 249-C3
SAN FRANCISCO CA 326-F7
I-280 JUNIPERO SERRA FRWY
CUPERTINO CA 253-A3
DALY CITY CA 249-C4
HILLSBOROUGH CA 249-C4
LOS ALTOS CA 253-A3
LOS ALTOS HILLS CA 252-D2
LOS ALTOS HILLS CA 253-A3
MENLO PARK CA 252-D2
MILLBRAE CA 327-A7
PALO ALTO CA 252-D2
SAN BRUNO CA 249-C4
SAN BRUNO CA 327-A7
SAN FRANCISCO CA 249-C4
SAN JOSE CA 253-A3
SAN JOSE CA 333-A10
SAN MATEO CO CA 249-C4
SAN MATEO CO CA 250-A7
SAN MATEO CO CA 252-D2

I-280 JUNIPERO SERRA — STREET INDEX — Rt#-J5 N TULLY RD 416

STREET / City State / Page-Grid

I-280 JUNIPERO SERRA FRWY
SAN MATEO CO CA 327-A7
SANTA CLARA CA 253-A3
SANTA CLARA CO CA 252-D2
SANTA CLARA CO CA 253-A3
SOUTH SAN FRANCISCO CA 249-C4
SUNNYVALE CA 253-A3
WOODSIDE CA 252-D2
I-280 SINCLAIR FRWY
SAN JOSE CA 333-F10
SAN JOSE CA 334-D7
SANTA CLARA CO CA 333-C10
I-280 SOUTHERN FRWY
DALY CITY CA 249-C2
SAN FRANCISCO CA 249-C2
SAN FRANCISCO CA 326-F7
I-380 FRWY
SAN BRUNO CA 249-C4
SAN BRUNO CA 327-A4
I-380 QUENTIN L KOPP FRWY
SAN BRUNO CA 249-C4
SAN BRUNO CA 327-B3
SAN MATEO CO CA 327-B3
SOUTH SAN FRANCISCO CA 327-B3
I-405 SAN DIEGO
LOS ANGELES CA 277-A7
I-405 SAN DIEGO FRWY
CARSON CA 286-C1
CARSON CA 287-A1
COSTA MESA CA 287-C2
COSTA MESA CA 288-A4
COSTA MESA CA 363-F4
CULVER CITY CA 281-B5
CULVER CITY CA 358-E4
FOUNTAIN VALLEY CA 287-C2
GARDEN GROVE CA 287-C2
HAWTHORNE CA 281-C7
HAWTHORNE CA 358-F9
HUNTINGTON BEACH CA 287-C2
INGLEWOOD CA 358-F4
IRVINE CA 288-B4
IRVINE CA 363-F4
LAWNDALE CA 281-C7
LONG BEACH CA 287-A1
LONG BEACH CA 360-F1
LOS ANGELES CA 277-A7
LOS ANGELES CA 281-A1
LOS ANGELES CA 286-C1
LOS ANGELES CA 353-F6
LOS ANGELES CA 358-E4
LOS ANGELES CO CA 281-C7
LOS ANGELES CO CA 286-C1
LOS ANGELES CO CA 353-E5
LOS ANGELES CO CA 358-F9
ORANGE CO CA 287-C2
ORANGE CO CA 363-F4
REDONDO BEACH CA 281-C7
SEAL BEACH CA 287-C2
SIGNAL HILL CA 287-A1
TORRANCE CA 281-C7
TORRANCE CA 286-C1
WESTMINSTER CA 287-C2
I-505 FRWY
SOLANO CO CA 244-D1
VACAVILLE CA 244-D3
WINTERS CA 244-D1
YOLO CO CA 169-B2
YOLO CO CA 234-A1
YOLO CO CA 244-D1
I-580 ARTHUR H BREED JR FRWY
ALAMEDA CO CA 250-D3
ALAMEDA CO CA 251-D3
DUBLIN CA 251-B3
LIVERMORE CA 251-D3
PLEASANTON CA 251-B3
I-580 FRWY
ALAMEDA CO CA 174-C3
ALAMEDA CO CA 250-C3
ALAMEDA CO CA 251-D3
MARIN CO CA 246-C5
RICHMOND CA 246-C5
SAN RAFAEL CA 246-C5
SAN RAFAEL CA 324-F8
I-580 JOHN T KNOX FRWY
ALBANY CA 247-A6
RICHMOND CA 246-D5
RICHMOND CA 247-A6
I-580 MACARTHUR FRWY
ALAMEDA CO CA 250-B1
EMERYVILLE CA 247-A7
EMERYVILLE CA 329-E1
OAKLAND CA 250-B1
OAKLAND CA 329-F1
OAKLAND CA 330-B2
SAN LEANDRO CA 250-B1
I-580 RCHMND-SAN RAFAEL BRDG
MARIN CO CA 246-C5
RICHMOND CA 246-C5
SAN RAFAEL CA 246-C5
I-580 WILLIAM E B BRWN FRWY
SAN JOAQUIN CO CA 174-C3
SAN JOAQUIN CO CA 175-A3
TRACY CA 174-C3
TRACY CA 175-A3
I-605 SAN GABRIEL RIVER FRWY
BALDWIN PARK CA 282-C3
CERRITOS CA 282-B7
CERRITOS CA 287-B1
CITY OF INDUSTRY CA 282-C4
DOWNEY CA 282-B6
DUARTE CA 282-D2
HAWAIIAN GARDENS CA 287-B1
IRWINDALE CA 282-D2
LAKEWOOD CA 287-B1
LONG BEACH CA 287-B1
LOS ALAMITOS CA 287-B1
LOS ANGELES CO CA 282-C4
NORWALK CA 282-B6
PICO RIVERA CA 282-C4
SANTA FE SPRINGS CA 282-B6
SEAL BEACH CA 287-B1
WHITTIER CA 282-B5
I-680 BENICIA-MARTINEZ BRDG
BENICIA CA 247-C3
MARTINEZ CA 247-C3
SOLANO CO CA 247-C3
I-680 FRWY
ALAMEDA CO CA 251-B4
BENICIA CA 247-C3
CONCORD CA 247-D5
CONTRA COSTA CO CA 247-C4
DANVILLE CA 247-D7
DANVILLE CA 250-D1
DANVILLE CA 251-A1
DUBLIN CA 251-A3
FAIRFIELD CA 244-B7
FREMONT CA 251-A6
MARTINEZ CA 247-C3
PLEASANT HILL CA 247-D5
PLEASANTON CA 251-A3
SAN RAMON CA 251-A1
SOLANO CO CA 247-C3
WALNUT CREEK CA 247-D6
I-680 LUTHER E GIBSON FRWY
BENICIA CA 247-C2
FAIRFIELD CA 244-B7
FAIRFIELD CA 247-C1
SOLANO CO CA 244-B7
SOLANO CO CA 247-C1
I-680 SINCLAIR FRWY
FREMONT CA 251-A7
FREMONT CA 253-D2
MILPITAS CA 253-D2
SAN JOSE CA 253-D2
SAN JOSE CA 334-D2
SANTA CLARA CO CA 334-D2
I-710 LONG BEACH FRWY
ALHAMBRA CA 282-A6
BELL CA 282-A6
BELL GARDENS CA 282-A6
CARSON CA 287-A1
CITY OF COMMERCE CA 282-A6
COMPTON CA 282-A6
LONG BEACH CA 282-A6
LONG BEACH CA 287-A1
LONG BEACH CA 360-A3
LOS ANGELES CO CA 282-A6
LOS ANGELES CO CA 287-A1
LYNWOOD CA 282-A6
MONTEREY PARK CA 282-A6
PARAMOUNT CA 282-A6
SOUTH GATE CA 282-A6
VERNON CA 282-A6
I-780 FRWY
BENICIA CA 247-B2
SOLANO CO CA 247-B2
VALLEJO CA 247-B2
I-805 JACOB DEKEMA FRWY
CHULA VISTA CA 296-A3
NATIONAL CITY CA 296-A3
NATIONAL CITY CA 374-G8
SAN DIEGO CA 293-C5
SAN DIEGO CA 295-D1
SAN DIEGO CA 296-A3
SAN DIEGO CA 372-F2
SAN DIEGO CA 374-E2
SAN DIEGO CO CA 296-A3
I-880 CYPRESS FRWY
EMERYVILLE CA 329-D4
OAKLAND CA 329-D4
OAKLAND CA 330-A6
I-880 FRWY
ALAMEDA CO CA 250-C3
SAN LEANDRO CA 250-C3
I-880 NIMITZ FRWY
ALAMEDA CO CA 250-C3
FREMONT CA 250-C5
FREMONT CA 251-A7
FREMONT CA 253-C1
HAYWARD CA 250-C5
MILPITAS CA 253-C1
NEWARK CA 250-C5
NEWARK CA 251-A7
OAKLAND CA 329-G5
OAKLAND CA 330-B6
OAKLAND CA 331-C1
SAN JOSE CA 253-C2
SAN JOSE CA 333-F2
SAN LEANDRO CA 250-C3
SAN LEANDRO CA 331-G7
UNION CITY CA 250-C5
I-980 GROVE SHAFTER FRWY
OAKLAND CA 329-G4
OAKLAND CA 330-A3
Bus-8 AVENUE A
YUMA AZ 215-A1
Bus-8 HIGHWAY
YUMA AZ 215-A1
YUMA CO AZ 215-B2
Bus-8 WINTERHAVEN DR
IMPERIAL CO CA 215-A1
Bus-66 MOUNTAIN SPRINGS RD
SAN BERNARDINO CO CA 203-C1
Bus-66 OLD NATIONAL TRAILS HW
SAN BERNARDINO CO CA 203-B2
Rt#-A1 EAGLE LAKE RD
LASSEN CO CA 159-C3
LASSEN CO CA 164-C1
Rt#-A2 SUSANVILLE RD
LASSEN CO CA 159-B2
Rt#-A5 BOWMAN RD
TEHAMA CO CA 163-A1
Rt#-A6 MANTON RD
SHASTA CO CA 163-B1
TEHAMA CO CA 163-B1
Rt#-A7 LIVE OAK RD
TEHAMA CO CA 221-B3
Rt#-A7 WALNUT ST
RED BLUFF CA 303-A7
TEHAMA CO CA 221-B2
TEHAMA CO CA 303-A7
Rt#-A7 WILDER RD
TEHAMA CO CA 221-B3
Rt#-A8 ARAMAYO WY
TEHAMA CA 221-D5
TEHAMA CO CA 221-D5
Rt#-A8 C ST
TEHAMA CA 221-D5
Rt#-A8 HIGHWAY 99 W
RED BLUFF CA 303-D8
TEHAMA CO CA 221-C3
TEHAMA CO CA 303-F10
Rt#-A8 MAIN ST
RED BLUFF CA 303-D6
Rt#-A8 S MAIN ST
RED BLUFF CA 303-D7
Rt#-A8 SAN BENITO AV
TEHAMA CA 221-C4
TEHAMA CO CA 221-C4
Rt#-A9 CORNING RD
TEHAMA CO CA 163-A2
TEHAMA CO CA 221-A7
Rt#-A9 HALL RD
TEHAMA CO CA 163-B3
TEHAMA CO CA 221-D7
Rt#-A9 HOAG RD
CORNING CA 221-C7
TEHAMA CO CA 221-C7
Rt#-A9 PASKENTA RD
TEHAMA CO CA 163-A2
Rt#-A9 SOLANO ST
CORNING CA 221-C7
TEHAMA CO CA 221-C7
Rt#-A9 SOUTH AV
TEHAMA CO CA 163-B2
TEHAMA CO CA 221-D7
Rt#-A10 EVERETT MEMORIAL HWY
MOUNT SHASTA CA 298-E1
SISKIYOU CO CA 218-B3
SISKIYOU CO CA 298-E1
Rt#-A11 5TH ST
TEHAMA CA 221-D5
Rt#-A11 GYLE RD
TEHAMA CA 221-C6
TEHAMA CO CA 221-C6
Rt#-A12 99-97 CTO
SISKIYOU CO CA 158-A1
SISKIYOU CO CA 158-A1
Rt#-A16 PLACER RD
REDDING CA 301-A8
SHASTA CO CA 163-A1
SHASTA CO CA 220-A7
SHASTA CO CA 301-A8
Rt#-A16 PLACER ST
REDDING CA 301-E6
Rt#-A16 PLATINA RD
SHASTA CO CA 162-C1
SHASTA CO CA 163-A1
Rt#-A17 4TH ST
COTTONWOOD CA 163-A1
SHASTA CO CA 163-A1
Rt#-A17 ASH CREEK RD
SHASTA CO CA 163-B1
Rt#-A17 BALLS FERRY RD
SHASTA CO CA 163-A1
Rt#-A17 DERSCH RD
SHASTA CO CA 163-B1
Rt#-A17 MAIN ST
COTTONWOOD CA 163-A1
SHASTA CO CA 163-A1
TEHAMA CO CA 163-A1
Rt#-A18 LAKE BLVD
REDDING CA 220-B5
REDDING CA 301-E1
SHASTA CO CA 220-B4
Rt#-A18 LAKE BLVD E
REDDING CA 301-G2
REDDING CA 302-A2
Rt#-A18 TOYON AV
SHASTA CO CA 220-B4
Rt#-A19 MCARTHUR RD
SHASTA CO CA 158-C2
SHASTA CO CA 159-A2
Rt#-A21 MOONEY RD
LASSEN CO CA 164-B1
PLUMAS CO CA 164-B1
Rt#-A23 BECKWOURTH CALPINE RD
PLUMAS CO CA 165-A3
SIERRA CO CA 165-A3
Rt#-A23 WESTSIDE RD
SIERRA CO CA 165-A3
SIERRA CO CA 228-B1
Rt#-A24 BECKWITH RD
LOYALTON CA 165-A3
SIERRA CO CA 165-A3
Rt#-A24 BECKWOURTH LOYALTN RD
PLUMAS CO CA 165-A3
Rt#-A24 DYSON LN
PLUMAS CO CA 165-A3
Rt#-A24 SIERRA VALLEY RD
PLUMAS CO CA 165-A3
SIERRA CO CA 165-A3
Rt#-A25 HERLONG ACCESS RD
LASSEN CO CA 165-B2
Rt#-A26 GARNIER RD
LASSEN CO CA 165-B2
Rt#-A27 CENTER RD
LASSEN CO CA 164-C1
LASSEN CO CA 165-A1
Rt#-A27 JOHNSTONVILLE RD
LASSEN CO CA 304-E5
SUSANVILLE CA 304-E5
Rt#-A27 JOHNSTONVILLE RD E
LASSEN CO CA 164-C1
LASSEN CO CA 304-G7
Rt#-B2 CANYON DR
OROVILLE CA 223-C7
Rt#-B2 MONTGOMERY ST
BUTTE CO CA 223-B7
Rt#-B2 ORANGE AV
BUTTE CO CA 223-C6
Rt#-B2 OROVILLE DAM BLVD E
BUTTE CO CA 223-C6
OROVILLE CA 223-C6
Rt#-D1 E WASHINGTON BLVD
DEL NORTE CO CA 297-D6
Rt#-D1 WASHINGTON BLVD
DEL NORTE CO CA 216-A5
DEL NORTE CO CA 297-A6
Rt#-D2 ELK VALLEY CROSS RD
DEL NORTE CO CA 216-B4
Rt#-D2 ELK VALLEY RD
CRESCENT CITY CA 297-F8
DEL NORTE CO CA 216-B4
DEL NORTE CO CA 297-F8
Rt#-D3 LAKE EARL DR
DEL NORTE CO CA 216-B4
DEL NORTE CO CA 297-D4
Rt#-D3 NORTHCREST DR
CRESCENT CITY CA 297-D5
DEL NORTE CO CA 297-D5
Rt#-D4 FRED D HAIGHT DR
DEL NORTE CO CA 216-B2
Rt#-D5 OCEAN VIEW DR
DEL NORTE CO CA 216-B1
Rt#-E2 GRANT LINE RD
ELK GROVE CA 238-D4
SACRAMENTO CO CA 175-A1
SACRAMENTO CO CA 238-D4
Rt#-E2 SUNRISE AV
CITRUS HEIGHTS CA 236-A4
PLACER CO CA 236-A4
ROSEVILLE CA 236-A4
Rt#-E2 SUNRISE BLVD
CITRUS HEIGHTS CA 236-A5
SACRAMENTO CO CA 170-A3
SACRAMENTO CO CA 175-A1
SACRAMENTO CO CA 236-A7
Rt#-E3 HAZEL AV
SACRAMENTO CO CA 236-A6
Rt#-E3 NIMBUS RD
SACRAMENTO CO CA 236-A6
Rt#-E3 SIERRA COLLEGE BLVD
LOOMIS CA 236-A4
PLACER CO CA 236-A4
ROCKLIN CA 236-A4
ROSEVILLE CA 236-A4
SACRAMENTO CO CA 236-A4
Rt#-E4 COUNTY ROAD 6
YOLO CO CA 169-B2
Rt#-E4 COUNTY ROAD 85
YOLO CO CA 169-B3
Rt#-E5 RAWHIDE RD
TUOLUMNE CO CA 176-A2
Rt#-E6 COUNTY ROAD 31
DAVIS CA 234-B7
YOLO CO CA 234-B7
Rt#-E6 COUNTY ROAD 93A
YOLO CO CA 234-A7
Rt#-E6 E COVELL BLVD
DAVIS CA 234-C7
DAVIS CA 318-E4
YOLO CO CA 234-C7
YOLO CO CA 318-E4
Rt#-E6 W COVELL BLVD
DAVIS CA 234-B7
DAVIS CA 318-C4
YOLO CO CA 234-B7
YOLO CO CA 318-C4
Rt#-E6 MACE BLVD
DAVIS CA 169-C3
DAVIS CA 234-C7
YOLO CO CA 169-C3
YOLO CO CA 234-C7
Rt#-E6 RUSSELL BLVD
YOLO CO CA 169-B3
YOLO CO CA 234-A7
YOLO CO CA 244-D1
Rt#-E7 COUNTY ROAD 98
WOODLAND CA 234-B7
YOLO CO CA 169-C3
YOLO CO CA 234-B7
Rt#-E7 PEDRICK RD
SOLANO CO CA 169-C3
SOLANO CO CA 174-C1
YOLO CO CA 169-C3
Rt#-E8 COUNTY ROAD 102
WOODLAND CA 234-C5
YOLO CO CA 234-C4
Rt#-E8 POLE LINE RD
DAVIS CA 318-F3
YOLO CO CA 234-C7
YOLO CO CA 318-F3
Rt#-E9 FREEPORT BRDG
SACRAMENTO CO CA 238-B2
YOLO CO CA 238-B2
Rt#-E9 S RIVER RD
YOLO CO CA 238-B3
Rt#-E9 RIVERVIEW DR
YOLO CO CA 238-A3
Rt#-E9 SUTTER SLOUGH BRDG RD
SACRAMENTO CO CA 238-A5
YOLO CO CA 238-A5
Rt#-E10 COUNTY ROAD 13
YOLO CO CA 169-B3
YOLO CO CA 234-A3
Rt#-E12 ELK GROVE BLVD
ELK GROVE CA 238-B3
SACRAMENTO CO CA 238-B3
Rt#-E13 RIVER RD
SACRAMENTO CO CA 238-A6
Rt#-E13 TWIN CITIES RD
SACRAMENTO CO CA 238-B6
Rt#-E14 ELKHORN BLVD
SACRAMENTO CA 235-A5
SACRAMENTO CO CA 235-A5
Rt#-E14 GREENBACK LN
CITRUS HEIGHTS CA 235-D5
CITRUS HEIGHTS CA 236-A5
FOLSOM CA 236-A5
SACRAMENTO CO CA 235-D5
SACRAMENTO CO CA 236-A5
Rt#-E15 OBYRNES FERRY RD
CALAVERAS CO CA 175-C2
TUOLUMNE CO CA 175-C2
TUOLUMNE CO CA 176-A2
Rt#-E16 MOUNT AUKUM RD
EL DORADO CO CA 170-C3
EL DORADO CO CA 237-C6
Rt#-E16 SHENANDOAH RD
AMADOR CO CA 170-C3
AMADOR CO CA 175-C1
EL DORADO CO CA 170-C3
Rt#-E16 SLY PARK RD
EL DORADO CO CA 170-C3
EL DORADO CO CA 237-D5
POLLOCK PINES CA 170-C3
Rt#-E17 CARTER ST
TUOLUMNE CO CA 176-A2
Rt#-E17 TUOLUMNE RD
TUOLUMNE CO CA 176-A2
Rt#-E17 TUOLUMNE RD N
TUOLUMNE CO CA 176-A2
Rt#-E18 BROADWAY ST
TUOLUMNE CO CA 176-A2
Rt#-E18 GOLD SPRINGS ST
TUOLUMNE CO CA 176-A2
Rt#-E18 JACKSON ST
TUOLUMNE CO CA 176-A2
Rt#-E18 PARROTTS FERRY RD
CALAVERAS CO CA 176-A2
Rt#-E18 PARROTTS FERRY RD
TUOLUMNE CO CA 176-A2
TUOLUMNE CO CA 341-C1
Rt#-E19 CLARKSBURG AV
YOLO CO CA 238-A3
Rt#-E19 CLARKSBURG RD
YOLO CO CA 174-C1
YOLO CO CA 238-A3
Rt#-G1 SAN JUAN CANYON RD
MONTEREY CO CA 259-C1
SAN BENITO CO CA 257-B6
SAN BENITO CO CA 259-C1
SAN JUAN BAUTISTA CA 257-B6
Rt#-G2 LAWRENCE EXWY
CUPERTINO CA 253-B3
SAN JOSE CA 253-B3
SANTA CLARA CA 253-B3
SARATOGA CA 253-B3
SUNNYVALE CA 253-B3
Rt#-G2 QUITO RD
LOS GATOS CA 253-B4
MONTE SERENO CA 253-B4
SAN JOSE CA 253-B4
SANTA CLARA CO CA 253-B4
SARATOGA CA 253-B4
Rt#-G3 OREGON EXWY
PALO ALTO CA 332-F6
Rt#-G3 PAGE MILL RD
LOS ALTOS HILLS CA 252-D2
PALO ALTO CA 252-D2
PALO ALTO CA 332-C10
SANTA CLARA CO CA 252-D2
SANTA CLARA CO CA 332-C10
Rt#-G4 MONTAGUE EXWY
MILPITAS CA 253-C2
SAN JOSE CA 253-C2
SANTA CLARA CA 253-C2
SANTA CLARA CO CA 253-C2
Rt#-G4 SAN TOMAS EXWY
CAMPBELL CA 253-C4
SAN JOSE CA 253-C4
SANTA CLARA CA 253-C3
Rt#-G5 FOOTHILL BLVD
CUPERTINO CA 253-B3
LOS ALTOS CA 253-B3
SANTA CLARA CO CA 253-B3
Rt#-G5 FOOTHILL EXWY
CUPERTINO CA 253-A2
LOS ALTOS CA 253-A2
LOS ALTOS HILLS CA 253-A2
PALO ALTO CA 253-A2
PALO ALTO CA 332-C10
SANTA CLARA CO CA 253-A2
SANTA CLARA CO CA 332-C10
Rt#-G5 JUNIPERO SERRA BLVD
MENLO PARK CA 252-D1
SANTA CLARA CO CA 252-D1
SANTA CLARA CO CA 332-A8
Rt#-G6 CENTRAL EXWY
MOUNTAIN VIEW CA 253-A2
PALO ALTO CA 253-A2
SAN JOSE CA 333-A2
SANTA CLARA CA 253-B2
SANTA CLARA CA 333-A2
SUNNYVALE CA 253-B2
Rt#-G7 BLOOMFIELD AV
SANTA CLARA CO CA 257-B4
Rt#-G8 ALMADEN EXWY
SAN JOSE CA 253-D4
Rt#-G8 ALMADEN RD
SAN JOSE CA 253-D4
SAN JOSE CA 334-A10
Rt#-G8 HARRY RD
SAN JOSE CA 253-D6
SANTA CLARA CO CA 253-D6
Rt#-G8 MCKEAN RD
SAN JOSE CA 253-D6
SAN JOSE CA 254-A6
SANTA CLARA CO CA 253-D6
SANTA CLARA CO CA 254-A6
Rt#-G8 UVAS RD
SAN JOSE CA 254-A6
SANTA CLARA CO CA 254-A7
SANTA CLARA CO CA 256-D2
Rt#-G8 WATSONVILLE RD
SANTA CLARA CO CA 256-D2
SANTA CLARA CO CA 257-A2
Rt#-G9 FERGUSON RD
SANTA CLARA CO CA 257-B2
Rt#-G9 LEAVESLEY RD
GILROY CA 257-B2
SANTA CLARA CO CA 257-B2
Rt#-G10 BLOSSOM HILL RD
LOS GATOS CA 253-C5
SAN JOSE CA 253-C5
SAN JOSE CA 254-A5
SANTA CLARA CO CA 253-C5
Rt#-G11 SAN JUAN RD
MONTEREY CO CA 256-D5
MONTEREY CO CA 257-A6
Rt#-G12 ELKHORN RD
MONTEREY CO CA 256-C5
Rt#-G12 HALL RD
MONTEREY CO CA 256-D6
Rt#-G12 SALINAS RD
MONTEREY CO CA 256-C5
Rt#-G12 SAN MIGUEL CANYON RD
MONTEREY CO CA 256-D6
Rt#-G13 BITTERWATER RD
KING CITY CA 189-B1
MONTEREY CO CA 189-B1
SAN BENITO CO CA 180-B3
SAN BENITO CO CA 189-B1
Rt#-G13 BROADWAY ST
KING CITY CA 189-B1
Rt#-G14 INTERLAKE RD
MONTEREY CO CA 189-B2
SAN LUIS OBISPO CO CA 189-B2
Rt#-G14 JOLON RD
MONTEREY CO CA 189-A2
Rt#-G14 NACIMIENTO LAKE DR
PASO ROBLES CA 189-B2
SAN LUIS OBISPO CO CA 189-B2
Rt#-G15 1ST ST
KING CITY CA 189-B1
Rt#-G15 LYONS ST
KING CITY CA 189-B1
Rt#-G15 METZ RD
KING CITY CA 189-A1
MONTEREY CO CA 180-A3
MONTEREY CO CA 189-A1
Rt#-G16 ARROYO SECO RD
MONTEREY CO CA 189-A1
Rt#-G16 CARMEL VALLEY RD
MONTEREY CO CA 179-C3
MONTEREY CO CA 188-C1
MONTEREY CO CA 258-C5
MONTEREY CO CA 259-A7
MONTEREY CO CA 338-F4
Rt#-G16 ELM AV
GREENFIELD CA 189-A1
MONTEREY CO CA 189-A1
Rt#-G17 ARROYO SECO RD
MONTEREY CO CA 180-A3
MONTEREY CO CA 189-A1
SOLEDAD CA 180-A3
Rt#-G17 FORT ROMIE RD
MONTEREY CO CA 180-A3
Rt#-G17 RESERVATION RD
MARINA CA 258-D3
MONTEREY CO CA 258-D3
MONTEREY CO CA 259-A3
Rt#-G17 RIVER RD
MONTEREY CO CA 180-A3
MONTEREY CO CA 259-A4
Rt#-G18 JOLON RD
MONTEREY CO CA 189-B2
Rt#-G19 NACIMIENTO LAKE DR
MONTEREY CO CA 189-B2
SAN LUIS OBISPO CO CA 189-B2
Rt#-G20 LAURELES GRADE
MONTEREY CO CA 258-D5
Rt#-J1 W BELMONT AV
FRESNO CO CA 180-C2
FRESNO CO CA 181-A2
Rt#-J1 N FAIRFAX AV
FRESNO CO CA 180-C2
Rt#-J1 LITTLE PANOCHE RD
FRESNO CO CA 180-B3
SAN BENITO CO CA 180-B3
Rt#-J1 PANOCHE RD
SAN BENITO CO CA 180-A3
Rt#-J1 W SHIELDS AV
FRESNO CO CA 180-C2
Rt#-J2 N CORRAL HOLLOW RD
SAN JOAQUIN CO CA 175-A3
TRACY CA 175-A3
Rt#-J2 S CORRAL HOLLOW RD
SAN JOAQUIN CO CA 175-A3
TRACY CA 175-A3
Rt#-J2 W CORRAL HOLLOW RD
SAN JOAQUIN CO CA 174-C3
SAN JOAQUIN CO CA 175-A3
Rt#-J2 W LAMMERS RD
SAN JOAQUIN CO CA 175-A2
Rt#-J2 N LIVERMORE AV
LIVERMORE CA 251-C3
Rt#-J2 S LIVERMORE AV
ALAMEDA CO CA 251-D4
LIVERMORE CA 251-D4
Rt#-J2 PORTOLA AV
LIVERMORE CA 251-C3
Rt#-J2 TESLA RD
ALAMEDA CO CA 174-C3
ALAMEDA CO CA 251-D4
Rt#-J2 S TRACY BLVD
SAN JOAQUIN CO CA 175-A2
Rt#-J3 N AIRPORT WY
MANTECA CA 260-C7
SAN JOAQUIN CO CA 260-C7
STOCKTON CA 339-G6
Rt#-J3 S AIRPORT WY
MANTECA CA 175-A3
MANTECA CA 260-C6
SAN JOAQUIN CO CA 175-A3
SAN JOAQUIN CO CA 260-C6
STOCKTON CA 260-C6
STOCKTON CA 339-G8
Rt#-J3 E DURHAM FERRY RD
SAN JOAQUIN CO CA 175-A3
Rt#-J3 S HUTCHINS ST
LODI CA 260-B1
Rt#-J3 KASSON RD
STANISLAUS CO CA 175-A3
Rt#-J3 S KASSON RD
SAN JOAQUIN CO CA 175-A3
Rt#-J3 RIVER RD
STANISLAUS CO CA 175-A3
Rt#-J3 WEST LN
SAN JOAQUIN CO CA 260-B3
SAN JOAQUIN CO CA 339-G4
STOCKTON CA 260-B3
STOCKTON CA 339-G4
Rt#-J3 N WEST LN
SAN JOAQUIN CO CA 260-B2
Rt#-J4 BYRON HWY
CONTRA COSTA CO CA 174-C2
Rt#-J4 W BYRON RD
SAN JOAQUIN CO CA 175-A3
Rt#-J4 BYRON-BETHANY RD
ALAMEDA CO CA 174-C2
CONTRA COSTA CO CA 174-C2
SAN JOAQUIN CO CA 174-C2
Rt#-J4 E GRANT LINE RD
TRACY CA 175-A3
Rt#-J4 W GRANT LINE RD
SAN JOAQUIN CO CA 175-A3
TRACY CA 175-A3
Rt#-J4 S KASSON RD
SAN JOAQUIN CO CA 175-A3
Rt#-J5 N ELLIOT RD
SACRAMENTO CO CA 175-B1
SAN JOAQUIN CO CA 175-B1
Rt#-J5 E HAMMOND ST
SAN JOAQUIN CO CA 175-B1
Rt#-J5 N JACK TONE RD
RIPON CA 175-B3
SAN JOAQUIN CO CA 175-B1
SAN JOAQUIN CO CA 260-D3
Rt#-J5 S JACK TONE RD
RIPON CA 175-B3
SAN JOAQUIN CO CA 175-B3
SAN JOAQUIN CO CA 260-D6
Rt#-J5 N TULLY RD
SAN JOAQUIN CO CA 175-B1

CRA

INDEX

417 Rt#-J6 ESCALON-BELLOTA STREET INDEX Rt#-S22 PEG LEG RD

CRA
INDEX

STREET
City State Page-Grid

Rt#-J6 ESCALON-BELLOTA RD
SAN JOAQUIN CO CA 175-B2
Rt#-J6 N ESCALON-BELLOTA RD
SAN JOAQUIN CO CA 175-B2
Rt#-J6 S ESCALON-BELLOTA RD
ESCALON CA 175-B2
SAN JOAQUIN CO CA 175-B2
Rt#-J6 MCHENRY AV
STANISLAUS CO CA 261-B2
Rt#-J6 S MCHENRY AV
ESCALON CA 175-B2
ESCALON CA 261-B1
SAN JOAQUIN CO CA 261-B1
Rt#-J7 1ST ST
RIVERBANK CA 261-B2
Rt#-J7 CLAUS RD
MODESTO CA 261-C3
RIVERBANK CA 261-C3
STANISLAUS CO CA 261-C3
Rt#-J7 MAIN ST
ESCALON CA 175-B2
ESCALON CA 261-B1
SAN JOAQUIN CO CA 261-B1
Rt#-J7 MARIPOSA RD
SAN JOAQUIN CO CA 175-B2
SAN JOAQUIN CO CA 260-C5
STOCKTON CA 260-C5
Rt#-J7 E MARIPOSA RD
SAN JOAQUIN CO CA 175-B2
Rt#-J7 E OLIVE AV
MERCED CA 181-A1
MERCED CO CA 181-A1
Rt#-J7 W OLIVE AV
MERCED CA 181-A1
Rt#-J7 SANTA FE AV
STANISLAUS CO CA 175-C3
STANISLAUS CO CA 261-D6
Rt#-J7 SANTA FE DR
ATWATER CA 180-C1
MERCED CO CA 175-C3
MERCED CO CA 180-C1
MERCED CO CA 181-A1
Rt#-J7 N SANTA FE AV
STANISLAUS CO CA 261-D5
Rt#-J7 S SANTA FE AV
HUGHSON CA 261-C4
SAN JOAQUIN CO CA 261-B1
STANISLAUS CO CA 261-C4
Rt#-J8 N DEVRIES RD
SAN JOAQUIN CO CA 175-A1
SAN JOAQUIN CO CA 260-A1
Rt#-J8 FRANKLIN BLVD
ELK GROVE CA 238-B4
SACRAMENTO CA 238-B4
SACRAMENTO CA 319-F7
SACRAMENTO CO CA 238-B4
Rt#-J8 E HAMMER LN
SAN JOAQUIN CO CA 260-B3
STOCKTON CA 260-B3
Rt#-J8 W HAMMER LN
SAN JOAQUIN CO CA 260-B3
STOCKTON CA 260-B3
Rt#-J8 THORNTON RD
SACRAMENTO CO CA 238-B6
SAN JOAQUIN CO CA 260-B3
STOCKTON CA 260-B3
Rt#-J8 N THORNTON RD
SAN JOAQUIN CO CA 175-A1
SAN JOAQUIN CO CA 238-C6
SAN JOAQUIN CO CA 260-A2
Rt#-J8 W THORNTON RD
SAN JOAQUIN CO CA 238-C7
Rt#-J9 F ST
STANISLAUS CO CA 261-D3
WATERFORD CA 175-C3
WATERFORD CA 261-D3
Rt#-J9 E FRENCH CAMP RD
SAN JOAQUIN CO CA 260-C6
STOCKTON CA 260-C6
Rt#-J9 HICKMAN RD
STANISLAUS CO CA 175-C3
WATERFORD CA 175-C3
Rt#-J9 N HICKMAN RD
STANISLAUS CO CA 175-C3
Rt#-J9 LONE TREE RD
STANISLAUS CO CA 175-B2
Rt#-J9 E LONE TREE RD
SAN JOAQUIN CO CA 175-B2
SAN JOAQUIN CO CA 260-D7
Rt#-J9 OAKDALE WATERFORD HWY
STANISLAUS CO CA 261-D2
Rt#-J9 VALLEY HOME RD
STANISLAUS CO CA 175-B2
STANISLAUS CO CA 261-C1
Rt#-J10 LINCOLN WY
GALT CA 238-D6
SACRAMENTO CO CA 238-D6
Rt#-J10 LOWER SACRAMENTO RD
SAN JOAQUIN CO CA 260-B3
STOCKTON CA 260-B3
Rt#-J10 N LOWER SACRAMENTO RD
LODI CA 175-A1
LODI CA 260-B1
SAN JOAQUIN CO CA 175-A1
SAN JOAQUIN CO CA 238-D7
SAN JOAQUIN CO CA 260-B1
Rt#-J10 S LOWER SACRAMENTO RD
LODI CA 260-B1
SAN JOAQUIN CO CA 260-B1
Rt#-J10 PACIFIC AV
SAN JOAQUIN CO CA 260-B3
STOCKTON CA 260-B3
STOCKTON CA 339-C3
Rt#-J10 SIMMERHORN RD
GALT CA 238-D6
Rt#-J10 W TURNER RD
LODI CA 260-B1
Rt#-J11 RIVER RD
SACRAMENTO CO CA 238-B7
Rt#-J11 W WALNUT GROVE RD
SAN JOAQUIN CO CA 238-B7
Rt#-J11 WALNUT GRV THRNTN RD
SACRAMENTO CO CA 238-A7
Rt#-J12 E COLLIER RD
SAN JOAQUIN CO CA 175-B1
Rt#-J12 E JAHANT RD
SAN JOAQUIN CO CA 175-B1
Rt#-J12 N MACKVILLE RD
SAN JOAQUIN CO CA 175-B1
Rt#-J12 E PELTIER RD
SAN JOAQUIN CO CA 175-A1
Rt#-J12 W PELTIER RD
SAN JOAQUIN CO CA 175-A1
Rt#-J12 N TULLY RD
SAN JOAQUIN CO CA 175-B1
Rt#-J13 N TRACY BLVD
TRACY CA 175-A3
Rt#-J13 S TRACY BLVD
SAN JOAQUIN CO CA 175-A2
TRACY CA 175-A3
Rt#-J13 W TRACY BLVD
SAN JOAQUIN CO CA 175-A2
Rt#-J14 ALBERS RD
STANISLAUS CO CA 261-C3
Rt#-J14 GEER RD
STANISLAUS CO CA 261-C5
TURLOCK CA 261-C5
Rt#-J14 JENNY LIND RD
CALAVERAS CO CA 175-B2
Rt#-J14 LANDER AV
STANISLAUS CO CA 261-C7
TURLOCK CA 261-C6
Rt#-J14 MILTON RD
CALAVERAS CO CA 175-C2
STANISLAUS CO CA 175-C2
Rt#-J14 SONORA RD
STANISLAUS CO CA 175-B2
Rt#-J14 TWENTY-SIX MILE RD
STANISLAUS CO CA 175-B2
STANISLAUS CO CA 261-C1
Rt#-J14 S YOSEMITE AV
OAKDALE CA 261-C1
Rt#-J15 N BEN MADDOX WY
TULARE CO CA 266-C2
VISALIA CA 266-C2
Rt#-J15 LOVERS LN
TULARE CO CA 266-C4
Rt#-J15 S LOVERS LN
TULARE CO CA 266-C3
VISALIA CA 266-C2
Rt#-J15 ROAD 132
TULARE CO CA 182-A3
TULARE CO CA 266-C1
Rt#-J15 ROAD 152
TULARE CO CA 191-A1
TULARE CO CA 266-C5
Rt#-J16 BEAR VALLEY RD
MARIPOSA CO CA 176-A3
Rt#-J16 CROWS LANDING RD
STANISLAUS CO CA 261-B5
Rt#-J16 W GRAYSON RD
STANISLAUS CO CA 175-B3
STANISLAUS CO CA 261-A5
Rt#-J16 HORNITOS RD
MARIPOSA CO CA 176-A3
MERCED CO CA 176-A3
Rt#-J16 HOWARD RD
STANISLAUS CO CA 175-A3
Rt#-J16 KEYES RD
MERCED CO CA 175-C3
MERCED CO CA 176-A3
STANISLAUS CO CA 175-C3
Rt#-J16 E KEYES RD
STANISLAUS CO CA 175-C3
STANISLAUS CO CA 261-D5
Rt#-J16 MERCED FALLS RD
MERCED CO CA 176-A3
Rt#-J16 MONTGOMERY ST
MERCED CO CA 176-A3
Rt#-J17 DEL PUERTO CANYON RD
STANISLAUS CO CA 175-A3
Rt#-J17 EAST AV
MERCED CO CA 175-C3
STANISLAUS CO CA 175-C3
STANISLAUS CO CA 261-D6
TURLOCK CA 261-D6
Rt#-J17 E LAS PALMAS AV
PATTERSON CA 175-B3
STANISLAUS CO CA 175-B3
STANISLAUS CO CA 261-A6
Rt#-J17 W LAS PALMAS AV
PATTERSON CA 175-B3
Rt#-J17 W MAIN ST
STANISLAUS CO CA 261-A6
TURLOCK CA 261-B6
Rt#-J17 MARSHALL ST
TURLOCK CA 261-C6
Rt#-J17 OAKDALE RD
MERCED CO CA 175-C3
Rt#-J17 SPERRY AV
PATTERSON CA 175-B3
STANISLAUS CO CA 175-B3
Rt#-J17 TURLOCK RD
MERCED CO CA 175-C3
MERCED CO CA 176-A3
Rt#-J18 HILLS FERRY RD
STANISLAUS CO CA 180-B1
Rt#-J18 MCCULLAGH RD
MERCED CO CA 180-B1
Rt#-J18 RIVER RD
MERCED CO CA 180-B1
Rt#-J18 E STUHR RD
STANISLAUS CO CA 180-B1
Rt#-J18 W STUHR RD
STANISLAUS CO CA 180-B1
Rt#-J18 WESTSIDE BLVD
MERCED CO CA 180-C1
Rt#-J19 ALTA AV
DINUBA CA 182-A3
TULARE CO CA 182-A3
Rt#-J19 S ALTA AV
FRESNO CO CA 182-A3
Rt#-J19 E MANNING AV
FRESNO CO CA 182-A3
ORANGE COVE CA 182-A3
Rt#-J19 PLAZA DR
VISALIA CA 266-A2
Rt#-J19 ROAD 80
TULARE CO CA 182-A3
TULARE CO CA 266-A2
Rt#-J20 MAIN ST
MARIPOSA CO CA 176-A3
Rt#-J20 SMITH STATION RD
MARIPOSA CO CA 176-B2
Rt#-J20 SMITH STATION RD
TUOLUMNE CO CA 176-B2
Rt#-J21 DRY CREEK DR
TULARE CO CA 182-B3
TULARE CO CA 265-A5
Rt#-J22 AVENUE 54
TULARE CO CA 191-A2
Rt#-J22 AVENUE 56
TULARE CO CA 191-B2
Rt#-J22 BORCHARDT DR
TULARE CO CA 191-A2
Rt#-J22 CENTER AV
TULARE CO CA 191-A2
Rt#-J22 SIERRA AV
TULARE CO CA 191-A2
Rt#-J23 FARMERSVILLE BLVD
FARMERSVILLE CA 266-D3
TULARE CO CA 266-D3
Rt#-J23 FARMERSVILLE RD
TULARE CO CA 266-D5
Rt#-J23 ROAD 158
TULARE CO CA 266-C2
Rt#-J24 AVENUE 95
TULARE CO CA 191-B2
Rt#-J24 AVENUE 96
TULARE CO CA 191-B2
Rt#-J24 TERRA BELLA AV
TULARE CO CA 191-A2
Rt#-J25 ROAD 68
TULARE CO CA 266-A3
VISALIA CA 266-A3
Rt#-J26 OLIVE AV
TULARE CO CA 191-B1
Rt#-J26 W OLIVE AV
PORTERVILLE CA 191-B1
TULARE CO CA 191-B1
Rt#-J27 AVENUE 192
TULARE CO CA 191-B1
TULARE CO CA 266-D6
Rt#-J27 AVENUE 336
TULARE CO CA 266-D1
Rt#-J27 MILLWOOD DR
TULARE CO CA 182-B3
TULARE CO CA 266-D1
Rt#-J27 ROAD 192
TULARE CO CA 191-B1
TULARE CO CA 266-D6
Rt#-J27 ROAD 196
TULARE CO CA 191-B1
TULARE CO CA 266-D1
WOODLAKE CA 266-D1
Rt#-J28 AVENUE 176
TULARE CO CA 191-C1
Rt#-J28 AVENUE 196
TULARE CO CA 191-B1
Rt#-J28 M 176
TULARE CO CA 191-B1
Rt#-J28 ROAD 276
TULARE CO CA 191-B1
Rt#-J29 HERMOSA ST
LINDSAY CA 191-B1
Rt#-J29 MAIN ST
PORTERVILLE CA 191-B1
TULARE CO CA 191-B1
Rt#-J29 N MAIN ST
PORTERVILLE CA 191-B1
TULARE CO CA 191-B1
Rt#-J29 S MAIN ST
PORTERVILLE CA 191-B1
TULARE CO CA 191-B1
Rt#-J29 S MIRAGE AV
LINDSAY CA 191-B1
Rt#-J29 ORANGE BELT DR
PORTERVILLE CA 191-B1
TULARE CO CA 191-B1
Rt#-J30 E CALDWELL AV
TULARE CO CA 266-C3
VISALIA CA 266-C3
Rt#-J30 W CALDWELL AV
TULARE CO CA 266-B3
VISALIA CA 266-B3
Rt#-J30 FILBERT RD
EXETER CA 266-D3
Rt#-J30 E FIREBAUGH AV
EXETER CA 266-D3
Rt#-J30 W FIREBAUGH AV
EXETER CA 266-D3
Rt#-J30 VISALIA RD
EXETER CA 266-C3
FARMERSVILLE CA 266-C3
TULARE CO CA 266-C3
Rt#-J31 S FRANKWOOD AV
FRESNO CO CA 182-A3
REEDLEY CA 182-A3
Rt#-J31 ROAD 56
TULARE CO CA 182-A3
Rt#-J31 ROAD 60
TULARE CO CA 182-A3
Rt#-J32 BETTY DR
TULARE CO CA 266-A2
Rt#-J32 CAMP DR
TULARE CO CA 266-A2
Rt#-J32 ELDER AV
TULARE CO CA 266-A2
Rt#-J32 GOSHEN AV
TULARE CO CA 266-B2
VISALIA CA 266-B2
Rt#-J32 W MURRAY AV
VISALIA CA 266-B2
Rt#-J33 KINSMAN DR
TULARE CO CA 191-A2
Rt#-J33 ROAD 38
TULARE CO CA 191-A2
Rt#-J33 ROAD 40
TULARE CO CA 191-A2
Rt#-J33 TULE RD
TULARE CO CA 191-A2
Rt#-J34 AVENUE 328
TULARE CO CA 266-C1
Rt#-J35 RICHGROVE DR
TULARE CO CA 191-B2
Rt#-J35 ROAD 232
TULARE CO CA 191-B2
Rt#-J36 AVENUE 368
TULARE CO CA 182-A3
Rt#-J36 MERRITT DR
TULARE CO CA 182-A3
Rt#-J37 BALCH PARK RD
TULARE CO CA 191-C1
Rt#-J37 BEAR CREEK
TULARE CO CA 191-C1
Rt#-J37 BEAR CREEK DR
TULARE CO CA 191-C1
Rt#-J37 NM 231
TULARE CO CA 191-C1
Rt#-J37 SPRINGVILLE MILO RD
TULARE CO CA 191-C1
Rt#-J38 AVENUE 384
TULARE CO CA 182-A3
Rt#-J40 BOYD DR
TULARE CO CA 182-B3
Rt#-J40 EL MONTE AV
TULARE CO CA 182-A3
Rt#-J40 EL MONTE WY
DINUBA CA 182-A3
TULARE CO CA 182-A3
Rt#-J40 E MOUNTAIN VIEW AV
FRESNO CO CA 181-C3
FRESNO CO CA 182-A3
TULARE CO CA 182-A3
Rt#-J40 NOB HILL CT
DINUBA CA 182-A3
TULARE CO CA 182-A3
Rt#-J40 ROAD 168
TULARE CO CA 182-B3
Rt#-J41 KENNEDY MEADOW RD
TULARE CO CA 192-B2
Rt#-J42 AVENUE 138
TULARE CO CA 191-B1
Rt#-J42 BIA 70 HWY
TULARE CO CA 191-C1
Rt#-J42 COUNTY HWY J42 HWY
TULARE CO CA 191-C1
Rt#-J42 INDIAN SERVICE RD
TULARE CO CA 191-C1
Rt#-J42 RESERVATION RD
TULARE CO CA 191-B1
Rt#-J42 ROAD 284
TULARE CO CA 191-B1
Rt#-J42 SOUTH INDIAN SRVC RD
TULARE CO CA 191-C1
Rt#-J44 AVENUE 2
KERN CO CA 191-B2
TULARE CO CA 191-B2
Rt#-J44 AVENUE 4
TULARE CO CA 191-B2
Rt#-J44 COUNTY LINE RD
DELANO CA 191-B2
KERN CO CA 191-B2
TULARE CO CA 191-B2
Rt#-J44 ROAD 200
TULARE CO CA 191-B2
Rt#-J59 LA GRANGE RD
MERCED CO CA 176-A3
STANISLAUS CO CA 176-A3
TUOLUMNE CO CA 176-A2
Rt#-J59 OLD LA GRANGE RD
STANISLAUS CO CA 176-A3
Rt#-N1 LAS VIRGENES RD
CALABASAS CA 280-B3
LOS ANGELES CO CA 280-B3
Rt#-N1 N MALIBU CANYON RD
LOS ANGELES CO CA 280-B4
Rt#-N1 S MALIBU CANYON RD
LOS ANGELES CO CA 280-B4
MALIBU CA 280-B4
Rt#-N2 ELIZABETH LAKE RD
LOS ANGELES CO CA 200-A2
PALMDALE CA 200-A2
Rt#-N2 PALMDALE BLVD
PALMDALE CA 200-B2
Rt#-N2 PINE CANYON RD
LOS ANGELES CO CA 200-A2
Rt#-N3 ANGELES FOREST HWY
LOS ANGELES CO CA 200-B3
Rt#-N4 BIG PINES HWY
LOS ANGELES CO CA 200-C3
Rt#-N4 LARGO VISTA RD
LOS ANGELES CO CA 200-C3
Rt#-N5 AVENUE J
LANCASTER CA 200-B2
LOS ANGELES CO CA 200-C2
Rt#-N6 DEVILS PUNCHBOWL RD
LOS ANGELES CO CA 200-C3
Rt#-N6 LONGVIEW RD
LOS ANGELES CO CA 200-C3
Rt#-N6 TUMBLEWEED RD
LOS ANGELES CO CA 200-C3
Rt#-N7 HAWTHORNE BLVD
RANCHO PALOS VERDES CA 286-B3
ROLLING HILLS ESTATES CA 286-B3
TORRANCE CA 286-B3
Rt#-N8 AZUSA AV
CITY OF INDUSTRY CA 282-D4
LOS ANGELES CO CA 282-D4
WEST COVINA CA 282-D4
Rt#-N8 S AZUSA AV
CITY OF INDUSTRY CA 282-D4
LA PUENTE CA 282-D4
LOS ANGELES CO CA 282-D4
WEST COVINA CA 282-D4
Rt#-N8 COLIMA RD
LOS ANGELES CO CA 282-C6
WHITTIER CA 282-C6
Rt#-N8 LA MIRADA BLVD
BUENA PARK CA 282-C7
LA MIRADA CA 282-C6
LOS ANGELES CO CA 282-C6
Rt#-N9 KANAN DUME RD
LOS ANGELES CO CA 280-A4
MALIBU CA 280-A4
Rt#-N9 KANAN RD
AGOURA HILLS CA 280-A3
LOS ANGELES CO CA 280-A3
Rt#-R2 KAISER RD
RIVERSIDE CO CA 210-B1
Rt#-R2 YUCCA DR
RIVERSIDE CO CA 210-B1
Rt#-R3 CACTUS VALLEY RD
RIVERSIDE CO CA 208-C2
Rt#-R3 SAGE RD
RIVERSIDE CO CA 208-C2
Rt#-R3 STATE ST
HEMET CA 208-C2
Rt#-R3 STATE ST
RIVERSIDE CO CA 208-C2
Rt#-R3 S STATE ST
HEMET CA 208-C2
Rt#-S1 BUCKMAN SPRINGS RD
SAN DIEGO CO CA 213-A2
Rt#-S1 OLD HIGHWAY 80
SAN DIEGO CO CA 213-A1
Rt#-S1 SUNRISE HWY
SAN DIEGO CO CA 213-A1
Rt#-S2 GRT STHN OVLD STG RTE
SAN DIEGO CO CA 213-A1
Rt#-S2 GRT STHN OVLD STGE RTE
SAN DIEGO CO CA 213-B1
Rt#-S2 IMPERIAL HWY
IMPERIAL CO CA 213-C1
Rt#-S2 SAN FELIPE RD
SAN DIEGO CO CA 209-A3
SAN DIEGO CO CA 213-A1
Rt#-S2 SWEENEY PASS RD
SAN DIEGO CO CA 213-C1
Rt#-S3 BORREGO SPRINGS RD
SAN DIEGO CO CA 209-B3
Rt#-S3 YAQUI PASS RD
SAN DIEGO CO CA 209-B3
Rt#-S4 POWAY RD
POWAY CA 294-A4
SAN DIEGO CA 293-D4
SAN DIEGO CA 294-A4
Rt#-S5 ESPOLA RD
POWAY CA 294-A3
SAN DIEGO CA 294-A3
Rt#-S5 POMERADO RD
SAN DIEGO CA 294-A2
Rt#-S5 RANCHO BERNARDO RD
SAN DIEGO CA 294-A3
Rt#-S6 E 2ND AV
ESCONDIDO CA 293-D1
Rt#-S6 W 2ND AV
ESCONDIDO CA 293-D1
Rt#-S6 CANFIELD RD
SAN DIEGO CO CA 208-C3
Rt#-S6 DEL DIOS HWY
ESCONDIDO CA 293-D2
SAN DIEGO CO CA 293-D2
Rt#-S6 EL ESCONDIDO DEL DIOS
SAN DIEGO CO CA 293-C3
Rt#-S6 S GRADE RD
SAN DIEGO CO CA 208-C3
Rt#-S6 W GRAND AV
ESCONDIDO CA 293-D1
Rt#-S6 HIGHWAY TO THE STARS
SAN DIEGO CO CA 208-C3
Rt#-S6 PASEO DELICIAS
SAN DIEGO CO CA 293-C3
Rt#-S6 N VALLEY BLVD
ESCONDIDO CA 293-D1
Rt#-S6 S VALLEY BLVD
ESCONDIDO CA 293-D1
Rt#-S6 VALLEY PKWY
ESCONDIDO CA 293-D1
Rt#-S6 E VALLEY PKWY
ESCONDIDO CA 208-C3
ESCONDIDO CA 293-D1
ESCONDIDO CA 294-A1
Rt#-S6 W VALLEY PKWY
ESCONDIDO CA 293-D1
Rt#-S6 VALLEY CENTER RD
ESCONDIDO CA 208-C3
SAN DIEGO CO CA 208-C3
Rt#-S6 VIA DE LA VALLE
DEL MAR CA 293-C3
SAN DIEGO CA 293-C3
SAN DIEGO CO CA 293-C3
Rt#-S7 E GRADE RD
SAN DIEGO CO CA 208-C3
SAN DIEGO CO CA 209-A3
Rt#-S8 LINEA DEL CIELO
SAN DIEGO CO CA 293-C3
Rt#-S8 LOMAS SANTA FE DR
SAN DIEGO CO CA 293-B3
SOLANA BEACH CA 293-B3
Rt#-S8 PASEO DELICIAS
SAN DIEGO CO CA 293-C3
Rt#-S9 ENCINITAS BLVD
ENCINITAS CA 293-B2
Rt#-S9 LA BAJADA
SAN DIEGO CO CA 293-C3
Rt#-S9 LA GRANADA
SAN DIEGO CO CA 293-C3
Rt#-S9 LOS MORROS
SAN DIEGO CO CA 293-C3
Rt#-S9 RANCHO SANTA FE RD
ENCINITAS CA 293-B3
SAN DIEGO CO CA 293-B3
Rt#-S10 OLIVENHAIN RD
CARLSBAD CA 293-B2
ENCINITAS CA 293-B2
Rt#-S10 RANCHO SANTA FE RD
CARLSBAD CA 293-B2
Rt#-S10 N RANCHO SANTA FE RD
SAN MARCOS CA 292-C7
Rt#-S10 S RANCHO SANTA FE RD
CARLSBAD CA 293-C1
SAN MARCOS CA 292-C7
SAN MARCOS CA 293-C1
Rt#-S11 EL CAMINO REAL
CARLSBAD CA 292-A7
CARLSBAD CA 293-B1
ENCINITAS CA 293-B1
OCEANSIDE CA 292-A7
Rt#-S11 N EL CAMINO REAL
CARLSBAD CA 293-B2
ENCINITAS CA 293-B2
Rt#-S12 DEER SPRINGS RD
SAN DIEGO CO CA 292-D6
SAN MARCOS CA 292-D6
Rt#-S12 PALOMAR AIRPORT RD
CARLSBAD CA 293-A1
SAN MARCOS CA 293-A1
Rt#-S12 W SAN MARCOS BLVD
SAN MARCOS CA 292-C7
SAN MARCOS CA 293-C1
Rt#-S12 N TWIN OAKS VALLEY RD
SAN MARCOS CA 292-C7
Rt#-S13 N MAIN AV
SAN DIEGO CO CA 292-B3
Rt#-S13 S MAIN AV
SAN DIEGO CO CA 292-B3
Rt#-S13 E MISSION RD
SAN DIEGO CO CA 292-B3
Rt#-S13 S MISSION RD
SAN DIEGO CO CA 292-B3
Rt#-S13 E VISTA WY
SAN DIEGO CO CA 292-C6
VISTA CA 292-B6
Rt#-S13 W VISTA WY
VISTA CA 292-B6
Rt#-S13 VISTA VILLAGE DR
VISTA CA 292-B6
Rt#-S14 E MISSION RD
SAN MARCOS CA 292-C7
SAN MARCOS CA 293-D1
Rt#-S14 W MISSION AV
ESCONDIDO CA 293-D1
Rt#-S14 W MISSION RD
ESCONDIDO CA 293-D1
SAN MARCOS CA 292-C7
SAN MARCOS CA 293-D1
Rt#-S14 N SANTA FE AV
OCEANSIDE CA 292-B6
SAN DIEGO CO CA 292-B6
VISTA CA 292-B6
Rt#-S14 S SANTA FE AV
SAN DIEGO CO CA 292-C7
SAN MARCOS CA 292-C7
VISTA CA 292-B6
Rt#-S15 E FALLBROOK ST
SAN DIEGO CO CA 292-B3
Rt#-S15 RECHE RD
SAN DIEGO CO CA 292-C3
Rt#-S15 S STAGE COACH LN
SAN DIEGO CO CA 292-B3
Rt#-S16 3RD ST
SAN DIEGO CO CA 292-D3
Rt#-S16 PALA RD
RIVERSIDE CO CA 292-D1
SAN DIEGO CO CA 292-D2
Rt#-S16 PALA TEMECULA RD
SAN DIEGO CO CA 292-D2
Rt#-S16 PECHANGA PKWY
RIVERSIDE CO CA 292-D1
TEMECULA CA 292-D1
Rt#-S17 BONITA RD
CHULA VISTA CA 296-A3
SAN DIEGO CO CA 296-A3
Rt#-S17 E ST
CHULA VISTA CA 295-D3
CHULA VISTA CA 296-A3
Rt#-S17 JAMACHA BLVD
SAN DIEGO CO CA 296-B2
Rt#-S17 SWEETWATER RD
SAN DIEGO CO CA 296-A2
Rt#-S18 EL TORO RD
ALISO VIEJO CA 288-C6
LAGUNA BEACH CA 288-C6
LAGUNA HILLS CA 288-C6
LAGUNA WOODS CA 288-C6
LAKE FOREST CA 288-C6
MISSION VIEJO CA 288-C6
ORANGE CO CA 288-C6
Rt#-S18 SANTIAGO CANYON RD
LAKE FOREST CA 288-D3
ORANGE CA 288-D3
ORANGE CO CA 288-D3
Rt#-S19 LIVE OAK CANYON RD
ORANGE CO CA 208-A2
ORANGE CO CA 288-D4
Rt#-S19 PLANO TRABUCO RD
ORANGE CO CA 208-A2
RANCHO SANTA MARGARITA CA 208-A2
Rt#-S19 TRABUCO CANYON RD
ORANGE CO CA 208-A2
RANCHO SANTA MARGARITA CA 208-A2
Rt#-S21 CAMINO DEL MAR
DEL MAR CA 293-B4
Rt#-S21 S CAMINO DEL MAR
DEL MAR CA 293-B4
Rt#-S21 CARLSBAD BLVD
CARLSBAD CA 292-A7
CARLSBAD CA 293-A1
ENCINITAS CA 293-A1
Rt#-S21 N COAST HWY
OCEANSIDE CA 291-D6
OCEANSIDE CA 292-A6
SAN DIEGO CO CA 291-D6
Rt#-S21 S COAST HWY
CARLSBAD CA 292-A7
OCEANSIDE CA 292-A7
Rt#-S21 N COAST HWY 101
ENCINITAS CA 293-B2
Rt#-S21 S COAST HWY 101
ENCINITAS CA 293-B2
Rt#-S21 GENESEE AV
SAN DIEGO CA 293-B5
Rt#-S21 N HWY 101
SOLANA BEACH CA 293-B3
Rt#-S21 S HWY 101
DEL MAR CA 293-B4
ENCINITAS CA 293-B3
SOLANA BEACH CA 293-B3
Rt#-S21 N TORREY PINES RD
DEL MAR CA 293-B5
SAN DIEGO CA 293-B5
Rt#-S22 BORREGO SALTON SEAWAY
IMPERIAL CO CA 209-B3
SAN DIEGO CO CA 209-B3
Rt#-S22 CHRISTMAS CIR
SAN DIEGO CO CA 209-B3
Rt#-S22 MONTEZUMA VALLEY RD
SAN DIEGO CO CA 209-A3
Rt#-S22 PALM CANYON DR
SAN DIEGO CO CA 209-B3
Rt#-S22 PEG LEG RD
SAN DIEGO CO CA 209-B3

Rt#-S24 BARD RD
STREET INDEX
Rt#-20 E ST 418

STREET
City State Page-Grid

Rt#-S24 BARD RD
IMPERIAL CO CA 215-B1
Rt#-S24 COLBY RD
IMPERIAL CO CA 215-B1
Rt#-S24 IMPERIAL DAM RD
IMPERIAL CO CA 215-B1
Rt#-S24 IMPERIAL RD
IMPERIAL CO CA 215-B1
Rt#-S24 MERRING RD
IMPERIAL CO CA 215-B1
Rt#-S24 PICACHO RD
IMPERIAL CO CA 215-A1
Rt#-S24 ROSS RD
IMPERIAL CO CA 215-B1
Rt#-S24 YORK RD
IMPERIAL CO CA 215-B1
Rt#-S26 BOARTS RD
IMPERIAL CO CA 214-A1
Rt#-S26 KALIN RD
IMPERIAL CO CA 214-A1
Rt#-S26 MILLER AV
IMPERIAL CO CA 214-A1
WESTMORLAND CA 214-A1
Rt#-S26 RUTHERFORD RD
IMPERIAL CO CA 214-B1
Rt#-S27 KEYSTONE RD
IMPERIAL CO CA 214-B1
Rt#-S27 MCCONNELL RD
IMPERIAL CO CA 214-B1
Rt#-S28 BARIONI ST
IMPERIAL CA 214-A1
Rt#-S28 WORTHINGTON RD
IMPERIAL CA 214-A1
IMPERIAL CO CA 214-A1
Rt#-S29 DREW RD
IMPERIAL CO CA 214-A1
Rt#-S30 BROCKMAN RD
IMPERIAL CO CA 214-A2
Rt#-S30 EDDINS RD
IMPERIAL CO CA 210-A3
Rt#-S30 FORRESTER RD
IMPERIAL CO CA 214-A1
WESTMORLAND CA 214-A1
Rt#-S30 GENTRY RD
IMPERIAL CO CA 210-A3
IMPERIAL CO CA 214-A1
Rt#-S30 MAIN ST
CALIPATRIA CA 210-B3
Rt#-S30 MCCABE RD
IMPERIAL CO CA 214-A1
Rt#-S30 WALKER RD
IMPERIAL CO CA 214-A1
Rt#-S31 DOGWOOD RD
BRAWLEY CA 214-B2
EL CENTRO CA 375-F5
IMPERIAL CO CA 214-B2
IMPERIAL CO CA 375-F2
Rt#-S32 4TH ST
HOLTVILLE CA 214-B1
Rt#-S32 BUTTERS RD
IMPERIAL CO CA 214-B1
Rt#-S32 GONDER RD
IMPERIAL CO CA 214-B1
Rt#-S32 HOLT AV
HOLTVILLE CA 214-B1
IMPERIAL CO CA 214-B1
Rt#-S32 HOLT RD
IMPERIAL CO CA 214-B1
Rt#-S32 ORCHARD RD
HOLTVILLE CA 214-B1
IMPERIAL CO CA 214-B1
Rt#-S33 BONESTEELE RD
IMPERIAL CO CA 214-B2
Rt#-S33 GONDER RD
IMPERIAL CO CA 214-B1
Rt#-S33 GREEN RD
IMPERIAL CO CA 214-B1
Rt#-S33 HIGHLINE RD
IMPERIAL CO CA 214-B1
Rt#-S33 KAVANAUGH RD
IMPERIAL CO CA 214-B1
Rt#-S33 KUMBERG MESA RD
IMPERIAL CO CA 214-B2
Rt#-S33 MILLER RD
IMPERIAL CO CA 214-B2
Rt#-S34 OGILBY RD
IMPERIAL CO CA 210-C3
IMPERIAL CO CA 214-C1
IMPERIAL CO CA 215-A1
Rt#-S80 ADAMS AV
EL CENTRO CA 214-A1
EL CENTRO CA 375-A6
IMPERIAL CO CA 214-A1
IMPERIAL CO CA 375-A6
Rt#-S80 EVAN HEWES HWY
EL CENTRO CA 214-B1
EL CENTRO CA 375-G6
IMPERIAL CO CA 213-C1
IMPERIAL CO CA 214-A1
Rt#-S80 MAIN ST
EL CENTRO CA 375-E6
Rt#-1 1ST ST
MARIN CO CA 245-C3
Rt#-1 19TH AV
SAN FRANCISCO CA 249-C2
SAN FRANCISCO CA 325-D8
Rt#-1 A ST
MARIN CO CA 245-C3
Rt#-1 BAY HWY
SONOMA CO CA 173-B1
Rt#-1 BYPASS DR
SAN FRANCISCO CA 325-D6
Rt#-1 CABRILLO FRWY
DALY CITY CA 249-C3
PACIFICA CA 249-C4
Rt#-1 CABRILLO HWY
GROVER BEACH CA 272-B4
GUADALUPE CA 272-B4
HALF MOON BAY CA 249-B6
HALF MOON BAY CA 252-A2
LOMPOC CA 198-A3
MARINA CA 258-C3
MONTEREY CA 258-C3
MONTEREY CA 337-E10
MONTEREY CO CA 179-B3
MONTEREY CO CA 188-C1
MONTEREY CO CA 189-A2
MONTEREY CO CA 256-C7
MONTEREY CO CA 258-C3
MONTEREY CO CA 337-E10
MONTEREY CO CA 338-E2
MORRO BAY CA 271-B4
PACIFICA CA 249-B6
Rt#-1 CABRILLO HWY
PISMO BEACH CA 272-B4
SAN LUIS OBISPO CA 347-C2
SAN LUIS OBISPO CO CA 189-A2
SAN LUIS OBISPO CO CA 271-B4
SAN LUIS OBISPO CO CA 272-B4
SAN LUIS OBISPO CO CA 347-E2
SAN MATEO CO CA 249-B6
SAN MATEO CO CA 252-A2
SAN MATEO CO CA 255-B2
SAND CITY CA 258-C3
SANTA BARBARA CO CA 198-A3
SANTA BARBARA CO CA 272-B5
SANTA BARBARA CO CA 273-A5
SANTA CRUZ CA 255-C3
SANTA CRUZ CA 335-A8
SANTA CRUZ CO CA 255-B2
SANTA CRUZ CO CA 256-B4
SEASIDE CA 258-C3
WATSONVILLE CA 256-C4
Rt#-1 CARRETERA A ENSENADA
BAJA CALIFORNIA NORTE BC 296-B6
TIJUANA BC 296-B6
Rt#-1 CRTRA AL PBLD LA GLORIA
BAJA CALIFORNIA NORTE BC 212-C3
BAJA CALIFORNIA NORTE BC 296-B7
TIJUANA BC 296-B7
Rt#-1 CIENAGA ST
SAN LUIS OBISPO CO CA 272-A2
Rt#-1 COAST HWY
LAGUNA BEACH CA 288-B7
ORANGE CO CA 288-B6
SONOMA CO CA 168-A3
SONOMA CO CA 173-B1
SONOMA CO CA 239-A7
Rt#-1 E COAST HWY
NEWPORT BEACH CA 288-A6
NEWPORT BEACH CA 364-E7
ORANGE CO CA 288-A6
Rt#-1 N COAST HWY
LAGUNA BEACH CA 288-B7
LAGUNA BEACH CA 365-A4
ORANGE CO CA 288-B7
Rt#-1 S COAST HWY
LAGUNA BEACH CA 207-C3
LAGUNA BEACH CA 365-C5
Rt#-1 W COAST HWY
NEWPORT BEACH CA 287-D5
NEWPORT BEACH CA 364-C7
ORANGE CO CA 287-D5
Rt#-1 CROSS OVER DR
SAN FRANCISCO CA 325-D7
Rt#-1 DEL PRADO AV
DANA POINT CA 207-C3
Rt#-1 DOLLIVER ST
GROVER BEACH CA 272-A1
PISMO BEACH CA 272-A1
Rt#-1 FRONT ST
SAN LUIS OBISPO CO CA 272-A1
Rt#-1 FRWY
CAPITOLA CA 256-A3
SAN FRANCISCO CA 325-E2
SANTA CRUZ CA 255-D3
SANTA CRUZ CA 335-E4
SANTA CRUZ CO CA 255-D3
SANTA CRUZ CO CA 256-A3
Rt#-1 GUADALUPE RD
SAN LUIS OBISPO CO CA 272-B3
Rt#-1 GUADALUPE ST
GUADALUPE CA 272-B4
Rt#-1 N H ST
LOMPOC CA 198-A2
SANTA BARBARA CO CA 198-A2
Rt#-1 HIGHWAY
BAJA CALIFORNIA NORTE BC 212-C3
BAJA CALIFORNIA NORTE BC 214-B2
BAJA CALIFORNIA NORTE BC 215-A1
MENDOCINO CO CA 161-C3
MEXICALI BC 214-B2
SAN LUIS AZ 215-A2
SANTA BARBARA CO CA 272-C7
SONORA SO 214-C3
SONORA SO 215-A2
YUMA CO AZ 215-A2
Rt#-1 JUNIPERO SERRA BLVD
SAN FRANCISCO CA 249-C3
Rt#-1 JUNIPERO SERRA FRWY
DALY CITY CA 249-C3
SAN FRANCISCO CA 249-C3
Rt#-1 LINCOLN BLVD
LOS ANGELES CA 281-B5
LOS ANGELES CA 357-F5
LOS ANGELES CA 358-A6
LOS ANGELES CO CA 281-B5
LOS ANGELES CO CA 357-F5
SANTA MONICA CA 357-C2
Rt#-1 LOMPOC CASMALIA RD
LOMPOC CA 198-A2
SANTA BARBARA CO CA 197-C2
SANTA BARBARA CO CA 198-A2
Rt#-1 LOS ALAMITOS CIR
LONG BEACH CA 287-B2
Rt#-1 MAIN ST
POINT ARENA CA 167-C2
Rt#-1 MAIN ST N
FORT BRAGG CA 307-B4
Rt#-1 MAIN ST S
FORT BRAGG CA 307-B5
Rt#-1 MESA VIEW DR
SAN LUIS OBISPO CO CA 272-A2
Rt#-1 MISSION ST
SANTA CRUZ CA 335-B8
Rt#-1 MOHAVE RD
LA PAZ CO AZ 204-B3
LA PAZ CO AZ 211-B1
Rt#-1 MOJAVE RD
LA PAZ CO AZ 211-B2
Rt#-1 MOUNTAIN VIEW RD
MOHAVE CO AZ 204-A1
MOHAVE CO AZ 270-C7
Rt#-1 E OCEAN AV
LOMPOC CA 198-A2
Rt#-1 OLD RINCON HWY
VENTURA CO CA 199-A3
Rt#-1 ORCUTT EXWY
SANTA BARBARA CO CA 272-C7
Rt#-1 ORCUTT RD
SANTA BARBARA CO CA 272-C7
Rt#-1 OXNARD BLVD
OXNARD CA 275-B6
Rt#-1 PACIFIC BLVD
GROVER BEACH CA 272-A1
SAN LUIS OBISPO CO CA 272-A1
Rt#-1 PACIFIC COAST FRWY
OXNARD CA 275-C7
VENTURA CO CA 206-B1
VENTURA CO CA 275-C7
Rt#-1 PACIFIC COAST HWY
DANA POINT CA 207-C3
DANA POINT CA 291-A1
HERMOSA BEACH CA 281-B7
HERMOSA BEACH CA 286-B1
HUNTINGTON BEACH CA 287-B3
LAGUNA BEACH CA 207-C3
LOMITA CA 286-B1
LOS ANGELES CA 280-A5
LOS ANGELES CA 281-A4
LOS ANGELES CA 286-B1
LOS ANGELES CO CA 206-B1
LOS ANGELES CO CA 280-A5
MALIBU CA 206-B1
MALIBU CA 280-A5
MANHATTAN BEACH CA 281-B7
MANHATTAN BEACH CA 286-B1
ORANGE CO CA 287-B3
SAN JUAN CAPISTRANO CA 291-A1
SEAL BEACH CA 287-B3
TORRANCE CA 286-B1
VENTURA CO CA 199-A3
VENTURA CO CA 206-B1
Rt#-1 E PACIFIC COAST HWY
LONG BEACH CA 286-D2
LONG BEACH CA 287-B2
LONG BEACH CA 360-D4
LOS ANGELES CA 286-D2
SEAL BEACH CA 287-B3
SIGNAL HILL CA 287-A2
SIGNAL HILL CA 360-D4
Rt#-1 N PACIFIC COAST HWY
HERMOSA BEACH CA 286-B1
LONG BEACH CA 287-B2
REDONDO BEACH CA 286-B1
Rt#-1 S PACIFIC COAST HWY
REDONDO BEACH CA 286-B1
TORRANCE CA 286-C2
Rt#-1 W PACIFIC COAST HWY
LONG BEACH CA 286-D2
LONG BEACH CA 287-A2
LONG BEACH CA 360-B4
LOS ANGELES CA 286-D2
Rt#-1 PALISADES BEACH RD
LOS ANGELES CA 281-A5
SANTA MONICA CA 281-A5
SANTA MONICA CA 357-A2
Rt#-1 PARKER-POSTON RD
LA PAZ CO AZ 211-B2
Rt#-1 PRESIDIO BLVD
SAN FRANCISCO CA 325-E6
Rt#-1 SANTA MONICA FRWY
SANTA MONICA CA 357-B2
Rt#-1 SANTA ROSA ST
SAN LUIS OBISPO CA 347-C3
SAN LUIS OBISPO CO CA 347-C3
Rt#-1 SCHOOL ST
POINT ARENA CA 167-C2
Rt#-1 SCHOONER GULCH RD
MENDOCINO CO CA 167-C2
Rt#-1 N SEPULVEDA BLVD
EL SEGUNDO CA 281-B7
EL SEGUNDO CA 358-C10
MANHATTAN BEACH CA 281-B7
Rt#-1 S SEPULVEDA BLVD
EL SEGUNDO CA 281-B7
LOS ANGELES CA 358-C8
MANHATTAN BEACH CA 281-B7
Rt#-1 SHORELINE HWY
FORT BRAGG CA 224-B1
FORT BRAGG CA 307-B1
MARIN CO CA 173-B1
MARIN CO CA 242-A5
MARIN CO CA 245-B2
MARIN CO CA 246-A6
MENDOCINO CO CA 161-C3
MENDOCINO CO CA 167-C2
MENDOCINO CO CA 168-A3
MENDOCINO CO CA 224-B1
MENDOCINO CO CA 307-B10
POINT ARENA CA 167-C2
SONOMA CO CA 242-A5
Rt#-1 VALLEY FORD CTO
SONOMA CO CA 173-B1
Rt#-1 VALLEY FORD RD
SONOMA CO CA 173-B1
SONOMA CO CA 242-A5
Rt#-1 VETERANS BLVD
SAN FRANCISCO CA 325-E4
Rt#-1 WILLOW RD
SAN LUIS OBISPO CO CA 272-A3
Rt#-1D ATPSTA ENSENADA TIJUAN
BAJA CALIFORNIA NORTE BC 212-C3
BAJA CALIFORNIA NORTE BC 295-D6
BAJA CALIFORNIA NORTE BC 296-A5
TIJUANA BC 296-A5
Rt#-1D HIGHWAY
BAJA CALIFORNIA NORTE BC 212-C3
BAJA CALIFORNIA NORTE BC 295-D5
Rt#-2 N ALVARADO ST
LOS ANGELES CA 352-G10
LOS ANGELES CA 355-F1
Rt#-2 ANGELES CREST HWY
LA CANADA FLINTRIDGE CA 282-A1
LOS ANGELES CO CA 200-B3
LOS ANGELES CO CA 201-A3
PASADENA CA 200-B3
PASADENA CA 282-A1
SAN BERNARDINO CO CA 201-A3
Rt#-2 CRTRA A TECATE MEXICO
BAJA CALIFORNIA NORTE BC 213-A2
BAJA CALIFORNIA NORTE BC 296-C7
TIJUANA BC 296-C7
Rt#-2 GLENDALE BLVD
LOS ANGELES CA 352-G9
Rt#-2 GLENDALE FRWY
GLENDALE CA 281-D3
LA CANADA FLINTRIDGE CA 281-D3
Rt#-2 GLENDALE FRWY
LOS ANGELES CA 281-D3
LOS ANGELES CA 352-G8
Rt#-2 HIGHWAY
BAJA CALIFORNIA NORTE BC 213-C2
BAJA CALIFORNIA NORTE BC 214-C2
BAJA CALIFORNIA NORTE BC 215-A1
MEXICALI BC 214-B2
SONORA SO 215-A2
YUMA CO AZ 215-A2
Rt#-2 PLANTATION DR
MOHAVE CO AZ 204-A1
Rt#-2 SANTA MONICA BLVD
BEVERLY HILLS CA 354-E5
LOS ANGELES CA 351-E9
LOS ANGELES CA 352-A9
LOS ANGELES CA 353-G7
LOS ANGELES CA 354-C7
WEST HOLLYWOOD CA 354-E5
Rt#-2D HIGHWAY
BAJA CALIFORNIA NORTE BC 213-C2
BAJA CALIFORNIA NORTE BC 214-A2
BAJA CALIFORNIA NORTE BC 296-D5
Rt#-3 1ST AV
LA PAZ CO AZ 204-B3
LA PAZ CO AZ 211-B1
Rt#-3 BALL MTN LTL SHASTA RD
MONTAGUE CA 217-C4
SISKIYOU CO CA 217-C4
Rt#-3 HIGHWAY
BAJA CALIFORNIA NORTE BC 213-A2
BAJA CALIFORNIA NORTE BC 214-C2
ETNA CA 157-C1
FORT JONES CA 157-C1
MONTAGUE CA 217-C4
SISKIYOU CO CA 149-C3
SISKIYOU CO CA 157-C1
SISKIYOU CO CA 217-B3
TRINITY CO CA 157-C2
YREKA CA 217-B3
Rt#-3 MAIN ST
FORT JONES CA 157-C1
SISKIYOU CO CA 157-C1
Rt#-3 RAINIER RD
TRINITY CO CA 157-C3
Rt#-3 WEAVERVLE SCOTT MTN RD
HAYFORK CA 162-B1
TRINITY CO CA 157-C3
TRINITY CO CA 162-B1
Rt#-3 WEBB ST
MONTAGUE CA 217-C4
Rt#-3C E WALKER RD E
LYON CO NV 172-B3
Rt#-3C EAST WALKER RD
LYON CO NV 172-B3
Rt#-4 BRENTWOOD BLVD
BRENTWOOD CA 248-D5
CONTRA COSTA CO CA 174-C2
CONTRA COSTA CO CA 248-D5
Rt#-4 BYRON HWY
CONTRA COSTA CO CA 174-C2
Rt#-4 CALIFORNIA DELTA HWY
ANTIOCH CA 248-A4
BRENTWOOD CA 248-A4
CONCORD CA 247-D4
CONCORD CA 248-A4
CONTRA COSTA CO CA 174-C2
CONTRA COSTA CO CA 248-A4
OAKLEY CA 248-A4
PITTSBURG CA 248-A4
SAN JOAQUIN CO CA 174-C2
SAN JOAQUIN CO CA 175-A2
SAN JOAQUIN CO CA 260-A5
SAN JOAQUIN CO CA 339-C9
STOCKTON CA 260-B5
STOCKTON CA 339-D8
Rt#-4 CALIFORNIA DELTA PKWY
CONTRA COSTA CO CA 247-D4
Rt#-4 E CHARTER WY
STOCKTON CA 260-C4
STOCKTON CA 339-F9
Rt#-4 W CHARTER WY
STOCKTON CA 339-E9
Rt#-4 EBBETS PASS RD
CALAVERAS CO CA 176-A1
MURPHYS CA 176-A1
Rt#-4 FARMINGTON RD
SAN JOAQUIN CO CA 260-C5
STOCKTON CA 260-C5
Rt#-4 FRWY
STOCKTON CA 260-C4
STOCKTON CA 339-G7
Rt#-4 HIGHWAY
ALPINE CO CA 171-C3
ALPINE CO CA 176-B1
ANGELS CAMP CA 175-C2
ARNOLD CA 176-A1
BAJA CALIFORNIA NORTE BC 214-B3
CALAVERAS CO CA 175-C2
CALAVERAS CO CA 176-B1
MURPHYS CA 176-A2
SAN JOAQUIN CO CA 175-B2
SAN JOAQUIN CO CA 260-C4
SONORA SO 214-C3
STANISLAUS CO CA 175-B2
STOCKTON CA 260-C5
Rt#-4 HIGHWAY 4 BYPS
BRENTWOOD CA 248-D5
Rt#-4 JOHN MUIR PKWY
CONTRA COSTA CO CA 247-A4
HERCULES CA 247-A4
MARTINEZ CA 247-A4
Rt#-4 MAIN ST
ANTIOCH CA 248-D4
BRENTWOOD CA 248-D4
CONTRA COSTA CO CA 248-D4
OAKLEY CA 248-D4
Rt#-4 MARENGO RD
SAN JOAQUIN CO CA 175-A2
SAN JOAQUIN CO CA 260-A5
STOCKTON CA 260-A5
STOCKTON CA 339-A10
Rt#-4 MARIPOSA RD
SAN JOAQUIN CO CA 260-C4
STOCKTON CA 260-C4
Rt#-4 RESERVATION RD
MOHAVE CO AZ 270-C7
Rt#-5 2ND AV
LA PAZ CO AZ 204-B3
Rt#-5 HIGHWAY
BAJA CALIFORNIA NORTE BC 214-B2
MEXICALI BC 214-B2
Rt#-6 KING ST
MOHAVE CO AZ 270-C7
Rt#-7 HIGHWAY
IMPERIAL CO CA 214-B2
Rt#-8A HIGHWAY
WASHOE CO NV 160-C1
Rt#-9 BIG BASIN WY
SAN MATEO CO CA 252-D5
SANTA CLARA CO CA 253-A5
SANTA CRUZ CO CA 252-D5
SANTA CRUZ CO CA 253-A5
SARATOGA CA 253-A5
Rt#-9 CENTRAL AV
SANTA CRUZ CO CA 253-A7
SANTA CRUZ CO CA 255-C1
Rt#-9 CONGRESS SPRINGS RD
SANTA CLARA CO CA 253-A5
SARATOGA CA 253-A5
Rt#-9 HIGHWAY
SANTA CRUZ CA 335-B2
SANTA CRUZ CO CA 252-D6
SANTA CRUZ CO CA 253-A6
SANTA CRUZ CO CA 255-C1
SANTA CRUZ CO CA 335-A1
Rt#-9 LOS GATOS SARATOGA RD
LOS GATOS CA 253-C5
Rt#-9 MILL ST
SANTA CRUZ CO CA 255-C1
Rt#-9 SARATOGA AV
LOS GATOS CA 253-C5
Rt#-9 SARATOGA LOS GATOS RD
MONTE SERENO CA 253-B5
SANTA CLARA CO CA 253-B5
SARATOGA CA 253-B5
Rt#-10 BURNS RD
LA PAZ CO AZ 211-B1
Rt#-12 4TH ST
SANTA ROSA CA 242-D2
Rt#-12 BENNETT VALLEY RD
SANTA ROSA CA 321-G8
Rt#-12 BROADWAY
SONOMA CA 322-E8
SONOMA CO CA 243-B6
SONOMA CO CA 322-E10
Rt#-12 FARMERS LN
SANTA ROSA CA 242-C2
Rt#-12 FREMONT DR
NAPA CO CA 243-B6
SONOMA CO CA 243-B6
Rt#-12 FRWY
SANTA ROSA CA 242-C2
SANTA ROSA CA 321-G8
SONOMA CO CA 321-C8
Rt#-12 HIGHWAY
CALAVERAS CO CA 175-C1
FAIRFIELD CA 244-C6
NAPA CA 243-D6
NAPA CO CA 243-D6
RIO VISTA CA 248-D1
SACRAMENTO CO CA 174-C1
SACRAMENTO CO CA 248-D1
SAN ANDREAS CA 175-C1
SAN JOAQUIN CO CA 175-B1
SAN JOAQUIN CO CA 260-A1
SOLANO CO CA 174-B1
SOLANO CO CA 244-C6
SOLANO CO CA 248-B1
SUISUN CITY CA 244-C6
Rt#-12 JAMESON CANYON RD
FAIRFIELD CA 244-A7
NAPA CO CA 244-A7
SOLANO CO CA 244-A7
Rt#-12 KETTLEMAN LN
SACRAMENTO CO CA 174-C2
SAN JOAQUIN CO CA 174-C2
SAN JOAQUIN CO CA 175-A2
Rt#-12 E KETTLEMAN LN
LODI CA 260-C1
Rt#-12 W KETTLEMAN LN
LODI CA 260-B1
Rt#-12 W NAPA ST
SONOMA CA 322-C7
Rt#-12 RIO VISTA BRDG
SACRAMENTO CO CA 248-D1
Rt#-12 RIO VISTA RD
SOLANO CO CA 174-B1
SOLANO CO CA 244-D7
Rt#-12 SEBASTOPOL AV
SEBASTOPOL CA 242-B3
Rt#-12 SEBASTOPOL RD
SANTA ROSA CA 242-B3
SEBASTOPOL CA 242-B3
SONOMA CO CA 242-B3
Rt#-12 SONOMA HWY
SANTA ROSA CA 242-D2
SANTA ROSA CA 243-A3
SONOMA CA 322-C7
SONOMA CO CA 242-D2
SONOMA CO CA 243-A3
SONOMA CO CA 322-B2
Rt#-12 E VICTOR RD
LODI CA 260-C1
SAN JOAQUIN CO CA 260-C1
Rt#-13 ASHBY AV
BERKELEY CA 247-A7
BERKELEY CA 328-D7
Rt#-13 LANDVALE RD
OAKLAND CA 328-E8
Rt#-13 TUNNEL RD
BERKELEY CA 328-E8
OAKLAND CA 328-E8
Rt#-13 WARREN FRWY
OAKLAND CA 250-B1
OAKLAND CA 328-F10
OAKLAND CA 330-G1
Rt#-14 ANTELOPE VALLEY FRWY
KERN CO CA 200-B1
LANCASTER CA 200-B2
LOS ANGELES CA 277-A5
LOS ANGELES CO CA 277-C3
PALMDALE CA 200-B2
SANTA CLARITA CA 277-C3
Rt#-14 HIGHWAY
KERN CO CA 192-C2
Rt#-14 INDIAN SCHOOL RD
LA PAZ CO AZ 211-B1
Rt#-14 MIDLAND TR
CALIFORNIA CITY CA 200-B1
KERN CO CA 192-B3
KERN CO CA 200-B1
Rt#-14 SIERRA HWY
KERN CO CA 200-B1
Rt#-15 ESCONDIDO FRWY
SAN DIEGO CA 295-D1
SAN DIEGO CA 374-C3
Rt#-16 BONYAGNE HWY
YOLO CO CA 169-B3
Rt#-16 COUNTY ROAD 98
WOODLAND CA 234-B5
YOLO CO CA 234-B5
Rt#-16 FOLSOM BLVD
SACRAMENTO CA 238-C1
SACRAMENTO CA 320-G8
Rt#-16 HIGHWAY
AMADOR CO CA 175-B1
COLUSA CO CA 169-A2
YOLO CO CA 169-A2
YOLO CO CA 234-B5
Rt#-16 HOWE AV
SACRAMENTO CA 320-G7
Rt#-16 JACKSON RD
AMADOR CO CA 175-B1
SACRAMENTO CA 238-C1
SACRAMENTO CO CA 170-A3
SACRAMENTO CO CA 175-B1
SACRAMENTO CO CA 238-C1
Rt#-16 WOODLAND AV
YOLO CO CA 169-B3
Rt#-17 13TH AV
LA PAZ CO AZ 211-B1
Rt#-17 FRWY
CAMPBELL CA 253-C4
LOS GATOS CA 253-C5
SAN JOSE CA 253-C4
SAN JOSE CA 333-B10
SANTA CLARA CO CA 253-C5
SANTA CRUZ CA 335-E4
SANTA CRUZ CO CA 255-D2
SCOTTS VALLEY CA 255-D2
Rt#-17 HIGHWAY
SANTA CLARA CO CA 253-B6
SANTA CRUZ CO CA 253-B7
SANTA CRUZ CO CA 255-D1
SANTA CRUZ CO CA 256-A1
SCOTTS VALLEY CA 255-D1
Rt#-18 BIG BEAR BLVD
BIG BEAR LAKE CA 279-B7
SAN BERNARDINO CO CA 279-B7
Rt#-18 W BIG BEAR BLVD
SAN BERNARDINO CO CA 279-D6
Rt#-18 D ST
VICTORVILLE CA 278-B1
Rt#-18 HAPPY TRAILS HWY
APPLE VALLEY CA 278-B1
Rt#-18 HIGHWAY
APPLE VALLEY CA 278-B1
SAN BERNARDINO CO CA 278-B1
SAN BERNARDINO CO CA 279-A2
VICTORVILLE CA 278-B1
Rt#-18 HILLTOP BLVD
SAN BERNARDINO CO CA 279-A7
SAN BERNARDINO CO CA 285-C1
Rt#-18 N WATERMAN AV
SAN BERNARDINO CA 284-D1
Rt#-18 NORTH SHORE DR
SAN BERNARDINO CO CA 279-D4
Rt#-18 NORTH SHORE RD
SAN BERNARDINO CO CA 279-D4
Rt#-18 E NORTH SHORE DR
SAN BERNARDINO CO CA 279-D6
Rt#-18 PALMDALE RD
ADELANTO CA 201-A3
ADELANTO CA 278-A2
LOS ANGELES CO CA 200-C3
SAN BERNARDINO CO CA 200-C3
SAN BERNARDINO CO CA 201-A3
VICTORVILLE CA 278-A2
Rt#-18 PEARBLOSSOM HWY
LOS ANGELES CO CA 200-C3
Rt#-18 RIM OF THE WORLD HWY
SAN BERNARDINO CA 284-D1
SAN BERNARDINO CA 285-A1
SAN BERNARDINO CO CA 278-B7
SAN BERNARDINO CO CA 279-A7
SAN BERNARDINO CO CA 284-D1
Rt#-19 15TH AV
LA PAZ CO AZ 211-B1
Rt#-19 LAKEWOOD BLVD
BELLFLOWER CA 282-B7
BELLFLOWER CA 287-B1
DOWNEY CA 282-B7
LAKEWOOD CA 287-B1
PARAMOUNT CA 282-B7
Rt#-19 N LAKEWOOD BLVD
LAKEWOOD CA 287-B2
LONG BEACH CA 287-B2
Rt#-19 ROSEMEAD BLVD
DOWNEY CA 282-B6
EL MONTE CA 282-B6
LOS ANGELES CO CA 282-B6
PICO RIVERA CA 282-B6
ROSEMEAD CA 282-B6
SOUTH EL MONTE CA 282-B6
TEMPLE CITY CA 282-B6
Rt#-19 N ROSEMEAD BLVD
LOS ANGELES CO CA 282-B2
SOUTH EL MONTE CA 282-B4
TEMPLE CITY CA 282-B3
Rt#-19 S ROSEMEAD BLVD
LOS ANGELES CO CA 282-B2
Rt#-20 9TH ST
MARYSVILLE CA 310-A4
Rt#-20 10TH ST
COLUSA CA 169-B1
MARYSVILLE CA 310-A3
Rt#-20 12TH ST
MARYSVILLE CA 310-B3
Rt#-20 E 12TH ST
MARYSVILLE CA 310-B3
Rt#-20 BROWNS VALLEY RD
MARYSVILLE CA 227-C5
MARYSVILLE CA 310-E1
YUBA CO CA 227-D4
YUBA CO CA 310-E1
Rt#-20 COLUSA AV
YUBA CITY CA 309-D4
Rt#-20 E ST
MARYSVILLE CA 310-A3

CRA
INDEX

419 Rt#-20 FLOWER ST
STREET INDEX
Rt#-49 HIGHWAY

STREET
City State Page-Grid

Rt#-20 FLOWER ST
WILLITS CA 168-A1
Rt#-20 FORT BRAGG WILLITS RD
FORT BRAGG CA 307-C7
MENDOCINO CO CA 168-A1
MENDOCINO CO CA 224-B3
MENDOCINO CO CA 307-C7
Rt#-20 FRWY
NEVADA CITY CA 315-G1
Rt#-20 GOLDEN CENTER FRWY
GRASS VALLEY CA 315-E6
NEVADA CITY CA 315-G1
NEVADA CO CA 315-F4
Rt#-20 HIGHWAY
COLUSA CO CA 169-B1
GRASS VALLEY CA 233-C2
GRASS VALLEY CA 315-A9
LAKE CO CA 169-A2
LAKE CO CA 225-C1
LAKE CO CA 226-A3
MARYSVILLE CA 309-G3
MARYSVILLE CA 310-A3
MENDOCINO CO CA 168-B1
MENDOCINO CO CA 225-B1
NEVADA CITY CA 170-B1
NEVADA CITY CA 315-G1
NEVADA CO CA 233-A2
PLACER CO CA 170-C1
SUTTER CO CA 169-C2
SUTTER CO CA 227-A6
SUTTER CO CA 309-A4
WILLIAMS CA 169-B2
YUBA CITY CA 309-G4
YUBA CO CA 170-A1
YUBA CO CA 227-D4
YUBA CO CA 233-A2
Rt#-20 LEVEE RD
MARYSVILLE CA 310-C3
YUBA CO CA 310-C3
Rt#-20 STATE HIGHWAY 20 HWY
NEVADA CO CA 170-B1
Rt#-22 E 7TH ST
LONG BEACH CA 287-B2
Rt#-22 FRWY
LONG BEACH CA 287-B2
SEAL BEACH CA 287-B2
Rt#-22 GARDEN GROVE FRWY
GARDEN GROVE CA 287-C2
GARDEN GROVE CA 362-C9
ORANGE CA 288-B2
ORANGE CA 362-C9
ORANGE CO CA 288-B2
SANTA ANA CA 288-A2
SANTA ANA CA 362-C9
SEAL BEACH CA 287-C2
TUSTIN CA 288-B2
WESTMINSTER CA 287-C2
Rt#-23 A ST
FILLMORE CA 199-C3
Rt#-23 BELLEVUE AV
VENTURA CO CA 199-C3
Rt#-23 BROADWAY
VENTURA CO CA 199-C3
Rt#-23 CHAMBERSBURG RD
FILLMORE CA 199-C3
VENTURA CO CA 199-C3
Rt#-23 DECKER RD
LOS ANGELES CO CA 206-C1
MALIBU CA 206-C1
Rt#-23 FRWY
MOORPARK CA 199-C3
THOUSAND OAKS CA 199-C3
THOUSAND OAKS CA 206-C1
THOUSAND OAKS CA 276-A7
VENTURA CO CA 199-C3
VENTURA CO CA 276-A7
Rt#-23 GRIMES CANYON RD
VENTURA CO CA 199-B3
Rt#-23 MOORPARK AV
MOORPARK CA 199-C3
Rt#-23 N MOORPARK AV
MOORPARK CA 199-C3
Rt#-23 MULHOLLAND HWY
LOS ANGELES CO CA 206-C1
Rt#-23 WALNUT CANYON RD
MOORPARK CA 199-C3
VENTURA CO CA 199-C3
Rt#-23 WESTLAKE BLVD
LOS ANGELES CO CA 206-C1
THOUSAND OAKS CA 206-C1
WESTLAKE VILLAGE CA 206-C1
Rt#-23 S WESTLAKE BLVD
THOUSAND OAKS CA 206-C1
THOUSAND OAKS CA 280-A2
Rt#-24 FRWY
WALNUT CREEK CA 247-D6
Rt#-24 GROVE SHAFTER FRWY
OAKLAND CA 330-A2
Rt#-24 WILLIAM B RUMFORD FRWY
CONTRA COSTA CO CA 247-C6
CONTRA COSTA CO CA 328-G7
LAFAYETTE CA 247-C6
OAKLAND CA 328-G7
OAKLAND CA 330-A1
ORINDA CA 247-C6
WALNUT CREEK CA 247-D6
Rt#-25 AIRLINE HWY
HOLLISTER CA 257-D6
SAN BENITO CO CA 180-A2
SAN BENITO CO CA 257-D6
Rt#-25 BLOOMFIELD AV
SANTA CLARA CO CA 257-B4
Rt#-25 HIGHWAY
MONTEREY CO CA 189-B1
SAN BENITO CO CA 180-A2
SAN BENITO CO CA 189-B1
Rt#-25 HOLLISTER RD
HOLLISTER CA 257-C5
SAN BENITO CO CA 257-C5
SANTA CLARA CO CA 257-B4
Rt#-25 SAN BENITO ST
HOLLISTER CA 257-D6
Rt#-25 SAN FELIPE RD
HOLLISTER CA 257-D6
SAN BENITO CO CA 257-D6
Rt#-25 TRES PINOS RD
HOLLISTER CA 257-D6
Rt#-26 E CHARTER WY
SAN JOAQUIN CO CA 260-C4
STOCKTON CA 260-C4
Rt#-26 E FREMONT RD
SAN JOAQUIN CO CA 260-C4
Rt#-26 E FREMONT ST
SAN JOAQUIN CO CA 260-C4
Rt#-26 HIGHWAY
CALAVERAS CO CA 175-C1
SAN JOAQUIN CO CA 175-B2
SAN JOAQUIN CO CA 260-D3
Rt#-26 RED CORRAL RD
AMADOR CO CA 175-C1
CALAVERAS CO CA 175-C1
Rt#-26 E STATE ROUTE 26
CALAVERAS CO CA 175-B2
SAN JOAQUIN CO CA 175-B2
Rt#-27 TOPANGA CANYON BLVD
LOS ANGELES CA 276-C7
LOS ANGELES CA 280-D2
LOS ANGELES CO CA 276-C7
LOS ANGELES CO CA 280-D2
Rt#-27 N TOPANGA CANYON BLVD
LOS ANGELES CO CA 280-D3
Rt#-27 S TOPANGA CANYON BLVD
LOS ANGELES CA 280-D3
LOS ANGELES CO CA 280-D3
Rt#-28 HIGHWAY
CEDAR FLAT CA 231-B2
KINGS BEACH CA 231-B1
PLACER CO CA 231-B1
TAHOE CITY CA 231-A2
TAHOE VISTA CA 231-B1
Rt#-29 CALISTOGA ST
LAKE CO CA 240-D3
Rt#-29 FOOTHILL BLVD
CALISTOGA CA 241-A7
Rt#-29 FRWY
LAKE CO CA 225-D2
LAKEPORT CA 225-D4
NAPA CA 323-C5
Rt#-29 HIGHWAY
AMERICAN CANYON CA 244-A7
AMERICAN CANYON CA 247-B1
CALISTOGA CA 241-A6
HIDDEN VALLEY CA 241-A2
LAKE CO CA 225-D5
LAKE CO CA 226-A5
LAKE CO CA 240-D1
LAKE CO CA 241-A1
NAPA CA 243-D6
NAPA CA 323-B2
NAPA CO CA 241-A5
NAPA CO CA 243-B1
NAPA CO CA 244-A7
NAPA CO CA 323-C10
SAINT HELENA CA 243-B1
Rt#-29 LINCOLN ST
CALISTOGA CA 241-A6
Rt#-29 LOWER LAKE RD
LAKE CO CA 226-B6
Rt#-29 MAIN ST
SAINT HELENA CA 243-B1
Rt#-29 SAINT HELENA HWY
NAPA CA 243-C3
NAPA CA 323-A1
NAPA CO CA 243-C3
YOUNTVILLE CA 243-C3
Rt#-29 SONOMA BLVD
AMERICAN CANYON CA 247-A2
SOLANO CO CA 247-A2
VALLEJO CA 247-A2
Rt#-29 SPRUCE GROVE RD
HIDDEN VALLEY CA 241-A2
LAKE CO CA 241-A2
Rt#-30 W 16TH ST
CLAREMONT CA 283-C2
UPLAND CA 283-C2
Rt#-30 19TH ST
RANCHO CUCAMONGA CA 283-D2
RANCHO CUCAMONGA CA 284-A2
UPLAND CA 283-D2
Rt#-30 E 19TH ST
UPLAND CA 283-D2
Rt#-30 W 19TH ST
UPLAND CA 283-D2
Rt#-30 BASE LINE RD
LA VERNE CA 283-B2
LOS ANGELES CO CA 283-B2
Rt#-30 E BASELINE RD
CLAREMONT CA 283-C2
Rt#-30 W BASELINE RD
CLAREMONT CA 283-C2
LOS ANGELES CO CA 283-C2
Rt#-30 FRWY
HIGHLAND CA 285-A2
REDLANDS CA 285-A3
SAN BERNARDINO CA 284-D2
SAN BERNARDINO CA 285-A2
SAN BERNARDINO CO CA 285-A2
Rt#-30 HIGHLAND AV
FONTANA CA 284-B2
RIALTO CA 284-B2
Rt#-30 E HIGHLAND AV
RIALTO CA 284-D2
SAN BERNARDINO CA 284-D2
SAN BERNARDINO CO CA 284-D2
Rt#-30 W HIGHLAND AV
FONTANA CA 284-C2
RIALTO CA 284-C2
SAN BERNARDINO CA 284-C2
SAN BERNARDINO CO CA 284-C2
Rt#-30 N MOUNTAIN AV
UPLAND CA 283-C2
Rt#-31 FREMONT HWY
LAKE CO OR 151-C1
LAKE CO OR 152-A1
PAISLEY OR 152-A1
Rt#-31 MAIN ST
PAISLEY OR 152-A1
Rt#-31 SHARP RD
LA PAZ CO AZ 204-B3
Rt#-32 6TH AV
ORLAND CA 163-B3
Rt#-32 E 8TH ST
CHICO CA 306-B7
Rt#-32 W 8TH ST
CHICO CA 305-G8
CHICO CA 306-A8
Rt#-32 E 9TH ST
BUTTE CO CA 306-B7
CHICO CA 306-B7
Rt#-32 W 9TH ST
CHICO CA 305-G8
CHICO CA 306-A8
Rt#-32 HIGHWAY
BUTTE CO CA 163-C2
BUTTE CO CA 223-A1
BUTTE CO CA 305-A4
BUTTE CO CA 306-G5
CHICO CA 163-C3
CHICO CA 223-A1
CHICO CA 305-D6
CHICO CA 306-G5
GLENN CO CA 163-B3
ORLAND CA 163-B3
TEHAMA CO CA 163-C2
TEHAMA CO CA 164-A1
Rt#-32 HUMBOLDT RD
BUTTE CO CA 163-C2
Rt#-32 WALKER ST
ORLAND CA 163-B3
Rt#-32 WALNUT ST
BUTTE CO CA 305-F8
CHICO CA 305-F8
Rt#-33 N 2ND ST
PATTERSON CA 175-B3
Rt#-33 S 2ND ST
PATTERSON CA 175-B3
Rt#-33 4TH ST
GUSTINE CA 180-B1
MERCED CO CA 180-B1
Rt#-33 ADKISSON WY
KERN CO CA 199-A1
TAFT CA 199-A1
Rt#-33 AHERN RD
SAN JOAQUIN CO CA 175-A3
Rt#-33 S AHERN RD
SAN JOAQUIN CO CA 175-A3
Rt#-33 S ALPINE AV
FRESNO CO CA 190-A1
Rt#-33 CALIFORNIA ST
KERN CO CA 199-A1
MARICOPA CA 199-A1
Rt#-33 COALINGA MENDOTA RD
FRESNO CO CA 190-A1
Rt#-33 N DERRICK ST
MENDOTA CA 181-A2
Rt#-33 S DERRICK AV
FRESNO CO CA 181-A3
Rt#-33 S DERRICK ST
FRESNO CO CA 181-A2
MENDOTA CA 181-A2
Rt#-33 DOS PALOS RD
FRESNO CO CA 180-C2
FRESNO CO CA 181-A2
Rt#-33 ELGIN AV
DOS PALOS CA 180-C2
MERCED CO CA 180-C2
Rt#-33 ELGIN RD
FRESNO CO CA 180-C2
Rt#-33 ELM AV
COALINGA CA 190-A1
FRESNO CO CA 190-A1
Rt#-33 FRESNO COALINGA RD
FRESNO CO CA 190-A1
Rt#-33 HIGHWAY
COALINGA CA 190-A1
FIREBAUGH CA 181-A2
FRESNO CO CA 181-A2
FRESNO CO CA 190-A1
KERN CO CA 199-A1
KINGS CO CA 190-B2
MENDOTA CA 181-A2
MERCED CO CA 180-B1
NEWMAN CA 180-B1
PATTERSON CA 175-B3
SAN LUIS OBISPO CO CA 199-A2
SANTA BARBARA CO CA 199-A2
STANISLAUS CO CA 175-A3
STANISLAUS CO CA 180-B1
VENTURA CO CA 199-A2
Rt#-33 HIGHWAY 33
FRESNO CO CA 190-A1
KINGS CO CA 190-B2
Rt#-33 W JAYNE AV
COALINGA CA 190-A1
FRESNO CO CA 190-A1
Rt#-33 KERN ST
KERN CO CA 199-A1
TAFT CA 199-A1
Rt#-33 LANEVA BLVD
AVENAL CA 190-B1
KINGS CO CA 190-B1
Rt#-33 LANEVA ST
KINGS CO CA 190-B2
Rt#-33 MARICOPA HWY
OJAI CA 275-A1
VENTURA CO CA 199-A3
VENTURA CO CA 275-A1
Rt#-33 N ST
FIREBAUGH CA 181-A2
FRESNO CO CA 181-A2
NEWMAN CA 180-B1
STANISLAUS CO CA 180-B1
Rt#-33 OJAI FRWY
VENTURA CA 275-A4
VENTURA CA 349-A3
VENTURA CO CA 275-A4
VENTURA CO CA 349-A3
Rt#-33 POLK ST
COALINGA CA 190-A1
Rt#-33 W POLK ST
COALINGA CA 190-A1
FRESNO CO CA 190-A1
Rt#-33 VENTURA AV
OJAI CA 275-A3
VENTURA CO CA 275-A3
Rt#-33 WEST SIDE HWY
KERN CO CA 190-B2
KERN CO CA 198-C1
KERN CO CA 199-A1
MARICOPA CA 199-A1
TAFT CA 199-A1
Rt#-34 5TH ST
OXNARD CA 275-C6
VENTURA CO CA 275-C6
Rt#-34 E 5TH ST
VENTURA CO CA 275-D6
Rt#-34 HIGHWAY
WASHOE CO NV 160-C1
Rt#-34 N LEWIS RD
CAMARILLO CA 275-D5
Rt#-34 S LEWIS RD
CAMARILLO CA 275-D6
Rt#-34 PLEASANT VALLEY RD
CAMARILLO CA 275-D6
VENTURA CO CA 275-D6
Rt#-34 SOMIS RD
CAMARILLO CA 275-D5
VENTURA CO CA 199-B3
VENTURA CO CA 275-D5
Rt#-35 BEAR CREEK RD
SANTA CLARA CO CA 253-B7
SANTA CRUZ CO CA 253-B7
Rt#-35 SKYLINE BLVD
DALY CITY CA 249-C4
PACIFICA CA 249-C4
PALO ALTO CA 252-C3
PORTOLA VALLEY CA 252-C3
SAN BRUNO CA 249-C4
SAN BRUNO CA 327-A6
SAN FRANCISCO CA 249-B2
SAN MATEO CO CA 249-D7
SAN MATEO CO CA 252-C2
SAN MATEO CO CA 327-A6
SANTA CLARA CO CA 252-C3
SANTA CLARA CO CA 253-A5
SANTA CRUZ CO CA 253-A5
SOUTH SAN FRANCISCO CA 249-C4
WOODSIDE CA 252-C2
Rt#-35 SLOAT BLVD
SAN FRANCISCO CA 249-C2
Rt#-35 SUMMIT RD
SANTA CLARA CO CA 253-B7
SANTA CRUZ CO CA 253-B7
Rt#-36 ANTELOPE BLVD
RED BLUFF CA 221-C2
RED BLUFF CA 303-E5
TEHAMA CO CA 221-C2
TEHAMA CO CA 303-E5
Rt#-36 BEEGUM RD
RED BLUFF CA 303-A2
TEHAMA CO CA 163-A2
TEHAMA CO CA 221-A1
TEHAMA CO CA 303-A2
Rt#-36 COLD CREEK RD
TRINITY CO CA 162-B1
Rt#-36 HIGHWAY
HUMBOLDT CO CA 161-B1
HUMBOLDT CO CA 162-A1
HYDESVILLE CA 161-B1
LASSEN CO CA 164-C1
LASSEN CO CA 304-A3
PLUMAS CO CA 164-B1
SHASTA CO CA 162-B1
SUSANVILLE CA 304-E5
TEHAMA CO CA 162-C1
TEHAMA CO CA 163-C1
TEHAMA CO CA 164-A1
TEHAMA CO CA 221-D1
TRINITY CO CA 162-A1
Rt#-36 HILLCREST RD
LASSEN CO CA 304-A4
SUSANVILLE CA 304-A4
Rt#-36 MAIN ST
RED BLUFF CA 303-C3
SUSANVILLE CA 304-B4
Rt#-36 OAK ST
RED BLUFF CA 303-D6
Rt#-36 S PINE ST
SUSANVILLE CA 304-B4
Rt#-37 MARINE WORLD PKWY
SOLANO CO CA 247-B1
VALLEJO CA 247-B1
Rt#-37 SEARS POINT HWY
MARIN CO CA 246-B2
NOVATO CA 246-B2
SONOMA CO CA 246-B2
Rt#-37 SEARS POINT RD
SOLANO CO CA 246-C1
SOLANO CO CA 247-A2
SONOMA CO CA 246-C1
VALLEJO CA 247-A2
Rt#-38 E BIG BEAR BLVD
SAN BERNARDINO CO CA 279-D6
Rt#-38 GREENSPOT BLVD
SAN BERNARDINO CO CA 279-D6
Rt#-38 S GREENSPOT BLVD
SAN BERNARDINO CO CA 279-D6
Rt#-38 N GREENWAY DR
SAN BERNARDINO CO CA 279-D6
Rt#-38 HIGHWAY
SAN BERNARDINO CO CA 201-C3
SAN BERNARDINO CO CA 202-A3
SAN BERNARDINO CO CA 208-C1
SAN BERNARDINO CO CA 209-A1
SAN BERNARDINO CO CA 279-D7
SAN BERNARDINO CO CA 285-D1
Rt#-38 E LUGONIA AV
REDLANDS CA 285-B3
SAN BERNARDINO CO CA 285-B3
Rt#-38 MENTONE BLVD
SAN BERNARDINO CO CA 285-B3
Rt#-38 MILL CREEK RD
REDLANDS CA 285-C3
SAN BERNARDINO CO CA 208-C1
SAN BERNARDINO CO CA 285-C3
YUCAIPA CA 285-C3
Rt#-38 NORTH SHORE DR
SAN BERNARDINO CO CA 279-B7
Rt#-38 W NORTH SHORE DR
SAN BERNARDINO CO CA 279-D6
Rt#-38 ORANGE ST
REDLANDS CA 285-B3
Rt#-39 4TH ST
KLAMATH FALLS OR 150-C2
Rt#-39 5TH ST
KLAMATH FALLS OR 150-C2
Rt#-39 S 5TH ST
KLAMATH FALLS OR 150-C2
Rt#-39 6TH ST
KLAMATH FALLS OR 150-C2
Rt#-39 N AZUSA AV
COVINA CA 282-D3
WEST COVINA CA 282-D3
Rt#-39 S AZUSA AV
COVINA CA 282-D3
WEST COVINA CA 282-D3
Rt#-39 BEACH BLVD
ANAHEIM CA 361-D4
BUENA PARK CA 282-C7
BUENA PARK CA 361-D1
HUNTINGTON BEACH CA 287-D2
LA MIRADA CA 282-C7
STANTON CA 361-D4
Rt#-39 N BEACH BLVD
ANAHEIM CA 361-E6
LA HABRA CA 282-D6
Rt#-39 S BEACH BLVD
ANAHEIM CA 361-E8
FULLERTON CA 282-D6
LA HABRA CA 282-D6
LA MIRADA CA 282-D6
ORANGE CO CA 282-D6
STANTON CA 361-E8
Rt#-39 E FRONT ST
MERRILL OR 150-C3
MERRILL OR 151-A3
Rt#-39 W FRONT ST
MERRILL OR 150-C3
Rt#-39 HATFIELD HWY
KLAMATH CO OR 151-A3
SISKIYOU CO CA 151-A3
Rt#-39 KLAMATH AV
KLAMATH FALLS OR 150-C2
Rt#-39 KLAMATH FALLS-LKVW HWY
Altamont OR 150-C2
KLAMATH FALLS OR 150-C2
Rt#-39 KLAMATH FLS-MALIN HWY
Altamont OR 150-C2
KLAMATH CO OR 150-C2
KLAMATH CO OR 151-A3
KLAMATH FALLS OR 150-C2
MERRILL OR 150-C2
MERRILL OR 151-A3
Rt#-39 MAIN ST
KLAMATH FALLS OR 150-C2
Rt#-39 SAN GABRIEL CANYON RD
LOS ANGELES CO CA 200-C3
LOS ANGELES CO CA 283-A2
Rt#-39 WILLOW AV
KLAMATH FALLS OR 150-C2
Rt#-40 HIGHWAY
SONORA SO 214-C3
SONORA SO 215-A2
Rt#-41 19 1/2 AV
KINGS CO CA 190-C1
LEMOORE CA 190-C1
Rt#-41 ARIZONA AV
LA PAZ CO AZ 204-B3
PARKER AZ 204-B3
Rt#-41 ATASCADERO RD
MORRO BAY CA 271-B2
SAN LUIS OBISPO CO CA 271-B2
Rt#-41 S CAMDEN AV
FRESNO CO CA 181-C3
Rt#-41 CENTRE ST
SAN LUIS OBISPO CO CA 190-A2
Rt#-41 CRESTON EUREKA RD
ATASCADERO CA 271-D1
SAN LUIS OBISPO CO CA 189-C3
SAN LUIS OBISPO CO CA 190-A3
SAN LUIS OBISPO CO CA 271-D1
Rt#-41 FRWY
FRESNO CA 264-B2
FRESNO CA 343-E1
FRESNO CO CA 181-C3
FRESNO CO CA 264-B5
MADERA CO CA 264-B1
Rt#-41 HIGHWAY
FRESNO CO CA 181-C3
KERN CO CA 190-B2
KINGS CO CA 181-C3
KINGS CO CA 190-C1
MADERA CO CA 176-C3
MADERA CO CA 181-C1
MARIPOSA CO CA 176-C3
MARIPOSA CO CA 262-C4
SAN LUIS OBISPO CO CA 190-A2
Rt#-41 HIGHWAY 41
KINGS CO CA 190-C1
Rt#-41 MERCEDES AV
ATASCADERO CA 271-D1
Rt#-41 MORRO RD
ATASCADERO CA 271-B2
SAN LUIS OBISPO CO CA 271-B2
Rt#-41 SANTA YSABEL AV
ATASCADERO CA 271-C1
Rt#-41 WAWONA RD
MARIPOSA CO CA 262-B5
Rt#-42 E MANCHESTER AV
LOS ANGELES CA 281-D6
Rt#-42 W MANCHESTER AV
LOS ANGELES CA 281-C6
LOS ANGELES CA 358-A6
Rt#-43 10TH AV
KINGS CO CA 181-C3
KINGS CO CA 190-C1
Rt#-43 BEACH AV
KERN CO CA 191-A3
SHAFTER CA 191-A3
Rt#-43 CENTRAL VALLEY HWY
CORCORAN CA 190-C1
KERN CO CA 191-A2
KINGS CO CA 190-C1
KINGS CO CA 191-A2
SHAFTER CA 191-A2
TULARE CO CA 191-A2
WASCO CA 191-A2
Rt#-43 ENOS LN
BAKERSFIELD CA 191-A3
BAKERSFIELD CA 199-A1
KERN CO CA 191-A3
KERN CO CA 199-A1
Rt#-43 F ST
WASCO CA 191-A3
Rt#-43 S HIGHLAND AV
FRESNO CO CA 181-C3
KINGS CO CA 181-C3
SELMA CA 181-C3
SELMA CA 264-D7
Rt#-43 HIGHWAY
HANFORD CA 190-C1
KERN CO CA 191-A2
KINGS CO CA 190-C1
TULARE CO CA 191-A2
Rt#-43 SANTA FE WY
KERN CO CA 191-A3
SHAFTER CA 191-A3
Rt#-44 FEATHER LAKE HWY
LASSEN CO CA 159-A3
LASSEN CO CA 164-B1
LASSEN CO CA 222-D2
SHASTA CO CA 222-C2
Rt#-44 FEATHER LAKE RD
SHASTA CO CA 222-C2
Rt#-44 HIGHWAY
LASSEN CO CA 164-C1
REDDING CA 220-C7
REDDING CA 302-B5
SHASTA CO CA 163-B1
SHASTA CO CA 220-C7
SHASTA CO CA 222-C3
Rt#-45 2ND ST
COLUSA CO CA 169-B2
Rt#-45 BRIDGE ST
COLUSA CA 169-B1
COLUSA CO CA 169-B1
Rt#-45 CANAL ST
GLENN CO CA 163-B3
GLENN CO CA 169-B1
Rt#-45 COLUSA PRINCETON RD
COLUSA CA 169-B1
COLUSA CO CA 169-B1
Rt#-45 FOURTH ST
YOLO CO CA 234-C3
Rt#-45 HIGHWAY
COLUSA CA 169-B2
COLUSA CO CA 169-B1
GLENN CO CA 163-B3
GLENN CO CA 169-B1
YOLO CO CA 169-C2
YOLO CO CA 234-B1
Rt#-45 MAIN ST
COLUSA CO CA 169-B2
Rt#-45 MARKET ST
COLUSA CA 169-B1
COLUSA CO CA 169-B1
Rt#-45 ROAD 203
GLENN CO CA 163-B3
Rt#-46 ERIC SEASTRAND HWY
SAN LUIS OBISPO CO CA 189-C3
Rt#-46 FAMOSO HWY
KERN CO CA 190-C3
KERN CO CA 191-A3
WASCO CA 191-A3
Rt#-46 HIGHWAY
KERN CO CA 190-A2
PASO ROBLES CA 189-C3
SAN LUIS OBISPO CO CA 189-C3
SAN LUIS OBISPO CO CA 190-A2
Rt#-46 OREGON CAVES HWY
CAVE JUNCTION OR 149-A2
JOSEPHINE CO OR 149-A2
Rt#-46 PASO ROBLES HWY
KERN CO CA 190-B3
SAN LUIS OBISPO CO CA 190-A2
Rt#-47 TERMINAL ISLAND FRWY
LONG BEACH CA 286-D3
LOS ANGELES CA 286-D2
Rt#-47 VINCENT THOMAS BRDG
LOS ANGELES CA 286-D3
Rt#-48 HIGHWAY
WASHOE CO NV 166-A1
Rt#-49 COLOMA RD
EL DORADO CO CA 233-C7
EL DORADO CO CA 236-D1
EL DORADO CO CA 237-A2
EL DORADO CO CA 317-A1
PLACER CO CA 233-C7
PLACERVILLE CA 317-D2
Rt#-49 DIAMOND RD
EL DORADO CO CA 317-D7
PLACERVILLE CA 317-D7
Rt#-49 EL DORADO ST
AUBURN CA 316-F5
PLACER CO CA 233-C7
PLACER CO CA 236-C1
PLACER CO CA 316-F5
Rt#-49 FRWY
GRASS VALLEY CA 233-C2
NEVADA CO CA 233-C2
Rt#-49 GOLD COUNTRY HWY
AMADOR CO CA 170-C3
AMADOR CO CA 175-C1
ANGELS CAMP CA 175-C1
CALAVERAS CO CA 175-C1
CALAVERAS CO CA 176-A2
EL DORADO CO CA 170-C3
EL DORADO CO CA 237-B6
JACKSON CA 175-C1
MARIPOSA CO CA 176-A2
PLYMOUTH CA 175-C1
SAN ANDREAS CA 175-C1
SONORA CA 341-D3
SUTTER CREEK CA 175-C1
TUOLUMNE CO CA 176-A2
TUOLUMNE CO CA 341-C1
Rt#-49 GOLDEN CENTER FRWY
GRASS VALLEY CA 233-C2
GRASS VALLEY CA 315-B10
Rt#-49 GRASS VALLEY HWY
AUBURN CA 316-D4
PLACER CO CA 233-C7
PLACER CO CA 316-D4
Rt#-49 HANFORD ST
SUTTER CREEK CA 175-C1
Rt#-49 HIGH ST
AUBURN CA 316-E5
Rt#-49 HIGHWAY
AMADOR CO CA 175-B1
BOOTJACK CA 176-B3
EL DORADO CO CA 237-B5
MADERA CO CA 181-C1
MARIPOSA CA 176-B3
MARIPOSA CO CA 181-C1
NEVADA CITY CA 315-G1
NEVADA CO CA 170-B1
NEVADA CO CA 233-C2
NEVADA CO CA 315-A1
PLACER CO CA 233-C6
PLYMOUTH CA 175-B1
SIERRA CO CA 164-C3
SIERRA CO CA 165-A3
SIERRA CO CA 170-C1

CRA
INDEX

Rt#-49 HIGHWAY
STREET INDEX
Rt#-84 PERALTA BLVD 420

STREET City State Page-Grid

Rt#-49 HIGHWAY
SIERRA CO CA 228-A1
YUBA CO CA 170-B1
Rt#-49 LINCOLN WY
AUBURN CA 316-D5
Rt#-49 LOYALTON RD
LOYALTON CA 165-A3
SIERRA CO CA 165-A3
SIERRA CO CA 228-C1
Rt#-49 MAIN ST
AMADOR CITY CA 175-B1
ANGELS CAMP CA 175-B1
CALAVERAS CO CA 175-B1
PLACERVILLE CA 317-E5
SUTTER CREEK CA 175-B1
Rt#-49 E MAIN ST
LOYALTON CA 165-A3
SIERRA CO CA 165-A3
Rt#-49 W MAIN ST
LOYALTON CA 165-A3
Rt#-49 PACIFIC ST
PLACERVILLE CA 317-E5
Rt#-49 PLEASANT VALLEY RD
EL DORADO CO CA 237-B5
EL DORADO CO CA 317-D10
Rt#-49 SACRAMENTO ST
PLACERVILLE CA 317-E5
Rt#-49 SPRING ST
PLACERVILLE CA 317-E5
Rt#-49 STOCKTON ST
SONORA CA 341-D5
Rt#-49 SUTTER ST
AMADOR CO CA 175-C1
JACKSON CA 175-C1
Rt#-49 VINTON LOYALTON RD
PLUMAS CO CA 165-A3
SIERRA CO CA 165-A3
Rt#-49 N WASHINGTON ST
SONORA CA 341-D4
Rt#-49 S WASHINGTON ST
SONORA CA 341-D5
Rt#-52 FRWY
SAN DIEGO CA 293-C6
SAN DIEGO CA 294-A6
SANTEE CA 294-A6
Rt#-52 SOLEDAD FRWY
SAN DIEGO CA 293-C6
SAN DIEGO CA 370-G7
Rt#-53 HIGHWAY
CLEARLAKE CA 226-D6
LAKE CO CA 226-D5
Rt#-54 N 2ND ST
EL CAJON CA 294-B7
Rt#-54 FRWY
CHULA VISTA CA 295-D3
CHULA VISTA CA 296-A3
NATIONAL CITY CA 295-D3
NATIONAL CITY CA 296-A3
SAN DIEGO CO CA 296-B2
Rt#-54 JAMACHA RD
EL CAJON CA 294-C7
EL CAJON CA 296-C1
SAN DIEGO CO CA 294-C7
SAN DIEGO CO CA 296-C1
Rt#-54 SOUTH BAY PKWY
SAN DIEGO CO CA 296-B2
Rt#-55 COSTA MESA FRWY
ANAHEIM CA 288-B1
COSTA MESA CA 288-A4
COSTA MESA CA 363-D2
COSTA MESA CA 364-C2
IRVINE CA 363-D2
ORANGE CA 288-B1
ORANGE CO CA 288-B2
ORANGE CO CA 363-A6
SANTA ANA CA 288-B2
SANTA ANA CA 363-D2
TUSTIN CA 288-B2
Rt#-55 NEWPORT BLVD
COSTA MESA CA 288-A4
COSTA MESA CA 363-A6
COSTA MESA CA 364-D1
ORANGE CO CA 363-A6
Rt#-56 TED WILLIAMS FRWY
SAN DIEGO CA 293-C4
Rt#-57 ORANGE FRWY
ANAHEIM CA 288-A1
ANAHEIM CA 362-G5
BREA CA 283-A7
CITY OF INDUSTRY CA 283-A7
DIAMOND BAR CA 283-A7
FULLERTON CA 283-A7
LOS ANGELES CO CA 283-A7
ORANGE CA 362-G5
ORANGE CO CA 283-A7
PLACENTIA CA 283-A7
PLACENTIA CA 288-A1
POMONA CA 283-A7
SANTA ANA CA 362-G5
Rt#-57 POMONA FRWY
DIAMOND BAR CA 283-B5
Rt#-58 BAKERSFLD MCKTRCK HWY
KERN CO CA 190-C3
KERN CO CA 191-A3
Rt#-58 BAKERSFLD-TEHACHP HWY
BAKERSFIELD CA 267-D5
BAKERSFIELD CA 344-G8
KERN CO CA 344-G8
BAKERSFIELD CA 267-D5
KERN CO CA 191-C3
KERN CO CA 199-C1
KERN CO CA 200-B1
KERN CO CA 267-D5
TEHACHAPI CA 200-A1
Rt#-58 CALF CANYON HWY
SAN LUIS OBISPO CO CA 189-C3
SAN LUIS OBISPO CO CA 190-A3
SAN LUIS OBISPO CO CA 271-D3
Rt#-58 CARRISA HWY
SAN LUIS OBISPO CO CA 190-A3
Rt#-58 EL CAMINO REAL
SAN LUIS OBISPO CO CA 271-D3
Rt#-58 ESTRADA AV
SAN LUIS OBISPO CO CA 271-D3
Rt#-58 FRWY
KERN CO CA 200-B1
KERN CO CA 201-A1
SAN BERNARDINO CO CA 201-A1
Rt#-58 G ST
SAN LUIS OBISPO CO CA 271-D3
Rt#-58 HIGHWAY
BARSTOW CA 201-B2
KERN CO CA 190-C3
KERN CO CA 198-C1
KERN CO CA 200-B1
SAN BERNARDINO CO CA 201-A1
SAN LUIS OBISPO CO CA 190-C3
Rt#-58 MOJAVE-BARSTOW HWY
KERN CO CA 200-B1
Rt#-58 ROSEDALE HWY
BAKERSFIELD CA 267-A4
BAKERSFIELD CA 344-A4
KERN CO CA 191-A3
KERN CO CA 267-A4
Rt#-58 SIERRA HWY
KERN CO CA 200-B1
Rt#-58 TWENTY MULE TEAM RD
SAN BERNARDINO CO CA 201-A1
Rt#-59 2ND ST
MERCED CO CA 176-A3
Rt#-59 W 16TH ST
MERCED CA 181-A1
Rt#-59 LEWIS ST
MERCED CO CA 176-A3
Rt#-59 LOS BANOS HWY
MERCED CA 181-A1
MERCED CO CA 181-A1
Rt#-59 MARTIN L KING JR WY
MERCED CA 181-A1
Rt#-59 SNELLING HWY
MERCED CA 181-A1
MERCED CO CA 176-A3
MERCED CO CA 181-A1
Rt#-60 FRWY
RIVERSIDE CA 366-B1
RIVERSIDE CO CA 284-A4
RIVERSIDE CO CA 366-A1
Rt#-60 MORENO VALLEY FRWY
BEAUMONT CA 285-A6
MORENO VALLEY CA 284-D6
MORENO VALLEY CA 285-A6
RIVERSIDE CA 284-D6
RIVERSIDE CA 285-A6
RIVERSIDE CA 366-E2
RIVERSIDE CO CA 285-A6
Rt#-60 POMONA FRWY
CHINO CA 283-A5
CHINO HILLS CA 283-A5
CITY OF INDUSTRY CA 282-A4
CITY OF INDUSTRY CA 283-A5
DIAMOND BAR CA 283-A5
LOS ANGELES CA 282-A4
LOS ANGELES CA 356-D8
LOS ANGELES CO CA 282-A4
LOS ANGELES CO CA 283-A5
MONTEBELLO CA 282-A4
MONTEREY PARK CA 282-A4
ONTARIO CA 283-A5
ONTARIO CA 284-A4
POMONA CA 283-A5
RIVERSIDE CA 366-D2
RIVERSIDE CO CA 284-A4
ROSEMEAD CA 282-A4
SAN BERNARDINO CO CA 283-A5
SOUTH EL MONTE CA 282-A4
Rt#-61 BROADWAY
ALAMEDA CA 250-B2
Rt#-61 CENTRAL AV
ALAMEDA CA 329-F9
ALAMEDA CA 330-A9
Rt#-61 DOOLITTLE DR
ALAMEDA CA 331-A3
OAKLAND CA 331-A3
SAN LEANDRO CA 331-E6
Rt#-61 ENCINAL AV
ALAMEDA CA 250-B2
ALAMEDA CA 330-C10
Rt#-61 OTIS DR
ALAMEDA CA 250-B2
ALAMEDA CA 331-A2
Rt#-62 AQUEDUCT RD
RIVERSIDE CO CA 211-A1
SAN BERNARDINO CO CA 204-B3
SAN BERNARDINO CO CA 210-C1
SAN BERNARDINO CO CA 211-A1
Rt#-62 CRATER LAKE HWY
EAGLE POINT OR 149-C1
JACKSON CO OR 149-C1
JACKSON CO OR 150-B1
KLAMATH CO OR 150-B1
MEDFORD OR 149-C1
SHADY COVE OR 149-C1
White City OR 149-C1
Rt#-62 DESERT CENTER RICE RD
RIVERSIDE CO CA 210-C1
SAN BERNARDINO CO CA 210-C1
Rt#-62 HIGHWAY
DESERT HOT SPRINGS CA 209-A1
MOHAVE CO AZ 196-B3
RIVERSIDE CO CA 209-A1
SAN BERNARDINO CO CA 204-B3
SAN BERNARDINO CO CA 210-C1
Rt#-62 TWENTYNINE PALMS HWY
RIVERSIDE CO CA 209-A1
RIVERSIDE CO CA 210-A1
SAN BERNARDINO CO CA 209-A1
SAN BERNARDINO CO CA 210-A1
TWENTYNINE PALMS CA 209-C1
YUCCA VALLEY CA 209-A1
Rt#-63 NW 2ND AV
VISALIA CA 266-B2
Rt#-63 NW 2ND OVL
VISALIA CA 266-C2
Rt#-63 NE 3RD AV
VISALIA CA 266-C2
Rt#-63 NW 3RD AV
VISALIA CA 266-B2
Rt#-63 AVENUE 460
TULARE CO CA 182-A3
Rt#-63 N COURT OVL
VISALIA CA 266-C2
Rt#-63 N COURT ST
VISALIA CA 266-C2
Rt#-63 S COURT ST
VISALIA CA 266-C2
Rt#-63 DINUBA BLVD
TULARE CO CA 266-B2
VISALIA CA 266-B2
Rt#-63 HIGHWAY
TULARE CO CA 182-A3
TULARE CO CA 266-B1
Rt#-63 S HILLS VALLEY RD
FRESNO CO CA 182-A2
ORANGE COVE CA 182-A3
TULARE CO CA 182-A3
Rt#-63 N LOCUST ST
VISALIA CA 266-C2
Rt#-63 S LOCUST ST
VISALIA CA 266-C2
Rt#-63 MOONEY BLVD
TULARE CA 266-B4
TULARE CO CA 266-B4
VISALIA CA 266-B4
Rt#-63 N WEST ST
VISALIA CA 266-B2
Rt#-65 FRWY
PLACER CO CA 235-D2
PORTERVILLE CA 191-B1
ROCKLIN CA 235-D2
ROSEVILLE CA 235-D3
TULARE CO CA 191-B1
Rt#-65 G ST
LINCOLN CA 235-D1
PLACER CO CA 235-D1
Rt#-65 S G ST
LINCOLN CA 235-D1
Rt#-65 HIGHWAY
KERN CO CA 191-B2
KERN CO CA 267-B1
LINCOLN CA 170-A2
LINCOLN CA 235-D1
LINDSAY CA 191-B1
OLIVEHURST CA 227-D7
PLACER CO CA 170-A2
PLACER CO CA 235-D2
PORTERVILLE CA 191-B1
TULARE CO CA 191-B1
TULARE CO CA 266-D4
WHEATLAND CA 170-A2
YUBA CO CA 170-A2
YUBA CO CA 227-C7
Rt#-65 KAWEAH AV
EXETER CA 266-D3
TULARE CO CA 266-D2
Rt#-65 PORTERVILLE HWY
KERN CO CA 191-B2
KERN CO CA 267-B2
Rt#-65 ROSEVILLE BYPS
ROCKLIN CA 236-A3
ROSEVILLE CA 235-D3
ROSEVILLE CA 236-A3
Rt#-66 W 4TH ST
SAN BERNARDINO CA 284-D3
SAN BERNARDINO CA 368-A4
Rt#-66 W 5TH ST
SAN BERNARDINO CA 284-D2
SAN BERNARDINO CA 368-B3
Rt#-66 FOOTHILL BLVD
FONTANA CA 284-A3
LA VERNE CA 283-B2
POMONA CA 283-B3
RANCHO CUCAMONGA CA 283-D3
RANCHO CUCAMONGA CA 284-A3
SAN BERNARDINO CO CA 284-A3
UPLAND CA 283-D3
Rt#-66 E FOOTHILL BLVD
CLAREMONT CA 283-C3
POMONA CA 283-B3
RIALTO CA 284-D3
UPLAND CA 283-D3
Rt#-66 W FOOTHILL BLVD
CLAREMONT CA 283-C3
FONTANA CA 284-C3
LA VERNE CA 283-C3
POMONA CA 283-C3
RIALTO CA 284-C3
SAN BERNARDINO CA 284-C3
SAN BERNARDINO CO CA 283-C3
UPLAND CA 283-C3
Rt#-66 GREEN SPRINGS HWY
ASHLAND OR 149-C2
JACKSON CO OR 149-C2
JACKSON CO OR 150-A2
KLAMATH CO OR 150-A2
KLAMATH FALLS OR 150-A2
Rt#-66 HIGHWAY
MOHAVE CO AZ 196-C3
Rt#-67 HIGHWAY
POWAY CA 294-B3
SAN DIEGO CO CA 294-B3
Rt#-67 JULIAN RD
SAN DIEGO CO CA 294-C3
Rt#-67 MAIN ST
SAN DIEGO CO CA 294-C2
Rt#-67 SAN VICENTE FRWY
EL CAJON CA 294-B7
SAN DIEGO CO CA 294-B7
SANTEE CA 294-B7
Rt#-68 ASILOMAR AV
PACIFIC GROVE CA 337-B3
Rt#-68 HIGHWAY
BULLHEAD CITY AZ 270-D1
DEL REY OAKS CA 258-C4
MOHAVE CO AZ 196-C3
MOHAVE CO AZ 270-D1
MONTEREY CA 258-C4
MONTEREY CO CA 258-C4
Rt#-68 JOHN ST
SALINAS CA 336-C7
Rt#-68 S MAIN ST
MONTEREY CO CA 336-B8
SALINAS CA 336-B7
Rt#-68 MONTEREY SALINAS HWY
MONTEREY CA 258-D4
MONTEREY CO CA 258-D4
MONTEREY CO CA 259-A4
MONTEREY CO CA 336-B9
SALINAS CA 336-B9
Rt#-68 STATE HIGHWAY 68
BULLHEAD CITY AZ 270-D1
MOHAVE CO AZ 270-D1
Rt#-68 SUNSET DR
MONTEREY CO CA 337-B4
PACIFIC GROVE CA 337-B4
Rt#-68 W R HOLMAN HWY
MONTEREY CA 337-D8
MONTEREY CO CA 337-D8
Rt#-68 W R HOLMAN HWY
PACIFIC GROVE CA 337-D8
Rt#-70 1ST ST
MARYSVILLE CA 310-B5
Rt#-70 B ST
MARYSVILLE CA 310-B3
Rt#-70 DAIRY-BONANZA HWY
BONANZA OR 151-A2
KLAMATH CO OR 151-A2
Rt#-70 E ST
MARYSVILLE CA 310-A4
Rt#-70 EL CENTRO
SUTTER CO CA 235-A1
Rt#-70 EL CENTRO BLVD
SUTTER CO CA 169-C2
SUTTER CO CA 235-A1
Rt#-70 FRWY
BUTTE CO CA 223-B5
Rt#-70 HIGHWAY
BUTTE CO CA 164-A3
BUTTE CO CA 169-C1
BUTTE CO CA 223-D1
BUTTE CO CA 227-C1
LASSEN CO CA 165-B3
LINDA CA 310-B5
MARYSVILLE CA 310-A1
PLUMAS CO CA 164-B2
PLUMAS CO CA 165-A3
PORTOLA CA 165-A3
QUINCY CA 164-B2
SUTTER CO CA 169-C2
YUBA CO CA 169-C2
YUBA CO CA 227-C3
YUBA CO CA 310-A1
Rt#-70 Bus LINCOLN BLVD
BUTTE CO CA 223-B7
Rt#-70 MAIN ST
QUINCY CA 164-B2
Rt#-70 Bus NELSON AV
BUTTE CO CA 223-B6
Rt#-70 E SIERRA AV
PORTOLA CA 165-A3
Rt#-70 W SIERRA AV
PORTOLA CA 165-A3
Rt#-70 Bus TABLE MTN BLVD
BUTTE CO CA 223-B6
OROVILLE CA 223-B6
Rt#-71 CHINO VALLEY FRWY
CHINO CA 283-C5
CHINO HILLS CA 283-C5
POMONA CA 283-C5
SAN BERNARDINO CO CA 283-C5
SAN DIMAS CA 283-C5
Rt#-71 CORONA EXWY
CHINO HILLS CA 283-D6
RIVERSIDE CO CA 283-D6
Rt#-72 BROADWAY AV
LA PAZ CO AZ 211-C1
Rt#-72 HIGHWAY
LA PAZ CO AZ 211-C1
Rt#-72 WHITTIER BLVD
LOS ANGELES CO CA 282-C5
WHITTIER CA 282-C5
Rt#-72 W WHITTIER BLVD
LA HABRA CA 282-D6
ORANGE CO CA 282-D6
Rt#-73 FRWY
COSTA MESA CA 288-A4
COSTA MESA CA 363-A3
NEWPORT BEACH CA 363-C6
NEWPORT BEACH CA 364-G1
ORANGE CO CA 363-C6
ORANGE CO CA 364-G1
Rt#-73 SAN JOAQN HLS TRAN COR
ALISO VIEJO CA 288-C6
IRVINE CA 288-A5
IRVINE CA 363-F10
LAGUNA BEACH CA 288-C6
LAGUNA HILLS CA 288-C6
LAGUNA NIGUEL CA 288-C6
MISSION VIEJO CA 288-D7
NEWPORT BEACH CA 288-A5
NEWPORT BEACH CA 363-D7
ORANGE CO CA 288-B6
SAN JUAN CAPISTRANO CA 288-D7
Rt#-74 E 4TH ST
PERRIS CA 289-B2
Rt#-74 W 4TH ST
PERRIS CA 289-B2
Rt#-74 COLLIER AV
LAKE ELSINORE CA 289-A4
Rt#-74 ETHANAC RD
RIVERSIDE CO CA 289-D3
Rt#-74 FLORIDA AV
HEMET CA 208-C2
HEMET CA 289-D3
RIVERSIDE CO CA 208-C2
RIVERSIDE CO CA 289-D3
Rt#-74 W FLORIDA AV
HEMET CA 208-C2
Rt#-74 GRAND AV
LAKE ELSINORE CA 208-A2
RIVERSIDE CO CA 208-A2
Rt#-74 HIGHWAY
LAKE ELSINORE CA 289-A3
PERRIS CA 289-B2
RIVERSIDE CO CA 289-B2
Rt#-74 IDYLLWLD NATL FRST HWY
RIVERSIDE CO CA 208-C2
RIVERSIDE CO CA 209-A2
Rt#-74 MATTHEWS RD
PERRIS CA 289-C2
RIVERSIDE CO CA 289-C2
Rt#-74 ORTEGA HWY
LAKE ELSINORE CA 208-A2
ORANGE CO CA 208-A2
ORANGE CO CA 288-D7
RIVERSIDE CO CA 208-A2
RIVERSIDE CO CA 289-A5
SAN JUAN CAPISTRANO CA 288-D7
SAN JUAN CAPISTRANO CA 291-A1
Rt#-74 PINACATE RD
RIVERSIDE CO CA 289-D3
Rt#-74 PINES TO PALMS HWY
PALM DESERT CA 290-C7
RIVERSIDE CO CA 209-A2
RIVERSIDE CO CA 290-C7
Rt#-74 REDLANDS AV
PERRIS CA 289-B2
Rt#-74 RIVERSIDE DR
LAKE ELSINORE CA 208-A2
LAKE ELSINORE CA 289-A4
Rt#-75 4TH ST
CORONADO CA 373-C6
Rt#-75 HIGHWAY
CORONADO CA 373-D7
SAN DIEGO CA 373-G6
Rt#-75 ORANGE AV
CORONADO CA 373-C8
Rt#-75 PALM AV
IMPERIAL BEACH CA 295-D4
SAN DIEGO CA 295-D4
SAN DIEGO CA 296-A4
Rt#-75 SILVER STRAND BLVD
CORONADO CA 295-D3
CORONADO CA 373-D9
IMPERIAL BEACH CA 295-D3
Rt#-76 HIGHWAY
OCEANSIDE CA 292-B6
SAN DIEGO CO CA 208-C3
SAN DIEGO CO CA 209-A3
Rt#-76 HIGHWAY 76
OCEANSIDE CA 292-B5
Rt#-76 MISSION AV
OCEANSIDE CA 292-B6
SAN DIEGO CO CA 292-B6
Rt#-76 MISSION RD
SAN DIEGO CO CA 292-B5
Rt#-76 PALA RD
SAN DIEGO CO CA 208-C3
SAN DIEGO CO CA 292-D3
Rt#-76 SAN LUIS REY MSN EXWY
OCEANSIDE CA 291-D6
OCEANSIDE CA 292-A6
Rt#-77 42ND AV
OAKLAND CA 330-F9
Rt#-78 28TH AV
RIVERSIDE CO CA 211-A2
Rt#-78 32ND AV
RIVERSIDE CO CA 211-A2
Rt#-78 N ASH ST
ESCONDIDO CA 294-A1
Rt#-78 S ASH ST
ESCONDIDO CA 294-A1
Rt#-78 BANNER RD
SAN DIEGO CO CA 213-A1
Rt#-78 N BROADWAY
ESCONDIDO CA 293-D1
Rt#-78 HAVERFORD RD
SAN DIEGO CO CA 294-C2
Rt#-78 HIGHWAY
IMPERIAL CO CA 209-C3
IMPERIAL CO CA 210-C3
IMPERIAL CO CA 211-A2
IMPERIAL CO CA 214-A1
RIVERSIDE CO CA 211-A2
SAN DIEGO CO CA 209-B3
SAN DIEGO CO CA 213-B1
WESTMORLAND CA 214-A1
Rt#-78 JULIAN RD
SAN DIEGO CO CA 213-A1
SAN DIEGO CO CA 294-D2
Rt#-78 MAIN ST
BRAWLEY CA 214-B1
IMPERIAL CO CA 214-B1
SAN DIEGO CO CA 294-C2
Rt#-78 MERL RD
IMPERIAL CO CA 214-A1
WESTMORLAND CA 214-A1
Rt#-78 NEIGHBOURS BLVD
RIVERSIDE CO CA 211-A2
Rt#-78 PINE ST
SAN DIEGO CO CA 294-C2
Rt#-78 S PINE ST
SAN DIEGO CO CA 294-C2
Rt#-78 RANNELS BLVD
RIVERSIDE CO CA 211-A2
Rt#-78 RONALD PACKARD PKWY
ESCONDIDO CA 293-D1
OCEANSIDE CA 292-B7
SAN DIEGO CO CA 292-C7
SAN DIEGO CO CA 293-D1
SAN MARCOS CA 292-C7
SAN MARCOS CA 293-C1
VISTA CA 292-B6
Rt#-78 SAN PASQUAL VALLEY RD
ESCONDIDO CA 294-A1
SAN DIEGO CA 294-A1
SAN DIEGO CO CA 294-A1
Rt#-78 E WASHINGTON AV
ESCONDIDO CA 293-D1
ESCONDIDO CA 294-A1
Rt#-79 BEAUMONT AV
BEAUMONT CA 285-D6
Rt#-79 CUYAMACA HWY
SAN DIEGO CO CA 213-A1
Rt#-79 GILMAN SPRINGS RD
RIVERSIDE CO CA 208-C2
Rt#-79 HIGHWAY
RIVERSIDE CO CA 208-C3
RIVERSIDE CO CA 292-D1
SAN DIEGO CO CA 208-C3
SAN DIEGO CO CA 209-A3
SAN DIEGO CO CA 213-A1
TEMECULA CA 292-D1
Rt#-79 JAPATUL VALLEY RD
SAN DIEGO CO CA 213-A1
Rt#-79 JULIAN RD
SAN DIEGO CO CA 213-A1
Rt#-79 LAMB CANYON RD
BEAUMONT CA 285-D7
RIVERSIDE CO CA 208-C2
RIVERSIDE CO CA 285-D7
Rt#-79 MAIN ST
SAN DIEGO CO CA 213-A1
Rt#-79 N RAMONA BLVD
SAN JACINTO CA 208-C2
Rt#-79 N SAN JACINTO ST
HEMET CA 208-C2
Rt#-79 S SAN JACINTO AV
SAN JACINTO CA 208-C2
Rt#-79 S SAN JACINTO ST
SAN JACINTO CA 208-C2
Rt#-79 STATE ST
RIVERSIDE CO CA 208-C2
SAN JACINTO CA 208-C2
Rt#-79 N STATE ST
SAN JACINTO CA 208-C2
Rt#-79 WASHINGTON ST
SAN DIEGO CO CA 213-A1
Rt#-79 WINCHESTER RD
MURRIETA CA 289-D3
RIVERSIDE CO CA 289-D3
TEMECULA CA 289-C7
Rt#-82 S 1ST ST
SAN JOSE CA 334-A8
Rt#-82 S AUTUMN ST
SAN JOSE CA 333-F8
Rt#-82 EL CAMINO REAL
ATHERTON CA 252-D1
BELMONT CA 250-A7
BURLINGAME CA 249-C4
BURLINGAME CA 327-D6
COLMA CA 249-C4
DALY CITY CA 249-C4
HILLSBOROUGH CA 249-C4
LOS ALTOS CA 332-E8
MENLO PARK CA 252-D1
MENLO PARK CA 332-D6
MILLBRAE CA 327-D6
MOUNTAIN VIEW CA 253-A2
PALO ALTO CA 332-E8
REDWOOD CITY CA 250-A7
REDWOOD CITY CA 252-D1
SAN BRUNO CA 327-C5
SAN CARLOS CA 250-A7
SAN MATEO CA 250-A7
SAN MATEO CO CA 249-C4
SAN MATEO CO CA 250-A7
SAN MATEO CO CA 252-D1
SANTA CLARA CA 253-B3
SANTA CLARA CA 333-B4
SANTA CLARA CO CA 332-D6
SOUTH SAN FRANCISCO CA 249-C4
SOUTH SAN FRANCISCO CA 327-A1
Rt#-82 E EL CAMINO REAL
MOUNTAIN VIEW CA 253-B3
SANTA CLARA CA 253-B3
SANTA CLARA CO CA 253-B3
SUNNYVALE CA 253-B3
Rt#-82 N EL CAMINO REAL
BURLINGAME CA 249-D5
SAN MATEO CA 249-D5
Rt#-82 S EL CAMINO REAL
BELMONT CA 250-A6
SAN MATEO CA 249-D6
SAN MATEO CA 250-A6
Rt#-82 W EL CAMINO REAL
LOS ALTOS CA 253-A2
LOS ALTOS CA 332-G10
MOUNTAIN VIEW CA 253-A2
MOUNTAIN VIEW CA 332-G10
SUNNYVALE CA 253-A2
Rt#-82 S MARKET ST
SAN JOSE CA 333-G8
SAN JOSE CA 334-A8
Rt#-82 MISSION ST
DALY CITY CA 249-C3
Rt#-82 MONTEREY HWY
SAN JOSE CA 253-D4
SAN JOSE CA 254-A5
SAN JOSE CA 334-B10
SANTA CLARA CO CA 253-D4
Rt#-82 MONTGOMERY ST
SAN JOSE CA 333-F8
Rt#-82 S MONTGOMERY ST
SAN JOSE CA 333-F8
Rt#-82 W SAN CARLOS ST
SAN JOSE CA 333-F8
Rt#-82 SAN JOSE AV
DALY CITY CA 249-C3
SAN FRANCISCO CA 249-C3
Rt#-82 W SANTA CLARA ST
SAN JOSE CA 333-F8
Rt#-82 THE ALAMEDA
SAN JOSE CA 333-D7
SANTA CLARA CA 333-D7
Rt#-83 EUCLID AV
CHINO CA 283-D5
CHINO HILLS CA 283-D5
ONTARIO CA 283-D5
SAN BERNARDINO CO CA 283-D5
Rt#-83 N EUCLID AV
ONTARIO CA 283-D3
UPLAND CA 283-D3
Rt#-83 S EUCLID AV
ONTARIO CA 283-D3
UPLAND CA 283-D3
Rt#-84 1ST ST
LIVERMORE CA 251-C4
Rt#-84 BAYFRONT EXWY
FREMONT CA 250-C7
MENLO PARK CA 250-C7
Rt#-84 COURTLAND RD
YOLO CO CA 174-C1
YOLO CO CA 238-A5
Rt#-84 DUMBARTON BRDG
FREMONT CA 250-C7
MENLO PARK CA 250-C7
Rt#-84 FREMONT BLVD
FREMONT CA 250-D6
Rt#-84 FRWY
FREMONT CA 250-D6
NEWARK CA 250-D6
Rt#-84 HIGHWAY
RIO VISTA CA 174-C1
SOLANO CO CA 174-C1
Rt#-84 HOLMES ST
LIVERMORE CA 251-C4
Rt#-84 JEFFERSON BLVD
WEST SACRAMENTO CA 235-A7
WEST SACRAMENTO CA 238-A1
WEST SACRAMENTO CA 319-A2
YOLO CO CA 238-A1
Rt#-84 LA HONDA RD
SAN MATEO CO CA 252-B3
WOODSIDE CA 252-C3
Rt#-84 MARSH RD
MENLO PARK CA 250-B7
Rt#-84 MOWRY AV
FREMONT CA 251-A6
Rt#-84 NILES CANYON RD
ALAMEDA CO CA 251-A5
FREMONT CA 251-A5
UNION CITY CA 251-A5
Rt#-84 PALOMA RD
ALAMEDA CO CA 251-B5
Rt#-84 PERALTA BLVD
FREMONT CA 250-D6
FREMONT CA 251-A6

CRA
INDEX

421 Rt#-84 REED AV
STREET INDEX
Rt#-123 SAN PABLO AV

CRA
INDEX

STREET City State Page-Grid
Rt#-84 REED AV
WEST SACRAMENTO CA 235-A7
Rt#-84 RIVER RD
RIO VISTA CA 174-C1
RIO VISTA CA 248-D1
Rt#-84 RYER AV
SOLANO CO CA 174-C1
YOLO CO CA 174-C1
Rt#-84 SACRAMENTO AV
WEST SACRAMENTO CA 235-A7
WEST SACRAMENTO CA 319-A2
Rt#-84 THORNTON AV
FREMONT CA 250-D6
Rt#-84 VALLECITOS RD
ALAMEDA CO CA 251-B5
Rt#-84 E VALLECITOS RD
ALAMEDA CO CA 251-B5
LIVERMORE CA 251-B5
PLEASANTON CA 251-B5
Rt#-84 WOODSIDE EXWY
REDWOOD CITY CA 250-B7
Rt#-84 WOODSIDE RD
REDWOOD CITY CA 250-B7
REDWOOD CITY CA 252-C1
SAN MATEO CO CA 252-C1
WOODSIDE CA 252-C1
Rt#-85 STEVENS CREEK FRWY
CUPERTINO CA 253-B3
LOS ALTOS CA 253-B3
MOUNTAIN VIEW CA 253-B3
SANTA CLARA CO CA 253-B3
SUNNYVALE CA 253-B3
Rt#-85 WEST VALLEY FRWY
CAMPBELL CA 253-C5
CUPERTINO CA 253-B3
LOS GATOS CA 253-C5
SAN JOSE CA 253-B4
SAN JOSE CA 254-A5
SANTA CLARA CO CA 253-C5
SARATOGA CA 253-B4
SUNNYVALE CA 253-B3
Rt#-86 4TH ST
EL CENTRO CA 375-D6
Rt#-86 ADAMS AV
EL CENTRO CA 375-B6
Rt#-86 GRAPEFRUIT BLVD
COACHELLA CA 209-B2
Rt#-86 HARRISON ST
COACHELLA CA 209-B2
RIVERSIDE CO CA 209-B2
Rt#-86 HEBER RD
IMPERIAL CO CA 214-A1
Rt#-86 HIGHWAY
BRAWLEY CA 214-A1
EL CENTRO CA 214-A1
EL CENTRO CA 375-E9
IMPERIAL CA 214-A1
IMPERIAL CA 375-B1
IMPERIAL CO CA 209-C3
IMPERIAL CO CA 214-A1
IMPERIAL CO CA 375-E10
RIVERSIDE CO CA 209-B2
Rt#-86 N IMPERIAL AV
EL CENTRO CA 375-B3
IMPERIAL CA 375-B3
IMPERIAL CO CA 375-B3
Rt#-86 INDIO BLVD
INDIO CA 209-B2
Rt#-86 PIERCE ST
RIVERSIDE CO CA 209-C2
Rt#-86 WESTER AV
BRAWLEY CA 214-A1
Rt#-86S FRWY
COACHELLA CA 209-B2
RIVERSIDE CO CA 209-B2
Rt#-86S HIGHWAY
COACHELLA CA 209-B2
RIVERSIDE CO CA 209-B2
Rt#-87 GUADALUPE FRWY
SAN JOSE CA 253-D4
SAN JOSE CA 333-F6
SAN JOSE CA 334-A10
SANTA CLARA CO CA 253-D4
Rt#-88 HIGHWAY
ALPINE CO CA 171-C3
AMADOR CO CA 171-B3
AMADOR CO CA 175-C1
AMADOR CO CA 176-A1
DOUGLAS CO NV 171-C2
DOUGLAS CO NV 232-A7
EL DORADO CO CA 171-B3
JACKSON CA 175-C1
SAN JOAQUIN CO CA 175-B1
SAN JOAQUIN CO CA 260-D1
Rt#-88 RED VISTA RD
ALPINE CO CA 171-B3
Rt#-88 E WATERLOO RD
SAN JOAQUIN CO CA 260-C4
Rt#-89 EMERALD BAY RD
EL DORADO CO CA 231-A6
PLACER CO CA 231-A6
SOUTH LAKE TAHOE CA 171-B2
SOUTH LAKE TAHOE CA 231-A6
Rt#-89 HIGHWAY
ALPINE CO CA 171-B3
EL DORADO CO CA 171-B3
MCCLOUD CA 218-D5
MONO CO CA 171-C3
NEVADA CO CA 228-D4
NEVADA CO CA 229-A5
PLACER CO CA 171-A1
PLACER CO CA 228-D7
PLACER CO CA 231-A2
PLUMAS CO CA 164-A2
SHASTA CO CA 158-C2
SHASTA CO CA 159-A3
SHASTA CO CA 222-C1
SIERRA CO CA 164-C3
SIERRA CO CA 165-A3
SIERRA CO CA 228-B1
SISKIYOU CO CA 158-C2
SISKIYOU CO CA 218-B4
SISKIYOU CO CA 298-F8
TAHOE CITY CA 231-A3
TEHAMA CO CA 164-A1
TEHAMA CO CA 222-B7
TRUCKEE CA 228-D6
TRUCKEE CA 229-A5
Rt#-89 LASSEN PEAK HWY
SHASTA CO CA 222-B4
TEHAMA CO CA 222-B7
Rt#-89 LOYALTON RD
SIERRA CO CA 228-B1
Rt#-89 LUTHER PASS RD
ALPINE CO CA 171-B3
Rt#-90 IMPERIAL HWY
ANAHEIM CA 283-A7
BREA CA 283-A7
PLACENTIA CA 283-A7
YORBA LINDA CA 283-A7
Rt#-90 E IMPERIAL HWY
BREA CA 283-A7
FULLERTON CA 282-D6
FULLERTON CA 283-A7
LA HABRA CA 282-D6
Rt#-90 N IMPERIAL HWY
ANAHEIM CA 283-B7
ANAHEIM CA 288-B1
ORANGE CO CA 283-B7
ORANGE CO CA 288-B1
YORBA LINDA CA 283-B7
Rt#-90 W IMPERIAL HWY
BREA CA 282-D6
BREA CA 283-A6
FULLERTON CA 282-D6
LA HABRA CA 282-D6
Rt#-90 MARINA EXWY
LOS ANGELES CA 281-B5
LOS ANGELES CA 357-G5
Rt#-90 MARINA FRWY
CULVER CITY CA 358-B2
LOS ANGELES CA 281-B5
LOS ANGELES CA 358-B2
Rt#-90 RICHARD M NIXON FRWY
ANAHEIM CA 283-B7
ANAHEIM CA 288-B1
ORANGE CO CA 283-B7
ORANGE CO CA 288-B1
YORBA LINDA CA 283-B7
Rt#-91 ARTESIA BLVD
HERMOSA BEACH CA 286-C1
LAWNDALE CA 286-C1
MANHATTAN BEACH CA 286-C1
REDONDO BEACH CA 286-C1
TORRANCE CA 281-C7
TORRANCE CA 286-C1
Rt#-91 W ARTESIA BLVD
GARDENA CA 281-D7
LOS ANGELES CA 281-D7
TORRANCE CA 281-C7
TORRANCE CA 286-C1
Rt#-91 ARTESIA FRWY
ANAHEIM CA 361-B3
ARTESIA CA 282-A7
BELLFLOWER CA 282-A7
BUENA PARK CA 287-C1
BUENA PARK CA 361-B3
CERRITOS CA 282-A7
CERRITOS CA 287-C1
FULLERTON CA 361-B3
LA PALMA CA 287-C1
LONG BEACH CA 282-A7
Rt#-91 GARDENA FRWY
CARSON CA 281-D7
COMPTON CA 281-D7
COMPTON CA 282-A7
LONG BEACH CA 282-A7
LOS ANGELES CA 281-D7
LOS ANGELES CO CA 282-A7
Rt#-91 RIVERSIDE FRWY
ANAHEIM CA 283-D7
ANAHEIM CA 287-D1
ANAHEIM CA 288-A1
CORONA CA 283-D7
CORONA CA 284-A7
FULLERTON CA 287-D1
FULLERTON CA 361-G3
ORANGE CO CA 283-D7
RIVERSIDE CA 284-A7
RIVERSIDE CA 366-D5
RIVERSIDE CO CA 283-D7
YORBA LINDA CA 283-D7
Rt#-92 CANADA RD
SAN MATEO CO CA 249-D7
Rt#-92 HALF MOON BAY RD
HALF MOON BAY CA 249-C7
HALF MOON BAY CA 252-A1
SAN MATEO CO CA 249-C7
Rt#-92 J ARTHUR YOUNGER FRWY
BELMONT CA 249-D6
FOSTER CITY CA 250-A5
HAYWARD CA 250-A5
HILLSBOROUGH CA 249-D6
SAN MATEO CA 249-D6
SAN MATEO CA 250-A5
SAN MATEO CO CA 249-D6
Rt#-92 JACKSON ST
HAYWARD CA 250-C4
Rt#-92 SAN MATEO RD
HALF MOON BAY CA 249-C7
SAN MATEO CO CA 249-C7
Rt#-92 SAN MATEO-HAYWARD BRDG
FOSTER CITY CA 250-B5
HAYWARD CA 250-B5
Rt#-94 CAMPO RD
SAN DIEGO CO CA 213-A2
SAN DIEGO CO CA 296-B1
Rt#-94 FRWY
LA MESA CA 296-B1
LEMON GROVE CA 296-A1
SAN DIEGO CO CA 296-B1
Rt#-94 HIGHWAY
SAN DIEGO CO CA 213-B2
Rt#-94 NW INNIS ARDEN WY
SAN DIEGO CO CA 213-B2
Rt#-94 MARTIN L KING JR FRWY
LEMON GROVE CA 296-A2
SAN DIEGO CA 296-A2
SAN DIEGO CA 373-G2
SAN DIEGO CA 374-G3
Rt#-94 OLD HWY 80
SAN DIEGO CO CA 213-B2
Rt#-94 RIBBONWOOD RD
SAN DIEGO CO CA 213-B2
Rt#-95 CALIFORNIA AV
LA PAZ CO AZ 204-B3
PARKER AZ 204-B3
SAN BERNARDINO CO CA 204-B3
Rt#-95 HIGHWAY
BULLHEAD CITY AZ 270-C1
LA PAZ CO AZ 204-C3
LA PAZ CO AZ 211-B1
LAKE HAVASU CITY AZ 204-B2
MOHAVE CO AZ 204-B2
MOHAVE CO AZ 270-C4
YUMA CO AZ 211-C3
Rt#-95 MARICOPA AV
LAKE HAVASU CITY AZ 204-B2
Rt#-95 MOHAVE VALLEY HWY
MOHAVE CO AZ 204-A1
MOHAVE CO AZ 270-C6
Rt#-95 RIVERSIDE DR
LA PAZ CO AZ 204-B3
MOHAVE CO AZ 204-B3
PARKER AZ 204-B3
Rt#-95 STATE HIGHWAY 95
BULLHEAD CITY AZ 270-C1
CLARK CO NV 270-C1
MOHAVE CO AZ 270-C1
Rt#-96 HIGHWAY
HUMBOLDT CO CA 156-C2
HUMBOLDT CO CA 157-A1
SISKIYOU CO CA 149-B3
SISKIYOU CO CA 157-A1
SISKIYOU CO CA 217-B1
WILLOW CREEK CA 156-C2
Rt#-98 HIGHWAY
CALEXICO CA 214-B2
IMPERIAL CO CA 213-C2
IMPERIAL CO CA 214-C1
Rt#-99 2ND AV
GOLD HILL OR 149-B1
Rt#-99 N 6TH ST
GRANTS PASS OR 149-B1
Rt#-99 NW 6TH ST
GRANTS PASS OR 149-B1
Rt#-99 S 6TH ST
GRANTS PASS OR 149-B1
Rt#-99 NE 7TH ST
GRANTS PASS OR 149-B1
Rt#-99 SE 7TH ST
GRANTS PASS OR 149-B1
Rt#-99 ANTELOPE BLVD
TEHAMA CO CA 221-C2
Rt#-99 BEAR CREST DR
JACKSON CO OR 149-C2
PHOENIX OR 149-C2
Rt#-99 EL CENTRO BLVD
SACRAMENTO CO CA 235-A4
SUTTER CO CA 235-A1
Rt#-99 EL CENTRO RD
SACRAMENTO CO CA 235-A4
Rt#-99 FRWY
ATWATER CA 180-C1
BAKERSFIELD CA 267-C4
BAKERSFIELD CA 344-A1
BUTTE CO CA 163-B3
BUTTE CO CA 305-C1
BUTTE CO CA 306-A5
CERES CA 261-B4
CHICO CA 305-C1
CHICO CA 306-A5
CHOWCHILLA CA 181-A1
DELANO CA 191-A2
ELK GROVE CA 238-C3
FOWLER CA 264-D6
FRESNO CA 264-A2
FRESNO CA 343-A6
FRESNO CO CA 181-C3
FRESNO CO CA 264-A2
GALT CA 238-D6
KERN CO CA 191-A2
KERN CO CA 199-B1
KERN CO CA 267-A1
KERN CO CA 344-A1
KINGSBURG CA 181-C3
LIVINGSTON CA 180-C1
LODI CA 175-A1
LODI CA 260-C1
MADERA CA 181-B2
MADERA CO CA 181-A1
MADERA CO CA 264-A2
MANTECA CA 175-A3
MANTECA CA 260-C7
MCFARLAND CA 191-A2
MERCED CA 181-A1
MERCED CO CA 180-C1
MERCED CO CA 181-A1
MERCED CO CA 261-D7
MODESTO CA 261-A2
MODESTO CA 340-A3
RIPON CA 175-B3
SACRAMENTO CA 235-A5
SACRAMENTO CA 238-B1
SACRAMENTO CA 319-G6
SACRAMENTO CO CA 235-A5
SACRAMENTO CO CA 238-B1
SAN JOAQUIN CO CA 175-A1
SAN JOAQUIN CO CA 238-D7
SAN JOAQUIN CO CA 260-C1
SELMA CA 181-C3
SELMA CA 264-D7
STANISLAUS CO CA 175-B3
STANISLAUS CO CA 261-A2
STANISLAUS CO CA 340-A4
STOCKTON CA 260-C4
SUTTER CO CA 227-B5
SUTTER CO CA 309-D6
TULARE CA 266-B4
TULARE CO CA 181-C3
TULARE CO CA 182-A3
TULARE CO CA 191-A1
TULARE CO CA 266-A1
TURLOCK CA 261-C6
VISALIA CA 266-A3
YUBA CITY CA 227-B5
YUBA CITY CA 309-D1
Rt#-99 N FRONT ST
CENTRAL POINT OR 149-C2
Rt#-99 S FRONT ST
CENTRAL POINT OR 149-C2
Rt#-99 GOLD HILL SPUR
GOLD HILL OR 149-B1
JACKSON CO OR 149-B1
Rt#-99 GOLDEN STATE BLVD
MERCED CO CA 261-D7
Rt#-99 Bus N GOLDN STATE BLVD
STANISLAUS CO CA 261-C5
Rt#-99 N GOLDEN STATE BLVD
TURLOCK CA 261-C6
Rt#-99 S GOLDEN STATE BLVD
MERCED CO CA 261-D7
STANISLAUS CO CA 261-D7
TURLOCK CA 261-D7
Rt#-99 GOLDEN STATE HWY
BAKERSFIELD CA 267-C3
KERN CO CA 267-C3
Rt#-99 HIGHWAY
BUTTE CO CA 163-B3
BUTTE CO CA 169-C1
BUTTE CO CA 223-A4
BUTTE CO CA 227-B1
CHICO CA 163-C3
CHICO CA 306-E10
GRIDLEY CA 227-B1
LIVE OAK CA 227-B3
MADERA CO CA 181-A1
SUTTER CO CA 169-C2
SUTTER CO CA 227-B3
SUTTER CO CA 235-A1
SUTTER CO CA 309-D8
TEHAMA CO CA 163-B2
TEHAMA CO CA 221-C2
Rt#-99 LAKE OF THE WOODS HWY
CENTRAL POINT OR 149-C2
JACKSON CO OR 149-C2
MEDFORD OR 149-C2
Rt#-99 LITHIA WY
ASHLAND OR 149-C2
Rt#-99 LIVE OAK ST
LIVE OAK CA 227-B3
SUTTER CO CA 227-B3
Rt#-99 MAIN ST
PHOENIX OR 149-C2
Rt#-99 N MAIN ST
ASHLAND OR 149-C2
JACKSON CO OR 149-C2
PHOENIX OR 149-C2
Rt#-99 OLD STAGE RD
JACKSON CO OR 149-B1
Rt#-99 REDWOOD HWY
GRANTS PASS OR 149-B1
Rt#-99 NE REDWOOD HWY
GRANTS PASS OR 149-B1
Rt#-99 N RIVERSIDE AV
MEDFORD OR 149-C2
Rt#-99 S RIVERSIDE AV
MEDFORD OR 149-C2
Rt#-99 ROGUE RIVER HWY
GRANTS PASS OR 149-B1
JACKSON CO OR 149-B1
JOSEPHINE CO OR 149-B1
ROGUE RIVER OR 149-B1
Rt#-99 ROGUE VALLEY HWY
ASHLAND OR 149-C2
CENTRAL POINT OR 149-C2
JACKSON CO OR 149-C2
JACKSON CO OR 150-A2
MEDFORD OR 149-C2
PHOENIX OR 149-C2
TALENT OR 149-C2
Rt#-99 SAMS VALLEY HWY
GOLD HILL OR 149-B1
JACKSON CO OR 149-B1
Rt#-99 SAWTELLE AV
SUTTER CO CA 169-C2
SUTTER CO CA 227-B7
Rt#-99 SISKIYOU BLVD
ASHLAND OR 149-C2
JACKSON CO OR 149-C2
Rt#-99 TUDOR RD
SUTTER CO CA 169-C2
Rt#-101 REDWOOD HWY
MARIN CO CA 246-B3
Rt#-103 TERMINAL ISLAND FRWY
LONG BEACH CA 286-D3
LONG BEACH CA 287-A2
LOS ANGELES CA 286-D3
Rt#-104 HIGHWAY
AMADOR CO CA 175-B1
IONE CA 175-B1
Rt#-104 IONE ST
IONE CA 175-B1
Rt#-104 E MAIN ST
IONE CA 175-B1
Rt#-104 W MAIN ST
IONE CA 175-B1
Rt#-104 PRESTON AV
IONE CA 175-B1
Rt#-104 RIDGE RD
AMADOR CO CA 175-C1
SUTTER CREEK CA 175-C1
Rt#-104 TWIN CITIES RD
AMADOR CO CA 175-B1
GALT CA 238-D6
SACRAMENTO CO CA 175-B1
SACRAMENTO CO CA 238-D6
Rt#-107 HAWTHORNE BLVD
LAWNDALE CA 281-C7
REDONDO BEACH CA 281-C7
REDONDO BEACH CA 286-C2
TORRANCE CA 281-C7
TORRANCE CA 286-C2
Rt#-108 ATCHISON ST
RIVERBANK CA 261-B2
STANISLAUS CO CA 261-B2
Rt#-108 CALLANDER AV
RIVERBANK CA 261-B2
Rt#-108 F ST
OAKDALE CA 261-D1
STANISLAUS CO CA 261-D1
Rt#-108 HIGHWAY
ALPINE CO CA 176-C1
MONO CO CA 176-C1
MONO CO CA 177-A1
OAKDALE CA 261-C1
SONORA CA 341-G6
STANISLAUS CO CA 175-C2
STANISLAUS CO CA 261-D1
TUOLUMNE CO CA 175-C2
TUOLUMNE CO CA 176-B1
TUOLUMNE CO CA 341-G6
Rt#-108 K ST
MODESTO CA 340-D6
Rt#-108 L ST
MODESTO CA 340-D6
Rt#-108 MCHENRY AV
MODESTO CA 261-B3
MODESTO CA 340-D2
STANISLAUS CO CA 261-B3
Rt#-108 NEEDHAM ST
MODESTO CA 340-D6
Rt#-108 PATTERSON RD
RIVERBANK CA 261-B2
STANISLAUS CO CA 261-B2
Rt#-109 UNIVERSITY AV
EAST PALO ALTO CA 250-C7
MENLO PARK CA 250-C7
Rt#-110 S ARROYO PKWY
PASADENA CA 359-D9
Rt#-110 N GAFFEY ST
LOS ANGELES CA 286-D3
Rt#-110 S GAFFEY ST
LOS ANGELES CA 286-D3
Rt#-110 HARBOR FRWY & TRNS WY
LOS ANGELES CA 355-G4
LOS ANGELES CA 356-A3
Rt#-110 PASADENA FRWY
LOS ANGELES CA 281-D3
LOS ANGELES CA 282-A3
LOS ANGELES CA 356-C1
LOS ANGELES CA 359-A10
PASADENA CA 359-C9
SOUTH PASADENA CA 359-D10
Rt#-111 AVENUE 46
INDIO CA 209-B2
Rt#-111 FRWY
IMPERIAL CO CA 214-B1
Rt#-111 GENE AUTRY TR
PALM SPRINGS CA 290-B4
PALM SPRINGS CA 367-G3
Rt#-111 GOLF CENTER PKWY
INDIO CA 209-B2
Rt#-111 GRAPEFRUIT BLVD
COACHELLA CA 209-B2
RIVERSIDE CO CA 209-B2
Rt#-111 HIGHWAY
BRAWLEY CA 214-B1
CALEXICO CA 214-B2
CALIPATRIA CA 210-B3
IMPERIAL CO CA 209-C3
IMPERIAL CO CA 210-A3
IMPERIAL CO CA 214-B1
INDIAN WELLS CA 290-D6
INDIO CA 209-B2
LA QUINTA CA 209-B2
LA QUINTA CA 290-D6
PALM DESERT CA 290-C5
PALM SPRINGS CA 209-A1
RANCHO MIRAGE CA 290-C5
RIVERSIDE CO CA 209-A1
Rt#-111 PALM CANYON DR
PALM SPRINGS CA 209-A1
RIVERSIDE CO CA 209-A1
Rt#-111 E PALM CANYON DR
PALM SPRINGS CA 290-B4
Rt#-111 N PALM CANYON DR
PALM SPRINGS CA 209-A1
PALM SPRINGS CA 290-A3
PALM SPRINGS CA 367-A1
Rt#-111 E VISTA CHINO
PALM SPRINGS CA 367-F3
Rt#-112 DAVIS ST
SAN LEANDRO CA 250-C3
SAN LEANDRO CA 331-F7
Rt#-113 N 1ST ST
DIXON CA 174-C1
Rt#-113 S 1ST ST
DIXON CA 174-C1
Rt#-113 3RD ST
YOLO CO CA 234-C3
Rt#-113 COUNTY ROAD 17
YOLO CO CA 234-B4
Rt#-113 EAST ST
WOODLAND CA 234-C4
Rt#-113 FRWY
DAVIS CA 318-B2
SOLANO CO CA 318-B8
WOODLAND CA 234-C5
YOLO CO CA 234-C5
YOLO CO CA 318-B1
Rt#-113 S GEO WASHINGTON BLVD
SUTTER CO CA 169-C2
Rt#-113 HIGHWAY
DIXON CA 174-C1
SOLANO CO CA 174-C1
SOLANO CO CA 248-C1
SUTTER CO CA 169-C2
SUTTER CO CA 234-D1
WOODLAND CA 234-C4
YOLO CO CA 234-C2
Rt#-113 MAIN ST
WOODLAND CA 234-C5
Rt#-113 RIO DIXON RD
DIXON CA 174-C1
SOLANO CO CA 174-C1
Rt#-113 STATE HWY 113
YOLO CO CA 234-C3
Rt#-113 SUTTER CSWY
SUTTER CO CA 169-C2
Rt#-113 TUDOR RD
SUTTER CO CA 169-C2
Rt#-114 WILLOW RD
EAST PALO ALTO CA 250-C7
EAST PALO ALTO CA 332-D1
MENLO PARK CA 250-C7
MENLO PARK CA 332-C1
Rt#-115 5TH ST
HOLTVILLE CA 214-B1
Rt#-115 EVAN HEWES HWY
HOLTVILLE CA 214-B1
IMPERIAL CO CA 214-B1
Rt#-115 HIGHWAY
HOLTVILLE CA 214-B1
IMPERIAL CO CA 210-B3
IMPERIAL CO CA 214-B1
Rt#-115 MAIN ST
CALIPATRIA CA 210-B3
IMPERIAL CO CA 210-B3
Rt#-116 ARNOLD DR
SONOMA CO CA 243-B6
Rt#-116 FRONT ST
SONOMA CO CA 242-A2
Rt#-116 GRAVENSTEIN HWY
COTATI CA 242-A2
SONOMA CO CA 242-A2
Rt#-116 GRAVENSTEIN HWY N
SONOMA CO CA 242-A2
Rt#-116 GRAVENSTEIN HWY S
SEBASTOPOL CA 242-B3
SONOMA CO CA 242-B3
Rt#-116 HEALDSBURG AV
SEBASTOPOL CA 242-B3
SONOMA CO CA 242-B3
Rt#-116 HIGHWAY
SONOMA CO CA 168-B3
SONOMA CO CA 173-B1
Rt#-116 LAKEVILLE HWY
PETALUMA CA 242-D6
PETALUMA CA 243-A6
SONOMA CO CA 243-A6
Rt#-116 MAIN ST
SONOMA CO CA 168-B3
Rt#-116 N MAIN ST
SEBASTOPOL CA 242-B3
Rt#-116 S MAIN ST
SEBASTOPOL CA 242-B3
Rt#-116 POCKET CANYON HWY
SONOMA CO CA 168-B3
SONOMA CO CA 242-A1
Rt#-116 STAGE GULCH RD
SONOMA CO CA 243-B6
Rt#-116 STILLWATER RD
CHURCHILL CO NV 172-C1
Rt#-117 SHECKLER RD
CHURCHILL CO NV 172-B1
Rt#-118 LOS ANGELES AV
MOORPARK CA 199-C3
VENTURA CO CA 199-C3
VENTURA CO CA 275-C5
Rt#-118 NEW LOS ANGELES AV
MOORPARK CA 199-C3
Rt#-118 RONALD REAGAN FRWY
LOS ANGELES CA 276-A6
LOS ANGELES CA 277-A7
LOS ANGELES CO CA 276-A6
LOS ANGELES CO CA 277-A7
MOORPARK CA 199-C3
MOORPARK CA 276-A6
SIMI VALLEY CA 276-A6
VENTURA CO CA 276-A6
Rt#-118 S WELLS RD
VENTURA CA 275-B4
VENTURA CO CA 275-C5
Rt#-118 WILDES RD
CHURCHILL CO NV 172-C1
Rt#-119 BERNEY RD
CHURCHILL CO NV 172-C1
Rt#-119 HIGHWAY
KERN CO CA 199-A1
TAFT CA 199-A1
Rt#-119 PANAMA RD
BAKERSFIELD CA 267-B6
KERN CO CA 267-B6
Rt#-119 TAFT HWY
KERN CO CA 199-A1
KERN CO CA 267-A6
Rt#-120 E CALIFORNIA ST
ESCALON CA 175-B2
Rt#-120 FRWY
MANTECA CA 175-A3
SAN JOAQUIN CO CA 175-A3
Rt#-120 HIGHWAY
MARIPOSA CO CA 176-B2
MARIPOSA CO CA 262-A3
MONO CO CA 177-A2
MONO CO CA 178-A2
MONO CO CA 263-C1
TUOLUMNE CO CA 176-A2
TUOLUMNE CO CA 262-A3
Rt#-120 E JACKSON AV
ESCALON CA 175-B2
SAN JOAQUIN CO CA 175-B2
SAN JOAQUIN CO CA 261-B1
Rt#-120 LON-DALE RD
STANISLAUS CO CA 261-C1
Rt#-120 MAIN ST
ESCALON CA 175-B2
Rt#-120 OLD CLTRVLE YOSEMT RD
MARIPOSA CO CA 262-A3
TUOLUMNE CO CA 262-A3
Rt#-120 PASTURE RD
CHURCHILL CO NV 172-C1
Rt#-120 TIOGA PASS RD
MARIPOSA CO CA 177-A2
MARIPOSA CO CA 262-D1
MONO CO CA 177-A2
MONO CO CA 263-A1
TUOLUMNE CO CA 177-A2
TUOLUMNE CO CA 262-B3
Rt#-120 VALLEY HOME RD
OAKDALE CA 261-C1
STANISLAUS CO CA 261-C1
Rt#-120 E YOSEMITE AV
ESCALON CA 175-B2
MANTECA CA 260-D7
SAN JOAQUIN CO CA 175-B2
SAN JOAQUIN CO CA 260-D7
Rt#-120 N YOSEMITE AV
OAKDALE CA 261-C1
Rt#-121 ARNOLD DR
SONOMA CO CA 243-B7
SONOMA CO CA 246-C1
Rt#-121 FREMONT DR
SONOMA CO CA 243-B6
Rt#-121 HIGHWAY
NAPA CA 323-F8
Rt#-121 W IMOLA AV
NAPA CA 323-E9
NAPA CO CA 323-E9
Rt#-121 MONTICELLO RD
NAPA CO CA 244-A4
NAPA CO CA 323-F3
Rt#-121 NAPA VALLEJO HWY
NAPA CA 323-F8
Rt#-121 SILVERADO TR
NAPA CA 323-F5
NAPA CO CA 323-F5
Rt#-123 SAN PABLO AV
ALBANY CA 247-A6
BERKELEY CA 247-A6
EL CERRITO CA 247-A6
EMERYVILLE CA 247-A6
EMERYVILLE CA 329-G1
OAKLAND CA 247-A6
OAKLAND CA 329-G2

Rt#-123 SAN PABLO AV
STREET INDEX
Rt#-180 W WHITES BRIDGE 422

STREET City State Page-Grid

Rt#-123 SAN PABLO AV
RICHMOND CA 247-A6
Rt#-124 HIGHWAY
AMADOR CO CA 175-B1
IONE CA 175-B1
Rt#-125 FRWY
CHULA VISTA CA 296-B3
EL CAJON CA 294-B7
LA MESA CA 294-B7
LA MESA CA 296-B1
LEMON GROVE CA 296-A1
SAN DIEGO CA 294-B7
SAN DIEGO CA 296-B4
SAN DIEGO CO CA 296-B1
SANTEE CA 294-B6
Rt#-126 HENRY MAYO DR
LOS ANGELES CO CA 276-C4
SANTA CLARITA CA 276-C4
VENTURA CO CA 276-C4
Rt#-126 KOREAN WAR VTS MEM HW
SANTA PAULA CA 275-D3
VENTURA CO CA 199-B3
VENTURA CO CA 275-D3
Rt#-126 MAGIC MOUNTAIN PKWY
LOS ANGELES CO CA 276-D4
SANTA CLARITA CA 276-D4
Rt#-126 OLD TELEGRAPH RD
VENTURA CO CA 199-B3
Rt#-126 SAN FERNANDO RD
LOS ANGELES CO CA 277-A5
SANTA CLARITA CA 276-D4
SANTA CLARITA CA 277-A5
Rt#-126 SANTA PAULA FRWY
SANTA PAULA CA 275-B5
VENTURA CA 275-B5
VENTURA CO CA 275-B5
Rt#-126 TELEGRAPH RD
SANTA PAULA CA 275-D3
VENTURA CO CA 199-C3
VENTURA CO CA 275-D3
VENTURA CO CA 276-A4
Rt#-126 VENTURA ST
FILLMORE CA 199-B3
VENTURA CO CA 199-B3
Rt#-126 E VENTURA ST
FILLMORE CA 199-C3
VENTURA CO CA 199-C3
Rt#-127 DEATH VALLEY RD
SAN BERNARDINO CO CA 194-B3
Rt#-127 HIGHWAY
INYO CO CA 185-A3
INYO CO CA 194-A1
SAN BERNARDINO CO CA 194-A2
Rt#-128 FOOTHILL BLVD
CALISTOGA CA 241-A6
Rt#-128 GRANT AV
WINTERS CA 244-D1
YOLO CO CA 244-D1
Rt#-128 HIGHWAY
MENDOCINO CO CA 167-C2
MENDOCINO CO CA 168-A2
MENDOCINO CO CA 224-B7
MENDOCINO CO CA 225-A7
MENDOCINO CO CA 239-C1
NAPA CO CA 240-D6
NAPA CO CA 241-A6
NAPA CO CA 243-D1
NAPA CO CA 244-A1
SOLANO CO CA 244-B1
SONOMA CO CA 239-C1
SONOMA CO CA 240-A4
WINTERS CA 244-D1
YOLO CO CA 244-D1
Rt#-128 OAT VALLEY RD
SONOMA CO CA 239-C1
Rt#-128 OLD REDWOOD HWY
SONOMA CO CA 239-D1
Rt#-128 PLEASANTS VALLEY RD
YOLO CO CA 244-C1
Rt#-128 RUTHERFORD RD
NAPA CO CA 243-C2
Rt#-129 HIGHWAY
SAN BENITO CO CA 257-A5
SANTA CRUZ CO CA 257-A5
Rt#-129 RIVERSIDE DR
SANTA CRUZ CO CA 256-D5
SANTA CRUZ CO CA 257-A5
WATSONVILLE CA 256-D5
Rt#-130 ALUM ROCK AV
SAN JOSE CA 334-F4
SANTA CLARA CO CA 254-A2
SANTA CLARA CO CA 334-F4
Rt#-130 MOUNT HAMILTON RD
SANTA CLARA CO CA 254-A3
Rt#-131 TIBURON BLVD
BELVEDERE CA 246-C6
MARIN CO CA 246-C6
TIBURON CA 246-C6
Rt#-132 9TH ST
MODESTO CA 340-D7
Rt#-132 D ST
MODESTO CA 340-D7
Rt#-132 HIGHWAY
MARIPOSA CO CA 176-A3
SAN JOAQUIN CO CA 175-A3
TUOLUMNE CO CA 176-A3
Rt#-132 L ST
MODESTO CA 340-C7
Rt#-132 MAZE BLVD
MODESTO CA 261-A4
MODESTO CA 340-C7
STANISLAUS CO CA 175-A3
STANISLAUS CO CA 261-A4
STANISLAUS CO CA 340-C7
Rt#-132 YOSEMITE BLVD
MODESTO CA 261-B4
MODESTO CA 340-E7
STANISLAUS CO CA 175-C3
STANISLAUS CO CA 176-A3
STANISLAUS CO CA 261-B4
WATERFORD CA 175-C3
WATERFORD CA 261-B4
Rt#-133 BROADWAY
LAGUNA BEACH CA 365-B4
Rt#-133 EASTERN TRANS CORR
IRVINE CA 288-C4
ORANGE CO CA 288-C4

STREET City State Page-Grid

Rt#-133 LAGUNA CANYON RD
IRVINE CA 288-B5
LAGUNA BEACH CA 288-B6
LAGUNA BEACH CA 365-C1
ORANGE CO CA 288-C5
ORANGE CO CA 365-C1
Rt#-133 LAGUNA FRWY
IRVINE CA 288-C4
Rt#-133 VETRANS MEMORIAL HWY
LAGUNA BEACH CA 288-B6
LAGUNA BEACH CA 365-C2
ORANGE CO CA 288-C6
ORANGE CO CA 365-C2
Rt#-134 VENTURA FRWY
BURBANK CA 351-B1
GLENDALE CA 281-D2
GLENDALE CA 352-E1
LOS ANGELES CA 281-C2
LOS ANGELES CA 282-A2
LOS ANGELES CA 351-B1
LOS ANGELES CA 352-C1
PASADENA CA 282-A2
PASADENA CA 359-B6
Rt#-135 BELL ST
SANTA BARBARA CO CA 198-A2
Rt#-135 N BROADWAY
SANTA MARIA CA 272-C4
Rt#-135 S BROADWAY
SANTA MARIA CA 272-C5
Rt#-135 HIGHWAY
SANTA BARBARA CO CA 198-A2
SANTA BARBARA CO CA 272-C7
Rt#-135 ORCUTT EXWY
SANTA BARBARA CO CA 272-C6
SANTA MARIA CA 272-C6
Rt#-136 HIGHWAY
INYO CO CA 183-B3
LONE PINE CA 183-B3
Rt#-137 4TH AV
KINGS CO CA 191-A1
TULARE CO CA 191-A1
Rt#-137 AVENUE 199
TULARE CO CA 191-A1
Rt#-137 CURTI RD
TULARE CO CA 191-A1
Rt#-137 HIGHWAY
KINGS CO CA 191-A1
TULARE CO CA 191-A1
TULARE CO CA 266-D5
Rt#-137 HIGHWAY 137
TULARE CO CA 191-A1
Rt#-137 INYO AV
TULARE CA 266-A5
TULARE CO CA 266-A5
Rt#-137 M ST
TULARE CA 266-B5
Rt#-137 ROAD 36
TULARE CO CA 191-A1
Rt#-137 TULARE AV
TULARE CA 266-B5
TULARE CO CA 266-B5
Rt#-137 WHITLEY AV
KINGS CO CA 190-C1
KINGS CO CA 191-A1
Rt#-138 47TH ST E
PALMDALE CA 200-B2
Rt#-138 ANGELES CREST HWY
SAN BERNARDINO CO CA 201-A3
Rt#-138 ANTELOPE HWY
LOS ANGELES CO CA 200-C3
SAN BERNARDINO CO CA 200-C3
SAN BERNARDINO CO CA 201-A3
Rt#-138 AVENUE D
LOS ANGELES CO CA 199-C2
LOS ANGELES CO CA 200-B2
Rt#-138 FORT TEJON RD
PALMDALE CA 200-B3
Rt#-138 HIGHWAY
HESPERIA CA 278-A5
SAN BERNARDINO CO CA 201-A3
SAN BERNARDINO CO CA 278-A5
Rt#-138 LANCASTER RD
LOS ANGELES CO CA 199-C2
Rt#-138 PALMDALE BLVD
PALMDALE CA 200-B2
Rt#-138 PEARBLOSSOM HWY
LOS ANGELES CO CA 200-C3
PALMDALE CA 200-C3
Rt#-139 ASH ST
SUSANVILLE CA 304-D4
Rt#-139 HIGHWAY
LASSEN CO CA 159-B2
LASSEN CO CA 164-C1
LASSEN CO CA 304-F1
MODOC CO CA 151-A3
MODOC CO CA 159-A1
SISKIYOU CO CA 151-A3
SUSANVILLE CA 164-C1
SUSANVILLE CA 304-F1
Rt#-140 4TH ST
GUSTINE CA 180-B1
Rt#-140 4TH ST N
LAKE CO OR 152-A2
LAKEVIEW OR 152-A2
Rt#-140 6TH AV
GUSTINE CA 180-B1
Rt#-140 E 16TH ST
MERCED CA 181-A1
Rt#-140 W 16TH ST
MERCED CA 181-A1
Rt#-140 GREEN SPRINGS HWY
KLAMATH CO OR 150-C2
Rt#-140 HIGHWAY
GUSTINE CA 180-B1
MARIPOSA CA 176-B3
MARIPOSA CO CA 176-B3
MARIPOSA CO CA 181-B1
MARIPOSA CO CA 262-B4
MERCED CO CA 180-B1
MERCED CO CA 181-A1
STANISLAUS CO CA 180-B1
Rt#-140 HORNITOS RD
MARIPOSA CO CA 181-B1
Rt#-140 S KLAMATH FALLS HWY
Altamont OR 150-C2
KLAMATH CO OR 150-C2
KLAMATH FALLS OR 150-C2

STREET City State Page-Grid

Rt#-140 KLAMATH FLLS-LKVW HWY
Altamont OR 150-C2
KLAMATH CO OR 150-C2
KLAMATH CO OR 151-B1
LAKE CO OR 151-C2
LAKE CO OR 152-A2
Rt#-140 KLAMATH FALLS-MLN HWY
Altamont OR 150-C2
KLAMATH CO OR 150-C2
Rt#-140 LAKE OF THE WOODS HWY
JACKSON CO OR 149-C1
JACKSON CO OR 150-A1
KLAMATH CO OR 150-B1
KLAMATH FALLS OR 150-B1
White City OR 149-C1
Rt#-140 MCSWAIN RD
MERCED CA 181-A1
MERCED CO CA 180-C1
MERCED CO CA 181-A1
Rt#-140 V ST
MERCED CA 181-A1
Rt#-140 WARNER HWY
LAKE CO OR 152-A2
Rt#-140 YOSEMITE PARK WY
MERCED CA 181-A1
MERCED CO CA 181-A1
Rt#-142 CARBON CANYON RD
BREA CA 283-A6
CHINO HILLS CA 283-A6
ORANGE CO CA 283-A6
Rt#-142 CHINO HILLS PKWY
CHINO HILLS CA 283-C5
Rt#-142 S VALENCIA AV
BREA CA 283-A6
ORANGE CO CA 283-A6
Rt#-144 E MESQUITE BLVD
MESQUITE NV 187-B2
Rt#-144 W MESQUITE BLVD
MESQUITE NV 187-B2
Rt#-145 FRESNO COALINGA RD
FRESNO CO CA 181-B3
FRESNO CO CA 190-A1
Rt#-145 GATEWAY DR
MADERA CA 181-B2
Rt#-145 HIGHWAY
FRESNO CO CA 181-B3
MADERA CA 181-B2
MADERA CO CA 181-C2
Rt#-145 MADERA AV
MADERA CA 181-B2
MADERA CO CA 181-B2
Rt#-145 N MADERA AV
FRESNO CO CA 181-B2
KERMAN CA 181-B2
Rt#-145 S LASSEN AV
FRESNO CO CA 181-B3
Rt#-145 S MADERA AV
FRESNO CO CA 181-B3
KERMAN CA 181-B3
Rt#-145 W MOUNT WHITNEY AV
FRESNO CO CA 181-B3
Rt#-145 YOSEMITE AV
MADERA CA 181-B2
MADERA CO CA 181-B2
Rt#-146 CHALONE CREEK RD
SAN BENITO CO CA 180-B3
Rt#-146 EAST ST
SOLEDAD CA 180-A3
Rt#-146 FRONT ST
SOLEDAD CA 180-A3
Rt#-146 HIGHWAY
MONTEREY CO CA 180-A3
SAN BENITO CO CA 180-A3
Rt#-146 METZ RD
MONTEREY CO CA 180-A3
SOLEDAD CA 180-A3
Rt#-146 SAINT ROSE PKWY
CLARK CO NV 268-C7
ENTERPRISE NV 195-B1
ENTERPRISE NV 268-C7
HENDERSON NV 268-C7
PARADISE NV 268-C7
Rt#-147 HIGHWAY
LASSEN CO CA 164-B1
PLUMAS CO CA 164-B1
Rt#-147 LAKE ALMANOR RD EAST
PLUMAS CO CA 164-B2
Rt#-147 LAKE MEAD BLVD
CLARK CO NV 269-A3
Rt#-147 E LAKE MEAD BLVD
CLARK CO NV 269-A3
NORTH LAS VEGAS NV 268-C3
NORTH LAS VEGAS NV 345-F2
SUNRISE MANOR NV 268-C3
SUNRISE MANOR NV 269-A3
Rt#-149 HIGHWAY
BUTTE CO CA 223-A4
Rt#-150 N 10TH ST
SANTA PAULA CA 275-D3
Rt#-150 S 10TH ST
SANTA PAULA CA 275-D3
Rt#-150 BALDWIN RD
VENTURA CO CA 199-A3
VENTURA CO CA 275-A2
Rt#-150 CASITAS PASS RD
SANTA BARBARA CO CA 199-A3
VENTURA CO CA 199-A3
Rt#-150 HIGHWAY
CARPINTERIA CA 199-A3
SANTA BARBARA CO CA 199-A3
Rt#-150 E OJAI AV
OJAI CA 275-B1
VENTURA CO CA 275-B1
Rt#-150 N OJAI RD
SANTA PAULA CA 275-D3
VENTURA CO CA 275-D3
Rt#-150 W OJAI AV
OJAI CA 275-A1
Rt#-150 OJAI SANTA PAULA RD
VENTURA CO CA 275-B2
Rt#-150 RINCON RD
SANTA BARBARA CO CA 199-A3
VENTURA CO CA 199-A3
Rt#-150 SANTA PAULA OJAI RD
VENTURA CO CA 275-C2

STREET City State Page-Grid

Rt#-151 HIGHWAY
SHASTA CO CA 220-B4
Rt#-151 SHASTA DAM BLVD
SHASTA CO CA 220-B4
SHASTA LAKE CA 220-B4
Rt#-152 1ST ST
GILROY CA 257-A3
Rt#-152 E BEACH ST
WATSONVILLE CA 256-C5
Rt#-152 HECKER PASS HWY
GILROY CA 257-A3
SANTA CLARA CO CA 256-D3
SANTA CLARA CO CA 257-A3
SANTA CRUZ CO CA 256-D3
Rt#-152 HIGHWAY
LOS BANOS CA 180-C2
MADERA CO CA 181-A2
MERCED CO CA 180-B1
MERCED CO CA 181-A2
Rt#-152 E LAKE AV
SANTA CRUZ CO CA 256-C4
WATSONVILLE CA 256-C4
Rt#-152 LEAVESLEY RD
GILROY CA 257-B3
Rt#-152 LINCOLN ST
WATSONVILLE CA 256-C5
Rt#-152 MAIN ST
WATSONVILLE CA 256-C5
Rt#-152 PACHECO BLVD
LOS BANOS CA 180-B2
MERCED CO CA 180-B2
Rt#-152 PACHECO PASS HWY
GILROY CA 257-B3
MERCED CO CA 180-B1
SAN BENITO CO CA 257-C3
SANTA CLARA CO CA 180-A2
SANTA CLARA CO CA 257-C3
Rt#-153 COLD SPRINGS RD
EL DORADO CO CA 237-A3
Rt#-154 CALLE REAL
SANTA BARBARA CA 274-C7
SANTA BARBARA CO CA 274-C7
Rt#-154 HIGHWAY
SANTA BARBARA CO CA 273-B2
Rt#-154 SAN MARCOS PASS RD
SANTA BARBARA CA 274-A4
SANTA BARBARA CO CA 273-D4
SANTA BARBARA CO CA 274-A4
Rt#-155 BAKERSFLD-GLENNVLL RD
KERN CO CA 191-C2
KERN CO CA 192-A2
Rt#-155 ELLINGTON ST
DELANO CA 191-A2
Rt#-155 FREMONT ST
DELANO CA 191-A2
Rt#-155 GARCES HWY
DELANO CA 191-B2
KERN CO CA 191-B2
Rt#-155 HIGHWAY
DELANO CA 191-A2
KERN CO CA 191-C2
KERN CO CA 192-A2
Rt#-155 WOFFORD BLVD
KERN CO CA 192-A2
Rt#-156 336
MONTEREY CO CA 256-D7
Rt#-156 HIGHWAY
MONTEREY CO CA 256-D7
MONTEREY CO CA 258-D1
SAN BENITO CO CA 257-D4
SAN JUAN BAUTISTA CA 257-B6
SANTA CLARA CO CA 257-D4
Rt#-156 HOLLISTER BYPS
HOLLISTER CA 257-C5
SAN BENITO CO CA 257-D5
Rt#-156 LEE CANYON RD
CLARK CO NV 185-C3
CLARK CO NV 186-A3
Rt#-157 KYLE CANYON RD
CLARK CO NV 186-A3
CLARK CO NV 195-A1
CLARK CO NV 268-A1
LAS VEGAS NV 268-A1
LONE MOUNTAIN NV 186-A3
LONE MOUNTAIN NV 268-A1
Rt#-158 HIGHWAY
CLARK CO NV 186-A3
CLARK CO NV 195-A1
Rt#-158 JUNE LAKE LP
MONO CO CA 263-A3
Rt#-159 BLUE DIAMOND RD
CLARK CO NV 195-A1
SOUTH SUMMERLIN NV 195-A1
Rt#-159 CHARLESTON BLVD
CLARK CO NV 195-A1
LAS VEGAS NV 195-A1
LAS VEGAS NV 268-A4
SOUTH SUMMERLIN NV 195-A1
SOUTH SUMMERLIN NV 268-A4
Rt#-159 E CHARLESTON BLVD
LAS VEGAS NV 345-E7
SUNRISE MANOR NV 268-D4
Rt#-159 W CHARLESTON BLVD
CLARK CO NV 268-B4
LAS VEGAS NV 268-B4
LAS VEGAS NV 345-A7
Rt#-160 12TH ST
SACRAMENTO CA 319-F2
Rt#-160 N 12TH ST
SACRAMENTO CA 319-F2
Rt#-160 15TH ST
SACRAMENTO CA 319-E5
Rt#-160 16TH ST
SACRAMENTO CA 319-E6
Rt#-160 N 16TH ST
SACRAMENTO CA 319-F2
Rt#-160 21ST ST
SACRAMENTO CA 319-E7
Rt#-160 BLUE DIAMOND RD
CLARK CO NV 195-A1
CLARK CO NV 268-A7
ENTERPRISE NV 268-A7
SOUTH SUMMERLIN NV 195-A1
SOUTH SUMMERLIN NV 268-A7
Rt#-160 BROADWAY
SACRAMENTO CA 319-E6
Rt#-160 F ST
SACRAMENTO CA 319-E3

STREET City State Page-Grid

Rt#-160 FREEPORT BLVD
SACRAMENTO CA 238-B2
SACRAMENTO CA 319-E7
SACRAMENTO CO CA 238-B2
Rt#-160 FRWY
ANTIOCH CA 248-D4
CONTRA COSTA CO CA 248-D4
OAKLEY CA 248-D4
Rt#-160 HIGHWAY
CLARK CO NV 194-C1
CLARK CO NV 195-A1
CONTRA COSTA CO CA 248-D4
ISLETON CA 174-C1
NYE CO NV 185-B3
NYE CO NV 194-B1
OAKLEY CA 248-D4
SACRAMENTO CO CA 174-C1
SACRAMENTO CO CA 238-A5
SACRAMENTO CO CA 248-D1
Rt#-160 NORTH SACRAMENTO FRWY
SACRAMENTO CA 235-C6
SACRAMENTO CA 319-G1
SACRAMENTO CA 320-D1
Rt#-160 RIVER RD
SACRAMENTO CO CA 238-B2
SACRAMENTO CO CA 248-D1
Rt#-161 HIGHWAY
CLARK CO NV 195-A2
SISKIYOU CO CA 150-C3
Rt#-161 STATE LINE RD
SISKIYOU CO CA 150-C3
SISKIYOU CO CA 151-A3
Rt#-162 COVELO RD
COVELO CA 162-A3
MENDOCINO CO CA 162-A3
Rt#-162 HIGHWAY
BUTTE CO CA 169-C1
BUTTE CO CA 223-D5
GLENN CO CA 163-A3
GLENN CO CA 169-A1
WILLOWS CA 169-A1
Rt#-162 MENDOCINO PASS RD
COVELO CA 162-B3
GLENN CO CA 162-B3
GLENN CO CA 163-A3
MENDOCINO CO CA 162-B3
Rt#-162 OLIVE HWY
BUTTE CO CA 223-C7
OROVILLE CA 223-C7
Rt#-162 OROVILLE DAM BLVD E
BUTTE CO CA 223-B7
Rt#-162 OROVILLE QUINCY HWY
BUTTE CO CA 223-D7
OROVILLE CA 223-D7
Rt#-162 E WOOD ST
GLENN CO CA 169-B1
WILLOWS CA 169-B1
Rt#-162 W WOOD ST
WILLOWS CA 169-B1
Rt#-163 CABRILLO FRWY
SAN DIEGO CA 293-D6
SAN DIEGO CA 372-F1
SAN DIEGO CA 373-F2
Rt#-163 FRWY
SAN DIEGO CA 372-E3
Rt#-163 HIGHWAY
BULLHEAD CITY AZ 270-C2
CLARK CO NV 195-C3
CLARK CO NV 203-C1
CLARK CO NV 270-B1
Rt#-164 JOSHUA TREE HWY
CLARK CO NV 195-C3
Rt#-165 HIGHWAY
BOULDER CITY NV 195-C2
CLARK CO NV 195-C2
MERCED CO CA 180-C2
Rt#-165 LANDER AV
LOS BANOS CA 180-B1
MERCED CO CA 180-B1
MERCED CO CA 261-C7
STANISLAUS CO CA 261-C7
TURLOCK CA 261-C7
Rt#-165 MERCEY SPRINGS RD
LOS BANOS CA 180-B2
MERCED CO CA 180-B2
Rt#-166 CUYAMA HWY
SAN LUIS OBISPO CO CA 272-D4
Rt#-166 HIGHWAY
KERN CO CA 199-A1
SAN LUIS OBISPO CO CA 198-B1
SAN LUIS OBISPO CO CA 199-A2
SAN LUIS OBISPO CO CA 272-D3
SANTA BARBARA CO CA 198-B1
Rt#-166 I STOVALL MEM HWY
SAN LUIS OBISPO CO CA 272-C4
Rt#-166 KLIPSTEIN ST
KERN CO CA 199-A1
MARICOPA CA 199-A1
Rt#-166 E MAIN ST
SANTA MARIA CA 272-C4
Rt#-166 W MAIN ST
GUADALUPE CA 272-B4
SANTA BARBARA CO CA 272-B4
SANTA MARIA CA 272-B4
Rt#-166 MARICOPA
KERN CO CA 199-B1
Rt#-166 MARICOPA HWY
KERN CO CA 199-A1
Rt#-166 POSO ST
KERN CO CA 199-A1
MARICOPA CA 199-A1
Rt#-167 HIGHWAY
MONO CO CA 177-C1
Rt#-168 FRWY
CLOVIS CA 264-D2
FRESNO CA 264-C3
FRESNO CO CA 264-D2
Rt#-168 HIGHWAY
BISHOP CA 183-A1
CLARK CO NV 186-C2
CLARK CO NV 187-A2
FRESNO CO CA 182-B1
FRESNO CO CA 264-D2
INYO CO CA 178-B3
INYO CO CA 182-C1
INYO CO CA 183-B1
MONO CO CA 178-B3

STREET City State Page-Grid

Rt#-168 W LINE ST
BISHOP CA 183-A1
Rt#-168 MILLERTON RD
FRESNO CO CA 182-A2
Rt#-168 MORGAN CANYON RD
FRESNO CO CA 182-A2
Rt#-168 E SHEPHERD AV
FRESNO CO CA 264-D2
Rt#-168 TOLLHOUSE RD
FRESNO CO CA 181-C2
FRESNO CO CA 182-A2
FRESNO CO CA 264-D2
Rt#-169 HIGHWAY
DEL NORTE CO CA 156-B1
HUMBOLDT CO CA 156-C1
Rt#-169 MOAPA VALLEY BLVD
CLARK CO NV 187-A3
Rt#-169 N MOAPA VALLEY BLVD
CLARK CO NV 187-A2
Rt#-169 S MOAPA VALLEY BLVD
CLARK CO NV 187-A3
Rt#-170 HIGHLAND AV
LOS ANGELES CA 351-E6
Rt#-170 N HIGHLAND AV
LOS ANGELES CA 351-E9
Rt#-170 HOLLYWOOD FRWY
LOS ANGELES CA 277-B7
LOS ANGELES CA 281-B1
Rt#-170 RIVERSIDE DR
CLARK CO NV 187-B2
MESQUITE NV 187-B2
Rt#-172 HIGHWAY
TEHAMA CO CA 163-C1
TEHAMA CO CA 164-A1
Rt#-173 HIGHWAY
HESPERIA CA 278-B5
SAN BERNARDINO CO CA 278-C5
Rt#-174 COLFAX AV
GRASS VALLEY CA 315-C8
Rt#-174 HIGHWAY
COLFAX CA 233-D4
GRASS VALLEY CA 315-C9
NEVADA CO CA 233-C2
NEVADA CO CA 315-C9
PLACER CO CA 233-D3
Rt#-175 HIGHWAY
LAKE CO CA 225-D5
LAKE CO CA 226-A6
LAKE CO CA 240-C1
MENDOCINO CO CA 225-C5
Rt#-175 HOPLAND RD
MENDOCINO CO CA 225-B6
Rt#-175 MAIN ST
LAKE CO CA 240-D3
Rt#-177 DESERT CENTER RICE RD
RIVERSIDE CO CA 210-B2
Rt#-178 23RD ST
BAKERSFIELD CA 344-C4
Rt#-178 24TH ST
BAKERSFIELD CA 344-B4
Rt#-178 N CHINA LAKE BLVD
RIDGECREST CA 192-C2
Rt#-178 HIGHWAY
BAKERSFIELD CA 191-C3
BAKERSFIELD CA 267-D4
BAKERSFIELD CA 344-G3
INYO CO CA 194-B1
KERN CO CA 192-C2
KERN CO CA 267-D4
SAN BERNARDINO CO CA 192-C3
SAN BERNARDINO CO CA 193-A2
Rt#-178 INYOKERN RD
KERN CO CA 192-C2
RIDGECREST CA 192-C2
Rt#-178 ISABELLA WALKER PASS
KERN CO CA 192-B2
Rt#-178 KERN CANYON RD
BAKERSFIELD CA 191-C3
KERN CO CA 191-C3
KERN CO CA 192-A3
Rt#-178 RIDGECREST BLVD
RIDGECREST CA 192-C3
SAN BERNARDINO CO CA 192-C3
Rt#-178 TRONA RD
SAN BERNARDINO CO CA 193-A2
Rt#-180 A ST
FRESNO CA 343-B8
Rt#-180 E AMADOR ST
FRESNO CA 343-B8
Rt#-180 W AMADOR ST
FRESNO CA 343-A8
Rt#-180 B ST
FRESNO CA 343-B8
Rt#-180 FRWY
FRESNO CA 264-C4
FRESNO CA 343-G5
FRESNO CO CA 264-C4
Rt#-180 HIGHWAY
FRESNO CO CA 181-A2
MENDOTA CA 181-A2
TULARE CO CA 265-B2
Rt#-180 E KINGS CANYON RD
FRESNO CA 264-C4
FRESNO CO CA 181-C2
FRESNO CO CA 182-A3
FRESNO CO CA 264-C4
FRESNO CO CA 265-B1
Rt#-180 OLLER ST
MENDOTA CA 181-A2
Rt#-180 STANISLAUS ST
FRESNO CA 343-C8
Rt#-180 TUOLUMNE ST
FRESNO CA 343-C8
Rt#-180 E VENTURA AV
FRESNO CA 264-C4
FRESNO CA 343-G8
Rt#-180 E WHITESBRIDGE AV
FRESNO CA 343-B8
Rt#-180 W WHITES BRIDGE AV
FRESNO CO CA 181-A3
FRESNO CO CA 264-A4
KERMAN CA 181-A3

CRA

INDEX

423 Rt#-180 W WHITESBRIDGE
STREET INDEX
Rt#-582 BOULDER HWY

CRA
INDEX

STREET
City State Page-Grid

Rt#-180 W WHITESBRIDGE AV
FRESNO CA 264-B4
FRESNO CA 343-A8
FRESNO CO CA 181-B2
FRESNO CO CA 264-B4
KERMAN CA 181-B2
Rt#-182 HIGHWAY
MONO CO CA 177-B1
Rt#-183 HIGHWAY
MONTEREY CO CA 258-D1
MONTEREY CO CA 259-A1
Rt#-183 W MARKET ST
MONTEREY CO CA 259-A2
SALINAS CA 259-A2
SALINAS CA 336-A5
Rt#-183 MERRITT ST
MONTEREY CO CA 256-C7
MONTEREY CO CA 258-D1
Rt#-183 MONTEREY ST
SALINAS CA 336-C6
Rt#-184 KERN CANYON RD
BAKERSFIELD CA 191-C3
KERN CO CA 191-C3
KERN CO CA 267-D4
Rt#-184 MAIN ST
KERN CO CA 267-D6
Rt#-184 MORNING DR
KERN CO CA 267-D4
Rt#-184 WEEDPATCH HWY
KERN CO CA 267-D5
Rt#-185 E 14TH ST
ALAMEDA CO CA 250-C3
OAKLAND CA 250-C3
SAN LEANDRO CA 250-C3
Rt#-185 INTERNATIONAL BLVD
OAKLAND CA 250-B2
OAKLAND CA 330-F9
OAKLAND CA 331-G2
SAN LEANDRO CA 250-B2
Rt#-185 MISSION BLVD
ALAMEDA CO CA 250-C3
HAYWARD CA 250-C3
Rt#-186 HIGHWAY
IMPERIAL CO CA 215-A1
Rt#-187 VENICE BLVD
CULVER CITY CA 281-B5
LOS ANGELES CA 281-C4
LOS ANGELES CA 357-G3
Rt#-188 TECATE RD
SAN DIEGO CO CA 213-A2
Rt#-189 HIGHWAY
SAN BERNARDINO CO CA 278-C7
Rt#-189 LAKES EDGE RD
SAN BERNARDINO CO CA 278-D7
Rt#-190 AVENUE 144
TULARE CO CA 191-A1
Rt#-190 HIGHWAY
INYO CO CA 183-C3
INYO CO CA 184-B3
INYO CO CA 185-A3
INYO CO CA 192-C1
INYO CO CA 193-A1
INYO CO CA 194-A1
PORTERVILLE CA 191-B1
TULARE CO CA 191-C1
TULARE CO CA 192-A1
Rt#-190 POPLAR AV
PORTERVILLE CA 191-B1
TULARE CO CA 191-B1
Rt#-191 CLARK RD
BUTTE CO CA 223-A4
PARADISE CA 223-A4
Rt#-192 CASITAS PASS RD
SANTA BARBARA CO CA 199-A3
Rt#-192 CATHEDRAL OAKS RD
SANTA BARBARA CO CA 274-C6
Rt#-192 FOOTHILL RD
CARPINTERIA CA 199-A3
SANTA BARBARA CA 274-C6
SANTA BARBARA CA 348-D3
SANTA BARBARA CO CA 198-C3
SANTA BARBARA CO CA 199-A3
SANTA BARBARA CO CA 274-C6
SANTA BARBARA CO CA 348-D3
Rt#-192 MISSION RIDGE RD
SANTA BARBARA CA 348-E3
Rt#-192 W MOUNTAIN DR
SANTA BARBARA CA 348-D3
Rt#-192 STANWOOD DR
SANTA BARBARA CA 348-G3
Rt#-192 SYCAMORE CANYON RD
SANTA BARBARA CA 274-D6
SANTA BARBARA CA 348-G3
SANTA BARBARA CO CA 274-D6
SANTA BARBARA CO CA 348-G3
Rt#-192 TORO CANYON RD
SANTA BARBARA CO CA 198-C3
Rt#-192 E VALLEY RD
SANTA BARBARA CO CA 198-C3
SANTA BARBARA CO CA 274-D7
Rt#-193 GEORGETOWN RD
EL DORADO CO CA 236-D1
EL DORADO CO CA 237-B2
EL DORADO CO CA 317-D1
PLACERVILLE CA 317-D1
Rt#-193 HIGHWAY
EL DORADO CO CA 236-D1
EL DORADO CO CA 237-A1
PLACER CO CA 236-B1
Rt#-193 LINCOLN NEWCASTLE HWY
LINCOLN CA 235-D1
LINCOLN CA 236-A1
PLACER CO CA 235-D1
PLACER CO CA 236-A1
Rt#-193 MCBEAN PARK DR
LINCOLN CA 235-D1
Rt#-195 66TH AV
RIVERSIDE CO CA 209-C2
Rt#-195 LINCOLN ST
RIVERSIDE CO CA 209-C2
Rt#-195 PIERCE ST
RIVERSIDE CO CA 209-C2
Rt#-198 AVENUE 296
TULARE CO CA 191-A1
TULARE CO CA 266-A2
Rt#-198 DORRIS AV
FRESNO CO CA 190-A1
Rt#-198 W DORRIS AV
FRESNO CO CA 190-B1
Rt#-198 ELM AV
COALINGA CA 190-A1
FRESNO CO CA 190-A1
Rt#-198 FRWY
FARMERSVILLE CA 266-D2
HANFORD CA 190-C1
KINGS CO CA 190-C1
LEMOORE CA 190-C1
TULARE CO CA 266-A2
VISALIA CA 266-C2
Rt#-198 GENERALS HWY
TULARE CO CA 182-B3
TULARE CO CA 265-C3
Rt#-198 HIGHWAY
HANFORD CA 190-C1
KINGS CO CA 190-C1
MONTEREY CO CA 189-C1
TULARE CO CA 182-B3
TULARE CO CA 191-B1
TULARE CO CA 266-A2
Rt#-198 HIGHWAY 198
KINGS CO CA 190-C1
Rt#-198 LACEY BLVD
KINGS CO CA 190-C1
KINGS CO CA 191-A1
Rt#-198 WARTHAN CANYON
COALINGA CA 190-A1
FRESNO CO CA 189-C1
FRESNO CO CA 190-A1
MONTEREY CO CA 189-C1
Rt#-200 HIGHWAY
HUMBOLDT CO CA 219-C1
HUMBOLDT CO CA 299-D1
Rt#-201 AVENUE 384
TULARE CO CA 182-A3
Rt#-201 HIGHWAY
TULARE CO CA 182-A3
Rt#-201 SIERRA ST
FRESNO CO CA 181-C3
FRESNO CO CA 182-A3
KINGSBURG CA 181-C3
Rt#-202 HIGHWAY
KERN CO CA 200-A1
Rt#-202 TUCKER RD
KERN CO CA 200-A1
TEHACHAPI CA 200-A1
Rt#-202 VALLEY BLVD
KERN CO CA 200-A1
TEHACHAPI CA 200-A1
Rt#-203 HIGHWAY
MADERA CO CA 263-B6
MAMMOTH LAKES CA 263-C6
MAMMOTH LAKES CA 342-B2
MONO CO CA 263-D6
Rt#-203 MAIN ST
MAMMOTH LAKES CA 263-D6
MAMMOTH LAKES CA 342-D3
Rt#-203 MINARET RD
MAMMOTH LAKES CA 263-C6
MAMMOTH LAKES CA 342-C2
Rt#-204 GOLDEN STATE AV
BAKERSFIELD CA 344-D3
KERN CO CA 344-B1
Rt#-204 UNION AV
BAKERSFIELD CA 344-F6
Rt#-204 S UNION AV
BAKERSFIELD CA 344-F8
Rt#-206 FOOTHILL RD
DOUGLAS CO NV 171-C2
DOUGLAS CO NV 232-A7
Rt#-206 GENOA LN
DOUGLAS CO NV 232-A6
Rt#-206 JACKS VALLEY RD
DOUGLAS CO NV 232-A6
Rt#-207 KINGSBURY GRADE RD
DOUGLAS CO NV 231-D6
DOUGLAS CO NV 232-A7
Rt#-207 MOTTSVILLE LN
DOUGLAS CO NV 232-A7
Rt#-207 MOUNT REBA RD
ALPINE CO CA 176-B1
Rt#-207 WATERLOO LN
DOUGLAS CO NV 232-B7
Rt#-208 HIGHLAND WY
DOUGLAS CO NV 171-C3
DOUGLAS CO NV 172-A3
Rt#-208 MAIN ST
YERINGTON NV 172-B2
Rt#-208 N MAIN ST
YERINGTON NV 172-B2
Rt#-208 S MAIN ST
YERINGTON NV 172-B2
Rt#-210 STATE ROUTE 210 FRWY
CLAREMONT CA 283-C2
FONTANA CA 284-B2
GLENDORA CA 283-A2
LA VERNE CA 283-B2
LOS ANGELES CO CA 283-B2
RANCHO CUCAMONGA CA 283-D2
RANCHO CUCAMONGA CA 284-B2
RIALTO CA 284-C2
SAN BERNARDINO CA 284-D2
SAN BERNARDINO CO CA 284-C2
SAN DIMAS CA 283-B2
UPLAND CA 283-D2
Rt#-211 FERNBRIDGE DR
HUMBOLDT CO CA 219-B7
Rt#-211 HIGHWAY
FERNDALE CA 219-A7
HUMBOLDT CO CA 219-B6
Rt#-211 MAIN ST
FERNDALE CA 219-A7
Rt#-213 WESTERN AV
LOS ANGELES CA 286-C1
TORRANCE CA 286-C1
Rt#-213 N WESTERN AV
LOS ANGELES CA 286-C3
RANCHO PALOS VERDES CA 286-C3
Rt#-213 S WESTERN AV
LOMITA CA 286-C3
LOS ANGELES CA 286-C3
RANCHO PALOS VERDES CA 286-C3
TORRANCE CA 286-C3
Rt#-215 LAS VEGAS BELTWAY
CLARK CO NV 268-A1
ENTERPRISE NV 268-A5
ENTERPRISE NV 346-A10
LAS VEGAS NV 268-A1
LONE MOUNTAIN NV 268-A1
NORTH LAS VEGAS NV 268-A1
SOUTH SUMMERLIN NV 268-A5
SPRING VALLEY NV 268-A5
Rt#-216 NE 3RD AV
VISALIA CA 266-C2
Rt#-216 HIGHWAY
TULARE CO CA 182-B3
TULARE CO CA 266-D1
Rt#-216 E HOUSTON AV
TULARE CO CA 266-C2
VISALIA CA 266-C2
Rt#-216 IVANHOE DR
TULARE CO CA 266-C2
VISALIA CA 266-C2
Rt#-216 LOMITAS DR
TULARE CO CA 182-B3
Rt#-216 NARANJO BLVD
TULARE CO CA 182-B3
TULARE CO CA 266-D1
WOODLAKE CA 182-B3
Rt#-216 ROAD 160
TULARE CO CA 266-C2
Rt#-217 WARD MEMORIAL BLVD
GOLETA CA 274-B7
SANTA BARBARA CA 274-B7
SANTA BARBARA CO CA 274-B7
Rt#-218 CANYON DEL REY BLVD
SEASIDE CA 258-C4
Rt#-218 CANYON DEL REY RD
DEL REY OAKS CA 258-C4
MONTEREY CA 258-C4
SEASIDE CA 258-C4
Rt#-219 KIERNAN AV
MODESTO CA 261-A2
STANISLAUS CO CA 261-A2
Rt#-220 GRAND ISLAND RD
SACRAMENTO CO CA 174-C1
Rt#-220 HIGHWAY
SACRAMENTO CO CA 174-C1
SACRAMENTO CO CA 238-A7
SOLANO CO CA 174-C1
Rt#-221 NAPA VALLEJO HWY
NAPA CA 243-D6
NAPA CA 323-F9
NAPA CO CA 243-D6
NAPA CO CA 323-F10
Rt#-222 TALMAGE RD
MENDOCINO CO CA 225-A2
MENDOCINO CO CA 308-F6
UKIAH CA 308-F6
Rt#-223 3RD AV
ARVIN CA 199-C1
Rt#-223 BEAR MOUNTAIN BLVD
ARVIN CA 199-C1
BAKERSFIELD CA 267-B7
KERN CO CA 199-C1
KERN CO CA 267-B7
Rt#-225 CASTILLO ST
SANTA BARBARA CA 348-E8
Rt#-225 CLIFF DR
SANTA BARBARA CA 274-C7
SANTA BARBARA CA 348-D9
SANTA BARBARA CO CA 274-C7
Rt#-225 LAS POSITAS RD
SANTA BARBARA CA 274-C7
SANTA BARBARA CO CA 274-C7
Rt#-225 MONTECITO ST
SANTA BARBARA CA 348-D8
Rt#-227 ARYO GRND SAN LUIS RD
ARROYO GRANDE CA 272-B1
SAN LUIS OBISPO CO CA 272-B1
Rt#-227 E BRANCH ST
ARROYO GRANDE CA 272-B1
Rt#-227 W BRANCH ST
ARROYO GRANDE CA 272-A1
Rt#-227 BROAD ST
SAN LUIS OBISPO CA 271-D6
SAN LUIS OBISPO CA 347-E7
SAN LUIS OBISPO CO CA 271-D6
SAN LUIS OBISPO CO CA 347-F9
Rt#-227 CARPENTER CANYON RD
SAN LUIS OBISPO CO CA 197-C1
SAN LUIS OBISPO CO CA 271-D7
SAN LUIS OBISPO CO CA 272-B1
Rt#-227 CORBETT CANYON RD
ARROYO GRANDE CA 272-B1
Rt#-227 EDNA RD
SAN LUIS OBISPO CO CA 271-D6
Rt#-227 E GRAND AV
ARROYO GRANDE CA 272-A1
Rt#-227 HIGUERA ST
SAN LUIS OBISPO CA 347-C7
Rt#-227 MADONNA RD
SAN LUIS OBISPO CA 347-B7
Rt#-227 SOUTH ST
SAN LUIS OBISPO CA 347-D6
Rt#-227 TILLER-TRAIL HWY
JACKSON CO OR 149-C1
Rt#-229 WEBSTER RD
SAN LUIS OBISPO CO CA 189-C3
Rt#-232 E VINEYARD AV
OXNARD CA 275-B5
VENTURA CO CA 275-B5
Rt#-233 HIGHWAY
MADERA CO CA 181-A1
Rt#-233 ROBERTSON BLVD
CHOWCHILLA CA 181-A1
MADERA CO CA 181-A1
Rt#-234 4TH AV
GOLD HILL OR 149-B1
Rt#-234 4TH ST
GOLD HILL OR 149-B1
Rt#-234 SAMS VALLEY AV
GOLD HILL OR 149-B1
JACKSON CO OR 149-B1
Rt#-234 SAMS VALLEY HWY
JACKSON CO OR 149-B1
Rt#-236 HIGHWAY
SANTA CRUZ CO CA 252-D6
SANTA CRUZ CO CA 253-A7
Rt#-237 CALAVERAS BLVD
MILPITAS CA 253-D1
Rt#-237 MOUNTAIN VW-ALVISO RD
MOUNTAIN VIEW CA 253-B2
Rt#-237 SOUTHBAY FRWY
MILPITAS CA 253-B2
SAN JOSE CA 253-B2
SANTA CLARA CA 253-B2
SANTA CLARA CO CA 253-B2
SUNNYVALE CA 253-B2
Rt#-238 N 5TH ST
JACKSONVILLE OR 149-C2
Rt#-238 E 8TH ST
MEDFORD OR 149-C2
Rt#-238 W 8TH ST
MEDFORD OR 149-C2
Rt#-238 CALIFORNIA ST
JACKSONVILLE OR 149-C2
Rt#-238 E CALIFORNIA ST
JACKSONVILLE OR 149-C2
Rt#-238 W CALIFORNIA ST
JACKSONVILLE OR 149-C2
Rt#-238 S COLUMBUS AV
MEDFORD OR 149-C2
Rt#-238 FOOTHILL BLVD
ALAMEDA CO CA 250-C3
HAYWARD CA 250-C3
Rt#-238 JACKSONVILLE HWY
GRANTS PASS OR 149-B2
JACKSON CO OR 149-B2
JACKSONVILLE OR 149-B2
JOSEPHINE CO OR 149-B2
Rt#-238 E MAIN ST
MEDFORD OR 149-C2
Rt#-238 W MAIN ST
JACKSON CO OR 149-C2
MEDFORD OR 149-C2
Rt#-238 MISSION BLVD
FREMONT CA 250-D4
FREMONT CA 251-A5
HAYWARD CA 250-D4
UNION CITY CA 250-D4
Rt#-238 ROSS LN
JACKSON CO OR 149-C2
Rt#-241 EASTERN TRANS CORR
ANAHEIM CA 283-C7
ANAHEIM CA 288-C1
ORANGE CO CA 283-C7
ORANGE CO CA 288-C1
YORBA LINDA CA 283-C7
Rt#-241 FOOTHILL TRANS CORR
MISSION VIEJO CA 288-D5
RANCHO SANTA MARGARITA CA 288-D5
LAKE FOREST CA 288-C4
MISSION VIEJO CA 288-C4
ORANGE CO CA 208-A2
ORANGE CO CA 291-B3
RANCHO SANTA MARGARITA CA 208-A2
RANCHO SANTA MARGARITA CA 288-C4
SAN DIEGO CO CA 291-B3
Rt#-242 FRWY
CONCORD CA 247-D4
PLEASANT HILL CA 247-D5
Rt#-243 S 8TH ST
BANNING CA 208-C1
Rt#-243 BANNING IDLW PAN HWY
BANNING CA 208-C1
RIVERSIDE CO CA 208-C1
RIVERSIDE CO CA 209-A2
Rt#-243 IDYLLWILD RD
RIVERSIDE CO CA 209-A2
Rt#-243 LINCOLN ST
BANNING CA 208-C1
Rt#-243 SAN GORGONIO AV
BANNING CA 208-C1
Rt#-243 S SAN GORGONIO AV
BANNING CA 208-C1
Rt#-245 AVENUE 364
TULARE CO CA 182-B3
Rt#-245 HIGHWAY
TULARE CO CA 182-B3
TULARE CO CA 191-B1
TULARE CO CA 265-A4
WOODLAKE CA 182-B3
Rt#-245 MILLWOOD DR
TULARE CO CA 182-B3
Rt#-245 PINEHURST DR
FRESNO CO CA 265-A3
Rt#-245 VALENCIA BLVD
TULARE CO CA 182-B3
WOODLAKE CA 182-B3
Rt#-246 BUELLTON LOMPOC RD
SANTA BARBARA CO CA 198-A2
Rt#-246 HIGHWAY
BUELLTON CA 273-A3
SANTA BARBARA CO CA 198-A2
SANTA BARBARA CO CA 273-A3
Rt#-246 MISSION DR
SANTA BARBARA CO CA 273-B3
SOLVANG CA 273-B3
Rt#-246 E OCEAN AV
LOMPOC CA 198-A2
SANTA BARBARA CO CA 198-A2
Rt#-247 BARSTOW RD
BARSTOW CA 201-C2
BARSTOW CA 369-C9
SAN BERNARDINO CO CA 201-C2
SAN BERNARDINO CO CA 279-B1
Rt#-247 OLD WOMAN SPRINGS RD
SAN BERNARDINO CO CA 201-C3
SAN BERNARDINO CO CA 202-A3
SAN BERNARDINO CO CA 279-C3
YUCCA VALLEY CA 202-A3
YUCCA VALLEY CA 209-A1
Rt#-253 UKIAH BOONVILLE RD
MENDOCINO CO CA 168-A2
MENDOCINO CO CA 225-A3
Rt#-254 AVENUE OF THE GIANTS
HUMBOLDT CO CA 161-B1
Rt#-254 REDWOOD HWY
HUMBOLDT CO CA 161-B1
Rt#-255 HIGHWAY
EUREKA CA 219-B3
EUREKA CA 300-E1
HUMBOLDT CO CA 219-B2
Rt#-255 NEW NAVY BASE RD
ARCATA CA 299-A7
HUMBOLDT CO CA 219-B2
HUMBOLDT CO CA 299-A7
Rt#-255 R ST
EUREKA CA 300-E1
Rt#-255 SAMOA BLVD
ARCATA CA 299-B7
Rt#-259 FRWY
SAN BERNARDINO CA 284-D2
SAN BERNARDINO CA 368-C1
Rt#-260 WEBSTER ST
ALAMEDA CA 329-G8
Rt#-261 EASTERN TRANS CORR
IRVINE CA 288-B3
ORANGE CO CA 288-B3
Rt#-262 MISSION BLVD
FREMONT CA 251-A7
Rt#-263 HIGHWAY
SISKIYOU CO CA 217-B1
YREKA CA 217-B3
Rt#-265 HIGHWAY
WEED CA 218-A2
Rt#-265 NIVLOC RD
ESMERALDA CO NV 178-C2
Rt#-266 HIGHWAY
MONO CO CA 178-B3
Rt#-267 BROCKWAY RD
PLACER CO CA 229-A6
TRUCKEE CA 229-A6
Rt#-267 HIGHWAY
NEVADA CO CA 229-A6
TRUCKEE CA 229-A6
Rt#-267 N SHORE RD
KINGS BEACH CA 231-B1
PLACER CO CA 229-A7
PLACER CO CA 231-B1
TAHOE VISTA CA 231-B1
Rt#-269 S LASSEN AV
FRESNO CO CA 181-B3
FRESNO CO CA 190-B1
HURON CA 190-B1
Rt#-269 SKYLINE BLVD
AVENAL CA 190-B1
Rt#-270 BODIE RD
MONO CO CA 177-B1
Rt#-270 HIGHWAY
MONO CO CA 177-B1
Rt#-271 HIGHWAY
HUMBOLDT CO CA 161-C2
MENDOCINO CO CA 161-C2
Rt#-273 CALIFORNIA ST
REDDING CA 301-E5
Rt#-273 GOLD ST
REDDING CA 301-F6
Rt#-273 HIGHWAY
ANDERSON CA 163-A1
REDDING CA 163-A1
REDDING CA 220-B5
REDDING CA 301-G1
SHASTA CO CA 163-A1
Rt#-273 MARKET ST
REDDING CA 301-E4
Rt#-273 N MARKET ST
REDDING CA 301-F4
Rt#-273 TEHEMA ST
REDDING CA 301-E5
Rt#-274 BALBOA AV
SAN DIEGO CA 293-D7
Rt#-275 CAPITOL MALL
SACRAMENTO CA 319-C3
WEST SACRAMENTO CA 319-C3
Rt#-275 HIGHWAY
WEST SACRAMENTO CA 319-B3
Rt#-280 JUNIPERO SERRA FRWY
SOUTH SAN FRANCISCO CA 249-C4
Rt#-281 SODA BAY RD
LAKE CO CA 226-B6
Rt#-282 3RD ST
CORONADO CA 373-C6
Rt#-282 4TH ST
CORONADO CA 373-C6
Rt#-282 ALAMEDA BLVD
CORONADO CA 373-B7
Rt#-282 POMONA AV
CORONADO CA 373-D7
Rt#-283 HIGHWAY
HUMBOLDT CO CA 161-B1
RIO DELL CA 161-B1
Rt#-284 FRENCHMAN LAKE RD
PLUMAS CO CA 165-B3
Rt#-299 12TH ST
ALTURAS CA 160-A1
Rt#-299 EUREKA WY
REDDING CA 301-C5
SHASTA CO CA 220-A6
SHASTA CO CA 301-C5
Rt#-299 FRWY
ARCATA CA 299-E1
HUMBOLDT CO CA 219-D1
HUMBOLDT CO CA 299-F1
REDDING CA 302-E1
SHASTA CO CA 220-C5
SHASTA CO CA 302-F1
Rt#-299 HIGHWAY
ALTURAS CA 159-C1
HUMBOLDT CO CA 156-C2
HUMBOLDT CO CA 157-A3
HUMBOLDT CO CA 219-D1
LASSEN CO CA 159-B2
LEWISTON CA 157-C3
MODOC CO CA 159-C1
MODOC CO CA 160-A1
REDDING CA 301-F5
REDDING CA 302-A5
SHASTA CO CA 157-C3
SHASTA CO CA 158-C3
SHASTA CO CA 159-A2
SHASTA CO CA 163-A1
SHASTA CO CA 220-D4
TRINITY CO CA 157-A3
WASHOE CO NV 160-B1
WILLOW CREEK CA 156-C2
Rt#-299 LIBERTY ST
REDDING CA 301-F5
Rt#-299 PINE ST
REDDING CA 301-E5
Rt#-299 SHASTA ST
REDDING CA 301-E5
Rt#-299 TEHEMA ST
REDDING CA 301-E5
Rt#-299 TOWNSEND ST
MODOC CO CA 160-B1
Rt#-330 CITY CREEK RD
SAN BERNARDINO CA 285-B2
SAN BERNARDINO CO CA 278-D7
SAN BERNARDINO CO CA 279-A7
SAN BERNARDINO CO CA 285-B2
Rt#-330 FRWY
HIGHLAND CA 285-B2
SAN BERNARDINO CA 285-B2
Rt#-341 GEIGER GRADE
LYON CO NV 232-C1
Rt#-341 OCCIDENTAL GRADE
LYON CO NV 230-C7
LYON CO NV 232-C1
STOREY CO NV 230-C7
Rt#-341 VIRGINIA CITY HWY
LYON CO NV 232-C1
STOREY CO NV 230-B5
WASHOE CO NV 230-B5
Rt#-342 HIGHWAY
LYON CO NV 232-C1
STOREY CO NV 230-C7
STOREY CO NV 232-C1
Rt#-342 C ST
STOREY CO NV 230-C7
Rt#-342 MAIN ST
LYON CO NV 232-C1
STOREY CO NV 230-C7
Rt#-343 HIGHWAY 40 E
LYON CO NV 166-A3
Rt#-359 HIGHWAY
MINERAL CO NV 172-C3
MINERAL CO NV 177-C1
MONO CO CA 177-C1
Rt#-359 E ST
MINERAL CO NV 172-C3
Rt#-360 HIGHWAY
MINERAL CO NV 178-B1
Rt#-371 CAHUILLA RD
RIVERSIDE CO CA 208-C3
RIVERSIDE CO CA 209-A2
Rt#-371 KENWORTHY BAUTISTA RD
RIVERSIDE CO CA 209-A2
Rt#-372 HIGHWAY
INYO CO CA 194-B1
NYE CO NV 194-C1
Rt#-373 HIGHWAY
NYE CO NV 185-A3
Rt#-374 HIGHWAY
NYE CO NV 184-C2
Rt#-374 MAIN ST
NYE CO NV 184-C2
Rt#-397 HIGHWAY
PERSHING CO NV 166-C2
Rt#-399 HIGHWAY
PERSHING CO NV 166-C1
Rt#-421 HIGHWAY
WASHOE CO NV 166-A3
Rt#-425 3RD ST
WASHOE CO NV 229-C3
Rt#-427 CANTLON DR
WASHOE CO NV 166-A3
Rt#-429 OLD US HWY 395
WASHOE CO NV 230-A7
WASHOE CO NV 232-A1
Rt#-431 ROSE HWY
WASHOE CO NV 229-D7
WASHOE CO NV 230-A5
WASHOE CO NV 231-C1
Rt#-445 HIGHWAY
WASHOE CO NV 165-C2
Rt#-445 CABRILLO LN
WASHOE CO NV 165-C3
Rt#-445 PYRAMID RD
SPARKS NV 230-B1
WASHOE CO NV 165-C3
WASHOE CO NV 230-B1
Rt#-445 PYRAMID WY
SPARKS NV 312-C1
WASHOE CO NV 312-D1
Rt#-446 HIGHWAY
WASHOE CO NV 165-C3
WASHOE CO NV 166-A3
Rt#-447 HIGHWAY
PERSHING CO NV 166-A1
WASHOE CO NV 166-A1
Rt#-513 E 5TH ST
CARSON CITY NV 232-B3
CARSON CITY NV 313-D6
Rt#-513 CARSON RIVER RD
CARSON CITY NV 232-B3
CARSON CITY NV 313-G7
Rt#-562 E SUNSET RD
ENTERPRISE NV 346-D9
HENDERSON NV 268-D6
PARADISE NV 268-D6
PARADISE NV 346-G9
Rt#-564 E LAKE MEAD DR
CLARK CO NV 269-A5
HENDERSON NV 269-A5
Rt#-564 W LAKE MEAD DR
CLARK CO NV 269-A6
HENDERSON NV 269-A6
Rt#-573 E CRAIG RD
CLARK CO NV 268-D2
NORTH LAS VEGAS NV 268-D2
SUNRISE MANOR NV 268-D2
Rt#-573 W CRAIG RD
LAS VEGAS NV 268-B2
Rt#-574 E CHEYENNE AV
NORTH LAS VEGAS NV 268-C3
SUNRISE MANOR NV 268-D3
Rt#-574 W CHEYENNE AV
CLARK CO NV 268-B3
LAS VEGAS NV 268-B3
NORTH LAS VEGAS NV 268-D3
Rt#-579 E BONANZA RD
LAS VEGAS NV 345-E5
Rt#-579 W BONANZA RD
LAS VEGAS NV 345-C5
Rt#-582 BOULDER HWY
HENDERSON NV 269-A5
LAS VEGAS NV 268-D4
PARADISE NV 268-D4
SUNRISE MANOR NV 268-D4
WHITNEY NV 268-D4
WHITNEY NV 269-A5
WINCHESTER NV 268-D4

Rt#-582 N BOULDER HWY STREET INDEX U.S.-395 S VIRGINIA ST 424

STREET City State Page-Grid

Rt#-582 N BOULDER HWY
HENDERSON NV 269-A6
Rt#-582 S BOULDER HWY
HENDERSON NV 269-A6
Rt#-582 FREMONT ST
LAS VEGAS NV 268-C4
LAS VEGAS NV 345-G7
Rt#-589 E SAHARA AV
LAS VEGAS NV 268-D4
LAS VEGAS NV 345-E9
SUNRISE MANOR NV 268-D4
WINCHESTER NV 268-D4
WINCHESTER NV 345-E9
Rt#-589 W SAHARA AV
LAS VEGAS NV 268-A4
LAS VEGAS NV 345-B9
SPRING VALLEY NV 268-A4
WINCHESTER NV 268-A4
WINCHESTER NV 345-B9
Rt#-592 E FLAMINGO RD
PARADISE NV 268-D5
PARADISE NV 346-G3
Rt#-592 W FLAMINGO RD
PARADISE NV 268-B5
PARADISE NV 346-A4
SPRING VALLEY NV 268-B5
Rt#-593 E TROPICANA AV
PARADISE NV 268-C5
PARADISE NV 346-C5
WHITNEY NV 268-C5
Rt#-593 W TROPICANA AV
PARADISE NV 346-B5
Rt#-595 N RAINBOW BLVD
LAS VEGAS NV 268-B4
Rt#-595 S RAINBOW BLVD
ENTERPRISE NV 268-B5
LAS VEGAS NV 268-B5
SPRING VALLEY NV 268-B5
Rt#-596 N JONES BLVD
SPRING VALLEY NV 268-B4
Rt#-596 S JONES BLVD
SPRING VALLEY NV 268-B4
Rt#-599 N RANCHO DR
LAS VEGAS NV 345-B5
Rt#-599 S RANCHO DR
LAS VEGAS NV 345-B9
Rt#-601 N MAIN ST
LAS VEGAS NV 345-E4
NORTH LAS VEGAS NV 345-E4
Rt#-601 S MAIN ST
LAS VEGAS NV 345-D9
Rt#-604 HIGHWAY
CLARK CO NV 195-B2
Rt#-604 N LAS VEGAS BLVD
CLARK CO NV 268-C3
CLARK CO NV 269-A1
LAS VEGAS NV 345-F4
NORTH LAS VEGAS NV 268-C3
NORTH LAS VEGAS NV 269-A1
NORTH LAS VEGAS NV 345-F3
SUNRISE MANOR NV 268-C3
Rt#-604 S LAS VEGAS BLVD
CLARK CO NV 195-B2
ENTERPRISE NV 195-B2
ENTERPRISE NV 268-C7
ENTERPRISE NV 346-B8
LAS VEGAS NV 345-E7
PARADISE NV 346-B8
WINCHESTER NV 345-D10
WINCHESTER NV 346-B8
Rt#-604 THE STRIP
PARADISE NV 346-B2
WINCHESTER NV 346-B2
Rt#-607 CIVIC CENTER DR
NORTH LAS VEGAS NV 268-C3
NORTH LAS VEGAS NV 345-G1
Rt#-607 N EASTERN AV
LAS VEGAS NV 268-C3
Rt#-607 S EASTERN AV
LAS VEGAS NV 268-C5
WINCHESTER NV 268-C5
Rt#-610 N LAMB BLVD
CLARK CO NV 268-D2
NORTH LAS VEGAS NV 268-D2
SUNRISE MANOR NV 268-D2
Rt#-612 N NELLIS BLVD
CLARK CO NV 268-D3
LAS VEGAS NV 268-D3
SUNRISE MANOR NV 268-D3
Rt#-612 S NELLIS BLVD
PARADISE NV 268-D4
SUNRISE MANOR NV 268-D4
WHITNEY NV 268-D4
Rt#-648 E GLENDALE AV
RENO NV 311-G5
RENO NV 312-B5
SPARKS NV 312-B5
Rt#-650 N MCCARRAN BLVD
RENO NV 311-G1
RENO NV 312-C1
SPARKS NV 312-C1
WASHOE CO NV 312-C1
Rt#-650 S MCCARRAN BLVD
RENO NV 230-A3
RENO NV 312-D8
SPARKS NV 312-D8
WASHOE CO NV 230-A3
WASHOE CO NV 312-D8
Rt#-651 N MCCARRAN BLVD
RENO NV 230-A2
RENO NV 311-F1
WASHOE CO NV 311-A2
Rt#-651 S MCCARRAN BLVD
RENO NV 230-A3
WASHOE CO NV 230-A3
Rt#-663 ODDIE BLVD
RENO NV 311-G3
SPARKS NV 311-G3
SPARKS NV 312-A3
Rt#-710 LONG BEACH FRWY
PASADENA CA 359-B7
Rt#-756 CENTERVILLE LN
DOUGLAS CO NV 171-C2
DOUGLAS CO NV 232-B7
Rt#-756 GILMAN
DOUGLAS CO NV 232-B7
Rt#-757 MULLER LN
DOUGLAS CO NV 232-A6
Rt#-773 HIGHWAY
ESMERALDA CO NV 178-B2
Rt#-839 HIGHWAY
MINERAL CO NV 172-C3
Rt#-877 FRANKTOWN RD
WASHOE CO NV 230-A7
WASHOE CO NV 232-A1
Rt#-905 FRWY
SAN DIEGO CA 296-B5
Rt#-905 HIGHWAY
SAN DIEGO CA 296-B5
Rt#-905 OTAY MESA RD
SAN DIEGO CA 296-B5
SAN DIEGO CO CA 296-B5
U.S.-6 HIGHWAY
BISHOP CA 183-A1
ESMERALDA CO NV 178-C2
INYO CO CA 178-A3
INYO CO CA 183-A1
MINERAL CO NV 178-A2
MONO CO CA 178-A2
U.S.-40 HIGHWAY
LYON CO NV 166-A3
U.S.-50 CAPITAL CITY FRWY
SACRAMENTO CA 319-B4
WEST SACRAMENTO CA 235-A7
WEST SACRAMENTO CA 319-B4
U.S.-50 EL DORADO FRWY
EL DORADO CO CA 236-A6
EL DORADO CO CA 237-C4
EL DORADO CO CA 317-B7
FOLSOM CA 236-A6
PLACERVILLE CA 237-B4
PLACERVILLE CA 317-B7
SACRAMENTO CO CA 235-D6
SACRAMENTO CO CA 236-A6
U.S.-50 FRWY
EL DORADO CO CA 170-C3
EL DORADO CO CA 171-A3
EL DORADO CO CA 237-D4
POLLOCK PINES CA 170-C3
SACRAMENTO CA 235-C7
SACRAMENTO CA 319-G6
SACRAMENTO CA 320-A6
SACRAMENTO CO CA 235-D7
U.S.-50 HIGHWAY
CARSON CITY NV 232-B2
CARSON CITY CO NV 231-D3
CARSON CITY CO NV 232-C2
CHURCHILL CO NV 172-B1
DOUGLAS CO NV 231-D4
DOUGLAS CO NV 232-A4
EL DORADO CO CA 171-B2
EL DORADO CO CA 237-C4
LYON CO NV 166-A3
LYON CO NV 172-B1
LYON CO NV 230-D7
LYON CO NV 232-D1
SOUTH LAKE TAHOE CA 171-B2
WASHOE CO NV 166-A3
U.S.-50 LAKE TAHOE BLVD
DOUGLAS CO NV 231-C6
DOUGLAS CO NV 314-C3
SOUTH LAKE TAHOE CA 171-B2
SOUTH LAKE TAHOE CA 231-C7
SOUTH LAKE TAHOE CA 314-C3
U.S.-50 MAIN ST
LYON CO NV 166-A3
U.S.-50 E MAIN ST
LYON CO NV 166-A3
U.S.-50 SIERRA PINES RD
EL DORADO CO CA 171-B3
U.S.-50 E WILLIAM ST
CARSON CITY NV 232-B2
CARSON CITY NV 313-E4
U.S.-60 HIGHWAY
LA PAZ CO AZ 211-C2
U.S.-66 Hist W 4TH ST
SAN BERNARDINO CA 284-D3
SAN BERNARDINO CA 368-A4
U.S.-66 Hist W 5TH ST
SAN BERNARDINO CA 284-D2
SAN BERNARDINO CA 368-B3
U.S.-66 Hist 7TH ST
VICTORVILLE CA 278-B1
U.S.-66 Hist ANDY DEVINE AV
KINGMAN AZ 196-C3
MOHAVE CO AZ 196-C3
U.S.-66 Hist E BROADWAY ST
NEEDLES CA 204-A1
U.S.-66 Hist W BROADWAY ST
NEEDLES CA 204-A1
U.S.-66 Hist CAJON BLVD
SAN BERNARDINO CA 278-A7
SAN BERNARDINO CA 284-C1
SAN BERNARDINO CO CA 278-A7
SAN BERNARDINO CO CA 284-C1
U.S.-66 Hist N CAJON BLVD
SAN BERNARDINO CA 284-C1
SAN BERNARDINO CO CA 284-C1
U.S.-66 Hist CRUCERO RD
SAN BERNARDINO CO CA 202-B2
U.S.-66 Hist FOOTHILL BLVD
FONTANA CA 284-A3
RANCHO CUCAMONGA CA 283-D3
RANCHO CUCAMONGA CA 284-A3
SAN BERNARDINO CO CA 284-A3
UPLAND CA 283-D3
U.S.-66 Hist E FOOTHILL BLVD
RIALTO CA 284-D3
UPLAND CA 283-D3
U.S.-66 Hist W FOOTHILL BLVD
FONTANA CA 284-C3
RIALTO CA 284-C3
SAN BERNARDINO CA 284-C3
SAN BERNARDINO CO CA 283-C3
UPLAND CA 283-C3
U.S.-66 Hist GOFFS RD
SAN BERNARDINO CO CA 203-C1
U.S.-66 Hist HIGHWAY
NEEDLES CA 204-A2
SAN BERNARDINO CO CA 204-A1
SAN BERNARDINO CO CA 270-A7
U.S.-66 Hist HIGHWAY 95 S
NEEDLES CA 204-A2
U.S.-66 Hist JOSEPH L BOLL AV
BARSTOW CA 201-C2
U.S.-66 Hist E MAIN ST
BARSTOW CA 201-C2
BARSTOW CA 369-D5
U.S.-66 Hist W MAIN ST
BARSTOW CA 201-B2
BARSTOW CA 369-A6
SAN BERNARDINO CO CA 201-B2
U.S.-66 Hist MOHAVE VALLY HWY
MOHAVE CO AZ 204-A2
U.S.-66 Hist MOJAVE FRWY
HESPERIA CA 278-A3
SAN BERNARDINO CO CA 201-A3
SAN BERNARDINO CO CA 278-A3
VICTORVILLE CA 278-A3
U.S.-66 Hist MTN SPRINGS RD
SAN BERNARDINO CO CA 203-C2
U.S.-66 Hist N MT VERNON AV
SAN BERNARDINO CA 284-D2
SAN BERNARDINO CA 368-B1
U.S.-66 Hist NATL TRAILS HWY
BARSTOW CA 201-B2
SAN BERNARDINO CO CA 201-B2
SAN BERNARDINO CO CA 202-B2
SAN BERNARDINO CO CA 203-A2
VICTORVILLE CA 201-B2
VICTORVILLE CA 278-B1
U.S.-66 Hist NEEDLES FRWY
SAN BERNARDINO CO CA 204-A2
U.S.-66 Hist NEEDLES HWY
NEEDLES CA 204-A1
U.S.-66 Hist NEDLS HWY RIV RD
NEEDLES CA 204-A1
U.S.-66 Hist OATMAN RD
MOHAVE CO AZ 196-C3
MOHAVE CO AZ 204-C1
U.S.-66 Hist OATMN-TOPOCK HWY
MOHAVE CO AZ 204-B1
U.S.-66 Hist OLD NATL TRL HWY
SAN BERNARDINO CO CA 203-C2
U.S.-66 Hist PALMDALE RD
VICTORVILLE CA 278-B2
U.S.-66 Hist RIVER RD
NEEDLES CA 204-B1
U.S.-93 HIGHWAY
BOULDER CITY NV 269-C7
CLARK CO NV 186-C2
CLARK CO NV 269-D6
KINGMAN AZ 196-C3
LINCOLN CO NV 186-B1
MOHAVE CO AZ 196-A1
MOHAVE CO AZ 269-D6
U.S.-93 NEVADA HWY
BOULDER CITY NV 269-B7
U.S.-95 S BOULDER HWY
BOULDER CITY NV 269-B7
HENDERSON NV 269-B7
U.S.-95 FRONT ST
MINERAL CO NV 178-B1
U.S.-95 FRWY
CLARK CO NV 269-A6
HENDERSON NV 268-D5
HENDERSON NV 269-A6
LAS VEGAS NV 268-B2
LAS VEGAS NV 345-E5
PARADISE NV 268-D4
SUNRISE MANOR NV 268-D4
WHITNEY NV 268-D5
WINCHESTER NV 268-D4
U.S.-95 HIGHWAY
BOULDER CITY NV 195-C1
BOULDER CITY NV 269-B7
CHURCHILL CO NV 172-C1
CLARK CO NV 185-C3
CLARK CO NV 186-A3
CLARK CO NV 195-C1
CLARK CO NV 203-C1
ESMERALDA CO NV 178-B1
LA PAZ CO AZ 211-C2
LYON CO NV 166-A3
LYON CO NV 172-A1
MINERAL CO NV 172-C2
MINERAL CO NV 178-B1
NEEDLES CA 204-A2
NYE CO NV 184-B1
NYE CO NV 185-A2
PERSHING CO NV 166-C2
RIVERSIDE CO CA 211-B1
SAN BERNARDINO CO CA 203-C1
SAN BERNARDINO CO CA 204-A1
SAN BERNARDINO CO CA 211-B1
SAN BERNARDINO CO CA 270-A7
SOMERTON AZ 215-A2
YERINGTON NV 172-B2
YUMA AZ 215-B1
YUMA CO AZ 211-C2
YUMA CO AZ 215-C1
U.S.-95 HIGHWAY 95 S
NEEDLES CA 204-A2
U.S.-95 INTAKE BLVD
BLYTHE CA 211-A2
RIVERSIDE CO CA 211-A2
U.S.-95 LOVELOCK HWY
CHURCHILL CO NV 166-C3
CHURCHILL CO NV 172-C1
U.S.-95 ORAN K GRAGSON HWY
CLARK CO NV 268-B2
LAS VEGAS NV 268-B2
LAS VEGAS NV 345-B5
U.S.-95 N RANCHO DR
CLARK CO NV 186-B3
CLARK CO NV 268-B2
LAS VEGAS NV 268-B2
LAS VEGAS NV 345-A4
NORTH LAS VEGAS NV 268-B2
U.S.-95 SUMMERLIN PKWY
LAS VEGAS NV 268-A3
U.S.-97 BUTTE ST
DORRIS CA 150-C3
U.S.-97 Bus ESPLANADE ST
KLAMATH FALLS OR 150-C2
U.S.-97 FIRST ST
DORRIS CA 150-C3
U.S.-97 FOURTH ST
DORRIS CA 150-C3
U.S.-97 HIGHWAY
DORRIS CA 150-C3
KLAMATH CO OR 150-C3
KLAMATH FALLS OR 150-C2
SISKIYOU CO CA 150-C3
SISKIYOU CO CA 158-B1
SISKIYOU CO CA 218-B1
WEED CA 218-A1
U.S.-97 MAIN ST
DORRIS CA 150-C3
U.S.-97 THE DALLES-CALIFORNIA
CHILOQUIN OR 150-C1
KLAMATH CO OR 150-C1
KLAMATH FALLS OR 150-C1
U.S.-97 N WEED BLVD
WEED CA 218-A2
U.S.-101 4TH ST
EUREKA CA 300-D2
U.S.-101 5TH ST
EUREKA CA 300-D2
U.S.-101 BAYSHORE FRWY
BELMONT CA 250-A6
BRISBANE CA 249-D3
BURLINGAME CA 249-D5
BURLINGAME CA 327-E6
EAST PALO ALTO CA 332-C1
MENLO PARK CA 250-A6
MENLO PARK CA 332-C1
MILLBRAE CA 327-E6
MOUNTAIN VIEW CA 253-B2
PALO ALTO CA 253-B2
PALO ALTO CA 332-F3
REDWOOD CITY CA 250-A6
SAN CARLOS CA 250-A6
SAN FRANCISCO CA 249-D3
SAN JOSE CA 253-B2
SAN JOSE CA 254-A4
SAN JOSE CA 333-C2
SAN JOSE CA 334-A3
SAN MATEO CA 249-D5
SAN MATEO CA 250-A6
SAN MATEO CO CA 327-D3
SANTA CLARA CA 253-B2
SANTA CLARA CA 333-C2
SANTA CLARA CO CA 253-B2
SANTA CLARA CO CA 254-A4
SOUTH SAN FRANCISCO CA 249-D4
SOUTH SAN FRANCISCO CA 327-D3
SUNNYVALE CA 253-B2
U.S.-101 BROADWAY
EUREKA CA 300-B4
U.S.-101 BURNS FRWY
EUREKA CA 219-C3
HUMBOLDT CO CA 219-C3
U.S.-101 CENTRAL FRWY
SAN FRANCISCO CA 326-D7
U.S.-101 CHETCO AV
BROOKINGS OR 148-B2
U.S.-101 DOYLE DR
SAN FRANCISCO CA 325-F2
U.S.-101 EL CAMINO REAL
ARROYO GRANDE CA 272-A1
ATASCADERO CA 189-C3
BUELLTON CA 273-A1
CARPINTERIA CA 199-A3
GILROY CA 257-A6
GOLETA CA 274-A7
GONZALES CA 259-D6
GREENFIELD CA 189-A1
GROVER BEACH CA 272-A1
KING CITY CA 189-B1
MONTEREY CO CA 180-A3
MONTEREY CO CA 189-A1
MONTEREY CO CA 256-D7
MONTEREY CO CA 257-A6
MONTEREY CO CA 259-B4
MONTEREY CO CA 336-F9
MORGAN HILL CA 254-B7
MORGAN HILL CA 257-A6
PASO ROBLES CA 189-C3
PISMO BEACH CA 197-C1
PISMO BEACH CA 271-C7
PISMO BEACH CA 272-A1
SALINAS CA 259-B4
SALINAS CA 336-A2
SAN BENITO CO CA 257-A6
SAN LUIS OBISPO CA 271-C7
SAN LUIS OBISPO CA 347-F3
SAN LUIS OBISPO CO CA 189-C3
SAN LUIS OBISPO CO CA 271-D3
SAN LUIS OBISPO CO CA 272-A1
SAN LUIS OBISPO CO CA 347-F3
SANTA BARBARA CA 274-C7
SANTA BARBARA CA 348-A6
SANTA BARBARA CO CA 198-A2
SANTA BARBARA CO CA 199-A3
SANTA BARBARA CO CA 272-C4
SANTA BARBARA CO CA 273-A1
SANTA BARBARA CO CA 274-A7
SANTA CLARA CO CA 257-A6
SANTA MARIA CA 272-C4
SOLEDAD CA 180-A3
VENTURA CA 199-A3
VENTURA CA 275-A5
VENTURA CA 349-F7
VENTURA CO CA 199-A3
U.S.-101 FRWY
ATASCADERO CA 189-C3
ATASCADERO CA 271-C1
HUMBOLDT CO CA 161-B1
SALINAS CA 336-E8
SAN LUIS OBISPO CO CA 189-C3
SAN LUIS OBISPO CO CA 271-D2
SANTA CLARA CO CA 257-B4
U.S.-101 GOLDEN GATE BRDG
MARIN CO CA 246-C7
SAN FRANCISCO CA 246-C7
SAN FRANCISCO CA 249-C1
SAN FRANCISCO CA 325-D1
U.S.-101 GOLDN GATE BRDG FRWY
SAN FRANCISCO CA 246-C7
SAN FRANCISCO CA 249-C1
SAN FRANCISCO CA 325-D1
U.S.-101 HIGHWAY
HUMBOLDT CO CA 161-C1
MENDOCINO CO CA 161-C2
SALINAS CA 336-F9
U.S.-101 HOLLYWOOD FRWY
LOS ANGELES CA 281-B2
LOS ANGELES CA 351-A2
U.S.-101 HOLLYWOOD FRWY
LOS ANGELES CA 352-A9
LOS ANGELES CA 355-C1
LOS ANGELES CA 356-A3
U.S.-101 INGLEWOOD CT SE
WINDSOR CA 240-B7
U.S.-101 JAMES LICK FRWY
SAN FRANCISCO CA 249-D2
SAN FRANCISCO CA 326-E8
U.S.-101 L ST
CRESCENT CITY CA 297-D8
U.S.-101 LOMBARD ST
SAN FRANCISCO CA 326-A3
U.S.-101 M ST
CRESCENT CITY CA 297-D8
U.S.-101 MAIN ST
MENDOCINO CO CA 168-A1
TRINIDAD CA 156-B2
WILLITS CA 168-A1
U.S.-101 MONTEREY RD
GILROY CA 257-A2
MORGAN HILL CA 254-B7
MORGAN HILL CA 257-A2
SANTA CLARA CO CA 257-A2
U.S.-101 MONTEREY ST
GILROY CA 257-A2
U.S.-101 OLD SHERWOOD RD
MENDOCINO CO CA 162-A3
U.S.-101 OREGON COAST HWY
BROOKINGS OR 148-B2
CURRY CO OR 148-A1
GOLD BEACH OR 148-A1
Harbor OR 148-B2
U.S.-101 REDWOOD HWY
ARCATA CA 219-C1
ARCATA CA 299-C9
CLOVERDALE CA 239-D1
CORTE MADERA CA 246-B6
COTATI CA 242-C5
CRESCENT CITY CA 297-D7
DEL NORTE CO CA 148-B2
DEL NORTE CO CA 156-B1
DEL NORTE CO CA 216-B1
DEL NORTE CO CA 297-G10
EUREKA CA 219-C1
EUREKA CA 300-A9
FORTUNA CA 219-B6
HEALDSBURG CA 240-A4
HUMBOLDT CO CA 156-B2
HUMBOLDT CO CA 161-B1
HUMBOLDT CO CA 219-C1
HUMBOLDT CO CA 299-C1
HUMBOLDT CO CA 300-A9
LARKSPUR CA 246-B6
LARKSPUR CA 324-F10
LAYTONVILLE CA 162-A3
MARIN CO CA 242-C5
MARIN CO CA 246-B1
MARIN CO CA 324-F9
MENDOCINO CO CA 161-C2
MENDOCINO CO CA 162-A3
MENDOCINO CO CA 168-A1
MENDOCINO CO CA 225-A1
MENDOCINO CO CA 239-D1
MENDOCINO CO CA 308-E8
MILL VALLEY CA 246-B6
NOVATO CA 246-B1
PETALUMA CA 242-C5
RIO DELL CA 161-B1
ROHNERT PARK CA 242-C5
SAN FRANCISCO CA 246-B6
SAN RAFAEL CA 246-B6
SAN RAFAEL CA 324-D3
SANTA ROSA CA 242-C5
SANTA ROSA CA 321-C2
SAUSALITO CA 246-B6
SONOMA CO CA 239-D1
SONOMA CO CA 240-A4
SONOMA CO CA 242-C5
SONOMA CO CA 321-C2
TRINIDAD CA 156-B2
UKIAH CA 308-E8
WILLITS CA 168-A1
WINDSOR CA 240-B7
WINDSOR CA 242-C5
U.S.-101 REDWOOD HWY N
SONOMA CO CA 239-D1
U.S.-101 RICHARDSON AV
SAN FRANCISCO CA 325-G2
SAN FRANCISCO CA 326-A3
U.S.-101 SANTA ANA FRWY
LOS ANGELES CA 356-B4
U.S.-101 SOUTH VALLEY FRWY
GILROY CA 257-A2
MORGAN HILL CA 254-A5
MORGAN HILL CA 257-A2
SAN JOSE CA 254-A5
SANTA CLARA CO CA 254-A5
SANTA CLARA CO CA 257-A2
U.S.-101 VAN NESS AV
SAN FRANCISCO CA 326-C3
U.S.-101 S VAN NESS AV
SAN FRANCISCO CA 326-D9
U.S.-101 VENTURA FRWY
AGOURA HILLS CA 280-A2
CALABASAS CA 280-A2
CAMARILLO CA 206-B1
CAMARILLO CA 275-C6
HIDDEN HILLS CA 280-A2
LOS ANGELES CA 280-A2
LOS ANGELES CA 281-A2
LOS ANGELES CO CA 280-A2
OXNARD CA 275-C6
SANTA BARBARA CO CA 199-A3
THOUSAND OAKS CA 206-B1
THOUSAND OAKS CA 280-A2
VENTURA CA 199-A3
VENTURA CA 275-C6
VENTURA CA 349-E7
VENTURA CO CA 199-A3
VENTURA CO CA 206-B1
VENTURA CO CA 275-C6
WESTLAKE VILLAGE CA 280-A2
U.S.-197 HIGHWAY
DEL NORTE CO CA 216-B3
U.S.-199 E F ST
GRANTS PASS OR 149-B1
U.S.-199 F ST
GRANTS PASS OR 149-B1
JOSEPHINE CO OR 149-B1
U.S.-199 REDWOOD HWY
CAVE JUNCTION OR 149-A2
DEL NORTE CO CA 148-C3
DEL NORTE CO CA 216-D4
GRANTS PASS OR 149-A2
JOSEPHINE CO OR 148-C2
JOSEPHINE CO OR 149-A2
U.S.-395 12TH ST
ALTURAS CA 160-A1
U.S.-395 N CARSON ST
CARSON CITY NV 232-A2
CARSON CITY NV 313-B1
U.S.-395 S CARSON ST
CARSON CITY NV 313-C8
U.S.-395 CARSON CITY FRWY
CARSON CITY NV 232-A2
CARSON CITY NV 313-E2
WASHOE CO NV 232-A2
U.S.-395 DONS RD
MODOC CO CA 160-A2
U.S.-395 DOUGLAS AV
DOUGLAS CO NV 232-B7
U.S.-395 F ST N
LAKEVIEW OR 152-A2
U.S.-395 F ST S
LAKE CO OR 152-A2
LAKEVIEW OR 152-A2
U.S.-395 FREMONT HWY
LAKE CO OR 152-A2
LAKEVIEW OR 152-A2
MODOC CO CA 152-A2
U.S.-395 FRWY
RENO NV 230-A2
RENO NV 311-F1
RENO NV 312-A8
WASHOE CO NV 165-B3
WASHOE CO NV 230-A6
WASHOE CO NV 232-A1
WASHOE CO NV 311-G5
U.S.-395 G ST N
LAKEVIEW OR 152-A2
U.S.-395 HIGHWAY
ADELANTO CA 201-A2
ADELANTO CA 278-A1
ALTURAS CA 160-A1
BISHOP CA 183-A1
CARSON CITY NV 232-A2
CARSON CITY CO NV 232-A2
DOUGLAS CO NV 171-C2
DOUGLAS CO NV 232-A4
HESPERIA CA 278-A3
INYO CO CA 177-C3
INYO CO CA 182-C1
INYO CO CA 183-A1
INYO CO CA 192-B1
KERN CO CA 192-C2
LASSEN CO CA 160-A2
LASSEN CO CA 164-C1
LASSEN CO CA 165-A1
LONE PINE CA 183-B3
MAMMOTH LAKES CA 177-C3
MODOC CO CA 152-A3
MODOC CO CA 159-C1
MODOC CO CA 160-A1
MONO CO CA 171-C3
MONO CO CA 172-A3
MONO CO CA 177-A1
MONO CO CA 263-B1
RENO NV 230-A1
SAN BERNARDINO CO CA 192-C3
SAN BERNARDINO CO CA 193-A3
SAN BERNARDINO CO CA 201-A1
SAN BERNARDINO CO CA 278-A3
SIERRA CO CA 165-B3
VICTORVILLE CA 278-A1
WASHOE CO NV 165-B3
WASHOE CO NV 230-A1
U.S.-395 LAKEVIEW-BURNS HWY
LAKE CO OR 152-A1
U.S.-395 MAIN ST
ALTURAS CA 160-A1
DOUGLAS CO NV 232-A7
U.S.-395 NORTH-SOUTH
RENO NV 229-D1
RENO NV 230-A4
WASHOE CO NV 165-B3
WASHOE CO NV 229-D1
WASHOE CO NV 230-A1
U.S.-395 THREE FLAGS HWY
KERN CO CA 192-C3
U.S.-395 TOLER LN
DOUGLAS CO NV 232-B7
U.S.-395 N VIRGINIA ST
RENO NV 230-A2
RENO NV 311-C3
WASHOE CO NV 230-A2
U.S.-395 S VIRGINIA ST
RENO NV 230-A3
RENO NV 311-E9
WASHOE CO NV 230-A4

CRA
INDEX

425 POINTS OF INTEREST AIRPORTS

CRA INDEX

FEATURE NAME
City State — Page-Grid

AIRPORTS

AEROPUERTO DE TIJUANA 296 - B5
CARRETERA AL AERPRTO, BAJA CALIF NORTE BC
AGUA DULCE 277 - C2
33638 AGUA DULCE CYN, LOS ANGELES CO CA
AIRPORT IN THE SKY 207 - A3
EMPIRE LANDING RD, LOS ANGELES CO CA
AJO-CORONA MUNICIPAL 283 - D7
BUTTERFIELD DR & AVIATION DR, CORONA CA
ALPINE COUNTY 171 - C3
HWY 89 & AIRPORT RD, ALPINE CO CA
ALTURAS MUNICIPAL 159 - C1
OFF SR 299, MODOC CO CA
AMADOR COUNTY 175 - C1
HWY 49 & AIRPORT RD, AMADOR CO CA
ANGWIN 241 - C7
COLLEGE AV & AIRPORT WY, NAPA CO CA
APPLE VALLEY 201 - B2
21600 CORWIN RD, APPLE VALLEY CA
ARCATA-EUREKA 156 - B2
AIRPORT RD, HUMBOLDT CO CA
ASHLAND MUNICIPAL 149 - C2
DEAD INDIAN & MUN ARPT RD, ASHLAND OR
AUBURN MUNICIPAL 233 - C7
NEW AIRPORT RD, AUBURN CA
BAKERSFIELD MUNICIPAL 267 - C5
2000 S UNION AV, BAKERSFIELD CA
BARE RANCH 160 - B2
SURPRISE VALLEY RD, LASSEN CO CA
BARSTOW - DAGGETT 201 - C2
35900 NATL TRLS HWY, SAN BERNARDINO CO CA
BEATTY 184 - C2
HWY 374 & INTERSTATE 95, NYE CO NV
BENTON 301 - D7
GOLD ST, REDDING CA
BERMUDA DUNES 290 - D5
79880 AVE 42, RIVERSIDE CO CA
BIG BEAR CITY 279 - D6
501 W VALLEY BLVD, SAN BERNARDINO CO CA
BISHOP 183 - A1
POLETA RD & AIRPORT RD, INYO CO CA
BLAND 181 - B3
W CHURCH AV & SYCAMORE AV, FRESNO CO CA
BLUE CANYON 170 - C1
OFF I-80, PLACER CO CA
BLYTHE 211 - A2
OFF I-10, RIVERSIDE CO CA
BORGES CLARKSBURG 238 - B3
S RIVER RD, YOLO CO CA
BOWLES 227 - B3
SUTTER CO CA
BRACKETT FIELD 283 - B3
1615 MCKINLEY AV, LA VERNE CA
BRAWLEY MUNICIPAL 214 - B1
BEST RD & SHANK RD, BRAWLEY CA
BROOKINGS STATE 148 - B2
OFF OREGON COAST HWY, CURRY CO OR
BROWN FIELD MUNICIPAL 296 - B4
1424 CONTINENTAL ST, SAN DIEGO CA
BUCHANAN FIELD 247 - D4
550 SALLY RIDE DR, CONCORD CA
BURBANK-GLENDALE-PASADENA 350 - A5
2627 N HOLLYWOOD WY, BURBANK CA
CABLE 283 - C3
1749 W 13TH ST, UPLAND CA
CALAVERAS COUNTY 175 - C2
HWY 49 & FRICOT CITY RD, CALAVERAS CO CA
CALIFORNIA CITY 200 - B1
22636 AIRPORT WY, CALIFORNIA CITY CA
CALIPATRIA 210 - B3
OFF HIGHWAY 111, IMPERIAL CO CA
CAMARILLO 275 - C6
555 AIRPORT WY, CAMARILLO CA
CHESTER 164 - A1
CHESTER AIRPORT RD & 1ST AV, PLUMAS CO CA
CHICO MUNICIPAL 163 - C3
5 MILES NW OF CHICO, CHICO CA
CHILOQUIN STATE 150 - C1
THE DALLES-CALIFORNIA HWY, CHILOQUIN OR
CHINO 283 - D5
7000 MERRILL AV, CHINO CA
CHIRIACO SUMMIT 210 - A2
OFF I-10, RIVERSIDE CO CA
CLOVERDALE MUNICIPAL 239 - D2
220 AIRPORT RD, CLOVERDALE CA
COALINGA MUNICIPAL 190 - A1
27500 W PHELPS AV, COALINGA CA
COLUMBIA 176 - A2
OFF HWY 49, TUOLUMNE CO CA
COLUSA COUNTY 169 - B2
NIAGRA AV & HWY 45, COLUSA CO CA
COMPTON 281 - D7
901 W ALONDRA BLVD, COMPTON CA
CONTRA COSTA COUNTY BYRON 174 - C2
500 EAGLE CT, CONTRA COSTA CO CA
CORNING MUNICIPAL 221 - C7
MARGUERITE AV & NEVA AV, CORNING CA
DESERT CTR 210 - B2
OFF HWY 177, RIVERSIDE CO CA
DESERT RESORTS REGL 209 - B2
AIRPORT BLVD, RIVERSIDE CO CA
DOS PALOS 180 - C2
N FOLSOM AV & W SHAIN AV, FRESNO CO CA
DOUGLAS COUNTY 232 - B6
AIRPORT RD & HEYBOURNE RD, DOUGLAS CO NV
DOUTHITT STRIP 375 - G6
751 E MAIN ST, EL CENTRO CA
EAGLE 180 - C2
PRINCE AV & W COPPER AV, FRESNO CO CA
EL MONTE 282 - C3
4233 SANTA ANITA AV, EL MONTE CA
EUREKA 219 - B3
NEW NAVY BASE & LINCOLN, HUMBOLDT CO CA
FALLBROOK COMM AIRPARK 292 - B3
2141 S MISSION RD, SAN DIEGO CO CA
FIREBAUGH 181 - A2
W NEES AV & J ST, FIREBAUGH CA
FOX, GENERAL WILLIAM J AIRFIELD 200 - B2
4555 AVE G, LANCASTER CA
FRANKLIN FIELD 238 - C5
BRUCEVILLE RD, SACRAMENTO CO CA
FRESNO AIR TERMINAL 264 - C4
5175 E CLINTON AV, FRESNO CA
FRESNO CHANDLER DOWNTOWN 343 - A8
W AMADOR ST & S THORNE AV, FRESNO CA
FROGTOWN 175 - C2
HWY 49 & HWY 4, CALAVERAS CO CA
FULLERTON MUNICIPAL 361 - F1
4011 W COMMONWEALTH AV, FULLERTON CA
GANSNER 164 - B2
OFF HWY 70, PLUMAS CO CA
GILLESPIE FIELD 294 - B6
1960 JOE CROSSON DR, EL CAJON CA
GOLD BEACH MUNICIPAL 148 - A1
AIRPORT WY, GOLD BEACH OR
HALF MOON BAY 249 - B6
CABRILLO HWY, SAN MATEO CO CA
HANFORD MUNICIPAL 190 - C1
954 E HANFORD-ARMONA RD, HANFORD CA
HAWTHORNE MUNICIPAL 281 - C7
12101 CRENSHAW BLVD, HAWTHORNE CA
HAWTHORNE MUNICIPAL 172 - C3
OFF HWY 95, MINERAL CO NV
HAYWARD AIR TERMINAL 250 - C4
20301 SKYWEST DR, HAYWARD CA
HENDERSON EXECUTIVE 268 - C7
1400 EXECUTIVE AIRPORT DR, HENDERSON NV
HESPERIA 278 - B4
7070 SUMMIT VALLEY RD, HESPERIA CA
HOLLISTER MUNICIPAL 257 - C5
2312 FALLON RD, HOLLISTER CA
HOOPA 156 - C2
HWY 96, HUMBOLDT CO CA
HUMBOLDT COUNTY 219 - C3
AIRPORT RD & US 101, EUREKA CA
IMPERIAL COUNTY 214 - A1
1099 AIRPORT RD, IMPERIAL CO CA
IMPERIAL COUNTY 375 - B1
IMPERIAL HWY, IMPERIAL CA
INDEPENDENCE 183 - B2
FORT INDEPENDENCE RD, INYO CO CA
JOHN WAYNE-ORANGE COUNTY 363 - D4
18601 AIRPORT WY, ORANGE CO CA
JOSEPHINE COUNTY S 149 - A1
1441 BROOKSIDE BLVD, JOSEPHINE CO OR
KERN VALLEY 192 - A2
10649 SIERRA WY, KERN CO CA
KINGDON AIRPARK 260 - A2
12145 N DEVRIES RD, SAN JOAQUIN CO CA
KLAMATH FALLS INTL 150 - C2
6775 ARNOLD AV, KLAMATH FALLS OR
LAKE COUNTY 152 - A2
OFF STOCK DRIVE RD, LAKE CO OR
LAKE HAVASU CITY 204 - B2
HWY 95 & LONDON BRIDGE, LK HAVASU CITY AZ
LAMPSON 225 - D5
HIGHLAND SPGS RD & ARGONAUT, LAKE CO CA
LAMPSONS 234 - C1
RECLAMATION RD, SUTTER CO CA
LAUGHLIN BULLHEAD CITY INTL 270 - C2
600 HWY 95, BULLHEAD CITY AZ
LINCOLN REGL 235 - D1
1480 FLIGHTLINE DR, LINCOLN CA
LIVERMORE MUNICIPAL 251 - C3
636 TERMINAL CIR, LIVERMORE CA
LODI 238 - D7
23987 N HWY 99, SAN JOAQUIN CO CA
LONE PINE 183 - B3
HWY 395 & HWY 136, LONE PINE CA
LONG BEACH MUNICIPAL 287 - A2
4100 DONALD DOUGLAS DR, LONG BEACH CA
LOS ANGELES INTL 358 - F9
WORLD WY, LOS ANGELES CA
MADERA MUNICIPAL 181 - B2
AVENUE 17 & AIRPORT RD, MADERA CA
MAMMOTH YOSEMITE 177 - C3
OWENS RIVER & AIRPORT RD, MONO CO CA
MARINA MUNICIPAL 258 - D2
RESERVATION RD & IMJIM RD, MARINA CA
MARIN COUNTY GNOSS FIELD 246 - B1
451 AIRPORT RD, MARIN CO CA
MARIPOSA YOSEMITE 176 - B3
HWY 49 & MT MULLION CTO, MARIPOSA CO CA
MATHER 235 - D7
3745 WHITEHEAD ST, SACRAMENTO CO CA
MCBETH 156 - C1
HWY 169, DEL NORTE CO CA
MCCARRAN INTL 346 - D8
5757 WAYNE NEWTON BLVD, PARADISE NV
MCCLELLAN PALOMAR 293 - B1
2198 PALOMAR AIRPORT RD, CARLSBAD CA
MCNAMARA, JACK FIELD 216 - A5
PEBBLE BCH & WASHINGTON, DEL NORTE CO CA
MEAD 159 - C1
OFF HWY 299, MODOC CO CA
MEADOWS FIELD KERN CO NO 1 267 - C3
1401 SKYWAY DR, KERN CO CA
MEFFORD FIELD 266 - B6
RANKIN AVE & TEX DR, TULARE CA
MENDOCINO COUNTY 224 - B6
LITTLE RIV & AIRPORT, MENDOCINO CO CA
MENDOTA MUNICIPAL 181 - A2
AIRPORT BLVD & MARIE ST, MENDOTA CA
MINTER FIELD 267 - A2
201 AVIATION ST, SHAFTER CA
MODESTO CITY-COUNTY 261 - B4
617 AIRPORT WY, MODESTO CA
MONTAGUE 217 - C3
HWY 3 & AIRPORT RD, MONTAGUE CA
MONTEREY PENINSULA 258 - C4
HWY 68 & GARDEN RD, MONTEREY CO CA
MONTGOMERY FIELD 293 - D7
3750 JOHN J MONTGOMERY DR, SAN DIEGO CA
NAPA COUNTY 243 - D7
AIRPORT BLVD, NAPA CO CA
NEEDLES MUNICIPAL 204 - A2
AIRPORT RD & HWY 95, NEEDLES CA
NERVINO 165 - A3
EAST OF BECKWOURTH, PLUMAS CO CA
NEVADA COUNTY 315 - G8
AIRPORT RD, NEVADA CO CA
NEVADA FLYERS 165 - C3
OFF PYRAMID RD, WASHOE CO NV
NORMAN Y MINETA SAN JOSE INTL 333 - B4
1661 AIRPORT BLVD, SANTA CLARA CA
NORTH LAS VEGAS 268 - B3
2730 AIRPORT DR, NORTH LAS VEGAS NV
NUT TREE 244 - D4
301 COUNTY AIRPORT RD, VACAVILLE CA
OAKDALE 261 - D1
8191 LAUGHLIN RD, OAKDALE CA
OAKLAND GENERAL FIELD 331 - B3
1 AIRPORT DR, OAKLAND CA
OAKLAND INTL 331 - A6
1 AIRPORT DR, OAKLAND CA
OCEANSIDE MUNICIPAL 292 - A6
480 AIRPORT RD, OCEANSIDE CA
ONTARIO INTL 283 - D4
2900 E AIRPORT DR, ONTARIO CA
OROVILLE 223 - B7
RICHVALE HWY & YEAGER WY, BUTTE CO CA
PAIVA INTER CITY 181 - C3
S ACADEMY AV & E DINUBA AV, PARLIER CA
PALMDALE 200 - B2
RT-14 ANTELOPE VLY FRWY, PALMDALE CA
PALMDALE INTERIM AIR TERMINAL 200 - B2
20TH ST E, PALMDALE CA
PALM SPRINGS INTL 367 - G5
3400 E TAHQUITZ CYN WY, PALM SPRINGS CA
PASO ROBLES MUNICIPAL 189 - C2
4912 WING WY, PASO ROBLES CA
PEARCE 226 - C7
OLD STATE HWY, CLEARLAKE CA
PEBBLY BEACH AMPHIBIOUS AIR TERMINAL 207 - B3
PEBBLY BEACH RD, AVALON CA
PERRIS VALLEY AND PARACHUTING CTR 289 - B2
2091 GOETZ RD, PERRIS CA
PETALUMA MUNICIPAL 242 - D6
601 SKY RANCH DR, PETALUMA CA
PINEHURST STATE 150 - A2
GREEN SPRINGS HWY, JACKSON CO OR
PLACERVILLE 237 - C4
3501 AIRPORT RD, EL DORADO CO CA
PRUNER 266 - D4
ROAD 188 & AVENUE 248, TULARE CO CA
RAMONA 294 - C2
2450 MONTECITO RD, SAN DIEGO CO CA
RANCHERO 305 - D9
SANTA CLARA AV, BUTTE CO CA
RED BLUFF MUNICIPAL 303 - A9
AIRPORT BLVD & VISTA WY, RED BLUFF CA
REDDING MUNICIPAL 163 - A1
AIRPORT RD & MEADOW VIEW DR, REDDING CA
REDLANDS MUNICIPAL 285 - B3
1755 SESSUMS DR, REDLANDS CA
REEDLEY MUNICIPAL 182 - A3
4557 S FRANKWOOD AV, REEDLEY CA
REID-HILLVIEW 334 - G7
2500 CUNNINGHAM AV, SAN JOSE CA
RENO-STEAD 165 - B3
N OF RENO-STEAD, RENO NV
RENO-TAHOE INTL 312 - B9
1100 SKY WY, RENO NV
RIALTO MUNICIPAL 284 - C2
1554 N LINDEN AV, RIALTO CA
RIVERSIDE MUNICIPAL 284 - B6
6951 FLIGHT RD, RIVERSIDE CA
ROGUE VALLEY INTL-MEDFORD 149 - C2
BIDDLE RD & AIRPORT RD, MEDFORD OR
ROSASCHI AIR PK 172 - A3
OFF HWY 208, LYON CO NV
SACRAMENTO EXECUTIVE 238 - B1
6151 FREEPORT BLVD, SACRAMENTO CA
SACRAMENTO INTL 235 - A4
6900 AIRPORT BLVD, SACRAMENTO CO CA
SALINAS MUNICIPAL 336 - G8
AIRPORT BLVD & MOFFET ST, SALINAS CA
SAN BERNARDINO INTL 285 - A3
2885 E U ST, SAN BERNARDINO CA
SAN CARLOS 250 - A7
BAYSHORE DR, SAN CARLOS CA
SAN DIEGO INTL 373 - B2
3707 N HARBOR DR, SAN DIEGO CA
SAN FRANCISCO INTL 327 - F3
1799 BAYSHORE HWY, SAN MATEO CO CA
SAN LUIS OBISPO 271 - D6
903 AIRPORT DR, SAN LUIS OBISPO CO CA
SANTA BARBARA MUNICIPAL 274 - B7
500 FOWLER RD, SANTA BARBARA CA
SANTA MARIA 272 - C6
3217 TERMINAL DR, SANTA MARIA CA
SANTA MONICA MUNICIPAL 357 - E1
3223 DONALD DOUGLAS LP S, SANTA MONICA CA
SANTA YNEZ 273 - C3
900 AIRPORT RD, SANTA BARBARA CO CA
SEQUOIA 182 - A3
RD 112 & AV 360, TULARE CO CA
SILVER SPRINGS 172 - A1
CALIFORNIA EMIGRANT TR, LYON CO NV
SISKIYOU COUNTY 217 - C3
AIRPORT RD & SHELLEY RD, SISKIYOU CO CA
SKYPARK 255 - D2
HERMON RD & KINGS DR, SCOTTS VALLEY CA
SONOMA COUNTY 242 - B1
2200 AIRPORT BLVD, SONOMA CO CA
SONOMA SKYPARK 243 - B6
21870 8TH ST E, SONOMA CA
SOUTHERN CALIF LOGISTICS 201 - A2
18374 READINESS ST, VICTORVILLE CA
SOUTH LAKE TAHOE 314 - A8
BEECHER AV, SOUTH LAKE TAHOE CA
SPAULDING 159 - C3
THE STRAND, LASSEN CO CA
STOCKTON METROPOLITAN 260 - C5
5000 S AIRPORT WY, SAN JOAQUIN CO CA
STOVEPIPE WELLS 184 - B3
HWY 190 & MOSIAC CANYON, INYO CO CA
SUNSET SKYRANCH 238 - D4
GRANT LINE & BRADSHAW, SACRAMENTO CO CA
SUSANVILLE 164 - C1
N JOHNSTONVILLE DR & DIANE, LASSEN CO CA
SUTTER COUNTY 309 - G7
WILBUR AV & GARDEN HWY, SUTTER CO CA
TAFT-KERN CO NO 2 199 - A1
AIRPORT RD & HWY 119, TAFT CA
TAHOE 171 - B2
AIRPORT RD & JEEWELL RD, EL DORADO CO CA
TEHACHAPI 200 - A1
314 HAYES ST, TEHACHAPI CA
TRONA 193 - A2
TRONA AIRPORT RD, INYO CO CA
TRUCKEE 229 - A7
TRUCKEE AIRPORT RD, NEVADA CO CA
TULELAKE MUNICIPAL 151 - A3
N OF SR 139, NEAR NEWELL, MODOC CO CA
TURLOCK MUNICIPAL 175 - C3
13604 NEWPORT RD, MERCED CO CA
TWENTYNINE PALMS 209 - C1
78569 29 PALMS HWY, SAN BERNARDINO CO CA
UKIAH 308 - E8
S MAIN ST & TALMAGE RD, UKIAH CA
UNION LUMBER COMPANY 307 - A5
OFF N NOYO POINT RD, FORT BRAGG CA
VAN NUYS 281 - A1
16461 SHERMAN WY, LOS ANGELES CA
VISALIA MUNICIPAL 266 - A3
9501 W AIRPORT DR, VISALIA CA
WESTLAKE FARMS 190 - B1
HWY 41 & NEVADA AV, KINGS CO CA
WHITEMAN AIRPARK 277 - B7
12653 OSBORN ST, LOS ANGELES CA
WILLET 190 - B1
W TORNADO AV & S SISKIYOU AV, HURON CA
WILLITS MUNICIPAL 168 - A1
US 101, 3 MI N OF WILLITS, WILLITS CA
WONDER VALLEY 182 - A2
ELWOOD RD & APACHE DR, FRESNO CO CA
YERINGTON MUNICIPAL 172 - B2
NORTH OF HWY 95, LYON CO NV
YOLO COUNTY 234 - B7
AVIATION LN & COUNTY RD 29, YOLO CO CA
YUBA COUNTY 310 - D10
ARBOGA RD & SKYWAY DR, YUBA CO CA
YUCCA VALLEY 209 - B1
AIRWAY & TWTYNNE PALMS, YUCCA VALLEY CA
YUMA INTL 215 - B2
4TH AV, YUMA AZ
ZAMPERINI FIELD 286 - C2
3301 AIRPORT DR, TORRANCE CA

POINTS OF INTEREST

BEACHES, HARBORS & WATER REC 426

FEATURE NAME City State	Page-Grid
BEACHES, HARBORS & WATER REC	
1000 STEPS CO BCH PACIFIC COAST HWY, LAGUNA BEACH CA	365 - G10
ALISO BEACH S COAST HWY, LAGUNA BEACH CA	365 - F9
ANCHOR MARINA 1970 TAYLOR RD, CONTRA COSTA CO CA	174 - C2
ANDERSON RESERVOIR FROST DUNNE AV, SAN JOSE CA	254 - C6
ANN & CHUCKS HARBOR 4230 STONE RD, CONTRA COSTA CO CA	174 - C2
ANTELOPE VALLEY RESERVOIR WEST OF HWY 395, PLUMAS CO CA	164 - C2
ASILOMAR ST BCH SUNSET DR & ARENA AV, PACIFIC GROVE CA	337 - A3
AVALIS BEACH POINT REYES NATL SEASHORE, MARIN CO CA	173 - B1
BAKER BEACH GIBSON & CHAMBERLAIN, SAN FRANCISCO CA	325 - C4
BASS LAKE HWY 41 & BASS VALLEY RD, MADERA CO CA	181 - C1
BAYSIDE DRIVE BEACH BAYSIDE DR, NEWPORT BEACH CA	364 - F9
BEACH 1ST ST, CORONADO CA	373 - D6
BEACON HARBOR 3861 WILLOW RD, CONTRA COSTA CO CA	174 - C2
BEAN HOLLOW ST BCH OFF CABRILLO HWY, SAN MATEO CO CA	252 - A5
BENTLEYS MARINA DUTCH SLOUGH RD, CONTRA COSTA CO CA	174 - C2
BERKELEY MARINA BERKELEY CA	247 - A7
BETHEL HARBOR HARBOR RD, CONTRA COSTA CO CA	174 - C2
BETHEL ISLAND MARINA 440 RIVERVIEW PL, CONTRA COSTA CO CA	174 - C2
BIG BREAK MARINA BIG BREAK RD, OAKLEY CA	248 - D4
BIG SAGE RESERVOIR CROWDER FLAT & BIG SAGE, MODOC CO CA	159 - C1
BLACK BUTTE LAKE 9 MILES WEST OF ORLAND, GLEN C, GLENN CO	163 - A3
BLUE LAKE BLUE LAKE RD & S WARNER RD, LASSEN CO CA	160 - A2
BLUE LAKES HWY 20 & BLUE LAKES RD, LAKE CO CA	225 - C2
BOLSA CHICA ST BCH PACIFIC COAST HWY, HUNTINGTON BEACH CA	287 - C4
BOWMAN LAKE MEADOW LAKE & BOWMN LAKE, NEVADA CO CA	170 - C1
BOYDS HARBOR WILLOW RD, CONTRA COSTA CO CA	174 - C2
BRAZIL BEACH TOMALES BAY, MARIN CO CA	173 - B1
BRIDGEPORT RESERVOIR HWY 395 & HWY 182, MONO CO CA	177 - A1
BUCKS LAKE SOUTHWEST OF QUINCY, PLUMAS CO CA	164 - B3
BULLARDS BAR RESERVOIR SR 49 AND MARYSVILLE RD, YUBA CO CA	170 - B1
BUTTE LAKE FOREST ROUTE 32N21, LASSEN CO CA	164 - A1
BUTT VALLEY RESERVOIR PRATTVILLE BUTTE RES RD, PLUMAS CO CA	164 - B2
CABRILLO BEACH SHOSHONEAN RD, LOS ANGELES CA	286 - D4
CAMANCHE RESERVOIR WEST OF SAN ANDREAS, AMADOR CO CA	175 - B1
CAMP FAR WEST RESERVOIR CAMP FAR WEST RD & MCCOURTNEY, YUBA CO CA	170 - A2
CAPITOLA CITY BEACH GRAND AV, SANTA CRUZ CO CA	256 - A4
CARDIFF ST BCH SOUTH COAST HWY 101, ENCINITAS CA	293 - B3
CARLSBAD ST BCH CARLSBAD BLVD, CARLSBAD CA	293 - A1
CARMEL CITY BEACH DEL MAR & OCEAN, CARMEL BY THE SEA CA	338 - B3
CARMEL RIVER ST BCH CABRILLO HWY & ALLEN RD, MONTEREY CO CA	338 - C6
CAROLS HARBOR 4850 SANDMOUND BLVD, CONTRA COSTA CO CA	174 - C2
CHERRY LAKE 31 MILES E OF TUOLUMNE, TUOLUMNE CO CA	176 - B2
CHILDRENS POOL BEACH COAST BLVD & JENNER ST, SAN DIEGO CA	370 - A6
CHINA BEACH EL CM DEL MAR & 32ND, SAN FRANCISCO CA	325 - B4
CLEAR LAKE HWY 175 & HWY 20, LAKE CO CA	226 - A4
COLLINS LAKE MARYSVILLE & COLLINS LAKE, YUBA CO CA	170 - A1
COLUSA-SACRAMENTO RIVER STATE REC AREA ROBERTS RD & LEVEE ST, COLUSA CO CA	169 - B1
CONVICT LAKE HWY 395 & CONVICT LAKE RD, MONO CO CA	177 - C3
COPCO LAKE COPCO RD, E OF COPCO, SISKIYOU CO CA	150 - A3
CORONA DEL MAR ST BCH OCEAN BLVD & BREAKERS, NEWPORT BEACH CA	288 - A6
CORONADO MUNICIPAL BEACH OCEAN BLVD & MARINA AV, CORONADO CA	373 - C9
COTTONWOOD COVE MARINA COTTONWOOD COVE RD, CLARK CO NV	196 - A3
COWELL BEACH CLIFF DR & BEACH ST, SANTA CRUZ CA	335 - D9
CROWN, ROBERT MEM ST BCH 620 CENTRAL AV, ALAMEDA CA	329 - G10
CRUMP LAKE HOGBACK RD, LAKE CO OR	152 - C2
CUYAMACA RESERVOIR CUYAMACA HWY & SUNRISE, SAN DIEGO CO CA	213 - A1
DELTA MARINA YACHT HARBOR 100 MARINA, RIO VISTA CA	248 - D1
DOCKWEILER ST BCH VIS DEL MAR, LOS ANGELES CA	357 - E9
DOG BEACH W PT LOMA BL & VOLTAIRE ST, SAN DIEGO CA	371 - B9
DOHENY ST BCH 34320 DEL OBISPO ST, DANA POINT CA	291 - A1
DON PEDRO RESERVOIR BONDS FLAT RD & LA GRANGE, TUOLUMNE CO CA	176 - A3
DORRIS RESERVOIR PARKER CREEK RD & US 395, MODOC CO CA	160 - A1
DRAKES BEACH DRAKES BEACH RD, MARIN CO CA	245 - A3
DREWS RESERVOIR KLAMATH FALLS-LAKEVIEW HWY, LAKE CO OR	151 - C2
DRIFTWOOD MARINA BRIDGEHEAD RD, OAKLEY CA	248 - D4
DUNES BEACH HALF MOON BAY ST BCHES, HALF MOON BAY CA	249 - C7
EAGLE LAKE HWY 139 & THE STRAND, LASSEN CO CA	159 - C3
EAST BEACH E CABRILLO BLVD, SANTA BARBARA CA	348 - G7
EL CAPITAN RESERVOIR EL MONTE RD E, SAN DIEGO CO CA	294 - D5
EL CAPITAN ST BCH EL CAMINO REAL, SANTA BARBARA CO CA	273 - C6
EL DORADO BEACH SOUTH LAKE TAHOE CA	314 - B3
EL GRANADA BEACH PILLAR POINT HARBOR, HALF MOON BAY CA	249 - C7
ELLERY LAKE TIOGA PASS RD & ELLERY LK RD, MONO CO CA	177 - A2
ELMAR BEACH HALF MOON BAY ST BCHES, HALF MOON BAY CA	249 - C7
EL MATADOR ST BCH 32100 PACIFIC COAST HWY, MALIBU CA	206 - C1
EL PESCADOR ST BCH 33000 PACIFIC COAST HWY, MALIBU CA	206 - C1
EMBARCADERO COVE MARINAS EMBARCADERO, OAKLAND CA	330 - C7
EMERYVILLE MARINA EMERYVILLE CA	247 - A7
ENGLEBRIGHT RESERVOIR SCOTT FORBES & RICES CROSSING, YUBA CO CA	233 - A1
EUREKA PUB MARINA 1ST ST, EUREKA CA	300 - C1
FLAGSTAFF LAKE FLAGSTAFF LAKE RD, LAKE CO OR	152 - C1
FORTMANN MARINA FORTMANN WY & ALASKA PACKER, ALAMEDA CA	330 - B8
FRANCIS BEACH HALF MOON BAY ST BCHES, HALF MOON BAY CA	252 - A1
FRANKS MARINA 7050 RIVERVIEW DR, CONTRA COSTA CO CA	174 - C2
FRENCHMAN RESERVOIR STATE REC AREA FRENCHMAN LAKE RD, PLUMAS CO CA	165 - A3
FRENCH MEADOWS RESERVOIR SODA SPRINGS RD, PLACER CO CA	171 - A2
GAZOS CREEK ANGLING ACCESS END OF GAZOS CREEK, SAN MATEO CO CA	252 - B6
GEORGIANA SLOUGH FISHING ACCESS ANDRUS ISLAND RD, SACRAMENTO CO CA	238 - A7
GERBER RESERVOIR GERBER RD, KLAMATH CO OR	151 - B2
GOLDEN SHORES MARINA HWY 40 & HWY 95, MOHAVE CO AZ	204 - A2
GOOSE LAKE HWY 395, MODOC CO CA	152 - A3
GRAYWHALE COVE ST BCH CABRILLO HWY, SAN MATEO CO CA	249 - B6
GREGS HARBOR DUTCH SLOUGH RD, CONTRA COSTA CO CA	174 - C2
HALF MOON BAY ST BCHES CABRILLO HWY & MIRADA, HALF MOON BAY CA	252 - A1
HARRIS YACHT HARBOR MC AVOY RD, CONTRA COSTA CO CA	248 - A3
HART LAKE HART MOUNTAIN RD, LAKE CO OR	152 - C1
HASKELLS BEACH EL CAMINO REAL, GOLETA CA	274 - A7
HEARTS DESIRE BEACH EAST OF PIERCE POINT RD, MARIN CO CA	245 - B1
HELL HOLE RESERVOIR EL DORADO NATIONAL FOREST, PLACER CO CA	171 - A2
HEMET RESERVOIR HWY 74 NEAR IDYLLWILD, RIVERSIDE CO CA	209 - A2
HENSLEY LAKE HENSLEY RD & DAULTON RD, MADERA CO CA	181 - B1
HERMOSA BEACH HERMOSA AV & 33RD ST, HERMOSA BEACH CA	286 - B1
HOLLAND RIVERSIDE MARINA HOLLAND TRACT RD, CONTRA COSTA CO CA	174 - C2
HOLLYWOOD BEACH OCEAN DR, VENTURA CO CA	275 - A7
HONEY LAKE OFF HWY 395, LASSEN CO CA	165 - A2
HOT CREEK HWY 395 & OWENS RIVER RD, MONO CO CA	177 - C3
HUNTINGTON LAKE HWY 168 & HUNTINGTON LK RD, FRESNO CO CA	182 - B1
HUNTINGTON ST BCH PACIFIC COAST HWY, HUNTINGTON BEACH CA	287 - D5
INDIAN CREEK RESERVOIR HWY 89 & HWY 88, ALPINE CO CA	171 - C3
INDIAN VALLEY RESERVOIR BARTLETT SPRINGS & BEAR VLY, LAKE CO CA	226 - D3
IRON GATE RESERVOIR & COPCO LAKE N OF LAKE VIEW RD, SISKIYOU CO CA	150 - A3
JACKSON MEADOW RESERVOIR HENNESS PASS & GRANITVILLE, SIERRA CO CA	170 - C1
JENKINSON LAKE SLY PK & MORMON EMIGRANT, EL DORADO CO CA	170 - C3
JUNE LAKE HWY 395 & HWY 158, MONO CO CA	263 - B3
JUNIPER LAKE CHESTER JUNIPER LAKE RD, LASSEN CO CA	222 - D6
KEHOE BAY BEACH POINT REYES NATL SEASHORE, MARIN CO CA	173 - B1
KEHOE BEACH WEST OF PIERCE POINT RD, MARIN CO CA	245 - A1
KELAM BEACH COAST TR, MARIN CO CA	245 - C4
KING HARBOR REDONDO BEACH CA	286 - B1
LA JOLLA SHORES BEACH LA VEREDA, SAN DIEGO CA	370 - C4
LA JOLLA STRAND PK NEPTUNE PL & PALOMAR AV, SAN DIEGO CA	370 - A9
LAKE ABERT LAKEVIEW-BURNS HWY, LAKE CO OR	152 - A1
LAKE ALMANOR HWY 36 & HWY 89, PLUMAS CO CA	164 - B2
LAKE ARROWHEAD HWY 173, SAN BERNARDINO CO CA	278 - D6
LAKE BASIN REC AREA BLAIRSDEN, PLUMAS CO CA	164 - C3
LAKE BRITTON HWY 89 & LK BRITTON RAMP RD, SHASTA CO CA	158 - C2
LAKE CACHUMA SAN MARCOS PASS RD, SANTA BARBARA CO CA	273 - D4
LAKE CAHUILLA CAHUILLA PARK RD, LA QUINTA CA	209 - B2
LAKE CROWLEY HWY 395 & CROWLEY LAKE DAM RD, MONO CO CA	177 - C3
LAKE DAVIS GRIZZLY RD, PLUMAS CO CA	165 - A3
LAKE ELSINORE REC AREA RIVERSIDE DR & LINCOLN, LAKE ELSINORE CA	289 - A4
LAKE HAVASU MARINA HWY 95 & HAVASU LK, SAN BERNARDINO CO CA	204 - B2
LAKE HENSHAW HWY 76 & HWY 79, SAN DIEGO CO CA	209 - A3
LAKE HODGES ROUTE S6, SAN DIEGO CA	293 - D2
LAKE ISABELLA HWY 178 & HWY 155, KERN CO CA	192 - A3
LAKE JENNINGS JENNINGS PK & AMERICAN, SAN DIEGO CO CA	294 - C6
LAKE KAWEAH GENERAL HWY & HORSE CK RD, TULARE CO CA	182 - B3
LAKE MCCLOUD HWY 89 & SODA CREEK RD, SHASTA CO CA	158 - B2
LAKE MCCLURE MERCED FALLS & BANDERILLA, MARIPOSA CO CA	176 - A3
LAKE MCSWAIN HORNITOS RD & MERCED FALLS RD, MARIPOSA CO	176 - A3
LAKE MENDOCINO US 101 & HWY 20, MENDOCINO CO CA	225 - A1
LAKE NACIMIENTO NW OF PASO ROBLES, SAN LUIS OBISPO CO CA	189 - B2
LAKE OROVILLE STATE REC AREA SR 162, E OF OROVILLE, BUTTE CO CA	223 - D6
LAKE PERRIS 17801 LAKE PERRIS DR, RIVERSIDE CO CA	285 - B7
LAKE PERRIS STATE REC AREA 17801 LAKE PERRIS DR, RIVERSIDE CO CA	289 - C1
LAKE SABRINA HWY 168 & S LAKE RD, INYO CO CA	182 - C1
LAKE SHASTINA US 97 & BIG SPRINGS RD, SISKIYOU CO CA	158 - A1
LAKE SISKIYOU NORTH SHORE RD, SISKIYOU CO CA	298 - B9
LAKE SKINNER REC AREA 37701 WARREN RD, RIVERSIDE CO CA	289 - D6
LAKE SPAULDING OFF HWY 20, NEVADA CO CA	170 - C1
LAKE SUCCESS OFF HWY 190, TULARE CO CA	191 - B1
LAKE SUTHERLAND HWY 78 & SUTHERLAND DAM, SAN DIEGO CO CA	294 - D1
LAKE TAHOE PLACER CO CA	231 - B2
LAKE VALLEY RESERVOIR LAKE VALLEY & SIX MILE VLY, PLACER CO CA	170 - C1
LA PIEDRA ST BCH 32700 PACIFIC COAST HWY, MALIBU CA	206 - C1
LAS VEGAS BAY MARINA BOULDER BEACH HWY, CLARK CO NV	269 - B4
LAURITZEN YACHT HARBOR BRIDGEHEAD RD, OAKLEY CA	248 - D4
LEADBETTER BEACH SHORELINE & LOMA ALTA, SANTA BARBARA CA	348 - D9
LEISURE LANDING END OF TAYLOR RD, CONTRA COSTA CO CA	174 - C2
LEUCADIA ST BCH NEPTUNE AV & JUPITER ST, ENCINITAS CA	293 - A2
LEWISTON LAKE TRINITY DAM & POWERHOUSE, TRINITY CO CA	157 - C3
LIGHTHOUSE FIELD ST BCH CLIFF DR & PELTON AV, SANTA CRUZ CA	335 - D9
LIMANTOUR BEACH LIMANTOUR BEACH DR, MARIN CO CA	245 - B3
LINCOLN BEACH E CLIFF DR & 13TH AV, SANTA CRUZ CO CA	335 - G8
LITTLE GRASS VALLEY RES WEST OF GIBSONVILLE, PLUMAS CO CA	164 - B3
LITTLE RIVER ST BCH LITTLE RIVER DR & US 101, HUMBOLDT CO CA	156 - B2
LLOYDS HOLIDAY HARBOR WILBUR AV, CONTRA COSTA CO CA	248 - D4
LONDON, JACK MARINA 54 JACK LONDON SQ, OAKLAND CA	329 - G6
LUNDY LAKE HWY 395 & LUNDY LAKE RD, MONO CO CA	177 - A2
MAIN BEACH BROADWAY & COAST HWY, LAGUNA BEACH CA	365 - B4
MAMMOTH POOL RESERVOIR SIERRA NATIONAL FOREST, FRESNO CO CA	182 - A1
MANCHESTER ST BCH OFF HWY 1, MENDOCINO CO CA	167 - C2
MANDALAY ST BCH GONZALES RD & HARBOR BLVD, OXNARD CA	275 - A6
MANRESA ST BCH OCEANVIEW DR, SANTA CRUZ CO CA	256 - B5
MANZANITA LAKE LASSEN PEAK HWY, SHASTA CO CA	222 - A4
MARINA COVE BEACH W END OF SPINNAKER DR, VENTURA CA	349 - E10
MARINA DEL REY ADMIRALTY & MINDANAO, LOS ANGELES CO CA	357 - F6
MARINE STREET BEACH MARINE ST, SAN DIEGO CA	370 - A8
MARSHALL BEACH EAST OF PIERCE POINT RD, MARIN CO CA	245 - B1
MARTINEZ LAKE HWY 95 & FISHERS LANDING RD, YUMA CO AZ	215 - B1
MARTINEZ YACHT HARBOR TARANTINO DR, MARTINEZ CA	247 - C4
MARTINS BEACH CABRILLO HWY, SAN MATEO CO CA	252 - A2
MC AVOY YACHT HARBOR 780 PORT CHICAGO RD, CONTRA COSTA CO CA	248 - A3
MCCLURES BEACH POINT REYES NATL SEASHORE, MARIN CO CA	173 - B1
MCGRATH ST BCH HARBOR BLVD, OXNARD CA	275 - A6
MEDICINE LAKE LAVA BEDS-MEDICINE LK RD, SISKIYOU CO CA	158 - C1
MILLERTON LAKE MILLERTON RD & SKY DR, FRESNO CO CA	181 - C2
MIRAMAR BEACH HALF MOON BAY ST BCHS, HALF MOON BAY CA	249 - C7
MISSION BEACH PK OCEAN FRONT WK & VENTURA PL, SAN DIEGO CA	371 - A4
MONTARA ST BCH CABRILLO HWY, SAN MATEO CO CA	249 - B6
MOONLIGHT BEACH 4TH ST & B ST, ENCINITAS CA	293 - B2
MORENA RESERVOIR OAK DR & BUCKMAN SPGS RD, SAN DIEGO CO CA	213 - A2
MORENO BEACH VIA DEL LAGO & LK PERRIS, RIVERSIDE CO CA	285 - B7
MORRO ROCK BEACH COLEMAN DR, MORRO BAY CA	271 - A3
MORRO STRAND ST BCH SANDALWOOD AV, MORRO BAY CA	271 - A3
MOSS LANDING ST BCH CABRILLO HWY & JETTY RD, MONTEREY CO CA	256 - C6
MOTHERS BEACH VIA MARINA & PANAY WY, LOS ANGELES CO CA	357 - E6
MUIR BEACH SUNSET WY, MARIN CO CA	246 - B7
NAPLES BEACH HALF MOON BAY ST BCHS, HALF MOON BAY CA	249 - C7
NATURAL BRIDGES ST BCH DELAWARE AV & SWANTON BLVD, SANTA CRUZ CA	335 - A9
NEW BRIDGE MARINA BRIDGEHEAD RD, CONTRA COSTA CO CA	248 - D4
NEW BRIGHTON ST BCH POTBELLY BCH & NEW BRIGHTON, CAPITOLA CA	256 - A3
NEW HOGAN LAKE HOGAN DAM RD, CALAVERAS CO CA	175 - C2
NORTH BEACH W OF SIR FRANCIS DRAKE BLVD, MARIN CO CA	245 - A2
NORTH STAR BEACH NORTH STAR LN, NEWPORT BEACH CA	364 - E6

CRA

INDEX

427 BEACHES, HARBORS & WATER REC
POINTS OF INTEREST
BUILDINGS

FEATURE NAME	City State	Page-Grid
NOYO HARBOR	EAST OF HWY 1 & HWY 20, MENDOCINO CO CA	307 - A8
OCEAN BEACH	GREAT HWY & JUDAH ST, SAN FRANCISCO CA	325 - A9
OCEAN BEACH PK	5121 SARATOGA AV, SAN DIEGO CA	371 - A9
OCEANSIDE CITY BEACH	OCEANSIDE BLVD & PACIFIC ST, OCEANSIDE CA	292 - A7
OTAY RESERVOIR	WUESTE RD, SAN DIEGO CO CA	296 - C3
PACIFIC BEACH PK	OCEAN BLVD & GRAND AV, SAN DIEGO CA	371 - A3
PACIFIC MARINA	FOOT OF SHERMAN ST, ALAMEDA CA	330 - A8
PARADISE BEACH	CARLSON DR, SACRAMENTO CA	320 - E3
PARDEE RESERVOIR	BUENA VISTA RD & STONEY CK, AMADOR CO CA	175 - C1
PEBBLE BEACH	CABRILLO HWY, SAN MATEO CO CA	252 - A5
PEBBLE BEACH	NORTH OF SHALLOW BEACH RD, MARIN CO CA	245 - B1
PERLES BEACH	ANGEL ISLAND, TIBURON CA	246 - C7
PERRIS BEACH	VIA DEL LAGO & LAKE PERRIS STA, RIVERSIDE	285 - B7
PESCADERO ST BCH	END OF PESCADERO CK RD, SAN MATEO CO CA	252 - A5
PETALUMA MARINA	BAYWOOD DR & MARINA AV, PETALUMA CA	242 - D6
PINE FLAT RESERVOIR	TRIMMER SPRINGS RD, FRESNO CO CA	182 - A2
PISMO ST BCH	OFF HIGHWAY 1, SAN LUIS OBISPO CO CA	272 - A1
POINT REYES BEACH	SIR FRANCIS DRAKE BLVD, MARIN CO CA	173 - B2
POMPONIO ST BCH	NEAR POMPONIO CREEK, SAN MATEO CO CA	252 - A4
PORT OF STOCKTON	I-5 & HWY 4, STOCKTON CA	339 - B7
PROSSER CREEK RESERVOIR	I 89 AT PROSSER DAM RD, NEVADA CO CA	229 - A5
PUERCO BEACH	MALIBU RD, MALIBU CA	280 - B4
PYRAMID LAKE	OFF RT 445, WASHOE CO NV	165 - C2
REAGAN BEACH	FRESNO AV & LKVW AV, SOUTH LAKE TAHOE CA	314 - A4
REDONDO CO BCH	S ESPLANADE AV, REDONDO BEACH CA	286 - B2
RED ROCK BEACH	MARIN CO CA	246 - A6
REFUGIO ST BCH	EL CM REAL & REFUGIO, SANTA BARBARA CO CA	273 - C6
RIO DEL MAR ST BCH	BEACH DR, SANTA CRUZ CO CA	256 - B4
ROCK CREEK LAKE	HWY 395 & ROCK CREEK RD, INYO CO CA	177 - C3
RODEO MARINA	FOOT OF PACIFIC AV, CONTRA COSTA CO CA	247 - A3
ROLLINS RESERVOIR	ROLLINS LAKE RD & HWY 174, NEVADA CO CA	233 - D3
ROYAL PALMS CO BCH	WESTERN & PASEO DEL MAR, LOS ANGELES CA	286 - C4
RUSSOS MARINA	3995 WILLOW RD, CONTRA COSTA CO CA	174 - C2
RUTH LAKE	LOWER MAD RIVER RD, TRINITY CO CA	162 - A1
SADDLEBAG LAKE	TIOGA PASS RD & SADDLEBAG LK, MONO CO CA	177 - A2
SALINAS RIVER ST BCH	POTRERO RD & CABRILLO HWY, MONTEREY CO CA	256 - C7
SAMS HARBOR	4776 SANDMOUND BLVD, CONTRA COSTA CO CA	174 - C2
SAN ANTONIO RESERVOIR	WEST OF BRADLEY, MONTEREY CO CA	189 - B2
SAN BUENAVENTURA ST BCH	E HARBOR BLVD & SAN PEDRO ST, VENTURA CA	349 - C6
SAN CLEMENTE ST BCH	AVD DEL PRESIDENTE, SAN CLEMENTE CA	291 - A3
SAND SPRINGS BEACH	ANGEL ISLAND, TIBURON CA	246 - C7
SAN ELIJO ST BCH	S CST HWY 101 & CHESTERFLD, ENCINITAS CA	293 - A3
SAN GREGORIO ST BCH	END OF LA HONDA RD, SAN MATEO CO CA	252 - A3
SAN LEANDRO MARINA	S DIKE ST, SAN LEANDRO CA	331 - F10
SAN ONOFRE ST BCH	OLD HWY 101, SAN DIEGO CO CA	291 - B3
SANTA ANA RIVER MOUTH BEACH	PACIFIC COAST HWY, ORANGE CO CA	287 - D5
SANTA BARBARA SHORES COUNTY PK	HOLLISTER AV & LAS ARMAS RD, GOLETA CA	274 - A7
SANTA CRUZ BEACH	BEACH ST & RIVERSIDE AV, SANTA CRUZ CA	335 - E8
SANTA MARIA BEACH	COAST DR, MARIN CO CA	245 - C4
SANTA MONICA ST BCH	PALISADES BEACH RD, SANTA MONICA CA	357 - A3
SAN VICENTE RESERVOIR	MORENO AV, SAN DIEGO CO CA	294 - C5
SCHOONER GULCH ST BCH	OFF HWY 1, MENDOCINO CO CA	167 - C2
SCOTTS FLAT RESERVOIR	SCOTTS FLAT RD & HWY 20, NEVADA CO CA	170 - B1
SCULPTURED BEACH	COAST DR, MARIN CO CA	245 - C5
SEABRIGHT BEACH	CLIFF DR & 4TH AV, SANTA CRUZ CA	335 - F8
SEACLIFF ST BCH	LAS OLAS DR & ST PK DR, SANTA CRUZ CO CA	256 - A4
SEA HORSE MARINA	2738 DUTCH SLOUGH RD, CONTRA COSTA CO CA	174 - C2
SEAL ROCKS BEACH	EL CAMINO DEL MAR, SAN FRANCISCO CA	325 - A5
SHALLOW BEACH	SHALLOW BEACH RD, MARIN CO CA	245 - B1
SHASTA LAKE	OFF I-5 NORTH OF REDDING, SHASTA CO CA	220 - B3
SHAVER LAKE	HWY 168 & HUNTINGTON LK RD, FRESNO CO CA	182 - A1
SHELL BEACH	COAST BLVD & GIRARD AV, SAN DIEGO CA	370 - A6
SHELL BEACH	NORTH OF CAMINO DEL MAR, MARIN CO CA	245 - B2
SILVER STRAND BEACH	SAN NICOLAS AV & OCEAN DR, VENTURA CO CA	275 - A7
SILVER STRAND ST BCH	SILVER STRAND BLVD, CORONADO CA	295 - D4
SKI RUN BEACH	SOUTH LAKE TAHOE CA	314 - D3
SONOMA COAST ST BCH	COAST HWY, SONOMA CO CA	173 - B1
SOUTH BEACH	AVD DEL SOL, CORONADO CA	373 - C9
SOUTH BEACH	W OF SIR FRANCES DRAKE BLVD, MARIN CO CA	245 - A3
SOUTH CARLSBAD ST BCH	7201 CARLSBAD BLVD, CARLSBAD CA	293 - A1
SOUTH CASA BEACH	COAST BLVD, SAN DIEGO CA	370 - A6
SOUTH LAKE	HWY 168 & S LAKE RD, INYO CO CA	182 - C1
STATELINE MARINA & BEACH	SOUTH LAKE TAHOE CA	314 - E1
STONY GORGE RESERVOIR	S OF ELK CREEK OFF ROAD 306, GLENN CO CA	163 - A3
SUGAR BARGE MARINA	SUGAR BARGE RD, CONTRA COSTA CO CA	174 - C2
SUGAR PINE RESERVOIR	BIG DIPPER & FINNING MILL, PLACER CO CA	170 - C2
SUNSET ST BCH	DAIRY RD & SHELL DR, SANTA CRUZ CO CA	256 - B6
SUNSHINE BEACH	WEST OF ESTERO TR, MARIN CO CA	245 - A3
SWAMIS BEACH	3RD ST & W K ST, ENCINITAS CA	293 - B3
TEACHERS BEACH	CAMINO DEL MAR, MARIN CO CA	245 - B2
THORNTON ST BCH	SKYLINE BL & THORNTON, SAN MATEO CO CA	249 - B3
TIMBER COVE BEACH	SOUTH LAKE TAHOE CA	314 - D3
TIOGA LAKE	HWY 120 & JUNCTION CAMPGROUND, MONO CO CA	177 - A2
TORREY PINES CITY BEACH	TORREY PINES SCENIC DR, SAN DIEGO CA	370 - D1
TOURMALINE SURFING PK	CHELSEA ST & CRYSTAL DR, SAN DIEGO CA	293 - B7
TRINIDAD ST BCH	STAGECOACH & ANDERSON LN, HUMBOLDT CO CA	156 - B2
TRINITY LAKE	HWY 3 & HWY 299, TRINITY CO CA	157 - C3
TULLOCH RESERVOIR	TULLOCH & OBYRNES FERRY, CALAVERAS CO CA	175 - C2
TWIN LAKES	HWY 395 & TWIN LAKES RD, MONO CO CA	177 - A1
TWIN LAKES ST BCH	CLIFF DR & 5TH AV, SANTA CRUZ CO CA	335 - G8
UNION POINT MARINA	EMBARCADERO, OAKLAND CA	330 - D8
VENICE BEACH	HALF MOON BAY ST BCHS, HALF MOON BAY CA	249 - C7
VENICE CITY BEACH	OCEAN FRONT WALK, LOS ANGELES CA	357 - D6
VIKING HARBOR	DUTCH SLOUGH RD, CONTRA COSTA CO CA	174 - C2
VIRGINIA LAKES	HWY 395 & VIRGINIA LAKES RD, MONO CO CA	177 - A2
WEST BEACH	W CABRILLO BLVD, SANTA BARBARA CA	348 - E8
WEST VALLEY RESERVOIR	WEST VALLEY RD & JESS VALLEY, MODOC CO CA	160 - A2
WHISKEYTOWN LAKE	S OF HWY 299 W OF REDDING, SHASTA CO CA	158 - A3
WHISPERING SANDS BEACH	COAST BLVD, SAN DIEGO CA	370 - A7
WILD AND SCENIC FEATHER RIVER	MIDDLE FORK FEATHER RIVER, PLUMAS CO CA	164 - B3
WILL ROGERS ST BCH	PACIFIC COAST HWY, LOS ANGELES CA	281 - A4
WINDANSEA BEACH	NEPTUNE PL & FERN GN, SAN DIEGO CA	370 - A8
WIPEOUT BEACH	COAST BLVD, SAN DIEGO CA	370 - A6
WOODLEY ISLAND MARINA	WOODLEY ISLAND, EUREKA CA	300 - D1
WOODS YACHT HARBOR	3307 WELLS RD, CONTRA COSTA CO CA	174 - C2
WOODWARD RESERVOIR	TWENTY-SIX MILE & DODDS, STANISLAUS CO CA	175 - B2
ZMUDOWSKI ST BCH	GIBERSON RD & STRUVE RD, MONTEREY CO CA	256 - C6

BUILDINGS

FEATURE NAME	City State	Page-Grid
1 AMERICA PLAZA	600 W BROADWAY, SAN DIEGO CA	373 - D4
1 HARRISON STREET	1 HARRISON ST, SAN FRANCISCO CA	326 - G4
10 UNIVERSAL CITY PLAZA	10 UNIVERSAL CITY PZ, LOS ANGELES CA	351 - B3
49 STEVENSON ST	49 STEVENSON ST, SAN FRANCISCO CA	326 - E5
50 FREMONT STREET	50 FREMONT ST, SAN FRANCISCO CA	326 - F4
55 HAWTHORNE ST	55 HAWTHORNE ST, SAN FRANCISCO CA	326 - F5
60 SPEAR ST	60 SPEAR ST, SAN FRANCISCO CA	326 - F4
71 STEVENSON ST	71 STEVENSON ST, SAN FRANCISCO CA	326 - E5
75 HAWTHORNE ST PLAZA	75 HAWTHORNE ST PZ, SAN FRANCISCO CA	326 - F5
90 NEW MONTGOMERY	90 NEW MONTGOMERY ST, SAN FRANCISCO CA	326 - F5
100 CALIFORNIA ST	100 CALIFORNIA ST, SAN FRANCISCO CA	326 - F4
100 FIRST PLAZA	100 1ST ST, SAN FRANCISCO CA	326 - F4
100 PINE ST	100 PINE ST, SAN FRANCISCO CA	326 - F4
101 CALIFORNIA ST	101 CALIFORNIA ST, SAN FRANCISCO CA	326 - F4
120 MONTGOMERY STREET	120 MONTGOMERY ST, SAN FRANCISCO CA	326 - F4
123 MISSION ST	123 MISSION ST, SAN FRANCISCO CA	326 - F4
160 SPEAR ST	160 SPEAR ST, SAN FRANCISCO CA	326 - F4
201 CALIFORNIA ST	201 CALIFORNIA ST, SAN FRANCISCO CA	326 - F4
221 MAIN ST	221 MAIN ST, SAN FRANCISCO CA	326 - G4
301 HOWARD ST	301 HOWARD ST, SAN FRANCISCO CA	326 - G4
333 BUSH ST	333 BUSH ST, SAN FRANCISCO CA	326 - E4
333 MARKET ST	333 MARKET ST, SAN FRANCISCO CA	326 - F4
343 SANSOME	343 SANSOME ST, SAN FRANCISCO CA	326 - F4
353 SACRAMENTO ST	353 SACRAMENTO ST, SAN FRANCISCO CA	326 - F4
388 MARKET ST	388 MARKET ST, SAN FRANCISCO CA	326 - F4
425 MARKET STREET	425 MARKET ST, SAN FRANCISCO CA	326 - F4
455 MARKET ST	455 MARKET ST, SAN FRANCISCO CA	326 - F4
475 SANSOME ST	475 SANSOME ST, SAN FRANCISCO CA	326 - F4
505 MONTGOMERY ST	505 MONTGOMERY ST, SAN FRANCISCO CA	326 - E4
580 CALIFORNIA ST	580 CALIFORNIA ST, SAN FRANCISCO CA	326 - E4
595 MARKET ST	595 MARKET ST, SAN FRANCISCO CA	326 - E5
601 MONTGOMERY ST	601 MONTGOMERY ST, SAN FRANCISCO CA	326 - E4
605 MARKET STREET	605 MARKET ST, SAN FRANCISCO CA	326 - E5
650 CALIFORNIA ST	650 CALIFORNIA ST, SAN FRANCISCO CA	326 - E4
660 MARKET ST	660 MARKET ST, SAN FRANCISCO CA	326 - E5
777 TOWER/CITICORP	777 S FIGUEROA ST, LOS ANGELES CA	355 - G5
ABC	900 FRONT ST, SAN FRANCISCO CA	326 - F3
ABC ENTERTAINMENT CTR	2040 AV OF THE STARS, LOS ANGELES CA	354 - C8
ADAM GRANT	114 SANSOME ST, SAN FRANCISCO CA	326 - F4
ADMIN BLDG FOR VEHICULAR INSPECTION	FERMI DR & MARCONI DR, SAN DIEGO CO CA	296 - C5
ADMIN	ALONDRA BLVD & S KEMP ST, COMPTON CA	281 - D7
ADMIN BLDG	GRIFFITH PARK, LOS ANGELES CA	352 - D2
ADMIN BLDG	SANTA ANITA AV, EL MONTE CA	282 - C3
AEOLIAN YACHT CLUB	FERNSIDE BLVD, ALAMEDA CA	331 - A2
AEROFLOT AIRLINES	291 GEARY ST, SAN FRANCISCO CA	326 - E5
AIR FRANCE AIRLINES	360 POST ST, SAN FRANCISCO CA	326 - E4
AMERICAN AIRLINES	51 OFARREL ST, SAN FRANCISCO CA	326 - E5
AMERICAN SAVINGS	MARKET & KEARNY STS, SAN FRANCISCO CA	326 - E5
ANNENBURG CTR FOR HEALTH SCIENCES	39000 BOB HOPE DR, RANCHO MIRAGE CA	290 - C5
ANZA CORPORATE CTR	433 AIRPORT BLVD, BURLINGAME CA	249 - D5
ARCO PLAZA	515 S FLOWER ST, LOS ANGELES CA	355 - G5
ASHFORD JUNCTION	JUBILEE PASS RD, INYO CO CA	193 - C2
ASSOC FOR RETARDED CITIZENS-VENTURA CO	1183 CL SUERTE, CAMARILLO CA	275 - D6
AT&T	795 FOLSOM ST, SAN FRANCISCO CA	326 - F5
AT&T CTR	611 W 6TH ST, LOS ANGELES CA	355 - G5
BANKERS INVESTMENT	742 MARKET ST, SAN FRANCISCO CA	326 - E5
BANK OF AMERICA BLDG	1200 BROADWAY, OAKLAND CA	330 - A4
BANK OF AMERICA BLDG	1500 PARK ST, ALAMEDA CA	330 - D10
BANK OF AMERICA BLDG	2129 SHATTUCK AV, BERKELEY CA	328 - B6
BANK OF AMERICA DATA CTR	1000 W TEMPLE ST, LOS ANGELES CA	356 - A3
BANK OF AMERICA TOWER	555 FLOWER ST, LOS ANGELES CA	355 - G5
BANK OF CALIFORNIA COMPUTER CTR	640 BATTERY ST, SAN FRANCISCO CA	326 - F3
BANK OF CANTON	555 MONTGOMERY ST, SAN FRANCISCO CA	326 - E4
BANK OF SAN FRANCISCO	550 MONTGOMERY ST, SAN FRANCISCO CA	326 - E4
BAY MEADOWS RACETRACK	2600 S DELAWARE ST, SAN MATEO CA	250 - A6
BAYSIDE PLAZA	188 THE EMBARCADERO ST, SAN FRANCISCO CA	326 - G5
BERKELEY YACHT CLUB	1 SEAWALL DR, BERKELEY CA	247 - A7
BEVATRON BLDG	2200 UNIVERSITY AV, BERKELEY CA	328 - C5
BIG BEAR CITY TERMINAL	BIG TREE & VLY BL, SAN BERNARDINO CO CA	279 - D6
BIXEL BLDG	1055 WILSHIRE BLVD, LOS ANGELES CA	355 - F5
BLUE CROSS BLDG	1950 FRANKLIN ST, OAKLAND CA	330 - A4
BOEING COMPANY, THE	5301 BOLSA AV, HUNTINGTON BEACH CA	287 - C3
BOEING CORP	3369 CHERRY AV, LONG BEACH CA	287 - A2
BOEING CORP	4060 N LAKEWOOD BLVD, LONG BEACH CA	287 - B1
BOEING N AMERICAN AIRCRAFT ASSEMBLY	RT-14 ANTELOPE VLY FRWY, PALMDALE CA	200 - B2
BOEING NORTH AMERICAN INC	2600 WESTMINSTER AV, SEAL BEACH CA	287 - B3
BOEING SPACE SYSTEMS	12214 LAKEWOOD BLVD, DOWNEY CA	282 - B7
BONITA DIST ADMIN O	115 W ALLEN AV, SAN DIMAS CA	283 - B2
BOTANICAL BLDG	OLD GLOBE WY, SAN DIEGO CA	373 - G2
BOYS CLUB	450 S SUNRISE WY, PALM SPRINGS CA	367 - E6
BOY SCOUTS COUNTY HEADQUARTERS	509 E DAILY DR, CAMARILLO CA	275 - D6
BRADBURY BLDG	304 S BROADWAY, LOS ANGELES CA	356 - A5
BRAILLE INSTITUTE	741 N VERMONT AV, LOS ANGELES CA	352 - C10
BRITISH AIRWAYS	51 OFARRELL ST, SAN FRANCISCO CA	326 - E5
BROOKS BROTHERS	209 POST ST, SAN FRANCISCO CA	326 - E4
BUILDERS EXCHANGE	850 S VAN NESS AV, SAN FRANCISCO CA	326 - C5
CABOT, CABOT & FORBES BLDG	COLUMBIA ST & C ST, SAN DIEGO CA	373 - E4
CASA DEL PRADO	1800 EL PRADO, SAN DIEGO CA	373 - G2
CEMENT PLANT	PERMANENTE RD, SANTA CLARA CO CA	253 - A4
CTR FOR INDIVIDUALS WITH DISABILITIES	5TH ST & COOLEY ST, SAN BERNARDINO CO CA	368 - G3
CENTERSIDE BLDG	CAMINO DEL RIO N, SAN DIEGO CA	295 - D1
CENTRAL TOWER	703 MARKET ST, SAN FRANCISCO CA	326 - F4
CENTRE SYCAMORE PLAZA, THE	5000 CLARK AV, LAKEWOOD CA	287 - B1
CENTRUM III	300 ORACLE PKWY, REDWOOD CITY CA	250 - A6
CERRITOS CORPORATE YARD	166TH ST & MARQUARDT AV, CERRITOS CA	282 - C7
CHEVRON	225 BUSH ST, SAN FRANCISCO CA	326 - E4
CHINA AIRLINES	391 STOCKTON ST, SAN FRANCISCO CA	326 - E4
CHRONICLE	5TH ST & MISSION ST, SAN FRANCISCO CA	326 - E5

CRA

INDEX

© 2003 Thomas Bros. Maps ®

BUILDINGS

POINTS OF INTEREST

BUILDINGS 428

FEATURE NAME	City State	Page-Grid
CITICORP	180 GRAND AV, OAKLAND CA	330 - B4
CITICORP CTR	1 SANSOME ST, SAN FRANCISCO CA	326 - F4
CITICORP CTR	725 S FIGUEROA ST, LOS ANGELES CA	355 - F5
CITY CTR	14TH ST & BROADWAY, OAKLAND CA	330 - A5
CITY NATL BANK	606 S OLIVE ST, LOS ANGELES CA	355 - G5
CITY WATER TREATMENT PLANT	RANDELL DR, FOLSOM CA	236 - B5
CLAIREMONT TOWER	BALBOA AV & MT EVEREST BLVD, SAN DIEGO CA	293 - C7
CLAREMONT CUSTODY FACILITY	FRESNO CO CA	190 - A1
CLOROX BLDG	1221 BROADWAY, OAKLAND CA	330 - A5
COAST SAVINGS BLDG	315 W 9TH ST, LOS ANGELES CA	355 - G6
COMMERCIAL	833 MARKET ST, SAN FRANCISCO CA	326 - E5
COMMUTER TERMINAL	LINDBRGH DR & ERHRT DR, SACRAMENTO CO CA	235 - A5
CONCORD POLICE ACADEMY	5060 AVILA RD, CONTRA COSTA CO CA	248 - A4
CONTINENTAL AIRLINES	433 CALIFORNIA ST, SAN FRANCISCO CA	326 - F4
CONTRA COSTA COUNTY FINANCE BLDG	COURT ST & MAIN ST, MARTINEZ CA	247 - C4
CONV PLAZA	201 3RD ST, SAN FRANCISCO CA	326 - F5
COOPER-T SMITH STEVEDORING COMPANY	1480 PIER F AV, LONG BEACH CA	360 - A10
COURT HOUSE SQUARE	1000 4TH ST, SAN RAFAEL CA	324 - E7
CROSS ROADS OF THE WORLD	6671 W SUNSET BLVD, LOS ANGELES CA	351 - E8
CRYSTAL LAKE WATER AGENCY	SANTA CLARITA CA	277 - A4
DEL AMO FINANCIAL CTR	21515 HAWTHORNE BLVD, TORRANCE CA	286 - C1
DELTA AIRLINES	250 STOCKTON ST, SAN FRANCISCO CA	326 - E5
DEPARTMENT OF ANIMAL SERVICES	651 PINOLE SHORES DR, PINOLE CA	247 - A4
DIVERSIFIED FINANCIAL CENTRE	1299 4TH ST, SAN RAFAEL CA	324 - D7
E B CTR FOR BLIND	3834 OPAL ST, OAKLAND CA	330 - B2
ECKER SQUARE	25 ECKER ST, SAN FRANCISCO CA	326 - F4
EDUCATIONAL CTR	E TULARE AV & N ST, FRESNO CA	343 - E8
EIGHT THIRTY MARKET	830 MARKET ST, SAN FRANCISCO CA	326 - E5
ELKS LODGE	1059 WILMINGTON WY, REDWOOD CITY CA	252 - C1
EMBARCADERO CTR W	275 BATTERY ST, SAN FRANCISCO CA	326 - F4
EMERALD PLAZA	402 W BROADWAY, SAN DIEGO CA	373 - E4
ENCINAL YACHT CLUB	PACIFIC MARINA, ALAMEDA CA	330 - B8
ENVIRONMENTAL CTR	2581 HARBOR ST, PITTSBURG CA	248 - B4
ENVIRONMENTAL MANAGEMENT CTR	FLOWER ST & GRAND CENTRAL AV, GLENDALE CA	281 - D2
EXCHANGE BLOCK	369 PINE ST, SAN FRANCISCO CA	326 - F4
EXECUTIVE TERMINAL	BURBANK-GLENDALE-PSDNA AIRP, BURBANK CA	350 - B4
FAIRPLEX	1101 W MCKINLEY AV, POMONA CA	283 - B3
FASHION INSTITUTE	55 STOCKTON ST, SAN FRANCISCO CA	326 - E5
FASHION INSTITUTE OF DESIGN & MERCH	919 S GRAND AV, LOS ANGELES CA	355 - G6
FEDERAL BLDG	450 GOLDEN GATE AV, SAN FRANCISCO CA	326 - D5
FEDERAL HOME LOAN BANK	600 CALIFORNIA ST, SAN FRANCISCO CA	326 - E4
FEDERAL RESERVE BANK	101 MARKET ST, SAN FRANCISCO CA	326 - F4
FERRY BLDG	EMBARCADERO & WSHINGTN, SAN FRANCISCO CA	326 - F3
FIFTEEN CALIFORNIA ST	15 CALIFORNIA ST, SAN FRANCISCO CA	326 - F4
FIFTY HAWTHORNE	50 HAWTHORNE ST, SAN FRANCISCO CA	326 - F5
FILBERT LANDING	201 FILBERT ST, SAN FRANCISCO CA	326 - E3
FINANCIAL CTR BLDG	405 14TH ST, OAKLAND CA	330 - A5
FIRST INTERSTATE CTR	BATTERY ST & PINE ST, SAN FRANCISCO CA	326 - F4
FIRST INTERSTATE WORLD CTR	633 W 5TH ST, LOS ANGELES CA	355 - G5
FIRST MARKET TOWER	525 MARKET ST, SAN FRANCISCO CA	326 - E4
FIRST NATL BANK BLDG	401 A ST W, SAN DIEGO CA	373 - E4
FIVE FREMONT CTR	5 MISSION ST & FREMONT, SAN FRANCISCO CA	326 - F4
FLATIRON	1 SUTTER ST, SAN FRANCISCO CA	326 - F4
FLINT CTR	21250 STEVENS CREEK BLVD, CUPERTINO CA	253 - B4
FLOOD	870 MARKET ST, SAN FRANCISCO CA	326 - E5
FOLGER	101 HOWARD ST, SAN FRANCISCO CA	326 - G4
FORTY FOUR MONTGOMERY	44 MONTGOMRERY ST, SAN FRANCISCO CA	326 - F4
FOUR EMBARCADERO CTR	EMBARCADERO CTR, SAN FRANCISCO CA	326 - G4
FOUR SEVENTEEN MONTGOMERY	417 MONTGOMERY ST, SAN FRANCISCO CA	326 - E4
FOURTEEN NINETY-NINE BLDG	1499 BAYSHORE HWY, BURLINGAME CA	249 - D5
FOX PLAZA	1390 MARKET ST, SAN FRANCISCO CA	326 - D6
FRANKLIN BLDG	1624 FRANKLIN ST, OAKLAND CA	330 - A5
FREEMONT FOREST PRODUCTS	PIER T AV, LONG BEACH CA	287 - A3
FREMONT CTR	215 FREMONT ST, SAN FRANCISCO CA	326 - F4
GALLERIA DESIGN CTR	101 HENRY ADAMS ST, SAN FRANCISCO CA	326 - E7
GATEWAY, THE	651 GATEWAY BLVD, SOUTH SAN FRANCISCO CA	249 - D4
GENERAL ATOMICS FACILITY	3550 GENERAL ATOMICS CT, SAN DIEGO CA	293 - C5
GENERAL AVIATION	LEAR DR, SACRAMENTO CO CA	235 - A5
GOLDEN GATE	25 TAYLOR ST, SAN FRANCISCO CA	326 - E5
GOLDEN GATE LARKSPUR FERRY TERMINAL	E SIR FRANCIS DRAKE BLVD, LARKSPUR CA	246 - B5
GOLDEN GATE UNIV	550 MISSION ST, SAN FRANCISCO CA	326 - F4
GOLDEN GATEWAY CTR	460 DAVIS ST, SAN FRANCISCO CA	326 - F3
GRAND FINANCIAL PLAZA	W 8TH ST & GRAND AV, LOS ANGELES CA	355 - G6
GRANT	1095 MARKET ST, SAN FRANCISCO CA	326 - D6
GREAT WESTERN BANK	425 CALIFORNIA ST, SAN FRANCISCO CA	326 - F4
GREAT WESTERN SAVINGS BLDG	1700 BROADWAY, OAKLAND CA	330 - A4
GUNST, ELKAN	323 GEARY ST, SAN FRANCISCO CA	326 - E5
GUZZARDO	836 MONTGOMERY ST, SAN FRANCISCO CA	326 - E3
HALL OF NATIONS	PAN AMERICAN RD W, SAN DIEGO CA	373 - F2
HARBOR STEAM PLANT	A ST & FRIES AV, LOS ANGELES CA	286 - D3
HARMON GYMNASIUM	2200 UNIVERSITY AV, BERKELEY CA	328 - B6
HARRISON BLDG	1800 HARRISON ST, OAKLAND CA	330 - B5
HASS	1255 SANSOME ST, SAN FRANCISCO CA	326 - E2
HEARST	669 MARKET ST, SAN FRANCISCO CA	326 - F4
HERSHEY CHOCOLATE COMPANY	120 S SIERRA AV, OAKDALE CA	261 - D1
HILLCREST JUVENILE HOME	TOWER RD, SAN MATEO CO CA	249 - D7
HILLS PLAZA 1	345 SPEAR ST, SAN FRANCISCO CA	326 - G4
HILLS PLAZA 2	1 HARRISON ST, SAN FRANCISCO CA	326 - G4
HOBART	582 MARKET ST, SAN FRANCISCO CA	326 - F4
HONG KONG BANK	160 SANSOME ST, SAN FRANCISCO CA	326 - F4
HOUSE OF HOSPITY	1549 EL PRADO, SAN DIEGO CA	373 - G2
HUMBOLDT BANK	785 MARKET ST, SAN FRANCISCO CA	326 - E5
HUTTON CENTRE	HUTTON CENTRE DR, SANTA ANA CA	363 - D1
IBM RESEARCH LABORATORY	LOOP DR, SAN JOSE CA	254 - A6
IBM TOWER	355 S GRAND AV, LOS ANGELES CA	355 - G5
IMPERIAL IRRIGATION DIST SUBSTATION	58TH AV & MONROE ST, LA QUINTA CA	209 - B2
INDUSTRIAL INDEMNITY	255 CALIFORNIA ST, SAN FRANCISCO CA	326 - F4
INSURANCE BLDG	1404 FRANKLIN ST, OAKLAND CA	330 - A5
INSURANCE EXCHANGE	433 CALIFORNIA ST, SAN FRANCISCO CA	326 - E4
INTERNAL REVENUE SERVICE	W OAKEY & S DECATUR, LAS VEGAS NV	268 - B4
INTERNATL FOREST	601 CALIFORNIA ST, SAN FRANCISCO CA	326 - E4
INTL HOUSE	2200 UNIVERSITY AV, BERKELEY CA	328 - C6
INTL TOWER	888 S FIGUEROA ST, LOS ANGELES CA	355 - G5
INTL TRADE AND TRANSPORTATION	2 FANUCCHI WY E, SHAFTER CA	267 - A3
IOOF HOME	SAN MARCOS RD, SARATOGA CA	253 - B5
IRVINE RANCH WATER TREATMENT PLANT	MICHELSON DR, IRVINE CA	363 - G6
ISLAND YACHT CLUB	1853 CLEMENT AV, ALAMEDA CA	330 - C9
JAPAN AIRLINES	POWELL ST & OFARRELL ST, SAN FRANCISCO CA	326 - E5
JOHN BURNHAM BLDG	1420 INDIA ST, SAN DIEGO CA	373 - D3
JURUPA COMM CTR	4810 PEDLEY RD, RIVERSIDE CO CA	284 - B5
KAISER CTR	300 LAKESIDE DR, OAKLAND CA	330 - B4
KAISER PERMENENTE HOSP	1600 EUREKA RD, ROSEVILLE CA	236 - A4
KIMMEL, SIDNEY CANCER CTR	3099 SCIENCE PARK RD, SAN DIEGO CA	293 - B5
KINGS DAUGHTERS HOME	BROADWAY, OAKLAND CA	330 - B2
KOHL	400 MONTGOMERY ST, SAN FRANCISCO CA	326 - E4
KOLL BLDG	501 W BROADWAY, SAN DIEGO CA	373 - D4
KOREAN AIR	251 POST ST, SAN FRANCISCO CA	326 - E4
KOSHLAND	1160 BATTERY ST, SAN FRANCISCO CA	326 - F2
KPIX	855 BATTERY ST, SAN FRANCISCO CA	326 - F3
KRESS	939 MARKET ST, SAN FRANCISCO CA	326 - E5
LA JOLLA CANCER RESEARCH FND	N TORREY PINES RD, SAN DIEGO CA	293 - B5
LA JOLLA GATEWAY	9191 TOWNE CENTRE DR, SAN DIEGO CA	293 - C6
LAKE MERRITT PLAZA	1999 HARRISON AV, OAKLAND CA	330 - A4
LEROY HAYNES CTR	233 BASE LINE RD, LOS ANGELES CO CA	283 - B2
LEVI STRAUSS	1155 BATTERY ST, SAN FRANCISCO CA	326 - F2
LOCKHEED ADVANCED DEVELOPMENT COMPANY	1011 LOCKHEED WY, PALMDALE CA	200 - B2
LOS ANGELES FLOWER MART	W 8TH ST & WALL ST, LOS ANGELES CA	356 - A6
LOS ANGELES MART, THE	S BROADWAY & W WASHINGTON, LOS ANGELES CA	355 - F8
LOS ANGELES POLICE ACADEMY	ACADEMY RD, LOS ANGELES CA	356 - B1
LOUIS RUBIDOUX NATURE CTR	5370 RIVERVIEW DR, RIVERSIDE CO CA	284 - C5
LUFTHANSA	240 STOCKTON ST, SAN FRANCISCO CA	326 - E5
MAIL FACILITY	OLD BAYSHORE HWY, SAN MATEO CO CA	327 - D4
MAIL FACILITY	W CARGO RD, SAN MATEO CO CA	327 - E4
MAPLES PAVILION	CAMPUS DR, SANTA CLARA CO CA	332 - C7
MARATHON PLAZA	303 2ND ST, SAN FRANCISCO CA	326 - F5
MARINA COAST WATER DIST	11 RESERVATION RD, MARINA CA	258 - C2
MARINE FIREMANS UNION	240 2ND ST, SAN FRANCISCO CA	326 - F5
MARITIME ADMIN	211 MAIN ST, SAN FRANCISCO CA	326 - F4
MARITIME COMMISSION	525 MARKET ST, SAN FRANCISCO CA	326 - F4
MASONIC HOME FOR ADULTS	34400 MISSION BLVD, UNION CITY CA	250 - D5
MATHEWS, MERTLE BLDG	4301 E 14TH ST, SAN LEANDRO CA	250 - C3
MCMULLEN BLDG	1305 FRANKLIN ST, OAKLAND CA	330 - A5
MECHANICS INSTITUTE	57 POST ST, SAN FRANCISCO CA	326 - E4
MEDICO/DENTAL	490 POST ST, SAN FRANCISCO CA	326 - E5
MEM BLDG	BANCROFT AV & CALLAN AV, SAN LEANDRO CA	250 - C2
MERCANTILE CTR	706 MISSION ST, SAN FRANCISCO CA	326 - E5
MERCHANTS EXCHANGE	465 CALIFORNIA ST, SAN FRANCISCO CA	326 - E4
MEXICANA AIRLINES	421 POWELL ST, SAN FRANCISCO CA	326 - E5
MILLS BLDG & TOWER	220 MONTGOMERY ST, SAN FRANCISCO CA	326 - F4
MIRA LOMA SPACE CTR	3401 ETIWANDA AV, RIVERSIDE CO CA	284 - A4
MONADNOCK	685 MARKET ST, SAN FRANCISCO CA	326 - E5
MONSANTO CHEMICAL COMPANY	1778 MONSANTO WY, CONTRA COSTA CO CA	247 - D4
MONTEREY BAY EDUCATION,SCIENCE & TECH	UNIVERSITY DR & IMJIM RD, MARINA CA	258 - D2
MONTEREY COUNTY ANIMAL SHELTER	5TH AV & 9TH ST, MARINA CA	258 - D3
MONTEREY COUNTY PLANNING DEPARTMENT	2ND ST & QUARTERMASTER AV, MARINA CA	258 - C3
MONTGOMERY WASHINGTON TOWER	655 MONTGOMERY ST, SAN FRANCISCO CA	326 - E3
MORMON TEMPLE	7474 CHARMANT DR, SAN DIEGO CA	370 - G3
MOUNT DIABLO FAMILY BRANCH YMCA	350 CIVIC DR, PLEASANT HILL CA	247 - D5
MUNICIPAL GYMNASIUM	PAN AMERICAN PZ, SAN DIEGO CA	373 - F2
NATIVE SONS	414 MASON ST, SAN FRANCISCO CA	326 - E5
NAVY EXCHANGE	32ND ST, SAN DIEGO CA	374 - C7
NEUROSCIENCES INSTITUTE, THE	10640 JOHN JAY HOPKINS DR, SAN DIEGO CA	293 - B5
NEW MONTGOMERY TOWER	33 NEW MONTGOMERY ST, SAN FRANCISCO CA	326 - F5
NINETEEN TWENTY FOUR BLDG	1924 BROADWAY, OAKLAND CA	330 - A4
NORTHWEST	433 CALIFORNIA ST, SAN FRANCISCO CA	326 - F4
OAKLAND EXECUTIVE CTR	HASSLER WY, OAKLAND CA	331 - D3
OAKLAND FEDERAL BLDG	1301 CLAY ST, OAKLAND CA	329 - G5
OAKLAND UNIFIED DIST ADMIN BLDG	1025 2ND AV, OAKLAND CA	330 - B6
OAKLAND WORLD TRADE CTR	EMBARCADERO, OAKLAND CA	330 - A6
OLD FEDERAL RESERVE	400 SANSOME ST, SAN FRANCISCO CA	326 - F4
OLD MINT	5TH ST, SAN FRANCISCO CA	326 - E5
OMNI CENTRE	900 WILSHIRE BLVD, LOS ANGELES CA	355 - G5
ONE BUSH ST	1 BUSH ST, SAN FRANCISCO CA	326 - F4
ONE CALIFORNIA ST	1 CALIFORNIA ST, SAN FRANCISCO CA	326 - F4
ONE ELEVEN SUTTER	111 SUTTER ST, SAN FRANCISCO CA	326 - E4
ONE EMBARCADERO CTR	EMBARCADERO CTR, SAN FRANCISCO CA	326 - G4
ONE JACKSON PLACE	633 BATTERY ST, SAN FRANCISCO CA	326 - F3
ONE MARITIME PLAZA	1 MARITIME PZ, SAN FRANCISCO CA	326 - F4
ONE MARKET PLAZA	1 MARKET PZ, SAN FRANCISCO CA	326 - F4
ONE POST BLDG	1 POST ST, SAN FRANCISCO CA	326 - F4
ONE WILSHIRE BLDG	624 S GRAND AV, LOS ANGELES CA	355 - G5
ORDWAY, THE	21ST ST, OAKLAND CA	330 - B4
ORPHEUM THEATRE	1192 MARKET ST, SAN FRANCISCO CA	326 - D6
PACIFIC BANK	351 CALIFORNIA ST, SAN FRANCISCO CA	326 - F4
PACIFIC BELL	1010 WILSHIRE BLVD, LOS ANGELES CA	355 - F5
PACIFIC BELL	140 NEW MONTGOMERY ST, SAN FRANCISCO CA	326 - F5
PACIFIC BLDG	610 16TH ST, OAKLAND CA	330 - A4
PACIFIC CENTRE	22 4TH ST, SAN FRANCISCO CA	326 - E5
PACIFIC COAST STOCK EXCHANGE	301 PINE ST, SAN FRANCISCO CA	326 - F4
PACIFIC DESIGN CTR	8687 MELROSE AV, WEST HOLLYWOOD CA	354 - G5
PACIFIC EXCHANGE	233 S BEAUDRY ST, LOS ANGELES CA	355 - G4
PACIFIC GATEWAY	201 MISSION ST, SAN FRANCISCO CA	326 - F4
PACIFIC TELESIS TOWER	1 MONTGOMERY ST, SAN FRANCISCO CA	326 - F4
PALMDALE AIR TERMINAL	STATE HWY 14, PALMDALE CA	200 - B2
PALM SPRINGS INTL TERM	3400 E TAHQUITZ CANYON, PALM SPRINGS CA	367 - G6
PALM SPRINGS UNIFIED DIST	980 E TAHQUITZ CANYON WY, PALM SPRINGS CA	367 - C6
PK PLAZA BLDG	3100 MOWRY AV, FREMONT CA	251 - A6
PERLMAN AMBULATORY CARE CTR	9300 CAMPUS POINT DR, SAN DIEGO CA	370 - G2
PERSHING SQUARE	448 S HILL, LOS ANGELES CA	356 - A5
PG&E STEAM POWER PLANT	10TH ST, CONTRA COSTA CO CA	248 - B3
PHELAN	760 MARKET ST, SAN FRANCISCO CA	326 - E5
PHILIPPINE AIRLINES	447 SUTTER ST, SAN FRANCISCO CA	326 - E4
PIERCE BLDG	385 17TH ST, OAKLAND CA	330 - A4
PIPER TECHNICAL CTR	E CESAR E CHAVEZ AV, LOS ANGELES CA	356 - C4
PREMIERE TOWERS	621 S SPRING ST, LOS ANGELES CA	356 - A6
PUB SERVICE BLDG	1ST ST & B AV, CORONADO CA	373 - D6
QANTAS AIRWAYS	360 POST ST, SAN FRANCISCO CA	326 - E4

CRA

INDEX

FEATURE NAME	City State	Page-Grid
RAINCROSS SQUARE	3443 ORANGE ST, RIVERSIDE CA	366 - D3
RAY	181 FREMONT ST, SAN FRANCISCO CA	326 - F4
REDWOOD BANK	735 MONTGOMERY ST, SAN FRANCISCO CA	326 - E3
RESEARCH BLDG	SAN DIEGO ZOO, SAN DIEGO CA	373 - F1
RIALTO	116 NEW MONTGOMERY ST, SAN FRANCISCO CA	326 - F5
RICHMOND YACHT CLUB	351 BRICKYARD COVE RD, RICHMOND CA	246 - D6
RILEY, THOMAS F TERMINAL	MACARTHUR BLVD, ORANGE CO CA	363 - E4
RINCON CTR	101 SPEAR ST, SAN FRANCISCO CA	326 - F4
ROBERT DOLLAR	311 CALIFORNIA ST, SAN FRANCISCO CA	326 - F4
ROTHSCHILD	165 POST ST, SAN FRANCISCO CA	326 - E4
RUCKER FULLER	731 SANSOME ST, SAN FRANCISCO CA	326 - F3
RUSS	235 MONTGOMERY ST, SAN FRANCISCO CA	326 - E4
SAILORS UNION OF PACIFIC	450 HARRISON ST, SAN FRANCISCO CA	326 - G5
SANDIA NATL LABORATORIES	EAST AV & GREENVILLE RD, ALAMEDA CO CA	251 - D4
SAN DIEGO CRUISE SHIP TERMINAL	B ST PIER, SAN DIEGO CA	373 - C4
SAN DIEGO TECH CTR	SCRANTON RD, SAN DIEGO CA	293 - C5
SAN FRANCISCO FEDERAL SAVINGS	POST ST & KEARNY ST, SAN FRANCISCO CA	326 - E4
SANTORA BLDG	207 N BROADWAY, SANTA ANA CA	288 - A3
SANWA PLAZA	601 S FIGUEROA ST, LOS ANGELES CA	355 - G5
SCHOOL OF HOPE	796 6TH ST, SAN BERNARDINO CA	368 - G3
SCIENCE EDUCATION RESOURCE CTR	LOS ANGELES CA	355 - D10
SCOTTISH RITE TEMPLE	6151 H ST, SACRAMENTO CA	320 - E5
SCRIPPS CORP PLAZA	10650 TREENA ST, SAN DIEGO CA	293 - D5
SCRIPPS RESEARCH INSTITUTE	10550 N TORREY PINES RD, SAN DIEGO CA	293 - B5
SEMPRA BLDG	101 ASH ST, SAN DIEGO CA	373 - E3
SEVENTY NINE NEW MONTGOMERY	79 NEW MONTGOMERY ST, SAN FRANCISCO CA	326 - F5
SHAKLEE TERRACES	444 MARKET ST, SAN FRANCISCO CA	326 - F4
SHARON	55 NEW MONTGOMERY ST, SAN FRANCISCO CA	326 - F5
SHELL	100 BUSH ST, SAN FRANCISCO CA	326 - F4
SHILEY EYE CTR	9165 CAMPUS POINT DR, SAN DIEGO CA	370 - G2
SINGAPORE AIRLINES	476 POST ST, SAN FRANCISCO CA	326 - E5
SIXTY FOUR PINE ST	64 PINE ST, SAN FRANCISCO CA	326 - F4
SOLAR ONE STA	SANTA FE ST, SAN BERNARDINO CO CA	201 - C2
SOUTH COUNTY ANIMAL SHELTER	5821 SWEETWATER RD, SAN DIEGO CO CA	296 - A2
SOUTHERN CALIFORNIA GAS COMPANY	555 W 5TH ST, LOS ANGELES CA	355 - G5
SOUTHERN PACIFIC	1 MARKET PZ, SAN FRANCISCO CA	326 - F4
SPEAR STREET TERRACE	201 SPEAR ST, SAN FRANCISCO CA	326 - G4
SPEAR STREET TOWER	1 MARKET PZ, SAN FRANCISCO CA	326 - F4
STANFORD LINEAR ACCELERATOR CTR	2575 SAND HILL RD, SAN MATEO CO CA	252 - D2
ST FORESTRY DEPARTMENT	210 W SAN JACINTO AV, PERRIS CA	289 - B2
STEUART ST TOWER	1 MARKET PZ, SAN FRANCISCO CA	326 - F4
STOCK EXCHANGE TOWER	155 SANSOME ST, SAN FRANCISCO CA	326 - F4
SUMITOMO BANK	320 CALIFORNIA ST, SAN FRANCISCO CA	326 - F4
SUNNYSIDE CONSERVATORY	MONTEREY BL & CONGO ST, SAN FRANCISCO CA	249 - C2
SUTTER MED DENTAL	450 SUTTER ST, SAN FRANCISCO CA	326 - E4
TACA	870 MARKET ST, SAN FRANCISCO CA	326 - E5
TENNYSON PROFESSIONAL BLDG	781 W TENNYSON RD, HAYWARD CA	250 - D4
TERMINAL ANNEX	900 N ALAMEDA ST, LOS ANGELES CA	356 - C4
THOMAS BROS MAPS A RAND MCNALLY CO	17731 COWAN, IRVINE CA	363 - D2
THREE EMBARCADERO CTR	EMBARCADERO CTR, SAN FRANCISCO CA	326 - G4
TIMES MIRROR SQUARE	145 S SPRING ST, LOS ANGELES CA	356 - A5
TOSCO OIL REFINING COMPANY	SOLANO WY, CONTRA COSTA CO CA	247 - D4
TOYOTA MOTOR SALES	PIER A WY & CARRACK AV, LONG BEACH CA	286 - D2
TRADE SHOW CTR	2 HENRY ADAMS ST, SAN FRANCISCO CA	326 - E7
TRANSAMERICA	701 MONTGOMERY ST, SAN FRANCISCO CA	326 - E3
TRANSAMERICA (PYRAMID)	600 MONTGOMERY ST, SAN FRANCISCO CA	326 - E3
TRANSAMERICA CTR	1150 S OLIVE ST, LOS ANGELES CA	355 - G6
TRANS PACIFIC CTR	11TH ST & WEBSTER ST, OAKLAND CA	330 - A5
TRANS WORLD AIRLINES	595 MARKET ST, SAN FRANCISCO CA	326 - F4
TRAVIS AIR FORCE BASE	AIR BASE PKWY, FAIRFIELD CA	244 - D6
TRIMANA CALIFORNIA SPACE MART	110 E 9TH ST, LOS ANGELES CA	355 - G6
TRW INC	1 SPACE PARK DR, REDONDO BEACH CA	281 - C7
TWO EMBARCADERO CTR	EMBARCADERO CTR, SAN FRANCISCO CA	326 - G4
TWO RINCON CTR	121 SPEAR ST, SAN FRANCISCO CA	326 - F4
TWO TRANSAMERICA CTR	505 SANSOME ST, SAN FRANCISCO CA	326 - F4
UCLA EXTENSION	1100 S GRAND AV, LOS ANGELES CA	355 - G6
UNION BANK	350 CALIFORNIA ST, SAN FRANCISCO CA	326 - F4
UNION BANK OF CALIFORNIA BLDG	530 B ST, SAN DIEGO CA	373 - E4
UNION BANK PLAZA	445 S FIGUEROA ST, LOS ANGELES CA	355 - G5
UNION OIL CTR	461 S BOYLSTON ST, LOS ANGELES CA	355 - G4
UNITED AIRLINES	124 GEARY ST, SAN FRANCISCO CA	326 - E5
UNITED NATIONS BLDG	PAN AMERICAN RD W, SAN DIEGO CA	373 - F2
UNITED STATES MINT	155 HERMANN ST, SAN FRANCISCO CA	326 - C7
UNIV CTR	UC IRVINE CAMPUS, IRVINE CA	363 - G8
UNIV OF CALIFORNIA RICHMOND FIELD	1301 S 46TH ST, RICHMOND CA	246 - D6
UPS DISTRIBUTION CTR	3480 E JURUPA ST, ONTARIO CA	284 - A4
US AIR	433 CALIFORINIA ST, SAN FRANCISCO CA	326 - E4
US AIR FORCE PLANT 42 PALMDALE	RT-14 ANTELOPE VLY FRWY, PALMDALE CA	200 - B2
US APPRAISERS BLDG	630 SANSOME ST, SAN FRANCISCO CA	326 - F3
US CUSTOMS HOUSE	555 BATTERY ST, SAN FRANCISCO CA	326 - F4
US SACRAMENTO SIGNAL DEPOT	SACRAMENTO CA	238 - C1
US SEA LAUNCH	NIMITZ RD, LONG BEACH CA	287 - A3
VETERANS ADMIN	211 MAIN ST, SAN FRANCISCO CA	326 - G4
VETERANS MEM AUDITORIUM	AV OF THE FLAGS, SAN RAFAEL CA	324 - D3
VOUGHT CORPORATION	RANCHO VIS & 30TH ST E, LOS ANGELES CO CA	200 - B2
WATER TREATMENT PLANT	OFF OLYMPIA DR, PITTSBURG CA	248 - B4
WELLS FARGO	464 CALIFORNIA ST, SAN FRANCISCO CA	326 - F4
WELLS FARGO BANK BLDG	707 WILSHIRE BLVD, LOS ANGELES CA	355 - G5
WELLS FARGO BLDG	1345 BROADWAY, OAKLAND CA	330 - A5
WEST COVINA DIST	1717 W MERCED AV, WEST COVINA CA	282 - D4
WESTERN PACIFIC	1031 S BROADWAY, LOS ANGELES CA	355 - G6
WESTMINSTER MANOR	ELM ST & 3RD AV, SAN DIEGO CA	373 - E3
WEYERHAEUSER COMPANY	280 PIER T AV, LONG BEACH CA	287 - A3
WHITESET INTAKE	SAN BERNARDINO CO CA	204 - C3
WORLD SAVINGS CTR	1901 HARRISON ST, OAKLAND CA	330 - B4
WORLD TRADE CTR	W OCEAN BLVD & GOLDEN AV, LONG BEACH CA	360 - B7
YERBA BUENA WEST	150 4TH ST, SAN FRANCISCO CA	326 - E5
YMCA	2900 W SEPULVEDA BLVD, TORRANCE CA	286 - C1
YMCA	BROADWAY, OAKLAND CA	330 - A4
YMCA	C ST & 12TH AV, SAN DIEGO CA	373 - F4
YOUTH GUIDANCE CTR	WOODSIDE & TWIN PEAKS, SAN FRANCISCO CA	325 - G10
YWCA	WEBSTER ST & 15TH ST, OAKLAND CA	330 - A5

BUILDINGS - GOVERNMENTAL

FEATURE NAME	City State	Page-Grid
ALAMEDA COUNTY BLDG	244 W WINTON AV, HAYWARD CA	250 - C4
BLOOD BANK OF SAN BERNARDINO & RIV	384 W ORANGE SHOW RD, SAN BERNARDINO CA	368 - E7
BRANDEIS-BARDIN INSTITUTE	1101 PEPPERTREE LN, VENTURA CO CA	276 - B7
CALIFORNIA DEPARTMENT OF FORESTRY	AVENUE 14 & ROAD 28, MADERA CO CA	181 - B2
CALIFORNIA DEPARTMENT OF FORESTRY	MOTHER LODE & PLSNT VLY, EL DORADO CO CA	237 - A5
CALIFORNIA HIGHWAY PATROL ACADEMY	3500 REED AV, WEST SACRAMENTO CA	235 - A7
CALIFORNIA STATE BLDG	350 MCALLISTER ST, SAN FRANCISCO CA	326 - D6
CALIFORNIA YOUTH AUTHORITY	13200 BLOOMFIELD AV, NORWALK CA	282 - C7
CALTRANS	120 S SPRING ST, LOS ANGELES CA	356 - B5
CALTRANS	3347 MICHELSON DR, IRVINE CA	363 - G5
CALTRANS, DEPARTMENT OF TRANSPORTATION	464 W 4TH ST, SAN BERNARDINO CA	368 - D4
CALTRANS MAINTENANCE STA	ALMOND AV & MADERA AV, MADERA CA	181 - B2
CALTRANS TEST CTR	REED AV, WEST SACRAMENTO CA	235 - A7
CATHEDRAL OAKS FIRE ADMIN CTR	4410 CATHEDRAL OAKS, STA BARBARA CO CA	274 - C6
CHILDRENS RECEIVNG HOME OF SACRAMENTO	3555 AUBURN BLVD, SACRAMENTO CA	235 - C6
CITIZEN AREA TRANSIT	308 E CLARK AV, LAS VEGAS NV	345 - E6
CITY GOVERNMENT OFFICE	BIG BEAR & MT DOBLE, SAN BERNARDINO CO CA	279 - D6
CLARK COUNTY GOVERNMENT CTR	500 S GRAND CENTRAL PKWY, LAS VEGAS NV	345 - D7
COLORADO INDIAN TRIBES INDIAN ADMIN	MOHAVE RD & 2ND AV, LA PAZ CO AZ	204 - B3
CONTRA COSTA COUNTY ADMIN BUILDING	651 PINE ST, MARTINEZ CA	247 - C4
COUNTY ADMIN	12TH ST & H ST, MODESTO CA	340 - D7
COUNTY ADMIN	580 TEXAS ST, FAIRFIELD CA	244 - C6
COUNTY ADMIN BLDG	1221 OAK ST, OAKLAND CA	330 - B5
COUNTY ADMIN BLDG	157 W 5TH ST, SAN BERNARDINO CA	368 - E3
COUNTY ADMIN BLDG	385 N ARROWHEAD AV, SAN BERNARDINO CA	368 - E4
COUNTY ADMIN BLDG	800 S VICTORIA AV, VENTURA CA	275 - B5
COUNTY ADMIN CTR	1600 PACIFIC HWY, SAN DIEGO CA	373 - C3
COUNTY ADMIN CTR	FISCAL DR & VENTURA AV, SANTA ROSA CA	321 - D3
COUNTY ADMIN CTR	46209 OASIS ST, INDIO CA	209 - B2
COUNTY AGRICULTURAL BLDG	COTTONWOOD ST & BUCKEYE ST, WOODLAND CA	234 - B5
COUNTY ANIMAL SHELTER	AVENUE 14 & ROAD 28, MADERA CO CA	181 - B2
COUNTY BLDG	175 S LENA RD, SAN BERNARDINO CA	368 - G4
COUNTY BLDG	41002 COUNTY CENTER DR, TEMECULA CA	289 - C7
COUNTY BLDG	S GRAPE ST & E VALLEY PKWY, ESCONDIDO CA	294 - A1
COUNTY BLDG	W 3RD ST & N MTN VW AV, SAN BERNARDINO CA	368 - E4
COUNTY BLDG	NORTH RD & HWY 189, SAN BERNARDINO CO CA	278 - C7
COUNTY DETENTION CTR	1000 WARD ST, MARTINEZ CA	247 - C4
COUNTY FAIR BLDG	2495 S DELAWARE ST, SAN MATEO CA	250 - A6
COUNTY GOVERNMENT CTR	MAIDU AV & HELLING WY, NEVADA CITY CA	315 - F1
COUNTY JUVENILE CAMP	1900 SYCAMORE CANYON RD, SAN DIMAS CA	283 - B2
COUNTY JUVENILE HALL	AVENUE 14 & ROAD 28, MADERA CO CA	181 - B2
COUNTY OFFICE	1111 LAS GALLINAS AV, SAN RAFAEL CA	324 - B1
COUNTY OPERATIONS CTR	5555 OVERLAND AV, SAN DIEGO CA	293 - D6
COUNTY ROAD DEPARTMENT	ALMOND AV & MONTEREY ST, MADERA CA	181 - B2
COUNTY OF SAN BERNARDINO OFFICES	301 E MOUNTAIN VIEW ST, BARSTOW CA	369 - C6
CRIMINAL JUSTICE COMPLEX	S VICTORIA AV, VENTURA CA	275 - B5
CYA RECEPTION CTR & CLINIC	3001 RAMONA AV, SACRAMENTO CA	320 - F8
DEPARTMENT OF EDUCATION	200 KALMUS DR, COSTA MESA CA	363 - B5
DEPARTMENT OF FINANCE	N ST & 10TH ST, SACRAMENTO CA	319 - D4
DEPARTMENT OF PUB WORKS	5555 OVERLAND AV, SAN DIEGO CA	293 - D6
DEPARTMENT OF PUB WORKS	915 I ST, SACRAMENTO CA	319 - E3
EDUCATION CTR	NORMAL ST & TYLER AV, SAN DIEGO CA	372 - G8
EMPLOYMENT DEVELOPMENT	1525 S BROADWAY, LOS ANGELES CA	355 - F7
FAA TOWER	ALAN BOYD DR & AIRPORT, SACRAMENTO CO CA	235 - A5
FEDERAL BLDG	SONOMA AV & D ST, SANTA ROSA CA	321 - F7
FEDERAL & COURTHOUSE BLDG	650 CAPITOL MALL, SACRAMENTO CA	319 - D4
FEDERAL AVIATION AGENCY	FLIGHTLINE CIR, SACRAMENTO CO CA	235 - A5
FEDERAL BLDG	1130 O ST, FRESNO CA	343 - E7
FEDERAL BLDG	15000 AVIATION BLVD, HAWTHORNE CA	281 - C7
FEDERAL BLDG	2800 COTTAGE WY, SACRAMENTO CO CA	235 - C7
FEDERAL BLDG	300 N LOS ANGELES ST, LOS ANGELES CA	356 - B4
FEDERAL BLDG	6230 VAN NUYS BLVD, LOS ANGELES CA	281 - B1
FEDERAL BLDG	MCALLISTER ST & HYDE ST, SAN FRANCISCO CA	326 - D6
FEDERAL BLDG	SANTA ANA BL & FLOWER ST, SANTA ANA CA	288 - A3
FEDERAL BLDG	S LAS VEGAS BLVD & LEWIS AV, LAS VEGAS NV	345 - E6
FEDERAL BLDG	801 I ST, SACRAMENTO CA	319 - D3
FEDERAL COURTHOUSE	312 N SPRING ST, LOS ANGELES CA	356 - B4
FEDERAL COURTHOUSE	720 9TH ST, SACRAMENTO CA	319 - D3
FEDERAL COURTHOUSE	940 FRONT ST, SAN DIEGO CA	373 - E4
FEDERAL JAIL	808 UNION ST, SAN DIEGO CA	373 - E4
FEDERAL OFFICE BLDG	11000 WILSHIRE BLVD, LOS ANGELES CA	353 - F6
FEDERAL OFFICE BLDG	880 FRONT ST, SAN DIEGO CA	373 - E4
FEDERAL OFFICES	EAST ST & YUBA ST, REDDING CA	301 - F5
FIRE TRAINING FACILITY	S OLIVE ST, SANTA BARBARA CA	348 - F7
FOLEY FEDERAL BLDG	300 S LAS VEGAS BLVD, LAS VEGAS NV	345 - E6
FORESTRY STA	N JEFFERSON ST & TRANCAS ST, NAPA CA	323 - D3
FRESNO COUNTY OFFICES	TULARE ST & M ST, FRESNO CA	343 - E8
GENERAL SERVICES AGENCY	CIVIC CENTER DR W, SANTA ANA CA	288 - A3
GOVERNORS MANSION	606 N MOUNTAIN ST, CARSON CITY NV	313 - B5
GRAHAM, BILL CIVIC AUDITORIUM	99 GROVE ST, SAN FRANCISCO CA	326 - D6
HALL OF ADMIN	500 W TEMPLE ST, LOS ANGELES CA	356 - A4
HALL OF JUSTICE	2600 BARRETT AV, RICHMOND CA	246 - D5
HALL OF JUSTICE	3501 CIVIC CENTER DR, SAN RAFAEL CA	324 - D3
HALL OF JUSTICE	400 COUNTY CIR, REDWOOD CITY CA	250 - B7
HALL OF JUSTICE	600 TEXAS ST, FAIRFIELD CA	244 - C6
HALL OF RECORDS	630 N BROADWAY, SANTA ANA CA	288 - A3
HOLIFIELD, CHET FEDERAL BLDG	24000 AVILA RD, LAGUNA NIGUEL CA	288 - C6
INTERNAL REVENUE SERVICE	S WILLOW AV & E BUTLER AV, FRESNO CA	264 - C5
JUVENILE HALL	16 JEANNETTE PRANDI WY, MARIN CO CA	246 - B3
JUVENILE HALL	2851 MEADOW LARK DR, SAN DIEGO CA	372 - F3
JUVENILE HALL	JUVENILE HALL RD, SANTA BARBARA CO CA	274 - C7
JUVENILE HALL	W BEAMER ST, WOODLAND CA	234 - B5
JUVENILE HALL ANNEX	W SANTA ANA BL & N ROSS ST, SANTA ANA CA	288 - A3
LA CO METRO TRANS AUTHORITY (MTA)	1 GATEWAY PZ, LOS ANGELES CA	356 - C4
LA COUNTY HALL OF RECORDS	12400 E IMPERIAL HWY, NORWALK CA	282 - B7
LAS VEGAS VALLEY WATER DIST ADMIN	CHARLESTON BL & VALLEY VIEW, LAS VEGAS NV	268 - B4
LIBRARY ADMIN OFFICES	1501 E SAINT ANDREW PL, SANTA ANA CA	288 - A3
LOS ANGELES AIR FORCE BASE	2400 E EL SEGUNDO BLVD, EL SEGUNDO CA	281 - C7
LOS ANGELES CITY BOARD OF EDUCATION	450 N GRAND AV, LOS ANGELES CA	356 - B4
LOS ANGELES CITY DEPT OF WATER & POWER	111 N HOPE ST, LOS ANGELES CA	356 - A4
LOS ANGELES COUNTY CRIMINAL COURTS	210 W TEMPLE ST, LOS ANGELES CA	356 - B4
LOS ANGELES COUNTY HEALTH DEPT	241 N FIGUEROA ST, LOS ANGELES CA	356 - A4
LOS ANGELES COUNTY MAIN JAIL	BAUCHET ST, LOS ANGELES CA	356 - C3

© 2003 Thomas Bros. Maps ®

BUILDINGS - GOVERNMENTAL
POINTS OF INTEREST
CAMPGROUNDS 430

FEATURE NAME / City State	Page-Grid
LOS ANGELES PROBATION CAMP SCOTT 28700 BOUQUET CYN RD, LOS ANGELES CO CA	277 - A3
LOS ANGELES PROBATION CAMP SCUDDER 28750 BOUQUET CYN RD, LOS ANGELES CO CA	277 - A3
MADERA COUNTY CORRECTIONAL FACILITY AVENUE 14 & ROAD 28, MADERA CO CA	181 - B2
MADERA COUNTY DEPT OF AGRICULTURE MADERA AV & DUNHAM AV, MADERA CA	181 - B2
MARIN COUNTY ADMIN BLDG 3501 CIVIC CENTER DR, SAN RAFAEL CA	324 - D4
MENDOCINO COUNTY GOVERNMENTAL COMPLEX LOW GAP RD & BUSH ST, UKIAH CA	308 - C3
MUSICK, JAMES A BRANCH JAIL 13502 HONOR FARM RD, ORANGE CO CA	288 - C4
NASA-DRYDEN FLIGHT RESEARCH CTR NEAR ROSEMEAD BLVD, KERN CO CA	200 - C1
NATIONAL PARK SERVICE NEVADA WY & WYOMING ST, BOULDER CITY NV	269 - C7
NEVADA STATE LEGISLATIVE BLDG S CARSON ST & E MUSSER ST, CARSON CITY NV	313 - C6
NEVADA STATE & ARCHIVES S STEWART ST & E 2ND ST, CARSON CITY NV	313 - C5
NEVADA STATE SUPREME COURT S STEWART ST & E 4TH ST, CARSON CITY NV	313 - C5
NORTH ORANGE CO MUNICIPAL COURT 1275 N BERKELEY AV, FULLERTON CA	282 - D7
ORANGE COUNTY ADMIN 10 CIVIC CENTER PZ, SANTA ANA CA	288 - A3
ORANGE COUNTY BLDG CIVIC CENTER DR W, SANTA ANA CA	288 - A3
ORANGE COUNTY FIRE AUTHORITY 180 S WATER ST, ORANGE CA	288 - A2
ORANGE COUNTY TRANSPORTATION AUTHORITY 550 S MAIN ST, ORANGE CA	288 - A2
PALMDALE REG ADMIN RANCHO VIS & 25TH ST E, LOS ANGELES CO CA	200 - B2
PARKER CTR 150 N LOS ANGELES ST, LOS ANGELES CA	356 - B5
PATRIOTIC HALL 1816 S FIGUEROA ST, LOS ANGELES CA	355 - E7
PRISON INDUSTRIES 560 NATOMA, FOLSOM CA	236 - B5
PUBLIC ADMIN BLDG B ST & 5TH ST, DAVIS CA	318 - D6
PUBLIC WORKS ELMHURST ST, HAYWARD CA	250 - C4
PUBLIC WORKS BLDG N LENA DR & E 3RD ST, SAN BERNARDINO CA	368 - G4
RIVERSIDE COUNTY ADMIN OFFICES 4080 LEMON ST, RIVERSIDE CA	366 - D4
RIVERSIDE COUNTY ADMIN 3939 13TH ST, RIVERSIDE CA	366 - C4
RIVERSIDE COUNTY ECONOMIC DEV AGENCY 1151 SPRUCE ST, RIVERSIDE CA	284 - D5
RIVERSIDE COUNTY ECONOMIC DEV AGENCY 3525 14TH ST, RIVERSIDE CA	366 - C5
RONALD REAGAN STATE OFFICE BLDG S SPRING ST, LOS ANGELES CA	356 - A5
ROYBAL CTR AND FEDERAL BLDG 255 E TEMPLE, LOS ANGELES CA	356 - B4
SACRAMENTO CHILDRENS HOME 2760 SUTTERVILLE RD, SACRAMENTO CA	319 - F9
SACRAMENTO CO OFFICE OF EDUCATION 9738 LINCOLN VILLAGE DR, SACRAMENTO CO CA	235 - D7
SACRAMENTO COUNTY ADMIN 700 H ST, SACRAMENTO CA	319 - D3
SAN BERNARDINO CITY ANIMAL SHELTER 333 CHANDLER PL, SAN BERNARDINO CA	368 - E8
SAN BERNARDINO CO HALL OF RECORDS 222 W HOSPITALITY LN, SAN BERNARDINO CA	368 - E9
SAN DIEGO CITY ADMIN BLDG 202 C ST, SAN DIEGO CA	373 - E4
SAN DIEGO CITY OPERATIONS BLDG 1222 1ST AV, SAN DIEGO CA	373 - E4
SAN DIEGO CO OFFICE OF EDUCATION 6401 LINDA VISTA RD, SAN DIEGO CA	372 - C6
SAN DIEGO UNIFIED PORT DIST 3165 PACIFIC HWY, SAN DIEGO CA	373 - C1
SAN MATEO COUNTY GOVERNMENT CTR 455 COUNTY CIR, REDWOOD CITY CA	250 - B7
SANTA ANA JAIL W 6TH ST & BOYD WY, SANTA ANA CA	288 - A3
SANTA ANA POLICE DEPARTMENT 60 CIVIC CENTER PZ, SANTA ANA CA	288 - A3
SANTA BARBARA CO OFFICE BLDG 401 CYPRESS AV, LOMPOC CA	198 - A2
SANTA BARBARA COUNTY ADMIN 105 ANAPAMU ST, SANTA BARBARA CA	348 - D6
SANTA BARBARA COUNTY FIRE HEADQUARTERS 4410 CATHEDRAL OAKS, SANTA BARBARA CO CA	274 - C6
SANTA BARBARA COUNTY GOVERNMENT CTR 2100 S CENTERPOINTE PKWY, SANTA MARIA CA	272 - C5
SANTA BARBARA COUNTY GOVERNMENT OFFICES W FOSTER RD & CALIFORNIA, SANTA MARIA CA	272 - C6
SAN BERNARDINO COUNTY BLDG EVANS ST & CRESTVW AV, SAN BERNARDINO CA	368 - G1
SANTA CLARA COUNTY ADMIN BLDG 70 W HEDDING ST, SAN JOSE CA	333 - F5
SANTA CLARA COUNTY SERVICE CTR BERGER DR, SAN JOSE CA	333 - F2
SANTA CLARA COUNTY SHERIFFS OFFICE 55 W YOUNGER AV, SAN JOSE CA	333 - F5
SECRETARY OF STATE BLDG 1500 11TH ST, SACRAMENTO CA	319 - D4
SELLERS US POSTAL CTR 11251 RANCHO CARMEL DR, SAN DIEGO CA	293 - D4
SHERIFFS HEADQUARTERS SANTA ANA BL & FLOWER ST, SANTA ANA CA	288 - A3
SOLANO COUNTY BLDG 321 TUOLUMNE ST, VALLEJO CA	247 - B2
SOUTH ADMINISTRATIVE AREA ARGUELLO BLVD, SANTA BARBARA CO CA	197 - C2
STARK YOUTH CORRECTIONAL FACILITY 15180 EUCLID AV, CHINO CA	283 - D5
STATE AGRICULTURAL STA I-15, SAN BERNARDINO CO CA	201 - C1
STATE ARCHIVES BLDG 1020 O ST, SACRAMENTO CA	319 - E4
STATE AUTOMOTIVE SHOPS STOCKTON BL & 34TH ST, SACRAMENTO CA	319 - G6
STATE BOARD OF EQUALIZATION 5TH ST & N ST, SACRAMENTO CA	319 - D4
STATE BLDG 2ND ST & D ST, SANTA ROSA CA	321 - E7
STATE BLDG 464 W 4TH ST, SAN BERNARDINO CA	368 - D4
STATE BLDG CASINO CENTER BLVD & 4TH ST, LAS VEGAS NV	345 - F5
STATE BLDG O ST & E TULARE ST, FRESNO CA	343 - E7
STATE BLDG W SANTA ANA BLVD, SANTA ANA CA	288 - A3
STATE CAPITOL 101 N CARSON ST, CARSON CITY NV	313 - C5
STATE CAPITOL 10TH ST & L ST, SACRAMENTO CA	319 - E4
STATE DEPARTMENT OF EMPLOYMENT 800 CAPITOL MALL, SACRAMENTO CA	319 - D4

FEATURE NAME / City State	Page-Grid
STATE EDUCATION DEPARTMENT 721 CAPITOL MALL, SACRAMENTO CA	319 - D4
STATE FOOD & AGRICULTURE 1220 N N ST, SACRAMENTO CA	319 - E4
STATE HIGHWAY BLDG JUAN ST & WALLACE ST, SAN DIEGO CA	372 - A8
STATE OF CALIFORNIA R.T.C. E NATOMA ST, FOLSOM CA	236 - B5
STATE OFFICE BLDG 1350 FRONT ST, SAN DIEGO CA	373 - E3
STATE OFFICE BLDG NO 1 915 CAPITOL MALL, SACRAMENTO CA	319 - D4
STATE OFFICE BLDG NO 8 714 P ST, SACRAMENTO CA	319 - D4
STATE OFFICE BLDG NO 9 Q ST & 8TH ST, SACRAMENTO CA	319 - D4
STATE OFFICE CIVIL DEFENSE 2800 MEADOWVIEW RD, SACRAMENTO CA	238 - B2
STATE PERSONNEL BOARD 801 CAPITOL MALL, SACRAMENTO CA	319 - D4
STATE PRINTING PLANT 344 N 7TH ST, SACRAMENTO CA	319 - E1
STATE RESOURCE BLDG 1416 9TH ST, SACRAMENTO CA	319 - D4
SUTTER COUNTY ADMINISTRATIVE BLDG 2ND ST, YUBA CITY CA	309 - G5
THEO LACY FACILITY 501 THE CITY DR S, ORANGE CA	362 - E7
TIDEMANSON BLDG-LA CO DEPT OF PUB WORKS 900 S FREMONT AV, ALHAMBRA CA	282 - A3
TRAFFIC COURT BLDG 1945 S HILL ST, LOS ANGELES CA	355 - F8
US ARMY RESERVE CTR CHANDLER AV & W KEARNEY BLVD, FRESNO CA	343 - A9
US COAST GUARD BUOY DEPT SEASIDE AV, LOS ANGELES CA	286 - D3
US CUSTOMS AIRPORT BLVD, SAN JOSE CA	333 - D4
US CUSTOMS 200 1ST ST, CALEXICO CA	214 - B2
US CUSTOMS HIGHWAY 905, SAN DIEGO CA	296 - C5
US CUSTOMS PICO AV, LONG BEACH CA	360 - A7
US CUSTOMS HOUSE 300 FERRY ST, LOS ANGELES CA	286 - D3
USDA FOREST SERVICE CHILES RD, DAVIS CA	318 - G6
USDA OFFICE W MAIN ST & CALIFORNIA ST, WOODLAND CA	234 - B5
USDA SOIL CONSERVATION SERVICE CHILES RD, DAVIS CA	318 - G6
US IMMIGRATION STA SEASIDE AV, LOS ANGELES CA	286 - D3
US QUARANTINE STA SEASIDE AV, LOS ANGELES CA	286 - D3
VETERANS ADMIN CTR 950 S SEPULVEDA BLVD, LOS ANGELES CO CA	353 - F6
VETERANS BLDG 1301 CLAY ST, OAKLAND CA	329 - G5
VETERANS BLDG 2203 CENTRAL AV, ALAMEDA CA	330 - C10
VETERANS MEM BLDG 1ST ST & CHURCH ST, SONOMA CO CA	168 - B3
YOLO COUNTY ADMIN BLDG 1ST ST & CARNEGIE WY, WOODLAND CA	234 - C5
YOLO COUNTY PUB WORKS 292 W BEAMER ST, WOODLAND CA	234 - B5

CAMPGROUNDS

FEATURE NAME / City State	Page-Grid
AFTON CANYON CAMPGROUND MOJAVE FRWY, SAN BERNARDINO CO CA	202 - A1
AGNEW MEADOWS CAMPGROUND MINARET SUMMIT RD, MADERA CO CA	263 - B6
AGUA DULCE HIKE IN CAMPGROUND SUNRISE HWY, SAN DIEGO CO CA	213 - B1
ALBEE CREEK CAMPGROUND MATTOLE RD, HUMBOLDT CO CA	161 - B1
ALDER CREEK CAMPGROUND LOS PADRES NATL FOREST, MONTEREY CO CA	189 - A2
ALISO PK CAMPGROUND OFF HWY 166, SANTA BARBARA CO CA	198 - C2
ALMS RIDGE CAMPGROUND MONTEREY CO CA	188 - C2
ALTA CAMPGROUND DEVILS PEAK, KLAMATH CO OR	150 - B1
ANDREW MOLERA STATE PK CAMPGROUND HWY 1 & COAST RD, MONTEREY CO CA	188 - B1
ANT CANYON CAMPGROUND SEQUOIA NATIONAL FOREST, TULARE CO CA	192 - A2
ANTELOPE LAKE CAMPGROUND INDIAN CREEK RD, PLUMAS CO CA	164 - C2
ANZA-BORREGO DESERT ST PK CAMPGROUND PALM CANYON DR, SAN DIEGO CO CA	213 - B1
APPLE CAMPGROUND LOS PADRES NATL FOREST, MONTEREY CO CA	189 - A2
APPLETREE CAMPGROUND BIG PINES HWY, LOS ANGELES CO CA	200 - C3
APPLE TREE CAMPGROUND W OF LOS PADRES NAT FRST, MONTEREY CO CA	179 - B3
APPLEWHITE CAMPGROUND APPLEWHITE RD, SAN BERNARDINO CO CA	201 - A3
ARNOLD HORSE CAMP BLUE RIDGE RD, SANTA CLARA CO CA	180 - A1
ARROYO SECO CAMPGROUND ARROYO SECO RD, MONTEREY CO CA	188 - C1
ASPEN MEADOW CAMPGROUND INYO NATIONAL FOREST, INYO CO CA	182 - C1
ASPEN PARK CAMPGROUND OFF ROCK CREEK RD, MONO CO CA	177 - C3
ASPEN POINT CAMPGROUND LAKE OF THE WOODS NORTH, KLAMATH CO OR	150 - B1
ASPERKAHA CAMPGROUND HYATT RESERVOIR, JACKSON CO OR	150 - A2
ATCHISON CAMPGROUND ALDER SPRINGS RD, GLENN CO CA	162 - B3
AUBURN STATE REC AREA FORESTHILL & DRIVERS FLAT, PLACER CO CA	233 - D6
BADGER FLAT CAMPGROUND SIERRA NATIONAL FOREST, FRESNO CO CA	182 - B1
BALLINGER CAMPGROUND LOS PADRES NATIONAL FOREST, VENTURA CO CA	199 - A2
BARLOW FLAT CAMPGROUND MONTEREY CO CA	188 - C1
BARTON FLATS CAMPGROUND BARTON FLATS RD, SAN BERNARDINO CO CA	208 - C1
BASALT CAMPGROUND MERCED CO CA	180 - B2
BASIN CAMPGROUND ANGELES NATL FOREST, LOS ANGELES CO CA	200 - B3
BASS LAKE CAMPGROUND HWY 41 & BASS VALLEY RD, MADERA CO CA	181 - C1
BATES CANYON CAMPGROUND OFF HWY 166, SANTA BARBARA CO CA	198 - B1
BAY TREE CAMPGROUND BNG IDYLLWLD PNORMC HWY, RIVERSIDE CO CA	208 - C2

FEATURE NAME / City State	Page-Grid
BEAR CANYON CAMPGROUND ANGELES NATL FOREST, LOS ANGELES CO CA	200 - B3
BEAR COVE CAMPGROUND SIERRA NATIONAL FOREST, FRESNO CO CA	182 - A1
BEAR TRAP NO 1 CAMPGROUND LOS PADRES NATIONAL FOREST, VENTURA CO CA	199 - A2
BEAVER DAM CAMPGROUND BROWN MOUNTAIN, JACKSON CO OR	150 - A2
BELLE CAMPGROUND EL DORADO MINE RD, RIVERSIDE CO CA	209 - C1
BENBOW LAKE STATE REC AREA CAMPGROUND CAMP KIMTU RD & HWY 101, HUMBOLDT CO CA	161 - C2
BIDWELL CANYON CAMPGROUND OFF KELLY RIDGE RD, OROVILLE CA	223 - C6
BIG BEN CAMPGROUND IMNAHA CREEK, JACKSON CO OR	150 - A1
BIG CALIENTE CAMPGROUND OFF HWY 192, SANTA BARBARA CO CA	198 - C3
BIG CONE CAMP VENTURA CO CA	275 - D1
BIG CREEK CAMPGROUND CREEK RD, FRESNO CO CA	182 - B2
BIG DALTON CAMPGROUND BIG DALTON RD, LOS ANGELES CO CA	283 - A2
BIG FALLS CAMPGROUND VLY OF THE FALLS DR, SAN BERNARDINO CO CA	208 - C1
BIGHORN CAMPGROUND BALDY RD, SAN BERNARDINO CO CA	201 - A3
BIG MEADOW CAMPGROUND OFF ROCK CREEK RD, MONO CO CA	177 - C3
BIG PINE CAMPGROUND OFF GLACIER LODGE RD, INYO CO CA	183 - A1
BIG PINE CAMPGROUND WRIGHT MINE RD, SAN BERNARDINO CO CA	279 - B5
BIG PINES CAMPGROUND LOS PADRES NATL FOREST, MONTEREY CO CA	179 - C3
BIG ROCK CAMPGROUND ANGLS CRST & BIG ROCK CK, LOS ANGELES CO	200 - C3
BIG SLIDE CAMPGROUND GOLDEN, JOSEPHINE CO OR	149 - A1
BIG SPRINGS CAMPGROUND OWENS RIVER & BIG SPRINGS RD, MONO CO CA	263 - D4
BIG TREES CAMPGROUND BIG TREES RD & HWY 168, INYO CO CA	182 - C1
BIG WINDY CREEK CAMPGROUND GOLDEN, JOSEPHINE CO OR	149 - A1
BILLY CREEK CAMPGROUND SIERRA NATIONAL FOREST, FRESNO CO CA	182 - A1
BIRCH CAMPGROUND OFF GLACIER LODGE RD, INYO CO CA	183 - A1
BLACK CANYON CAMPGROUND BLACK CANYON RD, SAN DIEGO CO CA	294 - D1
BLACK MEADOW LANDING CAMPGROUND TRAILS END CAMP RD, SAN BERNARDINO CO CA	204 - B3
BLACK MEADOWS CAMPGROUND TRAILS END CAMP RD, SAN BERNARDINO CO CA	204 - C3
BLACK MTN CAMPGROUND BLACK MOUNTAIN TR, RIVERSIDE CO CA	208 - C2
BLACK ROCK CAMPGROUND BLACK ROCK CYN RD, SAN BERNARDINO CO CA	209 - B1
BLACK ROCK CAMPGROUND BLACK ROCK RD, FRESNO CO CA	182 - B2
BLAIR VALLEY CAMPGROUND GREAT STHN OVLD STG RT, SAN DIEGO CO CA	213 - B1
BLAYNEY HOT SPRINGS CAMPGROUND JOHN MUIR WILDERNESS AREA, FRESNO CO CA	182 - C1
BLISS, D L STATE PK CAMPGROUND EMERALD BAY RD, EL DORADO CO CA	231 - B6
BLOOMS CREEK CAMPGROUND HWY 236, SANTA CRUZ CO CA	252 - D7
BLUE CANYON CAMPGROUND ROMERO CYN & CAMUESA, SANTA BARBARA CO CA	198 - C3
BLUE JAY CAMPGROUND MAIN DIVIDE RD, ORANGE CO CA	208 - A2
BLUE OAK HORSE CAMP MANZANITA POINT RD, SANTA CLARA CO CA	254 - D7
BLUE RIDGE CAMPGROUND ANGELES NATL FOREST, LOS ANGELES CO CA	200 - C3
BOARD TREE CAMPGROUND W OF ALDER SPRINGS RD, GLENN CO CA	162 - C3
BODEGA DUNES CAMPGROUND OFF COAST HWY, SONOMA CO CA	173 - B1
BOLAN LAKE CAMPGROUND BOLAN LAKE RD, JOSEPHINE CO OR	149 - A2
BOLSILLO CAMPGROUND SIERRA NATIONAL FOREST, FRESNO CO CA	182 - B1
BORREGO PALM CANYON CAMPGROUND ANZA-BORREGO DESRT ST PK, SAN DIEGO CO CA	209 - B3
BOTTCHERS GAP CAMPGROUND PALO COLORADO RD, MONTEREY CO CA	179 - B3
BOULDER BASIN CAMPGROUND BLACK MOUNTAIN TR, RIVERSIDE CO CA	208 - C2
BOULDER CREEK CAMPGROUND SIERRA NATIONAL FOREST, FRESNO CO CA	182 - B1
BOULDER OAKS CAMPGROUND OLD HIGHWAY 80, SAN DIEGO CO CA	213 - A2
BOY SCOUT CAMP 1290 BOY SCOUT RD, EL CERRITO CA	247 - A6
BREM HORSE CAMP KAISER AETNA RD, SANTA CLARA CO CA	180 - A1
BREWER OAK CAMPGROUND MENDOCINO PASS RD, TEHAMA CO CA	162 - B3
BRIGGS CREEK CAMPGROUND GOLDEN, JOSEPHINE CO OR	148 - C1
BRIGGS VALLEY CAMPGROUND GOLDEN, JOSEPHINE CO OR	149 - A1
BRUSHY BAR CAMPGROUND MARIAL, CURRY CO OR	148 - C1
BUCKEYE CAMPGROUND LOS PADRES NATL FOREST, MONTEREY CO CA	189 - A2
BUCKHORN CAMPGROUND ANGELES NATL FOREST, LOS ANGELES CO CA	200 - C3
BUCK MEADOW CAMPGROUND MCKINELY GROVE RD, FRESNO CO CA	182 - B2
BUCKSKIN FLAT CAMPGROUND MONTEREY CO CA	188 - C1
BULL GAP CAMPGROUND MOUNT ASHLAND, JACKSON CO OR	149 - C2
BURLINGTON CAMPGROUND S OF WEOTT OFF U.S. 101, HUMBOLDT CO CA	161 - C1
BURNT RANCHERIA CAMPGROUND SUNRISE HWY, SAN DIEGO CO CA	213 - B1
BUTT VALLEY CAMPGROUND PLUMAS CO CA	164 - B2
CABIN FLAT CAMPGROUND ANGELES NATL FOREST, LOS ANGELES CO CA	200 - C3
CACHUMA CAMPGROUND OFF FIGUEROA MTN RD, SANTA BARBARA CO CA	274 - A1
CALKINS FLAT CAMPGROUND SEQUOIA NATIONAL FOREST, TULARE CO CA	192 - A2
CAMP3 CAMPGROUND SEQUOIA NATIONAL FOREST, TULARE CO CA	192 - A2
CAMP 4 STA CAMPGROUND RIDGE RD, FRESNO CO CA	182 - B2
CAMPBELL LAKE CAMPGROUND LEE THOMAS CROSSING, LAKE CO OR	151 - C1
CAMP CREEK CAMPGROUND MONTEREY CO CA	188 - C1

CRA
INDEX

431 CAMPGROUNDS
POINTS OF INTEREST
CAMPGROUNDS

FEATURE NAME	City State	Page-Grid
CAMP EDISON CAMPGROUND	RTE 168 & SHAVER LAKE, FRESNO CO CA	182 - A1
CAMPGROUND BY THE LAKE	LAKE TAHOE BLVD, SOUTH LAKE TAHOE CA	314 - C4
CAMPGROUND NUMBER ONE	DOG LAKE, LAKE CO OR	151 - C2
CAMPGROUND NUMBER TWO	DOG LAKE, LAKE CO OR	151 - C2
CAMP JOSEPHO	SULLIVAN FIRE RD, LOS ANGELES CA	281 - A3
CAMPO ALTO CAMPGROUND	LOS PADRES NATIONAL FOREST, KERN CO CA	199 - A2
CAMP RADFORD	RADFORD CAMP RD, SAN BERNARDINO CO CA	279 - C7
CANTRALL-BUCKLEY CAMPGROUND	RUCH, JACKSON CO OR	149 - B2
CARBERRY CAMPGROUND	CARBERRY CREEK, JACKSON CO OR	149 - B2
CARL INN CAMPGROUND	OFF HWY 120, TUOLUMNE CO CA	176 - B2
CARMEL RIVER CAMPGROUND	MONTEREY CO CA	188 - C1
CASCADE CAMPGROUND	OFF MOUNT WILSON RD, LOS ANGELES CO CA	282 - C1
CASTLE CRAGS STATE PK CAMPGROUND	I-5 & GIRARD LOOP RD, SHASTA CO CA	218 - B7
CASWELL MEM STATE PK	OFF HWY 99, SAN JOAQUIN CO CA	175 - A3
CATAVEE CAMPGROUND	SIERRA NATIONAL FOREST, FRESNO CO CA	182 - A1
CHAMISE FLAT CAMPGROUND	SEQUOIA NATIONAL FOREST, TULARE CO CA	192 - A2
CHERRY CREEK CAMPGROUND	LOS PADRES NATIONAL FOREST, KERN CO CA	199 - B2
CHICO FLAT CAMPGROUND	SEQUOIA NATIONAL FOREST, TULARE CO CA	192 - A2
CHILAO CAMPGROUND	ANGELES CREST HWY, LOS ANGELES CO CA	200 - B3
CHILKOUT CAMPGROUND	SIERRA NATIONAL FOREST, MADERA CO CA	181 - C1
CHINA BAR CAMPGROUND	SIERRA NATIONAL FOREST, MADERA CO CA	182 - A1
CHINA CAMPGROUND	TASSAJARA RD, MONTEREY CO CA	188 - C1
CHUCHUPATE CAMPGROUND	LOS PADRES NATIONAL FOREST, VENTURA CO CA	199 - B2
CHULA VISTA CAMPGROUND	LOS PADRES NATIONAL FOREST, VENTURA CO CA	199 - B2
CIBBETS FLAT CAMPGROUND	KITCHEN CREEK RD, SAN DIEGO CO CA	213 - B1
CIENEGA CAMPGROUND	MONTEREY CO CA	188 - C1
CLARK FORK	OFF CLARK FORK RD, TUOLUMNE CO CA	176 - B1
CLEAR LAKE STATE PK CAMPGROUND	SODA BAY RD & SR 175, LAKE CO CA	226 - A5
CLIFF LAKE CAMPGROUND	DEVILS PEAK, KLAMATH CO OR	150 - B1
CLOVER MEADOW CAMPGROUND	SIERRA NATIONAL FOREST, MADERA CO CA	177 - A3
COIT HORSE CAMP	COIT RD, SANTA CLARA CO CA	180 - A1
COLDBROOK CAMPGROUND	COLDBROOK CAMP RD, SAN BERNARDINO CO CA	279 - C7
COLD SPRING CAMPGROUND	MINERAL KING RD, TULARE CO CA	182 - C3
COLD SPRING CAMPGROUND	MONTEREY CO CA	188 - C1
COLDWATER CAMPGROUND	OFF AROUND LAKE MARY RD, MAMMOTH LAKES CA	342 - D10
COLLEGE CAMPGROUND	SIERRA NATIONAL FOREST, FRESNO CO CA	182 - B1
COLSON CAMPGROUND	OFF TEPUSQUET RD, SANTA BARBARA CO CA	198 - B2
COLUSA-SACRAMENTO RIVER ST REC CPGND	ROBERTS RD & LEVEE ST, COLUSA CO CA	169 - B1
COMINGS CAMPGROUND	TURNER CK TR & BIG PINE, MONTEREY CO CA	179 - C3
COND FALLS CAMPGROUND	OFF GLACIER LODGE RD, INYO CO CA	183 - A1
CONVICT CAMPGROUND	CONVICT LAKE, MONO CO CA	177 - B3
COOK SPRINGS CAMPGROUND	MONTEREY CO CA	188 - C1
COON HOLLOW CAMPGROUND	ARMY RD, RIVERSIDE CO CA	210 - C2
CORRAL CREEK CAMPGROUND	GEARHART MOUNTAIN, LAKE CO OR	151 - C1
CORRAL CREEK CAMPGROUND	SEQUOIA NATIONAL FOREST, TULARE CO CA	192 - A2
COTTONWOOD MEADOW CAMPGROUND	COUGAR PEAK, LAKE CO OR	151 - C2
COTTONWOOD SPRING CAMPGROUND	RIVERSIDE CO CA	209 - C2
COUGAR CREEK CAMPGROUND	COUGAR PEAK, LAKE CO OR	151 - C2
COUNCIL CAMPGROUND	BARTON FLATS RD, SAN BERNARDINO CO CA	208 - C1
COUNTY CAMPGROUND	AIR PARK DR, SAN LUIS OBISPO CO CA	272 - A1
COW CAMPGROUND	MENDOCINO NATIONAL FOREST, TEHAMA CO CA	162 - C3
CRESTLINE GROUP CAMPGROUND	CANFIELD RD, SAN DIEGO CO CA	208 - C3
CROWS FOOT CAMPGROUND	OLIVER CIR, MARIPOSA CO CA	176 - C3
CRUICKSHANK CAMPGROUND	LOS PADRES NATL FOREST, MONTEREY CO CA	189 - A2
CRYSTAL LAKE CAMPGROUND	SAN GABRIEL CYN, LOS ANGELES CO CA	200 - C3
CULP VALLEY CAMPGROUND	MONTEZUMA VALLEY RD, SAN DIEGO CO CA	209 - B3
CUSHMAN CAMPGROUND	W OFF ALDER SPRINGS RD, MENDOCINO CO CA	162 - B3
CUYAMACA RANCHO STATE PK CAMPGROUND	12551 HWY 79, SAN DIEGO CO CA	213 - A1
CYPRESS DUNES CAMPGROUND	OFF COAST HWY, SONOMA CO CA	173 - B1
DAIRY CREEK CAMPGROUND	LEE THOMAS CROSSING, LAKE CO OR	151 - C1
DAIRY POINT CAMPGROUND	COLEMAN POINT, LAKE CO OR	151 - C1
DARK CANYON CAMPGROUND	AZALEA TR, RIVERSIDE CO CA	209 - A2
DAVY BROWN CAMPGROUND	OFF FIGUEROA MTN RD, SANTA BARBARA CO CA	198 - B2
DEADHORSE CAMPGROUND	COLEMAN POINT, LAKE CO OR	151 - C1
DEAD HORSE LAKE CAMPGROUND	LEE THOMAS CROSSING, LAKE CO OR	151 - C1
DEAD MULE CAMPGROUND	MENDOCINO NATIONAL FOREST, TEHAMA CO CA	162 - C3
DEAL JUNCTION CAMPGROUND	LOS PADRES NATIONAL FOREST, VENTURA CO CA	199 - A2
DEEP CREEK CAMPGROUND	NFD RD 4015, LAKE CO OR	152 - A3
DEEP CREEK PUB CAMPGROUND	DEEP CREEK CAMP RD, SAN BERNARDINO CO CA	278 - D7
DEER CANYON CAMPGROUND	CRYSTAL COVE STATE PARK, ORANGE CO CA	288 - B6
DEER FLATS CAMPGROUND	OFF ANGELES CREST HWY, LOS ANGELES CO CA	200 - C3
DEER HORN CAMP	HOBBS RD, SANTA CLARA CO CA	254 - D6
DEL NORTE COAST REDWOODS CAMPGROUND	S OF HAMILTON RD, DEL NORTE CO CA	216 - B6
DEVILS POSTPILE CAMPGROUND	MINARET SUMMIT RD, MADERA CO CA	263 - B7
DIAMOND JACK CAMPGROUND	SAN DIEGO CO CA	296 - D1
DIAZ LAKE CAMPGROUND	HWY 395 & DIAZ LAKE, LONE PINE CA	183 - B3
DIMMICK, PAUL M WAYSIDE CAMPGROUND	HWY 128 & NAVARRO RDG RD, MENDOCINO CO CA	167 - C2
DIVIDE CAMPGROUND	MONTEREY CO CA	188 - C1
DOE CREEK CAMPGROUND	GOLDEN, JOSEPHINE CO OR	149 - A1
DOG LAKE CAMPGROUND	DOG LAKE, LAKE CO OR	151 - C2
DOGWOOD CAMPGROUND	DALEY CYN RD, SAN BERNARDINO CO CA	278 - C7
DOMINGUEZ CAMPGROUND	VENTURA CO CA	276 - A3
DONNER MEM STATE PK CAMPGROUND	TRUCKEE CA	228 - D6
DORABELLE CAMPGROUND	DORABELLE RD & RTE 168, FRESNO CO CA	182 - A1
DORAN PK CAMPGROUND	DORAN BEACH RD, SONOMA CO CA	173 - B1
DOWVILLE CAMPGROUND	SIERRA NATIONAL FOREST, FRESNO CO CA	182 - A1
DREWS CREEK CAMPGROUND	FITZWATER POINT, LAKE CO OR	151 - C2
DRIPPING SPRINGS CAMPGROUND	HWY 79, RIVERSIDE CO CA	208 - C3
DUFF CREEK CAMPGROUND	CREEK RD & PROVIDENCE CK RD, FRESNO CO CA	182 - A2
EAGLE LAKE CAMPGROUND	OFF HWY 139, LASSEN CO CA	159 - C3
EAST FORK CAMPGROUND	OFF ROCK CREEK RD, MONO CO CA	177 - C3
EEL RIVER CAMPGROUND	OFF MENDOCINO PASS RD, MENDOCINO CO CA	162 - B3
EL CHORRO CAMPGROUND	DAIRY CREEK RD, SAN LUIS OBISPO CO CA	271 - C4
EL DORADOVILLE CAMPGROUND	SHOEMAKER CANYON RD, LOS ANGELES CO CA	200 - C3
ELK CAMPGROUND	LOS PADRES NATL FOREST, MONTEREY CO CA	189 - A2
EL PRADO CAMPGROUND	SUNRISE HWY, SAN DIEGO CO CA	213 - B1
EMERALD BAY STATE PK CAMPGROUND	EMERALD BAY RD, EL DORADO CO CA	231 - B7
EQUESTRIAN CAMPGROUND	HWY 173, SAN BERNARDINO CO CA	278 - B5
ESCONDIDO CAMPGROUND	INDIANS RD, MONTEREY CO CA	188 - C1
ESPINOZA CAMPGROUND	MONTEREY CO CA	188 - C1
FAIRVIEW CAMPGROUND	COLLIER BUTTE, CURRY CO OR	148 - B1
FAIRVIEW CAMPGROUND	SEQUOIA NATIONAL FOREST, TULARE CO CA	192 - A2
FALLS CAMPGROUND	OFF PARADISE RD, SANTA BARBARA CO CA	274 - C5
FALLS CAMPGROUND, THE	SIERRA NATIONAL FOREST, MADERA CO CA	181 - C1
FENCE MEADOW CAMPGROUND	SIERRA NATIONAL FOREST, FRESNO CO CA	182 - B2
FERN BASIN CAMPGROUND	AZALEA TR, RIVERSIDE CO CA	208 - C2
FIRST FALLS CAMPGROUND	OFF GLACIER LODGE RD, INYO CO CA	183 - A1
FISH CAMP CAMPGROUND	MONTEREY CO CA	188 - C1
FISH CREEK CAMPGROUND	SEQUOIA NATIONAL FOREST, TULARE CO CA	192 - B1
FISH CREEK CAMPGROUND	SIERRA NATIONAL FOREST, MADERA CO CA	182 - A1
FISHERMAN CAMPGROUND	DINKELY CK RD & MCKINNELY, FRESNO CO CA	182 - B2
FISH FORK CAMPGROUND	OFF ANGELES CREST HWY, LOS ANGELES CO CA	200 - C3
FLORENCE LAKE CAMPGROUND	NEAR FLORENCE LAKE, FRESNO CO CA	182 - B1
FLUMET FLAT CAMPGROUND	SQUAW LAKES, JACKSON CO OR	149 - B2
FOLSOM LAKE ST REC AREA CAMPGROUND	MADISON AV & FOLSOM BLVD, FOLSOM CA	236 - B5
FORBUSH FLAT CAMPGROUND	E CM CIELO & GIBRLTR, SANTA BARBARA CO CA	274 - D5
FOREST OF NISENE MARKS ST PK CAMPGROUND	OFF APTOS CREEK RD, SANTA CRUZ CO CA	256 - B2
FORKS CAMPGROUND	INYO NATIONAL FOREST, INYO CO CA	182 - C1
FORKS CAMPGROUND	MONTEREY CO CA	188 - C1
FOSSIL (GROUP) CAMPGROUND	OFF HWY 168, INYO CO CA	183 - B1
FOSTER BAR CAMPGROUND	ILLAHE, CURRY CO OR	148 - C1
FOUR JEFFREY CAMPGROUND	INYO NATIONAL FOREST, INYO CO CA	182 - C1
FOURMILE LAKE CAMPGROUND	LAKE OF THE WOODS NORTH, KLAMATH CO OR	150 - B1
FREMONT PK CAMPGROUND	CABIN LN & PARADISE, SANTA BARBARA CO CA	274 - B5
FRENCH GULCH CAMPGROUND	SQUAW LAKES, JACKSON CO OR	149 - B2
FRENCH MEADOWS CAMPGROUND	OFF FRENCH MEADOWS RD, PLACER CO CA	171 - A2
FRESNO CAMPGROUND	MONTEREY CO CA	188 - C1
FRESNO DOME CAMPGROUND	OFF HWY 41, MADERA CO CA	176 - C3
FRIIS CAMPGROUND	OFF E POZO RD, SAN LUIS OBISPO CO CA	190 - A3
FROG LAKE CAMP	HOBBS RD, SANTA CLARA CO CA	254 - D6
FRY CREEK CAMPGROUND	HWY TO THE STARS, SAN DIEGO CO CA	208 - C3
FURNACE CREEK CAMPGROUND	HWY 190, INYO CO CA	184 - C3
GAGGS CAMP CAMPGROUND	SIERRA NATIONAL FOREST, MADERA CO CA	182 - A1
GAVIOTA STATE PK CAMPGROUND	US 101 & GAVIOTA BCH, SANTA BARBARA CO CA	273 - A6
GIGANTEA CAMPGROUND	MCKINELY GROVE RD, FRESNO CO CA	182 - B2
GIRL SCOUT CAMPGROUND	SAN JACINTO WLDRNS AREA, RIVERSIDE CO CA	209 - A2
GLACIER CAMPGROUND	MT BALDY RD, SAN BERNARDINO CO CA	201 - A3
GLASS CREEK CAMPGROUND	HWY 395 & GLASS CREEK RD, MONO CO CA	263 - C4
GOAT CAMPGROUND	W OFF ALDER SPRINGS RD, MENDOCINO CO CA	162 - B3
GOAT CAMPGROUND	MONTEREY CO CA	188 - C1
GOLD HILL CAMPGROUND	GOLD HILL RD & HUNGRY VLY, VENTURA CO CA	199 - B2
GOLD LEDGE CAMPGROUND	SEQUOIA NATIONAL FOREST, TULARE CO CA	192 - A2
GOODALE CREEK CAMPGROUND	GOODALE RD, INYO CO CA	183 - A2
GRANDVIEW CAMPGROUND	OFF HWY 168, INYO CO CA	183 - B1
GRANITE CREEK CAMPGROUND	SIERRA NATIONAL FOREST, MADERA CO CA	177 - A3
GRASS LAKE CAMPGROUND	DEVILS PEAK, KLAMATH CO OR	150 - B1
GRASS LAKE CAMPGROUND NUMBER 2	DEVILS PEAK, KLAMATH CO OR	150 - B1
GRASSY FLAT CAMPGROUND	OFF REDWOOD HWY, DEL NORTE CO CA	148 - C3
GRAYS MEADOW CAMPGROUND	ONION VALLEY RD, INYO CO CA	183 - A2
GREEN VALLEY CAMPGROUND	CUYAMACA HWY, SAN DIEGO CO CA	213 - A1
GREEN VALLEY CAMPGROUND	GREEN VALLEY LK RD, SAN BERNARDINO CO CA	279 - A7
GREYS MTN CAMPGROUND	SIERRA NATIONAL FOREST, MADERA CO CA	181 - C1
GRIZZLY CK REDWOODS ST PK CAMPGROUND	HWY 36, HUMBOLDT CO CA	161 - C1
GROUSE GAP SHELTER	MOUNT ASHLAND, JACKSON CO OR	149 - C2
GROVER HOT SPRINGS STATE PK CAMPGROUND	HWY 89 & SHAY CK SPGS RD, ALPINE CO CA	171 - C3
GUFFY CAMPGROUND	OFF BLUE RIDGE FIRE RD, LOS ANGELES CO CA	200 - C3
GULL LAKE REVERSED CREEK	HWY 158, MONO CO CA	263 - B4
HALFWAY CAMPGROUND	SEQUOIA NATIONAL FOREST, TULARE CO CA	192 - A2
HANNA FLAT CAMPGROUND	COXEY TKTR, SAN BERNARDINO CO CA	279 - B6
HARRIS BEACH STATE PK CAMPGROUND	BROOKINGS, BROOKINGS OR	148 - B2
HARTLEY SPRINGS CAMPGROUND	HWY 395 & OBSIDIAN DOME RD, MONO CO CA	263 - C4
HATFIELD, GEORGE J STATE REC AREA	4394 KELLEY RD, MERCED CO CA	180 - B1
HAVASU PALMS CAMPGROUND	TRAILS END CAMP RD, SAN BERNARDINO CO CA	204 - B3
HEAD OF THE RIVER CAMPGROUND	FUEGO MOUNTAIN, KLAMATH CO OR	151 - A1
HEADQUARTERS CAMPGROUND	DUNNE AV, SANTA CLARA CO CA	254 - D6
HEART BAR CAMPGROUND	RT 38, SAN BERNARDINO CO CA	208 - C1
HEART BAR EQUESTRIAN CAMPGROUND	RT 38, SAN BERNARDINO CO CA	208 - C1
HEMLOCK LAKE CAMPGROUND	PELICAN BUTTE, KLAMATH CO OR	150 - B1
HENDY WOODS CAMPGROUND	OFF HWY 128, MENDOCINO CO CA	168 - A2
HERKEY CREEK CAMPGROUND	APPLE CANYON RD, RIVERSIDE CO CA	209 - A2
HIDDEN POTRERO CAMPGROUND	OFF PARADISE RD, SANTA BARBARA CO CA	274 - C4
HIDDEN SPRINGS CAMPGROUND	AVENUE OF THE GIANTS, HUMBOLDT CO CA	161 - C1
HIDDEN VALLEY CAMPGROUND	QUAIL SPRINGS RD, RIVERSIDE CO CA	209 - B1
HIDING CANYON CAMPGROUND	MONTEREY CO CA	188 - C1
HIGH SIERRA CAMPGROUND	SIERRA NATIONAL FOREST, FRESNO CO CA	182 - B1
HOEGEE CAMPGROUND	OFF MOUNT WILSON RD, LOS ANGELES CO CA	282 - C1
HOG PEN SPRING CAMPGROUND	OFF HWY 166, SANTA BARBARA CO CA	198 - C2
HOLCOMB VALLEY CAMPGROUND	HOLCOMB VALLEY RD, SAN BERNARDINO CO CA	279 - C5
HOLE-IN-THE-WALL CAMPGROUND	OFF OF ESSEX WY, SAN BERNARDINO CO CA	203 - B1
HOLIDAY CAMPGROUND	OFF HWY 395, MONO CO CA	177 - C3
HORSE CAMPGROUND	S OFF ALDER SPRINGS RD, MENDOCINO CO CA	162 - B3
HORSE HEAVEN CAMPGROUND	SUNRISE HWY, SAN DIEGO CO CA	213 - B1
HORSE MEADOW CAMPGROUND	SEQUOIA NATIONAL FOREST, TULARE CO CA	192 - A2
HORSESHOE LAKE GROUP CAMPGROUND	LAKE MARY RD, MAMMOTH LAKES CA	263 - C7
HORSE SPRINGS	GRAPEVINE CYN RD, SAN BERNARDINO CO CA	279 - A5
HORTON CREEK CAMPGROUND	ROUND VALLEY & HORTON CREEK, INYO CO CA	182 - C1
HOSP FLAT CAMPGROUND	SEQUOIA NATIONAL FOREST, TULARE CO CA	192 - A2
HOT SPRINGS CAMPGROUND	OFF BLM RD 61064, LAKE CO OR	152 - C1
HUCKLEBERRY CAMPGROUND	LODGE RD, SANTA CRUZ CO CA	252 - D6
HUMBUG MTN CAMPGROUND	PORT ORFORD, CURRY CO OR	148 - B1
HUNGRY VALLEY ST VEH REC AREA CAMPGRND	GOLD HILL RD & HWY 5, LOS ANGELES CO CA	199 - C2
HUNTINGTON LAKE CAMPGROUND	HWY 168 & HUNTINGTON LK RD, FRESNO CO CA	182 - A1
HYATT LAKE CAMPGROUND	HYATT RESERVOIR, JACKSON CO OR	150 - A2
IDLEHOUR CAMPGROUND	OFF MOUNT WILSON RD, LOS ANGELES CO CA	282 - B1
ILLAHE CAMPGROUND	ILLAHE, CURRY CO OR	148 - C1
INDEPENDENCE CREEK CAMPGROUND	ONION VALLEY RD & 18 MARKET, INYO CO CA	183 - B2
INDIAN COVE CAMPGROUND	INDIAN COVE CIR, SAN BERNARDINO CO CA	209 - B1
INDIAN CREEK CAMPGROUND	GOLD BEACH, CURRY CO OR	148 - B1
INDIAN FLAT CAMPGROUND	OFF HWY 140, MARIPOSA CO CA	262 - A5
INDIAN FLATS CAMPGROUND	PUERTA LA CRUZ RD, SAN DIEGO CO CA	209 - A3
INDIAN GRINDING ROCK ST HIST PK CMPGRND	14881 PINE GROVE VOLCANO RD, AMADOR CO CA	175 - C1
INDIAN HILLS CAMPGROUND	SAN DIEGO CO CA	296 - D2
INDIAN VALLEY CAMPGROUND	MONTEREY CO CA	188 - C1
INTAKE CAMPGROUND	INYO NATIONAL FOREST, INYO CO CA	182 - C1
IRISHMANS CAMPGROUND	COX FLAT, LAKE CO OR	151 - C2
IRIS MEADOW CAMPGROUND	OFF ROCK CREEK RD, MONO CO CA	177 - C3
IRONWOOD CAMPGROUND	CIENAGA LARGA RD, SAN BERNARDINO CO CA	279 - B5

© 2003 Thomas Bros. Maps ®

CRA

INDEX

CAMPGROUNDS

POINTS OF INTEREST

CAMPGROUNDS 432

FEATURE NAME City State	Page-Grid
ISLAND LAKE CAMPGROUND PELICAN BUTTE, KLAMATH CO OR	150 - B1
JACKASS MEADOW CAMPGROUND NEAR FLORENCE LAKE, FRESNO CO CA	182 - B1
JACKSON CAMPGROUND MONTEREY CO CA	188 - B1
JACKSON FLAT CAMPGROUND ANGELES NATL FOREST, LOS ANGELES CO CA	200 - C3
JEDIAH SMITH REDWOODS STATE CAMPGROUND ALONG HWY 199, DEL NORTE CO CA	216 - C4
JENKINSON LAKE CAMPGROUND SLY PK & MORMON EMIGRANT, EL DORADO CO CA	170 - C3
JESSE CAMPGROUND OFF TEPUSQUET RD, SANTA BARBARA CO CA	198 - B1
JUMBO ROCKS CAMPGROUND LOOP RD, RIVERSIDE CO CA	209 - C1
JUNE LAKE LOOP CAMPGROUND HWY 395 & HWY 158, MONO CO CA	263 - B3
JUNIPER CAMPGROUND OFF HWY 168, INYO CO CA	183 - B1
KAISER DIGGINGS CAMPGROUND SIERRA NATIONAL FOREST, FRESNO CO CA	182 - A1
KAISER PASS CAMPGROUND SIERRA NATIONAL FOREST, FRESNO CO CA	182 - B1
KEERAN CAMPGROUND ALDER SPRINGS RD, GLENN CO CA	162 - C3
KELTY MEADOW CAMPGROUND SIERRA NATIONAL FOREST, MADERA CO CA	181 - C1
KENNEDY MEADOW CAMPGROUND KENNEDY MEADOW RD, TULARE CO CA	192 - B1
KERN RIVER PK CAMPGROUND CAMPGROUND RD, KERN CO CA	191 - C3
KINGSLEY GLADE CAMPGROUND MENDOCINO PASS RD, TEHAMA CO CA	162 - C2
KINNIKINNICK CAMPGROUND SIERRA NATIONAL FOREST, FRESNO CO CA	182 - A1
KIRCH FLAT CAMPGROUND TRIMMER SPRINGS RD, FRESNO CO CA	182 - B2
KIRK CREEK CAMPGROUND OFF HWY 1, MONTEREY CO CA	188 - C2
KOA ASHLAND 5310 HWY 66, JACKSON CO OR	150 - A2
KOA CAMPGROUND DEL NORTE CO CA	216 - B3
KOA CAMPGROUND STODDARD WELLS RD, VICTORVILLE CA	278 - B1
KOA GRANTS PASS/REDWOOD HWY 13370 REDWOOD HWY, JOSEPHINE CO OR	149 - A2
KOA GRANTS PASS/SUNNY VALLEY 140 OLD STAGE RD, JOSEPHINE CO OR	149 - A1
KOA KLAMATH FALLS 3435 SHASTA WY, KLAMATH FALLS OR	150 - C2
KOA MEDFORD/GOLD HILL BLACKWELL RD & HWY 234, JACKSON CO OR	149 - B1
KOKANEE CAMPGROUND SIERRA NATIONAL FOREST, FRESNO CO CA	182 - B1
KUMEYAAY LAKE CAMPGROUND FATHER JUNIPERO SERRA TR, SAN DIEGO CA	294 - A6
LAGUNA CAMPGROUND SUNRISE HWY, SAN DIEGO CO CA	213 - B1
LA HUPP CAMPGROUND INYO NATIONAL FOREST, INYO CO CA	182 - C1
LAKE ALMANOR CAMPGROUND PLUMAS CO CA	164 - B2
LAKE FULMOR CAMPGROUND BAN IDYLLWILD PNRMIC HWY, RIVERSIDE CO CA	208 - C2
LAKE HEMET CAMPGROUND HEMET LAKE RD, RIVERSIDE CO CA	209 - A2
LAKE HENSHAW CAMPGROUND HWY 76 & HWY 79, SAN DIEGO CO CA	209 - A3
LAKE MCCLURE CAMPGROUND MERCED FALLS & BANDERILLA, MARIPOSA CO CA	176 - A3
LAKE MCSWAIN CAMPGROUND HORNITOS RD & MERCED FLS, MARIPOSA CO CA	176 - A3
LAKE MENDOCINO CAMPGROUND US 101 & HWY 20, MENDOCINO CO CA	225 - A1
LAKE OROVILLE ST REC AREA CAMPGROUND OFF OREGON RD, E OF OROVILLE, BUTTE CO CA	223 - C6
LAKE SELMAC CAMPGROUND LAKESHORE DR, JOSEPHINE CO OR	149 - A2
LAKE SISKIYOU CAMPGROUND NORTH SHORE RD, SISKIYOU CO CA	298 - C9
LAKE SOLANO CAMPGROUND PLEASANTS VLY RD & SACKETT, SOLANO CO CA	244 - C2
LAKEVIEW CAMPGROUND TRIMMER SPRINGS RD & CK RD, FRESNO CO CA	182 - A2
LA PANZA CAMPGROUND OFF E POZO RD, SAN LUIS OBISPO CO CA	190 - A3
LATGOWE COVE CAMPGROUND SQUAW LAKES, JACKSON CO OR	149 - B2
LAUNTZ CREEK CAMPGROUND MONTEREY CO CA	188 - C1
LAWLER LODGE CAMPGROUND BAN IDYLLWILD PNRMIC HWY, RIVERSIDE CO CA	208 - C2
LAZY CAMPGROUND OFF TEPUSQUET RD, SANTA BARBARA CO CA	198 - B1
LEE THOMAS CAMPGROUND LEE THOMAS CROSSING, LAKE CO OR	151 - C1
LEO CARRILLO ST BCH CAMPGROUND 36000 PCH, LOS ANGELES CO CA	206 - B1
LIGHTNING POINT CAMPGROUND ANGELES NATL FOREST, LOS ANGELES CO CA	200 - B3
LILY PAD CAMPGROUND POWER HOUSE & MCKINELY GRV, FRESNO CO CA	182 - B2
LIME KILN CREEK CAMPGROUND OFF HWY 1, MONTEREY CO CA	188 - C1
LIMESTONE CAMPGROUND SEQUOIA NATIONAL FOREST, TULARE CO CA	192 - A2
LION DEN CAMPGROUND LOS PADRES NATL FOREST, MONTEREY CO CA	189 - A2
LITTLE DOE CAMPGROUND MENDOCINO PASS RD, MENDOCINO CO CA	162 - B3
LITTLE JACKASS CAMPGROUND SIERRA NATIONAL FOREST, MADERA CO CA	182 - A1
LITTLE JIMMY CAMPGROUND OFF ANGELES CREST HWY, LOS ANGELES CO CA	200 - C3
LITTLE PASS CAMPGROUND GREAT STHN OVLD STG RT, SAN DIEGO CO CA	213 - B1
LITTLE PINES CAMPGROUND VENTANA TER, MONTEREY CO CA	188 - C1
LITTLE REDWOOD CAMPGROUND BOSLEY BUTTE, CURRY CO OR	148 - B2
LITTLE SANDY CAMPGROUND OFF HWY 41, MADERA CO CA	176 - C3
LITTLE SUR CAMPGROUND PALO COLORADO RD, MONTEREY CO CA	179 - B3
LIVE OAK CAMPGROUND LITTLE TUJUNGA RD, LOS ANGELES CO CA	277 - B5
LIVE OAK CAMPGROUND OFF PARADISE RD, SANTA BARBARA CO CA	274 - C5
LOAFER CREEK CAMPGROUND OROVILLE CA	223 - D6
LOBSTER CREEK CAMPGROUND QUOSATANA BUTTE, CURRY CO OR	148 - B1
LOCUST GROVE CAMPGROUND TUTTLE CK & INDIAN CEM RD, LONE PINE CA	183 - B3
LOFTON RESERVOIR CAMPGROUND QUARTZ VALLEY, LAKE CO OR	151 - C2
LOGAN MEADOW CAMPGROUND SIERRA NATIONAL FOREST, MADERA CO CA	182 - A1
LOGWOOD CAMPGROUND MONTEREY CO CA	188 - C1
LONE SEQUOIA CAMPGROUND OFF HWY 41, MARIPOSA CO CA	181 - C1
LONG RIDGE CAMPGROUND QUAIL PRAIRIE MOUNTAIN, CURRY CO OR	148 - B2
LOS BANOS CREEK CAMPGROUND MERCED CO CA	180 - B2
LOS COYOTES RESV CAMPGROUND LOS COYOTES INDIAN RES, SAN DIEGO CO CA	209 - A3
LOS CRUZEROS CAMPGROUND MAHONEY MEADOWS RD, SANTA CLARA CO CA	180 - A1
LOS PRIETOS CAMPGROUND POTRERO & PARADISE, SANTA BARBARA CO CA	274 - B5
LOST VALLEY BOY SCOUT CAMP LOST VALLEY TKTR, SAN DIEGO CO CA	209 - A3
LOST VALLEY CAMPGROUND MONTEREY CO CA	188 - C1
LOST VALLEY CAMPGROUND OFF FIGUEROA MTN RD, SANTA BARBARA CO CA	198 - B2
LOTTIE POTRERO CAMPGROUND LOS PADRES NATL FOREST, MONTEREY CO CA	189 - A2
LOWER BEE CAMPGROUND MONTEREY CO CA	188 - C1
LOWER BLAYNEY CAMPGROUND SIERRA NATIONAL FOREST, FRESNO CO CA	182 - B1
LOWER CALIENTE CAMPGROUND OFF HWY 192, SANTA BARBARA CO CA	198 - C3
LOWER CHIQUITO CAMPGROUND SIERRA NATIONAL FOREST, MADERA CO CA	182 - A1
LOWER DEADMAN CAMPGROUND DEADMAN CREEK RD, MONO CO CA	263 - C5
LOWER DINKEY CREEK CAMPGROUND DINKEY CREEK RD, FRESNO CO CA	182 - B2
LOWER FISH FORK CAMPGROUND OFF ANGELES CREST HWY, LOS ANGELES CO CA	200 - C3
LOWER GRAYS MEADOW CAMPGROUND ONION VALLEY RD, INYO CO CA	183 - A2
LOWER MORO RIDGE CAMPGROUND CRYSTAL COVE STATE PARK, ORANGE CO CA	288 - B6
LOWER OSOS CAMPGROUND OFF PARADISE RD, SANTA BARBARA CO CA	274 - C4
LOWER PEPPERMINT CAMPGROUND SEQUOIA NATIONAL FOREST, TULARE CO CA	192 - A1
LOWER PINE CREEK CAMPGROUND LOS PADRES NATL FOREST, MONTEREY CO CA	179 - C3
LOWER PINEY CAMPGROUND LOS PADRES NATL FOREST, MONTEREY CO CA	189 - A1
LOWER ROCK CREEK CAMPGROUND OFF HWY 395, MONO CO CA	177 - C3
LUPINE CAMPGROUND OFF ANGELES CREST HWY, LOS ANGELES CO CA	200 - C3
LUPINE CAMPGROUND SIERRA NATIONAL FOREST, MADERA CO CA	181 - C1
MACKERRICHER STATE PK CAMPGROUND SR 1 AND MILL CREEK RD, MENDOCINO CO CA	224 - B1
MADRONE CAMPGROUND MONTEREY CO CA	188 - C1
MALAKOFF DIGGINS ST HIST PK CAMPGROUND BACKBONE AT BLOOMFIELD, NEVADA CO CA	170 - B1
MAMMOTH POOL CAMPGROUND SIERRA NATIONAL FOREST, MADERA CO CA	182 - A1
MANCHESTER ST BCH CAMPGROUND HWY 1 & STONEBORO RD, MENDOCINO CO CA	167 - C2
MANKER FLATS CAMPGROUND MT BALDY RD, SAN BERNARDINO CO CA	201 - A3
MANZANITA LAKE CAMPGROUND OFF LASSEN PEAK HWY, SHASTA CO CA	222 - B4
MANZANITA POINT GROUP CAMPGROUNDS DUNNE AV, SANTA CLARA CO CA	254 - D7
MAPLE CAMPGROUND MATILIJA RD & HWY 33, VENTURA CO CA	199 - A3
MARIAN CAMPGROUND LOS PADRES NATIONAL FOREST, KERN CO CA	199 - B2
MARION MTN CAMPGROUND MARION MOUNTAIN TR, RIVERSIDE CO CA	209 - A2
MARMOT ROCK CAMPGROUND NEAR COURTRIGHT RESERVOIR, FRESNO CO CA	182 - B2
MARSTERS SPRING CAMPGROUND MORGAN BUTTE, LAKE CO OR	151 - C1
MAR-TAR-AWA CAMPGROUND OLD HIGHWAY 80, SAN DIEGO CO CA	213 - A1
MASTERSON CAMPGROUND ALDER SPRINGS RD, GLENN CO CA	162 - C3
MATIAS POTRERO CAMPGROUND OFF E CAMINO CIELO, SANTA BARBARA CO CA	274 - C5
MATILIJA CAMPGROUND MATILIJA RD & HWY 33, VENTURA CO CA	199 - A3
MCCALL MEM PK CAMPGROUND MCCALL PARK RD, RIVERSIDE CO CA	209 - A2
MCCLOUD LAKE CAMPGROUND LAKE MARY RD, MAMMOTH LAKES CA	263 - C7
MCCONNELL STATE REC AREA CAMPGROUND LIVINGSTON CASSEY RD, MERCED CO CA	180 - C1
MCCREARY MEADOW CAMPGROUND SIERRA NATIONAL FOREST, MADERA CO CA	177 - A3
MCCURDY CAMPGROUND OPHIR MOUNTAIN, CURRY CO OR	148 - B1
MCGEE CAMPGROUND OFF HWY 395, MONO CO CA	177 - C3
MCGILL CAMPGROUND LOS PADRES NATIONAL FOREST, KERN CO CA	199 - B2
MCGRATH ST BCH CAMPGROUND HARBOR BLVD & GONZALES RD, OXNARD CA	275 - A6
MCKINLEY GROVE CAMPGROUND MCKINELY GROVE RD, FRESNO CO CA	182 - B2
MEADOW CREEK CAMPGROUND GOLDEN, JOSEPHINE CO OR	148 - C2
MEADOW VIEW CAMPGROUND OFF HWY 108, TUOLUMNE CO CA	176 - B1
MEDEIROS CAMPGROUND MERCED CO CA	180 - B2
MEM PK CAMPGROUND LOS PADRES NATL FOREST, MONTEREY CO CA	189 - A1
MERRILL CAMPGROUND OFF EAGLE LAKE RD, LASSEN CO CA	164 - C1
MESA CAMPGROUND SILVERWOOD LAKE SRA, SAN BERNARDINO CO CA	278 - A6
MESCAL CAMPGROUND BIG PINES HWY, LOS ANGELES CO CA	200 - C3
MIDDLE CAMUESA CAMPGROUND OFF PARADISE RD, SANTA BARBARA CO CA	274 - D4
MIDDLE MATILIJA CAMPGROUND MATILIJA RD & HWY 33, VENTURA CO CA	199 - A3
MID HILLS CAMPGROUND KELSO CIMO RD, SAN BERNARDINO CO CA	203 - A1
MIGUEL CAMPGROUND LOS PADRES NATL FOREST, MONTEREY CO CA	189 - A2
MILLARD CAMPGROUND OFF MOUNT LOWE MTWY, LOS ANGELES CO CA	282 - A1
MILL CREEK CAMPGROUND MONTEREY CO CA	188 - C2
MILLER MEADOW CAMPGROUND SIERRA NATIONAL FOREST, MADERA CO CA	177 - A3
MILLERTON LAKE REC AREA CAMPGROUND MILLERTON RD & SKY DR, MADERA CO CA	181 - C2
MILL FLAT CAMPGROUND RIDGE RD, FRESNO CO CA	182 - B2
MILLPOND CAMPGROUND OFF GRANT RD, JACKSON CO OR	149 - C2
MILL POND CAMPGROUND SAWMILL RD & ED POWERS RD, INYO CO CA	183 - A1
MINARET FALLS CAMPGROUND MINARET SUMMIT RD, MADERA CO CA	263 - B7
MINARET VISTA CAMPGROUND OFF MINARET SUMMIT RD, MONO CO CA	263 - B6
MINE CAMP CAMPGROUND LOS PADRES NATIONAL FOREST, VENTURA CO CA	199 - A2
MINE GULCH CAMPGROUND ANGELES NATL FOREST, LOS ANGELES CO CA	200 - C3
MITCHELL CAVERNS CAMPGROUND ESSEX RD, SAN BERNARDINO CO CA	203 - A1
MOCHO CAMPGROUND MONTEREY CO CA	188 - C1
MONO CAMPGROUND OFF HWY 192, SANTA BARBARA CO CA	198 - C3
MONO CREEK CAMPGROUND SIERRA NATIONAL FOREST, FRESNO CO CA	182 - B1
MONTE CRISTO CAMPGROUND ANGELES FOREST HWY, LOS ANGELES CO CA	200 - B3
MONTGOMERY POTRERO CAMPGROUND OFF HWY 166, SANTA BARBARA CO CA	198 - C2
MOSQUITO FLAT CAMPGROUND OFF ROCK CREEK RD, INYO CO CA	177 - C3
MTN GLEN CAMPGROUND INYO NATIONAL FOREST, INYO CO CA	182 - C1
MTN STA YNEZ OFF HWY 192, SANTA BARBARA CO CA	198 - C3
MOUNT OAK CAMPGROUND BIG PINES HWY, LOS ANGELES CO CA	200 - C3
MOUNT PINOS CAMPGROUND LOS PADRES NATIONAL FOREST, VENTURA CO CA	199 - B2
MOUNT RAYMOND CAMPGROUND OFF HWY 41, MADERA CO CA	176 - C3
MOUNT SAN JACINTO STATE PK CAMPGROUND MT SAN JACINTO ST PK, RIVERSIDE CO CA	209 - A2
MUD CREEK CAMPGROUND OFF NFD RD 3615, LAKE CO OR	152 - A2
MUDFLAT CAMPGROUND ROUND VALLEY RD, TEHAMA CO CA	162 - C3
MULLIGAN BAY CAMPGROUND SQUAW LAKES, JACKSON CO OR	149 - B2
MURIETTA CAMPGROUND MATILIJA RD & HWY 33, VENTURA CO CA	199 - A3
MYERS CREEK CAMPGROUND GOLDEN, JOSEPHINE CO OR	149 - A1
NACIMIENTO CAMPGROUND LOS PADRES NATL FOREST, MONTEREY CO CA	189 - A2
NAVAJO CAMPGROUND OFF E POZO RD, SAN LUIS OBISPO CO CA	190 - A3
NELDER GROVE CAMPGROUND SIERRA NATIONAL FOREST, MADERA CO CA	181 - C1
NETTLE SPRING CAMPGROUND LOS PADRES NATIONAL FOREST, VENTURA CO CA	199 - A2
NINETEEN OAKS CAMPGROUND OFF PARADISE RD, SANTA BARBARA CO CA	274 - C4
NIRA CAMPGROUND OFF FIGUEROA MTN RD, SANTA BARBARA CO CA	198 - B2
NORTH CREEK CAMPGROUND LEE THOMAS CROSSING, LAKE CO OR	151 - C1
NORTH FORK CAMPGROUND MOUNT MCLOUGHLIN, JACKSON CO OR	150 - A2
NORTH LAKE CAMPGROUND JOHN MUIR WILDERNESS AREA, INYO CO CA	182 - C1
NORTH SHORE CAMPGROUND LAKE SAN ANTONIO, MONTEREY CO CA	189 - B2
NORTH SHORE CAMPGROUND ROUSE HOSPITAL RD, SAN BERNARDINO CO CA	278 - D6
OAK CAMPGROUND LOS PADRES NATIONAL FOREST, VENTURA CO CA	199 - A2
OAK CREEK CAMPGROUND NORTH OAK CREEK RD, INYO CO CA	183 - A2
OAK FLAT CAMPGROUND SIERRA NATIONAL FOREST, FRESNO CO CA	182 - B2
OAK GROVE CAMPGROUND OFF HWY 79, SAN DIEGO CO CA	208 - C3
OAKS CAMPGROUND MOUNTAIN RD, LOS ANGELES CO CA	200 - C3
OAKWILDE CAMPGROUND ANGELES NATL FOREST, LOS ANGELES CO CA	200 - B3
OAKWOOD LAKE RESORT CAMPGROUND 874 E WOODWARD AV, SAN JOAQUIN CO CA	175 - A3
OBSERVATORY CAMPGROUND HWY TO THE STARS, SAN DIEGO CO CA	208 - C3
OBSIDIAN GROUP CAMPGROUND DEADMAN CREEK RD, MONO CO CA	263 - C5
OCEANO CAMPGROUND PIER AV, SAN LUIS OBISPO CO CA	272 - A1
ODESSA CAMPGROUND PELICAN BAY, KLAMATH CO OR	150 - B1
OH RIDGE CAMPGROUND JUNE LK AVALANCHE BY-PASS RD, MONO CO CA	263 - B3
OJITO CAMPGROUND MONTEREY CO CA	188 - C1
OLD CORRAL CAMPGROUND MANZANITA POINT RD, SANTA CLARA CO CA	254 - D6
ONION VALLEY CAMPGROUND ONION VALLEY RD, INYO CO CA	183 - A2
OSO LOBO CAMPGROUND RT 38, SAN BERNARDINO CO CA	208 - C1
OUTLAW CAMPGROUND MONTEREY CO CA	188 - C1
OWL CANYON CAMPGROUND OFF IRWIN RD, SAN BERNARDINO CO CA	201 - C1
OZENA CAMPGROUND LOS PADRES NATIONAL FOREST, VENTURA CO CA	199 - A2
PADDOCK CAMP CAMPBELL RESERVOIR, KLAMATH CO OR	151 - B1
PAIUTE CAMPGROUND BALDY RD, SAN BERNARDINO CO CA	201 - A3
PALI MTN CAMPGROUND RIM OF THE WRLD HWY, SAN BERNARDINO CO CA	278 - D7
PALISADE CAMPGROUND OFF ROCK CREEK RD, MONO CO CA	177 - C3
PALOMAR MTN STATE PK CAMPGROUND BIRCH HILL RD, SAN DIEGO CO CA	208 - C3
PARADISE PK CAMPGROUND PARADISE & FREMONT, SANTA BARBARA CO CA	274 - B5
PASADENA YMCA CAMP CEDAR LAKE RD, SAN BERNARDINO CO CA	279 - C7
PASO PICACHO CAMPGROUND CUYAMACA HWY, SAN DIEGO CO CA	213 - A1
PATRICKS POINT STATE PK CAMPGROUND PATRICKS PT DR & US 101, HUMBOLDT CO CA	156 - B2
PAT SPRINGS CAMPGROUND BIG PINES TR, MONTEREY CO CA	179 - C3
P BAR FLATS CAMPGROUND OFF HWY 192, SANTA BARBARA CO CA	198 - C3
PELON CAMPGROUND MONTEREY CO CA	188 - C1
PEPPERMINT CAMPGROUND SEQUOIA NATIONAL FOREST, TULARE CO CA	192 - A1
PETERSON CAMPGROUND MENDOCINO NATIONAL FOREST, TEHAMA CO CA	162 - C3

CRA

INDEX

433 CAMPGROUNDS

POINTS OF INTEREST

CAMPGROUNDS

FEATURE NAME / City State	Page-Grid
PFEIFFER-BIG SUR STATE PK CAMPGROUND HWY 1 & SYCAMORE CYN RD, MONTEREY CO CA	188 - B1
PICACHO STATE REC AREA CAMPGROUN GARILAN RD & S34, IMPERIAL CO CA	215 - A1
PICO BLANCO CAMPGROUND MONTEREY CO CA	188 - C1
PINCHOT, GIFFORD CAMPGROUND RTE 168, FRESNO CO CA	182 - A1
PINE CLIFF CAMPGROUND JUNE LK AVALANCHE BY-PASS RD, MONO CO CA	263 - B3
PINE GROVE CAMPGROUND OFF ROCK CREEK RD, MONO CO CA	177 - C3
PINE HOLLOW CAMPGROUND OFF ANGELES CREST HWY, LOS ANGELES CO CA	200 - C3
PINE KNOT CAMPGROUND PINE KNOT CMPGRND RD, SN BERNARDINO CO CA	279 - C7
PINE MTN CAMPGROUND AZALEA TR, RIVERSIDE CO CA	208 - C2
PINE MTN CAMPGROUND LOS PADRES NATIONAL FOREST, VENTURA CO CA	199 - A2
PINE RIDGE CAMPGROUND MONTEREY CO CA	188 - C1
PINE SHORE FORKS CAMPGROUND SIERRA NATIONAL FOREST, MADERA CO CA	181 - C1
PINE VALLEY CAMPGROUND MONTEREY CO CA	188 - C1
PINO ALTO CAMPGROUND FIGUEROA MOUNTAIN RD, SANTA BARBARA CO CA	273 - D1
PINYON CAMPGROUND OFF HWY 168, INYO CO CA	183 - B1
PINYON FLAT CAMPGROUND PINON DR, RIVERSIDE CO CA	209 - A2
PLACER CAMPGROUND SIERRA NATIONAL FOREST, MADERA CO CA	182 - A1
PLASKETT CREEK CAMPGROUND LOS PADRES NATL FOREST, MONTEREY CO CA	189 - A2
PLASKETT RIDGE CAMPGROUND LOS PADRES NATL FOREST, MONTEREY CO CA	189 - A2
PLEASANT VALLEY CAMPGROUND OFF HWY 395, INYO CO CA	183 - A1
PLEITO CREEK CAMPGROUND LOS PADRES NATIONAL FOREST, KERN CO CA	199 - B2
POINT MUGU STATE PK CAMPGROUND HWY 1 & PACIFIC VIEW RD, VENTURA CO CA	206 - B1
POLE BRIDGE CAMPGOUND BROWN MOUNTAIN, JACKSON CO OR	150 - A2
POLETA CAMPGROUND OFF HWY 168, INYO CO CA	183 - B1
PONDEROSA CAMPGROUND LOS PADRES NATL FOREST, MONTEREY CO CA	189 - A2
PORCUPINE FLAT CAMPGROUND OFF TIOGA PASS RD, MARIPOSA CO CA	262 - D2
PORTAL FOREBAY CAMPGROUND SIERRA NATIONAL FOREST, FRESNO CO CA	182 - B1
PORTAL JOE CAMPGROUND WHITNEY PORTAL RD & TUTTLE CK, INYO CO CA	183 - B3
POST GATE CAMPGROUND S OFF ALDER SPRINGS RD, MENDOCINO CO CA	162 - B3
POVERTY FLAT CAMPS POVERTY FLAT RD, SANTA CLARA CO CA	254 - D6
PRADO PK CAMPGROUND EUCLID AV, SAN BERNARDINO CO CA	283 - D6
PRAIRIE CREEK REDWOODS ST PK CMPGRND E OF US 101, N OF ORICK, HUMBOLDT CO CA	156 - B1
PREWITT RIDGE CAMPGROUND LOS PADRES NATL FOREST, MONTEREY CO CA	189 - A2
PROVIDENCE MTNS STATE REC AREA CMPGRND ESSEX RD & HWY 40, SAN BERNARDINO CO CA	203 - A1
PUMICE FLAT CAMPGROUND MINARET SUMMIT RD, MADERA CO CA	263 - B6
QUEEN BEE CAMPGROUND OFF E POZO RD, SAN LUIS OBISPO CO CA	190 - A3
QUOSATANA CAMPGROUND QUOSATANA BUTTE, CURRY CO OR	148 - B1
RAINBOW BAY CAMPGROUND LAKE OF THE WOODS NORTH, KLAMATH CO OR	150 - B2
RAINBOW CAMPGROUND MONTEREY CO CA	188 - C1
RAMBYNAS CAMPGROUND SAN BERNARDINO CO CA	279 - C5
RANCHERIA CAMPGROUND SIERRA NATIONAL FOREST, FRESNO CO CA	182 - B1
RANCHO NUEVO CAMPGROUND LOS PADRES NATIONAL FOREST, VENTURA CO CA	199 - A2
RASPBERRY CAMPGROUND LOS PADRES NATIONAL FOREST, VENTURA CO CA	199 - A2
RATTLESNAKE CREEK CAMPGROUND LOS PADRES NATL FOREST, MONTEREY CO CA	179 - C3
RECREATION POINT CAMPGROUND SIERRA NATIONAL FOREST, MADERA CO CA	181 - C1
REDBUD CAMPGROUND OFF HWY 140, MARIPOSA CO CA	262 - A5
RED LAKE CAMPGROUND PELICAN BUTTE, KLAMATH CO OR	150 - B1
REDROCK CAMPGROUND OFF PARADISE RD, SANTA BARBARA CO CA	274 - C5
RED ROCK CANYON STATE PK HWY 14, KERN CO CA	192 - B3
REDS MEADOW CAMPGROUND OFF MINARET SUMMIT RD, MADERA CO CA	263 - B7
REDWOOD CAMPGROUND SIERRA NATIONAL FOREST, MADERA CO CA	181 - C1
REDWOOD CREEK CAMPGROUND MONTEREY CO CA	188 - C1
REYES CREEK CAMPGROUND LOS PADRES NATIONAL FOREST, VENTURA CO CA	199 - A2
REYES PEAK CAMPGROUND LOS PADRES NATIONAL FOREST, VENTURA CO CA	199 - A2
RICHARDSON GROVE STATE PK CAMPGROUND HWY 271, HUMBOLDT CO CA	161 - C2
RIDGE VIEW CAMPGROUND MANZANITA POINT RD, SANTA CLARA CO CA	254 - D6
ROADS END CAMPGROUND TUJUNGA CANYON RD, LOS ANGELES CO CA	277 - D7
ROCK CREEK CAMPGROUND OFF ROCK CREEK RD, INYO CO CA	177 - C3
ROCK CREEK CAMPGROUND SIERRA NATIONAL FOREST, MADERA CO CA	182 - A1
ROCK CREEK LAKE CAMPGROUND HWY 395 & ROCK CREEK RD, INYO CO CA	177 - C3
ROCKY CREEK CAMPGROUND MONTEREY CO CA	188 - C1
ROCKY POINT CAMPGROUND CHESEBORO RD, LOS ANGELES CO CA	200 - B3
ROLLINS RESERVOIR CAMPGROUND ROLLINS LAKE RD & HWY 174, PLACER CO CA	170 - B2
ROOSEVELT CAMPGROUND APPLE CANYON RD, RIVERSIDE CO CA	209 - A2
ROUND ROCK CAMPGROUND MONTEREY CO CA	188 - C1
RUSH CREEK CAMPGROUND HWY 158, MONO CO CA	263 - A3
RUSSIAN CREEK CAMPGROUND GOLDEN, JOSEPHINE CO OR	149 - A1
RUSSIAN GULCH STATE PK CAMPGROUND HWY 1 & PT CABRILLO DR, MENDOCINO CO CA	224 - A4
RYAN CAMPGROUND LOOP RD, RIVERSIDE CO CA	209 - B1
SABRINA CAMPGROUND INYO NATIONAL FOREST, INYO CO CA	182 - C1
SADDLEBACK BUTTE ST PK CAMPGROUND 170TH ST E & J AV, LOS ANGELES CO CA	200 - C2
SADDLE CAMPGROUND RUSTLER PEAK, JACKSON CO OR	150 - A1
SAGE CAMPGROUND CHESEBORO RD, LOS ANGELES CO CA	200 - B3
SAGE FLAT CAMPGROUND OFF GLACIER LODGE RD, INYO CO CA	183 - A1
SAINT JOSEPHS CAMP MOSCOW RD, SONOMA CO CA	173 - B1
SALT CREEK CAMPGROUND LOS PADRES NATIONAL FOREST, KERN CO CA	199 - B2
SALTON SEA STATE REC AREA CAMPGROUND OFF HWY 111, IMPERIAL CO CA	210 - A3
SAN ANTONIO CAMPGROUND LOS PADRES NATL FOREST, MONTEREY CO CA	189 - A1
SAN CAROSO CAMPGROUND LOS PADRES NATL FOREST, MONTEREY CO CA	189 - A2
SAN CLEMENTE ST BCH CAMPGROUND AVD DEL PRESIDENTE, SAN CLEMENTE CA	291 - A2
SANDHILL CAMPGROUND SANDHILL CROSSING, LAKE CO OR	151 - C1
SAN ELIJO ST BCH CAMPGROUND S CST HWY & CHESTERFLD DR, ENCINITAS CA	293 - B3
SAN FRANCISQUITO CAMPGROUND ANGELES NATL FOREST, LOS ANGELES CO CA	200 - A2
SAN GORGONIO CAMPGROUND BARTON FLATS RD, SAN BERNARDINO CO CA	208 - C1
SAN LUIS CREEK CAMPGROUND MERCED CO CA	180 - B1
SAN MATEO CAMPGROUND CRISTIANITOS RD, SAN DIEGO CO CA	291 - B2
SAN ONOFRE ST BCH CAMPGROUND EL CM REAL & CRSTNTS, SAN DIEGO CO CA	291 - C3
SAN SIMEON CREEK CAMPGROUND CABRILLO HWY, SAN LUIS OBISPO CO CA	189 - B3
SANTA ROSA SPRING CAMPGROUND SANTA ROSA TKTR, RIVERSIDE CO CA	209 - A2
SANTA YNEZ CAMPGROUND OFF PARADISE RD, SANTA BARBARA CO CA	274 - C5
SAWMILL CREEK CAMPGROUND TINEMAHA & BLACK ROCK SPRING, INYO CO CA	183 - A2
SAWMILL FLAT CAMPGROUND MCKINLEY GROVE RD, FRESNO CO CA	182 - B2
SCHOBER LAKE CAMPGROUND MAIN ST & SCHOBER LN, INYO CO CA	183 - A1
SEMPERVIRENS CAMPGROUND LODGE RD, SANTA CRUZ CO CA	252 - D6
SEQUOIA GROUP CAMPGROUND HWY 236, SANTA CRUZ CO CA	252 - D6
SERRANO CAMPGROUND NORTH SHORE LN, SAN BERNARDINO CO CA	279 - C6
SEVENMILE MARSH CAMPGROUND DEVILS PEAK, KLAMATH CO OR	150 - B1
SHADY REST CAMPGROUND OFF SAWMILL CTO, MAMMOTH LAKES CA	342 - G2
SHASTA LAKE CAMPGROUND OFF I-5 N OF REDDING, SHASTA CO CA	220 - A3
SHEEP PASS CAMPGROUND LOOP RD, RIVERSIDE CO CA	209 - B1
SIBERIA CREEK CAMPGROUND GREEN VALLEY TRAIL, SAN BERNARDINO CO CA	285 - D1
SIERRA BEAUTY CAMPGROUND SIERRA NATIONAL FOREST, MADERA CO CA	181 - C1
SIERRA VIEW CAMPGROUND HOBBS RD, SANTA CLARA CO CA	254 - D6
SILVER LAKE CAMPGROUND HWY 158, MONO CO CA	263 - B4
SKEELS MEADOW CAMP HOBBS RD, SANTA CLARA CO CA	254 - D6
SKYLINE RANCH CAMPGROUND OFF SKYLINE TKTR, SAN DIEGO CO CA	213 - A2
SKY MEADOW CAMPGROUND LODGE RD, SANTA CRUZ CO CA	252 - D6
SOCHOLIS CAMPGROUND SOCHOLIS CANYON, KLAMATH CO OR	150 - C1
SODA SPRINGS HOBBS RD, SANTA CLARA CO CA	254 - D6
SODA SPRINGS CAMPGROUND MINARET SUMMIT RD, MADERA CO CA	263 - B6
SOLEDAD CAMPGROUND SOLEDAD CANYON RD, LOS ANGELES CO CA	277 - C3
SOQUEL CAMPGROUND SIERRA NATIONAL FOREST, MADERA CO CA	181 - C1
SOUTH FORK CAMPGROUND BIG ROCK CREEK RD, LOS ANGELES CO CA	200 - C3
SOUTH FORK CAMPGROUND MONTEREY CO CA	188 - C1
SOUTH FORK CAMPGROUND RT 38, SAN BERNARDINO CO CA	208 - C1
SOUTH ISLAND CAMPGROUND PELICAN BUTTE, KLAMATH CO OR	150 - B1
SOUTH LAKE CAMPGROUND DEVILS PEAK, KLAMATH CO OR	150 - B1
SOUTH LAKE CROWLEY CAMPGROUND OFF HWY 395, MONO CO CA	177 - C3
SOUTH PORTAL CAMPGROUND ANGELES NATL FOREST, LOS ANGELES CO CA	200 - A2
SOUTH SHORE CAMPGROUND LAKE SAN ANTONIO, MONTEREY CO CA	189 - B2
SPAGHETTI CAMPGROUND LOS PADRES NATL FOREST, MONTEREY CO CA	179 - C3
SPALDING MILL CAMPGROUND GOLDEN, JOSEPHINE CO OR	149 - A2
SPRING COVE CAMPGROUND SIERRA NATIONAL FOREST, MADERA CO CA	181 - C1
SPRING CREEK CAMPGROUND FORT KLAMATH, KLAMATH CO OR	150 - C1
SPRINGHILL CAMPGROUND SEQUOIA NATIONAL FOREST, TULARE CO CA	192 - A2
SPRUCE CREEK CAMPGROUND LOS PADRES NATL FOREST, MONTEREY CO CA	189 - A2
SPRUCE GROVE CAMPGROUND OFF MOUNT WILSON RD, LOS ANGELES CO CA	282 - C1
SPUNKY CAMPGROUND ANGELES NATL FOREST, LOS ANGELES CO CA	200 - A2
SQUAW LAKES CAMPGROUND SQUAW LAKES, JACKSON CO OR	149 - B2
STAG CAMPGROUND LOS PADRES NATL FOREST, MONTEREY CO CA	189 - A2
STANDISH-HICKEY ST REC AREA CAMPGROUND 1 MI N OF LEGGETT, MENDOCINO CO CA	161 - C2
STEEP RAVINE CAMPGROUND MARIN CO CA	246 - A6
STOCKTON FLAT CAMPGROUND BALDY RD, SAN BERNARDINO CO CA	201 - A3
STONE CREEK CAMPGROUND BANNING IDYLLWILD HWY, RIVERSIDE CO CA	208 - C2
STOVEPIPE CAMPGROUND TENMILE GRADE, MARIPOSA CO CA	176 - C3
STOVEPIPE WELLS CAMPGROUND HWY 190, INYO CO CA	184 - B3
STRAWBERRY CAMPGROUND MONTEREY CO CA	188 - C1
STRINGTOWN CAMPGROUND SQUAW LAKES, JACKSON CO OR	149 - B2
STUART CAMP SANTA CLARA CO CA	253 - B5
SUCKER CREEK SHELTER GOLDEN, JOSEPHINE CO OR	149 - B3
SUGARFOOT CAMPGROUND MENDOCINO NATIONAL FOREST, TEHAMA CO CA	162 - C3
SUGAR PINE CAMPGROUND HYATT RESERVOIR, JACKSON CO OR	150 - A2
SUGAR PINE POINT STATE PK CAMPGROUND EMERALD BAY RD, EL DORADO CO CA	231 - A5
SULPHUR CREEK CAMP RIVER RD & GEYSERS RD, SONOMA CO CA	239 - D2
SULPHUR SPRINGS CAMPGROUND ANGELES NATL FOREST, LOS ANGELES CO CA	200 - B3
SULPHUR SPRINGS CAMPGROUND MONTEREY CO CA	188 - C1
SUMMERDALE CAMPGROUND OFF HWY 41, MARIPOSA CO CA	176 - C3
SUMMIT CAMPGROUND OFF HWY 41, MARIPOSA CO CA	176 - C3
SUMMIT LAKE CAMPGROUND OFF LASSEN PEAK HWY, SHASTA CO CA	222 - C5
SUMMIT MEADOW CAMPGROUND DINKEY CREEK RD, FRESNO CO CA	182 - A1
SUNNY POINT CAMPGROUND MINERAL KING RD, TULARE CO CA	182 - C3
SUNSET CAMPGROUND OFF ICE HOUSE RD, EL DORADO CO CA	171 - A2
SUNSET TEXAS SPRINGS CAMPGROUND HWY 190, INYO CO CA	184 - C3
SUNSHINE CREEK CAMPGROUND FATHER MOUNTAIN, CURRY CO OR	148 - B1
SWANSON MEADOWS CAMPGROUND DINKEY CREEK RD, FRESNO CO CA	182 - A1
SWEET WATER CAMPGROUND SIERRA NATIONAL FOREST, MADERA CO CA	182 - A1
SYCAMORE FLAT CAMPGROUND TRIMMER SPRINGS RD & CK RD, FRESNO CO CA	182 - A2
SYCAMORE FLATS CAMPGROUND LOS PADRES NATL FOREST, MONTEREY CO CA	189 - A2
SYKES CAMPGROUND MONTEREY CO CA	188 - C1
TABLE MTN CAMPGROUND BIG PINES HWY, LOS ANGELES CO CA	200 - C3
TABLE MTN CAMPGROUND INYO NATIONAL FOREST, INYO CO CA	182 - C1
TABOOSE CREEK CAMPGROUND TABOOSE CK RD & ABERDEEN ST, INYO CO CA	183 - A2
TAHOE STATE REC AREA CAMPGROUND HWY 89 & HWY 28, PLACER CO CA	231 - A2
TAMARACK FLAT CAMPGROUND OFF OLD BIG OAK FLAT RD, MARIPOSA CO CA	262 - B3
TAMARISK GROVE CAMPGROUND HWY 78 & YAQUI PASS RD, SAN DIEGO CO CA	209 - B3
TAN OAK CAMPGROUND MONTEREY CO CA	188 - C1
TASSAJARA CAMPGROUND MONTEREY CO CA	188 - C1
TAYLOR, SAMUEL P STATE PK CAMPGROUND SIR FRANCIS DRAKE AV, MARIN CO CA	245 - D3
TAYLORSVILLE CAMPGROUND PLUMAS CO CA	164 - C2
TECOPA HOT SPRINGS CAMPGROUND TECOPA HOT SPRINGS, INYO CO CA	194 - B2
TELEPHONE CAMPGROUND ALDER SPRINGS RD, GLENN CO CA	162 - C3
TENAJA CAMPGROUND CLEVELAND NATL FOREST, RIVERSIDE CO CA	289 - A7
TENAYA LAKE CAMPGROUND TIOGA PASS RD, MARIPOSA CO CA	177 - A2
TERRACE CREEK CAMPGROUND MONTEREY CO CA	188 - C1
TEXAS FLAT CAMPGROUND SIERRA NATIONAL FOREST, MADERA CO CA	181 - C1
THOMAS CREEK CAMPGROUND COX FLAT, LAKE CO OR	151 - C2
THREE TREES CAMP (HIST) COLLIER BUTTE, CURRY CO OR	148 - B2
TIN CAN CAMPGROUND GOLDEN, JOSEPHINE CO OR	149 - A1
TINEMAHA CAMPGROUND FULLER RD & TINEMAHA RD, INYO CO CA	183 - A2
TIN HOUSE CAMPGROUND MONTEREY CO CA	188 - C1
TINTA CAMPGROUND LOS PADRES NATIONAL FOREST, VENTURA CO CA	199 - A2
TOLL ROAD CAMPGROUND STATE 173, SAN BERNARDINO CO CA	278 - C6
TOPAZ LAKE CAMPGROUND HWY 89 & HWY 395, MONO CO CA	171 - C3
TOYON GROUP CAMP AREA RICHARDS RD, SAN MATEO CO CA	252 - C1
TRAIL CAMP CAMPGROUND SIERRA NATIONAL FOREST, FRESNO CO CA	182 - B1
TRAILSIDE CAMPGROUND SIERRA NATIONAL FOREST, FRESNO CO CA	182 - B1
TRAIL SPRINGS CAMP CAMPGROUND MONTEREY CO CA	188 - C1
TRINITY LAKE CAMPGROUND EAST SIDE RD & DOG CK RD, TRINITY CO CA	157 - C3
TROY MEADOWS CAMPGROUND SEQUOIA NATIONAL FOREST, TULARE CO CA	192 - B1
TRUCK STOP & CAMPGROUND PACHECO PASS HWY, SANTA CLARA CO CA	257 - D3
TUCALOTA CAMPGROUND SAGE RD & E BENTON RD, RIVERSIDE CO CA	208 - C2
TUFF CAMPGROUND OFF HWY 395, MONO CO CA	177 - C3
TUOLUMNE MEADOWS CAMPGROUND TIOGA PASS RD, TUOLUMNE CO CA	177 - A2
TURKEY FLAT CAMPGROUND OFF E POZO RD, SAN LUIS OBISPO CO CA	190 - A3
TURKEY SPRINGS CAMPGROUND LOS PADRES NATL FOREST, MONTEREY CO CA	189 - A2
TURLOCK LAKE STATE REC AREA CAMP LK RD & ROBERTS FRY RD, STANISLAUS CO CA	175 - C3
TURNER CREEK CAMPGROUND W OF LOS PADRES NATL FRST, MONTEREY CO CA	179 - B3
TUTTLE CREEK CAMPGROUND GRANITE VIEW RD, INYO CO CA	183 - B3
TWIN LAKES CAMPGROUND LAKE MARY RD, MAMMOTH LAKES CA	342 - A7
UNION FLAT CAMPGROUND BURNT FLAT RD, SAN BERNARDINO CO CA	279 - D5
UPPER BEE CAMPGROUND MONTEREY CO CA	188 - C1
UPPER CHIQUITO CAMPGROUND SIERRA NATIONAL FOREST, MADERA CO CA	177 - A3
UPPER DEADMAN CAMPGROUND DEADMAN CREEK RD, MONO CO CA	263 - C5
UPPER DINKEY CREEK CAMPGROUND DINKEY CREEK RD, FRESNO CO CA	182 - B1
UPPER FISH FORK CAMPGROUND OFF ANGELES CREST HWY, LOS ANGELES CO CA	200 - C3
UPPER HIGGINS CAMPGROUND MONTEREY CO CA	188 - C1
UPPER MORRO RIDGE CAMPGROUND CRYSTAL COVE STATE PARK, ORANGE CO CA	288 - B6

CRA

INDEX

CAMPGROUNDS POINTS OF INTEREST CASINOS 434

FEATURE NAME / City State	Page-Grid
UPPER OSO CAMPGROUND OFF PARADISE RD, SANTA BARBARA CO CA	274 - C4
UPPER REYES CAMPGROUND LOS PADRES NATIONAL FOREST, VENTURA CO CA	199 - A2
UPPER SAN JUAN CAMPGROUND ORTEGA HWY, RIVERSIDE CO CA	208 - A2
UPPER SANTA YNEZ CAMPGROUND JUNCAL RD & CAMUESA, SANTA BARBARA CO CA	199 - A3
UPPER SOUTH FORK CAMPGROUND ROGUE RIV RUSTLER PEAK, JACKSON CO OR	150 - A1
UPPER TINTA CAMPGROUND LOS PADRES NTL FRST, SANTA BARBARA CO CA	199 - A2
UPPER VERMILLION CAMPGROUND JOHN MUIR WILDERNESS AREA, FRESNO CO CA	182 - B1
USAL BEACH OFF USAL RD, MENDOCINO CO CA	161 - B2
VADO CAMPGROUND MONTEREY CO CA	188 - C1
VALLE VISTA CAMPGROUND CERRO NOROESTE RD, VENTURA CO CA	199 - A2
VALLEY FORGE CAMPGROUND ANGELES NATL FOREST, LOS ANGELES CO CA	200 - B3
VAN DAMME STATE PK CAMPGROUND HWY 1 & LITTLE RIVER RD, MENDOCINO CO CA	224 - B5
VENADOS CAMP DEL VALLE RD, ALAMEDA CO CA	251 - D5
VENTANA CAMPGROUND MONTEREY CO CA	188 - C1
VERMILLION CAMPGROUND SIERRA NATIONAL FOREST, FRESNO CO CA	182 - B1
VINCENTE FLAT CAMPGROUND MONTEREY CO CA	188 - C1
VOLCANIC ROCK CAMPGROUND NEAR COURTRIGHT RESERVOIR, FRESNO CO CA	182 - B1
WAGON FLAT CAMPGROUND OFF TEPUSQUET RD, SANTA BARBARA CO CA	198 - B1
WARD LAKE CAMPGROUND SIERRA NATIONAL FOREST, FRESNO CO CA	182 - B1
WASHBURN CAMPGROUND CABRILLO HWY, SAN LUIS OBISPO CO CA	189 - B3
WATKINS CAMPGROUND CARBERRY CREEK, JACKSON CO OR	149 - B3
WAWONA CAMPGROUND HWY 41 & SUMMIT RD, MARIPOSA CO CA	176 - C3
WELLS CABIN CAMPGROUND MENDOCINO PASS RD, TEHAMA CO CA	162 - B3
WENCH CREEK CAMPGROUND OFF ICE HOUSE RD, EL DORADO CO CA	171 - A2
WESTFALL CAMPGROUND OFF HWY 41, MARIPOSA CO CA	176 - C3
WEST FORK CAMPGROUND ANGELES NATL FOREST, LOS ANGELES CO CA	200 - B3
WEST KAISER CAMPGROUND SIERRA NATIONAL FOREST, FRESNO CO CA	182 - A1
WESTSIDE PK CAMPGROUND WESTSHORE RD, SONOMA CO CA	173 - B1
WHEELER GORGE CAMPGROUND MARICOPA HWY, VENTURA CO CA	199 - A3
WHISKERS CAMPGROUND SIERRA NATIONAL FOREST, MADERA CO CA	182 - A1
WHISKEY CREEK CAMPGROUND GOLDEN, JOSEPHINE CO OR	149 - A1
WHISKEY FALLS CAMPGROUND SIERRA NATIONAL FOREST, MADERA CO CA	182 - A1
WHITE OAKS CAMPGROUND TASSAJARA RD, MONTEREY CO CA	188 - C1
WHITE PINE CAMPGROUND LAKE OF THE WOODS NORTH, KLAMATH CO OR	150 - B2
WHITE TANK CAMPGROUND EL DORADO MINE RD, RIVERSIDE CO CA	209 - C1
WHITE WOLF CAMPGROUND OFF WHITE WOLF RD, TUOLUMNE CO CA	262 - C1
WHITNEY PORTAL CAMPGROUND WHITNEY PORTAL RD, INYO CO CA	183 - B3
WICKIUP SHELTER RUSTLER PEAK, KLAMATH CO OR	150 - B1
WILDCAT CAMP OFF SHORELINE HWY, MARIN CO CA	245 - C4
WILDCAT CAMPGROUND GOLDEN, JOSEPHINE CO OR	149 - A1
WILDHORSE CAMPGROUND QUOSATANA BUTTE, CURRY CO OR	148 - B1
WILDOMAR CAMPGROUND CLEVELAND NATL FOREST, RIVERSIDE CO CA	289 - A6
WILDROSE CAMPGROUND WILDROSE RD, INYO CO CA	193 - B1
WILEYS WELL CAMPGROUND BRADSHAW TR & ARMY RD, RIVERSIDE CO CA	210 - C2
WILLIAMSON RIVER CAMPGROUND SOLOMAN BUTTE, KLAMATH CO OR	150 - C1
WILLOW CAMP CAMPGROUND INYO NATIONAL FOREST, INYO CO CA	182 - C1
WILLOW CREEK CAMPGROUND OFF NFD RD 4015, LAKE CO OR	152 - A2
WILLOW CREEK SPRINGS CAMPGROUND LOS PADRES NATL FOREST, MONTEREY CO CA	189 - A2
WILLOW CREEK VISTA CAMPGROUND LOS PADRES NATL FOREST, MONTEREY CO CA	189 - A2
WILLOW POINT CAMPGROUND HYATT RESERVOIR, JACKSON CO OR	150 - A2
WILLOW SPRINGS CAMPGROUND MONTEREY CO CA	188 - C1
WILLOW VALLEY CAMPGROUND BRADY BUTTE, KLAMATH CO OR	151 - B3
WINCHUCK CAMPGROUND FOURTH OF JULY CREEK, CURRY CO OR	148 - B2
WINDY POINT CAMPGROUND SIERRA NATIONAL FOREST, MADERA CO CA	182 - A1
WISHON POINT CAMPGROUND SIERRA NATIONAL FOREST, MADERA CO CA	181 - C1
WISHON VILLAGE CAMPGROUND MCKINLEY GROVE & POWER HSE, FRESNO CO CA	182 - B2
WOODED HILL GROUP CAMPGROUND SUNRISE HWY, SAN DIEGO CO CA	213 - B1
WOODHAVEN GIRL SCOUT CAMP LA HONDA RD, SAN MATEO CO CA	252 - C3
YAQUI PASS CAMPGROUND HWY 78 & YAQUI PASS RD, SAN DIEGO CO CA	209 - B3
YAQUI WELL CAMPGROUND HWY 78 & YAQUI WELLS RD, SAN DIEGO CO CA	209 - B3
YMCA CAMPGROUND NORTH BAY & WOODLAND, BIG BEAR LAKE CA	279 - C7
YMCA HUT ANGELES NATL FOREST, LOS ANGELES CO CA	200 - C3
YOSEMITE CREEK CAMPGROUND OFF TIOGA PASS RD, MARIPOSA CO CA	262 - D2
YOUTH AREA CAMPGROUND PUTAH CREEK RD, SOLANO CO CA	244 - D2
ZIG ZAG CAMPGROUND MONTEREY CO CA	188 - C1
CASINOS	
AGUA CALIENTE CASINO 32250 BOB HOPE DR, RIVERSIDE CO CA	290 - C4
AGUA CALIENTE SPA RESORT CASINO 100 N INDIAN CANYON DR, PALM SPRINGS CA	367 - C6
ALADDIN HOTEL & CASINO 3667 S LAS VEGAS BLVD, PARADISE NV	346 - C4
ALGIERS HOTEL & CASINO 2845 S LAS VEGAS BLVD, WINCHESTER NV	345 - C10
ARIZONA CHARLIES HOTEL & CASINO 4575 BOULDER HWY, PARADISE NV	268 - D4
ARIZONA CHARLIES HOTEL & CASINO 740 S DECATUR BLVD, LAS VEGAS NV	268 - B4
ATLANTIS CASINO RESORT 3800 S VIRGINA ST, RENO NV	311 - F10
BALDINIS SPORTS CASINO 865 ROCK BLVD, SPARKS NV	312 - B5
BALLYS LAS VEGAS 3645 S LAS VEGAS BLVD, PARADISE NV	346 - C4
BARBARY COAST HOTEL & CASINO 3595 S LAS VEGAS BLVD, PARADISE NV	346 - B4
BARONA CASINO 1000 WILDCAT CANYON RD, SAN DIEGO CO CA	294 - C4
BELLAGIO HOTEL & CASINO 3600 S LAS VEGAS BLVD, PARADISE NV	346 - B4
BEST WSTRN MESQUITE STAR HOTEL & CASINO 333 SANDHILL BLVD, MESQUITE NV	187 - B2
BINIONS HORSESHOE 128 E FREMONT ST, LAS VEGAS NV	345 - E6
BLUE WATER CASINO 11300 RESORT DR, LA PAZ CO AZ	204 - B3
BOULDER STA HOTEL & CASINO 4111 BOULDER HWY, SUNRISE MANOR NV	268 - D4
BOURBON STREET HOTEL & CASINO 120 E FLAMINGO RD, PARADISE NV	346 - C3
BUFFALO BILLS HOTEL & CASINO I-15, CLARK CO NV	195 - A2
CACTUS JACKS CASINO 420 N CARSON ST, CARSON CITY NV	313 - C5
CAESAR'S AT TAHOE HWY 50, DOUGLAS CO NV	314 - G1
CAESARS PALACE HOTEL & CASINO 3570 S LAS VEGAS BLVD, PARADISE NV	346 - B3
CALIFORNIA HOTEL & CASINO 12 OGDEN AV, LAS VEGAS NV	345 - E5
CARSON CITY NUGGET 507 N CARSON ST, CARSON CITY NV	313 - C5
CARSON HORSEHOE CLUB 402 N CARSON ST, CARSON CITY NV	313 - C5
CARSON STA CASINO 900 S CARSON ST, CARSON CITY NV	313 - C6
CASABLANCA HOTEL & CASINO, THE 950 W MESQUITE BLVD, MESQUITE NV	187 - B2
CASINO MORONGO 49750 SEMINOLE DR, RIVERSIDE CO CA	208 - C1
CASINO ROYALE & HOTEL 3419 S LAS VEGAS BLVD, PARADISE NV	346 - B3
CASTAWAYS HOTEL & CASINO 2800 E FREMONT ST, LAS VEGAS NV	268 - C4
CIRCUS CIRCUS HOTEL & CASINO 2880 S LAS VEGAS BLVD, WINCHESTER NV	346 - C1
CIRCUS CIRCUS HOTEL & CASINO 500 N SIERRA ST, RENO NV	311 - D5
CLUB CAL-NEVA 38 E 2ND ST, RENO NV	311 - D5
COLONIAL INN HOTEL & CASINO 250 N ARLINGTON AV, RENO NV	311 - C5
COLORADO BELLE HOTEL & CASINO 2100 S CASINO DR, CLARK CO NV	270 - C2
COMSTOCK HOTEL & CASINO 200 W 2ND ST, RENO NV	311 - C5
DAYS INN - TOWN HALL CASINO - HOTEL 4155 KOVAL LN, PARADISE NV	346 - C4
DIAMONDS CASINO 1010 E 6TH ST, RENO NV	311 - E4
EDGEWATER HOTEL & CASINO 2020 S CASINO DR, CLARK CO NV	270 - C2
EL CORTEZ HOTEL & CASINO 600 E FREMONT ST, LAS VEGAS NV	345 - F6
ELDORADO HOTEL & CASINO 345 N VIRGINA ST, RENO NV	311 - D5
EUREKA CASINO 275 MESA BLVD, MESQUITE NV	187 - B2
EXCALIBUR HOTEL & CASINO 3850 S LAS VEGAS BLVD, PARADISE NV	346 - B6
FANTASY SPRINGS CASINO 84245 INDIO SPRINGS DR, INDIO CA	209 - B2
FIESTA HOTEL & CASINO 2400 N RANCHO DR, NORTH LAS VEGAS NV	268 - B3
FITZGERALDS CASINO-HOTEL 255 N VIRGINA ST, RENO NV	311 - D5
FITZGERALDS HOTEL & CASINO 301 E FREMONT ST, LAS VEGAS NV	345 - E6
FLAMINGO HILTON 255 N SIERRA ST, RENO NV	311 - D5
FLAMINGO HILTON - LAS VEGAS 3555 S LAS VEGAS BLVD, PARADISE NV	346 - B3
FLAMINGO HILTON LAUGHLIN 1900 S CASINO DR, CLARK CO NV	270 - C2
FOUR QUEENS HOTEL & CASINO 202 E FREMONT ST, LAS VEGAS NV	345 - E6
FREMONT HOTEL & CASINO 200 E FREMONT ST, LAS VEGAS NV	345 - E6
FRONTIER HOTEL & CASINO 3120 S LAS VEGAS BLVD, WINCHESTER NV	346 - B1
GAUGHANS, JACKIE PLAZA HOTEL & CASINO 1 S MAIN ST, LAS VEGAS NV	345 - E5
GOLD COAST HOTEL & CASINO 4000 W FLAMINGO RD, PARADISE NV	268 - B5
GOLD DUST WEST CASINO-LODGE 444 VINE ST, RENO NV	311 - C6
GOLDEN GATE HOTEL & CASINO 1 E FREMONT ST, LAS VEGAS NV	345 - E6
GOLDEN NICKEL CASINO, THE 2408 E WILLIAM ST, CARSON CITY NV	313 - F4
GOLDEN NUGGET HOTEL & CASINO 129 E FREMONT ST, LAS VEGAS NV	345 - E6
GOLDEN NUGGET LAUGHLIN 2300 S CASINO DR, CLARK CO NV	270 - C2
GOLD SPIKE HOTEL & CASINO 400 E OGDEN AV, LAS VEGAS NV	345 - E6
GOLD STRIKE HOTEL & GAMBLING HALL I-15 EXIT 12, CLARK CO NV	195 - B2
GREEN VALLEY RANCH RESORT & SPA LV BELTWAY & S GREEN VLY, HENDERSON NV	268 - D6
HARD ROCK HOTEL & CASINO 4455 PARADISE RD, PARADISE NV	346 - D4
HARRAHS LAKE TAHOE HWY 50, DOUGLAS CO NV	314 - F1
HARRAHS LAS VEGAS HOTEL & CASINO 3475 S LAS VEGAS BLVD, PARADISE NV	346 - C3
HARRAHS LAUGHLIN 2900 S CASINO DR, CLARK CO NV	270 - C2
HARRAHS RENO 219 N CENTER ST, RENO NV	311 - D5
HARRAHS RINCON CASINO 33750 VALLEY CENTER RD, SAN DIEGO CO CA	208 - C3
HARVEYS RESORT HOTEL HWY 50, DOUGLAS CO NV	314 - F1
HOLIDAY INN BOARDWALK HOTEL & CASINO 3750 S LAS VEGAS BLVD, PARADISE NV	346 - B5
HORIZON HWY 50, DOUGLAS CO NV	314 - F1
HOWARD JOHNSON HOTEL & CASINO 3111 W TROPICANA AV, PARADISE NV	346 - A6
IMPERIAL PALACE HOTEL & CASINO 3535 S LAS VEGAS BLVD, PARADISE NV	346 - C3
JERRYS NUGGET 1821 LAS VEGAS BLVD N, NORTH LAS VEGAS NV	345 - F3
JOKERS WILD 920 N BOULDER HWY, HENDERSON NV	269 - A6
KLONDIKE HOTEL & CASINO 5191 S LAS VEGAS BLVD, PARADISE NV	346 - C8
LADY LUCK HOTEL & CASINO 206 N 3RD ST, LAS VEGAS NV	345 - E6
LAKESIDE INN & CASINO 168 HWY 50, DOUGLAS CO NV	231 - D6
LAS VEGAS CLUB HOTEL & CASINO 18 E FREMONT ST, LAS VEGAS NV	345 - E6
LAS VEGAS HILTON HOTEL & CASINO 3000 PARADISE RD, WINCHESTER NV	345 - D10
LONGHORN CASINO 5288 BOULDER HWY, WHITNEY NV	268 - D5
LUXOR HOTEL & CASINO 3900 S LAS VEGAS BLVD, PARADISE NV	346 - B6
MAIN STREET STA HOTEL & CASINO 200 N MAIN ST, LAS VEGAS NV	345 - E5
MANDALAY BAY RESORT & CASINO 3950 S LAS VEGAS BLVD, PARADISE NV	346 - B7
MGM GRAND HOTEL CASINO & THEME PK 3799 S LAS VEGAS BLVD, PARADISE NV	346 - C5
MIRAGE HOTEL & CASINO 3400 S LAS VEGAS BLVD, PARADISE NV	346 - B2
MONTE CARLO RESORT & CASINO 3770 S LAS VEGAS BLVD, PARADISE NV	346 - B5
NEVADA HOTEL & CASINO 235 S MAIN ST, LAS VEGAS NV	345 - E6
NEVADA LANDING HOTEL & CASINO I-15 EXIT 12, CLARK CO NV	195 - B2
NEVADA PALACE HOTEL & CASINO 5255 BOULDER HWY, WHITNEY NV	268 - D5
NEW YORK NEW YORK HOTEL & CASINO 3790 S LAS VEGAS BLVD, PARADISE NV	346 - B5
NUGGETT 233 N VIRGINA ST, RENO NV	311 - D5
OASIS RESORT HOTEL & CASINO 897 W MESQUITE BLVD, MESQUITE NV	187 - B2
ORLEANS HOTEL & CASINO 4500 W TROPICANA AV, PARADISE NV	268 - B5
ORMSBY HOUSE CASINO 600 S CARSON ST, CARSON CITY NV	313 - C6
OSHEAS CASINO 3555 S LAS VEGAS BLVD, PARADISE NV	346 - B3
PALA CASINO 11154 HIGHWAY SR 76, SAN DIEGO CO CA	292 - D3
PALACE STA HOTEL & CASINO 2411 W SAHARA AV, LAS VEGAS NV	345 - B10
PALMS HOTEL & CASINO 4321 W FLAMINGO RD, PARADISE NV	268 - B5
PARIS LAS VEGAS HOTEL & CASINO 3655 S LAS VEGAS BLVD, PARADISE NV	346 - C4
PAUMA CASINO 777 PAUMA RESERVATION RD, SAN DIEGO CO CA	208 - C3
PECHANGA RESORT CASINO 45000 PALA RD, RIVERSIDE CO CA	292 - D1
PEPPERMILL HOTEL CASINO 2707 S VIRGINA ST, RENO NV	311 - E9
PINON PLAZA CASINO RESORT 2171 E WILLIAM ST, CARSON CITY NV	313 - F4
PIONEER HOTEL & GAMBLING HALL 2200 S CASINO DR, CLARK CO NV	270 - C2
PIONEER INN HOTEL & CASINO 221 S VIRGINA ST, RENO NV	311 - D6
PLAYERS ISLAND RESORT & CASINO 600 W MESQUITE BLVD, MESQUITE NV	187 - B2
PRIMM VALLEY RESORT & CASINO I-15, CLARK CO NV	195 - A2
QUALITY INN - KEY LARGO CASINO 377 E FLAMINGO RD, PARADISE NV	346 - D4
QUEEN OF HEARTS HOTEL & CASINO 19 E LEWIS AV, LAS VEGAS NV	345 - E6
RAILROAD PASS HOTEL & CASINO 2800 S BOULDER HWY, HENDERSON NV	269 - B7
RAMADA EXPRESS HOTEL & CASINO 2121 S CASINO DR, CLARK CO NV	270 - C2
REGENCY CASINO 1950 S CASINO DR, CLARK CO NV	270 - C2
REGENT LAS VEGAS, THE 221 N RAMPART BLVD, LAS VEGAS NV	268 - A4
RESERVE HOTEL & CASINO, THE 777 W LAKE MEAD DR, HENDERSON NV	269 - A6
RIO SUITE HOTEL & CASINO 3700 W FLAMINGO RD, PARADISE NV	346 - A3
RIVER PALMS HOTEL & CASINO 2700 S CASINO DR, CLARK CO NV	270 - C2
RIVERSIDE RESORT HOTEL & CASINO 1650 S CASINO DR, CLARK CO NV	270 - C2
RIVIERA HOTEL & CASINO 2901 S LAS VEGAS BLVD, WINCHESTER NV	346 - C1
ROYAL HOTEL & CASINO 99 CONVENTION CENTER DR, WINCHESTER NV	346 - C1
SAHARA HOTEL & CASINO 2535 S LAS VEGAS BLVD, WINCHESTER NV	345 - D10
SAMS TOWN HOTEL & CASINO 5111 BOULDER HWY, SUNRISE MANOR NV	268 - D5
SANDS REGENCY HOTEL & CASINO 345 N ARLINGTON AV, RENO NV	311 - C5
SAN MANUEL INDIAN CASINO 5797 N VICTORIA AV, SAN BERNARDINO CO CA	285 - A2
SAN REMO CASINO & RESORT HOTEL 115 E TROPICANA AV, PARADISE NV	346 - C6
SANTA FE HOTEL & CASINO 4949 N RANCHO DR, LAS VEGAS NV	268 - B2
SHERATON DESERT INN HOTEL & CASINO 3145 S LAS VEGAS BLVD, PARADISE NV	346 - C2
SILVER CITY CASINO 3001 S LAS VEGAS BLVD, WINCHESTER NV	346 - C1
SILVER CLUB 1040 VICTORIAN AV, SPARKS NV	312 - C4
SILVER LEGACY 407 N VIRGINA ST, RENO NV	311 - D5
SILVER NUGGET 2140 LAS VEGAS BLVD N, NORTH LAS VEGAS NV	345 - G2
SILVERTON HOTEL & CASINO 3333 BLUE DIAMOND RD, ENTERPRISE NV	268 - C6
SLOTS A FUN 2890 S LAS VEGAS BLVD, WINCHESTER NV	345 - C10
SOBOBA CASINO 23333 SOBOBA RD, SAN JACINTO CA	208 - C2
STARDUST RESORT & CASINO 3000 S LAS VEGAS BLVD, WINCHESTER NV	346 - C1
STRATOSPHERE HOTEL & CASINO 2000 S LAS VEGAS BLVD, LAS VEGAS NV	345 - D9
SUNCOAST HOTEL & CASINO 9090 ALTA DR, LAS VEGAS NV	268 - A4
SUNDOWNER HOTEL & CASINO 450 N ARLINGTON AV, RENO NV	311 - C5
SUNSET STA HOTEL & CASINO 1301 W SUNSET RD, HENDERSON NV	268 - D6
SUSANVILLE CASINO 900 SKYLINE DR, SUSANVILLE CA	304 - C2

CRA INDEX

435 CASINOS

POINTS OF INTEREST

COLLEGES & UNIVERSITIES

FEATURE NAME City State	Page-Grid
SYCUAN CASINO 5469 DEHESA RD, SAN DIEGO CO CA	294 - D7
TERRIBLES HOTEL & CASINO 4100 S PARADISE RD, PARADISE NV	346 - D4
TEXAS STA HOTEL & CASINO 2101 TEXAS STAR LN, NORTH LAS VEGAS NV	268 - B3
TREASURE ISLAND HOTEL & CASINO 3300 S LAS VEGAS BLVD, PARADISE NV	346 - B2
TROPICANA RESORT & CASINO 3801 S LAS VEGAS BLVD, PARADISE NV	346 - C6
VACATION VILLAGE HOTEL & CASINO 6711 S LAS VEGAS BLVD, ENTERPRISE NV	346 - B10
VALLEY VIEW CASINO 16300 NYEMMI PASS RD, SAN DIEGO CO CA	208 - C3
VENETIAN CASINO RESORT 3355 S LAS VEGAS BLVD, PARADISE NV	346 - C3
VIEJAS CASINO AND TURF CLUB 5000 WILLOW RD, SAN DIEGO CO CA	213 - A1
VIRGIN RIVER HOTEL & CASINO 100 PIONEER BLVD, MESQUITE NV	187 - B2
WESTERN HOTEL & CASINO 899 E FREMONT ST, LAS VEGAS NV	345 - F6
WESTWARD HO HOTEL & CASINO 2900 S LAS VEGAS BLVD, WINCHESTER NV	346 - C1
WHISKEY PETES HOTEL & CASINO I-15, CLARK CO NV	195 - A2
WILD WILD WEST GAMBLING HALL & HOTEL 3330 W TROPICANA AV, PARADISE NV	346 - A5

COLLEGES & UNIVERSITIES

FEATURE NAME City State	Page-Grid
AMERICAN COLLEGE FOR THE APPLIED ARTS 1651 WESTWOOD BLVD, LOS ANGELES CA	353 - G6
AMERICAN RIVER COLLEGE 4700 COLLEGE OAK DR, SACRAMENTO CO CA	235 - D6
ANTELOPE VALLEY COLLEGE 3041 W AVE K, LANCASTER CA	200 - B2
ANTIOCH UNIV 801 GARDEN ST, SANTA BARBARA CA	348 - E6
AQUINAS, THOMAS COLLEGE N SANTA PAULA OJAI RD, VENTURA CO CA	275 - C2
ARGOSY UNIV 3745 CHAPMAN AV, ORANGE CA	362 - E6
ARMSTRONG UNIV 2222 HAROLD WY, BERKELEY CA	328 - A6
ART CTR COLLEGE OF DESIGN 1700 LIDA ST, PASADENA CA	282 - A2
ART INSTITUTE OF SO CALIFORNIA 2222 LAGUNA CANYON RD, LAGUNA BEACH CA	365 - C1
AZUSA PACIFIC UNIV 901 E ALOSTA AV, AZUSA CA	283 - A2
BAKERSFIELD COLLEGE 1801 PANORAMA DR, BAKERSFIELD CA	267 - D3
BAPTIST COLLEGE ULRIC ST & EASTMAN ST, SAN DIEGO CA	372 - D4
BARSTOW COLLEGE 2700 BARSTOW RD, BARSTOW CA	369 - B10
BIOLA UNIV 13800 BIOLA AV, LA MIRADA CA	282 - C7
BROOKS INSTITUTE OF PHOTOGRAPHY 801 ALSTON RD, SANTA BARBARA CA	274 - D7
CABRILLO COLLEGE E BEACH ST & UNION ST, WATSONVILLE CA	256 - C5
CALIFORNIA CHRISTIAN COLLEGE 4881 E UNIVERSITY AV, FRESNO CA	264 - C4
CALIFORNIA COLLEGE OF ARTS & CRAFTS BROADWAY & COLLEGE AV, OAKLAND CA	328 - C10
CALIFORNIA INSTITUTE OF TECHNOLOGY 1201 E CALIFORNIA BLVD, PASADENA CA	359 - F8
CALIFORNIA INSTITUTE OF THE ARTS 24700 MCBEAN PKWY, SANTA CLARITA CA	276 - D4
CALIFORNIA LUTHERAN UNIV 60 W OLSEN RD, THOUSAND OAKS CA	206 - C1
CALIFORNIA MARITIME ACADEMY 300 MARITIME ACADEMY DR, VALLEJO CA	247 - B3
CALIFORNIA POLYTECHNIC STATE UNIV 1 GRAND AV, SAN LUIS OBISPO CO CA	347 - D2
CALIFORNIA STATE POLYTECHNIC UNIV 3801 TEMPLE AV, POMONA CA	283 - B4
CALIFORNIA STATE UNIV BAKERSFIELD 9001 STOCKDALE HWY, BAKERSFIELD CA	267 - B5
CSU CHANNEL ISLANDS 1878 S LEWIS RD, VENTURA CO CA	275 - D7
CALIFORNIA STATE UNIVERSITY CHICO W 1ST ST, CHICO CA	305 - F7
CSU DOMINGUEZ HILLS 1000 E VICTORIA ST, CARSON CA	286 - D1
CALIFORNIA STATE UNIV FRESNO 5241 N MAPLE AV, FRESNO CA	264 - C3
CSU FULLERTON 800 N STATE COLLEGE BLVD, FULLERTON CA	283 - A7
CALIFORNIA STATE UNIV HAYWARD CARLOS BEE BL & WEST LOOP, HAYWARD CA	250 - D4
CSU LONG BEACH 1250 N BELLFLOWER BLVD, LONG BEACH CA	287 - B2
CSU LOS ANGELES 5151 STATE UNIVERSITY DR, LOS ANGELES CA	282 - A4
CALIFORNIA STATE UNIV MONTEREY BAY 100 CAMPUS CTR, MONTEREY CO CA	258 - D3
CSU NORTHRIDGE 18111 NORDHOFF ST, LOS ANGELES CA	277 - A7
CSU NORTHRIDGE AT CHANNEL ISLANDS 1878 S LEWIS RD, VENTURA CO CA	275 - D7
CALIFORNIA STATE UNIV SACRAMENTO 6000 J ST, SACRAMENTO CA	320 - E7
CALIFORNIA STATE UNIV SAN BERNARDINO 5500 UNIVERSITY PKWY, SAN BERNARDINO CA	284 - D1
CALIFORNIA STATE UNIV SAN MARCOS 333 S TWIN OAKS VALLEY RD, SAN MARCOS CA	293 - C1
CALIFORNIA STATE UNIV STANISLAUS 801 W MONTE VISTA AV, TURLOCK CA	261 - C6
CSU STANISLAUS - STOCKTON 612 E MAGNOLIA ST, STOCKTON CA	339 - F6
CANADA COLLEGE 4200 FARM HILL BLVD, WOODSIDE CA	252 - C1
CERRITOS COLLEGE 11110 E ALONDRA BLVD, CERRITOS CA	282 - B7
CHABOT COLLEGE 25555 HESPERIAN BLVD, HAYWARD CA	250 - C4
CHAFFEY COMM COLLEGE 5885 HAVEN AV, RANCHO CUCAMONGA CA	284 - A2
CHAPMAN UNIV 333 N GLASSELL ST, ORANGE CA	288 - A2
CHRISTIAN HERITAGE COLLEGE 2100 GREENFIELD DR, EL CAJON CA	294 - C7
CITRUS COLLEGE 1000 W FOOTHILL BLVD, GLENDORA CA	283 - A2
CLAREMONT COLLEGES 747 N DARTMOUTH AV, CLAREMONT CA	283 - C3
CLAREMONT-MCKENNA COLLEGE 500 E 9TH ST, CLAREMONT CA	283 - C3
CLEVELAND CHIROPRACTIC COLLEGE 590 N VERMONT AV, LOS ANGELES CA	355 - C1
COASTLINE COMM COLLEGE 11460 WARNER AV, FOUNTAIN VALLEY CA	287 - D4
COASTLINE COM COLLEGE GARDEN GROVE 12901 EUCLID ST, GARDEN GROVE CA	287 - D2
COLLEGE OF ALAMEDA, THE 555 ATLANTIC AV, ALAMEDA CA	329 - G8
COLLEGE OF MARIN 885 COLLEGE AV, MARIN CO CA	324 - B9
COLLEGE OF NOTRE DAME 1500 RALSTON AV, BELMONT CA	250 - A7
COLLEGE OF SAN MATEO 1700 W HILLSDALE BLVD, SAN MATEO CA	249 - D6
COLLEGE OF THE CANYONS 26455 N ROCKWELL CYN RD, SANTA CLARITA CA	276 - D4
COLLEGE OF THE DESERT 43500 MONTEREY AV, PALM DESERT CA	290 - C5
COLLEGE OF THE HOLY NAMES 3500 MOUNTAIN BLVD, OAKLAND CA	250 - B1
COLLEGE OF THE REDWOODS 1211 DEL MAR DR, FORT BRAGG CA	307 - B7
COLLEGE OF THE REDWOODS 883 W WASHINGTON BLVD, DEL NORTE CO CA	297 - B6
COLLEGE OF THE SEQUOIAS 12582 13TH RD, HANFORD CA	190 - C1
COLLEGE OF THE SEQUOIAS 915 S MOONEY BLVD, VISALIA CA	266 - B2
COMM COLL OF SO NEV CHARLESTON CAMPUS 6375 W CHARLESTON BLVD, LAS VEGAS NV	268 - B4
COMM COLLEGE OF SOUTHERN NEVADA 1900 COUGAR DR, CLARK CO NV	270 - B2
COMM COLLEGE OF SO NEV CHEYENNE CAMPUS 3200 E CHEYENNE AV, NORTH LAS VEGAS NV	268 - C3
COMPTON COMM COLLEGE 1111 E ARTESIA BLVD, COMPTON CA	282 - A7
CONCORDIA UNIV 1530 CONCORDIA, IRVINE CA	288 - B5
CONTRA COSTA COLLEGE (WEST CAMPUS) 2600 MISSION BELL DR, SAN PABLO CA	246 - D5
COPPER MTN COMM COLLEGE 6162 ROTARY WY, SAN BERNARDINO CO CA	209 - B1
COSUMNES RIVER COLLEGE 8401 CENTER PKWY, SACRAMENTO CA	238 - C2
CRAFTON HILLS COLLEGE 11711 SAND CANYON RD, YUCAIPA CA	285 - C4
CUESTA COLLEGE EDUCATION DR, SAN LUIS OBISPO CO CA	271 - B4
CUYAMACA COLLEGE 900 RCHO SAN DIEGO PKWY, SAN DIEGO CO CA	296 - B1
CYPRESS COLLEGE 9200 VALLEY VIEW ST, CYPRESS CA	361 - B7
DE ANZA COLLEGE 21250 STEVENS CREEK BLVD, CUPERTINO CA	253 - B4
DEGANAWIDAH QUETZALCOATL UNIV COUNTY ROAD 31, YOLO CO CA	234 - A7
DELANO COMM CAMPUS 1942 RANDOLPH ST, DELANO CA	191 - A2
DEVRY INSTITUTE OF TECHNOLOGY 901 CORPORATE CENTER DR, POMONA CA	283 - B4
DIABLO VALLEY COLLEGE 321 GOLF CLUB RD, PLEASANT HILL CA	247 - D5
DOMINICAN COLLEGE 1520 GRAND AV, SAN RAFAEL CA	324 - F6
DREW UNIV OF MEDICINE AND SCIENCE 1621 E 120TH ST, LOS ANGELES CO CA	281 - D6
EAST LOS ANGELES COLLEGE 1301 AVD CESAR CHAVEZ, MONTEREY PARK CA	282 - A4
EL CAMINO COLLEGE 16007 CRENSHAW BLVD, LOS ANGELES CO CA	281 - C7
EL DORADO CTR 6699 CAMPUS DR, EL DORADO CO CA	237 - A4
EVERGREEN VALLEY COMM COLLEGE 3095 YERBA BUENA RD, SAN JOSE CA	254 - A4
FASHION INST OF DESIGN & MERCHANDISING 1010 2ND AV, SAN DIEGO CA	373 - E4
FASHION INST OF DESIGN & MERCHANDISING 919 S GRAND AV, LOS ANGELES CA	355 - G6
FASHION INST OF DESIGN & MERCHANDISING 3420 BRISTOL ST, COSTA MESA CA	363 - B2
FOLSOM LAKE COMM COLLEGE 100 CLARKSVILLE RD, FOLSOM CA	236 - B5
FOOTHILL COLLEGE 12345 S EL MONTE RD, LOS ALTOS HILLS CA	253 - A3
FRESNO CITY COLLEGE 1101 E UNIVERSITY AV, FRESNO CA	343 - D3
FRESNO PACIFIC UNIV 1717 S CHESTNUT AV, FRESNO CA	264 - C5
FULLER THEOLOGICAL SEMINARY 135 N OAKLAND AV, PASADENA CA	359 - D6
FULLERTON COLLEGE 321 E CHAPMAN AV, FULLERTON CA	282 - D7
GAVILAN COLLEGE 5055 SANTA TERESA BLVD, SANTA CLARA CO CA	257 - B4
GLENDALE COMM COLLEGE 1500 N VERDUGO RD, GLENDALE CA	281 - D2
GLENDALE UNIV COLLEGE OF LAW 220 N GLENDALE AV, GLENDALE CA	281 - D2
GOLDEN GATE BAPTIST THEOL SEMINARY SEMINARY DR, MARIN CO CA	246 - B6
GOLDEN GATE UNIV 249 10TH ST, MARINA CA	258 - D3
GOLDEN WEST COLLEGE 15744 GOLDENWEST ST, HUNTINGTON BEACH CA	287 - C3
GREENLEAF, SIMON UNIV 3855 E LA PALMA AV, ANAHEIM CA	288 - A1
GROSSMONT COLLEGE 8800 GROSSMONT COLLEGE DR, EL CAJON CA	294 - A7
HARTNELL A & M COLLEGE E ALISAL ST & ALISAL RD, SALINAS CA	259 - B2
HARTNELL A & M COLLEGE (EAST CAMPUS) E ALISAL ST & ALISAL RD, SALINAS CA	336 - G7
HARTNELL COLLEGE 156 HOMESTEAD AV, SALINAS CA	336 - A7
HARVEY MUDD COLLEGE 301 E 12TH ST, CLAREMONT CA	283 - C3
HEALD COLLEGE - BUSINESS & TECHNOLOGY 255 W BULLARD AV, FRESNO CA	264 - B3
HEBREW UNION COLLEGE 3077 UNIVERSITY AV, LOS ANGELES CA	355 - D8
HOPE INTL UNIV 2500 E NUTWOOD AV, FULLERTON CA	283 - A7
HUMBOLDT STATE UNIV 1 HARPST ST, ARCATA CA	299 - D6
IMPERIAL VALLEY COLLEGE 380 E ATEN RD, IMPERIAL CO CA	214 - B1
INDIAN VALLEY COLLEGES 1800 IGNACIO BLVD, NOVATO CA	246 - B3
INTERIOR DESIGNERS INSTITUTE 1061 CAMELBACK ST, NEWPORT BEACH CA	363 - D9
IRVINE VALLEY COLLEGE 5500 IRVINE CENTER DR, IRVINE CA	288 - B4
ITT TECHNICAL INSTITUTE 2051 SOLAR DR, OXNARD CA	275 - C6
KENNEDY, JOHN F UNIV 12 ALTARINDA RD, ORINDA CA	247 - B6
LA COLLEGE OF CHIROPRACTIC 16200 AMBER VALLEY DR, LOS ANGELES CO CA	282 - D6
LAKE TAHOE COMM COLLEGE COLLEGE DR & TAHOE, SOUTH LAKE TAHOE CA	314 - C6
LANEY COLLEGE 900 FALLON ST, OAKLAND CA	330 - B6
LA SIERRA UNIV 4700 PIERCE ST, RIVERSIDE CA	284 - B6
LAS POSITAS COLLEGE 3033 COLLIER CANYON RD, LIVERMORE CA	251 - C3
LASSEN COMM COLLEGE HWY 139, SUSANVILLE CA	304 - E2
LIFE BIBLE COLLEGE 1100 COVINA BLVD, SAN DIMAS CA	283 - A3
LOMA LINDA UNIV ANDERSON ST & BARTON RD, LOMA LINDA CA	285 - A4
LONG BEACH CITY COLLEGE 4901 E CARSON ST, LONG BEACH CA	287 - B1
LONG BEACH CITY COLLEGE PACIFIC COAST 1305 E PACIFIC COAST HWY, LONG BEACH CA	360 - E3
LOS ANGELES CITY COLLEGE 855 N VERMONT AV, LOS ANGELES CA	352 - C10
LOS ANGELES HARBOR COLLEGE 1111 FIGUEROA PL, LOS ANGELES CA	286 - D2
LOS ANGELES MISSION COLLEGE 13356 ELDRIDGE AV, LOS ANGELES CA	277 - B6
LOS ANGELES PIERCE COLLEGE 6201 WINNETKA AV, LOS ANGELES CA	280 - D1
LOS ANGELES SOUTHWEST COLLEGE 1600 W IMPERIAL HWY, LOS ANGELES CO CA	281 - C6
LOS ANGELES TRADE TECH COLLEGE 400 W WASHINGTON BLVD, LOS ANGELES CA	355 - F7
LOS ANGELES VALLEY COLLEGE 5800 FULTON AV, LOS ANGELES CA	281 - B2
LOS MEDANOS COLLEGE 2700 E LELAND RD, PITTSBURG CA	248 - B4
LOYOLA LAW 919 S ALBANY ST, LOS ANGELES CA	355 - E5
LOYOLA MARYMOUNT UNIV 7900 LOYOLA BLVD, LOS ANGELES CA	358 - A5
MARYKNOLL SEMINARY 23000 CRISTO REY DR, SANTA CLARA CO CA	253 - A3
MARYMOUNT COLLEGE 30800 PLS VRDS DR, RCHO PALOS VERDES CA	286 - C3
MCGEORGE OF LAW 3200 5TH AV, SACRAMENTO CA	319 - G8
MENLO COLLEGE 1000 EL CAMINO REAL, ATHERTON CA	252 - D1
MENNONITE BRETHREN BIBLICAL SEMINARY 4824 E BUTLER AV, FRESNO CA	264 - C5
MERCED COLLEGE LOS BANOS 16570 S MERCEY SPRINGS RD, LOS BANOS CA	180 - C2
MERRITT COLLEGE 12500 CAMPUS DR, OAKLAND CA	250 - B1
MILLS COLLEGE 5000 MACARTHUR BLVD, OAKLAND CA	250 - B1
MIRACOSTA COLLEGE 1 BARNARD DR, OCEANSIDE CA	292 - B6
MIRA COSTA COMM COLLEGE SAN ELIJO 3333 MANCHESTER AV, ENCINITAS CA	293 - B3
MISSION COLLEGE 3000 MISSION COLLEGE BLVD, SANTA CLARA CA	253 - C2
MODESTO JR COLLEGE 435 COLLEGE AV, MODESTO CA	340 - C5
MONTEREY PENINSULA COLLEGE 980 FREMONT ST, MONTEREY CA	337 - G8
MOORPARK COLLEGE 7075 CAMPUS RD, MOORPARK CA	276 - A6
MOUNT SAINT JOSEPH SEMINARY RICKETY RACK RD, LOOMIS CA	236 - B3
MOUNT SAINT MARYS COLLEGE 10 CHESTER PL, LOS ANGELES CA	355 - E8
MOUNT SAINT MARYS COLLEGE-CHALON CAMPUS 12001 CHALON RD, LOS ANGELES CA	353 - B1
MOUNT SAN ANTONIO COLLEGE 1100 N GRAND AV, WALNUT CA	283 - A4
MOUNT SAN JACINTO COLLEGE 1499 N STATE ST, SAN JACINTO CA	208 - C2
MOUNT SAN JACINTO COLLEGE - MENIFEE VLY 28237 LA PIEDRA RD, RIVERSIDE CO CA	289 - C4
MUSIC ACADEMY OF THE WEST 1070 FAIRWAY RD, SANTA BARBARA CO CA	274 - D7
NAPA VALLEY COLLEGE 2277 NAPA-VALLEJO HWY, NAPA CA	323 - F10
NAPA VALLEY COLLEGE (UPPER VLY CAMPUS) COLLEGE AV & POPE ST, SAINT HELENA CA	243 - B1
NATL UNIV 3390 HARBOR BLVD, COSTA MESA CA	287 - D4
NATL UNIV 4141 CM DL RIO S, SAN DIEGO CA	295 - D1
NATL UNIV NORTH CO CAMPUS 2022 UNIVERSITY DR, VISTA CA	292 - C7
NORTHROP-RICE AVIATION INSTITUTE 8911 AVIATION BLVD, INGLEWOOD CA	358 - E6
OCCIDENTAL COLLEGE 1600 CAMPUS RD, LOS ANGELES CA	282 - A2
OHLONE COLLEGE 43600 MISSION BLVD, FREMONT CA	251 - A7
ORANGE COAST COLLEGE 2701 FAIRVIEW RD, COSTA MESA CA	288 - A4
OREGON INSTITUTE OF TECHNOLOGY COLLEGE WY, KLAMATH FALLS OR	150 - C2
OREGON TECHNICAL INSTITUTE FORT KLAMATH RD, KLAMATH CO OR	150 - C2
OTIS COLLEGE OF ART & DESIGN 9045 LINCOLN BLVD, LOS ANGELES CA	358 - A6
OXNARD COLLEGE 4000 ROSE AV, OXNARD CA	275 - C7
PACIFIC OAKS COLLEGE 5 WESTMORELAND PL, PASADENA CA	359 - A6
PACIFIC STATES UNIV 1516 S WESTERN AV, LOS ANGELES CA	355 - A6
PACIFIC UNION COLLEGE COLLEGE AVE & LAJOTA DR, NAPA CO CA	241 - B7
PALOMAR COLLEGE 1140 W MISSION RD, SAN MARCOS CA	292 - C7
PALOMAR COMM COLLEGE 1951 E VALLEY PKWY, ESCONDIDO CA	208 - C3
PALO VERDE COLLEGE 6TH AV, BLYTHE CA	211 - A2
PASADENA CITY COLLEGE 1570 E COLORADO BLVD, PASADENA CA	359 - F7
PATTEN COLLEGE 2433 COOLIDGE AV, OAKLAND CA	330 - F7
PEPPERDINE UNIV 24255 W PAC COAST HWY, LOS ANGELES CO CA	280 - B4
PITZER COLLEGE 1050 N MILLS AV, CLAREMONT CA	283 - C3
POINT LOMA NAZARENE UNIV 3900 LOMALAND DR, SAN DIEGO CA	295 - C2
POMONA COLLEGE 550 N COLLEGE AV, CLAREMONT CA	283 - C3
PORTERVILLE COLLEGE 100 E COLLEGE AV, PORTERVILLE CA	191 - B1
REEDLEY COLLEGE 995 N REED AV, REEDLEY CA	182 - A3
RIO HONDO COLLEGE 3600 S WORKMAN MILL RD, LOS ANGELES CO CA	282 - C5
RIV COMM COLLEGE MORENO VLY CAMPUS 16130 LASSELLE ST, MORENO VALLEY CA	285 - B7
RIVERSIDE COMM COLLEGE 4800 MAGNOLIA AV, RIVERSIDE CA	366 - C5
RIVERSIDE COMM COLLEGE NORCO CAMPUS 2001 3RD ST, NORCO CA	284 - A6
SACRAMENTO CITY COLLEGE 3835 FREEPORT BLVD, SACRAMENTO CA	319 - E9

CRA

INDEX

COLLEGES & UNIVERSITIES

FEATURE NAME	City State	Page-Grid
SADDLEBACK COLLEGE	28000 MARGUERITE PKWY, MISSION VIEJO CA	288 - D7
SAINT ALBERTS COLLEGE	5890 BIRCH CT, OAKLAND CA	328 - C9
SAINT ANDREWS ABBEY	31001 N VALYERMO RD, LOS ANGELES CO CA	200 - C3
SAINT JOHNS SEMINARY COLLEGE	5118 SEMINARY RD, CAMARILLO CA	275 - D5
SAINT MARYS COLLEGE OF CALIFORNIA	SAINT MARYS RD, MORAGA CA	247 - C7
SAINT MARYS SEMINARY	1964 LAS CANOAS RD, SANTA BARBARA CA	348 - E1
SAINT PATRICKS SEMINARY	MIDDLEFIELD & STA MONICA, MENLO PARK CA	332 - B2
SAMUEL MERRITT COLLEGE	370 HAWTHORNE AV, OAKLAND CA	330 - B2
SAN BERNARDINO VALLEY COLLEGE	701 S MOUNT VERNON AV, SAN BERNARDINO CA	368 - B6
SAN DIEGO CITY COLLEGE	1313 12TH AV, SAN DIEGO CA	373 - F3
SAN DIEGO MESA COLLEGE	7250 MESA COLLEGE DR, SAN DIEGO CA	372 - D1
SAN DIEGO MIRAMAR COLLEGE	10440 BLACK MOUNTAIN RD, SAN DIEGO CA	293 - D5
SAN DIEGO STATE UNIV	5500 CAMPANILE DR, SAN DIEGO CA	296 - A1
SAN FRANCISCO ART INSTITUTE	800 CHESTNUT ST, SAN FRANCISCO CA	326 - D2
SAN FRANCISCO CITY COLLEGE	50 PHELAN AV, SAN FRANCISCO CA	249 - C2
SAN FRANCISCO COMM COLLEGE	N ACCESS RD, SOUTH SAN FRANCISCO CA	327 - F3
SAN FRANCISCO STATE UNIV	1600 HOLLOWAY AV, SAN FRANCISCO CA	249 - C3
SAN FRANCISCO THEOLOGICAL SEMINARY	2 KENSINGTON RD, SAN ANSELMO CA	246 - B5
SAN JOAQUIN COLLEGE OF LAW	901 E 5TH ST, CLOVIS CA	264 - C3
SAN JOAQUIN DELTA COLLEGE	5151 PACIFIC AV, STOCKTON CA	339 - B1
SAN JOAQUIN VALLEY COLLEGE	8400 W MINERAL KING AV, VISALIA CA	266 - A2
SAN JOSE CHRISTIAN COLLEGE	790 S 12TH ST, SAN JOSE CA	334 - C8
SAN JOSE CITY COLLEGE	2100 MOORPARK AV, SAN JOSE CA	333 - C10
SAN JOSE STATE UNIV	125 S 7TH ST, SAN JOSE CA	334 - A7
SANTA ANA COLLEGE	1530 W 17TH ST, SANTA ANA CA	362 - E10
SANTA BARBARA CITY COLLEGE	721 CLIFF DR, SANTA BARBARA CA	348 - D9
SANTA CLARA UNIV	500 EL CAMINO REAL, SANTA CLARA CA	333 - B5
SANTA MONICA COLLEGE	1900 PICO BLVD, SANTA MONICA CA	357 - D1
SANTA ROSA JUNIOR COLLEGE	1501 MENDOCINO AV, SANTA ROSA CA	321 - D5
SANTA ROSA JUNIOR COLLEGE	WEST DR & SOUTH DR, PETALUMA CA	242 - D6
SANTIAGO CANYON COLLEGE	8045 E CHAPMAN AV, ORANGE CA	288 - B2
SCRIPPS COLLEGE	1030 N COLUMBIA AV, CLAREMONT CA	283 - C3
SCRIPPS INSTITUTION OF OCEANOGRAPHY	8602 LA JOLLA SHORES DR, SAN DIEGO CA	370 - D4
SIERRA COMM COLLEGE	5000 ROCKLIN RD, PLACER CO CA	236 - A3
SIMPSON COLLEGE	2211 COLLEGE VIEW DR, REDDING CA	302 - E1
SOKA UNIV OF AMERICA	27801 WOOD CANYON DR, ALISO VIEJO CA	365 - G1
SOLANO COMM COLLEGE	4000 SUISUN VALLEY RD, SOLANO CO CA	244 - B6
SONOMA STATE UNIV	1801 E COTATI AV, SONOMA CO CA	242 - D4
SOUTHERN CALIFORNIA COLLEGE OPTOMETRY	2575 YORBA LINDA BLVD, FULLERTON CA	283 - A7
SOUTHERN CAL INSTITUTE OF ARCHITECTURE	5454 BEETHOVEN ST, LOS ANGELES CA	281 - B5
SOUTHERN OREGON STATE COLLEGE	SISKIYOU BLVD, ASHLAND OR	149 - C2
SOUTHWESTERN COLLEGE	900 OTAY LAKES RD, CHULA VISTA CA	296 - B3
SOUTHWESTERN UNIV OF LAW	675 S WESTMORELAND AV, LOS ANGELES CA	355 - C4
STANFORD UNIV	JUNIPERO SERRA BLVD, SANTA CLARA CO CA	332 - C6
TAFT COLLEGE	29 EMMONS PARK DR, TAFT CA	199 - A1
UNITED STATES INTL UNIV	10455 POMERADO RD, SAN DIEGO CA	293 - D5
UNIV OF CALIFORNIA BERKELEY	2200 UNIVERSITY AV, BERKELEY CA	328 - C5
UNIV OF CALIFORNIA DAVIS	RUSSELL BLVD, DAVIS CA	318 - D6
UNIV OF CALIF HASTINGS	200 MCALLISTER ST, SAN FRANCISCO CA	326 - D5
UC IRVINE	UNIVERSITY DR, IRVINE CA	363 - E6
UC LOS ANGELES	405 HILGARD AV, LOS ANGELES CA	353 - G4
UC MERCED	MERCED CO CA	181 - A1
UNIV OF CALIFORNIA RIVERSIDE	900 UNIVERSITY AV, RIVERSIDE CA	366 - G6
UC RIVERSIDE- MORENO VLY CAMPUS	JOHN F KENNEDY DR, MORENO VALLEY CA	285 - A6
UNIV OF CALIFORNIA SAN DIEGO	9500 GILMAN DR, SAN DIEGO CA	370 - G1
UCSD CAMPUS BLDG	MANDELL WEISS LN, SAN DIEGO CA	370 - E3
UCSD-ELEANOR ROOSEVELT COLLEGE	UC SAN DIEGO CAMPUS, SAN DIEGO CA	370 - F2
UCSD-JOHN MUIR COLLEGE	UC SAN DIEGO CAMPUS, SAN DIEGO CA	370 - E2
UCSD-REVELLE COLLEGE	UC SAN DIEGO CAMPUS, SAN DIEGO CA	370 - E2
UCSD OF MEDICINE	UC SAN DIEGO CAMPUS, SAN DIEGO CA	370 - F2
UCSD-THURGOOD MARSHALL COLLEGE	UC SAN DIEGO CAMPUS, SAN DIEGO CA	370 - E1
UCSD-WARREN COLLEGE	UC SAN DIEGO CAMPUS, SAN DIEGO CA	370 - F1
UNIV OF CALIFORNIA SAN FRANCISCO	501 PARNASSUS AV, SAN FRANCISCO CA	325 - F8
UNIV OF CALIF SANTA BARBARA	WARD MEMORIAL BLVD, SANTA BARBARA CO CA	274 - B7
UNIV OF CALIFORNIA SANTA CRUZ	HIGH ST & BAY ST, SANTA CRUZ CA	335 - A4
UNIV OF CALIFORNIA-UNIVERSITY EXT	2901 K ST, SACRAMENTO CA	319 - G5
UNIV OF JUDAISM	15600 MULHOLLAND DR, LOS ANGELES CA	281 - A3
UNIV OF LA VERNE	1950 3RD ST, LA VERNE CA	283 - B3
UNIV OF LA VERNE SAN FERNANDO VLY	4001 W ALAMEDA AV, BURBANK CA	351 - D1
UNIV OF NEVADA LAS VEGAS	4505 S MARYLAND PKWY, PARADISE NV	346 - E4
UNIV OF NEVADA RENO	N VIRGINA ST & 9TH ST, RENO NV	311 - C2
UNIV OF NORTHERN CALIFORNIA	1012 J ST, SACRAMENTO CA	319 - E4
UNIV OF PHOENIX	10540 TALBERT AV, FOUNTAIN VALLEY CA	287 - D4
UNIV OF PHOENIX	1370 VALLEY VISTA DR, DIAMOND BAR CA	283 - A5
UNIV OF PHOENIX	15400 SHERMAN WY, LOS ANGELES CA	281 - A1
UNIV OF PHOENIX	3590 N 1ST ST, SAN JOSE CA	253 - C2
UNIV OF PHOENIX, SACRAMENTO CAMPUS	1760 CREEKSIDE OAKS DR, SACRAMENTO CA	235 - B6
UNIV OF REDLANDS	1200 E COLTON AV, REDLANDS CA	285 - B3
UNIV OF REDLANDS	200 SANDPOINTE AV, SANTA ANA CA	363 - D2
UNIV OF SAN DIEGO	5998 ALCALA PARK, SAN DIEGO CA	372 - B6
UNIV OF SAN FRANCISCO	2130 FULTON ST, SAN FRANCISCO CA	325 - G6
UNIV OF SAN FRANCISCO LAW	STANYAN ST & HAYES ST, SAN FRANCISCO CA	325 - G6
USF LONE MTN CAMPUS	2130 FULTON ST, SAN FRANCISCO CA	325 - G6
UNIV OF SAN FRANCISCO-SACRAMENTO	1485 RESPONSE RD, SACRAMENTO CA	320 - C1
UNIV OF SOUTHERN CALIFORNIA	3551 UNIVERSITY AV, LOS ANGELES CA	355 - C9
USC OF MEDICINE	1975 ZONAL AV, LOS ANGELES CA	356 - F3
UNIV OF THE PACIFIC	2155 WEBSTER ST, SAN FRANCISCO CA	326 - B4
UNIV OF THE PACIFIC	3601 PACIFIC AV, STOCKTON CA	339 - B4
UNIV OF WEST LOS ANGELES	1155 ARBOR VITAE ST, INGLEWOOD CA	358 - F6
VANGUARD UNIV	55 FAIR DR, COSTA MESA CA	364 - D1
VENTURA COLLEGE	4667 TELEGRAPH RD, VENTURA CA	275 - A5
VICTOR VALLEY COMM COLLEGE	18422 BEAR VALLEY RD, VICTORVILLE CA	278 - B2
WEBSTER UNIV LOS ANGELES AFB CAMPUS	325 CHALLENGER WY, EL SEGUNDO CA	281 - B7
WEBSTER UNIV - IRVINE CAMPUS	2300 MICHELSON DR, IRVINE CA	363 - E5
WEST COAST UNIV	550 S MAIN ST, ORANGE CA	362 - G7
WEST COAST UNIV	9682 VIA EXCELENCIA, SAN DIEGO CA	293 - D5
WESTERN NEVADA COMM COLLEGE	2201 W COLLEGE PKWY, CARSON CITY NV	313 - A2
WESTERN STATE UNIV COLLEGE OF LAW	1111 N STATE COLLEGE BLVD, FULLERTON CA	283 - A7
WESTERN UNIV OF HEALTH SCIENCES	309 E 2ND ST, POMONA CA	283 - C4
WEST HILLS COMM COLLEGE	300 CHERRY LN, COALINGA CA	190 - A1
WEST LOS ANGELES COLLEGE	9000 OVERLAND AV, LOS ANGELES CO CA	281 - B5
WESTMINSTER THEOLOGICAL SEMINARY	1725 BEAR VALLEY PKWY, ESCONDIDO CA	294 - A1
WESTMONT COLLEGE	955 LA PAZ RD, SANTA BARBARA CO CA	274 - D6
WEST VALLEY-SARATOGA COLLEGE	14000 FRUITVALE AV, SARATOGA CA	253 - B5
WHITTIER COLLEGE	13406 PHILADELPHIA ST, WHITTIER CA	282 - C5
WHITTIER LAW	3333 HARBOR BLVD, COSTA MESA CA	287 - D4
WILLIAM CAREY INTL UNIV	1539 E HOWARD ST, PASADENA CA	359 - G3
WOODBURY UNIV	7500 GLENOAKS BLVD, LOS ANGELES CA	350 - D3
YUBA COMM COLLEGE	41605 GIBSON RD, YOLO CO CA	234 - C5

ENTERTAINMENT & SPORTS

FEATURE NAME	City State	Page-Grid
3COM PK (CANDLESTICK PARK)	GIANTS DR, SAN FRANCISCO CA	249 - D3
ADVENTURE PK	1495 GLENDALE AV, HANFORD CA	190 - C1
ANAHEIM CONV CTR	800 W KATELLA AV, ANAHEIM CA	362 - B4
ARCO ARENA	1 SPORTS PKWY, SACRAMENTO CA	235 - B6
ARROWHEAD POND OF ANAHEIM	2695 E KATELLA AV, ANAHEIM CA	362 - F4
AUBURN FAIR GROUNDS	AUBURN-FOLSOM RD & FAIRGATE DR, AUBURN CA	316 - E6
BAKERSFIELD SPEEDWAY	5001 N CHESTER AV, KERN CO CA	267 - C3
BAY MEADOWS RACETRACK	2600 S DELAWARE ST, SAN MATEO CA	250 - A6
BEIDEN FIELD	N CEDAR AV & E BULLDOG LN, FRESNO CA	264 - C3
BELMONT PK	3146 MISSION BLVD, SAN DIEGO CA	371 - B7
BIG BEAR LAKE CONV CTR	42900 BIG BEAR BLVD, BIG BEAR LAKE CA	279 - D6
BIG BEAR WATERPARK	13400 YOSEMITE BLVD, WATERFORD CA	175 - C3
BILLY HEBERT FIELD	FULTON ST & ALVARADO AV, STOCKTON CA	339 - E3
BLACKBEARDS FAMILY FUN CTR	4055 CHESTNUT WILLOW DIAGONAL, FRESNO CA	264 - C3
BLAIR FIELD	4700 DEUKMEJIAN DR, LONG BEACH CA	287 - B2
BREN EVENTS CTR	UCI CAMPUS, IRVINE CA	363 - F8
BULLDOG STADIUM	E BULLDOG LN & N MILLBROOK AV, FRESNO CA	264 - C3
CAJON SPEEDWAY	1875 JOE CROSSON DR, EL CAJON CA	294 - B7
CALIFORNIA EXPO & FAIR	1600 EXPOSITION BLVD, SACRAMENTO CA	320 - D2
CALIFORNIA RODEO GROUNDS	1034 N MAIN ST, SALINAS CA	336 - C4
CALIFORNIA SPEEDWAY, THE	CHERRY & RANDALL AV, SAN BERNARDINO CO CA	284 - B3
CAMELOT PK	1251 OAK ST, BAKERSFIELD CA	344 - A5
CARLSBAD RACEWAY	6600 PALOMAR AIRPORT RD, CARLSBAD CA	293 - B1
CAROLINE COLEMAN STADIUM	S CEDAR AV & W KELSO ST, INGLEWOOD CA	358 - G6
CASHMAN FIELD	850 N LAS VEGAS BLVD, LAS VEGAS NV	345 - G4
CENTENNIAL GARDEN ARENA & CONV CTR	1001 TRUXTUN AV, BAKERSFIELD CA	344 - D5
CHILDRENS FAIRYLAND	1520 LAKESIDE DR, OAKLAND CA	330 - B4
CIRCUS CIRCUS HOTEL & CASINO	2880 S LAS VEGAS BLVD, WINCHESTER NV	345 - C10
CONTRA COSTA FAIR GROUNDS	10TH ST & L ST, CONTRA COSTA CO CA	248 - C4
CONV CTR	1400 J ST, SACRAMENTO CA	319 - E4
CONV CTR	1 INDUSTRY HLS PKWY, CITY OF INDUSTRY CA	282 - D4
CONV CTR	277 N AVD CABALLEROS, PALM SPRINGS CA	367 - C5
CONV CTR	ATLANTIC AV & WATER ST, HENDERSON NV	269 - A6
CONV CTR	AV OF THE FLAGS, SAN RAFAEL CA	324 - D2
CONV CTR	INYO ST & M ST, FRESNO CA	343 - E8
COW PALACE	GENEVA & RIO VERDE, DALY CITY CA	249 - C3
COX ARENA	5500 CANYON CREST DR, SAN DIEGO CA	296 - A1
COX PAVILION	4505 S MARYLAND PKWY, PARADISE NV	346 - F5
CURRY COUNTY FAIRGROUNDS	OREGON COAST HWY, GOLD BEACH OR	148 - A1
DATE FESTIVAL GROUNDS	46350 ARABIA ST, INDIO CA	209 - B2
DEL MAR FAIRGROUNDS	2260 JIMMY DURANTE BLVD, DEL MAR CA	293 - B4
DEL MAR RACE TRACK	2260 JIMMY DURANTE BLVD, DEL MAR CA	293 - B4
DEL NORTE COUNTY FAIRGROUNDS	HWY 101 & NORTHCREST DR, CRESCENT CITY CA	297 - D7
DISCOVERY CTR	1944 N WINERY AV, FRESNO CA	264 - C4
DISNEYLAND PK	1313 S HARBOR BLVD, ANAHEIM CA	362 - A3
DISNEYLAND RESORT	1313 S HARBOR BLVD, ANAHEIM CA	362 - A2
DISNEYS CALIFORNIA ADVENTURE	1313 S HARBOR BLVD, ANAHEIM CA	362 - A4
DODGER STADIUM	1000 ELYSIAN PARK AV, LOS ANGELES CA	356 - B2
DRAKE STADIUM	UCLA CAMPUS, LOS ANGELES CA	353 - F3
EDISON INTL FIELD OF ANAHEIM	2000 GENE AUTRY WY, ANAHEIM CA	362 - F4
EL DORADO COUNTY FAIRGROUNDS	100 PLACERVILLE DR, PLACERVILLE CA	317 - B5
ENCINO VELODROME	17301 OXNARD ST, LOS ANGELES CA	281 - A1
EPICENTER, THE	8408 ROCHESTER AV, RANCHO CUCAMONGA CA	284 - A3
EULESS BALL PK	N CLARK ST & E UNIVERSITY AV, FRESNO CA	343 - E3
EXPOSITION GROUNDS	SUN WY & SHERWOOD DR, SALINAS CA	336 - D6
FAIRGROUNDS	SOUTHGATE DR, SONORA CA	341 - D6
FAIRPLEX PK RACETRACK	1101 W MCKINLEY AV, POMONA CA	283 - B3
FAIRY TALE TOWN	1501 SUTTERVILLE RD, SACRAMENTO CA	319 - D9
FISCALINI FIELD	1103 E HIGHLAND AV, SAN BERNARDINO CA	285 - A2
FRESNO COUNTY FAIRGROUND	E KINGS CANYON RD & MAPLE AV, FRESNO CA	264 - C5
FRESNO MALIBU GRAND PRIX	7100 N ABBY ST, FRESNO CA	264 - B2
FRESNO STORYLAND	890 W BELMONT AV, FRESNO CA	343 - A6
FROGTOWN FAIRGROUND	HWY 49 & HWY 4, CALAVERAS CO CA	175 - C2
FUDENNA STADIUM	COUNTRY DR & FREMONT BLVD, FREMONT CA	251 - A6
GALWAY DOWNS	PAUBA & LOS CABALLOS, RIVERSIDE CO CA	208 - C3
GOLDEN GATE EQUESTRIAN CTR & STADIUM	36TH AV & JFK DR, SAN FRANCISCO CA	325 - C7
GOTCHA GLACIER	E KATELLA AV & COLLEGE BLVD, ANAHEIM CA	362 - E4
GRAPE BOWL STADIUM	N STOCKTON ST & E LAWRENCE AV, LODI CA	260 - B1
GREAT AMERICA THEME PK	GREAT AMERICA PKWY, SANTA CLARA CA	253 - C2
GREAT WESTERN FORUM	3900 W MANCHESTER BLVD, INGLEWOOD CA	281 - C6
HIPODROMO	BAJA CALIFORNIA NORTE BC	296 - B6
HOLLYWOOD PK	1050 S PRAIRIE AV, INGLEWOOD CA	281 - C6
HORSE RACE TRACK	EXPOSITION BL & ETHAN WY, SACRAMENTO CA	320 - E2
HORSE SHOW GROUND	GRAHAM HILL RD, SANTA CRUZ CO CA	335 - C2
HUGHES STADIUM	3835 FREEPORT BLVD, SACRAMENTO CA	319 - E9
INDIAN WELLS TENNIS GARDEN	WASHINGTON & FRED WARING, INDIAN WELLS CA	290 - D5
IRWINDALE SPEEDWAY	13300 LIVE OAK AV, IRWINDALE CA	282 - C3
KAISER, H J CONV CTR	10 10TH ST, OAKLAND CA	330 - B6
KERN CO FAIRGROUNDS	1142 S P ST, KERN CO CA	344 - E9
KEZAR STADIUM	FREDERICK ST, SAN FRANCISCO CA	325 - G7
KINGS SPEEDWAY	801 S 10TH AV, HANFORD CA	190 - C1
KLAMATH COUNTY FAIRGROUNDS	CREST ST, Altamont OR	150 - C2
KNOTTS BERRY FARM	8039 BEACH BLVD, BUENA PARK CA	361 - D5
KNOTTS SOAK CITY USA	2052 ENTERTAINMENT CIR, CHULA VISTA CA	296 - B4
KNOTTS SOAK CITY USA	8039 BEACH BLVD, BUENA PARK CA	361 - E5
LAGUNA SECA RACE COURSE	HWY 68 & CNDA DE LA SGNDA, MONTEREY CO CA	258 - D4
LAKE COUNTY FAIRGROUNDS	MARTIN ST & HWY 175, LAKEPORT CA	225 - D4
LAKE COUNTY FAIRGROUNDS	ROBERTA AV, LAKE CO OR	152 - A2
LAKE ELSINORE DIAMOND	500 DIAMOND DR, LAKE ELSINORE CA	289 - A4
LAKE PERRIS FAIRGROUNDS	18700 LAKE PERRIS DR, RIVERSIDE CO CA	285 - A7
LANCASTER MUNICIPAL STADIUM	45116 VALLEY CENTRAL WY, LANCASTER CA	200 - B2
LASSEN COUNTY FAIRGROUNDS	FAIR DR, SUSANVILLE CA	304 - E5
LAS VEGAS CONV CTR	3150 PARADISE RD, WINCHESTER NV	346 - D1
LAS VEGAS MOTOR SPEEDWAY	3534 N LAS VEGAS BLVD, CLARK CO NV	268 - D1
LEGOLAND FAMILY PK	1 LEGO DR, CARLSBAD CA	293 - A1
LONG BEACH CONV & ENTERTAINMENT CTR	300 E OCEAN BLVD, LONG BEACH CA	360 - D7

437 ENTERTAINMENT & SPORTS
POINTS OF INTEREST
GOLF COURSES

FEATURE NAME City State	Page-Grid
LOS ALAMITOS RACETRACK 4961 KATELLA AV, CYPRESS CA	287 - C2
LOS ANGELES CONV CTR 1201 S FIGUEROA ST, LOS ANGELES CA	355 - F6
LOS ANGELES COUNTY RACEWAY 6850 E AVE T, PALMDALE CA	200 - B3
LOS ANGELES MEM COLISEUM 3911 S FIGUEROA ST, LOS ANGELES CA	355 - D10
LOS ANGELES SPORTS ARENA 3939 S FIGUEROA ST, LOS ANGELES CA	355 - D10
MANTECA WATERSLIDES 874 E WOODWARD AV, SAN JOAQUIN CO CA	175 - A3
MARINE STADIUM 5255 PAOLI WY, LONG BEACH CA	287 - B3
MAVERICK STADIUM 12000 STADIUM WY, ADELANTO CA	278 - A1
MEM STADIUM JEFFERSON ST & PUEBLO AV, NAPA CA	323 - C4
MERCED COUNTY FAIRGROUNDS HWY 59 & HWY 99, MERCED CA	181 - A1
MESA MARIN RACEWAY 11000 KERN CANYON RD, BAKERSFIELD CA	191 - C3
MGM GRAND HOTEL CASINO & THEME PK 3799 S LAS VEGAS BLVD, PARADISE NV	346 - C5
MILPITAS SPORT CTR N PK VICTORIA DR & CALAVRS, MILPITAS CA	253 - D1
MOSCONE CONV CTR 747 HOWARD ST, SAN FRANCISCO CA	326 - F5
MUNICIPAL BASEBALL PK S G ST, SAN BERNARDINO CA	368 - D5
NAPA FAIRGROUNDS 575 3RD ST, NAPA CA	323 - F7
NATL ORANGE SHOW GROUNDS 689 S E ST, SAN BERNARDINO CA	368 - D6
NEVADA COUNTY FAIRGROUNDS MCCOURTNEY RD, NEVADA CO CA	315 - A10
OAKLAND ALAMEDA CO COLISEUM COMPLEX NIMITZ FRWY & HEGENBERGER RD, OAKLAND CA	331 - D2
OAKLAND ALAMEDA COUNTY ARENA NIMITZ FRWY & HEGENBERGER RD, OAKLAND CA	331 - D2
OAKLAND ALAMEDA COUNTY COLISEUM NIMITZ FRWY & HEGENBERGER RD, OAKLAND CA	331 - D2
OAKLAND CONV & VISITORS AUTHORITY 550 10TH ST, OAKLAND CA	330 - A5
OAK PK ICE ARENA 3545 ALVARADO AV, STOCKTON CA	339 - E3
OLYMPIC VELODROME CSU DOMINGUEZ HILLS CAMPUS, CARSON CA	286 - D1
ONTARIO CONV CTR 2000 CONVENTION CENTER WY, ONTARIO CA	283 - D3
ORANGE CO FAIRGROUNDS 88 FAIR DR, COSTA MESA CA	363 - A6
PACIFIC BELL PK KING ST & 3RD ST, SAN FRANCISCO CA	326 - G6
PALM SPRINGS STADIUM SUNRISE WY, PALM SPRINGS CA	367 - E6
PAULEY PAVILION UCLA CAMPUS, LOS ANGELES CA	353 - F4
PEABODY STADIUM ANAPAMU ST, SANTA BARBARA CA	348 - E5
PICO RIVERA SPORTS ARENA 11003 ROOKS RD, PICO RIVERA CA	282 - C4
PIXIE WOODS MONTE DIABLO & OCCIDENTAL AV, STOCKTON CA	260 - A4
PLAZA PK RACEWAY 700 S PLAZA ST, VISALIA CA	266 - A2
PLUMAS COUNTY FAIRGROUNDS QUINCY JCT RD, QUINCY CA	164 - B2
POMONA RACEWAY 1101 W MCKINLEY AV, POMONA CA	283 - B3
PONDEROSA RANCH TAHOE BLVD, WASHOE CO NV	231 - D1
PYRAMID, THE E ATHERTON ST & MERIAM WY, LONG BEACH CA	287 - B2
QUALCOMM STADIUM 9449 FRIARS RD, SAN DIEGO CA	295 - D1
RACE TRACK ROSE AV & FAIR ST, PLEASANTON CA	251 - B4
RAGING WATERS 111 RAGING WATERS DR, SAN DIMAS CA	283 - B3
RAGING WATERS 2333 WHITE RD, SAN JOSE CA	254 - A3
RALEY FIELD BALL PARK LN, WEST SACRAMENTO CA	319 - B4
RATCLIFFE STADIUM N BLACKSTONE AV & E UNIVERSITY, FRESNO CA	343 - D3
REDDING CONV CTR 777 AUDITORIUM DR, REDDING CA	301 - G5
REDWOOD ACRES FAIRGROUNDS HALL AV & MYRTLE AV, HUMBOLDT CO CA	219 - C3
REDWOOD EMPIRE FAIRGROUNDS 1055 N STATE, UKIAH CA	308 - D2
RODEO GROUNDS POCKET CANYON HWY, SONOMA CO CA	168 - B3
ROHNERT PK STADIUM 5900 LABATH AV, ROHNERT PARK CA	242 - C4
ROSE BOWL 1001 ROSE BOWL DR, PASADENA CA	359 - A4
SALINAS MUNICIPAL STADIUM MARYAL DR, SALINAS CA	336 - C4
SAM BOYD STADIUM E RUSSELL RD & BROADBENT BLVD, WHITNEY NV	269 - A5
SAM LYNN BALLPARK 4009 CHESTER AV, BAKERSFIELD CA	344 - D2
SAN DIEGO CONV CTR 111 W HARBOR DR, SAN DIEGO CA	373 - E5
SAN DIEGO SPORTS ARENA 3500 SPORTS ARENA BLVD, SAN DIEGO CA	371 - F8
SAN DIEGO VELODROME 2221 MORLEY FIELD DR, SAN DIEGO CA	374 - A1
SAN JOAQUIN COUNTY FAIRGROUNDS E CHARTER WY & S AIRPORT WY, STOCKTON CA	339 - G9
SAN JOAQUIN SPORTS COMPLEX HWY 99 & ARCH APT RD, SAN JOAQUIN CO CA	260 - C5
SAN JOSE ARENA 525 W SANTA CLARA ST, SAN JOSE CA	333 - F7
SAN JOSE CIVIC AUDITORIUM 145 W SAN CARLOS ST, SAN JOSE CA	333 - G8
SAN JOSE CONV CTR 150 W SAN CARLOS ST, SAN JOSE CA	334 - A8
SAN JOSE MUNICIPAL BASEBALL STADIUM E ALMA AV & SENTER RD, SAN JOSE CA	334 - C9
SAN LUIS REY DOWNS VIA CASITAS, SAN DIEGO CO CA	292 - C5
SANTA ANA MUNICIPAL STADIUM 6TH ST & FLOWER ST, SANTA ANA CA	288 - A3
SANTA ANITA PK 285 W HUNTINGTON DR, ARCADIA CA	282 - C2
SANTA BARBARA CITY COLLEGE STADIUM 721 CLIFF DR, SANTA BARBARA CA	348 - E9
SANTA CLARA CONV CTR 5001 GREAT AMERICA PKWY, SANTA CLARA CA	253 - C2
SANTA CLARA CO FAIRGROUNDS RACETRACK STA CLARA CO FAIRGRNDS, SANTA CLARA CO CA	253 - D4
SEARS POINT INTL RACEWAY ARNOLD DR, SONOMA CO CA	246 - C1
SEASIDE PARK & VENTURA CTY FAIRGROUNDS 10 W HARBOR BLVD, VENTURA CA	349 - A5
SEA WORLD 500 SEA WORLD DR, SAN DIEGO CA	371 - D7
SELLAND ARENA 700 M ST, FRESNO CA	343 - E8
SILVER DOLLAR FAIRGROUNDS FAIR ST, BUTTE CO CA	306 - C9
SIX FLAGS MAGIC MTN 26101 MAGIC MTN PKWY, LOS ANGELES CO CA	276 - D4
SIX FLAGS MARINE WORLD 2001 MARINE WORLD PKWY, VALLEJO CA	247 - B1
SOLANO COUNTY FAIRGROUNDS 900 FAIRGROUNDS DR, VALLEJO CA	247 - B1
SONOMA COUNTY FAIRGROUNDS BENNETT VLY & HENDLEY ST, SANTA ROSA CA	321 - G8
SPARTAN STADIUM S 7TH ST & E ALMA AV, SAN JOSE CA	334 - C9
STADIUM NELSON & SAM MCDONALD, SANTA CLARA CO CA	332 - C6
STANISLAUS FAIRGROUNDS 900 N BROADWAY, TURLOCK CA	261 - C6
STAPLES CTR 1111 S FIGUEROA ST, LOS ANGELES CA	355 - F6
TEHAMA COUNTY FAIRGROUNDS ANTELOPE & MULBERRY, TEHAMA CO CA	303 - G4
TENNIS STADIUM HWY 111, INDIAN WELLS CA	290 - D6
THOMAS & MACK CTR 4505 S MARYLAND PKWY, PARADISE NV	346 - E5
THURMAN, JOHN FIELD 601 NEECE DR, MODESTO CA	340 - D9
TULARE COUNTY FAIRGROUNDS 215 MARTIN LUTHER KING JR BLVD, TULARE CA	266 - B5
UNIVERSAL STUDIOS 100 UNIVERSAL CITY PZ, LOS ANGELES CO CA	351 - C3
UC BERKELEY MEM STADIUM 2200 UNIVERSITY AV, BERKELEY CA	328 - C6
UNIV OF CALIFORNIA RIVERSIDE STAD CANYON CREST DR & LINDEN ST, RIVERSIDE CA	284 - D5
VETERANS MEM STADIUM E CONANT ST & CLARK AV, LONG BEACH CA	287 - B1
VISALIA CONV CTR 303 E ACEQUIA AV, VISALIA CA	266 - C2
WASHOE COUNTY FAIRGROUNDS N WELLS AV & 9TH ST, RENO NV	311 - E3
WATERWORKS PK 151 N BOULDER DR, REDDING CA	302 - A1
WATERWORLD USA 1600 EXPOSITION BLVD, SACRAMENTO CA	320 - D2
WET N WILD 2600 S LAS VEGAS BLVD, WINCHESTER NV	345 - D10
WILD RIVERS 8770 IRVINE CENTER DR, IRVINE CA	288 - C5
WILD WATER ADVENTURES 11413 E SHAW AV, FRESNO CO CA	181 - C2
WINDSOR WATERWORKS 8225 CONDE LN, WINDSOR CA	240 - B7
YOSEMITE MOTOR SPEEDWAY ROAD 23 & AVENUE 18, MADERA CO CA	181 - B2
YUBA SUTTER FAIRGROUNDS 442 FRANKLIN RD, YUBA CITY CA	309 - F5
ZUPO FIELD LODI CA	260 - B1

GOLF COURSES

FEATURE NAME City State	Page-Grid
ADMIRAL BAKER GC ADM BAKER RD & FRIARS RD, SAN DIEGO CA	293 - D7
AIRWAYS GC 5440 E AIRWAYS AV, FRESNO CA	264 - D4
ALISAL GUEST RANCH & GC 1054 ALISAL RD, SOLVANG CA	273 - B4
ALISO CREEK GC 31106 S COAST HWY, LAGUNA BEACH CA	365 - F8
ALISO VIEJO RESORT & GC ALISO CK RD & GLENWOOD DR, ALISO VIEJO CA	288 - C6
ALMADEN CC 6663 HAMPTON DR, SAN JOSE CA	253 - D6
ALTADENA COUNTY GC 1456 E MENDOCINO ST, LOS ANGELES CO CA	359 - F1
ALTA VISTA CC 777 ALTA VISTA ST, PLACENTIA CA	283 - A7
ANAHEIM HILLS GC 6501 E NOHL RANCH RD, ANAHEIM CA	288 - B1
ANNANDALE GC 1 N SAN RAFAEL AV, PASADENA CA	359 - A7
ANTELOPE GREENS GC 2721 ELVERTA RD, SACRAMENTO CO CA	235 - C4
APPLE VALLEY CC 15200 RANCHERIAS RD, APPLE VALLEY CA	278 - C1
ARROYO SECO GC 1055 LOHMAN LN, SOUTH PASADENA CA	359 - A10
AVIARA GC 7447 BATIQUITOS DR, CARLSBAD CA	293 - B1
AVILA BEACH RESORT GC AVILA BEACH DR, SAN LUIS OBISPO CO CA	271 - C7
BAKERSFIELD CC 4200 COUNTRY CLUB DR, KERN CO CA	267 - D4
BALBOA PK MUNICIPAL GC 2600 GOLF COURSE DR, SAN DIEGO CA	374 - A2
BALI HAI GC 5160 S LAS VEGAS, PARADISE NV	346 - B8
BAYWOOD GC GOLF COURSE RD, HUMBOLDT CO CA	299 - F10
BEAR CREEK GOLF AND CC 22640 BEAR CREEK DR N, MURRIETA CA	289 - B6
BEAR MTN GC 43101 GOLDMINE DR, BIG BEAR LAKE CA	279 - D7
BEL AIR CC 10768 BELLAGIO RD, LOS ANGELES CA	353 - E2
BELMONT CC 8253 E BELMONT AV, FRESNO CO CA	264 - D4
BERMUDA DUNES CC 42360 ADAMS ST, RIVERSIDE CO CA	290 - D5
BERNARDO HEIGHTS CC 16066 BERNARDO HEIGHTS PKWY, SAN DIEGO CA	294 - A3
BIG CANYON CC 1 BIG CANYON DR, NEWPORT BEACH CA	364 - G5
BIGHORN GC 255 PALOWET DR, PALM DESERT CA	290 - B6
BIJOU MUNICIPAL GC JOHNSON & MARLETTE, SOUTH LAKE TAHOE CA	314 - D4
BIRCH HILLS GC 2250 E BIRCH ST, BREA CA	283 - A7
BLUE ROCK SPRINGS GC COLUMBUS PKWY, VALLEJO CA	247 - B2
BONITA GC 5540 SWEETWATER RD, SAN DIEGO CO CA	296 - B3
BRENTWOOD CC 1740 BALFOUR RD, BRENTWOOD CA	248 - D6
BRENTWOOD CC 590 BURLINGAME AV, LOS ANGELES CA	353 - B7
BRIDGES CLUB, THE 18550 SEVEN BRIDGES RD, SAN DIEGO CO CA	293 - C2
BROKEN SPOKE CC 225 WAKE AV, EL CENTRO CA	375 - E9
BROOKSIDE CC 3603 SAINT ANDREWS DR, STOCKTON CA	260 - A4
BROOKSIDE GC 1133 ROSEMONT AV, PASADENA CA	359 - A3
BROOKSIDE MUNICIPAL GC S ROCK BLVD & S EDISON WY, RENO NV	312 - B9
CALIFORNIA GC OF SAN FRANCISCO 844 W ORANGE AV, SAN MATEO CO CA	327 - A1
CALIMESA GOLF & CC 1300 3RD ST, CALIMESA CA	285 - D5
CAMERON PK CC 3201 ROYALE DR, EL DORADO CO CA	236 - D5
CAMPUS COMMONS GC 2 CADILLAC DR, SACRAMENTO CA	320 - E4
CANDLEWOOD CC 14000 TELEGRAPH RD, LOS ANGELES CO CA	282 - C6
CANYON CC 1100 MURRAY CANYON DR, PALM SPRINGS CA	367 - D10
CANYON CREST CC 975 COUNTRY CLUB DR, RIVERSIDE CA	366 - G8
CANYON ESTATES GC 2323 MADRONA DR, PALM SPRINGS CA	367 - D10
CANYON LAKE CC 32001 RAILROAD CANYON RD, CANYON LAKE CA	289 - B4
CARMEL MTN RANCH CC 14050 CARMEL RIDGE RD, SAN DIEGO CA	294 - A4
CASTLE CREEK CC 8797 CIRCLE R DR, SAN DIEGO CO CA	292 - D5
CATHEDRAL CANYON CC 68311 PAS REAL, CATHEDRAL CITY CA	290 - B4
CENTER CITY GC 2323 GREENBRIER DR, OCEANSIDE CA	292 - A6
CHALK MTN GC 10000 EL BORDO AV, ATASCADERO CA	271 - D1
CHARDONNAY GC 2555 JAMESON CANYON RD, NAPA CO CA	244 - A7
CHERRY HILLS GC 26583 CHERRY HILLS BLVD, RIVERSIDE CO CA	289 - B3
CHERRY ISLAND GC 2360 ELVERTA RD, SACRAMENTO CO CA	235 - C4
CHULA VISTA MUNICIPAL GC 4475 BONITA RD, CHULA VISTA CA	296 - A3
CLAREMONT CC 5295 BROADWAY TER, OAKLAND CA	330 - D1
CLUB AT MORNINGSIDE, THE 39033 MORNINGSIDE DR, RANCHO MIRAGE CA	290 - B5
COLD SPRINGS GOLF & CC 6500 CLUBHOUSE DR, EL DORADO CO CA	237 - A4
COLONY CC, THE 40603 COLONY DR, MURRIETA CA	289 - C6
CORDEVALLE GC STA TERESA & HIGHLAND, SANTA CLARA CO CA	257 - A2
CORICA, CHUCK MUNICIPAL GOLF COMPLEX CLUBHOUSE MEMORIAL RD, ALAMEDA CA	331 - A4
CORONADO GC 2000 VISALIA RW, CORONADO CA	373 - E8
COSTA MESA GC 1701 GOLF COURSE DR, COSTA MESA CA	364 - A1
COTTONWOOD AT RANCHO SAN DIEGO GC 3121 WILLOW GLEN DR, SAN DIEGO CO CA	296 - C1
COYOTE HILLS GC 1440 E BASTANCHURY RD, FULLERTON CA	283 - A7
CRESTA VERDE GC 1295 CRESTA RD, CORONA CA	284 - A7
CRYSTAL SPRINGS GC 6650 GOLF COURSE DR, SAN MATEO CO CA	249 - C6
DAIRY CREEK GC 2990 DAIRY CK RD, SAN LUIS OBISPO CO CA	271 - B4
DAVIS GC 24439 FAIRWAY DR, YOLO CO CA	318 - B1
DE LAVEAGA GC 401 UPPER PARK RD, SANTA CRUZ CA	335 - G3
DEL MAR CC 6001 COUNTRY CLUB RD, SAN DIEGO CO CA	293 - C4
DEL PASO CC 3333 MARCONI AV, SACRAMENTO CO CA	235 - C6
DESERT DUNES GC 19300 PALM DR, RIVERSIDE CO CA	290 - A2
DESERT FALLS CC 1111 DESERT FALLS PKWY, PALM DESERT CA	290 - C5
DESERT HORIZONS CC 44900 DESERT HORIZONS DR, INDIAN WELLS CA	290 - C5
DESERT INN GC 3145 S LAS VEGAS BLVD, PARADISE NV	346 - D2
DESERT ISLAND CC 71777 FRANK SINATRA DR, RANCHO MIRAGE CA	290 - C5
DESERT PRINCESS CC 28555 LANDAU BLVD, CATHEDRAL CITY CA	290 - B3
DESERT WILLOW GOLF RESORT 38500 PORTOLA AV, PALM DESERT CA	290 - C5
DIABLO CC 1700 CLUBHOUSE RD, CONTRA COSTA CO CA	248 - A7
DRY CREEK RANCH GC 809 CRYSTAL WY, SAN JOAQUIN CO CA	238 - D7
DRYDEN PK GC 920 SUNSET AV, MODESTO CA	340 - C10
EAGLE CREST GC 2492 OLD RANCH RD, ESCONDIDO CA	294 - A1
EAGLE RIDGE GC 2951 CLUB DR, GILROY CA	257 - A3
EASTLAKE CC 2375 CLUBHOUSE DR, CHULA VISTA CA	296 - B3
EDGEWOOD GC OFF HWY 50, DOUGLAS CO NV	314 - F1
EISENHOWER, DWIGHT GC 1 INDUSTRY HLS PKWY, CITY OF INDUSTRY CA	282 - D4
EL CABALLERO CC 18300 TARZANA DR, LOS ANGELES CA	280 - D2
EL CAMINO CC 3202 VISTA WY, OCEANSIDE CA	292 - A6
EL CARISO COUNTY GC 13100 ELDRIDGE AV, LOS ANGELES CA	277 - B6
ELKHORN CC 1050 ELKHORN DR, SAN JOAQUIN CO CA	260 - B2
EL PRADO GC 6555 PINE AV, CHINO CA	283 - D6
EL RANCHO VERDE GC 19494 COUNTRY CLUB DR, RIALTO CA	284 - C2
EL RIVINO CC 5530 EL RIVINO RD, SAN BERNARDINO CO CA	284 - C4
EMPIRE LAKES GC 11015 6TH ST, RANCHO CUCAMONGA CA	284 - A3
ENCINITAS RANCH GC 1275 QUAIL GARDENS DR, ENCINITAS CA	293 - B2
ESCONDIDO CC 1800 COUNTRY CLUB LN, ESCONDIDO CA	292 - D7
EUREKA MUNICIPAL GC FAIRWAY DR, EUREKA CA	300 - C8
EXETER PUB GC 510 VISALIA RD, EXETER CA	266 - D3
FAIRBANKS RANCH CC 15150 SAN DIEGUITO RD, SAN DIEGO CA	293 - C4
FAIRGROUNDS GC 1350 BENNETT VALLEY RD, SANTA ROSA CA	321 - F8
FAIRMOUNT PK GC 2681 DEXTER DR, RIVERSIDE CA	366 - C1
FALLBROOK GC 2757 GIRD RD, SAN DIEGO CO CA	292 - C3
FIG GARDEN GC 7700 N VAN NESS BLVD, FRESNO CO CA	264 - B2

CRA

INDEX

© 2003 Thomas Bros. Maps ®

GOLF COURSES

POINTS OF INTEREST

GOLF COURSES 438

FEATURE NAME City State	Page-Grid
FORT WASHINGTON GOLF & CC 10272 N MILLBROOK AV, FRESNO CA	264 - C1
FOUNTAINGROVE RESORT & CC 1525 FOUNTAINGROVE PKWY, SANTA ROSA CA	321 - E1
FRANKLIN CANYON GC HWY 4 PKWY, HERCULES CA	247 - B4
FRIENDLY HILLS CC 8500 VILLAVERDE DR, WHITTIER CA	282 - D6
FULLERTON GC 2700 N HARBOR BLVD, FULLERTON CA	282 - D7
GALBRAITH GC 10505 DOOLITTLE DR, OAKLAND CA	331 - D7
GENERAL OLD GC 6104 VILLAGE WEST DR, RIVERSIDE CO CA	285 - A7
GILROY GC 2695 HECKER PASS HWY, GILROY CA	257 - A2
GLEN ANNIE GC 405 GLEN ANNIE RD, SANTA BARBARA CO CA	274 - A6
GLENDORA CC 310 S AMELIA AV, GLENDORA CA	283 - B2
GOLDEN GATE MUNICIPAL GC 47TH AV & FULTON ST, SAN FRANCISCO CA	325 - A7
GOLF RESORT AT INDIAN WELLS, THE 44500 INDIAN WELLS LN, INDIAN WELLS CA	290 - D5
GREEN HILLS CC LUDEMAN LN & LAUREL AV, MILLBRAE CA	327 - C7
GREEN RIVER GC 5215 GREEN RIVER RD, CHINO HILLS CA	283 - C7
GREEN VALLEY CC & GC 35 COUNTRY CLUB DR, SOLANO CO CA	244 - B6
GREEN VALLEY OAKS GC 3000 ALEXANDRITE DR, EL DORADO CO CA	236 - D5
HACIENDA GC 718 EAST RD, LA HABRA HEIGHTS CA	282 - D6
HAGGIN OAKS MUNICIPAL GC NORTH 3645 FULTON AV, SACRAMENTO CA	235 - C6
HARDING MUNICIPAL GC 4730 CRYSTAL SPRINGS DR, LOS ANGELES CA	352 - D2
HESPERIA GOLF AND CC 17970 BANGOR AV, HESPERIA CA	278 - B3
HIDDENBROOKE GC 1095 HIDDENBROOKE PKWY, VALLEJO CA	247 - B1
HIDDEN VALLEY GC 10 CLUBHOUSE DR, NORCO CA	284 - A6
HIDDEN VALLEY GC HIDDEN VALLEY & PELHAM DR, WASHOE CO NV	312 - F10
HILLCREST CC 10000 W PICO BLVD, LOS ANGELES CA	354 - D9
INDIAN HILLS CC 5700 CLUB HOUSE DR, RIVERSIDE CO CA	284 - B5
INDIAN RIDGE CC 76375 COUNTRY CLUB DR, PALM DESERT CA	290 - D5
INDIAN VALLEY GC 3035 NOVATO BLVD, MARIN CO CA	246 - A2
INDIAN WELLS CC 46000 CLUB DR, INDIAN WELLS CA	290 - D6
IRONWOOD CC 49200 MARIPOSA DR, PALM DESERT CA	290 - C6
JESS RANCH GC 10885 APPLE VALLEY RD, APPLE VALLEY CA	278 - C3
JURUPA HILLS CC 6161 MORAGA AV, RIVERSIDE CO CA	284 - B5
KNOLLWOOD COUNTY GC 12040 BALBOA BLVD, LOS ANGELES CA	277 - A6
LA COSTA RESORT & SPA 2100 COSTA DEL MAR RD, CARLSBAD CA	293 - B1
LAGUNA LAKE GC 11175 LOS OSOS VLY RD, SAN LUIS OBISPO CA	347 - A8
LA JOLLA CC 7301 HIGH AV, SAN DIEGO CA	370 - B8
LAKE ARROWHEAD CC 250 GOLF COURSE RD, SAN BERNARDINO CO CA	278 - C6
LAKE REDDING GC 1795 BENTON DR, REDDING CA	301 - E3
LAKE SAN MARCOS CC 1750 SAN PABLO DR, SAN DIEGO CO CA	293 - C1
LAKE SAN MARCOS EXECUTIVE GC 1556 CM DL ARROYO, SAN DIEGO CO CA	293 - C1
LAKES CC, THE 75375 COUNTRY CLUB DR, PALM DESERT CA	290 - C5
LAKESIDE CC 4500 LAKESIDE DR, BURBANK CA	351 - C2
LAKEWOOD CC 3101 CARSON ST, LAKEWOOD CA	287 - A1
LA MIRADA COUNTY GC 15501 ALICANTE RD, LA MIRADA CA	282 - C7
LAND, WILLIAM GC 1701 SUTTERVILLE RD, SACRAMENTO CA	319 - D9
LA QUINTA CC 77750 AVE 50, LA QUINTA CA	290 - D6
LA QUINTA RESORT & CLUB CITRUS COURSE 50503 JEFFERSON ST, LA QUINTA CA	290 - D6
LA QUINTA RESORT & CLUB MTN COURSE 50200 AVD VISTA BONITA, LA QUINTA CA	290 - D6
LA RINCONADA CC 14595 CLEARVIEW DR, LOS GATOS CA	253 - C5
LAS POSAS CC 955 FAIRWAY DR, VENTURA CO CA	275 - D5
LAS VEGAS CC 3000 JOE W BROWN DR, WINCHESTER NV	346 - E1
LAS VEGAS NATL GC 1911 E DESERT INN RD, PARADISE NV	346 - G2
LAWRENCE LINKS GC 3825 BLACKFOOT WY, SACRAMENTO CO CA	235 - C4
LAWRENCE WELK RESORT GC 8860 LAWRENCE WELK DR, SAN DIEGO CO CA	292 - D6
LEMA, TONY GC 13800 NEPTUNE DR, SAN LEANDRO CA	250 - B3
LIGHTHOUSE GC 500 DOUGLAS ST, WEST SACRAMENTO CA	319 - B1
LINCOLN HILLS GC 1005 SUN CITY LN, LINCOLN CA	236 - A1
LINCOLN PK GC 34TH AV & CLEMENT ST, SAN FRANCISCO CA	325 - B5
LINKS AT SPANISH BAY, THE 2700 17 MILE DR, MONTEREY CO CA	337 - A5
LOMAS SANTA FE CC 1505 LOMAS SANTA FE DR, SOLANA BEACH CA	293 - B3
LONE TREE GC 4800 GOLF COURSE RD, ANTIOCH CA	248 - C5
LONG BEACH CITY GC 5001 DEUKMEJIAN DR, LONG BEACH CA	287 - B2
LOS AMIGOS COUNTY GC 7295 QUILL DR, DOWNEY CA	282 - A6
LOS ANGELES CC 10101 WILSHIRE BLVD, LOS ANGELES CA	354 - B6
LOS ANGELES ROYAL VISTA GC 20055 COLIMA RD, LOS ANGELES CO CA	283 - A5
LOS COYOTES CC 8888 LOS COYOTES DR, BUENA PARK CA	282 - D7
LOS FELIZ MUNICIPAL GC 3207 LOS FELIZ BLVD, LOS ANGELES CA	352 - E5
LOS SERRANOS CC 15656 YORBA AV, CHINO HILLS CA	283 - C6
LOS VERDES COUNTY GC 7000 LOS VERDES DR, RCHO PALOS VRDS CA	286 - B3
MANTECA PK MUNICIPAL GC 305 N UNION RD, MANTECA CA	260 - C7

FEATURE NAME City State	Page-Grid
MARE ISLAND GC 1800 CLUB DR, VALLEJO CA	247 - A3
MARINA GC 13800 NEPTUNE DR, SAN LEANDRO CA	331 - F10
MARINE MEM GC GOLF COURSE RD, SAN DIEGO CO CA	292 - A5
MARRIOTT DESERT SPRINGS RESORT 74855 COUNTRY CLUB DR, PALM DESERT CA	290 - C5
MARSHALL CANYON COUNTY GC 6100 N STEPHENS RCH RD, LOS ANGELES CO CA	283 - B2
MCINNIS PK GC 350 SMITH RANCH RD, SAN RAFAEL CA	324 - E1
MEADOW LAKE CC 10333 MEADOW GLEN WY E, SAN DIEGO CO CA	292 - D6
MEADOWLARK GC 16782 GRAHAM ST, HUNTINGTON BEACH CA	287 - C3
MENIFEE LAKES CC 29875 MENIFEE LAKES DR, RIVERSIDE CO CA	289 - C3
MESA VERDE GC 3000 CLUB HOUSE RD, COSTA MESA CA	287 - D4
MESQUITE CC 2700 E MESQUITE AV, PALM SPRINGS CA	367 - E7
MILE SQUARE GC 10401 WARNER AV, FOUNTAIN VALLEY CA	287 - D3
MILLER, H G DAD PUB GC 430 N GILBERT ST, ANAHEIM CA	361 - G6
MIRAMAR MEM GC MIRAMAR WY & MIRAMAR RD, SAN DIEGO CA	293 - D5
MISSION BAY GC 2702 N MISSION BAY DR, SAN DIEGO CA	371 - E2
MISSION HILLS CC 34600 MISSION HILLS DR, RANCHO MIRAGE CA	290 - C4
MISSION LAKES CC 8484 CLUBHOUSE BLVD, RIVERSIDE CO CA	290 - A1
MISSION TRAILS GC 7380 GOLFCREST PL, SAN DIEGO CA	294 - A7
MISSION VIEJO GC 26200 COUNTRY CLUB DR, MISSION VIEJO CA	288 - D6
MODESTO MUNICIPAL GC 400 TUOLUMNE BLVD, MODESTO CA	340 - C8
MOFFETT FIELD GC MACON RD & MARRIAGE RD, SANTA CLARA CO CA	253 - B1
MONTCLAIR GC 2477 MONTEREY BLVD, OAKLAND CA	330 - G3
MONTEREY CC 41500 MONTEREY AV, PALM DESERT CA	290 - C5
MONTEREY PENINSULA CC 3000 CLUBHOUSE RD, MONTEREY CO CA	337 - A6
MORENO VALLEY RANCH GC 28095 JOHN F KENNEDY DR, MORENO VALLEY CA	285 - B6
MORGAN RUN RESORT AND CLUB 5690 CANCHA DE GOLF, SAN DIEGO CO CA	293 - C3
MORRO BAY GC 201 STATE PARK RD, MORRO BAY CA	271 - A3
MTN VISTA GC 38180 DEL WEBB BLVD, RIVERSIDE CO CA	290 - D4
MOUNT SAINT HELENA GC 2025 GRANT ST, CALISTOGA CA	241 - A6
MOUNT SHASTA RESORT 1000 SISKIYOU LAKE BLVD, SISKIYOU CO CA	298 - D9
MOUNT WOODSON CC 16422 N WOODSON DR, SAN DIEGO CO CA	294 - B3
NATL CITY GC 1439 SWEETWATER RD, NATIONAL CITY CA	374 - G10
NAVAL BASE GC 5660 ORANGEWOOD AV, LOS ALAMITOS CA	287 - C2
NAVAL STA GC WABASH BL & NORMAN SCOTT RD, SAN DIEGO CA	374 - C7
NEVADA COUNTY CC NEVADA ST & HUGHES RD, GRASS VALLEY CA	315 - C6
NEWPORT BEACH CC 1600 E COAST HWY, NEWPORT BEACH CA	364 - F7
NEWPORT BEACH GC 3100 IRVINE AV, NEWPORT BEACH CA	363 - B7
NEWPORTER GC 1107 JAMBOREE RD, NEWPORT BEACH CA	364 - F6
NORTHRIDGE CC 7600 MADISON AV, SACRAMENTO CO CA	235 - D5
OAK CREEK GC 1 GOLF CLUB DR, IRVINE CA	288 - B4
OAK CREEK GC 2620 MONTGOMERY RD, RED BLUFF CA	303 - D10
OAKDALE GOLF & CC E F ST & N STEARNS RD, STANISLAUS CO CA	261 - D1
OAKHURST CC 1001 PEACOCK CREEK DR, CLAYTON CA	248 - A5
OAKMOORE GC 3737 WILSON WY, SAN JOAQUIN CO CA	339 - G2
OAKS NORTH GC 12602 OAKS NORTH DR, SAN DIEGO CA	294 - A2
OAK VALLEY GC 37600 14TH ST, BEAUMONT CA	285 - D5
OCEAN HILLS CC 4701 LEISURE VILLAGE WY, OCEANSIDE CA	292 - B7
OCEANSIDE MUNICIPAL GC 825 DOUGLAS DR, OCEANSIDE CA	292 - A5
ODONNELL GC 301 N BELARDO RD, PALM SPRINGS CA	367 - B5
OJAI VALLEY INN AND SPA 905 COUNTRY CLUB RD, OJAI CA	275 - A2
OLD RANCH CC 3901 LAMPSON AV, SEAL BEACH CA	287 - B2
OLIVAS PK GC 3750 OLIVAS PARK DR, VENTURA CA	349 - G10
PACIFIC GC 200 AVD LA PATA, SAN CLEMENTE CA	291 - B2
PACIFIC GROVE GOLF LINKS 77 ASILOMAR AV, PACIFIC GROVE CA	337 - B1
PALA MESA RESORT 2001 OLD HWY 395, SAN DIEGO CO CA	292 - C3
PALM DESERT CC 77200 CALIFORNIA DR, PALM DESERT CA	290 - D5
PALM DESERT RESORT CC 77333 COUNTRY CLUB DR, PALM DESERT CA	290 - D5
PALM LAKES GC 5025 E DAKOTA AV, FRESNO CA	264 - C3
PALM MEADOWS GC 1964 E PALM MEADOWS DR, SAN BERNARDINO CA	285 - A3
PALM SPRINGS CC 2500 WHITEWATER CLUB DR, PALM SPRINGS CA	367 - E1
PALM VALLEY CC 76200 COUNTRY CLUB DR, PALM DESERT CA	290 - D5
PALO ALTO MUNICIPAL GC 1875 EMBARCADERO RD, PALO ALTO CA	332 - G2
PALOS VERDES GC 3301 VIA CAMPESINA, PALOS VERDES ESTS CA	286 - B2
PARADISE KNOLLS GC 9330 LIMONITE AV, RIVERSIDE CO CA	284 - B5
PASATIEMPO GC 18 CLUBHOUSE DR, SANTA CRUZ CO CA	335 - D3
PEBBLE BEACH GOLF LINKS PALMERO WY & CYPRESS DR, MONTEREY CO CA	338 - B1
PELICAN HILL GC 22651 PELICAN HILL RD S, NEWPORT BEACH CA	288 - A6
PENMAR GC 1233 ROSE AV, LOS ANGELES CA	357 - E2
PETER HAY GC 17 MILE DR & STEVENSON RD, MONTEREY CO CA	337 - A10

FEATURE NAME City State	Page-Grid
PITTSBURGS DELTA VIEW GC 2242 GOLF CLUB RD, PITTSBURG CA	248 - B4
POPPY HILLS GC 3200 LOPEZ RD, MONTEREY CO CA	337 - B8
PRESIDIO GC 300 FINLEY RD, SAN FRANCISCO CA	325 - F4
PRESIDIO HILLS GC 4136 WALLACE ST, SAN DIEGO CA	372 - A8
QUAIL RANCH GC 15960 GILMAN SPRINGS RD, RIVERSIDE CO CA	285 - C6
RANCHO BERNARDO INN GC 17550 BERNARDO OAKS DR, SAN DIEGO CA	294 - A2
RANCHO CANADA GC CARMEL VALLEY RD & RIO RD, MONTEREY CO CA	338 - G5
RANCHO LA QUINTA CC 79250 AVE 50, LA QUINTA CA	290 - D6
RANCHO MARIA GC 1950 CABRILLO HWY, SANTA BARBARA CO CA	272 - C6
RANCHO PK GC 10460 W PICO BLVD, LOS ANGELES CA	354 - C10
RANCHO SAN JOAQUIN GC 5 SANDBURG WY, IRVINE CA	363 - G7
RANCHO SANTA FE FARMS GC 8500 SAINT ANDREWS RD, SAN DIEGO CO CA	293 - C3
RANCHO SANTA FE GC 5827 VIA D LA CUMBRE, SAN DIEGO CO CA	293 - C3
RANCHO SOLANO GC 3250 RANCHO SOLANO PKWY, FAIRFIELD CA	244 - C6
REDHAWK GC 45100 REDHAWK PKWY, RIVERSIDE CO CA	292 - D1
RED HILL CC 8358 RED HILL CC DR, RANCHO CUCAMONGA CA	283 - D2
REDLANDS CC E MARIPOSA DR, REDLANDS CA	285 - B4
RIDGEMARK GOLF & CC 3800 AIRLINE HWY, SAN BENITO CO CA	257 - D7
RIO HONDO GC 10627 OLD RIVER SCHOOL RD, DOWNEY CA	282 - A6
RIO VISTA GC 1000 SUMMERSET DR, RIO VISTA CA	248 - D1
RIVER COURSE AT THE ALISAL 150 ALISAL RD, SANTA BARBARA CO CA	273 - B4
RIVER RIDGE GC 2401 W VINEYARD AV, OXNARD CA	275 - B6
RIVERSIDE GC 1011 ORANGE ST, RIVERSIDE CA	366 - E1
RIVERSIDE GC 7672 N JOSEPHINE AV, FRESNO CA	264 - A2
RIVERVIEW GOLF & CC 4200 BECHELLI LN, REDDING CA	302 - A10
RIVERVIEW GC 1800 W 22ND ST, SANTA ANA CA	362 - E9
RIVERWALK GC 1150 FASHION VALLEY RD, SAN DIEGO CA	372 - C7
RIVIERA CC 1250 CAPRI DR, LOS ANGELES CA	353 - A7
ROOSEVELT MUNICIPAL GC 2650 N VERMONT AV, LOS ANGELES CA	352 - C5
ROOSTER RUN GC 2301 E WASHINGTON ST, PETALUMA CA	242 - D6
ROSEWOOD LAKES GC PEMBROKE DR, RENO NV	312 - F10
SAIL HO GC 10 SELLERS PZ, SAN DIEGO CA	371 - F10
SALINAS FAIRWAYS GC 45 SKYWAY BLVD, SALINAS CA	336 - G7
SALINAS GOLF & CC 475 SAN JUAN GRADE RD, MONTEREY CO CA	259 - A1
SAN BERNARDINO GC 1494 S WATERMAN AV, SAN BERNARDINO CA	368 - F8
SAN DIEGO CC 88 L ST, CHULA VISTA CA	296 - A4
SAN DIMAS CANYON GC 2100 TERREBONE AV, SAN DIMAS CA	283 - B2
SANDPIPER GC 7925 HOLLISTER AV, GOLETA CA	274 - A7
SAN GABRIEL CC 411 E LAS TUNAS DR, SAN GABRIEL CA	282 - B3
SAN JOAQUIN CC LAGUNA VISTA AV & ALLUVIAL AV, FRESNO CA	264 - A2
SAN JOSE CC 15571 ALUM ROCK AV, SANTA CLARA CO CA	334 - G1
SAN JOSE MUNICIPAL GC 1560 OLD OAKLAND RD, SAN JOSE CA	333 - G2
SAN JUAN HILLS GC 32120 SAN JUAN CK, SAN JUAN CAPISTRANO CA	291 - A1
SAN JUAN OAKS GC 825 UNION RD, SAN BENITO CO CA	257 - C7
SAN LUIS OBISPO CC 255 CC DR, SAN LUIS OBISPO CO CA	271 - D6
SAN LUIS REY DOWNS CC 31474 GOLF CLUB DR, SAN DIEGO CO CA	292 - C5
SANTA ANA CC 20382 NEWPORT BLVD, ORANGE CO CA	364 - F1
SANTA MARIA CC 505 WALLER LN, SANTA MARIA CA	272 - C5
SANTA ROSA CC 38105 PORTOLA AV, PALM DESERT CA	290 - C5
SANTA ROSA GOLF & CC 5110 OAK MEADOW DR, SONOMA CO CA	242 - B2
SAN VICENTE GC 24157 SAN VICENTE RD, SAN DIEGO CO CA	294 - D3
SARATOGA CC 21990 PROSPECT RD, SARATOGA CA	253 - B4
SATICOY CC 4450 N CLUBHOUSE DR, VENTURA CO CA	275 - C5
SATICOY REGL GC 1025 S WELLS RD, VENTURA CA	275 - C5
SCGA MEMBERS CLUB AT RANCHO CALIFORNIA 38275 MURRIETA HOT SPGS RD, MURRIETA CA	289 - C6
SEACLIFF CC 6501 PALM AV, HUNTINGTON BEACH CA	287 - C4
SEA N AIR GC CORONADO AV, CORONADO CA	373 - B7
SEQUOYAH CC 4550 HEAFEY RD, OAKLAND CA	250 - C2
SERRANO CC 5005 SERRANO PKWY, EL DORADO CO CA	236 - C5
SEVEN LAKES CC 4100 SEVEN LAKES DR, PALM SPRINGS CA	367 - G9
SEVEN OAKS CC 2000 GRAND LAKES AV, BAKERSFIELD CA	267 - B5
SHADOWRIDGE CC 1980 GATEWAY DR, VISTA CA	292 - B7
SHORECLIFF GC 501 AVD VAQUERO, SAN CLEMENTE CA	291 - A1
SIERRA LA VERNE CC 6300 COUNTRY CLUB DR, LA VERNE CA	283 - B2
SIERRA STAR GC 6156 MINARET RD, MAMMOTH LAKES CA	342 - E3
SIERRA VIEW CC 105 ALTA VISTA AV, ROSEVILLE CA	235 - D3
SIERRA VIEW GC 12608 AVE 264, TULARE CO CA	266 - C3
SILVERADO CC & RESORT 1600 ATLAS PEAK RD, NAPA CO CA	243 - D4
SIMI HILLS GC 5031 ALAMO ST, SIMI VALLEY CA	276 - B6

CRA

INDEX

439 GOLF COURSES POINTS OF INTEREST HOSPITALS

© 2003 Thomas Bros. Maps ®

FEATURE NAME City State	Page-Grid
SINGING HILLS CC 3007 DEHESA RD, SAN DIEGO CO CA	296 - C1
SKYLINKS GC 4800 E WARDLOW RD, LONG BEACH CA	287 - B2
SNOWCREEK GC MAMMOTH RD & FAIRWAY DR, MAMMOTH LAKES CA	342 - E5
SONOMA MISSION INN GOLF & CC 17700 ARNOLD DR, SONOMA CO CA	322 - A4
SOULE PK GC 1033 E OJAI AV, OJAI CA	275 - B2
SPANISH HILLS GOLF & CC 999 CRESTVIEW AV, CAMARILLO CA	275 - C6
SPINDRIFT GC 2000 SPINDRIFT DR, SAN DIEGO CA	370 - C5
SPRING VALLEY GC 3441 CALAVERAS RD, MILPITAS CA	253 - D1
SPYGLASS HILL GC SPYGLASS HILL & STEVENSON, MONTEREY CO CA	337 - A8
STANFORD UNIV DRIVING RANGE CAMPUS & LOS ARBOLES, SANTA CLARA CO CA	332 - A7
STEELE CANYON GC 3199 STONEFIELD DR, SAN DIEGO CO CA	296 - C1
STOCKTON CC 3800 COUNTRY CLUB BLVD, SAN JOAQUIN CO CA	260 - A4
STONERIDGE CC 17166 STONERIDGE COUNTRY CLUB, POWAY CA	294 - A3
STRAWBERRY FARMS GC 5336 UNIVERSITY DR, IRVINE CA	288 - B5
SUMMIT POINTE GC 1500 COUNTRY CLUB DR, MILPITAS CA	253 - D1
SUN CITY ROSEVILLE GC 7050 DEL WEBB BLVD, ROSEVILLE CA	235 - D3
SUNDALE GC 6218 SUNDALE AV, BAKERSFIELD CA	267 - C5
SUNNYSIDE CC 5704 E BUTLER AV, FRESNO CO CA	264 - D5
SUNRISE CC 71601 COUNTRY CLUB DR, RANCHO MIRAGE CA	290 - C5
SUNSET WHITNEY CC 4201 MIDAS AV, ROCKLIN CA	236 - A2
SWENSON PK GC 6803 ALEXANDRIA PL, STOCKTON CA	260 - A3
TABLE MTN MUNICIPAL GC HWY 162, BUTTE CO CA	223 - A7
TAHQUITZ CREEK PALM SPRINGS 1885 GOLF CLUB DR, PALM SPRINGS CA	367 - G8
TALEGA GC VISTA HERMOSA & TALEGA, SAN CLEMENTE CA	291 - B1
TAMARISK CC 70240 FRANK SINATRA DR, RANCHO MIRAGE CA	290 - B4
TEAL BEND GC 7200 GARDEN HWY, SACRAMENTO CO CA	234 - D5
TECOLOTE CANYON GC 2755 SNEAD AV, SAN DIEGO CA	372 - B3
TEMECULA CREEK INN GC 44501 RAINBOW CANYON RD, TEMECULA CA	292 - D1
TEMEKU HILLS GC 31346 RANCHO CALIFORNIA RD, TEMECULA CA	289 - D7
THUNDERBIRD CC 70612 HWY 111, RANCHO MIRAGE CA	290 - B5
THUNDERBIRD GC (9 HOLES) KING RD & SAN ANTONIO ST, SAN JOSE CA	334 - D5
TILDEN PK GC GRIZZLY PK & SHASTA, CONTRA COSTA CO CA	328 - D3
TOMMY JACOBS BEL AIR GREENS 1001 S EL CIELO RD, PALM SPRINGS CA	367 - F8
TORREY PINES MUNICIPAL GC 11480 N TORREY PINES RD, SAN DIEGO CA	293 - C5
TRI PALM ESTATES CC 32610 DESERT MOON DR, RIVERSIDE CO CA	290 - C4
TURKEY CREEK GC 1525 HWY 193, PLACER CO CA	236 - A1
TWELVE BRIDGES GC 3075 TWELVE BRIDGES DR, LINCOLN CA	236 - A1
TWIN CREEKS GC 1551 BEACON HILL DR, SALINAS CA	336 - F4
TWIN OAKS GC 1425 N TWIN OAKS VALLEY RD, SAN MARCOS CA	292 - C7
UKIAH MUNICIPAL GC 599 PARK BLVD, UKIAH CA	308 - B3
UPLAND HILLS CC GC 1231 E 16TH ST, UPLAND CA	283 - D2
VALLE GRANDE GC 1119 WATTS DR, BAKERSFIELD CA	267 - D5
VALLEY-HI GC & CC 9595 FRANKLIN BLVD, ELK GROVE CA	238 - B3
VAN BUSKIRK PK GC 1740 HOUSTON AV, STOCKTON CA	260 - B5
VENETIAN GARDENS GC 1555 MOSAIC WY, STOCKTON CA	339 - A2
VIA VERDE CC 1400 AVD ENTRADA, SAN DIMAS CA	283 - A3
VICTORIA CC 2521 ARROYO DR, RIVERSIDE CA	366 - F7
VICTORIA COUNTY GC 340 E 192ND ST, CARSON CA	286 - D1
VINEYARD AT ESCONDIDO GC, THE 925 SAN PASQUAL RD, ESCONDIDO CA	294 - A2
VINTAGE CLUB, THE 75001 VINTAGE DR, INDIAN WELLS CA	290 - C6
VIRGINIA CC 4602 N VIRGINIA RD, LONG BEACH CA	287 - A1
VISALIA CC GC 625 RANCH ST, VISALIA CA	266 - B2
VISTA VALLEY CC 29354 VISTA VALLEY DR, SAN DIEGO CO CA	292 - C5
WASHOE COUNTY GC PLUMAS ST & COUNTRY CLUB DR, RENO NV	311 - C9
WESTCHESTER GC 6900 W MANCHESTER AV, LOS ANGELES CA	358 - A6
WESTERN HILLS CC 1800 CARBON CANYON RD, CHINO HILLS CA	283 - B5
WHISPERING LAKES GC 2525 E RIVERSIDE DR, ONTARIO CA	283 - D4
WHITNEY OAKS GC 2305 CLUBHOUSE DR, ROCKLIN CA	236 - A2
WILDCREEK GC SULLIVAN LN & N MCCARRAN BLVD, SPARKS NV	312 - B1
WILDHAWK GC 7713 VINEYARD RD, SACRAMENTO CO CA	238 - D2
WILDHORSE GC 2323 ROCKWELL DR, DAVIS CA	318 - F2
WILLOWBROOK CC 11905 RIVERSIDE DR, SAN DIEGO CO CA	294 - B6
WILLOW PK GC 17007 REDWOOD RD, ALAMEDA CO CA	250 - D2
WILSON MUNICIPAL GC 4730 CRYSTAL SPRINGS DR, LOS ANGELES CA	352 - D3
WOODCREEK GC 5880 WOODCREEK OAKS BLVD, ROSEVILLE CA	235 - D3
WOOD RANCH GC 301 N WOOD RANCH PKWY, SIMI VALLEY CA	276 - A7
YORBA LINDA GC 19400 MOUNTAIN VIEW AV, ORANGE CO CA	283 - B7
ZAHARIAS, BABE GC 1 INDUSTRY HILLS PKWY, LA PUENTE CA	282 - D5

HOSPITALS

FEATURE NAME City State	Page-Grid
AGNEWS DEVELOPMENTAL CTR 3500 ZANKER RD, SAN JOSE CA	253 - C2
ALAMEDA COUNTY MED CTR 15400 FOOTHILL BLVD, ALAMEDA CO CA	250 - C3
ALAMEDA CO MED CTR- HIGHLAND CAMPUS 1411 E 31ST ST, OAKLAND CA	330 - E6
ALAMEDA HOSP 2070 CLINTON AV, ALAMEDA CA	330 - B10
ALHAMBRA HOSP 100 S RAYMOND AV, ALHAMBRA CA	282 - A3
ALTA DIST HOSP 500 ADELAIDE WY, DINUBA CA	182 - A3
ALVARADO HOSP MED CTR 6655 ALVARADO RD, SAN DIEGO CA	296 - A1
ANAHEIM GENERAL HOSP 3350 W BALL RD, ANAHEIM CA	361 - C9
ANAHEIM GENERAL HOSP - BUENA PK 5742 BEACH BLVD, BUENA PARK CA	282 - C7
ANAHEIM MEM MED CTR 1111 W LA PALMA AV, ANAHEIM CA	287 - D1
ANTELOPE VALLEY HOSP 1600 W AVE J, LANCASTER CA	200 - B2
ARROWHEAD REGL MED CTR 400 N PEPPER AV, COLTON CA	284 - D3
ARROYO GRANDE COMM HOSP 345 S HALCYON RD, ARROYO GRANDE CA	272 - A1
ASHLAND COMM HOSP MAPLE ST & CHESTNUT ST, ASHLAND OR	149 - C2
ATASCADERO STATE HOSP 10333 EL CAMINO REAL, ATASCADERO CA	271 - D1
AVALON MUNICIPAL HOSP 100 FALLS CANYON RD, AVALON CA	207 - A3
BAKERSFIELD MEM HOSP 420 34TH ST, BAKERSFIELD CA	344 - E2
BARLOW RESPIRATORY HOSP 2000 STADIUM WY, LOS ANGELES CA	356 - A1
BARSTOW COMM HOSP 555 S 7TH AV, BARSTOW CA	369 - C6
BATES, ALTA MED CTR 2001 DWIGHT WY, BERKELEY CA	328 - A6
BATES, ALTA MED CTR 2450 ASHBY AV, BERKELEY CA	328 - C8
BEAR VALLEY COMM HOSP 41870 GARSTIN DR, BIG BEAR LAKE CA	279 - C7
BELLFLOWER MED CTR 9542 E ARTESIA BLVD, BELLFLOWER CA	282 - B7
BELLWOOD GENERAL HOSP 10250 E ARTESIA BLVD, BELLFLOWER CA	282 - B7
BEVERLY HOSP 309 W BEVERLY BLVD, MONTEBELLO CA	282 - B5
BHC ROSS HOSP 1111 SIR FRANCIS DRAKE BLVD, MARIN CO CA	324 - B9
BLOSS MEM HOSP 3605 HOSPITAL RD, ATWATER CA	180 - C1
BOOTH MEM HOSP 2794 GARDEN ST, OAKLAND CA	330 - F6
BOULDER CITY HOSP 901 ADAMS BLVD, BOULDER CITY NV	269 - C7
BREA COMM HOSP 380 W CENTRAL AV, BREA CA	283 - A6
BROTMAN MED CTR 3828 DELMAS TER, CULVER CITY CA	281 - B5
CALEXICO HOSP 450 E BIRCH ST, CALEXICO CA	214 - B2
CALIFORNIA HOSP MED CTR 1401 S GRAND AV, LOS ANGELES CA	355 - F7
CALIFORNIA MED FACILITY 1600 CALIFORNIA DR, VACAVILLE CA	244 - D5
CALIFORNIA PACIFIC MED CTR 2333 BUCHANAN ST, SAN FRANCISCO CA	326 - B4
CALIFORNIA PACIFIC MED CTR - CAL 3700 CALIFORNIA ST, SAN FRANCISCO CA	325 - F5
CARSON TAHOE HOSP 775 FLEISCHMAN WY, CARSON CITY NV	313 - C4
CASCADE COMM HOSP BUSH ST & 2ND ST, CENTRAL POINT OR	149 - C2
CEDARS-SINAI MED CTR 8700 BEVERLY BLVD, LOS ANGELES CA	354 - G6
CENTINELA HOSP MED CTR 555 E HARDY ST, INGLEWOOD CA	281 - C6
CENTINELA MAMMOTH HOSP SIERRA PARK RD, MAMMOTH LAKES CA	342 - G3
CENTRAL VALLEY GENERAL HOSP 1025 N DOUTY ST, HANFORD CA	190 - C1
CENTURY CITY HOSP 2070 CENTURY PK E, LOS ANGELES CA	354 - C8
CHAPMAN MED CTR 2601 E CHAPMAN AV, ORANGE CA	288 - B2
CHICO COMM HOSP COHASSET RD, CHICO CA	305 - F4
CHILDRENS HOSP & HEALTH CTR 3020 CHILDRENS WY, SAN DIEGO CA	372 - F2
CHILDRENS HOSP AT MISSION 27700 MEDICAL CENTER RD, MISSION VIEJO CA	288 - D6
CHILDRENS HOSP OAKLAND 747 52ND ST, OAKLAND CA	328 - A10
CHILDRENS HOSP OF LOS ANGELES 4650 W SUNSET BLVD, LOS ANGELES CA	352 - C8
CHILDRENS HOSP OF ORANGE COUNTY 455 S MAIN ST, ORANGE CA	288 - A2
CHINESE HOSP 845 JACKSON ST, SAN FRANCISCO CA	326 - E4
CHINO VALLEY MED CTR 5451 WALNUT AV, CHINO CA	283 - C4
CHOWCHILLA DIST MEM HOSP 1104 W VENTURA AV, CHOWCHILLA CA	181 - A1
CITRUS VALLEY MED CENTER-INTERCOMM 210 W SAN BERNARDINO RD, COVINA CA	283 - A3
CITRUS VALLEY MED CTR-QUEEN OF THE VLY 1115 S SUNSET AV, WEST COVINA CA	282 - D4
CITY OF ANGELES MED CTR 1711 W TEMPLE ST, LOS ANGELES CA	355 - F2
CITY OF HOPE NATL MED CTR 1500 E DUARTE RD, DUARTE CA	282 - D2
CLOVIS COMM MED CTR 2755 E HERNDON AV, CLOVIS CA	264 - D2
COALINGA STATE HOSP W JAYNE AV, FRESNO CO CA	190 - A1
COASTAL COMMUNITIES HOSP 2701 S BRISTOL ST, SANTA ANA CA	288 - A4
COAST PLAZA DOCTORS HOSP 13100 STUDEBAKER RD, NORWALK CA	282 - B7
COLORADO RIVER MED CTR 1401 BAILEY AV, NEEDLES CA	204 - A1
COLUMBIA LOS ROBLES HOSP & MED CTR 215 W JANSS RD, THOUSAND OAKS CA	206 - C1
COLUMBIA SUNRISE HOSP & MED CTR 3186 S MARYLAND PKWY, WINCHESTER NV	346 - F1
COLUMBIA-WEST HILLS MED CTR 7300 MEDICAL CENTER DR, LOS ANGELES CA	280 - C1
COMM HOSP OF THE MONTEREY PENINSULA 23625 W R HOLMAN HWY, MONTEREY CA	337 - D9
COMM HOSP OF GARDENA 1246 W 155TH ST, GARDENA CA	281 - D7
COMM HOSP OF HUNTINGTON PK 2623 E SLAUSON AV, HUNTINGTON PARK CA	281 - D5
COMM HOSP OF LOS GATOS 815 POLLARD RD, LOS GATOS CA	253 - C5
COMM HOSP OF SAN BERNARDINO 1805 N MED CENTER DR, SAN BERNARDINO CA	284 - D2
COMM MEM HOSP 147 N BRENT ST, VENTURA CA	349 - F5
CONTRA COSTA REGL MED CTR 2500 ALHAMBRA AV, MARTINEZ CA	247 - C4
CORCORAN DIST HOSP 1310 HANNA AV, CORCORAN CA	190 - C1
CORONA REGL MED CTR 800 S MAIN ST, CORONA CA	284 - A7
COUNTY HOSP 29232 S ELLENSBURG AV, GOLD BEACH OR	148 - A1
CRYSTAL SPRINGS REHABILITATION CTR 35 TOWER RD, SAN MATEO CO CA	249 - D7
DAMERON HOSP 525 W ACACIA ST, STOCKTON CA	339 - D6
DANIEL FREEMAN MARINA HOSP 4650 LINCOLN BLVD, LOS ANGELES CA	357 - G5
DANIEL FREEMAN MEM HOSP 333 N PRAIRIE AV, INGLEWOOD CA	281 - C6
DAVID, GRANT USAF MED CTR 101 BODIN CIR, FAIRFIELD CA	244 - D6
DAVIES MED CTR 45 CASTRO ST, SAN FRANCISCO CA	326 - B7
DELANO REGL MED CTR 1401 GARCES HWY, DELANO CA	191 - A2
DESERT REGL MED CTR 1150 N INDIAN CANYON DR, PALM SPRINGS CA	367 - C4
DESERT SPRINGS HOSP 2075 E FLAMINGO RD, PARADISE NV	268 - C5
DESERT VALLEY HOSP 16850 BEAR VALLEY RD, VICTORVILLE CA	278 - B2
DOCTORS HOSP MED CTR OF MONTCLAIR 5000 SAN BERNARDINO ST, MONTCLAIR CA	283 - C3
DOCTORS HOSP OF MANTECA 1205 E NORTH ST, MANTECA CA	260 - C7
DOCTORS HOSP OF WEST COVINA 725 S ORANGE AV, WEST COVINA CA	282 - D3
DOCTORS MED CTR 1441 FLORIDA AV, MODESTO CA	340 - D3
DOCTORS MED CTR SAN PABLO CAMPUS 2000 VALE RD, SAN PABLO CA	246 - D5
DOMINICAN HOSP 1555 SOQUEL DR, SANTA CRUZ CO CA	255 - D3
DOS PALOS MEM HOSP 2118 MARGUERITE ST, DOS PALOS CA	180 - C2
DOWNEY COMM HOSP 11500 BROOKSHIRE AV, DOWNEY CA	282 - B6
EAST LOS ANGELES DOCTORS HOSP 4060 WHITTIER BLVD, LOS ANGELES CO CA	282 - A4
EDEN MED CTR 20103 LAKE CHABOT RD, ALAMEDA CO CA	250 - C3
EISENHOWER MEM HOSP 39000 BOB HOPE DR, RANCHO MIRAGE CA	290 - C5
EL CAMINO HOSP 2500 GRANT RD, MOUNTAIN VIEW CA	253 - A3
EL CENTRO REGL MED CTR 1415 ROSS AV, EL CENTRO CA	375 - C8
EMANUEL MED CTR 825 DELBON AV, TURLOCK CA	261 - D6
ENCINO-TARZANA REG MED CTR ENCINO CMPS 16237 VENTURA BLVD, LOS ANGELES CA	281 - A2
ENCINO-TARZANA REG MED CTR TARZANA CMPS 18321 CLARK ST, LOS ANGELES CA	280 - D2
ENLOE HOSP FIFTH ST, CHICO CA	305 - F6
EXETER MEM HOSP 215 CRESPI AV, EXETER CA	191 - B1
FAIRVIEW DEVELOPMENTAL CTR 2501 HARBOR BLVD, COSTA MESA CA	364 - A1
FALLBROOK HOSP DIST 624 E ELDER ST, SAN DIEGO CO CA	292 - B3
FIRST HOSP VALLEJO 525 OREGON ST, VALLEJO CA	247 - B2
FOOTHILL PRESBYTERIAN JOHNSTON 250 S GRAND AV, GLENDORA CA	283 - A2
FOUNTAIN VALLEY REGL HOSP & MED 17100 EUCLID ST, FOUNTAIN VALLEY CA	287 - D4
FREMONT MED CTR 970 PLUMAS ST, YUBA CITY CA	309 - E4
FRENCH HOSP MED CTR 1911 JOHNSON AV, SAN LUIS OBISPO CA	347 - E5
FRESNO COMM HOSP FRESNO ST & R ST, FRESNO CA	343 - E7
GARDEN GROVE HOSP & MED CTR 12601 GARDEN GROVE BLVD, GARDEN GROVE CA	362 - B8
GARFIELD MED CTR 525 N GARFIELD AV, MONTEREY PARK CA	282 - B4
GENERAL HOSP HOSPITAL RD & S WASHINGTON ST, SONORA CA	341 - E6
GLENDALE ADVENTIST MED CTR 1509 WILSON TER, GLENDALE CA	281 - D2
GLENDALE MEM HOSP & HEALTH CEN 1420 S CENTRAL AV, GLENDALE CA	352 - G4
GOLETA VALLEY COTTAGE HOSP 351 S PATTERSON AV, GOLETA CA	274 - B7
GOOD SAMARITAN HOSP 2425 SAMARITAN DR, SAN JOSE CA	253 - C5
GOOD SAMARITAN HOSP 616 WITMER ST, LOS ANGELES CA	355 - F4
GOOD SAMARITAN HOSP 901 OLIVE DR, KERN CO CA	267 - C3
GRANADA HILLS COMM HOSP 10445 BALBOA BLVD, LOS ANGELES CA	277 - A7
GREATER EL MONTE COMM HOSP 1701 SANTA ANITA AV, SOUTH EL MONTE CA	282 - C4
GROSSMONT HOSP 5555 GROSSMONT CENTER DR, LA MESA CA	294 - B7
GROSSMONT HOSP ANNEX WAKARUSA ST, LA MESA CA	294 - B7
HANFORD COMM MED CTR 450 GREENFIELD AV, HANFORD CA	190 - C1
HAWKINS, HAZEL MEM HOSP 911 SUNSET DR, HOLLISTER CA	257 - D6
HAWTHORNE HOSP 13300 HAWTHORNE BLVD, HAWTHORNE CA	281 - C7
HEALDSBURG GENERAL HOSP 1375 UNIVERSITY AV, HEALDSBURG CA	240 - A6
HEMET VALLEY MED CTR 1117 E DEVONSHIRE AV, HEMET CA	208 - C2
HENRY MAYO NEWHALL MEM HOSP 23845 MCBEAN PKWY, SANTA CLARITA CA	276 - D4
HERITAGE HOSP 10841 WHITE OAK AV, RANCHO CUCAMONGA CA	284 - A3
HI-DESERT MED CTR 6601 WHITE FEATHER, SAN BERNARDINO CO CA	209 - B1
HILLMAN HEALTH CARE CTR 1062 S K ST, TULARE CA	266 - B5
HOAG MEM HOSP PRESBYTERIAN 1 HOAG DR, NEWPORT BEACH CA	364 - A6
HOLLYWOOD COMM HOSP MED CTR 6245 DE LONGPRE AV, LOS ANGELES CA	351 - F9
HOLLYWOOD COMM HOSP - VAN NUYS 14433 EMELITA ST, LOS ANGELES CA	281 - B2

CRA

INDEX

HOSPITALS POINTS OF INTEREST HOSPITALS 440

FEATURE NAME / City State	Page-Grid
HUNTINGTON BEACH HOSP & MED CTR 17772 BEACH BLVD, HUNTINGTON BEACH CA	287 - D4
HUNTINGTON EAST VALLEY HOSP 150 W ROUTE 66, GLENDORA CA	283 - A2
HUNTINGTON MEM HOSP 100 W CALIFORNIA BLVD, PASADENA CA	359 - C8
INLAND VALLEY REGL MED CTR 36485 INLAND VALLEY DR, RIVERSIDE CO CA	289 - B6
IRVINE REGL HOSP & MED CTR 16200 SAND CANYON AV, IRVINE CA	288 - B4
JOSEPHINE GENERAL HOSP DIMMICK ST & A ST, GRANTS PASS OR	149 - B1
KAISER FNDTN HOSP- EAST BAY CAMPUS 280 W MACARTHUR BLVD, OAKLAND CA	330 - B2
KAISER FOUNDATION 27400 HESPERIAN BLVD, HAYWARD CA	250 - C4
KAISER FOUNDATION HOSP 1150 VETERANS BLVD, REDWOOD CITY CA	250 - B7
KAISER FOUNDATION HOSP 1200 EL CM REAL, SOUTH SAN FRANCISCO CA	249 - C4
KAISER FOUNDATION HOSP 1425 S MAIN ST, WALNUT CREEK CA	247 - D6
KAISER FOUNDATION HOSP 2025 MORSE AV, SACRAMENTO CO CA	235 - C7
KAISER FOUNDATION HOSP 2425 GEARY BLVD, SAN FRANCISCO CA	326 - A5
KAISER FOUNDATION HOSP 401 BICENTENNIAL WY, SANTA ROSA CA	321 - D2
KAISER FOUNDATION HOSP 4647 ZION AV, SAN DIEGO CA	293 - D7
KAISER FOUNDATION HOSP 7300 N FRESNO ST, FRESNO CA	264 - B2
KAISER FOUNDATION HOSP 900 KIELY BLVD, SANTA CLARA CA	253 - C3
KAISER FOUNDATION HOSP 901 NEVIN AV, RICHMOND CA	246 - D5
KAISER FOUNDATION HOSP 975 SERENO DR, VALLEJO CA	247 - B2
KAISER FOUNDATION HOSP 9961 SIERRA AV, FONTANA CA	284 - C3
KAISER FOUNDATION HOSP-ANAHEIM 441 N LAKEVIEW AV, ANAHEIM CA	288 - B1
KAISER FOUNDATION HOSP-BALDWIN PK 1011 BALDWIN PARK BLVD, BALDWIN PARK CA	282 - C4
KAISER FOUNDATION HOSP - BELLFLOWER 9400 E ROSECRANS AV, BELLFLOWER CA	282 - B7
KAISER FOUNDATION HOSP- HARBOR CITY 25825 S VERMONT AV, LOS ANGELES CA	286 - D2
KAISER FOUNDATION HOSP-LOS ANGELES 4867 SUNSET BLVD, LOS ANGELES CA	352 - C8
KAISER FOUNDATION HOSP-PANORAMA CTY 13652 CANTARA ST, LOS ANGELES CA	281 - B1
KAISER FOUNDATION HOSP RIVERSIDE 10800 MAGNOLIA AV, RIVERSIDE CA	284 - B7
KAISER FOUNDATION HOSP SOUTH 6600 BRUCEVILLE RD, SACRAMENTO CA	238 - C2
KAISER FOUNDATION HOSP W LOS ANGELES 6041 CADILLAC AV, LOS ANGELES CA	281 - B4
KAISER FOUNDATION HOSP-WOODLAND HILLS 5601 DE SOTO AV, LOS ANGELES CA	280 - D2
KAISER PERMANENTE HOSP 1600 EUREKA RD, ROSEVILLE CA	236 - A4
KAISER PERMANENTE MED HOSP 99 MONTECILLO RD, SAN RAFAEL CA	324 - A2
KAWEAH DELTA HEALTH CARE 1633 S COURT ST, VISALIA CA	266 - C3
KAWEAH DELTA HOSP 400 W MINERAL KING AV, VISALIA CA	266 - C2
KENNEDY, JOHN F MEM HOSP 47111 MONROE ST, INDIO CA	209 - B2
KENNEDY, ROBERT F MED CTR 4500 W 116TH ST, HAWTHORNE CA	281 - C6
KERN MED CTR 1830 FLOWER ST, KERN CO CA	267 - D4
KERN VALLEY HEALTHCARE DIST 6412 LAUREL AV, KERN CO CA	192 - A3
KINDRED HOSP 550 N MONTEREY AV, ONTARIO CA	283 - D3
KINDRED HOSP SAN DIEGO 1940 EL CAJON BLVD, SAN DIEGO CA	372 - G8
KINGSBURG MED CTR 1200 SMITH ST, KINGSBURG CA	181 - C3
LA CO KING-DREW MED CTR 12021 S WILMINGTON AV, LOS ANGELES CO CA	281 - D6
LA CO-RANCHO LOS AMIGOS NATL REHAB 7601 E IMPERIAL HWY, DOWNEY CA	282 - A6
LAGUNA HONDA HOSP 375 LAGUNA HONDA BLVD, SAN FRANCISCO CA	325 - F10
LAKE MEAD HOSP MED CTR 1409 E LAKE MEAD BLVD, NORTH LAS VEGAS NV	345 - G2
LAKEVIEW HOSP OFF HWY 395, LAKE CO OR	152 - A2
LAKEWOOD REGL MED CTR 3700 SOUTH ST, LAKEWOOD CA	287 - A1
LANCASTER COMM HOSP 43830 10TH ST W, LANCASTER CA	200 - B2
LANTERMAN DEVELOPMENTAL CTR 3530 W POMONA BLVD, POMONA CA	283 - B4
LA PALMA INTERCOMM HOSP 7901 WALKER ST, LA PALMA CA	287 - C1
LASSEN COMM HOSP 560 HOSPITAL LN, SUSANVILLE CA	304 - B6
LAUREL GROVE HOSP 19933 LAKE CHABOT RD, ALAMEDA CO CA	250 - C3
LINCOLN HOSP MED CTR 443 S SOTO ST, LOS ANGELES CA	356 - E6
LITTLE COMPANY OF MARY HOSP 4101 TORRANCE BLVD, TORRANCE CA	286 - C1
LODI MEM HOSP 975 S FAIRMONT AV, LODI CA	260 - B1
LOMA LINDA UNIV CHILDRENS HOSP 11234 ANDERSON ST, LOMA LINDA CA	285 - A4
LOMA LINDA UNIV COMM MED 25333 BARTON RD, LOMA LINDA CA	285 - A4
LOMA LINDA UNIV MED CTR 11234 ANDERSON ST, LOMA LINDA CA	285 - A4
LOMPOC HEALTHCARE DIST 508 E HICKORY AV, LOMPOC CA	198 - A2
LONG BEACH COMM MED CTR 1720 TERMINO AV, LONG BEACH CA	287 - B2
LONG BEACH MEM MED CTR 2801 ATLANTIC AV, LONG BEACH CA	360 - C1
LOS ALAMITOS MED CTR 3751 KATELLA AV, LOS ALAMITOS CA	287 - C2
LOS ANGELES COMM HOSP 4081 E OLYMPIC BLVD, LOS ANGELES CO CA	282 - A5
LOS ANGELES COUNTY HARBOR-UCLA MED 1000 W CARSON ST, LOS ANGELES CO CA	286 - D1
LOS ANGELES CO HIGH DESERT HOSP 44900 N 60TH ST W, LANCASTER CA	200 - B2
LOS ANGELES CO OLIVE VIEW-UCLA MED CTR 14445 OLIVE VIEW DR, LOS ANGELES CA	277 - A6
LOS ANGELES COUNTY USC MED CTR 1200 N STATE ST, LOS ANGELES CA	356 - E3
LOS ANGELES METROPOLITAN MED CTR 2231 S WESTERN AV, LOS ANGELES CA	355 - A7
LOS BANOS MEM HOSP 520 W I ST, LOS BANOS CA	180 - B2
MADERA COMM HOSP 1250 E ALMOND AV, MADERA CA	181 - B2
MAD RIVER COMM HOSP 3800 JAMES RD, ARCATA CA	299 - B3
MARIAN MED CTR 1400 E CHURCH ST, SANTA MARIA CA	272 - D4
MARIN GENERAL HOSP 250 BON AIR RD, MARIN CO CA	324 - D10
MARSHALL HOSP 1100 MARSHALL WY, PLACERVILLE CA	317 - F5
MED CTR 411 30TH ST, OAKLAND CA	330 - B3
MEE, GEORGE L MEM HOSP 300 CANAL ST, KING CITY CA	189 - B1
MEM HOSP OF GARDENA 1145 W REDONDO BEACH BLVD, GARDENA CA	281 - D7
MEM MED CTR 1700 COFFEE RD, MODESTO CA	340 - F3
MENDOCINO COAST DIST HOSP 700 RIVER DR, FORT BRAGG CA	307 - C5
MENIFEE VALLEY MED CTR 28400 MCCALL BLVD, RIVERSIDE CO CA	289 - C3
MERCY GENERAL HOSP 4001 J ST, SACRAMENTO CA	320 - B5
MERCY HOSP 2215 TRUXTUN AV, BAKERSFIELD CA	344 - C5
MERCY HOSP OF FOLSOM 1650 CREEKSIDE DR, FOLSOM CA	236 - B5
MERCY MED CTR 2740 M ST, MERCED CA	181 - A1
MERCY MED CTR EDITH AV, REDDING CA	301 - E7
MERCY MED CTR MOUNT SHASTA 914 PINE ST, MOUNT SHASTA CA	298 - D4
MERCY SAN JUAN HOSP 6501 COYLE AV, SACRAMENTO CO CA	235 - D5
MERCY WESTSIDE HOSP 110 E NORTH ST, TAFT CA	199 - A1
METHODIST HOSP OF SACRAMENTO 7500 HOSPITAL DR, SACRAMENTO CA	238 - C2
METHODIST HOSP OF SOUTHERN CALIF 300 W HUNTINGTON DR, ARCADIA CA	282 - C2
METROPOLITAN STATE HOSP 11400 NORWALK BLVD, NORWALK CA	282 - B6
MIDWAY HOSP MED CTR 5925 SAN VICENTE BLVD, LOS ANGELES CA	281 - C4
MILLS HOSP 100 S SAN MATEO DR, SAN MATEO CA	249 - D6
MISSION COMM HOSP 14850 ROSCOE BLVD, LOS ANGELES CA	281 - A1
MISSION COMM HOSP 700 CHATSWORTH DR, SAN FERNANDO CA	277 - B7
MISSION HOSP 3111 E FLORENCE AV, HUNTINGTON PARK CA	282 - A5
MISSION HOSP REGL MED CENTER 27700 MEDICAL CENTER RD, MISSION VIEJO CA	288 - D6
MONROVIA COMM HOSP 323 S HELIOTROPE AV, MONROVIA CA	282 - C2
MONTEREY PK HOSP 900 S ATLANTIC BLVD, MONTEREY PARK CA	282 - B4
MORENO VALLEY COMM HOSP 27300 IRIS AV, MORENO VALLEY CA	285 - B7
MOTION PICTURE & TV FUND HOSP 23388 MULHOLLAND DR, LOS ANGELES CA	280 - C2
MTNVIEW HOSP & MED CTR 3100 N TENAYA WY, LAS VEGAS NV	268 - B3
MOUNT DIABLO MED CTR 2540 EAST ST, CONCORD CA	247 - D5
MOUNT ZION MED CTR 1600 DIVISADERO ST, SAN FRANCISCO CA	326 - A5
MUIR, JOHN MED CTR 1601 YGNACIO VALLEY RD, WALNUT CREEK CA	247 - D6
NAPA STATE HOSP 2100 NAPA-VALLEJO HWY, NAPA CO CA	323 - G10
NATIVIDAD MED CTR 1441 CONSTITUTION BLVD, SALINAS CA	336 - E3
NAVAL MED CTR 34800 BOB WILSON DR, SAN DIEGO CA	373 - G3
NEVADA STATE HOSP GALLETTI DR & N KIETZKE LN, SPARKS NV	312 - A5
NEWHALL COMM HOSP 22607 6TH ST, SANTA CLARITA CA	276 - D5
NORTHBAY MED CTR 1200 B GALE WILSON BLVD, FAIRFIELD CA	244 - C6
NORTH COAST HEALTH CARE CENTERS 1287 FULTON RD, SANTA ROSA CA	242 - B2
NORTHRIDGE HOSP MED CENTER, ROSCOE 18300 ROSCOE BLVD, LOS ANGELES CA	280 - D1
NORTHRIDGE HOSP MED CTR-SHERMAN OAKS 14500 SHERMAN CIR, LOS ANGELES CA	281 - B1
NOVATO COMM HOSP 180 ROWLAND WY, NOVATO CA	246 - B2
OAK VALLEY DIST HOSP 350 OAK AV, OAKDALE CA	261 - C1
OCALLAGHAN, MIKE FEDERAL HOSP 4700 N LAS VEGAS BLVD, SUNRISE MANOR NV	268 - D2
OCONNOR HOSP 2105 FOREST AV, SAN JOSE CA	333 - B8
OJAI VALLEY COMM HOSP 1306 MARICOPA HWY, OJAI CA	275 - A1
ORANGE COAST MEM MED CTR 9920 TALBERT AV, FOUNTAIN VALLEY CA	287 - D4
OREGON HOSP MIDLAND & WASHINGTON, GRANTS PASS OR	149 - B1
ORTHOPAEDIC HOSP 2400 S FLOWER ST, LOS ANGELES CA	355 - E8
PACIFICA HOSP OF THE VALLEY 9449 SAN FERNANDO RD, LOS ANGELES CA	277 - B7
PACIFIC ALLIANCE MED CTR 531 W COLLEGE ST, LOS ANGELES CA	356 - B3
PACIFIC HOSP OF LONG BEACH 2776 PACIFIC AV, LONG BEACH CA	360 - C1
PACKARD, LUCILLE CHILDRENS HOSP STA 725 WELCH RD, PALO ALTO CA	332 - B6
PALM DRIVE HOSP 501 PETALUMA AV, SEBASTOPOL CA	242 - B3
PALOMAR MED CTR 555 E VALLEY PKWY, ESCONDIDO CA	294 - A1
PALO VERDE HOSP 250 N 1ST ST, BLYTHE CA	211 - A2
PARADISE VALLEY HOSP 2400 E 4TH ST, NATIONAL CITY CA	296 - A2
PARKVIEW COMM HOSP MED CEN 3865 JACKSON ST, RIVERSIDE CA	284 - B6
PATTON STATE HOSP 3102 E HIGHLAND AV, SAN BERNARDINO CA	285 - A2
PENINSULA HOSP 1783 EL CAMINO REAL, BURLINGAME CA	327 - F9
PETALUMA VALLEY HOSP 400 N MCDOWELL BLVD, PETALUMA CA	242 - D6
PETTIS MEM VETERANS MED CTR 11201 BENTON ST, LOMA LINDA CA	285 - A4
PIONEERS MEM HOSP 207 W LEGION RD, BRAWLEY CA	214 - A1
PLACENTIA LINDA HOSP 1301 N ROSE DR, PLACENTIA CA	283 - A7
POMERADO HOSP 15615 POMERADO RD, POWAY CA	294 - A3
POMONA VALLEY HOSP MED CTR 1798 N GAREY AV, POMONA CA	283 - B3
PORTERVILLE DEVELOPMENT CTR 26501 AVE 140, TULARE CO CA	191 - B1
PRESBYTERIAN INTER-COMM HOSP 12401 WASHINGTON BLVD, WHITTIER CA	282 - C6
PROVIDENCE HOLY CROSS MED CTR 15031 RINALDI ST, LOS ANGELES CA	277 - A6
PROVIDENCE HOSP CRATER LAKE AV & E MCANDREWS, MEDFORD OR	149 - C2
PROVIDENCE SAINT JOSEPH MED CTR 501 S BUENA VISTA ST, BURBANK CA	351 - E1
QUEEN OF ANGELS HOLLYWOOD PRES MED CTR 1300 N VERMONT AV, LOS ANGELES CA	352 - C9
QUEEN OF THE VALLEY HOSP 1000 TRANCAS ST, NAPA CA	323 - D3
RANCHO SAN ANTONIO MED CTR MILLIKEN AV, RANCHO CUCAMONGA CA	284 - A3
RANCHO SPRINGS MED CTR 25500 MEDICAL CENTER DR, MURRIETA CA	289 - C6
REDBUD COMM HOSP 18TH AV & HWY 53, CLEARLAKE CA	226 - C7
REDDING MED CTR TEHAMA ST, REDDING CA	301 - F5
REDLANDS COMM HOSP 350 TERRACINA BLVD, REDLANDS CA	285 - A4
REGL MED CTR OF SAN JOSE 225 N JACKSON AV, SAN JOSE CA	334 - E3
RIDEOUT MEM HOSP 726 4TH ST, MARYSVILLE CA	310 - A4
RIDGECREST REGL HOSP 1081 N CHINA LAKE BLVD, RIDGECREST CA	192 - C2
RIVERSIDE COMM HOSP 4445 MAGNOLIA AV, RIVERSIDE CA	366 - C5
RIVERSIDE CO REGL MED CTR-UNIV MED CTR 26520 CACTUS AV, MORENO VALLEY CA	285 - B6
ROGUE VALLEY MED CTR 2825 E BARNETT RD, MEDFORD OR	149 - C2
RONALD MCDONALD HOUSE 520 SAND HILL RD, PALO ALTO CA	332 - A5
SADDLEBACK MEM MED CTR 24451 HEALTH CENTER DR, LAGUNA HILLS CA	288 - C5
SAINT AGNES MED CTR 1303 E HERNDON AV, FRESNO CA	264 - C2
ST BERNARDINE MED CTR 2101 N WATERMAN AV, SAN BERNARDINO CA	284 - D2
SAINT ELIZABETH COMM HOSP 2550 SISTER MARY COLUMBA DR, RED BLUFF CA	303 - E10
SAINT FRANCIS MED CTR 3630 E IMPERIAL HWY, LYNWOOD CA	282 - A6
SAINT FRANCIS MED CTR 601 MICHELTORENA ST, SANTA BARBARA CA	348 - D5
SAINT FRANCIS MEM HOSP 900 HYDE ST, SAN FRANCISCO CA	326 - D4
SAINT HELENA HOSP 650 SANITARIUM RD, NAPA CO CA	241 - B7
SAINT JOHNS HOSP & HEALTH CTR 1328 22ND ST, SANTA MONICA CA	353 - B9
SAINT JOHNS PLEASANT VALLEY HOSP 2309 ANTONIO AV, CAMARILLO CA	275 - D5
SAINT JOHNS REGL MED CTR 1600 N ROSE AV, OXNARD CA	275 - C6
SAINT JOSEPH HOSP 1100 W STEWART DR, ORANGE CA	288 - A2
SAINT JOSEPHS MED CTR 1800 N CALIFORNIA ST, STOCKTON CA	339 - F5
SAINT JUDE MED CTR 101 E VALENCIA MESA DR, FULLERTON CA	282 - D7
SAINT LOUISE REGL HOSP 9400 NONAME UNO, GILROY CA	257 - B2
SAINT LUKE MED CTR 2632 E WASHINGTON BLVD, PASADENA CA	282 - B2
SAINT LUKES HOSP 3555 CESAR CHAVEZ ST, SAN FRANCISCO CA	326 - C10
SAINT MARY MED CTR 1050 LINDEN AV, LONG BEACH CA	360 - D5
SAINT MARY REGL MED CTR 18300 HWY 18, APPLE VALLEY CA	278 - B1
ST MARYS HOSP 235 W 6TH ST, RENO NV	311 - C5
SAINT MARYS MED CTR 450 STANYAN ST, SAN FRANCISCO CA	325 - G7
ST ROSE DOMINICAN HOSP ROSE DE LIMA CAMPUS 102 E LAKE MEAD DR, HENDERSON NV	269 - A6
SAINT ROSE DOMINICAN HOSP SIENA CAM 102 SAINT ROSE PKWY, HENDERSON NV	268 - D7
SAINT ROSE HOSP 27200 CALAROGA AV, HAYWARD CA	250 - C4
SAINT VINCENT MED CTR 2131 W 3RD ST, LOS ANGELES CA	355 - E3
SALINAS VALLEY MEM HEALTHCARE SYSTEM 450 E ROMIE LN, SALINAS CA	336 - C9
SAN ANTONIO COMM HOSP 999 SAN BERNARDINO RD, UPLAND CA	283 - D3
SAN BERNARDINO MTNS COMM HOSP 29101 HOSPITAL RD, SAN BERNARDINO CO CA	278 - D6
SAN CLEMENTE HOSP & MED CTR 654 CM D LOS MARES, SAN CLEMENTE CA	291 - A1
SAN DIMAS COMM HOSP 1350 W COVINA BLVD, SAN DIMAS CA	283 - A3
SAN FRANCISCO GENERAL HOSP 1001 POTRERO AV, SAN FRANCISCO CA	326 - E9
SAN GABRIEL VALLEY MED CTR 218 S SANTA ANITA ST, SAN GABRIEL CA	282 - B3
SANGER GENERAL HOSP 2558 JENSEN AV, SANGER CA	181 - C3
SAN GORGONIO MEM HOSP 600 HIGHLAND SPRINGS AV, BANNING CA	208 - C1
SAN JOAQUIN COMM HOSP 2615 EYE ST, BAKERSFIELD CA	344 - D3
SAN JOAQUIN GENERAL HOSP 500 W CO HOSPITAL RD, SAN JOAQUIN CO CA	260 - B6
SAN JOSE MED CTR 675 E SANTA CLARA ST, SAN JOSE CA	334 - B6
SAN LEANDRO HOSP 13855 E 14TH ST, SAN LEANDRO CA	250 - C3
SAN LUIS OBISBO GENERAL HOSP 2180 JOHNSON AV, SAN LUIS OBISPO CA	347 - F6
SAN MATEO COUNTY GENERAL HOSP 222 W 39TH AV, SAN MATEO CA	250 - A6
SAN PEDRO PENINSULA HOSP 1300 W 7TH ST, LOS ANGELES CO CA	286 - C3
SAN RAMON REGL MED CTR 6001 NORRIS CANYON RD, SAN RAMON CA	251 - A2
SANTA ANA HOSP MED CTR 1901 N FAIRVIEW ST, SANTA ANA CA	362 - C10
SANTA BARBARA COTTAGE HOSP PUEBLO ST & BATH ST, SANTA BARBARA CA	348 - B5
SANTA CLARA VALLEY HEALTH & HOSP SYSTEM 751 BASCOM AV, SANTA CLARA CO CA	333 - B10
SANTA MARTA HOSP 319 N HUMPHREYS AV, LOS ANGELES CO CA	282 - A4
SANTA MONICA-UCLA MED CTR 1250 16TH ST, SANTA MONICA CA	353 - B10
SANTA PAULA MEM HOSP 825 N 10TH ST, SANTA PAULA CA	275 - D3
SANTA ROSA MEM HOSP 1165 MONTGOMERY DR, SANTA ROSA CA	321 - F7

CRA
INDEX

© 2003 Thomas Bros. Maps ®

FEATURE NAME	City State	Page-Grid
SANTA TERESA COMM HOSP	250 HOSPITAL PKWY, SAN JOSE CA	254 - A5
SANTA TERESITA HOSP	819 BUENA VISTA ST, DUARTE CA	282 - D2
SANTA YNEZ VALLEY COTTAGE HOSP	700 ALAMO PINTADO RD, SOLVANG CA	273 - B3
SCRIPPS GREEN HOSP	10666 N TORREY PINES RD, SAN DIEGO CA	293 - B5
SCRIPPS MEM HOSP CHULA VISTA	435 H ST, CHULA VISTA CA	296 - A3
SCRIPPS MEM HOSP ENCINITAS	354 SANTA FE DR, ENCINITAS CA	293 - B3
SCRIPPS MEM HOSP LA JOLLA	9888 GENESEE AV, SAN DIEGO CA	370 - G1
SCRIPPS MERCY HOSP	4077 5TH AV, SAN DIEGO CA	372 - E9
SELMA DIST HOSP	1141 ROSE AV, SELMA CA	181 - C3
SEQUOIA HOSP	170 ALAMEDA DE LS PULGAS, REDWOOD CITY CA	250 - A7
SETON MED CTR	1900 SULLIVAN AV, DALY CITY CA	249 - C3
SETON MED CTR COASTSIDE	600 MARINE BLVD, SAN MATEO CO CA	249 - B6
SHARP CABRILLO HOSP	3475 KENYON ST, SAN DIEGO CA	371 - F10
SHARP CHULA VISTA MED CTR	751 MEDICAL CENTER CT, CHULA VISTA CA	296 - A4
SHARP CORONADO HOSP	250 PROSPECT PL, CORONADO CA	373 - E7
SHARP MEM HOSP	7901 FROST ST, SAN DIEGO CA	372 - F2
SHERMAN OAKS HOSP & HEALTH CTR	4929 VAN NUYS BLVD, LOS ANGELES CA	281 - B2
SHRINERS HOSP FOR CHILDREN	2425 STOCKTON BLVD, SACRAMENTO CA	320 - B7
SHRINERS HOSP FOR CHILDREN	3160 GENEVA ST, LOS ANGELES CA	355 - D3
SIERRA HOSP	STOCKTON ST & FOREST RD, SONORA CA	341 - C5
SIERRA-KINGS DIST HOSP	372 W CYPRESS AV, REEDLEY CA	182 - A3
SIERRA NEVADA MEM HOSP	MARGARET LN & SPREE AV, GRASS VALLEY CA	315 - D7
SIERRA VIEW DIST HOSP	465 W PUTNAM AV, PORTERVILLE CA	191 - B1
SIERRA VISTA REGL MED CTR	1010 MURRAY ST, SAN LUIS OBISPO CA	347 - D3
SIMI VALLEY HOSP & HEALTH CARE SERV	2975 SYCAMORE DR, SIMI VALLEY CA	276 - B6
SONOMA DEVELOPMENTAL CTR	15000 ARNOLD DR, SONOMA CO CA	243 - A4
SONOMA VALLEY HOSP	347 ANDRIEUX ST, SONOMA CA	322 - D7
SONORA COMMUNIATY HOSP	STOCKTON ST & FOREST RD, SONORA CA	341 - C5
SOUTH COAST MED CTR	31872 S COAST HWY, LAGUNA BEACH CA	365 - G9
SOUTH VALLEY MED CTR	PALMDALE BLVD & 40TH ST E, PALMDALE CA	200 - B3
STANFORD HOSP & CLINICS	300 PASTEUR DR, PALO ALTO CA	332 - A6
STANISLAUS MED CTR	SCENIC DR & BODEM ST, MODESTO CA	340 - F6
SUBURBAN MED CTR	16453 S COLORADO AV, PARAMOUNT CA	282 - A7
SUMMERLIN HOSP MED CTR	657 N TOWN CENTER DR, LAS VEGAS NV	268 - A3
SUMMIT MED CTR	400 29TH ST, OAKLAND CA	330 - A3
SUMMIT MED CENTER- NORTH	350 HAWTHORNE AV, OAKLAND CA	330 - B2
SUMMIT MED CENTER- SOUTH	3100 SUMMIT ST, OAKLAND CA	330 - B3
SUMMIT MED CENTER- WEST	450 30TH ST, OAKLAND CA	330 - A2
SUTTER AUBURN FAITH COMM HOSP	11815 EDUCATION ST, PLACER CO CA	233 - C7
SUTTER COAST HOSP	800 E WASHINGTON BLVD, DEL NORTE CO CA	297 - D5
SUTTER DAVIS HOSP	2000 SUTTER PL, DAVIS CA	318 - A3
SUTTER DELTA MED CTR	3901 LONE TREE WY, ANTIOCH CA	248 - C5
SUTTER GENERAL HOSP	2801 L ST, SACRAMENTO CA	319 - G5
SUTTER LAKESIDE HOSP	5176 HILL RD E, LAKE CO CA	225 - D3
SUTTER MED CTR	3325 CHANATE RD, SANTA ROSA CA	321 - F3
SUTTER MEM HOSP	5151 F ST, SACRAMENTO CA	320 - D5
SUTTER MERCED MED CTR	301 E 13TH ST, MERCED CA	181 - A1
SUTTER ROSEVILLE MED CTR	ONE MEDICAL PLAZA DR, ROSEVILLE CA	236 - A3
SUTTER SOLANO MED CTR	300 HOSPITAL DR, VALLEJO CA	247 - B2
SUTTER TRACY COMM HOSP	1420 N TRACY BLVD, TRACY CA	175 - A3
TEHACHAPI HOSP	115 W E WY, TEHACHAPI CA	200 - A1
TEMPLE COMM HOSP	235 N HOOVER ST, LOS ANGELES CA	355 - D1
TORRANCE MEM MED CTR	3330 W LOMITA BLVD, TORRANCE CA	286 - C2
TRI-CITY MED CTR	4002 VISTA WY, OCEANSIDE CA	292 - B7
TRI-CITY REGL MED CTR	21530 PIONEER BLVD, HAWAIIAN GARDENS CA	287 - B1
TULARE DIST HOSP	869 CHERRY ST, TULARE CA	266 - B4
TUSTIN HOSP AND MED CTR	14662 NEWPORT AV, TUSTIN CA	288 - B3
TWIN CITIES COMM HOSP	1100 LAS TABLAS RD, SAN LUIS OBISPO CO CA	189 - C3
UKIAH VALLEY MED CTR	275 HOSPITAL DR, UKIAH CA	308 - E4
UNIV MED CTR	1800 W CHARLESTON BLVD, LAS VEGAS NV	345 - B7
UNIV MED CTR	445 S CEDAR AV, FRESNO CA	264 - C4
UC DAVIS MED CTR	2315 STOCKTON BLVD, SACRAMENTO CA	320 - B7
UC IRVINE MED CTR	101 THE CITY DR S, ORANGE CA	362 - E6
UCLA MED CTR	10833 LE CONTE AV, LOS ANGELES CA	353 - G4
UCSD MED CTR HILLCREST	200 W ARBOR DR, SAN DIEGO CA	372 - E8
UCSD MED CENTER-THORNTON HOSP	9300 CAMPUS POINT DR, SAN DIEGO CA	370 - G1
UNIV OF CALIFORNIA SAN FRANCISCO	500 PARNASSUS AV, SAN FRANCISCO CA	325 - F8
USC KENNETH NORRIS JR CANCER HOSP	1441 EASTLAKE AV, LOS ANGELES CA	356 - F3
USC UNIV HOSP	1500 SAN PABLO ST, LOS ANGELES CA	356 - F3
VACAVALLEY HOSP	1000 NUT TREE RD, VACAVILLE CA	244 - D4
VALLEYCARE MED CTR	5555 W LAS POSITAS BLVD, PLEASANTON CA	251 - B3
VALLEYCARE MEM HOSP	1111 E STANLEY BLVD, LIVERMORE CA	251 - C4
VALLEY CHILDRENS HOSP	9300 CHILDRENS PL, MADERA CO CA	264 - B1
VALLEY HOSP MED CTR	620 SHADOW LN, LAS VEGAS NV	345 - C7
VALLEY PLAZA DOCTORS HOSP	2224 MEDICAL CENTER DR, PERRIS CA	289 - B1
VALLEY PRESBYTERIAN HOSP	15107 VANOWEN ST, LOS ANGELES CA	281 - A1
VENCOR HOSP-BREA	875 N BREA BLVD, BREA CA	283 - A6
VENCOR HOSP OF SAN LEANDRO	2800 BENEDICT DR, SAN LEANDRO CA	250 - C3
VENCOR HOSP ORANGE COUNTY	200 HOSPITAL CIR, WESTMINSTER CA	287 - C3
VENCOR LOS ANGELES COUNTY HOSP	5525 W SLAUSON AV, LOS ANGELES CO CA	358 - E1
VENTURA COUNTY MED CTR	3291 LOMA VISTA RD, VENTURA CA	349 - G5
VERDUGO HILLS HOSP	1812 VERDUGO BLVD, GLENDALE CA	281 - D1
VETERANS ADMIN	950 S SEPULVEDA BLVD, LOS ANGELES CO CA	353 - D5
VETERANS ADMIN HOSP MENLO PK	795 WILLOW RD, MENLO PARK CA	332 - C2
VETERANS ADMIN HOSP-PALO ALTO	3801 MIRANDA AV, PALO ALTO CA	332 - E10
VETERANS AFFAIRS MED CTR	150 MUIR RD, MARTINEZ CA	247 - C4
VETERANS AFFAIRS MED CTR	2615 E CLINTON AV, FRESNO CA	343 - E3
VETERANS AFFAIRS MED CTR	3350 LA JOLLA VILLAGE DR, SAN DIEGO CA	370 - F2
VETERANS AFFAIRS MED CTR	4150 CLEMENT ST, SAN FRANCISCO CA	325 - A5
VETERANS AFFAIRS MED CTR	4951 ARROYO RD, ALAMEDA CO CA	251 - C5
VETERANS AFFAIRS MED CENTER-LONG BEACH	5901 E 7TH ST, LONG BEACH CA	287 - B2
VETERANS AFFAIRS MED CENTER-WEST LA	11301 WILSHIRE BLVD, LOS ANGELES CO CA	353 - F6
VETERANS AFFAIRS SEPULVEDA AMB CARE CTR	16111 PLUMMER ST, LOS ANGELES CA	277 - A7
VETERANS HOME OF CALIFORNIA	100 CALIFORNIA DR, YOUNTVILLE CA	243 - C3
VETERANS HOSP	LOCUST ST & TAYLOR ST, RENO NV	311 - E7
VICTOR VALLEY COMM HOSP	15248 11TH ST, VICTORVILLE CA	278 - B1
VILLAVIEW COMM HOSP	5550 UNIVERSITY AV, SAN DIEGO CA	296 - A1
WARRACK MED CTR	2449 SUMMERFIELD RD, SANTA ROSA CA	242 - D2
WASCO MED CTR	741 PALM AV, WASCO CA	191 - A3
WASHINGTON TOWNSHIP HLTH CARE DIST	2000 MOWRY AV, FREMONT CA	251 - A6
WATSONVILLE COMM HOSP	298 GREEN VALLEY RD, WATSONVILLE CA	256 - C4
WEST ANAHEIM MED CTR	3033 W ORANGE AV, ANAHEIM CA	361 - E7
WESTERN MED CENTER-ANAHEIM	1025 S ANAHEIM BLVD, ANAHEIM CA	362 - C2
WESTERN MED CENTER-SANTA ANA	1001 N TUSTIN AV, SANTA ANA CA	288 - B3
WHITE MEM MED CTR	1720 E CESAR E CHAVEZ AV, LOS ANGELES CA	356 - E5
WHITTIER HOSP MED CTR	9080 COLIMA RD, WHITTIER CA	282 - C6
WOODLAND HEALTHCARE	1325 COTTONWOOD ST, WOODLAND CA	234 - B5

HOTELS

FEATURE NAME	City State	Page-Grid
AHWAHNEE LODGE	TENAYA RD & NORTHSIDE DR, MARIPOSA CO CA	262 - D3
AIRTEL PLAZA HOTEL	7277 VALJEAN AV, LOS ANGELES CA	281 - A1
ALADDIN HOTEL & CASINO	3667 S LAS VEGAS BLVD, PARADISE NV	346 - B4
ALEXIS PK RESORT HOTEL	375 E HARMON AV, PARADISE NV	346 - D5
ALGIERS HOTEL & CASINO	2845 S LAS VEGAS BLVD, WINCHESTER NV	345 - C10
ALL SEASONS INNS	699 E ST, CHULA VISTA CA	295 - D3
AMERICANA INN & SUITES	815 W SAN YSIDRO BLVD, SAN DIEGO CA	296 - A5
ANABELLA HOTEL	1030 W KATELLA AV, ANAHEIM CA	362 - A4
ANAHEIM HILTON & TOWERS	777 W CONVENTION WY, ANAHEIM CA	362 - B4
ANAHEIM INTL INN & SUITES	2060 S HARBOR BLVD, ANAHEIM CA	362 - B5
ANAHEIM MARRIOTT HOTEL	700 CONVENTION WY, ANAHEIM CA	362 - B5
ANAHEIM PLAZA HOTEL & SUITES	1700 S HARBOR BLVD, ANAHEIM CA	362 - B4
ANA HOTEL	50 3RD ST, SAN FRANCISCO CA	326 - E5
APPLE FARM INN	2015 MONTEREY ST, SAN LUIS OBISPO CA	347 - F4
ARIZONA CHARLIES HOTEL & CASINO	4575 BOULDER HWY, PARADISE NV	268 - D4
ARIZONA CHARLIES HOTEL & CASINO	740 S DECATUR BLVD, LAS VEGAS NV	268 - B4
ATLANTIS CASINO RESORT	3800 S VIRGINA ST, RENO NV	311 - F10
ATRIUM HOTEL	18700 MACARTHUR BLVD, IRVINE CA	363 - E5
BAHIA RESORT HOTEL	998 W MISSION BAY DR, SAN DIEGO CA	371 - B6
BALLYS LAS VEGAS	3645 S LAS VEGAS BLVD, PARADISE NV	346 - B4
BARBARY COAST HOTEL & CASINO	3595 S LAS VEGAS BLVD, PARADISE NV	346 - B4
BARCELONA HOTEL	5011 E CRAIG RD, SUNRISE MANOR NV	268 - D2
BARNABEYS HOTEL	3501 N SEPULVEDA BLVD, MANHATTAN BEACH CA	281 - B7
BAY CLUB HOTEL	2131 SHELTER ISLAND DR, SAN DIEGO CA	295 - C2
BAYSHORE INN	1955 W CASINO DR, CLARK CO NV	270 - B3
BELLAGIO HOTEL & CASINO	3600 S LAS VEGAS BLVD, PARADISE NV	346 - B4
BERKELEY MARINA RADISSON	200 MARINA BLVD, BERKELEY CA	247 - A7
BEST INN & SUITES	1875 AUBURN RAVINE RD, PLACER CO CA	316 - F2
BEST WESTERN AMERICANA	121 7TH ST, SAN FRANCISCO CA	326 - E6
BEST WESTERN ANTELOPE VALLEY INN	44055 SIERRA HWY, LANCASTER CA	200 - B2
BEST WESTERN BAYSIDE INN	555 W ASH ST, SAN DIEGO CA	373 - E3
BEST WESTERN BEACHFRONT INN	OFF OREGON COAST HWY, CURRY CO OR	148 - B2
BEST WESTERN BEACH TERRACE INN	2775 OCEAN ST, CARLSBAD CA	292 - A7
BEST WESTERN BEACH VIEW LODGE	3180 CARLSBAD BLVD, CARLSBAD CA	292 - A7
BEST WESTERN BIG AMERICA	1725 N BROADWAY, SANTA MARIA CA	272 - C4
BEST WESTERN BLACK OAK MOTOR LODGE	1135 24TH ST, PASO ROBLES CA	189 - C3
BEST WESTERN BLUE SEA LODGE	707 PACIFIC BEACH DR, SAN DIEGO CA	371 - A4
BEST WESTERN BONANZA INN	1001 CLARK AV, YUBA CITY CA	309 - E4
BEST WESTERN BROOKINGS INN	1143 CHETCO AV, BROOKINGS OR	148 - B2
BEST WESTERN CAMERON PK INN	3361 COACH LN, EL DORADO CO CA	236 - D6
BEST WESTERN CANTERBURY HOTEL	750 SUTTER ST, SAN FRANCISCO CA	326 - D4
BEST WESTERN CARPINTERIA INN	4558 CARPINTERIA AV, CARPINTERIA CA	199 - A3
BEST WESTERN CASA GRANDE INN	850 OAK PARK BLVD, ARROYO GRANDE CA	272 - A1
BEST WESTERN CAVALIER MOTOR HOTEL	710 E ST, CHULA VISTA CA	295 - D3
BEST WESTERN COLONY INN	3600 EL CAMINO REAL, ATASCADERO CA	271 - C1
BEST WESTERN CONTINENTAL INN	650 N MOLLISON AV, EL CAJON CA	294 - B7
BEST WESTERN COUNTRY INN	27706 JEFFERSON AV, TEMECULA CA	289 - C7
BEST WESTERN COURTESY INN	1355 E MAIN ST, EL CAJON CA	294 - B7
BEST WSTRN CRYSTAL PALACE INN & SUITES	2620 BUCK OWENS BLVD, BAKERSFIELD CA	344 - A3
BEST WESTERN DATE TREE MOTEL	81909 INDIO BLVD, INDIO CA	209 - B2
BEST WESTERN EL RANCHO	550 BEAUMONT AV, BEAUMONT CA	285 - D6
BEST WESTERN EL RANCHO MOTEL	2460 MAIN ST, MORRO BAY CA	271 - A3
BEST WESTERN EMPIRE INN	475 W VALLEY BLVD, RIALTO CA	284 - C3
BEST WESTERN ENCINA LODGE	2220 BATH ST, SANTA BARBARA CA	348 - B5
BEST WESTERN ESCONDIDO	1700 SEVEN OAKES RD, ESCONDIDO CA	292 - D7
BEST WESTERN EXECUTIVE INN	18880 E GALE AV, LOS ANGELES CO CA	283 - A5
BEST WESTERN FIRESIDE INN	6700 MOONSTONE BCH, SAN LUIS OBISPO CO CA	189 - B3
BEST WESTERN FRANCISCAN INN	1635 S MISSION RD, SAN DIEGO CO CA	292 - B3
BEST WESTERN GARDENS MOTEL	71487 29 PALMS HWY, TWENTYNINE PALMS CA	209 - B1
BEST WESTERN GOLDEN KEY HOTEL	123 W COLORADO ST, GLENDALE CA	352 - G2
BEST WESTERN GOLDEN SAILS HOTEL	6285 E PACIFIC COAST HWY, LONG BEACH CA	287 - B3
BEST WESTERN GROSVENOR HOTEL	380 S AIRPORT BL, SOUTH SAN FRANCISCO CA	327 - D1
BEST WESTERN HACIENDA	4041 HARNEY ST, SAN DIEGO CA	372 - A9
BEST WESTERN HANALEI HOTEL	2270 HOTEL CIR N, SAN DIEGO CA	372 - B8
BEST WESTERN HEMET	2625 W FLORIDA AV, HEMET CA	208 - C2
BEST WESTERN HERITAGE INN	11269 POINT EAST DR, SACRAMENTO CO CA	236 - A6
BEST WESTERN HERITAGE INN	1955 E 2ND ST, BENICIA CA	247 - C3
BEST WESTERN HOTEL-DIAMOND BAR	259 GENTLE SPRINGS LN, DIAMOND BAR CA	283 - B4
BEST WESTERN IMAGE SUITES	24840 ELDER AV, MORENO VALLEY CA	285 - A6
BEST WESTERN INN	1345 COMMERCIAL WY, DIXON CA	174 - C1
BEST WESTERN INN	6500 REDWOOD BLVD, ROHNERT PARK CA	242 - C4
BEST WESTERN INN	940 E OCEAN AV, LOMPOC CA	198 - A2
BEST WESTERN INN AT THE ROGUE	8959 ROGUE RIVER HWY, GRANTS PASS OR	149 - B1
BEST WESTERN INN BY THE SEA	7830 FAY AV, SAN DIEGO CA	370 - A6
BEST WESTERN INN OF THE BEACHCOMBER	OREGON COAST HWY, CURRY CO OR	148 - A1
BEST WSTRN ISLAND PALMS HOTEL & MARINA	2051 SHELTER ISLAND DR, SAN DIEGO CA	295 - C2
BEST WESTERN JAMAICA BAY INN	4175 ADMIRALTY WY, LOS ANGELES CO CA	357 - E6
BEST WESTERN KING FREDERIK MOTEL	1617 COPENHAGEN DR, SOLVANG CA	273 - B4
BEST WESTERN KINGS INN	1084 POMONA RD, CORONA CA	284 - A7
BEST WESTERN KRONBERG INN	1440 MISSION DR, SOLVANG CA	273 - B4
BEST WESTERN LAKE PERRIS	480 S REDLANDS AV, PERRIS CA	289 - B2
BEST WESTERN LAS BRISAS HOTEL	222 S INDIAN CANYON DR, PALM SPRINGS CA	367 - C6
BEST WESTERN MARINERS INN	6180 MOONSTONE BCH, SAN LUIS OBISPO CO CA	189 - B3
BEST WESTERN MARTYS VALLEY INN	3240 E MISSION AV, OCEANSIDE CA	292 - A6
BEST WSTRN MESQUITE STAR HOTEL & CASINO	333 SANDHILL BLVD, MESQUITE NV	187 - B2
BEST WESTERN MIRAMAR	9310 KEARNY MESA RD, SAN DIEGO CA	293 - D5
BEST WESTERN OCEANSIDE INN	1680 OCEANSIDE BLVD, OCEANSIDE CA	292 - A7
BEST WESTERN OF LONG BEACH	1725 LONG BEACH BLVD, LONG BEACH CA	360 - C4
BEST WESTERN OLIVE TREE INN	1000 OLIVE ST, SAN LUIS OBISPO CA	347 - D4
BEST WESTERN OLYMPIC INN	2627 S 6TH ST, KLAMATH FALLS OR	150 - C2
BEST WESTERN PEA SOUP ANDERSENS INN	51 E HWY 246, BUELLTON CA	273 - A3
BEST WESTERN PEPPER TREE INN	3850 STATE ST, SANTA BARBARA CA	274 - C7
BEST WESTERN PINE TREE MOTEL	12018 CENTRAL AV, CHINO CA	283 - C4
BEST WESTERN PLACERVILLE	6850 GREENLEAF DR, EL DORADO CO CA	317 - B8
BEST WESTERN PONY SOLDIER MTR	2340 CRATER LAKE HWY, MEDFORD OR	149 - C2
BEST WESTERN POSADA INN	5005 N HARBOR DR, SAN DIEGO CA	295 - C2
BEST WESTERN REDONDO BEACH INN	1850 S PAC COAST HWY, REDONDO BEACH CA	286 - C2
BEST WESTERN RIVERSIDE	10518 MAGNOLIA AV, RIVERSIDE CA	284 - B6

HOTELS
POINTS OF INTEREST
HOTELS 442

FEATURE NAME	City State	Page-Grid
BEST WESTERN ROSEVILLE INN	220 HARDING BLVD, ROSEVILLE CA	236 - A4
BEST WESTERN ROYAL OAK	214 MADONNA RD, SAN LUIS OBISPO CA	347 - C7
BEST WESTERN SAHARA	825 W HOBSON WY, BLYTHE CA	211 - A2
BEST WESTERN SANDMAN MOTEL	1120 W COLTON AV, REDLANDS CA	285 - A3
BEST WESTERN SANDMAN MOTEL	236 JIBBOOM ST, SACRAMENTO CA	319 - C1
BEST WESTERN SAN MARCOS	250 PACIFIC ST, MORRO BAY CA	271 - A3
BEST WESTERN SANTA MONICA	1920 SANTA MONICA BLVD, SANTA MONICA CA	353 - B9
BEST WESTERN SEA PINES GOLF RESORT	1945 SOLANO ST, SAN LUIS OBISPO CO CA	271 - A4
BEST WESTERN SEVEN SEAS	411 S HOTEL CIR, SAN DIEGO CA	372 - D8
BEST WESTERN SHADOW INN	584 EAST ST, WOODLAND CA	234 - C5
BEST WESTERN SHELTER COVE LODGE	2651 PRICE ST, PISMO BEACH CA	271 - C7
BEST WESTERN SHORE CLIFF LODGE	2555 PRICE ST, PISMO BEACH CA	272 - A1
BEST WESTERN SOMERSET MANOR	1895 MONTEREY ST, SAN LUIS OBISPO CA	347 - F4
BEST WESTERN SONOMA VALLEY INN	550 2ND ST W, SONOMA CA	322 - E7
BEST WESTERN SOUTH BAY HOTEL	15000 HAWTHORNE BLVD, LAWNDALE CA	281 - C7
BEST WESTERN SOUTH COAST INN	5620 CL REAL, GOLETA CA	274 - B7
BEST WESTERN STA HOUSE INN	901 PARK AV, SOUTH LAKE TAHOE CA	314 - F2
BEST WESTERN STRATFORD INN	710 CM DEL MAR, DEL MAR CA	293 - B4
BEST WESTERN SUITES CORONADO	275 ORANGE AV, CORONADO CA	373 - D7
BEST WESTERN SUNRISE INN	400 N HARBOR DR, REDONDO BEACH CA	286 - B1
BEST WESTERN SUTTER HOUSE	1100 H ST, SACRAMENTO CA	319 - E3
BEST WESTERN TRADEWINDS	225 BEACH ST, MORRO BAY CA	271 - A3
BEST WESTERN TUSCAN INN	425 NORTH POINT ST, SAN FRANCISCO CA	326 - D2
BEVERLY HERITAGE HOTEL	1820 BARBER LN, MILPITAS CA	253 - C2
BEVERLY HILLS HOTEL	9641 SUNSET BLVD, BEVERLY HILLS CA	354 - C5
BEVERLY PALMS HOTEL	218 S 6TH ST, LAS VEGAS NV	345 - E6
BIG HOLE MOTEL	OFF HWY 95, BLYTHE CA	211 - B2
BILTMORE HOTEL	2151 LAURELWOOD RD, SANTA CLARA CA	253 - C2
BINIONS HORSESHOE	128 E FREMONT ST, LAS VEGAS NV	345 - E6
BLACK BAR LODGE	OFF GALICE RD, JOSEPHINE CO OR	149 - A1
BOULDER STA HOTEL & CASINO	4111 BOULDER HWY, SUNRISE MANOR NV	268 - D4
BOURBON STREET HOTEL & CASINO	120 E FLAMINGO RD, PARADISE NV	346 - C3
BREAKERS MOTEL	780 MARKET AV, MORRO BAY CA	271 - A3
BRISTOL PLAZA HOLIDAY INN	3131 BRISTOL ST, COSTA MESA CA	363 - B3
BUFFALO BILLS HOTEL & CASINO	I-15, CLARK CO NV	195 - A2
BURBANK HILTON & CONV CEN	2500 N HOLLYWOOD WY, BURBANK CA	350 - C5
BW DUBLIN MONARCH HOTEL	6680 REGIONAL ST, DUBLIN CA	251 - A3
CACTUS JACKS CASINO	420 N CARSON ST, CARSON CITY NV	313 - C5
CAESAR'S AT TAHOE	HWY 50, DOUGLAS CO NV	314 - G1
CAESARS PALACE HOTEL & CASINO	3570 S LAS VEGAS BLVD, PARADISE NV	346 - B3
CALIFORNIA HOTEL & CASINO	12 OGDEN AV, LAS VEGAS NV	345 - E5
CAMBRIA PINES LODGE	2905 BURTON DR, SAN LUIS OBISPO CO CA	189 - B3
CAMPTON PLACE	340 STOCKTON ST, SAN FRANCISCO CA	326 - E4
CANDLEWOOD SUITES	5535 JOHNSON DR, PLEASANTON CA	251 - B3
CANTERBURY INN	1900 CANTERBURY RD, SACRAMENTO CA	235 - B6
CARMEL VALLEY RANCH RESORT	1 OLD RANCH RD, MONTEREY CO CA	258 - D5
CARRIAGE HOUSE	105 E HARMON AV, PARADISE NV	346 - B5
CARRIAGE INN	5525 SEPULVEDA BLVD, LOS ANGELES CA	281 - A2
CARSON CITY NUGGET	507 N CARSON ST, CARSON CITY NV	313 - C5
CARSON HILTON	2 CIVIC PLAZA DR, CARSON CA	286 - D1
CARSON HORSEHOE CLUB	402 N CARSON ST, CARSON CITY NV	313 - C5
CARSON STA CASINO	900 S CARSON ST, CARSON CITY NV	313 - C6
CASABLANCA HOTEL & CASINO, THE	950 W MESQUITE BLVD, MESQUITE NV	187 - B2
CASA SIRENA MARINA RESORT	3605 PENINSULA RD, OXNARD CA	275 - B7
CASINO ROYALE & HOTEL	3419 S LAS VEGAS BLVD, PARADISE NV	346 - B3
CASTAWAYS HOTEL & CASINO	2800 E FREMONT ST, LAS VEGAS NV	268 - C4
CASTLE INN & SUITES	1734 S HARBOR BLVD, ANAHEIM CA	362 - B4
CATAMARAN RESORT HOTEL	3999 MISSION BLVD, SAN DIEGO CA	371 - A4
CATHEDRAL HILL	1101 VAN NESS AV, SAN FRANCISCO CA	326 - C5
CATHEDRAL OAKS LODGE	4770 CALLE REAL, SANTA BARBARA CO CA	274 - B6
CENTRAL PLAZA HOTEL	6161 W CENTURY BLVD, LOS ANGELES CA	358 - D7
CENTURY PLAZA	2025 AV OF THE STARS, LOS ANGELES CA	354 - C8
CENTURY WILSHIRE HOTEL	10776 WILSHIRE BLVD, LOS ANGELES CA	353 - G5
CHANCELLOR HOTEL	433 POWELL ST, SAN FRANCISCO CA	326 - E4
CHANTICLEER INN	120 GRESHAM ST, ASHLAND OR	149 - C2
CHATEAU HOTEL, THE	4195 SOLANO AV, NAPA CA	323 - A1
CIRCUS CIRCUS HOTEL & CASINO	2880 S LAS VEGAS BLVD, WINCHESTER NV	345 - C10
CIRCUS CIRCUS HOTEL & CASINO	500 N SIERRA ST, RENO NV	311 - D5
CLARION CARRIAGE HOUSE DEL MAR	720 CM DEL MAR, DEL MAR CA	293 - B4
CLARION HOTEL	2055 E HARBOR BLVD, VENTURA CA	349 - D6
CLARION HOTEL	401 E MILLBRAE AV, MILLBRAE CA	327 - F7
CLARION HOTEL	700 16TH ST, SACRAMENTO CA	319 - F3
CLARION HOTEL BAY VIEW	660 K ST, SAN DIEGO CA	373 - E5
CLARION POSADA ROYALE HOTEL	1775 MADERA RD, SIMI VALLEY CA	276 - A7
CLARION SUITES WARNER CTR	20200 SHERMAN WY, LOS ANGELES CA	280 - D1
CLIFFS AT SHELL BEACH, THE	2757 SHELL BEACH RD, PISMO BEACH CA	271 - C7
CLIFT HOTEL	495 GEARY ST, SAN FRANCISCO CA	326 - E5
CLUB HOTEL BY DOUBLETREE	7250 POLLOCK DR, PARADISE NV	268 - C6
COCKATOO INN	W IMPERIAL HWY & HAWTHORNE, HAWTHORNE CA	281 - C6
COLONIAL INN HOTEL & CASINO	250 N ARLINGTON AV, RENO NV	311 - C5
COLORADO BELLE HOTEL & CASINO	2100 S CASINO DR, CLARK CO NV	270 - C2
COMFORT INN	1100 HILTON RD, MEDFORD OR	149 - C2
COMFORT INN	1590 UNIVERSITY AV, RIVERSIDE CA	366 - G5
COMFORT INN	903 W HOBSON WY, BLYTHE CA	211 - A2
COMFORT INN & SUITES-ZOO/SEA WORLD	2485 HOTEL CIRCLE PL, SAN DIEGO CA	372 - B8
COMFORT INN AT OLD TOWN	1955 SAN DIEGO AV, SAN DIEGO CA	372 - B10
COMFORT INN LA MESA	8000 PARKWAY DR, LA MESA CA	296 - A1
COMFORT SUITES MISSION VALLEY	631 CM DL RIO S, SAN DIEGO CA	372 - E8
COMSTOCK HOTEL & CASINO	200 W 2ND ST, RENO NV	311 - D5
CONCORD HILTON	1970 DIAMOND BLVD, CONCORD CA	247 - D5
CONCORD INN	1050 BURNETT AV, CONCORD CA	247 - D5
CONTINENTAL PLAZA HOTEL	9750 AIRPORT BLVD, LOS ANGELES CA	358 - E7
CONV CTR DRIVE HOTEL	305 CONVENTION CENTER DR, WINCHESTER NV	346 - D1
COUNTRY INN AT CALABASAS	23627 CALABASAS RD, CALABASAS CA	280 - C2
COUNTRY INN AT PORT HUENEME	350 E PORT HUENEME RD, PORT HUENEME CA	275 - B7
COUNTRY INN AT VENTURA	298 CHESTNUT ST, VENTURA CA	349 - B4
COUNTRY INN CARDIFF-BY-THE-SEA	1661 VILLA CARDIFF DR, ENCINITAS CA	293 - B3
COUNTRY SIDE INN	2260 GRIFFIN WY, CORONA CA	284 - B7
COUNTRY SUITES BY AYRES	1945 E HOLT AV, ONTARIO CA	283 - D3
COUNTRY WILLOWS INN	1313 CLAY ST, JACKSON CO OR	149 - C2
COURTYARD BUENA PK	7621 BEACH BLVD, BUENA PARK CA	361 - D4
COURTYARD BY MARRIOTT	10320 W OLYMPIC BLVD, LOS ANGELES CA	354 - C9
COURTYARD BY MARRIOTT	1050 BAYHILL DR, SAN BRUNO CA	327 - B3
COURTYARD BY MARRIOTT	10605 WOLFE RD, CUPERTINO CA	253 - B3
COURTYARD BY MARRIOTT	120 NUT TREE PKWY, VACAVILLE CA	244 - D4
COURTYARD BY MARRIOTT	1300 TAHQUITZ CANYON WY, PALM SPRINGS CA	367 - D6
COURTYARD BY MARRIOTT	13480 MAXELLA AV, LOS ANGELES CA	357 - G5
COURTYARD BY MARRIOTT	1510 UNIVERSITY AV, RIVERSIDE CA	366 - G5
COURTYARD BY MARRIOTT	1727 TECHNOLOGY DR, SAN JOSE CA	333 - D3
COURTYARD BY MARRIOTT	175 RAILROAD ST, SANTA ROSA CA	321 - D7
COURTYARD BY MARRIOTT	18090 SAN RAMON VALLEY BLVD, SAN RAMON CA	251 - A2
COURTYARD BY MARRIOTT	1905 S AZUSA AV, LOS ANGELES CO CA	282 - D5
COURTYARD BY MARRIOTT	1925 W 190TH ST, TORRANCE CA	286 - C1
COURTYARD BY MARRIOTT	2000 E MARIPOSA AV, EL SEGUNDO CA	281 - B7
COURTYARD BY MARRIOTT	2500 LARKSPUR LANDING CIR, LARKSPUR CA	324 - G10
COURTYARD BY MARRIOTT	2633 SEPULVEDA BLVD, TORRANCE CA	286 - C1
COURTYARD BY MARRIOTT	3150 GARRITY WY, RICHMOND CA	247 - A5
COURTYARD BY MARRIOTT	3601 MARRIOTT DR, BAKERSFIELD CA	267 - C4
COURTYARD BY MARRIOTT	47000 LAKEVIEW BLVD, FREMONT CA	251 - A7
COURTYARD BY MARRIOTT	550 SHELL BLVD, FOSTER CITY CA	250 - A6
COURTYARD BY MARRIOTT	5865 KATELLA AV, CYPRESS CA	361 - A10
COURTYARD BY MARRIOTT	717 SOUTH COAST HWY 101, SOLANA BEACH CA	293 - B4
COURTYARD BY MARRIOTT	9650 SCRANTON RD, SAN DIEGO CA	293 - C5
COURTYARD BY MARRIOTT	EMPIRE AV & LINCOLN ST, BURBANK CA	350 - E6
COURTYARD BY MARRIOTT-NATOMAS	2101 RIVER PLAZA DR, SACRAMENTO CA	235 - B6
COURTYARD BY MARRIOTT - PLEASANT HILL	2250 CONTRA COSTA BLVD, PLEASANT HILL CA	247 - D5
COURTYARD BY MARRIOTT PLEASANTON	5059 HOPYARD RD, PLEASANTON CA	251 - B3
COURTYARD BY MARRIOTT- RANCHO CORDOVA	10683 WHITE ROCK RD, SACRAMENTO CO CA	235 - D7
COURTYARD BY MARRIOTT-SHAW	140 E SHAW AV, FRESNO CA	264 - B3
COURTYARD DOWNTOWN	530 BROADWAY, SAN DIEGO CA	373 - E4
COURTYARD MARRIOTT	4994 VERDUGO WY, CAMARILLO CA	275 - D6
CROWNE PLAZA	12021 HARBOR BLVD, GARDEN GROVE CA	362 - B6
CROWNE PLAZA	600 AIRPORT BLVD, BURLINGAME CA	249 - D5
CROWNE PLAZA-FOSTER CITY	1221 CHESS DR, FOSTER CITY CA	250 - A6
CROWNE PLAZA LA	5985 W CENTURY BLVD, LOS ANGELES CA	358 - F8
CROWNE PLAZA LA DOWNTOWN	3540 S FIGUEROA ST, LOS ANGELES CA	355 - E9
CROWNE-PLAZA PLEASANTON	11950 DUBLIN CANYON RD, PLEASANTON CA	251 - A3
CROWNE PLAZA REDONDO BCH & MARINA HOTEL	300 N HARBOR DR, REDONDO BEACH CA	286 - B1
CROWNE PLAZA SAN JOSE	282 S ALMADEN BLVD, SAN JOSE CA	333 - G8
CROWNE PLAZA SAN JOSE-SILICON VALLEY	777 BELLEW DR, MILPITAS CA	253 - C2
CROWNE PLAZA-UNION SQUARE	480 SUTTER ST, SAN FRANCISCO CA	326 - E4
DANA INN & MARINA	1710 W MISSION BAY DR, SAN DIEGO CA	371 - C7
DANISH COUNTRY INN	1455 MISSION DR, SOLVANG CA	273 - B4
DAYS INN	1320 NEWBURY RD, THOUSAND OAKS CA	206 - C1
DAYS INN	600 N PACIFIC AV, GLENDALE CA	352 - F1
DAYS INN - DISCOVERY PK	350 BERCUT DR, SACRAMENTO CA	319 - D1
DAYS INN HOTEL CIRCLE	543 HOTEL CIR S, SAN DIEGO CA	372 - D8
DAYS INN LA MESA	1250 EL CAJON BLVD, EL CAJON CA	294 - B7
DAYS INN MISSION BAY	2575 CLAIREMONT DR, SAN DIEGO CA	371 - G4
DAYS INN SUITES	69151 E PALM CANYON DR, CATHEDRAL CITY CA	290 - B5
DAYS INN SUITES SEA WORLD	3350 ROSECRANS ST, SAN DIEGO CA	371 - G10
DAYS INN - TOWN HALL CASINO - HOTEL	4155 KOVAL LN, PARADISE NV	346 - C4
DELTA KING RIVER BOAT HOTEL	1000 FRONT ST, SACRAMENTO CA	319 - C3
DESERT INN MOTOR HOTEL	44219 SIERRA HWY, LANCASTER CA	200 - B2
DISNEYLAND HOTEL	1150 W MAGIC WY, ANAHEIM CA	362 - A3
DISNEYS GRAND CALIFORNIAN HOTEL	1600 S DISNEYLAND DR, ANAHEIM CA	362 - A4
DISNEYS PARADISE PIER HOTEL	1717 S DISNEYLAND DR, ANAHEIM CA	362 - A4
DONATELLO, THE	501 POST ST, SAN FRANCISCO CA	326 - E5
DOUBLETREE	2050 GATEWAY PL, SAN JOSE CA	333 - D2
DOUBLETREE CARMEL HIGHLANDS RESORT	14455 PENASQUITOS DR, SAN DIEGO CA	293 - D4
DOUBLETREE CLUB HOTEL	11611 BERNARDO PLAZA CT, SAN DIEGO CA	294 - A3
DOUBLETREE CLUB HOTEL	1985 E GRAND AV, EL SEGUNDO CA	281 - B7
DOUBLETREE CLUB HOTEL	429 N VINEYARD AV, ONTARIO CA	283 - D3
DOUBLETREE GUEST SUITES	1707 4TH ST, SANTA MONICA CA	357 - B2
DOUBLETREE GUEST SUITES	34402 PACIFIC COAST HWY, DANA POINT CA	291 - A1
DOUBLETREE HOTEL	1055 VAN NESS AV, FRESNO CA	343 - D8
DOUBLETREE HOTEL	1150 9TH ST, MODESTO CA	340 - C6
DOUBLETREE HOTEL	2001 POINT WEST WY, SACRAMENTO CA	320 - D1
DOUBLETREE HOTEL	201 E MACARTHUR BLVD, SANTA ANA CA	363 - D1
DOUBLETREE HOTEL	222 N VINEYARD AV, ONTARIO CA	283 - D3
DOUBLETREE HOTEL	3100 CAMINO DEL RIO CT, BAKERSFIELD CA	344 - A4
DOUBLETREE HOTEL	7450 HAZARD CENTER DR, SAN DIEGO CA	372 - E6
DOUBLETREE HOTEL	7 HUTTON CENTRE DR, SANTA ANA CA	363 - D2
DOUBLETREE HOTEL	835 AIRPORT BLVD, BURLINGAME CA	249 - D5
DOUBLETREE HOTEL	888 MONTEBELLO BLVD, ROSEMEAD CA	282 - B4
DOUBLETREE HOTEL ANAHEIM/ORANGE COUNTY	100 THE CITY DR S, ORANGE CA	362 - E6
DOUBLETREE HOTEL DEL MAR	11915 EL CAMINO REAL, SAN DIEGO CA	293 - C5
DOUBLETREE HOTEL IRVINE-SPECTRUM	90 PACIFICA, IRVINE CA	288 - C5
DOUBLETREE HOTEL-LA WORLD PORT	2800 VIA CABRILLO MARINA, LOS ANGELES CA	286 - D4
DOUBLETREE HOTEL PASADENA	191 N LOS ROBLES AV, PASADENA CA	359 - D6
DOUBLETREE HOTEL SONOMA COUNTY	1 DOUBLETREE DR, ROHNERT PARK CA	242 - C4
DOUBLETREE INN	FOAM ST & CANNERY RW, MONTEREY CA	337 - G5
DOUBLETREE RESORT	67967 VIS CHINO, CATHEDRAL CITY CA	290 - B3
DYNASTY SUITES CORONA	1805 W 6TH ST, CORONA CA	283 - D7
DYNASTY SUITES REDLANDS	1235 W COLTON AV, REDLANDS CA	285 - A3
DYNASTY SUITES RIVERSIDE	3735 IOWA AV, RIVERSIDE CA	366 - G5
EDGEWATER HOTEL & CASINO	2020 S CASINO DR, CLARK CO NV	270 - C2
EDGEWATER MOTEL	280 WADSWORTH AV, PISMO BEACH CA	272 - A1
EL CORTEZ HOTEL & CASINO	600 E FREMONT ST, LAS VEGAS NV	345 - F6
ELDORADO HOTEL & CASINO	345 N VIRGINA ST, RENO NV	311 - D5
EMBASSY SUITES	11767 HARBOR BLVD, GARDEN GROVE CA	362 - B6
EMBASSY SUITES	1325 E DYER RD, SANTA ANA CA	288 - A4
EMBASSY SUITES	211 E HUNTINGTON DR, ARCADIA CA	282 - C2
EMBASSY SUITES	2885 LAKESIDE DR, SANTA CLARA CA	253 - C2
EMBASSY SUITES	29345 RANCHO CALIFORNIA RD, TEMECULA CA	289 - C7
EMBASSY SUITES	3100 E FRONTERA ST, ANAHEIM CA	288 - A1
EMBASSY SUITES	4130 LAKE TAHOE BLVD, SOUTH LAKE TAHOE CA	314 - F2
EMBASSY SUITES	4550 LA JOLLA VILLAGE DR, SAN DIEGO CA	293 - C6
EMBASSY SUITES	8425 FIRESTONE BLVD, DOWNEY CA	282 - B6
EMBASSY SUITES HOTEL	101 MCINNIS PKWY, SAN RAFAEL CA	324 - D2
EMBASSY SUITES HOTEL	1117 N H ST, LOMPOC CA	198 - A2
EMBASSY SUITES HOTEL	1211 E GARVEY AV N, COVINA CA	283 - A3
EMBASSY SUITES HOTEL	2120 MAIN ST, IRVINE CA	363 - F3
EMBASSY SUITES HOTEL	333 MADONNA RD, SAN LUIS OBISPO CA	347 - C8
EMBASSY SUITES HOTEL	74700 HWY 111, PALM DESERT CA	290 - C6
EMBASSY SUITES HOTEL	7762 BEACH BLVD, BUENA PARK CA	361 - D4
EMBASSY SUITES HOTEL	900 E BIRCH ST, BREA CA	283 - A6

CRA
INDEX

443 HOTELS

POINTS OF INTEREST

HOTELS

FEATURE NAME City State	Page-Grid
EMBASSY SUITES HOTEL DEL MONTE BL & CANYON DEL REY, SEASIDE CA	258 - C4
EMBASSY SUITES HOTEL LAX/CENTURY 9801 AIRPORT BLVD, LOS ANGELES CA	358 - D7
EMBASSY SUITES LAX SOUTH 1440 E IMPERIAL AV, EL SEGUNDO CA	358 - C10
EMBASSY SUITES MANDALAY BEACH RESORT 2101 MANDALAY BEACH RD, OXNARD CA	275 - B7
EMBASSY SUITES MILPITAS 901 CALAVERAS BLVD, MILPITAS CA	253 - D1
EMBASSY SUITES NAPA VALLEY 1075 CALIFORNIA BLVD, NAPA CA	323 - C6
EMBASSY SUITES SAN DIEGO BAY 601 PACIFIC HWY, SAN DIEGO CA	373 - D5
EMBASSY SUITES-SFO BURLINGAME 150 ANZA BLVD, BURLINGAME CA	249 - D5
EMBASSY SUITES SOUTH SAN FRANCISCO 250 GATEWAY BLVD, SOUTH SAN FRANCISCO CA	249 - D4
EMBASSY SUITES VACATION RESORT OFF HWY 50, SOUTH LAKE TAHOE CA	314 - E3
EMBASSY SUITES-WALNUT CREEK 1345 TREAT BLVD, CONTRA COSTA CO CA	247 - D6
EMPRESS HOTEL OF LA JOLLA, THE 7766 FAY AV, SAN DIEGO CA	370 - A7
ESSEX HOUSE HOTEL 44916 N 10TH ST W, LANCASTER CA	200 - B2
EUREKA HOTEL 275 MESA BLVD, MESQUITE NV	187 - B2
EUREKA INN 7TH ST & F ST, EUREKA CA	300 - D2
EXCALIBUR HOTEL & CASINO 3850 S LAS VEGAS BLVD, PARADISE NV	346 - B6
FAIRFIELD INN BY MARRIOTT 10713 WHITE ROCK RD, SACRAMENTO CO CA	235 - D7
FAIRFIELD INN BY MARRIOTT 3201 N CENTRE LAKE DR, ONTARIO CA	284 - A3
FAIRMONT HOTEL 170 S MARKET ST, SAN JOSE CA	333 - G8
FAIRMONT SAN FRANCISCO 950 MASON ST, SAN FRANCISCO CA	326 - E4
FESS PARKERS DBLTREE RESORT STA BARBARA 633 E CABRILLO BLVD, SANTA BARBARA CA	348 - G7
FIESTA HOTEL & CASINO 2400 N RANCHO DR, NORTH LAS VEGAS NV	268 - B3
FIRST CHOICE INN 4420 ROCKLIN RD, ROCKLIN CA	236 - A3
FITZGERALDS CASINO-HOTEL 255 N VIRGINA ST, RENO NV	311 - D5
FITZGERALDS HOTEL & CASINO 301 E FREMONT ST, LAS VEGAS NV	345 - E6
FLAMINGO HILTON 255 N SIERRA ST, RENO NV	311 - D5
FLAMINGO HILTON - LAS VEGAS 3555 S LAS VEGAS BLVD, PARADISE NV	346 - B3
FLAMINGO HILTON LAUGHLIN 1900 S CASINO DR, CLARK CO NV	270 - C2
FLAMINGO RESORT HOTEL FARMERS LN & LONG DR, SANTA ROSA CA	242 - C2
FOREST INN SUITES 1101 PARK AV, SOUTH LAKE TAHOE CA	314 - F2
FOUR POINTS BY SHERATON 1010 NORTHGATE DR, SAN RAFAEL CA	324 - C2
FOUR POINTS BY SHERATON 1603 POWELL BLVD, EMERYVILLE CA	247 - A7
FOUR POINTS BY SHERATON 515 W KATELLA AV, ANAHEIM CA	362 - B4
FOUR POINTS HOTEL BY ITT SHERATON 3737 N BLACKSTONE AV, FRESNO CA	343 - D1
FOUR POINTS HOTEL BY SHERATON 5101 CALIFORNIA AV, BAKERSFIELD CA	267 - C4
FOUR POINTS HOTEL BY SHERATON 5115 HOPYARD RD, PLEASANTON CA	251 - B3
FOUR POINTS HOTEL SAN DIEGO 8110 AERO DR, SAN DIEGO CA	372 - F1
FOUR POINTS SHERATON 530 PICO BLVD, SANTA MONICA CA	357 - B2
FOUR PTS VENTURA HARBRTWN BY SHERATON 1050 SCHOONER DR, VENTURA CA	349 - F9
FOUR QUEENS HOTEL & CASINO 202 E FREMONT ST, LAS VEGAS NV	345 - E6
FOUR SEASONS BILTMORE HOTEL 1260 CHANNEL DR, SANTA BARBARA CO CA	274 - D7
FOUR SEASONS HOTEL 300 S DOHENY DR, LOS ANGELES CA	354 - F6
FOUR SEASONS HOTEL 3960 S LAS VEGAS BLVD, PARADISE NV	346 - B7
FOUR SEASONS HOTEL 690 NEWPORT CENTER DR, NEWPORT BEACH CA	364 - G6
FOUR SEASONS RESORT AVIARA 1500 FOUR SEASONS PT, CARLSBAD CA	293 - B1
FREMONT HOTEL & CASINO 200 E FREMONT ST, LAS VEGAS NV	345 - E6
FREMONT MARRIOTT HOTEL 46100 LANDING PKWY, FREMONT CA	251 - A7
FRONTIER HOTEL & CASINO 3120 S LAS VEGAS BLVD, PARADISE NV	346 - C2
FULLERTON MARRIOTT HOTEL 2701 E NUTWOOD AV, FULLERTON CA	283 - A7
FURAMA HOTEL 8601 LINCOLN BLVD, LOS ANGELES CA	358 - A6
FURNACE CREEK INN HWY 190, INYO CO CA	184 - C3
GALICE RESORT 11744 GALICE RD, JOSEPHINE CO OR	149 - A1
GALLERIA PK HOTEL 191 SUTTER ST, SAN FRANCISCO CA	326 - E4
GAUGHANS, JACKIE PLAZA HOTEL & CASINO 1 S MAIN ST, LAS VEGAS NV	345 - E6
GLEN IVY HOT SPRINGS RESORT 25000 GLEN IVY RD, RIVERSIDE CO CA	208 - A2
GOLD BEACH RESORT 29232 S ELLENSBURG AV, GOLD BEACH OR	148 - A1
GOLD COAST HOTEL & CASINO 4000 W FLAMINGO RD, PARADISE NV	268 - B5
GOLD DUST WEST CASINO-LODGE 444 VINE ST, RENO NV	311 - C6
GOLDEN GATE HOTEL & CASINO 1 E FREMONT ST, LAS VEGAS NV	345 - E6
GOLDEN NICKEL CASINO, THE 2408 E WILLIAM ST, CARSON CITY NV	313 - F4
GOLDEN NUGGET HOTEL & CASINO 129 E FREMONT ST, LAS VEGAS NV	345 - E6
GOLDEN NUGGET LAUGHLIN 2300 S CASINO DR, CLARK CO NV	270 - C2
GOLD SPIKE HOTEL & CASINO 400 E OGDEN AV, LAS VEGAS NV	345 - E6
GOLD STRIKE HOTEL & GAMBLING HALL I-15 EXIT 12, CLARK CO NV	195 - B2
GOOD NITE INN 1801 E G ST, ONTARIO CA	283 - D3
GOOD NITE INN SEA WORLD 3880 GREENWOOD ST, SAN DIEGO CA	371 - G9
GOOD NITE INN SOUTH BAY 225 BAY BLVD W, CHULA VISTA CA	295 - D3
GOVERNORS INN 210 RICHARDS BLVD, SACRAMENTO CA	319 - D1
GRAND HYATT SAN FRANCISCO 345 STOCKTON ST, SAN FRANCISCO CA	326 - E4
GRAND SUMMIT RESORT, THE PARK AV & MONTREAL RD, SOUTH LK TAHOE CA	314 - F2
GREEN HOTEL JAMES ST & PACIFIC AV, SHAFTER CA	191 - A3
GREEN VALLEY RANCH RESORT & SPA LAS VEGAS BELTWAY, HENDERSON NV	268 - D6
GRISWOLDS INN 555 W FOOTHILL BLVD, CLAREMONT CA	283 - C3
GROSVENOR INN 3145 SPORTS ARENA BLVD, SAN DIEGO CA	371 - G9
GROVELAND HOTEL 18767 MAIN ST, TUOLUMNE CO CA	176 - A2
GUESTHOUSE HOTEL 5325 E PACIFIC COAST HWY, LONG BEACH CA	287 - B2
HACIENDA HOTEL 525 N SEPULVEDA BLVD, EL SEGUNDO CA	281 - B7
HACIENDA HOTEL HWY 93, CLARK CO NV	269 - D6
HALF MOON INN & SUITES 2303 SHELTER ISLAND DR, SAN DIEGO CA	295 - C2
HALLMARK INN 110 F ST, DAVIS CA	318 - E6
HALLMARK SUITES 11260 POINT EAST DR, SACRAMENTO CO CA	236 - A6
HAMPTON INN 10300 S LA CIENEGA BL, LOS ANGELES CO CA	358 - F8
HAMPTON INN 11920 EL CAMINO REAL, SAN DIEGO CA	293 - B5
HAMPTON INN 2000 N PALM CANYON DR, PALM SPRINGS CA	367 - B2
HAMPTON INN 311 E HUNTINGTON DR, MONROVIA CA	282 - C2
HAMPTON INN 3888 GREENWOOD ST, SAN DIEGO CA	371 - G9
HAMPTON INN 5434 KEARNY MESA RD, SAN DIEGO CA	293 - D6
HAMPTON INN 767 ALBERTONI ST, CARSON CA	281 - D7
HAMPTON INN & SUITES 11747 HARBOR BLVD, GARDEN GROVE CA	362 - B6
HANDLERY HOTEL & RESORT 950 HOTEL CIR N, SAN DIEGO CA	372 - C8
HANDLERY UNION SQUARE, THE 351 GEARY ST, SAN FRANCISCO CA	326 - E5
HANFORD HOTEL 7828 ORANGETHORPE AV, BUENA PARK CA	361 - D3
HARD ROCK HOTEL & CASINO 4455 PARADISE RD, PARADISE NV	346 - D4
HARRAHS LAKE TAHOE HWY 50, DOUGLAS CO NV	314 - F1
HARRAHS LAS VEGAS HOTEL & CASINO 3475 S LAS VEGAS BLVD, PARADISE NV	346 - B3
HARRAHS LAUGHLIN 2900 S CASINO DR, CLARK CO NV	270 - C2
HARRAHS RENO 219 N CENTER ST, RENO NV	311 - D5
HARRIMAN LODGE WESTSIDE RD, KLAMATH CO OR	150 - B1
HARVEYS RESORT HOTEL HWY 50, DOUGLAS CO NV	314 - F1
HAWTHORNE SUITES SACRAMENTO 321 BERCUT DR, SACRAMENTO CA	319 - D1
HERITAGE HOTEL 1780 TRIBUTE RD, SACRAMENTO CA	320 - C1
HERITAGE INN 204 HARDING BLVD, ROSEVILLE CA	236 - A4
HERITAGE INN & SUITES 1050 N NORMA, RIDGECREST CA	192 - C3
HILL HOUSE INN 10701 PALLETTE DR, MENDOCINO CO CA	224 - B5
HILTON 1250 LAKSIDE DR, SUNNYVALE CA	253 - B2
HILTON COSTA MESA 3050 BRISTOL ST, COSTA MESA CA	363 - B4
HILTON GARDEN INN 11777 HARBOR BLVD, GARDEN GROVE CA	362 - B6
HILTON GARDEN INN 2540 VENTURE OAKS WY, SACRAMENTO CA	235 - B6
HILTON GARDEN INN 30 RANCH DR, MILPITAS CA	253 - C1
HILTON HOTEL 100 W GLENOAKS BLVD, GLENDALE CA	281 - D2
HILTON HOTEL 6450 CARLSBAD BLVD, CARLSBAD CA	293 - A1
HILTON LA JOLLA TORREY PINES 10950 N TORREY PINES RD, SAN DIEGO CA	293 - B5
HILTON NEWARK-FREMONT HOTEL 39900 BALENTINE DR, NEWARK CA	251 - A7
HILTON ORANGE COUNTY 18800 MACARTHUR BLVD, IRVINE CA	363 - E5
HILTON PLEASANTON AT THE CLUB 7050 JOHNSON DR, PLEASANTON CA	251 - A3
HILTON RENO E GLENDALE AV, RENO NV	312 - A5
HILTON SACRAMENTO ARDEN WEST 2200 HARVARD ST, SACRAMENTO CA	235 - C6
HILTON SAN DIEGO 1775 E MISSION BAY DR, SAN DIEGO CA	371 - F5
HILTON SAN DIEGO/DEL MAR 15575 JIMMY DURANTE BLVD, SAN DIEGO CA	293 - B4
HILTON SONOMA COUNTY 3555 ROUND BARN BLVD, SANTA ROSA CA	321 - C2
HILTON SUITES 400 N STATE COLLEGE BLVD, ORANGE CA	362 - E5
HILTON TORRANCE 21333 HAWTHORNE BLVD, TORRANCE CA	286 - C1
HILTON TOWERS 300 S ALMADEN BLVD, SAN JOSE CA	333 - G8
HOLIDAY HOTEL MILL & CENTER ST, RENO NV	311 - D5
HOLIDAY INN 1000 E 6TH ST, RENO NV	311 - E4
HOLIDAY INN 111 E MARCH LN, STOCKTON CA	339 - D1
HOLIDAY INN 120 COLORADO AV, SANTA MONICA CA	357 - A2
HOLIDAY INN 1221 S HARBOR BLVD, ANAHEIM CA	362 - B2
HOLIDAY INN 150 E ANGELENO AV, BURBANK CA	281 - C1
HOLIDAY INN 1612 SISK RD, MODESTO CA	261 - A3
HOLIDAY INN 170 N CHURCH LN, LOS ANGELES CA	353 - D3
HOLIDAY INN 17941 VON KARMAN AV, IRVINE CA	363 - F4
HOLIDAY INN 1850 S HARBOR BLVD, ANAHEIM CA	362 - B4
HOLIDAY INN 1901 MANCHESTER AV, ANAHEIM CA	362 - C4
HOLIDAY INN 2005 N HIGHLAND AV, LOS ANGELES CA	351 - D7
HOLIDAY INN 495 N VENTU PARK RD, THOUSAND OAKS CA	206 - C1
HOLIDAY INN 685 MANZANITA CT, CHICO CA	305 - G4
HOLIDAY INN 7000 BEACH BLVD, BUENA PARK CA	361 - E3
HOLIDAY INN 720 LAS FLORES RD, LIVERMORE CA	251 - D3
HOLIDAY INN- 5090 E CLINTON AV, FRESNO CA	264 - C4
HOLIDAY INN-AUBURN 120 GRASS VALLEY HWY, AUBURN CA	316 - D5
HOLIDAY INN BARSTOW 1511 E MAIN ST, BARSTOW CA	369 - E6
HOLIDAY INN BAY BRIDGE 1800 POWELL ST, EMERYVILLE CA	247 - A7
HOLIDAY INN BEACH RESORT 450 E HARBOR BLVD, VENTURA CA	349 - B5
HOLIDAY INN BOARDWALK HOTEL & CASINO 3750 S LAS VEGAS BLVD, PARADISE NV	346 - B5
HOLIDAY INN-CAPITOL PLAZA 300 J ST, SACRAMENTO CA	319 - D3
HOLIDAY INN CARLSBAD BY THE SEA 850 PALOMAR AIRPORT RD, CARLSBAD CA	293 - A1
HOLIDAY INN CENTRE PLAZA 2233 VENTURA ST, FRESNO CA	343 - E8
HOLIDAY INN CITY CTR 1020 S FIGUEROA ST, LOS ANGELES CA	355 - F6
HOLIDAY INN-CIVIC CTR 50 8TH ST, SAN FRANCISCO CA	326 - D6
HOLIDAY INN-CROWNE PLAZA 5985 W CENTURY BLVD, LOS ANGELES CA	358 - D7
HOLIDAY INN-DOWNTOWN 750 GARLAND AV, LOS ANGELES CA	355 - F5
HOLIDAY INN EXPRESS 11043 MAGNOLIA AV, RIVERSIDE CA	284 - B7
HOLIDAY INN EXPRESS 1800 MONTEREY ST, SAN LUIS OBISPO CA	347 - E4
HOLIDAY INN EXPRESS 3950 JUPITER ST, SAN DIEGO CA	371 - E9
HOLIDAY INN EXPRESS 4400 HUGHES LN, BAKERSFIELD CA	267 - C5
HOLIDAY INN EXPRESS 74675 HWY 111, PALM DESERT CA	290 - C6
HOLIDAY INN EXPRESS GRANTS PASS 105 NE AGNESS AV, GRANTS PASS OR	149 - B1
HOLIDAY INN EXPRESS HOTEL 2500 S 6TH ST, KLAMATH FALLS OR	150 - C2
HOLIDAY INN EXPRESS LAX 4922 W CENTURY BLVD, INGLEWOOD CA	358 - G8
HOLIDAY INN-FINANCIAL DIST 750 KEARNY ST, SAN FRANCISCO CA	326 - E4
HOLIDAY INN-FISHERMANS WHARF 1300 COLUMBUS AV, SAN FRANCISCO CA	326 - D2
HOLIDAY INN - GATEWAY PLAZA 14299 FIRESTONE BLVD, LA MIRADA CA	282 - C7
HOLIDAY INN-GOLDEN GATE 1500 VAN NESS AV, SAN FRANCISCO CA	326 - C4
HOLIDAY INN HARBOR GATEWAY 19800 S VERMONT AV, LOS ANGELES CA	286 - D1
HOLIDAY INN HARBOR VIEW 1617 1ST AV, SAN DIEGO CA	373 - E3
HOLIDAY INN HOTEL & SUITES 3400 SHELBY ST, ONTARIO CA	284 - A3
HOLIDAY INN HOTEL & SUITES - OLD TOWN 2435 JEFFERSON ST, SAN DIEGO CA	372 - A9
HOLIDAY INN INTL 9901 S LA CIENEGA BLVD, LOS ANGELES CA	358 - F7
HOLIDAY INN - LAS VEGAS 325 E FLAMINGO RD, PARADISE NV	346 - D4
HOLIDAY INN-LONG BEACH 2640 LAKEWOOD BLVD, LONG BEACH CA	287 - B2
HOLIDAY INN MARINE WORLD 1000 FAIRGROUNDS DR, VALLEJO CA	247 - B1
HOLIDAY INN MISSION BAY/SEA WORLD 3737 SPORTS ARENA BLVD, SAN DIEGO CA	371 - F9
HOLIDAY INN MISSION VALLEY 3805 MURPHY CANYON RD, SAN DIEGO CA	293 - D7
HOLIDAY INN NORTH EAST 5321 DATE AV, SACRAMENTO CO CA	235 - D5
HOLIDAY INN-OAKLAND 500 HEGENBERGER RD, OAKLAND CA	331 - E4
HOLIDAY INN OF WALNUT CREEK 2730 N MAIN ST, WALNUT CREEK CA	247 - D6
HOLIDAY INN ON THE BAY 1355 N HARBOR DR, SAN DIEGO CA	373 - D3
HOLIDAY INN - ORANGE CO 2726 S GRAND AV, SANTA ANA CA	288 - A4
HOLIDAY INN PALM MTN RESORT 155 S BELARDO RD, PALM SPRINGS CA	367 - B6
HOLIDAY INN RANCHO BERNARDO 17065 W BERNARDO DR, SAN DIEGO CA	293 - D3
HOLIDAY INN RANCHO CORDOVA 11131 FOLSOM BLVD, SACRAMENTO CO CA	236 - A6
HOLIDAY INN RESORT 1000 AGUAJITO RD, MONTEREY CO CA	337 - E10
HOLIDAY INN RIVERSIDE 3400 MARKET ST, RIVERSIDE CA	366 - D3
HOLIDAY INN SAN DIEGO BAYSIDE 4875 N HARBOR DR, SAN DIEGO CA	295 - C2
HOLIDAY INN SAN FRANCISCO INTERNATIONAL 275 S AIRPORT BL, SOUTH SAN FRANCISCO CA	327 - D1
HOLIDAY INN SAN JOSE 399 SILICON VALLEY BLVD, SAN JOSE CA	254 - A5
HOLIDAY INN SANTA BARBARA/GOLETA 5650 CL REAL, GOLETA CA	274 - B7
HOLIDAY INN SELECT 1150 S BEVERLY DR, LOS ANGELES CA	354 - E8
HOLIDAY INN SELECT 1350 HOLIDAY LN, FAIRFIELD CA	244 - C6
HOLIDAY INN SELECT 801 TRUXTUN AV, BAKERSFIELD CA	344 - E5
HOLIDAY INN SELECT DIAMOND BAR 21725 GATEWAY CENTER DR, DIAMOND BAR CA	283 - A5
HOLIDAY INN SELECT HOTEL CIRCLE 595 HOTEL CIR S, SAN DIEGO CA	372 - D8
HOLIDAY INN SELECT MIRAMAR 9335 KEARNY MESA RD, SAN DIEGO CA	293 - D5
HOLIDAY INN SIMI VALLEY 2550 ERRINGER RD, SIMI VALLEY CA	276 - B7
HOLIDAY INN SOUTH BAY 700 NATIONAL CITY BLVD, NATIONAL CITY CA	374 - E9
HOLIDAY INN VICTORVILLE 15494 PALMDALE RD, VICTORVILLE CA	278 - B2
HOLIDAY INN VISALIA HOTEL & CONF CTR 9000 W AIRPORT DR, VISALIA CA	266 - A2
HOMESTEAD VILLAGE 2800 GATEWAY OAKS DR, SACRAMENTO CA	235 - B6
HOPKINS, MARK HOTEL 1 NOB HILL CIR, SAN FRANCISCO CA	326 - E4
HORIZON HWY 50, DOUGLAS CO NV	314 - F1
HORTON GRAND HOTEL 311 ISLAND AV, SAN DIEGO CA	373 - E5
HOST HOTEL 6945 AIRPORT BLVD, SACRAMENTO CO CA	235 - A5
HOTEL BEL AIR 701 STONE CANYON RD, LOS ANGELES CA	353 - F1
HOTEL CIRCLE INN & SUITES 2201 HOTEL CIR S, SAN DIEGO CA	372 - B8
HOTEL DE ANZA 233 W SANTA CLARA ST, SAN JOSE CA	333 - G7
HOTEL DEL CORONADO 1500 ORANGE AV, CORONADO CA	373 - C9

CRA

INDEX

HOTELS
POINTS OF INTEREST
HOTELS 444

FEATURE NAME City State	Page-Grid
HOTEL HUNTINGTON BEACH 7667 CENTER AV, HUNTINGTON BEACH CA	287 - C3
HOTEL INTERCONTINENTAL 251 OLIVE ST, LOS ANGELES CA	356 - A5
HOTEL LAGUNA 425 S COAST HWY, LAGUNA BEACH CA	365 - B4
HOTEL LA ROSE 308 WILSON ST, SANTA ROSA CA	321 - D7
HOTEL MONACO 501 GEARY ST, SAN FRANCISCO CA	326 - D5
HOTEL NIKKO 222 MASON ST, SAN FRANCISCO CA	326 - E5
HOTEL NIKKO AT BEVERLY HILLS 465 S LA CIENEGA BLVD, LOS ANGELES CA	354 - G7
HOTEL PALOMAR 12 4TH ST, SAN FRANCISCO CA	326 - E5
HOTEL QUEEN MARY 1126 QUEENS HWY N, LONG BEACH CA	360 - D9
HOTEL SAINTE CLAIRE 302 S MARKET ST, SAN JOSE CA	333 - G8
HOTEL SOFITEL 223 TWIN DOLPHIN DR, REDWOOD CITY CA	250 - A6
HOTEL SOFITEL 8555 BEVERLY BLVD, LOS ANGELES CA	354 - G6
HOWARD JOHNSON EXPRESS INN 2700 WHITE LN, BAKERSFIELD CA	267 - C5
HOWARD JOHNSON HOTEL 3343 BRADSHAW RD, SACRAMENTO CO CA	235 - D7
HOWARD JOHNSON HOTEL & CASINO 3111 W TROPICANA AV, PARADISE NV	346 - A6
HOWARD JOHNSON HOTEL HARBOR VIEW 1430 7TH AV, SAN DIEGO CA	373 - F3
HOWARD JOHNSON MOTEL 1133 ATLANTIC AV, LONG BEACH CA	360 - D5
HOWARD JOHNSON PLAZA HOTEL 1380 S HARBOR BLVD, ANAHEIM CA	362 - B3
HOWARD JOHNSONS 580 BEACH ST, SAN FRANCISCO CA	326 - D2
HUMPHREYS HALF MOON INN 2303 SHELTER ISLAND DR, SAN DIEGO CA	295 - C2
HUNTINGTON HOTEL - NOB HILL 1075 CALIFORNIA ST, SAN FRANCISCO CA	326 - D4
HYATT-FISHERMANS WHARF 555 N POINT ST, SAN FRANCISCO CA	326 - D2
HYATT GRAND CHAMPIONS RESORT HWY 111, INDIAN WELLS CA	290 - D6
HYATT ISLANDIA 1441 QUIVIRA RD, SAN DIEGO CA	371 - C7
HYATT LAKE TAHOE RESORT HOTEL COUNTRY CLUB DR, WASHOE CO NV	231 - C1
HYATT NEWPORTER 1107 JAMBOREE RD, NEWPORT BEACH CA	364 - F7
HYATT ON SUNSET 8401 SUNSET BLVD, LOS ANGELES CA	351 - A9
HYATT REGENCY 1209 L ST, SACRAMENTO CA	319 - E4
HYATT REGENCY 1 OLD GOLF COURSE DR, MONTEREY CO CA	258 - C4
HYATT REGENCY 200 S PINE AV, LONG BEACH CA	360 - C7
HYATT REGENCY ALICANTE 100 PLAZA ALICANTE, GARDEN GROVE CA	362 - B6
HYATT REGENCY GRAND COAST RESORT PACIFIC COAST HWY, HUNTINGTON BEACH CA	287 - D5
HYATT REGENCY HOTEL 1 MARKET PL, SAN DIEGO CA	373 - E5
HYATT REGENCY HOTEL-LOS ANGELES 711 S HOPE ST, LOS ANGELES CA	355 - G5
HYATT REGENCY IRVINE 17900 JAMBOREE RD, IRVINE CA	363 - G4
HYATT REGENCY LA JOLLA 3777 LA JOLLA VILLAGE DR, SAN DIEGO CA	370 - G3
HYATT REGENCY LAKE LAS VEGAS 101 MONTELAGO BLVD, HENDERSON NV	269 - B4
HYATT REGENCY SAN FRANCISCO 5 EMBARCADERO CTR, SAN FRANCISCO CA	326 - G4
HYATT REGENCY SF 1333 BAYSHORE HWY, BURLINGAME CA	249 - D5
HYATT REGENCY SUITES 285 N PALM CANYON DR, PALM SPRINGS CA	367 - B5
HYATT-RICKEYS 4219 EL CAMINO REAL, PALO ALTO CA	332 - G9
HYATT SAN JOSE 1740 N 1ST ST, SAN JOSE CA	333 - E2
HYATT VALENCIA 24500 TOWN CENTER DR, SANTA CLARITA CA	276 - D4
HYATT WESTLAKE PLAZA 880 S WESTLAKE BLVD, THOUSAND OAKS CA	280 - A2
ILLAHE LODGE OFF NFD RD 33, CURRY CO OR	148 - C1
IMPERIAL PALACE HOTEL & CASINO 3535 S LAS VEGAS BLVD, PARADISE NV	346 - B3
INDIAN WELLS RESORT HOTEL 76661 HWY 111, INDIAN WELLS CA	290 - D6
INN AT LAKE NATOMA 702 GOLD LAKE DR, FOLSOM CA	236 - B5
INN AT MORRO BAY 60 STATE PARK RD, MORRO BAY CA	271 - A4
INN OF LOMPOC 1122 N H ST, LOMPOC CA	198 - A2
INNS OF AMERICA 12249 FOLSOM BLVD, SACRAMENTO CO CA	236 - A6
INNS OF AMERICA 25 HOWE AV, SACRAMENTO CA	320 - G8
INNS OF AMERICA 751 RAINTREE DR, CARLSBAD CA	293 - A1
IRVINE MARRIOTT 18000 VON KARMAN AV, IRVINE CA	363 - F4
IRVINE SUITES HOTEL 23192 LAKE CENTER DR, LAKE FOREST CA	288 - C5
JACKSONVILLE INN 175 E CALIFORNIA ST, JACKSON CO OR	149 - C2
JOLLY ROGER HOTEL 640 W KATELLA AV, ANAHEIM CA	362 - B4
KINGS INN 1333 HOTEL CIR S, SAN DIEGO CA	372 - D8
KLONDIKE HOTEL & CASINO 5191 S LAS VEGAS BLVD, PARADISE NV	346 - C8
KON TIKI INN 1621 PRICE ST, PISMO BEACH CA	272 - A1
LA CASA DEL ZORRO DESERT RESORT BORREGO SPGS & YAQUI PS, SAN DIEGO CO CA	209 - B3
LA COSTA RESORT & SPA 2100 COSTA DEL MAR RD, CARLSBAD CA	293 - B2
LADY LUCK HOTEL & CASINO 206 N 3RD ST, LAS VEGAS NV	345 - E6
LAFAYETTE PK HOTEL 3287 MOUNT DIABLO BLVD, LAFAYETTE CA	247 - C6
LAGUNA HILLS LODGE 23932 PAS DE VALENCIA, LAGUNA HILLS CA	288 - C5
LA JOLLA COVE SUITES 1155 COAST BLVD, SAN DIEGO CA	370 - B6
LAKE ARROWHEAD RESORT 27984 HWY 189, SAN BERNARDINO CO CA	278 - C7
LA QUINTA HOTEL 2180 HILLTOP DR, REDDING CA	302 - B6
LA QUINTA HOTEL GOLF & TENNIS RESORT 49499 EISENHOWER DR, LA QUINTA CA	290 - D6
LA QUINTA INN 10185 PAS MONTRIL, SAN DIEGO CA	293 - D4
LA QUINTA INN 150 BONITA RD, CHULA VISTA CA	296 - A3
LA QUINTA INN 200 JIBBOOM ST, SACRAMENTO CA	319 - C2
LA QUINTA INN 4604 MADISON AV, SACRAMENTO CO CA	235 - D5
LA QUINTA INN 5818 VALENTINE RD, VENTURA CA	275 - B5
LA QUINTA INN 630 SYCAMORE AV, VISTA CA	292 - C7
LAS VEGAS CLUB HOTEL & CASINO 18 E FREMONT ST, LAS VEGAS NV	345 - E6
LAS VEGAS HILTON HOTEL & CASINO 3000 PARADISE RD, WINCHESTER NV	346 - D1
LAS VEGAS MARRIOTT SUITES 325 CONVENTION CENTER DR, WINCHESTER NV	346 - D1
L AUBERGE DEL MAR RESORT & SPA 1540 CM DEL MAR, DEL MAR CA	293 - B4
LA VALENCIA HOTEL 1132 PROSPECT ST, SAN DIEGO CA	370 - B6
LE MONTROSE SUITE HOTEL 900 HAMMOND, WEST HOLLYWOOD CA	354 - F4
LE PARC HOTEL 733 WEST KNOLL DR, WEST HOLLYWOOD CA	354 - G4
LERMITAGE HOTEL 9291 BURTON WY, BEVERLY HILLS CA	354 - E6
LODGE AT PEBBLE BEACH, THE 17 MILE DR & CYPRESS DR, MONTEREY CO CA	258 - B4
LOEWS BEACH HOTEL 1700 OCEAN AV, SANTA MONICA CA	357 - A2
LOEWS CORONADO BAY RESORT 4000 CORONADO BAY RD, CORONADO CA	295 - D3
LONG BEACH HILTON W OCEAN BLVD, LONG BEACH CA	360 - B7
LOS ANGELES HILTON 5711 W CENTURY BLVD, LOS ANGELES CA	358 - E7
LOS ANGELES MARRIOTT 5855 W CENTURY BLVD, LOS ANGELES CA	358 - E8
LA MARRIOTT DOWNTOWN 333 S FIGUEROA ST, LOS ANGELES CA	355 - G4
LOST LAKE RESORT OFF HWY 95, RIVERSIDE CO CA	211 - B1
LUXOR HOTEL & CASINO 3900 S LAS VEGAS BLVD, PARADISE NV	346 - B6
MADONNA INN 100 MADONNA RD, SAN LUIS OBISPO CA	347 - C7
MAIN STREET STA HOTEL & CASINO 200 N MAIN ST, LAS VEGAS NV	345 - E5
MANDALAY BAY RESORT & CASINO 3950 S LAS VEGAS BLVD, PARADISE NV	346 - B7
MANDARIN ORIENTAL 222 SANSOME ST, SAN FRANCISCO CA	326 - F4
MARINA BEACH MARRIOTT HOTEL 4100 ADMIRALTY WY, LOS ANGELES CO CA	357 - E6
MARINA DEL REY HOTEL 13534 BALI WY, LOS ANGELES CO CA	357 - G6
MARINA INTL HOTEL 4200 ADMIRALTY WY, LOS ANGELES CO CA	357 - E5
MARINES MEM CLUB/HOTEL 609 SUTTER ST, SAN FRANCISCO CA	326 - E4
MARRIOTT DESERT SPRINGS RESORT & SPA 74855 COUNTRY CLUB DR, PALM DESERT CA	290 - C5
MARRIOTT DOWNTOWN 701 A ST, SAN DIEGO CA	373 - F3
MARRIOTT-FISHERMANS WHARF 1250 COLUMBUS AV, SAN FRANCISCO CA	326 - D2
MARRIOTT HOTEL 13111 SYCAMORE DR, NORWALK CA	282 - B7
MARRIOTT HOTEL 900 NEWPORT CENTER DR, NEWPORT BEACH CA	364 - F7
MARRIOTT HOTEL LONG BEACH 4700 AIRPORT PLAZA DR, LONG BEACH CA	287 - B2
MARRIOTT HOTEL MANHATTAN BEACH 1400 PARK VIEW AV, MANHATTAN BEACH CA	281 - B7
MARRIOTT HOTEL ONTARIO 2200 E HOLT BLVD, ONTARIO CA	283 - D3
MARRIOTT-LAGUNA CLIFFS RESRT AT DANA PT 25135 PARK LANTERN ST, DANA POINT CA	207 - C3
MARRIOTT MISSION VALLEY 8757 RIO SAN DIEGO DR, SAN DIEGO CA	372 - G6
MARRIOTT RANCHO LAS PALMAS RES 41000 BOB HOPE DR, RANCHO MIRAGE CA	290 - C5
MARRIOTT RESIDENCE INN 1530 HOWE AV, SACRAMENTO CO CA	320 - F2
MARRIOTT RESIDENCE INN HEND-GREEN VLY 2190 OLYMPIC AV, HENDERSON NV	268 - D5
MARRIOTT RESIDENCE INN LA JOLLA 8901 GILMAN DR, SAN DIEGO CA	370 - F3
MARRIOTT RESIDENCE INN SORRENTO MESA 5995 PACIFIC MESA CT, SAN DIEGO CA	293 - C5
MARRIOTT RESORT CORONADO ISLAND 2000 2ND ST, CORONADO CA	373 - E7
MARRIOTT SACRAMENTO 11211 POINT EAST DR, SACRAMENTO CO CA	236 - A6
MARRIOTT SAN DIEGO MARINA 333 W HARBOR DR, SAN DIEGO CA	373 - E5
MARRIOTT-SAN FRANCISCO 55 4TH ST, SAN FRANCISCO CA	326 - E5
MARRIOTTS TENAYA LODGE HWY 41 & BIG SANDY RD, MARIPOSA CO CA	176 - C3
MARRIOTT SUITES 500 ANTON BLVD, COSTA MESA CA	363 - B3
MARRIOTT SUITES 500 BAYVIEW CIR, NEWPORT BEACH CA	363 - D8
MAXIM HOTEL 160 E FLAMINGO RD, PARADISE NV	346 - C3
MENDOCINO HOTEL 45080 MAIN ST, MENDOCINO CO CA	224 - B5
MERV GRIFFINS BEVERLY HILTON 9876 WILSHIRE BLVD, BEVERLY HILLS CA	354 - C7
MERV GRIFFINS RESORT HOTEL & GIVENCHY 4200 E PALM CANYON DR, PALM SPRINGS CA	290 - B4
MGM GRAND HOTEL CASINO & THEME PK 3799 S LAS VEGAS BLVD, PARADISE NV	346 - C5
MID TOWN HILTON 400 N VERMONT AV, LOS ANGELES CA	355 - C1
MIRAGE HOTEL & CASINO 3400 S LAS VEGAS BLVD, PARADISE NV	346 - B3
MIRAMAR SHERATON HOTEL 101 WILSHIRE BLVD, SANTA MONICA CA	281 - A5
MIRAMONTE RESORT 76477 HWY 111, INDIAN WELLS CA	290 - D6
MISSION INN 3649 MISSION INN AV, RIVERSIDE CA	366 - D4
MIYAKO 1625 POST ST, SAN FRANCISCO CA	326 - C5
MIYAKO INN 1800 SUTTER ST, SAN FRANCISCO CA	326 - B5
MIYAKO INN 328 E 1ST ST, LOS ANGELES CA	356 - B5
MONDRIAN HOTEL 8440 SUNSET BLVD, WEST HOLLYWOOD CA	354 - G3
MONET 36 2ND ST, ASHLAND OR	149 - C2
MONTE CARLO RESORT & CASINO 3770 S LAS VEGAS BLVD, PARADISE NV	346 - B5
MONTECITO INN 1295 COAST VILLAGE RD, SANTA BARBARA CA	274 - D7
MONTEREY MARRIOTT 350 CL PRINCIPAL, MONTEREY CA	337 - G7
MONTEREY RESORT 1 OLD GOLF COURSE RD, MONTEREY CA	258 - C4
MOONSTONE INN MOTEL 5860 MOONSTONE BCH, SAN LUIS OBISPO CO CA	189 - B3
MORICAL HOUSE GARDEN INN 668 N MAIN ST, ASHLAND OR	149 - C2
MOUNT ASHLAND INN 550 MOUNT ASHLAND SKI RD, JACKSON CO OR	150 - A2
MOUNT HOOD INN 111 NE AGNESS AV, JOSEPHINE CO OR	149 - B1
NAPA VALLEY MARRIOTT 3425 SOLANO AV, NAPA CA	323 - B3
NEVADA HOTEL & CASINO 235 S MAIN ST, LAS VEGAS NV	345 - E6
NEVADA LANDING HOTEL & CASINO I-15 EXIT 12, CLARK CO NV	195 - B2
NEVADA PALACE HOTEL & CASINO 5255 BOULDER HWY, WHITNEY NV	268 - D5
NEW OTANI HOTEL 120 S LOS ANGELES ST, LOS ANGELES CA	356 - B5
NEW YORK NEW YORK HOTEL & CASINO 3790 S LAS VEGAS BLVD, PARADISE NV	346 - B5
NORTHWOODS RESORT HOTEL 40650 VILLAGE DR, BIG BEAR LAKE CA	279 - C7
NUGGETT 233 N VIRGINA ST, RENO NV	311 - D5
OAKLAND HILTON 1 HEGENBERGER RD, OAKLAND CA	331 - D5
OAKLAND MARRIOTT 1001 BROADWAY, OAKLAND CA	330 - A5
OASIS RESORT HOTEL & CASINO 897 W MESQUITE BLVD, MESQUITE NV	187 - B2
OJAI VALLEY INN 905 COUNTRY CLUB RD, OJAI CA	275 - A2
ONTARIO HILTON 700 N HAVEN AV, ONTARIO CA	284 - A3
ORLEANS HOTEL & CASINO 4500 W TROPICANA AV, PARADISE NV	268 - B5
ORMSBY HOUSE CASINO 600 S CARSON ST, CARSON CITY NV	313 - C6
OXNARD HILTON INN 600 ESPLANADE DR, OXNARD CA	275 - B6
PACIFICA SUITES 5490 HOLLISTER AV, GOLETA CA	274 - B7
PACIFIC PALMS CONFERENCE RESORT 1 INDUSTRY HLS PKWY, CITY OF INDUSTRY CA	282 - D4
PACIFIC SHORE HOTEL 1819 OCEAN AV, SANTA MONICA CA	357 - A2
PALACE STA HOTEL & CASINO 2411 W SAHARA AV, LAS VEGAS NV	345 - B10
PALA MESA RESORT 2001 OLD HWY 395, SAN DIEGO CO CA	292 - C3
PALM DESERT RESORT 77333 COUNTRY CLUB DR, PALM DESERT CA	290 - D5
PALMS HOTEL & CASINO 4321 W FLAMINGO RD, PARADISE NV	268 - B5
PALM SPRINGS HILTON RESORT 400 E TAHQUITZ CANYON WY, PALM SPRINGS CA	367 - C6
PALM SPRINGS MARQUIS HOTEL & VILLAS 150 S INDIAN CANYON DR, PALM SPRINGS CA	367 - C6
PAN PACIFIC 500 POST ST, SAN FRANCISCO CA	326 - E5
PARADISE RANCH RESORT MON DR & BROOKSIDE BL, JOSEPHINE CO OR	149 - A1
PARIS LAS VEGAS HOTEL & CASINO 3655 S LAS VEGAS BLVD, PARADISE NV	346 - C4
PARK HYATT 333 BATTERY ST, SAN FRANCISCO CA	326 - F4
PARK HYATT LA 2151 AV OF THE STARS, LOS ANGELES CA	354 - C9
PARK PLAZA 1177 AIRPORT BLVD, BURLINGAME CA	249 - D5
PARK PLAZA HOTEL 150 HEGENBERGER RD, OAKLAND CA	331 - E5
PASADENA HILTON HOTEL 150 S LOS ROBLES AV, PASADENA CA	359 - D7
PEAR TREE MOTEL 3730 FERN VALLEY RD, PHOENIX OR	149 - C2
PENINSULA BEVERLY HILLS HOTEL 9882 LTL STA MONICA BL, BEVERLY HILLS CA	354 - C7
PEPPERMILL HOTEL CASINO 2707 S VIRGINA ST, RENO NV	311 - E9
PETERSEN VILLAGE INN 1576 MISSION DR, SOLVANG CA	273 - B4
PICCADILLY INN 5115 E MCKINLEY AV, FRESNO CA	264 - C4
PICCADILLY INN-SHAW 2305 W SHAW AV, FRESNO CA	264 - B3
PICCADILLY INN-UNIV 4961 N CEDAR AV, FRESNO CA	264 - C3
PINON PLAZA CASINO RESORT 2171 E WILLIAM ST, CARSON CITY NV	313 - F4
PIONEER HOTEL & GAMBLING HALL 2200 S CASINO DR, CLARK CO NV	270 - C2
PIONEER INN HOTEL & CASINO 221 S VIRGINA ST, RENO NV	311 - D6
PLAYERS ISLAND RESORT & CASINO 600 W MESQUITE BLVD, MESQUITE NV	187 - B2
PORTOFINO HOTEL 260 PORTOFINO WY, REDONDO BEACH CA	286 - B1
PORTOFINO INN & SUITES 1831 S HARBOR BLVD, ANAHEIM CA	362 - B4
PRESCOTT HOTEL, THE 545 POST ST, SAN FRANCISCO CA	326 - E5
PRIMM VALLEY RESORT & CASINO I-15, CLARK CO NV	195 - A2
QUAIL LODGE 8205 VALLEY GREENS DR, MONTEREY CO CA	258 - C5
QUAILS INN 1025 LA BONITA DR, SAN DIEGO CO CA	293 - C1
QUALITY HOTEL MAINGATE 616 CONVENTION WY, ANAHEIM CA	362 - B5
QUALITY INN 1269 E PALM CANYON DR, PALM SPRINGS CA	367 - D9
QUALITY INN 1520 E MAIN ST, BARSTOW CA	369 - E6
QUALITY INN 2901 NIMITZ BLVD, SAN DIEGO CA	295 - C2
QUALITY INN 5249 W CENTURY BLVD, LOS ANGELES CA	358 - F8
QUALITY INN & EXECUTIVE SUITES 1621 N H ST, LOMPOC CA	198 - A2
QUALITY INN & SUITES 760 MACADAMIA DR, CARLSBAD CA	293 - A1
QUALITY INN FLAGSHIP 2520 ASHLAND ST, ASHLAND OR	149 - C2
QUALITY INN - KEY LARGO CASINO 377 E FLAMINGO RD, PARADISE NV	346 - D4
QUALITY INN OF SOLVANG 1450 MISSION DR, SOLVANG CA	273 - B4
QUALITY INN SOUTH BAY 888 DOMINGUEZ ST, CARSON CA	286 - D1
QUALITY SUITES 1631 MONTEREY ST, SAN LUIS OBISPO CA	347 - E4

CRA
INDEX

445 HOTELS

POINTS OF INTEREST

HOTELS

CRA

INDEX

FEATURE NAME / City State	Page-Grid
QUALITY SUITES 3100 LAKESIDE DR, SANTA CLARA CA	253 - C2
QUALITY SUITES 651 FIVE CITIES DR, PISMO BEACH CA	272 - A1
QUALITY SUITES 9880 MIRA MESA BLVD, SAN DIEGO CA	293 - D5
QUEEN OF HEARTS HOTEL & CASINO 19 E LEWIS AV, LAS VEGAS NV	345 - E6
RACQUET CLUB RESORT HOTEL 2743 N INDIAN CANYON DR, PALM SPRINGS CA	367 - B1
RADISSON 222 HOUSTON AV, FULLERTON CA	287 - D1
RADISSON CRYSTAL PK HOTEL & CASINO 111 E ARTESIA BLVD, COMPTON CA	282 - A7
RADISSON-FISHERMANS WHARF 250 BEACH ST, SAN FRANCISCO CA	326 - D2
RADISSON HARBOR VIEW 1646 FRONT ST, SAN DIEGO CA	373 - E3
RADISSON HAUS INN 1085 E EL CAMINO REAL, SUNNYVALE CA	253 - B3
RADISSON HOLLYWOOD ROOSEVELT HOTEL 7000 HOLLYWOOD BLVD, LOS ANGELES CA	351 - D8
RADISSON HOTEL 2323 GRAND CANAL BLVD, STOCKTON CA	260 - B4
RADISSON HOTEL 295 N E ST, SAN BERNARDINO CA	368 - D4
RADISSON HOTEL 300 S COURT ST, VISALIA CA	266 - C2
RADISSON HOTEL 6161 CENTINELA AV, CULVER CITY CA	358 - C3
RADISSON HOTEL CHATSWORTH 9777 TOPANGA CANYON BLVD, LOS ANGELES CA	276 - D7
RADISSON HOTEL LA JOLLA 3299 HOLIDAY CT, SAN DIEGO CA	370 - F3
RADISSON HOTEL NEWPORT BEACH 4545 MACARTHUR BLVD, NEWPORT BEACH CA	363 - D6
RADISSON HOTEL SACRAMENTO 500 LEISURE LN, SACRAMENTO CA	320 - B1
RADISSON HOTEL - SAN DIEGO 1433 CM DL RIO S, SAN DIEGO CA	372 - F7
RADISSON HOTEL SANTA BARBARA 1111 E CABRILLO BLVD, SANTA BARBARA CA	274 - D7
RADISSON HOTEL-UNION CITY 32083 ALVARADO-NILES RD, UNION CITY CA	250 - D5
RADISSON HUNTLEY HOTEL 1111 SECOND ST, SANTA MONICA CA	281 - A5
RADISSON INN 801 NATIONAL CITY BLVD, NATIONAL CITY CA	374 - E9
RADISSON INN ENCINITAS 85 ENCINITAS BLVD, ENCINITAS CA	293 - B2
RADISSON MAINGATE 1850 S HARBOR BLVD, ANAHEIM CA	362 - B4
RADISSON PLAZA HOTEL 1471 N 4TH ST, SAN JOSE CA	333 - E3
RADISSON RANCHO BERNARDO 11520 W BERNARDO CT, SAN DIEGO CA	293 - D3
RADISSON RESORT KNOTTS BERRY FARM 7675 CRESCENT AV, BUENA PARK CA	361 - D5
RADISSON-SIMI VALLEY 999 ENCHANTED WY, SIMI VALLEY CA	276 - A7
RADISSON VALLEY CTR LOS ANGELES 15433 VENTURA BLVD, LOS ANGELES CA	281 - A2
RADISSON WILSHIRE PLAZA HOTEL 3515 WILSHIRE BLVD, LOS ANGELES CA	355 - B3
RAILROAD PASS HOTEL & CASINO 2800 S BOULDER HWY, HENDERSON NV	269 - B7
RAMADA CLOCKTOWER INN 181 E SANTA CLARA ST, VENTURA CA	349 - A5
RAMADA EXPRESS HOTEL & CASINO 2121 S CASINO DR, CLARK CO NV	270 - C2
RAMADA-FISHERMANS WHARF 590 BAY ST, SAN FRANCISCO CA	326 - D2
RAMADA HOTEL RESORT 1800 E PALM CANYON DR, PALM SPRINGS CA	367 - E9
RAMADA INN 1250 BAYSHORE HWY, BURLINGAME CA	249 - D5
RAMADA INN 1455 OCOTILLO DR, EL CENTRO CA	375 - C8
RAMADA INN 2600 AUBURN BLVD, SACRAMENTO CO CA	235 - C6
RAMADA INN 300 W PALMDALE BLVD, PALMDALE CA	200 - B2
RAMADA INN 3885 W FLORIDA AV, HEMET CA	208 - C2
RAMADA INN 5250 W EL SEGUNDO BLVD, HAWTHORNE CA	281 - C7
RAMADA INN 5375 OWENS CT, PLEASANTON CA	251 - B3
RAMADA INN 7272 GAGE AV, CITY OF COMMERCE CA	282 - B5
RAMADA INN 840 S INDIAN HILL BLVD, CLAREMONT CA	283 - C3
RAMADA INN 920 UNIVERSITY AV, BERKELEY CA	247 - A7
RAMADA INN & SUITES 344 E DESERT INN RD, WINCHESTER NV	346 - D1
RAMADA INN AT THE WINDMILL 114 E HWY 246, BUELLTON CA	273 - A3
RAMADA INN CONESTOGA 1240 S WALNUT ST, ANAHEIM CA	362 - A2
RAMADA INN NORTH 5550 KEARNY MESA RD, SAN DIEGO CA	293 - D6
RAMADA INN - OLD TOWN 3900 OLD TOWN AV, SAN DIEGO CA	372 - A9
RAMADA INN SAN FRANCISCO NORTH 245 S AIRPORT BL, SOUTH SAN FRANCISCO CA	327 - D1
RAMADA INN-SHAW 324 E SHAW AV, FRESNO CA	264 - B3
RAMADA INN SOUTH 91 BONITA RD, CHULA VISTA CA	296 - A3
RAMADA LIMITED 1160 N VERMONT AV, LOS ANGELES CA	352 - C9
RAMADA LIMITED SUITES 12979 RAN PENASQUITOS BL, SAN DIEGO CA	293 - D4
RAMADA LIMITED SUITES MISSION VALLEY 641 CM DL RIO S, SAN DIEGO CA	372 - E7
RAMADA PLAZA HOTEL 1231 MARKET ST, SAN FRANCISCO CA	326 - D6
RAMADA PLAZA HOTEL 200 E 6TH ST, RENO NV	311 - D4
RAMADA PLAZA HOTEL 8585 SANTA MONICA BLVD, WEST HOLLYWOOD CA	354 - G4
RAMADA PLAZA HOTEL CIRCLE 2151 HOTEL CIR S, SAN DIEGO CA	372 - C8
RAMADA PLAZA HOTEL LAX NORTH 6333 BRISTOL PKWY, CULVER CITY CA	358 - D3
RAMADA SUITES 1089 SANTA ANITA AV, SOUTH EL MONTE CA	282 - C4
RAMADA SUITES 2050 PREISKER LN, SANTA MARIA CA	272 - C4
RAMADA VACATION SUITES 100 WINNICK AV, PARADISE NV	346 - C3
RAMS HILL RESORT 4343 YAQUI PASS RD, SAN DIEGO CO CA	209 - B3
RANCHO BERNARDO INN 17550 BERNARDO OAKS DR, SAN DIEGO CA	294 - A3
RANCHO SANTA BARBARA MARRIOTT 555 MCMURRAY RD, BUELLTON CA	273 - A3
RED LION HOTEL 1830 HILLTOP DR, REDDING CA	302 - B7
RED LION INN 200 N RIVERSIDE AV, MEDFORD OR	149 - C2
RED LION INN 3612 S 6TH ST, Altamont OR	150 - C2
RED LIONS SACRAMENTO INN 1401 ARDEN WY, SACRAMENTO CA	235 - C6
RED ROOF INN 1818 E HOLT BLVD, ONTARIO CA	283 - D3
RED ROOF INN 3796 NORTHGATE BLVD, SACRAMENTO CA	235 - B6
REGAL BILTMORE, THE 506 S GRAND AV, LOS ANGELES CA	356 - A5
REGENCY PLAZA HOTEL 1515 HOTEL CIR S, SAN DIEGO CA	372 - C8
REGENT BEVERLY WILSHIRE HOTEL 9500 WILSHIRE BLVD, BEVERLY HILLS CA	354 - D7
REGENT LAS VEGAS, THE 221 N RAMPART BLVD, LAS VEGAS NV	268 - A4
RENAISSANCE AGOURA HILLS HOTEL 30100 AGOURA RD, AGOURA HILLS CA	280 - A2
RENAISSANCE ESMERALDA RESORT HWY 111, INDIAN WELLS CA	290 - D6
RENAISSANCE HOLLYWOOD HOTEL HOLLYWOOD & HIGHLAND, LOS ANGELES CA	351 - D8
RENAISSANCE HOTEL 9620 AIRPORT BLVD, LOS ANGELES CA	358 - E7
RENAISSANCE LONG BEACH HOTEL 111 E OCEAN BLVD, LONG BEACH CA	360 - C7
RENAISSANCE PARC 55 HOTEL 55 CYRIL MAGNIN ST, SAN FRANCISCO CA	326 - E5
RENAISSANCE STANFORD COURT HOTEL 905 CALIFORNIA ST, SAN FRANCISCO CA	326 - E4
RENOIR HOTEL 45 MCALLISTER ST, SAN FRANCISCO CA	326 - D6
RESERVE HOTEL & CASINO, THE 777 W LAKE MEAD DR, HENDERSON NV	269 - A6
RESIDENCE INN 1080 STEWART DR, SUNNYVALE CA	253 - B2
RESIDENCE INN 10 MORGAN, IRVINE CA	288 - C5
RESIDENCE INN 11002 RANCHO CARMEL DR, SAN DIEGO CA	293 - D4
RESIDENCE INN 1501 CALIFORNIA CIR, MILPITAS CA	253 - C1
RESIDENCE INN 1700 N SEPULVEDA BLVD, MANHATTAN BEACH CA	281 - B7
RESIDENCE INN 2000 WINDWARD WY, SAN MATEO CA	250 - A6
RESIDENCE INN 321 E HUNTINGTON DR, ARCADIA CA	282 - C2
RESIDENCE INN 3701 TORRANCE BLVD, TORRANCE CA	286 - C1
RESIDENCE INN 4111 E WILLOW ST, LONG BEACH CA	287 - B2
RESIDENCE INN 5400 FARWELL PL, FREMONT CA	250 - D6
RESIDENCE INN 5400 KEARNY MESA RD, SAN DIEGO CA	293 - D6
RESIDENCE INN 700 W KIMBERLY AV, PLACENTIA CA	288 - A1
RESIDENCE INN 750 LAKEWAY, SUNNYVALE CA	253 - C2
RESIDENCE INN 881 W BAKER ST, COSTA MESA CA	363 - A4
RESIDENCE INN BY MARRIOTT 14419 FIRESTONE BLVD, LA MIRADA CA	282 - C7
RESIDENCE INN BY MARRIOTT 11900 DUBLIN CANYON RD, PLEASANTON CA	251 - A3
RESIDENCE INN BY MARRIOTT 2025 CONVENTION CENTER WY, ONTARIO CA	283 - D3
RESIDENCE INN BY MARRIOTT 700 ELLINWOOD WY, PLEASANT HILL CA	247 - D5
RESIDENCE INN BY MARRIOTT S NATOMAS 2410 W EL CAMINO AV, SACRAMENTO CA	235 - B6
RESIDENCE INN HOTEL 1854 W EL CAMINO REAL, MOUNTAIN VIEW CA	253 - A2
RESIDENCE INN, THE 201 STATE COLLEGE BLVD, ORANGE CA	362 - E6
RIO BRAVO RESORT 11200 LAKE MING RD, KERN CO CA	191 - C3
RIO SUITE HOTEL & CASINO 3700 W FLAMINGO RD, PARADISE NV	346 - A3
RITZ CARLTON 1 RITZ CARLTON DR, DANA POINT CA	207 - C3
RITZ CARLTON HOTEL 4375 ADMIRALTY WY, LOS ANGELES CO CA	357 - F5
RITZ CARLTON HOTEL GRAND MEDITERRA BLVD, HENDERSON NV	269 - B5
RITZ-CARLTON HOTEL HALF MOON BAY NIRAMONTES RD, HALF MOON BAY CA	252 - A1
RITZ-CARLTON HUNTINGTON HOTEL 1401 S OAK KNOLL AV, PASADENA CA	359 - E10
RITZ CARLTON RANCHO MIRAGE, THE 68900 FRANK SINATRA DR, RANCHO MIRAGE CA	290 - B5
RITZ CARLTON SAN FRANCISCO 600 STOCKTON ST, SAN FRANCISCO CA	326 - E4
RIVER PALMS HOTEL & CASINO 2700 S CASINO DR, CLARK CO NV	270 - C2
RIVERSIDE RESORT HOTEL & CASINO 1650 S CASINO DR, CLARK CO NV	270 - C2
RIVIERA HOTEL & CASINO 2901 S LAS VEGAS BLVD, WINCHESTER NV	346 - C1
RIVIERA RESORT & RACQUET CLUB 1600 N INDIAN CANYON DR, PALM SPRINGS CA	367 - C3
ROADSIDE INN 23330 SUNNYMEAD BLVD, MORENO VALLEY CA	285 - A6
ROCKY COMFORT OFF HWY 95, RIVERSIDE CO CA	211 - B2
ROGUE REGENCY INN 2345 CRATER LAKE HWY, MEDFORD OR	149 - C2
ROMEO INN 295 IDAHO ST, ASHLAND OR	149 - C2
ROSE GARDEN INN 1007 E MAIN ST, SANTA MARIA CA	272 - C4
ROSE GARDEN INN 1585 CL JOAQUIN, SAN LUIS OBISPO CA	271 - C6
ROYAL HOTEL & CASINO 99 CONVENTION CENTER DR, WINCHESTER NV	346 - C1
ROYAL PLAZA INN 82347 HWY 111, INDIO CA	209 - B2
SACRAMENTO HILTON INN 2200 HARVARD ST, SACRAMENTO CA	235 - C6
SAHARA HOTEL & CASINO 2535 S LAS VEGAS BLVD, WINCHESTER NV	345 - D10
SAINT REGIS MONARCH BEACH HOTEL, THE NIGUEL RD & MONARCH BEACH, DANA POINT CA	207 - C3
SAINT TROPEZ SUITE HOTEL 455 E HARMON AV, PARADISE NV	346 - D4
SAMS TOWN HOTEL & CASINO 5111 BOULDER HWY, SUNRISE MANOR NV	268 - D5
SAN BERNARDINO HILTON 285 E HOSPITALITY LN, SAN BERNARDINO CA	368 - F9
SAN DIEGO HOTEL 339 W BROADWAY, SAN DIEGO CA	373 - E4
SAN DIEGO MARRIOTT LA JOLLA 4240 LA JOLLA VILLAGE DR, SAN DIEGO CA	293 - C6
SAN DIEGO MISSION VALLEY HILTON 901 CM DL RIO S, SAN DIEGO CA	372 - F7
SAN DIEGO PARADISE POINT RESORT 1404 W VACATION RD, SAN DIEGO CA	371 - C6
SANDMAN INN 3714 STATE ST, SANTA BARBARA CA	274 - C7
SANDS REGENCY HOTEL & CASINO 345 N ARLINGTON AV, RENO NV	311 - C5
SAN FRANCISCO HILTON S MCDONNELL RD, SAN MATEO CO CA	327 - E6
SAN FRANCISCO HILTON AND TOWERS 333 OFARRELL ST, SAN FRANCISCO CA	326 - E5
SAN FRANCISCO MARRIOTT 1800 BAYSHORE HWY, BURLINGAME CA	327 - G7
SAN GABRIEL VALLEY MARRIOTT 14635 BALDWIN PK TWN CTR, BALDWIN PARK CA	282 - D3
SAN LUIS BAY INN AVILA BEACH RD, SAN LUIS OBISPO CO CA	271 - B7
SAN MATEO MARRIOTT 1770 S AMPHLETT BLVD, SAN MATEO CA	250 - A6
SAN RAMON MARRIOTT AT BISHOP RANCH 2600 BISHOP DR, SAN RAMON CA	251 - A2
SAN REMO CASINO & RESORT HOTEL 115 E TROPICANA AV, PARADISE NV	346 - C6
SANTA CLARA MARRIOTT 2700 MISSION COLLEGE BLVD, SANTA CLARA CA	253 - C2
SANTA FE HOTEL & CASINO 4949 N RANCHO DR, LAS VEGAS NV	268 - B2
SANTA MARIA REGENCY 3455 SKYWAY DR, SANTA MARIA CA	272 - C6
SANTA MARIA INN 801 S BROADWAY, SANTA MARIA CA	272 - C5
SEA CREST RESORT 2241 PRICE ST, PISMO BEACH CA	272 - A1
SEA GYPSY MOTEL 1020 CYPRESS ST, PISMO BEACH CA	272 - A1
SEA LODGE 8110 CM DL ORO, SAN DIEGO CA	370 - C5
SERRANO HOTEL 405 TAYLOR ST, SAN FRANCISCO CA	326 - D5
SHADOW MTN RESORT & RACQUET CLUB 45750 SAN LUIS REY AV, PALM DESERT CA	290 - C6
SHANNON COURT HOTEL 550 GEARY ST, SAN FRANCISCO CA	326 - D5
SHELTER POINT HOTEL 1551 SHELTER ISLAND DR, SAN DIEGO CA	295 - C2
SHERATON-ANAHEIM HOTEL 1015 W BALL RD, ANAHEIM CA	362 - A2
SHERATON CERRITOS HOTEL AT TOWNE CTR 12725 CENTER COURT DR S, CERRITOS CA	287 - C1
SHERATON CONCORD HOTEL 45 JOHN GLENN DR, CONTRA COSTA CO CA	247 - D5
SHERATON-FISHERMANS WHARF 2500 MASON ST, SAN FRANCISCO CA	326 - D2
SHERATON FOUR POINTS HOTEL 1500 S RAYMOND AV, FULLERTON CA	288 - A1
SHERATON GRAND SACRAMENTO HOTEL 1230 J ST, SACRAMENTO CA	319 - E4
SHERATON HOTEL 333 E OCEAN BLVD, LONG BEACH CA	360 - D7
SHERATON HOTEL 601 S PALOS VERDES ST, LOS ANGELES CA	286 - D3
SHERATON LOS ANGELES 6101 W CENTURY BLVD, LOS ANGELES CA	358 - D8
SHERATON-PALACE HOTEL 2 NEW MONTGOMERY ST, SAN FRANCISCO CA	326 - F4
SHERATON PALO ALTO 625 EL CAMINO REAL, PALO ALTO CA	332 - B5
SHERATON PASADENA 303 E CORDOVA ST, PASADENA CA	359 - D7
SHERATON SAN DIEGO HOTEL & MARINA EAST 1380 HARBOR ISLAND DR, SAN DIEGO CA	373 - A2
SHERATON SAN DIEGO HOTEL & MARINA WEST 1590 HARBOR ISLAND DR, SAN DIEGO CA	295 - C2
SHERATON SILICON VALLEY EAST 1801 BARBER LN, MILPITAS CA	253 - C2
SHERATON SUITES FAIRPLEX 601 W MCKINLEY AV, POMONA CA	283 - B3
SHERATON UNIVERSAL 333 UNIVERSAL HOLLYWD DR, LOS ANGELES CA	351 - B3
SHILO HOTEL 3200 TEMPLE AV, POMONA CA	283 - B4
SHILO INN 1875 N PALM CANYON DR, PALM SPRINGS CA	367 - B2
SHILO SUITES HOTEL 2500 ALMOND ST, KLAMATH FALLS OR	150 - C2
SHUTTERS ON THE BEACH 1 PICO BLVD, SANTA MONICA CA	357 - A2
SILVERADO CC RESORT 1600 ATLAS PEAK RD, NAPA CO CA	244 - A4
SILVER LEGACY 407 N VIRGINA ST, RENO NV	311 - D5
SILVERTON HOTEL & CASINO 3333 BLUE DIAMOND RD, ENTERPRISE NV	268 - C6
SINGING HILLS LODGE 3007 DEHESA RD, SAN DIEGO CO CA	294 - C7
SIR FRANCIS DRAKE 450 POWELL ST, SAN FRANCISCO CA	326 - E4
SOLVANG ROYAL SCANDANAVIAN INN 400 ALISAL RD, SOLVANG CA	273 - B4
SONOMA MISSION INN & SPA 18140 SONOMA HWY, SONOMA CO CA	322 - C4
SPANISH BAY RESORT 2700 17 MILE DR, MONTEREY CO CA	337 - B5
SPORTSMENS LODGE HOTEL 12825 VENTURA BLVD, LOS ANGELES CA	281 - B2
SPYGLASS INN 2705 SPYGLASS DR, PISMO BEACH CA	271 - C7
STANFORD PK HOTEL 100 EL CAMINO REAL, MENLO PARK CA	332 - B4
STARDUST RESORT & CASINO 3000 S LAS VEGAS BLVD, WINCHESTER NV	346 - C1
STAYBRIDGE SUITES 1901 MANCHESTER AV, ANAHEIM CA	362 - C4
STRATOSPHERE HOTEL & CASINO 2000 S LAS VEGAS BLVD, LAS VEGAS NV	345 - D9
SUMMERFIELD SUITES HOTEL 1000 WESTMOUNT, WEST HOLLYWOOD CA	354 - G4
SUMMIT HOTEL BEL AIR 11461 W SUNSET BLVD, LOS ANGELES CA	353 - D3
SUNCOAST HOTEL & CASINO 9090 ALTA DR, LAS VEGAS NV	268 - A4
SUNDOWNER HOTEL & CASINO 450 N ARLINGTON AV, RENO NV	311 - C5
SUNSET MARQUIS HOTEL 1200 ALTA LOMA RD, WEST HOLLYWOOD CA	354 - G3
SUNSET STA HOTEL & CASINO 1301 W SUNSET RD, HENDERSON NV	268 - D6
SUPER 8 LODGE 4317 MADISON AV, SACRAMENTO CO CA	235 - C5
SURF AND SAND HOTEL 1555 S COAST HWY, LAGUNA BEACH CA	365 - C5
SUTTON PLACE HOTEL, THE 4500 MACARTHUR BLVD, NEWPORT BEACH CA	363 - D6
SYCAMORE MINERAL SPRINGS RESORT 1215 AVILA BCH DR, SAN LUIS OBISPO CO CA	271 - C7
TAMARACK BEACH RESORT 3200 CARLSBAD BLVD, CARLSBAD CA	292 - A7

HOTELS
POINTS OF INTEREST
MILITARY INSTALLATIONS 446

FEATURE NAME	City State	Page-Grid
TEMECULA CREEK INN	44501 RAINBOW CANYON RD, TEMECULA CA	292 - D1
TERRIBLES HOTEL & CASINO	4100 S PARADISE RD, PARADISE NV	346 - E4
TEXAS STA HOTEL & CASINO	2101 TEXAS STAR LN, NORTH LAS VEGAS NV	268 - B3
TOLL HOUSE HOTEL	140 S SANTA CRUZ AV, LOS GATOS CA	253 - B6
TORRANCE MARRIOTT	3635 FASHION WY, TORRANCE CA	286 - C1
TOWN & COUNTRY HOTEL	500 HOTEL CIR N, SAN DIEGO CA	372 - D7
TOWNE PLACE SUITES BY MARRIOTT	1730 S STATE COLLEGE BLVD, ANAHEIM CA	362 - E4
TOWN PALMS	321 S CASINO CENTER BLVD, LAS VEGAS NV	345 - E6
TRAVELERS INN	1195 3RD ST, NEEDLES CA	204 - A1
TRAVELERS INN	72322 HWY 111, PALM DESERT CA	290 - C5
TRAVEL LODGE	UNION AV & 4TH ST, BAKERSFIELD CA	344 - E6
TRAVELODGE AT LAX	5547 W CENTURY BLVD, LOS ANGELES CA	358 - E8
TRAVELODGE HARBOR ISLAND	1960 HARBOR ISLAND DR, SAN DIEGO CA	295 - C2
TRAVELODGE HOTEL & ENTERTAINMENT CTR	818 REAL RD, BAKERSFIELD CA	344 - A6
TRAVELODGE PALM SPRINGS	333 E PALM CANYON DR, PALM SPRINGS CA	367 - C9
TREASURE ISLAND HOTEL & CASINO	3300 S LAS VEGAS BLVD, PARADISE NV	346 - B2
TREE HOUSE BEST WESTERN, THE	EVERETT MEM HWY & NFD RD, SISKIYOU CO CA	298 - G3
TROPICANA RESORT & CASINO	3801 S LAS VEGAS BLVD, PARADISE NV	346 - B6
TU TU TUN LODGE	96550 NORTH BANK ROGUE, CURRY CO OR	148 - B1
US GRANT HOTEL	326 BROADWAY, SAN DIEGO CA	373 - E4
UNIVERSAL CITY HILTON & TOWERS	555 UNIVERSAL HOLLYWD DR, LOS ANGELES CA	351 - B3
UNIV HILTON	3540 S FIGUEROA ST, LOS ANGELES CA	355 - D9
UCLA GUEST HOUSE	330 CHARLES E YOUNG DR E, LOS ANGELES CA	353 - G3
UPHAM HOTEL	1404 DE LA VINA ST, SANTA BARBARA CA	348 - C6
VACATION INN	2015 COTTONWOOD CIR, EL CENTRO CA	375 - B8
VACATION INN	74715 HWY 111, PALM DESERT CA	290 - C6
VACATION VILLAGE HOTEL & CASINO	6711 S LAS VEGAS BLVD, ENTERPRISE NV	346 - B10
VAGABOND INN	1699 S PALM CANYON DR, PALM SPRINGS CA	367 - C9
VAGABOND INN	909 3RD ST, SACRAMENTO CA	319 - D3
VALENCIA HILTON GARDEN INN	27710 THE OLD RD, LOS ANGELES CO CA	276 - D4
VENETIAN CASINO RESORT	3355 S LAS VEGAS BLVD, PARADISE NV	346 - C3
VILLA FLORENCE	225 POWELL ST, SAN FRANCISCO CA	326 - E5
VILLAGER LODGE	1660 E 1ST ST, SANTA ANA CA	288 - A3
VILLA HOTEL SOUTH	4000 S EL CAMINO REAL, SAN MATEO CA	250 - A6
VIRGIN RIVER HOTEL & CASINO	100 PIONEER BLVD, MESQUITE NV	187 - B2
WALNUT CREEK MARRIOTT	2355 N MAIN ST, WALNUT CREEK CA	247 - D6
WARNER CTR HILTON & TOWERS	6360 CANOGA AV, LOS ANGELES CA	280 - D1
WARNER CTR MARRIOTT HOTEL	21850 OXNARD ST, LOS ANGELES CA	280 - D2
WASHINGTON SUITES HOTEL	720 THE CITY DR S, ORANGE CA	362 - E7
WATERFRONT HILTON	21100 PAC COAST HWY, HUNTINGTON BEACH CA	287 - C5
WATERFRONT PLAZA HOTEL	10 WASHINGTON ST, OAKLAND CA	329 - G6
WAWONA HOTEL	WAWONA RD & MARIPOSA GRV, MARIPOSA CO CA	176 - C3
WELK RESORT CTR	8860 LAWRENCE WELK DR, SAN DIEGO CO CA	292 - D6
WEST COAST ANAHEIM HOTEL	1855 S HARBOR BLVD, ANAHEIM CA	362 - B4
WEST COAST LONG BEACH HOTEL	700 QUEENSWAY DR, LONG BEACH CA	360 - C8
WESTERN HOTEL & CASINO	899 E FREMONT ST, LAS VEGAS NV	345 - F6
WESTGATE HOTEL	1055 2ND AV, SAN DIEGO CA	373 - E4
WESTIN BONAVENTURE HOTEL	404 S FIGUEROA ST, LOS ANGELES CA	355 - G5
WESTIN HOTEL	5101 GREAT AMERICAN PKWY, SANTA CLARA CA	253 - C2
WESTIN HOTEL	5400 W CENTURY BLVD, LOS ANGELES CA	358 - F8
WESTIN HOTEL HORTON PLAZA	910 BROADWAY CIR, SAN DIEGO CA	373 - E4
WESTIN MISSION HILLS RESORT	71333 DINAH SHORE DR, RANCHO MIRAGE CA	290 - C4
WESTIN SAINT FRANCIS	335 POWELL ST, SAN FRANCISCO CA	326 - E5
WESTIN - SF	1 BAYSHORE HWY, MILLBRAE CA	327 - G7
WESTIN-SOUTH COAST PLAZA	686 ANTON BLVD, COSTA MESA CA	363 - B3
W SAN FRANCISCO HOTEL	181 3RD ST, SAN FRANCISCO CA	326 - F5
WESTWARD HO HOTEL & CASINO	2900 S LAS VEGAS BLVD, WINCHESTER NV	346 - C1
WESTWOOD MARQUIS HOTEL & GARDENS	930 HILGARD AV, LOS ANGELES CA	353 - G5
WHISKEY PETES HOTEL & CASINO	I-15, CLARK CO NV	195 - A2
WHITTIER HILTON	7320 GREENLEAF AV, WHITTIER CA	282 - C5
WILD WILD WEST GAMBLING HALL & HOTEL	3330 W TROPICANA AV, PARADISE NV	346 - A5
WILSHIRE GRAND HOTEL & CTR	930 WILSHIRE BLVD, LOS ANGELES CA	355 - F5
WINDMILL INN OF MEDFORD	1950 BIDDLE RD, MEDFORD OR	149 - C2
WINDMILLS ASHLAND HILLS INN	2525 ASHLAND ST, ASHLAND OR	149 - C2
WOODFIN SUITE HOTEL	10044 PACIFIC MESA BLVD, SAN DIEGO CA	293 - C5
WOODS HOUSE BED & BREAKFAST INN	333 N MAIN ST, ASHLAND OR	149 - C2
WOOLLEYS PETITE SUITES	2721 HOTEL TERRACE DR, SANTA ANA CA	288 - A4
WYNDHAM BEL AGE HOTEL	1020 N SAN VICENTE BL, WEST HOLLYWOOD CA	354 - F4
WYNDHAM CHECKERS HOTEL	535 S GRAND AV, LOS ANGELES CA	355 - G5

FEATURE NAME	City State	Page-Grid
WYNDHAM EMERALD PLAZA HOTEL	400 W BROADWAY, SAN DIEGO CA	373 - E4
WYNDHAM GARDEN HOTEL	1300 CHESAPEAKE TER, SUNNYVALE CA	253 - B2
WYNDHAM GARDEN HOTEL	3350 AV OF THE ARTS, COSTA MESA CA	363 - B2
WYNDHAM GARDEN HOTEL	5757 TELEGRAPH RD, CITY OF COMMERCE CA	282 - A5
WYNDHAM GARDEN HOTEL	5975 LUSK BLVD, SAN DIEGO CA	293 - C5
WYNDHAM GARDEN HOTEL	5990 GREEN VALLEY CIR, CULVER CITY CA	358 - D2
WYNDHAM GARDEN HOTEL PLEASANTON	5990 STONERIDGE MALL RD, PLEASANTON CA	251 - A3
WYNDHAM HOTEL	1350 N 1ST ST, SAN JOSE CA	333 - E3
WYNDHAM HOTEL	6225 W CENTURY BLVD, LOS ANGELES CA	358 - C7
WYNDHAM PALM SPRINGS HOTEL	888 E TAHQUITZ CANYON WY, PALM SPRINGS CA	367 - C6
YOSEMITE LODGE	NORTHSIDE DR & TENAYA RD, MARIPOSA CO CA	262 - D4
ZANE GREY PUEBLO HOTEL	199 CHIMES TOWER RD, AVALON CA	207 - A3

MILITARY INSTALLATIONS

FEATURE NAME	City State	Page-Grid
AIR NATL GUARD	E AVION DR, ONTARIO CA	283 - D4
AIR NATL GUARD	W WINTON AV, HAYWARD CA	250 - C4
ARMORY	1200 W OLYMPIC BLVD, MONTEBELLO CA	282 - B5
ARMORY	4TH ST & PALM AV, NATIONAL CITY CA	374 - G8
ARMORY	E COLORADO ST & S LOUISE ST, GLENDALE CA	352 - G2
ARMORY	JEFFERSON ST & VALLEJO ST, PETALUMA CA	242 - D6
ARMY NATL GUARD	1100 N AKERS ST, VISALIA CA	266 - B2
ARMY NATL GUARD	29 N PLANO ST, PORTERVILLE CA	191 - B1
ARMY NATL GUARD	630 ROUSE AV, MODESTO CA	340 - C9
ARMY NATL GUARD	649 E CROSS AV, TULARE CA	266 - B5
ARMY NATL GUARD	800 S YOSEMITE AV, OAKDALE CA	261 - D1
ARMY NATL GUARD	902 N 11TH AV, HANFORD CA	190 - C1
ARMY NATL GUARD FACILITIES	601 11TH ST, REEDLEY CA	182 - A3
ARMY NATL GUARD FACILITIES	701 YOSEMITE AV, MADERA CA	181 - B2
BEALE AIR FORCE BASE	N BEALE RD, YUBA CO CA	170 - A2
BEALE AIR FORCE BASE	N BEALE RD, YUBA CO CA	227 - D6
CALIFORNIA AIR NATL GUARD	4146 NAVAL AIR RD, VENTURA CO CA	275 - C7
CALIFORNIA AIR NATL GUARD	5425 E MCKINLEY AV, FRESNO CA	264 - C4
CALIFORNIA ARMY NATL GUARD	17988 HAPPY TRAILS HWY, APPLE VALLEY CA	278 - B1
CALIFORNIA ARMY NATL GUARD	2000 STIMSON RD, SAN JOAQUIN CO CA	260 - C6
CALIFORNIA ARMY NATL GUARD	333 N WASHINGTON ST, LODI CA	260 - B1
CAMP ROBERTS MILITARY RESV	SAN LUIS OBISPO CO CA	189 - C2
CAMP SAN LUIS OBISPO MILITARY RESV	CABRILLO HWY, SAN LUIS OBISPO CO CA	271 - C3
CHICO AUXILARY NO 3 US AIRFIELD	TEHAMA CO CA	163 - B2
CHOCOLATE MTN NAVAL RES AERIAL GUNNERY	THE BRADSHAW TR, IMPERIAL CO CA	210 - A2
COAST GUARD HEADQUARTERS	W OCEAN BLVD & PICO AV, LONG BEACH CA	360 - A7
COAST GUARD RESERVE	NEW NAVY BASE RD, HUMBOLDT CO CA	219 - B4
COAST GUARD STA	DORAN BEACH RD, SONOMA CO CA	173 - B1
COAST GUARD STA	FIJI WY, LOS ANGELES CO CA	357 - G7
COAST GUARD STA	MAIN ST & PRT CHICAGO, CONTRA COSTA CO CA	247 - D3
COAST GUARD STA	PALOS VERDES DR W, RANCHO PALOS VERDES CA	286 - B3
COAST GUARD STA CARQUINEZ	200 MARITIME ACADEMY DR, VALLEJO CA	247 - B3
CUDDEBACK LAKE AIRFORCE GUNNERY RANGE	SAN BERNARDINO CO CA	193 - A3
EAST FORT MILEY	CLEMENT ST, SAN FRANCISCO CA	325 - B5
EDWARDS AIR FORCE BASE	ROSAMOND & HWY 58, SAN BERNARDINO CO CA	201 - A1
EL CENTRO NAVAL AUXILIARY AIR STA	HAVENS RD, IMPERIAL CO CA	214 - A1
FALLON NAVAL AIR STA	CHURCHILL CO NV	172 - C1
FLEET & INDUSTRIAL SUPPLY CTR	937 N HARBOR DR, SAN DIEGO CA	373 - D4
FORT IRWIN MILITARY RESV	SAN BERNARDINO CO CA	193 - C3
FORT MACARTHUR (LOWER RESV)	S PACIFIC AV & OLD FORT, LOS ANGELES CA	286 - D4
FORT ROSECRANS MILITARY RESV	POINT LOMA, SAN DIEGO CA	295 - B2
HAWTHORNE US ARMY AMMO DEPOT	HWY 95, MINERAL CO NV	172 - C3
HUNTER LIGGETT MILITARY RESV	NACMNTO-FERGUSSON & JOLON, MONTEREY CO CA	189 - A2
IMPERIAL BEACH NAVAL AUXILIARY LANDING	TOWER RD, IMPERIAL BEACH CA	295 - D5
INYOKERN NAVAL TEST STA	US 395 & HWY 178, INYO CO CA	192 - C1
JOINT FORCES TRAINING BASE	11200 LEXINGTON DR, LOS ALAMITOS CA	287 - C2
LEMOORE NAVAL AIR STA	KINGS CO CA	190 - B1
MARCH AIR RESERVE BASE	RIVERSIDE DR & CACTUS AV, RIVERSIDE CO CA	285 - A6
MARE ISLAND NAVAL RESV (CLOSED)	MARE ISLAND, VALLEJO CA	247 - A2
MARINE CORPS BASE CAMP JH PENDLETON	SAN DIEGO FWY & BASILONE, SAN DIEGO CO CA	291 - C2
MCCLELLAN AIR FORCE BASE	WATT AVE & AIRBASE DR, SACRAMENTO CO CA	235 - C5
MILITARY OCEAN TERMINAL CONCORD	WILLOW PASS RD, CONTRA COSTA CO CA	247 - D3
MILITARY RESV	SAN BERNARDINO CO CA	201 - A1
MOFFETT FEDERAL AIRFIELD	FAIRCHILD & DAILEY, SANTA CLARA CO CA	253 - A2
NATL GUARD	17330 VICTORY BLVD, LOS ANGELES CA	281 - A1

FEATURE NAME	City State	Page-Grid
NATL GUARD	ARMORY RD & HERBST RD, SAN FRANCISCO CA	249 - B2
NATL GUARD	NEWPORT BLVD, COSTA MESA CA	363 - A5
NATL GUARD ARMORY	1013 58TH ST, SACRAMENTO CA	320 - D6
NATL GUARD ARMORY	1270 ARUNDELL AV, VENTURA CA	275 - A5
NATL GUARD ARMORY	240 N 2ND ST, SAN JOSE CA	333 - G6
NATL GUARD ARMORY	251 W HEDDING ST, SAN JOSE CA	333 - E5
NATL GUARD ARMORY	43143 JACKSON ST, INDIO CA	209 - B2
NATL GUARD ARMORY	624 CARLSON BLVD, RICHMOND CA	246 - D6
NATL GUARD ARMORY	99 POWER AV, PITTSBURG CA	248 - B4
NATL GUARD ARMORY	ALVARADO ST, SAN PABLO CA	246 - D5
NATL GUARD ARMORY	ARMORY DR & RIDGEWAY AV, SANTA ROSA CA	321 - D5
NATL GUARD ARMORY	ARMORY RD & OPAL AV, BARSTOW CA	369 - E8
NATL GUARD ARMORY	ARMSTRONG & MESA COLLEGE, SAN DIEGO CA	372 - E2
NATL GUARD ARMORY	E 6TH ST & RIMPAU AV, CORONA CA	284 - A7
NATL GUARD ARMORY	NICOLET ST & 20TH ST, BANNING CA	208 - C1
NAVAL & MARINE CORPS RESERVE CTR	BALBOA BL & VICTORY BL, LOS ANGELES CA	281 - A1
NAVAL AIR WEAPONS STA CHINA LAKE	US 395 & HWY 178, KERN CO CA	192 - C2
NAVAL BASE VENTURA COUNTY	NAVAL AIR RD & WOOD RD, VENTURA CO CA	206 - B1
NAVAL MED CTR	34800 BOB WILSON DR, SAN DIEGO CA	373 - G2
NAVAL PETROLEUM RESERVE NO 1	OFF HWY 119, KERN CO CA	190 - C3
NAVAL PETROLEUM RESERVE NO 2	HWY 119 & ELK HILLS RD, KERN CO CA	199 - A1
NAVAL RESEARCH HIGH ALTITUDE LAB	MONO CO CA	178 - A3
NAVAL RESV	INNES AV & DONAHUE ST, SAN FRANCISCO CA	249 - D2
NAVAL RESV	S WESTERN AV, LOS ANGELES CA	286 - C2
NAVY RESERVE CTR	STADIUM WY, LOS ANGELES CA	356 - B2
NELLIS AIR FORCE BASE	N LAS VEGAS BL & FITZGERALD BL, CLARK CO	268 - D2
NEVADA AIR NATL GUARD	NATIONAL GUARD WY & AIRMOTIVE, RENO NV	312 - A9
NEVADA NATL GUARD	680 E HORIZON RIDGE PKWY, HENDERSON NV	269 - A7
NORTH ISLAND NAVAL AIR STA	MCCAIN BLVD & ALAMEDA BLVD, CORONADO CA	373 - A6
ORANGE ARMY NATL GUARD	365 RIVER AV, ORANGE CA	288 - A2
PRESIDIO OF MONTEREY	INFANTRY ST & EWING RD, MONTEREY CA	337 - D6
RIVERBANK ARMY AMMUNITION PLANT	CLAUS RD & CLARIBEL RD, STANISLAUS CO CA	261 - C2
SALTON SEA MILITARY RESV	IMPERIAL CO CA	209 - C3
SANTA ANA ARMY NATL GUARD ARMORY	612 E WARNER AV, SANTA ANA CA	288 - A3
SIERRA ORDNANCE DEPOT	LASSEN CO CA	165 - B2
STEAD AFB SURVIVAL TRAINING CAMP	PLUMAS CO CA	165 - A3
SUSANVILLE NATL GUARD ARMORY	FAIR DR, SUSANVILLE CA	304 - E4
TRAVIS AIR FORCE BASE	AIR BASE PKWY, FAIRFIELD CA	244 - D6
USAF GLOBAL COMMUNICATIONS RECEIVER	MOORE RD, PLACER CO CA	235 - C1
US ARMY RESERVE	1481 RAILROAD AV, VALLEJO CA	247 - A2
US ARMY RESERVE CTR	155 W HEDDING ST, SAN JOSE CA	333 - E5
US COAST GUARD	ALAMEDA HARBOR, ALAMEDA CA	330 - C7
US COAST GUARD LORAN STA MIL RES	NOYES RANCH RD, LAKE CO CA	241 - B3
US COAST GUARD STA	HUMPHREYS RD, SAN DIEGO CA	295 - C3
US COAST GUARD STA	MARINE DR, SAN FRANCISCO CA	325 - F2
US COAST GUARD STA	N HARBOR DR, SAN DIEGO CA	373 - C2
US COAST GUARD STA	VICTORIA AV & PELICAN WY, OXNARD CA	275 - B7
US COAST GUARD TWO ROCK TRAINING CTR	TOMALES RD & VALLEY FORD RD, MARIN CO CA	242 - B6
US GOVERNMENT RESERVE	EASTSIDE RD & WOHLER RD, SONOMA CO CA	242 - A1
US MARINE CORP AIR STA MIRAMAR	I-15 FRWY & MIRAMAR WY, SAN DIEGO CA	294 - A5
US MARINE CORPS RECRUIT DEPOT	BARNETT AV & PACIFIC HWY, SAN DIEGO CA	373 - A1
USMC AIR GROUND COMBAT TRAINING CTR	SAN BERNARDINO CO CA	202 - B2
US NAVAL AIR FACILITY	WHEELER RD, IMPERIAL CO CA	214 - A1
US NAVAL AMPHIBIOUS BASE	SILVER STRAND BLVD, CORONADO CA	373 - F10
US NAVAL CONSTRUCTION BATTALION CTR	N VENTURA & PLSNT VLY RD, PORT HUENEME CA	275 - B7
US NAVAL RADIO STA	SILVER STRAND BLVD, CORONADO CA	295 - D4
US NAVAL RESV	CABRILLO HWY & AGUAJITO RD, MONTEREY CA	337 - G9
US NAVAL RESV	HARBOR DR, SAN DIEGO CA	374 - B7
US NAVAL RESV	HIGHWAY 78, IMPERIAL CO CA	214 - B1
US NAVAL RESV	OFF IMPERIAL HWY, IMPERIAL CO CA	213 - C1
US NAVAL RESERVE	2101 CLEMENT AV, ALAMEDA CA	330 - D9
US NAVAL WEAPONS CTR	4TH ST, NORCO CA	284 - A6
UNITED STATES NAVAL WEAPONS STA	SEAL BEACH BLVD, SEAL BEACH CA	287 - C2
US NAVAL WEAPONS STA CONCORD	WILLOW PASS RD, CONCORD CA	248 - A4
US NAVAL WEAPONS STA FALLBROOK	FALLBROOK RD, SAN DIEGO CO CA	292 - B3
US NAVY LANDS	COMMODORE DR W & 1ST ST W, SAN BRUNO CA	327 - B2
VANDENBERG AIR FORCE BASE	HWY 1, SANTA BARBARA CO CA	272 - A6
WEST FORT MILEY	CLEMENT ST, SAN FRANCISCO CA	325 - A5

CRA
INDEX

447 POINTS OF INTEREST MUSEUMS

© 2003 Thomas Bros Maps ®

MISSIONS

FEATURE NAME	City State	Page-Grid
CARMEL MISSION	RIO RD & LASUEN DR, CARMEL BY THE SEA CA	338 - D4
FOSTERS TEMPLE	GOLDEN, JOSEPHINE CO OR	149 - A3
LA PURISIMA MISSION	2295 PURISIMA RD, SANTA BARBARA CO CA	198 - A2
MISSION DOLORES	3321 16TH ST, SAN FRANCISCO CA	326 - C8
MISSION NUESTRA SENORA DE LA SOLEDAD	FORT ROMIE & MISSION, MONTEREY CO CA	180 - A3
MISSION SAN ANTONIO DE PADUA	OFF US 101, MONTEREY CO CA	189 - A1
MISSION SAN ANTONIO DE PALA	PALA MISSION RD, SAN DIEGO CO CA	292 - D3
MISSION SAN DIEGO DE ALCALA	10818 SAN DIEGO MISSION RD, SAN DIEGO CA	293 - D7
MISSION SAN FRANCISCO SOLANO	E SPAIN ST & 1ST ST E, SONOMA CA	322 - E7
MISSION SAN JOSE DE GUADALUPE	43300 MISSION BLVD, FREMONT CA	251 - A6
MISSION SAN JUAN BAUTISTA	2ND & FRANKLIN, SAN JUAN BAUTISTA CA	257 - B6
MISSION SAN JUAN CAPISTRANO	ORTEGA HY & CM CAPISTRANO, SN JUAN CAP CA	291 - A1
MISSION SAN LUIS OBISPO DE TOLOSA	782 MONTEREY ST, SAN LUIS OBISPO CA	347 - D5
MISSION SAN LUIS REY DE FRANCIA	4050 MISSION AV, OCEANSIDE CA	292 - A6
MISSION SAN MIGUEL ARCANGEL	801 MISSION ST, SAN LUIS OBISPO CO CA	189 - C2
MISSION SAN RAFAEL	1104 5TH AV, SAN RAFAEL CA	324 - D7
MISSION SANTA BARBARA	2201 LAGUNA ST, SANTA BARBARA CA	348 - B4
MISSION SANTA CLARA DE ASIS	820 ALVISO ST, SANTA CLARA CA	333 - A5
PAUMA MISSION	PAUMA RESERVATION RD, SAN DIEGO CO CA	208 - C3
SAN BERNARDINO RANCHO ASISTENCIA	26930 BARTON RD, REDLANDS CA	285 - A4
SAN BUENAVENTURA MISSION	211 E MAIN ST, VENTURA CA	349 - B5
SAN FERNANDO MISSION	15151 SAN FERNANDO MIS BL, LOS ANGELES CA	277 - A7
SAN GABRIEL MISSION	428 S MISSION DR, SAN GABRIEL CA	282 - B3
SANTA INES MISSION	1760 MISSION DR, SOLVANG CA	273 - B4
SANTA YSABEL INDIAN MISSION	HWY 79, SAN DIEGO CO CA	213 - A1

MUSEUMS

FEATURE NAME	City State	Page-Grid
AEROSPACE HALL	EXPOSITION PARK, LOS ANGELES CA	355 - D9
AEROSPACE MUS & HALL OF FAME	2001 PAN AMERICAN PZ, SAN DIEGO CA	373 - F3
AFRICAN AMERICAN MUS	5606 SAN PABLO AV, OAKLAND CA	247 - A7
AFRICAN AMERICAN MUS	659 14TH ST, OAKLAND CA	329 - G4
AGUA CALIENTE CULTURAL MUS	219 S PALM CANYON DR, PALM SPRINGS CA	367 - B6
AGUA MANSA CEM MUS	2001 W AGUA MANSA RD, COLTON CA	284 - C4
ALBINGER ARCHAEOLOGICAL MUS	113 E MAIN ST, VENTURA CA	349 - A5
AMADOR COUNTY MUS	225 CHURCH ST, JACKSON CA	175 - C1
AMERICAN CAROUSEL MUS	663 BEACH ST, SAN FRANCISCO CA	326 - C2
AMERICAN VICTORIAN MUS	203 S PINE ST, NEVADA CITY CA	315 - G2
ANAHEIM MUS	241 S ANAHEIM BLVD, ANAHEIM CA	287 - D1
ANDERSEN, HANS CHRISTIAN MUS	1680 MISSION DR, SOLVANG CA	273 - B4
ANGELS CAMP MUS	MAIN ST & MURPHYS GRD RD, ANGELS CAMP CA	175 - C2
ANTELOPE VALLEY INDIAN MUS	15701 AVE M, LOS ANGELES CO CA	200 - C2
ANTIQUE GAS & STEAM ENGINE MUS	2040 N SANTA FE AV, VISTA CA	292 - B6
ARMAND HAMMER MUS	10889 WILSHIRE BLVD, LOS ANGELES CA	353 - G5
ASIAN ART MUS	200 LARKIN ST, SAN FRANCISCO CA	326 - D6
AUTRY MUS OF WESTERN HERITAGE	4700 WESTERN HERITAGE WY, LOS ANGELES CA	352 - D1
AVILA ADOBE	OLVERA ST, LOS ANGELES CA	356 - B4
BAKER, R C MEM MUS	297 W ELM ST, COALINGA CA	190 - A1
BAKERSFIELD MUS OF ART	1930 R ST, BAKERSFIELD CA	344 - E4
BALDWIN HOTEL MUS	31 MAIN ST, KLAMATH FALLS OR	150 - C2
BANNING MUS	401 E M ST, LOS ANGELES CA	286 - D2
BARRICK MUS	4505 S MARYLAND PKWY, PARADISE NV	346 - F4
BATTERY POINT LIGHTHOUSE MUS	A ST BY LIGHTHOUSE, DEL NORTE CO CA	297 - C10
BAY AREA DISCOVERY MUS	557 EAST RD, MARIN CO CA	246 - C7
BAYLANDS NATURE INTERPRETIVE CTR	2775 EMBARCADERO RD, PALO ALTO CA	253 - A1
BEAM, DONNA FINE ART GALLERY UNLV	4505 S MARYLAND PKWY, PARADISE NV	346 - F4
BENICIA CAMEL BARN MUS	2024 CAMEL RD, BENICIA CA	247 - C3
BIXBY BRYANT, SUSANNA RANCH HOUSE MUS	5700 SUSANNA BRYANT RD, YORBA LINDA CA	283 - C7
BLACKBIRD AIRPARK	RCHO VISTA BL & 25TH ST E, PALMDALE CA	200 - B2
BLACKHAWK AUTOMOTIVE MUS	3700 BLKHWK PLAZA CIR, CONTRA COSTA CO CA	251 - A1
BOLINAS MUS	48 WHARF RD, MARIN CO CA	245 - D6
BOLTON HALL MUS	10110 COMMERCE AV, LOS ANGELES CA	277 - D7
BONITA HIST MUS	4035 BONITA RD, CHULA VISTA CA	296 - A3
BORAX MUS	HWY 190, INYO CO CA	184 - C3
BOULDER DAM MUS	1305 ARIZONA ST, BOULDER CITY NV	269 - C7
BOWERS MUS	2002 N MAIN ST, SANTA ANA CA	362 - G10
CABLE CAR MUS	1201 MASON ST, SAN FRANCISCO CA	326 - D4
CALAVERAS COUNTY MUS	30 N MAIN ST, SAN ANDREAS CA	175 - C1
CALIFORNIA AFRO-AMERICAN MUS	600 STATE DR, LOS ANGELES CA	355 - D10
CALIFORNIA AGRICULTURAL MUS	1800 N MAROA AV, FRESNO CA	343 - C3
CALIFORNIA HIST SOCIETY MUS	678 MISSION ST, SAN FRANCISCO CA	326 - F5
CALIFORNIA KOREAN WAR MEM	MCCABE RD, MERCED CO CA	180 - B1
CALIFORNIA LIVING MUS	10500 ALFRED HARRELL HWY, BAKERSFIELD CA	191 - C3
CALIFORNIA MILITARY MUS	1119 2ND ST, SACRAMENTO CA	319 - C3
CALIFORNIA MUS OF SCIENCE & INDUSTRY	700 STATE DR, LOS ANGELES CA	355 - D10
CALIF PALACE OF THE LEGION OF HONOR	LEGION OF HONOR DR, SAN FRANCISCO CA	325 - B5
CALIFORNIA ROUTE 66 MUS	16849 D ST, VICTORVILLE CA	278 - B1
CALIFORNIA SCIENCE CTR	700 STATE DR, LOS ANGELES CA	355 - D10
CALIFORNIA STATE RAILROAD MUS	125 I ST, SACRAMENTO CA	319 - C3
CALIFORNIA SURF MUS	308 N PACIFIC ST, OCEANSIDE CA	292 - A7
CANNON, HOWARD W AVIATION MUS	E TROPICANA AV & KOVAL LN, PARADISE NV	346 - D6
CARNEGIE ART MUS	424 S C ST, OXNARD CA	275 - B6
CAROLYN PARR NATURE MUS	BROWNS VALLEY RD & THOMPSON AV, NAPA CA	323 - A6
CARSON CITY FIRE MUS	S STEWART ST & E 5TH ST, CARSON CITY NV	313 - C6
CARTER HOUSE NATURAL SCIENCE MUS	48 QUARTZ HILL RD, REDDING CA	301 - E4
CASA DE ADOBE	4603 N FIGUEROA ST, LOS ANGELES CA	282 - A3
CASTLE AIR MUS	HERITAGE WY & SANTA FE DR, ATWATER CA	180 - C1
CATALINA ISLAND MUS	CATALINA CASINO, AVALON CA	207 - A3
CBC SEABEE MUS	CUTTING RD & DODSON ST, PORT HUENEME CA	275 - B7
CENTRO CULTURAL DE LA RAZA	2004 PARK BLVD, SAN DIEGO CA	373 - G2
CHARLES AND RUTH HIST MUS	380 W HUNTINGTON DR, ARCADIA CA	282 - C2
CHESTER LAKE ALMANOR MUS	WILLOW ST, PLUMAS CO CA	164 - A1
CHILDRENS DISCOVERY MUS	180 WOZ WY, SAN JOSE CA	333 - G8
CHILDRENS MUS	301 S EUCLID ST, LA HABRA CA	282 - D6
CHILDRENS MUS OF NORTHERN NEVADA	813 N CARSON ST, CARSON CITY NV	313 - C5
CHILDRENS MUS OF SAN DIEGO	200 ISLAND AV, SAN DIEGO CA	373 - E5
CHILDRENS MUS OF STOCKTON	402 W WEBER AV, STOCKTON CA	339 - D7
CHULA VISTA HERITAGE MUS	360 3RD AV, CHULA VISTA CA	296 - A3
CHULA VISTA NATURE CTR	1000 GUNPOWDER POINT DR, CHULA VISTA CA	295 - D3
CLARK COUNTY MUS	1830 S BOULDER HWY, HENDERSON NV	269 - B7
CLARKE MEM MUS	3RD ST & E ST, EUREKA CA	300 - D2
CLAYTON HIST SOCIETY MUS	6101 MAIN ST, CLAYTON CA	248 - A5
COACHELLA VALLEY MUS & CULTURAL CENT	82616 MILES AV, INDIO CA	209 - B2
COLLIER STATE PARK AND LOGGING MUS	THE DALLES-CALIFORNIA HWY, KLAMATH CO OR	150 - C1
COLTON HALL MUS	MADISON ST & DUTRA ST, MONTEREY CA	337 - F7
COMM MEM MUS	1333 BUTTE HOUSE RD, YUBA CITY CA	309 - C3
COMSTOCK, A J FIRE MUS	FIGUEROA ST & E STA CLARA ST, VENTURA CA	349 - A5
CONTEMPORARY ARTS FORUM	653 PASEO NUEVO, SANTA BARBARA CA	348 - D7
COURTHOUSE MUS	W 21ST ST & N ST, MERCED CA	181 - A1
COYOTE POINT MUS	1651 COYOTE POINT DR, SAN MATEO CA	250 - A5
CRATER ROCK MUS	ROGUE VALLEY HWY, JACKSON CO OR	149 - C1
CROCKER ART MUS	216 O ST, SACRAMENTO CA	319 - C4
DEAN, EDWARD MUS	9401 OAK GLEN RD, RIVERSIDE CO CA	285 - D5
DE LA OSSA ADOBE	MOORPARK ST & LA MAIDA ST, LOS ANGELES CA	281 - A2
DEL NORTE HIST SOCIETY	577 H ST, CRESCENT CITY CA	297 - C8
DEPOT PK MUS	270 FIRST ST W, SONOMA CA	322 - E7
DE SAISSET MUS	500 EL CAMINO REAL, SANTA CLARA CA	333 - B5
DESERT VALLEY MUS	35 W MESQUITE BLVD, MESQUITE NV	187 - B2
DE YOUNG, MH MUS	S TEA GARDEN DR, SAN FRANCISCO CA	325 - E7
DIBBLE MUS	16021 GALE AV, CITY OF INDUSTRY CA	282 - D5
DISCOVERY MUS	101 I ST, SACRAMENTO CA	319 - C3
DISCOVERY MUS LEARNING CTR	3615 AUBURN BLVD, SACRAMENTO CA	235 - C6
DISCOVERY MUS OF ORANGE COUNTY	3101 W HARVARD ST, SANTA ANA CA	288 - A3
DISCOVERY SCIENCE CTR	2500 N MAIN ST, SANTA ANA CA	288 - A2
DOMINGUEZ ADOBE MUS	18127 S ALAMEDA ST, LOS ANGELES CO CA	287 - A1
DOWNEY ART MUS	10419 RIVES AV, DOWNEY CA	282 - B6
DRUM BARRACKS CIVIL WAR MUS	1052 BANNING BLVD, LOS ANGELES CA	286 - D2
DUNSMUIR MUS	FIRST ST & I-5, SISKIYOU CO CA	218 - B6
EASTERN CALIFORNIA MUS	HWY 395, INYO CO CA	183 - B2
EDWARD F BEALE MUS	N BEALE RD, YUBA CO CA	170 - A2
EL DORADO COUNTY MUS	104 PLACERVILLE DR, PLACERVILLE CA	317 - B6
FAVELL MUS OF WESTERN ART	125 W MAIN ST, KLAMATH FALLS OR	150 - C2
FEATHER RIVER RAILROAD MUS	OFF HWY 70, PLUMAS CO CA	165 - A3
FILLMORE HIST MUS	350 MAIN ST, FILLMORE CA	199 - C3
FIREHOUSE MUS	1572 COLUMBIA ST, SAN DIEGO CA	373 - D3
FIRE MUS	D ST & 8TH ST, VICTORVILLE CA	278 - B1
FLYING LADY MUS	15060 FOOTHILL AV, SANTA CLARA CO CA	254 - C7
FLYING LEATHERNECK AVIATION MUS	USMCAS MIRAMAR, SAN DIEGO CA	293 - D5
FOLSOM HIST MUS	823 SUTTER ST, FOLSOM CA	236 - B5
FOLSOM PRISON MUS	NATOMA ST & GREEN VALLEY RD, FOLSOM CA	236 - B5
FORT MACARTHUR MILITARY MUS	3601 S GAFFEY ST, LOS ANGELES CA	286 - D4
FRESNO ART MUS	2233 N 1ST ST, FRESNO CA	343 - F3
FRESNO METROPOLITAN MUS	1515 VAN NESS AV, FRESNO CA	343 - D7
FULLERTON MUS CTR	301 N POMONA AV, FULLERTON CA	282 - D7
GENERAL PATTON MEM MUS	2 CHIRIACO RD, RIVERSIDE CO CA	210 - A2
GETTY CENTER, THE	1200 GETTY CENTER DR, LOS ANGELES CA	353 - C3
GETTY VILLA	17985 W PACIFIC COAST HWY, LOS ANGELES CA	280 - D4
GILROY HIST MUS	195 5TH ST, GILROY CA	257 - A3
GLENDORA HIST MUS	314 N GLENDORA AV, GLENDORA CA	283 - A2
GOLD COUNTRY MUS	1273 HIGH ST, AUBURN CA	316 - D6
GOLDEN STATE MUS	1020 O ST, SACRAMENTO CA	319 - D4
GRANTS PASS MUS OF ART	PARK ST & OAKVIEW DR, JOSEPHINE CO OR	149 - B1
GRASS VALLEY MUS	CHAPEL ST & S CHURCH ST, GRASS VALLEY CA	315 - B9
GREAT VALLEY MUS OF NATURAL HIST	1100 STODDARD, MODESTO CA	340 - C5
GRIFFITH QUARRY MUS	7504 ROCK SPRINGS RD, PLACER CO CA	236 - B2
GUINNESS WORLD OF RECORDS MUS	2780 S LAS VEGAS BLVD, WINCHESTER NV	345 - C10
HAGGIN MUS	1201 N PERSHING AV, STOCKTON CA	339 - C6
HANFORD CARNEGIE MUS	109 E 8TH ST, HANFORD CA	190 - C1
HAPPY ISLES NATURE CTR	NRTHSIDE DR & SOUTHSIDE, MARIPOSA CO CA	262 - D4
HART, WILLIAM S MUS	24151 SAN FERNANDO RD, SANTA CLARITA CA	277 - A5
HAYS ANTIQUE TRUCK MUS	2000 E MAIN ST, WOODLAND CA	234 - C5
HAYWARD HIST MUS	22701 MAIN ST, HAYWARD CA	250 - C4
HERITAGE COMPLEX	4500 S LASPINA ST, TULARE CA	266 - B6
HERITAGE HOUSE & MUS	330 LEXINGTON ST, DELANO CA	191 - A2
HERITAGE OF THE AMERICAS MUS	2952 JAMACHA RD, SAN DIEGO CO CA	296 - B1
HERITAGE PK VILLAGE MUS	220 PEYRIE DR, OCEANSIDE CA	292 - A6
HERITAGE WALK MUS	321 N BROADWAY, ESCONDIDO CA	293 - D1
HI-DESERT NATURE MUS	57116 29 PALMS HWY, YUCCA VALLEY CA	209 - A1
HILLER AVIATION MUS	601 SKYWAY RD, SAN CARLOS CA	250 - A7
HIST POWERHOUSE MUS	LEIDESDORF ST & RILEY ST, FOLSOM CA	236 - B5
HOLLYWOOD BOWL MUS	2301 N HIGHLAND AV, LOS ANGELES CA	351 - E7
HOLLYWOOD WAX MUS	6767 HOLLYWOOD BLVD, LOS ANGELES CA	351 - E8
HOOPA TRIBAL MUS	BAIR RD & PINE CREEK RD, HUMBOLDT CO CA	156 - C2
HOUSE OF PACIFIC RELAT INTNL CTR	PAN AMERICAN RD W, SAN DIEGO CA	373 - F2
HSU NATURAL HIST MUS	1315 G ST, ARCATA CA	299 - C6
HUMBOLDT BAY MARITIME MUS	1410 2ND ST, EUREKA CA	300 - E1
HUNTINGTON & ART GALLERY	1151 OXFORD RD, SAN MARINO CA	359 - G9
INDIAN CULTURAL CTR	TECOYA RD & NORTHSIDE DR, MARIPOSA CO CA	262 - D3
INDIAN VALLEY MUS	DIAMOND MOUNTAIN RD, PLUMAS CO CA	164 - C2
INTL PRINTING MUS	8469 KASS DR, BUENA PARK CA	361 - F3
IRVINE MUS, THE	18881 VON KARMAN AV, IRVINE CA	363 - E5
JACKSONVILLE MUS OF SOUTHERN OREGON	HWY 238 & OLD STAGE RD, JACKSONVILLE OR	149 - B2
JAPANESE AMERICAN NATL MUS	369 E 1ST ST, LOS ANGELES CA	356 - B5
JAPANESE FRIENDSHIP GARDEN	2215 PAN AMERICAN RD, SAN DIEGO CA	373 - G2
JIM BECKWOURTH LOG CABIN MUS	ROCKY POINT RD, PLUMAS CO CA	165 - A3
JJ JACKSON MUS	OFF HWY 3, TRINITY CO CA	157 - B3
JOSEPHINE COUNTY KERBYVILLE MUS	US 199 & KIRBY, JOSEPHINE CO OR	149 - A2
JULIAN PIONEER MUS	2811 WASHINGTON ST, SAN DIEGO CO CA	213 - A1
KARPELES MANUSCRIPT MUS	21 W ANAPAMU ST, SANTA BARBARA CA	348 - D6
KEARNEY MANSION MUS	7160 W KEARNEY BLVD, FRESNO CO CA	264 - A5
KELLY-GRIGGS HOUSE MUS	311 WASHINGTON ST, RED BLUFF CA	303 - D6
KERN COUNTY MUS	3801 CHESTER AV, BAKERSFIELD CA	344 - D2
KERN VALLEY MUS	49 BIG BLUE RD, KERN CO CA	192 - A2
KLAMATH COUNTY MUS	1451 MAIN ST, KLAMATH FALLS OR	150 - C2
KLAMATH NATL FOREST INTERPRETIVE MUS	1312 FAIRLANE RD, SISKIYOU CO CA	217 - B4
KNIGHT MARITIME MUS	550 CL PRINCIPAL, MONTEREY CA	337 - G7
LA BREA TAR PITS	5801 WILSHIRE BLVD, LOS ANGELES CA	281 - C4
LAGUNA MUS OF ART	307 CLIFF DR, LAGUNA BEACH CA	365 - A4
LAKE PERRIS REGL INDIAN MUS	17801 LAKE PERRIS DR, RIVERSIDE CO CA	285 - B7
LAKE TAHOE MUS	LAKE TAHOE BL, SOUTH LAKE TAHOE CA	314 - C4
LA MESA DEPOT MUS	4695 NEBO DR, LA MESA CA	296 - A1
LANCASTER MUS	44801 N SIERRA HWY, LANCASTER CA	200 - B2
LASSEN HIST MUS	105 N WEATHERLOW ST, SUSANVILLE CA	304 - C4
LAS VEGAS ART MUS	9600 W SAHARA AV, LAS VEGAS NV	268 - A4
LAS VEGAS NATURAL HIST MUS	900 N LAS VEGAS BLVD, LAS VEGAS NV	345 - F4
LAWS RAILROAD MUS & HIST SITE	OFF HWY 6, INYO CO CA	183 - A1
LIBERACE MUS	1775 E TROPICANA AV, PARADISE NV	346 - G5

CRA INDEX

MUSEUMS POINTS OF INTEREST MUSEUMS 448

FEATURE NAME	City State	Page-Grid
LIED DISCOVERY CHILDRENS MUS	833 N LAS VEGAS BLVD, LAS VEGAS NV	345 - F4
LINCOLN MEM SHRINE	125 W VINE ST, REDLANDS CA	285 - A3
LINDSAY WILDLIFE MUS	1931 1ST AV, WALNUT CREEK CA	247 - D6
LOMITA RAILROAD MUS	2137 W 250TH ST, LOMITA CA	286 - C2
LOMPOC MUS	200 S H ST, LOMPOC CA	198 - A2
LONG BEACH MUS OF ART	2300 E OCEAN BLVD, LONG BEACH CA	360 - F7
LOS ALTOS HIST MUS	51 S SAN ANTONIO RD, LOS ALTOS CA	253 - A2
LOS ANGELES CHILDREN'S MUS	310 N MAIN ST, LOS ANGELES CA	356 - B4
LOS ANGELES COUNTY MUS OF ART	5905 WILSHIRE BLVD, LOS ANGELES CA	281 - C4
LOS ANGELES COUNTY MUS OF ART - WEST	5905 WILSHIRE BLVD, LOS ANGELES CA	281 - C4
LOS ANGELES MARITIME MUS	SAMPSON WY, LOS ANGELES CA	286 - D3
LOST CITY MUS	721 S MOAPA VALLEY BLVD, CLARK CO NV	187 - A3
MADERA COUNTY MUS	210 W YOSEMITE AV, MADERA CA	181 - B2
MALIBU LAGOON MUS	23200 PACIFIC COAST HWY, MALIBU CA	280 - C4
MALKI MUS	11795 FIELDS RD, RIVERSIDE CO CA	208 - C1
MARCH AFB FIELD MUS	VAN BUREN & ESCONDIDO, RIVERSIDE CO CA	285 - A7
MARIN COUNTY HIST SOCIETY MUS	1125 B ST, SAN RAFAEL CA	324 - D6
MARINE CORPS RECRUIT DEPOT COMMAND MUS	1600 HENDERSON AV, SAN DIEGO CA	371 - G10
MARIN MUS OF THE AMERICAN INDIAN	2200 NOVATO BLVD, NOVATO CA	246 - A2
MARITIME MUS	1492 N HARBOR DR, SAN DIEGO CA	373 - D3
MARTINEZ MUS	1005 ESCOBAR ST, MARTINEZ CA	247 - C4
MARY AARON MUS	704 D ST, MARYSVILLE CA	310 - B4
MATURANGO MUS	100 E LAS FLORES AV, RIDGECREST CA	192 - C3
MCAS EL TORO COMMAND MUS	MCAS EL TORO, ORANGE CO CA	288 - C4
MCHENRY MUS	1402 I ST, MODESTO CA	340 - D6
MENDOCINO COUNTY MUS	400 E COMMERCIAL ST, WILLITS CA	168 - A1
MEUX HOME MUS	1007 R ST, FRESNO CA	343 - E7
MINERAL COUNTY MUS	TENTH ST & D ST, MINERAL CO NV	172 - C3
MINGEI INTL MUS	1439 EL PRADO, SAN DIEGO CA	373 - F2
MINING MUS	UNIVERSITY OF NEVADA, RENO, RENO NV	311 - D4
MISSION INN MUS	3696 MAIN ST, RIVERSIDE CA	366 - D4
MODOC COUNTY MUS	600 S MAIN ST, MODOC CO CA	160 - A1
MOJAVE RIVER VALLEY MUS	270 E VIRGINIA WY, BARSTOW CA	369 - C7
MORRIS GRAVES MUS OF ART	F ST, EUREKA CA	300 - D2
MOUSLEY MUS OF NATURAL HIST	35308 PANORAMA DR, YUCAIPA CA	285 - D4
MUS OF AMERICAN HERITAGE	301 HOMER AV, PALO ALTO CA	332 - C5
MUS OF CONTEMPORARY ART	250 S GRAND AV, LOS ANGELES CA	356 - A4
MUS OF CONTEMPORARY ART SAN DIEGO	1001 KETTNER BLVD, SAN DIEGO CA	373 - D4
MUS OF FLYING, THE	2772 DONALD DOUGLAS LP N, SANTA MONICA CA	357 - F1
MUS OF HIST	3150 TYLER AV, EL MONTE CA	282 - C4
MUS OF HIST AND ART, ONTARIO	225 S EUCLID AV, ONTARIO CA	283 - D4
MUS OF LATIN AMERICAN ART	628 ALAMITOS AV, LONG BEACH CA	360 - E6
MUS OF MAN	1350 EL PRADO, SAN DIEGO CA	373 - F2
MUS OF NATURAL HIST	FOREST AV & CENTRAL AV, PACIFIC GROVE CA	337 - D3
MUS OF NATURAL HIST	STATE PARK RD, MORRO BAY CA	271 - A4
MUS OF SAN DIEGO HIST	1649 EL PRADO, SAN DIEGO CA	373 - G2
MUS OF TELEVISION AND RADIO	465 N BEVERLY DR, BEVERLY HILLS CA	354 - D6
MUS OF THE FORGOTTEN WARRIORS	5865 A RD, YUBA CO CA	227 - D6
MUS OF THE TEMPORARY CONTEMPORARY	152 N CENTRAL AV, LOS ANGELES CA	356 - B5
MUS OF TOLERANCE	9786 W PICO BLVD, LOS ANGELES CA	354 - D9
NATL AUTO MUS	10 LAKE ST, RENO NV	311 - D5
NATL STEINBECK CTR	1 MAIN ST, SALINAS CA	336 - B6
NATURAL HIST MUS	1870 EL PRADO, SAN DIEGO CA	373 - G2
NATURAL HIST MUS OF LOS ANGELES C	900 EXPOSITION BLVD, LOS ANGELES CA	355 - C9
NATURAL SCIENCE CTR	553 BELLEVUE AV, OAKLAND CA	330 - C4
NEFF HOME	14300 SAN CRISTOBAL DR, LA MIRADA CA	282 - C7
NETHERCUTT COLLECTION, THE	15200 BLEDSOE ST, LOS ANGELES CA	277 - A6
NEVADA INSTITUTE FOR CONTEMPORARY ART	3455 E FLAMINGO RD, PARADISE NV	268 - D5
NEVADA STATE HIST MUS	DANT BLVD & MANZANITA DR, RENO NV	230 - A3
NEVADA STATE MUS	600 N CARSON ST, CARSON CITY NV	313 - C5
NEVADA STATE MUS	700 TWIN LAKES DR, LAS VEGAS NV	268 - B3
NEVADA STATE RAILROAD MUS	CARSON ST, CARSON CITY NV	313 - D4
NEW ALMADEN MUS	21570 ALMADEN RD, SANTA CLARA CO CA	253 - D6
NEWPORT HARBOR NAUTICAL MUS	151 E COAST HWY, NEWPORT BEACH CA	364 - D7
NORTON SIMON MUS OF ART	411 W COLORADO BLVD, PASADENA CA	359 - B6
NOVATO HIST MUS & ARCHIVES	815 DE LONG AV, NOVATO CA	246 - B2
OAKDALE MUS	212 W F ST, OAKDALE CA	261 - C1
OAKLAND MUS OF CALIFORNIA	1000 OAK ST, OAKLAND CA	330 - B5
OCEANSIDE MUS OF ART	704 PIER VIEW WY, OCEANSIDE CA	292 - A6
OJAI VALLEY HIST SOCIETY AND MUS	130 W OJAI AV, OJAI CA	275 - A1
OLD TIMERS MUS	HWY 4, MURPHYS CA	176 - A2
ORANGE COUNTY MUS OF ART	850 SAN CLEMENTE DR, NEWPORT BEACH CA	364 - G6
ORANGE COUNTY NATURAL HIST MUS	28373 ALICIA PKWY, LAGUNA NIGUEL CA	288 - C7
ORANGE COUNTY SPORTS HALL OF FAME	2000 GENE AUTRY WY, ANAHEIM CA	362 - F5
ORANGE EMPIRE RAILWAY MUS	2201 S A ST, PERRIS CA	289 - B2
ORTEGA-VIEARE ADOBE	428 S MISSION DR, SAN GABRIEL CA	282 - B3
PACIFIC ASIA MUS	46 N LOS ROBLES AV, PASADENA CA	359 - D6
PACIFIC COAST AIR MUS	2330 AIRPORT BLVD, SONOMA CO CA	242 - B1
PACIFIC ELECTRIC PICOVER RAILWAY STA	SHERMAN & WHITAKER, LOS ANGELES CA	281 - A1
PACIFIC HERITAGE MUS	608 COMMERCIAL ST, SAN FRANCISCO CA	326 - E4
PACIFIC NORTHWEST MUS OF HIST	1500 E MAIN ST, ASHLAND OR	149 - C2
PAGE MUS	5801 WILSHIRE BLVD, LOS ANGELES CA	281 - C4
PALACE OF FINE ARTS EXPLORATORIUM	3601 LYON ST, SAN FRANCISCO CA	326 - A2
PALM SPRINGS AIR MUS	745 GENE AUTRY TR, PALM SPRINGS CA	367 - G4
PALM SPRINGS DESERT MUS	101 MUSEUM DR, PALM SPRINGS CA	367 - B6
PALO ALTO JUNIOR MUS & ZOO	1451 MIDDLEFIELD RD, PALO ALTO CA	332 - E5
PALOS VERDES ART CTR	5504 CRESTRIDGE, RANCHO PALOS VERDES CA	286 - C3
PARDEE HOME MUS	672 11TH ST, OAKLAND CA	329 - G5
PASADENA HIST MUS	470 W WALNUT ST, PASADENA CA	359 - B6
PELTON WHEEL MUS	FREEMAN LN & ALLISON RCH, GRASS VALLEY CA	315 - A10
PETALUMA HIST MUS	20 4TH ST, PETALUMA CA	242 - D6
PETALUMA WILDLIFE & NATURAL SCIENCE MUS	201 FAIR ST, PETALUMA CA	242 - D6
PETER, JESSE MUS	1501 MENDOCINO AV, SANTA ROSA CA	321 - E5
PETERSEN AUTOMOTIVE MUS	6060 WILSHIRE BLVD, LOS ANGELES CA	281 - C4
PETTERSON MUS	730 W PLYMOUTH RD, CLAREMONT CA	283 - C3
PIONEER MEM MUS	PRESIDIO & MASONIC, SAN FRANCISCO CA	326 - A5
PLACER CO MUS	291 AUBURN-FOLSOM RD, AUBURN CA	316 - D6
PLANES OF FAME MUS	7000 MERRILL AV, CHINO CA	283 - D5
PLUMAS COUNTY MUS	BUCKS LAKE RD, QUINCY CA	164 - B2
PLUMAS EUREKA PK MUS	JOHNSONVILLE RD, PLUMAS CO CA	164 - C3
PORTERVILLE HIST MUS	257 N D ST, PORTERVILLE CA	191 - B1
PRESIDIO MUS	LINCOLN BL & FUNSTON, SAN FRANCISCO CA	325 - G3
RANCHO LOS CERRITOS HIST SITE	4600 N VIRGINIA RD, LONG BEACH CA	287 - A1
RANDALL MUS	199 MUSEUM WY, SAN FRANCISCO CA	326 - A8
REDDING MUS & ART CTR	56 QUARTZ HILL RD, REDDING CA	301 - E4
REDWOOD NATL PK MUS	1111 2ND ST, CRESCENT CITY CA	297 - D8
RIALTO HIST SOCIETY MUS	205 N RIVERSIDE AV, RIALTO CA	284 - C3
RICHMOND MUS	400 NEVIN AV, RICHMOND CA	246 - D5
RIO VISTA MUS	16 N FRONT ST, RIO VISTA CA	248 - D1
RIPLEY, ROBERT L. MEM MUS	JUILLIARD PARK, SANTA ROSA CA	321 - E8
RIPLEYS MUS	175 JEFFERSON ST, SAN FRANCISCO CA	326 - D2
RIVERSIDE ART MUS	3425 MISSION INN AV, RIVERSIDE CA	366 - D4
RIVERSIDE MUNICIPAL MUS	3720 N ORANGE ST, RIVERSIDE CA	366 - D4
ROOPS FORT MUS	N WEATHERLOW ST, SUSANVILLE CA	304 - C4
ROSICRUCIAN EGYPTIAN MUS & PLANETARIUM	1342 NAGLEE AV, SAN JOSE CA	333 - C7
ROUTE 66 VISITOR CTR & MUS	7965 VINEYARD AV, RANCHO CUCAMONGA CA	283 - D3
ROY ROGERS & DALE EVANS MUS	15650 SENECA RD, VICTORVILLE CA	278 - B1
SACRAMENTO ARCHIVES & MUS COLLECTION	551 SEQUOIA PACIFIC BLVD, SACRAMENTO CA	319 - D1
SAN BERNARDINO COUNTY MUS	2024 ORANGE TREE LN, REDLANDS CA	285 - A3
SAN BUENAVENTURA MISSION MUS	225 E MAIN ST, VENTURA CA	349 - B5
SANCHEZ ADOBE MUS	LINDA MAR BL & ADOBE DR, PACIFICA CA	249 - B5
SAN DIEGO AUTOMOTIVE MUS	2080 PAN AMERICAN PZ, SAN DIEGO CA	373 - F2
SAN DIEGO MODEL RAILROAD MUS	1649 EL PRADO, SAN DIEGO CA	373 - G2
SAN DIEGO MUS OF ART	1450 EL PRADO, SAN DIEGO CA	373 - F2
SAN DIEGO MUS OF CONTEMPORARY ART	700 PROSPECT ST, SAN DIEGO CA	370 - A6
SAN DIEGO RAILROAD MUSUEM	31123 HWY 94, SAN DIEGO CO CA	213 - B2
SAN DIEGUITO HERITAGE MUS	162 RANCHO SANTA FE RD, ENCINITAS CA	293 - B3
SAN FRANCISCO FIRE DEPARTMENT MUS	655 PRESIDIO AV, SAN FRANCISCO CA	326 - A5
SAN FRANCISCO MUS OF MODERN ART	151 3RD ST, SAN FRANCISCO CA	326 - F5
SAN FRANCISCO NATL MARITIME MUS	HYDE ST & JEFFERSON ST, SAN FRANCISCO CA	326 - C2
SAN FRANCISCO PERF ARTS MUS	401 VAN NESS AV, SAN FRANCISCO CA	326 - C6
SAN JACINTO VALLEY MUS	181 E MAIN ST, SAN JACINTO CA	208 - C2
SAN JOSE HIST MUS	1600 SENTER RD, SAN JOSE CA	334 - C10
SAN JOSE MUS OF ART	110 S MARKET ST, SAN JOSE CA	333 - G7
SAN LUIS OBISPO ART CTR	1010 BROAD ST, SAN LUIS OBISPO CA	347 - D5
SAN LUIS OBISPO CHILDRENS MUS	1010 NIPOMO ST, SAN LUIS OBISPO CA	347 - D5
SAN LUIS OBISPO CO HIST MUS	696 MONTEREY ST, SAN LUIS OBISPO CA	347 - D5
SAN MARCOS HIST SOCIETY	270 W SAN MARCOS BLVD, SAN MARCOS CA	292 - C7
SAN MATEO COUNTY HIST ASSOCIATION	777 HAMILTON ST, REDWOOD CITY CA	250 - B7
SANTA BARBARA HIST SOCIETY MUS	136 E DE LA GUERRA ST, SANTA BARBARA CA	348 - E7
SANTA BARBARA MARITIME MUS	6 HARBOR WY, SANTA BARBARA CA	348 - E9
SANTA BARBARA MUS OF ART	1130 STATE ST, SANTA BARBARA CA	348 - D6
SANTA BARBARA MUS OF NATURAL HIST	2559 PUESTA DEL SOL RD, SANTA BARBARA CA	348 - C4
SANTA CLARA HIST MUS	1509 WARBURTON AV, SANTA CLARA CA	253 - C3
SANTA MARIA MUS OF FLIGHT	AIR PARK DR, SANTA MARIA CA	272 - C5
SANTA MONICA MTNS NRA MUS	401 W HILLCREST DR, THOUSAND OAKS CA	206 - C1
SANTA PAULA UNION OIL MUS	1001 E MAIN ST, SANTA PAULA CA	275 - D3
SCHMIDT HOUSE MUS	508 SW 5TH ST, GRANTS PASS OR	149 - B1
SCHMINCK MEM MUS	OFF HWY 395, LAKEVIEW OR	152 - A2
SCOTT MUS	HWY 3 & SWIFT CREEK RD, TRINITY CO CA	157 - C2
SEA CTR MARINE MUS	211 STEARNS WHARF, SANTA BARBARA CA	348 - F8
SERRA MUS	2727 PRESIDIO DR, SAN DIEGO CA	372 - A8
SHADELANDS RANCH HIST MUS	2660 YGNACIO VALLEY RD, WALNUT CREEK CA	247 - D6
SHAFTER DEPOT MUS	150 CENTRAL VALLEY HWY, SHAFTER CA	191 - A3
SHARPSTEEN MUS	1311 WASHINGTON ST, CALISTOGA CA	241 - A7
SIERRA MONO INDIAN MUS	ST 274 & ST 225, MADERA CO CA	182 - A1
SIERRA NEVADA MUS OF ART	549 COURT ST, RENO NV	311 - C6
SIERRA VALLEY MUS	LOYALTON RD, SIERRA CO CA	165 - A3
SILVER WINGS AVIATION MUS AND PLANET	DOUGLAS RD, SACRAMENTO CO CA	236 - A7
SISKIYOU COUNTY MUS	910 S MAIN ST, YREKA CA	217 - A4
SKIRBALL CULTURAL CTR & MUS	2701 N SEPULVEDA BLVD, LOS ANGELES CA	281 - A3
SONOMA COUNTY MUS	425 7TH ST, SANTA ROSA CA	321 - E6
SOUTH COAST RAILROAD MUS	300 LOS CARNEROS RD, GOLETA CA	274 - B7
SOUTHWEST MUS	234 MUSEUM DR, LOS ANGELES CA	282 - A3
SPRING VALLEY HIST MUS	9065 MEMORY LN, SAN DIEGO CO CA	296 - B1
SS LANE VICTORY MEM MUS	BERTH 94, LOS ANGELES CA	286 - D3
STANFORD MUS OF ART	MUSEUM WY, SANTA CLARA CO CA	332 - A6
STANLEY RANCH MUS	12174 EUCLID ST, GARDEN GROVE CA	287 - D2
STATE CAPITOL MUS	10TH & L ST, SACRAMENTO CA	319 - E4
STATE INDIAN MUS	2618 K ST, SACRAMENTO CA	319 - G5
STEVENSON, ROBERT LOUIS SILVERADO MUS	1490 LIBRARY LN, SAINT HELENA CA	243 - B1
STEWART INDIAN MUS	5366 SNYDER AV, CARSON CITY NV	232 - B4
STOREFRONT MUS	486 9TH ST, OAKLAND CA	330 - A5
STRATHEARN MUS	137 STRATHEARN PL, SIMI VALLEY CA	276 - A7
SUSANVILLE HIST RR DPT/B JOHNSON TRLHD	601 RICHMOND RD, SUSANVILLE CA	304 - B5
SWEENEY ART GALLERY	3701 CANYON CREST DR, RIVERSIDE CA	284 - D5
TECH MUS OF INNOVATION, THE	201 S MARKET ST, SAN JOSE CA	333 - G8
TEHACHAPI MUS	310 GREEN ST, TEHACHAPI CA	200 - A1
TEMECULA VALLEY MUS	28314 MERCEDES ST, TEMECULA CA	289 - C7
TIMKEN MUS OF ART	1500 EL PRADO, SAN DIEGO CA	373 - G2
TOWE AUTO MUS	2200 FRONT ST, SACRAMENTO CA	319 - B5
TRAVELTOWN MUS	5200 ZOO DR, LOS ANGELES CA	352 - A1
TRAVIS AFB MUS	661 E ST, FAIRFIELD CA	244 - D6
TREASURE ISLAND MUS	410 AV OF THE PALMS, SAN FRANCISCO CA	249 - D1
TREES OF MYSTERY	OFF REDWOOD HWY, DEL NORTE CO CA	156 - B1
TRITON MUS OF ART	1505 WARBURTON AV, SANTA CLARA CA	253 - C3
TULARE COUNTY MUS	27000 S MOONEY BLVD, VISALIA CA	266 - B3
TULARE HIST MUS	444 TULARE AV, TULARE CA	266 - B5
TUOLUMNE COUNTY MUS	158 W BRADFORD ST, SONORA CA	341 - D5
TWENTY MULE TEAM MUS	26962 TWENTY MULE TEAM RD, KERN CO CA	200 - C1
UCR CALIFORNIA MUS OF PHOTOGRAPHY	3824 MAIN ST, RIVERSIDE CA	366 - D4
USS HORNET MUS	PIER 3 ALAMEDA POINT, ALAMEDA CA	329 - D9
VACAVILLE MUS	213 BUCK AV, VACAVILLE CA	244 - D4
VAGLE, MARY MUS AND NATURE CTR	11501 CYPRESS AV, FONTANA CA	284 - B4
VALLEJO NAVAL & HIST MUS	734 MARIN ST, VALLEJO CA	247 - A2
VENTURA COUNTY MARITIME MUS	2731 S VICTORIA AV, OXNARD CA	275 - B7
VENTURA COUNTY MUS OF HIST & ART	100 E MAIN ST, VENTURA CA	349 - A5
VICTOR VALLEY MUS & ART GALLERY	11873 APPLE VALLEY RD, APPLE VALLEY CA	278 - C2
WELLS FARGO HIST MUS	400 CAPITOL MALL, SACRAMENTO CA	319 - D4
WESTERN AEROSPACE MUS	8260 BOEING ST, OAKLAND CA	331 - C5
WEST KERN OIL MUS	1168 WOOD ST, KERN CO CA	199 - A1
WORKMAN & TEMPLE HOMESTEAD MUS	15415 DON JULIAN RD, CITY OF INDUSTRY CA	282 - D5
WORLD WAR II FLYING MUS	1850 JOE CROSSON DR, EL CAJON CA	294 - B7
YERBA BUENA CTR FOR THE ARTS	701 MISSION ST, SAN FRANCISCO CA	326 - F5
YOLO COUNTY HIST MUS	512 GIBSON RD, WOODLAND CA	234 - B5
YOSEMITE WILDLIFE MUS	2040 YOSEMITE PARK WY, MERCED CA	181 - A1
ZALUD HOUSE MUS	393 N HOCKETT ST, PORTERVILLE CA	191 - B1

CRA INDEX

449 POINTS OF INTEREST PARKS & RECREATION

OPEN SPACE PRESERVES

FEATURE NAME	City State	Page-Grid
AGUA TIBIA WILDERNESS AREA	RIVERSIDE CO CA	208 - C3
ANSEL ADAMS WILDERNESS AREA	MONO CO CA	263 - A2
BAYLANDS NATURE PRESERVE	EMBARCADERO RD, EAST PALO ALTO CA	332 - G1
BEAR, MARIAN MEM NATURAL PK	REGENTS RD, SAN DIEGO CA	370 - G8
BIGHORN SHEEP PRESERVE	FRANK SINATRA & HWY 111, RANCHO MIRAGE CA	290 - B5
BIG MORONGO CANYON PRESERVE	29 PALMS HWY, SAN BERNARDINO CO CA	209 - A1
BISHOP PEAK NATURAL RESERVE	FOOTHILL BL & OCONNOR, SAN LUIS OBISPO CA	347 - A1
BLACK DIAMOND MINES REGL PRESERVE	FREDERICKSON LN, CONTRA COSTA CO CA	248 - B5
BLACK MTN PK	BLACK MOUNTAIN RD, SAN DIEGO CA	293 - D3
BLUE SKY CANYON ECOLOGICAL RESERVE	ESPOLA RD & GREEN VALLEY TKTR, POWAY CA	294 - A3
BOLSA CHICA ECOLOGICAL RESERVE	17851 PACIFIC COAST HWY, ORANGE CO CA	287 - C4
BOX SPRINGS MTN RESERVE	9699 BOX SPRINGS MTN RD, RIVERSIDE CO CA	285 - A5
CACTUS PLAIN WILDERNESS	HWY 72, LA PAZ CO AZ	211 - C1
CARIBOU WILDERNESS AREA	OFF MOONEY RD, LASSEN CO CA	164 - A1
CARMEL RIVER LAGOON & WETLANDS	SCENIC RD & VLY VIEW AV, MONTEREY CO CA	338 - B5
CASCADE CANYON OPEN SPACE PRESERVE	FAIRFAX-BOLINAS RD, MARIN CO CA	246 - A4
CERRO SAN LUIS NATURAL RESERVE	EL CM REAL & MARSH ST, SAN LUIS OBISPO CA	347 - C5
CHEMISE MTN PRIMITIVE AREA	CHEMISE MOUNTAIN RD, HUMBOLDT CO CA	161 - B2
CLAREMONT CANYON REGL PRESERVE	CLAREMONT AV, OAKLAND CA	328 - D6
CLAREMONT HILLS WILDERNESS PK	PALMER CANYON RD, CLAREMONT CA	283 - C2
COACHELLA VALLEY PRESERVE	THOUSAND PALMS CANYON RD, RIVERSIDE CO CA	290 - D3
COSUMNES RIVER PRESERVE	THORNTON RD, SACRAMENTO CO CA	238 - C6
CUCAMONGA WILDERNESS	LYTLE CREEK RD, SAN BERNARDINO CO CA	283 - D1
DALEY RANCH	LA HONDA DR, ESCONDIDO CA	292 - D6
DESERT TORTOISE NATURAL AREA	MUNSEY RD, KERN CO CA	200 - C1
DESERT VIEW NATURAL ENVIRONMENT AREA	US HWY 95 & HWY 156, CLARK CO NV	186 - A3
DESOLATION WILDERNESS AREA	EL DORADO CO CA	231 - A6
DEUKMEJIAN WILDERNESS PK	5142 DUNSMORE, GLENDALE CA	277 - D7
DOME LAND WILDERNESS AREA	HWY 78, TULARE CO CA	192 - A2
EAST CACTUS PLAIN WILDERNESS	HWY 72, LA PAZ CO AZ	211 - C1
EL CAPITAN COUNTY OPEN SPACE PRESERVE	WILDCAT CANYON RD, SAN DIEGO CO CA	294 - D5
EL CORTE DE MADERA OPEN SPACE	SKYLINE BLVD, SAN MATEO CO CA	252 - B2
ELFIN FOREST ECOLOGICAL PRESERVE	SOUTH BAY BLVD, SAN LUIS OBISPO CO CA	271 - A4
EL MODENA OPEN SPACE	CANNON ST, ORANGE CA	288 - B2
EMIGRANT PRIMITIVE AREA	TUOLUMNE CO CA	176 - C1
FITZGERALD MARINE RESERVE	BEACH WY, SAN MATEO CO CA	249 - B7
GIACOMINI, GARY OPEN SPACE PRESERVE	SAN GERONIMO RIDGE RD, MARIN CO CA	246 - A4
GOLDEN SHORE WILDLIFE PRESERVE	101 GOLDEN SHORE, LONG BEACH CA	360 - B7
GRIZZLY PEAK OPEN SPACE	TUNNEL RD, OAKLAND CA	328 - F7
HARFORD SPRINGS RESERVE	GAVILAN RD, RIVERSIDE CO CA	289 - A1
HEADWATERS FOREST RESERVE	ELK RIVER RD, HUMBOLDT CO CA	219 - C6
HELLHOLE CYN CO OPEN SPACE PRESERVE	KIAVO DR & SANTEE LN, SAN DIEGO CO CA	208 - C3
HOOVER WILDERNESS AREA	MONO CO CA	177 - A1
HUCKLEBERRY BOTANIC REGL RESERVE	PINEHURST RD, CONTRA COSTA CO CA	247 - B7
HUCKLEBERRY HILL NATURE PRESERVE	WR HOLMAN HWY & MORSE DR, MONTEREY CA	337 - D6
IGNACIO VALLEY OPEN SPACE PRESERVE	CHICKEN SHACK FIRE RD, NOVATO CA	246 - A3
INDIAN TREE OPEN SPACE PRESERVE	MARIN CO CA	246 - A2
INDIAN VALLEY OPEN SPACE PRESERVE	INDIAN VALLEY RD, MARIN CO CA	246 - B2
IRISH HILLS NATURAL RESERVE	PREFUMO CANYON RD, SAN LUIS OBISPO CA	347 - A9
KAISER WILDERNESS AREA	FRESNO CO CA	182 - A1
KALMIOPSIS WILDERNESS	CURRY CO OR	148 - C2
KERN NATL WILDLIFE REFUGE	CORCORAN RD & GARCES HWY, KERN CO CA	190 - C2
KING RANGE NATL CONSERVATION AREA	MENDOCINO CO CA	161 - B2
LA HONDA CREEK OPEN SPACE	LA HONDA RD, SAN MATEO CO CA	252 - C2
LA JOLLA NATURAL PK	COUNTRY CLUB DR, SAN DIEGO CA	370 - C6
LAKE MATHEWS ESTELLE MTN RESERVE	13225 CAJALCO RD, RIVERSIDE CO CA	284 - C7
LAS TRAMPAS REGL WILDERNESS	BOLLINGER CANYON RD, CONTRA COSTA CO CA	250 - D1
LEONA REGL OPEN SPACE	CAMPUS DR, OAKLAND CA	250 - C1
LIME RIDGE OPEN SPACE	YGNACIO VALLEY RD, WALNUT CREEK CA	248 - A5
LOMA ALTA OPEN PRESERVE	BAYWOOD CANYON RD, MARIN CO CA	246 - A4
LOMA VERDE OPEN SPACE PRESERVE	CHICKEN SHACK FIRE RD, NOVATO CA	246 - B3
LONG RIDGE OPEN SPACE	SKYLINE BLVD, SAN MATEO CO CA	252 - D4
LOS OSOS OAKS STATE RESERVE	LOS OSOS VALLEY RD, SAN LUIS OBISPO CO CA	271 - B5
LOS PENASQUITOS CANYON PRESERVE	12020 BLACK MOUNTAIN RD, SAN DIEGO CA	293 - C5
LUCAS VALLEY PRESERVE	LUIZ FIRE RD, MARIN CO CA	246 - A3
MARBLE MTN WILDERNESS AREA	OFF SCOTT RIVER RD, SISKIYOU CO CA	157 - B1
MIDDLE FORK FEATHER WILD & SCENIC RIVER	PLUMAS CO CA	165 - A3
MINARETS WILDERNESS AREA	MADERA CO CA	177 - A3
MISSION TRAILS REGL PK	7300 FATHER JUN SERRA TR, SAN DIEGO CA	294 - A6
MODJESKA CANYON NATURE PRESERVE	MODJESKA CANYON RD, ORANGE CO CA	288 - D3
MOJAVE NATL PRESERVE	KELBAKER RD, SAN BERNARDINO CO CA	203 - A1
MOKELUMNE WILDERNESS AREA	ALPINE CO CA	171 - B3
MONTE BELLO OPEN SPACE	SKYLINE BLVD, PALO ALTO CA	252 - D4
MTN LAKES WILDERNESS	KLAMATH CO OR	150 - B2
MOUNT BURDELL OPEN SPACE PRESERVE	SAN MARIN DR & SAGE CT, NOVATO CA	246 - A1
MOUNT CHARLESTON WILDERNESS	HWY RTE 156, CLARK CO NV	195 - A1
MOUNT GOWER COUNTY OPEN SPACE PRESERVE	GUNN STAGE RD, SAN DIEGO CO CA	294 - D2
MOUNT NUTT WILDERNESS AREA	OATMAN-TOPOCK HWY, MOHAVE CO AZ	204 - B1
MOUNT SAN JACINTO STATE WILDERNESS	BANNING IDYLLWILD RD, RIVERSIDE CO CA	209 - A2
MUIR, JOHN WILDERNESS AREA	FRESNO CO CA	177 - B3
MUIR, JOHN WILDERNESS AREA	INYO CO CA	183 - A2
MUIR, JOHN WILDERNESS AREA	MONO CO CA	263 - D7
NATURE AREA	JOHNSON DR, MARYSVILLE CA	310 - A5
NEEDLES WILDERNESS AREA	HWY 40, MOHAVE CO AZ	204 - B2
NEW WATER MTNS WILDERNESS	LA PAZ CO AZ	211 - C2
NORTH LAGUNA CREEK WILDLIFE AREA	SHELDON RD & CENTER PKWY, SACRAMENTO CA	238 - B3
NORTON YOUNGLOVE RESERVE	IRONWOOD AV, RIVERSIDE CO CA	285 - C5
OAK OASIS COUNTY OPEN SPACE PRESERVE	12620 WILDCAT CANYON RD, SAN DIEGO CO CA	294 - C5
OHLONE REGL WILDERNESS	NEAR LAKE DEL VALLE, ALAMEDA CO CA	251 - C7
OPEN SPACE	LAUREL ST & N HARBOR DR, SAN DIEGO CA	373 - C2
OPEN SPACE	S AUTO PLAZA DR, SAN BERNARDINO CA	368 - C8
OTAY COUNTY OPEN SPACE PRESERVE	WUESTE RD, SAN DIEGO CO CA	296 - C4
POGONIP OPEN SPACE PRESERVE	COOLIDGE & MCLAUGHLIN, SANTA CRUZ CA	335 - B3
POINT PINOLE REGL SHORELINE	GIANT HWY & SOBRANTE AV, RICHMOND CA	246 - D4
PULGAS RIDGE OPEN SPACE	HASSLER RD, SAN MATEO CO CA	250 - A7
PURISIMA CREEK REDWOODS OPEN SPACE	PURISIMA CREEK RD, SAN MATEO CO CA	252 - B1
RAINBOW BASIN NATL NATURAL LANDMARK	SAN BERNARDINO CO CA	201 - B1
RANCHO MISSION VIEJO ECOLOGICAL RES	CRISTIANTOS RD, ORANGE CO CA	291 - B1
RAVENSWOOD OPEN SPACE PRESERVE	HWY 84 & UNIVERSITY AV, MENLO PARK CA	250 - C7
RED ROCK CANYON NATL CONSERVATION AREA	HWY RTE 159, CLARK CO NV	195 - A1
RIP VAN WINKLE OPEN SPACE	CONGRESS AV & SUNSET DR, PACIFIC GROVE CA	337 - C5
ROSE CANYON OPEN SPACE	GENESEE AV, SAN DIEGO CA	370 - F6
RUSH CREEK OPEN SPACE PRESERVE	ATHERTON AV, MARIN CO CA	246 - B2
RUSSIAN RIDGE OPEN SPACE	SKYLINE BLVD, SAN MATEO CO CA	252 - D3
SAN ELIJO LAGOON CO PK & ECOL PRES	MANCHESTER AV OFF S D FRWY, ENCINITAS CA	293 - B3
SAN GABRIEL WILDERNESS AREA	OFF ANGELES CREST HWY, LOS ANGELES CO CA	200 - C3
SAN GORGONIO WILDERNESS AREA	SAN BERNARDINO CO CA	285 - D2
SAN JACINTO WILDERNESS AREA	BANNING IDYLLWILD RD, RIVERSIDE CO CA	209 - A2
SAN LUIS CREEEK OPEN SPACE	HWY 1, SAN LUIS OBISPO CA	347 - C6
SAN MATEO CANYON WILDERNESS	ORTEGA HWY, RIVERSIDE CO CA	289 - A6
SAN PEDRO MTN OPEN SPACE PRESERVE	WOODOAKS DR, MARIN CO CA	324 - F3
SANTA MARGARITA ECOLOGICAL RESERVE	RED MOUNTAIN TKTR, RIVERSIDE CO CA	292 - C1
SANTA MARGARITA ISLAND OPEN SPACE PRES	VENDOLA DR, MARIN CO CA	324 - E2
SANTA ROSA PLATEAU ECOLOGICAL RESERVE	22115 TENAJA RD, RIVERSIDE CO CA	289 - B7
SANTA ROSA WILDERNESS	PINES TO PALMS HWY, RIVERSIDE CO CA	209 - B2
SANTA VENETIA MARSH OPEN SPACE PRES	VENDOLA DR & SAND PEDRO RD, MARIN CO CA	324 - G1
SCRIPPS, JAMES BLUFF PRESERVE	CM DL MAR, DEL MAR CA	293 - B4
SEAL ROCK RESERVE	COAST BLVD, SAN DIEGO CA	370 - A6
SESPE CONDOR PRESERVE	VENTURA CO CA	276 - A2
SHELL RIDGE OPEN SPACE	MARSHALL DR, WALNUT CREEK CA	247 - D6
SIBLEY VOLCANIC REGL PRESERVE	SKYLINE BLVD, CONTRA COSTA CO CA	328 - G7
SINKYONE WILDERNESS STATE PK	MENDOCINO CO CA	161 - B2
SKY LAKES WILDERNESS	KLAMATH CO OR	150 - B1
SKYLINE RIDGE OPEN SPACE	SKYLINE BLVD, SAN MATEO CO CA	252 - D4
SMITHE REDWOODS STATE RESERVE	MENDOCINO CO CA	161 - C2
SOBRANTE RIDGE REGL PRESERVE	CASTRO RANCH RD, RICHMOND CA	247 - A5
SOLEDAD NATURAL PK	ARDATH RD & I-5, SAN DIEGO CA	370 - F7
SOUTH HILLS OPEN SPACE	EXPOSITION & WOODBRDG, SN LUIS OBISPO CA	347 - D7
SOUTH WARNER WILDERNESS AREA	MODOC CO CA	160 - B1
SUNOL REGL WILDERNESS	GEARY RD, ALAMEDA CO CA	251 - B6
SUNRISE MTN NATURAL AREA	HWY 147, CLARK CO NV	269 - A4
SYCAMORE CANYON COUNTY OPEN SPACE PRES	13920 HIGHWAY 67, SAN DIEGO CO CA	294 - B4
SYCAMORE CANYON WILDERNESS PK	CENTRAL AV, RIVERSIDE CA	284 - D6
TECOLOTE CANYON NATURAL PK	TECOLOTE CANYON, SAN DIEGO CA	372 - A1
TERRA LINDA-SLEEPY HOLLOW DVD OPEN SPC	DEL GANADO RD, SAN RAFAEL CA	324 - A4
THOUSAND LAKES WILDERNESS AREA	SHASTA CO CA	222 - A1
TIJUANA RIV NATL ESTUARINE SANCTUARY	SUNSET AV, SAN DIEGO CA	295 - D5
TILDEN NATURE STUDY AREA	CANTRAL PARK DR, CONTRA COSTA CO CA	328 - B1
TORREY PINES STATE RESERVE	N TORREY PINES RD, SAN DIEGO CA	293 - B5
TRINITY ALPS WILDERNESS AREA	TRINITY CO CA	157 - C2
UNIV BOTANICAL GARDENS	CENTENNIAL DR, OAKLAND CA	328 - E5
UC NATURAL RESERVE SYSTEM	CAMPUS DR, IRVINE CA	363 - F7
UCSC HABITAT RESERVE	RESERVATION RD & CRESCENT AV, MARINA CA	258 - D2
UPPER NEWPORT BAY ECOLOGICAL PRESERVE	UNIVERSITY & JAMBOREE, NEWPORT BEACH CA	364 - F2
WABAYUMA PEAK WILDERNESS AREA	HWY 40, MOHAVE CO AZ	204 - C1
WARM SPRING WILDERNESS AREA	OATMAN-TOPOCK HWY, MOHAVE CO AZ	204 - B1
WHITES HILL OPEN SPACE PRESERVE	SIR FRANCIS DRAKE BLVD, MARIN CO CA	246 - A4
WILD ROGUE WILDERNESS	NFD RD 23, CURRY CO OR	148 - C1
YOLLA BOLLY MIDDLE EEL WILDERNESS AREA	TRINITY CO CA	162 - B2

PARKS & RECREATION

FEATURE NAME	City State	Page-Grid
4TH AV PK	4TH AV & SAN JOSE WY, SACRAMENTO CA	320 - A8
7TH & WALNUT PK	7TH AV & WALNUT ST, SAN BRUNO CA	327 - D3
7TH AV PK	6TH AV & 7TH AV, SAN BRUNO CA	327 - D3
9TH STREET PK	W 9TH ST & N GARNER AV, SAN BERNARDINO CA	368 - B2
14TH STREET PK	E 14TH ST & N LONG BCH BL, LONG BEACH CA	360 - C5
20/30 PK	HENDERSON ST, EUREKA CA	300 - C4
21ST AV PKWY	21ST AV & 65TH ST STXP, SACRAMENTO CA	320 - C10
25TH ST MINI PK	25TH ST, OAKLAND CA	330 - A3
38TH & NORMANDIE PK	S NORMANDIE AV, LOS ANGELES CA	355 - B10
88TH AVENUE MINI PK	88TH AV & PLYMOUTH ST, OAKLAND CA	331 - G2
ADAMS PK	ADAMS AV & 7TH ST, EL CENTRO CA	375 - D6
ADAMS PK	HARRISON ST & GRAND AV, OAKLAND CA	330 - B4
ADAMS, SPENCER PK	1216 DE LA VINA ST, SANTA BARBARA CA	348 - D6
ADMIRALTY PK	ADMIRALTY WY, LOS ANGELES CO CA	357 - F5
ADMIRAL WM H STANDLEY STATE REC AREA	MENDOCINO CO CA	161 - C3
AGUA VISTA PK	TERRY A FRANCIOS BL, SAN FRANCISCO CA	326 - G8
AGUILAR PK	PICO AV, EL CENTRO CA	375 - B4
AHJUMAWI LAVA SPRINGS STATE PK	SHASTA CO CA	159 - A2
ALAMEDA PK	1400 SANTA BARBARA ST, SANTA BARBARA CA	348 - D6
ALAMEDA PK	CENTRAL AV & LINCOLN AV, ALAMEDA CA	329 - E9
ALAMO SQUARE	FULTON ST & SCOTT ST, SAN FRANCISCO CA	326 - B6
ALBERT PK	B ST & TREANOR ST, SAN RAFAEL CA	324 - D7
ALCATRAZ STATE PK	SAN FRANCISCO CA	246 - C7
ALISO & WOOD CANYONS WILDERNESS PK	28373 ALICIA PKWY, ORANGE CO CA	365 - F4
ALISO CANYON PK	RINALDI ST, LOS ANGELES CA	276 - D6
ALL-AMERICAN SPORTPARK	S LS VEGAS BL & E SUNSET, ENTERPRISE NV	346 - C10
ALLENDALE PK	1130 S MARENGO AV, PASADENA CA	359 - D9
ALLEN, DENNIS V PK	800 BOUNDARY ST, SAN DIEGO CA	374 - D4
ALLYNE PK	GOUGH ST & GREEN ST, SAN FRANCISCO CA	326 - C3
ALMADEN QUICKSILVER COUNTY PK	ALMADEN & ALAMITOS, SANTA CLARA CO CA	253 - D6
ALPINE PK	817 YALE ST, LOS ANGELES CA	356 - B3
ALTA HEIGHTS PK	EAST AV & SUMMIT AV, NAPA CA	323 - F5
ALTA LAGUNA PK	ALTA LAGUNA BLVD, LAGUNA BEACH CA	365 - E2
ALTA PK	ALTURAS ST, YUBA CITY CA	309 - F4
ALTA PLAZA	JACKSON ST & SCOTT ST, SAN FRANCISCO CA	326 - B4
AMBASSADOR PK	100 W CABRILLO BLVD, SANTA BARBARA CA	348 - E8
AMERICAN LEGION PK	1000 ELM ST, STOCKTON CA	339 - C5
AMERICAN RIVER PARKWAY	AMBASSADOR DR & ELMANTO DR, SACRAMENTO CA	320 - D3
ANDERSON PK	MORTON & MCDONALD, NORTH LAS VEGAS NV	345 - C1
ANDREW MOLERA STATE PK	CABRILLO HWY, MONTEREY CO CA	188 - B1
ANGELES NATL FOREST	LOS ANGELES CO CA	283 - B1
ANGEL ISLAND STATE PK	TIBURON CA	246 - C7
ANNADEL STATE PK	6201 CHANNEL DR E, SONOMA CO CA	242 - D2
ANO NUEVO STATE PK	WHITE HOUSE CREEK RD, SAN MATEO CO CA	252 - B6
ANO NUEVO STATE RESERVE	NEW YEARS CREEK RD, SAN MATEO CO CA	252 - B7
ANTELOPE PK	MULBERRY AV & WOODLIE DR, TEHAMA CO CA	303 - G3
ANZA-BORREGO DESERT STATE PK	BORREGO-SALTON SEAWAY, SAN DIEGO CO CA	209 - B3
ARBOLITOS SPORT FIELDS	POMERADO RD & TED WILLIAMS PKW, POWAY CA	294 - A4
ARCATA BALL PK	9TH ST & F ST, ARCATA CA	299 - C7
ARCATA CITY PLAZA	8TH ST & G ST, ARCATA CA	299 - C7
ARCATA COMM PK & SPORTS COMPLEX	SAMOA BLVD & UNION ST, ARCATA CA	299 - C7
ARCATA COMM FOREST	FICKLE HILL RD, ARCATA CA	299 - F6
ARCATA SKATEBOARD PK	JAY ST, ARCATA CA	299 - C6
ARDMORE PLGD PK	3250 SAN MARINO ST, LOS ANGELES CA	355 - B5

CRA INDEX

PARKS & RECREATION — POINTS OF INTEREST — PARKS & RECREATION 450

FEATURE NAME	City State	Page-Grid
ARENA GREEN PK	W SANTA CLARA ST & N RIV ST, SAN JOSE CA	333 - F7
ARGONNE PLGD	19TH AV, SAN FRANCISCO CA	325 - D6
ARMSTRONG REDWOODS STATE PK	ARMSTRONG WOODS RD, SONOMA CO CA	239 - D7
ARNETT PK	MORELAND AV & PIEDMONT, PACIFIC GRV CA	337 - C6
ARNOLD FIELD	SONOMA CA	322 - E6
ARROYO PK	ARROYO DR & PAS FWY, SOUTH PASADENA CA	359 - A10
ARROYO PK	SHASTA DR & OLYMPIC DR, DAVIS CA	318 - A4
ARROYO VERDE PK	FOOTHILL RD, VENTURA CA	275 - A4
ARROYO VIEJO REC AREA	7701 KRAUSE AV, OAKLAND CA	331 - G1
ARUNDELL LINEAR PK	ARUNDELL AV, VENTURA CA	349 - G7
ASHBY PK	ASHBY AV & OXFORD WY, MODESTO CA	340 - E4
ASHLAND PK	1650 ASHLAND AV, SANTA MONICA CA	357 - D2
ASHWOOD PK	ASH AV, INGLEWOOD CA	358 - G6
ASPEN GREENBELT	SHASTA DR & DENALI DR, DAVIS CA	318 - A4
ATHERTON PK	QUAIL LKS DR & GROUSE RUN, STOCKTON CA	339 - A1
ATHOL PLAZA	LAKESHORE AV & FOOTHILL BLVD, OAKLAND CA	330 - C5
AUBURN STATE REC AREA	I-80, EL DORADO CO CA	236 - C1
AUBURN STATE REC AREA	I-80, PLACER CO CA	316 - G1
AUSTIN, AUBREY E JR PK	VIA MARINA & CHNL WK, LOS ANGELES CO CA	357 - F8
AUSTIN CREEK STATE REC AREA	ARMSTRONG WOODS RD, SONOMA CO CA	239 - C6
AZALEA PK	2596 VIOLET ST, SAN DIEGO CA	374 - D2
AZALEA RESERVE STATE PK	AZALEA AV & CHAPEL HL RD, HUMBOLDT CO CA	219 - C1
BACKESTO PK	N 13TH ST & E EMPIRE ST, SAN JOSE CA	334 - A5
BAKER PK	SAINT LOUIS AV & 10TH ST, LAS VEGAS NV	345 - F9
BALBOA PK	6TH ST & EL PRADO, SAN DIEGO CA	373 - G2
BALL, FRANK H PLGD	760 MONO ST, FRESNO CA	343 - C9
BALL PK	FRANKLIN ST & FIGUERO ST, MONTEREY CA	337 - G7
BANDEL, L C PK	10TH ST & ALAMEDA BLVD, CORONADO CA	373 - B8
BARBARA BENNETT PK	400 ISLAND AV, RENO NV	311 - C6
BARBIER, HARRY A MEM PK	MOUNTAIN VIEW AV, SAN RAFAEL CA	324 - G4
BARISTO PK	SANTURINO & CL EL SEGUNDO, PALM SPGS CA	367 - C6
BARNSDALL PK	4800 HOLLYWOOD BLVD, LOS ANGELES CA	352 - C8
BAROLDI/SYCAMORE PK	6616 CERRITOS AV, CYPRESS CA	361 - B10
BARRINGTON REC CTR	333 S BARRINGTON AV, LOS ANGELES CO CA	353 - D5
BASEBALL PK	17 MILE DR & PICO AV, PACIFIC GROVE CA	337 - C3
BASIN PK	E 17TH RD, MARYSVILLE CA	310 - D2
BASKIN, BOB PK	W OAKEY BLVD & VALMORA ST, LAS VEGAS NV	345 - A9
BATAAN PK	W MARKET ST & N MAIN ST, SALINAS CA	336 - B6
BAYFRONT PK	BAYSHORE HWY & E MILLBRAE AV, MILLBRAE CA	327 - G7
BAYSHORE CIRCLE PK	N BAYSHORE CIR, SAN BRUNO CA	327 - C2
BAYSIDE DRIVE PK	BAYSIDE DR, NEWPORT BEACH CA	364 - G9
BAYSIDE PK	LERIDA AV & CUARDO AV, MILLBRAE CA	327 - F7
BAYVIEW PK	1ST ST & I AV, CORONADO CA	373 - C6
BAYVIEW PK	BAYVIEW AV & MESA DR, NEWPORT BEACH CA	363 - C8
BEACH PK	21ST ST & OAK ST, BAKERSFIELD CA	344 - A4
BEACH PK	2600 BARNARD WY, SANTA MONICA CA	357 - B3
BEACH PK	FRANCISCO BLVD, SAN RAFAEL CA	324 - F7
BEALE PK	ORLEANDER AV & DRACENA ST, BAKERSFIELD CA	344 - C6
BEAN, BILL C PK	17TH AV & 73RD ST, SACRAMENTO CA	320 - F10
BEARD BROOK PK	S MORTON BLVD & 12TH ST, MODESTO CA	340 - E7
BEAT PK	MT SHASTA CIR, BUENA PARK CA	361 - B8
BEGIN PLAZA	21ST ST & SAN PABLO AV, OAKLAND CA	330 - A4
BEGONIA PK	BEGONIA AV & BAYSIDE DR, NEWPORT BEACH CA	364 - G9
BEL AIRE PK	BEL AIRE DR & CAMBRIDGE DR, BURBANK CA	350 - G4
BELLA VISTA REC AREA	2450 11TH AV, OAKLAND CA	330 - D5
BELLE TERRACE PK	BELL TER & COTTONWOOD RD, KERN CO CA	344 - G9
BELLEVUE PK	826 LUCILE AV, LOS ANGELES CA	352 - D10
BELLIS PK	7171 8TH ST, BUENA PARK CA	361 - C1
BELL STREET PK	BELL ST & UNIV AV, EAST PALO ALTO CA	332 - E2
BENICIA STATE REC AREA	I-780 & DILLION RD, BENICIA CA	247 - B3
BENNETT PK	561 CANAL ST, PLACERVILLE CA	317 - D4
BERCUT EQUITATION FIELD	JF KENNEDY DR, SAN FRANCISCO CA	325 - B7
BERNAL PK	E HEDDING ST & N 7TH ST, SAN JOSE CA	333 - G4
BERWICK PK	OCEAN VW BL & CARMEL AV, PACIFIC GROVE CA	337 - E3
BETHANY RESERVOIR STATE REC AREA	CHRISTENSEN RD, ALAMEDA CO CA	174 - C3
BEVERLY GARDENS PK	SANTA MONICA BLVD, BEVERLY HILLS CA	354 - D6
BICENTENNIAL PK	AUBURN-FOLSOM RD, AUBURN CA	316 - D6
BICENTENNIAL PK	RANGE AV & RUSSELL AV, SANTA ROSA CA	321 - C3
BIDWELL PK	CHICO CA	306 - F2
BIEBRACH PK	W VIRGINIA ST & DELMAS AV, SAN JOSE CA	333 - G9
BIG BASIN REDWOODS STATE PK	21600 BIG BASIN WY, SANTA CRUZ CO CA	252 - C6
BIG BEND STATE REC AREA	NEEDLES HWY, CLARK CO NV	270 - B2
BIGBY VILLA PK	1329 E FLORENCE AV, FRESNO CA	343 - D10
BIJOU COMM PK	AL TAHOE BLVD, SOUTH LAKE TAHOE CA	314 - C6
BIXBY PK	CHERRY AV & E OCEAN BLVD, LONG BEACH CA	360 - F7
BLACKBURN-TALLEY PK	GARDEN HWY AT BURNS DR, YUBA CITY CA	309 - F9
BLANCO PK	OVERLAND AV & SAWTELLE BL, CULVER CITY CA	358 - D1
BLISS MEM STATE PK	EMERALD BAY RD, EL DORADO CO CA	231 - B6
BLODGETT EXPERIMENTAL FOREST	EL DORADO CO CA	237 - D1
BLOOMFIELD PK	ZEHNDNER AV, ARCATA CA	299 - B6
BLUEBIRD PK	BLUEBIRD CANYON DR, LAGUNA BEACH CA	365 - D5
BLUE ROCK SPRINGS CORRIDOR	REDWOOD PKWY & ASCOT PKWY, VALLEJO CA	247 - B2
BLUFF PK	E OCEAN BLVD & REDONDO AV, LONG BEACH CA	360 - G7
BOARDMAN, SAMUEL H STATE PK	OREGON COAST HWY, CURRY CO OR	148 - A2
BOAT CANYON PK	HLCRST DR & DOLPHIN WY, LAGUNA BEACH CA	365 - A3
BOEDDEKER PK	JONES ST & EDDY ST, SAN FRANCISCO CA	326 - D5
BOGGS MTN ST FOREST	LAKE CO CA	240 - D2
BOGGS TRACT PK	SONORA ST & LOS ANGELES, SN JOAQUIN CO CA	339 - C9
BOHNETT PK	600 W ANAPAMU ST, SANTA BARBARA CA	348 - C7
BOISSERANC PK	DALE ST & PARK SIDE LN, BUENA PARK CA	361 - F3
BOL PK	LAGUNA AV & LAGUNA CT, PALO ALTO CA	332 - E9
BOLSA PK	OLD NEWPT BL & BOLSA AV, NEWPORT BEACH CA	364 - A5
BONDS, BOBBY PARK & SPORTS COMPLEX	2060 UNIVERSITY AV, RIVERSIDE CA	366 - F5
BONELLI, FRANK G REGL COUNT	120 PARK RD, SAN DIMAS CA	283 - B3
BONITA CREEK PK	UNIVERSITY DR & LA VIDA, NEWPORT BEACH CA	363 - E9
BORDER FIELD STATE PK	MONUMENT RD, IMPERIAL BEACH CA	295 - D5
BORDWELL PK	2008 ML KING JR BL, RIVERSIDE CA	366 - F6
BOTHE-NAPA VALLEY STATE PK	BALE LN & HWY 29, NAPA CO CA	241 - A7
BOULWARE PK	390 FERNANDO AV, PALO ALTO CA	332 - E8
BOWDEN PK	ALMA ST & CALIFORNIA AV, PALO ALTO CA	332 - E7
BOWLING GREEN PK	474 EMBARCADERO RD, PALO ALTO CA	332 - D5
BOYD MEM PK	B ST & MISSION AV, SAN RAFAEL CA	324 - D6
BOYLE HEIGHTS SPORTS CTR PK	933 S MOTT ST, LOS ANGELES CA	356 - E7
BOYSEN PK	951 S STATE COLLEGE BLVD, ANAHEIM CA	362 - E1
BRACE CANYON PK	2901 HAVEN WY, BURBANK CA	350 - E3
BRAND PK	1601 W MOUNTAIN ST, GLENDALE CA	281 - D1
BRANNAN ISLAND STATE REC AREA	HWY 160 & BRANNAN IS RD, SACRAMENTO CO CA	248 - D2
BRANNAN, SAM PK	GRAY AV, YUBA CITY CA	309 - D5
BRANNAN PK	5301 ELMER WY, SACRAMENTO CA	319 - B10
BRENDON PK	GREENEICH AV & SHELLEY DR, SANTA ROSA CA	321 - A5
BRENGLE TERRACE PK	1400 VALE TERRACE DR, VISTA CA	292 - C6
BRENNER PK	235 BARTHE DR, PASADENA CA	359 - B4
BRENNER PK	SAN RAFAEL DR & RDGWAY DR, BUENA PARK CA	361 - A3
BRENTWOOD PK	ROSEWOOD & BRIARWOOD, S SAN FRANCISCO CA	327 - A2
BREWSTER PK	21024 OTOE RD, APPLE VALLEY CA	278 - C1
BRIONES PK	MAYBELL AV & CLEMO AV, PALO ALTO CA	332 - F10
BRIONES REGL PK	BEAR CREEK RD, CONTRA COSTA CO CA	247 - C5
BROCK LINEAR PK	CEDAR ST & BARRY DR, VENTURA CA	349 - C2
BROCKWAY PK	11TH AV & FREEPORT BLVD, SACRAMENTO CA	319 - E8
BROOKFIELD VILLAGE PK	525 JONES AV, OAKLAND CA	331 - E4
BROOKSIDE PK	360 N ARROYO BLVD, PASADENA CA	359 - A5
BROOKWAY PK	N MORTON BLVD & BROOK WY, MODESTO CA	340 - E6
BROWN, COLEMAN F PK	CELESTE DR & PRESIDIO AV, MODESTO CA	340 - G2
BRYTE, ALYCE NORMAN PLAYFIELD	ANNE ST & TODHUNTER AV, WEST SAC CA	319 - A1
BUCKEYE PK	ROSEWOOD DR & ALCOTT RD, SAN BRUNO CA	327 - A5
BUCKLIN PK	ROSS AV & 8TH ST, EL CENTRO CA	375 - C8
BUCKSKIN MTN STATE PK	RIVERSIDE DR, LA PAZ CO AZ	204 - C3
BUENA VISTA PK	BUENA VISTA & HAIGHT, SAN FRANCISCO CA	326 - A7
BUENA VISTA PK	MELROSE DR & SHADOWRIDGE DR, VISTA CA	292 - B7
BUENA VISTA PK	RIVERSIDE DR & BOB HOPE DR, BURBANK CA	351 - E1
BURBANK GARDENS	TUPPER ST & BROWN ST, SANTA ROSA CA	321 - E7
BURGESS PK	LAUREL ST & MIEKLE DR, MENLO PARK CA	332 - A3
BURLEIGH-MURRAY RANCH STATE PK	HIGGINS PURISIMA RD, SAN MATEO CO CA	252 - B1
BUSHROD PK	560 59TH ST, OAKLAND CA	328 - B9
BUTANO STATE PK	CLOVERDALE RD, SAN MATEO CO CA	252 - B6
CABRILLO BALL PK	800 E CABRILLO BLVD, SANTA BARBARA CA	348 - G7
CABRILLO HEIGHTS PK	8308 HURLBUT ST, SAN DIEGO CA	372 - F1
CABRILLO PLGD	38TH AV & CABRILLO ST, SAN FRANCISCO CA	325 - B6
CADWALLADER PK	S 1ST ST & KEYES ST, SAN JOSE CA	334 - B9
CAHILL PK	STROMBERG AV, ARCATA CA	299 - C5
CALAVERAS BIG TREES STATE PK	OFF HWY 4, CALAVERAS CO CA	176 - A1
CALDWELL/LAKE REDDING PK	QUARTZ HILL RD & HWY 273, REDDING CA	301 - E4
CALDWELL PK	W ALPINE AV & ALLSTON WY, STOCKTON CA	339 - D4
CALEDONIA PK	CENTRAL & CALEDONIA, PACIFIC GRV CA	337 - D3
CALIFORNIA REC CTR PK	1550 ML KING JR AV, LONG BEACH CA	360 - E4
CALIFORNIA PK	1600 VALLEJO WY, SACRAMENTO CA	319 - D8
CAMDEN PK	BOND RD, ELK GROVE CA	238 - C3
CAMERON PK	210 WELLESLEY, PALO ALTO CA	332 - D7
CAMERON PK	KELLY DR & AGNES DR, BARSTOW CA	369 - D7
CAMILLE PK	SHURTLEFF AV, NAPA CA	323 - G8
CAMINO REAL PK	N MAIN ST & W SYCAMORE AV, ORANGE CA	362 - G5
CAMPBELL, MARSTON PK	16TH ST & WEST ST, OAKLAND CA	329 - G4
CANDLESTICK POINT STATE REC AREA	JAMESTOWN & HARNEY, SAN FRANCISCO CA	249 - D3
CAPITOL MALL PK	CAPITOL MALL, SACRAMENTO CA	319 - D4
CAPITOL PK	BAMBI LN & PETER PAN AV, SAN JOSE CA	334 - G5
CAPITOL PK	CAPITOL MALL & 10TH ST, SACRAMENTO CA	319 - E4
CARL E NIELSEN YOUTH PK	WILL ROGERS ST, LOS ANGELES CA	358 - D6
CARLSON PK	4700 BUENA VISTA AV, RIVERSIDE CA	366 - B3
CARMAN, NITA PK	WILSON ST, LAGUNA BEACH CA	365 - C4
CARNEGIE STATE VEHICULAR REC AREA	TESLA RD, SAN JOAQUIN CO CA	174 - C3
CARNEY, TYRONE PK	105TH AV & ACALANES DR, OAKLAND CA	331 - G5
CARQUINEZ STRAIT REGL SHORELINE PAR	CARQUINEZ SCENIC DR, CONTRA COSTA CO CA	247 - B3
CARRIAGE SQUARE PK	1939 CALASH DR, CARSON CITY NV	313 - B3
CARRILLO, LEO ST BCH	35000 PAC COAST HWY, LOS ANGELES CO CA	206 - B1
CARSON, JOHNNY PK	400 S BOB HOPE DR, BURBANK CA	351 - F1
CARSON, KIT PK	3333 BEAR VALLEY PKWY, ESCONDIDO CA	294 - A2
CARSON PK	H ST & CARSON ST, EUREKA CA	300 - D4
CARTER PK	NEWCOMB ST & COX ST, SONOMA CA	322 - D9
CASA LOMA PK	POGOSOSO ST & CASA LOMA, BAKERSFIELD CA	344 - F10
CASEY STATE PK	CRATER LAKE HWY, JACKSON CO OR	149 - C1
CASPERS, RONALD W WILDERNESS PK	33401 ORTEGA HWY, ORANGE CO CA	208 - A2
CASSELL PK	LEEWARD DR & BRENFORD DR, SAN JOSE CA	334 - G6
CASTAIC LAKE STATE REC AREA	32100 RIDGE ROUTE RD, LOS ANGELES CO CA	276 - C1
CASTLE CRAGS STATE PK	I-5 & KETTLEBELLY RD, SHASTA CO CA	218 - A7
CASTLEVIEW PK	CENTURY AV & CLARIDGE DR, RIVERSIDE CA	366 - G10
CEDAR PK	K ST & J ST, DAVIS CA	318 - E5
CENTENNIAL PK	1ST ST & ORANGE AV, CORONADO CA	373 - D6
CENTENNIAL PK	901 BARSTOW RD, BARSTOW CA	369 - C7
CENTRAL LIBRARY PK	W 5TH ST & S GRAND AV, LOS ANGELES CA	355 - G5
CENTRAL PK	19TH ST & R ST, BAKERSFIELD CA	344 - E4
CENTRAL PK	5TH ST & B ST, DAVIS CA	318 - D6
CENTRAL PK	MAY AV & DAKOTA AV, SANTA CRUZ CA	335 - E6
CENTRAL PK	N 11TH ST & E D ST, COLTON CA	368 - B8
CENTRAL PK	PALM AV & LINCOLN CIR, MILLBRAE CA	327 - D7
CENTRAL PK	VILLA ST & CENTRAL AV, SALINAS CA	336 - A6
CENTRAL REC CTR	1357 E 22ND ST, LOS ANGELES CA	356 - A9
CENTRAL RESERVOIR REC AREA	SHEFFIELD AV, OAKLAND CA	330 - F6
CESAR CHAVEZ COMM PK	N MADEIRA AV & SAINT HELEN WY, SALINAS CA	336 - E6
CESAR CHAVEZ STATE PK	SPINNAKER WY, BERKELEY CA	247 - A7
CESAR E CHAVEZ PK	401 GOLDEN AV, LONG BEACH CA	360 - B6
CESAR E CHAVEZ PK	CESAR E CHAVEZ PKWY, SAN DIEGO CA	373 - G7
CHABOLLA PK	CHABOLLA AV & CAROLINE AV, GALT CA	238 - D7
CHABOT, ANTHONY REGL PK	REDWOOD RD, ALAMEDA CO CA	250 - C2
CHABOT REC CTR	6800 CHABOT RD, OAKLAND CA	328 - D8
CHACE, BURTON PK	MINDANAO WY, LOS ANGELES CO CA	357 - G6
CHANNEL ISLANDS NATL PK	SANTA BARBARA CO CA	206 - A1
CHASE PALM PK	236 E CABRILLO BLVD, SANTA BARBARA CA	348 - F8
CHASE PK	OCEAN VW BL & 17TH ST, PACIFIC GROVE CA	337 - D3
CHAVEZ, CEASAR E PK	910 I ST, SACRAMENTO CA	319 - D3
CHAVEZ, CESAR PK	E E ST & N MOUNT VERNON AV, COLTON CA	368 - B9
CHESTNUT PK	CHESTNUT LN & ALICE ST, DAVIS CA	318 - F4
CHEVIOT HILLS PARK & REC CTR	2551 MOTOR AV, LOS ANGELES CA	354 - C10
CHEVRET-VAISSADE PK	BENJAMIN CT, ARCATA CA	299 - C3
CHEVY CHASE PK	4165 CHEVY CHASE DR, LOS ANGELES CA	352 - F3
CHICANO PK	1982 NATIONAL AV, SAN DIEGO CA	373 - G6
CHILDREN OF THE RAINBOW PK	MADDEN AV & GRAMERCY PL, SAN JOSE CA	334 - E3
CHINA CAMP STATE PK	N SAN PEDRO RD, MARIN CO CA	246 - C4

CRA
INDEX

451 PARKS & RECREATION
POINTS OF INTEREST
PARKS & RECREATION

FEATURE NAME	City State	Page-Grid
CHINO HILLS STATE PK	TELEGRAPH CANYON TR, CHINO HILLS CA	283 - C6
CHITTICK FIELD PK	PAC COAST HWY & WALNUT AV, LONG BEACH CA	360 - F3
CHOLLAS COMM PK	6350 COLLEGE GROVE DR, SAN DIEGO CA	296 - A1
CHRISTINE EMERSON REED PK	1150 LINCOLN BLVD, SANTA MONICA CA	353 - A10
CHRISTOPHER PLGD	DIAMOND HEIGHTS BLVD, SAN FRANCISCO CA	326 - A10
CIMARRON PK	ORANGE ST, SAN JOSE CA	334 - F1
CIRCLE PK	ALABAMA & CIRCLE, WEST SACRAMENTO CA	319 - A5
CITY PK	1ST ST E & E SPAIN ST, SONOMA CA	322 - E7
CITY PK	ADAMS AV & 5TH ST, EL CENTRO CA	375 - D6
CITY PK	BENHAM ST & PARKVIEW DR, PLACERVILLE CA	317 - F5
CITY PK	CERRITOS AV, STANTON CA	361 - F9
CITY PK	CYPRESS AV & CRYSTAL SPGS, SAN BRUNO CA	327 - C5
CITY PK	FRONT ST & PLAY ST, CRESCENT CITY CA	297 - D9
CITY PK	HORTON PLAZA, SAN DIEGO CA	373 - E4
CITY PK	MARKET ST & PARKVIEW AV, REDDING CA	301 - F7
CITY PLAZA PK	LEXINGTON & MAIN STS, SANTA CLARA CA	333 - A5
CIVIC CTR	POLK ST & GROVE ST, SAN FRANCISCO CA	326 - D6
CIVIC CTR PK	B ST & 6TH ST, DAVIS CA	318 - D5
CLAIREMONT COMM PK	3605 CLAIREMONT DR, SAN DIEGO CA	372 - A2
CLAREMONT MANOR PK	SAN MIGUEL & SAN FERNANDO, SALINAS CA	336 - C9
CLAY PK	CLAY ST & CAPITOL ST, SALINAS CA	336 - B7
CLEAR LAKE STATE PK	SODA BAY RD, LAKE CO CA	226 - A5
CLEATOR COMM PK	NIMITZ BL & FAMOSA BL, SAN DIEGO CA	371 - D10
CLEVELAND NATL FOREST	SAN DIEGO CO CA	209 - A3
CLEVELAND PK	MARTIN BLVD & PRICE WY, SAN LEANDRO CA	331 - G6
CLIFF DRIVE PK	CLIFF DR & RIVERSIDE AV, NEWPORT BEACH CA	364 - B6
CLIFFRIDGE PK	8311 CLIFFRIDGE AV, SAN DIEGO CA	370 - E5
CLINTON SQUARE	600 E 12TH ST, OAKLAND CA	330 - C6
CLOSTER PK	TOWT ST & DEWEY AV, SALINAS CA	336 - G6
CLOVER PK	2600 OCEAN PARK BLVD, SANTA MONICA CA	357 - E1
COAST BLVD PK	COAST BLVD, SAN DIEGO CA	370 - A7
CODORNICES PLGD	1201 EUCLID AV, BERKELEY CA	328 - B4
COE, HENRY W STATE PK	DUNNE AV, SANTA CLARA CO CA	257 - C1
COFFEY PK	COFFEY LN & DOGWOOD DR, SANTA ROSA CA	321 - A2
COGSWELL PLAZA	BRYANT ST & LYTTON AV, PALO ALTO CA	332 - B4
COLBY PK	451 61ST ST, OAKLAND CA	328 - C9
COLDWATER CANYON PK	COLDWATER CYN & BEVERLY, BVRLY HILLS CA	354 - C4
COLGAN CREEK PK	BEDFORD ST, SANTA ROSA CA	321 - F10
COLISEUM GARDENS	69TH AV & BRENTFORD ST, OAKLAND CA	331 - E1
COLLEGE PK	COLLEGE PARK, DAVIS CA	318 - D5
COLLIER PK WEST	SOTO ST & GREENE ST, SAN DIEGO CA	371 - C10
COLOMA PK	T ST & 46TH ST, SACRAMENTO CA	320 - B7
COLONIAL PK	18TH AV & 53RD ST, SACRAMENTO CA	320 - C10
COLONY PK	S WIER & E HARWICK, SAN BERNARDINO CA	368 - F10
COLUMBIAN GARDENS	KOFORD RD & EMPIRE RD, OAKLAND CA	331 - E5
COLUMBUS PK	1600 WALNUT ST, SAN JOSE CA	333 - E6
COLUMBUS PK	S LINCOLN ST & W WORTH ST, STOCKTON CA	339 - E9
COMBS, SAM PK	STONE BL & ALABAMA CT, W SACRAMENTO CA	319 - A6
COMMODORE PK	CHERRY AV & COMMODORE DR W, SAN BRUNO CA	327 - A3
COMM GARDENS	6TH ST & PEDLEY RD, SAN BERNARDINO CA	368 - G3
COMM PK	W COVELL BLVD & F ST, DAVIS CA	318 - D4
CONDON PK	BUTLER ST, GRASS VALLEY CA	315 - A8
CONRAD, JOSEPH PK	COLUMBUS AV & BEACH ST, SAN FRANCISCO CA	326 - D2
CONSTITUTION PK	1100 LINDSAY ST, STOCKTON CA	339 - G6
CONSTITUTION PK	SYCAMORE AV & WSHINGTN ST, EL SEGUNDO CA	358 - C10
CONTRA LOMA REGL PK	CONTRA LOMA BLVD, ANTIOCH CA	248 - C5
COOK PK	LOMARDI LN & GARDNER AV, SANTA ROSA CA	321 - A9
COOLBIRTH, INA PK	TAYLOR ST & VALLEJO ST, SAN FRANCISCO CA	326 - D3
COOPER GULCH PK	10TH ST & S ST, EUREKA CA	300 - F2
CORNELL PK	FRONT ST & SUMMER ST, SALINAS CA	336 - C7
CORONADO, JOSE PLGD	FOLSOM ST & 21ST ST, SAN FRANCISCO CA	326 - D9
CORONA HEIGHTS PK	MUSEUM WY, SAN FRANCISCO CA	326 - A8
COSMOS PLGD	S CHERRY AV & E FLORENCE AV, FRESNO CA	343 - E10
COSO PK	COSO AV & PRECITA AV, SAN FRANCISCO CA	326 - D10
COURTHOUSE PK	VAN NESS AV & FRESNO ST, FRESNO CA	343 - D8
COVELL PK	DEL ORO AV & CABRILLO AV, DAVIS CA	318 - D3
COWELL, HENRY REDWOODS STATE PK	HWY 9 & N BIG TREES PK, SANTA CRUZ CO CA	255 - C1
COYOTE CREEK PK CHAIN	MONTEREY HWY, SAN JOSE CA	334 - D10
COYOTE HILLS REGL PK	STATE HWY 84, FREMONT CA	250 - C6
COYOTE LAKE COUNTY PK	COYOTE RESERVOIR RD, SANTA CLARA CO CA	257 - B1
COYOTE POINT COUNTY REC AREA	1701 COYOTE POINT DR, SAN MATEO CA	250 - A5
CRAGMONT PK	REGAL RD & HILLDALE AV, BERKELEY CA	328 - B3
CRAIG REGL PK	3300 N STATE COLLEGE BLVD, FULLERTON CA	283 - A7
CRANE CREEK REGL PK	PRESSLEY RD & FIDDLER PL RD, SONOMA CO CA	242 - D4
CREEKBRIDGE NEIGHBORHOOD PK	1793 DECLARATION ST, SALINAS CA	336 - G3
CREEK PK	CTR BL & SIR FRAN DRAKE, SAN ANSELMO CA	324 - A6
CREEKSIDE PK	BON AIR RD, MARIN CO CA	324 - C10
CRESCENT BAY PK	2000 OCEAN AV, SANTA MONICA CA	357 - A3
CRESCENT PK	SANTA YNEZ WY & FOLSOM BL, SACRAMENTO CA	320 - A6
CRESTWOOD HILLS PK	1000 HANLEY AV, LOS ANGELES CA	353 - A3
CROCKER PK	3RD ST & O ST, SACRAMENTO CA	319 - C4
CROCKER PK	55 HAMPTON RD, PIEDMONT CA	330 - F3
CRONAN PK	POMONA AV & 6TH ST, CORONADO CA	373 - D8
CRYSTAL COVE STATE PK	E COAST HWY, ORANGE CO CA	288 - B6
CUERNAVACA PK	ALCAZAR DR & HUNT DR, BURLINGAME CA	327 - D10
CUESTA COUNTY PK	LOOMIS ST, SAN LUIS OBISPO CO CA	347 - F3
CULL CANYON REGL REC AREA	18627 E CASTRO VALLEY BLVD, ALAMEDA CO CA	250 - D2
CULVER SLAUSON PK	5070 SLAUSON AV, LOS ANGELES CA	358 - B1
CURTIS PK	9TH AV & E CURTIS DR, SACRAMENTO CA	319 - F8
CUTLER PK	HWY 216 & MILLS DR, TULARE CO CA	266 - C2
CUVIER PK (THE WEDDING BOWL)	CUVIER ST & COAST BLVD S, SAN DIEGO CA	370 - A7
CUYAMACA RANCHO STATE PK	12551 HWY 79, SAN DIEGO CO CA	213 - A1
CYPRESS CANYON PK	CYPRESS CANYON PARK DR, SAN DIEGO CA	294 - A5
CYPRESS PK	CYPRESS ST & HOFFMAN AV, MONTEREY CA	337 - E5
DANA PK	850 BARSTOW RD, BARSTOW CA	369 - C7
DARIO VASQUEZ PK	14TH ST & SEDGEWICK ST, RIVERSIDE CA	366 - E5
DA VINCI PK	4701 JOAQUIN WY, SACRAMENTO CA	319 - E10
DAVIS, JACK PK	16TH AV & 43RD ST, SACRAMENTO CO CA	320 - A9
DAVIS PK	COLLEGE AV & RUMBLE RD, MODESTO CA	340 - C1
DAVIS, S PK	S DAVIS ST & EARLE ST, SANTA ROSA CA	321 - E8
DAYTON STATE PK	US 50 & OLD US 50, LYON CO NV	232 - D1
DEATH VALLEY NATL PK	INYO CO CA	183 - C2
DEBS, ERNEST E REGL PK	4235 MONTEREY RD, LOS ANGELES CA	282 - A3
DEFENDERS PK	ORANGE GRV BL & COLORADO BL, PASADENA CA	359 - B7
DE FREMERY PK	1651 ADELINE ST, OAKLAND CA	329 - F4
DE LAVEAGA PK	DE LAVEAGA PK RD & UPR PK, SANTA CRUZ CA	335 - F3
DEL MESA PK	MANISTEE DR, COSTA MESA CA	363 - B4
DEL NORTE COAST REDWOODS STATE PK	DEL NORTE CO CA	216 - B7
DE LONGPRE PK	1350 N CHEROKEE AV, LOS ANGELES CA	351 - E9
DEL REY LAGOON PK	6660 ESPLANADE, LOS ANGELES CA	357 - F8
DE MEO PK	HEWETT ST & MADISON ST, SANTA ROSA CA	321 - D7
DEMONSTRATION ORCHARD	SEYMOUR ST, SAN JOSE CA	333 - F6
DEMUTH PK	4375 MESQUITE AV, PALM SPRINGS CA	367 - G8
DE NEVE SQUARE	314 BEVERLY GLEN BLVD, LOS ANGELES CA	354 - A5
DENKER REC CTR	1550 W 35TH PL, LOS ANGELES CA	355 - B9
DEPOT PK	1ST ST W, SONOMA CA	322 - F6
DERBY PK	WOODLAND WY & SAN JOSE AV, SANTA CRUZ CA	335 - A9
DESERT WETLANDS PK	BROADBENT BLVD & REBEL RD, WHITNEY NV	269 - A5
DETURK ROUND BARN PK	BOYCE ST & DONAHUE ST, SANTA ROSA CA	321 - D7
DEVENDORF PK	OCEAN & JUNIPERO, CARMEL BY THE SEA CA	338 - D2
DIABLO FOOTHILLS REGL PK	CASTLE ROCK RD, CONTRA COSTA CO CA	248 - A7
DIAMOND PK	DIAMOND AV & INTERSTATE 5, RED BLUFF CA	303 - E8
DICKEY PLGD	50 N CALAVERAS ST, FRESNO CA	343 - D7
DICK TAYLOR MEM PK	1140 BEECH ST, RENO NV	311 - D3
DIMOND PK	3860 HANLY RD, OAKLAND CA	330 - G5
DISCOVERY PK	GRDN HWY & DISCOVERY PK DR, SACRAMENTO CA	319 - C1
DOG ISLAND PK	BRECKENRIDGE & MAIN ST, RED BLUFF CA	303 - C5
DON CASTRO REGL REC AREA	WOODROE AV, ALAMEDA CO CA	250 - D3
DON DAHVEE PK	MUNRAS AV & DON DAHVEE LN, MONTEREY CA	337 - G8
DONNER MEM STATE PK	TRUCKEE CA	228 - D7
DOOLITTLE PK	J ST & DOOLITTLE AV, LAS VEGAS NV	345 - D3
DOS PICOS COUNTY PK	17953 DOS PICOS PARK RD, SAN DIEGO CO CA	294 - B3
DOS RIOS PK	RICHARDS BL & DOS RIOS ST, SACRAMENTO CA	319 - F1
DOUBLE BUTTE PK	31900 GRAND AV, RIVERSIDE CO CA	289 - D3
DOUGLAS PK	2439 WILSHIRE BLVD, SANTA MONICA CA	353 - C8
DOUGLASS PLGD	26TH ST & DOUGLASS ST, SAN FRANCISCO CA	326 - A10
DOWNEY PK	COFFEE RD & BRIGHTON AV, MODESTO CA	340 - F4
DOWNEY PLGD	1755 N SPRING ST, LOS ANGELES CA	356 - D2
DOYLE PK	HOEN AV & HOEN LN, SANTA ROSA CA	321 - G7
DRACENA PK	DRACENA AV, PIEDMONT CA	330 - D2
DRAKE PK	951 MAINE AV, LONG BEACH CA	360 - B5
DRY CREEK PARKWAY	24TH ST & U ST, SACRAMENTO CO CA	235 - C5
DRY CREEK PIONEER REGL PK	MISSION BLVD, UNION CITY CA	250 - D5
DRY LAGOON BEACH STATE PK	HUMBOLDT CO CA	156 - B2
D ST LINEAR PK	D ST, ARCATA CA	299 - C7
DUBOCE PK	DUBOCE AV & STEINER ST, SAN FRANCISCO CA	326 - B7
DURANT PK	651 29TH ST, OAKLAND CA	330 - A3
DUSTY RHODES PK	SUNSET CLFS BL & NIMITZ BL, SAN DIEGO CA	371 - C9
DUTTON PK	CHARLESTON BLVD & 8TH ST, LAS VEGAS NV	345 - E7
EARTHWALK PK	1922 GRISMER ST, BURBANK CA	350 - F5
EAST BAY REGL PK	SOMERSVILLE RD, CONTRA COSTA CO CA	248 - B5
EAST BLUFF PK	VISTA DEL ORO, NEWPORT BEACH CA	363 - C10
EAST CLAIREMONT ATHLETIC AREA	3451 MT ACADIA BLVD, SAN DIEGO CA	372 - B2
EAST GRAMERCY PK	E & W GRAMERCY PK, LOS ANGELES CA	355 - A7
EAST LA LOMA PK	EDGEBROOK DR & N CONEJO AV, MODESTO CA	340 - G5
EAST LAWN CHILDRENS PK	FOLSOM BL & 42ND ST, SACRAMENTO CA	320 - B6
EASTMAN LAKE PARK & REC AREA	GREEN MTN RD & BEN HUR RD, MARIPOSA CO CA	181 - B1
EAST PK	E 17TH RD, MARYSVILLE CA	310 - B3
EAST PORTAL PK	1112 RODEO WY, SACRAMENTO CA	320 - C6
EASTSHORE STATE PK	POWELL ST, EMERYVILLE CA	329 - E1
EAST SIDE NEIGHBORHOOD PK	SOLEDAD ST & YANONALI, SANTA BARBARA CA	348 - G6
EAST SIDE PK	ALDERBROOK DR, SANTA ROSA CA	321 - G6
EASTWOOD PK	MISSION PZ, VENTURA CA	349 - A5
ECHO PK	1632 BELLEVUE AV, LOS ANGELES CA	355 - G2
ECOLOGICAL RESERVE	LA JOLLA BAY, SAN DIEGO CA	370 - B5
EDEN PK	N EL DORADO ST & E ACACIA ST, STOCKTON CA	339 - E6
EDNA GLEASON PK	400 S CALIFORNIA ST, STOCKTON CA	339 - F8
EDNA PK	EDNA DR & LEWIS ST, SANTA ANA CA	362 - D10
EINSTEIN PLGD	3566 E DAKOTA AV, FRESNO CA	343 - G1
EL CAMINO PK	100 EL CAMINO REAL, PALO ALTO CA	332 - B4
EL CHORRO REGL PK	CABRILLO & DAIRY, SAN LUIS OBISPO CO CA	271 - C4
EL DORADO NATL FOREST	EL DORADO CO CA	171 - A3
EL DORADO PK	EL DORADO DR & CALAVERAS DR, SALINAS CA	336 - D2
EL DORADO REGL PK	7550 E SPRING ST, LONG BEACH CA	287 - B2
ELDRIDGE, COLONEL WILLIAM W PK	2933 N FALLBROOK DR, SANTA ANA CA	362 - F8
ELFIN FOREST RECREATIONAL RESERVE	HARMONY GROVE RD, SAN DIEGO CO CA	293 - D2
ELINGS PK	LS POSITAS RD & CLF DR, SANTA BARBARA CA	348 - A8
ELK GROVE REGL PK	9950 ELK GROVE FLORIN RD, ELK GROVE CA	238 - C4
ELKHORN PK	CUMMINS WY & HARDY DR, WEST SACRAMENTO CA	319 - B1
ELK PK	MORRIS AV & ENSLEN AV, MODESTO CA	340 - C5
ELLEN BROWNING SCRIPPS PK	1180 COAST BLVD, SAN DIEGO CA	370 - A6
EL MARINO PK	BERRYMAN AV & DILLER AV, CULVER CITY CA	358 - C1
ELMHURST PLAZA	1150 98TH AV, OAKLAND CA	331 - G3
EL MIRAGE OFF HWY VHCL REC AREA	EL MIRAGE LAKE RD, SAN BERNARDINO CO CA	201 - A2
EL MONTE COUNTY PK	15805 EL MONTE RD, SAN DIEGO CO CA	294 - D5
EL PALO ALTO PK	EL CAMINO REAL & ALMA ST, PALO ALTO CA	332 - B4
EL PASEO DE CAHUENGA PK	3300 CAHUENGA BLVD, LOS ANGELES CA	351 - C4
EL TOYON PK	2005 4TH ST, NATIONAL CITY CA	374 - G8
ELYSIAN PK	929 ACADEMY RD, LOS ANGELES CA	356 - C2
EMBARCADERO MARINA PK	END OF KETTNER BLVD, SAN DIEGO CA	373 - E5
EMERALD BAY STATE PK	EMERALD BAY RD, EL DORADO CO CA	231 - B7
EMERSON PK	PACIFIC ST & NIPOMO, SAN LUIS OBISPO CA	347 - D6
ENCANTO PK	W 10TH ST & N GARNER, SAN BERNARDINO CA	368 - B2
ENNES PK	STEWART AV, HUMBOLDT CO CA	299 - B5
ENSIGN VIEW PK	CLIFF DR & EL MODENA AV, NEWPORT BEACH CA	364 - B6
ENSLEN PK	ENSLEN AV & STODDARD AV, MODESTO CA	340 - D5
ENVIRONMENTAL NATURE CTR	1601 16TH ST, NEWPORT BEACH CA	364 - C6
ESCONDIDO PK	1206 CALLE CANON, SANTA BARBARA CA	348 - A8
ESPLANADE PK	DEL MONTE BL & ESPLANADE ST, PAC GRV CA	337 - C2
ESPRIT PK	MINNESOTA ST & 20TH ST, SAN FRANCISCO CA	326 - G8
ESTERO PK	PEARL ST & CM EL ESTERO, MONTEREY CA	337 - G7
ESTUARY PK	EMBARCADERO, OAKLAND CA	330 - A7
EUREKA VALLEY REC CTR	DIAMOND ST & 19TH ST, SAN FRANCISCO CA	326 - B8
EVANS PK	EVANS AV & E 9TH ST, RENO NV	311 - D4
EVANS PK	EVANS AV & PLAZA AV, NAPA CA	323 - F6
EVENTS PK	QUEENS HWY N, LONG BEACH CA	360 - C8
EVERETT, CATHERINE PK	MOUNT VERNON DR & EARLMAR DR, MODESTO CA	340 - B2

CRA

INDEX

© 2003 Thomas Bros. Maps ®

PARKS & RECREATION
POINTS OF INTEREST
PARKS & RECREATION 452

FEATURE NAME	City State	Page-Grid
EVERETT PK	EVERETT ST, LOS ANGELES CA	356 - A2
EVERGREEN REC CTR	2844 E 2ND ST, LOS ANGELES CA	356 - F6
EXPOSITION PK	3990 MENLO AV, LOS ANGELES CA	355 - C10
FAIRMOUNT PK	2624 FAIRMOUNT BLVD, RIVERSIDE CA	366 - C2
FAIR PK	FAIRGATE DR & AUBURN-FOLSOM RD, AUBURN CA	316 - D6
FAIRVIEW PK	COOMBVILLE RD & TERRACE DR, NAPA CA	323 - F7
FAIRVIEW PK	PLACENTIA AV, COSTA MESA CA	287 - D5
FAIRWAY PK	ROUSE AV & SUNSET AV, MODESTO CA	340 - C9
FANTASY PK	FANTASY LN & E WASHINGTON, LAS VEGAS NV	345 - F4
FANUEL STREET PK	FANUEL ST & PARKER PL, SAN DIEGO CA	371 - B4
FAY PK	CHESTNUT & LEAVENWORTH, SAN FRANCISCO CA	326 - D2
FELICITA COUNTY PK	742 CLARENCE LN, SAN DIEGO CO CA	293 - D2
FINK-WHITE PLGD	535 S TRINITY, FRESNO CA	343 - B8
FINLEY COMM PK	STONY PT RD & W COLLEGE, SANTA ROSA CA	321 - A6
FIRESTONE BOY SCOUT RESV	TONNER CANYON RD, LOS ANGELES CO CA	283 - B6
FISHERMANS PK	S KIETZKE LN & US 395, RENO NV	311 - F5
FISHERMANS SHORELINE PK	LIGHTHOUSE AV & FOAM ST, MONTEREY CA	337 - G5
FISHER PK	W PARK LN & N FLOWER ST, SANTA ANA CA	362 - G8
FLEMING PK	N LA CADENA DR & W F ST, COLTON CA	368 - A9
FLINN SPRINGS COUNTY PK	14787 OLDE HIGHWAY 80, SAN DIEGO CO CA	294 - C6
FLOOD COUNTY PK	BAY RD, MENLO PARK CA	332 - B1
FLOOD, CURT FIELD	COOLIDGE AV & SCHOOL ST, OAKLAND CA	330 - G6
FOGLESONG PK	300 S AVE G, BARSTOW CA	369 - A6
FOLSOM LAKE STATE REC AREA	AUBURN-FOLSOM RD, FOLSOM CA	236 - A6
FOOTHILL MEADOWS	38TH AV, OAKLAND CA	330 - G8
FOREST HILL PK	CM DL MNTE & JUNIPRO, CRML BY THE SEA CA	338 - D1
FOREST LANE PK	FOREST LN, SAN BRUNO CA	327 - B3
FOREST OF NISENE MARKS STATE PARK, THE	BUZZARD LGN & APTOS CK, SANTA CRUZ CO CA	256 - B2
FORT SCOTT	POPE RD & MACARTHUR AV, SAN FRANCISCO CA	325 - D3
FORWARD PK	MONROE AV, RED BLUFF CA	303 - B5
FOX HILLS PK	GREEN VALLEY CIR, CULVER CITY CA	358 - D2
FOY, RALPH PK	3211 W VICTORY BLVD, BURBANK CA	350 - D6
FRANCESCHI PK	1510 MISSION RIDGE RD, SANTA BARBARA CA	348 - E4
FRANKLIN CTR	1010 E 15TH ST, OAKLAND CA	330 - C6
FRANKLIN PK	1432 SAN ANTONIO AV, ALAMEDA CA	330 - B10
FRANKLIN PK	FRANKLIN AV & GAY ST, SANTA ROSA CA	321 - E4
FRANKLIN SQUARE	17TH ST & HAMPSHIRE ST, SAN FRANCISCO CA	326 - E8
FRAZIER FIELD	6TH ST, EL CENTRO CA	375 - D5
FREITAS, MARIA B MEM PK	MONTECILLO RD, SAN RAFAEL CA	324 - B2
FREMONT NATL FOREST	LAKE CO OR	151 - C2
FREMONT PK	1515 Q ST, SACRAMENTO CA	319 - E5
FREMONT PK	300 E FREMONT ST, STOCKTON CA	339 - F7
FREMONT PK	5TH ST & HOPE ST, SANTA ROSA CA	321 - F6
FREMONT PEAK STATE PK	SAN JUAN CANYON RD, SAN BENITO CO CA	259 - C1
FRENCHMAN RESERVOIR STATE REC AREA	FRENCHMAN LAKE RD, PLUMAS CO CA	165 - B3
FRENCH PK	POINSETTIA ST, SAN LUIS OBISPO CA	347 - G10
FRIEDBERGER PK	HARDING WY & SYCAMORE AV, STOCKTON CA	339 - G5
FRIENDSHIP COUNTY PK	S WESTERN AV, RANCHO PALOS VERDES CA	286 - C3
FRUITVALE BRIDGE PK	ALAMEDA AV & FRUITVALE AV, OAKLAND CA	330 - E10
FRUITVALE PLAZA	4500 INTERNATIONAL BLVD, OAKLAND CA	330 - G9
FULLER PK	N JEFFERSON ST & LAUREL ST, NAPA CA	323 - D7
FULTON PLGD	28TH AV, SAN FRANCISCO CA	325 - C6
FUNDERLAND PK	17TH ST & Q ST, SACRAMENTO CA	319 - E5
GALAXY PK	GALAXY DR, NEWPORT BEACH CA	363 - A10
GANESHA PK	E MARIPOSA & GANESHA, LOS ANGELES CO CA	359 - F1
GARBER PK	CLAREMONT AV, OAKLAND CA	328 - E7
GARFIELD MUNICIPAL PLGD	2260 FOOTHILL BLVD, OAKLAND CA	330 - E7
GARFIELD PK	ALMAR AV & PENDEGAST AV, SANTA CRUZ CA	335 - B9
GARFIELD PK	STRATFORD & MISSION, SOUTH PASADENA CA	359 - C10
GARFIELD SQUARE	26TH ST & HARRISON ST, SAN FRANCISCO CA	326 - D10
GARIN REGL PK	GARIN AV, ALAMEDA CO CA	250 - D4
GARLAND RANCH REGL PK	CRML VLY RD & BORONDA RD, MONTEREY CO CA	258 - D6
GARRAPATA STATE PK	CABRILLO HWY, MONTEREY CO CA	338 - D10
GARRISON PK	PEARL ST & CARVER RD, MODESTO CA	340 - A3
GATEWAY PK	GATEWAY & SANSOME, WEST SACRAMENTO CA	319 - A7
GATEWAY PK	NEWPORT BLVD & VIA LIDO, NEWPORT BEACH CA	364 - A7
GAUCHE PK	WILBUR AV & C ST, YUBA CITY CA	309 - F5
GAVIN MEM PK	JOHNSON AV, MARYSVILLE CA	310 - D1
GAVIOTA STATE PK	EL CM REAL & CABRILLO, STA BARBARA CO CA	273 - A5

FEATURE NAME	City State	Page-Grid
GAY, JAMES PK	B ST & MONROE AV, LAS VEGAS NV	345 - E4
GEARHART MTN WILDERNESS	LAKE CO OR	151 - C1
GEORGE WASHINGTON PK	SINEX AV & ALDER ST, PACIFIC GROVE CA	337 - C3
GEO STERLING PK	LOMBARD ST & HYDE ST, SAN FRANCISCO CA	326 - D3
GERSTLE MEM PK	SAN RAFAEL AV & CLARK ST, SAN RAFAEL CA	324 - C8
GIBSON RANCH CO PK	ELVERTA & GIBSON RCH, SACRAMENTO CO CA	235 - C4
GLEN CANYON PK	OSHAUGHNESSY BLVD, SAN FRANCISCO CA	326 - A10
GLENDALE CENTRAL PK	E COLORADO ST & S LOUISE ST, GLENDALE CA	352 - G2
GLENDORA WILDERNESS PK	BIG DALTON CANYON RD, GLENDORA CA	283 - B2
GLEN ECHO CREEK PK	MONTELL ST, OAKLAND CA	330 - C2
GLEN HALL PK	CARLSON DR & SANDBURG DR, SACRAMENTO CA	320 - E4
GLEN HELEN OFF HIGHWAY VEHICLE PK	18585 VRDEMONT RCH, SAN BERNARDINO CO CA	284 - C1
GLEN HELEN REGL PK	2555 GLEN HLN PKWY, SAN BERNARDINO CO CA	284 - C1
GLENHURST PK	2932 GLENHURST AV, LOS ANGELES CA	352 - G7
GLORIETTA BAY PK	STRAND WY, CORONADO CA	373 - E9
GODFREY PK	281 BEACH RD, ALAMEDA CA	331 - A4
GOLD BUG PK	2635 GOLD BUG LN, PLACERVILLE CA	317 - F3
GOLDEN GATE HEIGHTS PK	ROCKRIDGE DR, SAN FRANCISCO CA	325 - E10
GOLDEN GATE NATL REC AREA	SAN FRANCISCO CA	325 - C4
GOLDEN GATE PK	FELL ST & STANYAN ST, SAN FRANCISCO CA	325 - E6
GOLDEN HILL COMM CTR	2600 GOLF COURSE DR, SAN DIEGO CA	374 - A3
GOMEZ PK	DOGWOOD RD, EL CENTRO CA	375 - F7
GOMPERS PK	4926 HILLTOP DR, SAN DIEGO CA	374 - G4
GOODAN RANCH COUNTY PK	SYCAMORE CANYON RD, SAN DIEGO CO CA	294 - B5
GOODLOW MTN NATURAL AREA	OFF GERBER RD, KLAMATH CO OR	151 - B2
GOOSE LAKE REC AREA	OFF FREMONT HWY, LAKE CO OR	152 - A3
GOVERNORS BOWL PK	1498 E 7TH ST, RENO NV	311 - F4
GOVERNORS FIELD	500 E EVALYN DR, CARSON CITY NV	313 - D7
GRACEADA PK	PARK AVE & STODDARD AV, MODESTO CA	340 - D6
GRAND CANYON NATL PK	MOHAVE CO AZ	196 - C1
GRAND VIEW PK	14TH AV & 15TH AV, SAN FRANCISCO CA	325 - E9
GRANITE REGL PK	JACKSON & FLORIN PERKINS, SACRAMENTO CA	320 - G9
GRANT HILL PK	2660 J ST, SAN DIEGO CA	374 - A5
GRANT, JOSEPH D COUNTY PK	1060 MOUNT HAMILTON RD, SANTA CLARA CO CA	254 - B3
GRANT PK	21ST & C STS, SACRAMENTO CA	319 - G3
GRANT PK	232 S MICHIGAN AV, PASADENA CA	359 - F7
GRANT PK	BRAKEY RD, VENTURA CA	349 - B4
GRANT PK	GRANT ST & BERRY ST, SANTA CRUZ CA	335 - E5
GRATTAN PLGD	STANYON ST & ALMA ST, SAN FRANCISCO CA	325 - G8
GREEN BELT PK	CAMPUS DR, HAYWARD CA	250 - D4
GREENBRAE PK	ELISEO DR & PARKSIDE WY, LARKSPUR CA	324 - E10
GREENFAIR PK	BROADWAY & 56TH ST, SACRAMENTO CA	320 - C8
GREEN HILLS PK	MAGNOLIA AV & LUDEMAN LN, MILLBRAE CA	327 - D7
GREENMAN RECREATIONAL FIELD	1100 66TH AV, OAKLAND CA	331 - E1
GREEN MEM FIELD	WILLOW ST & LINOLN ST S, FORT BRAGG CA	307 - D4
GREENVIEW PK	LEWIS AV, ARCATA CA	299 - A6
GREENWOOD PK	CENTRAL AV & 13TH ST, PACIFIC GROVE CA	337 - E3
GREENWOOD PK	COATS DR AND GREENWOOD WY, YUBA CITY CA	309 - C2
GREER PK	1098 AMARILLO AV, PALO ALTO CA	332 - G5
GREER PK	2301 HURLEY WY, SACRAMENTO CO CA	320 - G2
GREGORY ST PLAZA	GREGORY ST & HELEN ST, SAN JOSE CA	333 - F9
GREYSTONE PK	501 N DOHENY RD, BEVERLY HILLS CA	354 - D3
GRIFFITH PK	I-5 FWY & HWY 134, LOS ANGELES CA	352 - B2
GROSS PK	2800 W EMPIRE AV, BURBANK CA	350 - D6
GROVE REC CTR	1730 OREGON ST, BERKELEY CA	328 - A7
GRUNDY PK	CHESTNUT AV & PARK AV, SAN BRUNO CA	327 - B4
GUADALUPE GARDENS	TAYLOR ST & WALNUT ST, SAN JOSE CA	333 - E6
GUADALUPE RIVER PK	W SAN CARLOS ST & WOZ WY, SAN JOSE CA	333 - G8
GUAJOME REGL PK	N SANTA FE AV, OCEANSIDE CA	292 - B6
GUTIERREZ PK	N MT VERNON & W 14TH, SAN BERNARDINO CA	368 - B1
HACIENDA PK	HACIENDA AV & SEVILLE ST, DAVIS CA	318 - C3
HADYN VILLAGE PK	TAMMY WY, SANTA ROSA CA	321 - C6
HAHAMONGNA WATERSHED PK	OAK GROVE DR & FOOTHILL BLVD, PASADENA CA	282 - A1
HAMILTON SQUARE	GEARY BLVD & STEINER ST, SAN FRANCISCO CA	326 - B5
HAMMOND PK	E ST & 15TH ST, EUREKA CA	300 - D3
HANSEN DAM PK	11850 FOOTHILL BLVD, LOS ANGELES CA	277 - B7
HANSEN PK	1300 S KNOTT AV, ANAHEIM CA	361 - C9
HANSEN RANCH PK	ASCOT AV & W 6TH ST, SACRAMENTO CA	235 - B5
HAPPY CAMP CANYON REGL PK	HAPPY CAMP CANYON RD, VENTURA CO CA	276 - A5

FEATURE NAME	City State	Page-Grid
HAPPY HOLLOW PK	1300 SENTER RD, SAN JOSE CA	334 - C9
HAPPY PK	HARBOR TOWN DR & GERMAINE, YUBA CITY CA	309 - B9
HARBOR ISLAND DR PK	HARBOR ISLAND DR, SAN DIEGO CA	373 - A3
HARDY PK	HARDY ST & MILES AV, OAKLAND CA	328 - C9
HARKNESS PK	HARKNESS ST & BAXTER AV, NAPA CA	323 - B3
HARPER PK	TUSTIN AV & CABRILLO ST, COSTA MESA CA	364 - C5
HARRISON SQUARE	299 7TH ST, OAKLAND CA	330 - A6
HARRY A MERLO STATE REC AREA	OFF REDWOOD HWY, HUMBOLDT CO CA	156 - B2
HARTE, BRET PK	IRWIN ST & BAYWOOD TER, SAN RAFAEL CA	324 - E9
HARTKE PK	MCDANIEL & STANLEY, NORTH LAS VEGAS NV	345 - G3
HART, WILLIAM S PK	W SUNSET & N SWEETZER, WEST HOLLYWOOD CA	351 - A9
HARVEY WEST MUNICIPAL PK	300 EVERGREEN ST, SANTA CRUZ CA	335 - C5
HATFIELD, GEORGE J STATE REC AREA	4394 KELLEY RD, MERCED CO CA	180 - B1
HAVENS PLGD	BONITA AV & VISTA AV, PIEDMONT CA	330 - E2
HAWK HILL PK	RIVERA ST & FUNSTON AV, SAN FRANCISCO CA	325 - E10
HAYWARD PLGD	TURK ST & GOUGH ST, SAN FRANCISCO CA	326 - C5
HAYWARD REGL SHORELINE	HAYWARD CA	250 - B4
HAZARD PK	2230 NORFOLK ST, LOS ANGELES CA	356 - F3
HEARST PK	1410 60TH ST, SACRAMENTO CA	320 - D7
HEARTWELL PK	5801 E PARKCREST ST, LONG BEACH CA	287 - B1
HEISLER PK	CLIFF DR & MYRTLE ST, LAGUNA BEACH CA	365 - A4
HELLER PK	16TH ST & WESTMINSTER AV, COSTA MESA CA	364 - B5
HENDERSON, WILLIE SPORTS COMPLEX	1035 S 45TH ST, SAN DIEGO CA	374 - F7
HENRY ALVAREZ MEM PK	2830 LANCASTER AV, LOS ANGELES CA	356 - G3
HENRY, BOB PK	CASTAWAYS LN & DOVER DR, NEWPORT BEACH CA	364 - D6
HENSCHEL PK	A ST & 45TH ST, SACRAMENTO CA	320 - C4
HENSLEY LAKE PARK & REC AREA	HENSLEY RD, MADERA CO CA	181 - B1
HERITAGE PK	JUAN ST & HARNEY ST, SAN DIEGO CA	372 - B9
HERITAGE PK	N LAS VEGAS BLVD & E WASH, LAS VEGAS NV	345 - F5
HERITAGE ROSE GARDEN	TAYLOR ST & SPRING ST, SAN JOSE CA	333 - E6
HERMAN, JUSTIN PLAZA	MARKET & EMBARCADERO, SAN FRANCISCO CA	326 - F4
HERMAN STREET PK	HERMAN ST & DIAMOND ST, SAN BRUNO CA	327 - C3
HERMOSA TERRACE PK	PALOMAR AV & NEPTUNE PL, SAN DIEGO CA	370 - A9
HERTENSTEIN PK	BERRYESSA DR, SONOMA CA	322 - D8
HESPERIA LAKE PK	CALPELLA & ARROWHEAD LK, HESPERIA CA	278 - C4
HESTER PK	NAGLEE AV & DANA AV, SAN JOSE CA	333 - C8
HIDDEN VALLEY PK	BONITA VSTA & SLEEPY HLW, SANTA ROSA CA	321 - G2
HIGGINS PK	DAVID AV & HWY 68, PACIFIC GROVE CA	337 - D5
HIGHLAND PK	HIGHLAND AV & GLEN ST, EUREKA CA	300 - B5
HILLBROOK PK	N TEMPLE AV & E WALL ST, SIGNAL HILL CA	360 - G3
HILLCREST PK	BUNCE RD, YUBA CITY CA	309 - E7
HILLTOP PK	DAVID AV & JESSIE ST, MONTEREY CA	337 - D5
HILLVIEW PK	2251 OCALA AV, SAN JOSE CA	334 - G7
HINKEL, J PK	SAN DIEGO RD & SOMERSET PL, BERKELEY CA	328 - A2
HLSTR HLLS STATE VHCLR REC AREA	CIENEGA RD, SAN BENITO CO CA	257 - C7
HOBART PK	E DIVISADERO AV & Q ST, FRESNO CA	343 - E7
HOFFMAN, ANCIL PK	6700 TARSHES DR, SACRAMENTO CO CA	235 - D6
HOFFMAN PK	HOFFMAN AV & ARCHER ST, MONTEREY CA	337 - E5
HOLLENBECK PK	415 S SAINT LOUIS ST, LOS ANGELES CA	356 - E6
HOLLYWOOD FRANKLIN PK	7020 FRANKLIN AV, LOS ANGELES CA	351 - D8
HOLLYWOOD PK	2301 SHAMROCK ST, SAN DIEGO CA	374 - E1
HOLLYWOOD REC CTR	1122 COLE AV, LOS ANGELES CA	351 - F9
HOLLYWOOD PK	4915 HARTE WY, SACRAMENTO CA	319 - E10
HOLMBY PK	601 CLUB VIEW DR, LOS ANGELES CA	354 - A6
HOLMES PLGD	212 S 1ST ST, FRESNO CA	343 - F7
HOOD MTN REGL PK	LOS ALAMOS RD, SONOMA CO CA	243 - A2
HOOVER PK	2901 COWPER AV, PALO ALTO CA	332 - F7
HOOVER REC CTR	1010 W 25TH ST, LOS ANGELES CA	355 - D7
HOPKINS CREEKSIDE PK	ALMA ST & PALO ALTO AV, PALO ALTO CA	332 - B4
HORSEMANS CTR PK	HORSEMANS CENTER WY, SAN BERNARDINO CO CA	278 - D2
HOSTETTER PLGD	DACOTAH ST, LOS ANGELES CA	356 - E9
HOTCHKISS, MARY PK	2302 4TH ST, SANTA MONICA CA	357 - B2
HUMBOLDT LAGOON STATE PK	HUMBOLDT CO CA	156 - B2
HUMBOLDT PK	HUMBOLDT ST & PACIFIC AV, SANTA ROSA CA	321 - E5
HUMBOLDT REDWOODS STATE PK	HUMBOLDT CO CA	161 - B1
HUMBOLDT-TOIYABE NATL FOREST	MINERAL CO NV	177 - B1
HUMBUG MTN STATE PK	CURRY CO OR	148 - A1
HUNGRY VALLEY ST VEH REC AREA	HWY 5 AND HWY 138, LOS ANGELES CO CA	199 - C2
HUNTER PK	1496 COLUMBIA AV, RIVERSIDE CA	366 - G1

CRA
INDEX

453 PARKS & RECREATION

POINTS OF INTEREST

PARKS & RECREATION

CRA

INDEX

FEATURE NAME City State	Page-Grid
HUNTERS SQUARE PK E MAIN ST & N EL DORADO ST, STOCKTON CA	339 - F7
HUNTINGTON LIBRARY BOTANICAL GARDENS 1151 OXFORD RD, SAN MARINO CA	359 - G9
HUNTINGTON PK CALIFORNIA & TAYLOR, SAN FRANCISCO CA	326 - D4
HUNTRIDGE CIRCLE PK MARYLAND PKWY & NORMAN AV, LAS VEGAS NV	345 - F8
HYDE PK 319 W FLORENCE AV, FRESNO CA	343 - B10
IDLEWILD PK 1900 IDLEWILD DR, RENO NV	311 - B6
IMPERIAL PARKWAY W IMPERIAL & HILLCREST, EL SEGUNDO CA	358 - A10
IMPERIAL SAND DUNES REC AREA GECKO RD SOUTH OF HWY 78, IMPERIAL CO CA	214 - C1
INDEPENDENCE PK E MARKET ST & N AURORA ST, STOCKTON CA	339 - F7
INDIAN ROCK PK INDIAN ROCK AV & OXFORD ST, BERKELEY CA	328 - A3
INSPIRATION POINT PK INSPIRATION POINT RD, SUSANVILLE CA	304 - B4
INTERIOR PK BELT STANYON ST, SAN FRANCISCO CA	325 - G8
INTL SQUARE SUMNER ST & BAKER ST, BAKERSFIELD CA	344 - F4
INYO NATL FOREST MONO CO CA	177 - A2
IRIS CANYON GREENBELT IRIS CYN RD & EL DORADO ST, MONTEREY CA	337 - G8
IRVINE REGL PK 1 IRVINE PARK RD, ORANGE CO CA	288 - C2
IRVINE TERRACE PK SEADRIFT DR & EVITA DR, NEWPORT BEACH CA	364 - G8
IZAY, GEORGE PK 1111 W OLIVE AV, BURBANK CA	350 - F8
JACKSON PLGD ARKANSAS & MARIPOSA, SAN FRANCISCO CA	326 - F8
JACKSON ST FOREST HWY 20, MENDOCINO CO CA	307 - F9
JACKS PEAK PK MARIANO PL & CM SAUCITO, MONTEREY CO CA	338 - G1
JACOBSEN, ANDY PK CENTRAL AV & 7TH ST, PACIFIC GROVE CA	337 - E3
JACOBS MEM PK W 9TH ST & LINK LN, SANTA ROSA CA	321 - C7
JAHRAUS PK CLIFF DR & BONHEUR DR, LAGUNA BEACH CA	365 - B3
JAMES PK SAINT JAMES PK, LOS ANGELES CA	355 - E8
JASTRO PK TRUXTUN AV & MYRTLE ST, BAKERSFIELD CA	344 - B5
JEFFERSON PK 1501 E VILLA ST, PASADENA CA	359 - G5
JEFFERSON PK BEALE AV & BERNARD ST, BAKERSFIELD CA	344 - G3
JEFFERSON SQUARE TURK ST & GOUGH ST, SAN FRANCISCO CA	326 - C5
JEFFERSON SQUARE REC CTR 645 7TH ST, OAKLAND CA	329 - G5
JENNINGS PK JENNINGS AV & MANHATTAN WY, SANTA ROSA CA	321 - B6
JETTY VIEW PK CHANNEL RD & OCEAN BLVD, NEWPORT BEACH CA	364 - F10
JEWELL PK CENTRAL AV & FOREST AV, PACIFIC GROVE CA	337 - D3
JOHNSON, LUBERTHA PK BALZAR AV & CONCORD ST, LAS VEGAS NV	345 - C2
JOHNSON, NEELY PK E ST & 11TH ST, SACRAMENTO CA	319 - E3
JOHNSON PK EVERETT AV & WAVERLEY ST, PALO ALTO CA	332 - B4
JOHNSON PK SOUTHWOOD DR, SAN LUIS OBISPO CA	347 - F7
JOHNSON, WADE PK 1300 12TH ST, OAKLAND CA	329 - F4
JOHN TRAINOR PK VISTA WY & SOUTH JACKSON ST, RED BLUFF CA	303 - C9
JOSEPH STEWART STATE PK CRATER LAKE HWY, JACKSON CO OR	150 - A1
JOSHUA MCMORRIS PK HOMAKER PL & SAN DIMAS ST, BAKERSFIELD CA	344 - E3
JOSHUA TREE NATL PK HWY 62, RIVERSIDE CO CA	209 - B1
JOSLYN PK 633 KENSINGTON RD, SANTA MONICA CA	357 - B2
JUAREZ PK 841 S SUNKIST ST, ANAHEIM CA	362 - F1
JUILLIARD PK STA ROSA AV & JUILLIARD PK, SANTA ROSA CA	321 - E8
JULIA PFEIFFER BURNS STATE PK CABRILLO HWY, MONTEREY CO CA	188 - C1
JUNIPERO SERRA COUNTY PK CRYSTAL SPRINGS RD, SAN BRUNO CA	327 - B6
JURI COMMONS PK SAN JOSE AV & JURI ST, SAN FRANCISCO CA	326 - C10
JURUPA CULTURAL CTR 7621 GRANITE HILL DR, RIVERSIDE CO CA	284 - B4
KABIAN COUNTY PK GOETZ RD & KABIAN PK, PERRIS CA	289 - B3
KAHN, JULIUS PLGD W PACIFIC AV & SPRUCE, SAN FRANCISCO CA	325 - G4
KEARNEY PK W CALIFORNIA AV & FAIR AV, FRESNO CO CA	264 - A5
KEARNY MESA COMM PK 3170 ARMSTRONG ST, SAN DIEGO CA	372 - D2
KECK, ALICE PK MEM GARDEN 1500 SANTA BARBARA ST, SANTA BARBARA CA	348 - D5
KELLEY PK KEYES ST & SENTER RD, SAN JOSE CA	334 - C8
KELLOGG PK 2112 VALLECITOS, SAN DIEGO CA	370 - C5
KELLOGG PK EMBARCADERO RD & WAVERLY ST, PALO ALTO CA	332 - D5
KELLY STREET PK 6640 KELLY ST, SAN DIEGO CA	372 - C5
KENNEDY GROVE REGL REC AREA HILLSIDE & PABLO DAM, CONTRA COSTA CO CA	247 - A5
KENNEDY, JOHN F MEM PK STREBLOW DR, NAPA CA	323 - E10
KENNEDY, JOHN F PK OCEAN VIEW BLVD & GLORIA ST, SAN DIEGO CA	374 - G6
KENNEDY TRACT PK 26TH AV, OAKLAND CA	330 - E8
KERN RIVER PK 2000 ALFRED HARRELL HWY, KERN CO CA	267 - D3
KEWIN PK LA LOMA AV & VISTA AV, MODESTO CA	340 - E6
KIMBALL, JACKSON F STATE PK SUN MOUNTAIN RD HWY, KLAMATH CO OR	150 - C1
KIMBALL PK E 12TH ST & D AV, NATIONAL CITY CA	374 - E10
KIMBELL, RAYMOND PLGD GEARY BLVD & STEINER ST, SAN FRANCISCO CA	326 - B5
KING, LILLIE PK ALTON AV, SANTA ANA CA	363 - C1
KING, MARTIN LUTHER JR PK HENDLEY ST & NEWHALL ST, SANTA ROSA CA	321 - F9
KING, MARTIN LUTHER JR PROMENADE HARBOR DR & 5TH AV, SAN DIEGO CA	373 - E5
KING, MARTIN LUTHER JR REG SHORELINE OAKPORT ST, OAKLAND CA	330 - F10
KING, MARTIN LUTHER PK DAISY LN, EAST PALO ALTO CA	332 - G2
KINGS CANYON NATL PK FRESNO CO CA	183 - A2
KINGS ROAD PK 1000 N KINGS RD, WEST HOLLYWOOD CA	351 - A10
KINGS ROAD PK KINGS RD & CLIFF DR, NEWPORT BEACH CA	364 - B7
KINGWOOD PK GRAY AV, YUBA CITY CA	309 - D3
KITE HILL YUKON ST & 19TH ST, SAN FRANCISCO CA	326 - A9
KIWANIS PK COOMBS ST & ELM ST, NAPA CA	323 - E8
KLAMATH NATL FOREST US 97 & RED ROCK RD, SISKIYOU CO CA	158 - B1
KLAMATH PK TROWER AV & KLAMATH WY, NAPA CA	323 - B2
KNOWLAND PK GOLF LINKS RD, OAKLAND CA	250 - C2
KORAL, BOMO PK MACARTHUR BLVD, SANTA ANA CA	363 - B2
KOSHLAND PK BUCHANAN ST & PAGE ST, SAN FRANCISCO CA	326 - C7
KUTRAS PK PARK MARINA DR & LOCUST ST, REDDING CA	301 - G7
KUTRAS PK PARK MARINA DR & LOCUST ST, REDDING CA	302 - A6
LA CIENEGA PK 8400 GREGORY WY, BEVERLY HILLS CA	354 - G8
LACY PK 3300 MONTEREY RD, SAN MARINO CA	359 - F10
LADERA COUNTY PK 6027 LADERA PARK AV, LOS ANGELES CO CA	358 - G2
LAFAYETTE PK 1516 E PRINCETON AV, FRESNO CA	343 - D2
LAFAYETTE PK 625 S LAFAYETTE PARK PL, LOS ANGELES CA	355 - D3
LAFAYETTE PK EL CM REAL & LAFAYETTE ST, SANTA CLARA CA	333 - A4
LAFAYETTE PK GOUGH ST & WASHINGTON, SAN FRANCISCO CA	326 - C4
LAFAYETTE PK S EL DORADO ST & E WORTH ST, STOCKTON CA	339 - F8
LAFAYETTE SQUARE 1000 JEFFERSON ST, OAKLAND CA	329 - G5
LAGOON PK ARMORY DR, SAN RAFAEL CA	324 - D3
LAGOON VALLEY REGL PK LAGOON VALLEY RD, VACAVILLE CA	244 - D5
LAGUNA COAST WILDERNESS PK LAGUNA CYN RD & EL TORO RD, LAGUNA BCH CA	365 - E1
LAGUNA LAKE PARK & NATURAL RESERVE MADONNA & OCEANAIRE, SAN LUIS OBISPO CA	347 - A6
LAGUNA PK LAGUNA AV & GROVE AV, BURLINGAME CA	327 - G9
LA JOLLA ATHLETIC AREA 4100 N TORREY PINES RD, SAN DIEGO CA	370 - E3
LA JOLLA COMM PK 615 PROSPECT ST, SAN DIEGO CA	370 - A7
LA JOLLA HERMOSA PK 5790 CHELSEA AV, SAN DIEGO CA	370 - B10
LAKE BERRYESSA REC AREA BERRYESSA KNOXVILLE RD, NAPA CO CA	244 - B2
LAKE CACHUMA REC AREA SAN MARCOS PASS RD, SANTA BARBARA CO CA	274 - A4
LAKE CAHUILLA REC AREA 58075 JEFFERSON ST, LA QUINTA CA	290 - D7
LAKE DEL VALLE STATE REC AREA 7000 DEL VALLE RD, ALAMEDA CO CA	251 - D5
LAKE EARL STATE PK LAKE EARL DR, DEL NORTE CO CA	297 - C2
LAKE ELSINORE REC AREA RIVERSIDE & LINCOLN, LAKE ELSINORE CA	289 - A4
LAKE GREGORY REGL PK 24171 LAKE DR, SAN BERNARDINO CO CA	278 - B7
LAKE HAVASU STATE PK HWY 95, MOHAVE CO AZ	204 - B3
LAKE HENNESSEY CITY REC AREA CHILES POPE VLY RD & HWY 128, NAPA CO CA	243 - C1
LAKE MEAD NATL REC AREA 601 NEVADA HWY, MOHAVE CO AZ	196 - A1
LAKE MERRITT CHANNEL PK 7TH ST & E 8TH ST, OAKLAND CA	330 - B6
LAKE OROVILLE STATE REC AREA BUTTE CO CA	223 - C4
LAKE PK EDGEWATER DR, NAPA CA	323 - E4
LAKE PK KEYSTONE AV & ANSON DR, RENO NV	311 - A4
LAKE PERRIS STATE REC AREA 17801 LAKE PERRIS DR, RIVERSIDE CO CA	289 - C1
LAKE POWAY REC AREA 14644 LAKE POWAY RD, POWAY CA	294 - A3
LAKE RED BLUFF REC AREA SALE LN & GILMORE RANCH RD, TEHAMA CO CA	303 - F8
LAKES BASIN REC AREA PLUMAS CO CA	164 - C3
LAKE SELMAC PK LAKESHORE DR, JOSEPHINE CO OR	149 - A2
LAKE SHORE PK MACARTHUR BLVD & GRAND AV, OAKLAND CA	330 - C4
LAKESIDE PK 666 BELLEVUE AV, OAKLAND CA	330 - B4
LAKE SKINNER REC AREA 37701 WARREN RD, RIVERSIDE CO CA	289 - D5
LAKE SONOMA REC AREA STEWARTS PT SKAGGS SPGS, SONOMA CO CA	239 - C4
LAKE TEMESCAL REGL REC AREA BROADWAY & WARREN FRWY, OAKLAND CA	328 - F9
LAKEVIEW PK LAKEVIEW DR & MONEZ BLVD, NAPA CA	323 - G6
LAMB, FLOYD STATE PK DURANGO DR & RACEL ST, LAS VEGAS NV	268 - A1
LA MESA PK 295 LIGHTHOUSE PL, SANTA BARBARA CA	348 - B10
LAND, WILLIAM PK RIVERSIDE BL & 13TH AV, SACRAMENTO CA	319 - C8
LANG PK S COAST HWY & WESLEY DR, LAGUNA BEACH CA	365 - F8
LA PAZ PK E ALISAL ST & N WOODS ST, SALINAS CA	336 - D7
LA PINTORESCA PK 45 E WASHINGTON BLVD, PASADENA CA	359 - C3
LA PLAZA PK N MT VERNON & W 7TH, SAN BERNARDINO CA	368 - B3
LARKIN PK MONROE ST & MARGARET ST, MONTEREY CA	337 - F6
LARSON PK DE CHENE AV & LARSON PK, SONOMA CO CA	322 - B3
LARSON PK JAY ST & EYE ST, ARCATA CA	299 - C5
LARWIN PK BALL RD, BUENA PARK CA	361 - A9
LAS ARENAS PK BALBOA BLVD & 16TH ST, NEWPORT BEACH CA	364 - B8
LAS FLORES PK LINDA VISTA AV & LAS FLORES DR, NAPA CA	323 - A2
LAS POSADAS ST FOREST HOWELL MT RD & LAS POSADAS RD, NAPA CO CA	241 - C7
LASSEN NATL FOREST SHASTA CO CA	158 - C3
LASSEN VOLCANIC NATL PK SHASTA CO CA	222 - C4
LAS VEGAS DUNES REC AREA LAS VEGAS BL & SPDWY BL, CLARK CO NV	269 - B1
LATOUR ST FOREST SHASTA CO CA	163 - C1
LAUREL HEIGHTS PK CIRCLE DR & SAINT EDWARDS AV, SALINAS CA	336 - E6
LAUREL HEIGHTS PLGD EUCLID AV & COLLINS ST, SAN FRANCISCO CA	325 - G5
LAUREL PK REXFORD AV & CATHY AV, CYPRESS CA	361 - A9
LAUREL PK W LAUREL DR & PARKSIDE ST, SALINAS CA	336 - B3
LAUREL STREET PK LAUREL ST & GRIGGS LN, NAPA CA	323 - B7
LAURELWOOD PK VICTOR ST & LARKIN ST, SALINAS CA	336 - B4
LEGION PK LEGION PARK DR & TIOGA DR, MODESTO CA	340 - G9
LEIVA PK FRONT ST & V ST, SACRAMENTO CA	319 - C5
LEMON GROVE REC CTR 4949 LEMON GROVE AV, LOS ANGELES CA	352 - A10
LEVIN, ED R COUNTY PK 3100 CALAVERAS RD, SANTA CLARA CO CA	253 - D1
LEXINGTON RESERVOIR COUNTY PK LIMEKILN & ALMA BDG, SANTA CLARA CO CA	253 - C6
LIBERTY PK E ANDERSON ST & STANISLAUS, STOCKTON CA	339 - G8
LIBRARY PK W MARIPOSA AV & MAIN ST, EL SEGUNDO CA	358 - A10
LIDO PK VIA LIDO & LAFAYETTE AV, NEWPORT BEACH CA	364 - A7
LILLIAN PK 901 BIGGER ST, BARSTOW CA	369 - D6
LINCOLN HEIGHTS REC CTR 2303 WORKMAN ST, LOS ANGELES CA	356 - E2
LINCOLN PK 12TH ST & PARK AV, RIVERSIDE CA	366 - D5
LINCOLN PK 1450 HIGH ST, ALAMEDA CA	331 - A1
LINCOLN PK 3501 VALLEY BLVD, LOS ANGELES CA	356 - F2
LINCOLN PK PACIFIC AV & BROADWAY, LONG BEACH CA	360 - C7
LINCOLN SQUARE REC CTR 250 10TH ST, OAKLAND CA	330 - A5
LINDA VISTA COMM PK 7064 LEVANT ST, SAN DIEGO CA	372 - D3
LINDBERGH PK 220 E 23RD ST, COSTA MESA CA	364 - D2
LINDEN COMM PK 950 45TH ST, OAKLAND CA	328 - A10
LINEAR PK S SALIMAN RD & RAILROAD, CARSON CITY NV	313 - E7
LIONS FIELD PK 1ST AV, SAN BRUNO CA	327 - D4
LIONS PK 570 W 18TH ST, COSTA MESA CA	364 - B4
LIONS PK TIOGA DR, MILLBRAE CA	327 - C8
LISTON PK YORI AV & GRAND CANYON BLVD, RENO NV	311 - F8
LITTLE HILLS RANCH REGL REC AREA 18013 BOLLINGER CYN, CONTRA COSTA CO CA	250 - D1
LITTLEJOHN PK 1401 PACIFIC AV, ALAMEDA CA	330 - B9
LITTLE LEAGUE PK E COVELL BL & F ST, DAVIS CA	318 - D4
LIVE OAK PK LASPINA ST & BEN FRANKLIN AV, TULARE CA	266 - B4
LIVE OAK REC CTR 1301 SHATTUCK AV, BERKELEY CA	328 - A4
LLOYD PK BRIDGE ST, YUBA CITY CA	309 - D5
LO BUE PK MUIRFIELD DR & SIERRA MDW, SAN JOSE CA	334 - F4
LOMA LINDA PK W MARKET ST & ROSE ST, SALINAS CA	336 - A6
LOMITA PK 500 SAN ANSELMO AV, SAN BRUNO CA	327 - D5
LONE MTN PK N ROOP ST & NORTHRIDGE DR, CARSON CITY NV	313 - D2
LONGFELLOW PK 520 LINCOLN AV, ALAMEDA CA	329 - G9
LOOKOUT POINT OCEAN BL & GOLDENROD, NEWPORT BEACH CA	364 - G10
LOPEZ LAKE REC AREA LOPEZ DR, SAN LUIS OBISPO CO CA	198 - A1
LORENZI PK WASHINGTON AV & TWIN LKS, LAS VEGAS NV	345 - A5
LORING PK BUENA VIS AV & INDIAN HILL, RIVERSIDE CA	366 - B3
LOS AMIGOS PK 500 HOLLISTER AV, SANTA MONICA CA	357 - B2
LOS BANOS CREEK STATE REC AREA CANYON RD, MERCED CO CA	180 - B2
LOS PADRES NATL FOREST HWY 154, SANTA BARBARA CO CA	274 - A5
LOS PADRES PK JOHN ST & JOHN CIR, SALINAS CA	336 - F7
LOTUS PK LOTUS AV, EL CENTRO CA	375 - A7
LOVERS POINT PK SEA PALM AV & OCEAN VW BL, PACIFIC GRV CA	337 - D2
LOWELL PK 1000 12TH ST, OAKLAND CA	329 - F4
LOWELL PK 4TH AV & R ST, BAKERSFIELD CA	344 - E6
LOWER ARROYO PK S ARROYO BL & W CALIFORNIA, PASADENA CA	359 - A7
LOWER OTAY COUNTY PK WUESTE RD, SAN DIEGO CO CA	296 - C4
LOW GAP REGINAL PK LOW GAP RD & DESPIN LN, UKIAH CA	308 - B3
LOW PK MAGNOLIA AV & TIBBETTS ST, RIVERSIDE CA	366 - A9
L STREET PK L STREET & PZ DL NRTE CIR, NEWPORT BCH CA	364 - F9
LUBIN PK 3535 M ST, SACRAMENTO CA	320 - A5
LUNDIGAN PK 2701 THORNTON AV, BURBANK CA	350 - D5
LYNNWOOD PK LYNNWOOD ST, WINCHESTER NV	345 - E10
LYON, HARRY PK DE ANZA DR & CAMERON ST, VENTURA CA	349 - B2
LYTLE CREEK PK S K ST & W OAK ST, SAN BERNARDINO CA	368 - C5

PARKS & RECREATION · POINTS OF INTEREST · PARKS & RECREATION 454

FEATURE NAME City State	Page-Grid
MACARTHUR PK 1321 E ANAHEIM ST, LONG BEACH CA	360 - E4
MACARTHUR PK 2230 W 6TH ST, LOS ANGELES CA	355 - E4
MACKENZIE PK STATE & DE LA VINA STS, SANTA BARBARA CA	348 - A4
MACKERRICHER BEACH STATE PK OFF HWY 1, MENDOCINO CO CA	307 - B1
MADERA PK LEVERONI RD & FRYER CREEK DR, SONOMA CA	322 - D9
MADISON PK 150 8TH ST, OAKLAND CA	330 - A6
MADISON PK MENDOCINO AV & MARINE AV, STOCKTON CA	339 - A5
MAHANY PK PLEASANT GRV BL & WOODCRK, ROSEVILLE CA	235 - D3
MAHOOD SENIOR CTR STA MONICA BL & PURDUE AV, LOS ANGELES CA	353 - F7
MAILLIARD REDWOODS STATE PK FISH ROCK RD, MENDOCINO CO CA	168 - A2
MAIN BEACH PK BROADWAY & COAST HWY, LAGUNA BEACH CA	365 - B4
MALAKOFF DIGGINS STATE HIST PK BLOOMFIELD RD AT BACKBONE, NEVADA CO CA	170 - B1
MALIBU CREEK STATE PK LAS VIRGENES RD, LOS ANGELES CO CA	280 - B3
MALTZ PK 9800 SUNSET BLVD, BEVERLY HILLS CA	354 - B6
MAMMOTH CREEK PK OLD MAMMOTH RD, MAMMOTH LAKES CA	342 - F4
MANCHESTER PK 3414 N FRESNO ST, FRESNO CA	343 - E1
MANCINI PK RIVER RD & HERNDON AV, MODESTO CA	340 - F9
MANDANA PLAZA 3501 LAKESHORE AV, OAKLAND CA	330 - D4
MANZANITA REC CTR 2150 E 28TH ST, OAKLAND CA	330 - E6
MANZANITA REGL PK CASTROVILLE & FINEVIEW, MONTEREY CO CA	256 - D7
MAPLE PK GRAY RD, YUBA CITY CA	309 - E4
MAPLE REC AREA LOS PALOS DR & MAPLEWOOD DR, SALINAS CA	336 - D8
MARCY PK 5504 STRESEMANN ST, SAN DIEGO CA	370 - G6
MARINA GREEN PK E SHORELINE DR, LONG BEACH CA	360 - D8
MARINA PK NEPTUNE DR & S DIKE RD, SAN LEANDRO CA	331 - F10
MARINA PK PIERPONT BLVD & CORAL ST, VENTURA CA	349 - E8
MARINA VISTA PK BAY ST & SPRUCE ST, SAN MATEO CO CA	327 - D6
MARINE PK 1406 MARINE ST, SANTA MONICA CA	357 - D2
MARINERS PK IRVINE AV & DOVER DR, NEWPORT BEACH CA	364 - D5
MARINI PLAZA COLUMBUS AV & FILBERT, SAN FRANCISCO CA	326 - D3
MARSHALL, JAMES PK CHICAGO AV & SUTTER AV, MODESTO CA	340 - B9
MARSHALL PK 27TH & J STS, SACRAMENTO CA	319 - G4
MARSHALL, PETER PK 801 N MAGNOLIA AV, ANAHEIM CA	361 - G5
MLK JR PK 1950 LEMON AV, LONG BEACH CA	360 - E3
MLK JR PK 3934 WESTERN AV, LOS ANGELES CA	355 - A10
MLK JR PK KING ST & CALIFORNIA AV, BAKERSFIELD CA	344 - G6
MARTIN LUTHER KING PLAZA N CENTER ST & E OAK ST, STOCKTON CA	339 - E6
MARTIN PK FORESTDALE AV & MELBOURNE BL, SAN JOSE CA	334 - C7
MAR VISTA GARDENS 4901 MARIONWOOD DR, LOS ANGELES CA	358 - A1
MASON, WILLIAM R REGL PK 18712 UNIVERSITY DR, IRVINE CA	363 - G7
MATHER REGL PK EAGLES NEST & WOODRING, SACRAMENTO CO CA	170 - A3
MATHEWSON PK PARK VIEW PL & POMONA AV, CORONADO CA	373 - D8
MAXWELL FARMS REGL PK VERANO & SONOMA HWY AV, SONOMA CO CA	322 - C6
MAXWELL PK 2655 W ORANGE AV, ANAHEIM CA	361 - G7
MAYFAIR PK SUNSET AV & KAMMERER AV, SAN JOSE CA	334 - E5
MAYFIELD PK COLLEGE & WELLESLEY, PALO ALTO CA	332 - D7
MAYORS PK CENTER DR & ALDER ST, CARSON CITY NV	313 - D10
MAZE STONE PK CALIFORNIA AV, RIVERSIDE CO CA	289 - D2
MCARTHUR BURNEY FALLS MEM STATE PK HWY 89, SHASTA CO CA	158 - C2
MCCAMBRIDGE PK 1515 N GLENOAKS BLVD, BURBANK CA	350 - F5
MCCLATCHY, JAMES PK 35TH ST & 5TH AV, SACRAMENTO CA	319 - G8
MCCLATCHY PK 3066 FREEPORT BLVD, SACRAMENTO CA	319 - D8
MCCLYMONDS MINI PK 1000 26TH ST, OAKLAND CA	329 - G3
MCCOPPIN SQUARE SANTIAGO ST & 24TH AV, SAN FRANCISCO CA	325 - D10
MCDONALD PK 1000 E MOUNTAIN ST, PASADENA CA	359 - F4
MCENERY PK W SAN FERNANDO ST & RIVER ST, SAN JOSE CA	333 - G8
MCGEE PK 1ST ST & BRIGHTON AV, EL CENTRO CA	375 - F6
MCINNIS, JOHN F COUNTY PK SMITH RANCH RD, SAN RAFAEL CA	324 - G1
MCKINLEY ARTS & CULTURAL CTR VINE ST & JONES ST, RENO NV	311 - C6
MCKINLEY PK 601 ALHAMBRA BLVD, SACRAMENTO CA	320 - A4
MCKINLEY PK BUENA VISTA AV & WALNUT ST, ALAMEDA CA	330 - D9
MCKINLEY PK E 8TH ST & S SAN JOAQUIN ST, STOCKTON CA	339 - F10
MCKINLEY SQUARE VERMONT ST & 20TH ST, SAN FRANCISCO CA	326 - E9
MCKINNON PK 1700 MCKINNON ST, SALINAS CA	336 - D1
MCLAUGHLIN PK LUCRETIA AV & OWSLEY AV, SAN JOSE CA	334 - D8
MCLEAN, MARTHA ANZA NARROWS PK 5740 JURUPA AV, RIVERSIDE CA	284 - C5
MCLEOD PK W FREMONT ST & N CENTER ST, STOCKTON CA	339 - E7
MCNEE RANCH STATE PK CABRILLO HWY, SAN MATEO CO CA	249 - B6
MEADOWBROOK FIELDS E RIALTO & S ALLEN, SAN BERNARDINO CA	368 - F4
MEADOWBROOK PK W 3RD ST & N SIERRA WY, SAN BERNARDINO CA	368 - E4
MEADOW PK MEADOW ST & FUNSTON, SAN LUIS OBISPO CA	347 - E7
MELLIS PK MARTIN L KING DR & WALNUT ST, MODESTO CA	340 - B8
MELODY LANE PK MELODY LN & CLEAR ACRE RD, RENO NV	311 - G1
MEM COMM PK 2902 MARCY AV, SAN DIEGO CA	374 - B6
MEM CROSS PK DE LA CRUZ BLVD & MARTIN AV, SAN JOSE CA	333 - B3
MEMORIAL PK 1401 OLYMPIC BLVD, SANTA MONICA CA	353 - B10
MEMORIAL PK 1401 OLYMPIC BLVD, SANTA MONICA CA	357 - B1
MEMORIAL PK E MAIN ST, VENTURA CA	349 - C5
MEMORIAL PK MAIN ST, SUSANVILLE CA	304 - C4
MENDOCINO NATL FOREST MENDOCINO CO CA	162 - B2
METRO REC CTR 4400 CHESTER AV, BAKERSFIELD CA	344 - C2
MICHIGAN PK 500 SPRUCE ST, BERKELEY CA	328 - A1
MIDTOWN TERRACE PLGD CLARENDON & OLYMPIA, SAN FRANCISCO CA	325 - G9
MIKE FOX JAYCEE TENNIS PK RIVERSIDE AV & SAN LORENZO, SANTA CRUZ CA	335 - E7
MILE SQUARE REGL PK 16801 EUCLID ST, FOUNTAIN VALLEY CA	287 - D3
MILFORD MINI PK W MILFORD ST & KENILWORTH AV, GLENDALE CA	352 - F1
MILL COMM PK E CENTRAL AV & S FOISY ST, SAN BERNARDINO	368 - G6
MILLER, JOAQUIN PK 3101 JOAQUIN MILLER RD, OAKLAND CA	250 - B1
MILLER, LOREN PK 2717 HALLDALE AV, LOS ANGELES CA	355 - B8
MILLER PK BROADWAY & MARINA VIEW DR, SACRAMENTO CA	319 - B6
MILLERTON LAKE STATE REC AREA FRESNO CO CA	181 - C2
MILL ESTATE PK SEBASTIAN DR & LAKE ST, MILLBRAE CA	327 - D9
MILLS CANYON PK ARGUELLO DR & SEBASTIAN DR, BURLINGAME CA	327 - E10
MILLS PK 1111 E WILLIAM ST, CARSON CITY NV	313 - E5
MINER PK SAMPSON RD, MARYSVILLE CA	310 - B3
MINI PK HARVARD DR, BARSTOW CA	369 - C9
MISSION BAY ATHLETIC AREA 2585 GRAND AV, SAN DIEGO CA	371 - E2
MISSION BAY PK 2581 QUIVIRA CT, SAN DIEGO CA	371 - F3
MISSION DOLORES PK DOLORES ST & 18TH ST, SAN FRANCISCO CA	326 - C8
MISSION HEIGHTS PK 1716 WESTINGHOUSE ST, SAN DIEGO CA	372 - D6
MISSION HILLS PK 1521 WASHINGTON PL, SAN DIEGO CA	372 - C9
MISSION PK LOS OLIVOS ST & W MTN DR, STA BARBARA CA	348 - C4
MISSION PK MAIN ST, VENTURA CA	349 - A5
MISSION PK W ROMIE LN & PADRE DR, SALINAS CA	336 - B8
MISSION PLGD 19TH ST & VALENCIA ST, SAN FRANCISCO CA	326 - C8
MISSION TRAILS REGL PK FATHER JUNIPERO SERRA TR, SAN DIEGO CA	294 - A7
MITCHELL PK SANTA ROSA & PISMO, SAN LUIS OBISPO CA	347 - E5
MOABI REGL PK NEEDLES FRWY, SAN BERNARDINO CO CA	204 - A2
MOANA COMPLEX MOANA LN & BAKER LN, RENO NV	311 - E10
MODEL AIRPLANE FIELD DOOLITTLE DR, ALAMEDA CA	331 - A3
MODESTO RESERVOIR COUNTY PK HWY 132 & RESERVOIR RD, STANISLAUS CO CA	175 - C3
MODOC NATL FOREST LASSEN CO CA	160 - A1
MOJAVE NARROWS REGL PK 18000 YATES RD, SAN BERNARDINO CO CA	278 - B1
MOJAVE RIVER FORKS REGL PK HWY 173, SAN BERNARDINO CO CA	278 - B5
MONARCH PK PAULSON WY & MONARCH DR, NAPA CA	323 - A1
MONKEY ISLAND PK CLAREMONT BL & OAK KNOLL, BERKELEY CA	328 - D7
MONO PK MONO DR & SANTA RITA AV, STANISLAUS CO CA	340 - F7
MONROE MINI PK MILLER AV & MONROE DR, PALO ALTO CA	332 - G10
MONTANA DE ORO STATE PK ON MORRO BAY, SAN LUIS OBISPO CO CA	271 - A5
MONTARA PK AURORA WY, BARSTOW CA	369 - F8
MONTCLAIR PK 2801 NILE ST, SAN DIEGO CA	374 - C1
MONTCLAIR REC CTR 6300 MORAGA AV, OAKLAND CA	330 - G1
MONTE VISTA PK W LONG ST & ANDORRA DR, CARSON CITY NV	313 - B4
MONTGOMERY WOODS STATE PK ORR SPRINGS RD, MENDOCINO CO CA	168 - A1
MOONEY GROVE PK MOONEY BLVD & AVE 272, VISALIA CA	266 - B3
MOOSE PK N MORTON BLVD & DOWNEY AV, MODESTO CA	340 - E6
MORELLI BOAT RAMP PK WEBER AV & WASHINGTON ST, STOCKTON CA	339 - C7
MORGAN PLAZA 2600 21ST AV, OAKLAND CA	330 - E6
MORGAN TERRITORY REGL PK MORGAN TERRITORY RD, CONTRA COSTA CO CA	251 - C1
MORRISON PK SHERWIN LN & FREEMAN LN, SANTA ANA CA	362 - F8
MORRO BAY STATE PK 201 STATE PARK RD, SAN LUIS OBISPO CO CA	271 - B4
MOSCONE, GEORGE R REC CTR CHESTNUT & BUCHANAN, SAN FRANCISCO CA	326 - B3
MOSSWOOD PK 3612 WEBSTER ST, OAKLAND CA	330 - B2
MOTLEY, SANDY PK MOORE BLVD & ROCKWELL DR, DAVIS CA	318 - F3
MOTOR PK 14TH, MARYSVILLE CA	310 - A3
MOULTON MEADOWS PK DEL MAR AV & BALBOA AV, LAGUNA BEACH CA	365 - F6
MOUNTAIN HOME TRACT ST FOREST TULARE CO CA	191 - C1
MOUNTAIN LAKE PK W PACIFIC AV, SAN FRANCISCO CA	325 - E5
MOUNTAIN VIEW PK 551 S 40TH ST, SAN DIEGO CA	374 - E6
MOUNTAIN VIEW PK 751 S GRIFFITH PARK DR, BURBANK CA	350 - G10
MOUNTAIN VIEW PK SANDRA CT, ARCATA CA	299 - A6
MOUNT ACADIA PK 3865 MT ACADIA BLVD, SAN DIEGO CA	372 - C1
MOUNT DIABLO STATE PK MT DIABLO AV, CONTRA COSTA CO CA	251 - B1
MOUNT MADONNA COUNTY PK HECKER PASS HWY, SANTA CLARA CO CA	256 - D3
MOUNT OLYMPUS PK UPPER TER, SAN FRANCISCO CA	326 - A8
MOUNT RUBIDOUX PK 4706 MT RUBIDOUX DR, RIVERSIDE CA	366 - B3
MOUNT SAN JACINTO STATE PK RIVERSIDE CO CA	209 - A2
MOUNT SHASTA CITY PK N MOUNT SHASTA BLVD, MOUNT SHASTA CA	298 - D3
MOUNT TAMALPAIS STATE PK 801 PANORAMIC HWY, MARIN CO CA	246 - A6
MUIR, JOHN PK HELEN AV & HIGH ST, MODESTO CA	340 - E5
MUIR PK 16TH ST & C ST, SACRAMENTO CA	319 - F3
MULFORD PK AURORA DR & WALNUT DR, SAN LEANDRO CA	331 - F9
MULLEN PERALTA PK PERALTA AV & MULLEN AV, SAN FRANCISCO CA	326 - E10
MUNICIPAL ROSE GARDEN GARDEN DR & NAGLEE AV, SAN JOSE CA	333 - C8
MURPHY, J P PK 9TH AV & ORTEGA ST, SAN FRANCISCO CA	325 - F9
MURRAY RIDGE PK MISSION CENTER RD, SAN DIEGO CA	372 - G4
NAPA SKATE PK YAJOME ST & PEARL ST, NAPA CA	323 - E6
NAPOLEON PK H RD, MARYSVILLE CA	310 - A4
NATHANSON CREEK PK DEWELL DR & FINE AV, SONOMA CA	322 - E9
NATIVIDAD CREEK PK 1395 FREEDOM PKWY, SALINAS CA	336 - G3
NATIVIDAD PK TEHAMA CIR & RAINER DR, SALINAS CA	336 - D3
NEALON PK 802 MIDDLE AV, MENLO PARK CA	332 - A4
NEARY LAGOON PK BAY ST & CALIFORNIA ST, SANTA CRUZ CA	335 - D8
NEIGHBORHOOD PK LARKSPUR LANDING CIR, LARKSPUR CA	324 - G10
NEPTUNE PK 2301 WEBSTER ST, ALAMEDA CA	329 - G8
NEWHALL COMM PK WHARTON WY, CONCORD CA	248 - A5
NEWMAN PK MARKET ST & 14TH ST, RIVERSIDE CA	366 - C5
NEWPORT DUNES RESORT 1131 BACKBAY RD, NEWPORT BEACH CA	364 - E7
NIELSEN, FRANCIS PK LAKE PARK & HENDERSON, SANTA ROSA CA	321 - E2
NIELSEN PLGD 1739 S DELNO AV, FRESNO CA	343 - A9
NOJOQUI FALLS COUNTY PK NOJOQUI PARK RD, SANTA BARBARA CO CA	273 - B5
NORMANDIE PLGD 1550 S NORMANDIE AV, LOS ANGELES CA	355 - B6
NORTH ATWATER PK 3900 CHEVY CHASE DR, LOS ANGELES CA	352 - E3
NORTH BEACH PLGD & POOL LOMBARD ST & MASON ST, SAN FRANCISCO CA	326 - D3
NORTH COW MTN REC AREA HOPLAND & SCOTTS VLY, MENDOCINO CO CA	308 - G5
NORTH COYOTE PK OLD OAKLAND RD, SAN JOSE CA	333 - G2
NORTHGATE PK DURAN ST & SEVILLE WY, SALINAS CA	336 - B2
NORTH OAKLAND REGL SPORTS CTR BROADWAY, OAKLAND CA	328 - G8
NORTH PK MISSION INN AV & STA FE AV, RIVERSIDE CA	366 - D4
NORTH PK NORTH ST & 15TH ST, SANTA ROSA CA	321 - F5
NORTH SEAWALL PK STMBOAT LEVEE & N MADISON, STOCKTON CA	339 - E7
NORTHSTAR PK CATALINA DR & ANZA AV, DAVIS CA	318 - C2
NORTHWEST COMM PK MARLOW RD & W STEELE LN, SANTA ROSA CA	321 - A4
N STREET MINI PK N ST & POMONA DR, DAVIS CA	318 - F5
NUNEZ PK 1717 W 5TH ST, SAN BERNARDINO CA	368 - A4
OAK GLEN PK RICHMOND BLVD, OAKLAND CA	330 - B2
OAK GROVE PK DONNER AV & BIDWELL ST, DAVIS CA	318 - F3
OAK GROVE REGL PK I-5 & W EIGHT MILE RD, SAN JOAQUIN CO CA	260 - A2
OAKHURST PK OAKHURST DR & WILSHIRE, BEVERLY HILLS CA	354 - F7
OAK MANOR PK OAK MANOR DR & E GOBBI ST, UKIAH CA	308 - E5
OAK NEWTON PK OAK ST & MCCLELLAN AV, MONTEREY CA	337 - E5
OAK PK 300 W ALAMAR AV, SANTA BARBARA CA	348 - A5
OAK PK 5235 MAPLE ST, SAN DIEGO CA	374 - G1
OAK PK E FULTON ST & N SUTTER ST, STOCKTON CA	339 - E3
OAK PK FRISBIE ST, OAKLAND CA	330 - B3
OAK PK COMM CTR M L KING JR BL & 8TH AV, SACRAMENTO CA	320 - A9
OAKPORT PK OAKPORT ST & 66TH AV, OAKLAND CA	331 - C1
OAKWOOD REC CTR 767 CALIFORNIA AV, LOS ANGELES CA	357 - D4
OBRIEN PK PUEBLO AV, NAPA CA	323 - D4
OCEAN AVENUE PK CHRISMAN AV, VENTURA CA	349 - D5
OCEAN BEACH ATHLETIC AREA (ROBB FIELD) 2525 BACON ST, SAN DIEGO CA	371 - C9
OCEAN BEACH COMM PK 4726 SANTA MONICA AV, SAN DIEGO CA	371 - B10
OCEANO DUNES STATE VEHICLE REC AREA WEST OF HWY 1, SAN LUIS OBISPO CO CA	272 - A2
OCEAN VIEW PK 2701 BARNARD WY, SANTA MONICA CA	357 - B3
OCEAN VIEW PK OCEAN VW AV & OCEAN VW WY, SANTA CRUZ CA	335 - E7
OCOTILLO WELLS STATE VEHICULAR REC AREA HWY 78, SAN DIEGO CO CA	209 - C3
OGAWA PLAZA 1 FRANK H OGAWA PZ, OAKLAND CA	330 - A4

CRA · INDEX

FEATURE NAME	City State	Page-Grid
OHLONE PK	MARTIN LUTHER WY & HEARST AV, BERKELEY CA	328 - A5
OLD PK	CARNATION AV & 4TH AV, NEWPORT BEACH CA	364 - G9
OLD TROLLEY BARN PK	1915 CARMELINA DR, SAN DIEGO CA	372 - G7
OLEANDER PK	OLEANDER DR, SAN RAFAEL CA	324 - B1
OLIVE PK	OLIVE ST & HAZEL ST, SANTA ROSA CA	321 - D8
OLSEN PK	LINDA DR & MITCHELL WY, SONOMA CA	322 - D6
OMELVENY PK	17300 SESNON BLVD, LOS ANGELES CA	277 - A6
ONEILL REGL PK	30892 TRABUCO CANYON RD, RSM CA	288 - D5
ONEIL PK	BROADWAY & 6TH ST, SACRAMENTO CA	319 - C5
ORIZABA PK	N ORIZABA & E SPAULDING, LONG BEACH CA	360 - G4
ORPET PK	ALAMEDA PADRE SERRA, SANTA BARBARA CA	348 - D4
ORPHEUS PK	482 ORPHEUS AV, ENCINITAS CA	293 - B2
ORTEGA PK	ORTEGA & SALSIPUDES, SANTA BARBARA CA	348 - E6
OSTRANDER PK	BROADWAY TER, OAKLAND CA	328 - E9
OTAY VALLEY REGL PK	4TH AV & BEYER WY, SAN DIEGO CA	296 - A4
OTIS JOHNSON PK	LAUREL AV & ALGER ST, FORT BRAGG CA	307 - D3
OUR PK	VAN WINKLE LN & GALAHAD AV, SAN JOSE CA	334 - G5
OVAL PARK, THE	PALM DR & SERRA ST, SANTA CLARA CO CA	332 - B6
OVERFELT GARDENS PK	EDUCATIONAL PK DR & MCKEE, SAN JOSE CA	334 - D3
OXFORD CIRCLE PK	OXFORD CIR & WAKE FOREST DR, DAVIS CA	318 - B5
OYSTER BAY REGL SHORELINE	NEPTUNE DR, SAN LEANDRO CA	331 - D8
OZONE PK	720 OZONE ST, SANTA MONICA CA	357 - C3
PACHECO STATE PK	SANTA CLARA CO CA	180 - A2
PACIFIC BEACH COMM PK	1405 DIAMOND ST, SAN DIEGO CA	371 - B2
PACIFIC PK	3715 PACIFIC AV, BURBANK CA	350 - C6
PACIFIC PK	501 S PACIFIC AV, GLENDALE CA	352 - F3
PACIFIC UNION PK	RIBEIRO LN, ARCATA CA	299 - C3
PALACE OF FINE ARTS	PALACE DR & MARINA BLVD, SAN FRANCISCO CA	326 - A3
PALISADES PK	OCEAN AV, SANTA MONICA CA	357 - A2
PALISADES PK (LAW ST PARK)	OCEAN BLVD & LAW ST, SAN DIEGO CA	371 - A2
PALM FIELD	6TH ST & PEDLEY RD, SAN BERNARDINO CA	368 - G3
PALM HAVEN PK	PLAZA DR & PALM HAVEN AV, SAN JOSE CA	333 - F10
PALM PK	PALM AV & 3RD ST, CORONADO CA	373 - C6
P A L SPORTS CTR	S KING RD & VIRGINIA AV, SAN JOSE CA	334 - E6
PANHANDLE	OAK ST & STANYAN ST, SAN FRANCISCO CA	326 - A7
PANORAMA PK	PANORAMA DR & RIVER BLVD, BAKERSFIELD CA	344 - E1
PANTOJA PK	524 G ST, SAN DIEGO CA	373 - E4
PARDEE, ELEANOR PK	851 CENTER ST, PALO ALTO CA	332 - E4
PARK BOULEVARD PLAZA	2300 PARK BLVD, OAKLAND CA	330 - D5
PARK DRIVE PARK	2415 BROADWAY, SANTA MONICA CA	353 - C9
PARKVIEW PHOTO CTR	W 4TH ST & S PARKVIEW ST, LOS ANGELES CA	355 - E3
PARKWAY PLAZA	1ST ST, NAPA CA	323 - E7
PARQUE DE LA AMISTAD	VOLLMER WY, SAN JOSE CA	334 - E6
PARQUE DE LOS POBLADORES	S MARKET ST & S 1ST ST, SAN JOSE CA	334 - A8
PASADENA CENTRAL PK	275 S RAYMOND AV, PASADENA CA	359 - C7
PASADENA MEM PK	85 E HOLLY ST, PASADENA CA	359 - C6
PAT BAKER PK	1910 BISHOP AV, RENO NV	311 - F2
PATTERSON, E T PK	1846 LINDEN ST, RIVERSIDE CA	366 - F4
PEAK PK	7225 EL DORADO DR, BUENA PARK CA	361 - C4
PEARSON, ETHEL PK	W WASHINGTON AV & E ST, LAS VEGAS NV	345 - E4
PECAN PLGD	127 S PECAN ST, LOS ANGELES CA	356 - D5
PEERS PK	1899 PARK BLVD, PALO ALTO CA	332 - D6
PEIXOTTO PLGD	15TH ST & FLINT ST, SAN FRANCISCO CA	326 - B7
PELICAN BEACH STATE PK	OCEAN VIEW DR, DEL NORTE CO CA	148 - B2
PELLIER PK	W SAINT JAMES & TERRAINE ST, SAN JOSE CA	333 - G7
PENINSULA PK	OCEAN FRONT & MAIN ST, NEWPORT BEACH CA	364 - D9
PENITENCIA CREEK COUNTY PK	PENITENCIA CREEK RD, SAN JOSE CA	334 - D1
PENMAR PLGD	ROSE AV & PENMAR AV, LOS ANGELES CA	357 - E2
PEPPERTREE NEIGHBORHOOD PK	PEPPERTREE LN & ROSEWOOD DR, REDDING CA	302 - A3
PERALTA HACIENDA PK	34TH AV, OAKLAND CA	330 - G7
PERALTA PK	12TH ST & 1ST AV, OAKLAND CA	330 - B6
PERIMETER GREENBELT	ANDERSON RD & TANAGER, DAVIS CA	318 - C2
PERI PK	MCLOUD RIVER RD & VOLPI DR, STOCKTON CA	339 - A10
PERKINS PK	OCEAN VW BL & ASILOMAR AV, PACIFIC GRV CA	337 - D2
PERSHING PK	100 CASTILLO ST, SANTA BARBARA CA	348 - E8
PERSHING SQUARE PK	532 S OLIVE ST, LOS ANGELES CA	356 - A5
PESCADERO CREEK COUNTY PK	ALPINE RD, SAN MATEO CO CA	252 - C5
PETERS CANYON REGL PK	10500 PETERS CANYON RD, TUSTIN CA	288 - B2
PETERSON PK	5TH ST & D ST, CRESCENT CITY CA	297 - C8
PETITTI PK	PUTNAM AV & DONNA ST, NORTH LAS VEGAS NV	345 - G1
PHILLIPS PK	2930 21ST AV, SACRAMENTO CA	319 - F10
PICACHO STATE REC AREA	PICACHO RD, IMPERIAL CO CA	215 - A1
PICCADILLY PK	OCEAN & DOLORES, CARMEL BY THE SEA CA	338 - C3
PICKETT PK	250 KIRMAN AV, RENO NV	311 - F6
PICO UNION PK	1827 S HOOVER ST, LOS ANGELES CA	355 - D6
PIEDMONT PK	PIEDMONT CT & HIGHLAND AV, PIEDMONT CA	330 - E2
PIEDMONT SPORTS FIELD	LA SALLE AV & HAMPTON RD, PIEDMONT CA	330 - G3
PIERRE PK	ENCINA AV & COVENA AV, MODESTO CA	340 - G6
PIKE, J M PK	PRINCETON AV & KEARNEY AV, MODESTO CA	340 - A4
PILGRIM TERRACE PK	MODOC RD & PILGRIM TER DR, STA BARBARA CA	348 - A6
PINELLI PK	FRANCE ST & 4TH ST, SONOMA CA	322 - F8
PINEWOOD PK	9675 JUANITA ST, CYPRESS CA	361 - A8
PINKLEY PK	OGLE ST & TUSTIN AV, COSTA MESA CA	364 - C5
PIONEER PK	560 N F ST, SAN BERNARDINO CA	368 - D3
PIONEER PK	CHAPMAN AV & SUMMERSET PL, GARDEN GRV CA	362 - C6
PIONEER PK	TELEGRAPH HILL BLVD, SAN FRANCISCO CA	326 - E3
PISTOL RIVER STATE PK	OREGON COAST HWY, CURRY CO OR	148 - A2
PITTMAN, DEBBIE PK	LA BRUCHERIE RD & ORANGE AV, EL CENTRO CA	375 - A7
PLACERITA CANYON NATURAL AREA	19150 PLACERITA CYN RD, LOS ANGELES CO CA	277 - A5
PLATA ARROYO PK	N KING RD & MCKEE RD, SAN JOSE CA	334 - D4
PLATT PK	MORSE DR & MCFARLAND AV, PACIFIC GROVE CA	337 - D5
PLAY FIELDS PK	COWELL BL & RESEARCH PARK DR, DAVIS CA	318 - F6
PLAZA CERVANTES PK	11TH AV & FREEPORT BLVD, SACRAMENTO CA	319 - E9
PLAZA DE CESAR CHAVEZ	S MARKET ST & PARK AV, SAN JOSE CA	333 - G8
PLAZA DEL MAR PK	23 CASTILLO ST, SANTA BARBARA CA	348 - E8
PLAZA PK	700 S PLAZA DR, VISALIA CA	266 - A3
PLAZA PK	THOMPSON BLVD & CHESTNUT ST, VENTURA CA	349 - B5
PLAZA VERA CRUZ	130 E COTA ST, SANTA BARBARA CA	348 - E7
PLUMAS-EUREKA STATE PK	OFF HWY 70, PLUMAS CO CA	164 - C3
PLUMAS NATL FOREST	PLUMAS CO CA	164 - A3
PLUMAS PK	575 MONROE ST, RENO NV	311 - D7
PLUMMER PK	1200 N VISTA ST, WEST HOLLYWOOD CA	351 - C9
PLUMOSA PK	PLUMOSA DR & CHATSWORTH BL, SAN DIEGO CA	371 - E10
POINSETTIA PK	PAS DL NORTE, CARLSBAD CA	293 - B1
POINSETTIA REC CTR	7341 WILLOUGHBY AV, LOS ANGELES CA	351 - C10
POINT CABRILLO LIGHT STA	MENDOCINO CO CA	224 - A4
POINT EDITH STATE WILDLIFE AREA	CONTRA COSTA CO CA	247 - D3
POINT LOBOS STATE RESERVE	CABRILLO & RILEY RANCH, MONTEREY CO CA	338 - A9
POINT MUGU STATE PK	PACIFIC COAST HWY, VENTURA CO CA	275 - D7
POINT REYES NATL SEASHORE	MESA RD, MARIN CO CA	245 - B3
POINT VICENTE PK	PALOS VRDES & HAWTHORNE, RCHO PLS VRDS CA	286 - B3
PONDEROSA FARM COMM PK	RIO LINDA BL, SACRAMENTO CO CA	235 - B4
PONDEROSA PK	2100 S HASTER ST, ANAHEIM CA	362 - C5
POPLAR REC CTR	3131 UNION ST, OAKLAND CA	329 - G2
PORT HUENEME BEACH PK	SURFSIDE DR, PORT HUENEME CA	275 - B7
PORTOLA REDWOODS STATE PK	PORTOLA STATE PARK RD, SAN MATEO CO CA	252 - D5
PORTSMOUTH SQUARE	WASHINGTON & KEARNY, SAN FRANCISCO CA	326 - E4
PORTVIEW PK	7TH ST, OAKLAND CA	329 - A5
POSEY PK	SAN MATEO AV & HUNTINGTON, SAN BRUNO CA	327 - C3
POTRERO DEL SOL PK	1500 SAN BRUNO AV, SAN FRANCISCO CA	326 - E10
POTRERO HILL REC CTR	ARKANSAS ST & MADERA ST, SAN FRANCISCO CA	326 - F9
PRADO FLOOD CONTROL BASIN	W RINCON ST & N SMITH AV, CORONA CA	283 - D7
PRADO REGL PK	EUCLID & PMNA RINCON, SN BERNARDINO CO CA	283 - D6
PRAIRIE CITY OFF HIGHWAY VEHICLE PK	WHITE ROCK & PRAIRIE CITY, SACRAMENTO CO	236 - B7
PRAIRIE CREEK REDWOODS STATE PK	HUMBOLDT CO CA	156 - B1
PRECITA PK	PRECITA AV & FOLSOM ST, SAN FRANCISCO CA	326 - D10
PRESIDIO COMM PK	2811 JACKSON ST, SAN DIEGO CA	372 - A8
PREWETT FAMILY PK	LONE TREE WY & DEER VALLEY RD, ANTIOCH CA	248 - C5
PRINCETON PK	STANFORD, IRVINE CA	363 - G7
PROMENADE PK	FIGUEROA ST, VENTURA CA	349 - A5
PROSPECT PK	ECHANDIA ST W, LOS ANGELES CA	356 - E4
PROVIDENCE MTNS STATE REC AREA	ESSEX RD, SAN BERNARDINO CO CA	203 - A1
PRUSCH PK	647 S KING RD, SAN JOSE CA	334 - E7
QUARRY PK	DRY CREEK RD & MAR VISTA DR, MONTEREY CA	337 - E7
QUIGLEY PLGD	808 W DAKOTA AV, FRESNO CA	343 - A1
RADIO PK	2233 N 1ST ST, FRESNO CA	343 - F3
RAE PK	D ST & SONOMA AV, SANTA ROSA CA	321 - F7
RAGLE RANCH REGL PK	RAGLE RD, SONOMA CO CA	242 - A3
RAILROAD PK	WILSON ST & 5TH ST, SANTA ROSA CA	321 - D7
RAIMONDI PK	1700 20TH ST, OAKLAND CA	329 - E3
RAINBOW LAGOON PK	PINE AV & SHORELINE DR, LONG BEACH CA	360 - D7
RAINES, FRANK REGL PK	DEL PUERTO CANYON RD, STANISLAUS CO CA	180 - A1
RAMONA COMM PK	EARLHAM ST & THOMSEN WY, SAN DIEGO CO CA	294 - C2
RAMONA GARDENS PK	2800 FOWLER ST, LOS ANGELES CA	356 - G4
RAMON GARCIA REC CTR	1016 S FRESNO ST, LOS ANGELES CA	356 - F8
RANCHO CALIFORNIA SPORTS PK	42775 MARGARITA RD, TEMECULA CA	289 - D7
RANCHO SAN RAFAEL COUNTY PK	N VIRGINA ST & N MCCARRAN, WASHOE CO NV	311 - B2
RATTLESNAKE CANYON PK	GIBRALTAR RD, SANTA BARBARA CO CA	348 - F1
RAY, HILDA PK	1400 KENWOOD RD, SANTA BARBARA CA	348 - B8
RAY PK	BALBOA WY & DEVERAUX DR, BURLINGAME CA	327 - F9
REC AREA	SILVERADO TR, NAPA CO CA	243 - D3
RECREATION PK	RACE TRACK ST & AUBURN-FOLSOM, AUBURN CA	316 - D7
REDWOOD NATL PK	DEL NORTE CO CA	216 - B4
REDWOOD PK	CORNELL DR & MAPLE LN, DAVIS CA	318 - C5
REDWOOD PK	PARK AV & FICKLE HILL RD, ARCATA CA	299 - D7
REDWOOD PK	REDWOOD AV & BIRCH AV, WEST SACRAMENTO CA	319 - A9
REDWOOD REGL PK	7861 REDWOOD RD, CONTRA COSTA CO CA	250 - C1
REID PK	3100 W ORANGE AV, ANAHEIM CA	361 - D8
REMILLARD PK	POPPY LN & KELLER AV, BERKELEY CA	328 - B3
RENO SPORTS COMPLEX	2975 N VIRGINIA ST, WASHOE CO NV	311 - B2
RENO TENNIS CTR	PLUMAS ST & COUNTRY CLUB DR, RENO NV	311 - D9
REVARD PK	NORWEGIAN AV & GORDON AV, MODESTO CA	340 - F2
REYNOLDS, BLANCHE PK	PREBLE AV, VENTURA CA	349 - F7
RICE VALLEY OFF HIGHWAY VEHICLE AREA	OFF HWY 62, RIVERSIDE CO CA	211 - A1
RICHMOND PLGD	19TH AV, SAN FRANCISCO CA	325 - D5
RICHMOND REC CTR	18TH AV & LAKE ST AV, SAN FRANCISCO CA	325 - D5
RINCONADA PK	777 EMBARCADERO RD, PALO ALTO CA	332 - E5
RIPLEY DESERT WOODLAND STATE PK	LANCASTER RD, LOS ANGELES CO CA	200 - A2
RITTLER PK	1400 OTIS DR, ALAMEDA CA	330 - B10
RIVER PK	MODDISON AV, SACRAMENTO CA	320 - B3
RIVER PK	WILLOW ST & MAIN ST, RED BLUFF CA	303 - D6
RIVERSIDE PK	RIVERSIDE DR, NAPA CA	323 - E8
RIVERSIDE PK	RIVERSIDE DR, SUSANVILLE CA	304 - C5
RIVERSIDE PK	2970 RIVERSIDE BLVD, SACRAMENTO CA	319 - C7
RIVERVIEW PK	1817 W 21ST ST, SANTA ANA CA	362 - D10
RIVERVIEW PLGD	SYCAMORE DR & MAY ST, KERN CO CA	344 - C1
RIVER WALK PK	D ST & 2ND ST, WEST SACRAMENTO CA	319 - C3
ROBERT LOUIS STEVENSON STATE PK	SONOMA CO CA	240 - D5
ROBERTSON REC CTR	1641 S ROBERTSON BLVD, LOS ANGELES CA	354 - F9
ROBERTSON ROAD PK	RED PINE DR & CRIPPEN AV, MODESTO CA	340 - A10
ROBINSON, JACKIE PK	1081 N FAIR OAKS AV, PASADENA CA	359 - C4
ROBLES PK	4116 PARK BLVD, PALO ALTO CA	332 - G9
ROCHAMBEAU PLGD	25TH AV, SAN FRANCISCO CA	325 - C5
ROCKRIDGE GREENBELT	CAVOUR ST & MILES AV, OAKLAND CA	328 - B10
ROCKRIDGE PK	ROCKRIDGE BLVD, OAKLAND CA	328 - D9
ROCKVILLE HILLS PK	ROCKVILLE RD, SOLANO CO CA	244 - B6
ROCKY NOOK PK	MISSION CANYON RD, SANTA BARBARA CO CA	348 - C4
ROGERS PK	N OAK ST & N EUCALYPTUS AV, INGLEWOOD CA	358 - G4
ROGUE RIVER NATL FOREST	JACKSON CO OR	149 - C2
ROLPH PLGD	HAMPSHIRE ST & 26TH ST, SAN FRANCISCO CA	326 - E10
ROMAIN, FRANK PLGD	745 N 1ST ST, FRESNO CA	343 - F5
ROOSEVELT PK	1615 9TH ST, SACRAMENTO CA	319 - D4
ROOSEVELT PK	E SANTA CLARA ST & N 19TH ST, SAN JOSE CA	334 - B6
ROOSEVELT PK	W ORANGEBURG AV & BRONSON AV, MODESTO CA	340 - C3
ROSE GARDEN PK	698 CHETWOOD ST, OAKLAND CA	330 - D3
ROSE GARDENS	1250 EUCLID AV, BERKELEY CA	328 - B3
ROSE PK	8TH ST & N ORIZABA AV, LONG BEACH CA	360 - G5
ROSICRUCIAN PK	1342 NAGLEE AV, SAN JOSE CA	333 - D7
ROSS COMMON PK	LAGUNITAS RD & ROSS COM, ROSS CA	324 - A8
ROSSI RICO PARKWAY	VICTOR ST & POWELL ST, SALINAS CA	336 - A5
ROSS PK	11TH ST & M ST, EUREKA CA	300 - E2
ROSS PLGD	ARGUELLO BL & EDWARD, SAN FRANCISCO CA	325 - F6
ROSS SNYDER REC CTR	1501 E 41ST ST, LOS ANGELES CA	356 - A10
ROTARY PK	1ST ST, ARCATA CA	299 - C8
ROTARY PK	CLARK ST & GOLDNER ST, PLACERVILLE CA	317 - F5
ROTARY PK	ORANGE AV & PARK PL, CORONADO CA	373 - C8
ROTARY PK	S ASHTON AV & MILLBRAE AV, MILLBRAE CA	327 - D8

PARKS & RECREATION | POINTS OF INTEREST | PARKS & RECREATION 456

FEATURE NAME	City State	Page-Grid
ROUND VALLEY PK	MARSH CREEK RD, CONTRA COSTA CO CA	248 - C7
ROXBURY REC CTR	471 S ROXBURY DR, BEVERLY HILLS CA	354 - D8
RUNYON CANYON PK	2000 N FULLER AV, LOS ANGELES CA	351 - C7
RUSSIAN GULCH STATE PK	MENDOCINO CO CA	224 - B4
RUSSIAN HILL PK	LARKIN ST & CHESTNUT ST, SAN FRANCISCO CA	326 - C2
RUSSOM, JERRY MEM PK	OLD LUCAS VALLEY RD, SAN RAFAEL CA	324 - A1
RUTH HARDY PK	VIA MIRALESTE & TAMARISK RD, PALM SPGS CA	367 - C4
RYLAND PK	N 1ST ST & FOX AV, SAN JOSE CA	333 - F6
SAAVEDRA, SAL FIELD	W 8TH ST & N ROBERDS, SAN BERNARDINO CA	368 - B3
SACRAMENTO NORTHERN PARKWAY	RIO LINDA BL, SACRAMENTO CA	319 - G1
SACRAMENTO RIVER PARKWAY	SACRAMENTO RIVER, SACRAMENTO CA	319 - C8
SACRAMENTO PK	2315 34TH ST, SACRAMENTO CA	319 - G7
SADDLEBACK BUTTE STATE PK	17102 E AVE J, LOS ANGELES CO CA	200 - C2
SAGE STREET PK	790 SAGE ST, RENO NV	311 - F4
SAINT JAMES PK	E SAINT JAMES ST & N 2ND ST, SAN JOSE CA	333 - G7
SAINT JOHNS RIVERWAY PK	SAINT JOHNS PKWY & BEN MADDOX, VISALIA CA	266 - C2
SAINT MARYS SQUARE	CALIFORNIA & GRANT, SAN FRANCISCO CA	326 - E4
SAINT ROSE OF LIMA PK	7TH ST & MERCHANT ST, SACRAMENTO CA	319 - D3
SALTON SEA STATE REC AREA	OFF HWY 111, IMPERIAL CO CA	210 - A3
SALT POINT STATE PK	25050 COAST HWY 1, SONOMA CO CA	168 - A3
SAMUEL AYER PK	BRECKENRIDGE & MAIN ST, RED BLUFF CA	303 - D4
SAMUEL EVANS SPORTS COMPLEX	MAGNOLIA AV & TERRACINA DR, RIVERSIDE CA	366 - B5
SAN ANSELMO MEM PK	VETERANS PL, SAN ANSELMO CA	324 - A5
SAN ANTONIO PK	SAN FRANCISCO DR, BUENA PARK CA	361 - B6
SAN ANTONIO REC AREA	SAN ANTONIO & INTERLAKE, MONTEREY CO CA	189 - B2
SAN ANTONIO REC CTR	1701 E 19TH ST, OAKLAND CA	330 - D7
SAN BERNARDINO NATL FOREST	SAN BERNARDINO CO CA	209 - A1
SANBORN PK	1601 FRUITVALE AV, OAKLAND CA	330 - F8
SANBORN PK	901 N SANBORN RD, SALINAS CA	336 - G5
SANBORN-SKYLINE COUNTY PK	16055 SANBORN RD, SANTA CLARA CO CA	253 - A5
SAN BRUNO MTN STATE AND COUNTY PAR	GUADALUPE CANYON PKWY, SAN MATEO CO CA	249 - C3
SAN CARLOS BEACH PK	WAVE ST & REESIDE AV, MONTEREY CA	337 - G5
SAN DIEGO LA JOLLA UNDERWATER PK	LA JOLLA COVE, SAN DIEGO CA	370 - B1
SAN DIMAS CANYON COUNTY PK	1512 SYCAMORE CANYON RD, SAN DIMAS CA	283 - B2
SANDPOINTE PK	MACARTHUR BL & BIRCH ST, SANTA ANA CA	363 - C1
SAN JUSTO RESERVOIR REC AREA	UNION RD, SAN BENITO CO CA	257 - C7
SAN LORENZO PK	DAKOTA AV & SOQUEL AV, SANTA CRUZ CA	335 - E6
SAN LUIS RESERVOIR STATE REC AREA	GONZAGA & JASPERS SEARS, MERCED CO CA	180 - A1
SAN MARINO PK	HOFFMAN ST, BUENA PARK CA	361 - A6
SAN ONOFRE ST BCH	EL CM REAL & CRISTIANITS, SAN DIEGO CO CA	291 - B2
SAN PABLO RESERVOIR REC AREA	7301 SAN PABLO DAM RD, CONTRA COSTA CO CA	328 - G1
SANTA BARBARA BOTANIC GARDENS	1212 MISSION CYN RD, SANTA BARBARA CO CA	348 - C2
SANTA CLARA POINT COMM PK	1010 SANTA CLARA PL, SAN DIEGO CA	371 - B5
SANTA CRUZ PK	GOLDEN SHORE & W OCEAN BL, LONG BEACH CA	360 - B7
SANTA FE DAM REC AREA	200 S PECKAM RD, IRWINDALE CA	282 - D2
SANTA MARGARITA LAKE REGL PK	STA MARGARITA LK, SAN LUIS OBISPO CO CA	190 - A3
SANTA MONICA MTNS NATL REC AREA	LOS ANGELES CO CA	280 - A3
SANTANA PK	TISCH WY & BAYWOOD AV, SAN JOSE CA	333 - A9
SANTA ROSA PK	SANTA ROSA ST & OAK, SAN LUIS OBISPO CA	347 - D4
SANTA SUSANA PASS STATE HIST PK	DEVONSHIRE ST, LOS ANGELES CA	276 - C7
SANTEE LAKES REGL PK	FANITA PKWY, SANTEE CA	294 - B6
SANTIAGO OAKS REGL PK	2145 N WINDES DR, ORANGE CA	288 - B1
SAUNDERS PK	PALM ST & WETHERLY DR, BAKERSFIELD CA	344 - A6
SCHABARUM REGL COUNTY PK	17250 E COLIMA RD, LOS ANGELES CO CA	282 - D5
SCHADER PK	1425 CLOVERFIELD BLVD, SANTA MONICA CA	353 - C9
SCHOLZE PK	LIGHTHOUSE AV & DICKMAN AV, MONTEREY CA	337 - F5
SCHULTZ PK	EL BONITO WY & CAMINO ALTO, MILLBRAE CA	327 - D8
SCHWEITZER PK	238 S BEL AIR ST, ANAHEIM CA	361 - F7
SCOTT PK	CHANNING AV & SCOTT ST, PALO ALTO CA	332 - C5
SCOTT PK	E MORRIS AV & AUBURN ST, MODESTO CA	340 - E5
SCRIPPS INSTITUTE SUBMERGED LAND AREA	NW OF SCRIPPS PIER, SAN DIEGO CA	370 - C3
SDG&E PK	1ST ST, CORONADO CA	373 - D6
SEALE PK	3100 STOCKTON PL, PALO ALTO CA	332 - G6
SECCOMBE LAKE REC AREA	N SIERRA WY & E 7TH ST, SAN BERNARDINO CA	368 - E3
SENDA NUEVA GREENBELT	QUAIL ST & IMPALA PL, DAVIS CA	318 - B3
SEQUOIA NATL FOREST	HWY 178, KERN CO CA	192 - B3
SEQUOIA NATL PK	TULARE CO CA	183 - A3
SEQUOIA PARK AND ZOO	MADRONE AV & W ST, EUREKA CA	300 - F5
SGT MACAULAY PK	LARKIN ST & OFARRELL ST, SAN FRANCISCO CA	326 - D5
SESSIONS, KATE O MEM PK	5115 SOLEDAD RD, SAN DIEGO CA	370 - E10
SESSIONS, ROBERT A SPORTS PK	GUADALUPE DR & MURIEL DR, BARSTOW CA	369 - D10
SHADOW MTN SPORTS COMPLEX	BARING BLVD & SPARKS BLVD, SPARKS NV	312 - G1
SHAFTER, GROVE PK	34TH ST, OAKLAND CA	330 - A2
SHAINGHAI-GARDEN PK	SHAINGHAI BEND RD, YUBA CITY CA	309 - F10
SHAMEL, A D PK	3650 ARLINGTON AV, RIVERSIDE CA	366 - A9
SHASTA NATL FOREST	SHASTA CO CA	220 - A2
SHASTA TRINITY NATL FOREST	SISKIYOU CO CA	298 - A1
SHASTICE PK	ROCKFELLOW DR, MOUNT SHASTA CA	298 - F4
SHATTO REC CTR	3191 W 4TH ST, LOS ANGELES CA	355 - C3
SHAY PK	ALLIANCE RD, ARCATA CA	299 - C5
SHERMAN FOUNDATION & GARDENS	E COAST HWY & DAHLIA AV, NEWPORT BEACH CA	364 - G9
SHERWOOD PK	N MAIN ST & E BERNAL DR, SALINAS CA	336 - C4
SHERWOOD PK	ROBIN HOOD DR & CLAREMONT AV, MODESTO CA	340 - E1
SHERWOOD PK	ROBINHOOD DR & CLAREMONT AV, STOCKTON CA	339 - C1
SHIFFER PK	BEAR ST, COSTA MESA CA	363 - A3
SHILOH RANCH REGL PK	FAUGHT RD & SHILOH RIDGE RD, SONOMA CO CA	242 - C1
SHORELINE PK	1ST ST & ALAMEDA BLVD, CORONADO CA	373 - C6
SHORELINE PK	E SHORELINE DR & PINE AV, LONG BEACH CA	360 - C8
SHORELINE PK	INDEPENDENCE DR, ALAMEDA CA	330 - A7
SHORELINE PK	SHORELINE DR, SANTA BARBARA CA	348 - D10
SHURTLEFF PK	SHURTLEFF AV & SHETLER AV, NAPA CA	323 - G9
SIERRA 2 PK	CASTRO WY & 25TH ST, SACRAMENTO CA	319 - F7
SIERRA NATL FOREST	S OF YOSEMITE NATL PK, MARIPOSA CO CA	262 - A5
SIERRA VISTA PK	T ST & 51ST ST, SACRAMENTO CA	320 - B7
SIGNAL HILL PK	CHERRY AV & HILL ST, SIGNAL HILL CA	360 - F3
SILVER LAKE REC CTR	1850 SILVER LAKE BLVD, LOS ANGELES CA	352 - F9
SILVERWOOD LAKE STATE REC AREA	STATE HWY 138, SAN BERNARDINO CO CA	278 - A6
SIMINSKI PK	9717 S INGLEWOOD AV, INGLEWOOD CA	358 - G7
SINGER PK	CALIFORNIA BL & ST JOHN AV, PASADENA CA	359 - B8
SINSHEIMER PK	BOULEVARD DEL CAMPO, SAN LUIS OBISPO CA	347 - F7
SISKIYOU NATL FOREST	JOSEPHINE CO OR	148 - C2
SIX RIVERS NATL FOREST	HUMBOLDT CO CA	161 - C1
S.J. FIELD	GREELEY DR, MARYSVILLE CA	310 - B2
SKATERS POINT	W CABRILLO BL & GARDEN ST, STA BARBARA CA	348 - F8
SKOFIELD PK	1819 LAS CANOAS RD, SANTA BARBARA CA	348 - E2
SKYLINE COUNTY PK	4TH AV & IMOLA AV, NAPA CO CA	244 - A6
SKYLINE NORTH PK	CAMARILLO & LORELLI, SN BERNARDINO CO CA	369 - C2
SKYRIDGE PK	800 PERKINS WY, AUBURN CA	316 - D8
SLIDE HILL PK	TULIP LN & TEMPLE DR, DAVIS CA	318 - G4
SMITH, ERNIE PK	ARNOLD DR & CRAIG AV, SONOMA CO CA	322 - A5
SMITH, F M PK	200 NEWTON AV, OAKLAND CA	330 - C5
SMITH, JEDEDIAH REDWOODS STATE PK	DEL NORTE CO CA	216 - B4
SMITH PK	W NEWPORT ST, SAN LUIS OBISPO CA	347 - A8
SMITH PK	401 MCCLATCHY WY, SACRAMENTO CA	319 - C6
SNOW PK	19TH ST & HARRISON ST, OAKLAND CA	330 - B4
SOBRANTE PK	BERGEDO DR & PUEBLO DR, OAKLAND CA	331 - G6
SOLOMON PK	SOLOMON AV & MARTIN ST, NAPA CA	323 - C1
SONOMA AV PK	SONOMA AV & SANTA ROSA AV, SANTA ROSA CA	321 - E7
SONOMA PK	1003 SONOMA ST, CARSON CITY NV	313 - D9
SOQUEL DEMONSTRATION ST FOREST	SANTA CRUZ CO CA	256 - A1
SORICH RANCH PK	SAN FRANCISCO BLVD, SAN ANSELMO CA	324 - A4
SOUTH BEACH PK	BARNARD WY & MARINE ST, SANTA MONICA CA	357 - B4
SOUTH COW MTN OHV REC AREA	REDWOOD HWY & HOPLAND RD, LAKE CO CA	225 - B3
SOUTHCREST COMM PK	4199 KEELER AV, SAN DIEGO CA	374 - E7
SOUTH GATE PK	4900 SOUTHERN AV, SOUTH GATE CA	282 - A6
SOUTH LK TAHOE EL DORADO STATE REC AREA	LK TAHOE BL & RUFUS ALLEN BL, S LK TAHOE	314 - C4
SOUTH OF MARKET PK	FOLSOM ST & 6TH ST, SAN FRANCISCO CA	326 - E6
SOUTH PK	SOUTH PARK & LONDON, SAN FRANCISCO CA	326 - F5
SOUTH PRESCOTT PK	3RD ST & CHESTER ST, OAKLAND CA	329 - E5
SOUTH SEAWALL PK	W WEBER AV & N CENTER ST, STOCKTON CA	339 - E7
SOUTHSIDE PK	6TH ST & W ST, SACRAMENTO CA	319 - C5
SOUTHWEST ROSELAND COMM PK	HEARN AV, SANTA ROSA CA	321 - C10
SPANISH LANDING PK	N HARBOR DR, SAN DIEGO CA	373 - A2
SPENCEVILLE WILDLIFE MGMT & REC AREA	NEVADA CO CA	233 - A3
SPRECKELS PK	ORANGE AV & 6TH ST, CORONADO CA	373 - D7
SPRING MEADOWS PK	CALLOWAY & TAM-O-SHANTER, PLACER CO CA	316 - D1
SPUR TRAIL PK	MAGNOLIA AV & MILLBRAE AV, MILLBRAE CA	327 - E8
STANDIFORD PK	TOKAY AV & LA CIENGENA DR, MODESTO CA	340 - E2
STANDISH-HICKEY STATE REC AREA	1 MILE N OF LEGGETT, MENDOCINO CO CA	161 - C2
STANFORD PK	C ST & 27TH ST, SACRAMENTO CA	319 - G3
STANFORD PK	STANFORD, IRVINE CA	363 - G7
STANISLAUS NATL FOREST	ALPINE CO CA	171 - B3
STARKEY PK	DRAPER AV & BONAIR PL, SAN DIEGO CA	370 - B8
STARK FIELD PK	4TH ST & LENREY AV, EL CENTRO CA	375 - E7
STAR PK	STAR PARK CIR, CORONADO CA	373 - C8
STARRIDGE PK	STARRIDGE ST & CARRIAGE RD, POWAY CA	294 - A4
STATE OWNED LANDS	LOS ANGELES CA	353 - A2
STATE PK	1ST ST W, SONOMA CA	322 - E6
STATE PK LAND	LOS ANGELES CO CA	280 - B4
STATE STREET PLGD	STATE ST & DOUGLASS ST, SAN FRANCISCO CA	326 - A8
STATE STREET REC CTR	716 N STATE ST, LOS ANGELES CA	356 - E4
STECKEL PK	8080 MISTLETOE RD, VENTURA CO CA	275 - C2
STEELE LN PK	SHURMAN DR & FENCE ROWE DR, SANTA ROSA CA	321 - D4
STEINBECK PK	1700 BURLINGTON DR, SALINAS CA	336 - G2
STELZER, LOUIS A COUNTY PK	11470 WILDCAT CANYON RD, SAN DIEGO CO CA	294 - C5
STEVENS CREEK COUNTY PK	STEVENS CANYON RD, SANTA CLARA CO CA	253 - A4
STEWART PK	K ST & 14TH ST, ARCATA CA	299 - C6
STEWART STREET PK	1819 STEWART ST, SANTA MONICA CA	353 - D10
STONEHURST REC AREA	E ST & 103RD AV, OAKLAND CA	331 - G4
STONEMAN PK	W LELAND RD, PITTSBURG CA	248 - A4
STONER PLGD	1835 STONER AV, LOS ANGELES CA	353 - F8
STOUGH PK	1335 LOCKHEED VIEW DR, BURBANK CA	350 - G4
STRINGHAM PK	1621 E RIMROCK RD, BARSTOW CA	369 - F8
STUPAK, CHESTER A PK	BOSTON AV & TAM DR, LAS VEGAS NV	345 - C9
STURNACLE, JOHN PK	1434 SAGE DR, BARSTOW CA	369 - F6
SUGAR LOAF OPEN SPACE REC AREA	RUDGEAR RD & 680 FRWY, WALNUT CREEK CA	247 - D7
SUGARLOAF RIDGE STATE PK	2605 ADOBE CANYON RD, SONOMA CO CA	243 - B2
SUGAR PINE POINT STATE PK	EMERALD BAY RD, EL DORADO CO CA	231 - A5
SUNFLOWER PK	LOTUS AV, EL CENTRO CA	375 - A6
SUNFLOWER PK	MASON ST & SOLEDAD ST, SANTA BARBARA CA	348 - G6
SUNNY BRAE PK	VIRGINIA AV & MARILYN AV, ARCATA CA	299 - E8
SUNRISE PK	SUNRISE WY & RAMON RD, PALM SPRINGS CA	367 - E7
SUNSET CLIFFS PK	SUNSET CLIFFS BLVD, SAN DIEGO CA	295 - B2
SUNSET PK	21 W SUNSET WY, CARSON CITY NV	313 - B5
SUNSET PK	OCEAN BL & OCEAN DR, CORONADO CA	373 - B8
SUNSET PK	T ST & 42ND ST, SACRAMENTO CA	320 - A7
SUNSET PLGD	LAWTON ST & 29TH AV, SAN FRANCISCO CA	325 - C9
SUNSET VIEW PK	SUPERIOR & TICONDEROGA, NEWPORT BCH CA	364 - A6
SUN VALLEY PK	SOLANO ST, SAN RAFAEL CA	324 - C5
SUN VALLEY PARK & REC CTR	8133 VINELAND AV, LOS ANGELES CA	350 - A2
SUSAN RIVER PK	RIVERSIDE DR, SUSANVILLE CA	304 - C5
SUSANVILLE RANCH PK	MEADOWVIEW DR, LASSEN CO CA	304 - A2
SUTHERLAND PK	BAYWOOD LN & ROHLFFS WY, NAPA CA	323 - A4
SUTTER LANDING PK	C ST & 28 ST, SACRAMENTO CA	320 - B2
SUTTER PK	E ORANGEBURG AV & FORD AV, MODESTO CA	340 - E4
SWANSON PK	ALESSANDRO BL & BENEDICT AV, RIVERSIDE CA	366 - F9
SWANSTON PK	2350 NORTHROP, SACRAMENTO CO CA	320 - G4
SWARTHOUT PK	4TH ST & EUCLID AV, EL CENTRO CA	375 - D5
SWEETWATER COUNTY PK	ALONG SWEETWATER RIVER, SAN DIEGO CO CA	296 - A3
SWEETWATER COUNTY PARK-SUMMIT SITE	3218 SUMMIT MEADOW RD, SAN DIEGO CO CA	296 - B2
SYCAMORE PK	1550 W SYCAMORE AV, ORANGE CA	362 - G6
SYCAMORE PK	E SYCAMORE AV & CALIF ST, EL SEGUNDO CA	358 - C10
SYCAMORE PK	SYCAMORE LN & COLBY DR, DAVIS CA	318 - B4
SYLVAN PK	E RUMBLE RD & NIABELL PL, MODESTO CA	340 - F1
TAHOE NATL FOREST	NEVADA CO CA	170 - C1
TAHOE PK	61ST ST & 8TH AV, SACRAMENTO CA	320 - D9
TAHOE TALLAC PK	SAN JOAQUIN ST & BUSINESS, SACRAMENTO CA	320 - E8
TALBERT REGL PK	VICTORIA ST, COSTA MESA CA	287 - D5
TALLAC PK	TALLAC ST & BECKWORTH DR, NAPA CA	323 - B3
TANKHILL PK	TWINPEAKS BLVD, SAN FRANCISCO CA	325 - G8
TAPO CANYON PK	4651 TAPO CANYON RD, VENTURA CO CA	276 - B6
TASSAFARONGA REC CTR	900 84TH AV, OAKLAND CA	331 - F2
TAYLOR, SAMUEL P STATE PK	SIR FRANCIS DRAKE BLVD, MARIN CO CA	245 - D3
TECOLOTE COMM PK	4675 TECOLOTE RD, SAN DIEGO CA	371 - G6
TEGLIAS PARADISE PK	ODDIE BLVD & EL RANCHO DR, RENO NV	311 - G3
TEHACHAPI MTN PK	WATER CANYON RD, KERN CO CA	200 - A1
TEMPLE AV PK	TEMPLE AV & 34TH ST, SACRAMENTO CA	319 - G9

CRA
INDEX

© 2003 Thomas Bros. Maps ®

FEATURE NAME	City State	Page-Grid
TENDERLOIN REC CTR	ELLIS & LEAVENWORTH, SAN FRANCISCO CA	326 - D5
TERMAN PK	655 ARASTRADERO RD, PALO ALTO CA	332 - G10
TERRACE PK	1327 LA LOMA DR, CARSON CITY NV	313 - G4
TERRACE PK	ALVARADO TER & W 14TH ST, LOS ANGELES CA	355 - D6
TERRACE VIEW PLGD	FAIRLAWN RD & QUEENS RD, BERKELEY CA	328 - C4
TERRA LINDA PK	670 DEL GANADO RD, SAN RAFAEL CA	324 - A1
TEWINKLE MEM PK	ARLINGTON DR & JUNIPERO DR, COSTA MESA CA	363 - A5
THOMPSON FIELD	2150 CLEMENT AV, ALAMEDA CA	330 - D9
THOUSAND OAKS PK	EDGEBROOK DR & COVENA AV, MODESTO CA	340 - F6
THROOP PK	CUESTA & ROMAULDO, SAN LUIS OBISPO CA	347 - C3
THURMAN, JOHN FIELD	601 NEECE DR, MODESTO CA	340 - C9
TIDE BEACH PK	302 SOLANA VISTA DR, SOLANA BEACH CA	293 - B3
TIDELANDS PK	MULLINIX DR, CORONADO CA	373 - E7
TIERRA REJADA PK	365 TIERRA REJADA RD, SIMI VALLEY CA	276 - A7
TIJUANA RIVER VALLEY REGL PK	SUNSET AV & HOLLISTER ST, SAN DIEGO CA	296 - A5
TILDEN REGL PK	CANON DR, CONTRA COSTA CO CA	328 - D2
TISCORNIA PK	JIBBOOM ST & RICHARDS BLVD, SACRAMENTO CA	319 - C1
TOBERMAN PLGD PK	1725 TOBERMAN ST, LOS ANGELES CA	355 - D6
TODD GROVE PK	PARK BLVD & LIVE OAK AV, UKIAH CA	308 - B4
TOIYABE NATL FOREST	NEVADA CO CA	229 - B4
TOLAND PK	525 TOLAND RD, VENTURA CO CA	275 - D2
TOMALES BAY STATE PK	PIERCE POINT RD, MARIN CO CA	242 - A7
TOMMY LASORDA FIELD OF DREAMS	DUANE ST & WATERLOO ST, LOS ANGELES CA	352 - F9
TONOPAH PK	TONOPAH AV & YALE ST, NORTH LAS VEGAS NV	345 - F3
TOPANGA STATE PK	SANTA MONICA MOUNTAINS, LOS ANGELES CA	280 - D3
TORO REGL PK	PINE CANYON RD & TRIMB LN, MONTEREY CO CA	259 - A4
TORREY PINES CITY PK	TORREY PINES SCENIC DR, SAN DIEGO CA	370 - D1
TOURNAMENT PK	WILSON AV & CORNELL RD, PASADENA CA	359 - F8
TOWATA PK	OTIS DR, ALAMEDA CA	331 - A2
TOWNSEND PK	TOWNSEND PARK CIR, SAN JOSE CA	334 - A1
TRESCONY PK	BAY ST & ANITA ST, SANTA CRUZ CA	335 - B7
TRIANGLE PK	OSOS ST & STA BARBARA, SN LUIS OBISPO CA	347 - E5
TRIANGLE PK	PALM AV & 4TH ST, CORONADO CA	373 - C7
TRINITY NATL FOREST	TRINITY CO CA	157 - C3
TRINITY REC CTR	2415 TRINITY ST, LOS ANGELES CA	355 - F8
TRIPLET PK	COVILAUD RD, MARYSVILLE CA	310 - C2
TRUCKEE RIVER PK	GREG ST, RENO NV	312 - A6
TUDAR, MARTIN JURUPA HILLS REGL PARK	11650 SIERRA AV, FONTANA CA	284 - C4
TULE ELK STATE RESERVE	TUPMAN RD & KERN ST, KERN CO CA	191 - A3
TUOLUMNE RIVER REGL PK	CARPENTER RD & ROBERTSON RD, MODESTO CA	340 - B10
TURK HYDE MINI PK	TURK ST & HYDE ST, SAN FRANCISCO CA	326 - D5
TURTLE BAY EAST REGL PK	HWY 299 & INTERSTATE 5, REDDING CA	302 - A5
TURTLE BAY REGL PK	HWY 299 & AUDITORIUM DR, REDDING CA	302 - A5
TURTLE ROCK PK	BOA VISTA DR & MALDEN AV, SAN JOSE CA	334 - F9
TUSTIN PK	TUSTIN AV, COSTA MESA CA	364 - D3
TWAIN, MARK PK	CALIFORNIA AV & CHAMPANGE LN, MODESTO CA	340 - A8
TWAIN PK	4914 22ND AV, SACRAMENTO CA	320 - C10
TWIN LAKES PK	LAMPSON AV & HASTER ST, GARDEN GROVE CA	362 - C7
TWIN PEAKS PK	TWIN PEAKS BLVD, SAN FRANCISCO CA	325 - G9
UNION PK	1100 HAZELTON AV, STOCKTON CA	339 - G8
UNION SQUARE	GEARY ST & POWELL ST, SAN FRANCISCO CA	326 - E5
UCSD PK	VOIGT DR & HOPKINS DR, SAN DIEGO CA	370 - F1
UNIV PK	HOWE AV & UNIVERSITY AV, SACRAMENTO CA	320 - G6
UNIV SQUARE	MCNAIR ST & OAKES ST, EAST PALO ALTO CA	332 - F3
UPPER ARROYO PK	ROSEMONT AV, PASADENA CA	359 - A2
UPPER NEWPORT BAY REGL PK	IRVINE AV, NEWPORT BEACH CA	363 - B8
UPPER STEVENS CREEK COUNTY PK	SKYLINE BLVD, SANTA CLARA CO CA	253 - A4
URABE PK	SHERWOOD DR & CHERRY DR, SALINAS CA	336 - C6
UVAS CANYON COUNTY PK	8515 CROY RD, SANTA CLARA CO CA	256 - C1
UVAS RESERVOIR PK	UVAS RD, SANTA CLARA CO CA	256 - D1
VALENCIA PK	VALENCIA DR & JENSEN WY, FULLERTON CA	361 - G1
VALLEY OF FIRE STATE PK	HWY 169, CLARK CO NV	187 - A3
VALLEY OF THE ROGUE STATE PK	N RIVER RD & PACIFIC HWY, JACKSON CO OR	149 - B1
VALLEY PK	1625 N VALLEY ST, BURBANK CA	350 - B7
VALLEY VIEW PK	GILDAY AV & TRAVIS ST, NORTH LAS VEGAS NV	345 - E2
VALLEY WEST PK	VALLEY WEST BLVD, ARCATA CA	299 - C3
VAN BUSKIRK PK	MANTHEY RD & CAROLYN WESTON, STOCKTON CA	260 - B5
VAN DAMME BEACH STATE PK	MENDOCINO CO CA	224 - B5
VANTAGE POINT PK	1200 E 12TH ST, OAKLAND CA	330 - D7
VASQUEZ ROCKS COUNTY PK	W ESCONDIDO CYN RD, LOS ANGELES CO CA	277 - C2
VERDUGO MTN PK	SOUTH OF LA TUNA CYN RD, LOS ANGELES CA	350 - E1
VERDUGO PK	3201 W VERDUGO AV, BURBANK CA	350 - D9
VEST POCKET PK	E 1ST ST & N CHICAGO ST, LOS ANGELES CA	356 - E6
VETERAN MEM PK	COLFAX AV & MEMORIAL LN, GRASS VALLEY CA	315 - C9
VETERANS MEM COUNTY PK	13000 SAYER ST, LOS ANGELES CO CA	277 - B6
VETERANS MEM PK	101 E 28TH ST, LONG BEACH CA	360 - C1
VETERANS MEM PK	3RD ST & MAIN ST, NAPA CA	323 - E7
VETERANS MEM PK	SKYLINE DR & JEFFERSON ST, MONTEREY CA	337 - E6
VETERANS PK	15TH ST & BAY AV, NEWPORT BEACH CA	364 - B8
VETERANS PK	E O ST & S PINE ST, COLTON CA	368 - A10
VETS PK	2ND ST, YUBA CITY CA	309 - G4
VETTER PK	GUADALUPE AV & CAJON PL, CORONADO CA	373 - D8
VIA PARAISO PK	VIA GAYUBA & VIA PARAISO, MONTEREY CA	337 - E7
VICKROY PK	2300 MONTEREY PL, BURBANK CA	350 - D6
VICTORIA PK	RACQUET CLUB & VIA MIRALEST, PALM SPGS CA	367 - C2
VICTORY PK	ARGONNE DR & PICARDY DR, STOCKTON CA	339 - C6
VICTORY VINELAND REC CTR	11117 VICTORY BLVD, LOS ANGELES CA	350 - A6
VILLA CABRINI PK	NORTH OF CABRINI DR W, LOS ANGELES CA	350 - D2
VILLAGE GREEN PK	31522 MONTEREY ST, LAGUNA BEACH CA	365 - G9
VILLAGE PK	CALIFORNIA DR & EASTMOOR, BURLINGAME CA	327 - G9
VILLA LA JOLLA PK	8371 VIA MALLORCA, SAN DIEGO CA	370 - F5
VILLA-PARKE CTR	363 E VILLA ST, PASADENA CA	359 - D5
VILLEGAS PK	MARGUERITA AV & ESPERANZA, RIVERSIDE CA	366 - A10
VINCI PK	VINCI PARK WY, SAN JOSE CA	334 - B1
VINE WOOD PK	ELM ST & MAGNOLIA ST, UKIAH CA	308 - C3
VINUM PK	F ST, ARCATA CA	299 - C7
VIRGINIA AVENUE PK	2200 VIRGINIA AV, SANTA MONICA CA	353 - D10
VIRGINIA LAKE PK	1980 LAKESIDE DR, RENO NV	311 - E9
WABASH REC CTR	2765 WABASH AV, LOS ANGELES CA	356 - G5
WAGNER GROVE PK	MEADOW RD & MEADOW CT, SANTA CRUZ CA	335 - C5
WALLER PK	600 GOODWIN RD, SANTA BARBARA CO CA	272 - C5
WALLIS PK	GRANT AV & ASH ST, PALO ALTO CA	332 - E7
WALNUT PK	LILLARD DR, DAVIS CA	318 - G7
WALTON PK	PELICAN PL, YUBA CITY CA	309 - B6
WARDEN AVENUE PK	WARDEN AV, SAN LEANDRO CA	331 - F6
WAR MEM PK	S FAIR OAKS & MOUND, SOUTH PASADENA CA	359 - C10
WARPOLE PK	YALE ST & WEBB AV, NORTH LAS VEGAS NV	345 - F3
WASHINGTON & HYDE PK	WASHINGTON & HYDE, SAN FRANCISCO CA	326 - D4
WASHINGTON PK	600 WASHINGTON BLVD, PASADENA CA	359 - E3
WASHINGTON PK	740 CENTRAL AV, ALAMEDA CA	330 - A9
WASHINGTON PK	F ST & 17TH ST, SACRAMENTO CA	319 - F3
WASHINGTON PK	POPLAR ST, SANTA CLARA CA	333 - A6
WASHINGTON PK	WASHINGTON ST & MAPLE AV, EL SEGUNDO CA	358 - C10
WASHINGTON SQUARE	COLUMBUS AV & FILBERT, SAN FRANCISCO CA	326 - E3
WATERMAN PK	417 N 3RD AV, BARSTOW CA	369 - C5
WATSON PK	E JACKSON ST & N 22ND ST, SAN JOSE CA	334 - B4
WATTLES GARDEN PK	1850 N CURSON AV, LOS ANGELES CA	351 - C7
WAUGH PK	HILLCREST BLVD & EL PASEO, MILLBRAE CA	327 - D8
WAYSIDE PK	EL TORO DR & MING AV, BAKERSFIELD CA	344 - D9
WEBER PK	400 W PARK ST, STOCKTON CA	339 - D7
WEBER POINT EVENTS CTR	N CENTER ST & E MINER AV, STOCKTON CA	339 - E7
WEBERSTOWN PK	KENTFIELD RD & COVENTRY DR, STOCKTON CA	339 - D1
WEBERSTOWN WEST PK	NUGGETT AV & RIALTO AV, STOCKTON CA	339 - C2
WEDDINGTON PK NORTH	10844 ACAMA ST, LOS ANGELES CA	351 - A2
WEDDINGTON PK SOUTH	VLY HRT DR & BLUFFSIDE, LOS ANGELES CA	351 - B3
WEILL PK	JAMES ST & Q ST, BAKERSFIELD CA	344 - E3
WEIR CANYON REGL PK	SERRANO AV, ANAHEIM CA	288 - C1
WEISSHAAR PK	2300 DARTMOUTH ST, PALO ALTO CA	332 - D8
WELCH PK	1900 SANTIAGO AV, SAN JOSE CA	334 - G9
WENTWORTH PK	WENTWORTH AV, SANTA BARBARA CA	348 - D8
WERRY PK	DARTMOUTH ST, PALO ALTO CA	332 - C8
WESTACRE PK	EVERGREEN AV & ASH AV, WEST SACRAMENTO CA	319 - A4
WESTCHESTER REC CTR	8740 LINCOLN BLVD, LOS ANGELES CA	358 - A6
WESTCLIFF PK	POLARIS DR, NEWPORT BEACH CA	364 - D6
WESTERN HILLS PK	4810 KANE ST, SAN DIEGO CA	372 - A4
WEST FORK REC AREA	STATE HWY 138, SAN BERNARDINO CO CA	278 - A6
WEST GATE PK	WESTBROOK & GLENBROOK, SANTA ROSA CA	321 - B7
WESTHAVEN PK	WEST ST & CHAPMAN AV, GARDEN GROVE CA	362 - A7
WEST HOLLYWOOD PK	647 N SAN VICENTE BLVD, WEST HOLLYWOOD CA	354 - F5
WEST LAKE PK	BRADLEY DR & MAJORS ST, SANTA CRUZ CA	335 - B6
WESTMINSTER PK	1234 PACIFIC AV, LOS ANGELES CA	357 - C5
WEST PK	401 W HARRISON AV, VENTURA CA	349 - A4
WEST SIDE PK	4TH ST & SIERRA DR, MODESTO CA	340 - C8
WEST SUNSET PLGD	QUINTARA ST & 29TH AV, SAN FRANCISCO CA	325 - B10
WESTWOOD HILLS PK	BROWNS VALLEY RD, NAPA CA	323 - A6
WESTWOOD MANOR PK	HEATHER LN & FOSTER AV, ARCATA CA	299 - B5
WESTWOOD PK	1350 S SEPULVEDA BLVD, LOS ANGELES CA	353 - F6
WESTWOOD PK	BARKLEY ST & CALAVERAS AV, DAVIS CA	318 - A5
WHISKEYTOWN SHASTA TRINITY NTL REC AREA	I-5 NW OF SHASTA LAKE, SHASTA CO CA	220 - C2
WHISPERING PINES PK	PACIFIC ST & VISCAINO RD, MONTEREY CA	337 - F8
WHITAKER-JAYNES ESTATE & BACON HOUSE PK	6631 BEACH BLVD, BUENA PARK CA	361 - D2
WHITAKER PK	UNIVERSITY TER & RALSTON ST, RENO NV	311 - C4
WHITE, CHARLES COUNTY PK	N FAIR OAKS & VENTURA, LOS ANGELES CO CA	359 - C1
WHITE PK	WHITTIER PL & MARKET ST, RIVERSIDE CA	366 - C4
WHITE POINT PK	2000 PASEO DEL MAR, LOS ANGELES CA	286 - C4
WHITING RANCH WILDERNESS PK	SANTIAGO CANYON RD, LAKE FOREST CA	288 - D4
WHITMORE PK	COLLEGE AV & BOWEN AV, MODESTO CA	340 - C2
WHITNALL HWY PK NORTH	1202 N WHITNALL HWY, BURBANK CA	350 - B8
WHITNALL HWY PK SOUTH	610 N WHITNALL HWY, BURBANK CA	350 - D9
WHITTIER NARROWS REC AREA	1000 N DURFEE AV, LOS ANGELES CO CA	282 - B4
WILDCAT CANYON REGL PK	HILL RD, RICHMOND CA	247 - A5
WILDER RANCH STATE PK	CABRILLO HWY & DIMEO LN, SANTA CRUZ CO CA	255 - C3
WILDHORSE EAST PK	MOORE BLVD & WRIGHT BLVD, DAVIS CA	318 - G3
WILDWOOD CANYON PK	1701 WILDWOOD CANYON RD, BURBANK CA	281 - C1
WILKINSON PK	1201 E TAYLOR ST, RENO NV	311 - F6
WILKINS PK	SKYLINE AV & BAKER ST, KERN CO CA	344 - G1
WILLARD PK	2550 DERBY ST, BERKELEY CA	328 - C7
WILLIAM STREET PK	E WILLIAM ST & S 16TH ST, SAN JOSE CA	334 - C7
WILLOW OAKS PK	500 WILLOW RD, MENLO PARK CA	332 - C2
WILLOW PK	WOOD ST & 14TH ST, OAKLAND CA	329 - E3
WILL ROGERS MEM PK	N BEVERLY DR & SUNSET, BEVERLY HILLS CA	354 - C5
WILLS, HELEN PK	BROADWAY & LARKIN ST, SAN FRANCISCO CA	326 - D3
WILSON PK	WILSON RD & BENTON ST, BAKERSFIELD CA	344 - C10
WILSON PK	W 3RD ST & CHADWICK CT, SANTA ROSA CA	321 - A8
WILSON STREET PK	W WILSON ST, COSTA MESA CA	364 - C1
WINDSONG PK	JANES RD, ARCATA CA	299 - A7
WINEMA NATL FOREST	KLAMATH CO OR	150 - C1
WINGFIELD PK	1ST ST & ARLINGTON AV, RENO NV	311 - D6
WINN PK	P ST & 27TH ST, SACRAMENTO CA	319 - G5
WOH HEI YUEN REC CTR	POWELL ST & JACKSON ST, SAN FRANCISCO CA	326 - E3
WOODROW PK	RUMBLE RD & SHERWOOD AV, MODESTO CA	340 - D1
WOODSIDE PK	IVERSON ST & WOODSIDE DR, SALINAS CA	336 - A8
WOODSON BRIDGE STATE REC AREA	SOUTH AV & KOPTA RD, TEHAMA CO CA	221 - D7
WOODSTOCK PK	351 CYPRESS ST, ALAMEDA CA	329 - F8
WOODWARD PK	7775 N FRIANT RD, FRESNO CA	264 - C2
WOOD, W D PK	MCKILLUP RD, OAKLAND CA	330 - F6
YORI PK	YORI AV & MARION WY, RENO NV	311 - F9
YOSEMITE NATL PK	TUOLUMNE CO CA	177 - A2
YUBA PK	RAMIREZ RD, MARYSVILLE CA	310 - B3
YUCAIPA REGL PK	33900 OAK GLEN RD, YUCAIPA CA	285 - C3
ZAPATA PK	E ST & 9TH ST, SACRAMENTO CA	319 - E3
ZOLEZZI PK	S KING RD & HERMOCILLA WY, SAN JOSE CA	334 - D6

PERFORMING ARTS

FEATURE NAME	City State	Page-Grid
AHMANSON THEATER	135 N GRAND AV, LOS ANGELES CA	356 - A4
ALEX THEATRE	216 N BRAND BLVD, GLENDALE CA	352 - G1
ALTARENA PLAYHOUSE	1409 HIGH ST, ALAMEDA CA	331 - A1
AMBASSADOR AUDITORIUM	300 W GREEN ST, PASADENA CA	359 - B7
AMPHITHEATER	MOTEL DR & BELMONT CIR, FRESNO CA	343 - A5
ANAHEIM CULTURAL ARTS CTR	931 N HARBOR BLVD, ANAHEIM CA	287 - D1
ARLINGTON THEATRE	1317 STATE ST, SANTA BARBARA CA	348 - D6
BARN THEATER	42 S PLANO ST, PORTERVILLE CA	191 - B1
BAYLEY, JUDY THEATRE	4505 S MARYLAND PKWY, PARADISE NV	346 - F4
BERKELEY COMM THEATER	1930 ALLSTON WY, BERKELEY CA	328 - A6
BERKELEY REPERTORY THEATRE	2025 ADDISON ST, BERKELEY CA	328 - A5
BREWERY ARTS CTR	449 W KING ST, CARSON CITY NV	313 - C5
BROOKS HALL	99 GROVE ST, SAN FRANCISCO CA	326 - D6

FEATURE NAME	City State	Page-Grid
BRUNS AMPHITHEATRE, THE	100 GATEWAY BLVD, CONTRA COSTA CO CA	247 - B7
CALIFORNIA CTR FOR THE ARTS	340 N ESCONDIDO BLVD, ESCONDIDO CA	293 - D1
CALIFORNIA CONSERVATORY	999 E 14TH ST, SAN LEANDRO CA	250 - C3
CANON THEATRE	205 N CANON DR, BEVERLY HILLS CA	354 - E7
CASA DEL PRADO THEATRE	EL PRADO, SAN DIEGO CA	373 - G2
CERRITOS CTR FOR THE PERF ARTS	12700 CENTER COURT DR S, CERRITOS CA	287 - C1
CHAFFEY COMMUNITIES CULTURAL CTR	525 W 18TH ST, UPLAND CA	283 - D2
CHINESE THEATER	6925 HOLLYWOOD BLVD, LOS ANGELES CA	351 - D8
CHRONICLE PAVILION AT CONCORD	2000 KIRKER PASS RD, CONCORD CA	248 - A5
CIVIC AUDITORIUM	1001 TRUXTUN AV, BAKERSFIELD CA	344 - D5
CIVIC MEM AUDITORIUM	E OAK ST & N EL DORADO ST, STOCKTON CA	339 - E6
CONTRA COSTA CIVIC THEATRE	951 POMONA AV, EL CERRITO CA	247 - A6
COORS AMPHITHEATER	2050 ENTERTAINMENT CIR, CHULA VISTA CA	296 - B4
COPLEY SYMPHONY HALL	750 B ST, SAN DIEGO CA	373 - F3
CURRAN THEATER	445 GEARY ST, SAN FRANCISCO CA	326 - E5
CUSHING MEM THEATER	E RIDGECREST BLVD, MARIN CO CA	246 - A6
DAVIES, LOUISE M SYMPHONY HALL	201 VAN NESS AV, SAN FRANCISCO CA	326 - C6
DOOLITTLE, JAMES A. THEATER	1615 VINE ST, LOS ANGELES CA	351 - F8
DOROTHY CHANDLER PAVILION	135 N GRAND AV, LOS ANGELES CA	356 - A4
DOWNEY THEATER	8435 FIRESTONE BLVD, DOWNEY CA	282 - B6
DUARTE PERF ARTS CTR	1401 S HIGHLAND AV, DUARTE CA	282 - D2
EAST COUNTY PERF ARTS CTR	210 E MAIN ST, EL CAJON CA	294 - B7
EDISON, SIMON CENTRE FOR PERF ARTS	OLD GLOBE WY, SAN DIEGO CA	373 - F2
FLEET, REUBEN H SPACE THEATER	1875 EL PRADO, SAN DIEGO CA	373 - G2
FORD, JOHN ANSON THEATER	2580 CAHUENGA BLVD E, LOS ANGELES CA	351 - E6
FOREST MEADOWS PERF ARTS CTR	1500 GRAND AV, SAN RAFAEL CA	324 - E6
FOX THEATER	2001 H ST, BAKERSFIELD CA	344 - C4
FOX THEATRE	242 E MAIN ST, STOCKTON CA	339 - F7
FREEDMAN FORUM	201 E BROADWAY, ANAHEIM CA	287 - D1
GEARY THEATRE	415 GEARY ST, SAN FRANCISCO CA	326 - E5
GLENDALE CIVIC AUDITORIUM	1401 N VERDUGO RD, GLENDALE CA	281 - D2
GLEN HELEN BLOCKBUSTER PAVILION	2575 GLEN HLN PKWY, SAN BERNARDINO CO CA	284 - C1
GLORIANA OPERA COMPANY	721 FRANKLIN ST N, FORT BRAGG CA	307 - B3
GOLDEN GATE THEATRE	6TH ST & MARKET ST, SAN FRANCISCO CA	326 - E5
GRANADA THEATER	1216 STATE ST, SANTA BARBARA CA	348 - D6
GREEK THEATRE	2700 N VERMONT AV, LOS ANGELES CA	352 - B5
HAM, ARTEMUS W CONCERT HALL	4505 S MARYLAND PKWY, PARADISE NV	346 - F4
HERBST THEATRE	401 VAN NESS AV, SAN FRANCISCO CA	326 - C6
HOLLYWOOD BOWL	2301 N HIGHLAND AV, LOS ANGELES CA	351 - D6
HOLLYWOOD PALLADIUM	6215 W SUNSET BLVD, LOS ANGELES CA	351 - F8
HSU CTR ARTS	LAUREL DR & PINE ST, ARCATA CA	299 - D6
IRVINE BARCLAY THEATER	4242 CAMPUS DR, IRVINE CA	363 - G8
IRVINE BOWL	650 LAGUNA CANYON RD, LAGUNA BEACH CA	365 - B3
JAPAN AMERICA THEATER & CULTURAL CTR	244 S SAN PEDRO ST, LOS ANGELES CA	356 - B5
JARVIS CONSERVATORY	1711 MAIN ST, NAPA CA	323 - D6
KAVLI, FRED THEATRE FOR THE PERF ARTS	2100 E THOUSAND OAKS BL, THOUSAND OAKS CA	206 - C1
KODAK THEATER	HOLLYWOOD & HIGHLAND, LOS ANGELES CA	351 - D8
LAGUNA PLAYHOUSE	606 LAGUNA CANYON RD, LAGUNA BEACH CA	365 - B3
LA MIRADA THEATRE FOR THE PERF ARTS	14900 LA MIRADA BLVD, LA MIRADA CA	282 - C7
LANCASTER PERF ARTS CTR	750 W LANCASTER BLVD, LANCASTER CA	200 - B2
LEISURE WORLD AMPHITHEATRE	GOLDEN RAIN RD, SEAL BEACH CA	287 - B3
LESHER, DEAN REGL CTR FOR THE ARTS	1601 CIVIC DR, WALNUT CREEK CA	247 - D6
LOBERO THEATER	33 CANON PERDIDO ST, SANTA BARBARA CA	348 - D7
MARK TAPER FORUM	135 N GRAND AV, LOS ANGELES CA	356 - A4
MASQUERS PLAYHOUSE	105 PARK PL, RICHMOND CA	246 - D5
MEM AUDITORIUM	1515 J ST, SACRAMENTO CA	319 - E4
MEM AUDITORIUM	BARRETT AV & 25TH ST, RICHMOND CA	246 - D5
MERCED MULTICULTURAL ARTS CTR	645 W MAIN ST, MERCED CA	181 - A1
MOONLIGHT AMPHITHEATER	1200 VALE TERRACE DR, VISTA CA	292 - C6
MUNICIPAL AUDITORIUM	3485 MISSION INN AV, RIVERSIDE CA	366 - D4
MUSIC CONCOURSE	CONCOURSE DR, SAN FRANCISCO CA	325 - E7
NAPA VALLEY OPERA HOUSE	MAIN ST & 1ST ST, NAPA CA	323 - E6
NATL ORANGE SHOW AMPHITHEATER	689 S E ST, SAN BERNARDINO CA	368 - E6
NORRIS THEATRE	27570 CROSSFIELD DR, ROLLING HLS ESTS CA	286 - C2
OLD CREAMERY DANCENTER	9TH ST & L ST, ARCATA CA	299 - B7
OLD GLOBE THEATRE	OLD GLOBE WY, SAN DIEGO CA	373 - F2
OPEN AIR THEATER	5402 COLLEGE AV, SAN DIEGO CA	296 - A1
ORANGE CO PERF ARTS CTR	600 TOWN CENTER DR, COSTA MESA CA	363 - B2
OREGON SHAKESPEARE THEATRES	15 S PIONEER AV, ASHLAND OR	149 - C2
OWENS, BUCK CRYSTAL PALACE THEATER	2800 BUCK OWENS BLVD, BAKERSFIELD CA	344 - A3
PADUA HILLS THEATRE	4467 VIA PADOVA, CLAREMONT CA	283 - C2
PALACE, THE	1735 VINE ST, LOS ANGELES CA	351 - F8
PANTAGES THEATER	6233 HOLLYWOOD BLVD, LOS ANGELES CA	351 - F8
PASADENA CIVIC AUDITORIUM	300 E GREEN ST, PASADENA CA	359 - D7
PASADENA PLAYHOUSE	39 S EL MOLINO AV, PASADENA CA	359 - E7
PERF ARTS CTR	255 S ALMADEN BLVD, SAN JOSE CA	333 - G8
PERF ARTS CTR	DOUGLAS ST & 4TH ST, RED BLUFF CA	303 - B6
PERF ARTS CTR	TAHOE RD & GRAND AV, SN LUIS OBISPO CO CA	347 - E3
POWAY PERF ARTS CTR	15498 ESPOLA RD, POWAY CA	294 - A3
RAMONA BOWL	RAMONA BOWL RD, RIVERSIDE CO CA	208 - C2
REDLANDS BOWL	OLIVE AV & EUREKA ST, REDLANDS CA	285 - B4
REDONDO BEACH PERF ARTS CTR	1935 MANHATTAN BCH BL, REDONDO BEACH CA	281 - C7
RICHMOND ART CTR	BARRETT AV & 25TH ST, RICHMOND CA	246 - D5
SACRAMENTO THEATRE COMPANY	1419 H ST, SACRAMENTO CA	319 - E3
SAN GABRIEL CIVIC AUDITORIUM	320 S MISSION DR, SAN GABRIEL CA	282 - B3
SAN MATEO PERF ARTS CTR	600 N DELAWARE ST, SAN MATEO CA	249 - D5
SANTA BARBARA COUNTY BOWL	1122 MILPAS ST, SANTA BARBARA CA	348 - E5
SANTA MONICA CIVIC AUDITORIUM	1855 MAIN ST, SANTA MONICA CA	357 - A2
SAROYAN THEATER	INYO ST & M ST, FRESNO CA	343 - E8
SAROYAN, WILLIAM THEATRE	700 M ST, FRESNO CA	343 - D7
SEWALL, A MEEKER THEATER	CAJON ST & HIGHLAND AV, REDLANDS CA	285 - B4
SHADELANDS ARTS CTR	111 N WIGET LN, WALNUT CREEK CA	247 - D6
SHORELINE AMPHITHEATRE AT MTN VIEW	1 AMPHITHEATRE PKWY, MOUNTAIN VIEW CA	253 - A1
SHRINE AUDITORIUM	649 W JEFFERSON BLVD, LOS ANGELES CA	355 - D9
SHUBERT THEATRE	2020 AV OF THE STARS, LOS ANGELES CA	354 - C8
SIMI VALLEY CULTURAL ARTS CTR	3050 LOS ANGELES AV, SIMI VALLEY CA	276 - B7
SIMMONS, CALVIN THEATER	10 10TH ST, OAKLAND CA	330 - B6
SONORA OPERA HOUSE	250 S WASHINGTON ST, SONORA CA	341 - D5
SOUTH COAST REPERTORY THEATER	655 TOWN CENTER DR, COSTA MESA CA	363 - B2
SPRECKELS ORGAN PAVILION	PAN AMERICAN RD E, SAN DIEGO CA	373 - F2
SPRECKELS THEATRE	121 BROADWAY, SAN DIEGO CA	373 - E4
STARLIGHT AMPHITHEATRE	1249 LOCKHEED VIEW DR, BURBANK CA	281 - C1
STARLIGHT BOWL	PAN AMERICAN PZ, SAN DIEGO CA	373 - F2
STOCKTON CIVIC THEATRE	2312 ROSEMARIE LN, STOCKTON CA	339 - A3
STURGES AUDITORIUM	780 N E ST, SAN BERNARDINO CA	368 - D3
SUN THEATRE	2200 E KATELLA AV, ANAHEIM CA	362 - F4
TERRACE THEATRE	300 E OCEAN BLVD, LONG BEACH CA	360 - D7
TOWER THEATER	815 E OLIVE AV, FRESNO CA	343 - C5
UNIVERSAL AMPHITHEATER	100 UNIVERSAL CITY PZ, LOS ANGELES CO CA	351 - C3
UNIV ARTS	BANCROFT WY & BOWDITCH ST, BERKELEY CA	328 - C6
UC BERKELEY GREEK THEATER	2200 UNIVERSITY AV, BERKELEY CA	328 - C5
VACAVILLE PERF ARTS CTR	1010 ULATIS DR, VACAVILLE CA	244 - D4
VERIZON WIRELESS AMPHITHEATER	8800 IRVINE CENTER DR, IRVINE CA	288 - C5
VETERANS MEM AUDITORIUM	2425 FRESNO ST, FRESNO CA	343 - D7
VILLA MONTALVO	15400 MONTALVO RD, SARATOGA CA	253 - B5
WADSWORTH THEATER	WILSHIRE BL & BONSALL, LOS ANGELES CO CA	353 - E6
WARFIELD THEATRE	982 MARKET ST, SAN FRANCISCO CA	326 - E5
WAR MEM AUDITORIUM	247 E CANAL DR, TURLOCK CA	261 - C6
WAR MEM OPERA HOUSE	VAN NESS AV & GROVE ST, SAN FRANCISCO CA	326 - C6
WARNORS CTR FOR THE PERF ARTS	1412 FULTON ST, FRESNO CA	343 - D7
WEISS CTR	MANDELL WEISS LN, SAN DIEGO CA	370 - E3
WILSHIRE THEATER	8440 WILSHIRE BLVD, BEVERLY HILLS CA	354 - G7
WILTERN THEATRE	3790 WILSHIRE BLVD, LOS ANGELES CA	355 - A4
WOODMINSTER AMPHITHEATER	3300 JOAQUIN MILLER RD, OAKLAND CA	250 - B1

POINTS OF INTEREST

FEATURE NAME	City State	Page-Grid
17 MILE DRIVE	CABRILLO HWY & 17 MILE DR, MONTEREY CO CA	337 - D10
20TH CENTURY FOX STUDIO	10201 W PICO BLVD, LOS ANGELES CA	354 - C9
120 INCH TELESCOPE	MOUNT HAMILTON RD, SANTA CLARA CO CA	254 - C3
ABC CENTRAL SERVICES	NORWALK BLVD & CUESTA DR, CERRITOS CA	282 - B7
ABC TELEVISION CTR	4151 PROSPECT AV, LOS ANGELES CA	352 - D8
ADOBE ART CTR	ANITA AV, ALAMEDA CO CA	250 - C3
AFTON CANYON REC AREA	MOJAVE FRWY, SAN BERNARDINO CO CA	202 - A1
AHA QUIN	OFF HWY 95, RIVERSIDE CO CA	211 - B1
AIRLINE TERMINAL	617 AIRPORT WY, MODESTO CA	261 - B4
ALABAMA HILLS	HOGBACK RD & MOVIE RD, INYO CO CA	183 - B3
ALICE ARTS CTR	1418 ALICE ST, OAKLAND CA	330 - B5
ALLIED ARTS GUILD	ARBOR RD & CREEK DR, MENLO PARK CA	332 - A5
ALPINE HILLS CLUB	LOS TRANCOS RD, PORTOLA VALLEY CA	252 - D2
AMBOY CRATER	HWY 66 & CRATER RD, SAN BERNARDINO CO CA	202 - C2
AMERICAN FILM INSTITUTE	2021 N WESTERN AV, LOS ANGELES CA	352 - A7
AMERICAN LEGION YACHT CLUB	215 15TH ST, NEWPORT BEACH CA	364 - B8
ANAHEIM HILLS RACQUET CLUB	415 S ANAHEIM HILLS RD, ANAHEIM CA	288 - B1
ANAHEIM HILLS SADDLE CLUB	6352 E NOHL RANCH RD, ANAHEIM CA	288 - B1
ANGELS GATE LIGHTHOUSE	ANGELS GATE, LOS ANGELES CA	286 - D4
ANGLERS LODGE	JOHN F KENNEDY & 36TH, SAN FRANCISCO CA	325 - B7
ANTELOPE VALLEY CALIFORNIA POPPY RES	LANCASTER RD & 160TH, LOS ANGELES CO CA	200 - A2
ANZA-BORREGO VISITORS CTR	200 PALM CANYON DR, SAN DIEGO CO CA	209 - B3
APPLEGATE ZOO	1025 W 25TH ST, MERCED CA	181 - A1
AQUARIUM OF THE PACIFIC	100 AQUARIUM WY, LONG BEACH CA	360 - C7
ARCATA MARSH INTERPRETIVE CTR	600 S G ST, ARCATA CA	299 - C8
ARCO TRAINING CTR	1750 WUESTE RD, CHULA VISTA CA	296 - B3
AREQUIPA GIRL SCOUT CAMP	AREQUIPA FIRE RD, MARIN CO CA	246 - A4
ARMY INSTALLATION	WOODLEY AV & VICTORY BLVD, LOS ANGELES CA	281 - A1
ASH MEADOWS NATL WILDLIFE REFUGE	OFF HWY 373, NYE CO NV	185 - A3
ASILOMAR CONFERENCE GROUNDS	ASILOMAR AV & SINEX AV, PACIFIC GROVE CA	337 - B3
ATLANTIC RICHFIELD CO	PIER C ST, LONG BEACH CA	360 - A6
ATLANTIC RICHFIELD MARINE DEPT	PIER B ST & EDISON AV, LONG BEACH CA	360 - A6
ATMOSPHERIUM & PLANETARIUM	UNIVERSITY OF NEVADA, RENO, RENO NV	311 - D3
AUDUBON CANYON RANCH	4900 SHORELINE HWY, MARIN CO CA	245 - D5
AVENUE OF THE GIANTS	HWY 254, HUMBOLDT CO CA	161 - C1
BALBOA BAY CLUB	1221 W COAST HWY, NEWPORT BEACH CA	364 - C7
BALBOA FERRY	410 S BAY FRONT, NEWPORT BEACH CA	364 - E8
BALBOA PAVILION	400 MAIN ST, NEWPORT BEACH CA	364 - E9
BALLAST POINT LIGHTHOUSE	GUIJAROS RD, SAN DIEGO CA	295 - C2
BATTERY POINT LIGHTHOUSE	A ST, DEL NORTE CO CA	297 - C10
BAYLANDS ATHLETIC CTR	1900 GENG RD, PALO ALTO CA	332 - G3
BIDWELL SACREMENTO RIVER STATE PK	WEST OF CHICO, GLENN CO CA	163 - B3
BIG PINE CANYON	HWY 168 & GLACIER LODGE RD, INYO CO CA	183 - A1
BIRCH AQUARIUM AT SCRIPPS	2300 EXPEDITION WY, SAN DIEGO CA	370 - D4
BISHOP CREEK CANYON	HWY 168 & S LAKE RD, INYO CO CA	182 - C1
BLACK ROCK STA	BLACK ROCK RD, FRESNO CO CA	182 - B2
BLUE DIAMOND GROWERS VISITORS CTR	1701 C ST, SACRAMENTO CA	319 - F3
BLUNT POINT LIGHTHOUSE	TIBURON CA	246 - C7
BOAT HOUSE	21401 CHAPMAN AV, ORANGE CO CA	288 - C2
BOAT HOUSE	BOLIVAR DR, BERKELEY CA	247 - A7
BOAT HOUSE	SANTA CLARA PL, SAN DIEGO CA	371 - B5
BOATYARD CENTER, THE	HWY 1, FORT BRAGG CA	307 - B7
BOYS & GIRLS CLUB OF BUENA PK	7758 KNOTT AV, BUENA PARK CA	361 - C4
BOY SCOUT COUNTY HEADQUARTERS	4000 MODOC RD, SANTA BARBARA CO CA	274 - C7
BRAILLE INSTITUTE	2031 DE LA VINA ST, SANTA BARBARA CA	348 - B5
BRAILLE INSTITUTE	527 N DALE AV, ANAHEIM CA	361 - F5
BRIDALVEIL FALLS	HWY 41 & SOUTHSIDE DR, MARIPOSA CO CA	262 - C4
BRIDGE TO NOWHERE	ANGELES NATL FOREST, LOS ANGELES CO CA	200 - C3
BUENA VISTA AQUATIC REC AREA	25 MILES SW OF BAKERSFIELD, KERN CO CA	199 - A1
BUN BOY THERMOMETER	BAKER BLVD, SAN BERNARDINO CO CA	194 - B3
BUREAU OF LAND MANAGEMENT	2601 BARSTOW RD, BARSTOW CA	369 - C9
BUS YARD	SAND CANYON & MARINE WY, IRVINE CA	288 - C4
CABRILLO MARINE AQUARIUM	3720 STEPHEN M WHITE DR, LOS ANGELES CA	286 - D4
CABRILLO NATL MONUMENT	END OF CABRILLO MEMORIAL DR, SAN DIEGO CA	295 - B3
CABRILLO RAQUET CLUB	3945 N CLUBHOUSE DR, VENTURA CO CA	275 - C5
CALICO MTNS ARCHAEOLOGICAL PROJECT	PARADISE SPRINGS RD, SAN BERNARDINO CO CA	201 - C1
CALIFORNIA ACADEMY OF SCIENCES	CONCOURSE DR, SAN FRANCISCO CA	325 - E7
CALIFORNIA MASONIC GRAND LODGE	1111 CALIFORNIA ST, SAN FRANCISCO CA	326 - D4
CALIF ORIENTATION CTR FOR THE BLIND	ADAMS ST, ALBANY CA	247 - A6
CALIFORNIA SCHOOL FOR THE BLIND	WALNUT AV, FREMONT CA	251 - A6
CAL STATE UNIV BOAT HOUSE	JACK DUNSTER PARK, LONG BEACH CA	287 - B3
CAMP 4 STA	TRIMMER SPRINGS RD, FRESNO CO CA	182 - B2
CAMP 4 1/2 STA	TRIMMER SPRINGS RD, FRESNO CO CA	182 - B2
CAMPBELL MILL	OFF FREMONT HWY, LAKE CO OR	152 - A1
CAMP BLOOMFIELD	MULHOLLAND HWY, LOS ANGELES CO CA	206 - B1
CAMP KILPATRICK	MULHOLLAND HWY, LOS ANGELES CO CA	280 - A3
CAMP MILLER	433 ENCINAL CANYON RD, LOS ANGELES CO CA	280 - A3
CAMP TAMARANCHO BOY SCOUTS OF AMERICA	1000 IRON SPRINGS RD, MARIN CO CA	246 - A4
CAMRON-STANFORD HOUSE	1418 LAKESIDE DR, OAKLAND CA	330 - B5
CANNERY ROW	CANNERY RW & PRESCOTT AV, MONTEREY CA	337 - F4
CAPITOL RECORDS TOWER	1750 N VINE ST, LOS ANGELES CA	351 - F8

459 POINTS OF INTEREST
POINTS OF INTEREST
POINTS OF INTEREST

FEATURE NAME	City State	Page-Grid
CARMELITE MONASTERY	HOMESTEAD & MONASTERY, SANTA CLARA CA	253 - C3
CARMELITE MONASTERY	JESSEN CT, CONTRA COSTA CO CA	247 - A6
CARMEL RIVER STA	NASON RD, MONTEREY CO CA	179 - C3
CARQUINEZ STRAIT LIGHTHOUSE	SEAWIND DR, VALLEJO CA	247 - B3
CARRIZO PLAIN NATL MONUMENT	SAN LUIS OBISPO CO CA	198 - C1
CATALINA CASINO	100 SAINT CATHERINE WY, AVALON CA	207 - A3
CATHEDRAL OF OUR LADY OF THE ANGELS	W TEMPLE ST & N GRAND AV, LOS ANGELES CA	356 - A4
CBS RADIO & TV	6121 W SUNSET BLVD, LOS ANGELES CA	351 - F8
CBS STUDIO CTR	4024 RADFORD AV, LOS ANGELES CA	281 - B2
CBS TELEVISION CITY	7800 BEVERLY BLVD, LOS ANGELES CA	281 - C4
CEDAR GROVE	KINGS CANYON RD, FRESNO CO CA	182 - C2
CENTENNIAL HALL	22292 FOOTHILL BLVD, HAYWARD CA	250 - C3
CTR FOR MOTION PICTURE STUDY	333 S LA CIENEGA BLVD, BEVERLY HILLS CA	354 - G8
CHABOT SPACE & SCIENCE CTR	10000 SKYLINE BLVD, OAKLAND CA	250 - B1
CHAFFEE ZOOLOGICAL GARDENS	894 W BELMONT AV, FRESNO CA	343 - A6
CHANNEL ISLANDS NATL PK HDQTRS	1901 SPINNAKER DR, VENTURA CA	349 - E9
CHERRY VALLEY GRANGE HALL	10468 N BEAUMONT AV, RIVERSIDE CO CA	285 - D5
CHINA LAKE EXHIBIT CTR	OFF INYOKERN RD, RIDGECREST CA	192 - C2
CHOLLA CACTUS GARDEN	RIVERSIDE CO CA	209 - C1
CHUMASH INDIAN INTERPRETIVE CTR	3290 LANG RANCH PKWY, THOUSAND OAKS CA	280 - A1
CHURCH BUILT FROM ONE TREE	JUILLIARD PARK, SANTA ROSA CA	321 - E7
CHURCH FINE ARTS BUILIDING	UNIVERSITY OF NEVADA, RENO, RENO NV	311 - D3
CITY CORPORATION YARD	SCHMIDT LN, EL CERRITO CA	247 - A6
CITY MUNICIPAL SERVICE YARD	EDGEWATER DR, OAKLAND CA	331 - C3
CITY POUND	3065 FORD ST, OAKLAND CA	330 - E9
CITY YARD	OAK CANYON, IRVINE CA	288 - B4
CLARK, BEN PUB SAFETY TRAINING CENTER	BARTON ST & NANDINA AV, RIVERSIDE CO CA	284 - D7
CLARK FIELD	BEAMER ST & GRAND AV, WOODLAND CA	234 - B5
CLIFF HOUSE	1066 POINT LOBOS AV, SAN FRANCISCO CA	249 - B1
CLOCKTOWER	COMMANDANTS LN, BENICIA CA	247 - C3
COAST CAMP	COAST TR, MARIN CO CA	245 - B3
COLEMAN FISH STA	SHASTA CO CA	163 - B1
CONSERVATORY OF FLOWERS	CONSERVATORY DR W, SAN FRANCISCO CA	325 - F6
CONTRA COSTA FAIR GROUNDS	10TH ST & L ST, ANTIOCH CA	248 - C4
COPERNICUS PEAK LOOKOUT TOWER	MOUNT HAMILTON RD, SANTA CLARA CO CA	254 - C3
COUNTY OF SANTA CLARA GIRLS RANCH	BERNAL RD, SANTA CLARA CO CA	254 - A6
CRYSTAL CATHEDRAL	12141 LEWIS ST, GARDEN GROVE CA	362 - D6
CUTTEN FIELDS	FERN ST, CUTTEN CA	300 - G6
CYPRESS GROVE	SHORELINE HWY, MARIN CO CA	245 - B1
DAVIE TENNIS STADIUM	198 OAK RD, PIEDMONT CA	330 - E3
DESERT DISCOVERY CTR	BARSTOW RD, BARSTOW CA	369 - C7
DESERT WETLANDS PK VISITOR CTR	TROPICANA AV, WHITNEY NV	269 - A5
DEVILS HOLE DEATH VALLEY NATL PK	STATE LINE RD, NYE CO NV	185 - B3
DEVILS POSTPILE NATL MONUMENT	MINARET SUMMIT RD, MADERA CO CA	263 - B7
DIABLO VALLEY GIRL SCOUT COUNCIL	CONTRA COSTA CO CA	247 - C6
DISNEY STUDIOS	500 S BUENA VISTA ST, BURBANK CA	350 - F10
DOCK HOUSE	23900 SHORELINE HWY, MARIN CO CA	173 - B1
DOT PRINTER, THE	2424 MCGAW AV, IRVINE CA	363 - G3
DOWNING PLANETARIUM	5320 N MAPLE AV, FRESNO CA	264 - C3
DOWNTOWN DISNEY	S DISNEYLAND DR, ANAHEIM CA	362 - A3
D RANCH	DRAKES BEACH RD, MARIN CO CA	245 - A3
DRY GULCH RANCH	HASLER RD & DRY GULCH TR, VENTURA CO CA	206 - B1
DUCK CLUB	SAN JOSE CA	253 - B1
DUNCAN WATER GARDENS	6901 E MCKENZIE AV, FRESNO CO CA	264 - D4
DUNSMUIR HOUSE & GARDENS	2960 PERALTA OAKS CT, OAKLAND CA	250 - C2
DUTCH WINDMILL	GREAT HWY & JF KENNEDY, SAN FRANCISCO CA	325 - A7
EAGLE MTN AQUEDUCT STA	EAGLE MOUNTAIN RD, RIVERSIDE CO CA	210 - B1
EAST BROTHERS LIGHTHOUSE	POINT SAN PABLO, RICHMOND CA	246 - C5
EAST JETTY LIGHTHOUSE	JETTIES, NEWPORT BEACH CA	288 - A6
EATON CANYON NATURE CTR	1750 N ALTADENA DR, PASADENA CA	282 - B1
EDOFF MEM BANDSTAND	BELLEVUE AV, OAKLAND CA	330 - B4
EDUCATIONAL SERVICES CTR	ALVARADO-NILES RD, UNION CITY CA	250 - D5
EGG CITY	SHEKELL RD, VENTURA CO CA	199 - C3
EL CERRITO COMM SWIM CTR	7007 MOESER LN, EL CERRITO CA	247 - A6
ENCINO RESERVOIR	LOS ANGELES CA	281 - A2
ETHEL M CHOCOLATE FACTORY	CACTUS GARDEN DR, HENDERSON NV	268 - D5
ETIWANDA GAME ASSOCIATION	HWY 173, SAN BERNARDINO CO CA	278 - C5
EUREKA VALLEY SAND DUNES	S EUREKA RD, INYO CO CA	183 - C1
FALLS PICNIC GROUNDS	FALLS RD, SAN BERNARDINO CO CA	208 - C1
FARMERS MARKET	6333 W 3RD ST, LOS ANGELES CA	281 - C4
FEATHER RIVER SCENIC BYWAY	159 LAWRENCE, BUTTE CO CA	223 - B4
FISHERMANS MEM CHAPEL	THE EMBARCADERO, SAN FRANCISCO CA	326 - D1
FISHERMANS VILLAGE	13755 FIJI WY, LOS ANGELES CO CA	357 - G7
FISHERMANS WHARF	FISHERMANS WHARF, MONTEREY CA	337 - G6
FISHERMANS WHARF	JEFFERSON & TAYLOR, SAN FRANCISCO CA	326 - C1
FISH TRAPS ARCHAEOLOGICAL SITE	JACKSON ST & 66TH AV, RIVERSIDE CO CA	209 - B2
FLOAT CONSTRUCTION BLDG	SECO ST & ROSEMONT AV, PASADENA CA	359 - A5
FOLSOM ZOO	NATOMA ST & STAFFORD ST, FOLSOM CA	236 - B5
FOUNTAIN VALLEY REC & CULTURAL CTR	16400 BROOKHURST ST, FOUNTAIN VALLEY CA	287 - D3
FREMONT STREET EXPERIENCE	425 FREMONT ST, LAS VEGAS NV	345 - E6
FRYMAN CANYON OVERLOOK	MULHOLLAND & ALLENWOOD, LOS ANGELES CA	281 - B3
FUNLAND	525 AVE P-4, PALMDALE CA	200 - B2
GAMBLE HOUSE	4 WESTMORELAND PL, PASADENA CA	359 - A6
GENERAL GRANT GROVE	KINGS CANYON NATIONAL PARK, TULARE CO CA	265 - B4
GIANT DESERT FIGURES	OFF HWY 95, RIVERSIDE CO CA	211 - A1
GIANT FOREST	GENERAL HWY, TULARE CO CA	265 - D6
GILCREASE NATURE SANCTUARY	8101 RACEL ST, CLARK CO NV	268 - A1
GOLDEN GATE EQUESTRIAN CTR	36TH AV & JF KENNEDY DR, SAN FRANCISCO CA	325 - B7
GOLDEN GATE YACHT CLUB	YACHT RD, SAN FRANCISCO CA	326 - A2
GOODYEAR AIRSHIP OPERATIONS CTR	19200 S MAIN ST, CARSON CA	286 - D1
GRAND CANYON OF THE TUOLUMNE	N OF WHITE WOLF, TUOLUMNE CO CA	176 - C2
GRAND CENTRAL MARKET	315 S BROADWAY, LOS ANGELES CA	355 - G5
GREAT WESTERN FORUM	MANCHESTER & PRAIRIE, INGLEWOOD CA	281 - C6
GREEK ORTHODOX CHURCH	4700 LINCOLN AV, OAKLAND CA	250 - B1
GREYSTONE MANSION	501 N DOHENY RD, BEVERLY HILLS CA	354 - D3
GRIFFITH OBSERVATORY	2800 E OBSERVATORY RD, LOS ANGELES CA	352 - B6
GRIFFITH PK VISITORS CTR	GRIFFITH PARK DR, LOS ANGELES CA	352 - D4
GROVE OVERLOOK, THE	MULHOLLAND DR & ELVIDO DR, LOS ANGELES CA	281 - A2
HAPPY HOLLOW ZOO	1300 SENTER RD, SAN JOSE CA	334 - C9
HARBOR MASTER COAST GUARD	BAYSIDE DR, NEWPORT BEACH CA	364 - F9
HATHAWAY HOME	GOLD CK RD & DE MILLE, LOS ANGELES CO CA	277 - C6
HAVASU NATL WILDLIFE REFUGE	HWY 95 & CRYSTAL AB, SAN BERNARDINO CO CA	204 - B2
HAYWARD SHORELINE INTERPRETIVE CTR	4901 BREAKWATER AV, HAYWARD CA	250 - C5
HAYWARD UNIFIED DIST	24411 AMADOR ST, HAYWARD CA	250 - C4
HEADLANDS INST & YOSEMITE NATL INST	MITCHELL RD, MARIN CO CA	246 - B7
HEALTH CTR	850 UNIVERSITY AV, BERKELEY CA	247 - A7
HENSEL, CATHY GYMNASIUM & YOUTH CTR	236 S TAYLOR AV, MONTEBELLO CA	282 - B5
HERITAGE HARBOR THEME CTR	PACIFIC ST & SCOTT ST, MONTEREY CA	337 - F6
HIXON RANCH	CLARK RD, MARIN CO CA	242 - A7
HOLLYWOOD BLVD WALK OF FAME	HOLLYWOOD BLVD, LOS ANGELES CA	351 - E8
HOLLYWOOD PALLADIUM	6215 W SUNSET BLVD, LOS ANGELES CA	351 - F8
HOLLYWOOD SIGN	MT LEE DR, LOS ANGELES CA	351 - F4
HOOVER PAVILION	QUARRY RD & PALO DR, PALO ALTO CA	332 - B5
HOPE, BOB CULTURAL CTR	73000 FRED WARING DR, PALM DESERT CA	290 - C5
HUGHES RESEARCH LABORATORIES	3011 MALIBU CANYON RD, MALIBU CA	280 - B4
HUNTINGTON BEACH ART CTR	538 MAIN ST, HUNTINGTON BEACH CA	287 - C5
IMPERIAL SAND DUNES	HWY 78 & S34, IMPERIAL CO CA	215 - A1
INDEPENDENCE HALL	BEACH BLVD, BUENA PARK CA	361 - E5
INDIAN CANYONS	PALM CYN & ANDREAS CYN, RIVERSIDE CO CA	290 - A5
INDIAN VILLAGE	17 MILE DR & THE DUNES, MONTEREY CO CA	258 - B4
INDUSTRY HILLS EQUESTRIAN CTR	16000 TEMPLE AV, CITY OF INDUSTRY CA	282 - D4
INTAGLIOS GIANT INDIAN FIGURES	OFF HWY 95, RIVERSIDE CO CA	211 - B1
INYO CRATERS	DRY CREEK RD, MONO CO CA	263 - C6
IRVINE ANIMAL CARE CTR	6443 OAK CANYON, IRVINE CA	288 - B4
IRVINE BOWL	650 LAGUNA CANYON RD, LAGUNA BEACH CA	365 - B3
IRVINE FINE ARTS CTR	14321 YALE AV, IRVINE CA	288 - B4
IRVINE PK VISITORS CTR	1 IRVINE PARK RD, ORANGE CO CA	288 - C2
IRVINE RANCH WATER DIST	15600 SAND CANYON AV, IRVINE CA	288 - B4
JAMES BOYS RANCH	SYCAMORE & MALAGUERRA, MORGAN HILL CA	254 - C7
JAPANESE CULTURAL INSTITUTE	16215 GRAMERCY PL, GARDENA CA	281 - C7
JAPANESE FRIENDSHIP TEA GARDEN	1300 SENTER RD, SAN JOSE CA	334 - C9
JAPANESE TEA GARDEN	ML KING JR DR, SAN FRANCISCO CA	325 - E7
JET PROPULSION LAB	4800 OAK GRV DR, LA CANADA FLINTRIDGE CA	282 - A1
JOHNSON VALLEY OFF HIGHWAY VEHICLE AREA	BESSEMER MINE RD, SAN BERNARDINO CO CA	202 - A3
JOSHUA TREE NATL PK HQ & VIS CTR	74485 NATL PARK DR, TWENTYNINE PALMS CA	209 - C1
KAHN ALLEY RANCHO	OFF MARSHELL PETALUMA RD, MARIN CO CA	245 - B1
KEHOE RANCH	PIERCE POINT RD, MARIN CO CA	245 - A1
KELLOGG ARABIAN HORSE CTR	KELLOGG DR, POMONA CA	283 - B4
KEYS VIEW	KEYS VIEW RD, RIVERSIDE CO CA	209 - B1
KGTV CHANNEL 10	4600 AIR WY, SAN DIEGO CA	374 - F3
KINGS RIVER	KINGS CANYON NATIONAL PARK, FRESNO CO CA	182 - C2
KNOWLAND STATE ARBORETUM	GOLF LINKS RD, OAKLAND CA	250 - C2
KRE RADIO STA	POTTER ST & BOLIVAR DR, BERKELEY CA	247 - A7
KTLA TELEVISION	5800 W SUNSET BLVD, LOS ANGELES CA	351 - G9
LADY BIRD JOHNSON REDWOOD GROVE	HWY 101 & BALD HILLS RD, HUMBOLDT CO CA	156 - B1
LAGUNA DESIGN CTR	23811 ALISO CREEK RD, LAGUNA NIGUEL CA	288 - C7
LAWRENCE HALL OF SCIENCE	CENTENNIAL DR, BERKELEY CA	328 - D4
LAWRENCE LIVERMORE NATL LABORATORY	S VASCO RD & WEST GATE DR, ALAMEDA CO CA	251 - D4
LEES, RON WORLD OF CLOWNS	CAROUSEL PKWY, HENDERSON NV	268 - D6
LICK OBSERVATORY	MOUNT HAMILTON RD, SANTA CLARA CO CA	254 - C3
LIGHTHOUSE	HUENEME RD, PORT HUENEME CA	275 - B7
LIME POINT LIGHTHOUSE	SAN FRANCISCO CA	246 - C7
LITTLE SAIGON	BOLSA AV & MAGNOLIA ST, WESTMINSTER CA	287 - D3
LIVERMORE YACHT CLUB	LINDEMANN RD, ALAMEDA CO CA	174 - C2
LODGE	ELYSIAN PARK DR, LOS ANGELES CA	281 - D3
LODGE POLE	SEQUIOA NATIONAL FOREST, TULARE CO CA	182 - C3
LONDON BRIDGE	HWY 95 & LONDON BRIDGE RD, MOHAVE CO AZ	204 - B2
LONDON, JACK MARINA	54 JACK LONDON SQ, OAKLAND CA	330 - A6
LONDONTOWNE	QUEENS HWY S, LONG BEACH CA	360 - D9
LONG BEACH ENTRANCE EAST LIGHT	QUEENS GATE, LONG BEACH CA	287 - A3
LONG BEACH HARBOR LIGHT STA	QUEENS GATE, LONG BEACH CA	287 - A3
LOS ANGELES ENTRANCE EAST LIGHT	ANGELS GATE, LOS ANGELES CA	286 - D4
LOS ANGELES EQUESTRIAN CTR	480 RIVERSIDE DR, LOS ANGELES CA	281 - C2
LOS ANGELES GLENDALE WATER RECLAMATION	CHEVY CHASE DR, LOS ANGELES CA	352 - E3
LOS ANGELES WORLD CRUISE CTR	FRONT ST, LOS ANGELES CA	286 - D3
LOS ANGELES ZOO	5333 ZOO DR, LOS ANGELES CA	352 - C1
LOS MOCHES BOY SCOUT CAMP	MOCHO RD, ALAMEDA CO CA	174 - C3
LOTT HOME	1735 MONTGOMERY ST, BUTTE CO CA	223 - B7
LOWER BEL AIR BAY CLUB	16801 PACIFIC COAST HWY, LOS ANGELES CA	280 - D4
LOWER PIERCE RANCH	PIERCE POINT RD, MARIN CO CA	173 - B1
LUISENO KIOSK	OFF VIA DEL LAGO, RIVERSIDE CO CA	285 - B7
MALIBU PIER	23000 PACIFIC COAST HWY, MALIBU CA	280 - C4
MANHATTAN BEACH CC	1330 PARK VIEW AV, MANHATTAN BEACH CA	281 - B7
MARINA CLUB	W LINDERO CANYON RD, WESTLAKE VILLAGE CA	280 - A2
MARIN ART & GARDEN CTR	SIR FRANCIS DRAKE BLVD, ROSS CA	324 - A8
MARIN CC	500 COUNTRY CLUB DR, NOVATO CA	246 - B3
MARINE STADIUM	5255 PAOLI WY, LONG BEACH CA	287 - B3
MARIPOSA GROVE	MARIPOSA GRV RD & WAWONA, MARIPOSA CO CA	176 - C3
MASONIC HOME OF CALIFORNIA	1650 OLD BADILLO ST, COVINA CA	283 - A3
MASTICK SENIOR CTR	1155 SANTA CLARA AV, ALAMEDA CA	330 - A9
MATILIJA HOT SPRINGS	MATILIJA RD S, VENTURA CO CA	275 - A1
MAUSOLEUM	LOMITA DR & CAMPUS DR, SANTA CLARA CO CA	332 - B6
MCCLURES RANCH	PIERCE POINT RD, MARIN CO CA	245 - A1
MCKINLEY HOME FOR BOYS	762 W CYPRESS AV, SAN DIMAS CA	283 - B3
MENDOCINO BOTANICAL GARDENS	SR 1, S OF FT BRAGG, MENDOCINO CO CA	224 - A3
MERCER CAVERNS	1665 SHEEP RANCH RD, CALAVERAS CO CA	176 - A1
METRO TRANSPORT CTR	101 8TH ST, OAKLAND CA	330 - A6
MEXICAN CUSTOMS	I-5 AT MEXICAN BORDER, TIJUANA BC	296 - A5
MICKE GROVE PARK & ZOO	11793 N MICKE GROVE RD, SAN JOAQUIN CO CA	260 - B2
MINERAL KING STA	MINERAL KING RD, TULARE CO CA	182 - C3
MIRAMAR RECYCLING CTR	CONVOY ST & 52 FRWY, SAN DIEGO CA	293 - D6
MISSION BAY YACHT CLUB	1215 EL CARMEL PL, SAN DIEGO CA	371 - B6
MISSION BEACH PLUNGE	3115 OCEAN FRONT WK, SAN DIEGO CA	371 - A7
MISSION VIEJO ANIMAL SERVICE CTR	28095 HILLCREST, MISSION VIEJO CA	288 - D7
MOANING CAVERN	5150 MOANING CAVE RD, CALAVERAS CO CA	176 - A2
MOBIL OIL CO	EARLE ST, LOS ANGELES CA	286 - D3
MONO HOT SPRINGS	SIERRA NATIONAL FOREST, FRESNO CO CA	182 - B1
MONTEREY BAY AQUARIUM	886 CANNERY RW, MONTEREY CA	337 - F4
MONTEREY CONFERENCE CTR	510 CL PRINCIPAL, MONTEREY CA	337 - G6
MOONRIDGE ANIMAL PK	MOONRIDGE & GOLDMINE, BIG BEAR LAKE CA	279 - D7
MOORTEN BOTANICAL GARDEN	1701 S PALM CANYON DR, PALM SPRINGS CA	367 - C9
MORENO KIOSK	VIA DL LAGO, RIVERSIDE CO CA	285 - B7
MORETON BAY FIG TREE	CHAPALA & MONTECITO, SANTA BARBARA CA	348 - E8
MORMON TEMPLE	10777 SANTA MONICA BLVD, LOS ANGELES CA	354 - A9
MORMON TEMPLE	4700 LINCOLN AV, OAKLAND CA	250 - B1
MORO ROCK	GENERAL HWY, TULARE CO CA	265 - D6
MORRISON PLANETARIUM	CONCOURSE DR, SAN FRANCISCO CA	325 - F7

CRA INDEX

POINTS OF INTEREST
POINTS OF INTEREST
POINTS OF INTEREST 460

© 2003 Thomas Bros. Maps ®

FEATURE NAME	City State	Page-Grid
MTN REST STA	RTE 168 & TOLL HOUSE RD, FRESNO CO CA	182 - A2
MOUNT CALVARY MONASTERY	2500 MT CALVARY RD, SANTA BARBARA CO CA	348 - F1
MOUNT LAGUNA OBSERVATORY (SDSU)	MORRIS RANCH RD, SAN DIEGO CO CA	213 - B1
MOUNT SHASTA	I-5 & US 97 & HWY 89, SISKIYOU CO CA	218 - C2
MOUNT SHASTA NATURAL LANDMARK	I-5 & US 97 & HWY 89, SISKIYOU CO CA	218 - C2
MT WILSON OBSERVATORY	MT WILSON - RED BOX RD, LOS ANGELES CO CA	200 - B3
MOVIELAND WAX MUS	7711 BEACH BLVD, BUENA PARK CA	361 - D4
MUIR WOODS NATL MONUMENT	MUIR WOODS RD, MARIN CO CA	246 - A6
MUNICIPAL SAILBOAT HOUSE	GRAND AV & BELLEVUE AV, OAKLAND CA	330 - C5
MUNICIPAL WHARF	FIGUEROA ST & DEL MONTE BLVD, MONTEREY CA	337 - G6
MURPHY WINDMILL	MLK JR DR & GREAT HWY, SAN FRANCISCO CA	325 - A7
MUSCLE BEACH	OCEAN FRONT WK & 17TH AV, LOS ANGELES CA	357 - C5
NAME RANCH	ESTERO TR, MARIN CO CA	245 - B2
NBC STUDIOS	3000 W ALAMEDA AV, BURBANK CA	351 - E1
NEVADA DEPT OF WILDLIFE	N WELLS AV & SADLIER WY, RENO NV	311 - E3
NEVADA POWER SUNRISE GENERATING PLANT	VEGAS VALLEY DR, SUNRISE MANOR NV	268 - D4
NIXON, RICHARD LIBRARY	18001 YORBA LINDA BLVD, YORBA LINDA CA	283 - B7
NORTH ALGODONES DUNES WILDERNESS	N OF HWY 78, IMPERIAL CO CA	214 - C1
OAKLAND ZOO	GOLF LINKS RD, OAKLAND CA	250 - C2
OBSERVATORY	GARVEY RANCH PARK, MONTEREY PARK CA	282 - B4
OCEAN INSTITUTE	24200 DANA POINT HARBOR DR, DANA POINT CA	207 - C3
OCOTILLO PATCH	RIVERSIDE CO CA	209 - C1
OLD FRESNO WATER TOWER	FRESNO ST, FRESNO CA	343 - E7
OLD PERPETUAL GEYSER	OFF HWY 395, LAKE CO OR	152 - A2
OLD TOWN DIST	ALISAL ST & MAIN ST, SALINAS CA	336 - B7
OLD TOWN IRVINE	SAND CANYON AV & I-5, IRVINE CA	288 - C4
OLIVE RIDGE TENNIS CLUB	301 OLIVE AV, NOVATO CA	246 - B2
ONE LOG HOUSE	HWY 254, HUMBOLDT CO CA	161 - C2
OPERATIONAL LIGHTHOUSE	CABRILLO RD, SAN DIEGO CA	295 - C3
ORANGE COUNTY ANIMAL SHELTER	561 THE CITY DR S, ORANGE CA	362 - E7
ORANGE COUNTY ZOO	1 IRVINE PARK RD, ORANGE CO CA	288 - C2
OREGON VORTEX & HOUSE OF MYSTERY, THE	SARDINE CREEK RD, JACKSON CO OR	149 - B1
OUR LADYS HOME	3499 FOOTHILL BLVD, OAKLAND CA	330 - F8
PADDOCK, CHARLES ZOO	9305 PISMO AV, ATASCADERO CA	271 - C1
PAINTED GORGE	BOX CANYON RD, RIVERSIDE CO CA	209 - C2
PALMDALE PLAYHOUSE THEATER	10TH ST E, PALMDALE CA	200 - B3
PALM SPRINGS AERIAL TRAMWAY	TRAMWAY RD, PALM SPRINGS CA	209 - A1
PALO ALTO ART CTR	1313 NEWELL RD, PALO ALTO CA	332 - E5
PALOMAR OBSERVATORY	35899 CANFIELD RD, SAN DIEGO CO CA	208 - C3
PANORAMA POINT	RIM OF THE WRLD HWY, SAN BERNARDINO CO CA	278 - B7
PARAMOUNT STUDIOS	5555 MELROSE AV, LOS ANGELES CA	351 - G10
PARAMOUNT THEATRE	2025 BROADWAY, OAKLAND CA	330 - A4
PASADENA CTR	300 E GREEN ST, PASADENA CA	359 - D7
PERRIS KIOSK	LAKE PERRIS DR, RIVERSIDE CO CA	285 - B7
PHOENIX CLUB	1340 SANDERSON AV, ANAHEIM CA	362 - F3
PIGEON POINT LIGHTHOUSE	PIGEON POINT RD, SAN MATEO CO CA	252 - A6
PINNACLES NATL MONUMENT	HWY 146 & CHALONE CK, SAN BENITO CO CA	180 - A3
PLAZA RIO TIJUANA	TIJUANA BC	296 - B5
PLUNGE, THE	415 FORD ST, HANFORD CA	190 - C1
POINT ARENA LIGHTHOUSE & MUS	HWY 1 & LIGHTHOUSE RD, MENDOCINO CO CA	167 - C2
POINT BONITA LIGHTHOUSE	GOLDEN GATE NATL REC AREA, MARIN CO CA	249 - B1
POINT DIABLO LIGHTHOUSE	GOLDEN GATE NATL REC AREA, MARIN CO CA	249 - B1
POINT LOMA	CABRILLO RD & GATCHELL RD, SAN DIEGO CA	295 - C3
POINT PINOS LIGHTHOUSE	LIGHTHOUSE AV & ASILOMAR AV, PAC GROVE CA	337 - B2
POINT REYES LIGHTHOUSE	SIR FRANCIS DRAKE BLVD, MARIN CO CA	173 - B2
POINT SAL ST BCH	PT SAL RD & BROWN RD, STA BARBARA CO CA	197 - C2
POINT VICENTE INTERPRETIVE CTR	PALOS VERDES DR W, RCHO PLOS VRDES CA	286 - B3
POINT VICENTE LIGHTHOUSE	PALOS VERDES DR W, RANCHO PALOS VERDES CA	286 - B3
POOL	BALBOA PARK, SAN DIEGO CA	374 - A1
PORTS O CALL VILLAGE	BERTH 77 LA HARBOR, LOS ANGELES CA	286 - D3
POWERINE OIL CO	PIER C ST, LONG BEACH CA	360 - A6
PRADO CONSERVATION CAMP	14467 CENTRAL AV, CHINO CA	283 - C5
PRADO TIRO SHOOTING RANGE	17501 POMONA RINCON RD, CHINO CA	283 - D6
PREHIST GARDENS	OFF HWY 101, CURRY CO OR	148 - B1
PRINCE OF PEACE ABBEY-BENEDICTINE MNSRY	605 BENET HILL RD, OCEANSIDE CA	292 - A6
PUB WORKS YARD	EMMENS WY, SANTA FE SPRINGS CA	282 - C6
RACETRACK, THE	DEATH VALLEY NATIONAL PARK, INYO CO CA	184 - A3
RADIO STA	DAVID MOUNTAIN RD, RIVERSIDE CO CA	285 - D6
RAINBOW FALLS	OFF HWY 203, MADERA CO CA	177 - B3
RALEIGH STUDIOS HOLLYWOOD	5300 MELROSE AV, LOS ANGELES CA	351 - G10
RALEIGH STUDIOS MANHATTAN BEACH	ROSECRANS & N REDONDO, MANHATTAN BEACH CA	281 - B7
RAMAKRISHNA MONASTERY	MONASTERY RD, ORANGE CO CA	288 - D4
RAMONA CONVENT	W GLENDON WY & BENITO AV, ALHAMBRA CA	282 - A3
RANCHO LAS LOMAS (PRIVATE)	19191 LAWRENCE CANYON, LAKE FOREST CA	288 - D4
RANCHO MIRAGE RACQUET CLUB	70707 FRANK SINATRA DR, RANCHO MIRAGE CA	290 - B5
RANCHO SAN ANTONIO BOYS TOWN	21000 PLUMMER ST, LOS ANGELES CA	276 - D7
RASOR OFF HIGHWAY VEHICLE AREA	MOJAVE FRWY, SAN BERNARDINO CO CA	202 - B1
REPTILE BLDG	SAN DIEGO ZOO, SAN DIEGO CA	373 - F1
RICHARDSON BAY AUDUBON CTR	376 GREENWOOD BEACH RD, TIBURON CA	246 - B6
RIM OF THE WORLD HIGHWAY	HWY 18, SAN BERNARDINO CO CA	279 - B7
RIPLEYS BELIEVE IT OR NOT MUS	7850 BEACH BLVD, BUENA PARK CA	361 - D4
ROBERTS, ELEANOR GREEN AQUATIC CTR	WEST BLVD & W PICO BLVD, LOS ANGELES CA	281 - C4
RODEO GROUNDS	FALCON RIDGE PKWY & RAPID WY, MESQUITE NV	187 - B2
ROSE GARDENS	N WEST AV, FRESNO CA	264 - B4
RUBIDOUX GRANGE HALL	3865 RIVERVIEW DR, RIVERSIDE CO CA	284 - C5
SACRAMENTO ZOO	3930 LAND PARK DR, SACRAMENTO CA	319 - C9
SAINT FRANCIS YACHT CLUB	YACHT RD, SAN FRANCISCO CA	326 - A2
SAINT MICHAELS ABBEY	19292 EL TORO RD, ORANGE CO CA	288 - D4
SALTON SEA NATL WILDLIFE REFUGE	HWY 22 & SINCLAIR RD, IMPERIAL CO CA	214 - A1
SAND DUNES	STOVEPIPE WELLS RD & HWY 190, INYO CO CA	184 - B3
SAN DIEGO WILD ANIMAL PK	15500 SAN PASQUAL VALLEY RD, SAN DIEGO CA	294 - A1
SAN DIEGO ZOO	2920 ZOO DR, SAN DIEGO CA	373 - F1
SAN DIMAS CANYON NATURE CTR	SYCAMORE CANYON RD, SAN DIMAS CA	283 - B2
SAN FRANCISCO COUNTY FAIR BLDG	ML KING JR DR, SAN FRANCISCO CA	325 - E7
SAN FRANCISCO LOG CABIN BOYS SCHOOL	LOG CABIN RANCH RD, SAN MATEO CO CA	252 - C4
SAN FRANCISCO ZOO	SLOAT BLVD & 45TH AV, SAN FRANCISCO CA	249 - B2
SAN JOSE CLUB	PEDRO ST & NORTHROP ST, SAN JOSE CA	333 - E10
SAN ONOFRE NUCLEAR POWER PLANT	OLD HWY 101, SAN DIEGO CO CA	291 - B3
SANTA ANA ZOO	1801 E CHESTNUT AV, SANTA ANA CA	288 - A3
SANTA CATALINA ISLAND INTERPRETIVE CTR	1202 AVALON CANYON RD, AVALON CA	207 - A3
SANTA MONICA MNTS NRA PK VISTOR CENTER	401 W HILLCREST DR, THOUSAND OAKS CA	206 - C1
SAWDUST FESTIVAL (SEASONAL)	935 LAGUNA CANYON RD, LAGUNA BEACH CA	365 - C3
SCORPION SUBMARINE	QUEENS HWY N, LONG BEACH CA	360 - C9
SCOTIA LUMBER MILL	MAIN ST, HUMBOLDT CO CA	161 - B1
SCOTTYS CASTLE	NORTH HWY & DEATH VALLEY RD, INYO CO CA	184 - A2
SCRIPPS RANCH SWIM & RACQUET CLUB	9875 AVIARY DR, SAN DIEGO CA	293 - D5
SEAL SHOW	SAN DIEGO ZOO, SAN DIEGO CA	373 - F1
SEA SCOUT BASE	W COAST HWY, NEWPORT BEACH CA	364 - B7
SENIOR CTR & VETERANS BLDG	SALEM ST, EMERYVILLE CA	329 - G1
SERRA RETREAT	CROSS CREEK RD, MALIBU CA	280 - C4
SESPE WILDLIFE AREA	HWY 126 & I-5, VENTURA CO CA	199 - B3
SHEPARD GARDEN ART CTR	3330 MCKINLEY BLVD, SACRAMENTO CA	320 - A4
SHERMAN FOUNDATION & GARDENS	E COAST HWY & DAHLIA AV, NEWPORT BEACH CA	364 - G9
SHERMAN HOUSE	2160 GREEN ST, SAN FRANCISCO CA	326 - B3
SHINZEN JAPANESE GARDEN	E AUDUBON DR & N FRIANT RD, FRESNO CA	264 - B2
SHRINE DRIVE-THRU TREE	HWY 254, HUMBOLDT CO CA	161 - C1
SIMPKINS FAMILY SWIM CTR	979 17TH AV, SANTA CRUZ CO CA	255 - D3
SKATE PK	21ST ST & OAK ST, BAKERSFIELD CA	344 - A4
SKATE PK	ORION WY, CARLSBAD CA	293 - B1
SKIDOO	OFF SKIDOO RD, INYO CO CA	184 - B3
SOLAR OBSERVATORY	NORTH SHORE LN, SAN BERNARDINO CO CA	279 - C6
SONY STUDIOS	10202 WASHINGTON BLVD, CULVER CITY CA	281 - B5
SPANISH VILLAGE ART CTR	1770 VILLAGE PL, SAN DIEGO CA	373 - G1
SPORTS FISHING LANDING	PICO AV, LONG BEACH CA	360 - A6
STANFORD UNIV HOPKINS MARINE STA	OCEAN VIEW BL & DEWEY, PACIFIC GROVE CA	337 - F3
STATE CORRCTNAL TRAINING FACILITY SOL	MCCOY RD & HWY 101, SOLEDAD CA	180 - A3
STATE HIGHWAY MAINTENANCE	ANGELES CREST HWY, LOS ANGELES CO CA	200 - B3
STEAM TRAINS	GRIZZLY PEAK BLVD, CONTRA COSTA CO CA	328 - F4
STEGE SANITARY DIST	7500 SCHMIDT LN, EL CERRITO CA	247 - A6
STEINBECK CTR	S MAIN ST & SAN LUIS ST, SALINAS CA	336 - C7
STEINHART AQUARIUM	CONCOURSE DR, SAN FRANCISCO CA	325 - E7
STODDARD VALLEY OFF HWY VEHICLE AREA	STODDARD WELLS RD, SAN BERNARDINO CO CA	201 - B2
STOUGH CANYON NATURE CTR	STOUGH CANYON AV, BURBANK CA	281 - C1
SUN CITY TOWN HALL	SUN CITY BLVD & AUGUSTA DR, RIVERSIDE CO	289 - C3
SUNSET MAGAZINE CTR	MIDDLEFIELD RD & WILLOW RD, MENLO PARK CA	332 - B3
SUPERSTITION MTN OFF HIGHWAY VEHIC	WHEELER RD & HUFF RD, IMPERIAL CO CA	214 - A1
SUTTER BUTTES	W BUTTE RD & N BUTTE RD, SUTTER CO CA	169 - C1
TAHQUITZ FALLS	WEST OF PALM CYN DR, PALM SPRINGS CA	367 - A9
TENNIS COURTS	BALBOA PARK, SAN DIEGO CA	373 - G1
TERMINAL MARKET	E 7TH ST & TERMINAL ST, LOS ANGELES CA	356 - B7
THAI TOWN	HOLLYWOOD & N HARVARD BL, LOS ANGELES CA	352 - A8
THOMAS BROS MAPS	521 W 6TH ST, LOS ANGELES CA	355 - G5
THOMAS BROS MAPS STORE	550 JACKSON ST, SAN FRANCISCO CA	326 - E3
TIBURON MARINE LABORATORY	PARADISE DR, MARIN CO CA	246 - C6
TIJUANA ESTUARY NATURAL PRESRVE VIS CTR	301 CASPIAN WY, IMPERIAL BEACH CA	295 - D5
TITUS CANYON	E OF HWY 374, INYO CO CA	184 - B2
TOPANGA COMM HOUSE	1440 N TOPANGA CYN BL, LOS ANGELES CO CA	280 - D3
TORRANCE CULTURAL ARTS CTR	3330 CIVIC CENTER DR, TORRANCE CA	286 - C1
TORREY PINES GLIDERPORT	2800 TORREY PINES SCENIC DR, SAN DIEGO CA	293 - B5
TORREY PINES PK VISITORS CTR	12201 TORREY PINES PARK RD, SAN DIEGO CA	293 - B5
TOWN HALL	MORAGA RD, LAFAYETTE CA	247 - C6
TRAINTOWN	20264 BROADWAY, SONOMA CA	322 - E9
TRINIDAD MEM LIGHTHOUSE	VAN WYKE ST & HECTOR ST, TRINIDAD CA	156 - B2
TRINITY HERITAGE NATL SCENIC BYWAY	HWY 3 & RUSH CREEK RD, TRINITY CO CA	157 - C3
TRONA PINNACLES	SAN BERNARDINO CO CA	193 - A3
TRUCK SCALES	HWY 49 & FOURTH CROSNG, CALAVERAS CO CA	175 - C2
TUCKER WILDLIFE SANCTUARY	29322 MODJESKA CANYON RD, ORANGE CO CA	288 - D3
TULANA FARMS	TOWNSHIP RD, KLAMATH CO OR	150 - C3
TULE LAKE NATL WILDLIFE REFUGE	OFF HWY 139, SISKIYOU CO CA	151 - A3
TURTLE BAY BIRD SANCTUARY	END OF AUDITORIUM DR, REDDING CA	302 - A4
TUSTIN HILLS RACQUET CLUB	11782 SIMON RANCH RD, ORANGE CO CA	288 - B3
UNDERSEA WORLD	304 HWY 101, CRESCENT CITY CA	297 - D9
UNDERWATER WORLD	THE EMBARCADERO, SAN FRANCISCO CA	326 - E2
UNION STREET PLAZA	UNION ST, SAN FRANCISCO CA	326 - B3
USA WATER POLO NATL AQUATIC CTR	11360 VALLEY FORGE DR, LOS ALAMITOS CA	287 - C2
UNITED STATES CUSTOMS	I-5 AT US BORDER, SAN DIEGO CA	296 - A5
USDA WESTERN REGL RESEARCH LAB	BUCHANAN ST, ALBANY CA	247 - A6
US LIGHTHOUSE RESERVE	CABRILLO HWY, SAN MATEO CO CA	249 - B6
US NAVAL COMPASS STA	OFF FRANCIS DRAKE BLVD, MARIN CO CA	245 - A3
UNIVERSAL CITYWALK	UNIVERSAL CITYWALK DR, LOS ANGELES CO CA	351 - C3
UNIVERSAL STUDIOS	100 UNIVERSAL CITY PZ, LOS ANGELES CO CA	351 - C3
UNIV OF CALIF DESERT RESEARCH AREA	PINES TO PALMS HWY, RIVERSIDE CO CA	290 - C7
UCLA BOAT HOUSE	FIJI WY, LOS ANGELES CO CA	357 - G7
UCLA BOTANICAL GARDENS	405 HILGARD AV, LOS ANGELES CA	353 - G4
UCLA CONFERENCE CTR	WST SHORE & ROSEWD, SAN BERNARDINO CO CA	278 - D6
U C LEUSCHNER OBSERVATORY	4927 HAPPY VALLEY RD, CONTRA COSTA CO CA	247 - C6
UCSD INFORMATION BOOTH	GILMAN DR & LA JOLLA VLG DR, SAN DIEGO CA	370 - F2
UNIV OF CALIFORNIA SAN DIEGO LAB	JERABOA RD & MATERHORN, RIVERSIDE CO CA	209 - A2
USC BOAT HOUSE	NISSAN WY, LOS ANGELES CA	286 - D3
UPPER BEL AIR BAY CLUB	16801 PACIFIC COAST HWY, LOS ANGELES CA	280 - D4
UPPER NEWPORT BAY INTERPRETIVE CTR	IRVINE AV & N UNIV DR, NEWPORT BEACH CA	363 - B8
UPPER PIERCE RANCH	PIERCE POINT RD, MARIN CO CA	173 - B1
VALLEJO MUNICIPAL MARINA	HARBOR WY, VALLEJO CA	247 - A2
VENICE BEACH BOARDWALK	OCEAN FRONT WK, LOS ANGELES CA	357 - C5
VENICE PAVILION	WINDWARD AV & OCN FRNT WK, LOS ANGELES CA	357 - C5
VENICE SKILL CTR	611 5TH AV, LOS ANGELES CA	357 - C4
VETERANS BLDG	CENTER ST, BERKELEY CA	328 - A6
VISITOR CTR	RED ROCK CANYON RD, CLARK CO NV	195 - A1
VISTA POINT	N END GOLDEN GATE BRIDGE, MARIN CO CA	246 - C7
WARMING HUT 2	CANYON BL & RAINBOW LN, MAMMOTH LAKES CA	342 - B3
WARNER BROS RANCH	VERDUGO AV & PASS AV, BURBANK CA	350 - D10
WARNER BROS STUDIOS	4000 WARNER BLVD, BURBANK CA	351 - E1
WARNER HOLLYWOOD STUDIOS	1041 N FORMOSA AV, LOS ANGELES CA	351 - D10
WATER TEMPLE	OFF HWY 84, ALAMEDA CO CA	251 - B5
WATERWORLD USA	1950 WATERWORLD PKWY, CONCORD CA	247 - D5
WAYFARERS CHAPEL	PALOS VERDES DR S, RANCHO PALOS VERDES CA	286 - C3
WEST JETTY LIGHTHOUSE	JETTIES, NEWPORT BEACH CA	288 - A6
WEST VALLEY ADULT OCC TRAINING CTR	6200 WINNETKA AV, LOS ANGELES CA	280 - D1
WHITTIER NARROWS NATURE CTR	1000 DURFEE AV, LOS ANGELES CO CA	282 - C4
WHITTIER NARROWS VISITORS CTR	750 SANTA ANITA AV, LOS ANGELES CO CA	282 - C4
WORLD OIL CO	PIER C ST, LONG BEACH CA	360 - A6
WRIGLEY BOTANICAL GARDENS	MEMORIAL RD, AVALON CA	207 - A3
YEAW, EFFIE NATURE CTR	6700 TARSHES DR, SACRAMENTO CO CA	235 - D6
YERBA BUENA GARDENS	MISSION ST & 3RD ST, SAN FRANCISCO CA	326 - E5
YMCA	1930 FTHILL BL, LA CANADA FLINTRIDGE CA	281 - D1
YMCA	6500 FOOTHILL BLVD, LOS ANGELES CA	277 - D7
YMCA	8015 S SEPULVEDA BLVD, LOS ANGELES CA	358 - C5

CRA
INDEX

© 2003 Thomas Bros. Maps ®

FEATURE NAME / City State	Page-Grid
YMCA WESTERN SHORE LN, SAN FRANCISCO CA	326 - C5
YOSEMITE FALLS MARIPOSA CO CA	262 - D3
YOUTH CTR 6TH ST & PACIFIC ST, TUSTIN CA	288 - B3
YREKA WESTERN RAILROAD YREKA-AGER RD & HWY 3, SISKIYOU CO CA	217 - B3
ZOOLOGICAL BOTANICAL PK 1775 N RANCHO DR, LAS VEGAS NV	268 - B3

POINTS OF INTEREST - HISTORIC

FEATURE NAME / City State	Page-Grid
ABERT RIM HIST MARKER LAKEVIEW-BURNS HWY, LAKE CO OR	152 - B1
ALAMITOS DISCOVERY WELL HILL ST & TEMPLE AV, SIGNAL HILL CA	360 - G2
ALCATRAZ ISLAND ALCATRAZ ISLAND, SAN FRANCISCO CA	246 - C7
ALPINE COUNTY HIST COMPLEX HWY 89 & INDIAN CREEK RD, ALPINE CO CA	171 - C3
AMARGOSA OPERA HOUSE STATE LINE RD, INYO CO CA	194 - A1
ANDERSON MARSH STATE HIST PK POINT LAKEVIEW RD, LAKE CO CA	226 - D7
ANDRES PICO ADOBE 10940 SEPULVEDA BLVD, LOS ANGELES CA	277 - A7
ANGEL ISLAND IMMIGRATION STA ANGEL ISLAND, TIBURON CA	246 - C7
ANGELS FLIGHT 351 S HILL ST, LOS ANGELES CA	356 - A5
ANGELS HOTEL MAIN ST & BIRD WY, ANGELS CAMP CA	175 - C2
ARTISTS DRIVE DEATH VALLEY NATIONAL PARK, INYO CO CA	184 - C3
ASTRONOMICAL OBSERVATORY SHAKE RIDGE RD & HALE RD, AMADOR CO CA	175 - C1
AVERY HOTEL OFF HWY 4, ARNOLD CA	176 - A1
BADWATER IN DEATH VALLEY S OF HWY 190, INYO CO CA	193 - C1
BALBOA PK CLUB PAN AMERICAN RD W, SAN DIEGO CA	373 - F2
BEELMAN HOUSE STAGE RD S, JACKSON CO OR	149 - C2
BENICIA CAPITOL S H PK 1ST ST & H ST, BENICIA CA	247 - C3
BIDWELL MANSION STATE HIST MONUMENT 525 ESPLANADE, CHICO CA	305 - G7
BLOSS MANSION 1020 CEDAR AV, ATWATER CA	180 - C1
BODIE STATE HIST PK BODIE MASONIC RD, MONO CO CA	177 - B1
BORONDA, JOSE E ADOBE 333 BORONDA RD, MONTEREY CO CA	259 - A2
BOULDER CITY HIST DIST NEVADA WY & ARIZONA ST, BOULDER CITY NV	269 - C7
BOULDER DAM HOTEL 1305 ARIZONA ST, BOULDER CITY NV	269 - C7
BOWERS MANSION OLD US HWY 395, WASHOE CO NV	230 - A7
BRIDGEPORT COVERED BRIDGE PLSNT VLY & RICES CROSSNG, NEVADA CO CA	170 - B1
BROTHER JONATHAN CEM PEBBLE BCH DR & 9TH ST, CRESCENT CITY CA	297 - B9
BUTTERFIELD STAGE ROUTE ROAD 196 & HERMOSA ST, TULARE CO CA	266 - D5
CABOTS OLD INDIAN PUEBLO DESERT VIEW AV, DESERT HOT SPRINGS CA	290 - B1
CALICO GHOST TOWN CALICO RD, SAN BERNARDINO CO CA	201 - C1
CALIFORNIA CITRUS STATE HIST PK 1879 JACKSON ST, RIVERSIDE CA	284 - C7
CALIFORNIAS FIRST THEATER PACIFIC ST & SCOTT ST, MONTEREY CA	337 - F6
CALIFORNIA STANDARD OIL-WELL MCKITTRICK FIELD, KERN CO CA	198 - C1
CALIFORNIA STATE MINING & MINERAL MUS 5005 FAIRGROUNDS RD, MARIPOSA CO CA	176 - B3
CALIFORNIA VIETNAM VETERANS MEM 15TH ST & CAPITOL AV, SACRAMENTO CA	319 - E4
CAMP CURTIS CURTIS WY & FRONTAGE RD, ARCATA CA	299 - D4
CAMPO DE CAHUENGA 3919 LANKERSHIM BLVD, LOS ANGELES CA	351 - B3
CAMP REYNOLDS (WEST GARRISON) ANGEL ISLAND, TIBURON CA	246 - C7
CAMP SALVATION OFF HWY 98, CALEXICO CA	214 - B2
CARNEGIE COMM CTR 309 S E ST, EXETER CA	266 - D3
CAROUSEL PARK BLVD & ZOO PL, SAN DIEGO CA	373 - G1
CARRION ADOBE PUDDINGSTONE DR & VAN DUSEN, LA VERNE CA	283 - B3
CARSON MANSION 3RD ST & M ST, EUREKA CA	300 - E1
CASA ADOBE DE SAN RAPHAEL 1330 DOROTHY DR, GLENDALE CA	281 - D2
CASA DE BALBOA BLDG 1649 EL PRADO, SAN DIEGO CA	373 - G2
CASA DE LA GUERRA 15 E DE LA GUERRA ST, SANTA BARBARA CA	348 - D7
CASA DE ORO SCOTT ST & OLIVER ST, MONTEREY CA	337 - G6
CASA DE RANCHO CUCAMONGA 8810 HEMLOCK ST, RANCHO CUCAMONGA CA	283 - D3
CASA SOBERANES 336 PACIFIC ST, MONTEREY CA	337 - G6
CTR OF THE WORLD OFF FRWY 8, IMPERIAL CO CA	215 - A1
CENTINELA ADOBE 7634 MIDFIELD AV, INGLEWOOD CA	358 - F4
CHARCOAL KILNS NEAR WILDROSE DEATH VLY NP, INYO CO CA	193 - B1
CHARTER OAK ELECTION TREE CHARTER OAK DR & ROAD 180, TULARE CO CA	266 - D2
CHAUTAUQUA HALL 16TH ST & CENTRAL AV, PACIFIC GROVE CA	337 - D3
CHILDRENS PK S MORTON BLVD & 9TH ST, STANISLAUS CO CA	340 - E8
CHINESE TEMPLE SR 162 & OROVILLE BANGOR HWY, OROVILLE CA	223 - C7
CHUMASH PAINTED CAVE STATE HIST PK PAINTED CAVE RD, SANTA BARBARA CO CA	274 - B5
CIVIC AUDITORIUM 400 N DOUTY, HANFORD CA	190 - C1
COIT TOWER TELEGRAPH HILL BLVD, SAN FRANCISCO CA	326 - E3
COLD SPRINGS TAVERN 5995 STAGECOACH RD, SANTA BARBARA CO CA	274 - B5
COLONEL ALLENWORTH STATE HIST PK OFF HWY 43, TULARE CO CA	191 - A2
COL T BAKER MEM TRUXTON AV & CHESTER AV, BAKERSFIELD CA	344 - D5
COLTON HIST SOCIETY PO BOX 233, COLTON CA	368 - A9
COLUMBIA STATE HIST PK 22708 BROADWAY, TUOLUMNE CO CA	176 - A2
CONGREGATIONAL CHURCH MAIN ST & CHURCH ST, CALAVERAS CO CA	175 - C1
COOPER HOUSE POLK ST & MUNRAS AV, MONTEREY CA	337 - G7
DAFFODIL HILL RAMS HORN GRD & SHAKE RDG, AMADOR CO CA	175 - C1
DANTES VIEW ABOVE BADWATER, DEATH VLY NP, INYO CO CA	193 - C1
DEATH VALLEY GATEWAY MOUTH OF FURNACE CREEK, INYO CO CA	184 - C3
DE LA GUERRA PLAZA DE LA GUERRA ST, SANTA BARBARA CA	348 - E7
DENNY CREEK HIST MONUMENT EAGLE RIDGE RD, KLAMATH CO OR	150 - B2
DESERT MINING MUS BUTTE ST, KERN CO CA	192 - C3
DEVILS GC S OF HWY 190, DEATH VALLEY, INYO CO CA	193 - C1
DIEGO SEPULVEDA ADOBE 1900 ADAMS AV, COSTA MESA CA	287 - D4
DON ADOLFO CAMARILLO FAMILY HOME MISSION OAKS BL, CAMARILLO CA	275 - D6
DRAKES MONUMENT DRAKES BEACH RD, MARIN CO CA	245 - A3
DRYTOWN TURNER RD & NEW CHICAGO RD, AMADOR CO CA	175 - C1
D STEWART COUNTRY STORE 18 E MAIN ST, IONE CA	175 - B1
EAGLE AND HIGH PEAK MINES OLD MINERS TR, SAN DIEGO CO CA	213 - A1
EINSTEIN HOUSE 1600 M ST, FRESNO CA	343 - D7
EL PRESIDIO DE SANTA BARBARA ST HIST PK 123 CANON PERDIDO ST, SANTA BARBARA CA	348 - D6
EL PUEBLO DE LOS ANGELES ST HIST PK 622 N MAIN ST, LOS ANGELES CA	356 - B4
EMPIRE MINE STATE HIST PK HIGHWAY 174 & E EMPIRE ST, NEVADA CO CA	315 - D9
ERREA HOUSE 311 GREEN ST, TEHACHAPI CA	200 - A1
FATHER SERRA CROSS GRANT PARK, VENTURA CA	349 - A4
FELTON COVERED BRIDGE COVERED BDG RD & RVR RD, STA CRUZ CO CA	255 - C2
FERNALD HOUSE & TRUSSELL-WINCHESTER ADB 414 MONTECITO ST, SANTA BARBARA CA	348 - D8
FILOLI HOUSE & GARDENS CANADA RD, SAN MATEO CO CA	250 - A7
FORESTIERE UNDERGROUND GARDEN 5021 W SHAW AV, FRESNO CA	264 - A3
FORT BRAGG 321 MAIN ST S, FORT BRAGG CA	307 - B4
FORT FUNSTON SKYLINE BLVD, SAN FRANCISCO CA	249 - B2
FORT HUMBOLDT STATE HIST PK OFF HWY 101, EUREKA CA	300 - B5
FORT JANESVILLE OFF HWY 395, LASSEN CO CA	164 - C1
FORT MASON MARINA BL & BUCHANAN, SAN FRANCISCO CA	326 - B2
FORT MASON CTR MARINA BL & BUCHANAN, SAN FRANCISCO CA	326 - B2
FORT MCDOWELL (EAST GARRISON) ANGEL ISLAND, TIBURON CA	246 - C7
FORT POINT NATL HIST SITE MARINE DR, SAN FRANCISCO CA	325 - E1
FORT ROSS 19005 COAST HWY 1, SONOMA CO CA	168 - A3
FORT ROSS STATE HIST PK 19005 COAST HWY 1, SONOMA CO CA	239 - A7
FORT SCOTT BATTERY CROSBY RD, SAN FRANCISCO CA	325 - D3
FORT TEJON STATE HIST PK FT TEJON RD & HWY 5, KERN CO CA	199 - B2
FOSSIL FALLS CINDER RD, INYO CO CA	192 - C2
FRESNO FLATS HIST PK RD 427 & FRESNO FLAT RD, MADERA CO CA	181 - C1
GARDEN GROVE HIST SOCIETY 12174 EUCLID ST, GARDEN GROVE CA	287 - D2
GASLAMP QUARTER J ST & 5TH AV, SAN DIEGO CA	373 - E5
GIANT SEQUOIA NATL MONUMENT TULARE CO CA	191 - C1
GILMORE ADOBE 6301 W 3RD ST, LOS ANGELES CA	281 - C4
GLASS HOUSE, THE SALINAS RD & HILLCREST RD, MONTEREY CO CA	256 - C5
GOLD BUG MINE 2635 GOLD BUG LN, PLACERVILLE CA	317 - F3
GOLDEN GATE BRIDGE HWY 101 & BATTERY E RD, SAN FRANCISCO CA	325 - D1
GORDONS FERRY SITE - CALIF. ST HIST PK CHINA GRADE LP, BAKERSFIELD CA	267 - D3
GRACE HUDSON MUS CLEVELAND LN & MAIN ST, UKIAH CA	308 - D5
GRANVILLE P SWIFT ADOBE SUMMIT AV, GLENN CO CA	163 - B3
GUTIERREZ ADOBE 590 CALLE PRINCIPAL, MONTEREY CA	337 - F7
HANFORD FOX THEATRE 326 N IRWIN ST, HANFORD CA	190 - C1
HARMONY BORAX WORKS HWY 190, INYO CO CA	184 - C3
HAROLD LLOYD ESTATE 1740 GREEN ACRES DR, BEVERLY HILLS CA	354 - A4
HAYES MANSION HIST LANDMARK EDENVALE AV & RED RIVER WY, SAN JOSE CA	254 - A5
HEARST SAN SIMEON STATE HIST MONUMENT HEARST CASTLE RD, SAN LUIS OBISPO CO CA	189 - A2
HERITAGE HILL HIST PK 25151 SERRANO RD, LAKE FOREST CA	288 - C5
HERITAGE HOUSE YORBA LINDA & ASSOCIATED, FULLERTON CA	283 - A7
HIST FEDERAL BLDG PAN AMERICAN PZ, SAN DIEGO CA	373 - F2
HIST GOVERNORS MANSION 16TH ST & H ST, SACRAMENTO CA	319 - F4
HIST LIGHTHOUSE HUMPHREYS RD, SAN DIEGO CA	295 - C3
HISTORY CTR 106 S CENTRAL AV, MEDFORD OR	149 - C2
HOME OF MRS JOHN BROWN 135 MAIN ST, RED BLUFF CA	303 - D7
HOOVER DAM HWY 93, CLARK CO NV	269 - D6
HOTEL COVELL 1023 J ST, MODESTO CA	340 - D7
HOTEL LEGER MAIN ST & LAFAYETTE ST, CALAVERAS CO CA	175 - C1
HUGO REID ADOBE 301 N BALDWIN AV, ARCADIA CA	282 - C2
HUNTRIDGE THEATRE 1208 E CHARLESTON BLVD, LAS VEGAS NV	345 - F7
IDE, WILLIAM B ADOBE STATE HIST PK 21659 ADOBE RD, TEHAMA CO CA	303 - D3
IDYLLWILD TREE MONUMENT VILLAGE CENTER DR, RIVERSIDE CO CA	209 - A2
INDIAN GRINDING ROCK STATE HIST PK 14881 PINE GROVE VOLCANO RD, AMADOR CO CA	175 - C1
INDIAN HIST SITE HWY 18 & RABBIT SPGS, SN BERNARDINO CO CA	279 - B3
INN ON MT ADA, THE 398 WRIGLEY RD, AVALON CA	207 - A3
IOOF HALL CENTER ST & MAIN ST, CALAVERAS CO CA	175 - C1
JACOBY STOREHOUSE I ST & 8TH ST, ARCATA CA	299 - C7
JUAREZ OLD ADOBE ADOBE LN, NAPA CA	323 - F8
KEANE WONDER MILL & MINE DAYLIGHT PASS CUTOFF, INYO CO CA	184 - C3
KENTUCKY MINE HIST PK HWY 49 WEST OF BASSETTS, SIERRA CO CA	164 - C3
KEYESVILLE 4 MILES W OF ISABELLA, KERN CO CA	192 - A3
KIT CARSON MARKER HWY 88 & KIT CARSON RD, EL DORADO CO CA	171 - B3
LAKE COUNTY MUS 255 N FORBES ST, LAKEPORT CA	225 - D4
LAKEPORT HIST MUS 175 3RD ST, LAKEPORT CA	225 - D4
LARKIN HOUSE JEFFERSON ST & PACIFIC ST, MONTEREY CA	337 - F7
LASSEN, PETER GRAVE WINGFIELD RD, LASSEN CO CA	164 - C1
LAS VEGAS MORMON FORT 500 E WASHINGTON AV, LAS VEGAS NV	345 - F4
LAURAS FOUNTAIN M ST & 27TH ST, MERCED CA	181 - A1
LAVA BEDS NATL MONUMENT 30 MILES S OF TULELAKE, SISKIYOU CO CA	151 - A3
LEONIS ADOBE & PLUMMER HOUSE 23537 CALABASAS RD, LOS ANGELES CA	280 - C2
LITTLE CHURCH OF THE WEST 4617 S LAS VEGAS BLVD, PARADISE NV	346 - C7
LITTLE TOKYO 244 S SAN PEDRO ST, LOS ANGELES CA	356 - B5
LOMBARD STREET HYDE & LEAVENWORTH STS, SAN FRANCISCO CA	326 - D3
LONDON, JACK STATE HIST PK LONDON RANCH RD, SONOMA CO CA	243 - A4
LOS COCHE ADOBE STATE HIST MONUMENT ARROYO SECO RD & EL CAMINO RL, SOLEDAD CA	180 - A3
LOS COCHES MONUMENT 13472 BUSINESS ROUTE I-8, SAN DIEGO CO CA	294 - C6
LOS ROBLES ADOBE 3 MILES NORTH OF LEMORE, KINGS CO CA	190 - C1
LOTT HOME 1735 MONTGOMERY, BUTTE CO CA	223 - B7
LOWER LAKE STONE JAIL 16118 MAIN ST, LAKE CO CA	226 - D7
MAGNOLIA HIST DIST POPLAR ST & EL DORADO ST, STOCKTON CA	339 - E6
MAIN STREET THEATER 301 W MAIN ST, MERCED CA	181 - A1
MALAKOFF DIGGINS STATE HIST PK BLOOMFLD RD AT BACKBONE RD, NEVADA CO CA	170 - B1
MANZANAR NATL HIST SITE HWY 395 & MANZANAR REWARD RD, INYO CO CA	183 - B2
MARIPOSA COUNTY COURTHOUSE 10TH ST & BULLION ST, MARIPOSA CA	176 - B3
MARIPOSA COUNTY HIST CTR & MUS 12TH ST & JESSIE ST, MARIPOSA CA	176 - B3
MARSHALL GOLD DISCOVERY STATE HIST HWY 49, EL DORADO CO CA	237 - A3
MARSHALLS BLACKSMITH SHOP ROCK CREEK RD, EL DORADO CO CA	237 - B3
MLK JR MEM WILLOWBROOK AV & COMPTON BLVD, COMPTON CA	281 - D7
MARY AUSTINS HOUSE OFF HWY 395, INYO CO CA	183 - A2
MASONIC TEMPLE AUDITORIUM 1110 CALIFORNIA ST, SAN FRANCISCO CA	326 - D4
MCFADDEN RANCH HOUSE WHITING RCH WILDERNESS PK, LAKE FOREST CA	288 - D4
MCHENRY MANSION 906 15TH ST, MODESTO CA	340 - D6
MCKITTRICK BREA PIT 1/2 MILE W OF MCKITTRICK, KERN CO CA	190 - C3
MENDOCINO PRESBYTERIAN CHURCH 44831 MAIN ST, MENDOCINO CO CA	224 - B5
METHODIST CHURCH 150 AVD D LOS MARLETTE, IONE CA	175 - B1
MILL CITY OLD MAMMOTH RD, MAMMOTH LAKES CA	342 - C7
MINERS FOUNDRY 325 SPRING ST, NEVADA CITY CA	315 - G2
MITCHELL MONUMENT NFD RD 348, LAKE CO OR	151 - C1
MODESTO ARCH 9TH ST & I ST, MODESTO CA	340 - D7
MODJESKA, ARDEN-HELENA HIST HSE & GDN 29042 MODJESKA CANYON RD, ORANGE CO CA	288 - D3
MONO COUNTY HIST MUS HWY 395 & HWY 182, MONO CO CA	177 - A1
MONTEREY STATE HIST PK 210 OLIVER ST, MONTEREY CA	337 - G6
MORMON STOCKADE COURT ST, SAN BERNARDINO CA	368 - E4
MOTHER COLONY HOUSE 414 N WEST ST, ANAHEIM CA	287 - D1
MOULIN ROUGE HOTEL 900 W BONANZA RD, LAS VEGAS NV	345 - D5
MOUNT DAVIDSON CROSS MYRA WAY, SAN FRANCISCO CA	249 - C2
MUCKENTHALER CULTURAL CTR 1201 W MALVERN AV, FULLERTON CA	282 - D7
MUIR, JOHN NATL HIST SITE 4202 ALHAMBRA AV, MARTINEZ CA	247 - C4
MURPHYS HIST HOTEL & LODGE 457 MAIN ST, MURPHYS CA	176 - A2
NAPA MILL MAIN ST & 5TH ST, NAPA CA	323 - E7
NATL HOTEL 2 WATER ST, JACKSON CA	175 - C1
NATL HOTEL OFF JACKSONVILLE RD, TUOLUMNE CO CA	176 - A2
NATURAL BRIDGE DEATH VALLEY NATIONAL PARK, INYO CO CA	193 - C1
NIXON, RICHARD BIRTHPLACE 18001 YORBA LINDA BLVD, YORBA LINDA CA	283 - B7
OAK GROVE STAGE STA HWY 79, SAN DIEGO CO CA	208 - C3
ODD FELLOWS MEM HWY 88 & TWIN LKS CAMP RD, AMADOR CO CA	171 - B3
OLD CITY ART GALLERY 1313 MARKET ST, REDDING CA	301 - E5
OLD COUNTY 2125 M ST, MERCED CA	181 - A1
OLD COURTHOUSE MUS 211 W SANTA ANA BLVD, SANTA ANA CA	288 - A3
OLD COURT HOUSE SQUARE 4TH ST & MENDOCINO AV, SANTA ROSA CA	321 - E7

POINTS OF INTEREST - HISTORIC

POINTS OF INTEREST

SHOPPING - REGIONAL 462

FEATURE NAME	City State	Page-Grid
OLD CUSTOM HOUSE	DEL MONTE BL & OLIVER ST, MONTEREY CA	337 - G6
OLDEST HOUSE NORTH OF SAN FRANCISCO BAY	OFF REDWOOD HWY US-101, MARIN CO CA	246 - B1
OLD FIREHOUSE NO 1	214 MAIN ST, NEVADA CITY CA	315 - G2
OLD INDIAN VILLAGE AT PEBBLE BEACH	PACIFIC & PEBBLE BCH, DEL NORTE CO CA	297 - A8
OLD MISSION DAM HIST SITE	FATHER JUNIPERO SERRA TR, SAN DIEGO CA	294 - A6
OLD PIONEER HOUSE	OFF HWY 70, QUINCY CA	164 - B2
OLD SACRAMENTO ST HIST PK	FRONT ST, SACRAMENTO CA	319 - C3
OLD SAINT HILARYS HIST PRESERVE	ESPERANZA ST & MAR WEST ST, TIBURON CA	246 - C6
OLD STAMP MILL	OLD MAMMOTH RD, MAMMOTH LAKES CA	342 - C6
OLD STOVEPIPE WELL	NORTH HWY & STOVEPIPE WLS RD, INYO CO CA	184 - B3
OLD TOWN SAN DIEGO STATE HIST PK	TWIGGS ST & JUAN ST, SAN DIEGO CA	372 - A9
OLD UNITED STATES MINT	88 5TH ST, SAN FRANCISCO CA	326 - E5
OLIVAS ADOBE	4200 OLIVAS PARK DR, VENTURA CA	275 - A5
OLVERA STREET	622 N MAIN ST, LOS ANGELES CA	356 - B4
ONEILL, EUGENE NATL HIST SITE	1000 KUSS RD, CONTRA COSTA CO CA	250 - D1
ONTIVEROS, PATRICIO ADOBE	12100 MORA DR, SANTA FE SPRINGS CA	282 - B6
OPERA HOUSE	125 W 7TH ST, HANFORD CA	190 - C1
OREGON CAVES NATL MONUMENT	OREGON CAVES HWY, JOSEPHINE CO OR	149 - A2
ORTEGA ADOBE	215 W MAIN ST, VENTURA CA	349 - A5
PACHECO, FERNANDO ADOBE	3119 GRANT ST, CONCORD CA	247 - D4
PACIFIC HOUSE	DEL MONTE BLVD & OLIVER ST, MONTEREY CA	337 - G6
PATTERSON HOUSE	34600 ARDENWOOD BLVD, FREMONT CA	250 - D6
PEACH TREE RANCH	26500 STOCKDALE CT, KERN CO CA	191 - A3
PEPPARD CABIN	BUCKS LAKE RD, QUINCY CA	164 - B2
PERALTA ADOBE	175 W SAINT JOHN ST, SAN JOSE CA	333 - G7
PERALTA, RAMON ADOBE	6398 SANTA ANA CANYON RD, ANAHEIM CA	288 - B1
PETALUMA ADOBE STATE HIST MONUMENT	3325 ADOBE RD, SONOMA CO CA	243 - A6
PIER 39	THE EMBARCADERO, SAN FRANCISCO CA	326 - E1
PIONEER HIST MUS CTR	WAWONA RD & MARIPOSA GRV, MARIPOSA CO CA	176 - C3
PIONEER VILLAGE	3801 CHESTER AV, BAKERSFIELD CA	344 - C2
PIO PICO MANSION	6003 S PIONEER BLVD, WHITTIER CA	282 - B5
PLAZA, THE	E NAPA ST & 1ST ST W, SONOMA CA	322 - E7
PLYMOUTH TRADING	HWY 49 & MAIN ST, PLYMOUTH CA	175 - C1
POINT FERMIN HIST LIGHTHOUSE	S PAS DL MAR, LOS ANGELES CA	286 - D4
POINT SUR LIGHTHOUSE STATE HIST PARK	HWY 1 & COAST RD, MONTEREY CO CA	188 - B1
POLLARDVILLE GHOST TOWN	10464 N HWY 99, SAN JOAQUIN CO CA	260 - C2
PONY EXPRESS REMOUNT STA	HWY 88 & EMIGRANT TR, ALPINE CO CA	171 - C3
PORTALS OF THE PAST	CROSS OVER & TRANSVERSE, SAN FRANCISCO CA	325 - C7
PRESERVATION PK	1233 PRESERVATION PARK, OAKLAND CA	329 - G4
PUEBLO DE LOS ANGELES	845 N ALAMEDA ST, LOS ANGELES CA	356 - B4
QUEEN MARY	1126 QUEENS HWY N, LONG BEACH CA	360 - D9
RANCHO BUENA VISTA ADOBE	640 ALTA VISTA DR N, VISTA CA	292 - B6
RANCHO GUAJOME ADOBE	2210 N SANTA FE AV, VISTA CA	292 - B6
RANCHO LOS ALAMITOS HIST RANCH	6400 E BIXBY HILL RD, LONG BEACH CA	287 - B2
RANCHO OLOMPALI STATE HIST PK	REDWOOD HWY, MARIN CO CA	246 - A1
RANDSBURG GHOST TOWN	REDROCK-RANDSBURG RD, KERN CO CA	192 - C3
RED BRICK HOUSE	125 N MAIN ST, CALAVERAS CO CA	175 - C2
RENEGADE CANYON NATL HIST LNDMRK	NEAR CHINA LAKE, KERN CO CA	192 - C2
RHYOLITE	HWY 374, NYE CO NV	184 - C2
RICHARDSON ADOBE	HWY 146 & RAMUS RD, MONTEREY CO CA	180 - A3
RINCON RANCHO YORBA-SLAUGHTER ADOBE	17127 POMONA RINCON RD, CHINO CA	283 - D6
RIOS CALEDONIA ADOBE	700 MISSION ST, SAN LUIS OBISPO CO CA	189 - C2
ROCKVILLE STONE CHAPEL	OFF SUISUN VALLEY RD, SOLANO CO CA	244 - B6
SAINT JAMES EPISCOPAL CHURCH	SNELL ST & WYCKOFF ST, SONORA CA	341 - D4
SAINT VINCENTS	NORTH OF SAN RAFAEL, SAN RAFAEL CA	246 - B4
SANCHEZ, JUAN MATIAS ADOBE	946 ADOBE AV, MONTEBELLO CA	282 - B4
SF BAY DISCOVERY CO HIST SITE	SWEENEY RIDGE TR, PACIFICA CA	249 - C5
SAN FRANCISCO MARITIME NATL HIST	HYDE ST & JEFFERSON ST, SAN FRANCISCO CA	326 - C1
SAN PASQUAL BATTLEFIELD STATE HIST	SAN PASQUAL VALLEY RD, SAN DIEGO CA	294 - B1
SANTA CRUZ BEACH BOARDWALK	400 BEACH ST, SANTA CRUZ CA	335 - E8
SANTA CRUZ MISSION STATE HIST PK	144 SCHOOL ST, SANTA CRUZ CA	335 - D6
SCHINDLER HOUSE	835 N KINGS RD, WEST HOLLYWOOD CA	351 - A10
SCHRAMSBERG	SCHRAMSBERG RD, NAPA CO CA	241 - A7
SERRA CROSS	PRESIDIO DR, SAN DIEGO CA	372 - A8
SHASTA CAVERNS	20 MI N OF REDDING, SHASTA CO CA	220 - C2
SHASTA STATE HIST PK	HWY 299 SOUTH OF KESWICK, SHASTA CO CA	220 - A6
SISSON MUS	SHASTA RANCH RD, SISKIYOU CO CA	298 - B7
SNELLING COURTHOUSE	SNELLING HWY & SNELLING RD, MERCED CO CA	176 - A3
SOLDIERS MONUMENT	BOYD RD & N MAIN ST, PLEASANT HILL CA	247 - D5
SONOMA STATE HIST PK	20 E W SPAIN ST, SONOMA CA	322 - E6
SS EMIDIO	FRONT ST & H ST, CRESCENT CITY CA	297 - D9
STAGECOACH INN MUS	51 S VENTU PARK RD, THOUSAND OAKS CA	206 - B1
STANFORD, LELAND HIST MANSION	8TH ST & N ST, SACRAMENTO CA	319 - D4
STEINBECK HOUSE	132 CENTRAL AV, SALINAS CA	336 - B6
STEVENSON HOUSE	PEARL ST & HOUSTON ST, MONTEREY CA	337 - G7
STONE HOUSE	BIG CANYON & HWY 175, LAKE CO CA	240 - D3
SUSPENSION BRIDGE	BUTTE CO CA	163 - C3
SUTTERS FORT STATE HIST PK	2701 L ST, SACRAMENTO CA	319 - G5
TAYLOR RANCH HOUSE	737 N MONTEBELLO BLVD, MONTEBELLO CA	282 - B5
TECOPA HOT SPRINGS	WEST OF HWY 127, INYO CO CA	194 - B2
TEHACHAPI RAILROAD DEPOT	TEHACHAPI BLVD & GREEN ST, TEHACHAPI CA	200 - A1
TEMPLE OF KUAN TI	45160 ALBION ST, MENDOCINO CO CA	224 - B5
TIOGA HOTEL	1715 N ST, MERCED CA	181 - A1
TUMCO MINES	S34 & AMER MINE GIRL RD, IMPERIAL CO CA	215 - A1
VALLECITO BELL MONUMENT	OFF HWY 4, CALAVERAS CO CA	176 - A2
VASQUEZ HOUSE	546 DUTRA ST, MONTEREY CA	337 - F7
VENTURA COUNTY COURTHOUSE	501 POLI ST, VENTURA CA	349 - B4
VERDUGO ADOBE HIST SITE	2211 BONITA DR, GLENDALE CA	281 - D1
VETERANS MEM BLDG	126 W COURT ST, HANFORD CA	190 - C1
VETERANS WAR MEM	BALBOA PARK, SAN DIEGO CA	373 - G1
VICTORIAN ROW OLD OAKLAND	BROADWAY & 9TH ST, OAKLAND CA	330 - A5
VICTORIAN TOUR HOUSE	401 N PINE ST, NEVADA CITY CA	315 - G2
VIKINGSHOLM MONUMENT	EMERALD BAY RD, EL DORADO CO CA	231 - B7
WAR MEM	6655 MISSION ST, DALY CITY CA	249 - C3
WAR MEM MONUMENT	WILLOW ST & HIGH ST, SEBASTOPOL CA	242 - B3
WASSAMA ROUNDHOUSE STATE HIST PK	HWY 49 & ROUNDHOUSE RD, MADERA CO CA	181 - C1
WATTS TOWERS STATE HIST PK	1765 E 107TH ST, LOS ANGELES CA	281 - D6
WEALTH CTR BLDG	322 N IRWIN ST, HANFORD CA	190 - C1
WEAVERVILLE JOSS HOUSE STATE HIST PK	OFF HWY 3, TRINITY CO CA	157 - B3
WHALEY HOUSE	2482 SAN DIEGO AV, SAN DIEGO CA	372 - A9
WHITEWATER ADOBE	I-10 & HWY 111, PALM SPRINGS CA	209 - A1
WILL ROGERS HOME	1501 WILL ROGERS ST PK RD, LOS ANGELES CA	281 - A4
WINCHESTER MYSTERY HOUSE	1750 S WINCHESTER BLVD, SAN JOSE CA	333 - A9
WOODLAND OPERA HOUSE	2ND & DEAD CAT ALLEY, WOODLAND CA	234 - C5
WOODSIDE COUNTRY STORE HIST SITE	471 KINGS MOUNTAIN RD, WOODSIDE CA	252 - C1
YORBA CEM HIST SITE	WOODGATE DR, ORANGE CO CA	283 - B7
YREKA NATL HIST DIST	910 S MAIN ST, SISKIYOU CO CA	217 - B4
YUCAIPA ADOBE	32183 KENTUCKY ST, YUCAIPA CA	285 - C4

SHOPPING - REGIONAL

FEATURE NAME	City State	Page-Grid
ANAHEIM PLAZA	651 N EUCLID ST, ANAHEIM CA	287 - D1
ANTELOPE VALLEY MALL	RCHO VISTA BL & 10TH ST W, PALMDALE CA	200 - B2
ARDEN FAIR	1689 ARDEN WY, SACRAMENTO CA	320 - E1
AVENUE OF THE PENINSULA, THE	INDIAN PK & CROSSFIELD, RLNG HLS ESTS CA	286 - C3
BALDWIN HILLS CRENSHAW PLAZA	3650 W ML KING JR BL, LOS ANGELES CA	281 - C5
BARSTOW MALL	CAL AV & E MAIN ST, BARSTOW CA	369 - F7
BAYFAIR MALL	E 14TH ST & BAYFAIR DR, SAN LEANDRO CA	250 - C3
BAYSHORE MALL	OFF HWY 101, EUREKA CA	300 - B5
BEVERLY CTR	8500 BEVERLY BLVD, LOS ANGELES CA	354 - G6
BIRDCAGE CENTRE	BIRDCAGE CENTRE LN, CITRUS HEIGHTS CA	235 - D5
BLOCK AT ORANGE, THE	1 CITY BLVD W, ORANGE CA	362 - E7
BOULEVARD MALL, THE	3528 S MARYLAND PKWY, PARADISE NV	346 - F1
BREA MALL	E IMPERIAL HWY & STATE COL BL, BREA CA	283 - A7
BROADWAY PLAZA	1275 BROADWAY PZ, WALNUT CREEK CA	247 - D6
BROADWAY PLAZA	1450 S BROADWAY, SANTA MARIA CA	272 - C5
BUENA PK MALL	STANTON AV & LA PALMA AV, BUENA PARK CA	361 - F5
BURBANK EMPIRE CTR	EMPIRE AV & VICTORY PL, BURBANK CA	350 - E6
CAPITOLA MALL	1855 41ST AV, CAPITOLA CA	256 - A3
CAPITOL SQUARE MALL	390 N CAPITOL AV, SAN JOSE CA	334 - E2
CAROUSEL MALL	N E ST & W 2ND ST, SAN BERNARDINO CA	368 - D4
CENTERPOINT MALL	SAVIERS RD & W CHANNEL ISLANDS, OXNARD CA	275 - B7
CENTRAL COAST MALL	321 MADONNA RD, SAN LUIS OBISPO CA	347 - B8
CENTURY CITY CTR	10250 SANTA MONICA BLVD, LOS ANGELES CA	354 - C8
CHULA VISTA CTR	555 BROADWAY, CHULA VISTA CA	296 - A3
CODDINGTOWN REGL MALL	733 CODDINGTOWN CTR, SANTA ROSA CA	321 - C4
COLLEGE GROVE SHOPPING CTR	3490 COLLEGE GROVE DR, SAN DIEGO CA	296 - A1
COMMONS AT TEMECULA	40474 WINCHESTER RD, TEMECULA CA	289 - C7
CONTRA COSTA CTR	2302 MONUMENT BLVD, PLEASANT HILL CA	247 - D5
COUNTRY CLUB CENTRE	3382 EL CAMINO AV, SACRAMENTO CO CA	235 - C6
COUNTRY CLUB PLAZA	2401 BUTANO DR, SACRAMENTO CO CA	235 - C6
COUNTY EAST MALL	2556 SOMERSVILLE RD, ANTIOCH CA	248 - B4
COUNTY FAIR MALL	1264 E GIBSON RD, WOODLAND CA	234 - C5
COVINA TOWN SQUARE	N AZUSA AV & W ARROW HWY, COVINA CA	282 - D3
DEL AMO FASHION CTR	CARSON ST & HAWTHORNE BLVD, TORRANCE CA	286 - C1
DEL MONTE CTR	1410 DEL MONTE CTR, MONTEREY CA	337 - F8
DOWNTOWN PLAZA	547 L ST, SACRAMENTO CA	319 - D4
EAST HILLS MALL	MALL VIEW RD & FASHION PL, BAKERSFIELD CA	267 - D4
EASTMONT MALL	7200 BANCROFT AV, OAKLAND CA	250 - B2
EASTRIDGE MALL	1 EASTRIDGE CENTER, SAN JOSE CA	254 - A4
EL CAMINO NORTH CTR	HWY 78 & EL CAMINO REAL, OCEANSIDE CA	292 - A7
EL CERRITO PLAZA	SAN PABLO AV & FAIRMOUNT, EL CERRITO CA	247 - A6
ESCONDIDO PROMENADE	1272 AUTO PARK WY, ESCONDIDO CA	293 - D1
ESPLANADE CTR	195 ESPLANADE DR, OXNARD CA	275 - B6
FALLBROOK MALL	6633 FALLBROOK AV, LOS ANGELES CA	280 - C1
FASHION FAIR	4841 N 1ST ST, FRESNO CA	264 - C3
FASHION ISLAND	401 NEWPORT CENTER DR, NEWPORT BEACH CA	364 - G7
FASHION SHOW MALL, THE	3200 S LAS VEGAS BLVD, PARADISE NV	346 - B2
FASHION SQUARE	14006 RIVERSIDE DR, LOS ANGELES CA	281 - B2
FASHION VALLEY	352 FASHION VALLEY RD, SAN DIEGO CA	372 - E7
FLORIN MALL	6117 FLORIN RD, SACRAMENTO CO CA	238 - B2
FOX HILLS MALL	200 FOX HILLS DR, CULVER CITY CA	358 - C2
FREMONT HUB CTR	39261 FREMONT BLVD, FREMONT CA	251 - A6
FULLERTON METRO CTR	1361 S HARBOR BLVD, FULLERTON CA	287 - D1
FULTON MALL	850 FULTON ST, FRESNO CA	343 - D8
GALLERIA AT ROSEVILLE	1151 GALLERIA BLVD, ROSEVILLE CA	236 - A3
GALLERIA AT SOUTH BAY, THE	ARTESIA & HAWTHORNE, REDONDO BEACH CA	286 - C1
GALLERIA AT SUNSET	1300 W SUNSET RD, HENDERSON NV	268 - D5
GALLERIA AT TYLER	3570 TYLER ST, RIVERSIDE CA	284 - B6
GLENDALE GALLERIA	S CENTRAL AV & W BROADWAY, GLENDALE CA	352 - F2
GREAT MALL OF THE BAY AREA, THE	447 GREAT MALL DR, MILPITAS CA	253 - D2
GROSSMONT CTR	5500 GROSSMONT CENTER DR, LA MESA CA	296 - B1
HANFORD MALL	1675 W LACEY BLVD, HANFORD CA	190 - C1
HARDEN RANCH PLAZA	1490 N MAIN ST, SALINAS CA	336 - C1
HASTINGS RANCH PLAZA	3811 E FOOTHILL BLVD, PASADENA CA	282 - B2
HEMET VALLEY MALL	2200 W FLORIDA AV, HEMET CA	208 - C2
HIGHLAND AVENUE PLAZA	E HIGHLAND & BOULDER, SAN BERNARDINO CA	285 - A2
HILLSDALE CTR	60 HILLSDALE BLVD, SAN MATEO CA	250 - A6
HILLTOP PLAZA	2200 HILLTOP MALL RD, RICHMOND CA	247 - A4
HOLLYWOOD & HIGHLAND	6834 HOLLYWOOD BLVD, LOS ANGELES CA	351 - D8
HORTON PLAZA	BROADWAY CIR & 4TH AV, SAN DIEGO CA	373 - E4
HUNTINGTON BEACH MALL	7777 EDINGER AV, HUNTINGTON BEACH CA	287 - D3
INDIO FASHION MALL	82227 HWY 111, INDIO CA	209 - B2
INLAND CTR	460 S INLAND CENTER DR, SAN BERNARDINO CA	368 - D7
JANSS MARKETPLACE	215 N MOORPARK RD, THOUSAND OAKS CA	206 - C1
LA CUMBRE PLAZA	140 S HOPE AV, SANTA BARBARA CA	274 - C7
LAGUNA HILLS MALL	24155 LAGUNA HILLS MALL, LAGUNA HILLS CA	288 - C5
LAKEWOOD CTR MALL	LAKEWOOD BLVD & DEL AMO BLVD, LAKEWOOD CA	287 - B1
LAUREL PLAZA	6100 LAUREL CANYON BLVD, LOS ANGELES CA	281 - B1
LINCOLN OAKS VILLAGE	W HILLCREST & WILBUR, THOUSAND OAKS CA	206 - C1
LOS ALTOS MARKET CTR	2100 N BELLFLOWER BLVD, LONG BEACH CA	287 - B2
MADONNA PLAZA	221 MADONNA RD, SAN LUIS OBISPO CA	347 - C7
MAINPLACE	2800 MAIN ST, SANTA ANA CA	362 - G8
MALL AT NORTHGATE, THE	580 NORTHGATE DR, SAN RAFAEL CA	324 - C2
MALL AT YUBA CITY, THE	1215 COLUSA AV, YUBA CITY CA	309 - D4
MALL OF ORANGE	2298 N ORANGE MALL, ORANGE CA	288 - A1
MALL OF VICTOR VALLEY, THE	14400 BEAR VALLEY RD, VICTORVILLE CA	278 - A2
MANCHESTER CTR	1901 E SHIELDS AV, FRESNO CA	343 - E1
MANHATTAN VILLAGE	3200 N SEPULVEDA BLVD, MANHATTAN BEACH CA	281 - B7
MEADOWS MALL	4300 MEADOWS LN, LAS VEGAS NV	268 - B4
MEDIA CITY CTR	E MAGNOLIA & N SAN FERNANDO, BURBANK CA	350 - G6
MERCED MALL	W OLIVE AV & R ST, MERCED CA	181 - A1
METREON	101 4TH, SAN FRANCISCO CA	326 - E5
MIRA MESA MALL	8232 MIRA MESA BLVD, SAN DIEGO CA	293 - D5
MISSION VALLEY CTR	1640 CM DL RIO N, SAN DIEGO CA	372 - F6
MONTCLAIR PLAZA	5060 PLAZA LN, MONTCLAIR CA	283 - C3
MONTEBELLO TOWN CTR	PARAMOUNT BL & POMONA FWY, MONTEBELLO CA	282 - B4
MORENO VALLEY MALL AT TOWNGATE	22500 TOWN CIR, MORENO VALLEY CA	285 - A6

CRA

INDEX

463 SHOPPING - REGIONAL
POINTS OF INTEREST
TRANSPORTATION

© 2003 Thomas Bros. Maps ®

CRA
INDEX

FEATURE NAME City State	Page-Grid
MOUNT SHASTA MALL DANA DR & HILLTOP DR, REDDING CA	302 - B5
NEWPARK MALL MOWRY AV & CEDAR BLVD, NEWARK CA	250 - D7
NORTH COUNTY FAIR 272 E VIA RANCHO PKWY, ESCONDIDO CA	294 - A2
NORTHRIDGE CTR EL CAMINO REAL & BORONDA RD, SALINAS CA	336 - B1
NORTHRIDGE FASHION CTR 9301 TAMPA AV, LOS ANGELES CA	276 - D7
NORTH VALLEY PLAZA COHASSET RD & EAST AV, CHICO CA	305 - F3
OAKS, THE 222 W HILLCREST DR, THOUSAND OAKS CA	206 - C1
ONTARIO MILLS SHOPPING CTR I-10 & I-15, ONTARIO CA	284 - A3
PACIFIC VIEW MALL 3301 E MAIN ST, VENTURA CA	349 - G7
PALM SPRINGS MALL 191 S FARRELL DR, PALM SPRINGS CA	367 - E6
PALM SPRINGS PROMENADE 123 N PALM CANYON DR, PALM SPRINGS CA	367 - B6
PANORAMA MALL ROSCOE BL & VAN NUYS BL, LOS ANGELES CA	281 - B1
PARKWAY PLAZA 415 PARKWAY PZ, EL CAJON CA	294 - B7
PASEO COLORADO E COLORADO BL & LOS ROBLES, PASADENA CA	359 - C7
PASEO NUEVO 651 PASEO NUEVO, SANTA BARBARA CA	348 - D7
PLAZA BONITA 3030 PLZ BONITA RD, NATIONAL CITY CA	296 - A3
PLAZA CAMINO REAL 2525 EL CAMINO REAL, CARLSBAD CA	292 - A7
PROMENADE AT TEMECULA, THE WINCHESTER RD & YNEZ RD, TEMECULA CA	289 - C7
PROMENADE AT WOODLAND HILLS, THE 6100 TOPANGA CANYON BLVD, LOS ANGELES CA	280 - D2
PUENTE HILLS MALL AZUSA AV & COLIMA RD, CITY OF INDUSTRY CA	282 - D5
RANCHO DEL MAR CTR SOQUEL DR & STATE PARK DR, SANTA CRUZ CO	256 - A3
REDLANDS MALL 100 ORANGE ST, REDLANDS CA	285 - B3
RIVERSIDE PLAZA 3621 RIVERSIDE PZ, RIVERSIDE CA	366 - B8
SAN ANTONIO SHOPPING CTR 2550 W EL CAMINO REAL, MOUNTAIN VIEW CA	253 - A2
SAN FRANCISCO CENTRE 865 MARKET ST, SAN FRANCISCO CA	326 - E5
SANTA FE SPRINGS MALL 13350 TELEGRAPH RD, SANTA FE SPRINGS CA	282 - C6
SANTA MARIA CTR 1425 S BROADWAY, SANTA MARIA CA	272 - C5
SANTA MARIA TOWN CTR EAST S BROADWAY & COOK ST, SANTA MARIA CA	272 - C5
SANTA MARIA TOWN CTR WEST S BROADWAY & COOK ST, SANTA MARIA CA	272 - C5
SANTA MONICA PLACE 395 SANTA MONICA BLVD, SANTA MONICA CA	357 - A1
SANTA ROSA PLAZA 235 SANTA ROSA PZ, SANTA ROSA CA	321 - E7
SEQUOIA MALL 3303 S MOONEY BLVD, VISALIA CA	266 - B3
SERRAMONTE CTR SERRAMONTE BL & CALLAN BL, DALY CITY CA	249 - C3
SHERWOOD MALL 5308 PACIFIC AV, STOCKTON CA	339 - C1
SHOPS AT MISSION VIEJO, THE 27000 CROWN VALLEY PKWY, MISSION VIEJO CA	288 - D6
SIERRA VISTA MALL 1050 E SHAW AV, CLOVIS CA	264 - D3
SILICON VALLEY WAVE 580 E EL CAMINO REAL, SUNNYVALE CA	253 - B2
SOUTHBAY PAVILION AT CARSON 20700 S AVALON BLVD, CARSON CA	286 - D1
SOUTH COAST PLAZA 3333 BRISTOL ST, COSTA MESA CA	363 - A3
SOUTHLAND MALL 1 SOUTHLAND MALL, HAYWARD CA	250 - C4
STANFORD SHOPPING CTR 180 EL CAMINO REAL, PALO ALTO CA	332 - A5
STONERIDGE MALL 1 STONERIDGE MALL RD, PLEASANTON CA	251 - A3
STONESTOWN GALLERIA 3251 20TH AV, SAN FRANCISCO CA	249 - C2
STONEWOOD CTR 9066 STONEWOOD ST, DOWNEY CA	282 - B6
SUNRISE MALL 6041 SUNRISE BLVD, CITRUS HEIGHTS CA	236 - A5
SUNVALLEY MALL CONTRA COSTA & SUNVALLEY, CONCORD CA	247 - D5
SYCAMORE SQUARE 2845 COCHRAN ST, SIMI VALLEY CA	276 - B7
TANFORAN PK EL CAMINO REAL & SNEATH LN, SAN BRUNO CA	327 - B2
TELEPHONE ROAD PLAZA TELEPHONE RD & VALENTINE RD, VENTURA CA	275 - B5
TERRA VISTA TOWN CTR FOOTHILL BL & HAVEN, RANCHO CUCAMONGA CA	284 - A3
TOWN CTR CORTE MADERA 706 TAMALPAIS DR, CORTE MADERA CA	246 - B5
TULARE PAVILLION PROSPERITY AV & BLACKSTONE ST, TULARE CA	266 - B4
UNIV TOWNE CENTRE 4545 LA JOLLA VILLAGE DR, SAN DIEGO CA	293 - C6
VALENCIA TOWN CTR 24201 VALENCIA BLVD, SANTA CLARITA CA	276 - D4
VALLCO FASHION PK 10123 N WOLFE RD, CUPERTINO CA	253 - B3
VALLEY FAIR 2855 STEVENS CREEK BLVD, SANTA CLARA CA	333 - A8
VALLEY PLAZA 1501 W MAIN ST, EL CENTRO CA	375 - B6
VALLEY PLAZA 6329 LAUREL CANYON BLVD, LOS ANGELES CA	281 - B1
VALLEY PLAZA CTR 2701 MING AV, BAKERSFIELD CA	344 - B10
VILLAGE AT CORTE MADERA 1554 REDWOOD HWY, CORTE MADERA CA	246 - B5
VINTAGE FAIRE MALL 3401 DALE RD, MODESTO CA	261 - A3
VISALIA MALL 2031 S MOONEY BLVD, VISALIA CA	266 - B3
WEBERSTOWN MALL 4950 PACIFIC AV, STOCKTON CA	339 - C2
WESTFIELD SHOPPINGTOWN CERRITOS SOUTH ST & GRIDLEY RD, CERRITOS CA	287 - B1
WESTFIELD SHOPPINGTOWN DOWNTOWN PLAZA 547 L ST, SACRAMENTO CA	319 - D3
WESTFIELD SHOPPINGTOWN EAGLE ROCK 2700 COLORADO BLVD, LOS ANGELES CA	281 - D2
WESTFIELD SHOPPINGTOWN OAKRIDGE 925 BLOSSOM HILL RD, SAN JOSE CA	253 - D5
WESTFIELD SHOPPINGTOWN PALM DESERT 72840 HWY 111, PALM DESERT CA	290 - C6
WESTFIELD SHOPPINGTOWN SANTA ANITA 400 S BALDWIN AV, ARCADIA CA	282 - C2
WESTFIELD SHOPPINGTOWN SOLANO 1350 TRAVIS BLVD, FAIRFIELD CA	244 - C6
WESTFIELD SHOPPINGTOWN TOPANGA 6600 TOPANGA CANYON BLVD, LOS ANGELES CA	280 - D1
WESTFIELD SHOPPINGTOWN VALLEY FAIR 2855 STEVENS CREEK BLVD, SAN JOSE CA	333 - A9
WESTFIELD SHOPPINGTOWN WEST COVINA 112 PLAZA DR, WEST COVINA CA	282 - D4
WESTGATE MALL 1600 SARATOGA AV, SAN JOSE CA	253 - B4
WESTLAKE CTR 285 LAKE MERCED BLVD, DALY CITY CA	249 - C3
WESTMINSTER MALL 1025 WESTMINSTER MALL, WESTMINSTER CA	287 - C3
WESTSIDE PAVILLION 10800 W PICO BLVD, LOS ANGELES CA	354 - B10
WEST VALLEY MALL 3200 N NAGLEE RD, TRACY CA	175 - A3
WHITTWOOD MALL 15601 WHITTWOOD PKWY, WHITTIER CA	282 - C6

SKI AREAS

FEATURE NAME City State	Page-Grid
ALPINE MEADOWS OFF HIGHWAY 89, PLACER CO CA	171 - A2
APPLETREE MTN HIGH SKI AREA ANGELES CREST HWY, LOS ANGELES CO CA	200 - C3
BADGER PASS NORDIC GLACIER PT RD & WAWONA, MARIPOSA CO CA	262 - C5
BADGER PASS SKI AREA GLACIER PT RD & WAWONA, MARIPOSA CO CA	262 - C5
BEAR MTN SKI RESORT 43101 GOLDMINE DR, BIG BEAR LAKE CA	279 - D7
BOREAL RIDGE I 80 AT DONNER PASS RD, NEVADA CO CA	228 - C6
CASTLE LAKE SKI AREA CASTLE LAKE RD, SISKIYOU CO CA	218 - A5
CEDAR PASS SKI AREA SR 299 AT SKI HILL RD, MODOC CO CA	160 - A1
COPPERVALE SKI HILL HWY 36 E OF WESTWOOD, LASSEN CO CA	164 - B1
COTTAGE SPRINGS SKI AREA OFF HWY 4, CALAVERAS CO CA	176 - A1
DIAMOND PEAK RESORT HWY 431 NEAR INCLINE VLG, WASHOE CO NV	231 - D1
DODGE RIDGE HWY 108 NEAR PINECREST, TUOLUMNE CO CA	176 - B1
DONNER SKI RANCH PLACER CO CA	228 - C7
DONNER SUMMIT PLACER CO CA	228 - C7
EAGLE MTN NORDIC CRYSTAL LAKE & LAKE VALLEY, PLACER CO CA	170 - C1
GRANLIBAKKEN HWY 28 & HWY 89, PLACER CO CA	231 - A2
HEAVENLY SKI RESORT SKI RUN BLVD, EL DORADO CO CA	314 - F5
HEAVENLY VALLEY OFF HIGHWAY 89, EL DORADO CO CA	171 - B2
HOMEWOOD SKI AREA OFF HIGHWAY 89, PLACER CO CA	171 - A2
HOPE VALLEY CROSS-CC HWY 88 & BURNSIDE LAKE RD, ALPINE CO CA	171 - C3
IRON MTN RESORT HWY 88 & EMIGRANT TRAIL, EL DORADO CO CA	171 - A3
JUNE MTN SKI AREA HWY 158 & JUNE LAKE AVALANCHE, MONO CO CA	263 - B4
KIRKWOOD SKI RESORT HWY 88 & DOGWOOD RD, ALPINE CO CA	171 - B3
KRATKA SKI AREA ANGELES CREST HWY, LOS ANGELES CO CA	200 - C3
MAMMOTH CROSS CC LK MARY & TAMARACK LDG, MAMMOTH LKS CA	342 - B8
MAMMOTH MTN SKI AREA LK MARY RD & BRIDGE LN, MAMMOTH LKS CA	342 - B4
MONTECITO-SEQUOIA CROSS CC SEQUOIA NATIONAL FOREST, TULARE CO CA	265 - B3
MTN HIGH SKI AREA ANGELES CREST HWY, LOS ANGELES CO CA	200 - C3
MOUNT BALDY SKI AREA MT BALDY RD, SAN BERNARDINO CO CA	201 - A3
MOUNT PINOS CUDDY VALLEY & MIL POTRERO, KERN CO CA	199 - B2
MOUNT REBA SKI AREA MT REBA RD, ALPINE CO CA	176 - B1
MOUNT ROSE HWY 431 SW OF RENO, WASHOE CO NV	229 - D7
MOUNT SHASTA SKI PK I-5 & HWY 89, SISKIYOU CO CA	218 - C4
MOUNT WATERMAN SKI AREA ANGELES CREST HWY, LOS ANGELES CO CA	200 - C3
NORTHSTAR-AT-TAHOE COYOTE FORK, PLACER CO CA	231 - A1
ROCK CREEK HWY 395 & ROCK CREEK RD, MONO CO CA	177 - C3
ROYAL GORGE CROSS CC KIDD LAKES RD & HILLSIDE DR, PLACER CO CA	228 - B7
SHIRLEY MEADOWS SKI AREA HWY 155 W OF ALTA SIERRA, KERN CO CA	191 - C2
SIERRA AT TAHOE SKI RESORT OFF HIGHWAY 50, EL DORADO CO CA	171 - B3
SIERRA MEADOWS TOURING MAMMOTH CK & OLD MAMMOTH, MAMMOTH LKS CA	342 - G5
SIERRA SUMMIT SKI AREA HWY 168 & HUNTINGTON LK RD, FRESNO CO CA	182 - B1
SKI GOLD MTN JOHNSONVILLE RD, PLUMAS CO CA	164 - C3
SKI SUNRISE SKI AREA BIG PINES HWY, LOS ANGELES CO CA	200 - C3
SLIDE MOUTAIN SKI AREA HWY 431 NE OF INCLINE VILLAGE, WASHOE CO	229 - D7
SNOWCREST SKI AREA OFF ANGELES CREST HWY, LOS ANGELES CO CA	200 - C3
SNOW SUMMIT SKI AREA 880 SUMMIT BLVD, SAN BERNARDINO CO CA	279 - C7
SNOW VALLEY SKI AREA RIM OF THE WORLD, SAN BERNARDINO CO CA	279 - A7
SODA SPRINGS KIDD LAKES RD & HILLSIDE DR, PLACER CO CA	228 - B7
SPOONER LAKE CROSS CC HWY 50, DOUGLAS CO NV	231 - D4
SQUAW VALLEY OFF HIGHWAY 89, PLACER CO CA	171 - A2
SQUAW VALLEY NORDIC OFF HIGHWAY 89, PLACER CO CA	171 - A1
STOVER MTN SKI AREA CHESTER SKI RD & HWY 36, PLUMAS CO CA	164 - A2
STRAWBERRY CROSS CC OFF HIGHWAY 50, EL DORADO CO CA	171 - A3
SUGAR BOWL PLACER CO CA	228 - B7
TAHOE DONNER OFF I 80 N. OF DONNER LAKE, TRUCKEE CA	228 - D6
TAHOE DONNER CROSS CC NEVADA CO CA	228 - D6
TAHOE NORDIC HWY 28 & HWY 89, PLACER CO CA	231 - A2
TAHOE SKI BOWL EMERALD BAY RD, EL DORADO CO CA	231 - A5
TOMAHAWK SKI BOWL LAKE OF THE WOODS HWY, KLAMATH CO OR	150 - B1
WARNER CANYON SKI AREA WARNER HWY, LAKE CO OR	152 - A2
YOSEMITE CROSS CC GLACIER POINT & WAWANA, MARIPOSA CO CA	262 - C5

TRANSPORTATION

FEATURE NAME City State	Page-Grid
12TH STREET BART STA 1245 BROADWAY, OAKLAND CA	330 - A5
16TH STREET & MISSION STREET STA 16TH ST & MISSION ST, SAN FRANCISCO CA	326 - D8
19TH STREET BART STA 1900 BROADWAY, OAKLAND CA	330 - A4
24TH STREET & MISSION STREET STA 24TH ST & MISSION ST, SAN FRANCISCO CA	326 - D9
ACE FREMONT STA FREMONT BLVD & PERALTA BLVD, FREMONT CA	250 - D6
ACE GREAT AMERICA STA STARS STRIPES & TASMAN, SANTA CLARA CA	253 - C2
ACE LATHROP/MANTECA STA 2725 W YOSEMITE AV, LATHROP CA	260 - B7
ACE SAN JOSE DIRIDON STA 65 CAHILL ST, SAN JOSE CA	333 - F8
ACE STOCKTON STA 949 E CHANNEL ST, STOCKTON CA	339 - G7
ACE TRACY STA 4800 S TRACY BLVD, TRACY CA	175 - A3
ALAMEDA GATEWAY FERRY TERMINAL MAIN ST, ALAMEDA CA	329 - E6
AMTRAK BERKELEY STA UNIVERSITY AV & 3RD ST, BERKELEY CA	247 - A7
AMTRAK BURBANK 3750 EMPIRE AV, BURBANK CA	350 - C5
AMTRAK CARPINTERIA STA 475 LINDEN AV, CARPINTERIA CA	199 - A3
AMTRAK CHATSWORTH STA 21510 DEVONSHIRE ST, LOS ANGELES CA	276 - D7
AMTRAK EMERYVILLE STA POWELL ST & LANDREGAN ST, EMERYVILLE CA	247 - A7
AMTRAK FREMONT/CENTERVILLE STA FREMONT BL & PERALTA BL, FREMONT CA	250 - D6
AMTRAK FRESNO STA 2650 E TULARE ST, FRESNO CA	343 - E7
AMTRAK GLENDALE STA 400 W CERRITOS AV, GLENDALE CA	352 - G5
AMTRAK GOLETA STA 25 LA PATERA LN, GOLETA CA	274 - B7
AMTRAK GROVER BEACH STA 180 GRAND AV, GROVER BEACH CA	272 - A1
AMTRAK HANFORD STA 200 SANTA FE AV, HANFORD CA	190 - C1
AMTRAK HAYWARD STA 22555 MEEKLAND AV, HAYWARD CA	250 - C4
AMTRAK MADERA STA AVENUE 15 1/2 & ROAD 29, MADERA CO CA	181 - B2
AMTRAK MARTINEZ STA 401 FERRY ST, MARTINEZ CA	247 - C4
AMTRAK MERCED STA 690 W 16TH ST, MERCED CA	181 - A1
AMTRAK/METROLINK STA 5050 LOS ANGELES AV, SIMI VALLEY CA	276 - B7
AMTRAK NEEDLES STA 900 FRONT ST, NEEDLES CA	204 - A1
AMTRAK OCEANSIDE STA 235 S TREMONT AV, OCEANSIDE CA	292 - A7
AMTRAK ONTARIO STA 228 S PLUM AV, ONTARIO CA	283 - D4
AMTRAK PALM SPRINGS STA 6001 PALM SPGS STA RD, PALM SPRINGS CA	290 - A2
AMTRAK POMONA STA S MAIN ST & W 1ST ST, POMONA CA	283 - B4
AMTRAK RAIL & GREYHOUND BUS BARSTOW STA 681 N 1ST AV, BARSTOW CA	369 - C5
AMTRAK RAILROAD STA OREGON ST & BUTTE ST, REDDING CA	301 - E5
AMTRAK RAIL STA 330 GUADALUPE ST, GUADALUPE CA	272 - B4
AMTRAK RICHMOND STA MACDONALD AV & 16TH ST, RICHMOND CA	246 - D5
AMTRAK SACRAMENTO STA 401 I ST, SACRAMENTO CA	319 - D3
AMTRAK SALINAS STA PALMETTO ST & W MARKET ST, SALINAS CA	336 - B6
AMTRAK SAN BERNARDINO STA 1170 W 3RD ST, SAN BERNARDINO CA	368 - B4
AMTRAK SAN DIEGO STA 1050 KETTNER BLVD, SAN DIEGO CA	373 - D4
AMTRAK SAN JOSE STA W SANTA CLARA ST & CAHILL ST, SAN JOSE CA	333 - F8
AMTRAK SANTA BARBARA STA 209 STATE ST, SANTA BARBARA CA	348 - E8
AMTRAK SANTA CLARA STA LAFAYETTE ST & TASMAN DR, SANTA CLARA CA	253 - C2
AMTRAK SOLANA BEACH STA 105 CEDROS AV, SOLANA BEACH CA	293 - B3
AMTRAK STA 201 PACIFIC ST, ROSEVILLE CA	235 - D4
AMTRAK STA 2ND ST, DAVIS CA	318 - E6
AMTRAK STA 601 TRUXTUN AV, BAKERSFIELD CA	344 - E5
AMTRAK STA MAIN ST & SPRING ST, SUISUN CITY CA	244 - C6
AMTRAK STA NEVADA ST, AUBURN CA	316 - C4
AMTRAK STA ROCKLIN RD, ROCKLIN CA	236 - A3
AMTRAK STA W OCEAN AV, SANTA BARBARA CO CA	197 - C2
AMTRAK STA-ANAHEIM 2150 E KATELLA AV, ANAHEIM CA	362 - F4
AMTRAK STA - FULLERTON 120 E SANTA FE AV, FULLERTON CA	282 - D7
AMTRAK STA-IRVINE 15215 BARRANCA, IRVINE CA	288 - C5
AMTRAK STA - SAN CLEMENTE 1850 AVD ESTACION, SAN CLEMENTE CA	291 - A2
AMTRAK STA-SAN JUAN CAPISTRANO 26701 VERDUGO ST, SAN JUAN CAPISTRANO CA	291 - A1
AMTRAK STA-SANTA ANA 1000 E SANTA ANA BLVD, SANTA ANA CA	288 - A3
AMTRAK STA-VENTURA E HARBOR BL & FIGUEROA ST, VENTURA CA	349 - A5
AMTRAK VAN NUYS STA 7720 VAN NUYS BLVD, LOS ANGELES CA	281 - B1
AMTRAK VICTORVILLE STA 16858 E ST, VICTORVILLE CA	278 - B1
ANGEL ISLAND FERRY TERMINAL TIBURON CA	246 - C7
ASHBY BART STA 3100 ADELINE ST, BERKELEY CA	328 - A8
AZUSA RAILROAD STA N AZUSA AV & SANTA FE AV, AZUSA CA	282 - D2

TRANSPORTATION POINTS OF INTEREST TRANSPORTATION 464

FEATURE NAME	City State	Page-Grid
BALBOA PK STA	GENEVA AV & SAN JOSE AV, SAN FRANCISCO CA	249 - C3
BART CONCORD STA	1451 OAKLAND AV, CONCORD CA	247 - D5
BART EL CERRITO DEL NORTE STA	6400 CUTTING BLVD, EL CERRITO CA	247 - A6
BART EL CERRITO PLAZA STA	6699 FAIRMOUNT AV, EL CERRITO CA	247 - A6
BART LAFAYETTE STA	3601 DEER HILL RD, LAFAYETTE CA	247 - C6
BART NORTH CONCORD MARTINEZ STA	3700 PORT CHICAGO HWY, CONCORD CA	247 - D4
BART ORINDA STA	11 CM PABLO, ORINDA CA	247 - B7
BART PITTSBURG/BAY POINT STA	1600 LELAND RD, CONTRA COSTA CO CA	248 - A4
BART PLEASANT HILL STA	1365 TREAT BLVD, CONTRA COSTA CO CA	247 - D6
BART RICHMOND STA	1700 NEVIN AV, RICHMOND CA	246 - D5
BART WALNUT CREEK STA	200 YGNACIO VALLEY RD, WALNUT CREEK CA	247 - D6
BAYFAIR BART STA	15242 HESPERIAN BLVD, SAN LEANDRO CA	250 - C3
BAYPOINTE VTA RAIL STA	BAYPOINTE PKWY & TASMAN DR, SAN JOSE CA	253 - C2
BAYSHORE CALTRAIN STA	TUNNEL AV & LATHROP AV, SAN FRANCISCO CA	249 - D3
BAYSHORE NASA VTA RAIL STA	MANILA RD & ELLIS ST, SANTA CLARA CO CA	253 - B2
BERKELEY BART STA	2610 SHATTUCK AV, BERKELEY CA	328 - A6
BLOSSOM HILL VTA RAIL STA	BLOSSOM HILL RD & HWY 85, SAN JOSE CA	253 - D5
BNSF STA	1ST ST & I ST, ANTIOCH CA	248 - C4
BNSF STA	RAILROAD AV & W SANTA FE AV, PITTSBURG CA	248 - B4
BONAVENTURA VTA RAIL STA	N 1ST ST & BONAVENTURA DR, SAN JOSE CA	253 - C2
BORREGAS VTA RAIL STA	BORREGAS AV & JAVA DR, SUNNYVALE CA	253 - B2
BRANHAM VTA RAIL STA	BRANHAM LN & HWY 87, SAN JOSE CA	253 - D5
CALIFORNIA WESTERN RR (SKUNK TRAINS)	LAUREL AV & LYTA WY, MENDOCINO CO CA	307 - E3
CALTRAIN 22ND STREET STA	22ND & PENNSYLVANIA, SAN FRANCISCO CA	326 - F9
CALTRAIN ATHERTON STA	FAIR OAKS & DINKLESPIEL, ATHERTON CA	252 - D1
CALTRAIN BAY MEADOWS STA	EL CAMINO REAL & 31ST AV, SAN MATEO CA	250 - A6
CALTRAIN BELMONT STA	EL CAMINO REAL & RALSTON AV, BELMONT CA	250 - A7
CALTRAIN BLOSSOM HILL STA	MONTEREY RD & FORD RD, SAN JOSE CA	254 - A5
CALTRAIN BROADWAY STA	BROADWAY & CALIFORNIA DR, BURLINGAME CA	249 - D5
CALTRAIN BURLINGAME STA	BURLINGAME & CALIFORNIA, BURLINGAME CA	249 - D5
CALTRAIN CALIFORNIA AV STA	PARK BLVD & CALIFORNIA AV, PALO ALTO CA	332 - E7
CALTRAIN CAPITOL STA	MONTEREY HWY & FEHREN DR, SAN JOSE CA	253 - D4
CALTRAIN COLLEGE PK STA	STOCKTON AV & EMORY ST, SAN JOSE CA	333 - D6
CALTRAIN GILROY STA	MONTEREY ST & OLD GILROY ST, GILROY CA	257 - B3
CALTRAIN HAYWARD PK STA	CONCAR AV & PACIFIC BLVD, SAN MATEO CA	250 - A6
CALTRAIN HILLSDALE STA	E HILLSDALE BL & EL CM REAL, SAN MATEO CA	250 - A6
CALTRAIN LAWRENCE STA	LAWRENCE STA & LAWRENCE, SUNNYVALE CA	253 - B3
CALTRAIN MENLO PK STA	STA CRUZ AV & MERRILL ST, MENLO PARK CA	252 - D1
CALTRAIN MILLBRAE STA	E MILLBRAE AV & CALIFORNIA, MILLBRAE CA	327 - F8
CALTRAIN MORGAN HILL STA	BUTTERFIELD BL & E MAIN, MORGAN HILL CA	254 - C7
CALTRAIN MTN VIEW STA	VIEW ST & W EVELYN AV, MOUNTAIN VIEW CA	253 - A2
CALTRAIN PALO ALTO STA	UNIVERSITY AV & MITCHELL LN, PALO ALTO CA	332 - B5
CALTRAIN PAUL AVENUE STA	PAUL AV & GOULD ST, SAN FRANCISCO CA	249 - D2
CALTRAIN REDWOOD CITY STA	JAMES AV & FRANKLIN ST, REDWOOD CITY CA	250 - B7
CALTRAIN SAN ANTONIO STA	SHOWERS & PACCHETTI, MOUNTAIN VIEW CA	253 - A2
CALTRAIN SAN BRUNO STA	HUNTINGTON AV & SYLVAN AV, SAN BRUNO CA	327 - C4
CALTRAIN SAN CARLOS STA	EL CM REAL & SAN CARLOS, SAN CARLOS CA	250 - A7
CALTRAIN SAN JOSE STA	W SANTA CLARA ST & CAHILL ST, SAN JOSE CA	333 - F8
CALTRAIN SAN MARTIN STA	MONTEREY & E SAN MARTIN, STA CLARA CO CA	257 - A1
CALTRAIN SAN MATEO STA	2ND AV & RAILROAD AV, SAN MATEO CA	249 - D6
CALTRAIN SANTA CLARA STA	RAILROAD AV & PALM DR, SANTA CLARA CA	333 - B5
CALTRAIN S SAN FRANCISCO STA	DUBUQUE & GRAND, SOUTH SAN FRANCISCO CA	249 - D4
CALTRAIN STANFORD STA	EMBARCADERO RD & ALMA ST, PALO ALTO CA	332 - C5
CALTRAIN SUNNYVALE STA	EVELYN AV & S FRANCES ST, SUNNYVALE CA	253 - B2
CALTRAIN TAMIEN STA	W ALMA AV & LICK AV, SAN JOSE CA	253 - D4
CALTRAIN TERMINAL	4TH ST & KING ST, SAN FRANCISCO CA	326 - F6
CAPITOL VTA RAIL STA	CAPITOL EXWY & HWY 87, SAN JOSE CA	253 - D5
CARLSBAD POINSETTIA STA	AVENIDA ENCINAS, CARLSBAD CA	293 - A1
CARLSBAD VILLAGE TRANSIT CTR	GRAND AV & STATE ST, CARLSBAD CA	292 - A7
CASTRO STREET STA	CASTRO ST & MARKET ST, SAN FRANCISCO CA	326 - B8
CASTRO VALLEY BART STA	NORBRIDGE AV, ALAMEDA CO CA	250 - D3
CATALINA AIR & SEA TERMINAL	BERTH 96, LOS ANGELES CA	286 - D3
CATALINA CRUISES	GOLDEN SHORE & QUEENS WY, LONG BEACH CA	360 - B7
CATALINA EXPRESS (LONG BEACH)	QUEENS HWY N, LONG BEACH CA	360 - C9
CATALINA EXPRESS (SAN PEDRO)	BERTH 95, LOS ANGELES CA	286 - D3
CATALINA PASSENGER SERVICE	400 MAIN ST, NEWPORT BEACH CA	364 - E9
CHAMPION VTA RAIL STA	TASMAN DR & CHAMPION CT, SAN JOSE CA	253 - C2
CHILDRENS DISCOVERY MUS VTA STA	WOOZ WY & W SAN CARLOS ST, SAN JOSE CA	333 - G8
CHINA BASIN FERRY TERMINAL	KING ST & 3RD ST, SAN FRANCISCO CA	326 - G6
CHURCH STREET STA	CHURCH ST & MARKET ST, SAN FRANCISCO CA	326 - B7
CISCO WY VTA RAIL STA	TASMAN DR & CISCO WY, SAN JOSE CA	253 - C2
CIVIC CTR STA	7TH ST & MARKET ST, SAN FRANCISCO CA	326 - D6
CIVIC CTR VTA RAIL STA	N 1ST ST & E MISSION ST, SAN JOSE CA	333 - F5
COLISEUM/OAKLAND BART STA	7200 SAN LEANDRO ST, OAKLAND CA	331 - E2
COLMA BART STA	EL CAMINO REAL & F ST, SAN MATEO CO CA	249 - C3
COMPONENT VTA RAIL STA	N 1ST ST & COMPONENT DR, SAN JOSE CA	333 - C1
CONV CTR VTA RAIL STA	W SAN CARLOS ST & MARKET ST, SAN JOSE CA	333 - G8
COTTLE VTA RAIL STA	COTTLE RD & HWY 85, SAN JOSE CA	254 - A5
CROSSMAN VTA RAIL STA	CROSSMAN AV & JAVA DR, SUNNYVALE CA	253 - B2
CURTNER VTA RAIL STA	GUADALUPE FRWY & CURTNER AV, SAN JOSE CA	253 - D4
DALY CITY STA	JOHN DALY BLVD & DE LONG ST, DALY CITY CA	249 - C3
DELLUMS TRAIN STA (AMTRAK)	245 2ND ST, OAKLAND CA	330 - A6
DOWNTOWN MTN VIEW VTA RAIL STA	VIEW ST & W EVELYN AV, MOUNTAIN VIEW CA	253 - A2
EAST DUBLIN/PLEASANTON BART STA	I-580 & DOUGHERTY RD, PLEASANTON CA	251 - B3
EMBARCADERO STA	MAIN ST & MARKET ST, SAN FRANCISCO CA	326 - F4
ENCINITAS TRANSIT CTR	ENCINITAS BL & S VULCAN AV, ENCINITAS CA	293 - B2
EVELYN VTA RAIL STA	EVELYN AV & PIONEER WY, MOUNTAIN VIEW CA	253 - B2
FAIR OAKS VTA RAIL STA	FAIR OAKS DR & TASMAN DR, SUNNYVALE CA	253 - B2
FENTON STA	END OF FENTON PKWY, SAN DIEGO CA	295 - D1
FERRY TERMINAL	495 MARE ISLAND WY, VALLEJO CA	247 - A2
FERRY TERMINAL	MECARTNEY RD, ALAMEDA CA	250 - A2
FERRY TERMINAL	EMBARCADERO & POWELL ST, SAN FRANCISCO CA	326 - E2
FERRY TERMINAL	EMBARCADERO & TAYLOR ST, SAN FRANCISCO CA	326 - D2
FOREST HILLS STA	LAGUNA HONDA BL & DEWEY, SAN FRANCISCO CA	325 - F10
FREMONT BART STA	2000 BART WY, FREMONT CA	251 - A6
FRUITVALE BART STA	3401 E 12TH ST, OAKLAND CA	330 - F9
GISH VTA RAIL STA	N 1ST ST & GISH RD, SAN JOSE CA	333 - E3
GLEN PK STA	BOSWORTH & DIAMOND, SAN FRANCISCO CA	249 - C2
GOLDEN GATE LARKSPUR FERRY TERMINAL	E HWY 101 & SIR FRAN DRAKE, LARKSPUR CA	246 - B5
GOLDEN GATE SAN RAFAEL TRANSIT CTR	4TH ST & HETHERTON ST, SAN RAFAEL CA	324 - E7
GOLDEN GATE SAUSALITO FERRY TERMINAL	BRIDGEWAY & TRACY WY, SAUSALITO CA	246 - C7
GOLDEN WEST TRANSPORTATION CTR	GOTHARD & CENTER, HUNTINGTON BEACH CA	287 - C3
GREAT AMERICA VTA RAIL STA	TASMAN DR & GREAT AMERICA, SANTA CLARA CA	253 - C2
GREYHOUND BUS STA	120 W BROADWAY, SAN DIEGO CA	373 - E4
HAYWARD BART STA	699 B ST, HAYWARD CA	250 - C4
I-880 & MILPITAS VTA RAIL STA	TASMAN DR & ALDER DR, MILPITAS CA	253 - C2
IRVINE MULTIMODAL TRANSPORTATION CTR	ADA & BARRANCA PKWY, IRVINE CA	288 - C5
JAPANTOWN/AYER VTA RAIL STA	N 1ST ST & AYER AV, SAN JOSE CA	333 - F6
KARINA VTA RAIL STA	N 1ST ST & KARINA CT, SAN JOSE CA	333 - D2
LAKE MERRITT BART STA	800 MADISON ST, OAKLAND CA	330 - A6
LAKESIDE STA	WINSTON DR & 19TH AV, SAN FRANCISCO CA	249 - C2
LATHROP-MANTECA RAPID TRANSIT STA	2725 W YOSEMITE AV, LATHROP CA	260 - B7
LICK MILL VTA RAIL STA	TASMAN DR & LICK MILL BL, SANTA CLARA CA	253 - C2
LIGHT RAIL STA	11TH ST, SACRAMENTO CA	319 - E4
LIGHT RAIL STA	24TH ST & R ST, SACRAMENTO CA	319 - F5
LIGHT RAIL STA	39TH ST & R ST, SACRAMENTO CA	320 - A6
LIGHT RAIL STA	48TH ST & Q ST, SACRAMENTO CA	320 - B7
LIGHT RAIL STA	59TH ST, SACRAMENTO CA	320 - D7
LIGHT RAIL STA	7TH ST & CAPITOL MALL, SACRAMENTO CA	319 - D4
LIGHT RAIL STA	7TH ST, SACRAMENTO CA	319 - D3
LIGHT RAIL STA	8TH ST & CAPITOL MALL, SACRAMENTO CA	319 - D4
LIGHT RAIL STA	8TH ST, SACRAMENTO CA	319 - D4
LIGHT RAIL STA	ARCHIVES PLAZA, 11TH & O, SACRAMENTO CA	319 - D4
LIGHT RAIL STA	ARDEN WY & BOXWOOD ST, SACRAMENTO CA	235 - B6
LIGHT RAIL STA	ARDEN WY & OXFORD ST, SACRAMENTO CA	235 - B6
LIGHT RAIL STA	AUBURN BLVD & ARCADE BLVD, SACRAMENTO CA	235 - C6
LIGHT RAIL STA	CAPITAL CITY FRWY AT R ST, SACRAMENTO CA	319 - G6
LIGHT RAIL STA	CAPITAL MALL & 8TH ST, SACRAMENTO CA	319 - D4
LIGHT RAIL STA	DEL PASO BLVD & BAXTER AV, SACRAMENTO CA	235 - B6
LIGHT RAIL STA	E ST & 12TH ST, SACRAMENTO CA	319 - E3
LIGHT RAIL STA	FOLSOM BL & BUTTERFIELD, SACRAMENTO CO CA	235 - D7
LIGHT RAIL STA	FOLSOM BL & MATHER FLD, SACRAMENTO CO CA	235 - D7
LIGHT RAIL STA	FOLSOM BL & STARFIRE, SACRAMENTO CO CA	235 - C7
LIGHT RAIL STA	FOLSOM BLVD & TIBER DR, SACRAMENTO CO CA	235 - D7
LIGHT RAIL STA	FOLSOM BLVD & WATT AV, SACRAMENTO CO CA	235 - C7
LIGHT RAIL STA	FOLSOM BLVD, SACRAMENTO CA	238 - C1
LIGHT RAIL STA	H ST & 12TH ST, SACRAMENTO CA	319 - E3
LIGHT RAIL STA	I-80 FRWY & WATT AV, SACRAMENTO CO CA	235 - C6
LIGHT RAIL STA	I-80 FRWY, SACRAMENTO CO CA	235 - C6
LIGHT RAIL STA	O ST & 7TH ST, SACRAMENTO CA	319 - D4
LIGHT RAIL STA	O ST & 9TH ST, SACRAMENTO CA	319 - D4
LIGHT RAIL STA	POWER INN RD, SACRAMENTO CA	320 - G8
LIGHT RAIL STA	Q ST & 15TH ST, SACRAMENTO CA	319 - E5
LIGHT RAIL STA	Q ST & 65TH ST, SACRAMENTO CA	320 - E7
LIGHT RAIL STA	SELMA ST, SACRAMENTO CA	235 - B6
LIVERMORE ACE STA	N LIVERMORE AV & RAILROAD, LIVERMORE CA	251 - C3
LOCKHEED MARTIN VTA RAIL STA	5TH AV & MATHILDA AV, SUNNYVALE CA	253 - B2
MACARTHUR BART STA	555 40TH ST, OAKLAND CA	330 - A1
MERCED STA	324 W 24TH ST, MERCED CA	181 - A1
METRO/ VTA RAIL STA	N 1ST ST & METRO DR, SAN JOSE CA	333 - E2
METRO BLUE LINE 1ST ST STA	1ST ST & LONG BEACH BLVD, LONG BEACH CA	360 - C7
METRO BLUE LINE 5TH ST STA	E 5TH ST & N LONG BEACH BL, LONG BEACH CA	360 - D6
METRO BLUE LINE 7TH ST/METRO CTR STA	W 7TH ST & S FIGUEROA ST, LOS ANGELES CA	355 - G5
METRO BLUE LINE 103RD/KENNETH HAHN STA	103RD ST & GRANDEE, LOS ANGELES CA	281 - D6
METRO BLUE LINE ANAHEIM STA	E ANAHEIM ST & N LONG BEACH BL, LONG BEACH	360 - D5
METRO BLUE LINE ARTESIA STA	ARTESIA BLVD & ACACIA AV, COMPTON CA	281 - D7
METRO BLUE LINE CHICK HEARN STA	S FLOWER ST & W PICO BLVD, LOS ANGELES CA	355 - F6
METRO BLUE LINE COMPTON STA	COMPTON BLVD & WILLOWBROOK AV, COMPTON CA	281 - D7
METRO BLUE LINE DEL AMO STA	E DEL AMO & S SANTA FE, LOS ANGELES CO CA	287 - A1
METRO BLUE LINE FIRESTONE STA	FIRESTONE & GRAHAM, LOS ANGELES CO CA	281 - D6
METRO BLUE LINE FLORENCE STA	E FLORENCE & GRAHAM, LOS ANGELES CO CA	281 - D5
METRO BLUE LINE GRAND STA	W WASHINGTON & S GRAND, LOS ANGELES CA	355 - F7
METRO BLUE LINE IMPERIAL/WILMINGTON	IMPERIAL & WILMINGTON, LOS ANGELES CO CA	281 - D6
METRO BLUE LINE PACIFIC STA	W 5TH ST & PACIFIC AV, LONG BEACH CA	360 - C6
METRO BLUE LINE PCH STA	PCH & N LONG BEACH BLVD, LONG BEACH CA	360 - D4
METRO BLUE LINE SAN PEDRO STA	WASHINGTON & SAN PEDRO, LOS ANGELES CA	355 - G8
METRO BLUE LINE SLAUSON STA	SLAUSON & RANDOLPH, LOS ANGELES CO CA	281 - D5
METRO BLUE LINE TRANSIT MALL STA	1ST ST & N PINE AV, LONG BEACH CA	360 - C7
METRO BLUE LINE VERNON STA	E VERNON & LONG BEACH, LOS ANGELES CA	281 - D5
METRO BLUE LINE WARDLOW STA	W WARDLOW & N PACIFIC, LONG BEACH CA	287 - A2
METRO BLUE LINE WASHINGTON STA	WASHINGTON & LONG BEACH, LOS ANGELES CA	356 - B9
METRO BLUE LINE WILLOW STA	N LONG BEACH & W WILLOW, LONG BEACH CA	360 - C1
METRO GREEN LINE AVALON STA	AVALON BLVD & I-105, LOS ANGELES CA	281 - D6
METRO GREEN LINE AVIATION STA	AVIATION BLVD & I-105, LOS ANGELES CA	358 - F10
METRO GREEN LINE CRENSHAW STA	CRENSHAW BLVD & I-105, HAWTHORNE CA	281 - C6
METRO GREEN LINE DOUGLAS/ROSECRANS STA	S DOUGLAS ST & E PARK PL, EL SEGUNDO CA	281 - B7
METRO GREEN LINE EL SEGUNDO/NASH STA	E EL SEGUNDO & N NASH, EL SEGUNDO CA	281 - B7
METRO GREEN LINE HARBOR FRWY STA	I-105 & I-110, LOS ANGELES CA	281 - D6
METRO GREEN LINE HAWTHORNE STA	S HAWTHORNE BL & I-105, HAWTHORNE CA	281 - C6
METRO GREEN LINE I-605/I-105 NORWALK	IMPERIAL HWY & HOXIE AV, NORWALK CA	282 - B7
METRO GREEN LINE IMPERIAL/WILMINGTON	WILMINGTON AV & I-105, LOS ANGELES CO CA	281 - D6
METRO GREEN LINE LAKEWOOD STA	LAKEWOOD BLVD & I-105, DOWNEY CA	282 - B7
METRO GREEN LINE LONG BEACH STA	LONG BEACH BLVD & I-105, LYNWOOD CA	282 - A6
METRO GREEN LINE MARINE/REDONDO STA	MARINE AV & REDONDO BCH AV, HAWTHORNE CA	281 - C7
METRO GREEN LINE MARIPOSA/NASH STA	E MARIPOSA AV & N NASH ST, EL SEGUNDO CA	281 - B7
METRO GREEN LINE VERMONT STA	S VERMONT BLVD & I-105, LOS ANGELES CA	281 - D6
METROLINK	235 S TREMONT AV, OCEANSIDE CA	292 - A7
METROLINK ANAHEIM	2150 E KATELLA AV, ANAHEIM CA	362 - F4
METROLINK ANAHEIM CANYON	1039 N PACIFICENTER DR, ANAHEIM CA	288 - A1
METROLINK BALDWIN PK	3825 DOWNING AV, BALDWIN PARK CA	282 - D3
METROLINK BURBANK	201 N FRONT ST, BURBANK CA	350 - G7
METROLINK BURBANK	3750 EMPIRE AV, BURBANK CA	350 - C5
METROLINK CAL STATE LOS ANGELES	5150 STATE UNIVERSITY DR, LOS ANGELES CA	282 - A4
METROLINK CAMARILLO STA	30 N LEWIS RD, CAMARILLO CA	275 - D6
METROLINK CHATSWORTH	10046 OLD DEPOT PLAZA RD, LOS ANGELES CA	276 - D7
METROLINK CLAREMONT	200 W 1ST ST, CLAREMONT CA	283 - C3
METROLINK COMMERCE	6433 E 26TH ST, CITY OF COMMERCE CA	282 - B5
METROLINK COVINA STA	600 N CITRUS AV, COVINA CA	283 - A3
METROLINK DOWNTOWN POMONA	101 W 1ST ST, POMONA CA	283 - B4
METROLINK EAST ONTARIO STA	3330 E FRANCIS ST, ONTARIO CA	284 - A4
METROLINK EL MONTE	10925 RAILROAD ST, EL MONTE CA	282 - C3
METROLINK FONTANA STA	16777 ORANGE WY, FONTANA CA	284 - B3
METROLINK FULLERTON	120 E SANTA FE AV, FULLERTON CA	282 - D7
METROLINK GLENDALE	400 W CERRITOS AV, GLENDALE CA	352 - G5
METROLINK INDUSTRY STA	600 S BREA CANYON RD, CITY OF INDUSTRY CA	283 - A5
METROLINK IRVINE	15215 BARRANCA PKWY, IRVINE CA	288 - C5
METROLINK LAGUNA NIGUEL	28200 FORBES RD, LAGUNA NIGUEL CA	288 - D7

CRA

INDEX

465 TRANSPORTATION

POINTS OF INTEREST

WINERIES

© 2003 Thomas Bros. Maps ®

FEATURE NAME / City State	Page-Grid
METROLINK LANCASTER STA 44812 N SIERRA HWY, LANCASTER CA	200 - B2
METROLINK MONTALVO STA 6175 VENTURA BLVD, VENTURA CA	275 - B5
METROLINK MONTCLAIR STA 5091 RICHTON ST, MONTCLAIR CA	283 - C3
METROLINK MONTEBELLO 2000 FLOTILLA ST, MONTEBELLO CA	282 - B5
METROLINK-MOORPARK STA 300 HIGH ST, MOORPARK CA	199 - C3
METROLINK NEWHALL STA 24300 RAILROAD AV, SANTA CLARITA CA	276 - D5
METROLINK NORTH MAIN CORONA STA 250 E BLAINE ST, CORONA CA	284 - A7
METROLINK NORTH POMONA STA 205 SANTA FE ST, POMONA CA	283 - B3
METROLINK NORTHRIDGE STA 8775 WILBUR AV, LOS ANGELES CA	280 - D1
METROLINK NORWALK/SANTA FE SPRINGS STA 12700 IMPERIAL HWY, NORWALK CA	282 - C7
METROLINK ORANGE 194 N ATCHISON ST, ORANGE CA	288 - A2
METROLINK OXNARD STA 201 E 4TH ST, OXNARD CA	275 - B6
METROLINK PEDLEY STA 6001 PEDLEY RD, RIVERSIDE CO CA	284 - B5
METROLINK RANCHO CUCAMONGA STA 11208 AZUSA CT, RANCHO CUCAMONGA CA	284 - A3
METROLINK RIALTO STA 261 S PALM AV, RIALTO CA	284 - C3
METROLINK RIVERSIDE-DOWNTOWN STA 4066 VINE ST, RIVERSIDE CA	366 - D5
METROLINK RIVERSIDE-LA SIERRA STA 10901 INDIANA AV, RIVERSIDE CA	284 - B7
METROLINK SAN BERNARDINO STA 1204 W 3RD ST, SAN BERNARDINO CA	368 - B4
METROLINK SAN CLEMENTE 1850 AVD ESTACION, SAN CLEMENTE CA	291 - A2
METROLINK SAN JUAN CAPISTRANO 26701 VERDUGO ST, SAN JUAN CAPISTRANO CA	291 - A1
METROLINK SANTA ANA 1000 E SANTA ANA BLVD, SANTA ANA CA	288 - A3
METROLINK SANTA CLARITA 22122 SOLEDAD CANYON RD, SANTA CLARITA CA	277 - A4
METROLINK SANTA CLARITA/PRINCESSA STA 19201 VIA PRINCESSA, SANTA CLARITA CA	277 - A4
METROLINK SUN VALLEY STA 8360 SAN FERNANDO RD, LOS ANGELES CA	281 - B1
METROLINK SYLMAR/SAN FERNANDO 12219 FRANK MODUGNO DR, LOS ANGELES CA	277 - A6
METROLINK TUSTIN 2975 E EDINGER AV, TUSTIN CA	288 - B4
METROLINK UNION STA 800 N ALAMEDA ST, LOS ANGELES CA	356 - B4
METROLINK UPLAND STA 300 E A ST, UPLAND CA	283 - D3
METROLINK VAN NUYS 7720 VAN NUYS BLVD, LOS ANGELES CA	281 - B1
METROLINK VINCENT GRADE/ACTON STA 730 W SIERRA HWY, LOS ANGELES CO CA	200 - B3
METROLINK WEST CORONA STA 155 S AUTO CENTER DR, CORONA CA	283 - D7
METRO RED LINE 7TH ST/METRO CTR STA W 7TH ST & S FIGUEROA ST, LOS ANGELES CA	355 - G5
METRO RED LINE CIVIC CTR STA W 1ST ST & S HILL ST, LOS ANGELES CA	356 - A4
METRO RED LINE HOLLYWOOD/HIGHLAND STA 6815 HOLLYWOOD BLVD, LOS ANGELES CA	351 - E8
METRO RED LINE HOLLYWOOD/VINE STA HOLLYWOOD BLVD & VINE ST, LOS ANGELES CA	351 - F8
METRO RED LINE HOLLYWOOD/WESTERN STA HOLLYWOOD & WESTERN, LOS ANGELES CA	352 - A8
METRO RED LINE NORTH HOLLYWOOD STA 5350 LANKERSHIM BLVD, LOS ANGELES CA	281 - B2
METRO RED LINE PERSHING SQUARE STA S HILL ST & W 5TH ST, LOS ANGELES CA	356 - A5
METRO RED LINE UNION STA 800 N ALAMEDA ST, LOS ANGELES CA	356 - B4
METRO RED LINE UNIVERSAL CITY STA 3901 LANKERSHIM BLVD, LOS ANGELES CA	351 - B3
METRO RED LINE VERMONT/BEVERLY STA VERMONT AV & BEVERLY BLVD, LOS ANGELES CA	355 - C1
METRO RED LINE VERMONT/SANTA MONICA STA VERMONT & SANTA MONICA, LOS ANGELES CA	352 - C9
METRO RED LINE VERMONT/SUNSET STA VERMONT & SUNSET, LOS ANGELES CA	352 - C8
METRO RED LINE WESTLK/MACARTHUR PK STA WILSHIRE & ALVARADO, LOS ANGELES CA	355 - E4
METRO RED LINE WILSHIRE/NORMANDIE STA WILSHIRE & S NORMANDIE, LOS ANGELES CA	355 - B3
METRO RED LINE WILSHIRE/VERMONT STA VERMONT & WILSHIRE, LOS ANGELES CA	355 - C3
METRO RED LINE WILSHIRE/WESTERN STA S WESTERN & WILSHIRE, LOS ANGELES CA	355 - A3
MIDDLEFIELD VTA RAIL STA MIDDLEFIELD & ELLIS, MOUNTAIN VIEW CA	253 - B2
MODESTO STA 1700 HELD DR, MODESTO CA	261 - C3
MOFFETT PK VTA STA W. MOFFETT PARK DR & SR-237, SUNNYVALE CA	253 - B2
MONTGOMERY ST STA MONTGOMERY & MARKET, SAN FRANCISCO CA	326 - F4
MUNI METRO STA FOLSOM & EMBARCADERO, SAN FRANCISCO CA	326 - G4
MUNI METRO STA KING ST & 2ND ST, SAN FRANCISCO CA	326 - G6
NAPA VALLEY WINE TRAIN STA CALIFORNIA DR, NAPA CO CA	243 - C3
NORTH BERKELEY BART STA 1750 SACRAMENTO ST, BERKELEY CA	247 - A7
OAKLAND WEST BART STA 1451 7TH ST, OAKLAND CA	329 - E5
OAKRIDGE VTA RAIL STA WINFIELD & BLOSSOM RIVER, SAN JOSE CA	253 - D5
OCTA TRANSIT TERMINAL SANTA ANA BLVD & ROSS ST, SANTA ANA CA	288 - A3
OHLONE-CHYNOWETH VTA RAIL STA PEARL AV & CHYNOWETH AV, SAN JOSE CA	253 - D5
OLD IRONSIDES VTA RAIL STA TASMAN & OLD IRONSIDES, SANTA CLARA CA	253 - C2
OLD TOWN TRANSIT CTR SAN DIEGO AV & TAYLOR ST, SAN DIEGO CA	372 - A9
ORCHARD VTA RAIL STA N 1ST ST & ORCHARD PKWY, SAN JOSE CA	253 - C2
PAS D ANTONIO VTA RAIL STA N 1ST & PAS DE SAN ANTONIO, SAN JOSE CA	333 - G8
PAS D ANTONIO VTA RAIL STA S 2ND & PAS DE SAN ANTONIO, SAN JOSE CA	334 - A7
PLEASANTON ACE STA BERNAL AV & PLEASANTON AV, PLEASANTON CA	251 - B4
POWELL STA POWELL ST & MARKET ST, SAN FRANCISCO CA	326 - E5
RAPID TRANSIT CTR E SAN YSIDRO BLVD, SAN DIEGO CA	296 - A5
REAMWOOD VTA RAIL STA REAMWOOD DR & TASMAN DR, SUNNYVALE CA	253 - C2
REGL TRANSPORTATION CTR 1000 E SANTA ANA BLVD, SANTA ANA CA	288 - A3
RIVER OAKS VTA RAIL STA N 1ST ST & RIVER OAKS PKWY, SAN JOSE CA	253 - C2
ROCKRIDGE BART STA 5660 COLLEGE AV, OAKLAND CA	328 - C9
SAINT JAMES VTA RAIL STA N 1ST ST & E SAINT JAMES ST, SAN JOSE CA	333 - G7
SAINT JAMES VTA RAIL STA N 2ND ST & E SAINT JOHN ST, SAN JOSE CA	333 - G7
SAN LEANDRO BART STA 1401 SAN LEANDRO BLVD, SAN LEANDRO CA	250 - C3
SAN LUIS OBISPO AMTRAK STA 1011 RAILROAD AV, SAN LUIS OBISPO CA	347 - E5
SANTA CLARA VTA RAIL STA N 1ST ST & E SANTA CLARA ST, SAN JOSE CA	333 - G7
SANTA CLARA VTA RAIL STA S 2ND ST & E SANTA CLARA ST, SAN JOSE CA	333 - G7
SANTA TERESA VTA RAIL STA SANTA TERESA BLVD, SAN JOSE CA	254 - A5
SNELL VTA RAIL STA SNELL AV & HWY 85, SAN JOSE CA	253 - D5
SORRENTO VALLEY STA SORRENTO VALLEY RD, SAN DIEGO CA	293 - C5
SOUTHERN PACIFIC NEWARK STA 7373 CARTER AV, NEWARK CA	250 - D6
SOUTHERN PACIFIC SAN LEANDRO STA 801 DAVIS ST, SAN LEANDRO CA	250 - C3
SOUTH HAYWARD BART STA PACIFIC & INDUSTRIAL, HAYWARD CA	250 - D5
STOCKTON RAPID TRANSIT STA 949 E CHANNEL ST, STOCKTON CA	339 - G7
TAMIEN VTA RAIL STA GUADALUPE FRWY & W ALMA AV, SAN JOSE CA	334 - A10
TASMAN VTA RAIL STA TASMAN DR & N 1ST ST, SAN JOSE CA	253 - C2
TIBURON FERRY TERMINAL PARADISE DR, TIBURON CA	246 - C7
TRACY RAPID TRANSIT STA 4800 S TRACY BLVD, TRACY CA	175 - A3
TRAIN DEPOT 1ST ST & BROADWAY ST, KING CITY CA	189 - B1
TRANSBAY TRANSIT TERMINAL 1ST ST & NATOMA ST, SAN FRANCISCO CA	326 - F4
TRANSIT CTR COLLEGE GROVE DR, SAN DIEGO CA	296 - A1
TRANSIT CTR - H ST H ST & SAN DIEGO FRWY, CHULA VISTA CA	295 - D3
TRANSIT CTR - IRIS AV IRIS AV & HOWARD AV, SAN DIEGO CA	296 - A5
TRANSIT CENTER- US BORDER E SAN YSIDRO BLVD, SAN DIEGO CA	296 - A5
TRANSIT CTR - AMERICA PLAZA BROADWAY & KETTNER BL, SAN DIEGO CA	373 - D4
TROLLEY STA-5TH AV 5TH AV & C ST, SAN DIEGO CA	373 - E4
TROLLEY STA-8TH ST W 8TH ST & HARBOR DR, NATIONAL CITY CA	374 - D9
TROLLEY STA-24TH ST WILSON & MILES-OF-CARS, NATIONAL CITY CA	295 - D3
TROLLEY STA - 25TH & COMMERCIAL COMMERCIAL ST & 25TH ST, SAN DIEGO CA	374 - A5
TROLLEY STA - 32ND & COMMERCIAL COMMERCIAL ST & 32ND ST, SAN DIEGO CA	374 - C5
TROLLEY STA - 47TH ST 47TH ST & MARKET ST, SAN DIEGO CA	374 - F5
TROLLEY STA - AMAYA DR AMAYA DR & FLETCHER PKWY, LA MESA CA	294 - B7
TROLLEY STA - ARNELE AV MARSHALL AV & ARNELE AV, EL CAJON CA	294 - B7
TROLLEY STA - BARRIO LOGAN CROSBY ST & HARBOR DR, SAN DIEGO CA	373 - G6
TROLLEY STA-BAYFRONT/E ST WOODLAWN AV & E ST, CHULA VISTA CA	295 - D3
TROLLEY STA- BEYER BLVD BEYER BLVD & COTTONWOOD RD, SAN DIEGO CA	296 - A5
TROLLEY STA - CITY COLLEGE C ST & 12TH AV, SAN DIEGO CA	373 - F4
TROLLEY STA - CIVIC CTR 2ND AV & C ST, SAN DIEGO CA	373 - E4
TROLLEY STA CO CTR LITTLE ITALY CEDAR ST & CALIFORNIA ST, SAN DIEGO CA	373 - D3
TROLLEY STA - CONV CTR WES HARBOR DR & J AV, SAN DIEGO CA	373 - E5
TROLLEY STA - EL CAJON FRONT ST & W PALM AV, EL CAJON CA	294 - B7
TROLLEY STA - ENCANTO/62ND ST IMPERIAL AV & 62ND ST, SAN DIEGO CA	296 - A2
TROLLEY STA - EUCLID AV N EUCLID AV & MARKET ST, SAN DIEGO CA	374 - G4
TROLLEY STA - FASHION VALLEY FRIARS RD & FASHION VLY RD, SAN DIEGO CA	372 - D7
TROLLEY STA - GASLAMP/CONV CNTR HARBOR DR & L ST, SAN DIEGO CA	373 - F5
TROLLEY STA - GROSSMONT CTR GROSSMONT CENTER DR, LA MESA CA	294 - B7
TROLLEY STA - HARBORSIDE 28TH ST & HARBOR DR, SAN DIEGO CA	374 - B7
TROLLEY STA - HAZARD CTR HAZARD CTR DR & FRAZEE RD, SAN DIEGO CA	372 - E6
TROLLEY STA-H ST H ST & SAN DIEGO FRWY, CHULA VISTA CA	295 - D3
TROLLEY STA- IMPERIAL & 12TH TRANS IMPERIAL AV & 12TH AV, SAN DIEGO CA	373 - F5
TROLLEY STA LA MESA BLVD LA MESA BLVD & NEBO DR, LA MESA CA	296 - A1
TROLLEY STA LEMON GROVE DEPOT BROADWAY & MAIN ST, LEMON GROVE CA	296 - A1
TROLLEY STA - MARKET & 12TH MARKET ST & 12TH AV, SAN DIEGO CA	373 - F4
TROLLEY STA - MASSACHUSETTS AV LMN GRV & MASSACHUSETTS, LEMON GROVE CA	296 - A2
TROLLEY STA - MIDDLETOWN PALM ST & KETTNER BLVD, SAN DIEGO CA	373 - D1
TROLLEY STA - MISSION SAN DIEGO RANCHO MISSION RD & WARD RD, SAN DIEGO CA	295 - D1
TROLLEY STA - MISSION VALLEY CTR MISSION VALLEY CENTER, SAN DIEGO CA	372 - F6
TROLLEY STA - MORENA / LINDA VISTA NAPA ST & FRIARS RD, SAN DIEGO CA	372 - A7
TROLLEY STA - PACIFIC FLEET 32ND ST & HARBOR DR, SAN DIEGO CA	374 - C8
TROLLEY STA- PALM AV HOLLISTER ST & PALM AV, SAN DIEGO CA	296 - A4
TROLLEY STA- PALOMAR ST PALOMAR & INDUSTRIAL BL, CHULA VISTA CA	296 - A4
TROLLEY STA - QUALCOMM STADIUM QUALCOMM STADIUM, SAN DIEGO CA	295 - D1
TROLLEY STA - RIO VISTA QUALCOMM & RIO SAN DIEGO, SAN DIEGO CA	372 - G6
TROLLEY STA - SANTA FE DEPOT KETTNER BLVD & C ST, SAN DIEGO CA	373 - D4
TROLLEY STA - SANTEE TOWN CTR MISSION GORGE RD & CUYAMACA ST, SANTEE CA	294 - B6
TROLLEY STA - SEAPORT VILLAGE HARBOR DR & MARKET ST, SAN DIEGO CA	373 - D4
TROLLEY STA SPRING STREET SPRING ST, LA MESA CA	296 - A1
TROLLEY STA - WASHINGTON ST I-5 & WASHINGTON ST, SAN DIEGO CA	372 - C10
TROLLEY STA - WELD BLVD N MARSHALL AV & CUYAMACA ST, EL CAJON CA	294 - B7
TURLOCK DENAIR STA N SANTA FE AV, STANISLAUS CO CA	261 - D6
UNION CITY BART STA 10 UNION SQ, UNION CITY CA	250 - D5
UNION PACIFIC RAILROAD STA 495 ROSE AV, PLEASANTON CA	251 - B4
UNION PACIFIC STA 1011 W ESTUDILLO AV, SAN LEANDRO CA	250 - C3
UNION STA 800 N ALAMEDA ST, LOS ANGELES CA	356 - B4
UNIV STA 19TH AV & HOLLOWAY AV, SAN FRANCISCO CA	249 - C3
VAN NESS STA 12TH ST & MARKET ST, SAN FRANCISCO CA	326 - D6
VASCO STA VASCO RD & BRISA ST, LIVERMORE CA	251 - D3
VIENNA VTA RAIL STA VIENNA DR & TASMAN DR, SUNNYVALE CA	253 - B2
VIRGINIA VTA LIGHT RAIL STA W VIRGINIA & GUADALUPE FWY, SAN JOSE CA	333 - G9
WEST PORTAL STA W PORTAL AV & ULLOA ST, SAN FRANCISCO CA	249 - C2
WHISMAN VTA RAIL STA B ST & PACIFIC DR, MOUNTAIN VIEW CA	253 - B2
WINFIELD VTA RAIL STA WINFIELD BLVD & COLEMAN RD, SAN JOSE CA	253 - D5
YOSEMITE MTN SUGAR PINE RAILROAD HWY 41 & BIG SANDY RD, MADERA CO CA	176 - C3

WINERIES

FEATURE NAME / City State	Page-Grid
ALDERBROOK 2306 MAGNOLIA DR, SONOMA CO CA	240 - A6
ALEXANDER VALLEY VINEYARDS 8644 HIGHWAY 128, SONOMA CO CA	240 - B5
ALMADEN CHAMBERTIN RD & TOURAINE DR, SAN JOSE CA	253 - D5
ALTAMURA 4240 SILVERADO TR, NAPA CO CA	243 - D4
AMADOR CITY HWY 49 & WATER ST, AMADOR CITY CA	175 - C1
ANDERSON, S VINEYARDS 1473 YOUNTVILLE CROSS RD, NAPA CO CA	243 - D3
ANTELOPE VALLEY 42041 20TH ST W, LANCASTER CA	200 - B2
ARCIERO HIGHWAY 46, SAN LUIS OBISPO CO CA	189 - C3
ARTHUR EARL 90 EASY ST, BUELLTON CA	273 - A3
ASHLAND VINEYARDS 2775 E MAIN ST, JACKSON CO OR	149 - C2
BABCOCK 5175 HWY 246, SANTA BARBARA CO CA	198 - A2
BAILY VINEYARD 33833 RANCHO CALIF RD, RIVERSIDE CO CA	289 - D7
BANDIERA 155 CHERRY CREEK RD, CLOVERDALE CA	239 - D2
BARGETTO 700 CANERY RW, MONTEREY CA	337 - F4
BARGETTO MAIN ST & PRINGLE LN, SANTA CRUZ CO CA	256 - A3
BARRA OF MENDOCINO 10801 EAST RD, MENDOCINO CO CA	168 - B1
BEAUCANON 1695 SAINT HELENA HWY, NAPA CO CA	243 - C2
BEAULIEU VINEYARD 1960 SAINT HELENA HWY, NAPA CO CA	243 - C2
BECKMEN VINEYARDS 2670 ONTIVEROS RD, SANTA BARBARA CO CA	273 - B2
BEEKMAN & BEEKMAN 5236 GEER RD, STANISLAUS CO CA	261 - C5
BELLA ROSA MELCHER RD & GARCES HWY, KERN CO CA	191 - A2
BELLEROSE VINEYARD 435 W DRY CREEK RD, SONOMA CO CA	240 - A6
BELVEDERE 4035 WESTSIDE RD, SONOMA CO CA	240 - A7
BENZIGER FAMILY 1883 LONDON RANCH RD, SONOMA CO CA	243 - A4
BERINGER VINEYARDS 2000 MAIN ST, SAINT HELENA CA	243 - B1
BERNARDO 13330 PAS DL VERANO N, POWAY CA	294 - A3
BERNARDUS VINEYARDS 5 CARMEL VALLEY RD, MONTEREY CO CA	259 - A6
BIANCHI VINEYARDS 5806 N MODOC AV, FRESNO CO CA	181 - B2
BIANE 10013 8TH ST, RANCHO CUCAMONGA CA	284 - A3
BOEGER 1709 CARSON RD, EL DORADO CO CA	237 - B4
BOGLE VINEYARDS 37675 COUNTY ROAD 144, YOLO CO CA	238 - A4
BRANDER VINEYARD, THE 2401 REFUGIO RD, SANTA BARBARA CO CA	273 - C2
BRIDGEVIEW VINEYARD 4210 HOLLAND LOOP RD, JOSEPHINE CO OR	149 - A2
BRUCE, DAVID 21435 BEAR CREEK RD, SANTA CRUZ CO CA	253 - B7
BUENA VISTA 18000 OLD WINERY RD, SONOMA CO CA	243 - C5
BUTTONWOOD FARM 1500 ALAMO PINTADO, SANTA BARBARA CO CA	273 - B3
BYINGTON & VINEYARD 21850 BEAR CREEK RD, SANTA CRUZ CO CA	253 - B7
BYRON 5230 TEPUSQUET RD, SANTA BARBARA CO CA	198 - A2
CACHE CELLARS PEDRICK RD, SOLANO CO CA	169 - C3
CACHE CREEK 36380 COUNTY ROAD 21, YOLO CO CA	234 - B5
CADENASSO 4144 ABERNATHY RD, SOLANO CO CA	244 - C6
CADLOLO E JONES AV & S ST JOHN, SAN JOAQUIN CO CA	261 - B1
CALIFORNIA COAST WINE CTR 5007 FULTON RD, SONOMA CO CA	242 - B1
CALLAWAY VINEYARD 32720 RANCHO CALIF RD, RIVERSIDE CO CA	289 - D7
CAMBIASO VINEYARDS 1141 GRANT AV, SONOMA CO CA	240 - B6
CANANDAIGUA CONCENTRATE 12667 RD 24, MADERA CO CA	181 - B2
CAPARONE SAN MARCOS RD, SAN LUIS OBISPO CO CA	189 - C2
CARNEROS ALAMBIC DISTILLERY 1250 CUTTINGS WHARF RD, NAPA CO CA	243 - D6
CARNEROS CREEK 1285 DEALY LN, NAPA CO CA	243 - D6
CASA DE FRUTA 6680 PACHECO PASS HWY, SANTA CLARA CO CA	257 - D3
CASTORO CELLARS 1315 N BETHEL RD, SAN LUIS OBISPO CO CA	189 - C3
CASWELL VINEYARDS 8860 HWY 12, SONOMA CO CA	243 - A3

CRA

INDEX

WINERIES
POINTS OF INTEREST
WINERIES 466

FEATURE NAME	City State	Page-Grid
CHALK HILL	10300 CHALK HILL RD, SONOMA CO CA	240 - B7
CHANDELLE	15499 ARNOLD RD, SONOMA CO CA	243 - A4
CHATEAU DE LEU	1635 W MASON RD, SOLANO CO CA	244 - B7
CHATEAU DIANA	6195 DRY CREEK RD, SONOMA CO CA	239 - D4
CHATEAU JULIEN VINEYARD	8940 CARMEL VALLEY RD, MONTEREY CO CA	258 - C5
CHATEAU MONTELENA	1172 TUBBS LN, NAPA CO CA	241 - A6
CHATEAU POTELLE	3875 MT VEEDER RD, NAPA CO CA	243 - B3
CHATEAU SAINT JEAN	8555 SONOMA HWY, SONOMA CO CA	243 - A3
CHATEAU SOUVERAIN	400 SOUVERAIN RD, SONOMA CO CA	240 - A4
CHATON VINEYARDS	1969 HWY 4, CALAVERAS CO CA	176 - A2
CHIMNEY ROCK	5350 SILVERADO TR, NAPA CO CA	243 - D4
CHRISTOPHER CREEK	641 LIMERICK LN, SONOMA CO CA	240 - B6
CHURON	33233 RANCHO CALIF RD, RIVERSIDE CO CA	289 - D7
CILURZO VINEYARD	41220 CL CONTENTO, RIVERSIDE CO CA	289 - D7
CLARKE-CURUTCHAGUE MAISON BASQUE	1162 MAPLE ST, MADERA CA	181 - B2
CLINE CELLARS	24737 ARNOLD DR, SONOMA CO CA	243 - B7
CLONIGER CELLARS	1645 RIVER RD, MONTEREY CO CA	259 - D6
CLOS DU BOIS	19410 GEYSERVILLE AV, SONOMA CO CA	240 - A4
CLOS DU VAL	5330 SILVERADO TR, NAPA CO CA	243 - D4
CLOS PEGASE	1060 DUNAWEAL LN, NAPA CO CA	241 - A7
COHN, B R	15140 SONOMA HWY, SONOMA CO CA	243 - B4
CONCANNON VINEYARDS	4590 TESLA RD, ALAMEDA CO CA	251 - D4
CONN CREEK	8711 SILVERADO TR, NAPA CO CA	243 - C2
CONROTTO	1690 HECKER PASS HWY, GILROY CA	257 - A3
COOPER-GARROD ESTATE VINEYARDS	22600 MOUNT EDEN RD, SANTA CLARA CO CA	253 - B4
COSENTINO	7415 SAINT HELENA HWY, NAPA CO CA	243 - C3
COTTONWOOD CANYON	4330 SANTA FE RD, SAN LUIS OBISPO CO CA	347 - E10
CRESTON MANOR	CALF CYN & CARRISA, SAN LUIS OBISPO CO CA	190 - A3
CUVAISON	4550 SILVERADO TR, NAPA CO CA	241 - A7
DAVIS BYNUM	8075 WESTSIDE RD, SONOMA CO CA	242 - A1
DEER PK ESCONDIDO	29013 CHAMPAGNE BLVD, SAN DIEGO CO CA	292 - D6
DELICATO VINEYARDS	12001 S HWY 99, SAN JOAQUIN CO CA	260 - C6
DE LOACH	1791 OLIVET RD, SONOMA CO CA	242 - B2
DE LORIMIER	2001 HWY 128, SONOMA CO CA	240 - A4
DIAMOND OAKS VINEYARD	26900 DUTCHER CREEK RD, SONOMA CO CA	239 - D3
DOMAINE CHANDON	1 CALIFORNIA DR, NAPA CO CA	243 - C3
DOMAINE SAINT GEORGE	1141 GRANT AV, SONOMA CO CA	240 - B6
DOMAINE SANTA BARBARA	HWY 154 & ROBLAR AV, SANTA BARBARA CO CA	273 - C2
DRY CREEK VINEYARDS	3770 LAMBERT BRIDGE RD, SONOMA CO CA	240 - A5
DUCKHORN VINEYARDS	1000 LODI LN, NAPA CO CA	243 - B1
DUNNEWOOD VINEYARDS	2399 N STATE ST, MENDOCINO CO CA	225 - A1
DUTCH HENRY	4300 SILVERADO TR, NAPA CO CA	241 - A7
EAGLE RIDGE	111 GOODWIN AV, SONOMA CO CA	242 - D5
EBERLE	HIGHWAY 46, PASO ROBLES CA	189 - C3
EDGEWOOD	401 S SAINT HELENA HWY, NAPA CO CA	243 - B1
EDNA VALLEY	2585 BIDDLE RCH RD, SN LUIS OBISPO CO CA	271 - D6
EMILIO GUGLIELMO	1480 E MAIN AV, SANTA CLARA CO CA	254 - C7
EVERETT RIDGE VINEYARDS	435 W DRY CREEK RD, SONOMA CO CA	240 - A6
FALKNER	RANCHO CALIFORNIA RD, RIVERSIDE CO CA	289 - D7
FERRARA	1120 W 15TH AV, ESCONDIDO CA	293 - D1
FERRARI-CARANO	8761 DRY CREEK RD, SONOMA CO CA	239 - D4
FERRER, GLORIA CHAMPAGNE CAVES	23555 HWY 121, SONOMA CO CA	243 - B7
FETZER VINEYARDS	13601 EASTSIDE RD, MENDOCINO CO CA	225 - B6
FIELD STONE	10075 HIGHWAY 128, SONOMA CO CA	240 - C5
FIFE VINEYARDS	E OFF POTTER VALLEY RD, MENDOCINO CO CA	168 - B1
FILIPPI, JOSEPH	12467 BASELINE RD, RANCHO CUCAMONGA CA	284 - A2
FILIPPI, JOSEPH	2803 E GUASTI RD, ONTARIO CA	284 - A3
FILSINGER VINEYARDS	39050 DE PORTOLA RD, RIVERSIDE CO CA	208 - C2
FIRESTONE VINEYARD	5017 ZACA STATION RD, SANTA BARBARA CO CA	273 - B1
FITZPATRICK	7740 FAIR PLAY RD, EL DORADO CO CA	237 - D7
FOLEY ESTATES VINEYARD	1711 ALAMO PINTADO RD, STA BARBARA CO CA	273 - B3
FOLIE ADEUX	3070 N SAINT HELENA HWY, NAPA CO CA	243 - B1
FOPPIANO WINE CO	12707 OLD REDWOOD HWY, SONOMA CO CA	240 - B6
FORIS VINEYARD	654 KENDALL RD, JOSEPHINE CO OR	149 - A2
FORTINO	4525 HECKER PASS HWY, SANTA CLARA CO CA	257 - A3
FRANCISCAN VINEYARDS	1178 GALLERON RD, NAPA CO CA	243 - C2
FRANZIA	17000 E YOSEMITE AV, SAN JOAQUIN CO CA	260 - D7
FRASINETTI & SONS	7395 FRASINETTI RD, SACRAMENTO CO CA	238 - C2
FREEMARK ABBEY	3022 N SAINT HELENA HWY, NAPA CO CA	243 - B1
FREY VINEYARDS	14000 TOMKI RD, MENDOCINO CO CA	168 - A1
FRITZ CELLARS	24691 DUTCHER CREEK RD, SONOMA CO CA	239 - D3
GAINEY VINEYARD, THE	3950 E HWY 246, SANTA BARBARA CO CA	273 - C3
GALLEANO	4231 WINEVILLE RD, RIVERSIDE CO CA	284 - A4
GEYSER PEAK	22281 CHIANTI RD, SONOMA CO CA	240 - A4
GIBSON WINE COMPANY	1720 ACADEMY AV, SANGER CA	181 - C3
GIESSINGER	100 STATE ST, SANTA BARBARA CA	348 - E8
GIESSINGER	365 SANTA CLARA ST, FILLMORE CA	199 - C3
GIUMARRA VINEYARDS	11220 EDISON HWY, KERN CO CA	191 - C3
GOLD MINE	22265 PARROTTS FERRY RD, TUOLUMNE CO CA	176 - A2
GOOSECROSS CELLARS	119 STATE LN, NAPA CO CA	243 - C3
GRAESER, RICHARD L	255 PETRIFIED FOREST RD, NAPA CO CA	240 - D7
GRAND CRU VINEYARDS	1 VINTAGE LN, SONOMA CO CA	243 - A3
GREENSTONE	HWY 88 & JACKSON VALLEY RD, AMADOR CO CA	175 - B1
GREENWOOD RIDGE VINEYARDS	24555 GREENWOOD RD, MENDOCINO CO CA	168 - A2
GRGICH HILLS CELLAR	1829 SAINT HELENA HWY, NAPA CO CA	243 - C2
GUNDLACH-BUNDSCHU	2000 DENMARK ST, SONOMA CO CA	243 - C6
HACIENDA WINE CELLARS	1000 VINEYARD LN, SONOMA CO CA	243 - C5
HALLCREST VINEYARDS	379 FELTON EMPIRE RD, SANTA CRUZ CO CA	255 - C2
HANDLEY CELLARS	3151 HWY 128, MENDOCINO CO CA	168 - A2
HART	41300 AVD BIONA, RIVERSIDE CO CA	289 - D7
HECKER PASS	4605 HECKER PASS HWY, SANTA CLARA CO CA	256 - D3
HEITZ WINE CELLARS	436 SAINT HELENA HWY, NAPA CO CA	243 - B1
HEITZ WINE CELLARS	500 TABLIN RD, NAPA CO CA	243 - C1
HERITAGE CELLARS	2310 S RAILROAD AV, FRESNO CA	264 - C5
HIDDEN CELLARS	1500 CUNNINGHAM RD, MENDOCINO CO CA	225 - A3
HOP KILN	6050 WESTSIDE RD, SONOMA CO CA	240 - A7
HUSCH VINEYARDS	4400 HWY 128, MENDOCINO CO CA	168 - A2
ITALIAN SWISS COLONY	26150 ASTI RD, SONOMA CO CA	239 - D3
JEKEL VINEYARDS	40155 WALNUT AV, MONTEREY CO CA	189 - A1
JEPSON VINEYARDS	10400 S HWY 101, MENDOCINO CO CA	225 - A5
JODAR VINEYARDS	4103 CARSON RD, EL DORADO CO CA	237 - D4
JOHNSONS ALEXANDER VALLEY WINES	8333 HWY 128, SONOMA CO CA	240 - B5
JORDAN VINEYARD	1474 ALEXANDER VALLEY RD, SONOMA CO CA	240 - B5
KEENAN, ROBERT	3660 SPRING MOUNTAIN RD, NAPA CO CA	243 - A1
KENDALL-JACKSON	600 MATTHEWS RD, LAKE CO CA	225 - D5
KENDALL JACKSON VINEYARDS	337 HEALDSBURG AV, HEALDSBURG CA	240 - A6
KENWOOD VINEYARDS	9592 SONOMA HWY, SONOMA CO CA	243 - A3
KEYWAYS VINEYARD & WINERY	37338 DE PORTOLA RD, RIVERSIDE CO CA	208 - C2
KIRIGIN CELLARS	11550 WATSONVILLE RD, SANTA CLARA CO CA	257 - A2
KORBEL CHAMPAGNE CELLARS	13250 RIVER RD, SONOMA CO CA	168 - B3
KORNELL CHAMPAGNE CELLARS	1091 LARKMEAD LN, NAPA CO CA	241 - A7
KRUG, CHARLES	2800 SAINT HELENA HWY, SAINT HELENA CA	243 - B1
KUNDE ESTATE	10155 SONOMA HWY, SONOMA CO CA	243 - A3
LAETITIA VINEYARD	453 TOWER GROVE DR, SAN LUIS OBISPO CO CA	272 - B2
LAKE SONOMA	9990 DRY CREEK RD, SONOMA CO CA	239 - D4
LAMBERT BRIDGE	4085 W DRY CREEK RD, SONOMA CO CA	240 - A5
LANDMARK VINEYARDS	101 ADOBE CYN RD, SONOMA CO CA	243 - A3
LAURAS VINEYARD	5620 HIGHWAY 46, SAN LUIS OBISPO CO CA	189 - C3
LAVA CAP	2221 FRUITRIDGE RD, EL DORADO CO CA	237 - C4
LEDSON	7335 SONOMA HWY, SONOMA CO CA	243 - A2
LEEWARD	2784 JOHNSON DR, VENTURA CA	275 - B5
LINCOURT VINEYARDS	343 N REFUGIO RD, SANTA BARBARA CO CA	273 - C4
LIVE OAKS	3875 HECKER PASS HWY, SANTA CLARA CO CA	257 - A3
LIVE OAK VINEYARDS	1480 N BETHEL RD, SAN LUIS OBISPO CO CA	189 - C3
LIVERMORE VALLEY CELLARS	1508 WETMORE RD, LIVERMORE CA	251 - C4
LOHR, J	1000 LENZEN AV, SAN JOSE CA	333 - E7
LOS OLIVOS VINTNERS	2923 GRAND AV, SANTA BARBARA CO CA	273 - B2
LYTTON SPRINGS	650 LYTTON SPRINGS RD, SONOMA CO CA	240 - A5
MADRONA VINEYARDS	HIGH HILL RD, EL DORADO CO CA	237 - C4
MARIANI VINEYARDS	23600 CONGRESS SPGS RD, SANTA CLARA CO CA	253 - A5
MARKHAM	2812 SAINT HELENA HWY, NAPA CO CA	243 - B1
MARTIN & WEYRICH	2610 BUENA VIS DR, SAN LUIS OBISPO CO CA	189 - C3
MARTINELLI	3360 RIVER RD, SONOMA CO CA	242 - B1
MARTINI & PRATI	2191 LAGUNA RD, SONOMA CO CA	242 - A2
MARTINI, LOUIS M	254 SAINT HELENA HWY, NAPA CO CA	243 - B1
MATANZAS CREEK	6097 BENNETT VLY RD, SONOMA CO CA	242 - D3
MAURICE CARRIE	34225 RANCHO CALIF RD, RIVERSIDE CO CA	289 - D7
MAZZOCCO VINEYARDS	1400 LYTTON SPRINGS RD, SONOMA CO CA	240 - A5
MCDOWELL VALLEY VINEYARDS	3811 SR 175, MENDOCINO CO CA	225 - B6
MEEKER VINEYARD, THE	9711 W DRY CREEK RD, SONOMA CO CA	239 - D4
MENGHINI	1150 JULIAN ORCHARDS DR, SAN DIEGO CO CA	213 - A1
MERRYVALE VINEYARDS	1000 MAIN ST, SAINT HELENA CA	243 - B1
MILAT VINEYARDS	1091 SAINT HELENA HWY, NAPA CO CA	243 - B1
MILL CREEK VINEYARDS	1401 WESTSIDE RD, SONOMA CO CA	240 - A6
MILLIAIRE	276 MAIN RD, MURPHYS CA	176 - A2
MILONE FAMILY	14594 S HWY 101, MENDOCINO CO CA	225 - B6
MIRAMONTE	33410 RANCHO CALIF RD, RIVERSIDE CO CA	289 - D7
MIRASSOU CHAMPAGNE CELLARS	300 COLLEGE AV, LOS GATOS CA	253 - C6
MIRASSOU VINEYARDS	3000 ABORN RD, SAN JOSE CA	254 - A4
MONDAVI, ROBERT	7801 SAINT HELENA HWY, NAPA CO CA	243 - C2
MONTEREY VINEYARD, THE	800 ALTA ST, GONZALES CA	259 - D6
MONTEVINA	20680 SHENANDOAH SCHOOL RD, AMADOR CO CA	170 - C3
MONTICELLO CELLARS	4242 BIG RANCH RD, NAPA CO CA	243 - D4
MONT SAINT JOHN CELLARS	5400 OLD SONOMA RD, NAPA CO CA	243 - D6
MORRIS, JW	101 GRANT AV, HEALDSBURG CA	240 - A6
MOSBY	9496 SANTA ROSA RD, SANTA BARBARA CO CA	273 - A3
MOUNTAIN , THE	14831 PIERCE RD, SARATOGA CA	253 - B5
MOUNT PALOMAR	33820 RANCHO CALIF RD, RIVERSIDE CO CA	289 - D7
MUMM NAPA VALLEY	8445 SILVERADO TR, NAPA CO CA	243 - C2
MURPHY-GOODE ESTATE	4001 HWY 128, SONOMA CO CA	240 - B4
NAPA VALLEY WINE TRAIN	1275 MCKINSTRY ST, NAPA CA	323 - E6
NAPA WINE COMPANY	7830 SAINT HELENA HWY, NAPA CO CA	243 - C2
NAVARRO	5801 HWY 128, MENDOCINO CO CA	168 - A2
NEVADA CITY	321 SPRING ST, NEVADA CITY CA	315 - F2
NIEBAUM-COPPOLA ESTATE	1991 SAINT HELENA HWY, NAPA CO CA	243 - C2
NONINI , A	2640 N DICKERSON AV, FRESNO CO CA	181 - B2
OAK RIDGE VINEYARDS	6100 E HWY 12, SAN JOAQUIN CO CA	260 - C1
OAKVILLE RANCH VINEYARDS	7850 SILVERADO TR, NAPA CO CA	243 - C2
OBESTER	12341 HALF MOON BAY RD, SAN MATEO CO CA	249 - C7
OLD CREEK RANCH	10024 E OLD CREEK RD, VENTURA CO CA	275 - A3
ONE WORLD	1300 MONTGOMERY RD, SONOMA CO CA	242 - A3
ORFILA VINEYARDS	13455 SAN PASQUAL RD, SAN DIEGO CA	294 - A2
PARADISE RIDGE	4545 THOMAS LAKE HARRIS DR, SANTA ROSA CA	242 - C1
PARADISE VINTNERS	1656 NUNNELEY RD, BUTTE CO CA	223 - B1
PARAISO SPRINGS VINEYARDS	38060 PARAISO SPRINGS RD, MONTEREY CO CA	180 - A3
PARDUCCI WINE CELLARS	501 PARDUCCI RD, MENDOCINO CO CA	168 - A1
PASTORI	23189 GEYSERVILLE AV, SONOMA CO CA	240 - A3
PAUL MASSON VINEYARDS	1770 METZ RD, SOLEDAD CA	180 - A3
PAUL MASSON	PACHECO PASS HWY, SANTA CLARA CO CA	257 - B3
PEDRIZZETTI	1645 SAN PEDRO AV, SANTA CLARA CO CA	254 - C7
PEDRONCELLI	1220 CANYON RD, SONOMA CO CA	240 - A4
PEJU PROVINCE	8466 SAINT HELENA HWY, NAPA CO CA	243 - C2
PESENTI	2900 VINEYARD DR, SAN LUIS OBISPO CO CA	189 - C3
PEZZI KING VINEYARDS	3800 LAMBERT BRIDGE RD, SONOMA CO CA	240 - A5
PHILLIPS FARMS & VINEYARDS	4580 W HWY 12, SAN JOAQUIN CO CA	260 - A1
PICONI	33410 RANCHO CALIF RD, RIVERSIDE CO CA	289 - D7
PINE RIDGE	5901 SILVERADO TR, NAPA CO CA	243 - D3
PIPER SONOMA CELLARS	11447 REDWOOD HWY, SONOMA CO CA	240 - B7
PLOYEZ	11171 HWY 29, LAKE CO CA	226 - D7
PLUMPJACK	620 OAKVILLE CROSS RD, NAPA CO CA	243 - C2
PRAGER & PORT WORKS	1281 LEWELLING LN, SAINT HELENA CA	243 - B1
PRESTON VINEYARDS	9282 W DRY CREEK RD, SONOMA CO CA	239 - D4
PRETTY-SMITH	13350 N RIVER RD, SAN LUIS OBISPO CO CA	189 - C2
QUADY	13181 ROAD 24, MADERA CO CA	181 - B2
QUIVIRA VINEYARDS	4900 W DRY CREEK RD, SONOMA CO CA	240 - A5
RABBIT RIDGE VINEYARDS	3291 WESTSIDE RD, SONOMA CO CA	240 - A7
RANCHO DE PHILO	10050 WILSON AV, RANCHO CUCAMONGA CA	284 - A2
RANCHO SISQUOC	FOXEN CYN & TEPUSQUET, STA BARBARA CO CA	198 - A2
RAPAZZINI	4350 S MONTEREY HWY, SANTA CLARA CO CA	257 - B4
RAVENSWOOD	18701 GEHRICKE RD, SONOMA CO CA	322 - F6
RED ROCK	7326 E HWY 40, MERCED CO CA	181 - A1
RETZLAFF VINEYARDS	1356 S LIVERMORE AV, ALAMEDA CO CA	251 - D4
RIDGE VINEYARDS	17100 MONTE BELLO RD, SANTA CLARA CO CA	253 - A4
RIVER OAKS SIMI	LYTTON STATION RD, SONOMA CO CA	240 - A5
ROCHE	28700 ARNOLD DR, SONOMA CO CA	246 - C1
ROCHIOLI, J VINEYARD	6192 WESTSIDE RD, SONOMA CO CA	240 - A7
ROMBAUER VINEYARDS	3522 SILVERADO TR, NAPA CO CA	241 - B7

CRA
INDEX

WINERIES — POINTS OF INTEREST

FEATURE NAME / City State	Page-Grid
ROSENBLUM CELLARS 2900 MAIN ST, ALAMEDA CA	329 - F7
ROSS-KELLER 985 ORCHARD AV, SAN LUIS OBISPO CO CA	272 - C3
ROUND HILL VINEYARDS 1680 SILVERADO TR, NAPA CO CA	243 - C1
RUSACK VINEYARDS 1819 BALLARD CYN RD, SANTA BARBARA CO CA	273 - B3
RUSTRIDGE VINEYARD 2910 LOWER CHILES VALLEY RD, NAPA CO CA	243 - D1
RUTHERFORD HILL 200 RUTHERFORD HILL RD, NAPA CO CA	243 - C1
SABLE RIDGE VINEYARDS 6320 JAMISON RD, SONOMA CO CA	242 - D3
SAINT CLEMENT VINEYARDS 2867 SAINT HELENA HWY N, NAPA CO CA	243 - B1
SAINT FRANCIS VINEYARDS 8450 SONOMA HWY, SONOMA CO CA	243 - A3
SAINT SUPERY VINEYARDS 8440 SAINT HELENA HWY, NAPA CO CA	243 - C2
SAN ANTONIO 2802 S MILLIKEN AV, ONTARIO CA	284 - A4
SAN ANTONIO 737 LAMAR ST, LOS ANGELES CA	356 - D3
SANFORD 7250 SANTA ROSA RD, SANTA BARBARA CO CA	273 - A3
SAN MARTIN VINEYARDS 13000 DEPOT ST, SANTA CLARA CO CA	257 - A1
SANTA BARBARA 202 ANACAPA ST, SANTA BARBARA CA	348 - E7
SANTINO 12225 STEINER RD, AMADOR CO CA	170 - C3
SATIETY HWY 113 & COUNTY ROAD 25A, YOLO CO CA	234 - C6
SATTUI, V 1111 WHITE LN, NAPA CO CA	243 - B1
SAUSAL 7370 HWY 128, SONOMA CO CA	240 - B5
SCHARFFENBERGER CELLARS 7000 HWY 128, MENDOCINO CO CA	168 - A2
SCHEID VINEYARDS 1972 HOBSON AV, MONTEREY CO CA	189 - A1
SCHUG CARNEROS ESTATE 602 BONNEAU RD, SONOMA CO CA	243 - B7
SCHWAESDALL 17677 RANCHO DE ORO RD, SAN DIEGO CO CA	294 - B3
SEA RIDGE 13401 DUPONT RD, SONOMA CO CA	242 - A3
SEA RIDGE FORT ROSS RD, SONOMA CO CA	239 - B7
SEBASTIANI VINEYARDS 389 4TH ST E, SONOMA CA	322 - F7
SEGHESIO FAMILY VINEYARDS 14930 GROVE ST, HEALDSBURG CA	240 - A6
SELBY 5 FITCH ST, HEALDSBURG CA	240 - A6
SEQUOIA GROVE VINEYARDS 8338 SAINT HELENA HWY, NAPA CO CA	243 - C2
SHENANDOAH VINEYARDS 12300 STEINER RD, AMADOR CO CA	170 - C3
SIGNORELLO VINEYARDS 4500 SILVERADO TR, NAPA CO CA	241 - A7
SILVERADO VINEYARDS 6121 SILVERADO TR, NAPA CO CA	243 - D3
SILVER OAK WINE CELLARS 915 OAKVILLE CROSS RD, NAPA CO CA	243 - C2
SILVER OAK 24625 CHIANTI RD, SONOMA CO CA	239 - D3
SIMI 16275 HEALDSBURG AV, HEALDSBURG CA	240 - A5
SINSKEY, ROBERT VINEYARDS 6320 SILVERADO TR, NAPA CO CA	243 - D3
SISKIYOU VINEYARDS 6220 OREGON CAVES HWY, JOSEPHINE CO OR	149 - A2
SMITH & HOOK 37700 FOOTHILL RD, MONTEREY CO CA	180 - A3
SMOTHERS 9575 SONOMA HWY, SONOMA CO CA	243 - A3
SOBON ESTATE 14430 SHENANDOAH RD, AMADOR CO CA	170 - C3
SODA ROCK 8015 HIGHWAY 128, SONOMA CO CA	240 - B5
SOLIS 3920 HECKER PASS HWY, SANTA CLARA CO CA	257 - A3
SOMMER VINEYARDS 5110 HWY 128, SONOMA CO CA	240 - B4
STAGS LEAP WINE CELLARS 5766 SILVERADO TR, NAPA CO CA	243 - D3
STEARNS WHARF VINTNERS 217 STEARNS WHARF, SANTA BARBARA CA	348 - F8
STELTZNER VINEYARDS 5998 SILVERADO TR, NAPA CO CA	243 - D3
STEMMLER, ROBERT 3805 LAMBERT BRIDGE RD, SONOMA CO CA	240 - A5
STERLING VINEYARDS 1111 DUNAWEAL LN, NAPA CO CA	241 - A7
STONE CREEK 9380 SONOMA HWY, SONOMA CO CA	243 - A3
STONEGATE 1183 DUNAWEAL LN, NAPA CO CA	241 - A7
STONY RIDGE 4948 TESLA RD, ALAMEDA CO CA	251 - D4
STORRS 303 POTRERO ST, SANTA CRUZ CA	335 - C6
STRINGERS ORCHARD HWY 395, MODOC CO CA	152 - A3
STRONG, RODNEY VINEYARDS 11455 LD REDWOOD HWY, SONOMA CO CA	240 - B7
STUART CELLARS 33515 RANCHO CALIF RD, RIVERSIDE CO CA	289 - D7
SUNRISE CELLARS 13100 MONTE BELLO RD, SANTA CLARA CO CA	253 - A4
SUNSTONE VINEYARDS 125 REFUGIO RD, SANTA BARBARA CO CA	273 - B4
SUTTER HOME 100 SAINT HELENA HWY S, NAPA CO CA	243 - B1
SYCAMORE CREEK VINEYARDS 12775 UVAS RD, SANTA CLARA CO CA	256 - D2
SYLVESTER 5115 BUENA VIS DR, SAN LUIS OBISPO CO CA	189 - C2
TAFT STREET 2030 BARLOW LN, SONOMA CO CA	242 - A3
TAKARA SAKE USA 708 ADDISON ST, BERKELEY CA	247 - A7
TALLEY VINEYARDS 3031 LOPEZ DR, SAN LUIS OBISPO CO CA	197 - C1
TEMECULA CREST 40620 CL CONTENTO, RIVERSIDE CO CA	289 - D7
THOMAS KRUSE 4390 HECKER PASS HWY, SANTA CLARA CO CA	257 - A3
THORNTON 32575 RANCHO CALIF RD, RIVERSIDE CO CA	289 - D7
TOPOLOS VINEYARDS 5700 GRAVENSTEIN HWY, SONOMA CO CA	242 - A2
TREANA 2175 ARBOR RD, SAN LUIS OBISPO CO CA	189 - C3
TREFETHEN VINEYARDS 1160 OAK KNOLL AV, NAPA CO CA	243 - D4
TRENTADUE 19170 GEYSERVILLE AV, SONOMA CO CA	240 - A4
TURNBULL 8210 SAINT HELENA HWY, NAPA CO CA	243 - C2
VALFLEUR 312 CENTER ST, HEALDSBURG CA	240 - A6
VALLEY OF THE MOON 777 MADRONE RD, SONOMA CO CA	243 - B4
VAN DER HEYDEN VINEYARDS 4057 SILVERADO TR, NAPA CO CA	243 - D4
VAN DER VORT ESTATES 300 ENTERPRISE ST, SAN MARCOS CA	293 - C1
VAN ROEKEL VINEYARDS 34567 RANCHO CALIF RD, RIVERSIDE CO CA	289 - D7
VENTANA 2999 MNTEREY SALINAS HWY, DEL REY OAKS CA	258 - C4
VIANO, CONRAD 150 MORELLO AV, CONTRA COSTA CO CA	247 - C4
VIANSA 25200 ARNOLD DR, SONOMA CO CA	243 - B7
VILLA ANDRIANA/SUMMERS 1172 TUBBS LN, NAPA CO CA	241 - A6
VILLA HELENA 1455 INGLEWOOD AV, NAPA CO CA	243 - B2
VILLA MOUNT EDEN 8711 SILVERADO TR, NAPA CO CA	243 - D3
VILLA POMPEI VINEYARDS 5700 RIVER RD, SONOMA CO CA	242 - B1
VINE CLIFF 7400 SILVERADO TR, NAPA CO CA	243 - C2
WATTLE CREEK 25510 RIVER RD, SONOMA CO CA	239 - D3
WEIBEL BROTHERS 1250 STANFORD AV, FREMONT CA	251 - A7
WEISINGERS WINERY 3150 SISKIYOU BLVD, ASHLAND OR	149 - C2
WELLINGTON VINEYARDS 11600 DUNBAR RD, SONOMA CO CA	243 - A4
WENTE BROTHERS 5565 TESLA RD, ALAMEDA CO CA	251 - D4
WENTE VINEYARDS 5050 ARROYO RD, ALAMEDA CO CA	251 - C5
WERMUTH 3942 SILVERADO TR, NAPA CO CA	241 - B7
WEST, MARK ESTATE VINEYARD 7010 TRENTON-HEALDSBURG RD, SONOMA CO CA	242 - A1
WEST WIND 4491 SUISUN VALLEY RD, SOLANO CO CA	244 - B6
WHALER VINEYARD 6200 EAST SIDE RD, MENDOCINO CO CA	225 - A4
WHEELER, WILLIAM 130 PLAZA ST, HEALDSBURG CA	240 - A6
WHITEHALL LANE 1563 SAINT HELENA HWY, NAPA CO CA	243 - B2
WHITE OAK VINEYARDS 208 HAYDON ST, HEALDSBURG CA	240 - A6
WILD HORSE 1437 WLD HRSE WNRY, SAN LUIS OBISPO CO CA	189 - C3
WILSON CREEK & VINEYARD 35960 RANCHO CALIF RD, RIVERSIDE CO CA	208 - C2
WINDSOR VINEYARDS 11455 OLD REDWOOD HWY, SONOMA CO CA	240 - B6
WINTERS NETHERLANDS RD, YOLO CO CA	169 - B3
WITCH CREEK 2000 MAIN ST, SAN DIEGO CO CA	213 - A1
WITCH CREEK 2906 CARLSBAD BLVD, CARLSBAD CA	292 - A7
WOODEN VALLEY 4756 SUISUN VALLEY RD, SOLANO CO CA	244 - B6
YANKEE HILL YANKEE HILL RD, TUOLUMNE CO CA	176 - A2
ZACA MESA 6905 FOXEN CANYON RD, SANTA BARBARA CO CA	198 - B2
ZD 8383 SILVERADO TR, NAPA CO CA	243 - C2
ZELLERBACH, STEPHEN VINEYARD 4611 THOMAS RD, SONOMA CO CA	240 - C6